Lehr- und Handbücher zu Geld, Börse, Bank und Versicherung

Herausgegeben von Prof. Dr. Guido Eilenberger

Bisher erschienene Titel:

Arlinghaus, Balz: Going Public – Der erfolgreiche Börsengang
Averdiek-Bolwin: Die Effizienz von Aktienbörsen
Beike, Barckow: Risk-Management mit Finanzderivaten
Beyer: Risikomanagement beim PKW-Leasing
Biermann: Die Mathematik von Zinsinstrumenten
Blattner: Internationale Finanzierung
Blattner: Globales Risikomanagement für Banken
Börner: Strategisches Bankmanagement
Bosch: Finanzmathematik für Banker
Breit: Finanzierung der Unternehmung – Zinsmanagement
Döhring: Gesamtrisiko-Management von Banken
Dross: Genussrechte
Dürr: Investor Relations
Eilenberger, Ernst: Betriebliche Finanzwirtschaft
Herzberger: Einführung in die Finanzmathematik
Jenkins: Grundlagen der Wohnungsbaufinanzierung
Knoppe: Strategische Allianzen in der Kreditwirtschaft
Koch, Umann, Weigert: Lexikon der Lebensversicherung
Meise: Realoptionen als Investitionskalkül
Müller: Wirtschaft und Finanzmärkte
Nadler: Internationale Wohnungsfinanzierung
Putnoki: Grundlagen der Außenhandelsfinanzierung
Stark: Grundsätze zur Privatfinanz
Thoma: Chaostheorie, Wirtschaft und Börse
Thoma: Dynamische Prozesse in der Ökonomie und an den Finanzmärkten
Waschbusch: Bankenaufsicht
Widdel: Theorie und Praxis der Aktienspekulation

Bankbetriebswirtschaftslehre

Grundlagen – Internationale Bankleistungen – Bank-Management

von

Prof. Dr. Guido Eilenberger

Universität Rostock

8., völlig überarbeitete Auflage

Oldenbourg Verlag München

Bibliografische Information der Deutschen Nationalbibliothek

Die Deutsche Nationalbibliothek verzeichnet diese Publikation in der Deutschen Nationalbibliografie; detaillierte bibliografische Daten sind im Internet über http://dnb.d-nb.de abrufbar.

Rosenheimer Straße 145, D-81671 München
Telefon: (089) 45051-0
www.oldenbourg-verlag.de

Lektorat: Dr. Stefan Giesen
Herstellung: Constanze Müller
Titelbild: thinkstockphotos.de
Einbandgestaltung: hauser lacour
Gesamtherstellung: Beltz Bad Langensalza GmbH, Bad Langensalza

Dieses Papier ist alterungsbeständig nach DIN/ISO 9706.

ISBN 978-3-486-58232-1

Inhaltsverzeichnis

Vorwort zur 8. Auflage

Die Welt der Banken ist seit der Jahrtausendwende von Veränderungen grundlegenden Ausmaßes geprägt. Betroffen durch die fortschreitende Globalisierung und neue Formen der wertorientierten Führung waren im Bereich der Universalbanken insbesondere die großen Kreditbanken. Aber auch für die Sparkassen und die Genossenschaftsbanken stellten sich erhebliche Herausforderungen infolge neuer regulatorischer Vorschriften. Ähnliches gilt für die Spezialbanken, deren Geschäftsgebiete gleichermaßen weitgehenden Veränderungen ausgesetzt waren. Als neuer Banktypus traten die „Bad Banks" in Erscheinung. Dazu kamen gravierende Marktveränderungen durch die Einführung der einheitlichen europäischen Währung in Form des Euro und durch die Vorgabe neuer Regularien im Bereich des Kreditgeschäfts durch den neuen Eigenkapitalstandard „Basel II" und seit Ende 2010 durch die Vorbereitungen auf den verbesserten Standard „Basel III".

Für eine epochale Zäsur sorgte jedoch die globale Finanzmarktkrise, die Mitte 2007 als internationale Bankenkrise ihren Anfang nahm und den rechtlichen Rahmen des deutschen und internationalen Bankwesens sowie die Struktur der Bankorganisation und die Geschäftsprozesse der Banken in bisher nicht gekannter Weise fundamental veränderte. Diese Entwicklungen machten es erforderlich, die Inhalte der 7. Auflage der Bankbetriebswirtschaftslehre in erheblicher Weise zu verändern und in großen Teilen unter Beibehaltung der bewährten Struktur dieses Lehrbuches neu zu bearbeiten. In diesem Zusammenhang ist insbesondere auf den Abschnitt über die Bankenaufsicht zu verweisen. Dieses Kapitel ist völlig neu gefasst und von exzellenten Kennern der Materie, dem vormaligen Präsidenten der Hauptverwaltung München der Deutschen Bundesbank (bis 2009), Herrn Prof. Wolfgang Simler, zusammen mit Frau Christine Riel und Mitarbeitern der Bankenaufsicht der HV München bearbeitet worden. Für Veränderungen in anderen Kapiteln bedanke ich mich für die Mitarbeit von Frau Dr. Sigrid Kletzing, Universität Rostock. Für die Mithilfe bei der Erstellung von Abbildungen bedanke ich mich bei Herrn Constantin Freiherr v. Ritter zu Groenesteyn. Ebenso gilt mein Dank meiner Frau, Traudl Eilenberger, und Frau Dipl.-Kfm. (univ.) Alexandra Freifrau v. Ritter zu Groenesteyn für vielfältige Unterstützung bei Recherchen und der Abfassung des Manuskripts.

Insgesamt habe ich die 8. Auflage schließlich gegenüber der Vorauflage einem Verschlankungsprozess unterzogen, gleichwohl aber um die erforderlichen neuen Entwicklungen in Praxis und Bankbetriebslehre ergänzt. Daher kann nunmehr wiederum ein modernes und alle Bereiche der Bankwirtschaft umfassendes Lehr- und Handbuch vorgelegt werden.

Guido Eilenberger

Vorwort zur 7. Auflage

Die rechtlichen Rahmenbedingungen für Bankbetriebe und Finanzdienstleistungsunternehmen sind weiterhin Veränderungen unterworfen. Als solche zeichnen sich für die nächste Zukunft das Dritte Finanzmarktförderungsgesetz, dessen Verabschiedung noch bis Ende 1997 erwartet wird, und die 6. KWG-Novelle ab. Allerdings hat auch der diesbezügliche „Entwurf eines Gesetzes zur Umsetzung von EG-Richtlinien zur Harmonisierung bank- und wertpapieraufsichtsrechtlicher Vorschriften" (der auch die 1. Novelle des Wertpapierhandelsgesetzes umfasst) bis zur Entscheidung über die Berücksichtigung in der 7. Auflage der Bankbetriebswirtschaftslehre die abschließenden gesetzgeberischen Hürden noch nicht genommen. Beide Gesetzesvorhaben finden daher vorerst keine Aufnahme in der 7. Auflage. Insofern kann die 6. Auflage von 1996 in unveränderter Form erscheinen und Hilfestellung für Studium und Praxis in bewährter Form anbieten, zumal sich ansonsten kein dringender Änderungsbedarf ergeben hat.

Guido Eilenberger

Vorwort zur 6. Auflage

Die Bankrechtsharmonisierungen der Europäischen Gemeinschaft und die Bemühungen der Bundesregierung um eine Stärkung des Finanzplatzes Deutschland führten zu einer Vielzahl von Umsetzungen von EG-Richtlinien in deutsches Bankrecht, verbunden mit durchgreifenden Veränderungen des deutschen Börsenrechts und des Wertpapierrechts. So waren seit der 5.Auflage die 4. und die 5.KWG-Novelle, Änderungen des Bundesbankgesetzes, des Gesetzes über Kapitalanlagegesellschaften (mit Einführung der Geldmarktfonds) und des Börsengesetzes ebenso zu berücksichtigen wie die Einführung des Geldwäschegesetzes und vor allem des Wertpapierhandelsgesetzes (mit Insiderhandelsrecht). Diese Fülle an Änderungen und die Einführung zusätzlicher rechtlicher Regelungen und Tatbestände sowie die Entwicklung neuer Finanzinstrumente und neuer Börsenhandelstechniken machte eine vollständige Neubearbeitung der Bankbetriebswirtschaftslehre erforderlich. Wenn sich auch schon für die nächste Zukunft die 6. KWG-Novelle und die Umsetzung zusätzlicher EG-Bankrechtsrichtlinien abzeichnen, so bleibt gleichwohl zu hoffen, dass die vorliegende Neubearbeitung des „Eilenbergers", wie dieses Lehrbuch von Studenten und Praktikern häufig bezeichnet wird, die nächsten Jahre auf hohem aktuellen Stand bewältigt.

Für zahlreiche Anregungen und technischen Hilfestellungen danke ich meinen wissenschaftlichen Mitarbeitern am Lehrstuhl für Allgemeine Betriebswirtschaftslehre, Bankbetriebslehre und Finanzwirtschaft der Universität Rostock – Dr. Meyer-Struckmann-Stiftungsprofessur – Herrn Christoph Averdiek-Bolwin, MBA, Herrn Dipl.Ök. Axel Grote,und Frau Dr. Sigrid Kletzing sehr herzlich. Mein besonderer Dank gilt Frau Dr. Kletzing für die Unterstützung bei der Bearbeitung des Abschnittes über das KWG und meinen Sekretärinnen am Lehrstuhl, Frau Evelyn Rogge und insbesondere Frau Johanna Uentz für die mit großem Engagement erledigten Umsetzungen meiner handschriftlichen Texte in ein mustergültiges Manuskript, angereichert um eine große Zahl selbsterstellter Abbildungen.

Guido Eilenberger

Vorwort zur 5. Auflage

Das deutsche Bankwesen und die internationale Bankenwelt befinden sich weiter in einer stürmischen Entwicklung. Dazu tragen einerseits die schöpferischen Kräfte der Banken selbst bei, die ständig neue Produkte (als Finanzinnovationen und derivative Finanzinstrumente bezeichnet) ihrer Kundschaft anbieten. Andererseits zeichnen die fortschreitenden bankaufsichtlichen Maßnahmen dafür verantwortlich, die insbesondere im Rahmen der EG-Richtlinien-Gesetzgebung die Deregulierung im Bankwesen durch eine Re-Regulierung abzulösen beginnen. Beide Entwicklungen halten die Autoren von bankbetriebswirtschaftlichen Lehrbüchern auf Trab und sorgen für einen Zustand permanenter Neubearbeitungen. Ich habe mich entschlossen, den Bereich der Finanzinnovationen und derivativen Finanzinstrumente in einer speziellen Publikation zusammenzufassen, die 1990 im selben Verlag als „Lexikon der Finanzinnovationen" erschienen ist und daher in der „Bankbetriebswirtschaftslehre" nicht in der vollen Tiefe behandelt werden muss, zumal beide Werke eine Einheit bilden. Insgesamt ist die 5. Auflage wieder auf den aktuellen Stand der Fakten gebracht und um einige Bereiche erweitert und ergänzt worden. Die Schwerpunkte liegen dabei im Bereich des Rechnungswesens, in dem sowohl das Bankbilanzrichtlinie-Gesetz und die Verordnung über die Rechnungslegung der Kreditinstitute (vom 10. Februar 1992) als auch neuere Entwicklungen in der Kostenrechnung von Banken Berücksichtigung fanden. Darüber hinaus habe ich aus Gründen einer reibungslosen späteren Neubearbeitung einige Themengebiete in den Anhang aufgenommen und vertieft, die von allgemeinem Interesse sind und/oder erfahrungsgemäß in Zukunft Änderungsbedarf aufweisen (z.B. Vierte KWG-Novelle, Grundsätze über das Eigenkapital und die Liquidität der Kreditinstitute, Börsen- und Wertpapierinnovationen am Bankplatz Deutschland, EG-Bankrechtsharmonisierungen und EG-Richtlinien).

Guido Eilenberger

Vorwort zur 4. Auflage

Das deutsche Bankwesen befindet sich in Zusammenhang mit den internationalen Entwicklungen der Finanzmärkte und der für Anfang 1993 geplanten Installation eines EG-Binnenmarktes in einer Phase des Aufbruches zu neuen Ufern. Dabei besteht für den Autor eines Lehrbuches, das sich insbesondere auf gesicherten Faktenbestand zu stützen hat, die Schwierigkeit, geplante Veränderungen nach Möglichkeit zwar zu berücksichtigen (da das Lehrbuch wieder für voraussichtlich zwei Jahre „á jour" sein soll), jedoch Abweichungen von den Erwartungen nicht vorhersehen zu können.

Daher wurde für die vierte Auflage der „Bankbetriebswirtschaftslehre" der Weg gewählt, die bis zum Stichtag 15. September 1989 gegenüber der Vorauflage von Ende 1987 bereits eingetretenen wesentlichen Änderungen in einen gesonderten Anhang VI zusammenzufassen. Diese betreffen insbesondere den rechtlichen Bereich (Börsengesetznovelle und die dadurch ermöglichte Gründung der Deutschen Terminbörse, Hypothekenbankgesetznovelle, Änderungen im Bereich der Rechnungslegung der Banken sowie des Kreditwesengesetzes einschließlich der Grundsätze über das Eigenkapital und die Liquidität der Kreditinstitute), und absehbare Entwicklungen oder Änderungen, die durch Bestrebungen zur internationalen Bankrechtsharmonisierung (Baseler Eigenmittelempfehlungen bzw. Cooke-Report) sowie durch die Schaffung eines einheitlichen EG-Bankenbinnenmarktes für das deutsche Bankwesen relevant werden (EG-Kapitalverkehrsrichtlinie, EG-Eigenmittelrichtlinie, EG-Solvenzrichtlinie, Zweite EG-Bankrechtskoordinierungs-richtlinie, EG-Großkreditrichtlinie, Neufassung der EG-Konsolidierungsrichtlinie, EG-Richtlinie über Wertpapierdienstleistungen, EG-Hypothekarkreditrichtlinie), und den Plan für die Realisierung einer Europäischen Wirtschafts- und Währungsunion (Delors-Bericht). Weitere nützliche Informationen für Studenten und Praktiker enthalten die ebenfalls neu aufgenommenen Anhänge VII und VIII. Eine durchgreifende Überarbeitung bleibt der fünften Auflage vorbehalten, die sich dann – so ist zu hoffen – zum Auftakt des EG-Bankenbinnenmarktes wieder auf gesichertem Terrain bewegen kann.

Guido Eilenberger

1 Methodische Grundlagen der Bankbetriebslehre

Dem an einem bestimmten Wissenschaftsgebiet Interessierten stellt sich die Frage, womit sich diese Disziplin befasst, welche Ziele sie dabei verfolgt und welche Mittel sie anwendet, um neue Erkenntnisse zu gewinnen. Daher ist im Folgenden ein kurzer Überblick zu den Forschungsgegenständen (= Forschungsobjekte), zu den Forschungszielen und zur Forschungsmethodik der Bankbetriebswirtschaftslehre (Bankbetriebslehre) zu geben.

1.1 Forschungsobjekte

Forschungsobjekte der Bankbetriebslehre sind alle Unternehmen, deren primäre Zweckbestimmung darin besteht, Finanzdienstleistungen zu produzieren, zu vermitteln und/oder zu handeln sowie deren Verknüpfung zu ihrer Umwelt. Grundsätzlich stehen im Mittelpunkt des Interesses der Erkenntnisgewinnung Unternehmungen, die vom Kreditwesengesetz als **Kreditinstitute** (§ 1 Abs. 1 KWG) bezeichnet sind und üblicherweise als **Bankbetriebe** aufgefasst werden, aber auch **Finanzdienstleistungsinstitute** (§ 1 Abs. 1a KWG), **Finanzunternehmen** (§ 1 Abs. 3 KWG) und **Anbieter von Nebenleistungen** (Unternehmen mit bankbezogenen Hilfsdiensten bzw. Hilfsunternehmen) gemäß § 1 Abs. 3c KWG. Diese sind von Interesse im Rahmen bestimmter Kooperationsformen wie **Finanzholding-Gesellschaften** und **gemischten Unternehmen** sowie der aufsichtsrechtlichen Konsolidierung zu **Instituts-** und **Finanzholding-Gruppen**.

Bezüglich der Kreditinstitute unterscheidet § 3d KWG innerhalb dieser Kategorie wiederum zwischen Einlagenkreditinstituten, Wertpapierhandelsbanken und E-Geld-Instituten: **Einlagenkreditinstitute** sind Kreditinstitute, die sowohl Einlagen und andere rückzahlbare Gelder entgegennehmen als auch das Kreditgeschäft betreiben. Als **Wertpapierhandelsbanken** werden dagegen diejenigen Kreditinstitute verstanden, die keine Einlagenkreditinstitute sind, also alle Bankgeschäfte mit Ausnahme des Einlagen- und Kreditgeschäfts betreiben, oder Finanzdienstleistungen im Sinne des § 1a Satz 2 Nr. 1 bis 4 KWG erbringen. **E-Geld-Institute** sind ausschließlich auf das E-Geld-Geschäft beschränkt, d.h. auf die Ausgabe und die Verwaltung von elektronischem Geld.

Das Forschungsinteresse der Bankbetriebslehre bezieht darüber hinaus auch diejenigen Teile des Leistungsprogramms von **Versicherungsbetrieben** ein, das Kredit- und Finanzinstituten analoge Leistungen umfasst und damit Finanzdienstleistungen betrifft, die mit den Bankleistungen zusammen aus der Sicht der Nachfrager ein Angebot an **Allfinanzleistungen** ergeben. Abbildung 1 verdeutlicht diese Zusammenhänge.

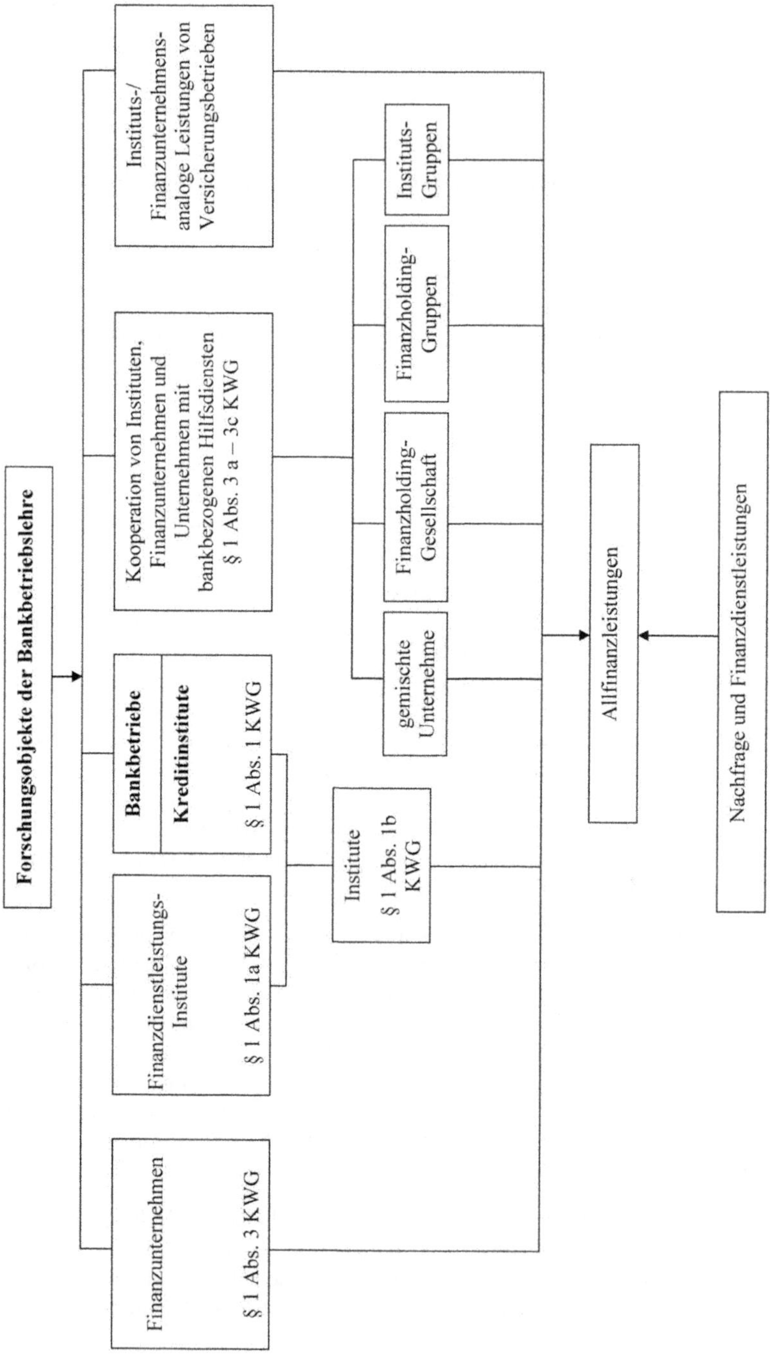

Abb. 1: Dimensionen des Forschungsobjektes der Bankbetriebslehre

Die getroffene Differenzierung des Forschungsobjekts der Bankbetriebslehre resultiert aus der seit Mitte der 1980er Jahre zu beobachtenden Entwicklung des Finanzsektors im In- und Ausland. Eine wissenschaftlich fundierte Bankbetriebslehre kann sich daher nicht mehr allein auf den Bankbetrieb im traditionellen bzw. engeren Sinne fokussieren, sondern muss auch die Entwicklungen von **banknah** tätigen Finanzunternehmen in ihre Forschungsstrategien einbeziehen, zumal Letztere sowohl nach Zahl als auch nach Leistungsvolumen ständig zunehmen und den Finanzsektor in Konkurrenz zu den Bankbetrieben herkömmlicher Art mitprägen oder mitgestalten. Insofern hat sich die Erkenntnisgewinnung der Bankbetriebslehre auch auf das Zusammenwirken von Bankbetrieben und Versicherungsbetrieben neben der grundsätzlichen Konkurrenzsituation in bestimmten Leistungsbereichen in **Allfinanzverbunden** zu beziehen, in denen sowohl Bankbetriebe ihr kundenbezogenes banktypisches Leistungsprogramm um bestimmte Versicherungsbetriebsleistungen, als auch Versicherungsbetriebe ihr eigenständiges Leistungsprogramm (siehe 2.1.4) durch Einbezug von Bankbetrieben in ihren Konzernbereich erweitern **(Bank Assurance**; siehe dazu *Schierenbeck* 1998). Davon betroffen können auch **Finanzunternehmen** und **Finanzdienstleistungsinstitute** als banknahe Unternehmen sein, deren Charakteristikum darin besteht (siehe dazu im Einzelnen 2.1.3), ein eng abgegrenztes Leistungsprogramm anzubieten, über das zwar Bankbetriebe im Rahmen ihrer Universalbankleistungsprogramme auch verfügen (können), die diese Leistungen aber aus Risiko-, Rentabilitäts- oder Spezialisierungsüberlegungen ausgliedern und Tochterunternehmen (z.B. Finanzunternehmen) übertragen. Auf der anderen Seite können bestimmte Leistungen anderen Unternehmen auf Grund von gesetzlichen Vorschriften vorbehalten sein (z.B. Wertpapierhandelsgesellschaften nach dem WpHG, oder der Erwerb von Unternehmensbeteiligungen auf der Basis der UBG durch Unternehmensbeteiligungsgesellschaften als selbständige Finanzinstitute, die Venture Capital-Finanzierungen (siehe dazu *Eilenberger* 2003) durchführen und damit Finanzdienstleistungen anbieten, die aus Risikogründen nicht Gegenstand der Produktpalette von Bankbetrieben sein können). Hinsichtlich des Prozesses der Erkenntnisgewinnung ist auf die aus der Allgemeinen Betriebswirtschaftslehre bekannte Unterscheidung zwischen **Erfahrungsobjekt** und **Erkenntnis**objekt hinzuweisen:

In jedem Bankbetrieb gibt es wirtschaftliche Sachverhalte, die zwar für diesen individuellen Bankbetrieb von erheblicher Bedeutung sind, denen dagegen allgemeines Interesse nicht zukommt. Die Bankbetriebslehre als wissenschaftliche Disziplin befasst sich nur mit Problemen, die für **alle** Bankbetriebe oder wenigstens für sämtliche Bankbetriebe einer bestimmten Art von Belang sind und deren Lösungen daher einem großen Kreis Betroffener zu gute kommen. Eine solche Beschränkung auf allgemeine Fragen dient der Effizienz wissenschaftlicher Arbeit. Gelingt es, für solche allgemeinen Probleme befriedigende zwangsläufig ebenfalls allgemeine Lösungen zu finden, dann kann der einzelne Bankbetrieb sie nutzen, indem er sie auf seine individuellen Probleme anwendet.

Hieraus ergibt sich eine wichtige **Konsequenz:** Gegenstand bankbetriebswirtschaftlicher Erörterungen sind nicht die wirtschaftlichen Phänomene bestimmter einzelner Bankbetriebe, wie der Privatbank P, der Sparkasse M oder des Hypothekenkreditinstituts X-AG. Solche individuell-konkreten Bankbetriebe, wie jeder sie aus der Erfahrung des Alltags als Bankkunde oder als Mitarbeiter einer bestimmten Bank oder nur als interessierter Dritter kennt und ggf. aus eigenem Erleben kennen gelernt hat, nennt man das **Erfahrungsobjekt** der Bankbetriebslehre. Dieses Erfahrungsobjekt in der letztlich unfassbaren Vielfalt individueller Erscheinungsformen ist nicht (direkt) Gegenstand wissenschaftlicher Bankbetriebslehre. Aus der Vielzahl an Erfahrungsobjekten ist vielmehr der eigentliche Gegenstand wissenschaftlicher Betrachtung, das **Erkenntnisobjekt (= Forschungsobjekt)**, erst abzuleiten. Das geschieht, indem diejenigen Merkmale individueller Betriebe gedanklich vernachlässigt werden, die keine allgemeine Bedeutung haben und daher nicht von wissenschaftlichem Interesse sind.

Durch diese Vernachlässigung wissenschaftlich irrelevanter Sachverhalte (**Abstraktion**) entsteht ein **vereinfachtes Abbild konkreter Bankbetriebe**. Vereinfacht ist dieses Abbild deshalb, weil es nur noch diejenigen Merkmale enthält, die

- für **alle** Bankbetriebe (oder zumindest für größere Gruppen von Betrieben) **typisch** sind und die außerdem
- für bankbetriebswirtschaftliche Fragestellungen wesentlich sind.

Damit ist der wissenschaftliche Begriff des Bankbetriebs zwar grob charakterisiert, aber noch nicht präzise beschrieben. Um zu einer exakten Definition zu gelangen, ist es zunächst erforderlich, zu wissen, welche Merkmale konkreter Bankbetriebe wesentlich und typisch sind.

Weitere Probleme der wissenschaftlichen Durchdringung banktypischer Sachverhalte ergeben sich daraus, dass es sich beim Erkenntnisobjekt Bankbetrieb nicht um ein statisches Phänomen handelt, sondern das Erkenntnisobjekt Bankbetrieb aus vielerlei Gründen Änderungen und Wandlungen unterworfen ist, die von der Wissenschaft zu berücksichtigen sind, zumal die wissenschaftliche Bankbetriebslehre seit den 1980er Jahren einer geradezu stürmischen Entwicklung ausgesetzt war.

1.2 Forschungsziele

Wie die Allgemeine Betriebswirtschaftslehre versteht sich auch die Bankbetriebslehre als eine angewandte Wissenschaft in dem Sinne, dass sie der bankbetrieblichen Praxis Hilfen zur Führung von Bankunternehmen geben soll. Das bedeutet insbesondere: Hilfen beim Treffen von **Entscheidungen,** Hilfen zur **Realisierung** dieser Entscheidungen, und Hilfen zur **Kontrolle** der Entscheidungsergebnisse. Letztlich besteht somit das Forschungsziel der Bankbetriebslehre darin, die wissenschaftlichen Grundlagen zur **Führung** von Bankbetrieben zu erarbeiten.

Dieses sehr komplexe und anspruchsvolle Forschungsziel lässt sich nicht in einem Anlauf realisieren. Vielmehr bedarf es mehrerer Schritte, wobei die Forschungsziele nicht zuletzt auch vom Anspruchsniveau des Forschers abhängen. So besteht das **primäre Forschungsziel** darin, die in der Realität anzutreffenden bankbetrieblichen Tatbestände zu erfassen und zu systematisieren. Auch sind diese Tatbestände auf ihre wissenschaftliche Relevanz zu prüfen und ggf. nicht Relevantes auszuscheiden. Zugleich ist ein **Begriffssystem** zu entwickeln, mit dem die wissenschaftlich relevanten Tatbestände überschneidungsfrei und eindeutig erfasst werden. Dadurch entsteht eine bankbetriebswirtschaftliche Fachterminologie (Begriffssystem). Für diesen auf Faktensammlung ausgerichteten Bereich der bankbetrieblichen Forschung gibt es keine allgemein akzeptierte Bezeichnung, meist wird er jedoch als **Struktur- und Geschäftslehre** bezeichnet. Damit liefern Beschreibungen die Grundvoraussetzung für wissenschaftliche Betätigung auf dem Gebiet der Bankbetriebslehre, indem sie auch die Grundzüge **banktechnischer** Abwicklungen von Leistungsvorfällen mit umfassen. Auch dieser Bereich ist keineswegs statischer Natur, sondern bedarf andauernder Beobachtung.

Strukturlehre kann jedoch theoretische wissenschaftliche Erkenntnisse nicht liefern. Sie ist allerdings Voraussetzung für die Gewinnung derartiger Erkenntnisse durch permanente Bestandsaufnahme und Prägung des begrifflichen Instrumentariums. Damit schafft die „Struktur- und Geschäftslehre“ die Basis zur Hebung des Anspruchsniveaus und der Formulierung einer **erweiterten Forschungszielsetzung**: Diese besteht darin, die Beziehungen zu erforschen, die zwischen verschiedenen bankbetrieblichen Sachverhalten bestehen und in der Realität offenkundig werden, also die Aufdeckung von **Funktional- und Kausalbeziehungen.** Nur wenn diese Beziehungen bekannt sind, kann die Bankbetriebslehre der Praxis die angestrebten Hilfen, insbesondere die **Führungshilfen** anbieten. So kann z.B. die Liquidität nur dann gesichert werden, wenn bekannt ist, welche Größen die Liquiditätslage bestimmen. Diesen erweiterten (zweiten) Aufgabenkomplex bankbetrieblicher Forschung kann man zutreffend als **Bankbetriebstheorie** bezeichnen: Ihr Ziel besteht darin, Systeme von empirisch nachprüfbaren Hypothesen zu entwickeln, um damit Erkenntnisse über Funktional- und Kausalbeziehungen zu erhalten **(Erklärungsmodelle).** Ohne solche Hypothesen zur **Erklärung** komplexer Zusammenhänge ist die Entwicklung von Entscheidungshilfen nicht möglich.

Nachdem die Beziehungen innerhalb des Systems Bankbetrieb und dessen Verknüpfung mit seiner Umwelt erklärt und transparent gemacht sind, kann man daran gehen, auf der Grundlage dieser theoretischen Erkenntnisse **Verhaltensempfehlungen** zu geben, d.h. Empfehlungen dahingehend, wie Banken die von ihnen gesetzten Ziele in den jeweils gegebenen Situationen bestmöglich erreichen können. Dieser Sachverhalt impliziert letztlich eine weitere Steigerung des Anspruchsniveaus und wissenschaftlich gehaltvollere Ausgestaltungen der Forschungszielsetzung. Damit ist der **dritte** Aufgabenbereich der Forschung der Bankbetriebslehre umschrieben, der darin besteht, **Entscheidungsmodelle** zu entwickeln. Dieser Bereich kann auch als **Theorie der Bankbetriebspolitik** bezeichnet werden.

Im Anschluss an diese Erörterung möglicher Forschungsziele der Bankbetriebslehre stellt sich die Frage, inwieweit sie die genannten Forschungsziele erreicht (hat) oder welche Defizite bestehen. Unbestritten lag das Schwergewicht ursprünglicher Forschungsanstrengungen der Bankbetriebslehre als einer relativ jungen Disziplin im Bereich der Bestandsaufnahme (Struktur- und Geschäftslehre). Dieser Bereich kann in Anbetracht der dynamischen Umweltverhältnisse von Banken niemals als abgeschlossen angesehen werden. Er bedarf der ständigen empirischen Beobachtung und Recherche, damit eine systematische und in sich geschlossene Darstellung **aller** Bankleistungen geschaffen werden kann. Insbesondere dazu soll dieses Lehrbuch einen wesentlichen Beitrag leisten. Aber nicht nur. Das Anliegen dieses Lehrbuchs ist weiter gespannt:

Im Zusammenhang mit den Erkenntnissen der Allgemeinen Betriebswirtschaftslehre hat sich auch das Forschungsinteresse der Bankbetriebslehre in den letzten Jahren stärker auf den Bereich der **Bankbetriebstheorie** – und damit verbunden auf die Entwicklung von Erklärungsmodellen – verlagert. Dabei sind eine Reihe von **Einzelansätzen** entstanden, wie zum Beispiel Sicherheits- und Liquiditätstheorien für Bankbetriebe, Theorien der Gelddisposition von Bankbetrieben, Ansätze einer Preis- und Konditionentheorie für Bankbetriebe, Produktions- und Kostentheorien für Bankbetriebe, Kreditschöpfungstheorien, Portfolio-Selections-Theorien, bankbetriebliche Organisationstheorien, Bausteine einer Theorie der Führung von Bankbetrieben, theoretische Ansätze zur Bankplanung und bankbetriebliche Wettbewerbstheorien. Aus praktischen Bedürfnissen nach einer Verbesserung der Bankenaufsicht entstand schließlich eine komplexe **Theorie des Risikomanagements**, mit der sich auch die Mikroökonomie verstärkt auseinander setzte, so dass damit auf diesem Gebiet der Entwicklung von **Risikomodellen** die Bankbetriebslehre, die Volkswirtschaftslehre und die Statistik wieder zur ursprünglichen Einheit der Wirtschaftswissenschaften zusammenfanden. Daneben haben sich **Gesamtsteuerungsansätze** etabliert, die eine theoriegeleitete Steuerung sowohl der Ertragssphäre als auch der Risikosituationen zulässt (siehe dazu insbesondere *Döhring* 1996; *Rolfes* 1999; *Schierenbeck* 2001).

Einen ersten Schritt in Richtung auf eine **geschlossene Theorie des Bankbetriebes** stellten **systemtheoretische** Arbeiten dar, die den analytisch-erklärenden Aspekt ebenso umfassen wie die vorausschauende Funktion (als wesentliches Element theoretischer Überlegungen), die sich in Verhaltensempfehlungen niederschlagen (siehe 2.1.2).

Damit ist auch der Bereich der **Theorie der Bankbetriebspolitik** angesprochen, der den Entscheidungsträgern des Bankbetriebes Empfehlungen für Handlungen bzw. Entscheidungen in bestimmten Situationen in Einklang mit einem spezifischen bankbetrieblichen Zielsystem geben soll. Dieser Bereich bedarf angesichts eines unbefriedigenden Entwicklungsstandes noch erheblicher Anstrengungen und steter Bemühungen, auch eine Theorie der Bankbetriebspolitik im Sinne der entscheidungsorientierten Betriebswirtschaftslehre zu etablieren (z.B. *Büschgen* 1979, 1998; *Schierenbeck* 2001; *Süchting/Paul* 1998; *Börner*).

Die Schwierigkeiten, die einer umfassenden Realisierung der angesprochenen Forschungsziele entgegenstehen, resultieren zum einen aus der Eigenart bankbetrieblicher Leistungserstellung und Leistungsverwertung, auf die später ausführlich einzugehen ist, zum anderen aus der Tatsache, dass die Bankbetriebslehre gleichermaßen **volkswirtschaftliche** und **rechtliche** Tatbestände in einem Umfang berücksichtigen muss, wie das beispielsweise beim Industriebetrieb undenkbar wäre. Die Beachtung **volkswirtschaftlicher Zusammenhänge** ergibt sich aus der zentralen Stellung, die den Banken in der Gesamtwirtschaft zukommt: Eine moderne Wirtschaft ist eine Geld- und Kreditwirtschaft, in der durch Kreditgewährung der Banken Giralgeld geschaffen wird. Ihr Verhalten hat daher sehr weitreichende gesamtwirtschaftliche Konsequenzen: Während ungebremste Kreditexpansion zur Inflation und zur Überbeschäftigung führen kann, löst ein zu geringes Kreditvolumen der Banken tendenziell Deflation und damit verbunden Unterbeschäftigung aus. Gesamtwirtschaftliche Bezüge des Verhaltens der Banken müssen daher von der Bankbetriebslehre angemessen berücksichtigt werden. Da sich Störungen im Kreditgewerbe gesamtwirtschaftlich viel stärker auswirken als Störungen in anderen Branchen, ist staatliche Reglementierung im Sinne einer **Verhaltenssteuerung** der Banken durch eine entsprechende **Gesetzgebung** notwendig. Schließlich ist Konjunkturpolitik im wesentlichen Geldpolitik, weshalb sie aus nahe liegenden Gründen bei den Banken als den Institutionen ansetzt, die für die Kreditversorgung der Volkswirtschaft verantwortlich sind (oder zumindest sein sollten), und deren Verhalten zu beeinflussen versuchen muss.

1.3 Forschungsmethodik

In engem Zusammenhang mit dem Forschungsobjekt und dem Forschungsziel stehen Fragen der Forschungsmethodik, d.h. der Wahl von geeignet erscheinenden wissenschaftlichen Verfahren, um wissenschaftliche Aussagen zu gewinnen und damit ein bestimmtes Forschungsziel zu erreichen.

Wissenschaftliche Aussagen (Sätze, Thesen) lassen sich auf unterschiedliche Weise gewinnen (siehe *Galtung,* 52 ff.):

- Wissenschaftler arbeiten einerseits mit **Datensätzen,** die sprachliche Berichte über **Tatsachen** (= Daten) darstellen und durch Beobachtung der (empirischen) Wirklichkeit gewonnen werden. Beschäftigt sich Wissenschaft ausschließlich mit dem Aufstellen von Datensätzen, so handelt es sich um **beschreibende Wissenschaft.**
- Wissenschaftler arbeiten andererseits mit **theoretischen Sätzen (Hypothesen, Thesen**), die nicht auf direkten oder indirekten Sinneseindrücken (Wahrnehmungen) beruhen, sondern durch logische Deduktionen in offenen Mengen von Hypothesen, die als **Theorien** bezeichnet werden, zustande kommen. Theorien als Systeme von widerspruchsfreien, in bestimmtem Zusammenhang stehenden Hypothesen dienen der Erzeugung neuer Erkenntnisse. Die getroffene Festlegung der Gegenstände und der Variablen der Theorie **(Paradigma)** beschränkt die Menge der formulierbaren Hypothesen. Beschäftigt sich Wissenschaft ausschließlich mit der Aufstellung von Theorien (z.B. durch Entwicklung

von mathematischen Modellen, aus denen Systeme von Hypothesen abgeleitet werden bzw. ableitbar sind), handelt es sich um **theoretische Wissenschaft.**

- Zu **Interdependenzen** zwischen beschreibender und theoretischer Wissenschaft, die beide eigenständig und für sich betrieben werden können, kommt es jedoch, wenn Datensätze und theoretische Sätze in der Weise miteinander verglichen werden, dass eine Beurteilung des theoretischen Satzes mit dem Datensatz erfolgt. Diese Form wissenschaftlicher Betätigung wird als **empirische Wissenschaft** bezeichnet (*Popper*): Im Falle der Übereinstimmung mit dem Datensatz gilt der theoretische Satz bestätigt („bewährt") und zwar so lange, bis der theoretische Satz ggf. durch einen (neu gewonnenen) Datensatz widerlegt (**falsifiziert**) wird (*Popper*-Kriterium). **Bewährt** sich der theoretische Satz, so handelt es sich um eine wissenschaftliche Aussage im Sinne der empirischen Wissenschaft. War die Theorie ursprünglich nur ein sprachliches Gebilde ohne Realitätsbezug, das mit Hilfe des abstrakten Vokabulars der theoretischen Sprache aufgebaut ist, erhält dieses formale System faktischen Sinngehalt erst dadurch, dass es durch Interpretation mit Hilfe einer Beobachtungssprache in eine erfahrungswissenschaftliche (= empirische) Theorie umgewandelt worden ist *(Bohnen,* 174). Als **Empirismus** kann somit wissenschaftliche Tätigkeit bezeichnet werden, bei der Datensätze mit theoretischen Sätzen verglichen und letztere den ersteren angepasst werden. Wesentlich ist dabei die Übereinstimmung, d.h. der Bestätigungsgrad, nicht aber die Frage, ob das System induktiv oder deduktiv arbeitet. Das **Ergebnis** besteht ausschließlich in der **Feststellung** von **Wahrheit** oder **Falschheit** des theoretischen Satzes.

1.3.1 Gewinnung von Datensätzen über die empirische Welt von Bankbetrieben

Datensätze können sowohl durch Sammlung von empirischen Fakten, die darauf abzielt, Daten **unmittelbar** bei ihrer Entstehung zu erheben **(Primärforschung),** als auch **mittelbar** durch gezielte Auswertung bereits vorhandener Daten, die aus anderem Anlass erhoben worden sind (z.B. Statistiken der *Deutschen Bundesbank*, der Verbände der Bankwirtschaft, sonstige Erhebungen unmittelbarer Natur) und/oder aus vorhandenem Material der Bankbetriebe (z.B. Dokumente, Akten u.ä.) stammen **(Sekundärforschung),** gewonnen werden.

1.3.1.1 Methoden der Primärforschung

Beobachtung bedeutet die planmäßige Erfassung von sinnlich wahrnehmbaren Sachverhalten über Bankbetriebe und ihre Umweltbeziehungen ohne Einflussnahme auf den jeweiligen Beobachtungsbereich. Grundsätzlich kann dabei zwischen **teilnehmender** Beobachtung, die sichtbar erfolgt und bei der der Beobachter in die zu beobachtenden Vorgänge aktiv als handelnde Person einbezogen ist, und **nicht-teilnehmender** Beobachtung unterschieden werden, die für die zu beobachtenden handelnden Personen unsichtbar durch technische Vorrichtungen und/oder Beobachter vollzogen wird. In beiden Fällen sind bankbetriebliche Arbeits- und Entscheidungsprozesse primär interessierende Beobachtungsobjekte, in die auch die Kundenbeziehungen und das Kundenverhalten einbezogen werden können (z.B. Beobachtungen in Schalterräumen hinsichtlich der Interaktionen von Personal und Bankkunden). Allerdings zeigt sich bei Anwendung teilnehmender Beobachtungsverfahren eine Tendenz zur subjektiven Verzerrung der Beobachtungsergebnisse, ist aber unter Umständen die einzige Möglichkeit, die den gezeigten Verhaltensweisen der Entscheidungsträger des Bankbetriebes zu Grunde liegenden Motive zu erforschen.

Mit Hilfe von **Befragungen** und geeigneten Befragungsverfahren sollen Personen und ihr Verhalten nicht nur (passiv) beobachtet, sondern (aktiv) zur Mitteilung ihrer Meinung zu bestimmten, interessierenden Sachverhalten oder von Fakten über den persönlichen Bereich des Befragten (z.B. persönliche Merkmale, Einkommen usw.) veranlasst werden. Als **Methoden** stehen schriftliche und mündliche Befragungen (Interviews) als Einzelbefragungen und als wiederholende Befragungen einer gleichen Gruppe (Panelbefragungen) zur Wahl.

Das **Experiment** stellt die einzige empirische Forschungsmethode dar, die sowohl eine Gewinnung von Daten als auch eine Überprüfung von Hypothesen insofern erlaubt, als im Experiment der Zusammenhang zwischen zwei Variablen(-gruppen) bei gleichrelevanten Variablen empirisch demonstriert und geprüft wird. Nach der Art der **Umwelt.** in der das Experiment stattfindet, wird zwischen dem **Labor-Experiment** bzw. **Modell-Experiment** (mit künstlich geschaffener, nicht alltäglicher Umgebung) und dem **Feld-Experiment,** das in natürlicher Umgebung abläuft, unterschieden. In Anbetracht des geringeren Aufwandes und der Aussagekraft herrschen in der bankbetriebswirtschaftlichen Forschung Labor-Experimente der Art vor, dass von Versuchspersonen in einer mit Hilfe des Computers simulierten Umgebung unter genau festgelegten Bedingungen bankbetrieblich relevante Entscheidungen zu fällen sind (z.B. Unternehmensspiele für Kreditinstitute; siehe dazu *Benner* 1971; *Rick*).

1.3.1.2 Methoden der Sekundärforschung

Sekundärstatistik umfasst die Auswertung von statistischen Jahrbüchern, Statistiken der *Deutschen Bundesbank*, Kurs- und Umsatznotierungen von Börsen, Geschäftsberichten der Banken, Presseveröffentlichungen und ähnlichen Informationsquellen zum Zwecke der Aufstellung von Datensätzen.

Eine weitere Methode der Sekundärforschung steht vor allem in Form der **Dokumentenanalyse (Inhaltsanalyse)** zur Verfügung, die eine systematische Beschreibung und Interpretation des Inhalts von verbal abgefassten **Dokumenten** (z.B. Kreditakten, Gerichtsakten, Dokumentationen über besondere Vorgänge, über Entscheidungsprozesse, über Vorstands- und Aufsichtsratssitzungen u.ä.) zum Gegenstand hat. Die Dokumentenanalyse kann grundsätzlich nach **quantitativen** Kriterien (z.B. Erhebung von Häufigkeiten bestimmter Themen und Argumente im Text) und/oder **qualitativen** Kriterien (z.B. Erhebung darüber, welche Themen und Argumente überhaupt und in welchem Zusammenhang aufscheinen) vorgenommen werden.

1.3.2 Grundsätze der Theoriekonstruktion

Geht man davon aus, dass das Ziel der Wissenschaft ganz allgemein darin besteht, befriedigende **Erklärungen** für alles zu finden, was einer Erklärung zu bedürfen scheint, um damit den menschlichen Wissensbestand zu erweitern und Probleme der Praxis besser beherrschen zu können, so stellen **Theorien** Instrumente des Denkens dar. die der systematischen Ordnung und Vorhersage von Erfahrungstatsachen dienen. Theorien unterliegen einem Wandel (**Theoriewandel**), wenn auf Grund wissenschaftlichen Fortschritts die Erklärungsprinzipien „alter" Theorien durch bessere und ihnen widersprechende Erklärungsprinzipien einer neuen, universelleren Theorie ersetzt werden, die neue Hypothesen über die Struktur des Forschungsobjekts und dessen Realität aufstellt.

Theorien als Systeme von Sätzen, die zueinander in Beziehung stehen, können sowohl durch Induktion als auch durch Deduktion gewonnen werden. Das **induktive** Vorgehen besteht darin, von **einem** beobachteten Ereignis auf eine allgemeine Gültigkeit zu schließen, während die **deduktive** Methode darin besteht, auf Grund einer Vielzahl von Beobachtungen bestimmter Sachverhalte, die alle dasselbe Ergebnis liefern, allgemeingültige Erklärungen oder Voraussagen für den betreffenden Sachverhalt oder den Eintritt eines bestimmten Ereignisses abzuleiten. Wenn auch aus der Sicht der modernen Wissenschaftstheorie die Induktion als nicht logisch schlüssig und begründbar abgelehnt wird *(Popper),* so kann sie durchaus als Entdeckungsmethode sinnvoll anwendbar sein und zu wesentlichen Entdeckungen führen. Vorzuziehen ist unter diesen Gesichtspunkten das von der Wissenschaftstheorie des **kritischen Rationalismus** (*Popper*) geforderte deduktive Vorgehen der Theoriekonstruktion, deren Aussagen falsifizierbar, d.h. durch die Konfrontation mit der empirischen Welt (= vergleichbaren Datensätzen) widerlegbar, zu formulieren sind (*Popper*-Kriterium).

Theoriekonstruktion kann somit aufgefasst werden als ein Instrument zur Speicherung „alter" Erkenntnisse über die Wirklichkeit und zur Entwicklung neuer Erkenntnisse über eine „alte" Wirklichkeit, aber auch als ein Instrument zur Erzeugung einer „neuen" Wirklichkeit (siehe *Galtung,* 257ff.). Als problematisch muss allerdings die Entwicklung „empirischer" Theorien bezeichnet werden, die in einem ersten Schritt die Wirklichkeit in einer Form einfangen, die dem Beobachteten den Vorrang vor dem Vorausgesagten (der Theorie) einräumen. „Sie wird dann als eine kleine Teilmenge aller Möglichkeiten gesehen, diese wiederum als invariant bezüglich der kritischen Variablen, insbesondere der Zeit. Und als wäre das noch nicht genug, werden die Datensätze nicht nur mittels anderer Datensätze validiert, sondern auch durch Einbau in ein theoretisches System. Kurz, nicht die Wirklichkeit, sondern ihr Abbild wird in eine nicht nur enge, sondern auch sehr feste Zwangsjacke gesteckt." *(Galtung,* 72).

Entsprechend der verschiedenen Möglichkeiten der Theoriekonstruktion verfügt die Bankbetriebslehre über einen Bestand an modelltheoretischen Ansätzen ebenso wie über induktiv und deduktiv orientierte Theorien (zur Systematisierung siehe *Picot*). Während in theoretischen **Modellen** über den Bankbetrieb (oder Einzelbereiche) Aussagensysteme entwickelt werden, die eine umfassende logische Durchdringung des Forschungsobjektes mit der Absicht einer zieloptimalen Gestaltung des Modells (als vereinfachtes Abbild der Wirklichkeit) zum Gegenstand haben, sind **induktiv orientierte Theorien** primär auf die Gewinnung von Erkenntnissen durch Analyse und Aufbereitung empirischer Sachverhalte gerichtet, die in eine systematische Beschreibung (Bestandsaufnahme) bankbetrieblicher Sachverhalte mündet, mit der Möglichkeit, durch weitergehende theoretische Überlegungen neue Erkenntnisse zu erschließen. Diese Methode stellt somit den „Standardfall" theoretischer Überlegungen zum Bankbetrieb dar. **Deduktiv orientierte Theorien** dagegen repräsentieren eine Forschungsstrategie der empirischen Überprüfung von theoretischen Sätzen durch Vergleich mit Datensätzen, die damit gezielt dem Scheitern an der Realität ausgesetzt werden (beispielhaft zu derartigem Vorgehen siehe die Arbeiten von *Jäger* und *Stocker).*

2 Bankbetrieb und Bankensystem

Die Begriffe Bank, Bankbetrieb, Kreditinstitut oder Geldinstitut werden meist synonym verwendet. Dabei wird davon ausgegangen, dass die so bezeichneten Unternehmen in wirtschaftlicher Betrachtungsweise im wesentlichen mit der Aufgabe betraut sind, mit Geld und Kapital im weitesten Sinne zu handeln, Vermögenswerte zu verwalten. Kredite zu schaffen und weitere Dienstleistungen zu erbringen, deren Aufzählung zwar beispielhaft, aber nicht erschöpfend sein kann. Zu denken ist in diesem Zusammenhang auch an die Vermittlung von Versicherungsverträgen, Vermögensberatung. Edelmetallhandel und ähnliche Leistungen.

2.1 Der Begriff des Bankbetriebes

Die Definitionen in der insbesondere älteren Literatur weisen daraufhin, dass Banken Betriebswirtschaften sind, die Kredite nehmen und Kredite geben, die Geschäfte im Geld- und Kapitalverkehrsbereich durchführen oder geldbezogene Handelsleistungen erbringen. So geht beispielsweise *Stützel* (1964) bei der Kennzeichnung der Besonderheiten einer Bank von deren **Grundfunktionen** aus, die er als Durchführung des Zahlungsverkehrs, Eröffnen von Finanzierungsmöglichkeiten und Anbieten von Geldanlagemöglichkeiten zusammenfasst. Derartige Definitionen, so zutreffend sie auch das allgemeine Wesen des Bankbetriebs charakterisieren mögen, können jedoch für einen Gesetzgeber nicht ausreichend sein, der aus **rechtlichen** Gründen präzise zu definieren hat, auf welche Unternehmen sich die Gesetzgebung beziehen soll, die der Beaufsichtigung, Reglementierung und gegebenenfalls Lenkung in einem dem einzelnen Bankbetrieb übergeordneten Sinne zu dienen hat. So sieht auch der deutsche Gesetzgeber das Erfordernis, in § 1 des Gesetzes über das Kreditwesen (KWG) zu definieren, was für den Zweck des Gesetzes unter einem Kreditinstitut, der amtlichen Bezeichnung für Bank im engeren Sinne, und im Weiteren unter Finanzdienstleistungsinstituten oder Finanzunternehmen zu verstehen ist (siehe 3.1).

2.1.1 Legaldefinition „Kreditinstitut“

Nach § 1 Abs. 1 Satz 1 KWG sind **Kreditinstitute** Unternehmen, die **Bankgeschäfte** gewerbsmäßig oder in einem Umfang betreiben, der einen in kaufmännischer Weise eingerichteten Geschäftsbetrieb erfordert. Als **Bankgeschäfte** werden entsprechend Satz 2 abschließend (also „enumerativ“) folgende Bankleistungen aufgeführt (Nummerierung entsprechend § 1 Abs.1 Satz 2 KWG):

(1) Einlagengeschäft:

Die Annahme fremder Gelder als „Einlagen“ oder anderer rückzahlbarer Gelder des Publikums, sofern der Rückzahlungsanspruch nicht in Inhaber- oder Orderschuldverschreibungen verbrieft wird, ohne Rücksicht darauf, ob Zinsen vergütet werden. Dabei handelt es sich nicht um Einlagen i. S. des Handelsrechts, sondern um Gelder, die Banken auf Initiative des Einlegers befristet überlassen werden.

(1a) Pfandbriefgeschäft:

Dieses umfasst die in § 1 Abs. 1 Satz 2 Pfandbriefgesetz bezeichneten Geschäfte (siehe dazu im Einzelnen 5.4).

(2) Kreditgeschäft:

Als „Kreditgeschäft" wird dabei zunächst in Nr. 2 die **Gewährung von Gelddarlehen** und **Akzeptkrediten** verstanden. Indessen fasst das KWG in § 19 bezüglich der Aufsicht über Groß- und Millionenkredite sowie in § 21 hinsichtlich der Aufsicht über Organkredite sowie der Haftungsbestimmungen und Kreditunterlagen den **Kreditbegriff** wesentlich **weiter** und versteht darunter z.B. auch Derivate und Beteiligungen.

(3) Diskontgeschäft:

Ankauf von Wechseln und Schecks durch das Kreditinstitut.

(4) Finanzkommissionsgeschäft:

Anschaffung und Veräußerung von Finanzinstrumenten im eigenen Namen des Kreditinstituts für fremde Rechnung (der Kundschaft).

(5) Depotgeschäft:

Verwahrung und Verwaltung von Wertpapieren für andere.

(6) (**weggefallen** mit Erlass des **InvG** zum15.12.2003**: Investmentgeschäft**):

Gleichwohl sind Kapitalanlagegesellschaften Kreditinstitute).

(7) Darlehenserwerbsgeschäft:

Darunter fallen bestimmte Revolving-Darlehensarten, vom Gesetzgeber als „Eingehung der Verpflichtung, zuvor veräußerte Darlehensforderungen vor Fälligkeit zurückzuerwerben" bezeichnet: Diese treten im Zusammenhang mit der Gewährung eines langfristigen Kredits auf, oft gegen Ausstellung von gestückelten Schuldscheinen, wobei das Kreditinstitut als Kreditgeber die Kreditforderung an dritte Geldgeber (ggf. aufgeteilt in Teilforderungen) abtritt und zugleich diesen Drittgeldgebern gegenüber die Verpflichtung zum kurz- bis mittelfristigen Rückkauf der Darlehensteile übernimmt („Pensionsgeschäfte").

(8) Garantiegeschäft:

Übernahme von Bürgschaften, Garantien und sonstigen Gewährleistungen durch Kreditinstitute für andere.

(9) Scheckeinzugsgeschäft, Wechseleinzugsgeschäft und Reisescheckgeschäft:

Durchführung des bargeldlosen Scheckeinzugs (Scheckeinzugsgeschäft), des Wechseleinzugs (Wechseleinzugsgeschäft) und die Ausgabe von Reiseschecks (Reisescheckgeschäft) durch Kreditinstitute.

(10) Emissionsgeschäft:

Übernahme von Finanzinstrumenten für eigenes Risiko des Kreditinstituts zur Platzierung oder die Übernahme gleichwertiger Garantien durch das Kreditinstitut.

(11) E-Geld-Geschäft:

Ausgabe und Verwaltung von elektronischem Geld durch das Kreditinstitut. Betreibt ein Kreditinstitut ausschließlich dieses Geschäft, wird es als **E-Geld-Institut** bezeichnet (siehe § 1 Abs. 3d Satz 4 KWG). § 1 Abs. 14 KWG definiert **elektronisches Geld** als Werteinheiten in Form einer Forderung gegen die ausgebende Stelle, die auf elektronischen Datenträgern gespeichert sind, gegen Entgegennahme eines Geldbetrages ausgegeben werden und von Dritten als Zahlungsmittel angenommen werden, ohne gesetzliches Zahlungsmittel zu sein. Damit wird ausgeschlossen, dass E-Geld als Basis der Banken-Giralgeldschöpfung dienen und in Konkurrenz zu gesetzlichen Zahlungsmitteln treten könnte.

(12) Kontrahenten-Geschäft:

Die Tätigkeit des Kreditinstituts als zentraler Kontrahent im Sinne von § 1 Abs. 31 KWG. Ein **zentraler Kontrahent** ist dementsprechend ein Unternehmen, das bei Kaufverträgen innerhalb eines oder mehrerer Finanzmärkte zwischen den Käufer und den Verkäufer geschaltet wird, um als Vertragspartner für jeden der beiden zu dienen, und dessen Forderungen aus Kontrahentenausfallrisiken gegenüber allen Teilnehmern an seinen Systemen auf Tagesbasis hinreichend besichert sind.

Daneben kennt das KWG **weitere Differenzierungen** des Begriffs Kreditinstitut bezüglich bestimmter Geschäftstätigkeiten:

Betreibt ein Kreditinstitut sowohl das Einlagengeschäft als auch das Kreditgeschäft, wird es als **Einlagenkreditinstitut** bezeichnet (§ 1 Abs. 3d Satz 1 KWG). Diese Spezifikation entstand bereits mit der Umsetzung der 2. Bankrechtskoordinierungsrichtlinie im Rahmen der 4. KWG-Novelle, u.a. mit der Einführung des Europäischen Passes, und entspricht typischerweise dem **EU-Kreditinstitut**.

Wertpapierhandelsbanken sind Kreditinstitute, die keine Einlagenkreditinstitute sind und Bankgeschäfte im Sinne des § 1 Abs. 1 Satz 2 Nr. 4 (Finanzkommissionsgeschäft) oder Nr. 10 (Emissionsgeschäft) betreiben oder Finanzdienstleistungen im Sinne von § 1 Abs. 1a Satz 2 Nr. 1 bis 4 KWG (Anlagevermittlung, Anlageberatung, Betrieb eines multilateralen Handelssystems, Platzierungsgeschäft, Abschlussvermittlung, Finanzportfolioverwaltung und Eigenhandel) erbringen. Dieser Zuordnung geht aber die Klassifizierung als Einlagenkreditinstitut vor (vgl. für die Definitionen § 1 Abs. 3d KWG).

E-Geld-Institute sind Kreditinstitute, die nur das E-Geld-Geschäft betreiben (§ 1 Abs. 3d Satz 4 KWG).

Es ist in diesem Zusammenhang auch darauf hinzuweisen, dass das KWG (§§ 39, 40) die Bezeichnungen **Bank, Bankier, Sparkasse** schützt. Diese Bezeichnungen dürfen als Firmenzusatz, zur Geschäftsbezeichnung, zu Werbezwecken usw. nur Unternehmen führen, die eine Erlaubnis zum Betreiben von Bankgeschäften durch die *BaFin* erhalten haben. Die Bezeichnung **Volksbank** sowie **Spar- und Darlehenskasse** darf nur von Bankbetrieben in der Rechtsform der eingetragenen Genossenschaft, die einem Prüfungsverband angehören, geführt werden. Als **Sparkasse** dürfen sich nur zugelassene Sparkassen vor allem öffentlich-rechtlicher Rechtsform, daneben die sog. freien Sparkassen, bezeichnen (§ 40 KWG). Geschützt sind auch die Bezeichnungen **Bausparkasse** sowie **Kapitalanlage-** oder **Investment-**

gesellschaft (§ 3 InvG). Die Bezeichnungsschutzvorschriften kommen nicht für Unternehmen in Betracht, die solche Namen in Zusammenhängen führen, die von vornherein ausschließen, dass der Anschein erweckt werden soll, dass Bankgeschäfte betrieben werden. Außer durch das KWG kann auch allgemein ein Schutz der angeführten Bezeichnung durch das Gesetz gegen den unlauteren Wettbewerb gegeben sein.

2.1.2 Der wissenschaftliche Bankbegriff

Im Gegensatz zu der an den rechtstechnischen Erfordernissen des Gesetzesvollzugs ausgerichteten Definition von Unternehmen als „Kreditinstitute" ist die wissenschaftliche Durchdringung des Bankbegriffes nicht an derartige einschränkende und starre Definitionen gebunden.

Verfolgt man jedoch die Bemühungen einer Vielzahl von Autoren zur Bestimmung des Bankbegriffes, so kann man feststellen, dass kaum ein vergleichbares Erkenntnisobjekt sich ähnlich umfangreicher definitorischer Anstrengungen erfreuen kann. Fast jede bankbetriebswirtschaftliche Monographie beschäftigt sich an prominenter Stelle mehr oder weniger ausführlich mit dem Bankbetrieb und der Bankleistung als den zentralen Gegenständen der Bankbetriebslehre. Dabei bildete sich im Laufe der Zeit das Kuriosum einer eigenständigen Literatur, sogar in Form von Monographien (siehe *Grünewald; Schäfer; Siegert*) heraus.

Dieses ständige Bemühen kommt nicht von ungefähr. Es resultiert insbesondere aus der Stellung der Bankbetriebe in der Gesamtwirtschaft und der Eigenart ihrer Leistungserstellung sowie ihres Leistungsergebnisses. Dabei besteht die Gemeinsamkeit der Anstrengungen darin, herauszufinden, ob und gegebenenfalls wodurch sich das Erkenntnisobjekt **Bankbetrieb** von anderen Betriebstypen, insbesondere dem des Industriebetriebes und den übrigen Betriebstypen der Dienstleistungsproduktion, unterscheidet und wodurch die Unterschiede hinsichtlich ihrer Tätigkeit und des Ergebnisses ihrer Tätigkeit begründet sind. Die Zielsetzungen, die hinter diesen Bestrebungen stehen, sind darauf gerichtet, sowohl Grundlagen zur Bewältigung von Problemen der Bankpraxis mit wissenschaftlichen Methoden zu erarbeiten, als auch die Basis einer wissenschaftlich betriebenen Lehre vom Bankbetrieb zu liefern. Analysen der angeführten Art erlauben gleichzeitig Aussagen zum Entwicklungsstand und zum Fortschrittspotential einer Wissenschaft- im interessierenden Falle also zur Entwicklungsfähigkeit und Entwicklungsintensität der Bankbetriebslehre.

Um herauszufinden, welche Besonderheiten der bankbetrieblichen Betätigung gegeben sind, kann man von unterschiedlichen Standpunkten und mit unterschiedlicher Intensität der Bemühungen an das Erkenntnisobjekt Bankbetrieb herangehen. So ist beispielsweise eine Beschränkung auf die einfache Beschreibung von Geschäften und Banktechniken denkbar, man kann aber auch tiefer, sozusagen in das „Innenleben" des Erkenntnisobjektes, eindringen und dabei Strukturen, Funktionalzusammenhänge, soziale Sachverhalte, die Interaktionen mit der Umwelt u.a. offen legen. Ohne Zweifel spiegeln sich in diesen unterschiedlichen Methoden und Auffassungen über die Erforschung des Erkenntnisobjektes Bankbetrieb die jeweilige aktuelle Wissenschaftssituation und die jeweiligen Fortschritte der Allgemeinen Betriebswirtschaftslehre wider.

2.1.2.1 Traditioneller (technischer) Bankbegriff

Die Entwicklung des Bankbegriffes aus seinen Anfängen zeigt das Bemühen der Autoren (z.B. *Linhardt; Kalveram/Günther; Obst/Hintner* 1967; *Büschgen* 1972 und 1979; *Hagenmüller I*), durch Angabe eines oder mehrerer Merkmale äußerer Erscheinungsformen, durch Aufzählen von Funktionen und Geschäften oder durch Rückgriff auf gesetzliche Kennzeichnungen der Banktätigkeit (nach dem KWG) Wesensdefinitionen von Bankbetrieben oder Kreditinstituten (wie das Erkenntnisobjekt in Anlehnung an die Gesetzessprache häufig bezeichnet wird) zu gewinnen. Ausgerichtet sind diese Begriffe vorwiegend an banktechnischen Belangen und an den am Bilanzschema orientierten Bankgeschäften, wobei Kreditgeschäft, Kapital- und Zahlungsverkehr im Vordergrund des Interesses stehen. Dagegen bleiben heute aufsichtsrechtlich interessante außerbilanzielle Geschäfte wie Derivate oder das Wertpapiergeschäft völlig unbeachtet. Der Bankbetrieb selbst erscheint weitgehend als eine **Black-Box,** zumal nach wie vor die Handelstätigkeit als dominant angesehen und die Produktionstätigkeit einschließlich der bankbetrieblichen Produktionsprozesse negiert wird. Nur am Rande sei vermerkt, dass die Vertreter dieser nur geringfügig differierenden Bankbegriffe, die man als **traditionelle** oder **technische** Bankbegriffe bezeichnen könnte, teilweise den Umfang (Extension) des von ihnen gewählten Bankbegriffes anders fassen, als er sich aus dem Inhalt (Intension), welcher der Definition zugrunde liegt, ergibt (vgl. *Schäfer,* 39). Weitestgehend ungeklärt und unbeachtet bleibt bei dieser Betrachtungsweise naturgemäß der Leistungsbegriff, mit dessen Problematik sich lediglich *Kaminsky* eingehender auseinandergesetzt hat. Allerdings zeigt sich, dass die von *Kaminsky* vertretene, an der bankbetrieblichen Kostenrechnung orientierte These des Dualismus der Bankleistung (als schwankendem Verhältnis von Wert- und Stückleistung), kein adäquater Erklärungsansatz sein kann.

Würde man diesen traditionellen Auffassungen vom Wesen des Bankbetriebes folgen, so stellte sich der Bankbetrieb lediglich als eine Art „Kreditautomat" dar: Eine Bank wäre nämlich ein Unternehmen, dessen Leistungsziel ausschließlich oder vorrangig in der Gewährung von Krediten besteht und die sich die hierfür benötigten Mittel selbst durch Kreditaufnahmen bei Dritten beschafft. Diese undifferenzierte und einseitige Auffassung negiert, dass Bankbetriebe auch noch eine Reihe anderer „Geschäfte" betreiben und dass Bankbetriebe Organisationen darstellen, in denen Menschen tätig sind, von deren Fähigkeiten und Motivationen in ganz wesentlichem Umfang auch der Erfolg des Bankbetriebes bestimmt wird. Eine Annäherung an die Verhältnisse der Realität bringt die Kennzeichnung des Bankbetriebes durch *Deppe* (1966; 1969), der allerdings dem speziellen Untersuchungszweck seiner Arbeit entsprechend den Bankbetrieb unter dem Aspekt der Wachstumsanalyse sieht.

2.1.2.2 Struktureller Bankbegriff

Die durch gewandelte Auffassung vom Bankbetrieb und durch Abkehr von traditionellen Bankbegriffen geprägte neue Richtung, die von *Deppe* aufgezeigt wurde, könnte man im Wesentlichen als Auffassung des „strukturellen" Bankbegriffs kennzeichnen.

Erstmals wird nämlich der Bankbetrieb als ein System zweckmotivierter Handlungen **(Entscheidungen)** begriffen, in dem auf der Basis bestimmter Zielsetzungen die bankbetrieblichen Produktionsfaktoren zu **Bankmarktleistungen** kombiniert werden. Im Vordergrund der Bemühungen stehen die Aufhellung und Durchdringung der Struktur und Funktionalzusammenhänge im Bankbetrieb. Dem spezifischen Untersuchungsziel entsprechend, ordnet er zu diesem Zweck die bankbetrieblichen Produktionsfaktoren nach ihrem Wesensgehalt den nach seiner Auffassung elementaren Bestimmungsbereichen des bankbetrieblichen Leistungspotentials und damit des Wachstums zu: Dem **technisch-organisatorischen** Bereich, der die Struktur und das sachliche sowie räumliche Zusammenwirken der Elementarfaktoren (objektbezogene menschliche Arbeit sowie Arbeits- und Betriebsmittel) und die dispositiven Faktoren erfasst, und dem **liquiditätsmäßig-finanziellen** Bereich als der gedanklichen Einheit aller Dispositionen und Transaktionen finanzieller Art, der im wesentlichen die Nutzung des monetären Faktors umschließt *(Deppe* 1969, 20). Auf dieser Grundlage gelingt zwar die Entwicklung eines linearen Planungsmodells zur Bestimmung der optimalen Faktorkombination im finanziellen Bereich, es bleiben jedoch wesentliche Elemente unberücksichtigt, die zur Bestimmung der bankbetrieblichen Faktorkombination für alle Bankleistungen und nicht nur für

Bankmarktleistungen maßgeblich sind. Dies hat seinen Grund insbesondere in der Zurechnungsproblematik des dispositiven Faktors, die *Deppe* vereinfachend dadurch „löst", dass diese Faktoren „nach dem Begriffssystem dieser Arbeit logisch eindeutig in den technisch-organisatorischen Bereich" (*Deppe* 1969, 21) gehören und von einer „Überordnung" der dispositiven Faktoren über beide Bereiche abgesehen wird.

Wenn auch in der Auffassung von *Deppe* ansatzweise der Sachverhalt berücksichtigt ist, dass in Bankbetrieben Menschen tätig sind, so fehlt doch die konsequente Umsetzung dieser Erkenntnis in Richtung auf ein realitätsnäheres Erklärungsmodell. Gleichwohl besteht das Verdienst des strukturellen Bankbegriffes darin, die Black-Box-Annahme aufgegeben und bankbetriebliche Strukturen offen gelegt zu haben, die es der Bank-Führung in bestimmten Bereichen ermöglichen, unter Anwendung entscheidungsunterstützender Methoden (z.B. des Operations Research; Computersimulation) Auswirkungen alternativer Entscheidungen auf Rentabilität, Liquidität und Sicherheit des Bankbetriebes abzuschätzen. In einer Folgeveröffentlichung berücksichtigt *Deppe* (1978, 8) wohl als Reaktion auf einschlägige Kritik neben den beiden genannten Bereichen einen **geschäftspolitischen Bereich,** der die Normen der Bankleitung zur optimalen Ausnutzung der Mechanismen im Sinne der Zielerreichung enthält und den beiden Leistungsbereichen übergeordnet ist.

In Anbetracht der bestehenden Zuordnungsproblematik der menschlichen Arbeits- und Führungsleistungen hat sich schließlich als weitere Entwicklungsstufe eine Sicht des Bankbetriebes etabliert, die den Bankbetrieb als Organisation und als System innerhalb eines Umsystems begreift. Diese Richtung pragmatischer und realitätsnaher Erklärungsversuche soll zweckmäßigerweise als systemorientierte Auffassung vom Bankbetrieb bezeichnet werden.

2.1.2.3 Systemorientierter Bankbegriff

Der systemorientierte Bankbegriff geht davon aus, dass Bankbetriebe zielgerichtete, offene sozio-technische Systeme darstellen, die mit ihrer Umwelt durch ein Netz von Transaktionsbeziehungen bzw. Interaktionen verbunden sind (*Eilenberger* 1974, 46). Als System wird dabei eine Gesamtheit von Elementen verstanden, zwischen denen dauerhafte Beziehungen bestehen. Ein sozio-technisches System ist der Bankbetrieb deshalb, weil er als Organisation einerseits **soziale** Systemelemente (Personen, soziale Gebilde in Form von Gruppen) und andererseits wenn auch nicht im gleichen Umfang, wie das bei Industriebetrieben der Fall ist **technische** Systemelemente (z.B. Bauten, Einrichtungen, maschinelle Anlagen, Datenverarbeitungsanlagen usw.) umfasst.

Diese Auffassung vom Bankbetrieb, die ökonomische und soziale Sachverhalte gleichermaßen berücksichtigt, erfuhr in der zweiten Hälfte der 70er Jahre zunehmend Anerkennung (siehe *Deppe* 1978, 6ff., der diesen Ansatz als neue Sicht wissenschaftlicher Bankbetriebslehre bezeichnet) sowie weitere wissenschaftliche Vertiefung und Ergänzung (z.B. *Ellermeier; Lehner; Zantow; Blanz; Franke*): „Dieser auf Ziele. Steuerung und Kontrolle ausgerichtete Ansatz der wissenschaftlichen Bankbetriebslehre bildet die gedankliche Basis der neueren Theorie in Gestalt der Totalmodelle des Bankbetriebes und kommt allgemein in der so genannten Systemtheorie zum Ausdruck" (*Deppe* 1978,7).

Der systemorientierte Bankbegriff berücksichtigt insbesondere, dass der bankbetriebliche Leistungserstellungsprozess und die Bankleistungen als dessen Ergebnis von der bankbetrieblichen Organisation und deren Struktur, den individuellen Zielsetzungen der Organisationsmitglieder und ihrem Verhalten, den bankbetrieblichen Zielsetzungen, den bankbetrieblichen Entscheidungen und Entscheidungsprozessen, von Information und Kommunikation ebenso mitbestimmt werden wie von Umweltfaktoren (Abbildung 1-1).

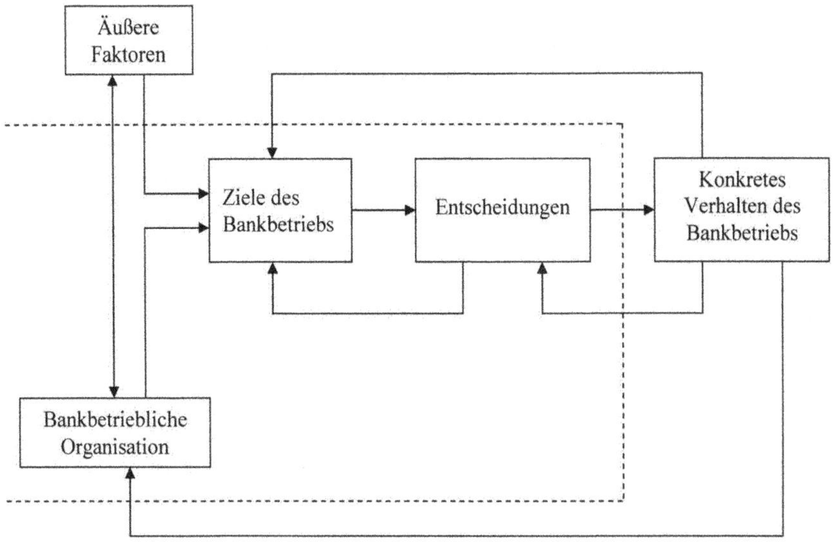

Abb. 1-1: Haupteinflussgrößen bankbetrieblichen Verhaltens

Der Bankbetrieb und seine auf Entscheidungen beruhenden Ergebnisse werden dabei unter verhaltenswissenschaftlichen Aspekten beurteilt und untersucht. Da das **Verhalten** von Organisationen letztlich menschliches Verhalten ist, kann das Verhalten des Bankbetriebes in Anlehnung an *Lewin* (271 ff.) als eine **Funktion** von betriebsbedingten bzw. **betrieblichen Faktoren** (B) und **Umweltfaktoren** (**U**) aufgefasst werden, also:

$$V = f(B, U)$$

Das bedeutet, dass das Verhalten von Bankbetrieben gleichermaßen durch innere, betriebliche Faktoren und die Umwelt determiniert ist, und nicht durch entweder die inneren Faktoren oder durch die Umwelt allein. Berücksichtigt man darüber hinaus auch die Wechselbeziehungen von B und U, also B * U, so ergibt sich eine Erweiterung der beschriebenen einfachen Verhaltensfunktion zu einer **umfassenderen Verhaltensfunktion:**

$$V = f(B, U, B * U)$$

Analysiert man die beiden komplexen Verhaltensfaktoren U und B weiter, so ergibt sich Folgendes:

(a) Umweltfaktoren

Unter **Umwelt** wird derjenige Teil der Welt außerhalb einer Organisation verstanden, mit dem die Organisation in irgendeiner Weise in Verbindung steht und von dem Beeinflussungen ausgehen, die das Verhalten der Organisation verändern, und der seinerseits ebenfalls durch das Verhalten der Organisation verändert werden kann. Aus Zweckmäßigkeitsüberlegungen erfolgt eine Einschränkung der Betrachtung der äußeren Ursachen auf die wesentlichen Umweltfaktoren nach dem Konzept der Relevanten Umwelt (task environment).

Der Begriff **Relevante Umwelt** bezeichnet diejenigen Teile der Umwelt oder Umweltfaktoren von Bankbetrieben, die im Hinblick auf deren Zielbildung, Zielsetzung und Zielerreichung wesentlich oder möglicherweise relevant sind. Von der nicht-relevanten, also übrigen Umwelt (remaining environment) ausgehende Einflüsse wie z.B. kultureller, familiärer, religiöser, moralisch-ethischer Art können wegen ihrer gegenüber anderen Umweltfaktoren vergleichsweise geringen Bedeutung für den Bankbetrieb vernachlässigt werden.

Die Relevante Umwelt von Bankbetrieben besteht aus primären und sekundären Umweltfaktoren. Als **primäre Umweltfaktoren** kann man diejenigen Faktoren bezeichnen, die direkt marktgestaltend wirken, d.h. das Verhalten der Teilnehmer am Markt für Bankleistungen insgesamt oder für einzelne (Teil-)Märkte von (speziellen) Bankleistungen unmittelbar beeinflussen, und von den Bankbetrieben durch Einsatz des marktpolitischen Instrumentariums verändert werden können. Die primären Umweltfaktoren eines Bankbetriebs umfassen demnach:

(1) Die **Bankkundschaft** (private Haushalte, Unternehmen, öffentliche Haushalte) bestehend aus
  a) Nachfragern nach Kreditleistungen, bestimmten Anlageleistungen (einschl. Wertpapierhandelsleistungen), Zahlungsverkehrsleistungen und sonstigen Bankleistungen, und
  b) Anbietern von „Rohmaterial“ (v.a. Kapitalien, Dienstleistungen, Ausrüstung, externe Informationen) zur Transformation in Bankleistungen aller Art.

(2) Die **Bankeigner** (Eigenkapitalgeber bzw. Shareholder, mit Ausnahme von Geschäftsführer-Gesellschaftern und Bankeigentümern im engeren Sinne);

(3) Die übrigen **Bankbetriebe** als Wettbewerber im Markt für Bankleistungen (sowohl im Absatz- als auch im Beschaffungsbereich) und ggf. als Nachfrager für Interbankleistungen (sowohl im Inland als auch im Ausland bzw. in gobaler Konkurrenz).

Es ist offensichtlich, dass diese Gruppen von Umweltfaktoren und deren Interessen nicht homogen, sondern in sich weiter differenziert sind. Zu den **sekundären Umweltfaktoren** zählen solche Faktoren, die zwar Einfluss auf die Zielsetzung von Bankbetrieben haben und/oder das Ausmaß der bankbetrieblichen Zielerreichung begrenzen, von den Bankbetrieben selbst kurz- oder mittelfristig jedoch nicht verändert werden können (z.B. das öffentliche Interesse, soziale und ökonomische Faktoren).

(b) Betriebliche Faktoren

Auf das Verhalten von Bankbetrieben üben neben den Umweltfaktoren die inneren, betrieblichen Faktoren (B) dominierenden Einfluss aus. Im Hinblick auf diese betrieblichen Faktoren können folgende **Haupteinflussgrößen,** die das Verhalten von Bankbetrieben bestimmen, unterschieden werden:

- Die bankbetriebliche Organisation (O) und deren Struktur,
- die individuellen Zielsetzungen der Organisationsmitglieder,
- die bankbetrieblichen Zielsetzungen (Z),
- die bankbetrieblichen Entscheidungen und Entscheidungsprozesse (E),
- Informationen und Kommunikation bzw. Informationsaustausch.

Da die individuellen Zielsetzungen der Organisationsmitglieder durch Autorisierung in die Zielsetzungen des Bankbetriebes (Z) eingehen können bzw. bei nicht erfolgender Autorisierung das Organisationsverhalten nicht wesentlich beeinflussen und die Kommunikation sowie die Informationen die Organisationsstruktur prägen, kann das Verhalten als Ergebnis des Einsatzes der unabhängigen **betrieblichen Variablen** O, Z und E aufgefasst und diese Beziehung als eine Verhaltensfunktion dargestellt werden:

$$V_B = f(O, Z, E)$$

Die Reihenfolge der Determinanten zeigt, dass eine bestimmte Organisation mit einer bestimmten Organisationsstruktur die Voraussetzung bzw. die Grundlage der Zielbildung darstellt und diese beiden Variablen den Rahmen für betriebliche Entscheidungen abgeben.

(c) Bildung von bankbetrieblichen Subsystemen

Die Analyse von Bankbetrieben als komplexer kybernetischer Systeme erfolgt zweckmäßigerweise nach dem in der kybernetischen Forschung angewandten **Prinzip der Strukturanreicherung:** Auf dem Wege sukzessiver Hierarchienbildung wird das System Bankbetrieb in Subsysteme (Subsysteme erster Ordnung) und diese wiederum in Subsysteme zweiter und niedrigerer Ordnung zerlegt. Als Subsysteme niedrigster Ordnung können schließlich in Anlehnung an die betriebswirtschaftliche Produktionstheorie Elementarkombinationen oder aktive Elemente des Systems als kleinste Subsysteme isoliert werden.

Derartige kleinste leistungsbereite und dauerhafte Organisationseinheiten (**Basissysteme**), die durch spezifische Arbeits- und Verteilungsbeziehungen charakterisiert und dadurch voneinander abgrenzbar sind, umfassen je nach Aufgabenstellung eine oder mehrere Personen (uni- bzw. multipersonale Basissysteme) sowie ein oder mehrere Sachmittel (uni- bzw. multiinstrumentale Basissysteme).

Die **Strukturanreicherung** geht in der Weise vor sich, dass mit der Bildung der jeweils nächsten Ordnung von Subsystemen stufenweise die Kenntnis über die innere Struktur des zuvor als Black-Box und nur in seinem Zusammenhang mit den Subsystemen gleicher Ordnung betrachteten Subsystems vergrößert wird. Der Untersuchung des Beziehungsgefüges (**Interstruktur**) zwischen den aktiven Subsystemen, d.h. des Verhaltens von Black-Boxes auf bestimmte Aktionen, folgt die Analyse der **Intrastruktur** des bisher als Black-Box aufgefassten Subsystems (strukturelle Hierarchienbildung). Dieses Vorgehen bedingt, dass die kleinsten Subsysteme bzw. letzten Elemente wobei die Definition des „letzten" Subsystems bzw. Elements vom Untersuchungszweck abhängig ist immer Black-Boxes bleiben, deren Intrastruktur von der Betrachtung ausgeschlossen wird.

Unter Berücksichtigung der Tatsache, dass einerseits die Bildung von Subsystemen in wesentlichem Ausmaß von der Subumwelt, in bzw. gegenüber der das jeweilige Subsystem seine spezifische Aufgabe zu erfüllen hat, bestimmt ist und es andererseits in der Betriebswirtschaftslehre üblich ist, Funktionsbereiche des betrieblichen Tätigwerdens zu unterscheiden, wird der Bildung von bankbetrieblichen Subsystemen das funktionale Konzept von *Katz/Kahn* (39 ff.) zugrunde gelegt. Demnach ist die Differenzierung in folgende Subsysteme zweckmäßig (siehe dazu im einzelnen *Eilenberger* 1975, 35ff.):

- **Produktions-Subsystem:**
  Umfasst alle an der bankbetrieblichen Leistungserstellung beteiligten Elemente des Systems zur Durchführung der Transformationsprozesse.

- **Unterstützungs-Subsystem:**
  Erfüllt die Aufgabe, Finanzierung, Beschaffung und Absatz des Systems durchzuführen und sicherzustellen.

- **Instandhaltungs-Subsystem:**
  Kommt der Aufgabe nach, die Leistungsfähigkeit des Bankbetriebes im sozialen Bereich durch geeignete Auswahl von Organisationsmitgliedern und Übertragung von **Verhaltenskapazitäten** (Kenntnissen und Fertigkeiten) sowie **Verhaltenserwartungen** (Werte und Normen) dauerhaft aufrecht zu erhalten.

- **Informations-Subsystem:**
  Fällt die Aufgabe zu, externe und interne Informationen zu gewinnen und alle Elemente des Systems mit entscheidungsrelevanten Informationen zeitgerecht, umfassend und zweckmäßig zu versorgen.

- **Integratives Entscheidungs-Subsystem:**
  Schließt alle Elemente ein, die mit Entscheidungen zur Führung. Koordination und Kontrolle der anderen Subsysteme und der in diesen ablaufenden Systemprozessen sowie zur Anpassung des Systems Bankbetrieb an seine Umwelt befasst sind.

Die systemorientierte Konzeption trennt wie unter 7. l ausführlicher zu zeigen sein wird zwischen bankbetrieblicher Tätigkeit und dem Ergebnis dieser Tätigkeit insofern, als die Bankleistungen in ihrer Gesamtheit als Dienstleistungen im Sinne des Ergebnisses eines bankbetrieblichen Faktorkombinationsprozesses verstanden werden. Insbesondere wird der Eigenart des bankbetrieblichen Leistungserstellungsprozesses dadurch Rechnung getragen, dass erst das konkrete Leistungsbegehren der Nachfrager nach Bankmarktleistungen die Endkombination interner und externer Produktionsfaktoren zum absatzfähigen Wirtschaftsgut „Bankmarktleistung" auslöst. Zu den **internen** Produktionsfaktoren zählen dabei die Mitarbeiter, apparativen Einrichtungen, Nominalgüter (vor allem Zentralbankgeld) in der Verfügungsmacht des Bankbetriebes, interne Informationen sowie Hilfs- und Betriebsstoffe (Abbildung 2), während als **externe** Produktionsfaktoren alle für die Endkombination notwendigen, jedoch im Bankbetrieb

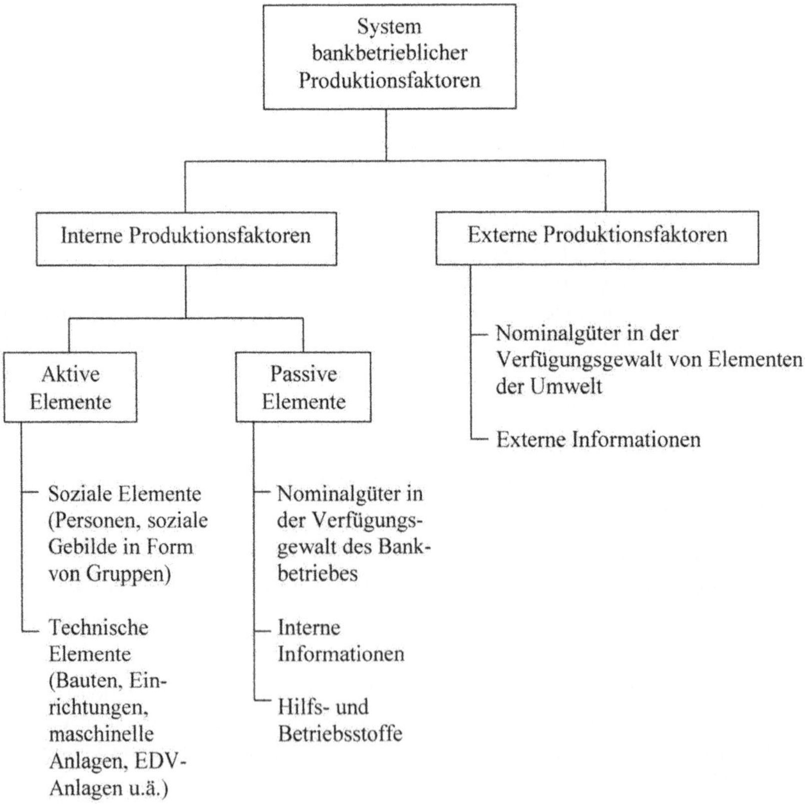

Abb. 2: System bankbetrieblicher Produktionsfaktoren

selbst nicht verfügbaren oder nicht generierbaren Produktionsfaktoren aus der Umwelt in Frage kommen (z.B. externe Informationen und Nominalgüter in der Verfügungsgewalt von Elementen der Umwelt). Durch dieses Charakteristikum des bankbetrieblichen Leistungserstellungsprozesses eines Mehrproduktbetriebes, bei dem in einer ersten Stufe die Leistungsbereitschaft hergestellt werden muss, um allen aus der Umwelt herangetragenen Leistungsbegehren jederzeit gerecht werden zu können, und dessen zweite Stufe im Zusammenwirken externer und interner Produktionsfaktoren besteht, hebt sich der Bankbetrieb von allen anderen Betriebstypen der Dienstleistungsproduktion ab.

Insgesamt berücksichtigt der **systemorientierte** Bankbegriff die besondere Stellung der Bankbetriebe in der Gesamtwirtschaft und ihre finanzwirtschaftliche Verantwortung sowie die Besonderheiten bankbetrieblicher **Führung** (als zielgerichteter Steuerung des Systems Bankbetrieb; siehe 9.1) und **Leistungserstellung** in einzelwirtschaftlicher Sicht. Darüber hinaus integriert der systemtheoretische Bankbegriff alle bekannten Begriffsdefinitionen und macht auch deren Stellenwert deutlich:

Der **traditionelle** bzw. technische Bankbegriff deckt den notwendigen deskriptiven, beschreibenden Bereich der Betriebswirtschaftslehre der Banken ab, in dem Rechtsvorgänge, organisatorisch-buchhalterische Zusammenhänge und „Geschäftsarten" einschließlich der aktuellen Banktechniken im Vordergrund des Interesses stehen. Aber auch die Verwendung mathematischer Modelle und Verfahren, die dem **strukturellen** Bankbegriff immanent sind, findet in der systemorientierten, neueren Sicht wissenschaftlicher Bankbetriebslehre durchaus ihren Platz (als entscheidungsunterstützende Methoden zur Lösung bestimmter Probleme). Der **systemorientierte** Bankbegriff ist jedoch weiter gespannt, zumal er auch das Verhalten der Organisation „Bankbetrieb" und das Verhalten seiner Organisationsmitglieder in Abhängigkeit von der jeweiligen Umwelt einschließt. Zweifellos stellt der systemorientierte Bankbegriff keine Abkehr von den Ergebnissen bisheriger wissenschaftlicher Bemühungen um die Erforschung des Erkenntnisobjektes Bankbetrieb dar; vielmehr verbindet er traditionelle und strukturelle Auffassungen. Er repräsentiert ein weiteres Stadium evolutionärer Entwicklung und bringt damit das Fortschrittspotential der Betriebswirtschaftslehre der Banken zum Ausdruck. Gegenüber der durch aufsichtsrechtliche Erfordernisse geprägten und deshalb häufigen Veränderungen unterworfenen Legaldefinition zeichnet er sich auch in der Gegenwart auf Grund der allgemeingültigen Formulierung durch eine hohe Stabilität aus.

2.1.3 Banknahe Unternehmen (Near Banks)

Nachdem bereits mit der **4. KWG-Novelle 1992** die **Finanzinstitute** als banknahe Unternehmen von § 1 Abs. 3 KWG entsprechend ihrer Haupttätigkeiten näher definiert und für Aufsichtszwecke von den Kreditinstituten abgegrenzt worden sind, erfolgte im Rahmen der **5. KWG-Novelle 1994,** die in Verfolgung der Umsetzung der EG-Konsolidierungsrichtlinie in deutsches Recht v.a. auf eine Erweiterung der in die bankaufsichtliche Konsolidierung einzubeziehenden Unternehmen abzielte, die Einbeziehung und die Definition der **Finanzholding-Gesellschaft** (§ 1 Abs. 3a KWG), der **gemischten Unternehmen** (§ 1 Abs. 3b KWG) und der **Anbieter von Nebendienstleistungen** (Unternehmen mit bankbezogenen Hilfsdiensten bzw. Hilfsunternehmen; § 1 Abs. 3c KWG).

Mit der **6. KWG-Novelle 1997** wurden auch Finanzdienstleister in die Bankenaufsicht einbezogen und sind seither unter der Bezeichnung **Finanzdienstleistungsinstitute** in § 1 Abs. 1a KWG abschließend aufgezählt. Kreditinstitute und Finanzdienstleistungsinstitute werden seither vom KWG gemeinsam als „Institute" bezeichnet. An die Stelle der „Finanzinstitute" (§ 1 Abs. 3 alt) trat die Bezeichnung **Finanzunternehmen** (§ 1 Abs. 3 neu) mit teilweise geänderter Zuordnung ihrer enumerativ festgelegten Haupttätigkeiten.

2.1.3.1 Finanzdienstleistungsinstitute

Finanzdienstleistungsinstitute sind Unternehmen, die Finanzdienstleistungen für andere gewerbsmäßig oder in einem Umfang erbringen, der einen in kaufmännischer Weise eingerichteten Geschäftsbetrieb erfordert, und die keine Kreditinstitute sind (§ 1 Abs. 1a KWG). Damit ist ihre Einordnung subsidiär gegenüber denjenigen Unternehmen, die als Kreditinstitute gelten.

Finanzdienstleistungen sind im Einzelnen (Nummerierung nach § 1 Abs. 1a Satz 2 KWG):

1. **Anlagevermittlung:** Vermittlung von Geschäften über die Anschaffung und Veräußerung von Finanzinstrumenten.

1a. **Anlageberatung:** Abgabe von persönlichen Empfehlungen an Kunden oder deren Vertreter, die sich auf Geschäfte mit bestimmten Finanzinstrumenten beziehen, sofern die Empfehlung auf eine Prüfung der persönlichen Umstände des Anlegers gestützt oder als für ihn geeignet dargestellt wird und nicht ausschließlich über Informationsverbreitungskanäle oder für die Öffentlichkeit bekannt gegeben wird.

1b. **Betrieb eines multilateralen Handelssystems** und **Platzierungsgeschäft:** Betrieb eines multilateralen Systems, das die Interessen einer Vielzahl von Personen am Kauf und Verkauf von Finanzinstrumenten innerhalb des Systems und nach festgelegten Bestimmungen in einer Weise zusammenbringt, die zu einem Vertrag über den Kauf dieser Finanzinstrumente führt. Unter Platzierungsgeschäft wird das Platzieren von Finanzinstrumenten ohne feste Übernahmeverpflichtung verstanden.

2. **Abschlussvermittlung:** Anschaffung und Veräußerung von Finanzinstrumenten im fremden Namen durch das Finanzdienstleistungsinstitut für fremde Rechnung.

3. **Finanzportfolioverwaltung:** Verwaltung einzelner in Finanzinstrumenten angelegter Vermögen durch das Finanzdienstleistungsinstitut für andere mit Entscheidungsspielraum.

4. **Eigenhandel:** Anschaffung und Veräußerung von Finanzinstrumenten für eigene Rechnung des Finanzdienstleistungsinstituts als Dienstleistung für andere.

5. **Drittstaateneinlagenvermittlung:** Vermittlung von Einlagengeschäften mit Unternehmen mit Sitz außerhalb des Europäischen Wirtschaftsraums.

6. (weggefallen; vorher: Finanztransfergeschäft).

7. **Sortengeschäft:** Handel mit Sorten.

8. (weggefallen; vorher: Kreditkartengeschäft).

9. **Factoring:** Laufender Ankauf von Forderungen durch das Finanzdienstleistungsinstitut auf der Grundlage von Rahmenverträgen.

10. **Finanzierungsleasing:** Abschluss von Finanzierungsleasingverträgen durch das Finanzdienstleitungsinstitut als Leasinggeber und die Verwaltung von Objektgesellschaften im Sinne des § 2 Abs. 6 Satz 1 Nr. 17 KWG.

11. **Anlageverwaltung:** Anschaffung und Veräußerung von Finanzinstrumenten durch das Finanzdienstleistungsinstitut für eine Gemeinschaft von Anlegern, die natürliche Personen sind, mit Entscheidungsspielraum für der Auswahl der Finanzinstrumente, sofern dies ein Schwerpunkt des angebotenen Produktes ist und zu dem Zweck erfolgt, dass diese Anleger an der Wertentwicklung der erworbenen Finanzinstrumente teilnehmen.

Als Finanzdienstleistung gilt nach § 1 Abs. 1a Satz 3 KWG auch eine Anschaffung oder Veräußerung von Finanzinstrumenten **für eigene Rechnung** des Finanzdienstleistungsinstituts, die keine Dienstleistung für andere im Sinne des § 1 Abs. 1a Satz 2 Nr. 4 darstellt (**Eigengeschäft**), also nicht dem Eigenhandel nach Nr. 4 zuzuordnen ist.

Die Finanzdienstleistungen Nr. 1 bis 4 sind die typischen Geschäfte einer **Wertpapierfirma** gemäß EG-Wertpapierdienstleistungsrichtlinie, die neben dem Finanzkommissionsgeschäft und dem Emissionsgeschäft (als Bankgeschäften) unter staatliche Aufsicht gestellt wurden. Für Finanzdienstleistungs- und Kreditinstitute, die diese Geschäfte betreiben, wurde der zusammenfassende Begriff des **Wertpapierhandelsunternehmens** geprägt. Er entspricht inhaltlich der EG-Wertpapierfirma. Ausgenommen sind hiervon aber die Einlagenkreditinstitute bzw. Institute, deren Geschäfte sich nicht auf Wertpapiere, sondern auf Devisen, Rechnungseinheiten und Derivate beziehen.

Dagegen kann eine **Wertpapierhandelsbank** immer nur ein Kreditinstitut (und kein Finanzdienstleistungsinstitut) sein, das eines der genannten Geschäfte betreibt. Ausnahmen bilden auch hier die Einlagenkreditinstitute (siehe 2.1.1). Mit der Einbeziehung in das KWG unterliegen die Wertpapierhandelsunternehmen denselben Aufsichtspflichten wie bisher die Kreditinstitute. Für die Finanzdienstleistungsinstitute, die nur die Geschäfte nach Nrn. 5 und 7 betreiben, wurde vor allem die **Erlaubnispflicht** eingeführt. Damit sollte der sog. Graue Kapitalmarkt bekämpft werden.

2.1.3.2 Finanzunternehmen

Als Finanzunternehmen sind Unternehmen definiert, die nicht „Institute“ im Sinne des § 1 Abs. 1 und Abs. 1a KWG und keine Kapitalanlagegesellschaften oder Investmentaktiengesellschaften sind und deren **Haupttätigkeit** sich insbesondere in folgenden **Betätigungen** besteht (§ 1 Abs. 3 KWG):

1. Erwerb und Halten von Beteiligungen;
2. Entgeltlicher Erwerb von Geldforderungen;
3. Abschluss von Leasingverträgen;
4. (weggefallen)
5. Handel des Finanzunternehmens mit Finanzinstrumenten für eigene Rechnung;
6. Beratung anderer durch das Finanzunternehmen bei der Anlage in Finanzinstrumenten;
7. Beratung von Unternehmen über die Kapitalstruktur, die industrielle Strategie und damit verbundene Fragen sowie Beratung bei Zusammenschlüssen und Übernahmen von Unternehmen einschließlich Angebot von Dienstleistungen;
8. Vermittlung von Darlehen zwischen Kreditinstituten (Geldmaklergeschäfte).

Darüber hinaus kann der Bundesminister der Finanzen nach Anhörung der *Deutschen Bundesbank* durch Rechtsverordnung **weitere Unternehmen**, die von der oben dargelegten enumerativen Aufzählung nicht erfasst werden, als **Finanzunternehmen** bezeichnen, deren Haupttätigkeit in einer Tätigkeit besteht, um welche die Liste im Anhang I der **EU-Bankenrichtlinie** erweitert wird (§ 1 Abs. 3 Satz 2 KWG).

2.1.3.3 Institutsgruppen

Institutsgruppen und Finanzholding-Gruppen sind bankaufsichtlich für die angemessene Eigenmittelausstattung (§ 10a KWG), für die Begrenzung bedeutender Beteiligungen (§ 12 Abs. 2 KWG), für die Prüfung von Großkrediten (§ 13b KWG), für die Prüfung von Millionenkrediten (§ 14 KWG) und für das Einreichen zusammengefasster Monatsausweise (§ 25 Abs. 2 KWG) von Bedeutung.

Eine **Institutsgruppe** wird in § 10a Abs. 2 KWG definiert. Sie besteht aus einem übergeordneten Unternehmen mit Sitz im Inland sowie nachgeordneten Unternehmen (Abbildung 2-1). Das übergeordnete Unternehmen muss ein Kredit- oder Finanzdienstleistungsinstitut sein und es darf keinem anderen Institut mit Sitz im Inland nachgeordnet sein, d.h. es ist immer das an der Spitze stehende Institut. Wenn sich bei wechselseitigen Beteiligten das übergeordnete Institut nicht bestimmen lässt, trifft die Aufsichtsbehörde die Entscheidung. Als übergeordnetes Finanzdienstleistungsinstitut kommt außerdem nur ein Wertpapierhandelsunternehmen in Frage, weil die weiteren Finanzdienstleistungsinstitute nur beschränkt aufsichtspflichtig sind (siehe 2.1.3.1).

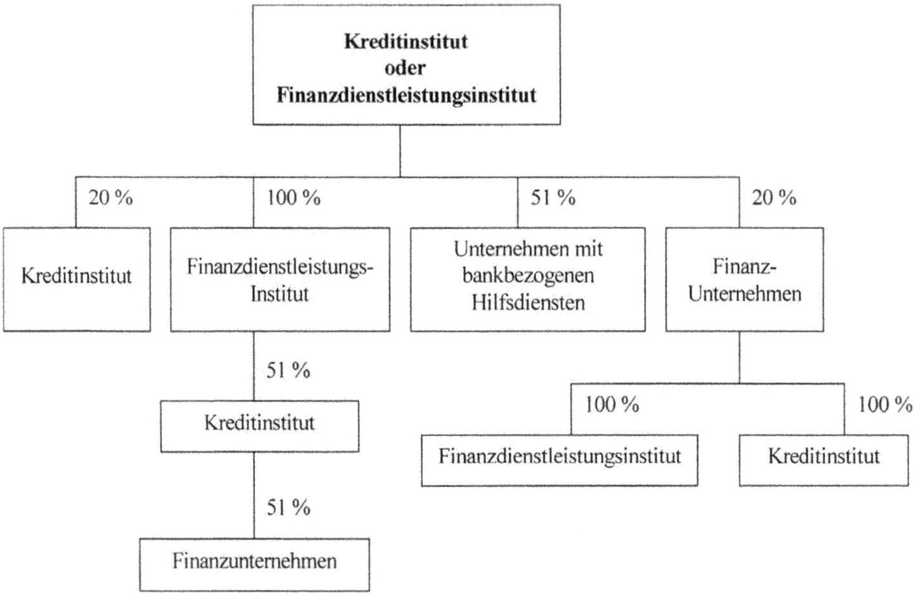

Abb. 2-1: Grundsätzliche Struktur einer Institutsgruppe

Nachgeordnete Unternehmen sind Tochterunternehmen, die selbst Institute, Finanzunternehmen oder Unternehmen mit bankbezogenen Hilfsdiensten sind. Sofern nur Unternehmen mit bankbezogenen Hilfsdiensten nachgeordnet sind, wird keine Institutsgruppe begründet. **Tochterunternehmen** werden als Unternehmen im Sinne des § 290 des HGB definiert oder bestimmen sich nach der Möglichkeit eines beherrschenden Einflusses. Dabei kommt es nicht auf die Rechtsform und den Sitz des Unternehmens an.

Nachgeordnete Unternehmen sind aber auch solche Institute, Finanzunternehmen oder Unternehmen mit bankbezogenen Hilfsdiensten, an denen ein gruppenangehöriges Unternehmen mindestens 20% der Kapitalanteile mittelbar oder unmittelbar hält, die von ihm gemeinsam mit anderen Unternehmen geleitet werden und für deren Verbindlichkeiten es beschränkt haftet (qualifizierte Minderheitsbeteiligung).

Mit diesen Konsolidierungsvorschriften des § 10a Abs. 1 bis 5, die ebenso für die Großkredite von Institutsgruppen und Finanzholding-Gruppen nach § 13b KWG gelten, wurden früher geltende Regelungen, die auch noch das Einbeziehen einer erheblichen Beteiligung (40%) vorsahen, vereinfacht. Gleichwohl ist gewährleistet, dass durch die Abzugsregelung des § 10a

Abs. 6 KWG Eigenmittel bei gruppenangehörigen Unternehmen nicht doppelt erfasst werden, so dass es nicht zur Entstehung von Kredit-Pyramiden kommen kann.

2.1.3.4 Finanzholding-Gesellschaften und Finanzholding-Gruppen

Finanzholding-Gruppen unterscheiden sich von Institutsgruppen darin, dass an ihrer Spitze eine Finanzholding-Gesellschaft steht (Abbildung 2-2). **Finanzholding-Gesellschaften** sind nach der Legaldefinition Finanzunternehmen, die keine gemischten Finanzholding-Gesellschaften und deren Tochterunternehmen ausschließlich oder hauptsächlich Institute oder Finanzunternehmen sind und die mindestens ein Einlagenkreditinstitut, ein E-Geld-Institut oder ein Wertpapierhandelsunternehmen zum Tochterunternehmen haben. **Gemischte Finanzholding-Gesellschaften** sind Mutterunternehmen, die keine beaufsichtigten Finanzkonglomeratsunternehmen sind, und die zusammen mit ihren Tochterunternehmen und anderen Unternehmen ein Finanzkonglomerat bilden. Von den Tochterunternehmen muss mindestens ein Unternehmen ein beaufsichtigtes Finanzkonglomeratsunternehmen mit Sitz im Inland oder einem anderen Staat des EWR sein. **Beaufsichtigte Finanzkonglomeratsunternehmen** sind konglomeratsangehörige Einlagenkreditinstitute, E-Geld-Institute, Wertpapierhandelsunternehmen, Erstversicherungsunternehmen (im Sinne des § 104k Nr. 2 Buchstabe a VAG), Kapitalanlagegesellschaften oder andere Vermögensverwaltungsgesellschaften im Sinne des Artikels 2 Nr. 5 und des Artikels 30 der Richtlinie 2002/87/EG.

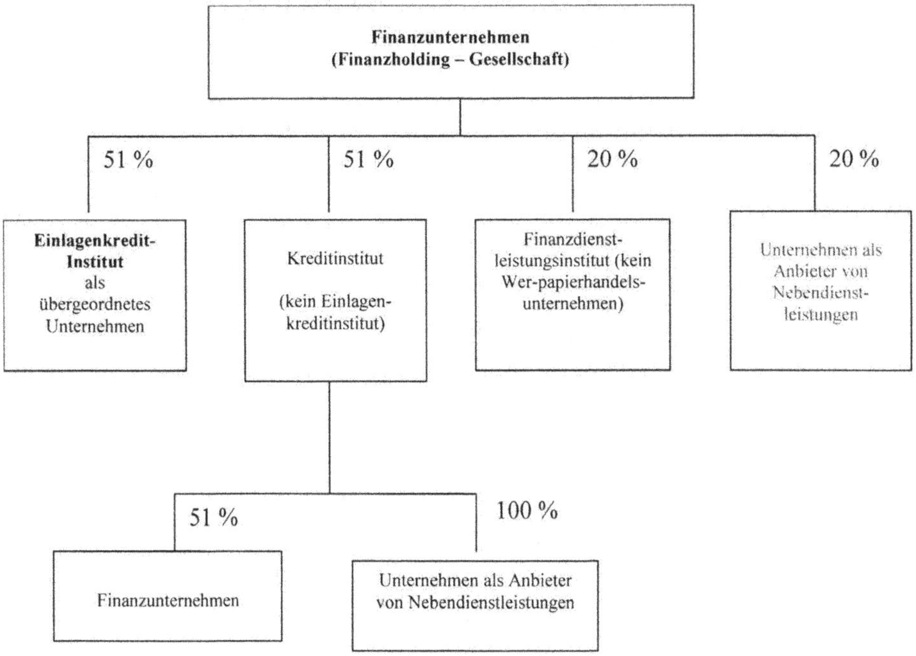

Abb. 2-2: Grundsätzliche Struktur einer Finanzholding-Gruppe

Da bei Identität des Spitzenunternehmen mit dem übergeordneten Unternehmen in einer Finanzholding-Gruppe ein Finanzunternehmen die Konsolidierungspflicht wahrnehmen würde, obwohl es selber nicht der Aufsicht unterliegt, wird dieses Problem durch die Festlegung umgangen, dass als übergeordnetes Unternehmen das gruppenangehörige Einlagenkreditinstitut oder Wertpapierhandelsunternehmen mit Sitz im Inland gilt, das selbst keinem anderen Institut der Gruppe mit Sitz im Inland nachgeordnet ist. Im Falle der Nachordnung würde sich eine Institutsgruppe ergeben.

- Auch bei den Finanzholding-Gruppen bestimmt die Aufsicht im Zweifelsfalle das übergeordnete Unternehmen. Wenn die Finanzholding-Gesellschaft ihren Sitz in einem anderen Staat des Europäischen Wirtschaftsraumes hat und nachgeordnete Einlagenkreditinstitute oder Wertpapierhandelsunternehmen in Ländern außerhalb ihres Sitzlandes, besteht eine Konsolidierungspflicht nach dem KWG,
- wenn mindestens eines dieser Unternehmen seinen Sitz im Inland hat und keines im Sitzstaat und das Unternehmen im Inland eine höhere Bilanzsumme hat als sonst auch in Frage kommende Tochterunternehmen in anderen Ländern. Bei gleicher Bilanzsumme ist der frühere Zulassungszeitpunkt maßgeblich.

Somit liegt auch für diese Finanzholding-Gesellschaften eine Finanzholding-Gruppe nur dann vor, wenn sich im Inland wenigstens ein nachgeordnetes Einlagenkreditinstitut oder Wertpapierhandelsunternehmen befindet, über das die Aufsicht mittelbar auch für gruppenangehörige Finanzunternehmen wirksam werden kann.

Für die nachgeordneten Unternehmen gelten ansonsten dieselben Vorschriften über die Definition als Tochterunternehmen und als qualifizierte Minderheitsbeteiligungen wie für die Institutsgruppen (vgl. § 10a Abs. 3 und Abs. 4 KWG).

2.1.3.5 Gemischte Unternehmen

Gemischte Unternehmen sind gemäß § 1 Abs. 3b KWG Unternehmen, die keine Finanzholding-Gesellschaften, gemischte Finanzholding-Gesellschaften oder Institute sind und die mindestens ein Einlagenkreditinstitut, ein E-Geld-Institut oder ein Wertpapierhandelsunternehmen zum Tochterunternehmen haben. Die Bezeichnung „gemischt" bezieht sich auf die unterschiedliche Zusammensetzung der Unternehmensbeteiligungen, die z.B. auch Industrieunternehmen einschließen können. Abbildung 2-3 zeigt die grundsätzliche Struktur eines derartigen Unternehmensverbundes. Solche Konzernkonstruktionen sind vor allem in Zusammenhang mit Automobilkonzernen („Autobanken" des Konzerns) und mit Warenhauskonzernen und Versandhandelsunternehmungen (Hausbank des Konzerns) anzutreffen.

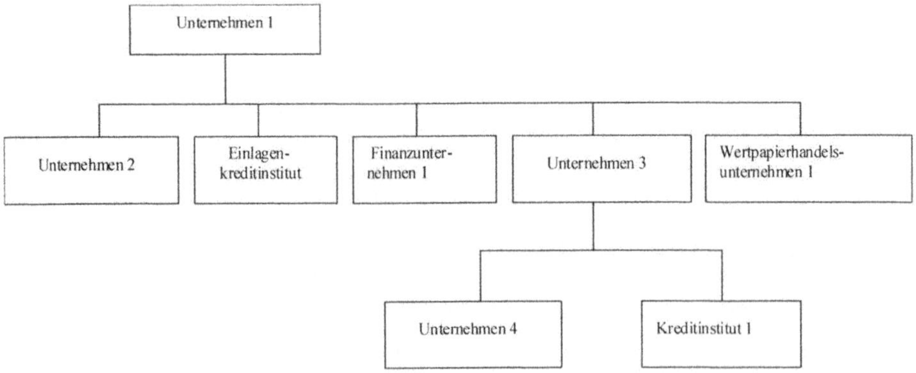

Abb. 2-3: Grundstruktur eines gemischten Unternehmens gemäß § 1 Abs. 3b KWG

2.1.3.6 Anbieter von Nebendienstleistungen (Hilfsunternehmen)

Dabei handelt es sich gemäß § 1 Abs. 3c KWG um Unternehmen, die keine Institute oder Finanzunternehmen sind, und deren Haupttätigkeit darin besteht, Immobilien zu verwalten, Rechenzentren zu betreiben oder ähnliche Tätigkeiten auszuführen, die Nebentätigkeiten im Verhältnis zur Haupttätigkeit eines oder mehrerer Institute sind. Diese Unternehmen stellen somit bankbezogene **Hilfsunternehmen** dar. Sie können ihre Leistungen entweder einem Institut ausschließlich **oder** mehreren Instituten gemeinsam anbieten. Während die Verwaltung von Immobilien in der Regel in Zusammenhang mit einem Kreditinstitut erfolgen wird, erweist sich der Betrieb von Rechenzentren typischerweise als mehr- bzw. multibankbezogen, insbesondere gilt dies für die Rechenzentren der Sparkassenorganisation und der Genossenschaftsbanken sowie der Hauptverwaltungen der *Deutschen Bundesbank*. Allerdings ist hinsichtlich der Rechenzentren von Großbanken durchaus auch ein Einzelbankbezug derartiger Hilfsunternehmen denkbar und realistisch. Darüber hinaus können Hilfsunternehmen auch andere Tätigkeiten ausüben, die Zuarbeiten oder Teiltätigkeiten im Verhältnis der Haupttätigkeit einer Bank darstellen, beispielsweise Beratungstätigkeiten oder Unterstützungsleistungen im Wertpapiergeschäft von Banken.

2.1.4 Bank Assurance

Leistungen von Bankbetrieben und Versicherungsbetrieben weisen zum Teil Analogien und Gemeinsamkeiten auf, die im Ergebnis dazu führen, dass Bankbetriebe und Versicherungsbetriebe zum einen in diesen Bereichen in Konkurrenz um die Nachfrager treten, zum anderen besteht ein Ergänzungsverhältnis, von dem beide, sowohl Bankbetriebe als auch Versicherungsbetriebe, Vorteile zu realisieren versuchen. Dieses Spannungs- und Ergänzungsverhältnis, das seinen Ausdruck in der entsprechenden Ausweitung des jeweiligen Leistungsprogramms um bestimmte Leistungen des jeweils anderen Bereiches findet, kann als **Bank Assurance** bezeichnet werden (siehe dazu auch *Schierenbeck* 1998). Zum besseren Verständnis und zur Illustration dieses besonderen Verhältnisses von Bank- und Versicherungsbetrieben, das letztlich auch in der Produktion von **Allfinanzdienstleistungen** durch Banken und Versicherungen mündet, sollen im folgenden die Charakteristika von Versicherungsbetrieben kurz dargelegt und die Verknüpfungen zu den Bankbetrieben verdeutlicht werden. Der Forschungsgegenstand „Versicherungsbetrieb“ lässt sich als ein Betrieb der **Dienstleistungsproduktion** charakterisieren, dessen primärer Zweck darin besteht, die Nachfrage nach **Versicherungsschutz** als immateriellem Gut zu befriedigen.

In diesem Zusammenhang erstellt der Versicherungsbetrieb gegenüber den Nachfragern absatzfähige Dienstleistungen in Form von **Versicherungsmarktleistungen,** die primäre (Markt-)Leistungen darstellen. Diese können entsprechend ihrer wesentlichen Charakteristika systematisiert werden in (siehe dazu auch *Farny,* 16ff.):

- **Risikoleistungen** („Risikogeschäft“) als Versicherungsschutzvereinbarungen nach Eintritt definierter Schäden, wobei beim Versicherungsbetrieb ein Risikoausgleich im Kollektiv erfolgt.
- **Spar-/Entsparleistungen** („Spar-/Entspargeschäft“), als Versicherungsbetriebsleistungen, die entweder in der Ansparung eines Sparkapitals mit vereinbarten Rückzahlungen in einer Summe oder in laufenden Renten erfolgen **(Spargeschäft),** oder in der laufenden Rentenzahlung auf der Grundlage eines vom Versicherten dem Versicherungsbetrieb übergebenen Kapitalbetrages **(Entspargeschäft).**
- **Kombinierte Risiko-Spar-Leistungen,** die sowohl Elemente von Sparleistungen als auch von Risikoleistungen enthalten (z.B. „gemischte“ Lebensversicherungen).

- **Sonstige Versicherungsmarktleistungen** („Dienstleistungsgeschäft" mit Dritten), denen alle diejenigen Versicherungsbetriebsleistungen primärer Art zuzurechnen sind, die nicht von den Typen Risikoleistungen, Spar-/Entsparleistungen oder Kombinierte Risiko-Spar-Leistungen erfasst werden, also Beratungsleistungen, Versicherungsvermittlung von Nachfragern an andere Versicherungsbetriebe.

Neben den Versicherungsmarktleistungen produzieren Versicherungsbetriebe Leistungen zur Unterstützung anderer Versicherungsbetriebe für deren Produktionszwecke **(Unterstützungsleistungen)** sowie Leistungen für eigene Zwecke **(Eigenleistungen),** die weder den Nachfragern noch anderen Versicherungsbetrieben gelten. Da diese Typen von Versicherungsleistungen nicht direkt auf die Befriedigung der Nachfrage nach primären Versicherungsmarktleistungen gerichtet sind, können sie als **sekundäre Versicherungsbetriebsleistungen** angesehen werden (den Gesamtzusammenhang zwischen primären und sekundären Versicherungsbetriebsleistungen gibt Abbildung 2-4 wieder). Unterstützungsleistungen werden insbesondere im Rahmen von **Rückversicherungsleistungen** unter Versicherungsbetrieben erbracht und dienen der Unterstützung für deren Leistungserstellung. Insofern handelt es sich um **Interversicherungsleistungen** (analog zu den Interbankleistungen im Bankensektor). Zum Bereich der Unterstützungsleistungen zählen darüber hinaus alle diejenigen Leistungen, welche die Kapitalanlage von Versicherungsprämien (oder Einmalzahlungen) einschließlich deren Erträgen zum Gegenstand haben **(Kapitalanlageleistungen).** Zusätzlich zu den Unterstützungsleistungen produzieren Versicherungsbetriebe regelmäßig auch weitere Leistungen nichtmarktbezogener Art, die als **Eigenleistungen** aufgefasst werden können und den Zweck verfolgen, die Rentabilität und Ertragskraft des Versicherungsbetriebes für deren Eigentümer zu steigern oder zumindest zu stabilisieren (z.B. durch Erwerb von Beteiligungen in der Versicherungswirtschaft, an Industrieunternehmen und/oder an Banken sowie an Finanzinstituten bzw. an Finanzholding-Gruppen unter der Zielsetzung der Entwicklung eines Allfinanzsektors).

Die Analyse des grundsätzlich von Versicherungsbetrieben produzierten Leistungsprogramms zeigt somit, dass insbesondere bei den **Spar-/Entsparleistungen,** bei den **Kombinierten Risiko-Spar-Leistungen** als Versicherungsmarktleistungen und bei den **Kapitalanlageleistungen** sowie bestimmten **Eigenleistungen** im Rahmen von Unterstützungsleistungen erhebliche gemeinsame Charakteristika zu Bankmarktleistungen und sekundären Bankleistungen bestehen, die in bestimmten Umfang eine Konkurrenzsituation zwischen Versicherungs- und Bankbetrieben bewirken können. Daher verwundert es nicht, dass die Bankbetriebe ihrerseits versuchen, in solche Tätigkeitsbereiche und Märkte von Versicherungen einzudringen, die in engem Zusammenhang mit ihrem eigenen Leistungsprogramm stehen. Umgekehrt verschaffen sich Versicherungsunternehmen auf unterschiedliche Weise Zugang zum Geschäfts- bzw. Vertriebssystem von Banken. Ergänzend dazu stehen **Kooperationen im Absatzbereich** von Bank- und Versicherungsbetrieben, die den Absatz sowohl von Bankmarktleistungen als auch von Versicherungsmarktleistungen durch Absatzmittler des Versicherungsmarktes (= Versicherungsagenten und Versicherungsvertreter) und oder durch die Absatzorganisation von Bankbetrieben (= Zweigstellennetz) zum Gegenstand haben. Auf diese Weise können Bank- und Versicherungsbetriebe durch teilweise gemeinsame Marktbearbeitung zu **Allfinanzunternehmungen** bzw. **Allfinanzkonzernen** zusammenwachsen, die verbesserte Problemlösungen für die Nachfrager nach entsprechenden Produkten und eine Erhöhung der Rentabilität der Bank- und Versicherungsbetriebe durch gemeinsame Vertriebssysteme zum Ziele haben. Allerdings haben sich diesbezügliche Versuche der Integration von Banken und Versicherungen und einschließlich der Hebung von Synergien bislang als nicht erfolgreich erwiesen.

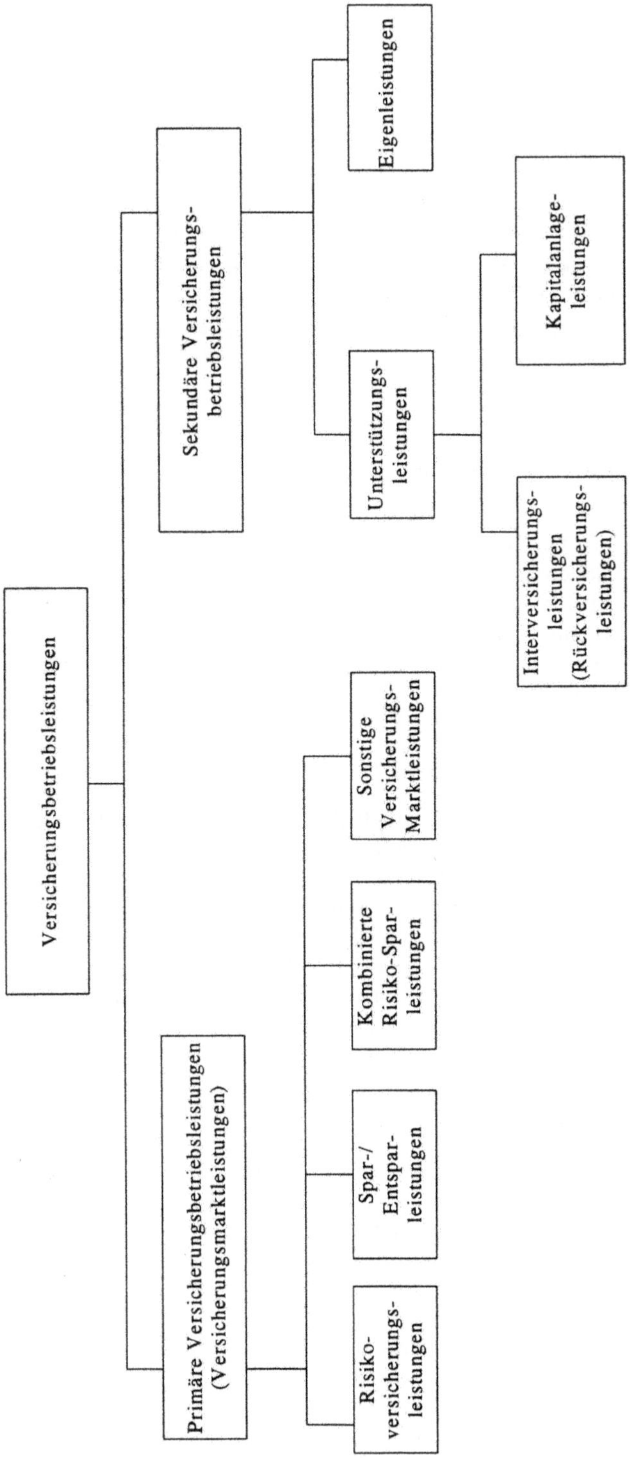

Abb. 2-4: Systematik der Versicherungsbetriebsleistungen

2.2 Die Bankbetriebe in der Volkswirtschaft

Bankbetriebe nehmen in jeder Volkswirtschaft eine Sonderstellung ein. Dies gilt ebenso für planwirtschaftliche Systeme wie für marktwirtschaftlich organisierte Volkswirtschaften. In marktwirtschaftlichen Systemen ist jedoch der Freiheitsgrad der Betätigung für Bankbetriebe erheblich höher, weshalb im gesamtwirtschaftlichen Interesse von Seiten des Staates Vorkehrungen getroffen werden müssen, die eine Schädigung des Allgemeininteresses durch schrankenlose Verfolgung einzelwirtschaftlicher Interessen vermeiden sollen. Dieser Problembereich betrifft die gesetzlichen Grundlagen und ist im 3. Abschnitt eingehend zu erörtern. Im Folgenden interessiert vor allem, auf welchen Sachverhalten die Sonderstellung von Bankbetrieben gegenüber anderen Betriebswirtschaften in einer Volkswirtschaft beruht, wie ein Bankensystem grundsätzlich strukturiert ist und wie die Bankbetriebe in die Finanzmittelmärkte integriert sind.

2.2.1 Die Sonderstellung der Bankbetriebe

Die im folgenden angeführten Haupttätigkeitsbereiche von Banken machen deutlich, dass Bankbetriebe die Voraussetzungen für Güterproduktion und -distribution schaffen, indem sie die betreffenden Betriebswirtschaften nicht ohne kritische Prüfung der wirtschaftlichen Aussichten der Kreditgewährung mit Finanzmitteln versorgen, den Zahlungsverkehr abwickeln sowie Finanzmarkttransaktionen und Geldanlagen durchführen. Damit nehmen die Bankbetriebe einerseits eine Schlüsselstellung in der Verwaltung großer Teile des Volksvermögens ein, andererseits bestimmt ihr Verhalten das Geldvolumen einer Volkswirtschaft sowie die Funktionsfähigkeit von Finanzmärkten.

Bankbetriebe erfüllen insbesondere drei **Funktionen:**

a) **Angebot und Schaffung von Finanzierungsmöglichkeiten für andere Betriebswirtschaften**, damit diese in die Lage versetzt werden, zu produzieren und Beiträge zum Volkseinkommen zu leisten. Dabei sind Banken nicht auf die reine Kreditvermittlung und Vermittlung von Anlagemöglichkeiten bei anderen Betriebswirtschaften beschränkt; vielmehr können sie innerhalb des Gesamtzusammenhanges des Banken-Systems selbst Buchgeld (Giralgeld) schöpfen und damit Kredite in einem Umfang produzieren, der über das Volumen der ihnen zur Verfügung gestellten Finanzmittel hinausgeht. Daneben verfügen Bankbetriebe über die Fähigkeit, angesammelte Gelder in unterschiedlich terminierte Laufzeiten der Kredite zu transformieren.

b) **Angebot und Durchführung von Geldanlagemöglichkeiten** als Voraussetzung der Finanzmittelversorgung der Wirtschaft. Bankbetriebe nehmen dabei selbst in erheblichem Umfang Fremdkapital aus allen Bevölkerungsschichten auf. Das Volumen dieser Kreditaufnahme übersteigt um ein Mehrfaches die Ausstattung des betreffenden Bankbetriebes mit eigenen Mitteln (= Eigenkapital). Es ist somit geradezu ein Charakteristikum von Bankbetrieben, mit einem Eigenkapital-Anteil zu arbeiten, der bei anderen Betriebswirtschaften völlig undenkbar wäre. Dies bedeutet jedoch andererseits, dass die Tätigkeit von Bankbetrieben verstärkter staatlicher Aufsicht bedarf, um Beeinträchtigungen des gesamtwirtschaftlichen Interesses auszuschließen.

c) **Angebot und Durchführung des Zahlungsverkehrs**. Die Abwicklung der den Absatz von Gütern aller Art aus allen Bereichen einer Volkswirtschaft begleitenden Zahlungsvorgänge ist ohne das Bestehen leistungsfähiger Netze des Zahlungsverkehrs, die von Bankbetrieben getragen werden, undenkbar. Diese Schlüsselrolle der Bankbetriebe wird umso augenscheinlicher, je stärker entwickelt eine Volkswirtschaft ist und je stärker der Umfang des bargeldlosen Zahlungsverkehrs zunimmt.

2.2.2 Struktur des Bankensystems

Da von dieser dominierenden Stellung der Bankwirtschaft erhebliche Gefährdungssituationen auf die Volkswirtschaft ausgehen können, ist es gerechtfertigt, aus übergeordnetem Interesse von Seiten des Gesetzgebers Einschränkungen der unternehmerischen Autonomie der Bankbetriebe vorzunehmen, um eine funktionsfähige Bankwirtschaft und damit auch eine leistungsfähige Volkswirtschaft insgesamt zu gewährleisten.

Diese Einschränkungen der unternehmerischen Autonomie erfolgen in Deutschland zum einen durch das KWG und die Finanzmarktgesetze, zum anderen durch die Liquiditätssteuerung und die geldpolitischen Maßnahmen der *Europäischen Zentralbank* (*EZB*), deren Umsetzung im Rahmen des *Europäischen Systems der Zentralbanken* (*ESZB*) der *Deutschen Bundesbank* (als nationaler Zentralbank) übertragen ist. Diese Sachverhalte prägen letztlich auch die Struktur des deutschen Bankensystems: Dieses ist im wesentlichen als ein Universalbankensystem gekennzeichnet, dessen Dispositionsspielraum durch die Existenz der *Deutschen Bundesbank* als nationaler Zentralnotenbank und der Bundesanstalt für Finanzdienstleistungsaufsicht (*BaFin*) eingeschränkt wird (Abbildung 3). Seit dem 1. Januar 1999 ist mit dem Eintritt in die dritte Stufe der Europäischen Wirtschafts- und Währungsunion (EWWU) Deutschland der „Satzung des Europäischen Systems der Zentralbanken und der Europäischen Zentralbank“ unterworfen.

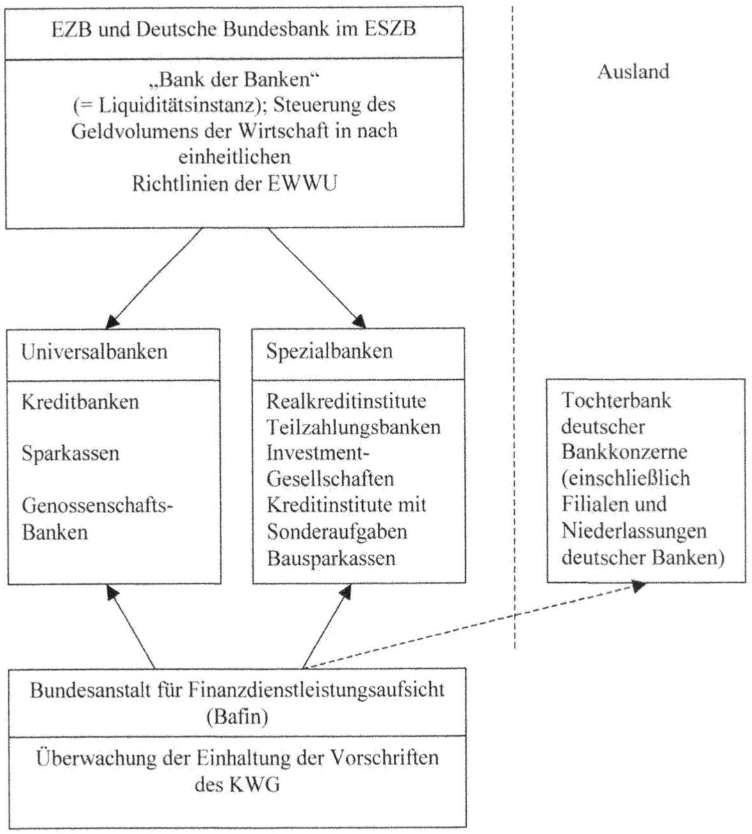

Abb. 3: Beschränkung der Autonomie von Kreditinstituten und Bankkonzernen in Deutschland

Unter Berücksichtigung der wesentlichen Gesamtzusammenhänge einer Volkswirtschaft, die als ein (Makro-)System aufgefasst werden kann, erweisen sich die Bankbetriebe und die Bankwirtschaft insgesamt als Subsysteme (Mikrosysteme) dieses übergeordneten Systems, die mit anderen Subsystemen einerseits über den Markt für Bankleistungen Leistungen austauschen, andererseits mit staatlichen Institutionen interagieren (Abbildung 4).

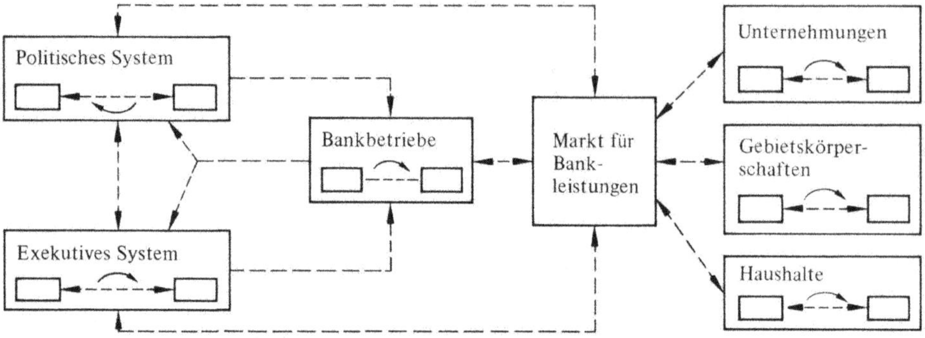

Abb. 4: Die Stellung der Banken im volkswirtschaftlichen Interaktionssystem

Den Rahmen für die Prozesse bankwirtschaftlicher Interaktionen setzt das **Politische System** (Gesetzgeber), das den Interaktionspartnern Informationen in Form von Gesetzen und Verordnungen bezüglich eines ordnungsgemäßen Marktverhaltens liefert, um funktionsfähigen Wettbewerb sicherzustellen. Aber auch das Politische System seinerseits erhält direkt vom Markt und indirekt über das Exekutive System (Regierung, Kartellbehörde, Bankenaufsicht, Notenbank) Informationen über die Interaktionspartner. Die Durchsetzung und Kontrolle der Entscheidungen des Politischen Systems ist dem **Exekutiven System** übertragen, dessen Verhalten einerseits Informationen an die Interaktionspartner und das Politische System liefert, das andererseits vom Markt der Bankleistungen Informationen über das Verhalten der Interaktionspartner und direkt von den Bankbetrieben Informationen über deren Verhalten empfängt oder sich beschafft.

2.2.3 Das Universalbanksystem

In Deutschland dominiert der Typ des **Universalbankbetriebes** (siehe 5.1.5.3), der sowohl das Einlagen- und Kreditgeschäft als auch das gesamte Wertpapiergeschäft betreibt. Daneben existieren eine Reihe von **Spezialbanken** (siehe 5.4; 5.10), deren Geschäftstätigkeit sich auf Teilbereiche des möglichen Spektrums an bankbetrieblichen Leistungen beschränkt. Von einer Spezialisierung jedoch, wie sie in den angelsächsischen Ländern historisch gewachsen ist, wo es Spezialbanken für das Einlagen- und Kreditgeschäft (Commercial Banks) auf der einen Seite und Spezialbanken für das Wertpapiergeschäft (Investment Banks; Broker-Banken) auf der anderen Seite gibt (Trennsystem), kann in Deutschland nicht gesprochen werden.

Die Ursachen für die Entwicklung des Universalbanksystems sind auch in Deutschland historischer Natur und resultieren insbesondere aus der engen, frühzeitigen Verknüpfung von Banken und Industrie. Da Deutschland von Anbeginn der Industrialisierung nicht über eine ausreichende Kapitalbildung breiter Bevölkerungsschichten verfügte, war eine effektenkapitalistische Organisation, aus der Trennsysteme resultierten, nicht realisierbar. Dazu kommt das Vorbild der 1852 in Paris gegründeten ersten Universalbank, der Societe General du Credit

Mobilier. Nachdem im Laufe der Zeit auch die Sparkassen und Genossenschaftsbanken, die ursprünglich als Selbsthilfeeinrichtungen gegründet waren und andere Zielsetzungen als die Privatbanken verfolgten, alle Geschäftsarten betreiben, dominiert in Deutschland somit das Universalbanksystem.

Gleichwohl blieb dieses System nicht unumstritten und forderte angesichts vermuteter Möglichkeiten der Machtkonzentration zu teilweise engagierter Kritik heraus. Mit der Prüfung dieser Problematik und der Frage, ob Verbesserungen am Universalbanksystem dessen Funktionsfähigkeit erhöhen könnten, betraute der Bundesfinanzminister 1974 eine Studienkommission „Grundsatzfragen der Kreditwirtschaft“, die 1979 zu folgenden Untersuchungsobjekten Stellungnahmen bzw. Lösungsvorschläge erarbeitete:

- Universalbankensystem oder Trennung von Einlagen- und Kreditgeschäft einerseits und Wertpapiergeschäft andererseits.
- Einzelprobleme, insbesondere solche, mit denen Machtzusammenballungen bei einzelnen Kreditinstituten oder bei Gruppen von Kreditinstituten zusammenhängen:
  - Verbot oder Einschränkung des Beteiligungsbesitzes an Industrie- und Handelsunternehmen,
  - Kumulierung von Kreditgeschäft, Emissionsgeschäft, Vollmachtsstimmrecht und Aufsichtsratsmandaten,
  - Beherrschung der Wertpapiermärkte.
- Fragen des Kreditwesengesetzes, die mit der Eigenkapital- und Liquiditätsausstattung der Kreditinstitute zusammenhängen.

In Anbetracht der Erkenntnis, dass zwar Mängel des Universalbanksystems aus der Sicht des Bankkunden und aus gesellschaftspolitischer Sicht gegeben sind, die jedoch als systemindifferent gelten und ebenso in Trennsystemen auftreten können, bezogen sich die Vorschläge der Studienkommission auf Reformen des KWG und auf Modifizierungen geltender Regelungen auf freiwilliger Basis. Aus bankbetriebswirtschaftlicher und volkswirtschaftlicher Sicht muss das Universalbanksystem wegen seiner akquisitorischen Effekte, der Verbesserung der Kapazitätsauslastung, der Ertragsstabilisierung durch Diversifikation, des kalkulatorischen Ausgleichs im Rahmen der Preisbildung („Mischkalkulation“), der umfassenderen Erschließung von Kapitalquellen, der bedarfskongruenten Kreditversorgung der Wirtschaft, der Funktionsfähigkeit des Kapitalmarktes und der Rationalisierungsmöglichkeiten jedoch dem Trennsystem als eindeutig überlegen bezeichnet werden. Einer undifferenzierten Ausdehnung der Universalbanktätigkeit sind ohnehin bankbetriebswirtschaftliche Grenzen insofern gesetzt, als bei einer größeren Zahl von Banken aus Kostengründen eine Abkehr vom umfassenden Universalbankprinzip herkömmlicher Prägung zu beobachten ist und in einem Verzicht auf solche Universalbankleistungen besteht, die keinen ausreichenden Kostendeckungsbeitrag leisten (siehe hierzu auch Outsourcing).

2.3 Die Finanzmittelmärkte

Finanzmittelmärkte stellen kommerzielle Beziehungsnetze zwischen Anbietern von Geld sowie Kapitalnutzungsmöglichkeiten und Nachfragern nach diesen monetären Faktoren dar (zum Marktbegriff siehe 7.1.3). Als Akteure sowohl auf der Angebots- als auch auf der Nachfrageseite treten neben Bankbetrieben grundsätzlich Nichtbanken (Unternehmen, Gebietskörperschaften und private Haushalte) in Erscheinung. Dabei ergeben sich Besonderheiten insofern, als Unternehmen und Gebietskörperschaften vorwiegend monetäre Faktoren nachfragen und nur in geringem Umfang anbieten, private Haushalte dagegen überwiegend über den

Sparprozess die Finanzmittelmärkte speisen und diese – in Relation zur Mittelaufbringung – nur in geringerem Umfang in Anspruch nehmen. Aus der Gesamtheit der Beziehungen auf den (nationalen) Finanzmittelmärkten interessieren aus bankbetriebswirtschaftlicher Sicht vor allem diejenigen Beziehungen, an denen Bankbetriebe sowohl auf der Nachfrage- als auch auf der Angebotsseite als Marktpartner in Frage kommen. Die folgenden Betrachtungen konzentrieren sich somit auf einen gleichwohl bedeutenden Ausschnitt aus der Gesamtheit der Beziehungen auf den Finanzmittelmärkten.

Die Einschaltung von Banken durch Nichtbanken erfolgt insbesondere aus dem Motiv, Transaktionskosten (siehe dazu *Coase)* möglichst niedrig zu halten. **Transaktionskosten** bestehen vor allem in Such- und Informationskosten, die daraus resultieren, dass die Nichtbank, die entweder Kredit- oder Anlagebedarf hat, entsprechende Transaktionspartner aufzufinden hat, welche die gewünschte Finanzmitteltransaktion ermöglichen. Transaktionskosten sind in Situationen ohne spezialisierte Finanzintermediäre, welche Banken in diesem Falle darstellen, besonders hoch, da die betreffenden Nichtbanken dann über ggf. komplexe Suchprozesse die entsprechenden Partner bzw. Kontrahenten für die Finanzmittelaufnahme oder Finanzmittelanlage finden müssen. Die dabei entstehenden Suchkosten werden überlagert von Informationskosten bezüglich der Kosten/Erträge der Kreditaufnahme/Finanzanlage bei einer Vielzahl von in Betracht kommenden (potentiellen) Marktpartnern. Die Nichtbank muss sich einen möglichst umfassenden Überblick über tragbare Kreditkosten oder maximal erzielbare Zinserträge verschaffen. Die Transaktionskosten lassen sich stark verringern, wenn auf organisierten Finanzmärkten spezialisierte Unternehmen in Form von Banken oder Finanzdienstleistungsinstituten Finanzunternehmen in ihrer Funktion als Finanzintermediäre Kredite, Finanzierungen oder Finanzanlagen originär ermöglichen oder zumindest vermitteln (also derivativ schaffen) können. In diesem Falle wendet sich die Nichtbank unter Verkürzung der Zahl der Such- und Informationsprozesse an eine geringe(re) Zahl von Banken (oder Finanzdienstleistungsinstituten), welche die entsprechenden Auskünfte erteilen oder/und Geschäfte abschließen können. Insofern zeigt sich der Vorteil organisierter und möglichst hoch entwickelter Finanzmärkte, dass sie im Interesse der Nichtbanken dazu beitragen, Transaktionskosten zu senken und zu einem bestmöglichen Ausgleich von Angebot und Nachfrage von Finanzmitteln aller Art und aller Fristigkeiten beitragen. Den Vorteil geringerer Transaktionskosten durch organisierte Finanzmärkte nutzen neben den Nichtbanken zum Teil auch die Banken, wenn sie in spezialisierten (Teil-)Märkten direkt und untereinander, limitiert und abgeschottet gegen Nichtbanken, Finanzmittel austauschen (**Interbankenmärkte**). In Anbetracht der geringen Zahl von Marktteilnehmern an Interbankenmärkten entstehen unter Berücksichtigung hoher Austauschvolumina und effizienter Abwicklungsmechanismen Transaktionskosten in geringerer Höhe als dies für Nichtbanken in der Regel möglich ist.

Neben dem Charakteristikum der Verringerung von Transaktionskosten bei Existenz von Finanzmärkten zeigt sich im Hinblick auf die Beziehungen zwischen Nichtbanken (als Kunden) und Bank insbesondere am Kapitalmarkt ein ausgeprägtes **Principal-Agent-Verhältnis**: Kunden als Auftraggeber (Prinicipal) erwarten von ihrer Bank, die als Agent für sie tätig wird, eine Abwicklung des Auftrages, die ihren Interessen entspricht zumindest jedoch nicht widerspricht. Derartige Principal-Agent-Beziehungen treten vor allem im Wertpapierkommissionsgeschäft, im Einlagengeschäft, bei bestimmten Beratungsleistungen und im Bereich von weiteren Leistungen des Investmentbankings (Durchführung von Mergers & Acquisitions im Kundenauftrag, Beteiligungserwerb für den Kunden, bei Anlageleistungen durch Bildung von Portfolios und ggf. bei Wahrnehmung von dabei anfallenden Aufsichtsratsmandaten, Treuhandgeschäfte u.ä.) in Erscheinung. In allen derartigen Fällen kennt die Bank als Agent die Zielsetzungen ihrer Principals. Es bleibt ihr jedoch in vielen Fällen ein erheblicher Gestaltungsspielraum, in dem sie nicht nur im Interesse der Kunden tätig wird (= agiert), sondern auch in bestimmtem Umfang eigene Interessen einbringen kann.

Literatur und Praxis differenzieren üblicherweise die Finanzmittelmärkte in einen Geldmarkt und einen Kapitalmarkt, wobei die Wissenschaft unter **Geldmarkt** einen Markt für kurz- und mittelfristige Kredite versteht (*Hahn* 1964,7; *Deppe* 1976), während die Praxis den Begriff des Geldmarktes gemäß der Definition der *Deutschen Bundesbank* (= Markt der kurzfristigen Bank-an-Bank-Kredite) auf entsprechende Transaktionen unter Banken einschließlich der Zentralbank reduziert. Im letzteren Fall wäre daher zum besseren Verständnis von einem Banken-Geldmarkt zu sprechen. Kein Dissens ergibt sich dagegen hinsichtlich des Begriffes des **Kapitalmarkts** als eines Marktes für Transaktionen von Finanzmitteln langfristiger Natur, die insbesondere durch Zwischenschaltung der Effekten (= börsengängige Wertpapiere) als Fungibilitätsinstrumente den Kapitalgebern die Möglichkeit eröffnen, die eingegangenen Kapitalbindungen (in Form von angeschafften Aktien, Pfandbriefen, Obligationen usw.) jederzeit wieder lösen zu können.

2.3.1 Kapitalmarkt

Der Einbezug von Effekten in die Abwicklung von Finanztransaktionen erfordert eine angemessene Organisationsform des Kapitalmarkts im Sinne einer Institutionalisierung: Der Gesetzgeber hat Mindestregelungen über die Zulassung der am Handel Beteiligten und der Handelsobjekte sowie über die Abwicklung der Geschäfte festzulegen, die einerseits die Funktionsfähigkeit des institutionalisierten Marktes „Börse", andererseits den Anlegerschutz gewährleisten sollen. Dies deshalb, weil **Börsen** die Funktionen als **Kapitalumschlagstelle** (durch die Garantie einer jederzeitige Liquidierbarkeit der Effekten), als **Kapitalbewertungsstelle** und insgesamt als **wirtschaftlicher Indikator** wahrnehmen. Hier werden mit zeitlicher Regelmäßigkeit bei zeitlicher und örtlicher Konzentration sowie unter sachlicher Reglementierung (bezüglich der Möglichkeiten der individuellen Vertragsgestaltung) Effekten in der Weise standardisiert gehandelt (und damit bewertet), dass eine individuelle Einigung nur noch über die Effektenart, deren Menge, die Art des Geschäfts und den (aus Angebot und Nachfrage resultierenden) Kurs notwendig wird (siehe dazu v.a. 7.2.2.1.3). Die wirtschaftliche Indikatorwirkung ergibt sich aus den Volumina der gehandelten Effekten pro Tag.

An den sechs Kassamarkt-Börsen der Bundesrepublik Deutschland (Berlin/Bremen, Düsseldorf, Frankfurt am Main, Hamburg/Hannover, München und Stuttgart; Stand 2011) besteht auf Grund des Börsengesetzes grundsätzlich die Möglichkeit der Zulassung zum Handel im **Regulierten Markt (EU-regulierter Markt)** und zum Handel im **Offenen Markt (Börsenregulierter Markt; Freiverkehr)** als Teilsegmenten des sog. **institutionalisierten** bzw. **organisierten Kapitalmarktes** (siehe dazu im Einzelnen 7.2.2.1.3.b). Zusätzlich dazu ist ein Handel von Wertpapieren am sog. **freien** bzw. **nichtorganisierten Kapitalmarkt („freier Markt")** in den Formen des außerbörslichen Handels, von elektronischen Handelsplattformen, und von sog. Alternativen Handelssystemen (ATS) außerhalb von Börsen, üblich. Somit ergibt sich unter organisatorischen Aspekten die in Abbildung 5-1 dargestellte Struktur des deutschen Kapitalmarkts.

Die Unterscheidung von organisiertem und nicht-organisiertem Kapitalmarkt hat weitreichende rechtliche Bedeutung insofern, als das Gesetz über Unternehmensbeteiligungsgesellschaften, das Wertpapierhandelsgesetz, das Aktiengesetz, das Gesetz für Kontrolle und Transparenz im Unternehmensbereich sowie das Wertpapiererwerbs- und Übernahmegesetz auf den Unterschied von organisiertem Markt (für börsennotierte Unternehmen) und nicht-organisiertem Markt abstellen. Der freie Markt schließt auch den Markt für **Investmentzertifikate** ein,

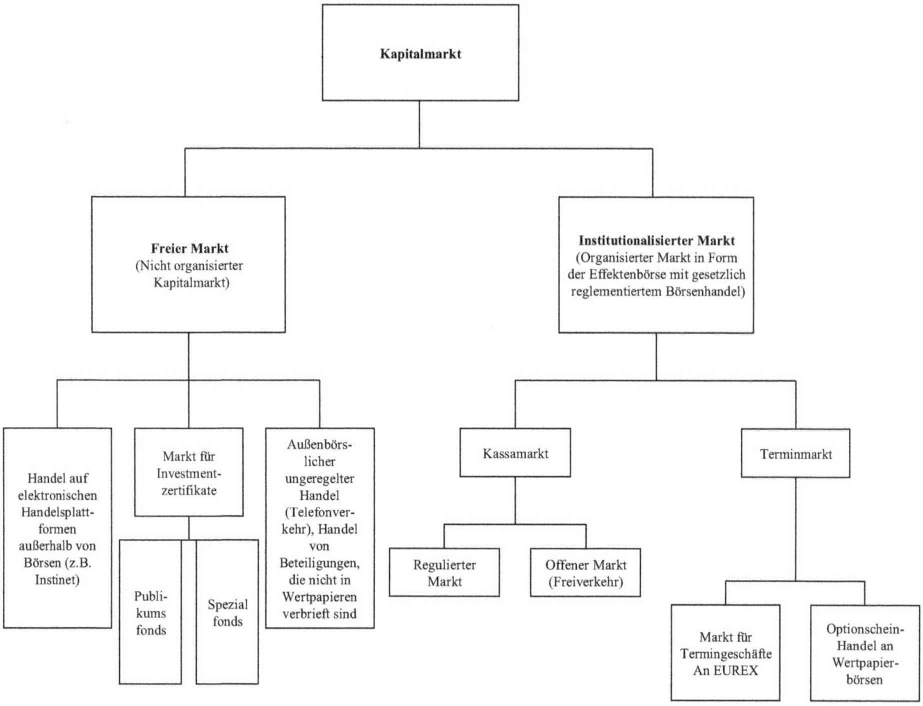

Abb. 5-1: Struktur des deutschen Kapitalmarktes in organisatorischer Sicht

die zwar neuerdings auch an Börsen notiert werden können, jedoch in der Mehrzahl nicht börsennotiert sind. Ergänzend zum bislang angesprochenen **Kassahandel** findet unter bestimmten Voraussetzungen auch ein Handel von Wertpapieren auf Termin **(Terminhandel)** an der Deutsch-Schweizerischen **Terminbörse *EUREX*** und an den Wertpapierbörsen (mit Optionsscheinen) statt.

Hinsichtlich des **Marktes für Investmentzertifikate** können die angebotenen Fondstypen insbesondere nach den Anlegerkreisen insofern unterschieden werden, als sie sich zu den Segmenten Publikumsfonds und Spezialfonds zusammenfassen lassen. **Publikumsfonds** wenden sich an das breite Publikum der privaten Anleger, während **Spezialfonds** von institutionellen Anlegern dominiert werden. **Publikumsfonds** (zur Konstruktion siehe v.a. 5.1.6) treten entsprechend der verwalteten Wertpapiere insbesondere als **Aktienfonds,** als **Rentenfonds,** als **Immobilienfonds** oder als **Gemischte Fonds** (sowohl Aktien- als auch Rentenwerte als Anlageobjekte) in Erscheinung.

Die Nutzung von Spezialfonds wurde durch das l. Finanzmarktförderungsgesetz (1990) und die dadurch erfolgte Änderung des KAGG erleichtert, zumal im Gegensatz zu Publikumsfonds die Auflage von Spezialfonds ohne Genehmigung durch die *BaFin* möglich ist, und sich sämtliche nicht-natürlichen Personen dieses Instruments bedienen können, ohne dass eine bestimmte Zweckbindung des verwalteten Vermögens vorliegen muss. Insbesondere eignen sich Spezialfonds als Deckungsstock für Unternehmen, die Verpflichtungen aus der betrieblichen Altersversorgung eingehen: Auf diesem Wege können Mittel, sofern sie nicht im Unternehmen selbst investiert werden sollen, dem Kapitalmarkt zufließen, so dass sie dort Ertrag bringend angelegt werden und die Bedienung der Rentenverpflichtungen bei Fälligkeit sichergestellt sein wird.

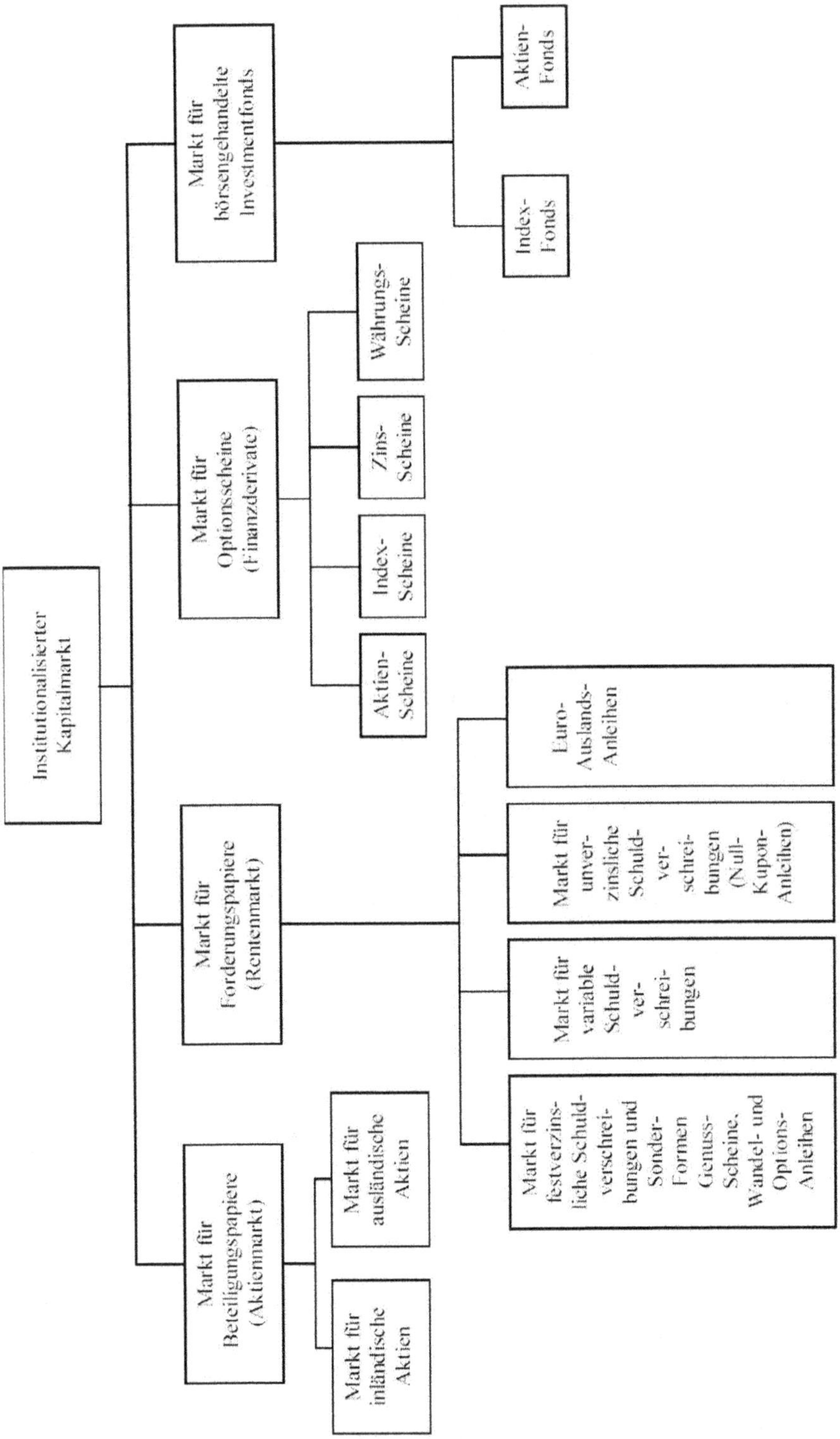

Abb. 5-2: Teilmärkte des institutionalisierten deutschen Kapitalmarktes (nach Wertpapierarten)

Der **institutionalisierte Kapitalmarkt** kann darüber hinaus entsprechend der Handelsobjekte und der Preisbildung in einen (Teil-)**Markt für Forderungspapiere** (Rentenmarkt), einen (Teil-)**Markt für Beteiligungspapiere** (Aktienmarkt), einen **Markt für Optionsscheine** sowie einen **Markt für börsengehandelte Investmentfonds** unterschieden werden (Abbildung 5-2), so dass für die jeweiligen Marktsegmente (Regulierter Markt und Offener Markt) eine weitere Differenzierung notwendig ist. Bezüglich des Marktes für Forderungspapiere zeigt sich seit der sog. „Restliberalisierung" des deutschen Kapitalmarkts am 1.5.1985, die u.a. das „Emissionsmonopol" deutscher Banken bei der Begebung von DM-Auslandsanleihen beseitigte und die Zulassung neuer Anleiheformen (mit variablem Zins und Null-Kupon-Anleihen, Doppelwährungsanleihen) brachte, grundsätzlich eine Aufspaltung in einen **Markt für festverzinsliche Forderungspapiere** (Unternehmensobligationen, Anleihen der öffentlichen Hand, Bank-Inhaberschuldverschreibungen aller Art) einen **Markt für variabel verzinsliche Papiere** (Floating Rate Notes mit Zinsanpassung auf der Basis von EURIBOR) und einen **Markt für unverzinsliche Papiere** (Null-Kupon-Anleihen). Der **EURIBOR** wird täglich durch *Bridge-Telerate* als Durchschnitt der Euro-Termingeldquotierungen für 1-, 3-, 6- und 12-Monatsgeld von rund 50 Geschäftsbanken, die im Euro-Raum tätig sind, ermittelt. Neben dieser Gliederung der Forderungspapiere deutscher Emittenten kann auch nach der Einführung des EUR ein gesondertes Marktsegment für in EUR notierte Anleihen festgestellt werden, die von ausländischen Emittenten begeben werden.

Der **Markt für Beteiligungspapiere** weist in Deutschland grundsätzlich die Teilsegmente eines Markts für inländische Aktien und eines Markts für Auslandsaktien auf. Der **Markt für Optionsscheine** umfasst Finanzderivate in Form von börsengehandelten Optionsscheinen. Dabei kann es sich um **Aktienscheine** handeln, die in allen Börsensegmenten zugelassen werden können und einerseits den Bezug von Aktien betreffen (**gedeckte Optionsscheine; covered warrants**) oder andererseits das Recht beinhalten, eine in Geld ausgedrückte Differenz zu verlangen, um die der Kassakurs des Underlying (Basiswertes), also der zu Grunde liegenden Aktie, mit bestimmtem Nennwert am Ausübungstag den Ausübungspreis (= Basispreis) übersteigt (Call) oder darunter liegt (Put). Indexscheine stellen Optionen auf die Entwicklung von Aktienindizes dar (siehe dazu 7.2.2.1.5.bb), wobei ein Barausgleich zwischen Basispreis und aktuellem Indexwert (ausgedrückt in Indexpunkten) vereinbart ist. Darüber hinaus können **Zinsscheine** Gegenstand des Börsenhandels sein, wobei entweder der Bezug von bestimmten Schuldverschreibungen zum Basispreis vereinbart wird oder wie bei den Aktienscheinen Differenzen zwischen Basispreis und Kurs der Schuldverschreibung ausgeglichen werden sollen. Dazu kommen **Währungsscheine** als weiteres Optionshandelsobjekt, die das vierte Teilsegment des Marktes für Optionsscheine bilden. Wie bei den Aktien- und Zinsscheinen kann dabei Gegenstand der Option der tatsächliche Bezug von Valutabeträgen oder eine Ausgleichszahlung in EUR beim Auftreten von Kursdifferenzen zum Basispreis vereinbart sein. Die Zulassung derartiger Finanzderivate ist grundsätzlich im **Freiverkehr** (Offener Markt) möglich. Die Optionsscheine sind als **Wertrechte** gestaltet, denen eine Globalurkunde zu Grunde liegt.

Seit April 2000 besteht an der *Deutschen Börse* in Frankfurt/Main ein Börsensegment für den Handel mit Investmentfonds (**Exchange Traded Funds** – ETF). Hier können während der Börsenzeit laufend Anteile an Indexfonds, deren Zusammensetzung sich nach einem Index richtet, oder an Fonds, die durch Manager in der Zusammensetzung aktiv gemanagt sind, gehandelt werden. In der Folge haben auch andere deutsche Börsen den Handel mit ETF eingeführt.

Unabhängig davon ergibt sich unter dem Kriterium der Marktgängigkeit von Wertpapieren generell eine (funktionale) Abstufung nach **Primärmärkten** als den Märkten für die Erstausgabe von Wertpapieren aller Art (auch nicht börsenfähigen) und **Sekundärmärkten** als den

Märkten für den Handel mit bereits im Umlauf befindlichen Wertpapieren, wobei zwischen börsengängigen Wertpapieren (Effekten) und den Wertpapieren des freien Marktes zu trennen ist (Abbildung 5-3).

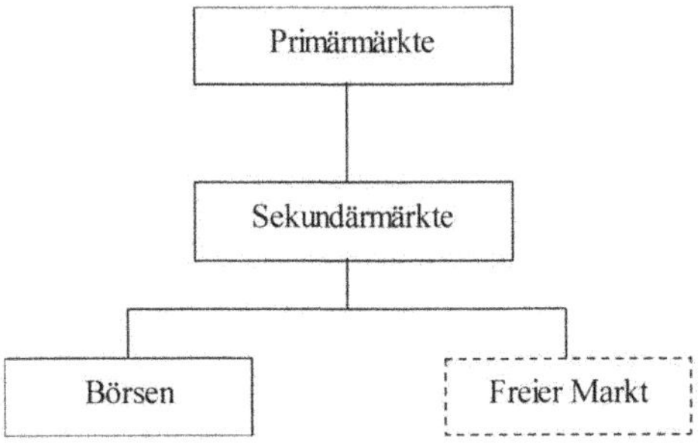

Abb. 5-3: Funktionale Abstufung der Teilmärkte des Kapitalmarktes nach der Marktgängigkeit von Wertpapieren

2.3.2 Geldmarkt

Der (Banken-)**Geldmarkt** umfasst einerseits den Markt für den unbesicherten Handel mit Zentralbankgeld (Zentralbankguthaben), andererseits den besicherten Geldmarkt, auf dem insbesondere Geldmarktgeschäfte mit der *EZB*, aber auch mit anderen Banken auf der Basis von kurzfristigen privaten Banken-Geldmarktpapieren möglich sind (Abbildung 6-1; wegen Einzelheiten siehe *Wittgen/Eilenberger* 1984, 36 ff.). Der Abgrenzungszeitraum für Geldmarktpapiere wurde mit der überarbeiteten Rechnungslegungsverordnung (RechKredV) der Kredit- und Finanzdienstleistungsinstitute vom 11. Dezember 1998 exakt definiert als Ursprungslaufzeit, die ein Jahr nicht überschreitet.

Im Falle des erstgenannten Geldmarktsegments (**Markt für Zentralbankguthaben**), die in Anbetracht der Marktobjekte in der Praxis als **Geldhandel** oder **unbesicherter Geldmarkt** bezeichnet wird, räumen sich Banken offene Buchkredite kurzfristiger Natur insbesondere zum Zwecke des Spitzenausgleichs im Zahlungsverkehr ein, d.h. es werden Guthaben von Banken auf **Zentralbankkonten** kurzfristig gegen Verzinsung verliehen. Dabei können folgende **Formen** kurzfristiger Geldmarktkredite unterschieden werden:

- **Tagesgeld:**
  Zentralbankguthaben werden von einem Tag zum anderen (unter Banken) zur Verfügung gestellt (**Tagesgeldmarkt**),
- **Termingeld:**
  Dabei werden kurzfristige Kredite unter Banken für feste Laufzeiten und ohne Sicherheiten vergeben (**Termingeldmarkt**),
- **Einlagenfazilität bei der EZB:**
  Es handelt sich um eine ständige Fazilität des Eurosystems, die es den Banken ermöglicht, täglich fällige Einlagen zu einem vorher festgesetzten Zinssatz bei der nationalen Zentralbank anzulegen (auch als deposit facility bezeichnet).Während im Falle von Tagesgeld und Termingeld ausschließlich vorhandenes Zentralbankgeld unter Banken ausgetauscht wird und damit die Zentralbankgeldmenge gleich bleibt, kommt es bei Einlagen von Banken bei der Zentralbank grundsätzlich zu einer Verringerung der umlaufenden Zentralbankgeldmenge

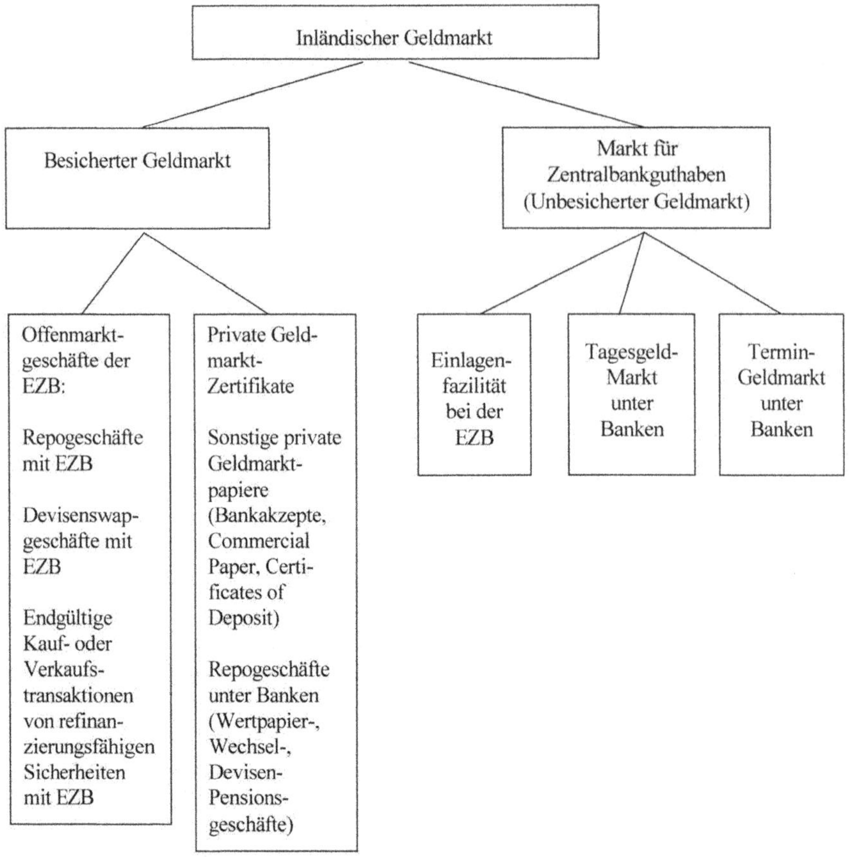

Abb. 6-1: Systematik des Banken-Geldmarktes im Euro-System

Das zweite Segment des (Banken-)Geldmarkts ist dadurch charakterisiert, dass für die Beschaffung von Zentralbankgeld Sicherheiten erforderlich sind, z.B. **Geldmarktpapiere** oder andere **Vermögensgegenstände (Besicherter Geldmarkt)**. Dabei handelt es sich in erster Linie um **Offenmarktgeschäfte** der *EZB*, die sie mit den Banken im Rahmen der Geldmengensteuerung (siehe 3.2) abschließt. Insbesondere spielen Repogeschäfte, also echte Pensionsgeschäfte in Wertpapieren, eine herausragende Rolle. Dazu kommen Devisenswapgeschäfte von Banken mit der *EZB* und sog. unechte Pensionsgeschäfte, bei denen refinanzierungsfähige Sicherheiten endgültig an die *EZB* verkauft oder von ihr gekauft werden. Alle diese Transaktionen bewirken **Veränderungen der Zentralbankgeldmenge** und dienen in erster Linie der Liquiditätssteuerung des Bankensektors durch die *EZB*.

Ein anderes Teilsegment des Besicherten Geldmarktes stellen die Transaktionen mit privaten Geldmarktpapieren von Banken und von Repogeschäften unter Banken dar. Als **private Geldmarktpapiere** kommen vor allem private Geldmarktzertifikate und sonstige private Geldmarktpapiere in Betracht. Zu letzteren zählen seit 1.5.1986 grundsätzlich auch Certificates of Deposit (Depositenzertifikate; zum Begriff siehe 8.3.1.2.2a) und seit 1.1.1991 Commercial Papers. (zum Begriff siehe 8.3.1.2.1d). Ergänzt wird der Markt für private Geldmarktpapiere durch (private) **Repogeschäfte unter Banken**, d.h. auf der Basis von Wertpapieren, Wechseln und Devisen abgeschlossenen Pensionsgeschäften. In diesem Teilsegment kommt es zu keiner Zentrabankgeldschöpfung, sondern nur zu einer Umverteilung vorhandener Zentralbankguthaben von Banken gegen Stellung von Sicherheiten.

Auf Grund des 2. FMFG ist seit August 1994 eine Anlage von Finanzmitteln am Geldmarkt in Form von **Geldmarkt-Zertifikaten** möglich geworden. Geldmarkt-Zertifikate werden von Investmentgesellschaften (siehe dazu 7.2.2.1.1.bc) durch Erwerb von Geldmarktinstrumenten, d.h. üblicherweise auf dem Geldmarkt gehandelten Instrumenten und verzinslichen Wertpapieren mit einer Restlaufzeit von (oder Zinsanpassung in) höchstens zwölf Monaten, begründet. Sie ermöglichen insbesondere Nichtbanken die Anlage von Finanzmitteln zu **Geldmarktkonditionen,** die i. d. R. deutlich über den durch Einlagen bei Banken erzielbaren Erträgen liegen. Darüber hinaus bieten Geldmarktzertifikate für den Anleger den Vorteil, sich aus dem Engagement jederzeit durch Verkauf der Zertifikate an den emittierenden Fonds lösen zu können. Insofern bedeutet die Schaffung bzw. Zulassung von Anlagen in Geldmarkt-Zertifikaten eine Verbreiterung des Anlagespektrums für Nichtbanken. Inhaber von Geldmarkt-Zertifikaten sind aber nicht direkt am Geldmarkt, sondern indirekt über die Investmentgesellschaft und deren Fondsmanagement beteiligt. Gleichwohl dürfte bei derartigen Anlagen durch Nichtbanken nicht der Aspekt der Risikomischung die Hauptrolle spielen, sondern der Ertrag kurzfristiger Anlagen, Damit entfällt auch für Nichtbanken die bislang gegebene Beschränkung der Mittelanlage in geldmarktnahen Fonds (siehe dazu *Eilenberger* 1995).

Kurzfristige Interbankforderungen und Interbankverbindlichkeiten entstehen in erster Linie im Rahmen des kurzfristigen Liquiditätsausgleichs und des Zahlungsverkehrs zwischen den Bankbetrieben. Übersteigen beispielsweise bei einer Bank die Auszahlungen an Nichtbanken die gleichzeitigen Zahlungseingänge, besorgen sich die betreffenden Banken zur Abdeckung dieser (kurzfristigen) Salden die benötigten Mittel im Regelfall am Geldmarkt von anderen Banken, vorzugsweise in der eigenen Organisation wie beim Sparkassen- oder Genossenschaftssektor (in diesem Falle handelt es sich um „interne Geldmärkte" dieser Verbundsysteme; siehe *Wittgen/ Eilenberger* 1984, 9 ff.). Nach Möglichkeit greifen die Banken nur zum geringeren Teil auf Refinanzierungsmöglichkeiten bei der *EZB* (*Bundesbank*) zurück. Treten jedoch andererseits temporär hohe Mittelzuflüsse auf, so sind die vorübergehend nicht benötigten Gelder bei anderen Banken verzinslich anzulegen. Mit Hilfe eines Netzes derartiger Interbankbeziehungen wird sichergestellt, dass entstehende Liquiditätsüberschüsse zu denjenigen Banken weitergeleitet werden, bei denen zeitweise Mittelabflüsse überwiegen. Allerdings führt nicht etwa erst der ad hoc erforderliche Saldenausgleich zu Geldbewegungen zwischen den Banken. Vielmehr werden bereits vorher im Rahmen der Liquiditätsplanung termingerecht Guthaben bei anderen Banken aufgebaut, auf die man planmäßig zurückgreifen kann.

Daneben resultieren bankeninterne Kreditbeziehungen aus der Struktur des deutschen Bankensystems. Universalbanken sind häufig mit Teilzahlungs- und Pfandbriefbanken verflochten. Regionale und überregionale Verbundsysteme des Sparkassen- und Genossenschaftsbereichs sorgen ebenfalls für einen Ausgleich der liquiden Mittel unter den angeschlossenen Instituten. Schließlich entstehen Interbankbeziehungen auf dem Geldmarkt auch im Rahmen der Weiterleitung von Mitteln aus Kreditprogrammen (z.B. der Institute mit Sonderaufgaben), für welche die Hausbanken der begünstigten Unternehmen treuhänderisch tätig werden.

2.3.3 Kreditmarkt

Die in Literatur und Praxis vorherrschende Systematisierung der Finanzmittelmärkte in Geld- und Kapitalmärkte lässt außer Acht, dass zusätzlich ein Markt existiert, der im wesentlichen die Kreditbeziehungen einerseits der Bankbetriebe, andererseits der Versicherungsbetriebe mit ihren jeweiligen Nachfragern oder Nachfragegruppen umfasst (Abbildung 6-2). Angesichts der weitgehenden Beschränkung des Kreditmarktes für Versicherungsbetriebe auf die Gewährung von Realkrediten und des im Vergleich zum Bankenkreditmarkt relativ geringen Volumens, steht im folgenden ausschließlich der Kreditmarkt für Bankbetriebe mit den Teilmärkten „Interbanken-Kreditmarkt" und „Markt für Kredite an Nicht-Banken" im Mittelpunkt des Interesses. Der **Interbanken-Kreditmarkt** betrifft Kreditbeziehungen unter inländischen Banken außerhalb des Banken-Geldmarktes im mittel- und langfristigen Bereich, also Kredite unter Banken mit Laufzeiten über einem Jahr.

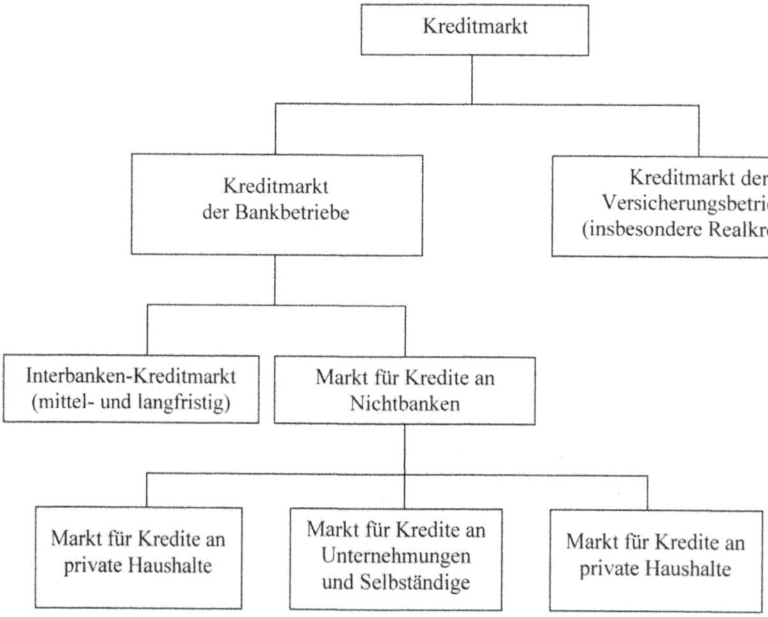

Abb. 6-2: Inländischer Kreditmarkt nach Marktteilnehmern

Als ungleich größer stellt sich der **Markt für Kredite an Nichtbanken** mit einer Struktur von kurzfristigen und mittel- sowie langfristigen Krediten dar. Hinsichtlich der wesentlichen Nachfragegruppen ist zwischen Marktsegmenten für die privaten Haushalte, für die Unternehmen und Selbständigen sowie für die öffentlichen Haushalte zu unterscheiden. In diesem Zusammenhang zeigt sich die Besonderheit der Finanzierung des Bankenkreditmarktes, bei der die Bankbetriebe über die Aufnahme von Finanzmitteln aller Art selbst zu Kreditnehmern werden, darin, dass die Gruppe der privaten Haushalte den wesentlichen Beitrag zu dessen Speisung leistet (in Form der Anlage der Sparmittel bei den Banken), während die Unternehmen und die öffentlichen Haushalte nur relativ geringen Anteil am Finanzmittelaufkommen des Marktes haben: Finanzierungsbeiträgen der privaten Haushalte stehen die durch Unternehmen und durch öffentliche Haushaltungen erbrachten Einlagen bei Banken gegenüber. Der verbleibende Finanzierungssaldo wird aus anderen Quellen gedeckt (Ausland; Kapitalmarkt).

2.3.4 Interdependenzen

Zwischen Geld-, Kredit- und Kapitalmarkt bestehen **Interdependenzen** insofern, als Effekten nicht nur zur langfristigen Kapitalanlage erworben werden, sondern Banken bei bestimmten Zinserwartungen oder Kurserwartungen auch solche Finanzmittel zu deren Kauf einsetzen, die ansonsten am Geldmarkt eingesetzt würden. In Anbetracht der Risiken eines derartigen Anlageverhaltens werden die Banken bestrebt sein, bei erwarteten Kursrückgängen diese Effekten wieder abzustoßen, so dass davon Auswirkungen auf die Effektenkurse ausgehen bzw. Effektenkursschwankungen verstärkt werden und eine Verflüssigung des Geldmarktes eintritt. In diesem Fall werden Banken unter dem Vorzeichen fallender Zinssätze zu einer Verstärkung der Kreditvergabe bereit sein, während steigende Geldmarktzinsen eine Verteuerung der Kredite sowie eine tendenzielle Einschränkung der Kreditvergabe durch Banken bewirken können. Niedrige Geldmarktzinssätze schlagen andererseits über Zinssenkungen auf den Markt für festverzinsliche Wertpapiere (Rentenmarkt) durch und bewirken dort Kurssteigerungen, was einen Anreiz zum Engagement in entsprechenden Effekten geben kann. Allerdings kann der Rentenmarkt durch sog. **inverse Zinsstrukturen** gekennzeichnet sein. In diesem Falle liegt die Verzinsung langfristiger Papiere unter derjenigen von kurzfristigen Papieren (zum Problem inverser Zinsstrukturen siehe auch 7.2.1.5.l.e).

Die Ursache für inverse Zinsstrukturen ist vor allem in den Maßnahmen der Geldmengensteuerung durch das *Europäische System der Zentralbanken* (*ESZB*) begründet. Die Verknappung der Geldmenge wird in der Regel über eine Erhöhung der kurzfristigen Zinssätze bewirkt. Die *Deutsche Bundesbank* hat über das Instrument der Wertpapierpensionsgeschäfte eine schnell, d.h. „auf Sicht", wirkende Liquiditätssteuerung entwickelt, die in analoger Form als Wertpapierpfandkreditgeschäft mit den Hauptrefinanzierungsgeschäften im *ESZB* weitergeführt wird. Dadurch gelingt es der *EZB*, das „kurze" Ende der **Zinsstrukturkurve** (siehe dazu *Eilenberger* 1995) so zu beeinflussen, dass die Geldmarktzinsen (und die Effektivzinsen von Wertpapieren mit einjähriger Restlaufzeit) ihren Vorstellungen entsprechen und bei restriktiver Geldpolitik somit Werte erreichen, die über denjenigen der **Effektivzinsen** von Kapitalmarktanlagen als dem „langen" Ende der Zinsstrukturkurve liegen. Bei nachgebenden Geldmarktzinsen auf Grund von Zinssenkungsmaßnahmen der *EZB* am Geldmarkt flacht sich das „kurze" Ende der Zinsstrukturkurve (Renditestrukturkurve) wieder ab, erreicht dann die Höhe der Zinsen am „langen" Ende (= Zinsstrukturkurve als Gerade) und fällt bei weiteren Zinssenkungsmaßnahmen der EZB auf Werte unter denjenigen des „langen" Endes. Derartige Effekte beeinflussen sowohl das Zinsergebnis als auch das Ergebnis der Banken im Wertpapiergeschäft: Zinsänderungsrisiken und -chancen führen auf Grund sich verändernder Zinsstruktur und verändertem Zinsniveau zu erheblichen Ausschlägen im Zinsergebnis. Darüber hinaus ergeben sich Auswirkungen auf die Bewertung von Wertpapieren im Bestand der Bank, die ggf. Abschreibungen induzieren.

3 Rechtliche Rahmenbedingungen bankbetrieblicher Entscheidungen

Die Aktivitäten von Bankbetrieben (Kreditinstituten) und Finanzdienstleistungsinstituten unterliegen im Interesse eines funktionsfähigen und ordnungsgemäßen Bankwesens einer erheblichen Zahl von einzel- und gesamtwirtschaftlich orientierten und damit begründeten rechtlichen Regelungen sowie Beschränkungen. Zusätzlich zu den Normen. die für Bankbetriebe entsprechend der gewählten Rechtsform maßgeblich sind (HGB. AktG, GmbHG, GenG, landesrechtliche Regelungen für Sparkassen. Errichtungsgesetze für Körperschaften des öffentlichen Rechts sowie spezialgesetzliche Regelungen für Pfandbriefbanken, Investmentgesellschaften. Bausparkassen), haben die Bankbetriebe die Vorschriften des Kreditwesengesetzes (KWG) ebenso zu beachten wie bundeseinheitliche Vorschriften zur Abwicklung bestimmter Bankleistungen im Rahmen des Zahlungsverkehrs, des Effektenwesens und ggf. der Kreditleistungen an Verbraucher) sowie des Geschäftsverkehrs insgesamt durch das AGB-Gesetz (Banken-AGB). Darüber hinaus können die Normen des Bundesbankgesetzes Konsequenzen für den wirtschaftlichen Dispositionsspielraum von Bankbetrieben zeitigen (siehe 3.2).

3.1 Gesetz über das Kreditwesen

Das KWG hat seinen Ursprung im **Reichsgesetz über das Kreditwesen (KWG 1934)**. mit dem im Anschluss an die Bankenkrise 1931 und im Gefolge der Machtübernahme durch die Nationalsozialisten eine gesetzliche Reglementierung des deutschen Bankwesens erfolgte. Erstmalig wurden (bis auf wenige Ausnahmen) alle Kreditinstitute der Erlaubnispflicht und der Aufsicht eines neu gebildeten **Aufsichtsamtes für das Kreditwesen** unterworfen. Dieses wurde 1939 wieder aufgelöst und seine Aufgaben dem Reichswirtschaftsminister zugeordnet damit wurde das KWG als **Gesetz über das Kreditwesen (KWG 1939)** neu bekanntgemacht. In dieser Fassung bestand es auch nach dem Zweiten Weltkrieg weiter, da verschiedene Entwürfe einer Neufassung nicht verwirklicht wurden. Erst 1961 beschloss der Deutsche Bundestag endgültig das **Gesetz über das Kreditwesen (1. KWG-Novelle 1961)**, das hinsichtlich wichtiger Einzelvorschriften der geänderten verfassungsrechtlichen Lage und den veränderten wirtschaftspolitischen Grundanschauungen entsprach. In der Folgezeit war der Änderungsbedarf für das KWG relativ gering: So wurden durch das Aktiengesetz 1965 Einfügungen bezüglich der Rechnungslegung vorgenommen. Das Bausparkassengesetz führte zur Unterstellung der Bausparkassen unter das KWG. Erste durchgreifende Änderungen, die dem Gesetzgeber dringend erforderlich erschienen, gab es mit der **2. KWG-Novelle 1976** als Reaktion auf die *Herstatt*-Krise. 1974 stellten sich nämlich vor allem Probleme im Bereich der Devisenhandelstätigkeit von Bankbetrieben ein, die auf die Freigabe der Wechselkurse und insbesondere auf den Wegfall der Interventionspflicht der *Bundesbank* im Jahre 1973 zurückzuführen waren. Dazu kamen Liquiditätskrisen bei einigen kleineren Privatbanken, die zu deren Schließung führten. Als spektakulärer Krisenfall erwies sich dabei 1974 die Insolvenz der

Herstatt-Bank in Köln auf Grund von Mängeln in der Beaufsichtigung des Devisengeschäfts. Zur Verbesserung des Gläubigerschutzes und der Liquiditätssicherung wurden vor allem folgende Vorkehrungen getroffen:

- Verschärfung der sog. **Strukturnormen**, um die in einer Großkreditgewährung (§ 13 KWG) liegenden Risiken zu verringern. Damit wurde das Volumen der Großkredite auf rund 50% des gesamten Kredit- und Anlagevolumens begrenzt.
- Verminderung der möglichen **Risiken** bankbetrieblicher Betätigung durch Verschärfung der Anforderungen an Kreditunterlagen (§ 18 KWG), durch Verbot des Einzelbankiers (§ 2a KWG) und durch Einführung des **Vieraugenprinzips** (§ 33 Abs. 1 Nr. 4 KWG).
- Erweiterung der Einblicks- und Eingriffsmöglichkeiten von *BAK* und *Bundesbank* durch Erweiterung der Anzeigepflichten der Kreditinstitute, der Pflichten der Prüfer (§ 29 Abs. 2 KWG), der Möglichkeiten zur Rücknahme der Erlaubnis und zu Prüfungen durch das *BAK* sowie durch Vorschriften über Maßnahmen zur Vermeidung des Konkurses: Maßnahmen bei Konkursgefahr (§ 46a KWG) und Stellung des Konkursantrages (§ 46b KWG).

Mit Wirkung vom 1.10.1974 war bereits als Sofortmaßnahme eine Ergänzung der „Grundsätze über das Eigenkapital und die Liquidität der Kreditinstitute" durch Einführung des **Grundsatzes Ia** erfolgt, der eine Beschränkung offener Devisenpositionen als direkte Reaktion auf den Konkurs der *Herstatt-Bank* vorsah. Um weiteren Maßnahmen des Gesetzgebers zur präventiven Sicherung der Bankgläubiger zuvorzukommen, erfolgten auf freiwilliger Basis als Initiative der Kreditwirtschaft die Gründung der *Liquiditätskonsortialbank GmbH* (siehe 5.8.1) und die Verbesserung des Einlegerschutzes bei Bankbetrieben durch drei **Einlagensicherungssysteme** (siehe 7.2.2.2.1d) der wesentlichen Universalbanksektoren.

Die Notwendigkeit zur **3. KWG-Novelle 1984** entstand einerseits aus der veränderten Risikosituation der Banken (und der Bankkonzernbildung) aus Wachstum, Verflechtung und Internationalisierung der Finanzmärkte sowie durch die zunehmenden Bonitäts- und Liquiditätsrisiken im Bankgeschäft, andererseits auf Grund der gebotenen Umsetzung der Richtlinie des Rates der Europäischen Gemeinschaft vom 13.6.1983 über die Beaufsichtigung der Kreditinstitute auf konsolidierter Basis in nationales Recht (BT-Drucksache 10/1441, 18). Dementsprechend lagen die Schwerpunkte dieser Novelle in folgenden Bereichen (siehe dazu v.a. *Arnold; Günter/Arnold; Friauf; MDB* 3/1985; *Starke*):

- Verbesserung der **Eigenkapitalausstattung** von Einzelinstituten (§ 10 Abs. 4 und 5 KWG), insbesondere durch die Aufnahme von „Genussrechtskapital".
- Überwachung des **Gesamtkreditrisikos** in **Bankkonzernen** mittels Zusammenfassungsverfahren in Form der **Quotenkonsolidierung** (siehe im einzelnen 6.1.2). Zu diesem Zweck wurden die § 10a und 13 KWG (Eigenkapitalausstattung und Großkredite von Kreditinstitutsgruppen) ebenso neu eingeführt wie § 12a KWG (Begründung von Unternehmensbeziehungen).
- Objektivierung des **Beteiligungsbegriffes** in § 12 KWG.
- Herabsetzung der **Großkreditgrenze** auf maximal 50% des haftenden Eigenkapitals (§ 13 Abs. 4 KWG).
- Verschärfung der Vorschriften über den **Kreditbegriff** und die **Kreditnehmereinheit** (§ 19 KWG) sowie über den Organkredit (§ 15 KWG).
- Erweiterung bankaufsichtsrechtlicher **Eingriffs- und Erkenntnismöglichkeiten**, insbesondere hinsichtlich internationaler Banktätigkeit (§ 44a KWG).

Am 21.12.1992 verabschiedete der Gesetzgeber die **4. KWG-Novelle**. Mit ihr wurde ein entscheidender Schritt zur Umsetzung von EG-Bankrecht in Deutschland insofern getan, als die 2. EG-Bankrechts-Koordinierungs-Richtlinie vom 15.12.1989, die EG-Eigenmittel-Richtlinie vom 17.4.1989 und die EG-Solvabilitäts-Richtlinie vom 18.12.1989 ihren Niederschlag im KWG fanden. Während die Bankrechts-Koordinierungs-Richtlinie vor allem die Liberalisierung der Zulassung der Kreditinstitute zur Geschäftstätigkeit im ganzen EG-Gebiet zum Ziel hatte, waren die beiden anderen Richtlinien auf die Harmonisierung des Bankaufsichtsrechtes gerichtet. Im Einzelnen handelte es sich um folgende wesentliche Veränderungen und Ergänzungen:

- Vorschriften über die aufsichtsrechtliche Regelung für Niederlassungen und Zweigstellen von Unternehmen mit Sitz in einem anderen Staat (§§ 53 und 53a KWG) durch die Einführung eines **Europa-Passes für Kreditinstitute**.
- Erweiterung des Eigenkapitalbegriffes (§ 10 KWG) mit Unterscheidung in **Kernkapital** und **Ergänzungskapital** (als **deklariertes** Eigenkapital von minderer Haftungsqualität, weshalb für seine Einbeziehung strenge Grenzen gesetzt wurden).
- Herstellung einer festen Relation zwischen dem haftenden Eigenkapital und dem risikotragenden Geschäftsvolumen (=Summe der Risikoaktiva) durch den sog. **Solvabilitätskoeffizienten** in Höhe von mindestens 8% sowie die detaillierte Bestimmung der einzubeziehenden Risikoaktiva und deren Gewichtung (Grundsatz I). Ergänzend dazu erfolgte eine Änderung der Höchstgrenze der mit bestimmten Preisrisiken haftenden Positionen eines Kreditinstitutes (Risikopositionen), bezogen auf das haftende Eigenkapital (Grundsatz Ia).
- Regelungen zur **Begrenzung von Anlagen** (§ 12 KWG) bezüglich der Beteiligung an branchenfremden Unternehmen.

Auch die **5. KWG-Novelle** vom 17.6.1994 beruhte auf der Notwendigkeit zur Harmonisierung des Gemeinschaftsrechtes innerhalb des Europäischen Wirtschaftsraumes. Mit ihr wurden in deutsches Recht umgesetzt:

- Die 2. Konsolidierungs-Richtlinie der EG vom 6.4.1992 und – die Großkredit-Richtlinie der EG vom 21.12.1992.

Infolgedessen wurden schwerpunktmäßig folgende Abschnitte des KWG verändert:

- Festlegungen zur **Eigenkapitalausstattung** von **Kreditinstitutsgruppen** (§ l0a KWG) durch die Einbeziehung von **Finanzholding-Gruppen** bei Erweiterung des Konsolidierungskreises sowie Einführung des Prinzips der Vollkonsolidierung.
- Vorschriften zum Kreditgeschäft betreffend die **Großkredite** (§§ 13 und 13a KWG) und den Begriff des Kredits und des Kreditnehmers (§ 19 KWG): In zwei Etappen wurden bis zum 1.1.2002 eine neue Großkreditobergrenze und eine neue Großkredituntergrenze mit neuen Eigenkapital- und Großkreditbegriffen eingeführt. Der neue Kreditbegriff fand auch Anwendung auf Millionenkredite.

Parallel zur 5. KWG-Novelle begannen die Vorarbeiten für die **6. KWG-Novelle**, die eine Umsetzung der EG-Kapitaladäquanz-Richtlinie vom 15.3.1993 in nationales Recht zum Ziel hatten und damit einen weiteren Baustein zum einheitlichen europäischen Bankenmarkt bildeten. Mit der 6. KWG-Novelle wurden 1997 Finanzdienstleistungsinstitute dadurch in die Bankenaufsicht einbezogen, dass auch sie den Europa-Pass erhielten. Wesentlich für die Banken war die Änderung der Eigenmittelausstattung (§ 10 KWG) und der Konsolidierungsvorschriften für Kreditinstitutsgruppen (§§ 10a, 13 KWG). Dazu kamen Änderungen der Grundsätze I und II. Im Anschluss daran ergaben sich ohne eine erneute Novellierung Änderungen des KWG durch das Gesetz über die integrierte Finanzdienstleistungsaufsicht durch das FinDAG (Finanzdienstleistungsaufsichtsgesetz vom 22.4.2002), das die Einführung der *Bundesanstalt für Finanzdienstleistungsaufsicht* (*BaFin*) mit sich brachte und gleichzeitig eine einheitliche Aufsicht für den Finanzsektor durch Übertragung der Aufgaben der *Bundesaufsichtsämter für das Kreditwesen* (*BAK*), für das *Versicherungswesen* und für den *Wertpapierhandel* (*BAW*) auf die *BaFin* institutionalisierte. Darüber hinaus ergab sich Änderungsbedarf durch das 4. Finanzmarktförderungsgesetz (2002) und die Umsetzung der E-Geld-Richtlinie (2000/46/EG, Abl. L 275 vom 18.9.2000, 39), durch die in § 1 Abs. 1 Satz 2 Nr. 11 KWG der Katalog der Bankgeschäfte um das **E-Geld-Geschäft** erweitert worden ist. Damit einher gingen die Einfügungen der Definitionen für das **E-Geld-Institut** (§ 1 Abs. 3d) und für das **Elektronische Geld** (§ 1 Abs. 14 KWG). Den Rücktausch elektronischen Geldes regelt seither der neue § 22a KWG.

Mit der **7. KWG-Novelle** vom 17.11.2006 erfolgten erhebliche Änderungen und Modernisierungen des KWG insofern, als Änderungsrichtlinien zur EG-Bankrechtskoordinierungs-Richtlinie und zur Kapitaladäquanz-Richtlinie Anpassungen an die durch den *Baseler Ausschuss für Bankenaufsicht* entwickelten Grundsätze „Internationale Konvergenz der Eigenkapitalmessung und der Eigenkapitalanforderungen" (Kurzform: **Basel II**) einen neuen Eigenmittel-Standard für eine internationale Bankenaufsicht erforderten. Auf Grund dieser Neuregelungen der Eigenmittelunterlegung des risikobehafteten Geschäftsvolumens von Banken sind die „Grundsätze I und II über die Eigenmittel und die Liquidität von Kreditinstituten" seit 1.1.2007 ersetzt worden durch die Solvabilitätsverordnung (SolvV) vom 14.12.2006 (BGBl. I, 2926) und durch die Liquiditätsverordnung (LiqV) vom 14.12.2006 (BGBl. I 3117), die den Anforderungen der ersten Säule von Basel II entsprechen. Der neu gefasste § 26a KWG („Offenlegung") stellt die Grundlage für die Realisierung der Transparenzerfordernisse der dritten Säule von Basel II dar, während die von der *BaFin* erlassenen Konkretisierungen zu § 25a Abs. 1 KWG in Form der „Mindestanforderungen an das Risikomanagement" (**MaRisk**) die Umsetzung der zweiten Säule von Basel II in rechtlich einwandfreier Weise bewirken sollten.

Die drei Säulen (siehe dazu *Deutsche Bundesbank* 2001 und 2006) des neuen Baseler Akkords bestehen aus den Mindestkapitalanforderungen (Säule 1), dem Bankaufsichtlichen Überprüfungsprozess (Säule 2) und der Erweiterten Offenlegung (Säule 3). Diese drei Säulen ergänzen sich gegenseitig, um die Stabilität des nationalen und internationalen Bankensystems besser abzusichern. Die Erfüllung der Anforderungen an das unter Risikogesichtspunkten dadurch erforderliche Eigenkapital wird über den Solvabilitätskoeffizienten gemessen (siehe dazu 4. Kapitel).

3.1.1 Konzeption des KWG

Mit dem KWG werden insbesondere drei **Zielsetzungen** verfolgt:

- Gewährleistung der Ordnung im Kreditwesen,
- Erhaltung der Funktionsfähigkeit der Kreditwirtschaft,
- Schutz der Gläubiger der Banken (insbesondere Einleger) vor Verlusten.

Diese Zielsetzungen sollen mit marktwirtschaftlichen Mitteln realisiert werden. Das bedeutet, dass den Bankbetrieben einerseits die unternehmerischen Verantwortlichkeiten weitestgehend erhalten bleiben sollen, andererseits Einschränkungen dieser unternehmerischen Autonomie nur im Allgemeininteresse unter Beachtung der angeführten Zielsetzungen erfolgen (z.B. hinsichtlich Eigenkapital, Liquidität, Kreditgewährung) müssen. Diese Auffassung rechtfertigt auch die nicht unerheblichen Informations-, Melde-, Anzeige- und Duldungspflichten, die das

KWG den Bankbetrieben auferlegt, und die Schaffung einer zentralen Kontrollinstanz in Form *BaFin* mit Sitz in Bonn und Frankfurt/Main, deren Kosten dem Bund von den beaufsichtigten Unternehmen zu 90% zu erstatten sind (§ 51 Abs. 1 KWG).

Ein weiteres Charakteristikum besteht in der Institutionalisierung der Zusammenarbeit und **Kompetenzabgrenzung** von *BaFin* und *Deutscher Bundesbank* (§ 7 KWG), wodurch die Ortsnähe und die Sachkenntnis letzterer im Sinne einer effizienten Beaufsichtigung nutzbar gemacht werden sollen.

Zur Bewältigung politischer und wirtschaftlicher Krisen, insbesondere zur Abwendung schwerwiegender gesamtwirtschaftlicher Schäden, ist darüber hinaus ein Eingriffsrecht der *Bundesregierung* insofern vorgesehen, als diese durch Rechtsverordnung die Anordnung eines Moratoriums für ein Kreditinstitut oder für alle Kreditinstitute sowie die Einstellung des Bank- und Börsenverkehrs (§ 47 KWG) und nach einer vorübergehenden Schließung der Kreditinstitute oder Börsen die Wiederaufnahme des Bank- und Börsenverkehrs (§ 48 KWG) verfügen kann.

3.1.2 Die wichtigsten Vorschriften des KWG

Im Folgenden wird in diesem Zusammenhang ausschließlich ein Kurzüberblick auf die wesentlichen Regelungsbereiche des KWG gegeben. Eine Darlegung von Einzelheiten zu den Vorschriften des KWG erfolgt im 4. Kapitel, das der Durchführung der Bankenaufsicht in Deutschland gewidmet ist.

Der erste Abschnitt (§§ 1 bis 9 KWG) umfasst allgemeine Begriffsbestimmungen und Regelungen zur Organisation von Kreditinstituten, Finanzdienstleistungsinstituten und weiteren Unternehmen des Finanzsektors ebenso wie über die Grundzüge und Grundlagen der Beaufsichtigung durch die *BaFin* im Zusammenwirken mit der *Deutschen Bundesbank.*

Der zentrale zweite Abschnitt ist den grundlegenden Sachverhalten der bankbetrieblichen Betätigung gewidmet:

- Ausstattung der Institute, Institutsgruppen, Finanzholding-Gruppen, Finanzkonglomerate, gemischten Finanzholding-Gesellschaften und gemischten Unternehmen mit **Eigenmitteln** und **Liquidität** (§§ 10 bis 11 KWG). Von wesentlicher Bedeutung ist dabei die Abgrenzung von Kernkapital, Ergänzungskapital und Drittrangmittel (Abbildung 6-3). Daraus ergeben sich die Kategorien Bilanzielles Eigenkapital, Ökonomische Eigenmittel und Regulatorische Eigenmittel. Die quantitativen Zuordnungen von Kernkapital und Ergänzungskapital zum haftenden Eigenkapital zeigt Abbildung 6-4 (zu den durch „Basel III" veränderten Quantitäten der erforderlichen Eigenkapitalausstattung siehe 4.6).
- Begrenzung von Beteiligungen und Begründung von Unternehmensbeziehungen (§§ 12 und 12a KWG);
- Vorschriften zum Kreditgeschäft (§§ 19 bis 23 KWG);
- Regelungen über das Refinanzierungsregister, das durch die Aufnahme von Zweckgesellschaften in § 1 Abs. 26 KWG notwendig wurde und Aufschluss über Forderungen gibt, die zum Zwecke der Refinanzierung veräußert worden sind (§§ 22a bis 22o KWG);
- Berücksichtigung von Kundenrechten (Rücktausch von E-Geld; § 22p KWG);
- Pflicht zur Information über die Zugehörigkeit zu Sicherungseinrichtungen der Bankwirtschaft (§ 23a KWG)
- Regelungen zu den Pflichten, insbesondere Meldepflichten der Institute, ihrer Geschäftsleiter, der Finanzholding-Gesellschaften und der gemischten Unternehmen (§§ 24 bis 25b KWG);

Kernkapital

Eingezahltes Kapital (Geschäfts-, Grund-, Stamm-, Dotationskapital und Geschäftsguthaben) ohne Vorzugsaktien
./. Eigene Aktien bzw. Geschäftsanteile (nur für Zweigstellen von Unternehmen mit Sitz im Ausland)
\+ Offene Rücklagen
\+ Vermögenseinlagen stiller Gesellschafter
\+ Bilanz- bzw. Zwischenbilanzgewinn
./. Bilanz- bzw. Zwischenbilanzverlust
./. Überschuss der Aktivposten über die Passivposten (nur für Zweigstellen von Unternehmen mit Sitz im Ausland)

Bilanzielles Eigenkapital

\+ Sonderposten für allgemeine Bankrisiken nach § 340g HGB
\+ Vom BAKred anerkanntes freies Vermögen
./. Entnahmen und Kredite an Inhaber bzw. Gesellschafter
./. Schuldenüberhang des Inhabers bzw. persönlich haftender Gesellschafter
./. Gekündigte Geschäftsguthaben und Geschäftsguthaben ausscheidender Genossen
./. Immaterielle Vermögensgegenstände
./. Korrekturposten gemäß § 10 Absatz 3b KWG

Ökonomische Eigenmittel[1)]

Ergänzungskapital

\+ Vorsorgereserven nach § 340f HGB
\+ Vorzugsaktien (abzüglich eigener Vorzugsaktien)
\+ Nicht realisierte Reserven (max. 1,4 % der gewichteten Risikoaktiva)
\+ Rücklagen nach § 6b EStG zu 45 %
\+ Genussrechtsverbindlichkeiten
\+ Längerfristige nachrangige Verbindlichkeiten
\+ Haftsummenzuschlag
./. Marktpflege in verbrieften eigenen Genussrechten / längerfristigen nachrangigen Verbindlichkeiten
./. Korrekturposten gemäß § 10 Absatz 3b KWG, § 10 Absatz 2b Satz 3 KWG und § 10 Absatz 2b Satz 2 KWG

Drittrangmittel

\+ Nettogewinn (Glattstellung der Handelsbuchpositionen abzüglich voraussichtliche Aufwendungen und Ausschüttungen sowie potenzielle Liquidationsverluste des Anlagevermögens)
\+ Kurzfristige nachrangige Verbindlichkeiten
\+ Ergänzungskapital oberhalb der Kappungsgrenze gemäß § 10 Absatz 2b Satz 2 und 3 KWG
./. Marktpflegepositionen in kurzfristigen Nachrangverbindlichkeiten
./. Schwer realisierbare Aktiva (§ 10 Absatz 2c Satz 5 KWG) und Verluste von Tochterunternehmen (nur Wertpapierhandelsunternehmen)
./. Drittrangmittel oberhalb der Kappungsgrenzen gemäß § 10 Absatz 2c Satz 2 KWG

Regulatorische Eigenmittel

[1)]Zu berücksichtigen ist, dass es keine einheitliche Abgrenzung der ökonomischen Eigenmittel gibt. Nach einer Umfrage der Bundesbank steuern die meisten Institute auf Basis des Kernkapitals. Teilweise werden jedoch auch Komponenten des Ergänzungskapitals herangezogen (z.B. Vorzugsaktien, nicht realisierte Reserven).

Abb. 6-3: Zusammensetzung des Eigenkapitals und der Eigenmittel von Kreditinstituten. Quelle: *Deutsche Bundesbank* 2002,43)

Abb. 6-4: Die Struktur des haftenden Eigenkapitals von Kreditinstituten

- Verpflichtung zur Vorlage von Rechnungsunterlagen bei der Bankenaufsicht (§ 26 KWG) und zur Erfüllung der Transparenzvorschriften (dritte Säule von Basel II) durch Offenlegung in Form der Vorlage regelmäßiger qualitativer und quantitativer Informationen über das Eigenkapital, die eingegangenen Risiken und die Risikomanagementverfahren einschl. der verwendeten internen Ratingverfahren, der Kreditrisikominderungstechniken und der Verbriefungstransaktionen (§ 26a KWG);
- Verfahrensweisen zur Prüfung und zur Prüferbestellung einschl. der besonderen Pflichten der Prüfer sowie zur Bestimmung von Prüfungsinhalten (§§ 28 bis 30 KWG).

Vorschriften über das Verhältnis von Bankenaufsicht und den beaufsichtigten Instituten sowie der Near-Banks enthält der dritte Abschnitt:

- Zulassung zum Geschäftsbetrieb (Erlaubniszwang, Erlöschen und Aufhebung der Erlaubnis, Wegfall der Erlaubnis), Regelungen zum Bezeichnungsschutz für „Bank", „Bankier" und „Sparkasse" (§§ 32 bis 43 KWG) und zu Auskunftspflichten der Institute (§§ 44b bis 44c KWG).
- Maßnahmen in besonderen Fällen umfassen die Sachverhalte der unzureichenden Eigenmittelausstattung, der unzureichenden Liquidität, der organisatorischen Mängel, Maßnahmen bei Gefahr, Insolvenzgefahr und bei Störungen des gesamten Bank- und Börsenwesens (§§ 45 bis 48 KWG).

Mit den besonderen Verhältnissen der Finanzkonglomerate befasst sich der vierte Abschnitt:

- Ermittlung eines Finanzkonglomerats und Feststellung eines Finanzkonglomerats (§§ 51a bis 51c KWG);
- Befreiungen durch die *BaFin* von der Feststellung einer Unternehmensgruppe als Finanzkonglomerat und Freistellung von der Verpflichtung zur Meldung bedeutender Risikokonzentrationen auf der Ebene der Konglomerate nach § 13d KWG (§ 51c KWG).

Der fünfte Abschnitt enthält Regelungen im Sinne von Sondervorschriften insbesondere für Zweigstellen von Unternehmen mit Sitz im Ausland, die im Inland eine Zweigstelle unterhält, die Bankgeschäfte betreibt oder Finanzdienstleistungen erbringt sowie für Repräsentanzen von Instituten mit Sitz im Ausland. Dabei finden auch Besonderheiten insofern Beachtung, je nachdem, ob sich der Sitz des Unternehmens in einem anderen Staat des EWR oder in einem Drittstaat befindet (§§ 52 bis 53e KWG).

Strafbewehrte Vorschriften einschließlich Bußgeldvorschriften bei Zuwiderhandlungen gegen Vorschriften des KWG und die entsprechenden speziellen Verfahrensvorschriften sind im sechsten Abschnitt abschließend bestimmt (§§ 54 bis 60a KWG). Übergangs- und Schlussvorschriften enthält schließlich der siebente Abschnitt (§§ 61 bis 65 KWG).

3.2 Gesetz über die Deutsche Bundesbank

Mit Gesetz über die Deutsche Bundesbank vorn 26. Juli 1957 (BBankG) wurde eine zentrale Notenbank für das Gebiet der Bundesrepublik Deutschland als bundesunmittelbare juristische Person des öffentlichen Rechts durch Verschmelzung der bis dahin bestehenden Landeszentralbanken und der Berliner Zentralbank auf die Bank deutscher Länder geschaffen (zur Entstehung siehe insbesondere *Wandel*; *Deutsche Bundesbank* 2006, 23 ff.). Die auf diese Weise entstandene *Bank deutscher Länder* erhielt die Bezeichnung ***Deutsche Bundesbank*** mit Sitz in Frankfurt am Main (Festschreibung durch das 3. BBankÄndG vom 20.2.1991). Das 4. BBankÄndG vom 15.7.1992 (BGBl. I. 1287) straffte die Organisation der Bundesbank insofern, als die

Zahl der Mitglieder des Direktoriums auf acht (bis dahin zehn) begrenzt und ab dem 1.11.1992 die Zahl der Hauptverwaltungen auf neun festgelegt wurde (siehe auch *MDB* 8/1992, 48-54). Dementsprechend unterhält die *Bundesbank* **Hauptverwaltungen** (bis 23.3.2002 mit der Bezeichnung „Landeszentralbank") für den Bereich des Landes Baden-Württemberg, des Freistaates Bayern, der Länder Berlin und Brandenburg. der Freien Hansestadt Bremen und der Länder Niedersachsen und Sachsen-Anhalt (Sitz Hannover), der Freien und Hansestadt Hamburg und der Länder Mecklenburg-Vorpommern und Schleswig-Holstein (Sitz Hamburg), des Landes Hessen, des Landes Nordrhein-Westfalen, der Länder Rheinland-Pfalz und Saarland (Sitz Mainz) sowie für den Bereich der Freistaaten Sachsen und Thüringen (Sitz Leipzig).

Das 5. BBankÄndG vom 8. Juli 1994 (BGBI. I, 1465) glich das BBankG den Vorgaben des **Maastrichter Vertrages** vom 7.2.1992 zur Einleitung der zweiten Stufe der **Europäischen** Wirtschafts- und Währungsunion (WWU) an:

- Es entfiel der bisherige § 17 BBankG über die „Einlagen-Politik", wonach der Bund, das Sondervermögen Ausgleichsfonds sowie das ERP-Sondervermögen und die Länder ihre flüssigen Mittel bei der *Bundesbank* auf Girokonto anzulegen hatten, ebenso wie die Gewährung von Kassenkrediten durch die *Bundesbank* an öffentliche Haushalte nach § 20 Abs. 1 BBankG (*alt*).
- An die Stelle der Regelung von § 20 Abs. 1 BBankG (*alt*) trat eine Neufassung dieser Vorschrift, wonach die *Bundesbank* mit dem Bund, den Sondervermögen des Bundes, den Ländern und anderen öffentlichen Verwaltungen die in § 19 Abs. 1 Nrn. 4 bis 9 BBankG bezeichneten Geschäfte vornehmen durfte, wobei die *Bundesbank* untertägige Kontoüberziehungen zulassen konnte, ohne Kosten und Gebühren zu berechnen (§ 20 Abs. 1 BBankG *neu*).
- Auf Grund des Wegfalls von § 17 BBankG und der Neufassung des § 20 Abs. 1 BBankG (*alt*) erfolgte die **Liquiditätssteuerung** der öffentlichen Haushalte mit Ausnahme der untertägigen Liquiditätshilfe durch die *Bundesbank* ausschließlich über das Bankensystem.

Von fundamentaler Bedeutung für die *Deutsche Bundesbank* war der Eintritt Deutschlands in die dritte Stufe der WWU am 1. Januar 1999, mit dem sich ihre Aufgaben infolge der Übertragung der geld- und währungpolitischen Befugnisse auf die Gemeinschaftsebene änderten. Den veränderten Verhältnissen trug das 7. BBankÄndG vom 23. März 2002 (BGBl. I S. 1782) mit der tiefstgreifenden Aufgaben- und Organisationsveränderung seit ihrem Bestehen Rechnung. Die Gesetzesänderung dokumentiert ihren Bedeutungsverlust auf nunmehr eine der Nationalen Zentralbanken des *Europäischen Systems der Zentralbanken.* Zwar bleibt die *Deutsche Bundesbank* im Eurosystem mit 29,65% die größte Kapitaleignerin der EZB, als NZB ist sie jedoch der *EZB* zur dezentralen Durchführung der Beschlüsse des *EZB-Rates* verpflichtet. In Zusammenhang mit dem 7. BBankÄndG erfolgten auch einige Änderungen technischer Art, die auf die Einführung des EUR zurückgingen (zur Entstehungsgeschichte und zum wesentlichen Inhalt des 7. BBankÄndG siehe v.a. *Deutsche Bundesbank* 2002b, 62 ff.).

3.2.1 Die Bundesbank als Teil des *Europäischen Systems der Zentralbanken*

Mit Wirkung zum 1. Juli 1998 ist die Errichtung der *Europäischen Zentralbank* (*EZB*) und des *Europäischen Systems der Zentralbanken (ESZB)* wirksam geworden. Zum 1. Januar 1999 hat die dritte Stufe der Wirtschafts- und Währungsunion mit Einführung des **EUR** als Gemeinschaftswährung begonnen. Für die *Deutsche Bundesbank* markieren diese beiden Ereignisse einerseits das Ende als souveräne deutsche Zentralnoten- und Währungsbank, zum anderen den Beginn als dezentrale Nationale Zentralbank innerhalb des zweistufigen *ESZB* unter der Ägide der *EZB*.

3.2.1.1 Struktur des *ESZB* und der *EZB*

Das *ESZB* besteht aus der *EZB* und den nationalen Zentralbanken (NZBen) aller EU-Mitgliedsstaaten (Art. 107 Abs. 1 EG-Vertrag EGV). Im Gegensatz zum *ESZB* als Ganzem wurde durch Art. 107 Abs. 2 EGV nur die *EZB* mit eigener Rechtspersönlichkeit ausgestattet. Die einzelnen NZBen besitzen eigenständige Rechtspersönlichkeit gemäß dem jeweils geltenden innerstaatlichen (nationalen) Recht. Für die *Deutsche Bundesbank* als NZB ergibt sich diese somit aus dem Gesetz über die Deutsche Bundesbank. Die *EZB* leitet durch ihre Beschlussorgane (EZB-Rat und Direktorium) das *ESZB* (Art. 107 Abs. 3 EGV).

Die **Satzung des *ESZB*** (EU-Dok.-Nr. 1 1992 M/PRO/SEBC/00) folgt in Aufbau und Inhalt dem Vorbild des Bundesbankgesetzes vom 26.7.1957 und legt unter Berücksichtigung der Art. 105 bis 115 EGV die Ziele und Aufgaben des *ESZB*, die Organisation des *ESZB*, die währungspolitischen Aufgaben und Operationen des *ESZB* sowie die Finanzvorschriften des *ESZB* fest. Damit erfüllen die Vertragsparteien die Anforderungen des Art. 8 des EU-Vertrages zur Errichtung des ESZB und der *EZB*.

3.2.1.2 Ziele und Aufgaben des *ESZB*

Das vorrangige **Ziel** des *ESZB* besteht darin, die **Preisstabilität** zu gewährleisten (Art. 2 *EZB*SatzProt; im Folgenden jeweils nur „Art."). Darüber hinaus soll das ESZB unter Wahrung dieses Zieles die allgemeine Wirtschaftspolitik in der Gemeinschaft unterstützen, um zur Verwirklichung er in Art. 2 EGV festgelegen Ziele der Gemeinschaft beizutragen. Dabei handelt das *ESZB* im Einklang mit dem Grundsatz einer offenen Marktwirtschaft mit freiem Wettbewerb zur Förderung des effizienten Einsatzes der Ressourcen und hält sich an die Art. 4 EGV genannten Grundsätze. Die Ziele des *ESZB* bleiben insofern hinter den Zielsetzungen von § 3 BBankG (alt) zurück, der das umfassendere und ehrgeizigere Ziel der „Sicherung der Währung" postulierte.

Die grundlegenden **Aufgaben** des *ESZB* bestimmt Art. 3: Festlegung und Ausführung der Geldpolitik der Gemeinschaft, Durchführung von Devisengeschäften im Einklang mit Art. 111 EGV, Halten und Verwalten der offiziellen Währungsreserven der Mitgliedsstaaten und die Förderung des reibungslosen Funktionierens der Zahlungssysteme. Darüber hinaus trägt das *ESZB* nach Art. 105 Abs. 5 EGV zur reibungslosen Durchführung der von den zuständigen Behörden auf dem Gebiet der Bankenaufsicht und der Stabilität des Finanzsystems ergriffenen Maßnahmen bei. Hinsichtlich der internationalen Zusammenarbeit entscheidet die *EZB*, wie das *ESZB* vertreten wird und wie sich die NZBen an internationalen Währungseinrichtungen beteiligen (können).

3.2.1.3 Organisation des *ESZB*

Die **Unabhängigkeit** der *EZB* und der NZBen garantiert Art. 7: Diese dürfen in Wahrnehmung der ihnen durch EGV und Satzung übertragenen Befugnisse, Aufgaben und Pflichten keine Weisungen von Organen oder Einrichtungen der Gemeinschaft, Regierungen der Mitgliedsstaaten oder anderer Stellen einholen oder entgegennehmen. Das gilt auch für die Mitglieder ihrer Beschlussorgane. Des weiteren verpflichten sich die Organe und die genannten Institutionen der EG sowie die Mitgliedsstaaten, diesen Grundsatz zu beachten und nicht zu versuchen, die Beschlussorgane der *EZB* oder NZBen in Wahrnehmung ihrer Aufgaben zu beeinflussen.

Die **Leitung** des *ESZB* erfolgt durch die Beschlussorgane der *Europäischen Zentralbank* (Art. 8). Die *EZB* ist Gegensatz zum *ESZB* nach Art. 107 Abs. 2 EGV mit Rechtspersönlichkeit ausgestattet. Als juristische Person besitzt sie in jedem Mitgliedsstaat die weitestgehende Rechts- und Geschäftsfähigkeit. **Beschlussorgane** sind der *EZB-Rat* und das Direktorium.

Der ***EZB-Rat*** besteht aus den Mitgliedern des Direktoriums der *EZB* und den Präsidenten der NZBen (Art.10). Der *EZB-Rat* erlässt die Leitlinien und trifft die Entscheidungen, die notwendig sind, um die Erfüllung der Aufgaben des *ESZB* zu gewährleisten (Art. 12). Er legt die Geldpolitik der Gemeinschaft fest und erlässt die dazu erforderlichen Leitlinien und erteilt den NZBen die erforderlichen Weisungen. Ferner können dem Direktorium durch Beschluss des *EZB-Rates* bestimmte Befugnisse übertragen werden. Die Frage der Mitgliedschaft im *EZB-Rat* ist durch EG-Beschluss 2003/233/EG (Abl. Nr. I, 83 S.66) differenziert geregelt. Der *EZB-Rat* tagt mindestens zehnmal im Jahr.

Das **Direktorium** führt die Geldpolitik gemäß den Leitlinien und Entscheidungen des *EZB-Rates* aus. Es erteilt hierzu den NZBen die erforderlichen Weisungen. Darüber hinaus führt es die laufenden Geschäfte der *EZB* und bereitet die Sitzungen des *EZB-Rates* vor. Das Direktorium besteht aus dem Präsidenten und dem Vizepräsidenten der *EZB* und vier weiteren hauptamtlichen Mitgliedern, die von den Regierungen der Mitgliedstaaten auf der Ebene der Staats- und Regierungschefs auf Empfehlung des Europäischen Rates (der Regierungschefs; im Folgenden „EU-Rat") ernannt werden (Art. 11). Ihre Amtszeit beträgt acht Jahre, Wiederbestellung ist möglich. Der Präsident bzw. der Vizepräsident führen den Vorsitz im *EZB-Rat*. Die Außenvertretung der *EZB* obliegt dem Präsidenten oder einer von ihm bestimmten Person.

Jeder Mitgliedsstaat hat gemäß Art 109 EGV dafür zu sorgen, dass die innerstaatliche Rechtsvorschriften der jeweiligen **Nationalen Zentralbank** mit dem EGV und der Satzung der *EZB* in Einklang stehen (Art. 14). Für Deutschland ist diese Anpassung durch das 6. und insbesondere das 7. BBankÄndG erfolgt. Die NZBen sind integraler Bestandteil des *ESZB* und handeln gemäß den Leitlinien und Weisungen der *EZB*. Der *EZB-Rat* trifft die notwendigen Maßnahmen, um deren Einhaltung sicherzustellen. Er kann auch verlangen, dass ihm die dazu erforderlichen Informationen zur Verfügung gestellt werden. Grundsätzlich ist jedoch den NZBen die Möglichkeit eröffnet, andere als in der *EZB*-Satzung bezeichnete Aufgaben wahrzunehmen, es sei denn, der *EZB-Rat* stellt mit Zweidrittelmehrheit der abgegebenen Stimmen fest, dass dieses Aufgaben nicht mit den Zielen und Aufgaben des ESZB vereinbar sind. Die „anderen" Aufgaben werden von den NZBen in eigener Verantwortung und auf eigene Rechnung wahrgenommen und gelten nicht als Aufgaben des *ESZB*.

3.2.1.4 Recht zur Ausgabe von Banknoten und Finanzvorschriften des *ESZB*

Dem *EZB-Rat* steht nach Art. 106 Abs. 1 EGV das ausschließliche Recht zu, die Ausgabe von Banknoten innerhalb der Gemeinschaft zu genehmigen. Zur Ausgabe von Banknoten sind die EZB und die NZBen berechtigt (Art. 16). Die von der *EZB* und den NZBen ausgegebenen Banknoten sind die einzigen Banknoten, die in der Gemeinschaft als **gesetzliches Zahlungsmittel** gelten. Zum 1.1.1999 startete die **Europäische Währungsunion** als Gemeinschaftswährung von zunächst elf Mitgliedsstaaten, nachdem zum 31.12.1998 die Umrechnungskurse der jeweiligen Währungen der Teilnehmerstaaten zum **EUR** festgelegt worden waren. Deutschland, Frankreich, Spanien, Italien, Finnland, Österreich, Portugal, die Niederlande, Belgien, Luxemburg und Irland bildeten zu Beginn das **Eurosystem**, während Schweden, Großbritannien und Dänemark zwar Mitglieder des *ESZB* sind, aber an ihrer eigenen Währung festhielten. Bis zum 1.1.2011 traten Griechenland (2001), Slowenien (2007), Malta und Zypern (2008), Slowakei (2009) und Estland (2011) dem Eurosystem bei, das damit auf 17 Mitglieder anwuchs. Eine wesentliche Zäsur stellte der 1.1.2002 dar, zu dem die Einführung des **Euro-Bargeldes** erfolgte. Die Ausgabe von **Euro-Münzen** steht dagegen den Regierungen der Mitgliedsstaaten des Eurosystems zu (Münzregal des Staates).

Die Mitgliedschaft im Eurosystem setzt die Einhaltung der Bestimmungen des **Stabilitäts- und Wachstumspaktes** (SWP) voraus. Dieser besteht aus zwei Verordnungen des EU-Rates (Verordnung über den Ausbau der haushaltspolitischen Überwachung und der Überwachung und Koordinierung der Wirtschaftspolitiken sowie der Verordnung über die Beschleunigung und Klärung des Verfahrens bei übermäßigem Defizit) sowie der Beschlüsse des Amsterdamer Gipfels vom 17.6.1999 über den Stabilitäts- und Wachstumspakt. Allerdings wurde der SWP durch Verordnung des EU-Rates vom 27.6.2005 geändert und in wesentlichen Teilen „verwässert" (siehe dazu *Deutsche Bundesbank* 2005, 103 ff.). Als **mittelfristiges Ziel** gilt die Forderung nach einem zumindest nahezu ausgeglichenen Haushalt der Mitgliedsstaaten. Insbesondere sind Haushaltsdefizite unterhalb eines Referenzwertes von 3% des BIP und die Staatsverschuldung unter 60% des BIP zu halten. Die erwartete Einhaltung der Grenzwerte des Paktes ist vor allem auch für die Aufnahme neuer Mitglieder in das Eurosystem ein entscheidendes Kriterium. Probleme für die Stabilität des EUR sind allerdings im Gefolge der internationalen Finanzmarktkrise (ab 2008) durch die übermäßige Staatverschuldung Griechenlands, Irlands und Portugals entstanden, die zur Einrichtung von „Rettungsschirmen" durch die Mitgliedsstaaten des Eurosystems im Mai 2010 für Griechenland, im Dezember 2010 für Irland und im April 2011für Portugal führten.

Das **Kapital** der *EZB* hat bei Aufnahme ihrer Tätigkeit fünf Milliarden EUR betragen. Es kann durch den *EZB-Rat* mit qualifizierter Mehrheit innerhalb der Grenzen und unter den Bedingungen des Art. 42 erhöht werden (Art. 28). Der Schlüssel für die Kapitalzeichnung ist in Art. 29 festgelegt. Von dieser Möglichkeit hat die *EZB* im Dezember 2010 Gebrauch gemacht und das Eigenkapital auf **zehn Mrd. EUR** erhöht, nachdem durch den nicht regelkonformen Ankauf von Staatsanleihen Griechenlands, Irlands und Portugals hohe Kapitalverluste zu erwarten waren. Nach Art. 30 wurde die *EZB* von den NZBen mit Währungsreserven im Gegenwert von 50 Mrd. EUR ausgestattet. Darüber hinausgehende **Währungsreserven** der NZBen können unter den Voraussetzungen des Art. 31 für Zwecke der Erfüllung von Verpflichtungen gegenüber internationalen Organisationen und für sonstige Geschäfte eingesetzt werden. Der *EZB-Rat* erlässt Richtlinien mit dem Ziel, derartige Geschäfte zu erleichtern. Die **Verteilung** der monetären Einkünfte der NZBen aus der Erfüllung ihrer währungspolitischen Aufgaben erfolgt nach den Bestimmungen des Art. 32. Die Verteilung der Nettogewinne und ggf. Nettoverluste der *EZB* wird durch den Schlüssel des Art. 33 geregelt.

3.2.1.5 Währungspolitische Aufgaben und Operationen des *ESZB*

Als Grundvoraussetzung für die die Wahrnehmung der währungspolitischen Aufgaben und Operationen können die *EZB* und die NZBen zur Durchführung ihrer Geschäfte **Konten** für Kreditinstitute, öffentliche Stellen und andere Marktteilnehmer eröffnen (Art. 17) und Vermögenswerte, einschließlich Schuldbuchforderungen, als Sicherheit hereinnehmen.

Zentrale Instrumente zur Erreichung der Ziele des *ESZB* und zur Erfüllung seiner Aufgaben stehen der *EZB* und den NZBen die **Offenmarkt- und Kreditgeschäfte** (Art. 18) zur Verfügung: Demnach können die *EZB* und die NZBen auf den **Finanzmärkten** (=**offenen Märkten**) dadurch tätig werden, dass sie auf Gemeinschaftswährung oder Drittlandswährung lautende Forderungen und börsengängige Wertpapiere sowie Edelmetalle endgültig (per Kasse oder Termin) oder im Rahmen von Rückkaufsvereinbarungen (Pensionsgeschäften) kaufen oder verkaufen oder entsprechende Darlehensgeschäfte tätigen. Dazu kommt die Möglichkeit, Kreditgeschäfte mit Kreditinstituten und anderen Marktteilnehmern abzuschließen, wobei für die Darlehen ausreichende Sicherheiten zu stellen sind. Für ihre eigenen Geschäfte am offenen Markt und für ihre Kreditgeschäfte und die der NZBen stellt die EZB allgemeine Grundsätze auf, und zwar auch hinsichtlich der Grundsätze für die Bekanntmachung der Bedingungen, zu denen sie bereit sind, derartige Geschäfte abzuschließen.

Zur Steuerung der Geldmenge kann die *EZB* nach Art. 19 verlangen, dass die in den Mitgliedsstaaten niedergelassenen Kreditinstitute **Mindestreserven** auf Konten bei der *EZB* und den NZBen unterhalten. Der *EZB-Rat* kann Verordnungen über die Berechnung und Bestimmung des Mindestreserve-Solls erlassen (siehe dazu VO (EG) Nr. 1745/2003 der ETB vom 12.9.2003 über die Auferlegung einer Mindestreservepflicht, ABl. Nr. L 250 S.10). Insbesondere legt der Rat die Basis für die Mindestreserven (MR) und die höchstzulässigen Relationen zwischen diesen MR und ihrer Basis sowie die Sanktionen bei Nichteinhaltung fest. Dementsprechend enthält die MR-Verordnung die erforderlichen Voraussetzungen für die MR-pflichtigen Institute, die MR-Basis, die MR-Sätze, die Berechnung und Meldung des MR-Solls, die Haltung der MR und die MR-Erfüllungsperiode sowie die Verzinsung der MR-Guthaben fest.

Über die Anwendung **sonstiger geldpolitischer Instrumente** kann der *EZB-Rat* nach Art. 20 mit Zweidrittelmehrheit der abgegebenen Stimmen entscheiden, die er bei Beachtung des Art. 2 (Ziele des ESZB) für zweckmäßig hält.

Geschäfte mit öffentlichen Stellen in Form von Überziehungs- oder Kreditfazilitäten bei der *EZB* oder den NZBen sind nach Art. 21 für Organe oder Einrichtungen der Gemeinschaft, Zentralregierungen, regionale oder lokale Gebietskörperschaften oder andere öffentlich-rechtliche Körperschaften, sonstige Einrichtungen des öffentlichen Rechts oder öffentliche Unternehmen der Mitgliedsstatten ebenso **verboten** wie der unmittelbare Erwerb von Schuldtiteln von diesen durch die *EZB* oder NZBen. **Ausnahmen** von diesem Verbot sind dann gegeben, wenn die *EZB* oder die NZBen als Fiskalagenten für die zuvor bezeichneten Stellen tätig werden oder für Kreditinstitute in öffentlichem Eigentum. Letztere werden von der jeweiligen NZB und der *EZB* bei der Bereitstellung von Zentralbankgeld so behandelt wie private Kreditinstitute.

Zur Gewährleistung eines effizienten und zuverlässigen **Zahlungs- und Verrechnungsverkehrs** innerhalb der Gemeinschaft und im Verkehr mit dritten Ländern können die *EZB* und die NZBen entsprechende Einrichtungen zur Verfügung stellen und kann die *EZB* Verordnungen erlassen (Art. 22).

Die *EZB* und die NZBen sind nach Art. 23 zu **Geschäften mit dritten Ländern** und **internationalen** Organisationen befugt. Im Einzelnen handelt es sich dabei um folgende Sachverhalte: Aufnahme von **Beziehungen** mit Zentralbanken und Finanzinstituten in dritten Ländern sowie internationalen Organisationen; Kauf und Verkauf aller Arten von **Devisen** und **Edelmetallen** per Kasse oder per Termin, **Halten** und **Verwalten** dieser Vermögensgegenstände; **Durchführung** aller Arten von **Bankgeschäften** (einschließlich der Aufnahme und Gewährung von Krediten) im Verkehr mit dritten Ländern sowie internationalen Organisationen. Als Devisen gelten auch Wertpapiere und alle sonstigen Vermögenswerte (unabhängig von ihrer Ausgestaltung), die auf beliebige Währung oder Rechnungseinheiten lauten. Außerdem sind die *EZB* und die NZBen befugt, **sonstige Geschäfte** im Sinne des Art. 24 zu tätigen. Dabei handelt es sich um zusätzliche Geschäfte neben der eigentlichen Aufgabenerfüllung, insbesondere um Geschäfte für ihren eigenen Betrieb und für ihre Bediensteten.

3.2.1.6 Die Geldpolitik der *EZB*

Die **geldpolitische Strategie** der *EZB* ist primär auf die Gewährleistung der **Preisstabilität** ausgerichtet (siehe dazu im Folgenden *EZB*, 2001, 41 ff.; *Deutsche Bundesbank* 2007,70 ff.). Der EG-Vertrag gibt zwar dieses Ziel vor, überlässt es jedoch dem *EZB-Rat*, dieses Ziel genauer zu bestimmen. 1998 gab der *EZB-Rat* eine diesbezügliche quantitative **Definition** bekannt:

> „Preisstabilität wird definiert als der Anstieg des Harmonisierten Verbraucherpreisindex (HVPI) für das Euro-Währungsgebiet von unter 2% gegenüber dem Vorjahr."

Nach Auffassung des *EZB-Rates* muss Preisstabilität mittelfristig gewährleistet sein. Insofern ist klargestellt, dass das so definierte Ziel nicht zu jedem Zeitpunkt durch Maßnahmen der Feinsteuerung zu realisieren ist, sondern auf Grund von Volatilitäten des Preisniveaus durchaus auch für kürzere Zeiträume die Obergrenze von 2% überschritten werden kann. Mittelfristig jedoch ist für die Einhaltung der bestimmten Obergrenze zu sorgen. Grundsätzlich könnte der *EZB-Rat* allerdings auch seine Definition ändern, und eine höhere oder auch eine geringere Obergrenze festlegen. Die Obergrenze von 2% trägt den Vorstellungen der Mehrzahl der NZBen für die Definition von Preisstabilität Rechnung.

3.2.1.6.1 Grundlagen der Giralgeldschöpfung

An dieser Stelle erscheint ein kurzer Exkurs zu den Grundlagen und den Möglichkeiten zur Schaffung von Giralgeld durch das Bankensystem, auch als Giralgeldschöpfung bezeichnet, nützlich zu sein, um die Konsequenzen von Geldmengenveränderungen durch das Zentralbanksystem verständlich zu machen.

Mit dem Recht. Banknoten als einziges gesetzliches Zahlungsmittel auszugeben bzw. einzuziehen, wurde der *EZB* die permanente und unbezweifelbare Liquidität verliehen. Das bedeutet, dass die *EZB* zum einen in EUR als eigenem Zahlungsmitteln immer liquide ist und zum anderen die *EZB* für die Banken die letzte Liquiditätsinstanz in Zentralbankgeld darstellt (**lender of last ressort**). Darüber hinaus sieht das *EZB*-Statut weder eine Höchstgrenze für den Notenumlauf vor, noch besteht eine Deckungsvorschrift für die Banknoten. Die *EZB* ist somit im Hinblick auf die zu schaffende Zentralbankgeldmenge ausschließlich auf selbstgesetzte Maßstäbe angewiesen, die eine Sicherung der Stabilität der Währung (was immer darunter auch im Einzelnen verstanden werden kann oder soll) gewährleisten.

Auf Grund der **kreislauftheoretischen Erkenntnis** (siehe *Stucken; Schneider, E.),*dass die Kreditvergabemöglichkeiten der Bankbetriebe insgesamt in wesentlichem Umfang von der verfügbaren Menge an Zentralbankgeld (einschließlich Zentralbankguthaben) abhängen, stellt das jeweilige Volumen an **Zentralbankgeld** die entscheidende und zentrale **Steuerungsgröße** der Geldpolitik dar. Das bedeutet für die *EZB*, dass ihr über die Regulierung der Zentralbankgeldmenge in Form von Banknoten der *EZB* (die das einzige gesetzliche Zahlungsmittel des Eurosystems darstellen) und in Form von EUR-Sichtguthaben bei der *EZB* (die für bestimmte Zahlungen nicht durch Geldsurrogate bzw. Giralgeld der Banken ersetzt werden können) ein Instrument an die Hand gegeben ist, die Giralgeldschöpfung durch Banken und damit das Geldvolumen der Wirtschaft insgesamt zu steuern.

Für die **Giralgeldschöpfung,** auch als Kreditschöpfung der Banken bezeichnet, gilt nämlich folgender Sachverhalt:

$$K = \Delta Ü * 1 / [m + c\,(1-m)]$$

ΔK = zusätzliche Kreditexpansion des Bankensystems

$\Delta Ü$ = zusätzliche „Überschussreserve". die in Form von Zentralbankgeld in das Bankensystem gelangt (= Bestand an Zentralbankgeld, der über die Mindestreserve hinausgeht und den frei verfügbaren Bestand an Zentralbankgeld darstellt)

m = Mindestreservesatz in Prozent

c = Bargeldentzugsquote" (bzw. „Zahlungssitten des Publikums"): Der in Zentralbankgeld verfügte Anteil des eingeräumten Kredits (als Erfahrungssatz) in Prozent

Die Gleichung für das Ausmaß der Kreditschöpfungsmöglichkeit von Banken macht deutlich, dass der zusätzliche **Kreditschöpfungsbetrag** von der *EZB* sowohl über die Menge an **zusätzlichem Zentralbankgeld** (in Form von Banknoten oder den ihnen gleichgestellten Sichtguthaben bei der Notenbank) als auch über den jeweiligen **Mindestreservesatz** gesteuert werden kann.

Aus den dargelegten Zusammenhängen lässt sich auch der **Geldschöpfungsmultiplikator** isolieren, der die Geldschöpfungsfähigkeit (Kreditschöpfungsfähigkeit) für das **Bankensystem insgesamt** bezeichnet, nämlich:

$$1/\,m + c\,(1\;m).$$

Die Kreditschöpfungsfähigkeit der Bankbetriebe erhöht sich darüber hinaus, wenn es ihnen gelingt, c möglichst gegen oder auf Null zu reduzieren. Die Kreditschöpfungsfähigkeit ist dann am höchsten, wenn $c = 0$ und m nicht existiert: Dann hängt die Kreditschöpfung ausschließlich von der Risikobeurteilung durch die einzelne Bank ab. Dieser Sachverhalt erklärt auch die diversen Bestrebungen der Bankwirtschaft, möglichst geringe Kassenbestände zu halten und die Bankmarktleistungen weitestgehend unbar abzuwickeln. Auch die Giralgeldschöpfung auf den Euromärkten belegt diesen Sachverhalt eindrucksvoll.

Insgesamt können die Bankbetriebe solange über die vorhandene Überschussreserve hinaus Banken-Giralgeld schaffen (also Kredite „schöpfen"), als c und m Werte kleiner als 1 aufweisen. Diesen Sachverhalt und den Umfang des Giralgeldschöpfungsmultiplikators zeigt Tabelle 1.

Tab. 1: Der Geldschöpfungsmultiplikator der Bankbetriebe bei alternativen Mindestreservesätzen (m) und Bargeldentzugsquoten (c). *(Klepsch-Bodack,* 35)

c \ m	0,1	0,2	0,3	0,4	0,5	0,6	0,7	0,8	0,9
0,1	5,263	3,571	2,702	2,173	1,818	1,562	1,370	1,219	1,099
0,2	3,571	2,770	2,272	1,923	1,666	1,470	1,315	1,190	1,086
0,3	2,702	2,272	1,960	1,724	1,538	1,388	1,265	1,162	1,075
0,4	2,173	1,923	1,724	1,562	1,428	1,315	1,219	1,136	1,063
0,5	1,818	1,666	1,538	1,428	1,333	1,250	1,176	1,111	1,052
0,6	1,562	1,470	1,389	1,315	1,250	1,190	1,136	1,096	1,041
0,7	1,370	1,315	1,265	1,219	1,176	1,136	1,098	1,063	1,030
0,8	1,219	1,190	1,162	1,136	1,111	1,096	1,063	1,041	1,020
0,9	1,099	1,086	1,075	1,063	1,052	1,041	1,030	1,020	1,010

Aus den dargelegten Zusammenhängen wird deutlich, dass die *EZB* in Verfolgung ihres Auftrages einerseits in Richtung auf eine Einschränkung der unternehmerischen Autonomie von Bankbetrieben tätig werden muss (wenn die Kreditgewährung der Banken einen Nachfrageüberhang in der Wirtschaft bewirkt), andererseits unterstützend wirken soll, sofern die wirtschaftspolitische Situation dies erfordert und die währungspolitische Zielsetzung von den zu ergreifenden Maßnahmen nicht beeinträchtigt wird. Damit ist auch der Spielraum der Geldpolitik der *EZB* weitgehend festgelegt.

3.2.1.6.2 Die geldpolitische Strategie der *EZB*

Voraussetzung geldpolitischer Entscheidungen des *EZB-Rates* ist die Einschätzung der erwarteten Auswirkungen von Änderungen der Geldmenge auf das Preisniveau im Eurosystem. Die

Besonderheit der geldpolitischen Wirkungsmechanismen besteht darin, dass die *EZB* nicht direkt auf das Preisniveau einwirken kann, sondern nur indirekt über den sog. **Transmissionsmechanismus** der Geldpolitik. Einer der wesentlichen Transmissionskanäle ist in der Wirkungskette über den Bankenapparat gegeben: Die *EZB* kann das Bankensystem über ihre Zinspolitik am Geldmarkt zu vermehrter Nachfrage nach Zentralbankgeld veranlassen. Diese monetären Zuflüsse werden in der Regel von den Banken als Kredite an die Wirtschaft weitergegeben. In der Folge erhöhen sich auf Grund der gesteigerten Geldmenge die wirtschaftlichen Aktivitäten der Nichtbanken in Form der Veränderungen von Angebot und Nachfrage an den Güter- und Arbeitsmärkten. Nachfragesteigerungen auf den Güter- und Arbeitsmärkten haben Erhöhungen des Preis- und Lohnniveaus zur Folge, wenn das Angebot nicht flexibel reagieren kann. Im Ergebnis steigt das Preisniveau und kann zu Gefährdungen der Preisstabilität führen. Zeichnen sich Entwicklungstendenzen ab, die an die vom *EZB-Rat* gesetzte Obergrenze von 2% jährlich oder darüber hinaus reichen, müssen diese Entwicklungen zu geldpolitischen Entscheidungen der Art führen, dass durch Senkung der Zinsen am Geldmarkt die Kredite verbilligt und dadurch die Unternehmen in die Lage versetzt werden, das Angebot auf den Gütermärkten zu steigern. Instabilitäten des Preisniveaus ziehen häufig Lohnsteigerungen nach sich, deren Auswirkungen weiter negativ die Stabilität des Preisniveaus beeinflussen. Darüber hinaus hat die *EZB* auch Liquiditätszuflüsse aus dem Nicht-EG-Ausland (z.B. den USA) zu berücksichtigen, die durch hohe Zinsdifferenzen zum Ausland hervorgerufen werden.

Die systematische Sammlung und Analyse der erforderlichen volkswirtschaftlichen Daten durch die *EZB* als Grundlage einer stabilitätsorientierten geldpolitischen Strategie erfolgt in zwei Säulen: In der **ersten Säule** spielt die Geldmenge die herausragende Rolle, der durch Bekanntgabe eines **Referenzwertes** für das **Wachstum** des weit gefassten Geldmengenaggregats **M 3** Ausdruck verliehen wird.

Die Ableitung des **Referenzwertes** bezieht sich auf den Zusammenhang, den die **Quantitätsgleichung** des Geldes zwischen Geldmengenwachstum (Δ M), der Inflation (Δ I), dem realen Wachstum des Bruttoinlandsprodukts (Δ Y) und den Veränderungen der Umlaufsgeschwindigkeit des Geldes (Δ V) herstellt und abbildet:

$$\Delta M = \Delta Y + \Delta P - \Delta V$$

Das **weit gefasste Geldmengenaggregat M 3** umfasst zusätzlich zu den Aggregaten M 1 (Bargeldumlauf + täglich fällige Einlagen von MFIs des Euroraums) und M 2 (Einlagen mit vereinbarter Laufzeit von bis zu zwei Jahren + Einlagen mit vereinbarter Kündigungsfrist von bis zu drei Monaten) die Repogeschäfte (=Pensionsgeschäfte; siehe dazu 7.3.1.1.1), Geldmarktfondsanteile und Geldmarktpapiere sowie Schuldverschreibungen mit einer Ursprungslaufzeit von bis zu zwei Jahren.

Die **Umlaufsgeschwindigkeit** des Geldes ist auf die Entwicklung von M 3 bezogen. Sie wird definiert als die Geschwindigkeit, mit der Geld zwischen den einzelnen Geldhaltern ausgetaucht wird. Ist diese Geschwindigkeit hoch, wird eine geringere Gesamtgeldmenge benötigt gegenüber einer geringeren Austauschgeschwindigkeit.

Beträgt beispielsweise das BIP-Wachstum 2,5%, der erwartete Anstieg des Preisniveaus 1,5% und der erwartete Rückgang der Umlaufsgeschwindigkeit des Geldes 0,5%, so kann der Referenzwert für das Geldmengenwachstum pro Jahr betragen:

$$\Delta M = 2{,}5 + 1{,}5\ 0{,}5 = 3{,}5\%.$$

Allerdings stellt der Referenzwert kein Geldmengenziel der *EZB* dar. Abweichungen vom Referenzwert lösen daher nicht automatisch Reaktionen der *EZB* in dem Sinne aus, dass über eine Veränderung der sog. Schlüsselzinssätze (Zinssatz für Hauptrefinanzierungsgeschäfte, Zinssatz die für Spitzenrefinanzierungsfazilität und Zinssatz für die Einlagenfazilität) Einfluss auf das Volumen der Geldmenge genommen würde. Vielmehr werden die Ursachen für die Abweichung analysiert, um die Risiken für die Preisstabilität zu erkennen. Auf dieser Basis können dann zu gegebener Zeit Maßnahmen ergriffen werden, die geeignet sind, mittelfristig das Ziel der Preisstabilität zu gewährleisten. Die Festlegungen des Referenzwertes werden vom *EZB-Rat* regelmäßig überprüft und ggf. bei Vorliegen neuer Erkenntnisse die geldpolitische Strategie angepasst.

Die **zweite Säule** der geldpolitischen Strategie der *EZB* umfasst eine, auf ein breites Spektrum sonstiger **Wirtschafts**- und **Finanzindikatoren** ausgerichtete Analyse. Insbesondere sollen auf diese Weise eine Reihe von Faktoren identifiziert werden, die sich üblicherweise auf kürzere Sicht auf die Preisentwicklung auswirken. Diese Faktoren sind insofern von Bedeutung, als sie sich verfestigen und mittelfristig das Ziel der Preisstabilität gefährden könnten. Aus diesem Grund überprüft die *EZB* regelmäßig die Entwicklung der Produktions-, Nachfrage- und Arbeitsmarktbedingungen ebenso wie die Entwicklung von Preis- und Kostenindikatoren sowie die Auswirkungen der Finanzpolitik und der Zahlungsbilanz für das Eurosystem. Dazu kommen Analysen der Entwicklung von Finanzmarktindikatoren und der Preise für Vermögenswerte aller Art, zumal diese über Preisentwicklungen zu Einkommens- und Vermögenseffekten führen können Dasselbe gilt für die Entwicklung der Wechselkurse hinsichtlich ihrer Relevanz für die Preisentwicklung.

3.2.1.6.3 Durchführung der Geldpolitik der *EZB*

Die Umsetzung der geldpolitischen Beschlüsse des *EZB-Rates* bedarf des Einsatzes zweckmäßiger **geldpolitischer Instrumente**. Dabei bestimmt die geldpolitische Strategie, welches Niveau der Geldmarktsätze erforderlich ist, damit das Ziel der Preisstabilität realisiert werden kann. Die *EZB* steuert über den Geldmarkt die Liquidität des Bankensystems und beeinflusst das Niveau der Geldmarktzinsen. Der Einsatz der Instrumente erfolgt nach dem jeweiligen Bedarf entweder an Liquiditätsbereitstellung oder Liquiditätsabschöpfung. Dabei kommen Offenmarktgeschäfte und ständige Fazilitäten zum Einsatz (Abbildung 7). Ergänzt wird diese Toolbox geldpolitischer Instrumente durch das System der Mindestreserven.

a) Offenmarktgeschäfte

Es stehen grundsätzlich vier Kategorien von Offenmarktgeschäften zur Verfügung:

aa) Hauptrefinanzierungsgeschäfte

Als **liquiditätszuführende** Geschäfte kommt ihnen eine Schlüsselrolle bei der Steuerung der Zinssätze und der Liquidität am Markt im Rahmen der Steuerung der Geldmenge zu. Es handelt sich um befristete Transaktionen mit einer Laufzeit von einer Woche. Sie werden nach einem angekündigten Zeitplan als **Standardtender** im Wochenrhythmus abgewickelt. Die *EZB* kann zwischen Festsatztendern (Mengentender) und Tendern mit variablem Zinssatz (Zinstendern) wählen. Für einen **Mengentender** gibt der *EZB-Rat* den Zinssatz vor und die Teilnehmer am Tender können Gebote über das Volumen abgeben, das sie zu diesem Zinssatz zu kaufen bereit sind. Bei einem **Zinstender** kann der *EZB-Rat* einen Mindestbietungssatz festlegen, zu dem die *EZB* bereit ist Liquidität abzugeben. Ansonsten geben die Banken Gebote über das Volumen und die Zinssätze ab, zu denen sie bereit sind entsprechende Geschäfte mit den NZB en abzuschließen. In diesen Fall testet die *EZB* die Einschätzung der Banken über die erwartete Zinsentwicklung. Als Zuteilungsverfahren bei Zinstendern können

Geldpolitische Instrumente	**Liquiditätszufuhr**	**Liquiditätsentzug**	**Laufzeit**	**Angebot**
Offenmarktgeschäfte				
Hauptrefinanzierungsgeschäfte	Befristete Transaktionen		Eine Woche	Wöchentlich
Längerfristige Refinanzierungsgeschäfte	Befristete Transaktionen		Drei Monate	Monatlich
Feinsteuerungsoperationen	Befristete Transaktionen; Devisenswaps; Endgültige Käufe.	Befristete Transaktionen; Devisenswaps Annahme von Termineinlagen; Endgültige Verkäufe.	Nicht standardisiert	Unregelmäßig
Strukturelle Operationen	Befristete Transaktionen; Endgültige Käufe.	Emission von Schuldverschreibungen; Endgültige Verkäufe.	Standardisiert/ nicht standardisiert; -	Regelmäßig und unregelmäßig; Unregelmäßig.
Ständige Fazilitäten				
Spitzenrefinanzierungsfazilität	Befristete Transaktionen	-	Über Nacht	Auf Initiative der Geschäftspartner
Einlagenfazilität	-	Einlagen	Über Nacht	Auf Initiative der Geschäftspartner

Abb. 7: Handlungsrahmen des Eurosystems im Rahmen der Geldpolitik (Quelle: *Scheller*, 94)

das amerikanische Verfahren (Zuteilungszinssatz ist der angebotene individuelle Zinssatz) oder das holländische Verfahren (der marginale Zinssatz gilt für alle zum Zuge kommenden Gebote) zur Anwendung gelangen.

ab) Längerfristige Refinanzierungsgeschäfte

Auch diese Geschäfte dienen der **Liquiditätszuführung** für das Bankensystem und bestehen in Transaktionen am Geldmarkt mit Laufzeiten von drei Monaten. Sie werden monatlich als Zinstender mit vorgegebenem Zuteilungsvolumen angeboten. Wie bei den Hauptrefinanzierungsgeschäften gibt der *EZB-Rat* das Volumen der nächsten Tender im Voraus bekannt. Die Abwicklung erfolgt regelmäßig nach dem amerikanischen Zuteilungsverfahren. Insgesamt werden diese Geschäfte nur als Ergänzung zu den Hauptrefinanzierungsgeschäften angeboten.

ac) Feinsteuerungsoperationen

Feinsteuerungsoperationen sind nicht standardisiert und werden nur unregelmäßig angeboten. Ihr Zweck besteht darin, die Liquiditätsversorgung und die Geldmarktsätze von Fall zu Fall zu steuern. Dadurch kann die Zinswirkung unerwarteter Liquiditätsschwankungen am Geldmarkt flexibel ausgeglichen werden. Die Feinsteuerungsoperationen sind in zwei grundsätzlichen Varianten möglich: Eine **Liquiditätsbereitstellung** wird durch „befristete Transaktionen“, Devisenswaps und „endgültigen Käufe“ bewirkt, während eine **Liquiditätsabschöpfung** mittels Devisenswaps, der Hereinnahme von Termineinlagen, befristete Transaktionen und „endgültige Verkäufe“ erfolgt.

Bei **befristeten Transaktionen** kauft oder verkauft das Eurosystem im Rahmen von Rückkaufsvereinbarungen refinanzierungsfähige Sicherheiten oder führt Kreditgeschäfte gegen Hereinnahme von refinanzierungsfähigen Sicherheiten durch. Diese Art befristeter Transaktionen führt zur Liquidititätsbereitstellung. Sie werden bei Hauptrefinanzierungsgeschäften und bei längerfristigen Refinanzierungsgeschäften eingesetzt, aber auch bei Feinsteuerungsoperationen und strukturellen Operationen. Sind befristete Transaktionen als Pensionsgeschäfte (Repogeschäfte) gestaltet, schließt der vereinbarte Rückkaufpreis die zu zahlenden Zinsen ein. Im Falle von besicherten Krediten erfolgt die Berechnung der Zinsen auf der Basis des festgesetzten Zinssatzes, des ausstehenden Kreditbetrages und der Laufzeit des Kredits.

Devisenswaps bestehen aus der gleichzeitigen, gekoppelten Durchführung eines Devisenkassageschäfts mit einem Devisentermingeschäft (entweder Kauf von Kassadevisen und gleichzeitiger Verkauf von Termindevisen oder Verkauf von Kassadevisen und gleichzeitiger Kauf von Termindevisen). Devisenswapgeschäfte der *EZB* werden in EUR gegen Fremdwährung (Valuta) als Feinsteuerungsoperationen zur Steuerung des Liquiditätsversorgung und der Zinssätze durchgeführt.

Endgültige Käufe oder **Verkäufe** werden eingesetzt, wenn das Eurosystem endgültig refinanzierungsfähige Sicherheiten am offenen Markt kauft oder verkauft. Sie dienen der Feinsteuerung der Geldmenge und der Beeinflussung der strukturellen Liquidität der Banken.

Zur Liquiditätsabschöpfung steht das Instrument der **Hereinnahme von Termineinlagen** zur Verfügung. Die NZB der Niederlassung des Geschäftspartners bietet die Annahme von verzinslichen Termineinlagen an. Termineinlagen werden in der Regel zu Feinsteuerungsmaßnahmen mit dem Ziel der Liquiditätsabschöpfung eingesetzt.

ad) Strukturelle Operationen

Das Anwendungsgebiet struktureller Operationen bezieht sich auf die (längerfristige) Anpassung der strukturellen Liquiditätsposition des Eurosystems gegenüber dem Bankensystem. Neben befristeten Transaktionen, endgültigen Käufen und Verkäufen kommt grundsätzlich die Emission von *EZB*-Schuldverschreibungen in Betracht. Dabei kann die Emission von Schuldverschreibungen durch die *EZB* mit dem Ziel erfolgen, die strukturelle Position des Eurosystems gegenüber dem Finanzsektor im allgemeinen (und nicht nur des Bankensystems) in der Weise zu beeinflussen, dass am offenen Markt ein Liquiditätsbedarf entweder generiert oder vergrößert wird.

b) Ständige Fazilitäten

Ständige Fazilitäten dienen dazu, **über Nacht** Liquidität entweder bereitzustellen (durch Spitzenrefinanzierungsfazilitäten) oder Liquidität (über Einlagefazilitäten) abzuschöpfen. Diese Instrumente stehen in Konkurrenz zu den von den Banken angebotenen analogen Geldmarktgeschäften und sind in der Regel weniger attraktiv als die entsprechenden Interbankinstrumente.

c) Mindestreserven

Das von der *EZB* installierte Mindestreservesystem dient der Stabilisierung der Zinssätze am Geldmarkt dadurch, dass die Banken durch die Verordnung der *EZB* über die Auferlegung einer Mindestreservepflicht (EZB/2003/9) gehalten sind, auf Girokonten bei den NZBen Pflichteinlagen zu unterhalten. Die Höhe der Mindestreserven (MR) hängt von der Reservebasis und dem darauf bezogenen Mindestreservesatz ab. Die Erfüllung der Mindestreservepflicht hat im Durchschnitt der Mindestreserveperiode zu erfolgen. Insofern handelt es sich um eine Art **Mindestliquidität**, die bei der *EZB* auf Girokonto verzinslich gehalten werden muss. Variationen des Mindestreservesatzes führen Liquiditätswirkungen in der Weise, dass Erhöhungen einen Liquiditätsentzug, Senkungen eine Liquiditätserhöhung des Bankensystems bedeuten (zum Mechanismus von MR-Soll und MR-Erfüllung siehe *Wittgen/Eilenberger*). Dazu kommt das Ziel der *EZB*, durch die Mindestreservehaltung die strukturelle Liquiditätsknappheit im Bankensystem zu vergrößern und damit die Wirksamkeit von Maßnahmen der Geldpolitik zu erhöhen.

3.2.2 Die *Deutsche Bundesbank* als nationale Zentralbank

Nachdem die geld- und währungspolitischen Befugnisse der *Deutschen Bundes*bank seit 1999 weitgehend auf die *EZB* und das ESZB übergegangen sind, die *Bundesbank* als NZB im Wesentlichen als Vollzugsorgan der *EZB* bzw. des *ESZB* fungiert und sich die eigenständige Aufgaben stark verringert haben, war das Bundesbankgesetz den neuen Anforderungen anzupassen. Insbesondere hat das 7. BBankÄndG wesentliche Änderungen der Organisation und der eigenständigen Geschäfte als NZB gebracht. Nunmehr leitet und verwaltet ein **Vorstand**, der aus acht Mitgliedern besteht, die *Bundesbank*. Die Bestellung der Vorstandsmitglieder erfolgt durch den Bundespräsidenten. Die bis dahin als „Landeszentralbanken" fungierenden neun Niederlassungen in den Bundesländern erhalten die Bezeichnung „Hauptverwaltung", die jeweils von einem Präsidenten geleitet werden, der dem Vorstand der *Bundesbank* untersteht. Darüber hinaus darf die *Bundesbank* Filialen unterhalten, die der zuständigen Hauptverwaltung unterstehen.

Die **Aufgaben** der *Deutschen Bundesbank* sind in § 3 festgelegt (siehe dazu auch *Deutsche Bundesbank* 2006, 34 ff.): Sie ist als Zentralbank der Bundesrepublik Deutschland integraler Bestandteil des *ESZB* und wirkt an der Erfüllung dessen Aufgaben mit dem vorrangigen Ziel mit, die Preisstabilität zu gewährleisten. Sie hält und verwaltet die Währungsreserven der Bundesrepublik Deutschland, sorgt für die bankmäßige Abwicklung des Zahlungsverkehrs im Inland sowie mit dem Ausland und trägt zur Stabilität der Zahlungs- und Verrechnungssysteme bei. Sie nimmt darüber hinaus die ihr nach dem BBankG oder anderer Rechtsvorschriften übertragenen Aufgaben wahr. Grundsätzlich führt somit die *Bundesbank* die Geschäfte von *ESZB* und *EZB* einschließlich der Geldpolitik, für die der *EZB-Rat* entsprechende Festlegungen getroffen hat, für die *EZB* dezentral durch.

Eigene Geschäfte darf die *Bundesbank* nur im Rahmen der §§ 19 bis 25 BBankG durchführen: Das sind „Geschäfte mit Kreditinstituten und anderen Marktteilnehmern" (§ 19), „Geschäfte mit öffentlichen Verwaltungen" (§ 20), bestimmte „Geschäfte mit jedermann" (§ 22) und die „Bestätigung von Schecks", die auf sie gezogen sind (§ 23). „Andere Geschäfte", als die in den §§ 19, 20, 22 und 23 oder auf der Grundlage der Satzung des *ESZB* und der *EZB* zugelassenen Geschäfte soll die *Bundesbank* nur zur Durchführung und Abwicklung zugelassener Geschäfte oder für den eigenen Betrieb oder für ihre Betriebsangehörigen vornehmen (§ 25).

Bei der Ausübung ihrer Befugnisse, die ihr nach BBankG zustehen. ist die *Bundesbank* von Weisungen der Bundesregierung unabhängig. In Verfolgung dieser Aufgabenstellung nimmt sie als Notenbank im Wesentlichen **Hausbankfunktionen** für den Staat und die Bankwirtschaft sowie Funktionen als **Währungsbank** (Verwaltung und Disposition der Währungsreserven) wahr (zur Betriebswirtschaftslehre der Zentralnotenbank als allgemeinem Ansatz zur Betätigung von Zentralbanken siehe *Hahn* 1991). Darüber hinaus darf die *Bundesbank* im Rahmen des § 22 Geschäfte mit jedermann, d.h. mit natürlichen und juristischen Personen des In- und Auslandes in Form der unter § 19 Nr. 2 bis 7 bezeichneten Leistungen. betreiben.

3.2.2.1 Die *Bundesbank* als Hausbank des Staates

Durch das 5. BBankÄndG hat die *Bundesbank* in erheblicher Weise Hausbankfunktionen an das Bankensystem verloren, zumal durch Aufhebung von § 17 die Verwaltung staatlicher Gelder ausgegliedert worden ist und die Kreditgewährung an öffentliche Stellen auf der Basis des § 20 Abs. 1 Nr. 1 BBankG *(alt)* die Liquiditätssteuerung des öffentlichen Sektors entfällt.

Somit verbleiben auf Grund der Neufassung des § 20 primär **Dienstleistungsgeschäfte** mit öffentlichen Stellen (Bund. Sondervermögen des Bundes, Länder oder andere öffentliche Verwaltungen), die in § 19 Nrn. 2 bis 7 bezeichnet sind, also:

- die Annahme unverzinslicher Giroeinlagen;
- die Verwahrung und Verwaltung von Wertgegenständen, insbesondere Wertpapieren (wobei ihr die Stimmrechtsausübung aus verwahrten und verwalteten Wertpapieren untersagt ist);
- die Übernahme von Schecks. Wechseln, Anweisungen, Wertpapieren und Zinsscheinen zum Einzug;
- die Ausführung anderer bankmäßiger Auftragsgeschäfte nach Deckung;
- der Ankauf und Verkauf von Zahlungsmitteln einschließlich Wechsel und Schecks, Forderungen und Wertpapiere. die auf ausländische Zahlungsmittel lauten, sowie von Gold, Silber und Platin;
- die Vornahme aller Bankgeschäfte im Verkehr mit dem Ausland.

In Zusammenhang mit diesen Geschäften kann die *Bundesbank* dem Bund, den Sondervermögen des Bundes, den Ländern und anderen öffentlichen Stellen im Verlauf eines Tages Kontoüberziehungen gestatten, für die sie keine Kosten und keine Gebühren berechnen darf.

Darüber hinaus kann die *Bundesbank* in Ausübung der Funktionen nach § 19 Nr. 1 als **Fiskalagent** des Bundes, der Sondervermögen des Bundes und der Länder tätig werden.

3.2.2.2 Die *Bundesbank* als Hausbank der Banken (Bank der Banken)

Guthaben bei der Zentralbank haben unter den Liquiditätsreserven der Banken den höchsten Liquiditätsgrad. Sie sind ebenso liquide wie Bargeld. Für die Haltung von Guthaben bei der *Bundesbank* durch Geschäftsbanken gibt es im Wesentlichen zwei Gründe:

a) Guthaben zur Abwicklung des Zahlungsverkehrs

Hierfür können nach § 19 Nr. 2 BBankG unverzinsliche Giroeinlagen bei der *Bundesbank* gebildet werden. Sie stellen Zentralbankgeld dar und können jederzeit auch am Geldmarkt anderen Banken zum Zwecke der Liquiditätszufuhr zinsbringend für bestimmte Zeiträume überlassen werden. Dazu kommt die Möglichkeit, dass die Banken bei der *Bundesbank* im Rahmen der Einlagenfazilität kurzfristig Geld gegen Zinszahlung anlegen können.

b) Guthaben zur Erfüllung der Mindestreserveverpflichtung

Die Haltung von Mindestreserven gemäß Mindestreserveverordnung der *EZB* erfolgt allerdings nicht primär in Erfüllung der Funktion der *Bundesbank* als Hausbank, sondern in Ausübung hoheitlicher Rechte. Zweifellos ist jedoch Mindestreservehaltung jeglicher Art zugleich auch als Maßnahme zur Bildung von Liquiditätsreserven anzusehen, zumal die Banken auf diese Guthaben jederzeit zurückgreifen können, sofern sich Liquiditätsengpässe ergeben sollten und Finanzmittel auf andere Weise nicht oder nicht vergleichbar kostengünstig zu erhalten sind. Bestünde für die Banken keine Pflicht zur Unterhaltung von Mindestreserven, so würden sie trotzdem unverzinsliche Guthaben allerdings geringeren Umfanges bei der *Bundesbank* unterhalten. Der Zweck derartiger Guthaben liegt einmal in ihrer Funktion als liquider Kassenreserve und zum anderen in der Bedeutung als Transaktionskasse zur Abwicklung des Zahlungsverkehrs. Allerdings dürfte der für reine Transaktionszwecke benötigte Guthabenstand im Allgemeinen niedriger sein.

Für die **Refinanzierung** der Banken und damit die Hauptquelle der Liquiditätsversorgung der Banken in Deutschland ist die *Bundesbank* nicht mehr eigenständig tätig. Allerdings erfolgt die Durchführung der Liquiditätsbeschaffung der Banken über das *ESZB* in örtlicher Zuständigkeit nach den Leitlinien des *EZB-Rates* und der *EZB* durch die *Deutsche Bundesbank* (siehe dazu im einzelnen 3.2.1.5.2).

3.3 Vorschriften zur Abwicklung bestimmter Bankleistungen

Diese Vorschriften betreffen insbesondere das Darlehensrecht und das Recht des Zahlungsverkehrs. Mit dem Gesetz zur Modernisierung des Schuldrechts vom 26.11.2001 erfolgte mit Wirkung vom 1.1.2002 die Übernahme der Vorschriften des bis dahin selbständigen Verbraucherkreditgesetzes vom 17.12.1991 in das BGB. Zu diesem Zweck sind in den §§ 488 bis 490 BGB die allgemeinen Grundsätze über den **Darlehensvertrag** aufgenommen. Geregelt werden die vertragstypischen Pflichten von Darlehensnehmer und Darlehensgeber beim Darlehensvertrag (§ 488 BGB) und die Modalitäten des ordentlichen Kündigungsrecht des Darlehensnehmers (§ 489 BGB) sowie des außerordentlichen Kündigungsrechts des Darlehensgebers und des Darlehensnehmers (§ 490 BGB). Die Vorschriften über den **Verbraucherkredit** (§§ 491 bis 498 BGB) gehen auf die zwingende Umsetzung der EG-Richtlinie über den Verbraucherkredit vom 22.12.1986 (ABl. Nr. 1, 42/48 vom 12.2.1987) zurück, die Schutzvorschriften für den Verbraucher beim Abschluss von Verbraucherdarlehensverträgen, Finanzierungshilfen (§§ 499 bis 504) und Ratenlieferungsverträge (§ 505) enthält. Als Verbraucher gelten auch Existenzgründer, wenn der Nettodarlehensvertrag oder der Barzahlungspreis 5000 EUR nicht übersteigt.

Für das Recht des **Zahlungsverkehrs** sind einerseits die Vorschriften des Überweisungsgesetzes, andererseits das Scheck- und Wechselrecht von Bedeutung. Durch das **Überweisungsgesetz** vom 21.7.1999 erfolgte Die Umsetzung der EG-Überweisungsrichtlinie 97/5/EG vom 27.1.1997 (ABl. Nr. 43/26) in nationales Recht in der Weise, dass in das BGB die §§ 676a bis 676h eingefügt wurden. Die Rechtsgrundlage für alle Überweisungen stellt der Girovertrag (§ 676f BGB) mit der Einrichtung eines Girokontos dar, über das dann die Überweisungen auf der Basis eines Überweisungsvertrages (§ 676a BGB) abgewickelt werden können. § 676d BGB regelt die im Interbankenverkehr vertragstypischen Pflichten beim Zahlungsvertrag, die bei Zwischenschaltung von Kreditinstituten in der Überweisungskette relevant sind. Für den Missbrauch von Zahlungskarten enthält § 676h BGB die entsprechenden Folgen.

Für den Zahlungsverkehr relevant sind darüber hinaus die Vorschriften des **Scheckgesetzes** vom 14.8.1933 und des **Wechselgesetzes** vom 21.6.1933. Der Scheck stellt ein Instrument des Zahlungsverkehrs dar (siehe dazu 7.2.3.1.2.b), während der Wechsel im Zahlungsverkehr insbesondere Sicherungsfunktionen erfüllt, wenn mit ihm Zahlungen durch die Wechselstrenge ausgestattet werden. Darüber hinaus kann der Wechsel im Falle der Diskontierung als ein Kreditinstrument eingesetzt werden (siehe dazu 7.2.1.5.1a).

Aus der Erkenntnis, dass für die Funktionsfähigkeit des EU-Binnenmarktes auch ein einwandfrei funktionierenden Binnenmarkt für Zahlungsdienste von zentraler Bedeutung ist, stellte die **Zahlungsdiensterichtlinie** (EU-Richtlinie über Zahlungsdienste vom 13.11.2007) den einheitlichen Rechtsrahmen für die zersplitterten 27 nationalen Zahlungsmärkte der Gemeinschaft dar. Die Umsetzung in deutsches Recht erfolgte über das (Artikel-)Gesetz zur Umsetzung der aufsichtsrechtlichen Vorschriften der Zahlungsdiensterichtlinie vom 25.6.2009 (BGBl. I S. 1506) (Zahlungsdiensteumsetzungsgesetz – ZDUG), dessen Hauptbestandteil das **Gesetz über die Beaufsichtigung von Zahlungsdiensten** (Zahlungsdiensteaufsichtsgesetz – ZAG) bildet. Das ZAG schafft einerseits gleiche Wettbewerbsbedingungen bei der Erbringung von Zahlungsdiensten, andererseits unterwirft es Zahlungsinstitute einer Solvenzaufsicht durch die *BaFin*. Mit der Erfüllung der Anforderungen des ZAG ist eine Erlaubnis zur gemeinschaftsweiten Erbringung von Zahlungsdiensten verbunden. Zahlungsdienstleister im Sinne des ZAG sind die Kreditinstitute, die E-Geld-Institute, die EZB und die NZBen sowie der Bund, die Länder, die Gemeinden, die Gemeindeverbände und die Träger bundes- oder landesunmittelbarer Verwaltung, soweit sie hoheitlich handeln.

3.4 Allgemeine Geschäftsbedingungen (AGB) der Banken

Die AGB sollen auf Vertragsbasis möglichst den gesamten Geschäftsverkehr zwischen den Banken und ihrer Kundschaft erfassen. Bei der Vielgestaltigkeit dieser Geschäftsbeziehungen muss sich daher ihr Inhalt auf die verschiedensten Sparten bankgeschäftlicher Tätigkeiten erstrecken. Neben den **AGB** („Grundregeln für die Beziehung zwischen Kunde und Bank") in der Fassung vom Oktober 2009 gelten noch **Sonderbedingungen** für Teilleistungsbereiche, wie Wertpapiergeschäfte, Termingeschäfte, Überweisungsverkehr, Scheckzahlungen, Lastschriftverfahren, SEPA-Zahlungen, Bankkarten, Kreditkarten, Online-Banking, Telefon-Banking u.ä. Die **AGB Banken** finden innerhalb des gesamten privaten Bankgewerbes und bei den Genossenschaftsbanken Anwendung. Die Sparkassen sowie die *Deutsche Bundesbank* verwenden für ihre Geschäftsbereiche modifizierte AGB.

Die AGB Banken bilden neben den gesetzlichen Bestimmungen die rechtliche Grundlage für den gesamten Geschäftsverkehr zwischen den Banken und ihrer Kundschaft („Grundregeln für die Beziehung zwischen Kunde und Bank"). Sie enthalten insbesondere Schutzvorschriften für die Bank, wie sie sich aus der bankgeschäftlichen Erfahrung, insbesondere auf Grund höchstrichterlicher Entscheidungen, herausgebildet haben. Die Kunden müssen die Möglichkeit haben, von ihrem Inhalt Kenntnis zu nehmen. In der Praxis verfahren die Banken in der Regel so, dass sie die Kunden zu Beginn der Geschäftsverbindung auf die Existenz und die Geltung der AGB ausdrücklich hinweisen und deren Anwendung sich im Kontoeröffnungsantrag von den Kunden schriftlich bestätigen lassen. Auch in den Bankformularen über die Kontoführung und die sonstigen Geschäftsvorgänge wird immer wieder auf die AGB hingewiesen, so dass keinem Kunden die Existenz der AGB verborgen bleiben kann. Ebenso werden Kredite grundsätzlich unter Hinweis auf die Geltung der AGB eingeräumt. Schließlich sind die AGB in den Schalterräumen jeder Bank ausgehängt oder liegen zur Einsicht aus.

4 Bankenaufsicht in der Bundesrepublik Deutschland[1]

4.1 Grundlagen der Bankenaufsicht

Die primäre Aufgabe der staatlichen Bankenaufsicht besteht darin, die **Funktionsfähigkeit** des Finanzsektors im öffentlichen Interesse zu sichern. Gemäß § 6 Abs. 2 KWG soll die Bankenaufsicht Missständen im Kreditwesen entgegen wirken, welche die Sicherheit der den Instituten anvertrauten Vermögenswerte gefährden, die ordnungsgemäße Durchführung der Bankgeschäfte beeinträchtigen oder erhebliche Nachteile für die Gesamtwirtschaft nach sich ziehen können. Die **Institutsaufsicht** kann diesem Auftrag jedoch nur dann gerecht werden, wenn sie über ein geeignetes Instrumentarium an Maßnahmen und Eingriffsbefugnissen verfügt, um die Funktionsfähigkeit des Bankensystems zu erhalten und die Gläubiger der Banken möglichst vor Verlusten zu schützen. Die bankaufsichtlichen Eingriffsbefugnisse werden durch die von Art. 12 GG geschützte Gewerbefreiheit begrenzt. Insbesondere die geschäftspolitische Freiheit der Geschäftsleiter wird als Bestandteil der Berufsausübungsfreiheit vom Schutzbereich des Art. 12 GG erfasst. Bewegt sich die Geschäftspolitik eines Instituts im Rahmen der qualitativen und quantitativen bankaufsichtlichen Mindestanforderungen, besteht dementsprechend grundsätzlich kein Anlass für Eingriffe. Die Bankaufsichtsbehörden können daher auch bei optimalem Einsatz ihrer gesetzlichen Eingriffsbefugnisse nicht in jedem Fall die Insolvenz eines Instituts verhindern. Die Wahrscheinlichkeit für stabilitätsgefährdende Insolvenzen von Kreditinstituten wird jedoch durch die **präventive Wirkung** der bankaufsichtlichen Überwachung erheblich reduziert.

Die zentralen Eingriffsbefugnisse und Instrumente der deutschen Bankenaufsicht sind überwiegend im KWG geregelt. Die Aufsicht wird laut §4 Abs.4 Finanzdienstleistungsaufsichtsgesetz (FinDAG) nur im öffentlichen Interesse wahrgenommen. Damit wird klargestellt, dass die Hauptzielsetzungen der Bankenaufsicht auf das Funktionieren der Kreditwirtschaft und die allgemeine Ordnung im Kreditwesen als Ganzes gerichtet sind. Der Schutz einzelner Gläubiger von Kreditinstituten stellt demgegenüber lediglich einen begünstigenden Reflex der aufsichtlichen Tätigkeit dar. Mangels Drittschutzcharakter der Aufsichtspflichten haben Gläubiger von Kreditinstituten bei Amtspflichtverletzungen der Aufsichtsbehörden daher grundsätzlich keine Schadensersatzansprüche nach § 839 BGB.

---

1 Dieses Kapitel stammt von Prof. Wolfgang Simler, Christine Riel und Mitarbeitern der Bankenaufsicht der Hauptverwaltung München der *Deutschen Bundesbank*

4.1.1 Die Bundesanstalt für Finanzdienstleistungsaufsicht als Allfinanzaufsichtsbehörde

Die *Bundesanstalt für Finanzdienstleistungsaufsicht* (*BaFin*) wurde zum 1.Mai 2002 durch das Gesetz über die Bundesanstalt für Finanzdienstleistungsaufsicht (Finanzdienstleistungsaufsichtsgesetz – FinDAG) vom 22.April 2002 (BGBl. I S. 1310) errichtet. Der Gesetzgeber folgte damit dem Beispiel der skandinavischen Länder und Großbritanniens. Die *BaFin* ist eine bundesunmittelbare, rechtsfähige Anstalt des öffentlichen Rechts mit Dienstsitzen in Bonn und Frankfurt am Main. Sie finanziert sich vollständig über Gebühren und Umlagen der beaufsichtigten Institute und Unternehmen und unterliegt der Rechts- und Fachaufsicht des Bundesfinanzministers.

Die *BaFin* vereinigt als **sektorübergreifende Allfinanzaufsichtsbehörde** die drei ehemaligen Bundesaufsichtsämter für das Kreditwesen (*BAK*), für das Versicherungswesen (BAV) und für den Wertpapierhandel (*BAW*) unter einem Dach und kann somit als integrierte Finanzdienstleistungsaufsicht bezeichnet werden. Durch die Bündelung von Kompetenzen der verschiedenen Aufsichtsämter in einer Allfinanzaufsichtsbehörde soll insbesondere eine in sich geschlossene aufsichtliche Behandlung gleicher bzw. ähnlicher Sachverhalte erleichtert werden. Über ihre Geschäfts- und Wettbewerbsbeziehungen auf den Kapitalmärkten können Banken, Versicherungen und Finanzdienstleistungsinstitute Risiken und Eigenkapital problemlos untereinander transferieren. Sie konkurrieren zudem vielfach mit ähnlichen oder sogar gleichen Produkten um dieselben Kunden. Unterschiedliche Eigenkapitalanforderungen für vergleichbare Risiken bzw. unterschiedliche Bilanzierungsregeln würden den Wettbewerb stören und könnten im Ergebnis unerwünschte Arbitrageprozesse auslösen. Zudem konnte im Vorfeld des FinDAG bei Banken, Finanzdienstleistungsinstituten und Versicherungen eine Tendenz beobachtet werden, sich zu Finanzkonglomeraten zusammenzuschließen.

4.1.2 Zusammenarbeit von *BaFin* und *Bundesbank* in der Bankenaufsicht

Für eine Beteiligung von Zentralnotenbanken an der **mikroprudenziellen Aufsicht** (als operativer Aufsicht im Sinne der laufenden Überwachung der einzelnen Institute und der bankgeschäftlichen Prüfung vor Ort) spricht insbesondere die enge Verknüpfung ihres Aufgabenbereiches mit systemischen Belangen. Im Gegensatz dazu konzentriert sich die **makroprudenzielle Analyse** der Notenbanken auf die Überwachung und Identifizierung von Risiken im Hinblick auf die Stabilität des Finanzsystems (siehe dazu 4.2.1). Die für mikroprudenzielle Zwecke gesammelten und analysierten Informationen sind zugleich für die Beaufsichtigung von Zahlungsverkehrssystemen und die reibungslose Durchführung der Geldpolitik auch im Sinne des *Europäischen Systems der Zentralbanken* (*ESZB*) von erheblicher Bedeutung. Dies gilt unabhängig davon, dass die geldpolitischen Entscheidungskompetenzen der an der Europäischen Währungsunion teilnehmenden Länder am 1. Januar 1999 auf das Eurosystem übergegangen sind. Durch die erhobenen mikroprudenziellen Informationen lassen sich beispielsweise präzisere Schätzungen der Wirtschaftstätigkeit und des Inflationsdrucks ermitteln, die für Entscheidungen über den angemessenen geldpolitischen Kurs wichtig sein können. Hinzu kommt, dass Notenbanken spätestens bei Finanzmarktkrisen eine zentrale Rolle einnehmen.

Die Entscheidung darüber, ob die Notenbank als „lender of last resort“ fungiert, erfordert zwingend zeitnahe und sichere Informationen über das Kreditinstitut. Bei einer lediglich indirekten Versorgung mit bankaufsichtlichen Erkenntnissen wäre die rasche Verfügbarkeit und Interpretierbarkeit der Daten hingegen möglicherweise gefährdet (**„Stille-Post-Effekt“**). Darüber hinaus blieben ohne eine Beteiligung der Notenbank an der mikroprudenziellen Aufsicht **Synergieeffekte** im Hinblick auf den unerlässlichen Informationsfluss zwischen

Bankenaufsicht und Notenbank ungenutzt. Dies gilt in entsprechender Weise auch für Erkenntnisse der Notenbank aus den Zahlungsverkehrssystemen und den geldpolitischen Operationen. Insbesondere erhalten Notenbanken über die Kontakte zu den Marktführern unter den Finanzintermediären Informationen über die jüngsten Entwicklungen und Stimmungen im Finanzsystem, die häufig auch für die mikroprudenzielle Bankenaufsicht wertvoll sind. Die *Deutsche Bundesbank* (*BBank*) verfügt durch ihre neun Hauptverwaltungen über **bundesweite Präsenz** vor Ort. Darüber hinaus lässt die für Notenbanken typische Ausrichtung auf die Systemstabilität im Krisenfall eine bessere Einschätzung der Bedeutung eines Finanzintermediärs für das gesamte Finanzsystem erwarten (mögliche „Dominoeffekte"). Schließlich bietet die **Unabhängigkeit** einer Notenbank die Gewähr gegen unzulässige politische Einflussnahme. Die Rolle der *BBank* in der Bankenaufsicht wurde jedoch insoweit gestärkt, als das FinDAG die bestehende Einbindung der *BBank* in die laufende Überwachung aller Institute weiter konkretisiert hat.

Die Verantwortung für die Bankenaufsicht gegenüber den lizenzierten Instituten als Adressaten bankaufsichtlicher Maßnahmen, ist nach § 6 Abs. 1 KWG der *BaFin* zugewiesen. Abgesehen von allgemeinen Auskunftsverlangen (vgl. § 44 Abs. 1 Satz 1 KWG) ist allein sie befugt, hoheitliche Maßnahmen gegenüber den Instituten, wie z.B. Allgemeinverfügungen und Verwaltungsakte zu erlassen. Die Zusammenarbeit von *BaFin* und *BBank* regelt § 7 Abs. 2 KWG. Die laufende Überwachung der Institute durch die *BBank* ist gemäß § 7 Abs. 1 Satz 2 KWG Bestandteil der Zusammenarbeit. Die in der Regel den Hauptverwaltungen der *BBank* zugewiesenen Kernaufgaben der laufenden Überwachung sind in einem nicht abschließenden Katalog in § 7 Abs. 1 Satz 3 KWG definiert:

Demnach beinhaltet die **laufende Überwachung** insbesondere

- die Auswertung der von den Instituten eingereichten Unterlagen,
- die Auswertung der Prüfungsberichte,
- die Durchführung bankgeschäftlicher Prüfungen zur Beurteilung der angemessenen Eigenkapitalausstattung und Risikosteuerungsverfahren der Institute und deren Auswertung sowie
- die Bewertung von Prüfungsfeststellungen.

Zu den wichtigsten Informationsquellen der laufenden Überwachung zählen die **Jahresabschlüsse** und die **Prüfungsberichte** der von den Instituten bestellten Wirtschaftsprüfer bzw. der Prüfungsstellen der Sparkassen- und Genossenschaftsverbände, die im Rahmen der Jahresabschlussprüfung nach der Prüfungsberichtsverordnung (PrüfBV) erstellt werden. Anders als bei Nichtbanken sind die Wirtschafts- und Verbandsprüfer bei Banken auch im Dienste der Bankenaufsicht tätig und ihr gegenüber zur Rechenschaft verpflichtet. Schwerwiegende bankaufsichtliche Verstöße und existenzgefährdende oder wesentlich beeinträchtigende Entwicklungen haben die Prüfer den Aufsichtsbehörden nach § 29 Abs. 3 KWG unverzüglich und unaufgefordert mitzuteilen (**Redepflicht der Prüfer**). Außerdem kann die *BaFin* gemäß § 30 KWG Prüfungsinhalte und Prüfungsschwerpunkte bestimmen, die im Rahmen der Jahresabschlussprüfung vom Prüfer zu berücksichtigen sind. Auf Verlangen der Aufsichtsbehörden haben die Prüfer zudem die ihnen bei der Prüfung bekannt gewordenen Tatsachen mitzuteilen, die gegen eine ordnungsgemäße Geschäftsführung des Instituts sprechen.

Darüber hinaus müssen die Institute **monatlich** bzw. **vierteljährlich statistische Daten** einreichen, aus denen die wichtigsten Bilanz- und Risikopositionen sowie ihre Veränderungen hervorgehen. Die Institute sind zudem verpflichtet, eine Vielzahl von wichtigen Veränderungen, wie zum Beispiel unterjährig auftretende Bilanzverluste ab 25% des haftenden Eigenkapitals, zu melden. Meldepflichtig sind auch Risikokonzentrationen, die einen gewissen

Schwellenwert überschreiten (z.B. Großkredite). Schließlich kann die *BaFin* auch **Sonderprüfungen** (§ 44 Abs. 1 KWG) anordnen, die in der Praxis entweder von der *BBank* oder von Wirtschaftsprüfern, die nicht bereits mit der Jahresabschlussprüfung betraut waren, durchgeführt werden.

Die von der *BBank* ausgewerteten Informationen (insbesondere aus Anzeigen, Meldungen, Prüfungsberichten und eigenen bankgeschäftlichen Prüfungen) führen im Ergebnis regelmäßig entweder zu Prüfungsfeststellungen oder zu einer sonstigen bankaufsichtlichen Bewertung durch die *BBank*, die diese der *BaFin* mitteilt. Die *BaFin* wird anschließend in der Regel gemäß § 7 Abs. 2 Satz 5 KWG die Prüfungsfeststellungen und Bewertungen der *BBank* etwaigen eigenen aufsichtsrechtlichen Maßnahmen zugrunde legen. Durch dieses **Prinzip der Ausnahme** wird klargestellt, dass es der *BaFin* zwar im Einzelfall unbenommen bleibt, von den Bewertungen der *BBank* abzuweichen. Die *BBank* und die *BaFin* haben am 30.Oktober 2002 eine **Vereinbarung über die Zusammenarbeit** bei der Beaufsichtigung der Institute geschlossen. Darin wird die gesetzlich geregelte Aufgabenverteilung mit dem Ziel, Doppelarbeiten zu vermeiden und eine hohe Kosteneffizienz zu erreichen, konkretisiert. Der *BBank* obliegt nach der Vereinbarung vor allem die Auswertung der von den Instituten eingereichten Unterlagen, Meldungen, Jahresabschlüssen und Prüfungsberichten sowie regelmäßig die Durchführung der bankgeschäftlichen Prüfungen. Darüber hinaus führt die *BBank* in der Praxis häufig gemeinsam mit der *BaFin* routinemäßige und anlassbezogene Aufsichtsgespräche mit den Instituten durch.

4.2 Risikoorientierung der Bankenaufsicht

Um den immer komplexeren und wachsenden **Risiken** im Bankgeschäft als Ausdruck des intensivierten Wettbewerbsumfelds mit sinkenden Margen, der hohen Innovationsrate bei den Finanzprodukten und der fortschreitenden Verflechtung der Finanzmärkte adäquat zu begegnen, setzt die Bankenaufsicht zunehmend auf einen international wettbewerbsfähigen Aufsichtsansatz, dessen Kernelement eine konsequente Risikoorientierung ist. Erklärte **Ziele** sind die **präventive Identifikation** und das Abstellen von Schwächen, jedoch nicht die nachträgliche Sanktionierung von Regelverletzungen. Um diese Ziele zu erreichen, ist es erforderlich, dass die Bankenaufsicht den Schwerpunkt ihrer Arbeit weg von direkten und quantitativen Vorgaben hin zu einem Anreizsystem verlagert, das die Banken zur Entwicklung und zum Einsatz von modernen Risikosteuerungs- und Managementsystemen sowie internen Kontrollmechanismen (**best practices**) animiert. Der **risikoorientierte Aufsichtsansatz** manifestiert sich auch darin, dass es nicht darum geht, flächendeckend alle Institute unterschiedslos mit der gleichen Intensität bankaufsichtlich zu überwachen. Notwendig ist vielmehr, den **Grad der Beaufsichtigung** abhängig von der Größe, der geschäftspolitischen Ausrichtung und der Risikosituation des jeweiligen Instituts zu variieren.

4.2.1 Risiken für die Finanzmarktstabilität

Dem Bankensektor kommt aufgrund seiner Funktion der Koordination von Spar- und Investitionsentscheidungen eine **gesamtwirtschaftliche Schlüsselrolle** zu. Er bildet nach wie vor den wichtigsten Bereich des Finanzsystems in hoch entwickelten Volkswirtschaften, wie etwa dem Eurosystem. Von herausragender Bedeutung sind hierbei zweifelsfrei die so genannten **systemrelevanten** bzw. **systemischen Banken**, die wegen ihrer Bedeutung für das gesamte Finanzsystem und des damit verbundenen **Systemrisikos** eine exponierte Stellung innehaben. Kommt es z.B. bei systemischen Banken zu krisenhaften Störungen, drohen **Kettenreaktio-**

nen mit letztendlich negativen Auswirkungen auf die gesamte Volkswirtschaft, wobei diese aufgrund der oft globalen Geschäftstätigkeit nicht zwangsläufig an der Landesgrenze halt machen müssen. Mikroökonomisch gilt es, die Gläubiger der Banken d.h. vor allem die Sparer zu schützen. Ebenso gibt es ein ureigenes Interesse des Staates an stabilen Finanzmärkten, da bei Krisenfällen immer wieder der Ruf nach öffentlichen Geldern zur Überlebenssicherung der Banken laut wird. Aus diesen Gründen ist bei systemischen Banken eine besonders enge und zeitnahe Überwachung sämtlicher der für ihre Solvenz relevanten Faktoren notwendig, damit die Aufsicht etwaigen negativen Entwicklungen gegebenenfalls frühzeitig gegensteuern kann.

4.2.2 Bankrisiken

Neben den allgemeinen Risiken, die mit beinahe jeder unternehmerischen Betätigung einhergehen, sind Banken vielfältigen spezifischen Risiken ausgesetzt, die ihrer Geschäftstätigkeit aus externen Gründen inhärent sind (**externe Risiken**) Kreditrisiken, Marktpreisrisiken (Zinsänderungsrisiko, Währungsrisiko, Kursrisiko, sonstige Preisrisiken zu Lasten der Bank, z.B. aus Edelmetallen und Rohstoffen) und Liquiditätsrisiken (siehe dazu im Einzelnen 7.2.1.3.1).

Zusätzlich zu extern bedingten Risiken haben Banken auch **intern bedingte Risiken** in Form **operationeller Risiken** zu beachten. Der *Baseler Ausschuss für Bankenaufsicht* definiert operationelle Risiken als Gefahr von Verlusten, die infolge der Unangemessenheit oder des Versagens von internen Verfahren und Systemen, Menschen oder infolge externer Ereignisse eintreten (Abbildung 8). Diese Definition schließt **Rechtsrisiken** mit ein, beinhaltet aber mangels Quantifizierbarkeit weder strategische Risiken noch Reputationsrisiken. Gerade die Nichtberücksichtigung der letzteren ist kritisch zu betrachten, da die Reputation und das Ansehen einer Bank für das maßgeblich auf Vertrauen basierende Bankgeschäft von essentieller Bedeutung sind.

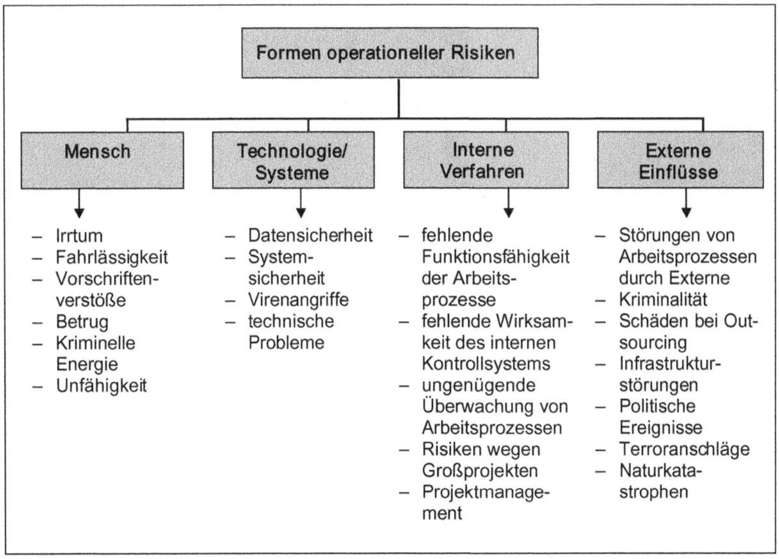

Abb. 8: Mögliche Formen operationeller Risiken

4.3 Nationale Regulierung von Banken

4.3.1 Instrumente der Bankenaufsicht

Die deutsche Bankenaufsicht war traditionell durch einen **Off-Site-orientierten Ansatz** geprägt, was übersetzt „außerhäuslich" oder „außerhalb des Geländes" bedeutet. Zur Beurteilung der wirtschaftlichen Lage der Banken stützten sich die Bankenaufseher in erster Linie auf die von den Instituten eingereichten Anzeigen und Meldungen sowie auf die Jahresabschluss- und Sonderprüfungsberichte. Sämtliche Unterlagen wurden im Hause der Bankenaufsichtsbehörden ausgewertet. Besuche der Aufseher bei den Banken beschränkten sich auf wenige Ausnahmen.

In den letzten Jahren hat sich jedoch auch unter angelsächsischem Einfluss eine Entwicklung hin zu einer stärker **On-Site-orientierten Aufsicht** vollzogen. „On-Site" bedeutet „vor Ort" und damit die Abkehr von einer außerhäuslichen Aufsicht. Parallel dazu erfolgte kontinuierlich eine Abkehr von der rein quantitativ orientierten Bankenaufsicht hin zu qualitativ ausgerichteten Aufsichtsregeln (**Basel II**). Diese Auffassung manifestiert sich insbesondere in der von der *BaFin* am 15.12.2010 (siehe dazu im Einzelnen 4.5) veröffentlichten Neufassung der **Mindestanforderungen an das Risikomanagement (MaRisk)** aus dem Jahre 2005. Zur Beurteilung der Einhaltung der MaRisk werden in den Instituten vor Ort bankaufsichtliche Prüfungen durch Mitarbeiter der Aufsichtsbehörden oder durch Wirtschaftsprüfer vorgenommen. Im Hinblick auf den Supervisory Review Process (SRP) wird sich diese Entwicklung weiter fortsetzen.

4.3.1.1 Off-Site-Überwachung der Banken

Die Instrumente der Off-Site-Überwachung konzentrieren sich auf die Kontrolle des Eigenkapitals und der Liquidität, auf die Überwachung des Kreditgeschäfts, die Bearbeitung von Anzeigen und Meldungen sowie auf die Auswertung von Prüfungsberichten.

a) Kontrolle des Eigenkapitals und der Liquidität

Das Kreditwesengesetz (KWG) verlangt, dass Kreditinstitute und Kreditinstitutsgruppen zur Erfüllung ihrer Verpflichtungen gegenüber den Gläubigern, insbesondere zur Sicherung der ihnen anvertrauten Vermögenswerte,

- über ein angemessenes haftendes Eigenkapital (siehe dazu 6.1) verfügen (§ 10 KWG) und
- ihre Mittel in einer Weise anzulegen haben, dass jederzeit eine ausreichende Zahlungsbereitschaft gewährleistet ist (§ 11 KWG).

Um festzulegen, wann und ob diese Voraussetzungen gegeben sind, hat die *BaFin* im Einvernehmen mit der *BBank* Rechtsverordnungen zu erlassen.

b) Überwachung des Kreditgeschäftes

Die laufende Überwachung des Kreditgeschäfts durch die Bankenaufsicht soll Gefahren der Kreditvergabe erkennen lassen und gegebenenfalls ein Einschreiten ermöglichen, wenn dies zum Schutz der dem Kreditinstitut anvertrauten Gelder nötig ist. Grundlage der Überwachung sind insbesondere die Meldungen über Großkreditvergaben, Millionenkredite und die Regelungen über Organkredite. Die zentrale Vorschrift, die der **Vermeidung von Konzentrationsrisiken** dienen soll, ist hierbei die Begrenzung des einzelnen Großkredites auf 25% sowie aller Großkredite zusammen auf das Achtfache des haftenden Eigenkapitals bzw. der Eigenmittel (Abbildung 9).

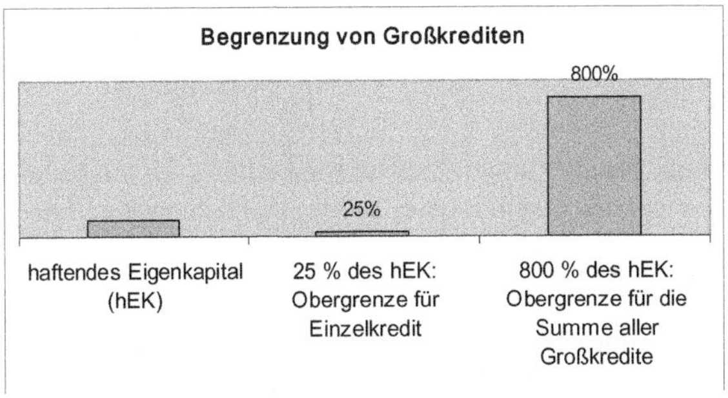

Abb. 9: Begrenzung von Großkrediten

Als wichtiges Erkenntnismittel dient nicht nur der Bankenaufsicht, sondern auch den Kreditgebern selbst, die **Millionenkreditkontrolle**. Gemäß § 14 KWG haben Kreditinstitute, Versicherungen, bestimmte Finanzdienstleistungsinstitute und Finanzunternehmen der *BBank* die von ihnen gewährten 1,5 Mio. EUR oder mehr betragenden Kredite anzuzeigen. Diese fasst die den einzelnen Kreditnehmern gewährten Kredite zusammen, um anschließend die Kreditgeber über die Gesamtverschuldung ihrer Kreditnehmer und die Anzahl der beteiligten Kreditgeber zu unterrichten. Um dem hohen Risiko der Kreditgewährung an rechtlich-organisatorisch, personell oder finanziell eng mit dem Institut verbundenen Personen oder Unternehmen (**Organkredite**; § 15 KWG) Rechnung zu tragen, muss vor der Gewährung ein einstimmiger Beschluss aller Geschäftsleiter des Instituts und die ausdrückliche Zustimmung des Aufsichtsorgans vorliegen.

Gemäß **§** 18 KWG dürfen Kreditinstitute Kredite von mehr als 750.000 EUR nur dann gewähren, wenn sie sich zuvor die wirtschaftlichen Verhältnisse ihrer Kunden offen legen lassen. Im Mai 2005 hob die *BaFin* sämtliche konkretisierenden Auslegungsschreiben zu § 18 KWG auf. Nun obliegt es den Banken selbst, bei der Kreditgewährung für ein System der Bonitätsprüfung zu sorgen, das den damit verbundenen Risiken Rechnung trägt. Auch hier zeigt sich eine Abkehr von starren bankaufsichtlichen Regelungen hin zu einer eher qualitativ orientierten Bankenaufsicht.

c) Anzeige- und Meldepflichten

Um der Bankenaufsicht eine laufende Analyse der geschäftlichen Entwicklung der beaufsichtigten Institute zu ermöglichen, haben diese gemäß § 25 Abs. 1 KWG der *BBank* Kurzbilanzen einzureichen, aus denen die wichtigsten Bilanz- und Risikopositionen hervorgehen (**Monatsausweise)**. Die Spitzeninstitute einer Institutsgruppe müssen zusätzlich einen quotal zusammengefassten (konsolidierten) Monatsausweis erstellen (§ 25 Abs. 2 KWG).

Weiterhin sind der Bankenaufsicht **organisatorische Veränderungen** des lauyfenden Betriebes bei Kreditinstituten anzuzeigen (siehe auch 0). Dabei handelt es sich insbesondere um folgende Vorgänge nach § 24 KWG:

- Personelle Veränderungen in der Leitung des Kreditinstituts (z.B. Bestellung und Ausscheiden von Vorstandsmitgliedern)
- Änderungen der Firma und in bestimmten Fällen Änderungen der Rechtsform
- Absinken des Anfangskapitals unter die Mindestanforderungen gemäß § 33 Abs.1 Satz 1 Nr. 1 KWG
- Eintritt eines Verlustes in Höhe von 25% des haftenden Eigenkapitals
- Absicht der Auflösung der Gesellschaft

- Verlegung der Niederlassung oder des Sitzes des Unternehmens sowie der Einstellung des Geschäftsbetriebes
- Fusionen von Kreditinstituten.

Daneben verlangt § 26 KWG von den Instituten die unverzügliche Einreichung des aufgestellten bzw. festgestellten Jahresabschlusses und des Lageberichtes sowie des Prüfungsberichtes.

d) Auswertung von Prüfungsberichten

Mit Hilfe der jährlich einzureichenden Berichte über die Prüfung des Jahresabschlusses (Prüfungsberichte) der Banken kann sich die Bankenaufsicht einen umfassenden Überblick über das gesamte Geschäftsgebaren eines Instituts verschaffen. Dabei sind an diese Berichte besonders hohe Anforderungen zu stellen, da das bankaufsichtliche Berichtswesen durch Vertrauen auf die Richtigkeit der Angaben der Institute geprägt ist. Mangels eigener Jahresabschlussprüfer der Bankenaufsicht werden diese Prüfungen durch externe Wirtschaftsprüfer vorgenommen. Deren Bestellung erfolgt zwar durch die Institute, kann jedoch von der Bankenaufsicht abgelehnt werden.

Auf Verlangen der Bankenaufsicht hat der Prüfer nähere Auskünfte über die Ergebnisse der Prüfung zu erteilen und dabei bestimmte Tatbestände unverzüglich anzuzeigen (§ 29 Abs. 3 KWG). Nähere Bestimmungen über den Inhalt der Prüfungsberichte enthält die PrüfBV, die von der *BaFin* im Einvernehmen mit dem Bundesministerium der Justiz und nach Anhörung der *BBank* erlassen wurde.

Soweit sie es für aufsichtliche Zwecke als notwendig erachten, besitzen die Aufsichtsbehörden zusätzliche Sachverhaltsermittlungsrechte, die darin bestehen, Auskünfte über alle Geschäftsangelegenheiten zu verlangen und auch ohne besonderen Anlass Sonderprüfungen vornehmen zu können (§ 44 Abs. 1 KWG). Handelt es sich dabei um MaRisk-Prüfungen, werden diese entweder zur Hälfte von Prüfern der *BBank* oder externen Wirtschaftsprüfern durchgeführt.

4.3.1.2 On-Site-Überwachung der Banken

Während sich die Risikoanalyse der Off-Site-Aufsicht im Wesentlichen auf die Auswertung standardisierter Berichte, Anzeigen und Meldungen der Institute und die Gegenüberstellung mit den Zahlenwerken anderer Vergleichsgruppen bezieht, basieren die Informationen der On-Site-Aufsicht in der Regel auf den vor Ort gewonnenen Erkenntnissen aus MaRisk-Prüfungen und Modellprüfungen. Die **Modellprüfungen** haben die Zulassung der bankeigenen Modelle zur Messung und Steuerung von Marktpreisrisiken zum Inhalt. Alle Prüfungen basieren auf der Analyse interner Berichte, auf Prozess- und Bilanzprüfungen sowie auf Gesprächen mit Geschäftsleitern und Mitarbeitern der Institute.

Durch die Möglichkeit der Einsichtnahme in interne Dokumente und Prozesse tragen die Vor-Ort-Prüfungen nicht nur zu einem besseren Verständnis für die Risikokultur einer Bank bei, sie ermöglichen der Bankenaufsicht darüber hinaus auch ein besseres Urteil über die Vertrauenswürdigkeit der im Rahmen der Off-Site-Aufsicht eingereichten Anzeigen und Meldungen und vermitteln einen treffenderen Eindruck des Geschäftsbetriebs und der damit verbunden Risiken.

Seit 2004 haben sich die Aufsichtskontakte mit den Banken verstärkt. So werden seitdem mit den Instituten in der Regel jährlich **Aufsichtsgespräche** geführt, die allgemeine Themen oder auch konkrete Problemfelder zum Inhalt haben können und meistens im Anschluss an die Auswertung des Jahresabschlussprüfungsberichtes stattfinden. Darüber hinaus werden jedoch auch anlassbezogen Gespräche geführt, in denen Sachverhalte oder Themen besprochen werden, die aufgrund bedeutender Entwicklungen beim Institut eine weitergehende Sachverhaltsaufklärung und eine grundsätzliche bankaufsichtliche Würdigung erfordern (siehe Art. 7 AufsRL vom 10. Oktober 2003).

4.3.1.3 Aufsichtsinstrumente bei Bankenkrisen

Bei **unzureichendem Eigenkapital** oder **unzureichender Liquidität** kann die *BaFin* folgende Handlungen untersagen bzw. beschränken (§ 45 KWG):

- Entnahmen durch Inhaber oder Gesellschafter,
- Ausschüttung von Gewinnen,
- Kreditgewährung.

Ebenso kann die *BaFin* anordnen, dass das Institut Maßnahmen zur Reduzierung von Risiken ergreift. Besteht die Gefahr, dass ein Institut der Erfüllung seiner Verpflichtungen gegenüber seinen Gläubigern nicht nachkommen kann, oder der Verdacht, dass eine wirksame Aufsicht über das Institut nicht möglich ist, dann kann die *BaFin* insbesondere folgende Maßnahmen treffen (§ 46 KWG):

- Erlass von Anweisungen für die Geschäftsleitung,
- Verbot der Annahme von Kundeneinlagen oder Wertpapieren und der Gewährung von Krediten,
- Untersagung oder Beschränkung der Tätigkeit von Inhabern oder Geschäftsleitern und
- Bestellung von Aufsichtspersonen.

Besteht sogar **Insolvenzgefahr**, hat die *BaFin* gemäß § 46a KWG folgende Möglichkeiten:

- Erlass eines Veräußerungs- und Zahlungsverbotes,
- Anordnung über die Schließung des Instituts für den Verkehr mit der Kundschaft und
- Verbot der Entgegennahme von Zahlungen, die nicht der Schuldentilgung dienen.

Während sich die Maßnahmen gemäß § 46 KWG dem Zweck nach nur auf den Innenbereich eines Instituts auswirken sollen, rufen diejenigen entsprechend § 46a KWG immer eine Außenwirkung hervor, da die Geschäftstätigkeit des Instituts völlig gelähmt wird. Beiden Maßnahmen gemeinsam ist jedoch die Zielrichtung, ein als grundsätzlich noch besserungsfähig bzw. sanierungsfähig anzusehendes Kreditinstitut zu erhalten.

Diesem Zweck dient letztlich auch § 46b KWG, der die Pflicht der Geschäftsleiter vorsieht, der *BaFin* unverzüglich Zahlungsunfähigkeit oder Überschuldung anzuzeigen. Diese Anzeige ersetzt die Pflicht zur Stellung des **Insolvenzantrages** nach anderen Rechtsvorschriften. Die Unterlassung der Anzeige entgegen § 46b KWG ist mit Strafe gemäß § 55 KWG bedroht. Der Antrag auf Eröffnung des Insolvenzverfahrens kann weder vom Kreditinstitut selbst noch von seinen Gläubigern gestellt werden, sondern nur von der *BaFin*. Im Falle der drohenden Zahlungsunfähigkeit darf die *BaFin* den Antrag jedoch nur mit Zustimmung des Instituts stellen, wenn zudem Maßnahmen entsprechend § 46 oder 46a KWG nicht Erfolg versprechend erscheinen.

Sind bei Kreditinstituten wirtschaftliche Schwierigkeiten zu befürchten, die schwerwiegende Gefahren für die Gesamtwirtschaft und insbesondere für den geordneten Ablauf des Zahlungsverkehrs erwarten lassen, so kann die *Bundesregierung* nach Anhörung der *BBank* gemäß § 47 Abs.1und 2 KWG durch Rechtsverordnung ein **Moratorium** anordnen, indem sie einem Kreditinstitut einen Aufschub der Erfüllung von Verbindlichkeiten gewährt und anordnet, dass während der Dauer dieses Aufschubs bestimmte Zwangsvollstreckungsmaßnahmen nicht zulässig sind (§ 47 Abs. 1 Nr.1 KWG).

Weiterhin kann die *Bundesregierung*, ebenfalls nach Anhörung der *BBank*, gemäß § 47 Abs. 1 Nr. 2 und 3 KWG Folgendes veranlassen:

- Vorübergehende Schließung von Kreditinstituten für den Verkehr mit der Kundschaft und ein Zahlungs- und Überweisungsverbot im Kundenverkehr,
- vorübergehende Schließung der Wertpapierbörsen.

Die **Wiederaufnahme** des Bank- und Börsenverkehrs nach vorübergehender Schließung erfolgt aufgrund einer Rechtsverordnung der *Bundesregierung*, wiederum nach Anhörung der *BBank* (§ 48 KWG). Die nach § 47 Abs. 1 KWG erlassenen Rechtsverordnungen treten drei Monate nach ihrer Verkündung außer Kraft, sofern sie vorher nicht aufgehoben worden sind.

4.3.2 Erlaubnispflicht für das Betreiben von Bankgeschäften und Finanzdienstleistungen

4.3.2.1 Nationale Regelung

Wer im Geltungsbereich des KWG Bankgeschäfte oder Finanzdienstleistungen in dem in § 1 Abs. 1 oder 1a KWG bezeichneten Umfang betreiben oder erbringen will, bedarf hierzu der schriftlichen Erlaubnis der *BaFin*. Die Erlaubnis kann sowohl für alle genannten Bankgeschäfte (Ausnahme ist das Investmentgeschäft, das nicht in einer Kombination mit anderen Bankgeschäften betrieben werden darf) als auch für einzelne Bankgeschäfte oder Finanzdienstleistungen beantragt werden (Abbildung 10).

Träger der Erlaubnis können alle natürlichen oder juristischen Personen sein. Der Erlaubnis bedarf derjenige, der die erlaubnispflichtigen Geschäfte betreiben will. Bei einer juristischen Person des privaten oder des öffentlichen Rechts ist Erlaubnisträger diese selbst, bei Personenhandelsgesellschaften sind Erlaubnisträger die einzelnen persönlich haftenden Gesellschafter, nicht jedoch die Gesellschaft.

Wie sich aus § 33 Abs. 1 Satz 1 KWG ergibt, der die zwingende Erlaubnisversagung regelt, darf die *BaFin* die Erlaubnis nur erteilen, wenn nachfolgende Voraussetzungen gegeben sind. Dann besteht allerdings grundsätzlich ein Rechtsanspruch auf **Erteilung der Erlaubnis**:

- **Ausreichendes Eigenkapital:** Die zum Geschäftsbetrieb erforderlichen Mittel müssen tatsächlich zur Verfügung stehen. Diesbezüglich ist ein geeigneter Nachweis zu erbringen. Die Mindestkapitalausstattung richtet sich nach der Art der betriebenen Geschäfte. Für Kreditinstitute, die das Einlagen- und das Kreditgeschäft betreiben, sind dies beispielsweise 5 Mio. EUR. Die *BaFin* behält sich jedoch vor, im Einzelfall zu entscheiden, ob das vorgesehene Anfangskapital der konkreten Situation des neuen Instituts gerecht wird. Anlage- oder Abschlussvermittler haben auch die Möglichkeit, an Stelle des Anfangskapitals den Abschluss einer geeigneten Versicherung zum Schutz der Kunden nachzuweisen.
- **Zuverlässigkeit der Antragsteller, der Geschäftsleiter oder der Inhaber einer bedeutenden Beteiligung:** Tatsachen, aus denen sich Zweifel an der Zuverlässigkeit ergeben können, sind beispielsweise die Begehung von Vermögensdelikten. Der Beurteilung dient u.a. die vom Antragsteller bzw. Geschäftsleiter einzureichende sogenannte Straffreiheitserklärung.
- **Fachliche Eignung der Geschäftsleiter:** Sie setzt ausreichende banktheoretische Kenntnisse (Bankausbildung und Bankfortbildung, gegebenenfalls wirtschaftswissenschaftliches oder juristisches Studium) und bankpraktische Erfahrungen in den betreffenden Geschäften (Vertretungsmacht, interne Entscheidungskompetenzen) sowie Leitungserfahrung voraus.

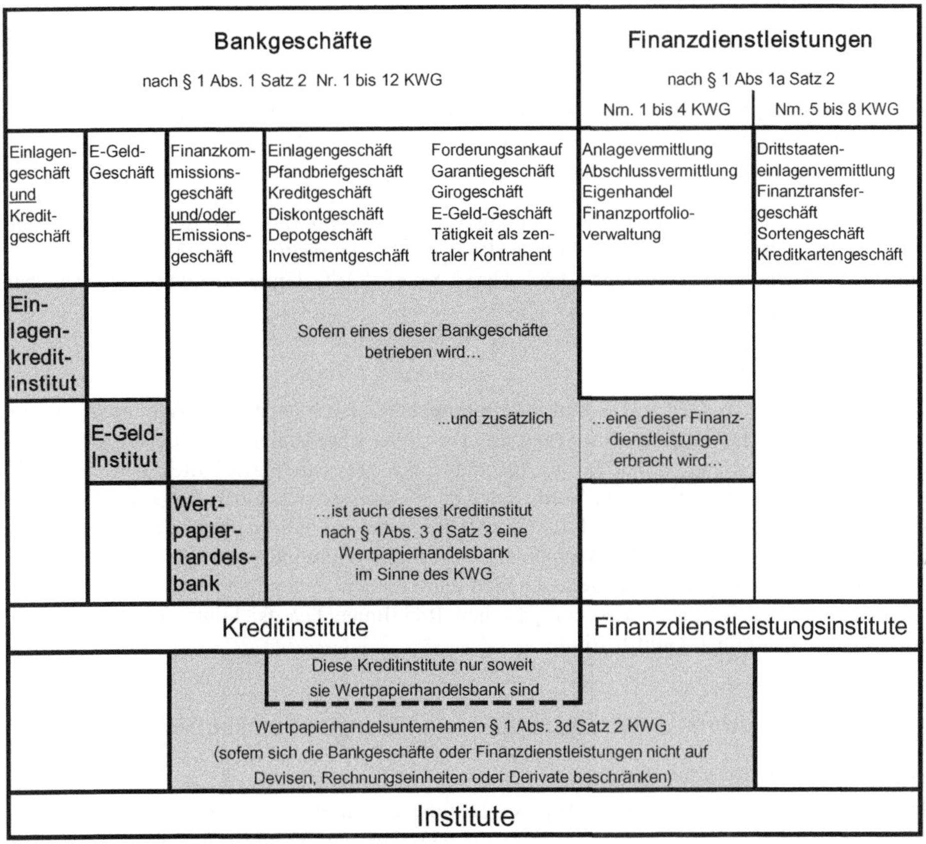

Abb. 10: Institutssystematik nach § 1 KWG

- **Zuverlässigkeit und fachliche Eignung der Leitungsorgane** von Finanzholding-Gesellschaften oder gemischten Finanzholding-Gesellschaften, deren Tochterunternehmen der Antragsteller wird: Mit dieser Regelung, die auf die Finanzkonglomerate-Richtlinie (Richtlinie 2002/87/EG) zurückzuführen ist, soll sichergestellt werden, dass sich das Kriterium der Zuverlässigkeit und der fachlichen Eignung auch auf andere Unternehmen erstreckt, wenn deren Geschäftsleitung auf die beaufsichtigten Unternehmen Einfluss ausüben kann.
- **Vier-Augen-Prinzip:** Das Vier-Augen-Prinzip besagt, dass wichtige Entscheidungen nicht von einer einzelnen Person getroffen werden dürfen. Ziel ist es, das Risiko von Fehlern und Missbrauch zu reduzieren. Eine Ausnahme gilt nur für Finanzdienstleistungsinstitute, die nicht befugt sind, sich bei der Erbringung von Finanzdienstleistungen Eigentum oder Besitz an Geldern oder Wertpapieren von Kunden zu verschaffen.
- **Prinzip der Heimatlandkontrolle:** Das KWG geht vom Prinzip der Heimatlandkontrolle aus, d.h. eine Beaufsichtigung erfolgt durch die Behörde des Landes, in dem ein Kreditinstitut oder ein Finanzdienstleistungsinstitut seinen Hauptsitz hat. Im KWG wird dieses Land als Herkunftsmitgliedsstaat bezeichnet. Folglich ist eine Erlaubniserteilung nur für Institute möglich, die ihren Hauptsitz im Inland haben.
- **Organisatorische Vorkehrungen:** Das ordnungsgemäße Betreiben der Geschäfte, für die die Erlaubnis erteilt wird, soll durch eine funktionierende Betriebsorganisation und ein

adäquates internes Kontrollverfahren sichergestellt sein. Dies ist durch einen tragfähigen Geschäftsplan darzustellen, der u.a. auch die Erfolgsaussichten des künftigen Instituts einbezieht.
- **Erlaubnis drittstaatlicher Aufsichtsbehörden:** Falls der Antragsteller Tochterunternehmen eines ausländischen Kreditinstituts ist, muss die ausländische Aufsichtsbehörde der Gründung des Tochterunternehmens zustimmen.

Darüber hinaus kann die *BaFin* die Erlaubnis versagen, wenn Tatsachen die Annahme rechtfertigen, dass eine wirksame Aufsicht über das Institut beeinträchtigt wird (§ 33 Abs. 3 KWG) oder der Erlaubnisantrag entgegen § 32 Abs. 1 Satz 2 KWG keine ausreichenden Angaben oder Unterlagen enthält.

4.3.2.2 Europäischer Pass

Ohne Erlaubnis nach § 32 KWG können Unternehmen aus Staaten des EWR im Inland mit einer Zweigniederlassung oder im Wege des grenzüberschreitenden Dienstleistungsverkehrs tätig werden und Bankgeschäfte mit Ausnahme des Investmentgeschäftes betreiben oder Finanzdienstleistungen erbringen. Voraussetzung ist, dass es sich um Einlagenkreditinstitute (Kreditinstitute im Sinne der EU-Bankenrichtlinie) oder um Wertpapierhandelsunternehmen (Wertpapierfirmen im Sinne der Wertpapierdienstleistungsrichtlinie) handelt, die ihren Sitz in einem EWR-Staat haben, dort zugelassen sind und von den zuständigen Stellen (Heimatlandprinzip) nach den Vorgaben der europäischen Richtlinien beaufsichtigt werden. Dies gilt entsprechend auch für E-Geld-Institute.

4.3.3 Einzelinstituts-, Institutsgruppen- und Konglomerateaufsicht

4.3.3.1 Einzelinstitutsaufsicht

Im Vordergrund der bankaufsichtlichen Betrachtung stehen zunächst Einzelunternehmen, die Bank- und/oder Finanzdienstleistungsgeschäfte betreiben. Die Kriterien, ob ein Unternehmen in die genannten Kategorien fällt, enthält § 1 Abs. 1 und 1a KWG (siehe 2.1.1).

Gemäß § 32 KWG bedarf der **schriftlichen Erlaubnis** der *BaFin*, wer im Inland gewerbsmäßig oder in einem Umfang, der einen in kaufmännischer Weise eingerichteten Geschäftsbetrieb erfordert, Bankgeschäfte betreiben oder Finanzdienstleistungen erbringen will. Nach Erteilung der Erlaubnis unterliegen diese Unternehmen in vollem Umfang den Vorschriften des KWG, soweit nicht für einzelne Sachverhalte, Institute oder Institutsgruppen Ausnahmetatbestände gegeben sind.

Eine Aufsicht, die sich nur auf die Betrachtung einzelner Unternehmen beschränken würde, ließe jedoch die Beziehungen innerhalb von Unternehmensgruppen und die Verflechtung und Internationalisierung der Finanzmärkte außer Acht. Daher wurde bereits im Rahmen der 3. KWG-Novelle die konsolidierte Aufsicht über Kreditinstitute verankert. Die 5. KWG-Novelle brachte die Erweiterung des Konsolidierungskreises auf „Finanzinstitute“ (später umbenannt in „Finanzunternehmen“) und Unternehmen mit bankbezogenen Hilfsdiensten (nunmehr umbenannt in „Anbieter von Nebendienstleistungen“). Zudem wurden auch Finanzholding-Gruppen in die Aufsicht einbezogen. Eine erneute Erweiterung des Konsolidierungskreises erfolgte aufgrund der 6. KWG-Novelle durch die Einbeziehung der Wertpapierhandelsunternehmen. Die Ende 2004 erfolgte Umsetzung der Finanzkonglomerate-Richtlinie schloss die Lücke in der Überwachung von Unternehmensgruppen, die sowohl in der Banken- und Wertpapierbranche als auch in der Versicherungsbranche tätig sind und zuvor keiner gruppenweisen Beaufsichtigung unterlagen. Die unmittelbaren Vorschriften zur Konsolidierung sind in den §§ 1, 10a, 10b und 51a bis 51c KWG enthalten.

Allerdings ist in diesem Zusammenhang darauf hinzuweisen, dass sich die Aufsicht über die Institutsgruppen und Finanzholdinggruppen grundsätzlich auf bestimmte Sachverhalte, wie die Eigenmittel- und Großkreditvorschriften, die Begrenzung von qualifizierten Beteiligungen, die Monatsausweise bzw. bei den Finanzkonglomeraten auf die Eigenmittelausstattung sowie Risikokonzentrationen und gruppeninterne Transaktionen, beschränkt. Auch bedürfen z.B. Finanzunternehmen oder Anbieter von Nebendienstleistungen keiner Erlaubnis.

4.3.3.2 Institutsgruppenaufsicht

- Eine **Institutsgruppe** im Sinne von § 10a KWG besteht aus dem übergeordneten Unternehmen mit Sitz im Inland und dem oder den nachgeordneten Unternehmen (gruppenangehörige Unternehmen).
- Das **übergeordnete Unternehmen** der Institutsgruppe ist das Institut (Kredit- oder Finanzdienstleistungsinstitut), das keinem anderen Institut mit Sitz im Inland nachgeordnet ist.
- **Nachgeordnete** Unternehmen sind die Tochterunternehmen eines Instituts, die selbst
  - Institute (Kredit- oder Finanzdienstleistungsinstitute),
  - Finanzunternehmen oder
  - Anbieter von Nebendienstleistungen oder E-Geld-Institute im Sinne des ZAG sind.
- Besteht eine Unternehmensgruppe ausschließlich aus einem Institut und nachgeordneten Anbietern von Nebendienstleistungen, liegt keine Institutsgruppe vor.

Neben den Institutsgruppen unterliegen auch Finanzholding-Gruppen der Aufsicht (§ 10a Abs. 3 KWG). An der Spitze dieser Gruppe steht jedoch nicht ein Institut, sondern ein Finanzunternehmen. Eine **Finanzholding-Gruppe** liegt vor, wenn einer Finanzholding-Gesellschaft mit Sitz im Inland Tochterunternehmen, die als Institute, Finanzunternehmen, Anbieter von Nebendienstleistungen oder E-Geld-Institute im Sinne des ZAG einzustufen sind, nachgeordnet werden. Hierbei gilt allerdings die Einschränkung, dass darunter **mindestens** ein Einlagenkreditinstitut, E-Geld-Institut im Sinne des ZAG oder ein Wertpapierhandelsunternehmen mit Sitz im Inland vorhanden sein muss.

Das KWG regelt auch, welches Unternehmen der Gruppe das **übergeordnete Unternehmen** ist. Dies ist zum Beispiel bei einer Institutsgruppe das Institut, das keinem anderen Institut mit Sitz im Inland nachgeordnet ist.

4.3.3.3 Konglomerateaufsicht

Mit der Umsetzung der Finanzkonglomeraterichtlinie wurde der Kreis der in die Beaufsichtigung einbezogenen Gruppen über die Institutsgruppen und Finanzholding-Gruppen hinaus auf Finanzkonglomerate ausgedehnt. Dabei geht es insbesondere darum, auf der Ebene des Finanzkonglomerats eine Eigenmittelausstattung sicherzustellen, die den Risiken einer branchenübergreifend tätigen Unternehmensgruppe angemessen Rechnung trägt. Die Mehrfachbelegung von Eigenkapital (siehe dazu 6.1) auf Konglomeratsebene soll ausgeschlossen werden. Weiterhin verlangt die Richtlinie ähnlich den Großkreditregelungen die Überwachung von Risikokonzentrationen auf Konglomeratsebene und von gruppeninternen Transaktionen innerhalb eines Finanzkonglomerates. Die Erfassung gruppeninterner Transaktionen soll vor allem Kapitaltransfers des beaufsichtigten Unternehmens an andere Unternehmen des Finanzkonglomerates mit möglichen Negativimplikationen auf die Solvabilität und Liquidität des beaufsichtigten Unternehmens unterbinden und damit mögliche Ansteckungseffekte bei finanziellen Schwierigkeiten eines einzelnen Unternehmens innerhalb des Finanzkonglomerates verhindern.

Finanzkonglomerate sind nach § 1 Abs. 20 KWG Gruppen von Unternehmen, die aus einem Mutterunternehmen, seinen Tochterunternehmen und den Unternehmen bestehen, an denen das Mutterunternehmen oder ein Tochterunternehmen eine Beteiligung halten.

An deren Spitze muss grundsätzlich ein Finanzkonglomeratsunternehmen stehen, das der Aufsicht unterliegt. Dazu zählen konglomeratsangehörige Einlagenkreditinstitute, E-Geld-Institute im Sinne des ZAG, Wertpapierhandelsunternehmen, Erstversicherungsunternehmen im Sinne des § 104k Nr. 2 Buchstabe a des Versicherungsaufsichtsgesetzes, Kapitalanlagegesellschaften oder andere Vermögensverwaltungsgesellschaften im Sinne des Artikels 2 Nr. 5 und des Artikels 30 der Richtlinie 2002/87/EG. Steht kein beaufsichtigtes Unternehmen an der Spitze der Gruppe, ist diese nur dann als Finanzkonglomerat einzustufen, wenn sie vorwiegend in der Finanzbranche tätig ist, d.h., wenn der Anteil der Bilanzsumme der in der Finanzbranche tätigen Unternehmen der Gruppe wenigstens 40% beträgt (§ 51a Abs. 2 KWG).

Die **Aufsicht** über Finanzkonglomerate betrifft vorwiegend folgende Bereiche:

- Eigenmittel,
- gruppeninterne Transaktionen,
- Risikokonzentrationen.

Ein Finanzkonglomerat muss nach § 10b KWG insgesamt über **angemessene Eigenmittel** verfügen.. Als Eigenmittel auf Konglomeratsebene gelten hierbei die Bestandteile, die den nach § 10 KWG und § 53 VAG anerkannten entsprechen. Das KWG sieht für die Berechnung grundsätzlich folgende Methoden vor:

- Berechnung auf Grundlage des konsolidierten Abschlusses,
- Abzugs- und Aggregationsmethode,
- Buchwert- / Anforderungsabzugsmethode oder,
- Kombination der vorgenannten Methoden.

Das **übergeordnete Finanzkonglomeratsunternehmen** ist für eine angemessene Eigenmittelausstattung des Finanzkonglomerats sowie für die Einreichung der entsprechenden Angaben gegenüber der Aufsicht verantwortlich.

4.3.4 Nationale Umsetzung von Basel II

Im Juni 2004 wurde den vom *Baseler Ausschuss* vorgelegten Rahmenvereinbarungen über die **neue Eigenkapitalempfehlung für Kreditinstitute (Basel II**; siehe dazu 6.1 und *Deutsche Bundesbank* 2001) zugestimmt. Da es sich bei diesen supranationalen Regelungen lediglich um Empfehlungen handelt, bedurfte es für das Wirksamwerden in den EU-Mitgliedstaaten einer gesetzlichen Grundlage, die durch den Erlass von EU-Verordnungen bzw. EU-Richtlinien erreicht wurde. Um eine zeitnahe Umsetzung zu ermöglichen, erfolgten in der Vergangenheit die Arbeiten am europäischen Regelwerk stets parallel zu den Arbeiten in Basel, wobei sich die Regelungen weitgehend entsprechen. Im Juni 2006 konnten die Vorschläge zur **Modernisierung** der **Bankenrichtlinie** (2006/48/EG) und der **Kapitaladäquanzrichtlinie** (2006/49/EG) vom Europäischen Parlament und dem EU-Rat verabschiedet werden. Die Bankenrichtlinie und die Kapitaladäquanzrichtlinie waren durch die Mitgliedstaaten bis Ende 2006 in nationales Recht umzusetzen, so dass ab Januar 2007 die neuen Regelungen für alle Banken und Wertpapierfirmen in Kraft treten konnten. In Deutschland wurde mit Veröffentlichung der **Solvabilitätsverordnung (SolvV)** sowie der geänderten **Groß- und Millionenkreditverordnung (GroMiKV)** im Dezember 2006 die rechtliche Umsetzung der neugefassten EG-Richtlinien auf nationaler Ebene abgeschlossen (siehe dazu *Deutsche Bundesbank* 2006a).

Die **SolvV** konkretisiert die **Anforderung zur Unterlegung mit Eigenmittel** aus der 1. Säule von Basel II und löst den bisherigen „Grundsatz I" (GS I) ab. Weiterhin beinhaltet die SolvV die **Offenlegungsanforderungen** aus der 3. Säule von Basel II, welche aufgrund ihrer inhaltlichen Nähe zur Säule 1 ebenfalls in die SolvV aufgenommen wurden. Auf nationaler Ebene findet die 2. Säule von Basel II, der Supervisory Review Prozess (aufsichtliches Überprüfungsverfahren), seine Entsprechung in den **Mindestanforderungen für das Risikomanagement (MaRisk),** die § 25a KWG konkretisieren und bereits am 20. Dezember 2005 durch die *BaFin* erstmals veröffentlicht wurden (Neufassung 15.12.2010).

4.3.5 Liquiditätsanforderungen

Nach § 11 KWG müssen Institute ihre Mittel so anlegen, dass jederzeit eine **ausreichende Zahlungsbereitschaft** gewährleistet ist. Konkretisiert wird diese Anforderung wie bei den Eigenmittelanforderungen über ergänzende Regelungen: Zum 1. Januar 2007 wurde der bis dahin geltende „Grundsatz II" (GS II) durch die **Liquiditätsverordnung (LiqV)** ersetzt. Anders als die SolvV basiert die LiqV auf keinen internationalen Vorgaben. Da die LiqV erstmals die Möglichkeit einräumt, bankinterne Methoden zur Liquiditätssteuerung einzusetzen, kommt ihr sogar im internationalen Kontext Vorbildcharakter zu. Sie richtet sich wie bereits der Grundsatz II an einzelne Kreditinstitute und bestimmte Finanzdienstleistungsinstitute. Eine Konsolidierung findet nicht statt. Neu ist, dass auch E-Geld-Institute in den Anwendungsbereich von § 1 LiqV einbezogen worden sind. Diese haben ihre Gelder mindestens in Höhe ihrer Verbindlichkeiten in bestimmten hinreichend liquiden Aktiva anzulegen (§ 9 LiqV). Die weiteren Vorschriften der LiqV finden dabei keine Anwendung.

Die **Liquidität** eines Instituts gilt als ausreichend, wenn die in einem Monat zur Verfügung stehenden Zahlungsmittel die zu erwartenden Zahlungsabflüsse zumindest decken. Beurteilt wird dies anhand einer monatlich zu meldenden **Liquiditätskennzahl.** Diese ergibt sich als Quotient der verfügbaren Zahlungsmittel zu den abrufbaren Zahlungsverpflichtungen. Der Wert der Liquiditätskennzahl darf 1 nicht unterschreiten. Die Meldungen sind bei der *BBank* einzureichen.

Neben der Liquiditätszahl, die die Liquiditätsströme im ersten Laufzeitband (bis zu einem Monat) wiedergibt, haben die Institute auch **Beobachtungskennzahlen** zu berechnen. Hierzu werden die Zahlungsmittel und die Zahlungsverpflichtungen entsprechend ihren Restlaufzeiten (als Restlaufzeit gilt der Zeitraum zwischen dem jeweiligen Meldestichtag und dem Fälligkeitstag des Zahlungsanspruchs bzw. der Kündigungsfrist) jeweils im

- Laufzeitband 2 (> ein Monat bis < 3 Monate),
- Laufzeitband 3 (> 3 Monate bis < 6 Monate) und im
- Laufzeitband 4 (> 6 Monate bis < 12 Monate)

erfasst und einander gegenübergestellt (sog. **Maturity-Mismatch-Approach**). Diese restlaufzeitbezogene Gegenüberstellung gibt Auskunft über die voraussichtlichen Liquiditätsströme in den einzelnen Perioden. Für die der Bankenaufsicht ebenfalls zu meldenden Beobachtungskennziffern ist kein einzuhaltender Wert vorgegeben. Im Einzelfall ist jedoch die Festsetzung positiver oder negativer Sonderverhältnisse durch die *BaFin* möglich. Hinsichtlich der Ermittlung der Beobachtungskennziffern ist zu berücksichtigen, dass etwaige Zahlungsmittelüberschüsse in einem Laufzeitband im nächstfolgenden Laufzeitband angerechnet werden (zur praktischen Berechnung der Beobachtungskennzahl für verschiedene Laufzeitbänder siehe im Einzelnen die Anleitung unter *www.bundesbank.de/bankenaufsicht*).

Neben dem Maturity-Mismatch-Approach fand auch der **Stock-Approach** Eingang in die LiqV. Daher zählen unabhängig von den zugrunde liegenden Restlaufzeiten börsennotierte und besonders gedeckte Wertpapiere zu den Zahlungsmitteln im ersten Laufzeitband (§ 3 Abs. 1 Nr. 5 LiqV). Aber auch bestimmte nicht-börsennotierte Wertpapiere gelten als Zahlungsmittel des ersten Laufzeitbandes, falls sie bei einer „nullgewichteten" Zentralnotenbank als refinanzierungsfähig anerkannt werden (§ 3 Abs. 1 Nr. 6 LiqV). Diese Regelung erfasst auch die dem Institut als Pensionsnehmer oder Entleiher im Rahmen von Pensions- oder Leihgeschäften übertragenen Wertpapiere.

Von besonderer Bedeutung ist die Regelung in § 10 LiqV. Danach dürfen Institute mit Zustimmung der *BaFin* eigene **Liquiditätsrisikomeß-** und **-steuerungsverfahren** verwenden. Voraussetzung dafür ist, dass die Institute bestimmte Anforderungen erfüllen, deren Einhaltung die Aufsicht im Rahmen einer **Zulassungsprüfung** beurteilt. Die institutsinternen Verfahren müssen eine adäquate laufende Ermittlung und Überwachung des Liquiditätsrisikos unter Berücksichtigung von Stressszenarien gewährleisten. Auch haben sie die Liquiditätslage eingehender und angemessener darzustellen als das in der LiqV vorgesehene „Standardverfahren". Ferner sind geeignete, quantitativ zu bemessende Limite für Liquiditätsrisiken einzurichten. Wesentlich ist, dass die Verfahren und die internen Limitsysteme für das interne Liquiditätsrisikomanagement und in der Unternehmenssteuerung der Institute auch tatsächlich verwendet werden (**use test**). Für Institute, die keine eigenen Verfahren nutzen wollen, ändert sich durch die LiqV wenig an der bisherigen Praxis, da die Regelungen des vorherigen Grundsatzes II im Wesentlichen unverändert in die LiqV übernommen worden sind.

Mit den **MaRisk** werden die allgemeinen Anforderungen von § 25a KWG konkretisiert, wonach ein Institut insbesondere über ein **angemessenes Risikomanagement** und über angemessene Regelungen verfügen muss, anhand derer sich die finanzielle Lage des Instituts jederzeit mit hinreichender Genauigkeit bestimmen lässt. Demnach muss ein Kreditinstitut zur Sicherstellung, dass es seine Zahlungsverpflichtungen jederzeit erfüllen kann, eine ausreichende **Diversifikation** der Vermögens- und Kapitalstruktur gewährleisten. Das Kreditinstitut hat für einen geeigneten Zeitraum eine **Liquiditätsübersicht** zu erstellen und regelmäßig **Szenariobetrachtungen** vorzunehmen. Für den Fall eines Liquiditätsengpasses ist ein **Notfallplan** aufzustellen. Des Weiteren ist der Geschäftsleitung regelmäßig Bericht über die Liquiditätssituation zu erstatten.

4.3.6 Begrenzung von qualifizierten Beteiligungen

§ 12 KWG wurde durch die 6. KWG-Novelle neu gefasst und regelt die Begrenzung von qualifizierten Beteiligungen an Unternehmen, die nicht zum Finanz- bzw. Versicherungssektor gehören. Danach darf ein Einlagenkreditinstitut an einem Unternehmen, das weder als Institut, Finanzunternehmen bzw. Anbieter von Nebendienstleistungen sowie Versicherungsunternehmen eingestuft ist, (bezogen auf das Nennkapital) nur eine qualifizierte Beteiligung von maximal 15% seines haftenden Eigenkapitals halten. Alle Beteiligungen zusammen dürfen 60% des haftenden Eigenkapitals nicht übersteigen. Diese Grenzen gelten auch auf konsolidierter Basis. Allerdings kann ein Kreditinstitut oder eine Kreditinstitutsgruppe die Grenzen mit Zustimmung der *BaFin* überschreiten, wenn der Überschreitungsbetrag durch haftendes Eigenkapital unterlegt wird. Beide Obergrenzen sind somit keine festen Grenzen, sondern können im Einzelfall, um die wirtschaftlichen Interessen von Instituten gerecht zu berücksichtigen, überschritten werden. Darüber hinaus wirken sich die Abzugspflichten des § 10 Abs. 6 KWG ebenfalls restriktiv auf Beteiligungsmöglichkeiten am Finanzsektor aus (Abbildung 11).

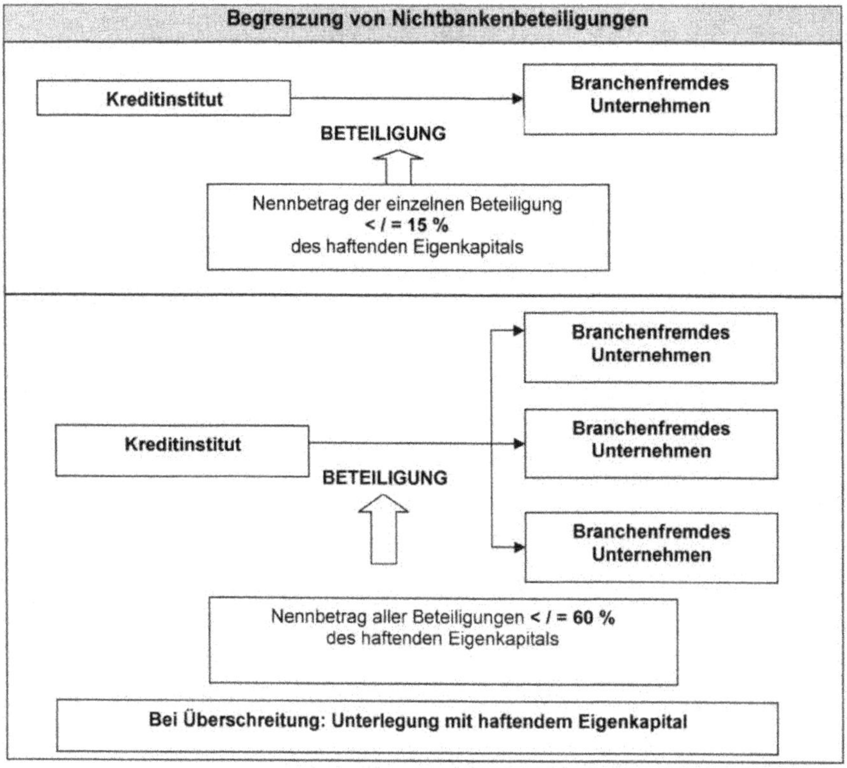

Abb. 11: Begrenzung von Nichtbankenbeteiligungen

4.3.7 Melde- und Anzeigepflichten der Institute

Da die Aufgabe der *BaFin* primär darin besteht, eventuellen Missständen im Kredit- und Finanzdienstleistungswesen entgegen zu wirken, ist hierzu auch aktuelles Wissen über auftretende Veränderungen bei Instituten erforderlich. Ergänzend zu anderen bereits angesprochenen Vorschriften sind daher in den §§ 24 und 24a KWG zahlreiche Anzeigepflichten festgelegt, die personelle, finanzielle und organisatorische **Veränderungen von Instituten** betreffen. Die Anzeigen sind jeweils unverzüglich nach Eintritt des Vorgangs bzw. im Falle des § 24 Abs. 2 KWG im Vorhinein zu erstatten. Einzelheiten hält darüber hinaus die nach § 24 Abs. 4 KWG erlassene *Anzeigenverordnung* fest. Sofern einzelne Tatbestände von der Anzeigepflicht freigestellt werden sollen, regelt dies § 31 KWG.

- Wichtige **unverzügliche Meldetatbestände** nach § 24 Abs. 1 KWG sind u.a.:
  - die Absicht der Bestellung bzw. das Ausscheiden eines Geschäftsleiters,
  - der Erwerb, die Aufgabe bzw. eine Veränderung von Schwellenwerten einer bedeutenden Beteiligung (ab 10%) an dem Institut,
  - aufgetretene Verluste ab 25% des haftenden Eigenkapitals,
  - das Absinken des Anfangskapitals unter die gesetzlichen Mindestanforderungen,
  - enge Verbindungen (ab 20%),
  - qualifizierte Beteiligungen (ab 10%).

- Eine **jährliche Meldepflicht** besteht nach § 24 Abs. 1a KWG für:
  - die aktivischen Beteiligungsverhältnisse des Instituts (qualifizierte Beteiligungen, enge Verbindungen),
  - die passivischen Beteiligungsverhältnisse an dem Institut (enge Verbindungen, bedeutende Beteiligungen).

4.4 Solvabilitätsverordnung nationale Umsetzung der Säule 1 aus Basel II

Nach § 10 KWG sind die Institute verpflichtet, angemessene Eigenmittel vorzuhalten. Die SolvV konkretisiert diese Anforderung und löste damit seit dem 1.Januar 2007 den bisherigen Grundsatz I ab. Die SolvV schreibt eine Mindestausstattung mit Eigenmitteln in Relation zum risikobehafteten Geschäftsvolumen vor. Dadurch wird die Expansionspolitik einer Bank zumindest insofern beschränkt, als auch die Eigenmittel im gleichen Verhältnis anwachsen müssen. Die genannten Regelungen basieren auf der Überlegung, dass zur Vermeidung einer Insolvenz Verluste eines Instituts letztlich von seinem Eigenkapital aufgefangen werden müssen und somit eine adäquate Eigenkapitalausstattung nicht nur die Institute selbst, sondern auch das Finanzsystem als Ganzes stabilisiert. Wie bereits erwähnt, wurden über die neu gefassten EU-Bankenrichtlinie und EU-Kapitaladäquanzrichtlinie die Regelungen von Basel II in Gemeinschaftsrecht übertragen. Die SolvV stellt die nationale Umsetzung der Säulen I und III von Basel II dar und sichert damit eine im Vergleich zum früheren Grundsatz I risikoadäquatere Eigenmittelunterlegung von Bankgeschäften (Abbildung 11-1).

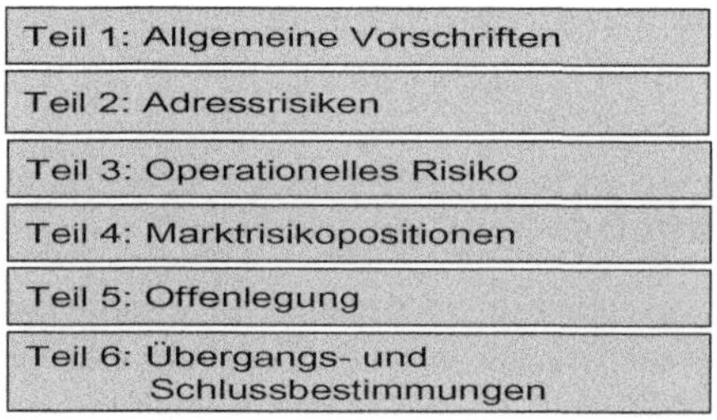

Abb. 11-1: Aufbau der Solvabilitätsverordnung

Die SolvV ist sowohl auf Ebene des Einzelinstituts als auch auf konsolidierter Basis für Institutsgruppen sowie Finanzholding-Gruppen einzuhalten. Sie berücksichtigt verschiedene Risikokategorien, die hinsichtlich der Unterlegung mit Eigenmitteln unterschiedlich behandelt werden. Grundsätzlich wird zwischen Adressenausfall-, Marktpreis- und operationellen Risiken unterschieden.

4.4.1 Ermittlung der Unterlegung bankgeschäftlicher Risiken

4.4.1.1 Handels- und Nichthandelsbuchinstitute

Für die Einbeziehung der **Marktpreisrisiken** ist die Unterscheidung zwischen Anlagebuch (AB) und Handelsbuch (HB) von Bedeutung. Entscheidend für die Zuordnung einer Position zum **Handelsbuch** ist die Absicht, bestehende oder erwartete Unterschiede zwischen Kauf- und Verkaufspreisen oder Preis- und Zinsschwankungen **kurzfristig zu nutzen**, um damit einen **Eigenhandelserfolg** zu erzielen. Dem Handelsbuch sind gemäß § 1a KWG zum Zweck der Ermittlung und der Anrechnung von Handelsbuch-Risikopositionen u.a. zuzurechnen: Finanzinstrumente (Wertpapiere, Geldmarktinstrumente, Devisen, Derivate sowie Bestände und Geschäfte zur Absicherung von Marktrisiken des Handelsbuches. Alle Posten, die nicht dem Handelsbuch zugerechnet werden, bilden das **Anlagebuch**, auch **Bankbuch** genannt. Die Zuordnung einzelner Positionen zum Handels- oder Anlagebuch liegt grundsätzlich im Ermessen des Instituts, hat aber nach institutsintern festgelegten nachprüfbaren Kriterien zu erfolgen.

Der Umfang der Handelsbuchgeschäfte legt fest, ob eine Bank als **Handelsbuchinstitut** (HBI) **oder Nichthandelsbuchinstitut** (NHBI) zu klassifizieren ist (§ 2 Abs. 11 KWG). Nichthandelsbuchinstitute sind Institute, für die folgende Bagatellgrenzen gelten:

- Der Anteil des Handelsbuches beträgt in der Regel nicht mehr als 5% und liegt zu keiner Zeit über 6% der Gesamtsumme der bilanziellen- und außerbilanziellen Geschäfte.
- Die Gesamtsumme der einzelnen Handelsbuchpositionen überschreitet i. d. R. nicht 15 Mio. EUR und liegt zu keiner Zeit über 20 Mio. EUR.

Die dargestellte Unterscheidung ist notwendig, da Nichthandelsbuchinstitute grundsätzlich von der Anwendung der Berechnungsverfahren für Handelsbuchrisikopositionen mit Zins- und Aktienpreisrisiken befreit sind.

4.4.1.2 Die Eigenmittelunterlegungssystematik nach der Solvabilitätsverordnung

Die SolvV sieht für die Institute die Möglichkeit vor, den **Kreditrisiko-Standardansatz** (KSA) anzuwenden, der ähnlich dem früheren Grundsatz I aufsichtlich vorgegebene **Risikogewichtungssätze** verwendet, die sich teilweise an **externen Ratings** orientieren. Alternativ können Banken auf **internen Ratings basierende Ansätze (IRBA)** wählen, bei denen sie die Ausfallwahrscheinlichkeiten der Schuldner bzw. im fortgeschrittenen Ansatz weitere Parameter selbst schätzen (Verlust bei Ausfall des Exposures [**L**oss **G**iven **D**efault], Kreditkonvertierungsfaktor [**C**redit **C**onversion **F**actor], Restlaufzeit [**M**aturity], siehe dazu 0). Die SolvV hält darüber hinaus einen weitgefassten Katalog von Kreditrisikominderungstechniken bereit, die den anzurechnenden Wert einer Forderung verringern.

Für die durch Basel II neu aufgenommene Risikoart **operationelles Risiko** gibt es **drei Anrechnungsverfahren**, die sich hinsichtlich Aufwand und Genauigkeit unterscheiden (**Basisindikatoransatz** [BIA], **Standardansatz** [StA], **fortgeschrittene Meßansätze** [AMA]). Nahezu unverändert wurden die Regelungen zur Berechnung der Anrechnungsbeträge für Marktpreisrisiken übernommen. Neu hinzukommen Standardverfahren für bisher nicht erfasste „andere Marktrisikopositionen“ wie Emissionszertifikate oder Strom- und Wetterderivate (Abbildung 11-2).

Angemessene Eigenmittel liegen vor, wenn folgende Relationen täglich zum Geschäftsschluss (Eigenkapital- und Eigenmittelanforderungen) bzw. zum Ende eines Kalenderquartals (Gesamtkennziffer) eingehalten sind (Abbildung 11-3).

Das **modifizierte verfügbare Eigenkapital** ist das um bestimmte Positionen geänderte haftende Eigenkapital. Die **anrechenbaren Eigenmittel** setzen sich aus dem modifizierten verfügbaren Eigenkapital und den zur Unterlegung der Anrechnungsbeträge für die Marktrisikopositionen genutzten Drittrangmittel zusammen.

Risiken	Adressen-ausfallrisiken	Operationelle Risiken	Marktpreisrisiken
erfasste Positionen	Adressrisiko-positionen des AB sowie des HB bei NHBI (bei HBI im Segment der Marktpreisrisiken berücksichtigt)	Verluste infolge des Versagens von - internen Verfahren - Systemen - Menschen sowie externer Ereignisse	NHBI + HBI: - Fremdwährungsrisikopositionen - Rohwarenrisikopositionen - Optionspositionen - andere Marktrisikopositionen nur HBI: -Handelsbuchrisikopositionen - Zinsposition - Aktienposition
Anrechnungs-verfahren	KSA / IRBA	BIA / StA / AMA	Standardverfahren oder institutseigene Risikomodelle

Abb. 11-2: Eigenmittelunterlegung von Adressrisiken, Marktpreisrisiken und operationellen Risiken

Eigenkapitalanforderungen für Adressrisiken und operationelle Risiken	(Gesamtanrechnungsbetrag für Adressrisiken + Anrechnungsbetrag für Operationelles Risiko) ≤ modifiziertes verfügbares Eigenkapital
Eigenmittelanforderungen für Marktpreisrisiken	Anrechnungsbeträge für Marktrisikopositionen ≤ (modifiziertes verfügbares Eigenkapital ./. Unterlegung Adressrisiken und Operationelles Risiko + verfügbare Drittrangmittel)
Gesamtkennziffer (in %)	Anrechenbare Eigenmittel x 100 / 12,5 x (Gesamtanrechnungsbetrag für Adressrisiken + Anrechnungsbetrag für Operationelles Risiko + Anrechnungsbeträge für Marktrisikopositionen) ≥ 8 %

Abb. 11-3: Ermittlung der Gesamteigenmittelanforderung nach SolvV

4.4.2 Adressrisiken

4.4.2.1 Neue Ansätze zur Berechnung des Adressenausfallrisikos

Eine Übersicht über den Teil **Adressrisiken** der SolvV und die **Inhalte** der einzelnen Kapitel gibt die Abbildung 11-4.

Im Gegensatz zu den nahezu unveränderten Eigenmittelanforderungen für die Marktrisikopositionen wurde der Teil der Anforderungen für die Adressrisiken komplett neu gefasst. Das tendenziell Risiko-undifferenzierte Bonitätsgewichtungsschema des vormaligen Grundsatzes I wurde durch risikosensitivere Ansätze bzw. Ermittlungsverfahren ersetzt. Zum einen wurde somit den Banken eine Systematik geschaffen, in der sich das Eigenkapital stärker an die Risiken anlehnt, zum anderen wurden für die Institute die Möglichkeiten begrenzt, aufgrund der bisherigen ineffizienten Risikoallokation **regulatorische Arbitrage** zu betreiben. Die einzelnen **Ansätze zur Eigenmittelunterlegung** und deren Ausgestaltung zeigt Abbildung 11-5.

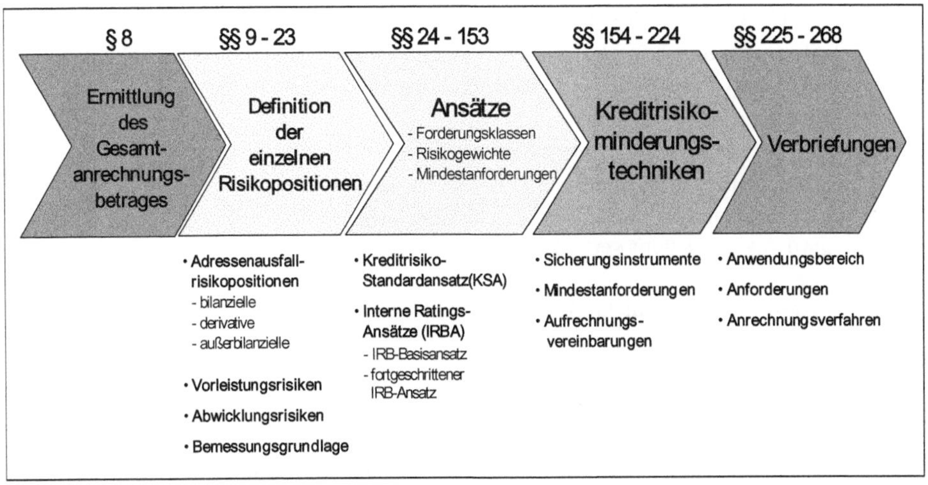

Abb. 11-4: Überblick über den Teil Adressrisiken der SolvV

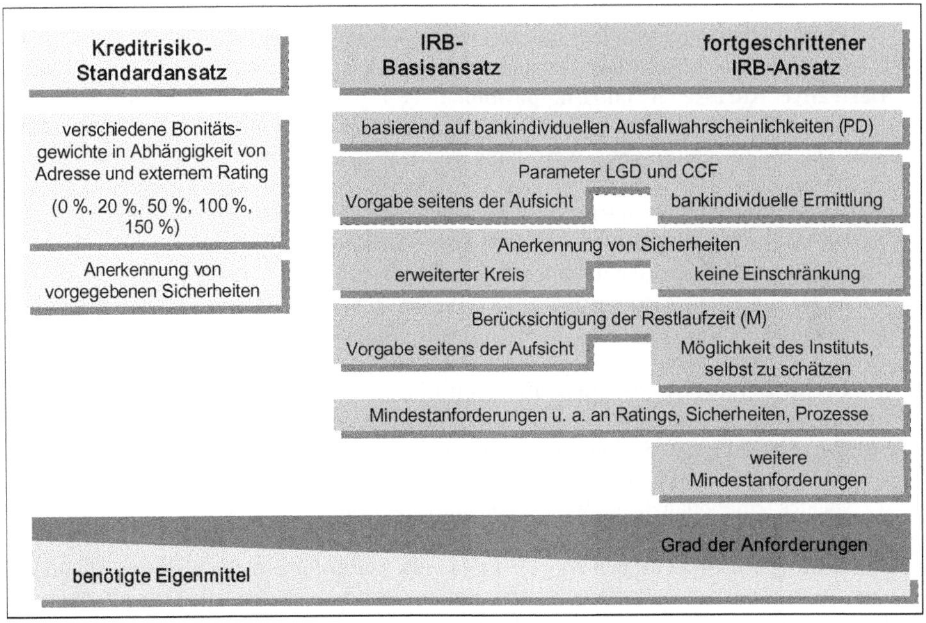

Abb. 11-5: Ansätze zur Eigenmittelunterlegung und deren Ausgestaltung

Demnach steigt mit den einzelnen Ansätzen auch der Grad der zu erfüllenden Mindestanforderungen. Jedoch wird es den Banken im Gegenzug ermöglicht, auf deren Datenbasis bestimmte Parameter selbst zu schätzen bzw. weitere Sicherheiten anzurechnen. So können die eingegangenen Risiken und evtl. deren Absicherung bankindividuell ermittelt werden. Die einzelnen Banken sollen damit in die Lage versetzt werden, ihre Risiken spezifischer darzustellen und eine dem Risikoprofil entsprechende (i.d.R. geringere) Kapitalunterlegung zu erreichen.

4.4.2.2 Bestandteile der Adressrisiken

Der **Gesamtanrechnungsbetrag** für Adressrisiken (§ 8SolvV) kann wie in Abbildung 11-6 dargestellt berechnet werden.

Risikogewichtete KSA-Positionswerte (inkl. Vorleistungsrisiken)
+ risikogewichtete IRBA-Positionswerte (inkl. Vorleistungsrisiken) } X 0,08
+ risikogewichtete Positionswerte für Verbriefungspositionen

nur für Handelsbuchinstitute:
+ Gesamtanrechnungsbetrag für Abwicklungsrisiken

Abb. 11-6: Gesamtanrechnungsbetrag für Adressrisiken

Die über KSA oder IRBA zu berechnenden **Adressenausfallrisikopostionen** nach SolvV setzen sich wie folgt zusammen:

- **bilanzielle Adressenausfallrisikopositionen** (§ 10 SolvV):
  - **Bilanzaktiva** i. S. d. § 19 Abs. 1 Satz 2 Nr. 1 bis 9 KWG (vor allem Forderungen an Kreditinstitute und Kunden, Schuldverschreibungen und Aktien),
  - Sachanlagen und sonstige Vermögensgegenstände.
- **Derivative Adressenausfallrisikopositionen (**§ 11 SolvV**):** „Derivate sind als Kauf, Tausch oder durch anderweitigen Bezug auf einen Basiswert ausgestaltete Festgeschäfte oder Optionsgeschäfte, deren Wert durch den Basiswert bestimmt wird und deren Wert sich infolge eines für wenigstens einen Vertragspartner zeitlich hinausgeschobenen Erfüllungszeitpunkts künftig ändern kann, einschließlich finanzieller Differenzgeschäfte. Basiswert kann auch ein Derivat sein" (§ 19 Abs. 1 a KWG).
- **Außerbilanzielle Adressenausfallrisikopositionen (**§ 13 SolvV**):**
  - **außerbilanzielle Geschäfte** i. S. d. § 19 Abs. 1 Satz 3 KWG (u.a. Bürgschaften und Garantien, Eröffnung und Bestätigung von Akkreditiven, Terminkäufe auf Bilanzaktiva, Kreditzusagen);
  - **Credit Default Swaps**, die in als Credit Linked Notes ausgestalteten Kreditderivaten (die zugleich bilanzielle Adressenausfallrisikopositionen darstellen) eingebettet sind;
  - **Terminkäufe** und **Stillhalterverpflichtungen** aus Verkaufsoptionen, wenn der Geschäftsgegenstand unter Annahme tatsächlicher Lieferung oder Abnahme des Gegenstandes eine bilanzielle Adressenausfallrisikoposition nach § 10 SolvV begründen würde.
- **Vorleistungsrisikopositionen (**§ 14 SolvV): Ein Vorleistungsrisiko resultiert aus einem von einem Handelsbuchinstitut einseitig erfüllten Vertrag, während die Gegenleistung des Kontrahenten noch aussteht. Das Risiko entspricht somit dem geleisteten Geldbetrag bzw. dem Marktwert des gelieferten Gegenstands (Wertpapier, Fremdwährung, Ware), dieser Anspruch aus einem Geschäft ist bis zu einem Verzug bis zum vierten Tag seit der Zahlung oder Lieferung durch das Institut mit Eigenkapital zu unterlegen (ab dem fünften Verzugstag besteht eine Abzugspflicht vom haftenden Eigenkapital nach § 10 Abs. 6a Nr. 4 KWG).
- **Abwicklungsrisikoposition:** Dagegen stellt eine Abwicklungsrisikoposition (§§ 15 f. SolvV) den Anspruch auf Lieferung oder Abnahme von Wertpapieren, Fremdwährungen oder Waren dar, wenn der Liefer- oder Abnahmeanspruch nach Ablauf des für dieses Geschäft vereinbarten Liefer- bzw. Abnahmezeitpunktes beidseitig noch nicht erfüllt worden ist (schwebendes Geschäft). Das zu unterlegende Risiko resultiert aus dem Umstand, dass

bei Ausfall des Kontrahenten und ungünstiger Marktentwicklung der Bank ein Gewinn entgeht. Es ist wie das Vorleistungsrisiko nur von Handelsbuchinstituten zu berücksichtigen.

In § 12 SolvV werden die sog. **Aufrechnungspositionen** erläutert. Eine berücksichtigungsfähige Aufrechnungsvereinbarung kann in folgenden Kategorien aufgerechnet werden:

- Derivate: § 207 SolvV,
- Geldforderungen und Geldschulden: § 208 SolvV,
- nichtderivative Geschäfte mit Sicherheitennachschüssen: § 209 SolvV,
- produktübergreifende Positionen: § 210 SolvV.

Hinsichtlich der Kapitalunterlegung von **Verbriefungspositionen** wird aufgrund der besonderen Verfahrensweise an dieser Stelle auf eine Kurzdarstellung verzichtet und auf das Kapitel Verbriefung verwiesen (siehe Kapitel 0).

4.4.2.3 Kreditrisiko-Standardansatz

Der **Kreditrisiko-Standardansatz (KSA)** findet als Meßverfahren zur Ermittlung und Unterlegung des Adressenausfallrisikos insbesondere bei kleineren und mittelgroßen Instituten Anwendung. Die Festlegung des Risikogewichts und die Berechnung der Eigenkapitalunterlegung richten sich dabei teilweise nach den **externen Bonitätsbeurteilungen** der jeweiligen Risikoposition. Für Positionen ohne Rating bzw. für bestimmte Kreditarten, wie z.B. im Rahmen des Mengengeschäfts oder für Realkredite erfolgt eine aufsichtlich vorgegebene Zuordnung eines einheitlichen Risikogewichts. Gleiches gilt für bestimmte Schuldner wie die Regierung der Bundesrepublik Deutschland bzw. Schuldnerkategorien wie Zentralregierungen im EWR.

Die jeweiligen Risikopositionen werden bestimmten Forderungsklassen zugeordnet. Die **Bemessungsgrundlage** der Adressenausfallrisikopositionen stellt für bilanzielle Adressausfallrisikopositionen der Buchwert dar. Für außerbilanzielle Positionen wie Kreditlinien oder Garantien wird der Buchwert zusätzlich mit einem **Konversionsfaktor** multipliziert (0% bis 100%), um so dem geringeren Adressausfallrisiko Rechnung zu tragen. Anschließend wird der so ermittelte **KSA-Positionswert** in Abhängigkeit von der zugeordneten Forderungsklasse mit einem Risikogewicht versehen. Zur Ermittlung des Eigenkapitalanrechnungsbetrags ist der **risikogewichtete Positionswert** mit 8% zu multiplizieren (Abbildung 11-7).

Ermittlung der Eigenkapitalunterlegung
Bemessungsgrundlage
*Konversionsfaktor
=KSA-Positionswert
*Risikogewicht
=Risikogewichteter Positionswert
*8 %
=Unterlegung / Anrechnungsbetrag

Abb. 11-7: Errechnung der Eigenkapitalunterlegung im KSA

Bevor ein Institut Bonitätsbeurteilungen einer **Ratingagentur** für die Bestimmung der KSA-Risikogewichte heranziehen darf, muss diese Ratingagentur von der Bankenaufsicht anerkannt worden sein. Die **Anerkennung** kann dann erfolgen, wenn ihre **Methodik** der Bonitätsbeurteilung die Anforderungen der Objektivität, Unabhängigkeit, Transparenz und einer mindestens jährlichen Überprüfung der Bonitätsbeurteilungen erfüllt. Die Beurteilungen der Ratingagentur müssen zudem am Markt als verlässlich und glaubwürdig angesehen sowie transparent in dem Sinne sein, dass sie allen berechtigten Interessenten zugänglich sind.

Sofern die Ratingagentur bereits von einer zuständigen Behörde eines Staates des EWR anerkannt worden ist, kann die nationale Aufsicht die Anerkennung übernehmen, ohne ein eigenes Verfahren durchführen zu müssen. Bei Ratingagenturen, die in mehreren EU-Mitgliedstaaten anerkannt werden sollen, findet ein gemeinsames Bewertungsverfahren der einbezogenen EU-Mitgliedsstaaten statt. Durch die gemeinsame Auswertung und Abstimmung bei der Beurteilung des Antrags durch alle involvierten Aufsichtsbehörden soll eine einheitliche Entscheidung in den verschiedenen Mitgliedsstaaten gewährleistet und damit der formale Aufwand verringert werden. Der Antrag auf Anerkennung ist von der jeweiligen Ratingagentur selbst zu stellen. Dem Antrag ist ein Nachweis über die Absicht wenigstens eines Instituts beizufügen, die Bonitätsbeurteilungen der Ratingagentur für die Bestimmung von Risikogewichtungszwecken zu nutzen.

Die Institute ihrerseits müssen dann eine oder mehrere für Risikogewichtungszwecke anerkannte Ratingagenturen schriftlich gegenüber der Bankenaufsicht benennen, um so die Verfahren zur Bestimmung des Risikogewichts einer Position nutzen zu können. Entscheidet sich ein Institut für die Verwendung externer Bonitätsbeurteilungen zu Risikogewichtungszwecken, so muss es eine dauerhafte und einheitliche Verwendung der Bonitätsbeurteilungen für alle KSA-Positionen gewährleisten, für die eine maßgebliche Bonitätsbeurteilung vorhanden ist.

Grundsätzlich gilt es, zwischen der Anerkennung einer Ratingagentur und der **Verwendungsfähigkeit** einer Bonitätsbeurteilung zu unterscheiden, da nicht unbedingt alle von der bereits anerkannten Ratingagentur erstellten Bonitätsbeurteilungen für die Ermittlung der aufsichtlichen Risikogewichte zu Grunde gelegt werden dürfen. Zu den **Kriterien** der Verwendungsfähigkeit einer Bonitätsbeurteilung zählen insbesondere die langfristige Ausgestaltung der Bonitätsbeurteilung sowie die Berücksichtigung sämtlicher, aus der Position geschuldeter Beträge. Liegen mehrere verwendungsfähige Bonitätsbeurteilungen einer anerkannten Ratingagentur vor, gibt die SolvV Vorgaben zur **Maßgeblichkeit** der Bonitätsbeurteilungen und damit Vorgaben, welche der Bonitätsbeurteilungen letztlich zu Risikogewichtungszwecken heranzuziehen ist.

Dabei orientiert sich die Aufsicht in erster Linie daran, ob eine Bonitätsbeurteilung der **Forderung**, also ein **Emissionsrating**, vorhanden ist. Wenn dies nicht der Fall ist, wird untersucht, ob für **vergleichbare** Forderungen (unbesicherte Forderungen, deren Erfüllung von demselben Schuldner zu leisten ist) Bonitätsbeurteilungen vorliegen. Dabei werden zuerst Forderungen herangezogen, die gegenüber der einzuordnenden Forderung nicht nachrangig sind. Liegen keine vor- oder gleichrangigen Vergleichsforderungen vor, so darf die maßgebliche Bonitätsbeurteilung auch aus Forderungen abgeleitet werden, die der KSA-Position im Rang nachgehen. Liegen überhaupt keine Vergleichsforderungen vor, werden **Schuldnerbonitätsbeurteilungen** herangezogen. Eine Schuldnerbonitätsbeurteilung ist gemäß § 43 S. 3 SolvV eine Bonitätsbeurteilung, die eine allgemeine, nicht auf bestimmte Vermögensgegenstände bezogene Aussage über die Bonität des Schuldners trifft (**Emittentenrating**). Fehlen für einen Schuldner Bonitätsbeurteilungen, bleibt die KSA-Position unbeurteilt. Sie muss mit dem Risikogewicht für unbeurteilte Positionen versehen werden (Abbildung 11-8).

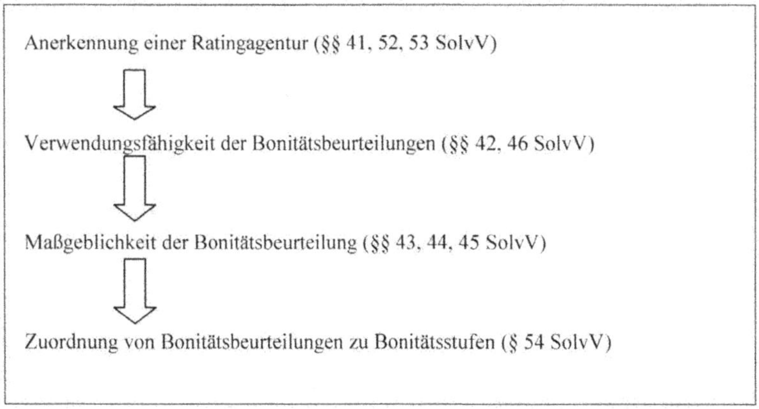

Abb. 11-8: Verlauf für Verwendung von Bonitätsbeurteilungen zu Risikogewichtungszwecken

Sofern die Ratingagentur bereits von einer zuständigen Behörde eines Staates des EWR anerkannt worden ist, kann die nationale Aufsicht die Anerkennung übernehmen, ohne ein eigenes Verfahren durchführen zu müssen.

Im Rahmen des Anerkennungsverfahrens ordnet die Aufsicht jede Bonitätsbeurteilungskategorie (**Ratingnote**), die von der Ratingagentur verwendet wird, einer der aufsichtlichen **Bonitätsstufen** (1 bis 6) der SolvV zu (**Mapping**). Für die Zuordnung werden sowohl qualitative Kriterien, wie z.B. die Gesamtheit der Schuldner und die Ausfalldefinition der Ratingagentur, als auch quantitative Kriterien, wie die langfristigen Ausfallraten der Bonitätsbeurteilungskategorien berücksichtigt (Abbildung 11-9). Tatsächlich realisierte Ausfallraten dienen als Vergleichsmaßstab.

Rating S & P	AAA bis AA-	A+ bis A-	BBB+ bis BBB-	BB+ bis BB-	B+ bis B-	schlechter als B-
Bonitätsstufe	1	2	3	4	5	6

Abb. 11-9: Zuordnung von Bonitätsbeurteilungskategorien am Beispiel von *Standard&Poors* (*S&P*)

Zur Ermittlung der **Risikogewichte** stellt die SolvV zunächst auf die Bonität der Forderung ab (Emissionsrating). Existiert kein Emissionsrating, kann ersatzweise die Schuldnerbonität (Emittentenrating) herangezogen werden. Sofern weder ein Emissions- noch ein Emittentenrating vorliegen, gibt die SolvV **fixe Risikogewichte** für sog. „unbeurteilte Positionen" vor. Abweichend von der allgemeinen Kopplung des Risikogewichts an ein Emissions- oder Emittentenrating hängt das Risikogewicht bei **Forderungen an Institute** vom externen Rating des Sitzstaates des Instituts ab. Das Rating des Instituts bzw. der betroffenen Forderung bleibt dann außer Acht.

Alternativ zur Bonitätsbeurteilung eines **Staates** durch eine Ratingagentur kann auch eine Länderklassifizierung einer Exportversicherungsagentur herangezogen werden. Diese **Länderklassifizierungen** stellen mittel- bis langfristige Einschätzungen der Fähigkeit der Unternehmen in dem betreffenden Staat dar, ihre Handelsverbindlichkeiten an ausländische Schuldner zurückzuzahlen. Damit besteht die Möglichkeit, auch für kleinere Staaten ohne ein Rating bzw. für Institute mit Sitz in solchen kleineren Staaten geringere Risikogewichte in Anspruch nehmen zu können, um diese Positionen nicht als „unbeurteilt" behandeln zu müssen (Abbildung 11-10).

<table>
<tr><th>Bonitätsstufe</th><th colspan="5">KSA-Risikogewicht</th></tr>
<tr><th></th><th>Zentral-regierungen</th><th>Institute</th><th colspan="2">Unternehmen</th><th>Investmentanteile</th></tr>
<tr><td>1</td><td>0 %</td><td>20 %</td><td colspan="2">20 %</td><td>20 %</td></tr>
<tr><td>2</td><td>20 %</td><td>50 %</td><td colspan="2">50 %</td><td>50 %</td></tr>
<tr><td>3</td><td>50 %</td><td rowspan="3">100 %</td><td colspan="2">100 %</td><td rowspan="2">100 %</td></tr>
<tr><td>4</td><td rowspan="2">100 %</td><td>100 %</td><td>150 %</td></tr>
<tr><td>5</td><td colspan="2" rowspan="2">150 %</td><td rowspan="2">150 %</td></tr>
<tr><td>6</td><td>150 %</td><td>150 %</td></tr>
</table>

Abb. 11-10: Bonitätsstufen und Risikogewichte der SolvV

Den einzelnen Bonitätsstufen ordnet die SolvV in Abhängigkeit von der jeweiligen Forderungsklasse **Risikogewichte** zu, wie hier am Beispiel der Forderungsklassen Zentralregierungen, Institute, Unternehmen und Investmentanteile dargestellt ist: Die Risikogewichte liegen zwischen 0% und 150%. Für Positionen der Forderungsklasse „Unternehmen" gilt in der Bonitätsstufe 4 ein Risikogewicht von 150%, wenn eine kurzfristige Bonitätsbeurteilung zugrunde liegt, ansonsten ein Risikogewicht von 100%.

Für „unbeurteilte" Positionen gibt die SolvV i.d.R. ein fixes Risikogewicht von 100% vor. Damit könnten unbeurteilte Positionen mit einem besseren Risikogewicht gewichtet werden als Forderungen, die einer schlechten Bonitätsklasse zugeordnet werden. Um ein sog. **Cherry-Picking** zu vermeiden, stellt die SolvV die Anforderung an die dauerhafte und einheitliche Verwendung der externen Bonitätsbeurteilungen, sofern diese vorhanden sind.

Die SolvV unterscheidet **15 Forderungsklassen**, wobei jede Adressausfallrisikoposition einer dieser Forderungsklassen zugeordnet werden muss (Abbildung 11-11). Positionen der Forderungsklasse **Mengengeschäft** dürfen unabhängig von einer Bonitätsbeurteilung mit einem fixen Risikogewicht von 75% (bislang im Grundsatz I generell 100%) versehen werden. Dies stellt besonders für die mittelständische Wirtschaft einen Vorteil dar, da unter die Forderungsklasse Mengengeschäft auch kleine und mittelgroße Unternehmen fallen. Der Gesamtforderungsbetrag ist jedoch auf 1 Mio. EUR beschränkt.

Forderungsklassen	Schuldner / Adressrisikopositionen
Zentralregierungen	Bundesrepublik Deutschland, Deutsche Bundesbank, ausländische Zentralregierung / Zentralnotenbank, EZB
Regionalregierungen und örtliche Gebietskörperschaften	Land, inländische Gemeinde, ausländische Regionalregierung / Gebietskörperschaft, Kirche
sonstige öffentliche Stellen	Verwaltungseinrichtung, Unternehmen ohne Erwerbscharakter
multilaterale Entwicklungsbanken	multilaterale Entwicklungsbank nach § 1 Abs. 27 KWG
internationale Organisationen	EG, IWF, BIZ
Institute	Institute (Inland, Sitz im EWR, Drittstaaten mit dem KWG vergleichbaren Aufsichtssystem), Wertpapier- oder Terminbörse
von Kreditinstituten emittierte gedeckte Schuldverschreibungen	gedeckte Schuldverschreibung nach § 20a KWG
Unternehmen	Unternehmen, natürliche Person, juristische Person, Gemeinschaft natürlicher Personen; keiner anderen Forderungsklasse zuzuordnen
Mengengeschäft	Natürliche Person, kleines / mittleres Unternehmen; Teil eines diversifizierten Portfolios; Gesamtbetrag max. 1 Mio. EUR
durch Immobilien besicherte Positionen	Realkredit (Wohn- und Gewerbeimmobilien), Bausparkassendarlehen
Investmentanteile	Anteil an Investmentvermögen, der von einer Kapitalanlagegesellschaft oder einer ausländischen Investmentgesellschaft ausgegeben wird
Beteiligungen	Beteiligungen
Verbriefungen	Verbriefungen
sonstige Positionen	Sachanlagen, Barrengold u.ä.
überfällige Positionen	Zahlungsanspruch (mind. 100 EUR) ist seit mehr als 90 aufeinanderfolgenden Kalendertagen überfällig

Abb. 11-11: Forderungsklassen gem. SolvV im Kreditrisiko-Standardansatz

Grundpfandrechtlich besicherte Wohnungsbaukredite werden ebenfalls mit einem fixen Risikogewicht von 35% (bisher 50%) begünstigt. Durch Grundpfandrechte an Gewerbeimmobilien besicherte Positionen können mit 50% angesetzt werden. An die Anwendung dieser Erleichterung knüpft die SolvV insbesondere folgende Voraussetzungen:

- Die Bemessungsgrundlage bei Wohnimmobilien darf 60% des Beleihungswertes nicht überschreiten; bei Gewerbeimmobilien darf die Bemessungsgrundlage 50% des Marktwertes bzw. 60% des Beleihungswertes nicht überschreiten. Liegt die Bemessungsgrundlage über den genannten Grenzen, dürfen für die darüber hinausgehenden Beträge die subventionierten fixen Risikogewichte nicht angewandt werden (**Realkreditsplitting**).
- Der Wert der Immobilie darf nicht erheblich von der Bonität des Schuldners abhängig sein.
- Den Anforderungen des § 20a Abs. 4 bis 8 KWG ist Rechnung zu tragen.
- Die Anforderungen zur Verwendung der Kreditrisikominderungstechniken müssen erfüllt werden.
- Die Zahlungsfähigkeit des Schuldners muss unabhängig von der Immobilie gesichert sein. Dies ist für im Inland belegene Gewerbeimmobilien dann der Fall, wenn die *BaFin* bekannt gibt, dass die sog. **Höchstverlustraten** für Adressausfallrisikopositionen nicht überschritten werden. Demnach dürfen die Verluste der innerhalb von 50% des Marktwertes bzw. 60% des Beleihungswertes gewerblich grundpfandrechtlich gesicherten Adressenausfallrisikopositionen max. 0,3% aller gewerblich grundpfandrechtlich gesicherten Forderungen ausmachen und die Verluste dürfen nur 0,5% aller gewerblichen grundpfandrechtlich gesicherten Forderungen ausmachen.

Beide Regelungen stellen eine Verbesserung insbesondere für kleinere und mittlere Banken dar, die ihren Schwerpunkt im Mengengeschäft haben.

4.4.2.4 Ermittlung der risikogewichteten Positionswerte im IRBA

4.4.2.4.1 Parameter der auf internen Ratings basierenden Ansätze

Für eine im Vergleich zum pauschalen Kreditrisikostandardansatz (KSA) **risikosensitivere Ermittlung** der regulatorischen Eigenkapitalanforderung für Adressenausfallrisiken können Banken **institutseigene Ratingverfahren (IRB-Ansatz; IRBA)** nutzen (zu Zulassungsvoraussetzungen sowie Mindestanforderungen hierfür siehe 0 und 0). Der entscheidende Unterschied zum KSA, in dem die Risikogewichte aufsichtlich vorgegeben werden, liegt darin, dass ein **Institut** die Bestimmungsgrößen für die Risikogewichte im IRBA selbst ermittelt. Je nach Komplexität des gewählten IRB-Ansatzes schätzen dabei die Institute die im Folgenden aufgeführten Parameter für den einzelnen Schuldner.

a) Ausfallwahrscheinlichkeit (PD)

Das Institut hat eine auf historischen Daten beruhende **Schätzung** der Wahrscheinlichkeit vorzunehmen, dass ein bestimmter Kreditnehmer innerhalb eines Jahres ausfällt. Ein **Ausfall** bedeutet nach § 125 SolvV, dass der Schuldner mit einem wesentlichen Teil der Zahlungsverpflichtung mehr als 90 Tage überfällig ist oder dass das Institut aufgrund konkreter Anhaltspunkte die freiwillige vollständige Erfüllung der Zahlungsverpflichtung des Schuldners als unwahrscheinlich erachtet. Die Ermittlung der **Ausfallwahrscheinlichkeit** (PD) beruht rein auf der Bonität eines Kunden und ist grundsätzlich getrennt von der einzelnen Kreditbeziehung zu sehen. Im IRB-Basisansatz ist dies die einzige, vom Institut selbst zu schätzende Größe. Außer bei Zentralregierungen muss ein Institut mindestens eine Ausfallwahrscheinlichkeit von 0,03% ansetzen.

b) Erwartete ausstehende Forderung bei Ausfall (EAD)

Der **Exposure at Default** (EAD) stellt den erwarteten Betrag dar, der zum Ausfallzeitpunkt dem Adressrisiko ausgesetzt ist. Er bestimmt sich durch die Art des Geschäftes und das Verhalten der Kreditnehmer vor Ausfall. Der EAD ergibt sich als Produkt aus **IRBA-Bemessungsgrundlage** und einem je Geschäftsart unterschiedlichen **IRBA-Kreditkonversionsfaktor** (CCF). Beim Basisansatz wird z.B. für Kreditlinien grundsätzlich ein CCF von 75% vorgegeben. Noch nicht in Anspruch genommene Kreditlinien, die von der Bank jederzeit gekündigt werden können oder bei denen eine automatische Kündigung aufgrund auftretender Bonitätsverschlechterung des Schuldners möglich ist, erhalten einen CCF von 0%. Im fortgeschrittenen IRB-Ansatz müssen Banken die Wahrscheinlichkeit von weiteren Kreditinanspruchnahmen bis zum und nach dem Zeitpunkt des Ausfalls berücksichtigen.

c) Verlustquote bei Ausfall (LGD)

Die Berechnung der **Loss Given Default (LGD)** als Verlustquote bei Ausfall stellt darauf ab, dass aufgrund der Besicherung oder sonstiger Rückflüsse bei Default nicht die gesamte Forderung ausfällt, sondern nur ein prozentualer Anteil. Im IRB-Basisansatz besitzen z.B. nachrangige unbesicherte Forderungen eine LGD von 75%. Für vorrangige unbesicherte Forderungen ist die LGD auf 45% reduziert. Sicherheiten können anteilig berücksichtigt werden und verringern insoweit die aufsichtliche LGD (§ 94 SolvV). Bei der institutsindividuellen Schätzung sind alle Effekte Rückflüsse, aber auch Beitreibungs- und Verwertungskosten, Zinsverluste und sonstige Kosten im Schadensfall genau zu quantifizieren.

d) Effektive Restlaufzeit (M)

Je länger die Restlaufzeit eines Kredites, desto größere Unsicherheit herrscht über die Bonitätsentwicklung des Kreditnehmers. Diesem Sachverhalt wird mit einer Laufzeitanpassung der Risikogewichtsfunktion im fortgeschrittenen Ansatz Rechnung getragen. Dabei werden in Abhängigkeit von der ermittelten PD und der effektiven Restlaufzeit M (=**Maturity**) des Einzelengagements Zuschläge berechnet.

4.4.2.4.2 Forderungsklassen im IRBA

Bei den auf internen Ratings basierenden Ansätzen sind verschiedene **Forderungsklassen** zur Unterteilung der Risikoaktiva vorgesehen (Abbildung 11-12).

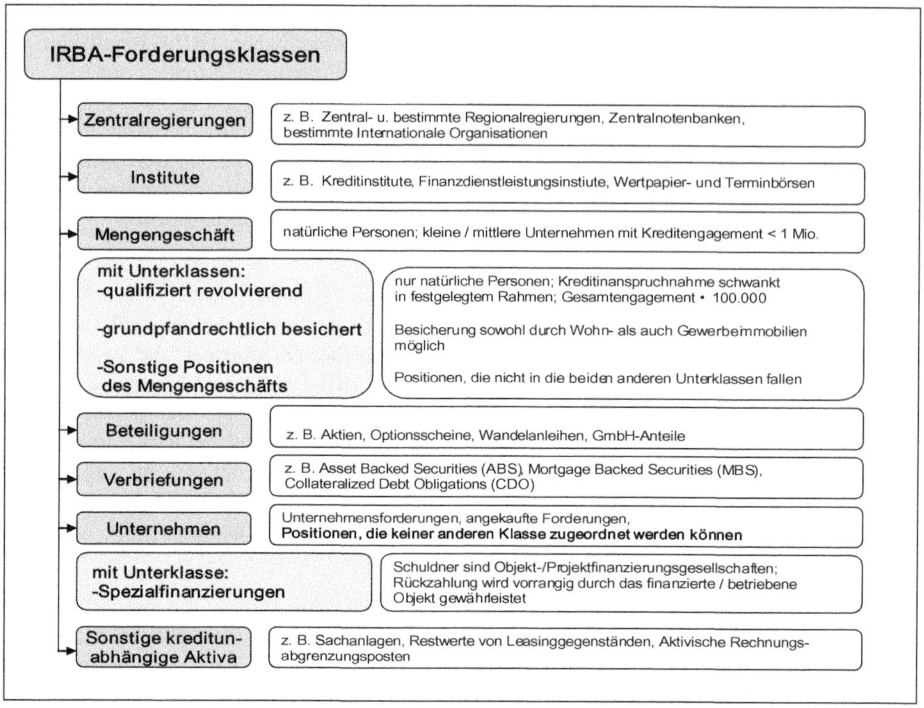

Abb. 11-12: IRBA-Forderungsklassen (gem. § 73 SolvV)

Die Institute verwenden für jede Forderungsklasse speziell entwickelte Ratingverfahren, die als Module im Zulassungsverfahren von der Bankenaufsicht abgenommen werden. So finden auch die Besonderheiten der jeweiligen Kundengruppen angemessen Berücksichtigung.

4.4.2.4.3 Details der Risikogewichtungsfunktionen im IRBA

Der konkreten Berechnung der Risikogewichte liegen aufsichtlich vorgegebene **Risikogewichtsfunktionen** zu Grunde, in die das Institut die ermittelten bzw. aufsichtlichen Risikoparameter (PD, LGD, M, CCF) einsetzt. Diese Risikogewichtsformeln lassen sich mit dem Konzept des **Value-at-Risk** in einem einfachen **Kreditrisikomodell (**Ein-Faktor-Modell**)** in Einklang bringen. Voraussetzung hierfür ist, dass die wirtschaftlichen Verhältnisse der Kreditnehmer nur von einem einzigen systematischen Risikofaktor (vorstellbar als Weltkonjunktur) bestimmt werden und dass das Kreditportfolio **granular** (=**feinkörnig**) ist, d.h. keinerlei Klumpenrisiken existieren. Die Adjustierung der Parameter dieser Risikogewichtsfunktionen (auch als **Kalibrierung** bezeichnet) und die Festlegung des Anwendungsbereichs (Differenzierung der Forderungsklassen) sind aber zumindest teilweise auch als Ergebnisse des politischen Verhandlungsprozesses im *Baseler Ausschuss* zu sehen. So kann die konkrete Ausgestaltung nicht in allen Bereichen ausschließlich ökonomisch begründet werden.

Die Berechnung der **risikogewichteten IRBA-Positionswerte** (RWA) erfolgt analog zum KSA durch Multiplikation des Risikogewichts für eine bestimmte Forderung mit dem Positionswert dieser Forderung (dies ist i. d. R. der Buchwert), wie in Abbildung 11-13 dargestellt.

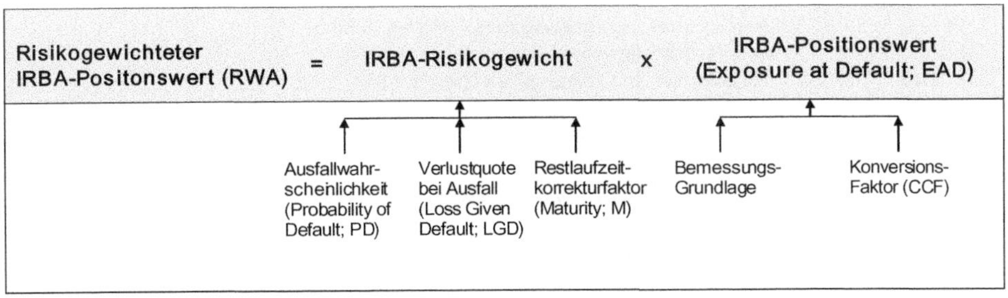

Abb. 11-13: Berechnung des risikogewichteten IRBA-Positionswertes (§ 55 SolvV)

Im **IRB-Basisansatz** wird bankintern nur die Ausfallwahrscheinlichkeit (PD) pro Ratingklasse für die Kreditnehmer geschätzt. Verlustquoten bei Ausfall (LGD) und Konversionsfaktoren (CCF) werden bankaufsichtlich vorgegeben. Dabei gehen die Art des Produkts sowie die gestellten Sicherheiten über die Forderungsklassen ein. Konversionsfaktoren sind lediglich bei außerbilanziellen Geschäften relevant. Sie sind notwendig um die Bemessungsgrundlage außerbilanzieller Geschäfte mit derjenigen von bilanziellen Geschäften vergleichbar zu machen, da bei außerbilanziellen Geschäften der Ansatz des Buchwertes nicht in jedem Fall sinnvoll wäre. Beispielsweise beträgt der aufsichtlich vorgegebene Konversionsfaktor für nicht in Anspruch genommene Kreditlinien (wenn diese unmittelbar kündbar sind) 0%. Die Restlaufzeit (M) der Forderungen an Unternehmen, Banken und Staaten ist grundsätzlich auf 2,5 Jahre festgesetzt.

Im **fortgeschrittenen IRB-Ansatz** dagegen schätzen die Kreditinstitute **alle** vier Risikoparameter (PD, LGD, CCF, M) selbst. Das Risikogewicht hängt bei Forderungen an Unternehmen, Banken und Staaten dann auch von der effektiven Restlaufzeit des Kredits ab. Für das **Mengengeschäft** gibt es nur einen Ansatz, der sich mit Ausnahme der Restlaufzeitkorrektur am fortgeschrittenen IRB-Ansatz orientiert. Die Eigenkapitalunterlegung erfolgt hierbei auf Risikopoolebene statt auf Basis der Einzelforderungen.

Ohne vertiefte Kenntnisse der Kreditportfolio-Risikomodellierung kann die nachfolgend beispielhaft dargestellte **Risikogewichtsformel RW** (PD) auch als bloße mathematische Regel gesehen werden, mit der die ermittelten bzw. aufsichtlich vorgegebenen Risikoparameter für jede Forderungsklasse in gewichtete Risikoaktiva und damit in Kapitalanforderungen umgerechnet werden (Abbildung 11-14).

Die in die Risikogewichtsformel eingehenden Parameter wie z.B. die Korrelation bezüglich des ökonomischen Faktors R oder der Anstiegskoeffizienten K variieren je nach Forderungsklasse bzw. Forderungsunterklasse. Dadurch ergeben sich unter ansonsten gleichen Bedingungen unterschiedlich hohe Risikogewichte. Beispielsweise ist das Risikogewicht für eine Forderung der Klasse „Mengengeschäft" ceteris paribus wesentlich geringer als für eine Forderung der Klasse „Unternehmen", was eine Begünstigung des Mengengeschäfts (und der ggf. darin enthaltenen kleineren Unternehmen des Mittelstands) zur Folge hat. Für Forderungen an kleine und mittlere Unternehmen, bei denen eine Zuordnung zum Mengengeschäft nicht mehr möglich ist, darf ein umsatzabhängiger Abschlag auf die Kapitalunterlegung gegenüber Krediten an Großunternehmen vorgenommen werden.

$$\mathbf{RW}(PD) = 12{,}5 \cdot SkalFakt \cdot \left(\mathrm{N}\left(\frac{\mathrm{N}^{-1}(PD) + \sqrt{\mathrm{R}(PD,\ldots)} \cdot \mathrm{N}^{-1}(0{,}999)}{\sqrt{1 - \mathrm{R}(PD,\ldots)}} \right) - PD \right) \cdot LGD \cdot \mathrm{RLZKorr}(M, PD^*)$$

Dabei bezeichnen

PD	die prognostizierte Ausfallwahrscheinlichkeit (§ 88 SolvV),
LGD	die prognostizierte Verlustquote bei Ausfall (§ 92 SolvV),
$SkalFakt$	den aufsichtlichen Skalierungsfaktor (derzeit 1,06),
N bzw. N^{-1}	die kumulative Verteilungsfunktion einer standardnormalverteilten Zufallsvariablen bzw. die hierzu inverse Funktion,
$\mathrm{RLZKorr}(M, PD^*)$	den Restlaufzeitanpassungsfaktor,
$\mathrm{R}(PD,\ldots)$	die Korrelationsfunktion bzgl. dem ökonomischen Faktor

wobei $$\mathrm{R}(PD,\ldots) = \frac{R_{\min}\left(1 - e^{-K \cdot PD}\right) + R_{\max}\left(1 - \left(1 - e^{-K \cdot PD}\right)\right)}{1 - e^{-K}} - AbschlagKMU$$

mit

$R_{\min}, R_{\max}$	Variablen der jeweiligen Forderungs(unter)klasse,
K	Anstiegskoeffizient (spezifisch je Forderungs(unter)klasse),
e^x	Exponentialfunktion mit der Eulerschen Zahl e als Basis,
$AbschlagKMU$	größenabhängiger Abschlag für kleine und mittlere Unternehmen

$\mathbf{RW}(PD)$

Abb. 11-14: Risikogewichtsformel

4.4.2.4.4 Zusammensetzung der Eigenkapitalanforderung für Adressrisiken beim IRBA

Der IRB-Ansatz basiert auf den Größen „erwarteter Verlust" und „unerwarteter Verlust" (zur Verlustverteilung eines Kreditportfolios siehe Abbildung 11-15). Bei der oben dargestellten Bestimmung der **risikogewichteten IRBA-Positionswerte** wird grundsätzlich nur auf den

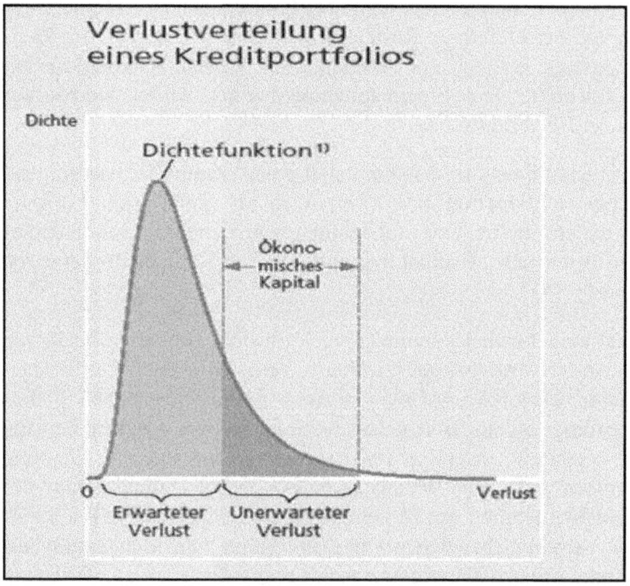

Abb. 11-15: Verlustverteilung eines Kreditportfolios. Quelle: *Deutsche Bundesbank*, MDB 1/2002

unerwarteten Verlust eines Instituts abgestellt. Der **erwartete Verlust** ist üblicherweise als mathematischer Erwartungswert der Verlustverteilung definiert. Der unerwartete Verlust stellt den Verlustbetrag dar, um den die zukünftigen (unsicheren) Verluste der Bank die erwarteten Verluste übersteigen. Üblicherweise wird der unerwartete Verlust mit einer gewissen Wahrscheinlichkeitsaussage verbunden bzw. mit Hilfe des **Value-at-Risk** (siehe dazu im Einzelnen 9.3.1.3.2.h) oder der Standardabweichung der Verlustverteilung beziffert.

Um die **gesamte Kapitalanforderung** für Adressrisiken zu ermitteln, muss ein Institut für alle Forderungen, die es dem IRB-Ansatz zuordnet, zum einen **risikogewichtete IRBA-Positionswerte** (risikogewichtete Aktiva, RWA) ermitteln und zum anderen für erwartete Verluste den sogenannten **Wertberichtigungsvergleich** (§ 105 SolvV) durchführen, der unten näher erläutert wird. Die risikogewichteten IRBA-Positionswerte werden für sämtliche Schuldner aufsummiert und ergeben zusammen mit den risikogewichteten KSA-Positionswerten die **risikogewichteten Aktiva** einer Bank. Der mit **Eigenkapital** zu **unterlegende** Gesamtanrechnungsbetrag für Adressrisiken beträgt **8%** der risikogewichteten Aktiva (Abbildung 11-16).

$$\text{Gesamtanrechnungsbetrag für Adressrisiken} = 8\% \times \left(\text{risikogewichtete IRBA-Positionswerte} + \text{risikogewichtete KSA-Positionswerte} \right)$$

Abb. 11-16: Berechnung des Gesamtanrechnungsbetrags für Adressrisiken (§ 8 SolvV)

Die erwarteten Verluste sind für die Banken an Hand von historischen Ausfalldaten kalkulierbar und sollten daher über die erwirtschafteten Margen sowie durch vorhandene **Risikovorsorge** abgedeckt sein. Ob dem so ist, muss ein Institut durch den in § 105 SolvV geregelten **Wertberichtigungsvergleich** feststellen. Ein Fehlbetrag würde jeweils zur Hälfte von Kern- und Ergänzungskapital abgezogen, während ein Wertberichtigungsüberschuss in gewissen Grenzen das Ergänzungskapital erhöht.

4.4.2.5 Zulassungsverfahren und Nutzungsvoraussetzungen zum IRBA

Seit dem 1. Januar 2007 können Institute bzw. Instituts- oder Finanzholdinggruppen ihre **Kreditrisiken** mittels eigener Ratingsysteme messen und darauf aufbauend ihre **regulatorischen Mindesteigenkapitalanforderungen** bestimmen. Für diesen auf internen Ratings basierenden Ansatz (IRBA) ist eine Zulassung durch die *BaFin* erforderlich. Bis zur Erteilung dieser Zulassung müssen Institute bzw. Instituts- oder Finanzholdinggruppen ihre aufsichtlichen Mindesteigenkapitalanforderungen weiterhin nach dem KSA berechnen.

4.4.2.5.1 Zulassungsverfahren zum IRBA

Das Zulassungsverfahren zum IRBA umfasst eine **Zulassungsprüfung** (Umsetzung des IRBA durch das Institut, Einhaltung der Umsetzungsphase) sowie eine **Eignungsprüfung** sämtlicher Ratingsysteme, für die eine IRBA-Zulassung angestrebt wird. Als **Unterlagen** für die Zulassungs- und Eignungsprüfung sind ein von der *BaFin* zu genehmigender Umsetzungsplan sowie Konkordanzlisten für jedes Ratingsystem und eine Dokumentation zu jeder Konkordanzliste einzureichen. **Konkordanzlisten** sind von der Aufsicht vorgegebene und vom Institut auszufüllende tabellarische Vordrucke, die überblicksmäßig darstellen sollen, wie die einzelnen Anforderungen der SolvV zu erfüllen sind. Eine institutsspezifische Dokumentation zur Konkordanzliste (Fachkonzepte, Arbeitsanweisungen und Richtlinien, u.ä.) soll eine detailliertere Beurteilung ermöglichen.

Den wichtigsten Bestandteil der Zulassungsunterlagen bildet der **Umsetzungsplan**. Dieser umfasst eine tabellarische Darstellung der Einzelportfolien und eine Beschreibung des Umsetzungsprozesses. Dadurch soll eine verbindliche Darstellung der bankinternen Implementierungszeitpunkte aller Ratingsysteme, für die eine IRBA-Zulassung angestrebt wird, vom Institut abgegeben werden. Um eine zügige Einführung des IRBA zu gewährleisten, ist die **Umsetzungsphase** durch aufsichtliche Vorgaben begrenzt. Nach Passieren der **Eintrittsschwelle** (§ 64 SolvV) ist innerhalb von zweieinhalb Jahren der bankaufsichtliche **Referenzpunkt** (§ 65 SolvV) zu erreichen und innerhalb von fünf Jahren die **Austrittsschwelle** für zeitlich unbeschränkte Ausnahmen vom IRBA (§ 66 SolvV). Zu diesen drei Schwellenwerten muss das Institut einen bestimmten Teil seines Portfolios durch den IRBA abgedeckt haben (Abb. 11-17).

$$\text{Portfolioabdeckungsgrad} = \frac{\text{Berücksichtigungsfähige IRBA-Positionen}}{\text{Berücksichtigungspflichtige IRBA- und KSA-Positionen}} \cdot 100$$

Abb. 11-17: Portfolioabdeckungsgrad

Für die **absoluten Positionswerte** (EAD) sowie für die risikogewichteten Positionswerte sind jeweils folgende Abdeckungsgrade zu erreichen:

- **Eintrittsschwelle:** 50%. Damit sich ein Institut für den IRBA qualifizieren kann, muss es für einen Mindestanteil seines Gesamtportfolios den angestrebten anspruchsvollsten Ansatz (Basis- oder fortgeschrittener Ansatz) anwenden.
- Bankaufsichtlicher **Referenzpunkt:** 80%.
- **Austrittsschwelle:** 92%. Die *BaFin* kann diesen Wert auf Antrag des Instituts und bei Vorliegen wichtiger Gründe absenken.

Grundsätzlich ist das **gesamte Portfolio** des Instituts (Neugeschäft und Bestandsgeschäft, das vor Implementierung des Ratingsystems begründet wurde) in den Abdeckungsgrad mit einzubeziehen. Als Erleichterung für das Erreichen der vorgenannten drei Schwellenwerte können gemäß § 67 Abs. 4 SolvV bestimmte Positionen bei der Ermittlung des Abdeckungsgrads ausgenommen werden, z.B. Beteilungen, Verbriefungspositionen und ohne zeitliche Beschränkungen ausgenommene Positionen (§ 70 SolvV). Nach erfolgreicher Prüfung aller Ratingsysteme und Erreichen der Austrittsschwelle erhält das Institut die **Zulassung** für den IRBA. Die Zulassung kann ggf. unter der Auflage erfolgen, festgestellte Mängel zu bereinigen.

4.4.2.5.2 Nutzungsvoraussetzungen zum IRBA

Nach erfolgter IRBA-Zulassung hat das Institut **dauerhaft** bestimmte Nutzungsvoraussetzungen (§ 56 SolvV) zu erfüllen, u.a.:

- Vollständige Erfassung des Neugeschäfts und des relevanten Bestandsgeschäfts,
- Einhaltung der Mindestanforderungen an die Nutzung des IRBA (siehe 4.4.2.6),
- Einhaltung der Offenlegungsanforderungen,
- Vorliegen historischer Daten für die Schätzung der Risikoparameter für den Beobachtungszeitraum gemäß Mindestanforderungen,
- Plausibilisierung der Schätzungen für einen angemessenen Zeitraum.

Kann das Institut diese Nutzungsvoraussetzungen nicht einhalten, so hat es entweder nachzuweisen, dass die Nichteinhaltung unwesentlich ist oder es muss einen **plausiblen Plan** vorlegen, wie diese zeitnah wieder eingehalten werden. Dieser Plan ist fristgerecht umzusetzen, andernfalls droht ein Widerruf der IRBA-Zulassung.

4.4.2.6 Überblick über die Mindestanforderungen an die Nutzung des IRBA

Institute müssen als Nutzungsvoraussetzung für den IRBA (siehe 4.4.2.5.2) dauerhaft bestimmte **Mindestanforderungen** (§ 106 bis 153 SolvV) erfüllen. Diese umfassen Vorgaben für die Validierung von Ratingsystemen, modellgesteuerte IRBA-Beteiligungsportfolien sowie die Unternehmensführung und Unternehmensaufsicht, insbesondere Anforderungen für Ratingsysteme und die Schätzung von Risikoparametern.

4.4.2.6.1 Ratingsysteme

Die **Mindestanforderungen** differenzieren je nach **Forderungsklasse**, der die zu ratenden Positionen zuzuordnen sind. Die Mindestanforderungen für die Forderungsklassen sind dabei Zentralregierungen umfangreicher als die für das Mengengeschäft (Abbildung 11-18).

Anforderung	Forderungsklasse: Zentralregierungen, Institute, Unternehmen und Beteiligungspositionen (nach der PD gesteuert)	Mengengeschäft
Mindestanzahl von Ratingstufen	Mindestens 7 Ratingstufen für ausgefallene und eine für nicht ausgefallene Schuldner	---
Im Rating zu berücksichtigende Merkmale	Schuldner- und geschäftsspezifische Merkmale	Schuldner- und geschäftsspezifische Merkmale und das Kriterium Zahlungsverzug (außer Nachweis, dass keine Relevanz)
Zuordnung zu Ratingstufen	Ratingeinstufung im Rahmen des Kreditprüfungsprozesses für jeden Schuldner (gleiche Ratingstufe für alle Geschäfte)	Ratingeinstufung im Rahmen des Kreditprüfungsprozesses / Zuordnung zu einem Risikopool für jedes Geschäft (ein Schuldner kann unterschiedlich geratete Geschäfte aufweisen)
Ratingüberprüfung	Mind. jährliche Überprüfung und ggf. Anpassung	Mindestens jährliche Überprüfung und ggf. Anpassung oder Überprüfung der Verlustmerkmale und des Verzugsstatus je Risikopool
Datenhistorie für PD-Schätzung	Bei eigener LGD-Schätzung: 5 Jahre bei erstmaliger Nutzung Keine eigene LGD-Schätzung: 2 Jahre bei erstmaliger Nutzung (sukzessive Verlängerung auf 5 Jahre)	2 Jahre bei erstmaliger Nutzung (sukzessive Verlängerung auf 5 Jahre)
Datenhistorie für LGD-Schätzung	5 Jahre bei erstmaliger Nutzung (sukzessive Verlängerung auf 7 Jahre)	2 Jahre bei erstmaliger Nutzung (sukzessive Verlängerung auf 5 Jahre)

Abb. 11-18: Mindestanforderungen an Forderungsklassen im IRBA

4.4.2.6.2 Risikoquantifizierung: Eigene Schätzungen von Risikoparametern

Für die **eigene Schätzung der Risikoparameter** PD, LGD und CCF ist festzulegen**, wann** ein Schuldner als ausgefallen gilt. § 125 SolvV definiert den **Ausfall eines Schuldners** bei Eintritt mindestens eines der nachfolgenden Ereignisse:

- Das Institut ist der Ansicht, dass es **unwahrscheinlich** ist, dass der Schuldner ohne Rückgriff des Instituts auf Maßnahmen wie Verwertung von ggf. vorhandenen Sicherheiten **vollständig** seine **Zahlungsverpflichtung** aus der **Kreditgewährung** erfüllt. Hinweise auf die Unwahrscheinlichkeit der Erfüllung der Zahlungsverpflichtung sind insbesondere **Insolvenz**, ein **Forderungsverkauf** durch das Institut, die Vornahme einer **Wertberichtigung** bzw. eine **Sanierungsumschuldung**.

- Der Schuldner ist mit einem **wesentlichen Teil** seiner Gesamtverpflichtung aus der Kreditgewährung über **mehr** als **90** aufeinander folgende **Kalendertage** überfällig. Die **Überfälligkeit** ist als **wesentlich** anzusehen, wenn die Gesamtschuld den mitgeteilten Gesamtrahmen um mehr als 2,5% überschreitet. Es gilt jedoch eine **Bagatellgrenze** von 100 EUR.

Für die **eigene Schätzung** von **PD**, **LGD** und **CCF** gelten übergreifend die in Abbildung 11-19 dargelegten Anforderungen.

Ermittlung und Datenkonsistenz	• Nachweis der Repräsentativität der Schätzungen für die Langzeiterfahrung • Schätzungen müssen auf allen wesentlichen Treibern für die jeweiligen Risikoparameter basieren (je weniger Daten, desto konservativere Schätzungen) • Aktuelle IRBA-Positionen müssen mit den bei der Schätzung verwendeten Daten vergleichbar sein
Sicherheitenspanne und Schätzfehler	• Die Sicherheitenspanne für Schätzungen muss in Relation zum erwarteten Bereich der Schätzfehler stehen • Daten, die vor Inkrafttreten der SolvV erhoben worden sind und die den Definitionen von Ausfall und Verlust nicht vollständig entsprechen, müssen angepasst werden
Pooldaten	• Ratingsysteme und Kriterien für die Risikoeinstufung müssen bei allen am Pool beteiligten Instituten ähnlich sein • Die von den Poolpartnern in den Pool eingebrachten Daten müssen im Zeitablauf konsistent für die eigenen Schätzungen verwendet werden

Abb. 11-19: Anforderungen bei eigener Schätzung von PD, LGD, und CCF

4.4.2.7 Verbriefungen

Als Verbriefung (**Asset Securitisation**) wird die Technik bezeichnet, den **Transfer** von **Kreditrisiken** auf Dritte vorzunehmen. Ursprünglich gebundene Aktiva (Buchforderungen) können durch eine Verbriefungstransaktion somit in handelbare Wertpapiere umgewandelt werden. Der **Originator** (Forderungsinhaber, z.B. eine Bank) überträgt ausgewählte Aktiva (Forderungspool) an eine speziell für diese Transaktion gegründete Zweckgesellschaft (**Special Purpose Vehicle SPV**). Die **Zweckgesellschaft** strukturiert die Kreditrisiken und gibt diese verbrieft in Form von Wertpapieren an Investoren weiter. Verbriefungen mit rechtswirksamer Übertragung der zugrunde liegenden Forderungen an die SPV werden als traditionelle Verbriefung bzw. als **true sale-Transaktion** bezeichnet. Bei **synthetischen Verbriefungen** verbleiben die Forderungen in der Bilanz der Bank und die Kreditrisiken werden mittels **Kreditderivate** an die SPV transferiert.

4.4.2.7.1 Anwendungsbereich der Verbriefungsregelungen der SolvV

Mit Einführung der SolvV wurden erstmals international harmonisierte Regelungen zur Eigenkapitalunterlegung von Verbriefungspositionen eingeführt. Voraussetzung für deren Anwendung ist allerdings die Beachtung diverser Anforderungen, z.B. die Aufteilung des verbrieften Portfolios in mindestens zwei Tranchen. Erfasst werden durch die SolvV sowohl traditionelle Verbriefungen als auch synthetische Strukturen. Für die Inanspruchnahme **regulatorischer Anrechnungserleichterungen** durch Originatoren ist zudem die Einhaltung von

Mindestanforderungen an einen wesentlichen und wirksamen **Risikotransfer** erforderlich. Ein wesentlicher Risikotransfer gilt als bewirkt, wenn die zurückbehaltenen Erstverlustpositionen mit 1.250% gewichtet bzw. vom Eigenkapital abgezogen werden. Zusätzlich kann der Originator noch bis zu 50% der mezzaninen Tranchen einer Transaktion halten. In allen anderen Fällen muss die Wesentlichkeit des Risikotransfers der *BaFin* nachgewiesen werden. Die Anforderungen an die Wirksamkeit eines Risikotransfers richten sich danach, ob eine Forderungsübertragung stattgefunden hat oder nicht. Für Positionen, die rechtlich übertragen wurden, braucht kein risikogewichteter Positionswert ermittelt werden. Bei Verbriefungspositionen ohne rechtliche Übertragung der Forderung wird ein **Substitutionsansatz** gewählt. Die ursprünglich ermittelten risikogewichteten Positionswerte werden „ausgeblendet". Für die gebildeten Verbriefungstranchen werden neue risikogewichtete Positionswerte ermittelt.

4.4.2.7.2 Kapitalunterlegung von Verbriefungspositionen

Bei der **Berechnung** der Kapitalanforderung für Verbriefungspositionen hat das Institut im Gegensatz zu den allgemeinen Ansätzen für die Unterlegung von Kreditrisiken kein **Methodenwahlrecht**. Maßgeblich für Verbriefungspositionen ist der jeweils im Institut gewählte Ansatz (KSA oder IRBA) für unverbriefte Forderungen derselben Forderungsklasse. Setzt eine Bank, die beispielsweise eine Verbriefungsposition aus Unternehmenskrediten hält, den IRB-Ansatz zur Berechnung der Kapitalunterlegung für nicht verbriefte Unternehmenskredite ein, hat das Institut zur Unterlegung der Verbriefungsposition ebenfalls den Rating-basierten Ansatz zu verwenden.

4.5 Mindestanforderungen an die Geschäftsorganisation (§ 25a KWG/MaRisk) – nationale Umsetzung der 2. Säule aus Basel II

4.5.1 Rechtliche Grundlagen

Neben den dargestellten Normen zur quantitativen Begrenzung bankgeschäftlicher Risiken gewinnen **qualitative Anforderungen** an die **Organisation** und **Steuerung** von Instituten immer mehr an Bedeutung. Beispielhaft für diesen Wandel hin zu einer eher präventiv agierenden deutschen Finanzaufsicht sind der § 25a Abs. 1 KWG und die daraus abgeleiteten **Mindestanforderungen an das Risikomanagement** (kurz: **MaRisk**; siehe dazu v.a. *Bauer*; *Füser/Weber*).

Nach § 25a Abs. 1 KWG müssen alle Institute über eine **ordnungsgemäße Geschäftsorganisation** verfügen, also u.a. über eine angemessene Geschäftsstrategie, die auch Risiken und Eigenmittel berücksichtigt, über angemessene interne Kontrollverfahren (Interne Revision), über angemessene Risikosteuerungs- und Reportingsysteme sowie über angemessene Vorkehrungen zum Schutz der eingesetzten IT und zur Abwehr von Geldwäsche und betrügerischen Handlungen. Für die Realisation einer ordnungsgemäßen Geschäftsorganisation ist die Geschäftsleitung verantwortlich. Die Grundidee dieser an sich selbstverständlichen Forderung besteht darin, dass nur in einem ordnungsgemäß organisierten Institut mit funktionierenden internen Steuerungs- und Kontrollmechanismen **Risiken bewusst eingegangenen** und **gesteuert** werden können. Gleichzeitig wird dadurch die Wahrscheinlichkeit der Entstehung zusätzlicher Risiken aufgrund fehlerhafter Arbeitsabläufe und mangelhafter Kontrollen reduziert bzw. minimiert. Zudem ist nur in Instituten, die ordnungsgemäß organisiert sind, die Beachtung und Umsetzung risikobegrenzender Vorgaben der Aufsicht gewährleistet.

Die Anforderungen des § 25a Abs. 1 KWG sind relativ allgemein gehalten. Daher hat die *BaFin* ihre Rechtsauffassung zum § 25a KWG auf untergesetzlicher Ebene zunächst durch die Veröffentlichung mehrerer spezifischer Mindestanforderungen konkretisiert, die jeweils auf einen Teilaspekt des Bankgeschäfts gerichtet waren. So wurden im Jahr 1995 die Mindestanforderungen an das Betreiben von Handelsgeschäften der Kreditinstitute (**MaH**) veröffentlicht, in 2000 bzw. 2002 folgten die Mindestanforderungen an die Ausgestaltung der internen Revision der Kreditinstitute (**MaIR**) sowie die Mindestanforderungen an das Kreditgeschäft der Kreditinstitute (**MaK**).

4.5.2 Beweggründe für die Einführung der MaRisk

Mit der Erst-Veröffentlichung der MaRisk am 20. Dezember 2005 durch die *BaFin* wurden alle bisherigen Mindestanforderungen sowie eine Vielzahl hierzu veröffentlichter Erläuterungsschreiben durch einen einheitlichen, konsistenten Anforderungskatalog auf Basis des § 25a Abs. 1 KWG ersetzt· Dabei konnten auch einige Schnittstellenprobleme, Wertungswidersprüche und Redundanzen bereinigt werden, die innerhalb der „alten" Mindestanforderungen aufgrund der sich fortentwickelnden Auslegungspraxis der Aufsicht entstanden waren. Erwähnenswert ist auch, dass die **Konsolidierung der Mindestanforderungen** die bis dahin geübte Aufsichtspraxis nicht verschärft hat. Damit tragen die MaRisk auch zur **Deregulierung** und erhöhter **Transparenz** im Aufsichtsrecht bei. Mittlerweile sind die MaRisk weiterentwickelt und die Neufassung am 15.12.2010 veröffentlicht worden.

Das entscheidende Motiv zur Schaffung der MaRisk war jedoch die notwendige Umsetzung wesentlicher qualitativer Elemente und Anforderungen des **Supervisory Review Process (SRP)** der zweiten Säule von Basel II und der entsprechenden Umsetzungsrichtlinien der EU in deutsches Recht. Die Einführung der MaRisk stellt daher das **qualitative** Pendant zu den quantitativen Vorgaben der SolvV und somit ein wichtiges Etappenziel auf dem Weg zur Umsetzung von Basel II dar.

Der SRP umfasst zwei **Kernelemente**, die in die MaRisk eingeflossen sind: Den Prozess zur Beurteilung der bankinternen Kapitaladäquanz (**Internal Capital Adequacy Assessment Process, ICAAP**) sowie den aufsichtlichen Überwachungs- und Beurteilungsprozess (**Superrisory Review and Evaluation Process, SREP**). Im Rahmen des ICAAP haben die Institute das ihnen als Risikodeckungspotential zur Verfügung stehende interne Kapital selbstverantwortlich zu ermitteln und es im Rahmen einer Risikotragfähigkeitsanalyse allen wesentlichen Risiken gegenüberzustellen. Dies setzt wiederum voraus, dass ein Institut **angemessene Verfahren** und **Prozesse** zur **Identifikation, Quantifizierung, Steuerung** der **Risiken** implementiert hat und ein angemessenes Berichtswesen existiert. Der Aufsicht wird durch die MaRisk die Aufgabe zugewiesen, ihrerseits den ICAAP der Institute im Rahmen des SREP zu beurteilen und bei Missständen gegebenenfalls Gegenmaßnahmen zu ergreifen. Hierbei können die MaRisk als Beurteilungsmaßstab herangezogen werden.

Grundsätzlich gilt sowohl im ICAAP als auch im SREP das Prinzip der **doppelten Proportionalität**: Sowohl die Konzeption der bankinternen Methoden zur Ermittlung und Steuerung der Risiken als auch deren Beurteilung durch die Aufsicht sollen in einem sinnvollen Verhältnis zu Größe und Risikoneigung eines Instituts stehen.

Schließlich wurden, um dem Anspruch der MaRisk als einem umfassenden Regelwerk zur Risikobeurteilung gerecht zu werden, **organisatorische Anforderungen** für **Risikokategorien** integriert, für die im deutschen Aufsichtsrecht bis dahin keine bzw. nur unzureichende qualitative Standards existierten. Dabei handelt es sich um das Zinsänderungsrisiko auf Gesamtbankebene, das Liquiditätsrisiko sowie die operationellen Risiken.

4.5.3 Konzeption der MaRisk

Die MaRisk sind modular aufgebaut (Abbildung 11-20) und geben den aufsichtlichen Rahmen für die Aufbau- und Ablauforganisation sowie die Ausgestaltung des Risikomanagements der Kreditinstitute in Deutschland vor. Sie gelten soweit sinnvoll auch für Finanzdienstleistungsunternehmen und fordern (im Gegensatz zu den bisherigen Mindestanforderungen) bei Instituts- und Finanzholdinggruppen sowie bei Finanzkonglomeraten auch eine Risikosteuerung auf Gruppenebene.

Dabei zwingen die MaRisk die Institute jedoch nicht in ein starres organisatorisches Korsett. Vielmehr weisen sie Leitliniencharakter auf. Zahlreiche **Öffnungsklauseln** und **Soll-Vorschriften**, die abhängig von Größe, Geschäftsschwerpunkten und Risikosituation eines Instituts genutzt werden können, ermöglichen nämlich jedem Institut eine Umsetzung der aufbau- und ablauforganisatorischen Anforderungen entsprechend seines individuellen Geschäftsumfangs. Ebenso werden keine konkreten Methoden für die Messung und Überwachung von Risiken vorgegeben. Auch wurden die MaRisk nicht „am grünen Tisch" entwickelt. Ihrer Veröffentlichung gingen vielmehr intensive Konsultationen mit den betroffenen Fachverbänden voraus, um sie als **Best Practices** des Finanzsektors möglichst einvernehmlich und praxisnah zu gestalten.

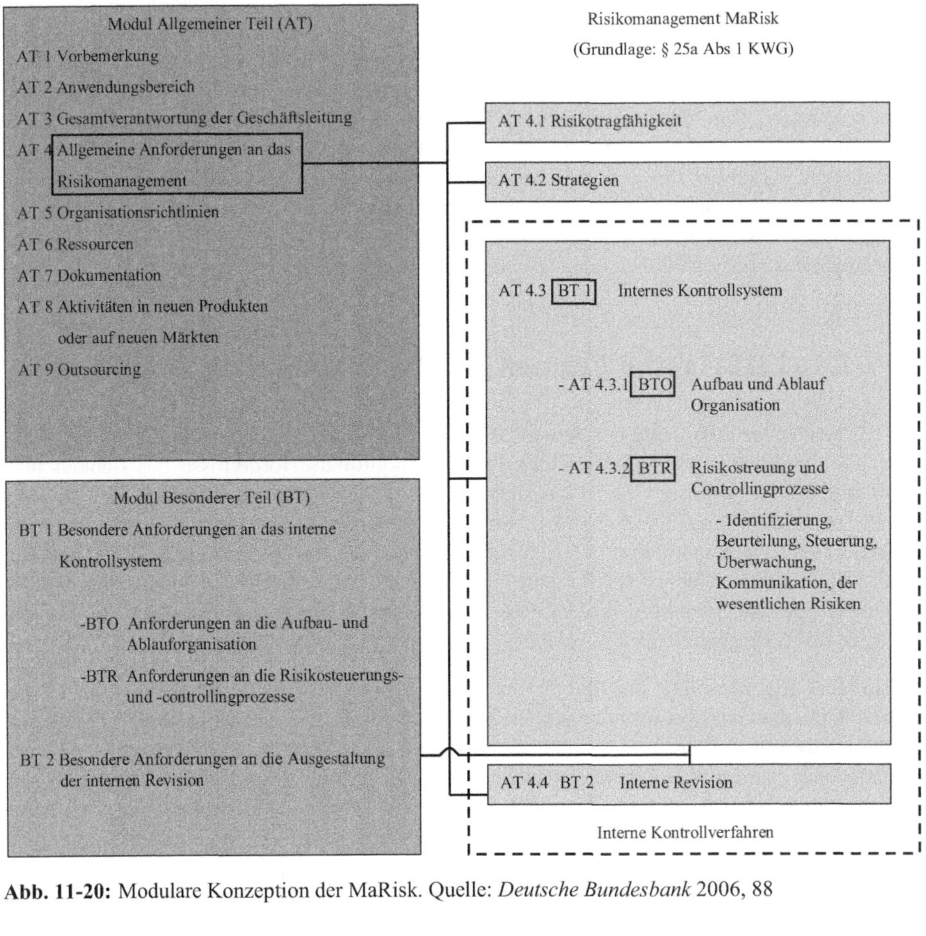

Abb. 11-20: Modulare Konzeption der MaRisk. Quelle: *Deutsche Bundesbank* 2006, 88

Die MaRisk berücksichtigen somit die **heterogene Struktur** des deutschen Bankwesens und gewährleisten, dass kleine Institute nicht durch einen „one size fits all"-Ansatz regulatorisch überfordert werden. Im Umkehrschluss können bei sehr großen bzw. risikofreudigen Instituten durch die Aufsichtsbehörden aber auch Anforderungen an Organisation und Risikomanagement gestellt werden, die über die veröffentlichten Mindestanforderungen hinaus gehen.

Im Vergleich zu den traditionellen quantitativen Vorgaben verlangt dieser neue Aufsichtsansatz den Instituten allerdings ein erhöhtes Maß an **Eigenverantwortung** ab. Die Geschäftsleitung muss nämlich innerhalb des durch die MaRisk gesteckten Rahmens selbstverantwortlich entscheiden, welche Organisation und welche Steuerungsprozesse sie für ihr eigenes Institut als ausreichend betrachtet. Aber auch die Aufsicht betrat hier Neuland: Sie muss im Gegenzug für jedes Institut beurteilen, ob die gewählten Strukturen und Prozesse mit den Vorgaben der MaRisk vereinbar und gemessen an seiner individuellen Risikosituation als angemessen angesehen werden können. Gleichzeitig darf die individuelle Prüfung nicht zur Ungleichbehandlung einzelner Institute führen.

Die Neufassung der MaRisk vom 15.12.2010 ändert an ihrer grundsätzlichen Ausrichtung nichts. Die „neuen" MaRisk sehen insbesondere vor, dass die Risikosteuerungs- und Risikocontrollingprozesse in eine gemeinsame Ertrags- und Risikosteuerung einzubinden sind. Darüber hinaus enthalten sie Aussagen zu Stresstests („normale" und „inverse" Stresstests), zum Problem der Risikokonzentration und Risikotragfähigkeit sowie zu einem neuen Modul BTR 3.2 zu Liquiditätspuffern kapitalmarktorientierter Institute. Letztere Neuerung ist den Erkenntnissen aus der Finanzkrise geschuldet, zumal gerade Institute, die sich in signifikantem Umfang über den Kapitalmarkt refinanziert haben, besonders anfällig auf Liquiditätsengpässe reagierten. Die Masse der Institute habe jedoch nach Auffassu8ng der *BaFin* diese Neuerung nicht zu beachten. Wesentliche Bedeutung wird auch dem Thema „Strategien" beigemessen, zumal die *BaFin* der Auffassung ist, dass eine strukturierte Auseinandersetzung mit der Festlegung strategischer Ziele und ihrer Umsetzung, Beurteilung und Anpassung zwingend sei. Insbesondere könnte eine Überprüfung des Zielerreichungsgrades und eine Ursachenanalyse der Zielabweichung wichtige Steuerimpulse liefern.

4.6 Basel III Capital Framework (Fortentwicklung von Basel II)

Am 12. September 2010 legte der *Baseler Ausschuss für Bankenregulierung* die neuen Richtlinien für die Eigenkapitalanforderungen und die Liquiditätserfordernisse der Banken fest. Diese erhielten die griffige Bezeichnung „Basel III". Das **Regelwerk Basel III** zieht Konsequenzen aus den Mängeln von Basel II und den Problemen der weltweiten Vernetzung von Banken in den Finanzmärkten durch Maßnahmen bezüglich des Eigenkapitals, der Liquidität, der Einführung einer Höchstverschuldungsquote („Schuldenbremse"), der weltweiten parallelen Umsetzung und Sonderregelungen für systemrelevante, international verflochtene Banken (siehe dazu v.a. *Hannoun*; *Zeitler*; *Schäfer*).

(1) **Höheres Eigenkapital**: Das **harte Kernkapital** (core tier 1/common equity) muss mindestens 4,5% der risikogewichteten Aktiva betragen (bisher 2%). Hinzu kommen 1,5% **sonstiges Kernkapital** (other tier 1) und zusätzlich ein **Kapitalerhaltungspuffer** von 2,5%, der ebenfalls aus hartem Kernkapital bestehen muss. Insgesamt steigt somit das **mindestens vorzuhaltende harte Kernkapital** von 4% auf **7%** (= 4,5% + 2,5%) und das **gesamte Mindest-Kernkapital** von 4% auf **8,5%** (= 4,5% hartes Kernkapital + 1,5% weiches Kernkapital + 2,5% Kapitalerhaltungspuffer). Unter Berücksichtigung des **Ergänzungskapitals** (tier 2) in Höhe von nunmehr **2%** (bisher 4%) wird daher künftig die **Mindestkapitalquote 10,5%**

betragen (bisher 8% nach Basel II). Zusätzlich ist für **systemrelevante Banken** noch die Forderung nach Ansatz eines **antizyklischen Kapitalpuffers** von 0 bis 2,5% harten Kernkapitals in der Diskussion, so dass die Mindestkapitalquote unter diesen Voraussetzungen bis zu **13%** betragen könnte. Die Entscheidung darüber fällt voraussichtlich Mitte 2011.

(2) **Härteres Kapital**: Dieser Aspekt bezieht sich auf die Definition des Kapitals. Als hartes Kernkapital (core tier 1) werden nur noch das von den Eigentümern eingezahlte (Gesellschafts-) Kapital und die Gewinnrücklagen anerkannt, die für den Verlustausgleich voll zur Verfügung stehen. Zur Härtung des Kapitals soll schließlich auch eine Korrektur der Risikogewichtung beitragen, die bei den großen Instituten (Gruppe1-Banken) insgesamt 34% ausmacht.

(3) Einführung der **neuen Kapitalquoten**: Da die Umsetzung der neuen Eigenkapitalvorschriften nach Schätzung der Baseler Aufseher einen Kapitalbedarf von rund 600 Mrd.EUR weltweit zur Folge haben werde, erfolgt deren Einführung nach einem gestaffelten **Zeitplan**: Das **harte Kernkapital** beginnt in 2013 mit 3,5% und steigt bis 2015 auf die Zielgröße von 4,5%. Der ebenfalls aus hartem Kernkapital vorzuhaltende **Kapitalpuffer** wird im Anschluss daran von 2016 bis 2019 in gleichen Schritten aufgebaut.

(4) **Capital Ratio:** Für das „firm-specific, risk-based framework" ist somit folgende Capital Ratio (CR) zu erfüllen:

$$CR = Capital\ /\ Risk\text{-}weigthed\ assets$$

(5) Schaffung einer **Verschuldungsgrenze** durch Einführung einer **Leverage Ratio**: Basel III ist nicht nur ein firm-specific risk-based framework im Sinne sog. mikroprudentieller Aufsicht, sondern stellt auch ein system-wide, risk-based framework zum Zwecke der makroprudentiellen Analyse dar, die insbesondere die Stabilität des gesamten Finanzsystems zu berücksichtigen hat. In Verfolgung des neuen makroprudentiellen Ansatzes ist die Leverage Ratio (LR) geeignet, auch Risiken aus dem außerbilanziellen Geschäft und dem Geschäft mit Derivaten zu begrenzen. Sie setzt das Kernkapital (core tier 1) in Beziehung zu den Bilanzaktiva plus dem Exposure aus den Off-Balance-Sheet-Geschäft und den Derivaten, also:

$$LR\ (\%) = [Bank's\ tier\ 1\ capital\ /\ (assets + off\text{-}balance\text{-}sheet\text{-}exposure\ and\ derivatives)] * 100$$

Die Beschlüsse des *Baseler Ausschusses* sehen die Einführung einer Leverage Ratio in Höhe von **maximal 3%** vor. Allerdings nicht sofort, sondern nach einer Beobachtungsperiode von 2013 bis 2017 (mit Veröffentlichung ab 2015). Im Jahr 2017 sollen dann die gesammelten Erfahrungen zu einer möglichen Anpassung führen, bevor die Höchstverschuldungsquote verbindlich festgelegt und in die Säule 1 von Basel II integriert wird.

(6) **Neue Liquiditätsstandards**: Die jüngste Banken- und Finanzmarktkrise hat deutlich gemacht, dass die Ausstattung mit ausreichendem Eigenkapital zwar wichtig, aber nicht allein entscheidend ist. Zur **Krisenprophylaxe** ist vielmehr auch darauf zu achten, dass die Banken eine ausreichende Liquiditätsvorsorge betreiben. Daher hat der *Baseler Ausschuss* bezüglich der **Liquiditätsvorsorge** am 19. Oktober 2010 wesentliche Entscheidungen durch Einführung zukünftig **weltweit geltender Liquiditätsstandards** getroffen, nämlich in Form der **Liquidity Coverage Ratio (LCR)** als einer 30-Tage-Kennziffer (**kurzfristige Stresstest-Kennziffer**) und der **Net Stable Funding Ratio (NSFR)** als einer **Strukturkennziffer** (1-Jahres-Kennziffer):

$$LCR = [Bestand\ an\ hochliquiden\ Aktiva\ /\ Nettozahlungsabgang\ unter\ Stress] > 100\%$$

Ab Januar 2015 müssen Banken auf der Basis der LCR einen Mindestbestand an hochliquiden Aktiva vorhalten, der den über einen Zeitraum von 30 Tagen auftretenden kumulierten Nettoabfluss von Zahlungsmitteln unter einem aktuellen Stressszenario abdeckt. Vor der endgültigen Einführung der LCR wird voraussichtlich im Jahr 2013 eine Überprüfung vorgenommen, um unerwünschte Nebenwirkungen, die während der Beobachtungsperiode auftreten, auszuschließen.

NSFR = [Bestand an stabilen Passiva / Erforderliche stabile Refinanzierung] > 100%

Die NSFR wird ab 2018 gelten und begrenzt die Möglichkeit der Banken zu extremen Fristentransformationen über den Geldmarkt (mit Ausnahme des langfristigen Kredits) und soll Finanzierungen nach dem Motto: „Aus kurz mach lang" ausschließen. Vor ihrer Einführung soll in 2016 eine Überprüfung auf unerwünschte Nebenwirkungen vorgenommen werden.

(7) **Weltweite Umsetzung der Regeln von Basel II**: Die G-20-Teilnehmer haben sich auf dem Gipfel von Pittsburgh darauf verständigt, die Basel II-Regeln bis spätestens Ende 2011 umzusetzen.

(8) **Sonderregelungen für systemrelevante Banken**: Ebenfalls auf dem G-20-Gipfel von Pittsburgh wurde die Entwicklung besonderer rechtlicher Instrumente und Aufsichtsregeln für systemrelevante Banken beschlossen. Der für die Festlegung systemrelevanter Banken zuständige *Financial Stability Board (FSB)* und der *Baseler Ausschuss* sollen dabei zusammenwirken.

4.7 Europäische Bankenaufsicht

Das Europäische Parlament hat am 22. September 2010 die Zustimmung für das Finanzaufsichtspaket gegeben, so dass ab Januar 2011 Banken, Wertpapiermärkte und Versicherungen einer grundlegenden neuen EU-Finanzaufsicht unterworfen sind.

Die *Europäische Bankaufsichtsbehörde* (*European Banking Authority; EBA*) mit Sitz in London ist mit der Kompetenz ausgestattet, Streitigkeiten zwischen den nationalen Finanzaufsichten zu schlichten. Bei Untätigkeit nationaler Aufsichten besteht ein direktes Durchgriffsrecht auf Institute, um Verstöße gegen EU-Recht zu verhindern. Im Tagesgeschäft koordiniert die *EBA* die Arbeit der nationalen Aufseher, insbesondere bei grenzüberschreitenden Instituten. Ferner hat die *EBA* das Recht, bestimmte Institute, bestimmte Finanzprodukte und bestimmte Finanzaktivitäten zu überprüfen und Risiken zu bewerten. Zum Finanzaufsichtspaket gehören auch die Errichtung der *Europäischen Wertpapier- und Börsenaufsichtsbehörde* (mit Sitz in Paris) und der *Europäischen Aufsichtsbehörde für das Versicherungswesen und die betriebliche Altersversorgung* (mit Sitz in Frankfurt/Main).

Zusätzlich erfolgt die Einrichtung eines *Europäischen Ausschuss für Systemrisiken; ESRB)*, der die Finanzmärkte beobachten und die Koordination der Aufsichtsbehörden sicherstellen soll. Dem ***ESRB*** als unabhängigem Gremium der *EU* obliegt somit die **makroprudentielle Überwachung** des Finanzsystems in der *EU*. Ion Wahrnehmung dieser Aufgabenstellung, soll er zur Abwendung und/oder Eindämmung **systemischer Risiken** für die Finanzstabilität in der Union beitragen, die aus Entwicklungen innerhalb des internationalen Finanzsystems erwachsen. Darüber hinaus soll der ESRB durch sein Mitwirken am reibungslosen Funktionieren des Binnenmarkts auch sicherstellen, dass der Finanzsektor einen nachhaltigen Beitrag zum Wirtschaftswachstum leistet. Den Vorsitz des ESRB wird gemäß den EU-Rechtsakten der Präsident der EZB innehaben.

Im Finanzaufsichtspaket ist auch vorgesehen, dass sowohl die Europäischen Finanzaufsichtsbehörden als auch der ESRB ihre Kompetenzen erweitern können, sofern künftige Entwicklungen dies erfordern sollten. Die EU-Kommission hat alle drei Jahre dem EU-Parlament zu berichten, ob es erstrebenswert sei, die drei örtlich getrennt agierenden Finanzaufsichtsbehörden an einem Standort zu konzentrieren, und ob ggf. die Aufsichtsbehörden mit weiteren Aufsichtsrechten auszustatten seien.

5 Realformen der Bankbetriebe in Deutschland

Zur allgemeinen Klassifikation der Realformen von Bankbetrieben und der Typisierung bestimmter Bankbetriebsformen stehen unabhängig von nationalen Entwicklungen und Besonderheiten grundsätzlich verschiedene **Kriterien** zur Wahl, die an den wesentlichen Sachverhalten anknüpfen (siehe dazu auch *Hahn* 1981):

- **Konstitutive Organisation:** Die Systematisierung der Bankbetriebe erfolgt unter dem Aspekt der **Rechtsform** und der Eigentumsverhältnisse **(Trägerschaft).**
- **Geschäftskreis:** Der Umfang des Leistungsprogramms ist für die Klassifizierung maßgebend. Dabei ist grundsätzlich zwischen den Idealtypen **Universalbank** und **Spezialbank** und den dabei auftretenden **Mischformen** (Tendenz zur Universalbank oder zur Spezialbank) zu unterscheiden.
- **Kundenkreis:** Grundsätzlich kann der Kundenkreis eines Bankbetriebes vorwiegend aus anderen **Banken** (Notenbank; Kreditbanken; Wertpapierbanken; bestimmte Kreditinstitute mit Sonderaufgaben) und/oder aus **Nichtbanken** (der Bankkundschaft im engeren Sinne) bestehen, wobei die Nachfrager nach **Zielgruppen** (Unternehmen, Haushalte, Staat) untergliedert und damit der Banktypus weiter differenziert werden kann.
- **Betriebsgröße:** Als Maßstäbe für die Klassifizierung in **Groß-**, **Mittel-**, **Klein-** und **Kleinstbanken** (Mikrobanken) kommen sowohl das Geschäftsvolumen oder der Bankumsatz (Globalgrößen), als auch das Volumen einzelner Bilanzpositionen (Kredite, Wertpapiere, Einlagen) in Betracht.
- **Betriebswirtschaftliche Zielsetzungen:** Dabei stehen die primär verfolgten Ziele von Bankbetrieben, die in der Regel von der konstitutiven Organisation vorgeprägt sind, im Vordergrund der Betrachtung. Dementsprechend lassen sich folgende Typen von Bankbetriebsformen klassifizieren:
  - **Erwerbswirtschaftlich** orientierte Bankbetriebe: Diese erstellen Leistungen, um einen möglichst hohen Gewinn oder eine hohe Wertschöpfung (Value based banks) möglichst nachhaltig zu erzielen. Zu dieser Gruppe zählen insbesondere die Kreditbanken.
  - **Gemeinwirtschaftlich** orientierte Bankbetriebe: Diese ordnen im Regelfall das Gewinnstreben dem gemeinnützigen und dem, die volkswirtschaftliche Bedarfsdeckung verfolgenden Zweck insofern unter, als nur ein Gewinn erzielt werden soll, der eine angemessene Eigenkapitalbildung (durch Innenfinanzierung) ermöglicht. Diesem Auftrag sind im Grundsatz insbesondere die Sparkassen und die sonstigen Bankbetriebe öffentlich-rechtlicher Organisation verpflichtet.
  - **Genossenschaftliche** Bankbetriebe: Im Vordergrund steht die Förderung der Mitglieder der Genossenschaft in der Weise, dass die Geschäftstätigkeit primär den Genossen zu Gute kommt und ein unter Berücksichtigung dieser Zielsetzung angemessener Gewinn erwirtschaftet wird.
- **Räumlicher Wirkungsbereich:** Dabei überschneiden sich Typologie und Topographie insofern, als zwischen Lokalbanken, Regionalbanken, überregional tätigen Banken sowie internationalen oder multinationalen Banken unterschieden wird.

Bankengruppe	Stand am Jahresende										
	1991			1992			2009				
										Nachrichtlich	
	Kredit-institute	Inländische Zweig-stellen	Inländ. Bank-stellen insgesamt	Kredit-institute	Inländische Zweig-stellen	Inländ. Bank-stellen insgesamt	Kredit-Institute	Inländische Zweig-stellen	Inländ. Bank-stellen insgesamt	Auslands-Zweig-stellen	Auslands-töchter
Kreditbanken	340	6675	7015	334	7303	7637	288	11496	11784	168	255
Großbanken	4	3423	3427	4	3553	3 557	4	8773	8777	118	269
Regionalbanken u. sonst. Kreditbanken	197	2903	31oo	197	3487	3684	177	2620	2797	67	31
Zweigstellen ausländischer Banken	59	37	96	56	39	95	107	103	210	-	-
Privatbankiers	80	312	392	77	224	301	-	-	-	-	-
Landesbanken	12	398	410	13	431	444	10	475	485	47	45
Sparkassen	734	19486	20220	717	19578	20295	431	13266	13967	2	2
Genossenschaftliche Zentral-banken	4	33	37	4	47	51	2	11	13	5	17
Kreditgenossenschaften	3147	18050	21197	2911	17828	20739	1160	12144	13304	5	2
Realkreditinstitute	35	70	105	34	258	292	18	65	83	14	13
Private Hypothekenbanken	28	60	88	29	245	274					
Öffentliche Grund-kreditanstalten	7	10	17	5	13	18					
Banken mit Sonderaufgaben							19	30	49	7	2
	16	101	117	17	144	161					

Bausparkassen	34	42	76	34	3 583	3617	24	1924	1948	5	2,,
Private Bausparkassen	21	41	62	21	2842	2863	14	1223	1237	6	-
Öffentliche Bausparkassen	13	1	14	13	741	754	10	714	711	-	-
In der Monatlichen Bilanzstatistik nicht erfasste Bankengruppen:	138	8	146	136	14	150	169	30	199	-	-
Bürgschaftsbanken und sonstige Banken. Kapitalanlagegesellschaften											
Wohnungsunternehmen mit Spareinrichtungen								-			
Nachrichtlich:											
Kreditinstitute im Mehrheitsbesitz											
ausländischer Kreditinstitute	88	479	567	89	500	589	48	1435	1483		
ausländischer Nichtbanken	38	49	87	41	539	580	47	161	208		
Insgesamt	4460	44863	49323	4200	49186	53386	2121	39441	41562	253	338

Tab. 3: Bankengruppen und Bankstellen 1991–2009 (Quelle: *Deutsche Bundesbank* MDB 12/1993, 55*; Bankenstatistik 3/2011,104)

- **Historische Entwicklung:** Die Klassifizierung folgt den historischen Ursprüngen und Ursachen der Entstehung von Bankbetrieben und der darauf folgenden Entwicklung. In diesem Sinne lassen sich auch im deutschen Bankwesen verschiedene historische Entstehungsursachen und Entwicklungsphasen zu den heute anzutreffenden Realformen verfolgen: Die Entstehung der Aktienbanken nach dem Vorbild des französischen Credit Mobilier als Reaktion auf die von den ursprünglichen Privatbankiersfirmen traditioneller Art nicht mehr zu befriedigenden Kapitalbedürfnisse der industriellen Entwicklung ab 1848 (A. Schaaffhausen'scher Bankverein, Köln), insbesondere im Gefolge der Aktienrechtsnovelle von 1870 in Preußen (Gründung der Deutschen Bank sowie der Commerz- und Diskonto-Bank, 1870). Die Gründung von Sparkassen als Selbsthilfeeinrichtungen lässt sich ab 1778 (Hamburg) verfolgen und tritt ab 1838 mit Erlass des preußischen Sparkassenreglements verstärkt in Erscheinung. Auf dieselben Ursachen ist die Entstehung der Kreditgenossenschaften als Einrichtungen der Selbsthilfe des Handwerks und der Landwirtschaft ab 1850 zurückzuführen, der dann die gesetzlichen Regelungen von 1867 (Preußen) und 1871 bzw. 1889 (Reichsgesetzgebung) folgten. Schließlich datiert die Entstehung von Hypothekenbanken als einer weiteren gewichtigen Gruppe von Bankbetrieben auf das Jahr 1862 (Frankfurt am Main).

5.1 Kreditbanken

Charakteristikum der Kreditbanken ist die **privatrechtliche** Konstruktion. Auf dieser Grundlage eröffnet sich bei der Klassifizierung ein breites Spektrum von Bankbetrieben. Dieses reicht von Banken in der Rechtsform des Einzelkaufmanns (die weiter betrieben werden können, wenn sie bei Inkrafttreten der KWG-Novelle zum 1.5.1976 bereits bestanden haben), über Bankbetriebe in den Rechtsformen der Personengesellschaften OHG und KG (deren Inhaber ebenfalls als **Privatbankiers** bezeichnet werden) bis zu den Rechtsformen der Kapitalgesellschaften: GmbH, KGaA und AG. Insbesondere nutzen Großbankbetriebe die Rechtsform der Aktiengesellschaft und unterhalten auf dieser Basis bundesweite Zweigstellennetze. Diese breite Gruppe von Realformen der Kreditbanken unterscheidet sich insgesamt nicht nur hinsichtlich ihrer Betriebsgrößen, sondern vor allem auch hinsichtlich des Umfanges ihrer Geschäftstätigkeit und des Gewichts einzelner Leistungsbereiche (Leistungsprogramme).

Größenordnungsmäßig sind neben den **Filialgroßbanken** (*Deutsche Bank AG, Commerzbank AG, HypoVereinsbank AG*) die **Regionalbanken** (z.B. *National-Bank AG, Berliner Handels- und Frankfurter Bank KGaA*) zu nennen, wobei festzustellen ist, dass die Differenzierung in die genannten Bankgruppen immer stärker an Bedeutung verliert, seitdem auch die privaten Regionalbanken eine bundesweite Präsenz und Ausdehnung durch Filialen und Niederlassungen anstreben.

Beruht die Bezeichnung Regionalbank oder Lokalbank auf der räumlichen Präsenz als Unterscheidungskriterium, so weisen die Bezeichnungen **Teilzahlungsbanken** u.ä. auf Schwerpunkte der Geschäftstätigkeit als Klassifizierungskriterium für Kreditbanken hin. Der Gruppe der Kreditbanken werden auch die **Zweigstellen ausländischer Banken** und die in **Mehrheitsbesitz ausländischer Banken** stehenden Kreditinstitute zugerechnet.

Bei den Großbanken hat sich 1998 eine erhebliche Veränderung insofern ergeben, als sich ihr Kreis von ursprünglich drei Großbanken (*Deutsche Bank, Dresdner Bank, Commerzbank*) durch die in diesem Jahr erfolgte Fusion von *Bayer. Hypotheken- und Wechselbank* mit der *Bayer. Vereinsbank* zur *Bayerischen Hypotheken- und Vereinsbank AG (HypoVereinsbank)* auf **vier Großbanken** erweitert hat. Ab dem Jahr 2001 befand sich die *Dresdner Bank* im 100%-

igen Eigentum des Versicherungskonzerns *Allianz* und 2005 wurde die *HypoVereinsbank* vom italienischen Finanzinstitut *Unicredit S.p.A.* im Rahmen einer europäischen Fusion übernommen. Demzufolge waren ab 2001 von den vier deutschen privaten Großbanken nur noch die beiden größten (*Deutsche Bank* und *Commerzbank*) eigenständig und börsennotiert, während die dritt- und viertgrößte Großbank, nämlich die *Dresdner Bank* und die *HypoVereinsbank* (letztere nach Abgabe von Geschäftsbereichen an die Konzernmutter), zwar rechtlich selbständig geblieben sind, im Grundsatz aber wegen des 100%-Besitzes durch die Konzernmütter nur noch Geschäftsfelder im Rahmen des *Allianz-Konzerns* und des *Unicredit* darstellten und von der Börse genommen („delistet") worden sind. Einen Bilanzvergleich der Großbanken für das Jahr 2007 zeigt Tabelle 4.

Tab. 4: Bilanzvergleich der vier deutschen Großbanken (2007). Quellen: *Thomson Datastream; Planet Retail; Süddeutsche Zeitung*

	Bilanzsumme (Mio. €)	Beschäftigte	Börsenwert (Mio. €)
Deutsche Bank	2 020 349	78 291	46 956
Commerzbank	616 474	36 767	17 277
Dresdner Bank	500 209	31 198	delistet
HypoVereinsbank	422 129	24 784	delistet

Eine weitere einschneidende Veränderung in Richtung auf eine Konzentration der Großbanken brachte das Jahr 2008, als sich die *Allianz AG* wiederum von ihrem Ausflug in das Allfinanzgeschäft verabschiedete und die *Dresdner Bank* an die *Commerzbank* verkaufte. Durch die Fusion der *Dresdner Bank* auf die *Commerzbank*, die 2009 wirksam wurde, entstand einerseits die zweitgrößte private Geschäftsbank vor der *HypoVereinsbank*, andererseits verringerte sich die Zahl der eigenständigen und gelisteten deutschen Großbanken dementsprechend auf nur noch zwei Institute (*Deutsche Bank* und *Commerzbank*).

Unter dem Eindruck sinkender Ertragsspannen und geänderter Kundenbedürfnisse waren die Kreditbanken bereits in den 1990-er Jahren zunehmend dazu übergegangen, Spezialbanken unter der Bezeichnung **Direktbanken** zur ausschließlichen Abwicklung von Anlageleistungen nach dem Vorbild der amerikanischen **Discount-Broker** zu gründen. Als erste derartige Bank rief die *Bayerische Hypotheken- und Wechsel-Bank*, München, die *Direkt-Anlage-Bank* (*DAB*) ins Leben, über die unter Verzicht auf Beratungsleistung relativ preisgünstig Kundenaufträge in Wertpapieren ausgeführt wurden. Als Kommunikationsmittel dienten anfänglich entsprechend des Standes der technischen Entwicklung Telefon und Telefax, in der Folge setzte sich jedoch der Zugang zu diesen Banken über das Internet immer stärker durch. Die Nutzung dieser neuen und rund um die Uhr verfügbaren Kommunikationsmittel bewirkt, dass diese Spezialbanken nicht an teure Standorte in Ballungsgebieten gebunden sind, sondern vielmehr in strukturschwachen Gebieten **Call-Center** eingerichtet werden können, über die zu günstigen Arbeitskosten die Geschäftsabwicklung erfolgt. An die Stelle der ursprünglich dominierenden **personalen Netze** der Filialbanken treten nunmehr immer stärker ergänzende bzw. ersetzende **technische Netze**, die eine Standortwahl außerhalb der Ballungsgebiete oder Finanzzentren ermöglicht. Insofern erweist sich eine **Direktbank** als ein Kreditinstitut, das direkt über das Internet oder per Telefon, Telefax oder per Brief eine begrenzte Zahl von Standardprodukten an die Kunden verkauft, kein personenbetriebenes Filialnetz benötigt und daher erheblich Kosten spart.

5.2 Sparkassen und Landesbanken

Sparkassen werden überwiegend als öffentlich-rechtliche Sparkassen (Anstalten des öffentlichen Rechts), in geringer Zahl auch als sog. freie Sparkassen in privatrechtlicher Form (BGB-Gesellschaft) betrieben. Beide Sparkassentypen haben unabhängig davon grundsätzlich Universalbankcharakter.

Die Rechtsverhältnisse der öffentlich-rechtlichen Sparkassen werden nach Landesrecht durch (länderspezifische) Sparkassengesetze geregelt. Die Ausführungsbestimmungen enthalten dazu ergänzende Sparkassenverordnungen (mit Regelungen zur Organisation und zum Geschäftsbetrieb der Sparkassen).

- Regelmäßig sind folgende Grundzüge in den Sparkassengesetzen der Länder verankert:
- Die Errichtung von Sparkassen als Anstalten des öffentlichen Rechts bleibt Gemeinden, Landkreisen oder kommunalen Zweckverbänden vorbehalten.
- Die Aufgaben der Sparkassen bestehen im allgemeinen darin,
  - der Bevölkerung Gelegenheit zur sicheren und verzinslichen Anlage von Geldern zu geben,
  - die örtlichen Kreditbedürfnisse zu befriedigen,
  - den Sparsinn der Bevölkerung zu pflegen, und den bargeldlosen Zahlungsverkehr in jeder Weise zu fördern.
- Sparkassen sind geeignet zur Anlage von Mündelgeldern.
- Die Körperschaft, welche die Sparkasse errichtet, wird als **Gewährträger** bezeichnet. Dieser haftet unbeschränkt für die Verbindlichkeiten der Sparkasse.
- Organe der Sparkasse sind der Verwaltungsrat und der Vorstand. Die Funktion des **Verwaltungsrates** ähnelt zwar derjenigen des Aufsichtsrates einer AG, geht aber über dessen Aufgabenstellung insofern hinaus, als Entscheidungen von grundsätzlicher Bedeutung dem Verwaltungsrat vorbehalten bleiben, soweit der Vorstand nicht selbständig entscheidungsbefugt ist oder bestimmte Zuständigkeiten auf einen Ausschuss oder den Vorstand delegiert sind. Der Verwaltungsrat überwacht die Geschäftsführung des Vorstandes und erlässt Satzungen, Richtlinien und Anweisungen für die Geschäftsführung durch den Vorstand.
- Die laufenden Geschäfte führt der **Vorstand,** dessen Entscheidungskompetenz im Einzelfall durch eine vorgegebene monetäre Obergrenze festgelegt ist.
- Verwaltungsrat und Vorstand sind öffentliche Behörden.
- Großen Raum nehmen die Regelungen zur Zusammensetzung, zur Mitgliedschaft und zum Vorsitz des Verwaltungsrates ein: Die Mitglieder des Verwaltungsrates werden i.d.R. zu 2/3 vom Gewährträger und zu 1/3 von der Aufsichtsbehörde berufen. Die Zusammensetzung ist einerseits vom jeweiligen Landesgesetz vorgeschrieben (Vorsitzender und Vorstand, bzw. Vorsitzender des Vorstandes), andererseits von der Satzung abhängig (z.B. drei oder sechs weitere Mitglieder).
- Die individuellen Verhältnisse der jeweiligen Sparkasse sind durch eine **Satzung**, die der Gewährträger erlässt, zu regeln.
- Die Sparkassen unterliegen neben der Aufsicht nach dem KWG zusätzlich einer staatli chen Aufsicht (**Sonderaufsicht**) durch das zuständige Landesministerium (i.d.R. durch das Innenministerium des betreffenden Landes).
- Die Gewährträger der Sparkassen und die Sparkassen bilden zur gemeinsamen Förderung des Sparwesens einen Verband (**Sparkassen- und Giroverband**) als Körperschaft des öffentlichen Rechts.

- Regionale Zentralbanken der Sparkassen sind die Landesbanken, die in der Regel aus den früheren Girozentralen hervorgegangen sind. Als Rechtsform kommen die Körperschaft oder die Anstalt des öffentlichen Rechts oder die Aktiengesellschaft in Betracht.
- Die Gewährträgerschaft einer Sparkasse kann durch schriftliche Vereinbarung aufeinen Sparkassen- und Giroverband übertragen werden. In diesem Fall wird dieSparkasse zu einer sog. **Verbandssparkasse**. In Zusammenhang mit der Privatisierung der WestLB wird auch das Modell einer **Verbundsparkasse** diskutiert, die von Sparkassenverband und Sparkassen gemeinsam getragen wird.

Die **Sparkassenordnungen** enthalten in Ergänzung zum jeweiligen Sparkassengesetz darüber hinaus insbesondere Regelungen zu folgenden sparkassenrechtlichen Sachverhalten:

- Zum Geschäftsbezirk der Sparkasse, in dem sie in örtlicher Zuständigkeit tätig werden darf;
- zu den zulässigen Passiv- und Aktivgeschäfte der Sparkasse;
- zu den zulässigen Dienstleistungsgeschäfte der Sparkasse, und
- zur Verwaltung der Sparkasse.

Charakteristisch für den Sparkassensektor ist dessen **dreistufiger Aufbau** mit den Ebenen der Sparkassen, den Landesbanken (Girozentralen) auf Landesebene als regionaler Spitzeninstitute und der *DekaBank Deutsche Girozentrale* (mit Sitzen in Frankfurt/Main und Berlin) als Zentralinstitut auf Bundesebene (Abbildung 12). Die *DekaBank* entstand 1999 aus dem Zusammenschluss der *Deutschen Girozentrale/Deutsche Kommunalbank* und der *DekaBank GmbH.* Zum Sparkassensektor zählen drüber hinaus Landesbausparkassen.

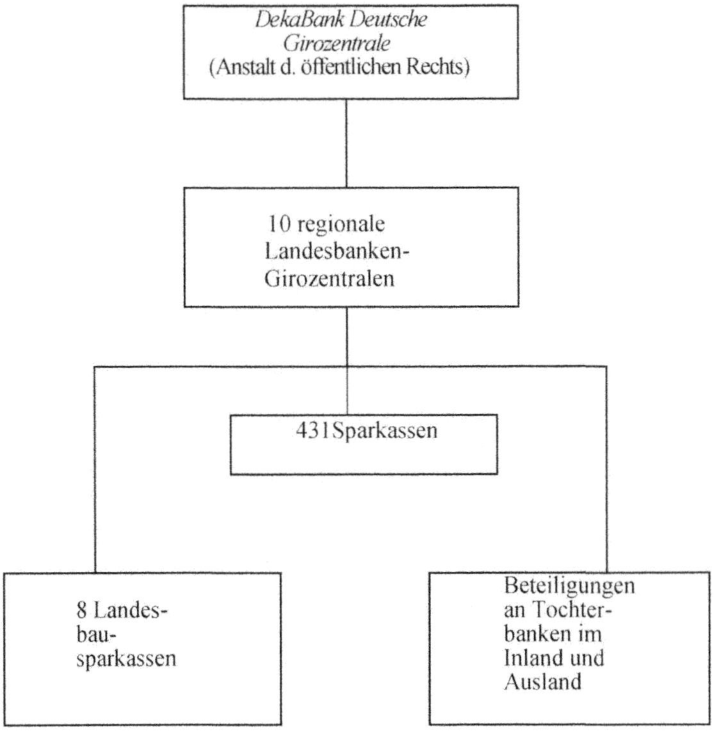

Abb. 12: Aufbau der Sparkassenorganisation (Stand 2009)

Die Zuständigkeiten der **Landesbanken** sind wie folgt geregelt: *HSH Nordbank AG* für Schleswig-Holstein und Hamburg (Sitz: Hamburg), *Bremer Landesbank* (Sitz: Bremen; 92,5% *NordLB*, 7,5% Bremen); *NordLB* (Sitz: Hannover) für Niedersachsen, Sachsen-Anhalt und Mecklenburg-Vorpommern; *Landesbank Berlin AG* (Sitz: Berlin) für Berlin und Brandenburg; *WestLB* (Sitz: Düsseldorf) für Nordrhein-Westfalen; *Landesbank Hessen-Thüringen* (Sitz: Frankfurt/Main) für Hessen und Thüringen; *SaarLB* (Sitz: Saarbrücken) für das Saarland (75,1% *BayernLB*); *Landesbank Baden-Württemberg* (*LBBW*) mit Sitz in Stuttgart für Baden-Württemberg und *Bayern LB* (Sitz: München) für Bayern. Die *SachsenLB* firmiert nach Verkauf an die *LBBW* seit dem 1.4.2008 als (unselbständige) *Sachsen Bank,* mit den Schwerpunkten als Mittelstandsbank und Bank für vermögende Privatkundschaft. Die Zentralbankfunktion für Sparkassen in Sachsen erfüllt die *LBBW*-Niederlassung in Leipzig. Analoges gilt für die *Landesbank Rheinland-Pfalz* (Sitz: Mainz), die seit 2005 als 100%-ige Tochter der *LBBW* geführt und zum 1.7.2008 als Niederlassung in die *LBBW* integriert worden ist.

An **Realformen** im Sparkassenbereich ist zwischen Großstadtsparkassen, den übrigen Stadtsparkassen, den Kreis- und Bezirkssparkassen, den Gemeinde-, Amts-, Markt-sparkassen und den sonstigen Sparkassen mit öffentlicher Gewährträgerschaft sowie den zuvor genannten freien Sparkassen zu unterscheiden.

Sparkassen unterliegen bei Wahrnehmung bestimmter Aktivgeschäfte dem **Regionalprinzip**: Im Regelfall ist ihre räumlichen Zuständigkeit auf den zugewiesenen Geschäftsbezirk begrenzt. Dieser ist deckungsgleich mit dem Gebiet des Gewährträgers. Im Geschäftsbezirk ist die Errichtung von Zweigstellen unterschiedlichster Größenordnungen einschließlich des Einsatzes von mobilen Zweigstellen zulässig. Abweichungen vom Regionalprinzip hinsichtlich Errichtung von Zweigstellen, Ausleihbezirk und Sparkassengeschäft lassen die Sparkassengesetze zum Teil zu. So ist es insbesondere möglich, durch Satzung den Geschäftsbereich auf sogenannte **Übergreifungsgebiete** auszudehnen. Die Annahme von Einlagen entzieht sich ohnehin jeglicher vernünftiger Begrenzungsregelung, aber auch Kreditgeschäfte werden häufig ohne formale Ermächtigung über die Grenzen des Gewährträgergebiets abgewickelt. Für Kommunalkredite fehlt teilweise eine Begrenzungsregelung völlig oder ist insofern eingeschränkt, als Kommunalkredite an das Bundesland und den Bund gewährt werden dürfen bzw. innerhalb des Bundeslandes möglich sind.

Der gestufte Aufbau des Sparkassensektors ist insbesondere von liquiditäts-, zahlungsverkehrs- und sicherheitspolitischer Bedeutung für den einzelnen Sparkassenbankbetrieb: Der **Liquiditätsausgleich** bei Spitzenbelastungen und die Mitwirkung an der (Groß-)Kreditvergabe wird durch Einschaltung der Landesbanken auf regionaler Ebene im Sinne eines „internen Geldmarktes" erreicht (siehe im einzelnen *Wittgen/ Eilenberger* 1984, 38 ff.). Dieser Sachverhalt tangiert gleichzeitig auch den **sicherheitspolitischen Aspekt,** da in Gefährdungssituationen gleichfalls auf die Möglichkeiten des Ausgleichs im Gesamtsystem zurückgegriffen werden kann. Von wesentlicher geschäftspolitischer Bedeutung ist jedoch die Existenz eines bundesweiten leistungsfähigen Gironetzes zur Abwicklung des Zahlungsverkehrs, das dazu beiträgt, sowohl Finanzmittel weitestgehend im eigenen System zu halten, als auch Finanzmittel von außen an das System zu binden und dadurch **Rentabilitätsvorteile** zu erreichen sowie notwendige Zusatzgeschäfte zu akquirieren (Zubringerfunktion der Zahlungsabwicklung). Im Bereich der **Kapitalmarktanlagen** erweist sich das Spitzeninstitut des Sparkassensektors *DekaBank-Deutsche Girozentrale* als leistungsfähige zentrale Investmentgesellschaft, die im deutschen Fondsgeschäft nach der *DWS*, der Investmenttochter der *Deutschen Bank* den zweiten Rang einnimmt.

Einer Ausdehnung der Geschäftstätigkeit im Kreditbereich wirkt neben der Beschränkung auf den Geschäftsbezirk allerdings die Tatsache entgegen, dass Sparkassen hinsichtlich ihrer

Eigenkapitalausstattung nicht auf eine gesonderte Eigenkapitalzufuhr durch den Gewährträger zurückgreifen können. Vielmehr sind sie bezüglich ihrer Ausstattung mit Kernkapital auf die Dotierung ihrer Rücklagen aus eigenen Mitteln angewiesen, d.h. auf die Zuweisungen von Gewinnen an die Rücklagen. Insofern können Sparkassen daher gezwungen sein, zur Erstellung bestimmter Leistungsvolumina im Kreditgeschäft die Hilfe der zuständigen Landesbank oder anderer Sparkassen in Anspruch zu nehmen.

Dazu kommt, dass die **Landesbanken** teilweise in Konkurrenz zu den angeschlossenen Sparkassen treten können (vor allem bei der Kredit- und Großkreditgewährung). Landesbanken haben sich in den letzten Jahrzehnten zu teilweise international tätigen Universalbanken entwickelt, die Geschäfte mit jedermann betreiben und auch im Ausland (teilweise durch Gründung von Auslandsniederlassungen oder über Tochterbanken) tätig werden. Dabei wachsen Landesbanken in Größenordnungen von Filialgroßbanken (des Kreditbankensektors) und stehen zu diesen, insbesondere auch im Ausland, in Konkurrenz. Den Landesbanken fiel dabei in der Vergangenheit (vor Erlass des neuen Pfandbriefgesetzes; siehe 5.4) ein Wettbewerbsvorteil insofern zu, als sie das Pfandbriefprivileg hatten und sich durch Emission von Pfandbriefen und Kommunalobligationen oder durch Darlehensaufnahme bei Kapitalsammelstellen preisgünstiger finanzieren konnten als Sparkassen der Primärstufe.

5.3 Kreditgenossenschaften

Der Genossenschaftssektor ist einerseits gekennzeichnet durch das Nebeneinander gewerblicher Kreditgenossenschaften **(Volksbanken)** und ländlichen Kreditgenossenschaften (**Raiffeisenbanken),** andererseits durch einen zweistufigen hierarchischen Aufbau, der in der Wirkung im Grundsatz demjenigen des Sparkassensektors vergleichbar ist.

Der hierarchische Aufbau des kreditgenossenschaftlichen Sektors, der bis 1989 im wesentlichen dreistufig und damit demjenigen des Sparkassensektors im Wesentlichen analog war, hat ich seit dem Zusammenbruch der *Bayerischen Zentralkasse AG* und der Fusion der *Bayerischen Volksbanken AG* auf die seinerzeitige *DG-Bank* als Spitzeninstitut des Genossenschaftssektors sowie weiterer Konzentrationen insofern geändert, als an die Stelle früher bestehender genossenschaftlicher Zentralkassen oder genossenschaftlicher Zentralbanken auf der Sekundärstufe die *DG-Bank* mit einer entsprechenden Niederlassung getreten war. Insofern wurde bereits zu dieser Zeit der dreistufige Aufbau durch eine zweistufige Struktur abgelöst. An Stelle der bis dahin vorhandenen Sekundärstufenbanken nahm die *DG-Bank* die Funktion der regionalen und gleichzeitig überregionalen Zentralbank wahr.

In der Folge entstanden aus verschiedenen Fusionen von genossenschaftlichen Zentralbanken im Südwesten Deutschlands und in Frankfurt/Main die *Südwestdeutsche Genossenschafts-Zentralbank AG (SGZ-Bank),* Frankfurt/M., und die *Genossenschaftliche Zentralbank AG* (***GZB-Bank***), Stuttgart. 1998 erfolgte schließlich durch das DG Bank-Umwandlungsgesetz die Privatisierung der *DG-Bank* und deren Rechtsformwandel in eine AG. Nach Fusion der *SGZ-Bank* und der *GZB-Bank* zur *GZ-Bank AG* im Jahr 2000 schlossen sich 2001 die *GZ-Bank* und die *DG Bank* zur ***DZ Bank AG*** mit Sitz in Frankfurt/M. zusammen. Diese fungiert als Zentralinstitut für die 1.160 genossenschaftlichen Banken mit 12.144 Zweigstellen (insgesamt 13.967 Bankstellen; Stand 2009) im Bundesgebiet (außerhalb Nordrhein-Westfalens). Die Zentralbankfunktion für die rund 240 Genossenschaftsbanken in Nordrhein-Westfalen übt als einzige verbliebene regionale Genossenschaftszentralbank die *Westdeutsche Genossenschafts-Zentralbank AG* (*WGZ Bank AG*) mit Sitz in Düsseldorf aus. Fusionsgespräche über einen Zusammenschluss von *DZ Bank* und *WGZ Bank* zu einem neuen Spitzeninstitut blieben in den Folgejahren (Stand Ende 2010) erfolglos. Die *DZ-Bank AG* ist darüber hinaus zu über 90% Eigentümerin an der *DVB Bank AG* (bis 1997: *Deutsche Verkehrs-Kredit-Bank AG,* von 1997 bis 2002: *Deutsche VerkehrsBank AG*) und fungiert als ihr Refinanzierungsinstitut.

Von wesentlicher bankbetriebswirtschaftlicher Bedeutung für die Existenz der Genossenschaftsbanken und die Realisierung ihrer Zielsetzung ist sowohl der Verbund der Genossenschaftsbanken, als auch die Zahl der Mitglieder. Im **Verbund** wirken neben den örtlichen Kreditgenossenschaften, der *WGZ Bank* und der *DZ-Bank* eine Reihe von Spezialinstituten mit, die sich auf Grund ihres sachlichen und räumlichen Betätigungsfeldes einer eindeutigen Zuordnung zu einer der zuvor genannten Ebenen entziehen. Diese **Spezialinstitute** des Genossenschaftssektors runden das Angebot der örtlichen Kreditgenossenschaften ab und ermöglichen es ihnen, ihren Kunden den umfassenden Service von Universalbanken zu bieten. Dabei handelt es sich vor allem um:

- die *DG Hyp* Deutsche Genossenschafts-Hypothekenbank AG, Hamburg, die zum Konzern der *DZ Bank* gehört;
- die Bausparkasse Schwäbisch Hall AG, Schwäbisch Hall;
- die R+V Versicherung AG, Wiesbaden,
- die *VR-Leasing AG*, Eschborn,
- die *dwpbank* Deutsche Wertpapierservicebank AG, Frankfurt M., und die
- die *Union Asset Management Holding AG*, Frankfurt M., als Investmentgesellschaft.

Der Geschäftskreis der zwei **Zentralbanken** (*DZ Bank* und *WGZ-Bank*) entspricht im Wesentlichen dem der Girozentralen des Sparkassenbereiches (Landesbanken; siehe 5.2). Die beiden Zentralbanken verbessern die vergleichsweise geringe Betriebselastizität der örtlichen Kreditgenossenschaften durch Unterstützung bei der Erstellung von Spezialleistungen und der Hilfestellung bei geschäftlichen Operationen des betreffenden Bankbetriebes, was insgesamt marktverbindend, kostensenkend und leistungssteigernd wirkt. Im Unterschied zu den Landesbanken/Girozentralen fungieren die genossenschaftlichen Zentralbanken primär als Hilfs- und Ergänzungswirtschaften, haben also „dienende" Funktion, während die Landesbanken des Sparkassensektors stärker auf autonome Zielsetzungen ausgerichtet sind. Zu einem Liquiditätsausgleich im Rahmen eines „internen Geldmarkt" (siehe dazu *Wittgen/Eilenberger* 1984, 38ff.) tragen die genossenschaftlichen Zentralbanken im Gegensatz zum Sparkassensektor wenig bei.

Insgesamt gewährleistet der genossenschaftliche Verbund dem einzelnen genossenschaftlichen Bankbetrieb Unabhängigkeit, Sicherheit, ein universalbankmäßiges Leistungsangebot sowie marktkonforme Konditionen.

Da die Genossenschaftsbanken hinsichtlich der Bildung von haftendem **Eigenkapital** in wesentlichem Umfang auf die Mittelbeschaffung durch Geschäftsguthaben der Genossen angewiesen sind, ist die Entwicklung des **Mitgliederbestandes** von besonderer Bedeutung. Denn nur durch die zusätzliche Kapitalzufuhr neuer Mitglieder kann bei Genossenschaften gezeichnetes Eigenkapital geschaffen werden. Dementsprechend ist es erforderlich, durch eine attraktive Gestaltung der Verzinsung der Geschäftsguthaben einen Anreiz zum Beitritt als Genosse zu geben und insofern für einen Zuwachs an Mitgliedern zu sorgen. Dazu kommt die Mitgliedschaft von Genossen, die bei der Abwicklung von Geschäften akquiriert werden und somit die Voraussetzung bilden, mit der Genossenschaftsbank überhaupt Geschäftsbeziehungen aufnehmen zu können.

5.4 Pfandbriefbanken

Die rechtlichen Grundlagen der Betätigung und Organisation von Pfandbriefbanken als **Spezialbanken** sind durch das **Pfandbriefgesetz** (PfandBG) vom 22. Mai 2005 geschaffen worden. Das PfandBG bedeutet eine grundlegende Veränderung und Reform der deutschen Finanzgesetzgebung im Bereich der Realkredite. Es löste das 105 Jahre alte Hypothekenbankgesetz, das 77 Jahre alte Gesetz über Pfandbriefe und verwandte Schuldverschreibungen öffentlich-rechtlicher Kreditanstalten und das 72 Jahre alte Gesetz über Schiffspfandbriefbanken ab. Insofern entfällt seither die bis dahin gängige Unterscheidung der Realkreditinstitute in privatrechtliche Realkreditinstitute (Hypothekenbanken und Schiffspfandbriefbanken) und öffentlich-rechtliche Realkreditinstitute (siehe dazu auch *Verband deutscher Pfandbriefbanken*, 6 ff.).

Damit ist die Ausgabe von Pfandbriefen nicht mehr auf diese Spezialbanken beschränkt, sondern steht grundsätzlich allen deutschen Kreditinstituten offen, denen von der *BaFin* eine entsprechende Erlaubnis erteilt worden ist. Neben einer Ausstattung mit einem Mindestkernkapital ist erforderlich, dass das betreffende Kreditinstitut das Pfandbriefgeschäft regelmäßig und nachhaltig betreiben wird und dass dafür der notwendige organisatorische Aufbau vorhanden ist. Darüber hinaus wird vorausgesetzt, dass eine Pfandbriefbank über geeignete Systeme der Risikosteuerung ebenso verfügt wie über das erforderliche spezifische Wissen auf den Geschäftsfeldern und im Management der spezifischen Risiken über die Generierung der Deckungsmasse. Im Sinne der Sicherheit des deutschen Pfandbriefes unterliegen Pfandbriefbanken verschärften Transparenzvorschriften (v.a. zur Offenlegung der Deckungsmassen), die sich an den internationalen Standards orientieren. Für bestehende Realkreditinstitute nach altem Recht gilt die Erlaubnis zum Betreiben der Geschäfte auf den jeweiligen spezifischen Feldern nach § 35 Abs. 1 KWG ab 19.Mai 2005 als erteilt.

Aus **bankbetriebswirtschaftlicher Sicht** bestehen für die Pfandbriefbanken insbesondere Probleme bei der Unterbringung der emittierten **Pfandbriefe** am Markt, da diese Spezialbanken nicht über Filialnetze verfügen. Es bedarf deshalb des Absatzes ihrer Produkte einerseits über eigene Geschäftsstellen (sofern vorhanden), andererseits und vorzugsweise über die Filialnetze anderer Bankbetriebe oder über die Vertriebssysteme von Versicherungen. Dafür fallen allerdings Aufwendungen in Form von Provisionszahlungen an, die den Ertrag mindern.

Der Geschäftsbetrieb von Pfandbriefbanken ist auf das Pfandbriefgeschäft beschränkt. Dieses kann grundsätzlich in der Ausgabe von Hypothekenpfandbriefen, Öffentlichen Pfandbriefen und Schiffspfandbriefen bestehen. Als **Hypothekenpfandbriefe** werden Schuldverschreibungen bezeichnet, die auf Grund erworbener Hypotheken gedeckt sind. **Öffentliche Pfandbriefe**, die auch als Kommunalschuldverschreibungen oder als Kommunalobligationen bezeichnet werden, sind durch erworbene Forderungen gegen staatliche Stellen zu decken. **Schiffspfandbriefe** sind gedeckte Schuldverschreibungen, die auf Grund erworbener Schiffshypotheken emittiert werden. Insgesamt werden Hypothekenpfandbriefe, Öffentliche Pfandbriefe und Schiffspfandbriefe unter dem Oberbegriff **Pfandbriefe** zusammengefasst.

Der Gesamtbetrag der in Umlauf befindlichen Pfandbriefe einer Gattung muss in Höhe des Nennwerts jederzeit durch Werte von mindestens gleicher Höhe und mindestens gleichem Zinsertrag gedeckt sein (**Deckungskongruenz; Kongruenzprinzip**). Zusätzlich muss die jederzeitige Deckung nach dem Barwert sichergestellt sein sowie der Barwert der eingetragenen Deckungswerte den Gesamtbetrag der zu deckenden Verbindlichkeiten um 2% übersteigen (**sichernde Überdeckung** nach § 4 Abs.2 PfandBG). Einzelheiten regelt die Pfandbrief-Barwertverordnung **PfandBarwertV** vom 14.7.2005. Die Pfandbriefbank hat fortlaufend durch geeignete Rechenwerke sicherzustellen und in nachvollziehbarer Weise die vorschriftsmäßige Deckung in einem **Deckungsregister** (§ 5) einzeln zu dokumentieren (siehe dazu die Deckungsregisterverordnung **DeckRegV** vom 25.8.2006).

Daneben ist das Erfordernis eines **angemessenen haftenden Eigenkapitals** nach § 10 KWG zu beachten. Das Kernkapital von Pfandbriefbanken muss mindestens 25 Mio. EUR betragen (§ 2 Abs. 1). Aus einem der *BaFin* vorzulegenden Geschäftsplan muss hervorgehen, dass das Pfandbriefgeschäft regelmäßig und nachhaltig betrieben wird und dafür ein angemessener organisatorischer Aufbau vorhanden ist. Nachzuweisen sind auch geeignete Regelungen und Instrumente zur Steuerung, Überwachung und Kontrolle der Risiken für die Deckungsmasse und das darauf gegründete Emissionsgeschäft. Ein Treuhänder hat darauf zu achten, dass die vorschriftsmäßige Deckung jederzeit vorhanden ist (§ 8). Mit diesen Vorgaben und Restriktionen hinsichtlich kongruenter Deckung und Verzinsung, zu denen weitere Regelungen über die Gewährung der Darlehen, Darlehensbedingungen, Beleihungsgrenzen, Deckungsregister u.ä. kommen, wird **strenger Gläubigerschutz** bezweckt (zur Struktur der Kongruenzen siehe Abbildung 13). Auf Grund der strengen Anforderungen sind Pfandbriefe **mündelsicher**, d.h. zur Anlage von sog. Mündelgeldern geeignet.

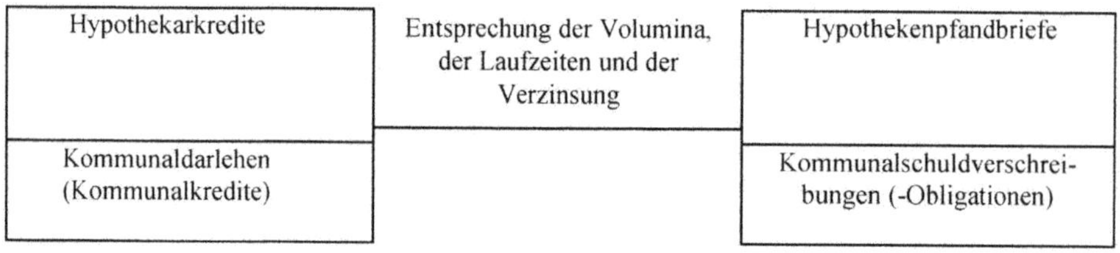

Abb. 13: Fristentsprechung von Finanzierung und Krediten nach PfandBG

Allerdings ergeben sich trotz der Vorkehrungen durch das PfandBG zur Vermeidung von Risiken für die Pfandbriefbanken in der Praxis für deren Management gleichwohl **latente Risikopotentiale** insofern, als nicht alle Kreditbeziehungen störungsfrei verlaufen und ggf. durch Verwertung von Sicherheiten vorzeitige Rückflüsse auftreten und eine kongruente Anlage zu historischen Zinsen und historischen (=ursprünglichen) Fristen häufig nicht möglich ist. Dazu kommen die periodischen Rückflüsse aus Tilgungshypotheken einschließlich Zinszahlungen, die ebenfalls wieder allerdings zu den nunmehr geltenden jeweiligen Marktzinsen anzulegen sind. Die Hypothekenbank erweist sich somit als ein **Pool**, in den einerseits Finanzmittel zu unterschiedlichen Zinsen und Fristigkeiten einfließen, andererseits auf Grund des Zusammenfließens im Pool eindeutige Zuordnungen der Zinsen und Laufzeiten für Kredite nicht möglich sind (Abbildung 14). Dies schon allein deshalb, weil Ausleihungen jeweils nur zu Marktzinsen möglich sind. Es besteht daher die Gefahr, dass trotz der eindeutigen, rechtlich gebotenen Strukturierungsvorschrift der Aktiva und Passiva gleichwohl Zinsänderungsrisiken auftreten, und zwar vorzugsweise dann, wenn Diskrepanzen zwischen historischen Zinsen und aktuellen Marktzinsen und/oder historischer Fristen (der Pfandbriefe) und den aktuell möglichen Kreditlaufzeiten nicht zu vermeiden sind bzw. in Kauf genommen werden (müssen).

Für die Beleihung von Hypotheken sowie von Schiffen und Schiffsbauwerken ist eine **Beleihungsgrenze** von jeweils 60% des ermittelten Wertes (**Beleihungswert**) zu beachten. die Wertermittlung von Hypotheken erfolgt auf der Basis der **BelWertV** (Beleihungswertermittlungsverordnung vom 12.5.2006). Hinsichtlich der Beleihung von Sicherheiten der öffentlichen Hand sind zur Deckung Öffentlicher Pfandbriefe keine Beleihungsgrenzen vorgegeben.

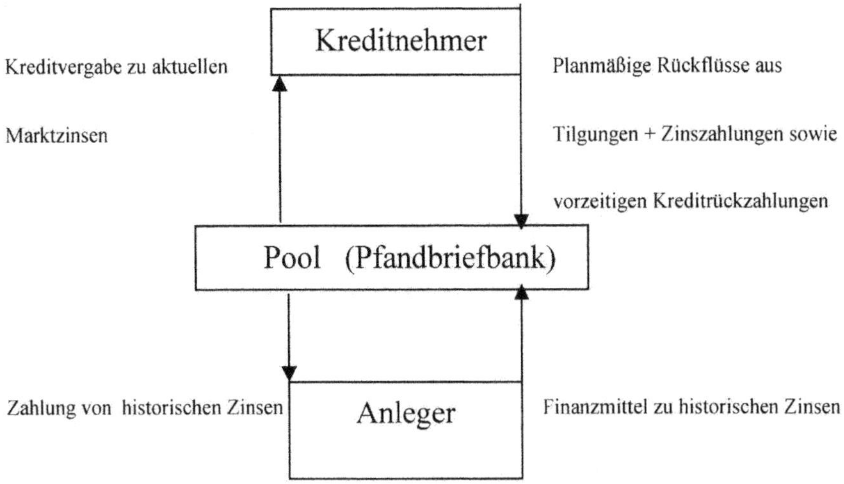

Abb. 14: Finanzierungsströme bei Pfandbriefbanken einschließlich Verzinsung (die Pfandbriefbank als Pool)

5.5 Teilzahlungsbanken

Teilzahlungsbanken haben als **Spezialbanken** des kurz- und mittelfristigen Kredits den Schwerpunkt ihrer Geschäftstätigkeit zwar nach wie vor im Bereich der **Konsumfinanzierung** (Gewährung von Konsumentenkrediten), doch lässt sich aus der Entwicklung der letzten Jahre eine relative Verlagerung zum **gewerblichen Ratenkredit** erkennen.

Teilzahlungsbanken pflegen sowohl die **direkte Kunden-Finanzierung,** bei der die Kunden in der Regel einen Barkredit erhalten, als auch die Formen der **indirekten Kundenfinanzierung,** die dadurch charakterisiert sind, dass der Verkäufer (Lieferant) in die Kreditabwicklung eingeschaltet ist und der Verkäufer die Verbindung zur Bank herstellt (siehe dazu 7.2.1.5.1.d). Daneben bieten Teilzahlungsbanken auf Grund der engen Beziehungen zu ihrem traditionellen Leistungsprogramm und der gestiegenen Nachfrage nach spezifischen Finanzierungsangeboten auch die im weiteren Sinne zu den Kreditleistungen zu rechnenden Formen des Leasings, Mietkaufs und Factorings an, wobei die Durchführung dieser Leistungen meist an Tochtergesellschaften übertragen wird.

Die in der Realität anzutreffenden Formen von Teilzahlungsbanken lassen sich auf Grund der Kriterien Kundengruppe, Absatzweg und Absatzform in folgende vier **Grundtypen** von Teilzahlungsbanken unterscheiden, die auch auftretende Mischformen mit einschließen:

- Absatzkreditbank für private Haushalte
- Kreditbank für private Haushalte
- Universalbank für private Haushalte
- Absatz- und Investitionskreditbank für gewerbliche Kreditnehmer.
- Autobanken in Verbindung mit Automobilproduzenten

Hinsichtlich der Größenordnungen und der Bankleistungsprogramme zeigt sich eine erhebliche Vielfalt: Von Teilzahlungsbanken mit „Monostruktur“, die nur die traditionellen Leistungen erstellen und nur von einem Standort aus operieren, reicht die Palette zu Teilzahlungsbanken, mit einem umfassenden Leistungsangebot, die mit Niederlassungen und Zweigstellen an einer Vielzahl von Standorten vertreten sind. Dementsprechend stehen auch Teilzahlungsbanken mit erheblichen Geschäftsvolumina sowie Eigenkapital von rund 50 Mio. EUR solchen Teilzahlungsbanken gegenüber, die nur Eigenmittel von einigen hunderttausend EUR aufweisen.

Bezüglich der Geschäftstätigkeit unterscheidet der *Bankenfachverband e. V.*, dem die Mehrzahl der Spezialbanken des Teilzahlungssektors angehört, zwischen folgenden Bankengruppen:

- **Privatkundenbanken**, deren Angebot primär auf private Haushalte abzielt. Diese bieten privaten Kunden direkt über Filialen bzw. Zweigstellen oder indirekt über den Facheinzelhandel bzw. sonstige Einreicher („Händler") Kredite sowie Spar- und Anlagemöglichkeiten an. Dazu kommen Zahlungsverkehrsleistungen und weitere ergänzende Bankleistungen.
- **Banken für gewerbliche Kunden**, deren Angebotspalette an gewerbliche Kunden insbesondere mittel- bis längerfristige objektbezogene Kredite für mittelständische Kunden umfasst. Dazu kommen Finanzierungskonzepte für Hersteller und Handelsunternehmungen zur Förderung des Absatzes an gewerbliche Kunden.
- **Autobanken**, die den privaten und gewerblichen Kunden über den Autofachhandel die Finanzierung von Neu- und Gebrauchtwagenkäufen anbieten. Autobanken sind herstellerverbunden und übernehmen im Interesse ihrer Eigentümer (Automobilhersteller) die Einkaufsfinanzierung des Handels von Lager- und Vorführ-Fahrzeugen sowie die Finanzierung sonstiger Investitionen (siehe dazu im Einzelnen *Stenner*).

Die bankbetriebswirtschaftliche Problematik der Geschäftstätigkeit von Teilzahlungsbanken besteht zum einen im Finanzierungsbereich, zum anderen im Risikobereich. Da Teilzahlungsbanken mit Ausnahme derjenigen Betriebe, die über eine sog. Vollkonzession verfügen das bei anderen Bankbetriebstypen übliche Einlagengeschäft nicht betreiben dürfen, erfolgt die **Finanzierung** ihrer Tätigkeit vorwiegend im (nationalen und internationalen) Interbankensektor durch langfristige Darlehen von Privaten, was nicht zuletzt eine relativ hohe Eigenkapitalquote erfordert. Das **Ausfallrisiko** liegt im Konsumentenkreditgeschäft bei rund 1,5% des Kreditvolumens, im Bereich der gewerblichen Kredite bei rund 0,35%. Diese Konstellation erklärt auch das Bestreben der Teilzahlungsbanken, durch Verlagerung des Gewichts vom Konsumentenkredit zum gewerblichen Kredit (vorwiegend C-Geschäfte auf Wechselbasis) auch eine Risikodiversifizierung in Richtung auf ein geringeres Gesamtausfallsrisiko zu erreichen.

5.6 Kapitalanlagegesellschaften (Investmentgesellschaften) und Investmentaktiengesellschaften

Die rechtlichen Voraussetzungen für die Geschäftstätigkeit von inländischen Investmentgesellschaften (Kapitalanlagegesellschaften) sowie von Investmentaktiengesellschaften und für den Vertrieb ausländischer Investmentanteile in Deutschland liegt das **Investmentgesetz (InvG)** vom 15.12.2003 fest.

Kapitalanlagegesellschaften (KAG) sind Kreditinstitute im Sinne des KWG, deren Geschäftsbereich darauf gerichtet ist, Sondervermögen zu verwalten sowie Dienstleistungen und Nebendienstleistungen zu erbringen, die in § 7 Abs. 2 InvG abschließend aufgeführt sind. KAG dürfen nur in der Rechtsform der AG oder der GmbH betrieben werden. In jedem Fall ist ein Aufsichtsrat zu bilden. Das Mindestanfangskapital beträgt 730 TEUR. Weitere Kapitalanforderungen regelt in Abhängigkeit vom Geschäftsumfang und der Art der Sondervermögen § 11 InvG.

Der **wirtschaftliche** Zweck, der mit Kapitalanlagegesellschaften primär verfolgt wird, besteht darin, auch kapitalschwächeren Sparern Anlagemöglichkeiten zu bieten, ohne auf eine breite Risikodiversifizierung, die dem Kleinanleger ansonsten nicht möglich wäre, verzichten zu müssen. Dazu kommt der Anreiz, an einem relativ konstanten Wertzuwachs beteiligt zu sein. Dieser soll dadurch realisiert werden, dass infolge eines breit gestreuten Wertpapierbesitzes der Sondervermögen („Fonds" bzw. „Investmentfonds") und durch geeignetes Management ein Ausgleich von Kursschwankungen erfolgt oder Kursverlusten weitestgehend begegnet wird (zum Problem der Leistungsbewertung des Fondsmanagements siehe *Poschadel).*

Daher legen Investmentgesellschaften das ihnen von Anlegern anvertraute Geld im eigenen Namen für gemeinschaftliche Rechnung nach dem **Grundsatz der Risikomischung** in Wertpapieren, Grundstücken oder Erbbaurechten gesondert vom eigenen Vermögen an **(Sondervermögen)** und stellen über die sich daraus ergebenden Rechte **Anteilsscheine (Investmentzertifikate)** aus. Die Anteilseigner werden dadurch zu Miteigentümern des Fondsvermögens, das durch eine Depotbank verwahrt wird (zur Funktionsweise siehe Abbildung 15). In Anbetracht der Probleme und Interessenskollisionen, die sich aus der Verwaltung von Wertpapieren ergeben könnten, bestehen besondere Vorschriften für Sondervermögen. Die KAG hat für jedes Sondervermögen zum Ende eines Geschäftsjahres in Form eines Jahresberichtes gesondert Rechnung zu legen

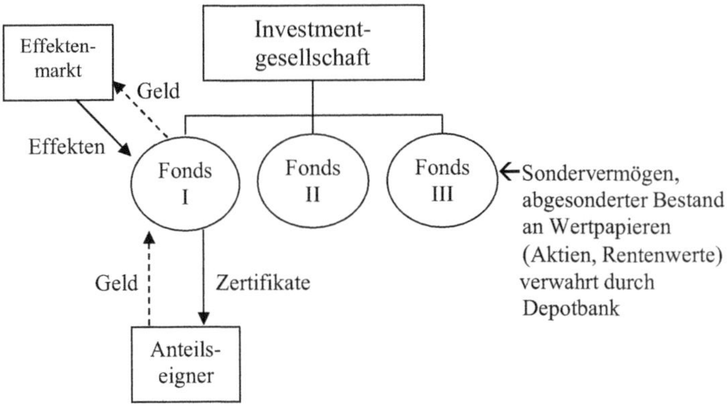

Abb. 15: Grundzüge der Funktionsweise von Investmentgesellschaften

Die vorherrschende Fondsform stellen die **Publikumsfonds** dar. Sie dürfen nur als **Open-End-Fonds** gestaltet werden, bei denen der Teilnehmerkreis und die Teilnehmerzahl nicht begrenzt sind. Von diesen Investmentgesellschaften können somit laufend zusätzliche Anteile ausgegeben werden (Analogie zu sog. nennwertlosen Aktien). Hinsichtlich der Fungibilität der Investmentanteile ist auf das Charakteristikum hinzuweisen, dass die Anteile ursprünglich nur außerhalb der Wertpapierbörsen gehandelt wurden (wegen Einzelheiten hierzu siehe 7.2.2.1.l.bc), nunmehr aber auch eine Börseneinführung mit Börsenhandel möglich ist.

Da die Vermögensanlagen der Fonds nach dem Grundsatz der Risikomischung zu erfolgen haben, ist das Streben nach Maximierung des Ertrages der Wertpapieranlage der Zielsetzung der Risikoreduzierung durch Risikodiversifizierung unterzuordnen. Nicht die Erzielung eines maximalen Ertrages durch einseitige Ausrichtung auf **eine** spezifische Wertpapieranlage steht im Vordergrund, sondern die Erzielung eines maximalen Ertrages für ein **risikodiversifiziertes Portfolio (Fonds).** Die Forderung nach Risikomischung beruht auf der Erkenntnis, dass sich das Gesamtrisiko der Anlage in einem Wertpapier (oder in einer geringen Zahl von Wertpapieren) durch Einbeziehung weiterer geeigneter Wertpapiere unter Anwendung bestimmter Verfahren in ein Portfolio reduzieren lässt. Dies deshalb, weil das Gesamtrisiko differenziert werden kann in das

- **systematische Risiko (= Marktrisiko)**, das sich in einer Kursbewegung abbildet, die proportional mit einem repräsentativen Aktienindex verläuft, und **nicht diversifizierbar** ist;
- **unsystematische Risiko,** das sich in Kursreaktionen des betreffenden Wertpapiers auf **unternehmensspezifische** (nicht marktbedingte) **Ereignisse** (z.B. Missmanagement) widerspiegelt, das unter Anwendung statistisch-mathematischer Verfahren (Portfolio Selection; siehe *Markowitz)* insofern **diversifizierbar** ist, als durch die Einbeziehung einer Vielzahl von Wertpapieren in das Portfolio die weitgehende Ausschaltung des auf Zufallsereignissen beruhenden unsystematischen Risikos möglich erscheint (Abbildung 16).

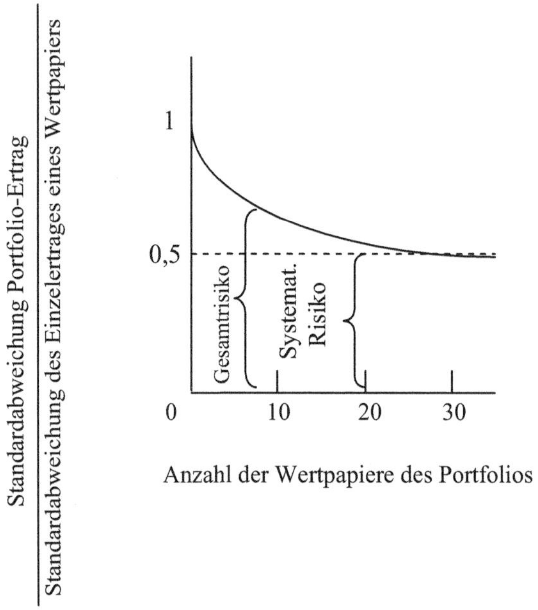

Abb. 16: Risikodiversifizierung durch Wertpapiermischung

Die Ermittlung eines **optimalen risikodiversifizierten Portfolios** (bei Maximierung der Fonds-Rendite) erfolgt im Grundzuge so, dass zunächst alle Entscheidungsmöglichkeiten analysiert und nach einem bestimmten Kriterium geordnet werden. Die Auswahl wird dann entsprechend der unterstellten Zielsetzung in dem Sinne getroffen, dass der erwartete Nutzen (z.B. Rendite) maximiert wird. Die Gruppierung der Entscheidungsalternativen (Bildung von Wertpapierportefeuilles) erfolgt auf Grund der Zielsetzungen) derart, dass für jede erwartete Eigenkapitalrendite des Portefeuilles E(r) diejenige der Portefeuillestruktur ermittelt wird, die bei den gegebenen Ertragssätzen der verschiedenen Wertpapiere (i = 1,2.., n), also $E(r_i)$, und ihrer Varianzen sowie Kovarianzen $V_{ij}(i = 1,\ldots,n;\ j = 1,..,m)$ zur geringsten Varianz V (r) führt:

Die **erwartete Rendite** des Portfolios (Fonds) entspricht der Summe der mit ihren Anteilen am Kapitaleinsatz gewichteten Renditen der Einzelwerte:

$$E(r) = \sum_{i=1}^{n} E(r_i)\, x_i$$

Da das **Fonds-Risiko** sowohl von der Varianz als auch vom Ausmaß der Korrelation der Renditen der Einzelanlagen abhängt, gilt:

$$V(r) = \sum_{i=1}^{n} \sum_{j=1}^{n} x_i\, x_j\, V_{ij} = \sum_{i=1}^{n} \sum_{j=1}^{n} x_i\, x_j c_{ij} \sigma_i \sigma_j$$

x_i Anteil der Titelart i am Gesamtportefeuille $\sum_{n=1}^{n} x_i = 1$
σ_i Standardabweichung der Rendite in Titelart i
c_{ij} Korrelationskoeffizient zwischen Renditen der Titelarten i und j.

Um spekulativen Engagements von vornherein vorzubeugen, dürfen Investmentgesellschaften im Falle sog. richtlinienkonformer Sondervermögen gemäß §§ 46 bis 65 InvG ausschließlich die dort aufgeführten Wertpapiere erwerben und müssen bezüglich des einzelnen Ausstellers nach § 60 InvG Ausstellergrenzen beachten, d.h. Wertpapiere desselben Ausstellers nur in beschränktem Umfang (i. d. R. 5%; im Ausnahmefall 10%) erwerben. Demselben Zweck dienen die besonderen Vorschriften für Immobilien-Sondervermögen (Grundstücks-Sondervermögen) nach den §§ 66 bis 82 InvG, für Gemischte Sondervermögen (§§ 83 bis 86 InvG) und Altersvorsorge-Sondervermögen (§§ 87 bis 90 InvG).

Alternativ zu Publikumsfonds können **Spezial-Sondervermögen (Spezialfonds)** errichtet werden (§§ 91 bis 95 InvG). Dabei handelt es sich um Investmentfonds, deren Anteile auf Grund schriftlicher Vereinbarungen mit der KAG jeweils von nicht mehr als 30 Anlegern, die nicht natürliche Personen sind, gehalten werden. Die Schaffung von Spezialfonds bewirkte eine Strukturverschiebung innerhalb der Fondsarten zu Lasten der bis 1990 dominierenden **Publikumsfonds** (Rentenfonds, Aktienfonds, Gemischte Fonds, Immobilienfonds). Der Erfolg der **Spezialfonds** wird im Wesentlichen in den Vorteilen gesehen, die sie hinsichtlich Bilanzierung, Ertragsausweis und Besteuerung für den Anleger bieten: Die Bilanzierung von Fondsanteilen von Spezialfonds erfolgt ebenso wie beim Direktbesitz von Wertpapieren nach dem Niederstwertprinzip. Abschreibungen fallen in Anbetracht der Risikomischung in geringerem Umfang an und Veräußerungsgewinne aus Transaktionen in Sondervermögen sind nur bei Ausschüttung erfolgswirksam. Dazu kommt, dass der Ausschüttungszeitpunkt der Entscheidung der Anteilseigner unterliegt und daher durchaus ein kontinuierlicher Gewinnausweis möglich ist. Damit kann eine Abkopplung der Anlage-Entscheidung von Entscheidungen über die Bilanzgestaltung erfolgen. Davon profitieren insbesondere Versicherungsunternehmen und solche Unternehmen, die ihre Pensionsrückstellungen unabhängig von der Ertragssituation gestalten wollen: Spezialfondsanteile ersetzen in diesem Falle Direktanlagen. Ein weiterer Vorteil von Spezialfonds kann darin bestehen, dass bei Veräußerungsgewinnen, die in einem Spezialfonds thesauriert werden, die Anteilseigner den Ausschüttungszeitpunkt unter steuerlich relevanten Gesichtspunkten bezüglich des Zuflusses und der Steuerdeklaration bestimmen. Insofern erhöht sich die steuerliche Flexibilität der Anleger durch Zwischenschaltung von Spezialfonds und die damit eröffnete zeitliche Verschiebung der Steuerpflicht (ausschließlich der damit verbundenen Zinsgewinne).

Anleger, die bereit sind, höhere Risiken einzugehen, um damit ihre Erträge überdurchschnittlich zu steigern, können in **Sondervermögen mit zusätzlichen Risiken (Hedgefonds)** investieren (§§ 112 ff. InvG). Zwar müssen auch Hedgefonds den Grundsatz der Risikomischung beachten, unterliegen aber im Übrigen im Rahmen ihrer Anlagestrategien keinen Beschränkungen bei der Auswahl der Vermögensgegenstände. Insbesondere müssen Hedgefonds zumindest eine der folgenden Bedingungen vorsehen: Eine Steigerung des Investitionsgrades des Sondervermögens über grundsätzlich unbeschränkte Kreditaufnahme für gemeinschaftliche Rechnung der Anleger oder über den Einsatz von Derivaten (**Leverage**), oder/und den Verkauf von Vermögensgegenständen für gemeinschaftliche Rechnung der Anleger, die im

Zeitpunkt des Geschäftsabschlusses nicht zum Sondervermögen gehören (**Leerverkauf**). Darüber hinaus müssen die Vertragsbedingungen die Anlage in Beteiligungen an Unternehmen, die nicht an einer Börse zugelassen oder in nicht in einen organisierten Markt einbezogen sind, auf 30% des Wertes des Hedgegfonds beschränken. Neben den Anlagen in **Single-Hedgefonds** können Investments in **Dach-Hedgefonds** erfolgen, die zu jeweils maximal 20% in Anteilen von einzelnen Zielfonds (Single-Hedgefonds) anlegen. Leverage und Leerverkäufe sind Dachfonds nicht erlaubt. Darüber hinaus sieht das InvG noch weitere Beschränkungen bei der Anlage in ausländische Zielfonds und in einzelne Finanzinstrumente vor.

Die Möglichkeit zur Bildung von **Investmentaktiengesellschaften** (§§ 96 ff. InvG) ist weitgehend an der Praxis vorbeigegangen. Dabei handelt es sich um Aktiengesellschaften, deren Unternehmensgegenstand nach der Satzung auf die Anlage und Verwaltung ihrer Mittel nach dem Grundsatz der Risikomischung zur gemeinschaftlichen Anlage in bestimmten Vermögensgegenständen beschränkt ist (§ 2 Abs. 5 InvG). Das Anfangskapital der Investment-AG muss mindestens 300 TEUR betragen. Es besteht die Gestaltungsalternative zwischen der Investment-AG mit **fixem Kapital** und mit **veränderlichem Kapital**. Der Anlagerschutz soll durch die geforderte Börsenzulassung erreicht werden.

Für den **Vertrieb inländischer Investmentanteile im Ausland** ist zu beachten, dass im Falle des Vertriebs der Anteile richtlinienkonformer Sondervermögen eine entsprechende Anzeige bei der *BaFin*, *Deutscher Bundesbank* und den zuständigen Stellen im Ausland zu erfolgen hat (§§128, 129 InvG).

Der **öffentliche Vertrieb** von **EG-Investmentanteilen** (§§ 130 ff. InvG) setzt voraus, dass die Investmentgesellschaft mindestens ein inländisches Kreditinstitut oder eine inländische Zweigniederlassung eines Kreditinstituts mit Sitz im Ausland benennt, über welche die für den Anleger bestimmten Zahlungen geleitet werden und die Rücknahme von Anteilen durch die Investmentgesellschaft abgewickelt wird. Darüber hinaus ist sicherzustellen, dass die Investmentgesellschaft den Anlegern die erforderlichen Informationen erteilt. Die Zulässigkeit des **öffentlichen Vertriebs** von **ausländischen Investmentanteilen**, die keine EG-Investmentanteile sind, regeln die §§ 135 ff. InvG. Ausgenommen sind ausländische Investmentanteile, die an einer inländischen Börse zum Regulierten Markt oder zum Börsenregulierten Markt (Freiverkehr) zugelassen. Unzulässig ist der Vertrieb von ausländischen Investmentanteilen, die hinsichtlich der Anlagepolitik Anforderungen unterliegen, die denen deutscher Single-Hedgefonds vergleichbar sind.

5.7 Spezialkreditinstitute

5.7.1 Wertpapiersammelbanken

Zu den Aufgaben der Wertpapiersammelbanken zählen die Verwahrung von Wertpapieren (**Custody**), die Abwicklung von Wertpapiertransaktionen (**Settlement**) und Mehrwertdienstleistungen, wie die Verwaltung von hinterlegten Sicherheiten (**Collateral Management**). Eine Erhöhung der Settlement-Effizienz kann durch die Vermittlung von Wertpapierleihen erfolgen.

In Deutschland nimmt *Clearstream International* als Tochtergesellschaft der *Deutschen Börse AG* die Funktion als einzige deutsche Wertpapiersammelbank wahr. *Clearstream International* entstand im Jahr 2000 durch Fusion der internationalen Wertpapiersammelbank *Cedel International* und der *Deutsche Börse Clearing AG*. Vorläufer war die *Deutsche Kassenverein AG* bis 1997. Es bestehen an allen deutschen Börsenplätzen Filialen der *Clearstream International*, die den Effekten-Giroverkehr stückelos und gleichtägig bewältigen. Dazu gehören auch der Einzug und die Verteilung von Erträgen aus Wertpapieren (Kupons) der verwahrten Wertpapiere (siehe dazu auch 7.2.2.1.6).

5.7.2 Bad Banks

Im Gegensatz zu den „Good Banks" sind Bad Banks Kinder von Finanzkrisen, die zur Abwicklung notleidender Engagements von Banken gegründet werden. Mit derartigen **Abwicklungsbanken** wird versucht, die Bilanzen von Banken, die in Schieflagen geraten sind, zu bereinigen und die ursprüngliche Bank zu retten, sie also nach Möglichkeit wieder zu einer Good Bank zu machen. Zu diesem Zweck verkauft die Bank aus ihren Beständen notleidende Kredite und/oder „toxische" Wertpapiere erheblich unter dem Nominalwert an die Bad Bank, die ausschließlich mit der Verwertung dieser Aktiva betraut ist. Für den Abschlag ist die Höhe der zu erwartenden Verluste bei Verwertung maßgebend. Die Bad Bank ihrerseits kann diese Aufgabe nur erfüllen, wenn sie von dritter Seite entweder mit ausreichendem Eigenkapital oder mit Bürgschaften ausgestattet wird. Der Vorteil dieser Lösung ist darin zu sehen, dass die Bad Bank bei der Verwertung nicht unter demselben Zeitdrucks steht, wie es bei der Ursprungsbank der Fall ist, und sie ausschließlich auf diese Verwertungen spezialisiert ist. Mit der Abwicklung der übertragenen Verwertungen ist auch der Zweck der Bad Bank erfüllt und sie kann wieder aufgelöst werden.

Ein Vorläufer von Bad Banks auf deutschem Boden ist die *Bankaktiengesellschaft* (*BAG*) in Hamm, die als Gründung des Bundesverbandes der Deutschen Volks- und Raiffeisenbanken seit über 25 Jahren im Auftrag von Mitgliedsbanken sanierungsfähige Kreditengagements übernimmt und zu einem bestmöglichen Ergebnis führt. Wesentliche Bedeutung haben Bad Banks in Deutschland erst im Gefolge der internationalen Finanzmarktkrise erhalten: Als spektakulärster Fall ist dabei die Gründung der *FMS Wertmanagement* am 1.10.2010 zu nennen, der am 2.10.2010 von der verstaatlichten *Hypo Real Estate Group* wertgeminderte Aktiva im Umfang von nominal 173 Mrd. EUR übertragen worden sind.

Der Gründung der *FMS Wertmanagement* vorausgegangen war das **Finanzmarktstabilisierungsfondsgesetz** vom 17.10.2008, auf dessen Grundlage der *Sonderfonds für Finanzmarktstabilisierung* (*SoFFin*) entstanden war. Verwaltet wurde der *SoFFin*, der bis Ende 2010 befristet worden war, von der *Bundesanstalt für Finanzmarktstabilisierung* (*FMSA*), die ebenfalls auf den Oktober Jahr 2008 datiert und unter der Aufsicht des Bundesfinanzministeriums steht. Das am 7.4.2009 verabschiedete **Finanzmarktstabilisierungsergänzungsgesetz** ermöglichte schließlich die Gründung der *FMS Wertmanagement* (*Abwicklungsanstalt*) und Auslagerung von wertgeminderten Darlehen und „Schrott"-Wertpapieren unter dem Dach und unter der Aufsicht der *FMSA*. Die Aufgabe der *FMS* dementsprechend besteht darin, von der *HRE-Gruppe* zum Zweck der Stabilisierung der *HRE-Gruppe* und der Stabilisierung des Finanzmarkts Risikopositionen und nichtstrategie-notwendige Geschäftsbereiche zu übernehmen und gewinnorientiert zu verwerten und abzuwickeln.

Seit 2011 wacht die FMSA nicht nur über Bad Banks und den *SoFFin*, sondern auch über einen **Restrukturierungsfonds**, der durch das **Restrukturierungsgesetz** im November 2010 geschaffen worden ist. Die *FMSA* entscheidet dabei neben der Gewährung von möglichen Garantien und Kapitalhilfen auch über die Übertragung von Bankvermögen an eine staatliche Brückenbank. Das **Ziel** des Restrukturierungsgesetzes besteht darin, durch frühzeitiges Eingreifen und verschiedene Sanierungsmöglichkeiten die Insolvenz von Banken zu vermeiden und damit die Finanzmärkte zu stabilisieren. Deshalb ist den Banken ab 2011 die **Bankenabgabe** auferlegt, die die diesem neuen Fonds zugeführt wird: Dafür werden 15% vom Gewinn nach Steuern erhoben. Auf diese Weise sollen 1,2 Mrd. EUR fließen und im Ernstfall dazu beitragen, eine Bankenhavarie zu verhindern.

5.8 Kreditinstitute mit Sonderaufgaben

Die Gemeinsamkeit von Kreditinstituten für Sonderaufgaben besteht darin, dass sie zur Erreichung bestimmter Zwecke gegründet werden. Dabei ist entsprechend der Zielsetzungen der Gründer und der Aufgabenstellung dieser Bankbetriebe grundsätzlich eine Systematisierung nach privatrechtlichen und öffentlich-rechtlichen Organisationsformen üblich.

5.8.1 Privatrechtliche Organisationsformen

IKB Deutsche Industriebank AG (IKB):

Die Bank wurde 1949 unter dem Namen *Industriekreditbank AG* in Düsseldorf gegründet und übernahm im Jahre 1974 im Wege der Verschmelzung das Vermögen der *Deutschen Industriebank*, Berlin. Seit Ende 1991 führt sie ihren jetzigen Namen. Gleichzeitig wurde neben ihrem Sitz in Düsseldorf ein zweiter Sitz in Berlin gegründet. Die *IKB* hatte ursprünglich die **Aufgabe**, nicht-emissionsfähigen mittelständischen gewerblichen Unternehmen mittel- und langfristige Kredite zu gewähren. Zur Erfüllung dieses Auftrages konnte die Bank Schuldverschreibungen am Kapitalmarkt begeben und Darlehen bei öffentlichen Stellen und Kapitalsammelstellen aufnehmen. Das Einlagengeschäft wurde nicht betrieben. In ihrer Eigenschaft als Unternehmerbank des Mittelstandes lagen Schwerpunkte ihrer Tätigkeit neben der Kreditgewährung aus eigenen Mitteln in der Zusammenarbeit mit anderen Spezialbanken (z.B. *KfW-Gruppe*; *Deutsche Ausgleichsbank*) und in der Exportfinanzierung.

Allerdings hat die *IKB* zu Beginn der der 2000er-Jahre zur Erhöhung der Rentabilität auch Geschäfte durchgeführt, die ihrer ursprünglichen Zwecksetzung fremd waren. Auf Grund dabei aufgetretener Fehlentwicklungen und Fehlinvestitionen kann die *IKB* das zweifelhafte Attribut für sich in Anspruch zu nehmen, in Deutschland der Auslöser der Finanzmarktkrise im Herbst 2007 gewesen zu sein. Sie prägte neben der *Hypo Real Estate Group* (siehe 5.7.2) das Gesicht der internationalen Finanzmarktkrise auf deutschem Boden (zum „Fall HRE" siehe v.a. *Deutsche Bundesbank* 2009,36).

Haupteigentümer der IKB ist seit diesen existentiellen Problemen, die 2007 und 2008 infolge von Fehlinvestitionen in bankfremde, spekulative Geschäfte am amerikanischen Immobilienmarkt entstanden sind (siehe dazu *Rudolph* 2009), die *KfW*. Dazu kommen private Investoren und die „Stiftung zur Förderung der Forschung für die gewerbliche Wirtschaft", kurz *„Stiftung Industrieforschung"* genannt (die Stiftung verwendet die Dividendeneinnahmen zur Finanzierung von Forschungsvorhaben, die für kleine und mittlere Unternehmen von besonderem Interesse sind).

AKA-Ausfuhr-Kredit-GmbH:

Als Spezialinstitut eines Konsortiums von 30 namhaften deutschen Banken hat die AKA die **Aufgabe**, die deutsche Exportwirtschaft zu fördern. In Verfolgung dieses Auftrags wirkt die Gesellschaft an der Finanzierung mittel- und langfristiger Exportgeschäfte in Form von Lieferanten- und Bestellerkrediten mit, die aus sog. Kapitalplafonds(= Refinanzierungslinien) erfolgt. Dazu kommen CIRR-subventionierte Festzinssatzkredite mit Hermes-Deckung für mittel- und langfristige Finanzierungen von deutschen Exporten in ausgewählte (Entwicklungs-)Länder sowie die Finanzierungen unter Rahmendeckung des Bundes (wegen Einzelheiten siehe 7.2.1.5.2.a). Die Vermittlung der Leistungen erfolgt über Hausbanken (in der Regel sind diese Banken Mitglieder des Bankenkonsortiums).

DVB Bank AG:

Diese auf Verkehrsfinanzierung spezialisierte Bank mit Sitz in Frankfurt/Main fungierte früher unter der Bezeichnung *Deutsche Verkehrs-Kredit-Bank AG* (*DVKB*) als Hausbank der Deutschen Bundesbahn und der Deutschen Reichsbahn. 1997 erfolgte eine Umbenennung in *Deutsche Verkehrs-Bank AG*. Seit 2002 führt die Bank ihre derzeitige Bezeichnung. Haupteigentümer ist die *DZ Bank AG* mit rund 93%, der Rest der Aktien befindet sich in Streubesitz. Ihre **Aufgabe** besteht heute in der Wahrnehmung der Funktion als Spezialbank für Verkehrsfinanzierungen (einschließlich des Reise- und Frachtverkehrs und der damit in Zusammenhang stehenden Bankleistungen).

Liquiditätskonsortialbank GmbH („Likobank"):

Die 1974 gegründete Spezialbank hat die **Aufgabe**, Bankbetriebe kurzfristig zu stützen, die in Liquiditätsschwierigkeiten geraten sind. Dazu zieht der betroffene Bankbetrieb Wechsel auf die *Likobank*, die von dieser akzeptiert und die Akzepte von der *Bundesbank* rediskontiert werden. Die Abwicklung der Geschäfte erfolgt über die *AKA*. Bis zur Euro-Umstellung galt die *Likobank* als **lender of last resort**, zumal die *Bundesbank* über sie praktisch Hilfsmaßnahmen in unbegrenztem Umfang setzen konnte. Zusammen mit der Einlagensicherung hat sie abschirmenden Charakter. Mit der Liquiditätshilfe allein wird jedoch kein Verlustausgleich bei dem betreffenden Bankbetrieb bezweckt (dies wäre Aufgabe des Einlagenschutzes). An dieser konsortialen Gründung mit Nachschusspflicht der Gesellschafter sind die *Deutsche Bundesbank* mit 30%, der *Bundesverband Deutscher Banken* mit 30%, die öffentlich-rechtlichen Banken mit 26,5%, die Genossenschaftsbanken mit 11% und die Teilzahlungsbanken (2,5%) beteiligt.

In diesem Zusammenhang ist auch auf die Besonderheit hinzuweisen, dass die *AKA-Ausfuhr-Kredit-GmbH* und die *Liquiditätskonsortialbank GmbH* in **Personalunion** geführt werden.

5.8.2 Öffentlich-rechtliche Organisationsformen

***KfW* Bankengruppe:**

Die *KfW*-Bankengruppe geht auf die 1949 durch das *KfW*-Gesetz gegründete *Kreditanstalt für Wiederaufbau* (*KfW*) zurück. Die *KfW* als Körperschaft des öffentlichen Rechts mit Sitz in Frankfurt am Main hatte ursprünglich die **Aufgabe**, den Wiederaufbau der deutschen Wirtschaft zu finanzieren. In der Folgezeit wurden der *KfW* weitere Aufgaben zugewiesen: Sie förderte einerseits die deutsche Wirtschaft durch die Vergabe von Investitions- und Exportkrediten sowie durch Übernahme von Bürgschaften. Andererseits vergab die Bank, an deren Grundkapital der Bund zu vier Fünftel und die Länder zu einem Fünftel beteiligt sind, im Auftrag der Bundesregierung Kredite und Zuschüsse im Rahmen der finanziellen Zusammenarbeit mit Entwicklungsländern. Seit 1969 fungierte die KfW als Zentralstelle für die Abwicklung der Entwicklungshilfe.

Zur Erfüllung ihrer Aufgaben verschaffte sich die *KfW* die erforderlichen Mittel durch Ausgabe von Schuldverschreibungen sowie durch Aufnahme von Darlehen beim Bund und den Sondervermögen des Bundes (insbesondere dem ERP-Sondervermögen), bei anderen Kapitalsammelstellen und im Ausland. Durch Ausweitung der Geschäftstätigkeit und durch Zugang v.a. der *Deutschen Ausgleichsbank* als *KfW* **Mittelstandsbank**, von Teilen der ehemaligen *Staatsbank der DDR* und des Anteilsbesitzes an der *IKB* ergab sich die neue Bezeichnung als *KfW Bankengruppe*. Hauptstandort ist Frankfurt/Main mit Niederlassungen in Bonn und Berlin.

Nunmehr bestehen die **Hauptaufgaben** insbesondere in der Mittelstandsförderung und der Förderung von Existenzgründern, der Finanzierung der kommunalen Ifrastruktur, Der Export- und Importfinanzierung durch die *IPEX-Bank* der *KfW*, Bildungsfinanzierung, Wohnbauförderung und der Zusammenarbeit bei der Entwicklungsfinanzierung.

Deutsche Ausgleichsbank (DtA):

Durch das Ausgleichsbankgesetz i.d.F. vom 23.9.1986 als bundesunmittelbare rechtsfähige Anstalt des öffentlichen Rechts gegründet, oblag der DtA die **Aufgabe**, die Finanzierung von Maßnahmen im wirtschaftsfördernden Bereich (Existenzgründungsfinanzierung des gewerblichen Mittelstandes und freier Berufe), im sozialen Bereich, im Umweltschutzbereich und zur wirtschaftlichen Eingliederung der Vertriebenen und Flüchtlinge sowie im Rahmen des Lastenausgleichs (soweit der Bund Verpflichtungen hat). Ein Schwerpunkt der Bank lag in der Finanzierung des Mittelstandes, v.a. in den neuen Bundesländern durch Kredite und Eigenkapitalhilfe-Programme. Im Juli 2003 ist die Deutsche Ausgleichsbank in der neu gegründeten Mittelstandsbank der *KfW-Gruppe* aufgegangen. Die Förderprogramme der ehemaligen *DtA* werden von der *KfW Mittelstandsbank* fortgeführt. Vorläuferbank der *DtA* war die **Lastenausgleichsbank**. Im Jahr 1954 gegründet, hatte sie die Aufgabe, den Personenkreis der Flüchtlinge, Vertriebenen und Kriegssachgeschädigten in die deutsche Wirtschaft einzugliedern (Förderung von Existenzgründungen durch Kredite und Bürgschaften). Später wurden der Bank Aufgaben der Mittelstandsförderung und des Umweltschutzes übertragen.

Landwirtschaftliche Rentenbank („Rentenbank"):

Die Rentenbank ist die deutsche Förderbank für die Landwirtschaft und den ländlichen Raum. Sie wurde 1949 als Anstalt des öffentlichen Rechts in Frankfurt/Main errichtet. Die Anstaltslast trägt der Bund. Im Rahmen ihres gesetzlichen Förderauftrages hat diese Bank die **Aufgabe**, die Finanzierung agrarbezogener Vorhaben sicherzustellen. Insbesondere vergibt die Rentenbank zur Erfüllung ihrer Aufgabe zinsgünstige Förderkredite aller Art an Betriebe der Land- Forst- und Fischereiwirtschaft sowie des Gartenbaus. Darüber hinaus werden auch vor- und nachgelagerte Unternehmen anderer Wirtschaftszweige, wie der Ernährungswirtschaft, und die Gebietskörperschaften des ländlichen Raums in die Förderung einbezogen. Die Abwicklung der Kreditvergaben erfolgt über die Hausbank der Kreditnehmer. Gewinne der Rentenbank werden zur Förderung der Landwirtschaft verwendet. Die Refinanzierung der Rentenbank erfolgt vorzugsweise über den internationalen Kapitalmarkt, wobei das Rating mit Triple A zur Zinsverbilligung beiträgt.

5.9 Bausparkassen

Bausparkassen sind Kreditinstituten, deren Geschäftsbetrieb darauf gerichtet ist, einerseits Einlagen von Bausparern (**Bauspareinlagen**) entgegenzunehmen und andererseits aus den angesammelten Beträgen den Bausparern für wohnungswirtschaftliche Maßnahmen Gelddarlehen (**Bauspardarlehen**) zu gewähren. Diese als „**Bauspargeschäft**" bezeichnete Tätigkeit darf nur von Bausparkassen betrieben werden. Die Zielsetzung von Bausparkassen als **Zwecksparkassen** besteht somit primär darin, der bauwilligen Bevölkerung zur Finanzierung von Eigenheimen und Wohnungseigentum, zur Verbesserung von bestehenden Wohnungen oder zur Ablösung von Verpflichtungen, die dazu eingegangen worden sind, zweitrangige Hypothekendarlehen zur Verfügung zu stellen. Vorauszugehen hat die Ansammlung von Sparbeiträgen in einem Zuteilungsfonds, aus dem dann nach einem bestimmten Plan unter Einhaltung bestimmter Mindestfristen außer den Spargeldern die benötigten Hypothekendarlehen zugeteilt werden. Dieses Verfahren gilt sowohl für Bausparkassen privatrechtlicher als auch öffentlich-rechtlicher Konstruktion (siehe auch 7.2.1.5.1.e).

Das Gesetz über Bausparkassen vom 16.11.1972 (in der Neufassung vom 15.2.1991) definiert im einzelnen die Begriffe des **Bausparers** und der wohnungswirtschaftlichen Maßnahmen sowie die zulässigen Geschäfte, die Bausparkassen außer dem Bauspargeschäft betreiben dürfen (z.B. Gelddarlehen zur Zwischenfinanzierung, Emission von Inhaber-Schuldverschreibungen). Daneben enthält das Gesetz Allgemeine Geschäftsgrundsätze für den Geschäftsbetrieb von Bausparkassen und Allgemeine Bedingungen für Bausparverträge sowie über den Vertrauensmann, der für jede Bausparkasse von der Bankenaufsicht bestellt wird. Die **Bausparkassen-Verordnung** vom 19.12.1990 enthält u.a. weitere Regelungen zu Großbausparverträgen, zu den Zuteilungsvoraussetzungen und zur bauspartechnischen Absicherung.

5.10 Postbankwesen

Ab dem Jahre 1868 bemühte sich die deutsche Postverwaltung, in Kooperation mit dem Sparkassensektor den Geldübermittlungsdienst zu organisieren (siehe dazu *Hahn* 1979; *Schubert/Schneider).* Während dieses Kooperationsmodell in Belgien (1870) realisiert worden ist und auch in der Schweiz eine enge Kooperation der Banken mit der Post bestand, scheiterten entsprechende Versuche in Deutschland mehrmals, und zwar in den Jahren 1878, 1883, 1924 und 1931. Erst mit dem Anschluss Österreichs im März 1938 gelang letztlich doch die Gründung einer deutschen **Postsparkasse.** In den Jahren ab 1964 wurden Vereinbarungen mit ausländischen Postverwaltungen abgeschlossen, so dass sich dadurch eine von den Universalbanken nicht oder nur beschränkt angebotene internationale Freizügigkeit entwickeln konnte.

Weniger kompliziert stellt sich die Entstehung des **Postgiro-Postscheckdienstes** dar: Wesentlich für seine Gründung war die Tatsache, dass im Deutschen Reich einerseits bargeldlose Zahlungsverkehrseinrichtungen für das gesamte Währungsgebiet fehlten, andererseits aber ein Bedarf an einem solchen System bestand. Zwar ließ die Einführung des **Reichsbank-Girosystems** (1875) vorerst die Installation eines zusätzlichen reichsweiten Girosystems entbehrlich erscheinen, doch zeigte sich sehr bald, dass sich das Reichsbank-Girosystem in Anbetracht seiner hohen Mindesteinlage von 1.000 RM nur für Banken und größere leistungswirtschaftliche Unternehmen eignete. Das Postschecksystem jedoch sollte die übrige Wirtschaft und die Bevölkerung an den bargeldlosen Zahlungsverkehr heranführen. Ein Vorschlag der Reichspostverwaltung im Jahre 1900 scheiterte im Reichstag am Widerstand der Bank- und Sparkassenlobby, die im Postschecksystem ebenso wie im Postsparkassenprojekt (1883) eine Konkurrenz sah. Der Reichstag verlangte Verzicht auf Verzinsung und Gebührenfreiheit, wozu sich die Reichspostverwaltung aber zunächst nicht entschließen konnte. Ein Kompromiss (Unverzinslichkeit, niedrige Gebühren) ermöglichte dann 1908 die Ermächtigung des Reichskanzlers, den Post-Überweisungs- und Scheckverkehr einzuführen. Die **Postscheckordnung** trat am 1.1.1909 in Kraft, wobei in Bayern und Württemberg bis 1918 eigene Gesetze galten *(Hahn* 1979, 46).

Auf Grund der Vielfalt des Leistungsprogramms der **Postbank** *(Hahn* 1978), das neben dem dominierenden Postgiro- und Postsparkassendienst auch Kreditleistungen (sowohl in Form von kurzfristigen Kontokorrentkrediten an Postscheckkunden zur reibungslosen Abwicklung des Zahlungsverkehrs als auch in Form der längerfristigen Kreditvergabe an die seinerzeitige Deutsche Bundespost, Banken, Nichtbanken und den Staat) umfasste, bestand die Tendenz zu universeller Betätigung. Als Elemente des Postbankdienstes kamen sowohl die rund 25.000 Filialen vergleichbaren Postämter sowie die rund 10.000 Landzusteller in Betracht, die für die Endkombination zu Bankmarktleistungen ebenso sorgten wie der Postbankdienst im engeren Sinne, der die damals 14 Postgiroämter und zwei Postsparkassenämter (in München und Berlin) umfasste.

Nach Inkrafttreten der **Postreform** erfolgte im Dezember 1994 die Überführung der bisherigen Postbank als Teil des „Sondervermögens Deutsche Bundespost" in die *Postbank AG* als privatwirtschaftlicher Rechtsform, die nach denselben Grundsätzen wie die Kreditbanken (5.1) geführt werden sollte. 1999 erwarb die *Deutsche Post AG* die Postbank von der Bundesrepublik Deutschland. Seit dem Januar 2004 nahm die Postbank die Funktion als Transaktionsbank für den Zahlungsverkehr der *Deutschen Bank* und der *Dresdner Bank* wahr. Mit dem **Börsengang** eines Anteils von 50% minus einer Aktie öffnete sich die Postbank dem Kapitalmarkt. Ein weiterer wesentlicher Schritt zur Erweiterung des Tätigkeitsbereiches der Postbank ist mit der Übernahme des *BHW-Konzerns* gelungen, den sie zu 91% von der Beteiligungsgesellschaft der Gewerkschaften (*BGAG*) und Beamtenbund (*BWB*) erwarb. Die Angebotspalette der *Postbank* bleibt neben den dominierenden Zahlungsverkehrsleistungen und Sparkassenleistungen gleichwohl relativ begrenzt auf die Produkte Kredit, Baufinanzierung, Bausparen, Versicherungen (Kooperation mit *HUK Coburg* seit 2007) und Fonds. 2008 erwarb die *Deutsche Bank AG* einen wesentlichen Anteil an der *Postbank* mit dem Ziel der vollständigen Übernahme. Diese Übernahme und Integration in den Konzernverbund der *Deutschen Bank* erfolgte zum 1.1.2011.

5.11 Bankholdings und Finanzholding-Gesellschaften

Reine Bankholdings nach dem Vorbild der amerikanischen Bankholdings existieren im deutschen Bankwesen praktisch nicht, zumal in der Regel neben der Holding-Funktion noch andere eigene, spezialisierte Bankgeschäfte von der Holdinggesellschaft durchgeführt werden, wie z.B. das Investmentgeschäft. Eine Bankholding-Gesellschaft der deutschen Bankwirtschaft kann grundsätzlich dadurch charakterisiert werden, dass sie in Anbetracht der Holding-Funktion auf die Wahrnehmung einer Universalbank-Funktion verzichtet und nur in geringem Umfang spezialisierte Bankgeschäfte durchführt. Die Hauptaufgabe besteht daher in der Leitung einer aus Kreditinstituten bestehenden Unternehmensgruppe unter Ausgliederung wesentlicher Teile des Universalbankgeschäfts.

Hinsichtlich der Struktur von Finanzholdinggesellschaften und ihrer unterschiedlichen Ausprägungen ist auf Abschnitt 2.1.3 zu verweisen. Dasselbe gilt für Finanzkonglomerate sowie für Institutsgruppen und Finanzholding-Gruppen in der Definition des KWG (siehe dazu 4.3.3).

5.12 Near Banks: Finanzdienstleistungsinstitute und Finanzunternehmen

Die Begriffe „Finanzdienstleistungsinstitut" und „Finanzunternehmen" sind in § 1 Abs. 1a und 3 KWG für **aufsichtsrechtliche** Zwecke definiert. **Bankbetriebswirtschaftlich** gesehen handelt es sich um **banknahe Unternehmen** (siehe dazu 2.1.3), die nicht als Kreditinstitute im Sinne von § 1 Abs. 1 KWG gelten und ein eng abgegrenztes Leistungsprogramm finanzbezogener Art eigenständig und ausschließlich anbieten. Sie sind somit auf ein relativ geringes finanzielles Leistungsspektrum beschränkt und auf die Erbringung von bestimmten Leistungen **spezialisiert**. Grundsätzlich können allerdings auch Banken als Kreditinstitute im Rahmen von Universalbankprogrammen einzelne oder alle Tätigkeiten anbieten, die Gegenstand des Angebots dieser Near Banks sind. Häufig kooperieren Banken mit Near Banks zur Abrundung ihres Leistungsprogramms. Auf diese Weise kann eine Verbesserung der Rentabilitäts- und Risikosituation der betreffenden Banken realisiert werden, zumal die Finanzinstitute einerseits auf die Erstellung bestimmter Leistungen hochspezialisiert sind, andererseits eine Verlagerung von Risiken, die ansonsten die Bank zu tragen hätte, auf die Near Banks erfolgen kann. Allerdings gilt für den zuletzt genannten Aspekt, dass Banken bei Auftreten von Problemen bei Near Banks, an denen sie beteiligt sind oder die sich in ihrem Besitz befinden, sich nicht der Verantwortung entziehen können. Dies gilt auch für konsortiale Gründungen von Near Banks, die in diesem Fall von einer Zahl von Banken getragen bzw. finanziert werden. Als Beispiel aus dem Jahre 1994 sei die Insolvenz des Factoring-Instituts *Procedo Gesellschaft für Exportfactoring* anzuführen, an dem eine Reihe großer Banken beteiligt war, die sich letztlich zu einer tragbaren Abwicklung veranlasst sahen, um mögliche negative Rückwirkungen auf die Banken selbst auszuschließen.

Von der **rechtlichen Konstruktion** her kann es sich bei Near Banks insbesondere um Gesellschaften mit beschränkter Haftung, aber auch um Aktiengesellschaften handeln. Für einzelne Near Banks ist allerdings die Rechtsform zwingend vorgeschrieben, wie z.B. für Unternehmensbeteiligungsgesellschaften, die als AG zu errichten sind. Möglich sind aber auch alle anderen Rechtsformen einschließlich des Einzelkaufmanns, zumal das KWG keine Beschränkungen der Rechtsformwahl für Near Banks im Gegensatz zu den Kreditinstituten vorsieht. Dementsprechend kann die **Eigentümerstruktur** vielfältig gestaltet sein, und zwar reicht diese von Nicht-Banken als Eigentümer bis zu 100%-Beteiligungen von Banken. Besonderheiten bestehen darüber hinaus darin, dass Near Banks auch für einzelne **Finanzierungsprojekte** vorgesehen sein können, wie das häufig im Immobilien-Leasing der Fall ist: Zur Abwicklung einzelner Großvorhaben gründen Banken oder Leasing-Gesellschaften im Besitz von Banken eigenständige, projektbezogene Leasing-Gesellschaften als Tochter- bzw. Enkel-Gesellschaften. Im Folgenden werden ihrer praktischen Bedeutung entsprechende, wesentliche Typen von Near Banks in den Grundzügen dargestellt.

5.12.1 Leasingunternehmen

Unternehmen, mit der Hauptttätigkeit, längerfristige Leasing-Verträge abzuschließen (§ 1 Abs. 3 Nr. 3 KWG), sind Finanzunternehmen (Leasingunternehmen; Leasing-Gesellschaft; Leasing-Institut). Nach allgemeiner Auffassung handelt es sich bei Leasing um ein Finanzinstrument, das auf Ersparnis an unternehmerischem Eigenkapital ausgerichtet ist und in seiner Gestaltungsform als besonderes Mietverhältnis in Erscheinung tritt. Leasing kann auf Wirtschaftsgüter aller Art Anwendung finden und besteht darin, dass ein Leasing-Geber, in diesem Fall das Leasingunternehmen, als spezialisiertes Finanzunternehmen, mit einem Leasing-Nehmer einen Leasing-Vertrag zur entgeltlichen Nutzung eines Wirtschaftsguts für einen bestimmten Zeitraum abschließt. Dabei ist beabsichtigt, durch entsprechende Vertragsgestaltung steuerliche Vorteile des Leasings und ggf. finanzwirtschaftliche Vorteile des Leasings für das Unternehmen zu nutzen. Zum Anwendungsbereich von Leasing-Verträgen auf Leasing-Gesellschaften (in der Regel in der Rechtsform der GmbH errichtet) im Falle von Mobilien (Mobilien-Leasing) zählt ausschließlich das indirekte Leasing: Dabei erfolgt der Vertragsabschluss im Gegensatz zum direkten Leasing, bei dem das Vertragsverhältnis über das Leasing-Objekt direkt zwischen Hersteller und Leasing-Nehmer begründet wird, unter Einschaltung eines Leasingunternehmens zwar direkt zwischen diesem als Leasing-Geber und Leasing-Nehmer (Abbildung 16-1), aber **indirekt** zwischen Hersteller und Leasing-Nehmer. Der Leasing-Geber kauft das Leasing-Objekt vom Hersteller und „vermietet" es dann seinerseits an den Leasing-Nehmer, der als Gegenleistung für die Nutzungsüberlassung die vereinbarten, meist monatlich fälligen **Leasing-Raten** bezahlt. Hinsichtlich der Kalkulation und der Abrechnung der Leasing-Raten ergeben sich Analogien zum Ratenkredit (siehe 7.2.1.5.1.d; zum Leasing-Kredit siehe auch 7.2.1.5.1.g). Leasing-Leistungen können grundsätzlich auch von Kreditinstituten angeboten werden. In der Regel erfolgt jedoch eine Ausgliederung **(Outsourcing)** dieser Leistungsart und Übertragung an eine Tochtergesellschaft in Form eines Finanzunternehmens oder die konsortiale Gründung eines derartigen Finanzunternehmens durch mehrere Banken oder die Kooperation auf Verbandsebene (Sparkassen, Genossenschaftsbanken) mit verbandseigenen Leasingunternehmen.

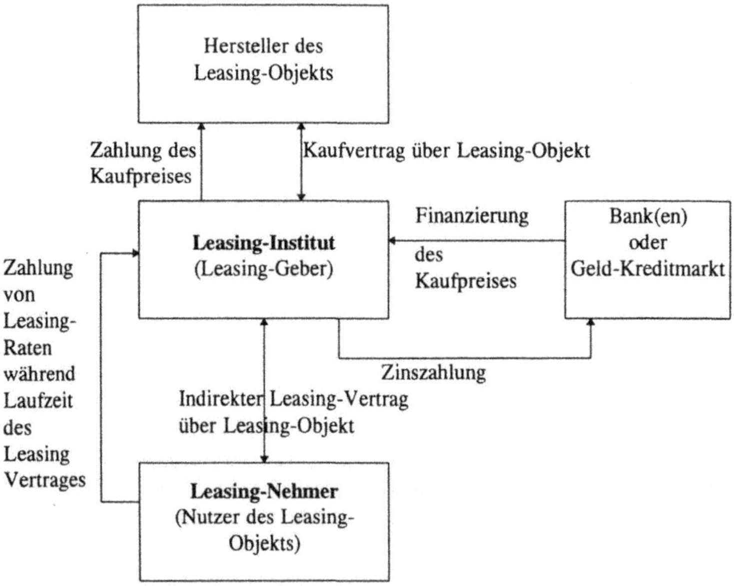

Abb. 16-1: Beziehungsstruktur bei indirektem Leasing von Mobilien

Im Falle des **Immobilien-Leasing** erwirbt das Leasingunternehmen ein Grundstück oder ein Gebäude und schließt mit dem Leasing-Nehmer **direkt** den Leasing-Vertrag ab. Aus der Sicht des Verkäufers der Immobilie handelt es sich jedoch analog zum Hersteller ebenfalls um **indirektes** (Immobilien-)Leasing. Dabei können auch Sonderformen, wie das **Sale-and-Lease-Back-Verfahren,** auftreten, bei dem der ursprüngliche Grundstücks- oder Gebäudeeigentümer die Immobilie an ein Leasingunternehmen verkauft und gleichzeitig (zurück-) least. Das Unternehmen wird zum Mieter des Leasingunternehmens und zahlt laufende Leasing-Raten analog einer Miete, hat jedoch den Vorteil einer Liquiditätsverbesserung durch Zufluss des Kauferlöses der Immobilie (Abbildung 16-2).

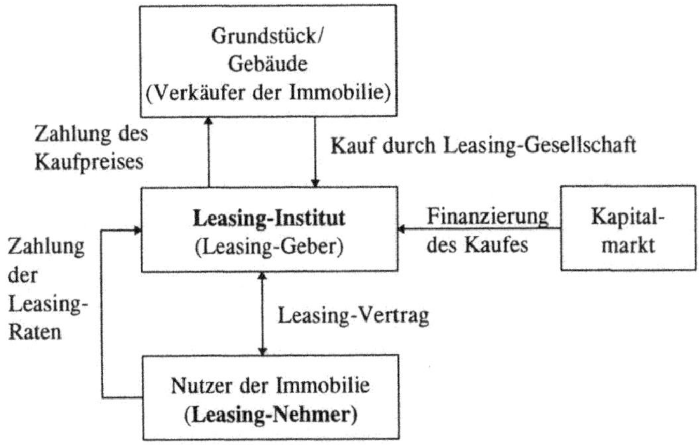

Abb. 16-2: Struktur des Immobilien-Leasings

Entsprechend der **Vertragsgestaltung** kann zwischen Operate-Leasing-Verträgen und Finance-Leasing-Verträgen unterschieden werden. Während der Leasing-Nehmer **Operate Leasing-Verträge** grundsätzlich jederzeit unter Einhaltung einer kurzen Kündigungsfrist kündigen kann und das Investitionsrisiko somit den Leasing-Geber trifft, sind **Finance-Leasing-Verträge** durch unkündbare längere **Grundmietzeiten** gekennzeichnet, wobei i. d. R. die Grundmietzeit kürzer als die betriebsgewöhnliche Nutzungsdauer des Leasing-Objekts bemessen ist. Sofern innerhalb der Grundmietzeit die Summe der anfallenden Leasing-Raten sowohl die Anschaffungs- bzw. Herstellungskosten als auch die Finanzierungskosten (einschließlich der kalkulatorischen Eigenkapitalkosten und des kalkulatorischen Gewinns) und die Verwaltungskosten des Leasingunternehmens deckt, handelt es sich um einen **Full-Pay-Out-Vertrag.** In allen anderen Fällen liegen **Non-Pay-Out-Leasingverträge** vor, bei denen nach Ablauf der Grundmietzeit i.d.R. **entweder** eine **Abschlusszahlung** in Höhe des kalkulierten Restwertes (=Restamortisation) vom Leasing-Nehmer zu leisten ist **oder** eine **Veräußerung** des **Leasing-Objekts** erfolgt, wobei ein Differenzbetrag zwischen Verkaufserlös und Restamortisation zwischen Leasing-Geber und Leasing-Nehmer entsprechend der Vertragsbestimmungen zu teilen wäre.

Bei Finance-Leasing trägt somit der Leasing-Nehmer nicht nur das volle Investitionsrisiko, sondern auch das Risiko des zufälligen Untergangs sowie das Risiko der wirtschaftlichen und technischen Überholung (=Überalterung) des Leasing-Objekts. Darüber hinaus übernimmt der Leasing-Nehmer häufig die laufenden Wartungsarbeiten, die Kosten für Reparaturen und für Versicherung des Leasing-Objekts. Als **Sonderfall** des Finance-Leasings erweist sich das **Spezial-Leasing,** in dessen Rahmen eine Sonderanfertigung des Leasing-Objekts für die spezifischen Zwecke des Leasingnehmers erfolgt. Es liegt auf der Hand, dass eine sinnvolle Verwertung bzw. Nutzung durch andere Interessenten aus der Sicht des Leasing-Gebers nicht möglich erscheint, weshalb eine entsprechende Überwälzung des Risikos der Nichtverwertbarkeit in Form von **Risikozuschlägen** zu den Leasing-Raten auftreten können. Da Vertragsfreiheit beim Abschluss von Leasing-Verträgen herrscht, ergibt sich ein weiter Gestaltungsspielraum in Abweichung von den dargestellten Grundtypen.

5.12.2 Factoringunternehmen

Die Haupttätigkeit von Factoringunternehmen (auch als Factoring-Institute bezeichnet) besteht im **Ankauf** von **Geldforderungen** (=entgeltlicher Erwerb von Geldforderungen; § 1 Abs. 3 Nr. 2 KWG) und deren Verwertung bei Fälligkeit **(Factoring).** Insofern erbringen Factoringunternehmen **faktisch** Kreditleistungen im **kurzfristigen** Bereich, ohne Kreditinstitut im Sinne des § 1 Abs. 1 KWG zu sein. Allerdings bleibt es den Kreditinstituten unbenommen, im Rahmen ihres Universalbankangebots ebenfalls derartige Kreditleistungen selbst zu produzieren (siehe dazu die Ausführungen zum Factoring-Kredit unter 7.2.1.5.1.h). Die Inanspruchnahme von Factoring-Krediten durch Unternehmen vor allem des Mittelstandes erfolgt einerseits zu Zwecken der Finanzmittelbeschaffung und der Gewährleistung der situativen Liquidität, andererseits aus steuerlichen Gründen, zumal die Factoring-Finanzierung rechtlich keine Kreditaufnahme darstellt. Deshalb gelten die Zinsen des Factorings nicht als Zinsen für Dauerschulden und vermindern somit die Gewerbesteuerbelastung. Insofern können steuerliche Aspekte die Finanzierungswirkungen des Factorings verstärken.

Darüber hinaus erbringen Factoring-Institute in der Regel weitere **Dienstleistungen** für mittelständische Unternehmen, beispielsweise durch Übernahme der Buchführung sowie des Mahnwesens und des Inkassos von Außenständen. Auf Grund der Spezialisierung der Factoringunternehmen auf den Forderungsankauf erfolgt häufig ein **Outsourcing** dieser Finanzdienstleistung aus dem Leistungsangebot von Banken, Sparkassen und Genossenschaftsbanken auf derartige Finanzunternehmen.

Entsprechend des Umfanges des eigentlichen Factoring-Geschäfts können die Factoringunternehmen in **drei Gruppen** unterschieden werden (siehe *Wassermann,* 215 ff.):

- Die im *Deutschen Factoring-Verband* zusammengeschlossenen **Factoringunternehmen im engeren Sinne** mit rund 90% der deutschen Factoring-Umsätze.
- Zu den **sonstigen Factoringunternehmen** in Deutschland zählen Unternehmen, bei denen Factoring nur eine Tätigkeit unter mehreren weiteren Tätigkeiten darstellt. Die Bandbreite der Tätigkeiten erstreckt sich dabei vom Inkasso über das Leasing, die Unternehmensberatung, ärztliche Abrechnungen, Beteiligungsverwaltung, Übernahme von Verwaltungsaufgaben für Dritte bis zu Verlagstätigkeiten.
- Eine dritte Gruppe bilden **Teilzahlungsbanken** und **Spezialbanken** (insbesondere Autobanken), die Factoring direkt in ihrem Leistungsprogramm in relativ geringem Umfang anbieten.

Die Entwicklung des Factoring in Deutschland war bis 1994 durch das sog. Abtretungsverbot des § 399 BGB behindert: Danach konnte die Abtretung einer Forderung durch eine Vereinbarung zwischen Gläubiger und Schuldner ausgeschlossen werden. Diese Möglichkeit nutzten vor allen Großunternehmen der Industrie und des Handels.

Die vom Gesetzgeber 1994 neu eingeführte Vorschrift des § 354a HGB erweitert die Geschäftsmöglichkeiten der Factoringunternehmen insofern, als Abtretungsverbote bei beidseitigen Handelsgeschäften oder bei Geschäften mit der öffentlichen Hand im Ergebnis nur noch nachrangige Bedeutung haben, zumal derartige Geldforderungen auch entgegen eines bestehenden Abtretungsverbots zediert werden dürfen. Allerdings kann der Schuldner mit befreiender Wirkung an den bisherigen Gläubiger leisten (§ 354a, Abs. 1, Satz 2 HGB). Abweichende Vereinbarungen sind unwirksam. Insofern ist der Schuldner, der die Abtretung nicht kennt, vor einer Doppelinanspruchnahme gesichert, zumal der neue Gläubiger eine Leistung gegen sich gelten lassen muss, die der Schuldner an den bisherigen Gläubiger nach der Abtretung bewirkt (in diesem Sinne auch § 407 BGB).

Somit hat jedes Factoringunternehmen durch organisatorische Maßnahmen Sorge dafür zu treffen, die Zahlungseingänge bei seinem Kunden (dem **Zedenten),** für den es auch Konten führt, zu überwachen und auf die unverzügliche Weiterleitung bzw. Umbuchung auf sich selbst, den **Zessionar,** zu achten. Auf diese Weise reduziert das Factoringunternehmen das **Weiterleitungsrisiko.** Allerdings ist § 354a HGB auf ein Kontokorrentverhältnis nicht anwendbar, zumal ein Kontokorrent die Unabtretbarkeit von Einzelforderungen begründet und somit eine stillschweigende Abrede des Inhalts, die Forderung nicht abzutreten, nicht beinhaltet ist. Besteht **kein** Abtretungsverbot, muss der Schuldner (Abnehmer) an den neuen Gläubiger (Factoringunternehmen) zahlen, wenn er die Abtretung, beispielsweise in Form eines entsprechenden Aufdruckes auf der Rechnung, kennt. Zahlt der Schuldner weiter an den Lieferanten, tritt keine Erfüllungswirkung ein. Im Falle des Abtretungsverbots **mit** Zession an das Factoringunternehmen sollte der Schuldner an dieses leisten (obwohl er wegen § 354a Satz 2 HGB auch an den Lieferanten leisten könnte), um sich auf diese Weise von der Schuld zu befreien.

Die Bewertung von Forderungen mit und ohne Abtretungsverbot können seit Bestehen des § 354a HGB grundsätzlich in gleicher Weise vorgenommen werden (vorher hatten Forderungen mit Abtretungsverbot eine Bewertung mit Null zur Folge), da der Factor nach neuem Recht Vollinhaber der Forderung wird. Dieser Sachverhalt hat insbesondere für das Factoring Bedeutung, wenn der Factoringunternehmen die Forderungen zu 100% Nominalwert ankauft und der Kaufpreis unter Abzug eines „Einbehalts" bis zur einwandfreien Abwicklung von 20% bis 10% die Auszahlung 80% bis 90% an den Lieferanten beträgt. Die **Struktur** des Factorings zeigt Abbildung 16-3.

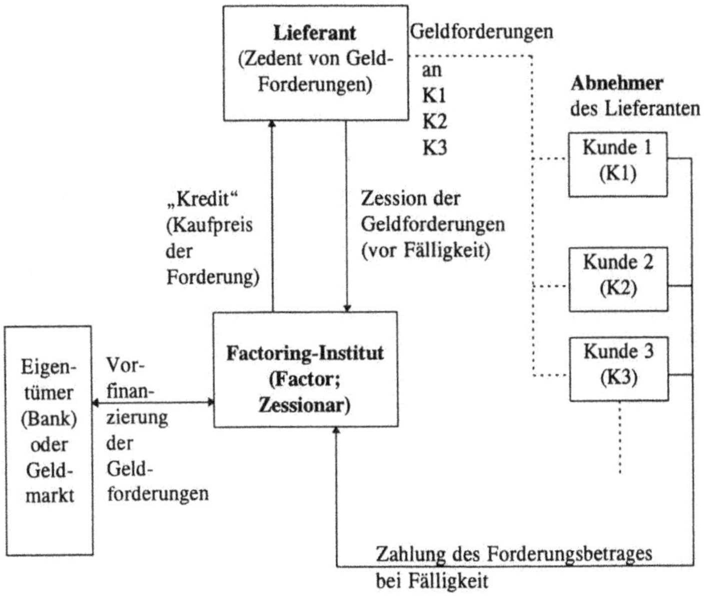

Abb. 16-3: Struktur des Factoring (echtes Factoring)

Das Factoringunternehmen, das eine Rückbelastung der Forderungen an den Lieferanten ausgeschlossen und somit das **Delkredererisiko** übernommen hat **(echtes** Factoring), tritt an die Stelle des Lieferanten und wird für einen Zeitraum von in der Regel bis zu 90 Tagen zu dessen Kreditgeber. Insofern besteht die Notwendigkeit, die Bonität des Lieferanten und dessen Geschäftsgebaren zu prüfen, zumal eine Prüfung der Bonität der Kunden des Lieferanten ausscheidet. Daher wird das Factoringunternehmen in der Regel das Ziel verfolgen, die Debitorenbuchhaltung des Lieferanten zu führen, um einerseits das Zahlungsverhalten der Kunden zu kennen, andererseits die Möglichkeit des Mahn- und Inkassowesens zu nutzen. Zur Abwicklung des Forderungsankaufs räumt das Factoringunternehmen dem Lieferanten eine **Kreditlinie** als Obergrenze für die Zession von Forderungen ein. Für den Lieferanten ergeben sich eine Rationalisierung der Forderungsverwaltung und eine Forderungssicherung. Zusätzlich erfolgt eine Verbesserung der Liquiditätssituation durch den Forderungsverkauf an ein Factoringunternehmen. Dieses stellt für seine Tätigkeit im Rahmen der (Vor-)Finanzierung der Forderungen des Lieferanten **Kreditzinsen** in Rechnung, die im Voraus vom Rechnungsbetrag einbehalten werden. Als **weitere Entgelte,** die an das Factoringunternehmen zu leisten sind, kommen **Gebühren** für dessen Dienstleistungen im Zusammenhang mit Risikomanagement, Forderungsverwaltung und Debitorenbuchhaltung in Anrechnung.

5.12.3 Beteiligungsgesellschaften

Unternehmungen, deren Haupttätigkeit darin besteht, Beteiligungen zu erwerben und zu halten (§ 1 Abs. 3 Nr. 1 KWG), ohne Kreditinstitute zu sein, kommt die Qualifikation als Finanzunternehmen in Form einer **Beteiligungsgesellschaft** bzw. eines **Portfoliounternehmens** zu. Die Finanzierung des Beteiligungserwerbs erfolgt über Kapitalanleger, die erfolgversprechende und über dem Durchschnitt rentierende Anlageobjekte suchen. Grundsätzlich poolen Beteiligungsgesellschaften als Intermediäre die Finanzmittel der Anleger, prüfen die Erfolgschancen des Beteiligungsobjekts und bieten ausgewählten Beteiligungsobjekten Eigenkapital an, für das sie im Gegenzuge eine, dem überlassenen Eigenkapitalvolumen entsprechende Beteiligung an dem betreffenden Unternehmen in der Regel auf Zeit erwerben bzw. erhalten. Primär soll auf diese Weise kleinen und mittleren Unternehmen mit innovativen Produkten oder innovativen Verfahren Risikokapital zugeführt werden, und zwar in der Regel in Form von Minderheitsbeteiligungen.

Dieses Konzept stellt sicher, dass die Unternehmensführung bei den rechtlichen Eigentümern verbleibt. Die Beteiligungen können direkt am Grund- oder Stammkapital von Kapitalgesellschaften sowie als stille Beteiligung bei Einzelkaufleuten und Personengesellschaften oder über eigenkapitalbezogene Finanzierungsinstrumente erfolgen. Die Beteiligung sollte beendet werden („Exit“ der Beteiligungsgesellschaft), wenn das Unternehmen aus eigener Kraft Eigenkapital zu bilden in der Lage ist und auch die Kapitalgeber über die Wertsteigerung ihrer Beteiligungsanteile eine entsprechende Abgeltung für ihren risikoreichen Kapitaleinsatz erhalten. Dabei ist zu berücksichtigen, dass die Kapitalgeber in der Regel in den ersten Jahren auf Ausschüttungen verzichten müssen.

Unter dem Oberbegriff **Beteiligungsgesellschaft** bestehen in Deutschland folgende Typen von **Portfoliounternehmen** (siehe dazu *Schröder*):

- **Kapitalbeteiligungsgesellschaften von Banken und Versicherungen,** deren Tätigkeit als Tochtergesellschaften von Banken und Versicherungen im wesentlichen darin besteht, Beteiligungen ohne unternehmerische Betätigung zu erwerben, und zwar ggf. unter Begrenzung einer Verlustteilnahme. Dabei kommt es auch zu konsortialen Gründungen, wie z.B. die *Deutsche Wagnisfinanzierungs-GmbH* (siehe dazu *Seipel)* als eines der ersten deutschen **Corporate Venture-Unternehmen**. Aus der Sicht der Banken handelt es sich beim Erwerb von Beteiligungen an innovativen Existenzgründungsunternehmen um eine Form der **Wagnisfinanzierung,** zumal die banküblichen Sicherheiten fehlen. Daher erfolgt in der Regel eine Ausgliederung derartiger Engagements auf spezialisierte Tochtergesellschaften, die als **Wagnisfinanzierungsgesellschaften, Venture-Capital-Gesellschaften, Corporate Ventures** oder **Beteiligungsgesellschaften** bezeichnet werden. Diese übernehmen die **Wagnisfinanzierung (Corporate Venture-Finanzierung,** siehe dazu *Eilenberger* 1994, 282ff.). Als Spezialität von Beteiligungsgesellschaften des Sparkassenbereichs zeigt sich in der Zielsetzung derartiger Tochtergesellschaften von Sparkassen oder Landesbanken, dass in der Regel **stille Beteiligungen** erfolgen und neben erwerbswirtschaftlichen auch regionalwirtschaftliche Förderziele verfolgt werden. Die Beteiligungsgesellschaften von Versicherungen beruhen ähnlich wie bei den privaten Banken wegen der Restriktionen durch das VAG auf konsortialen Gründungen, da sie nur in geringem Umfang Teile des **Deckungsstockvermögens** in Unternehmensbeteiligungen investieren dürfen. Die Ausrichtungen derartiger Beteiligungsgesellschaften erfolgt branchen- und regionalorientiert in Form stiller Beteiligungen.

- **Mittelständische Beteiligungsgesellschaften** wurden zur Unterstützung von mittelständischen Existenzgründungen seit den 1970er Jahren von **Gebietskörperschaften** errichtet (auch als **öffentlich geförderte Kapitalgesellschaften** bezeichnet). Ihr Zweck besteht darin, bestimmte Projekte unter regionalwirtschaftlichen Zielsetzungen mit Hilfe von Förderprogrammen des Bundes (insbesondere durch *ERP*-Mittel) und der Länder (z.B. Exporthilfeprogramme) zu realisieren, wobei eine Beteiligungsfinanzierung dieser Unternehmen in bestimmter Höhe erforderlich wird. Die Beteiligung anderer Wagnisfinanzierungs-Institute bleibt möglich.
- **Venture Capital-Gesellschaften:** Dieser Typ von Finanzunternehmen wurde als Antwort auf die Herausforderungen neuer und innovativer Märkte sowie Produkte seit Anfang der 1980er Jahre entwickelt. Es handelt sich um Kapitalgesellschaften, die von institutionellen Investoren und Investmentfonds getragen werden. Der Schwerpunkt liegt auf der Finanzierung der Gründungs- und Vorbereitungsphase auf die Markteinführung innovativer Produkte von jungen Technologieunternehmen (siehe dazu auch *Eilenberger* 2008, 69, und *Eilenberger* 2010, 63). Die Erwartungen der Finanziers gehen dahin, nach dem Überstehen der Verlustphase durch überproportional hohe und rasch steigende Erträge aus dem Engagement sowie der Wertsteigerung aus dem (späteren) Verkauf der Beteiligung Gewinne zu erzielen, die bei konservativer Anlage nicht realisierbar wären, allerdings unter Inkaufnahme von erheblichen Risiken. Zusätzlich zur Finanzierungsfunktion nehmen Venture Capital-Gesellschaften häufig Managementfunktionen wahr, die zu einer (weiteren) Verbesserung des Unternehmens- bzw. Beteiligungsergebnisses führen sollen. Die Managementunterstützung dient vor allem technikorientierten Existenzgründern zur Überwindung kaufmännischer Defizite und zur Verringerung des Verlustpotentials in der Phase vor der Markteinführung sowie zur Beschleunigung der Erreichung der Phase der Marktdurchdringung. Die Venture Capital-Gesellschaft beteiligt sich typischerweise nur bis zur Erzielung positiver Cash-Flows und profitiert v.a. von den Verwertungserlösen der Beteiligungen, die über den Buchwerten liegen. Die freiwerdenden Mittel investiert die Venture Capital-Gesellschaft erneut in förderungswürdige Engagements, so dass sich ein Portfolio von relativ neuen und schon reiferen Existenzgründungsbeteiligungen ergibt.
- **Unternehmensbeteiligungsgesellschaften (UBG)** als gesetzlich geschützte Bezeichnung für Beteiligungsunternehmen (§ 20 UBGG), die auf Grund einer Anerkennung durch die zuständige Behörde gemäß §§ 14ff. nach dem UBGG vom 27.12.1986 i. d. F. des 2. FMFG entstanden sind und den Anforderungen sowie der Aufsicht nach diesem Gesetz unterliegen (§ 1 UBGG). Die UBG darf nur in der Rechtsform der AG betrieben werden. Ihr satzungsmäßig festzulegender Unternehmensgegenstand muss ausschließlich auf den Erwerb, die Verwaltung und die Veräußerung von Anteilen oder von Beteiligungen als stiller Gesellschafter an Unternehmen gerichtet sein, die ihren Sitz und ihre Geschäftsleitung in einem EU-Mitgliedsstaat oder EWR-Vertragsstaat haben und deren Anteile im Erwerbs-

zeitpunkt nicht zur Notierung am Regulierten Markt einer Börse zugelassen sind, noch an einem anderen funktionsfähigen organisierten Markt gehandelt werden. Die **Anlagegrundsätze** regelt § 3 UBGG insofern, als eine UBG nur folgende Aktiva erwerben darf:

(1) Aktien, die weder zur Notierung am Regulierten Markt einer Börse zugelassen sind noch an einem organisierten Markt gehandelt werden;
(2) Aktien, die in Ausübung von Bezugsrechten, die der UBG gehören, erworben werden;
(3) Geschäftsanteile an einer Gesellschaft mit beschränkter Haftung;
(4) Kommanditanteile;
(5) Beteiligungen als stiller Gesellschafter im Sinne des § 230 HGB an Unternehmen, deren Anteile weder zur Notierung am Regulierten Markt einer Börse zugelassen sind noch an einem organisierten Markt gehandelt werden;
(6) Bezugsrechte, sofern die Aktien aus denen die Bezugsrechte herrühren, gemäß Nummer (1) erworben werden könnten;
(7) Aktien, die der UBG bei einer Kapitalerhöhung aus Gesellschaftsmitteln zustehen.

Anteile oder Beteiligungen als **stiller Gesellschafter** dürfen an Unternehmen erworben werden, die ihren Sitz und ihre Geschäftsleitung in einem EG-Mitgliedsstaat oder einem EWR-Vertragsstaat haben. Darüber hinaus kann die UBG Darlehen an Unternehmen gewähren, an denen sie Anteile hält oder als stiller Gesellschafter beteiligt ist. Darüber hinaus dürfen unter bestimmten Voraussetzungen Anteile der Beteiligungen als stiller Gesellschafter an Drittstaatunternehmen erworben werden.

Eine **Streuung** der **Anlagen** von UBG sieht § 4 UBGG insofern vor, als sie Anteile oder Beteiligungen als stiller Gesellschafter an **mindestens zehn Unternehmen** halten soll, wobei Anteile/Beteiligungen an Konzernunternehmen im Sinne des § 18 AktG als Anteile/Beteiligungen an demselben Unternehmen gelten. Dabei beträgt die **Anlagegrenze** in Form von Anteilen oder Beteiligungen als stiller Gesellschafter von maximal 20% der Bilanzsumme der UBG, gemessen als Anschaffungskosten zum Zeitpunkt des Erwerbs einschließlich des Buchwertes der von der UBG bereits gehaltenen Anteile/Beteiligungen an demselben Unternehmen. Die **Obergrenze** des Anteilerwerbs an einer AG, einer KGaA oder einer GmbH beträgt dabei 20% der Stimmrechte dieser Kapital-Gesellschaft. Für **Darlehen** im **Einzelfall** gilt eine **Obergrenze** in Höhe der **dreifachen Anschaffungskosten** der an einem Unternehmen gehaltenen Anteile/Beteiligungen. Sie dürfen zusammen mit dem Buchwert der bereits gehaltenen Anteile/Beteiligungen maximal 20% der Bilanzsumme der UBG betragen. Für den **Gesamtbetrag der Darlehen** legt § 4 Absatz 5 Satz 2 UBGG eine **Obergrenze** von 20% der Bilanzsumme der UBG fest. Darlehen gleichzusetzende **Schuldverschreibungen** dürfen nur in einem Umfang erworben werden, der ihre Anschaffungskosten zusammen mit dem Buchwert der von der UBG bereits gehaltenen Schuldverschreibungen 30% ihrer Bilanzsumme nicht übersteigt. Eine **Kreditaufnahme** und eine Emission von **Schuldverschreibungen** (§ 5 UBGG) der UBG kann mit einer **Obergrenze** der **Kreditaufnahme** und der Emission von **Schuldverschreibungen** insgesamt 30% des Eigenkapitals der UBG betragen. Ausgenommen davon sind Darlehen, welche die öffentliche Hand zur Refinanzierung von Beteiligungen an Unternehmen gewährt. Werden Schuldverschreibungen emittiert, so dürfen Darlehen nur mit der Maßgabe gewährt werden, dass sie im Falle der Insolvenz oder der Liquidation des Unternehmens erst nach Befriedigung aller nicht nachrangigen Gläubiger zurückgezahlt werden.

Eine weitere **organbezogene Begrenzung** des Erwerbs von Anteilen oder der Beteiligungen als stiller Gesellschafter, sieht § 6 UBGG vor: Die UBG darf sich nicht an Unternehmen beteiligen, an denen bereits ein Vorstands- oder Aufsichtsratsmitglied der UBG einen Anteil oder eine Beteiligung als stiller Gesellschafter hält. Darüber hinaus dürfen die genannten Organmitglieder keine derartigen Beteiligungen von der UBG erwerben. Die **Eigenkapitalbeschaffung** von UBG regeln die §§ 9 bis 11 UBGG. Demnach besteht die **Pflicht zum**

öffentlichen Angebot von 70% der Aktien der UBG innerhalb von zehn Jahren nach ihrer Anerkennung durch die zuständige Behörde (§ 14 UBGG).

5.12.4 Kreditkarten-Institute

Die Haupttätigkeit dieser Finanzdienstleistungsinstitute besteht darin, **Kreditkarten** oder **Reiseschecks** auszugeben oder zu verwalten (§ 1 Abs. 1a Nr. 8 KWG), ohne ein Kreditinstitut im Sinne des KWG zu sein. Die Ausgabe von Kreditkarten erfolgt durch **Kreditkarteninstitute** an die Kundschaft, die mit diesen Kreditkarten bei den Unternehmen, die der vom Kreditkarten-Institut initiierten Kreditkartenorganisation angehören, bis zu einem bestimmten Höchstbetrag innerhalb eines begrenzten Zeitraums (in der Regel eines Monats) Waren oder Dienstleistungen oder auch Bargeld auf Kredit beziehen können. Die Abrechnung der Kauftransaktionen der Kundschaft und des Bargeldbezuges wird im allgemeinen zum Ende eines Monats vorgenommen und das entsprechende Entgelt innerhalb längstens zwei weiterer Wochen vom Kunden-Konto per Lastschrift eingezogen, so dass die Kreditgewährung im Einzelfall bis zu sechs Wochen betragen kann (siehe auch 7.2.1.5.1). Der Erfolg einer Kreditkartenorganisation hängt vom Umfang des sog. **Händlernetzes** ab, das den Einkauf mittels Kreditkarte ermöglicht. Die Struktur dieser Beziehungen zeigt Abbildung 16-4. Darüber hinaus betreiben Kreditkarten-Institute **Geldausgabe-Automaten** und geben Bargeld auch über **Bargeldausgabe-Stellen** ab. Die Mitgliedschaft in Kreditkarten-Systemen ist für den Kreditkarten-Kunden im Allgemeinen mit einer Jahresgebühr abgegolten, die sich bei entsprechenden Jahresumsätzen bis auf Null ermäßigen kann. Die Abrechnung mit Händlern/Dienstleistern erfolgt in der Weise, dass vom Rechnungsbetrag ein Prozentsatz in Höhe bis zu 5% einbehalten wird. Aus dieser Spanne deckt das Kreditkarten-Institut seine Aufwendungen und erzielt in Zusammenhang mit den Jahresgebühren der Kundschaft den kalkulierten Gewinn. Zur **Vorfinanzierung** der Kreditkartenumsätze bis zum Eingang der Kundenleistungen kann das Bankensystem oder der Geldmarkt herangezogen werden.

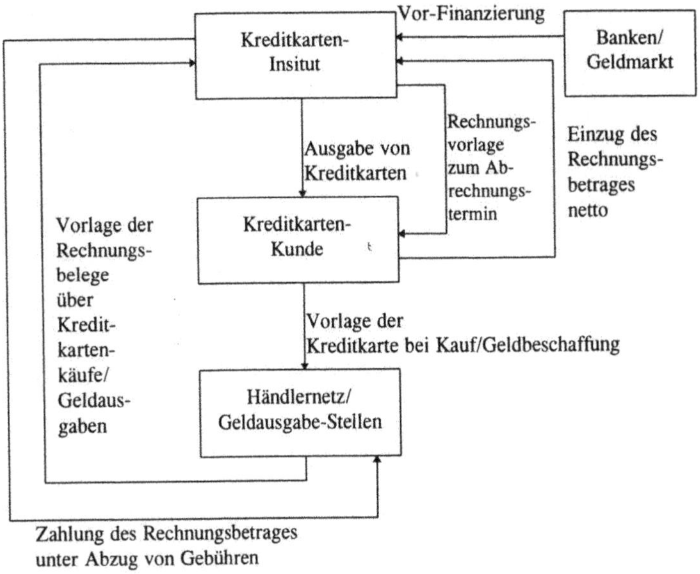

Abb. 16-4: Struktur der Beziehungen in Kreditkarten-Systemen und Abwicklung der Transaktionen

Bei verschiedenen Kreditkarten-Instituten, wie beispielsweise *Eurocard,* das von deutschen Banken getragen wird, oder *Visa,* das insbesondere amerikanische Banken dominieren, besteht für Kreditinstitute die Option, Kreditkarten in **eigener Regie** zu emittieren und auch abzurechnen (**Inhouse-Lösung**) oder diese Funktionen vom Kreditkarten-Institut wahrnehmen zu lassen. Im ersten Fall von **Instituts-Karten** verbleiben gegenüber dem Kreditkarten-Institut lediglich **Pflichtabnahmen** von Kreditkarten-Institutsleistungen in Form der Gemeinschaftswerbung, der Missbrauchsprävention, der Öffentlichkeitsarbeit und der Betreuung der betreffenden Kreditinstitute.

5.12.5 Wertpapierdienstleistungsunternehmen

Als Wertpapierdienstleistungsunternehmen gelten nach § 2 Abs. 4 WpHG neben den Kreditinstituten und Finanzdienstleistungsinstituten auch nach § 53 Abs. 1 Satz 1 KWG tätige Unternehmen, die Wertpapierdienstleistungen allein oder zusammen mit Wertpapiernebendienstleistungen gewerbsmäßig oder in einem Umfang erbringen, der einen in kaufmännischer Weise eingerichteten Geschäftsbetrieb erfordert (wegen Einzelheilten siehe dazu 7.2.2.1).

5.12.6 Vermögensverwaltungsgesellschaften

Unternehmen, die Finanzdienstleistungen in Form der **Verwaltung** von Wertpapieren oder Derivaten für Kunden mit Entscheidungsspielraum (**Finanzportfolioverwaltung**; § 1 Abs. 1a Nr. 3 KWG) anbieten, gelten als Finanzdienstleistungsinstitute. Diese Aufgaben werden von Kreditinstituten häufig ausgegliedert und eigenständigen Finanzdienstleistungsinstituten als Tochtergesellschaften übertragen. Als Motiv dafür kommt zum einen die Erhöhung des Spezialisierungsgrades im Interesse der vermögenden Privatkundschaft, die ihre Portefeuilles Vermögensverwaltungsgesellschaften übertragen, in Betracht, zum anderen spielen Risikoüberlegungen eine Rolle, die zu entsprechenden Rechtsformgestaltungen dieser Finanzdienstleistungsinstitute führen (z.B. Firmierung als GmbH).

Der Beziehung zwischen Kunde und Finanzintermediär liegen besondere Vereinbarungen insofern zu Grunde, als diesem Typus eines Finanzdienstleistungsinstituts ein **Verfügungsrecht** über die übertragenen Vermögenswerte mit dem **Ziel** eingeräumt wird, das Vermögen zu mehren, mindestens aber zu erhalten. Dabei gilt in besonderer Weise das **Principal-Agent-Verhältnis** (siehe dazu 2.3). Der Finanzintermediär wird als Agent des Auftraggebers (Principal) tätig, indem er im Interesse des Principals handelt und für diesen die Transaktionskosten senkt, die ansonsten in Form von Such- und Informationskosten anfallen würden, wenn der Principal die Verwaltung (ohne Beratung durch Dritte) selbst durchführen würde. Vorzugeben sind dem Agent nicht nur die Ziele des Principals, sondern auch „Grundsätze" als **Kriterien** für die Vermögensverwaltung, z.B. Ausschluss bestimmter spekulativer Engagements in Derivaten oder die Einhaltung von Spekulationsfristen bei Wertpapiergeschäften, um in den Genuss steuerfreier Kursgewinne zu kommen.

Zu vereinbaren wären auch Kriterien für die **Umschichtung** von festverzinslichen Wertpapieren mittels bestimmter Immunisierungsstrategien (z.B. **Duration**; siehe dazu *Uhlir/Steiner),* um Zinsänderungsrisiken in Beständen von festverzinslichen Wertpapieren bei Marktzinsänderungen zu kompensieren oder positiv im Interesse des Anlegers zu nutzen. Festzulegen ist auch die **Struktur** des Portfolios bei Existenz verschiedener Vermögens- und Wertpapierarten. Dazu gehört auch die **Beratung** des Kunden, die diesem Vor- und Nachteile offen legen und die Risiko-Chancen-Struktur von bestimmten Maßnahmen oder Strategien der Vermögensverwaltung transparent machen soll. Zu diesem Zweck haben derartige Institute Vorkehrungen für profunde Wertpapier- und Vermögensanalysen zu treffen, die eine bestmögliche Kundenberatung sowie Vermögensverwaltung gewährleisten.

5.12.7 Geldmakler-Unternehmen

Besteht die Haupttätigkeit eines Unternehmens in der Vermittlung von Darlehen zwischen Kreditinstituten, ohne dass der Vermittler Kreditinstitut im Sinne des § 1 Abs. 1 KWG ist, liegt ein Finanzunternehmen vor, das **Geldmaklergeschäfte** (§ 1 Abs. 3 Nr. 8 KWG) durchführt. Zur weiteren Tätigkeit von Geldmakler-Unternehmen zählt auch die Vermittlung von Darlehen zwischen Nichtbanken als Kreditnehmern und Banken als Kreditgebern. Während der erstgenannte, primäre Tätigkeitsbereich den **Interbankenbereich** betrifft und vor allem die Interessen kleinerer und mittlerer Banken berücksichtigt, die nicht selbst geldmarktfähig sind und daher zur Verringerung der Transaktionskosten die Dienste von Geldmakler-Unternehmen in Anspruch nehmen, handelt es sich beim letztgenannten Tätigkeitsbereich um die Anbahnung von Kreditgeschäften durch Geldmakler-Unternehmen vor allem im Bereich des Realkredits. Dabei kommen sowohl Vermittlungen von **Hypothekarkrediten** an Unternehmen und Freiberufler/Haushalte, als auch von **Kommunaldarlehen** zwischen öffentlichen Gebietskörperschaften (i.d.R. kommunalen Zweckverbänden, wie Betreiber von Wassergewinnungsanlagen oder von Kläranlagen mit hohem Investitionsbedarf) in Betracht. Beide Nachfragergruppen sind ebenso wie die kleineren Banken bestrebt, die Transaktionskosten der Finanzierung möglichst gering zu halten. Die Höhe der Transaktionskosten in diesen Fällen wird insbesondere von den Suchkosten nach geeigneten Kreditgebern mit passenden Finanzierungsangeboten bzw. -instrumenten bestimmt, verbunden mit den Informationskosten über die Finanzierungskonditionen für jedes derartige Finanzierungsangebot. Die Geldmakler-Unternehmen übernehmen in diesem Zusammenhang nicht nur Vermittlungsfunktionen, sondern auch ggf. Beratungsfunktionen für die zum Teil unerfahrene Klientel im Nichtbankenbereich.

Bei Ausübung der Vermittlungstätigkeit durch Geldmakler kann es allerdings zu Interessenkollisionen kommen, wenn der Auftraggeber dem Geldmakler-Unternehmen Vollmacht zur Akquisition von potentiellen Kreditnehmern im Nichtbankenbereich erteilt, und das Geldmakler-Unternehmen im Interesse einer Maximierung der Abschlussprovisionen ein möglichst hohes Kreditvolumen vermittelt, ohne entsprechende Hinweise auf eine ggf. dem Vermittlungsvolumen konträr verlaufende Risikoentwicklung zu geben.

Ein weiterer Tätigkeitsbereich von Geldmakler-Unternehmen besteht in der Vermittlung von Darlehen (einschl. Schuldscheindarlehen) im Rahmen von **Projektfinanzierungen,** bei denen durch Geldmakler erhebliche Finanzierungsvolumina (außerhalb des Konsortialgeschäfts von Banken) zusammengeführt werden. Nicht zu den Geldmakler-Geschäften zählen dagegen die niedrigvolumigen Kreditvermittlungen, insbesondere im Bereich des Ratenkredits bzw. des Teilzahlungsgeschäfts.

5.12.8 Corporate Finance-Unternehmen

Der Schwerpunkt der Tätigkeit diese Typus von **Finanzunternehmen** besteht darin, Unternehmen über die Kapitalstruktur, die industrielle Strategie und die damit verbundenen Fragen zu beraten sowie bei Zusammenschlüssen und Übernahmen von Unternehmen diese zu beraten und ihnen Dienstleistungen anzubieten (§ 1 Abs. 3 Nr. 7 KWG), ohne Kreditinstitut zu sein. Kreditinstitute mit dem beschriebenen Geschäftsbereich als spezieller Ausrichtung werden als **Investmentbanken** und deren Geschäftsfeld als **Investmentbanking** (siehe 7.2.4) bezeichnet.

Im Wesentlichen lassen sich zwei Gruppen von Corporate Finance-Unternehmungen als Anbieter unterscheiden, nämlich

- **Consultants** (beratende Berufe mit den Erscheinungsformen **Management Consultants** and **Aquisitionsservices,** auch allgemein als **Unternehmensberatung** bezeichnet,
- **Spezialberatung** in Bezug auf Kapitalstrukturentscheidungen (z.B. durch Aufnahme stiller Gesellschafter oder bei Leveraged Buy Outs);
- **Business Brokers** (Unternehmensberater) als **Unternehmensmakler** oder „M&A- Boutiquen“ im Rahmen von **Mergers and Aquisitions- (M&**A-)Maßnahmen.

Die **Aufgabengebiete** von Corporate Finance-Unternehmen bestehen vor allem darin,

- **Leveraged Financing** zu ermöglichen oder entsprechende Beratungsleistungen zu erbringen, d.h. **Leveraged Buy Outs (LBO)**, **Management Buy Outs (MBO)** und/oder **Sponsored Buy Outs** (von Konzerneinheiten) anzubahnen, zu vermitteln, zu begleiten und zu kontrollieren (zu den LBO und MBO siehe im einzelnen *Eilenberger* 2008);
- **Mergers&Aquisitions (M&A)** in den verschiedensten Erscheinungsformen zu arrangieren und die potentiellen Geschäftspartner zu beraten, und zwar vor allem bei (siehe auch *Behrens/Merkel):*
- **Fusionen** von Unternehmen oder Unternehmens- bzw. Konzernteilen im traditionellen Sinne,
- M+A **im engeren Sinne** (Kauf/Verkauf von Unternehmungen oder Kauf/Verkauf von Geschäftsbereichen einzelner Unternehmungen oder Kauf/Verkauf von Konzerngesellschaften; siehe dazu *Storck, J.*),
- **Going Public-Maßnahmen** (als erstmaliger Gang zur Börse von Unternehmen, deren Anteile bislang nicht in den Börsenhandel oder analoge Handelssysteme eingeführt waren),
- **Going Private-Maßnahmen** (zum Zwecke der Überführung ursprünglich verstaatlichter, staatlicher oder kommunaler Unternehmen aus öffentlichem Eigentum in Privateigentum **(Reprivatisierung)** mit entsprechender Rechtsformwahl, wobei vom Verfahren her auch MBO und LBO in Betracht kommen.

Zur Durchführung dieser Tätigkeiten bedienen sich die Corporate Finance Unternehmen der Unterstützung durch Teams, bestehend aus Analytikern, Unternehmensberatern, Juristen und Finanzfachleuten, die den interessierten Kunden eine umfassende Komplettberatung anzubieten in der Lage sind. Bei erfolgreichen Geschäftsabschlüssen erfolgt in der Regel ein **M&A-Controlling** zur Sicherstellung einer wirtschaftlichen und termingerechten Durchführung des betreffenden Projekts. Nicht zur Tätigkeit derartiger Finanzunternehmen gehört die Finanzierung der betreffenden Maßnahmen.

5.12.9 Sortenhandelsunternehmen

Die Haupttätigkeit dieser Finanzdienstleistungsinstitute besteht darin, ausländische Zahlungsmittel für eigene Rechnung oder im Auftrag von Kunden zu handeln oder zu wechseln (**Sortengeschäft**; § 1 Abs.1 Nr. 7 KWG), ohne Kreditinstitut im Sinne des § 1 Abs. 1 KWG zu sein. Derartige Unternehmen, die auch als **Wechselstuben** bezeichnet werden, führen den An- und Verkauf von auf fremde Währung lautende Banknoten einschl. Münzen (im Gegensatz zu den Devisen **Sorten** genannt) durch, die vor allem im Reiseverkehr benötigt werden.

Da im Rahmen der Tätigkeit als Sortenhandelsunternehmen eine Vielzahl relativ kleinerer Valutabeträge an- und verkauft werden, eignen sich derartige Finanzinstitute u.a. dazu, kriminelle Gewinne durch **Geldwäsche** in den legalen Wirtschaftskreislauf einzuschleusen und auf diese Weise deren Herkunft zu verschleiern. Insofern haben Sortenhandelsunternehmen die Vorschriften des Geldwäschegesetzes (GwG) in besonderer Weise zu beachten, zumal von kriminellen Elementen und Vereinigungen versucht wird, anonym über Wechselstuben in größerem Umfang Kleinbeträge im Rahmen einer größeren Gesamtsumme und einer umfassenderen Strategie gegen Inlandswährung oder in Auslandswährungen umzutauschen. Wenn dabei auch im einzelnen Zahlungsfall der Betrag von 15.000 EUR, der eine **Identifizierung** des Geschäftspartners gemäß § 2 Abs. 2 GwG auslöst, nicht erreicht werden sollte, greift § 2 Abs. 3 GwG, der die **Identifizierungspflicht** von Instituten (Kreditinstituten, Finanzdienstleistungsinstituten) auch dann auslöst, wenn tatsächliche Anhaltspunkte dafür vorliegen, dass zwischen kleineren Beträgen unter 15.000 EUR eine Verbindung besteht und die Zahlungen insgesamt einen Betrag von 15.000 EUR und mehr erreichen.

6 Grundtatbestände finanzwirtschaftlicher Entscheidungen in Bankbetrieben

Zur Erfüllung ihrer Funktionen und Aufgaben benötigen Bankbetriebe selbst Finanzierungsmittel. Dies gilt sowohl für die Aufnahme der Tätigkeit eines Bankbetriebes (Mindestausstattung an Eigenkapital) als auch für sein erfolgreiches Fortbestehen: Dabei reicht es nicht aus, lediglich Fremdmittel von Gläubigern aufzunehmen (Produktion von Anlageleistungen; siehe dazu 7.2.2.2.2.b–d) und diese ausschließlich zur Grundlage der Produktion anderer Bankmarktleistungen, insbesondere von Kreditleistungen (siehe 7.2.1), zu machen, was zwar theoretisch möglich wäre, in der Praxis aber am Postulat des Gläubigerschutzes scheitern muss. Bankbetrieben ist daher in allen Staaten eine Mindestausstattung an **Eigenkapital (Risikokapital)** auferlegt, wobei dessen Definition nicht einheitlich ist und von unter betriebswirtschaftlichen Kriterien **„echtem"** Eigenkapital in Form von **Kernkapital** bis zu **„fiktivem"** Eigenkapital in Form von **Ergänzungskapital** (siehe dazu im Einzelnen 3.1.2) als Kunstbegriff reicht (z.B. nachrangige Verbindlichkeiten als Eigenkapitalersatz). In Deutschland besteht auf Grund der Umsetzung der EG-Eigenmittel-Richtlinie eine direkte Verknüpfung des möglichen Produktionsvolumens von Bankmarktleistungen und bestimmten sekundären Bankleistungen mit dem Vorhandensein einer bestimmten Menge an sog. **haftendem Eigenkapital**, dessen geforderte Erscheinungsform gemäß § 10 Abs. 2a KWG von der Rechtsform eines Bankbetriebes abhängt **(rechtsformspezifisches Eigenkapital):**

- **variables** Geschäftskapital bei Einzelkaufleuten und Personengesellschaften einschließlich **verlängertem** Eigenkapital in Form von offenen **Rücklagen** sowie Möglichkeit der Teilanrechnung von „freiem" Vermögen des Inhabers oder der persönlich haftenden Gesellschafter;
- **fixes** Grund- oder Stammkapital bei Aktiengesellschaften und Gesellschaften mit beschränkter Haftung und **offene Rücklagen;**
- **fixes** Grundkapital bei Kommanditgesellschaften auf Aktien sowie **variables** Eigenkapital in Form von Vermögenseinlagen der Komplementäre, die nicht auf das Grundkapital geleistet worden sind, und **offene Rücklagen;**
- **Geschäftsguthaben** und offene **Rücklagen** bei Genossenschaftsbanken zuzüglich eines vom Bundesfinanzminister durch Rechtsverordnung festzusetzenden **Zuschlages,** welcher der Haftsummenverpflichtung der Genossen Rechnung trägt (nach der „Zuschlagsverordnung" bei Genossenschaften mit unbeschränkter Nachschusspflicht das Doppelte des Gesamtbetrages der Geschäftsanteile, bei beschränkter Nachschusspflicht drei Viertel des Gesamtbetrages der Haftsummen);
- ausschließlich **offene Rücklagen** („Sicherheitsrücklagen") bei Sparkassen (bei unbeschränkter Haftung der Gewährträger);
- **Dotationskapital** und **offene Rücklagen** bei bestimmten öffentlich-rechtlichen Bankbetrieben;
- **eingezahltes Kapital** und **offene Rücklagen** bei anderen Rechtsformen von Bankbetrieben.

Unabhängig von der Rechtsform zählen weitere Finanzierungsmittel zum bankbetrieblich relevanten Eigenkapital **(rechtsformunabhängiges Eigenkapital).** Im Einzelnen handelt es sich dabei um folgende als haftendes Eigenkapital deklarierte Mittel:

- Der **Reingewinn,** soweit seine Zuweisung zum Geschäftskapital, zu den Rücklagen (=Thesaurierung) oder den Geschäftsguthaben beschlossen ist.
- **Vermögenseinlagen stiller Gesellschafter** können nur dann dem Eigenkapital zuzurechnen, wenn sie bis zur vollen Höhe am Verlust teilnehmen, nachrangig sind (d.h. erst nach Befriedigung der Gläubiger zurückgefordert werden können), mindestens fünf Jahre zur Verfügung stehen (solange der Rückzahlungsanspruch nicht in weniger als zwei Jahren fällig wird) und das Kreditinstitut auf die Rechtsfolgen nach § 10 Abs. 4 KWG anlässlich der Begründung der stillen Gesellschaft hingewiesen hat.
- **Genußrechtskapital** gilt dann als Eigenkapital, wenn die gegen Ausgabe von **Genußrechten** aufgebrachten Finanzierungsmittel bis zur vollen Höhe am Verlust teilnehmen, nachrangig sind, für mindestens fünf Jahre zur Verfügung stehen und der Rückzahlungsanspruch nicht vor zwei Jahren fällig wird (§ 10 Abs. 5 KWG). Die Obergrenze für das anrechenbare Genussrechtskapital beträgt 25% des haftenden Eigenkapitals nach § 10 Abs. 2 KWG.
- Nachgewiesenes **freies Vermögen** des Inhabers oder der persönlich haftenden Gesellschafter, dessen Umfang als haftendes Eigenkapital (auf Antrag) von der Bankenaufsicht festzulegen ist.

Eigenkapitalfunktion kommt schließlich den **stillen Rücklagen** (stillen Reserven) zu, die nach §340f HGB (vormals § 26a KWG) gebildet werden können und im Falle des Eintretens von Verlusten diese aufzufangen vermögen (Pufferfunktion), ohne das deklarierte haftende Eigenkapital zu tangieren, oder in wirtschaftlich schwierigen Perioden die Kontinuität des Gewinnausweises sichern, was letztlich zu einer Umdeklaration in haftendes Eigenkapital führen kann.

Neben den **Vorsorgereserven** nach § 340f HGB, den **Sonderposten für allgemeine Bankrisiken** nach § 340g HGB und den Aktien, die mit einem nachzuzahlenden Vorzug bei der Gewinnverteilung ausgestattet sind **(Vorzugsaktien),** können auch **nicht realisierte Reserven** dem haftenden Eigenkapital zugerechnet werden.

Der Einsatz von Eigenkapital und damit das Volumen der in einem bestimmten Bankbetrieb konkret vorhandenen haftenden Mittel hängt neben den gesetzlichen Erfordernissen insbesondere von den Kosten, also der notwendigen Bedienung der Eigenkapitalgeber mit Gewinnausschüttungen, ab. Dieser Aspekt erklärt die Neigung zur Substitution von Eigenkapital durch Fremdkapital in größtmöglichem Umfang ebenso wie die unterschiedliche Qualität des vorhandenen haftenden Eigenkapital selbst: Die Bildung von offenen Rücklagen und stillen Rücklagen im Rahmen der Innenfinanzierung wird gegenüber der Zuführung von Eigenkapital in Form von gezeichnetem Kapital von Seiten der Eigentümer (Außenfinanzierung) präferiert, da die offenen Rücklagen dem Anspruch auf Ausschüttung einer Dividende unterliegen.

6.1 Eigenkapital

6.1.1 Funktionen des Eigenkapitals in Bankbetrieben

Fragen der Eigenkapitalausstattung haben seit jeher das Interesse wissenschaftlicher Bankbetriebswirtschaftslehre gefunden. Dem Eigenkapital von Bankbetrieben werden in der Literatur (siehe z.B. *Hagenmüller I,* 228; *Büschgen* 1979, 92) folgende Funktionen zugeschrieben:

(a) **Gründungsfunktion**: Das KWG fordert als Voraussetzung zur Erteilung der Erlaubnis gemäß § 33 Abs. 1 Ziff. 1 KWG ein ausreichendes haftendes Eigenkapital, das mindestens 5 Mio. EUR eingezahltes Anfangskapital bei Einlagenkreditinstituten betragen muss.

(b) **Finanzierungsfunktion**: Eingezahltes Eigenkapital und durch Innenfinanzierung zugewachsenes Eigenkapital sowie als haftendes Eigenkapital deklarierte andere **Ergänzungskapitalien** dienen zusammen mit dem Fremdkapital zur Finanzierung der Leistungserstellung im Bankbetrieb, wenn auch nicht zu verkennen ist, dass in Anbetracht des verfügbaren Volumens dem Gläubigerkapital größere Bedeutung zukommt. Andererseits darf die Beteiligung des Eigenkapitals an der Produktion von Bankleistungen im Rahmen der Kalkulation der Bankpreise nicht unbeachtet bleiben, zumal vom Volumen des vorhandenen Eigenkapitals auch die Höhe des erzielbaren Zinsüberschusses abhängt (siehe *Gnoth*, 424).

(c) **Haftungsfunktion (Garantiefunktion)**: Im Interesse des Einlegerschutzes und Gläubigerschutzes soll das Eigenkapital von Bankbetrieben im Verlustfall eine Abdeckung primär aus eigenen Mitteln gewährleisten. Damit übernimmt das Eigenkapital zugleich eine **Pufferfunktion** und eine **Einlagensicherungsfunktion,** die durch das Bestehen von Einlagensicherungsfonds eine wesentliche Stärkung erfährt (siehe dazu *Erdland* und 7.2.2.2.1.d).

(d) **Begrenzungsfunktion**: Zur Aufrechterhaltung eines funktionsfähigen Bankwesens sind vom Kreditwesengesetz **Strukturnormen** vorgegeben (§§ 13, 13a und 13b KWG), die darauf abzielen, die Risiken aus dem Kreditgeschäft zu reduzieren und die Gefahr des Eintretens von Verlusten weitgehend auszuschalten. Insofern besteht ein enger Zusammenhang zur Haftungsfunktion in dem Sinne, dass der Eintritt des Haftungsfalles möglichst ausgeschlossen werden soll.

(e) **Ausgleichsfunktion**: Eigenkapital soll auch die Aufgabe des intertemporären Gewinn- und Verlustausgleichs insbesondere über die Variation der freien Rücklagen wahrnehmen, was in Zusammenhang mit der Variation stiller Reserven eine Dividendenkontinuität und zugleich eine Stärkung des Vertrauens sowie der Wettbewerbsposition bewirken kann. Darüber hinaus schützt eine ausreichende Quote an Risikokapital vor negativen konjunkturellen Einflüssen, da mit ihm keine Zins- und Tilgungsverpflichtungen verbunden sind.

(f) **Bemessungsfunktion**: Die Anteile am **gezeichneten Kapital** (als einer Untermenge des haftenden Eigenkapitals von Kreditinstituten) bilden die Basis der Gewinnverteilung, die nach gesellschaftsrechtlichen und satzungsmäßigen Vorschriften abzuwickeln ist.

(g) **Repräsentationsfunktion (Werbefunktion)**: Im Wettbewerb mit anderen Bankbetrieben kann eine überdurchschnittliche Eigenkapitalquote das Vertrauen der Anleger in die Sicherheit der Banken insgesamt und bestimmter Banken im speziellen stärken. Die Höhe des Anteils des Risikokapitals wird zudem als Indikator für die Leistungsfähigkeit eines Bankbetriebes angesehen und ist geeignet, akquisitorische Effekte insofern zu zeitigen, als potentielle Kunden zur Nachfrage nach den Bankmarktleistungen des betreffenden Bankbetriebes ermuntert werden könnten.

Sieht man allerdings davon ab, dass bankaufsichtsrechtliche Vorschriften den Banken eine bestimmte Mindestausstattung an Risikokapital vorschreiben oder das Volumen der Produktion von Bankleistungen von bestimmten Relationen zum haftenden Eigenkapital begrenzt wird, so erscheint es dennoch durchaus möglich, dass Bankbetriebe auch ohne jegliches Eigenkapital bzw. mit einem Minimum an Risikokapital, das gegenüber dem Fremdkapital zu vernachlässigende Werte annimmt, den Geschäftsbetrieb aufnehmen und erfolgreich aufrecht erhalten könnten.

Diese Auffassung resultiert vor allem aus der Tatsache, dass die Bankbetriebe selbst in erheblichem Umfang zu Schuldnern gegenüber dem breiten Publikum oder anderen Finanzierungsinstitutionen des In- und Auslandes geworden sind. Im internationalen Vergleich arbeiteten nämlich im Jahre 1979 Bankbetriebe (im Durchschnitt aller Institute des betreffenden Landes) mit einem Fremdmittelanteil zwischen rd. 92% (Schweiz) und rd. 98% (Schweden; Tabelle 5), wobei auch eine gewisse Korrelation zwischen der Eigenkapitalquote und dem Anteil der Auslandsverbindlichkeiten zu erkennen ist (höhere Auslandsverbindlichkeiten bedingten höhere Eigenkapitalquoten).

Tab. 5: Internationale Bankkennziffern (Stand: Ende 1979)

Land	Eigene Mittel in % der Bilanzsumme	Auslandsverbindlichkeiten in % der Bilanzsumme
Deutschland	3,2	9,1
USA	5,7	17,3
Japan	4,4	0,6
Italien	2,2	6,7
Frankreich	3,1	16,6
Kanada	2,6	37,2
Niederlande	5,9	31,1
Belgien	3,2	50,0
Schweden	1,7	9,5
Österreich	2,9	15,9
Schweiz	7,6	26,8
Großbritannien	5,4	51,4

Die Abdeckung aller mit der Fremdmittelaufnahme und -weitergabe entstehenden Kosten wird durch die Zinsdifferenz (**Zinsspanne**) gewährleistet. Den Engpass für die Kreditvergabemöglichkeiten stellt aus bankbetriebswirtschaftlicher Sicht nicht der Mangel an Eigenkapital dar, sondern die verfügbare Menge an Zentralbankgeld, die für den Bankbetrieb die Grundlage zur Giralgeldschöpfung (siehe 3.2.2.1) darstellt.

Die These, dass Bankbetriebe grundsätzlich auch ohne Eigenkapital oder mit einer Minimalausstattung an Eigenmitteln tätig werden können, wird bei kritischer Betrachtung der Funktionen des Eigenkapitals bei Bankbetrieben deutlich: Die **Garantie-** und **Haftungsfunktion** sowie die **Finanzierungsfunktion** spielen in Anbetracht des grundsätzlich möglichen Fremdmittelanteils eine untergeordnete Rolle. Zwar ist eine ausreichende Eigenkapitalausstattung unter dem Aspekt der Risikoabdeckung zweifellos notwendig und wünschenswert (siehe *Steinbrink/Klumpp),* jedoch erscheint unter bestimmten Umständen mit Eigenkapitalanteilen von nur wenigen Prozenten des Gesamtkapitalvolumens diese nicht realisierbar. Dasselbe gilt für die **Werbe-** bzw. **Repräsentationsfunktion** des Eigenkapitals oder seine Funktion als Puffer im Rahmen des **intertemporären Gewinn-** und **Verlustausgleichs,** zumal die letztgenannte Funktion speziell im Falle des Verlustes primär durch Auflösung **stiller** Reserven erfüllt wird, deren Bildung auf Grund der Bewertungsvorschriften des § 340f HGB in hohem Umfang möglich ist. Verbleibt noch die Funktion des Eigenkapitals als **Gewinnverteilungsbasis,** die **Errichtungsfunktion** und die **Begrenzungsfunktion** des Eigenkapitals: Diese Aspekte können aus bankbetriebswirtschaftlicher Sicht vernachlässigt werden, zumal sie für die Funktionsfähigkeit des Bankbetriebes ohne Bedeutung sind und insbesondere die Begrenzung bestimmter Leistungen auch an die Erfüllung anderer Kriterien, die sich an den Fremdmitteln orientieren, geknüpft werden könnte. Eine Mindestausstattung mit Eigenkapital bei Errichtung eines Bankbetriebes dient vornehmlich dem in Anbetracht der real existierenden geringen Eigenkapitalquoten ohnehin nur rudimentär vorhandenen Gläubigerschutz. Schließlich ließe sich die Funktion des Eigenkapitals als Kriterium zur Verteilung des auszuschüttenden Gewinns durch andere Verteilungsgrundlagen und Empfänger ersetzen, die z.B. an der Leistung des Bankmanagements orientiert (z.B. im Rahmen der wertorientierten Unternehmensführung; siehe dazu 9.1.2) sind und insofern auch als Anreiz zur Leistungssteigerung im Interesse des Bankbetriebes als Institution dienen könnten.

Insgesamt erscheinen somit Eigenmittel (Gesellschaftskapital) aus bankbetriebswirtschaftlicher Sicht lediglich in der Gründungsphase von Bankbetrieben notwendig zu sein. Aber auch in diesem Falle wäre eine Substitution der Eigenmittel durch Fremdkapital in Form von Gründungskrediten denkbar. Im übrigen ist darauf hinzuweisen, dass vom Gesetzgeber selbst durch das Ergänzungskapital neben vergleichsweise dauerhaft verfügbaren Eigenmitteln (wie z.B. Grundkapital einschließlich gesetzlicher Rücklagen bei der AG) auch relativ leicht variierbare Positionen als „haftendes Eigenkapital" anerkannt wurden und in Anbetracht ihrer potentiellen Abzugsmöglichkeiten und Garantie- und Haftungsaspekten nicht anders zu beurteilen sind als Fremdmittel. Im Einzelnen handelt es sich dabei um das durch Entnahmen und Kündigung veränderliche Eigenkapital der Personengesellschaften, das freie Vermögen des unbegrenzt haftenden Privatbankiers, die Geschäftseinlagen bei eingetragenen Genossenschaften, das Genußrechtskapital und die stillen Beteiligungen, sofern diese voll am Verlust teilnehmen oder erst nach Befriedigung der Gläubiger zurückgefordert werden können. Gerade die Anerkennung **nachrangiger Verbindlichkeiten** als Eigenkapital macht deutlich, dass nicht nur Eigenkapital, sondern grundsätzlich auch bestimmte Fremdkapitalien zur Haftung für Schulden tauglich sind.

Die angestellten hypothetischen Überlegungen zeigen, dass eine Funktionserfüllung der Bankbetriebe anders als in anderen Branchen grundsätzlich auch ohne Eigenkapital möglich wäre. Gleichwohl wird allein wegen der Vorschriften zur Gründung bestimmter Unternehmensrechtsformen und des KWG eine als angemessen angesehene Eigenkapitalausstattung von Bankbetrieben vorgehalten werden müssen.

6.1.2 Angemessenheit der Eigenkapitalausstattung

Wie bereits unter 3.1.2.2 ausgeführt, wird zwar durch § 10 Abs. 1 KWG den Kreditinstituten und analog durch § 10a Abs. 1 KWG den Kreditinstitutsgruppen ein angemessenes haftendes Eigenkapital im Interesse der Sicherheit der ihnen anvertrauten Vermögenswerte zwingend vorgeschrieben, doch fehlen weitere Regelungen oder Aussagen darüber, was unter angemessenem Eigenkapital zu verstehen ist. Auch die **Solvabilitätsverordnung** (SolvV), die 2007 den vormaligen „Grundsatz I" als Maßstab abgelöst hat, gibt als Vollzugsvorschrift nur einen **indirekten** Hinweis, nämlich der Art, dass grundsätzlich die Relation zwischen risikotragenden Bilanzaktiva und dem wie auch immer definierten haftenden Eigenkapital den Wert von 8% nicht unterschreiten darf.

Somit erweist sich auch die **SolvV** für die Feststellung der Angemessenheit des Eigenkapitals als problematisch. Man kann auf dieser Basis lediglich feststellen, ob das Kreditinstitut seinen (oder die Kreditinstitutsgruppe ihren) **Kreditspielraum** im weitesten Sinne (wozu auch der Beteiligungserwerb als langfristiges Darlehen an einem fremden Unternehmen oder an einer Bank gerechnet werden kann) **angemessen** ausgenützt oder überschritten hat. Freilich könnte man damit argumentieren, dass das Eigenkapital zu niedrig ist, wenn die Summe der risikotragenden Aktiva **über** das 12,5-fache des haftenden Eigenkapitals ausgedehnt wird. Dieser Mangel kann aber sogleich dadurch behoben werden, dass das Kreditinstitut bzw. die Kreditinstitutsgruppe das Volumen der risikotragenden Aktiva auf den durch die SolvV festgelegten Mindestbetrag an notwendig haftendem Eigenkapital zurückführt, womit die aufsichtsrechtlichen Anforderungen erfüllt wären.

Für die relativ geringe Ausstattung der Kreditinstitute mit gezeichnetem Eigenkapital spielen insbesondere Rentabilitätsüberlegungen ebenso eine Rolle wie die Vermeidung von Opportunitätskosten, die aus einer Überkapitalisierung mit Risikokapital resultieren könnten. Diese genannten Faktoren führen eher zu einer möglichst niedrigen Ausstattung mit gezeichnetem Eigenkapital (Aktienkapital), wie auch das Beispiel einer Variation des Eigenkapitaleinsatzes zeigt:

Die Rentabilität des Eigenkapitals (rEK) lässt sich durch Variation des **Verschuldungsgrades** (V)

$$V = FK / EK$$

beeinflussen **(Leverage-Effekt).** Wird der Verschuldungsgrad durch Zufuhr von Fremdkapital (FK) erhöht, so steigt r_{EK} so lange, als die Gesamtkapitalrentabilität (r_{GK}) über der Effektivverzinsung (k) des Fremdkapitals liegt **(positiver** Leverage-Effekt: $r_{GK} > k$). Dabei nimmt die Rentabilität des Eigenkapitals umso stärker zu, je stärker sich der Verschuldungsgrad und/oder die Differenz zwischen r_{GK} und k vergrößern. Zwischen Rentabilität des Eigenkapitals sowie Verschuldungsgrad, Gesamtkapitalrentabilität und Effektivverzinsung des Fremdkapitals besteht somit ein funktionaler Zusammenhang:

$$r_{EK} = f(V, r_{GK}, k) \text{ bzw. } r_{EK} = r_{GK} + V(r_{GK} - k).$$

Daraus ergibt sich in absoluten Größen der

$$\text{Erfolg} = EK * r_{GK} + FK(r_{GK} - k),$$

wobei:

$r_{EK} = G / dEK$ und
$r_{GK} = (G + k*FK) / (dFK + dEK)$
dEK = in der Periode durchschnittlich gebundenes EK
dFK = in der Periode durchschnittlich eingesetztes FK

Übertragen auf die Verhältnisse bei Bankbetrieben ergibt sich die Besonderheit, dass der Bankbetrieb als Kreditnehmer im Regelfall mehr an dem ihm geliehenen (Fremd-)Kapital verdient, als er dafür zu bezahlen hat bzw. dass die Rentabilität des Gesamtkapitals höher ist als die Zinsen für die entgegengenommenen Einlagen. Dieser Überschuss erhöht damit die Eigenkapitalrentabilität der Bank. Das sogenannte **Leverage-Optimum** liegt demnach bei derjenigen Fremdkapitalmenge, bei der die Grenzkosten der Finanzierung gleich den Grenzerträgen aus der Verwendung der betreffenden Mittel (v.a. für die Erstellung von Kreditleistungen) sind. Die positive Hebelwirkung der Substitution von Eigenkapital durch Fremdkapital zeigt auf vereinfachte Weise Abbildung 17, wobei die Mindestreserveverpflichtung auf bestimmte Fremdmittel unberücksichtigt bleibt.

	EK-Anteil 25%	EK-Anteil 3%	EK-Anteil 1,5%
Eigenkapital (EK) Fremdkapital (FK)	500 1500	60 1940	30 1970
Gesamtkapital	2000	2000	2000
Gewinn (Ertrag des Gesamtkapitals) ./.FK-Zinsen	200 60	200 77,6	200 78,8
Gewinn nach Fremdkapitalzinsen	140	122,4	121,2
Eigenkapitalrentabilität in % (= Gewinn nach FK-Zinsen zu EK)	28	204	404

Annahmen: Durchschnittszinssatz bei Kreditgewährung und/oder alternativer Anlagen durch den Bankbetrieb (= Gesamtkapitalrentabilität) 10%
durchschnittlicher Zinssatz für Fremdkapital (Einlagen) 4%

Abb. 17: Eigenkapitalrentabilität bei alternativen Kapitalstrukturen

Allerdings tritt bei einer **Verringerung** des **Anteils** des Fremdkapitals oder bei einer **Erhöhung** der **Verzinsung** des Fremdkapitals (bei konstantem Anteil) eine Reduzierung der Differenz zwischen r_{GK} und k auf **(relativ-negativer** Leverage-Effekt), was eine Verringerung der Eigenkapitalrentabilität zur Folge hat. Dieser Effekt wird verstärkt, wenn gleichzeitig von negativen Einflüssen bankexterner Faktoren eine Verringerung des erzielbaren Gewinns und damit der Gesamtkapitalrentabilität bewirkt wird. Dem kann jedoch durch zinskongruente Gestaltung von Anlageleistungen und insbesondere Kreditleistungen begegnet werden.

Bei **wertorientierter Unternehmensführung** von Banken (siehe dazu im Einzelnen 9.1.2) stellt die Eigenkapitalrentabilität, definiert durch den **Return on Equity** (**RoE**), eine zentrale Ziel- und Steuerungsgröße dar. Da der

RoE (in%) = [Jahresüberschuss (vor oder nach Steuern)/Shareholderkapital] * 100

eine einfache Kennzahl mit Zähler und Nenner darstellt, kann allein durch Verringerung der vorhandenen Menge an Shareholderkapital (Eigenkapital) eine Erhöhung des RoE bewirkt werden. Von dieser Möglichkeit machten Banken in den letzten Jahren häufig insofern Gebrauch, als durch **Aktienrückkaufprogramme** mit anschließendem Einzug von Aktien derartige Korrekturen am Eigenkapital erfolgen können.

Da auf Grund der Besonderheiten bankbetrieblicher Betätigung bei entsprechender Gestaltung der Unternehmenspolitik von Banken das Risiko des Auftretens relativ-negativer Hebelwirkungen von Seiten des Fremdkapitals nicht zu besorgen ist (zumal eine positive Mindestzinsspanne gewährleistet ist und die Verzinsung des Fremdkapitals im Regelfall niedriger ausfällt als die Verzinsung des Eigenkapitals), lässt sich das Risiko der Entstehung eines absolut-negativen Leverage-Effektes ebenso weitgehend ausschließen, es sei denn, dass in Ausnahmefällen die Erträge aus erfolgten Vermögensdispositionen die korrespondierenden Finanzierungskosten nicht decken.

6.1.3 Mehrfachbelegung von Eigenkapital und Kapitalkonsolidierung

Im Falle des Fehlens von Konsolidierungsvorschriften für die Eigenkapitalausstattung von Kreditinstitutsgruppen bzw. Bankkonzernen oder Bankholdings besteht die Möglichkeit einer **Mehrfachbelegung** des haftenden Eigenkapitals (wie das bis zur 3. KWG-Novelle der Fall war). Dabei kann durch Gründung oder Erwerb von Bankbetrieben oder anderen (Finanz-) Instituten eine Bank als Spitzeneinheit des dadurch entstehenden Unternehmensverbundes insbesondere das Kreditvolumen bei konstantem haftenden Eigenkapital der Spitzeneinheit um ein erheblich höheres Maß ohne Verstoß gegen die SolvV ausweiten als dies ohne Verbund möglich wäre. Die daraus folgenden **Kreditpyramiden** (siehe dazu v.a. *Schierenbeck* 1984) sind dadurch gekennzeichnet, dass die Finanzierung der Beteiligungen der Spitzeneinheit nicht durch Eigenkapital, das von außerhalb des Unternehmensverbundes zugeführt wird, sondern durch Fremdmittel der Kundschaft oder aus dem Bank-Cash-Flow erfolgt. Insofern könnte aus Konzernsicht von fremdfinanziertem oder Cash-Flow-finanziertem „Eigenkapital" der nachgeordneten Unternehmen (Grundeinheiten) gesprochen werden. Es bedarf keiner weiteren Erläuterung, dass eine derartige Finanzierungspraxis zusätzlicher Kreditvolumina (ohne echte Eigenkapitalzufuhr) zu erheblichen **Liquiditätsrisiken** und **Solvabilitätsrisiken** führen kann oder muss, obwohl jede dem Bankkonzernverbund bzw. der Kreditinstitutsgruppe angehörige Bank für sich die begrenzenden Vorschriften der SolvV vollumfänglich erfüllt, insgesamt jedoch der Konzernverbund nicht über ausreichendes haftendes Eigenkapital verfügen würde.

Ein einfaches Beispiel soll diesen Sachverhalt verdeutlichen: Angenommen, eine Bank A verfüge über ein haftendes Eigenkapital von 1.440 und Fremdmittel von 19.000. Diese Mittel verwendet Bank A zur Verwendung für das risikobehaftete Geschäftsvolumen, z.B. für die Kreditvergabe im maximal möglichen Umfang der SolvV in Höhe von 18.000 (=12,5-faches des haftenden Eigenkapitals für das risikobehaftete Geschäftsvolumen) und hält die restlichen Finanzierungsmittel (2.440) als liquide Aktiva (Kasse). Die Bilanz von Bank A zeigt daher zum Zeitpunkt t_0 folgende Struktur:

Aktiva (A)	Bank A (t_0)		Passiva (P)
Kasse	2440	Eigenkapital	1440
Kredite	18000	Fremdkapital	19000
Bilanzsumme	20440	Bilanzsumme	20440

Mittelfristig absehbaren, zusätzlichen Kreditwünschen in Höhe von 5.000 kann Bank A ohne Eigenkapitalerhöhung nicht mehr entsprechen. Da eine solche Erhöhung aus verschiedenen Gründen nicht tunlich erscheint, gründet oder erwirbt Bank A eine Bank B mit einem Eigenkapital von 400, gegenüber Einlegern und sonstigen Gläubigern werden Verbindlichkeiten in Höhe von 4.600 eingegangen. Die Mittelverwendung erfolgt durch Kreditvergabe in Höhe von 5.000 (=400 * 12,5). In den Bilanzen von Bank B und Bank A zum Zeitpunkt t_1 schlagen sich die genannten Vorgänge wie folgt nieder:

A	Bank B (t_1)		P
Kredite	5000	Eigenkapital	400
		Fremdkapital	4600
Bilanzsumme	5000	Bilanzsumme	5000
A	Bank A (t_1)		P
Kasse	2040	Eigenkapital	1440
Kredite	18000	Fremdkapital	19000
Beteiligung	400		
Bilanzsumme	20440	Bilanzsumme	20440

Da die Beteiligungen und Kredite bei Bank A mit 18.400 das 12,5-fache ihres haftenden Eigenkapitals überschritten haben, sind in einem nächsten Schritt entweder die Kredite um 400 zurückzuführen oder das Eigenkapital um 32 Einheiten zu erhöhen, was unzweckmäßig wäre. Die konsolidierte Bilanz von Bank A zum Zeitpunkt t_2 zeigt daher eine **Reduzierung** des **Kreditvolumens** auf 17.600, womit der SolvV Rechnung getragen ist, bei einer **Erhöhung** des **Kassenbestandes** auf 2.440:

A	Bank A (t_2)		P
Kasse	2440	Eigenkapital	1440
Kredite	17600	Fremdkapital	19000
Beteiligung	400		
Bilanzsumme	20440	Bilanzsumme	20440

Ohne Konsolidierung hätte Bank A ohne Zufuhr an Eigenkapital durch eine 100%-Beteiligung an Bank B und der damit verbundenen **Mehrfachbelegung** des haftenden Eigenkapitals von Bank A das Kreditvolumen im Verbund von 18.000 auf insgesamt 23.000 erhöht. Es ist offensichtlich, dass durch diese und möglich weitere qualifizierte Beteiligungen an Banken einerseits besondere Risiken entstehen könnten, die bei mehrfacher Verästelung der Beteiligungsverhältnisse für die Spitzeneinheit oft nicht mehr erfassbar und/oder kalkulierbar wären, andererseits bankaufsichtliche Normen umgangen würden.

Zur Lösung des Problems der möglichen Mehrfachbelegung von haftendem Eigenkapital im Bankkonzern bzw. der Kreditinstitutsgruppe schreibt der Gesetzgeber grundsätzlich eine **Zusammenfassung** der maßgeblichen Posten des übergeordneten Kreditinstituts mit denen der anderen gruppenangehörigen Unternehmen vor (§10a Abs. 6 S. 2 KWG), wobei die Einzelheiten der Zusammenfassung unter Abzug der auf die gruppenangehörigen Unternehmen entfallenden Buchwerte der Kapitalanteile und bestimmter weiterer Kapitalien der gruppenangehörigen Unternehmen § 10a Abs. 6 S. 2 bis § 10 KWG enthält. Aus der Sicht der Bankenaufsicht sind **zusammengefasste Abschlüsse** nicht nur zur Beherrschung der Risiken, die aus einer Mehrfachbelegung des haftenden Eigenkapitals der Spitzeneinheit bei Liquiditätsschwierigkeiten von Kreditnehmern im Verbund resultieren, notwendig, sondern auch zur Vermeidung von Wettbewerbsnachteilen von Einzelbanken gegenüber Bankkonzernen (mit mehrfach belegtem Eigenkapital). Solange nämlich eine wirksame Zusammenfassung der für die Eigenkapitalunterlegung von Risiken maßgeblichen Bestandteile des haftenden Eigenkapitals innerhalb einer Kreditinstitutsgruppe bzw. eines Bankkonzerns fehlt, werden diese Verbünde die ihnen gebotenen Chancen aus Mehrfachbelegung nutzen. Würde darüber hinaus der Bankkonzern durch entsprechende Standortwahl im Ausland die bankaufsichtsrechtlichen Erfordernisse einer angemessenen Eigenkapitalausstattung von Kreditinstitutsgruppen umgehen, entstünde ein zusätzliches Gefälle hinsichtlich der Wettbewerbssituation zu Ungunsten inländischer Einzelbanken (und ggf. auch inländischer Kreditinstitutsgruppen).

Als **Zusammenfassungsverfahren** (siehe dazu auch 4.4) präferiert das KWG auf Grund der Umsetzung der EG-Konsolidierungs-Richtlinie und der schon zuvor praktizierten deutschen Gesetzgebung das **Quotenkonsolidierungsverfahren** (zu dessen grundsätzlicher Problematik siehe *Hoch*). Die Quotenkonsolidierung trägt der Auffassung Rechnung, dass erst ab einer bestimmten Beteiligungsquote Einwirkungsmöglichkeiten auf nachgeordnete Kreditinstitute gegeben sein können. Angewandt werden die Grundsätze der deutschen Konsolidierungsmethode (siehe dazu *Wysocki/Wohlgemuth,* 96 ff.): Unmittelbar und mittelbar gehaltene Kapitalanteile werden zusammengerechnet. Mittelbar gehaltene Anteile bleiben außer Ansatz, wenn sie durch ein Unternehmen vermittelt werden, an dem das übergeordnete Kreditinstitut weniger als 40% hält.

Das **Zusammenfassungsverfahren** weist gemäß § 10a Abs. 6 KWG folgende **Schritte** auf:

- Zusammenfassung aller **maßgeblichen Posten** des übergeordneten Kreditinstituts mit denen der anderen gruppenangehörigen Unternehmen durch das übergeordnete Kreditinstitut nach Kapitalarten (Kern- und Ergänzungskapital) als **zusammengefasstes haftendes Eigenkapital** der **Kreditinstitutsgruppe**.
- **Abzug** vom zusammengefassten haftenden Eigenkapital der bei dem übergeordneten Kreditinstitut und den anderen gruppenangehörigen Unternehmen ausgewiesenen, auf die gruppenangehörigen Kreditinstitute entfallenden **Buchwerte** der Kapitalanteile, der Vermögenseinlagen stiller Gesellschafter, des Genußrechtskapitals und der nachrangigen Verbindlichkeiten sowie der beim übergeordneten Kreditinstitut oder einer anderen gruppenangehörigen Unternehmen berücksichtigen nicht realisierten Reserven, soweit sie auf die gruppenangehörigen Unternehmen entfallen.
- •Berücksichtigung des **aktivischen Unterschiedsbetrages** bei erstmaligem Einbezug der Beteiligungen in die Zusammenfassung in Höhe der **positiven Differenz** des Buchwertes einer Beteiligung abzüglich des anteiligen Kapitals und abzüglich der anteiligen Rücklagen des betreffenden gruppenangehörigen Unternehmens. Der aktivische Unterschiedsbetrag ist mit haftendem Eigenkapital zu unterlegen.

Zur **Durchführung** der Zusammenfassung sind die gruppenangehörigen Unternehmen verpflichtet, die erforderlichen Angaben an das übergeordnete Kreditinstitut zu übermitteln. Für diesen Zweck haben diese Unternehmen eine ordnungsgemäße Organisation und angemessene interne Kontrollverfahren einzurichten.

Das Quotenkonsolidierungsverfahren wird im **Ausnahmefall** durch das **Abzugsverfahren** ersetzt, und zwar dann, wenn die von einzelnen nachgeordneten Kreditinstituten die zur quotalen Zusammenfassung erforderlichen Angaben nicht beschaffbar sind. Das haftende Eigenkapital der übergeordneten Bank wird durch Abzug des Buchwertes seiner Beteiligung an dem nachgeordneten Kreditinstitut „bereinigt". Das Kreditvolumen des nachgeordneten Kreditinstituts bleibt unberührt.

6.1.4 Bildung von bankbetrieblichem Eigenkapital

Die Bildung bankbetrieblichen Eigenkapitals kann grundsätzlich durch Außenfinanzierung (Eigentümer; Gesellschafter) und durch Innenfinanzierung (aus dem bankbetrieblichen Cash-Flow) erfolgen. Ausnahmen bestehen insofern, als auf Grund gesetzlicher Vorschriften primär Außenfinanzierung (z.B. bei Realkreditinstituten) oder ausschließlich Innenfinanzierung (Sparkassen) vorgegeben ist. Welche der Alternativen zur Eigenkapitalbildung von Bankbetrieben, die nicht den vorerwähnten Beschränkungen unterliegen, in Anspruch genommen werden, hängt bei gegebenem Zielsystem (siehe 9.2) insbesondere von den Kosten der Finanzierung, der Erhältlichkeit, der Flexibilität sowie der Ergiebigkeit der betreffenden Finanzierungsquelle, der Mitbestimmungsrechte, die mit den jeweiligen Kapitalien verbunden sind, und den steuerlichen Voraussetzungen ab. So kann beispielsweise eine beabsichtigte **Außenfinanzierung** in Form der Kapitalerhöhung einer Bank-AG sich als wenig Erfolg versprechend herauskristallisieren, wenn die Platzierung der Aktien zu einem als notwendig erachteten Begebungskurs zweifelhaft erscheint und auf dem vorgesehenen Wege die notwendige Aufbringung an Finanzierungsmitteln nicht gesichert ist. Andererseits besteht in den Finanzierungsinstrumenten der Wandel- und/oder Optionsanleihen eine flexible Möglichkeit, Eigenkapital zum gewünschten Zeitpunkt durch Ausübung der Wandel- oder Optionsrechte seitens der Anleger zu gewinnen.

Spezifische Probleme der Außenfinanzierung ergeben sich für nicht emissionsfähige Bankbetriebe mittels nicht-verbrieften Anteilsrechten, denen eine Finanzierung über den organisierten Kapitalmarkt verwehrt ist Dazu kommt, dass mit der Aufnahme zusätzlicher Gesellschafter (Ausnahme: Kommanditisten) zusätzliche Mitwirkungsrechte an der Geschäftsführung geschaffen werden, zumal die gleichmäßige Aufstockung des Eigenkapitals aus den Mitteln der vorhandenen Gesellschafter bei Bankbetrieben auf erhebliche Schwierigkeiten stoßen dürfte. Lediglich auf dem Wege einer „Schütt-aus-Hol-zurück"-Politik (Dividendenkapitalerhöhung), die insbesondere für Aktiengesellschaften Bedeutung besitzen kann, ließen sich Erfolg versprechende Voraussetzungen für eine Finanzierung seitens der Gesellschafter schaffen. Eine Verbesserung und Erweiterung der Beschaffung haftender Eigenmittel ergibt sich durch die Möglichkeit der Begebung von Genußrechten und seit der 4. KWG-Novelle durch die Aufnahme nachrangiger Verbindlichkeiten, z.B. durch Emission von Schuldverschreibungen mit Nachrangigkeitserklärung.

In Anbetracht der Schwierigkeiten, die sich bei einer Eigenkapitalaufbringung durch Außenfinanzierung hinsichtlich der Ergiebigkeit der Finanzierungsquelle und der Mitbestimmungsrechte des Kapitals sowie unter rentabilitätsmäßigen Aspekten ergeben, treten die Alternativen der **Innenfinanzierung** aus dem **Bank-Cash-Flow** in den Vordergrund der Finanzierungsüberlegungen. Diese bestehen im Wesentlichen aus:

- Finanzierung durch einbehaltene, versteuerte Gewinne (und Zuführung zu den offenen Rücklagen);
- Finanzierung aus Abschreibungen, die Bankbetriebe auf Grund des § 340f HGB in erheblichem Umfang vorzunehmen in der Lage sind (= Bildung von stillen Rücklagen) und hohe liquiditätspolitische Relevanz aufweisen;
- Finanzierung durch Dotierung der langfristigen Rückstellungen, insbesondere Pensionsrückstellungen, die zumindest in Höhe des sog. „Bodensatzes“ ebenfalls erhebliche Finanzierungswirkungen zeitigen können;
- Bildung eines **Sonderpostens** für **allgemeine Bankrisiken** (§340g HGB; siehe 9.3.3.2.1.bb).

Zur Bildung haftenden Eigenkapitals im bankaufsichtsrechtlichen Sinne führen allerdings nur die **Gewinnthesaurierung** durch Dotierung der offenen Rücklagen und die Deklaration **stiller Reserven** als Ergänzungskapital 2. Klasse. In betriebswirtschaftlicher Sicht tragen jedoch auch die Alternativen der Finanzierung aus Abschreibungen und der Finanzierung durch Dotierung der Pensionsrückstellung zu **verlängertem Eigenkapital** bzw. zumindest zur Bildung **eigenkapitalähnlicher Mittel** bei, die dem Bankbetrieb langfristig zinslos und ohne Dividendenverpflichtung zur Verfügung stehen. Ähnlich langfristige Finanzierungsmittel stellt darüber hinaus der Teil der Position **anderer Rückstellungen** dar, die häufig das ausgewiesene Grundkapital übersteigen.

6.2 Liquidität

Dauerhafte Aufrechterhaltung der Liquidität in dem Sinne, dass der Bankbetrieb allen **Zahlungsanforderungen** und **Zahlungsverpflichtungen** jederzeit sowie dem Betrage nach uneingeschränkt nachkommen kann, stellt die Grundvoraussetzung der bankbetrieblichen Betätigung schlechthin dar. Diese Auffassung zum Begriff der bankbetrieblichen Liquidität geht über die Anforderungen hinaus, denen der allgemein anerkannte Liquiditätsbegriff gerecht wird („Liquidität ist die Fähigkeit der Unternehmung, die zu einem Zeitpunkt zwingend fälligen Zahlungsverpflichtungen uneingeschränkt zu erfüllen; sie muss während des Bestehens der Unternehmung zu jedem Zeitpunkt gegeben sein." *Witte, E.* 1976, 522).

Bei Bankbetrieben genügt es nämlich nicht, nur den zwingend fälligen Zahlungsverpflichtungen allein zu entsprechen. Vielmehr müssen sie auch nicht-fälligen **Zahlungsanforderungen** (z.B. im Falle vorzeitiger Rückzahlungsbegehren von terminierten Einlagen, Kontoüberziehungen u.ä.) uneingeschränkt nachkommen, da ansonsten Einbußen an Standing oder bei massiertem Auftreten Schädigungen der ganzen Branche drohen, die zu einem Run auf die Schalter und damit auch zur Gefährdung der Liquidität anderer Bankbetriebe führen können.

6.2.1 Besonderheiten des Liquiditätsproblems bei Bankbetrieben

Die Besonderheiten des Liquiditätsproblems bei Bankbetrieben resultieren einerseits aus ihrer besonderen Stellung im Rahmen einer funktionierenden Kreditversorgung der Wirtschaft als exogenem Faktorenkomplex, andererseits aus den Eigentümlichkeiten der bankbetrieblichen Leistungen als endogen bestimmtem Ursachenbündel.

In Anbetracht der Ungewissheit über die Zeitpunkte der Inanspruchnahme und deren Volumen, müssen Bankbetriebe liquide Mittel in einem Umfang bereithalten bzw. liquide Mittel kurzfristig mobilisieren können, der über die Erfordernisse bei Nichtbanken weit hinausgeht. Während Akteuren in anderen Wirtschaftsbereichen die Auszahlungszeitpunkte fälliger Verbindlichkeiten zum Großteil exakt bekannt sind und die zeitliche Struktur der Einnahmeströme weitgehend realistisch geschätzt werden kann, ist dies bei Bankbetrieben weder hinsichtlich der Ausgaben noch der Einnahmen mit dem erforderlichen Genauigkeitsgrad möglich.

Wird einerseits das Liquiditätsproblem bei Bankbetrieben insbesondere durch ein erheblich höheres Unsicherheitsmoment gekennzeichnet als dies bei Nichtbanken der Fall ist (was eine exakte Planung der Liquidität wesentlich erschwert), kommt andererseits die Notwendigkeit dazu, die Liquidität jederzeit so ausreichend zu dimensionieren, dass der Bankbetrieb allen Zahlungsbegehren insbesondere solchen in Zentralbankgeld uneingeschränkt nachkommen kann. Sie muss unter dem Gesichtspunkt der **Vertrauensempfindlichkeit** auch Maximalbelastungen standhalten können, was im Notfall nicht nur durch Mobilisierung der eigenen Liquiditätsreserven, sondern auch durch Refinanzierung bei der *EZB* und durch Finanzierung bei anderen Banken geschehen kann (in äußerstem Notfall auch durch die *Liquiditäts-Konsortialbank*; siehe dazu 5.8.2). Diese Rückgriffmöglichkeit, die Nichtbanken verwehrt und insofern für Bankbetriebe als Erleichterung anzusehen ist, entschärft das Liquiditätsproblem nicht unerheblich.

Die Möglichkeit des Liquiditätsausgleichs über die *EZB* oder den Interbanken-Geldmarkt ändert jedoch nichts daran, dass der einzelne Bankbetrieb seine Liquidität zu planen bzw. wenigstens abzuschätzen hat, zumal nicht nur **Sicherheit,** sondern auch **Rentabilität** zu gewährleisten ist. Dazu muss die Planung sowohl die Absatzseite als auch die Beschaffungsseite einbeziehen. Allerdings beruht bei Bankbetrieben eine derartige Vorschau auf die künftigen Zahlungsströme weit weniger auf exakten Berechnungen als auf Schätzungen, die aus der Erfahrung heraus gewonnen werden müssen und weitgehend subjektiv geprägt sind. Für die Liquiditätsvorsorge ist somit einerseits maßgeblich, in welchem Umfange Barverfügungen (in Zentralbankgeld) der Einleger üblich sind, andererseits wird die Realisierbarkeit gewährter Kredite nicht durch die vereinbarten Fälligkeiten bestimmt, sondern durch die tatsächlichen und wirtschaftlich sinnvollen Liquidisierungsmöglichkeiten. Das gilt nicht nur für die Debitoren, sondern in recht beträchtlichem Umfang meist auch für den Wechselbestand, dessen Monetisierung sich oft durch Prolongationswünsche der Kunden verzögert. So verwandeln sich formell kurzfristig gewährte „Betriebsmittelkredite" nicht selten in Dauerkredite mit zwar kurzfristiger Umschlagsdauer, deren Rückführung aber in der Mehrzahl der Fälle den betroffenen Unternehmen in solchem Maße erforderliches finanzielles Umlaufvermögen entziehen würde, dass sie erheblichen Gefährdungen ausgesetzt oder überhaupt in ihrer Existenz bedroht wären, was nicht im Interesse der Bank liegen kann.

Ohne Zweifel haben diese Imponderabilien Auswirkungen auf die Rentabilitätssituation von Bankbetrieben. Einerseits verursacht ein absehbarer, vorübergehender Mangel an Zahlungsbereitschaft auf Grund der notwendigen Beschaffung von Zentralbankgeld zusätzliche Finanzierungskosten, die bei planmäßigem Vollzug der Bankmarktleistungen und unterstelltem, vertragsgemäßen bzw. absprachegemäßen Kundenverhalten nicht anfallen würden. Andererseits bedeutet auch die Haltung von Liquiditätsreserven, die in Form von kurzfristigen Geldanlagen bei anderen Banken erfolgen können, in der Regel Ertragseinbußen gegenüber längerfristigen Anlagemöglichkeiten mit höheren Zinserträgen. Dazu kommt die Verpflichtung, **Mindestreserven** bei der *EZB* zu deren Zinssätzen zu unterhalten.

Bei Bankbetrieben besteht daher ein **Spannungsverhältnis besonderer Art** zwischen Liquidität und Rentabilität, das durch die typische Kapitalstruktur der Bankbetriebe mit fast ausschließlicher Fremdkapitalausstattung (maximal 92%) geprägt wird. Darüber hinaus unterliegen bei Bankbetrieben im Durchschnitt über 70% des Gesamtkapitals allein dem kurz- bis mittelfristigen Abzugsrisiko (siehe *MDB* 5/1985, 34* f.), wenn auch im Normalfall das Liquiditätsrisiko wegen des „Bodensatzes" an erfahrungsgemäß der Disposition durch die Kunden nicht unterliegenden Mittel und bei Beharren auf der vertraglichen bzw. gesetzlichen Überlassungsdauer von Kapitalien erheblich geringer zu veranschlagen ist. Allerdings müssen in diesem Zusammenhang die Folgewirkungen einer restriktiven Auszahlungspolitik bei Bankbetrieben bedacht werden, die in einer möglichen Vertrauensschädigung des gesamten Bankenbereiches bestehen und zu massiven Abzügen im Bankenapparat bis hin zum „Run auf die Schalter" in letzter Konsequenz führen können. Der Kredit der Banken selbst und ihr Standing (nicht zuletzt im internationalen Bereich) würden bei Weigerung vorzeitiger Rückzahlung von Termin- und Spareinlagen irreparabel geschädigt. Selbst die Möglichkeit eines Zahlungsaufschubes, die bei Nichtbanken vorübergehend denkbar und möglich ist, muss bei Bankbetrieben als Instrument des Liquiditätsmanagements ausscheiden.

Da die Liquiditätsproblematik bei Bankbetrieben ursächlich in der begrenzten Verfügungsmacht an Zentralbankgeld wurzelt und die Möglichkeiten der Schaffung dieser **originären Liquidität** durch Banken-Giralgeldschöpfung ausscheidet, verbleiben zur Verbesserung der Liquiditätssituation in **Zentralbankgeld** grundsätzlich nur die Möglichkeiten, im Rahmen von Interbankleistungen (7.3.1) über den inländischen Banken-Geldmarkt (siehe 2.3.2) das benötigte Volumen an Zentralbankgeld aufzubringen. Dazu bestehen folgende grundsätzlichen Alternativen:

- Beschaffung von Zentralbankgeld durch Verkauf von Geldmarktpapieren an die *EZB* oder durch Beleihung von Vermögensgegenständen durch die *EZB* oder durch Pensionsgeschäfte mit der *EZB*.
- Beschaffung von Zentralbankguthaben durch Kreditvereinbarung mit anderen Banken (Geldhandel).

Insgesamt kommt es bei den Maßnahmen zur Aufrechterhaltung der Liquidität in Zentralbankgeld und/oder Verbreiterung der Liquiditätsbasis auf die Geldnähe sowie Verwertbarkeit der betreffenden Vermögenswerte an, weshalb in der Literatur *(Mülhaupt* 1980,196) auch unterschieden wird zwischen

- **Primärliquidität** (Aktiva, die bereits Zentralbankgeld darstellen, also: Kassenbestand + Guthaben bei der *EZB* = **Barreserve**);
- **Sekundärliquidität** (Aktiva, die jederzeit ohne Verlust in Zentralbankgeld umgewandelt werden können, insbesondere abrufbare Guthaben bei anderen Bankbetrieben);
- **Tertiärliquidität** (Aktiva, bei deren Umwandlung in Zentralbankgeld u. U. Verluste entstehen können).

Die Schaffung von Sekundär- und Tertiärliquidität ist abgesehen vom Verlustrisiko auf jeden Fall mit **Kosten** verbunden (effektiv anfallende Kosten, wie Zinsen, und/oder „opportunity costs" in Höhe des Gewinnentgangs oder Wegfall von Zinserlösen im Falle des Verkaufs von Vermögensgegenständen). Die Begriffe der Primär-, Sekundär- und Tertiärliquidität orientieren sich am Aspekt der **Liquiditätsnähe.** Sie drücken den Grad der Monetisierbarkeit von Vermögensgegenständen aus und geben damit dem Analytiker Aufschlüsse über die Zahlungsfähigkeit eines Bankbetriebes. Da es sich jedoch um Bilanzbestände (Bestandsgrößen) und nicht um Elemente der Zahlungsströme (Stromgrößen) handelt, ist ihre Aussagekraft beeinträchtigt. Maßgebend für die Beurteilung und Steuerung der künftigen Liquidität sind dagegen ausschließlich die **Liquiditätserwartungen,** die aus der Gegenüberstellung künftiger Einnahme- und Ausgabenströme (im Rahmen der Finanzplanung) resultieren.

Die Eigenart der bankwirtschaftlichen Verhältnisse legt schließlich eine Betrachtungsweise nahe, die über das Erfordernis der Aufrechterhaltung der Zahlungsfähigkeit (**Mindestliquidität**) allein hinausgeht und die Fähigkeit eines Bankbetriebes einschließt, Liquidität in einem Umfang mobilisieren zu können, der die Gewährung zusätzlicher Kredite entsprechend der marktpolitischen Notwendigkeiten erlaubt (**Liquidität im weiteren Sinne**). Dies bedeutet eine Gewährleistung der **Kreditfähigkeit** des Bankbetriebes selbst und berücksichtigt das nicht selten auftretende Erfordernis, an Kreditnehmer zur Aufrechterhaltung deren eigener Liquidität in plötzlich und unvermutet auftretenden Fällen Liquditätshilfen in Form von Krediten geben zu müssen. Wäre der betreffende Bankbetrieb zu einer solchen Unterstützungsaktion nicht in der Lage, würden Liquiditätsengpässe oder vorübergehende Illiquiditäten von Kreditnehmern unmittelbar oder zumindest mittelbar auf den Bankbetrieb selbst durchschlagen. Dieser Sachverhalt macht deutlich, dass die Liquidität eines Bankbetriebes in unterschiedlichem Maße von den Liquiditätsverhältnissen ihrer **Kreditnehmer** tangiert wird, und belegt, dass die Anwendung eines Liquiditätsbegriffes im engeren Sinne auf die Verhältnisse von Bankbetrieben zu unbefriedigenden Ergebnissen führen müsste. Wenn durch sorgfältige Bonitätsprüfungen der Kreditnehmer das Risiko des Übergreifens von Illiquiditäten aus deren Bereichen auf den Bankbetrieb zwar gemindert werden kann, ist es gleichwohl unmöglich, dieses völlig auszuschließen. Deshalb erscheint das Konzept eines Liquiditätsbegriffes im weiteren Sinne den bankwirtschaftlichen Verhältnissen als adäquat.

6.2.2 Bankbetriebliche Liquiditätstheorien

Die Bemühungen von Wissenschaft und Praxis zur Bewältigung des überaus komplexen bankbetrieblichen Liquditätsproblems schlagen sich in unterschiedlichen theoretischen Konzepten nieder, deren Ausrichtung sich einerseits als bilanzorientiert, andererseits als zahlungsstromorientiert charakterisieren lässt. Da diese liquiditätstheoretischen Ansätze nicht losgelöst vom historischen Hintergrund und der jeweiligen wirtschaftlichen Situation, in der sie entstanden sind, betrachtet werden können, spiegeln sie auch Stufen der Entwicklung der Bankbetriebslehre wider (siehe auch *Scheidl* 1970).

6.2.2.1 Konzepte auf der Basis von Dispositionsregeln

Bankinsolvenzen zu Beginn der fünfziger Jahre des 19. Jahrhunderts haben *Otto Hübner* 1854 zur Forderung veranlasst, die Liquiditätssicherung von Bankbetrieben durch ein Gebot der starren Fristentsprechung zwischen Aktiv- und Passivgeschäften (gemäß den Grundsätzen horizontaler Finanzierungsregeln) zu gewährleisten. Während dieses Konzept der **Goldenen Bankregel** sogar bis in die Gegenwart für Realkreditinstitute Gültigkeit besitzt und in den entsprechenden Spezialgesetzen verankert ist, erwies es sich für die Praxis als nur eingeschränkt tauglich, zumal es von der Auffassung ausgeht, Bankbetriebe würden ausschließlich Kreditvermittlungsleistungen abwickeln. Dabei wird jedoch übersehen, dass Bankbetriebe sowohl Fristentransformation hinsichtlich der eingelegten Mittel als auch in bestimmtem Umfang Giralgeldschöpfung im Rahmen der Kreditgewährung betreiben können, ohne dass es deshalb zu Gefährdungssituationen kommen muss.

Diesen Sachverhalt berücksichtigte *Adolph Wagner* 1857, indem er die Goldene Bankregel von *Otto Hübner* durch den Erfahrungssatz (Gesetz der großen Zahl) in der Weise modifizierte, dass sich im Normalfall Einzahlungen und Abhebungen seitens der Bankkunden weitgehend ausgleichen und deshalb lediglich die entstehenden Liquiditätsspitzen eines Ausgleichs bedürfen. Der sich dabei ergebende „Bodensatz" an unberührt bleibenden kurzfristigen Einlagen kann daher vom Bankbetrieb auch für längerfristige „Aktivgeschäfte" gewinnbringend genutzt werden (**Bodensatztheorie**). Die notwendige Kassenhaltung orientiert sich an den Usancen der Kunden des betreffenden Bankbetriebes, in welchem Umfang von ihrer Seite girale Verfügungen und Verfügungen in Zentralbankgeld (Abhebungen) erfolgen. Die Bodensatztheorie gibt damit das Postulat der Übereinstimmung formeller und materieller Fristigkeiten zwischen Einlagen und Anlagen des Bankbetriebes auf, enthält auch die Vorstellung vom Bankbetrieb als Produktionsunternehmen, beschränkt sich aber hinsichtlich des Liquiditätsaspekts ausschließlich auf die Liquidität bzw. auf Liquiditätsreserven, über die der Bankbetrieb autonom verfügt. Sie lässt damit die Möglichkeiten der Mobilisierung von Liquiditätsreserven außerhalb des Bankbetriebes außer Acht.

6.2.2.2 Realisationstheorie (Shiftabifity-Theorie)

Die oben angesprochene Erweiterungsmöglichkeit der Goldenen Bankregel bzw. der Bodensatztheorie griff schließlich *Knies* 1879 auf, nachdem seit Gründung der *Reichsbank* (1875) die Refinanzierung von Bankbetrieben über die Rediskontierung von Wechseln und damit die Beschaffung von Zentralbankgeld eröffnet worden war. Dadurch werden Abweichungen von der Fristenkongruenz zwischen Aktiv- und Passivseite der Bankbilanz möglich, zumal die Liquidität des Bankbetriebes nicht mehr einseitig von der Passivseite abhängt, sondern auch von bestimmten Aktiva beeinflusst wird, die an Dritte übertragbar sind. Der Bankbetrieb kann somit seine Liquidität dadurch sichern, dass er

- Forderungen hält, die er vorzeitig auf dem Geld- und/oder Kapitalmarkt monetisiert, oder
- eine entsprechende Transaktionskasse hält, und/oder
- sich die benötigten Mittel bei anderen Bankbetrieben (einschließlich der Zentralbank) beschafft.

Dazu kommt die Möglichkeit der internen Verrechnung über die zwischen den Kunden sich vollziehenden Zahlungen, die der Bankbetrieb für Zwecke des Liquiditätsausgleichs nutzbar machen kann. Damit ergibt sich ein erweiterter Anlagespielraum für den Bankbetrieb, wobei die Anlageentscheidungen in Vermögensgegenständen (Assets) unter dem Aspekt der vorzeitigen Realisierung von Aktiva, d.h. deren Umwandelbarkeit in Zentralbankgeld (**shiftability of assets**) getroffen werden.

6.2.2.3 Maximalbelastungstheorie (Insolvenztheorie)

Goldene Bankregel, Bodensatztheorie und Realisationstheorie gehen von der Fiktion einer dauerhaft gegebenen „Normalbelastung“ aus, berücksichtigen jedoch nicht Gefährdungssituationen der Art, in denen es zu dem gefürchteten „Run auf die Bankschalter“ kommt bzw. in denen ein solcher Run unmittelbar bevorsteht.

An den unrealistischen Voraussetzungen der Normalbelastung, insbesondere an der Bestimmung der Höhe des Bodensatzes, setzt die Kritik von *Wolfgang Stützel* (1959) an. Legt man nämlich Normalverhältnisse zugrunde, dann sei ein Bodensatz von rund 90% der Einlagen extrem hoch, berücksichtige man jedoch Belastungsfälle erheblicher Art, so sei ein derartiger Bodensatz praktisch wiederum nahe oder gleich Null.

Der Lösungsvorschlag von *Stützel* für den Extremfall des plötzlichen Abzuges aller Einlagen, den er **Maximalbelastungsrechnung** nennt, bezweckt den Ausschluss des Risikos, Einleger nicht pünktlich befriedigen zu können, mit einer an Sicherheit grenzenden Wahrscheinlichkeit. Dazu geht *Stützel* von einer **Maximalbelastung** aus, die dadurch charakterisiert ist, dass alle Einleger und sonstigen Kreditoren der Bank ihre Guthaben bei Fälligkeit abziehen wollen. Die Bank muss daher ihre Aktiva ganz oder teilweise sofort und noch vor Ablauf des normalen Remonetisierungsprozesses liquidisieren können. Entscheidend ist dabei natürlich die Frage, in welcher Höhe bei derart massierten Liquidierungen Verluste, also Abschläge, hingenommen werden müssen. Um solchen Verlusten vorzubeugen, hat der Bankbetrieb eine derartige Struktur der Aktiva nach dem Grundsatz der Risikomischung zu realisieren, dass die Summe der Verluste bei vorzeitiger Realisierung nicht größer sein darf als das Eigenkapital. Einen nach diesen Gesichtspunkten erstellten Liquiditätsstatus bezeichnet *Stützel* als **Solvabilitätsbilanz**. Eine im Grunde ähnliche Vorgehensweise wählen die erstmals im Jahre 2010 durchgeführten **Stresstests** bei europäischen Banken.

Da für die Höhe des zu erwartenden Disagios die Bonität und der Zinsertrag der zu liquidierenden Aktiva sowie die Verflüssigungsdauer ausschlaggebend sind, ist stets für eine ausreichende Besicherung der Kredite und eine breite Risikostreuung zu sorgen. Das Zinsänderungsrisiko wird in einer **Testbilanz** erfasst, in der eine Verprobung mit sog. **Testzinsfüßen** erfolgt. Dem liegt der Gedanke zugrunde, dass festverzinsliche Werte bei einer Zinssteigerung (verglichen mit dem Nominalzinsfuß) im Kurs solange sinken, bis ihre Effektivverzinsung (= durchschnittliche Gesamtrendite der Kapitalinvestition) dem Marktzins entspricht. In der **Testbilanz** kann unter Anwendung verschiedener Testzinsfüße der Ausfall der Größe „Eigenkapital“ variiert werden. Den Testzinsfuß, bei dem das Eigenkapital des Bankbetriebs gerade aufgezehrt wird, nennt *Stützel* den **kritischen Zinsfuß**. Je höher dieser Zinsfuß, desto höher ist die Belastbarkeit des betreffenden Bankbetriebes einzuschätzen. Verluste treten dann auf, wenn der Nominalzins der gewährten Kredite und der im Portefeuille gehaltenen Wertpapiere unter den Marktzins fällt. Mit Hilfe derartiger Testbilanzen lassen sich somit die Liquiditätsverhältnisse eines Bankbetriebs überprüfen.

Die **Problematik** der Maximalbelastungsrechnung besteht vor allem darin, dass

- unterstellt wird, alle zentralbankfähigen Werte könnten immer verflüssigt werden (was nicht der Fall ist und von der Politik der Zentralbank abhängt);
- sie auf einer genauen Schichtung der Fälligkeit der Einlagen aufbaut und davon ausgegangen wird, dass Verbindlichkeiten eines Bankbetriebes exakt zu den rechtlich fixierten Fälligkeiten reguliert werden. Dies ist jedoch speziell in Gefährdungssituationen unrealistisch, zumal die Ablehnung von Rückzahlungsbegehren jeglicher Art durch den Bankbetrieb einen Vertrauensverfall auslösen oder einen bestehenden Vertrauensschwund erheblich steigern würde.

In Anbetracht der Beziehungen, die *Stützel* zur Überprüfung der Liquiditätsverhältnisse in der Testbilanz zwischen Aktiva, die mit Testzinsfüßen verprobt sind, und dem Eigenkapital herstellt, liegt die Auffassung nahe, damit auch einen **Maßstab** für das **angemessene Eigenkapitalvolumen** eines Bankbetriebes gefunden zu haben: Das Eigenkapital müsse nämlich so dimensioniert sein, dass es Verluste, die bei Realisierung der Aktiva im Maximalbelastungsfall entstehen können, gerade noch zu kompensieren vermag. Dem ist allerdings entgegenzuhalten, dass damit zwar das Ausmaß einer angemessenen bzw. notwendigen Eigenkapitalausstattung im **Extremfall** des Runs auf die Banken bestimmbar sein mag, nicht jedoch – was für den Bankbetrieb wesentlich wichtiger ist – die Angemessenheit der Eigenkapitalausstattung im **Normalfall**. Es ist offensichtlich, dass zwischen diesen Situationen erhebliche Unterschiede bestehen und in Anbetracht der geringen Wahrscheinlichkeit des Eintretens des Maximalbelastungsfalles aus der Sicht des einzelnen Bankbetriebes eine viel zu hohe, rentabilitätsmäßig nachteilig zu beurteilende Eigenkapitalausstattung nötig wäre, deren Wirksamkeit letzten Endes ohnehin fraglich wäre. Dazu kommt, dass die Bemessung des den Risiko-Aktiva zu unterlegenden Eigenkapitalvolumens nach der Maximalbelastungsrechnung lediglich auf die Situation abstellt, dass der Bankbetrieb liquidiert werden muss, und nicht darauf, welches Eigenkapitalvolumen benötigt wird, um dem Bankbetrieb eine Weiterführung seiner Geschäfte zu ermöglichen.

6.2.2.4 Zahlungsstromorientiertes Liquiditätskonzept

Die unter 6.2.2.3 dargestellten Liquiditätstheorien orientieren sich einseitig an Vermögenswerten und damit an Bestandsgrößen. Da das **Liquiditätsproblem** jedoch ein **Zeitpunktproblem** ist, müssen ihrer Anwendbarkeit enge Grenzen gesetzt sein. So halten sich die Bankbetriebe in der Realität hinsichtlich der Mittelanlage im Wesentlichen an die Prinzipien der Bodensatztheorie oder folgen der Realisationstheorie bzw. einer Kombination von Realisations- und Bodensatztheorie (wie die amerikanischen Banken). Damit beeinflussen die Bankbetriebe jedoch lediglich die **Strukturkomponenten** der Liquidität und bestimmen den Grad der Liquidierbarkeit von Aktiva (**Zeitraumproblem**). Der bankaufsichtsrechtliche Ansatz der Liquidität folgt letztlich diesem Konzept, wenn auch die **Liquiditätsverordnung** (**LiqV**) eine gewisse Modifizierung darstellt. Demnach ist Liquidität gegeben, wenn das Verhältnis zwischen den im Zeitlauf Band 1 (tägliche Fälligkeit bis Fälligkeit ein Monat) verfügbaren Zahlungsmittel den in diesem Zeitraum abrufbaren Zahlungsverpflichtungen entsprechen. Die Zahlungsmittel reichen dabei von Kassenbeständen bis zu liquidierbaren Vermögensgegenständen, während die Zahlungsverpflichtungen sich auf Bestände an Verbindlichkeiten beziehen, also nicht direkt auf liquiditätsmäßig wirkende Ausgaben.

Zur Lösung des Liquiditätsproblems bedarf es daher zahlungsstromorientierter Konzepte nach den Grundsätzen der Finanzplanung, die ihrem Wesen nach relativ kurzfristiger Natur ist, wenn auch der Planungshorizont durch permanente Planung konstant gehalten werden kann (z.B. durch eine permanente 12-Monats-Vorausschau). Zum anderen kann das Zahlungsstromkonzept nicht ausschließlich mit der sog. **dispositiven** (kurzfristigen) Liquidität gleichgesetzt werden, die insbesondere die Abstimmung des laufenden Zahlungsbedarfs mit der Finanzierung bzw. Refinanzierung umfasst, sondern erlaubt auch die Sicherung der **strukturellen** Liquidität und damit des finanzwirtschaftlichen Gleichgewichts des Bankbetriebes schlechthin (*Benner* 1978, 370 f.). Das Problem der Anwendung zahlungsstromorientierter Liquiditätsplanung in Bankbetrieben liegt im Spannungsverhältnis zwischen dem Erfordernis taggenauer Liquiditätsplanung und der Schwierigkeit, einen größeren Planungszeitraum von mehreren Monaten mit der notwendigen Präzision zu beherrschen, was bedeutet, dass auch dieses Konzept die Gefahr von Liquiditätsengpässen nicht von vornherein ausschließt.

6.2.3 Dimensionen der Zahlungsbereitschaft

Aus der Sicht der Bankpraxis ist der Bankbetrieb liquide, wenn sein Geldbestand an jedem Geschäftstag mindestens so groß ist wie die an diesem Tag zu erfüllenden Zahlungsverpflichtungen (einschließlich der Zahlungsanforderungen nicht fälliger Mittel durch die Kundschaft im Sinne eines erweiterten Begriffs der Zahlungsverpflichtungen). Dabei ist zu berücksichtigen, dass der **Geldbestand** mehrere **Geldformen** und üblicherweise mehrere **Währungen** einschließt (siehe Abbildung 18) und der Bankbetrieb in **allen** diesen Geldformen und Währungen an allen seinen Geschäftsstellen (Filialen) zahlungsbereit sein muss.

Währung / Geldform	Inland EUR	Ausland USD	Ausland GBP
Zentralbankguthaben			
Bargeld a) Noten b) Münzen			
Geschäftsbankengeld (Sichtguthaben und nicht ausgenutzte Überziehungslinien)			

Abb. 18: Die Komponenten des Geldbestandes

Es sind daher folgende **Dimensionen** der Zahlungsbereitschaft zu unterscheiden:

(a) **Gesamtzahlungsbereitschaft**: Bedeutet die Fähigkeit zur Erfüllung der Zahlungsverpflichtungen insgesamt, ohne Rücksicht darauf, in welcher Geldform und an welchem Ort Zahlungen zu leisten sind. Die Gesamtzahlungsbereitschaft ist als gesichert anzusehen, wenn die Summe der in allen Geldformen an sämtlichen Geschäftsstellen gehaltenen Geldbestände mindestens gleich der Summe der in allen Geldformen an sämtlichen Geschäftsstellen zu erfüllenden Zahlungsverpflichtungen ist. Dies bedeutet, dass nur die Gesamtsummen sich auszugleichen haben, nicht aber unbedingt auch genügend Geldbestände in **jeder** Geldform bei **jeder** Geschäftsstelle vorhanden sein müssen.

(b) **Spezielle Zahlungsbereitschaft**: Besteht in der Fähigkeit, die in bestimmten Geldformen (Spezies) fälligen Zahlungsverpflichtungen in diesen Geldformen zu erfüllen. Die spezielle Zahlungsbereitschaft ist dann gesichert, wenn die von jeder Geldform gehaltenen Geldbestände mindestens gleich den in dieser Geldform zu erfüllenden Zahlungsverpflichtungen sind.

(c) **Lokale Zahlungsbereitschaft**: Ist die Fähigkeit, die an jeder Geschäftsstelle fälligen Zahlungsverpflichtungen zu erfüllen. Deshalb gilt die lokale Zahlungsbereitschaft als gesichert, wenn die in jeder Geschäftsstelle einer Bank gehaltenen Geldbestände mindestens den von dieser Geschäftsstelle zu erfüllenden Zahlungsverpflichtungen entsprechen.

(d) **Valutarische Zahlungsbereitschaft**: Bedeutet die Fähigkeit, die in einer bestimmten ausländischen Währung fälligen Zahlungsverpflichtungen in dieser Währung erfüllen zu können.

Die dargestellte Problematik reduziert sich allerdings erheblich, wenn Zentralbankguthaben bzw. Zentralbankgeld uneingeschränkt in alle anderen Geldformen und Währungen umwandelbar sind (und umgekehrt). Dies bedeutet die Sicherung der Gesamtzahlungsbereitschaft für den Fall, dass Zentralbankgeld in ausreichendem Umfang verfügbar ist. Sofern die Gesamtzahlungsbereitschaft auf diese Art besteht, stellt sich die Herbeiführung der speziellen, lokalen und zum Teil auch der valutarischen Zahlungsbereitschaft als ein vorwiegend **organisatorisches** Problem dar.

In der Praxis erweist sich der **Geldmarkt** als diejenige Liquiditätsquelle der Bankbetriebe, die im Regelfall primär in Anspruch genommen wird, um **Liquiditätsengpässe** zu beseitigen (oder Liquiditätsüberschüsse zu absorbieren). Die entsprechenden Entscheidungen werden von Gelddisponenten bzw. von der Gelddispositionsstelle getroffen. Diesen Instanzen ist von der Bankführung der Entscheidungsrahmen vorgegeben, innerhalb dessen sie selbständig die notwendigen geldpolitischen Aktivitäten wahrnehmen können. Insofern sind Gelddisponent bzw. Gelddispositionsstelle für den Vollzug der Geldpolitik (im Sinne kurzfristigen **Liquiditätsmanagements**) zuständig.

Die **Kosten** der Inanspruchnahme des Geldmarktes werden zum einen durch Festsetzung der Zinssätze für den Ankauf von Vermögensgegenständen durch die *EZB*, zum anderen durch freie Zinsbildung im **Geldhandel** mit Zentralbankguthaben (Tagesgeld und Termingeld) bestimmt.

Die Möglichkeiten zur Beschaffung von Zentralbankgeld im Rahmen der Geldpolitik, um auftretende Liquiditätsengpässe zu beseitigen, entheben den Bankbetrieb jedoch nicht der Notwendigkeit zur Analyse und Prognose der täglichen Zahlungseingänge und Zahlungsausgänge. Dabei ist zu berücksichtigen, dass diese Zahlungen sowohl eigenbestimmt als auch fremdbestimmt sein können (siehe im Einzelnen *Wittgen/Eilenberger* 1984, 219 ff.): Die materiellen (=tatsächlichen) Fälligkeitstermine werden im ersten Fall von der Bank selbst, im zweiten Fall von anderen (z.B. der Kundschaft) bestimmt. Das Eintreffen fremddeterminierter Zahlungsvorgänge kann von der Bank mit Hilfe von Erfahrungswerten geschätzt werden. Einen Überblick über die am Tag x anfallenden **eigendeterminierten** Zahlungseingänge und Zahlungsausgänge (ZE_i und ZA_i) sowie über die zu erwartenden **fremddeterminierten** Zahlungseingänge und Zahlungsausgänge (FE_i und FA_i) und den daraus resultierenden **Zahlungsmittelbestand (Z*)**, der aus rentabilitätspolitischen Erwägungen möglichst gering sein sollte, vermittelt folgende Rechnung:

$$Z^* = [\sum_{i=1}^{y} E_i + E(FE_j)] - [\sum_{i=1}^{y} ZA_i + E(FA_j)]$$

wobei: $E(FE_j) = \sum_{j=1}^{z} FE_j * p_j$ und $E(FA_j) = \sum_{j=1}^{z} FA_j * p_j$ die Erwartungswerte für das Eintreffen geschätzter fremddeterminierter Zahlungseingänge und Zahlungsausgänge unter Annahme bestimmter Wahrscheinlichkeiten (p_j) darstellen ($\sum p_j = 1$ und $j = 1, 2, \ldots, z$; $i = 1, 2, \ldots, y$).

7 Bankleistungen

7.1 Grundlagen

Die lange Zeit herrschende Auffassung, bei Bankbetrieben stehe die Vermittlung von Geld und Krediten sowie die Erbringung damit zusammenhängender Nebenleistungen im Mittelpunkt der Geschäftstätigkeit, charakterisierte den Bankbetrieb als eine spezielle Form des Handelsbetriebes. Erst durch die Erkenntnis der modernen Kredittheorie, welche die Fähigkeit des Bankbetriebes zur autonomen Kreditschöpfung nachweist, werden dem Bankbetrieb produktive Eigenschaften zugebilligt.

Allerdings bestehen über den Charakter von Bankleistungen divergierende Auffassungen, die im Wesentlichen einerseits auf definitorische Schwierigkeiten bei der Abgrenzung von Sachgüterproduktion und Dienstleistungsproduktion (sowie Missverständnissen über den Gutscharakter des Geldes), andererseits auf mangelnde Unterscheidung zwischen der bankbetrieblichen Leistung als Produktionsprozess und der bankbetrieblichen Leistung als Produktionsergebnis zurückzuführen sind. So knüpft eine ältere Konzeption zur Erklärung des bankbetrieblichen Leistungsbegriffes an internen, rechnungstechnischen Erfordernissen der Bankkalkulation und der Bank-kostenrechnung an und trennt die Bankleistung in eine Wert- und Stückleistung (*Kaminsky*), während bei jüngeren Konzeptionen (siehe *Krümmel,* 32 ff.; *Deppe* 1969, 25 ff.) die bankbetriebliche absatzfähige Marktleistung im Mittelpunkt des Interesses steht. Eine gewisse Synthese beider Richtungen stellt die modifizierte Auffassung von *Hagenmüller (I)* dar.

Andererseits sind neben den angesprochenen **Bankmarktleistungen** auch weitere Leistungen zu berücksichtigen, die nicht auf den Markt für Bankleistungen bezogen sind, also nicht direkt der Befriedigung von Kundenbedürfnissen dienen, sondern aus anderen Motiven erbracht werden: Leistungen auf dem Interbankenmarkt (**Interbankleistungen**) und **Eigenleistungen.**

7.1.1 Wesen und Typen von Bankleistungen

Die traditionellen bankbetrieblichen Leistungskonzepte übersehen die Tatsache, dass es sich beim bankbetrieblichen Produktionsprozess grundsätzlich um eine Dienstleistungsproduktion handelt. Eine Zuordnung zur Dienstleistungsproduktion ist nämlich immer dann vorzunehmen, „wenn das jeweilige Produktionsergebnis hauptsächlich in einer immateriellen Leistung besteht, und geringwertige materielle Trägersubstanzen keine entscheidende Bedeutung für den ökonomischen Wert der betreffenden Wirtschaftsgüter haben“ *(Maleri,*21). Die bankbetriebliche Leistung ist daher als Ergebnis eines Bewegungsvorganges und damit als ein vom Bankbetrieb hervorgebrachtes Gut (vgl. *Witte, E.* 1957, 269) zu identifizieren (wegen weiterer Einzelheiten dazu siehe *Eilenberger* 1975, 36 ff.).

Der Einsatz von immateriellen Gütern, die selbst nicht Dienstleistungen sind (Nominalgüter und immaterielle Realgüter), sowie von materiellen Gütern im Produktionsprozess ändert nichts am Charakter der bankbetrieblichen Produktionsergebnisse als Dienstleistungen. Vielmehr zeigt sich dabei der enge Zusammenhang zwischen materiellen Gütern und Dienstleistungen: So stellt die Vermietung eines Sachgutes auf Zeit, d.h. die Überlassung einer Nutzungsmöglichkeit gegen Entgelt, ebenso eine Dienstleistung da wie die entgeltliche Nutzungsüberlassung von immateriellen Realgütern (Kapital, Patente, usw.) oder die entgeltliche Nutzungsüberlassung des Nominalgutes Geld auf Zeit (zur Abgrenzung von Nominalgütern und Realgütern siehe *Eilenberger* 2003, 3 ff.).

Aufgrund dieser Erkenntnisse, die auf systematischer Durchdringung interner und externer Bankprozesse beruhen, sind **Bankbetriebe** eindeutig als **Dienstleistungsbetriebe** zu klassifizieren, deren Wertschöpfung ausschließlich durch immaterielle Produktionsergebnisse bestimmt ist.

Bankbetriebliche Leistungen sind als Ergebnisse einer Dienstleistungsproduktion **nichtkörperliche Güter.** Sie sind unsichtbar, ungreifbar und stellen sinnlich nicht wahrnehmbare Güter dar. Zur Übertragung an die Nachfrager bedarf es deshalb in der Regel der **Materialisierung,** für deren Form im Allgemeinen die vom Abnehmer der Dienstleistung im Einzelfall erwartete Nutzenstiftung ausschlaggebend ist. Bankbetriebliche Leistungen sind in Anbetracht ihres Dienstleistungscharakters weder lagerfähig noch speicherbar. Dazu kommt, dass eine vom Abnehmer der Leistung isolierte Produktion nicht möglich ist. Zum Abschluss des Produktionsprozesses bedarf es vielmehr der Mitwirkung des Abnehmers der Bankmarktleistung. Schließlich entziehen sich bankbetriebliche Leistungen – im Gegensatz zu den Verhältnissen der Sachgüterproduktion – einer umfassenden Standardisierung, die nur in Teilbereichen (z.B. „Mengengeschäft") in gewissem Umfang möglich ist. Dadurch werden die Vergleichbarkeit und die Beurteilung von Preis und Qualität der von Bankbetrieben angebotenen Bankleistungen zwar nicht gänzlich unmöglich gemacht, jedoch in vielen Fällen erschwert.

Die Berücksichtigung der angeführten Besonderheiten und Eigenschaften des bankbetrieblichen Produktionsergebnisses erlaubt folgende **Definition** des **bankbetrieblichen Leistungsbegriffs:**

> **Bankleistungen sind alle von einem Bankbetrieb hervorgebrachten Ergebnisse einer Dienstleistungsproduktion sowohl in Form von absatzfähigen Dienstleistungen (Bankmarktleistungen oder primäre Bankleistungen) als auch in Form von Interbankleistungen und Eigenleistungen (sekundäre Bankleistungen).**

Bankmarktleistungen können **vier Haupttypen** zugeordnet werden:

(1) **Kreditleistungen:**

Kreditleistungen umfassen die Dienstleistungen **Kreditgewährung (originäre** Kreditleistungen) und **Kreditvermittlung (derivative** Kreditleistungen). Bei diesen Bankleistungen handelt es sich um die Überlassung und Vermittlung von Geld- und Kapitalnutzungen gegen Entgelt an die Bankkundschaft.

(2) **Anlageleistungen:**

Anlageleistungen umfassen einerseits die Dienstleistung der Übernahme von Geld- und Kapitalnutzungen unterschiedlicher Fristigkeiten durch Bankbetriebe von Seiten der Kundschaft **(originäre** Anlageleistungen), andererseits die Vermittlung derartiger Nutzungsmöglichkeiten bei anderen Bankbetrieben und Unternehmen an die Bankkundschaft **(derivative** Anlageleistungen) gegen Entgelt.

(3) **Zahlungsverkehrsleistungen:**

Diese bankbetrieblichen Dienstleistungen bestehen in der Überbrückung der räumlichen Distanz zwischen Vorrätigkeit und Bedarf des immateriellen Nominalgutes Geld (sowohl im Inland als auch mit dem Ausland) auf Grund der Kundenbedürfnisse gegen Entgelt. Entsprechend der Abwicklung ist zwischen originären und derivativen Zahlungsverkehrsleistungen zu unterscheiden (wegen Einzelheiten siehe 7.2.3).

(4) **Sonstige Bankmarktleistungen**

Dabei handelt es sich um diejenigen entgeltlichen und z.T. unentgeltlichen bankbetrieblichen Dienstleistungsarten, die den zuvor genannten Haupttypen nicht bzw. nicht eindeutig zugeordnet werden können. Dazu zählen neben traditionellen Leistungen in Form der Kundenberatung bei Finanzierungsprojekten (z.B. Innovationsfinanzierung; Venture Capital-Finanzierungen), die Durchführung von Devisen- und Edelmetallhandelsleistungen für Kunden, die treuhänderische Vermögensverwaltung, die Immobilienvermittlung, neuerdings vor allem auch Leistungen, die als Finanzinnovationen bezeichnet werden (siehe dazu *Eilenberger* 1990a und 1991a) und in der Vermittlung von Garantieleistungen besonderer Art bestehen (z.B. Swaps und sonstige sog. derivative Finanzinstrumente; zu den Derivaten im Einzelnen siehe 7.2.2.1.5 und 7.2.2.1.7).

Hinsichtlich der **sekundären Bankleistungen** ist zwischen zwei Haupttypen zu unterscheiden:

(1) **Interbankleistungen:** Die Produktion dieser Bankleistungen, die auf dem Interbankenmarkt (Markt ausschließlich zwischen Bankbetrieben) angeboten und nachgefragt werden, erfolgt einerseits vor allem aus Motiven, die der internen Sphäre der Bankbetriebe zuzurechnen sind (Liquiditäts- und Rentabilitätsmotive), andererseits kann aber auch die notwendige gegenseitige Unterstützung zur Erfüllung der den Banken übertragenen Aufgaben ausschlaggebend sein. Insbesondere betreffen Interbankleistungen daher die Übernahme von Geld- und Kapitalanlagen eines Bankbetriebes von anderen Bankbetrieben des In- und Auslandes, Kreditleistungen an andere Bankbetriebe und die Erbringung von Interbank-Zahlungsverkehrsleistungen, die nicht von Bankmarktleistungen induziert werden, sondern zur Abwicklung der vorgenannten Interbankleistungen dienen.

(2) **Eigenleistungen:** Die Erstellung von Eigenleistungen – insbesondere in Form von Devisenhandels-, Sorten-, Edelmetall- und Effektenhandelsleistungen für eigene Zwecke, des Beteiligungserwerbs und -Verkaufs sowie von Zahlungsverkehrsleistungen für eigene Zwecke des Bankbetriebes – erfolgt ebenfalls aus Motiven, die der internen Sphäre zuzurechnen sind und neben einer Solvenzsteigerung vor allem einer Steigerung der Ertragskraft des Bankbetriebes dienen sollen. Allerdings können im Falle des Beteiligungserwerbs- oder Verkaufs auch andere Gründe maßgeblich sein (z.B. Umwandlung eines notleidenden Kreditengagements in eine Beteiligung zur Sanierung des Kreditnehmers, der sich der Bankbetrieb nicht entziehen kann; Auflösung von Beteiligungen auf Grund gesetzlicher Vorschriften u.ä.).

Einen Überblick über die Haupttypen von Bankleistungen gibt Abbildung 19.

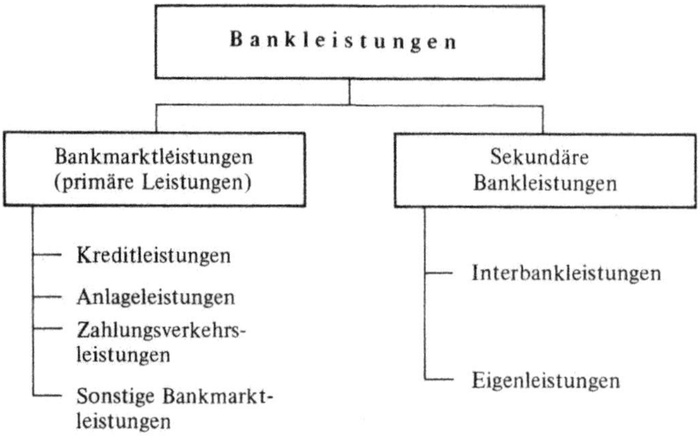

Abb. 19: Haupttypen von Bankleistungen

7.1.2 Bankbetriebliche Produktionsfaktoren

7.1.2.1 Bankbetriebliches Faktorsystem

Die bankwissenschaftliche Literatur der 1970er Jahre hat die von *Deppe* vorgenommene gedankliche Trennung der bankbetrieblichen Gesamtkapazität in einen liquiditätsmäßig-finanziellen Bereich und einen technisch-organisatorischen Bereich als elementare Bestimmungsbereiche des bankbetrieblichen Leistungspotentials weitgehend übernommen. Dabei wird der finanzielle Bereich für die Leistungserstellung des Bankbetriebes als dominant angesehen, während dem technischen Bereich vorwiegend unterstützende Funktionen zugeordnet sind: „Ist für den Produktionsbetrieb vor allem der Bereich der betrieblichen Güterstellung charakteristisch, für den Handelsbetrieb der Bereich der Leistungsverwertung, so nimmt im Bankbetrieb der finanzielle Bereich diese Kardinalstellung ein, hinter der der Güterbereich zurücktritt." *(Deppe* 1969,22). Der technische Bereich repräsentiert in dieser Betrachtungsweise lediglich den technischen Hilfsapparat, der zur Bearbeitung und Abwicklung der finanziellen Transaktionen des eigentlichen Bankgeschäfts notwendig ist. Diese ursprüngliche Konzeption von *Deppe* und die später um einen geschäftspolitischen Bereich modifizierte Konzeption (siehe 2.1.2.2) wird den spezifischen Verhältnissen der bankbetrieblichen Produktion, die völlig anders gelagert sind als industrielle Produktionsprozesse, wegen des nach wie vor prägenden Einflusses des industriebetrieblichen Vorbildes, nicht voll gerecht. Und zwar aus folgenden Gründen:

Die Eigenart der bankbetrieblichen Leistungserstellung, in der das menschliche Element integraler Bestandteil ist, erlaubt – im Gegensatz zur industriellen Produktion –eine strenge Abgrenzung zwischen „objektbezogenen" und „dispositiven" Mitarbeitern nicht. Die Mitarbeiter im Bankbetrieb üben nämlich im Regelfall neben operativen, objektbezogenen Arbeiten in unterschiedlichem Umfang, der von der Stellung des Mitarbeiters in der Entscheidungshierarchie oder vom Grad der Automatisierung der Betriebsprozesse abhängt, regelmäßig dispositive Tätigkeiten aus. Ausschließlich objektbezogene Arbeiten ohne jeglichen dispositiven Charakter beschränken sich auf wenige Hilfsbereiche, wie z.B. Registraturarbeiten, Tätigkeiten in der Poststelle u.ä.

Das Zuordnungsproblem der menschlichen Arbeitsleistungen, das bei schematischer – wenn auch modifizierter – Übertragung des Faktorsystems von *Erich Gutenberg* auf die Verhältnisse des Bankbetriebs entsteht, wird auch von anderen Varianten des bankbetrieblichen Faktorsystems auf derselben Basis der „dualistischen Leistungserstellung in zwei arteigenen Sphären“ *(Penzkofer/Täube,* 51) nicht gelöst.

Aus den angeführten Gründen und unter Berücksichtigung der Tatsache, dass die moderne Organisationstheorie den Menschen als planenden, entscheidenden und handelnden Organisationsteilnehmer auffasst, dem auch im Prozess der bankbetrieblichen Leistungserstellung eine aktive Rolle zukommt, ist der erheblich allgemeinere Ansatz der Systemtheorie vorzuziehen, der auf Organisationen schlechthin Anwendung finden kann und nicht – wie das betriebswirtschaftliche Faktorsystem – mehr oder weniger auf die Besonderheiten industrieller Produktionsbetriebe abgestellt ist. Demnach lassen sich Produktionsfaktoren unter dem Gesichtspunkt der Verfügbarkeit durch den Bankbetrieb in interne und externe Produktionsfaktoren klassifizieren (Abbildung 2). Während **externe** Produktionsfaktoren in Form von externen Informationen, die sowohl im Wege des „Fremdbezugs“ als auch durch Informationsgewinnung durch den Bankbetrieb aus dessen relevanter Umwelt beschafft werden können (siehe auch 9.3.3.2.3), und in Form von Nominalgütern im Besitz von Elementen der Umwelt (Nichtbanken und Banken) dem Bankbetrieb zur erfolgreichen Produkterstellung erst im Laufe des Produktionsprozesses durch Interaktion mit den Kunden verfügbar gemacht (oder von der Zentralnotenbank beschafft) werden müssen, handelt es sich bei **internen** Produktionsfaktoren um solche Faktoren, die bereits in das System Bankbetrieb integriert sind und dessen Leistungsbereitschaft bewirken. Entsprechend der Kennzeichnung des Bankbetriebes als sozio-technischem System mit ökonomischer Zielsetzung kann zwischen **aktiven Elementen sozialer** (Personen, Gruppen) und technischer (Bauten, Einrichtungen, maschinelle Anlagen) **Natur** unterschieden werden, die durch zielgerichtete Interaktionen (siehe auch 9.) die Transformation stofflicher, energetischer und informationeller Inputs in Form der **passiven Elemente** (interne Informationen über den Bankbetrieb selbst, Hilfs- und Betriebsstoffe sowie vor allem Nominalgüter in der Verfügungsgewalt des Bankbetriebes; Werkstoffe spielen eine untergeordnete Rolle) und ggf. der Inputs externer Herkunft in die nachgefragten oder gewünschten Bankleistungen als Outputs des Bankbetriebes bewirken.

7.1.2.2 Bankbetriebliche Faktorkombination

Die bankbetriebliche Leistungserstellung ist in Anbetracht der mangelnden Speicher- und Lagerfähigkeit von Bankmarktleistungen dadurch charakterisiert, dass in einem ersten Schritt die Leistungsbereitschaft hergestellt werden muss und auf dieser Grundlage erst die Produktion der Marktleistung erfolgen kann.

Herstellung und Aufrechterhaltung der Leistungsbereitschaft umfassen die Bereitstellung der sozialen Systemelemente und der technisch-apparativen Voraussetzungen, um die von außen an den Bankbetrieb herangetragenen Leistungsbegehren, die für den Bankbetrieb oft schwer vorhersehbar sind oder zu bestimmten Zeitpunkten massiert auftreten, jederzeit erfüllen zu können. Erst das **konkrete Leistungsbegehren** der Nachfrager nach Bankmarktleistungen löst die **Endkombination** interner und externer Produktionsfaktoren zum absatzfähigen Wirtschaftsgut Bankmarktleistung aus.

Somit kann der bankbetriebliche Leistungsprozess grundsätzlich als **zweistufiger Produktionsprozess** eines Mehrproduktbetriebes aufgefasst werden, wobei die Ergebnisse jeder Stufe von einer Vielzahl von Teilprozessen (**Basisprozessen** und **Elementarkombinationen** als deren Ergebnis) bestimmt werden. Die Elementarkombinationen selbst weisen eindeutige Zuordnungen der beteiligten Elemente auf. Abbildung 20 zeigt schematisch den Produktionsprozess für ein Produkt P_1 (z.B. Anlageleistung) und ein Produkt P_2 (z.B. Kreditleistung) unter Beteiligung der erstellten Elementarkombinationen E_1bis E_4 als interner, nicht selbständig absatzfähiger **Teilleistungen**.

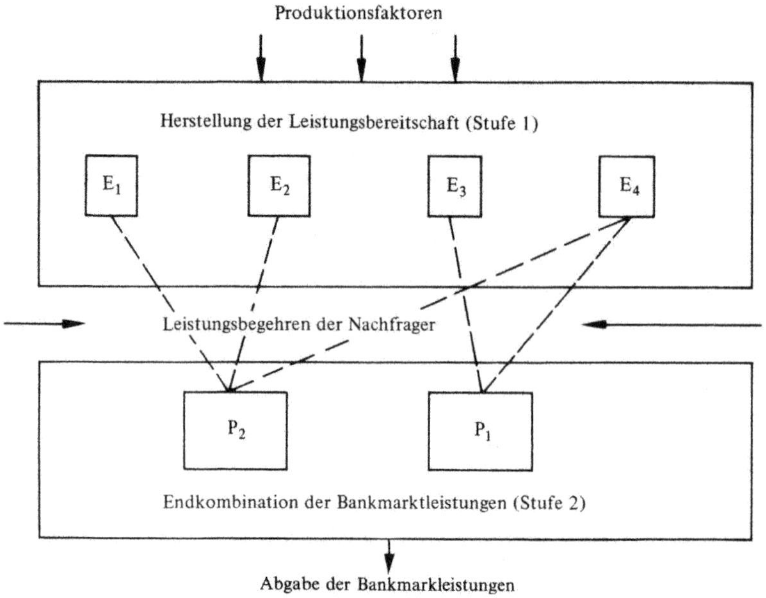

Abb. 20: Phasen des bankbetrieblichen Produktionsprozesses

Wird von der angebotenen Leistungsbereitschaft des Bankbetriebes von Seiten der Nachfrager nicht Gebrauch gemacht, werden also keine konkreten Leistungsbegehren an den Bankbetrieb herangetragen, so entsteht keine Bankmarktleistung. Die erstellte Betriebsleistung (Teilleistung) ist in diesem Fall wegen mangelnder Lager- und/oder Speicherfähigkeit nicht oder nicht in vollem Umfang verwertbar.

Es ist offensichtlich, dass diesem Tatbestand wesentliche kostenmäßige Bedeutung insofern zukommt, als das Ausmaß der Nutzung der hergestellten Kapazität „Betriebsbereitschaft" eine **Fixkostenbelastung** bedeutet. Damit bestehen das Problem der Verringerung der **Leerkosten** und die Notwendigkeit einer Erhöhung der **Nutzkosten**, zumal diese in erheblichem Umfang die Wettbewerbsfähigkeit des Bankbetriebes und das Resultat des Wettbewerbsprozesses berühren. Die Kosten der Betriebsbereitschaft bestehen bei Bankbetrieben auf Grund der personalintensiven und primär personalabhängigen Produktion nämlich insbesondere in den Ausgaben für das Personal, die nicht beliebig bzw. nur in Grenzen veränderbar sind. Dies führt im Zusammenhang mit der Eigenart, dass die Nachfrager an der Endkombination des Produktionsprozesses beteiligt sind, zu einer Gestaltung der Organisationsstruktur von Bankbetrieben, die diesen Erfordernissen des bankbetrieblichen Produktionsprozesses gerecht wird (z.B. **kundenorientierte** Organisationsform), um eine bestmögliche Kapazitätsauslastung zu realisieren (siehe 9.3.1.2.1.bb).

Darüber hinaus stehen Bankbetrieben grundsätzlich die von *Erich Gutenberg* (354 ff.) beschriebenen Alternativen der **kapazitätsmäßigen Anpassung** an Schwankungen der Beschäftigungslage, die insbesondere vom Nachfrageverhalten abhängig sind, offen:

- **Intensitätsmäßige Anpassung** bedeutet eine unterschiedliche Inanspruchnahme der produktiven Faktoren unter der Voraussetzung **gleichbleibender Betriebszeit.** Diese Anpassungsalternative kommt insbesondere für die bankbetrieblichen Produktionsverhältnisse in Frage, da durch intensiveren Einsatz der sozialen Elemente bei gleichbleibender Betriebszeit vorübergehend erhebliche Beschäftigungsschwankungen aufgefangen werden können.

- **Zeitliche Anpassung,** bei der Beschäftigungsschwankungen durch **Variationen der Betriebszeit** (oder des Betriebsmittelbestandes) begegnet wird, kann bei Bankbetrieben im Wesentlichen (kurz- und mittelfristig) nur bei zusätzlicher Beschäftigung, nicht aber bei kurzfristig rückläufiger Beschäftigung zur Anwendung kommen.
- **Quantitative Anpassung,** die eine permanente Änderung der Beschäftigungssituation des Bankbetriebes voraussetzt, ist bei Bankbetrieben unterschiedlich zu beurteilen. Bei **zunehmender** Beschäftigung wird wegen der zusätzlichen Fixkostenbelastung nur nach Ausschöpfung aller Möglichkeiten intensitätsmäßiger und zeitlicher Anpassung eine dauerhafte Erhöhung der Kapazität des Bankbetriebes durch Neueinstellung von Mitarbeitern möglich sein. Dasselbe gilt für den Einsatz technischer Anlagen. Ist dagegen **rückläufigen** Beschäftigungssituationen zu begegnen, scheiden in Anbetracht tarifvertraglicher und arbeitsrechtlicher Voraussetzungen und ggf. wegen des öffentlichen Aufsehens, das Entlassungen bei Banken bewirkt, und auch wegen der Kosten von Personaleinsparungsmaßnahmen Verringerungen der Zahl der beschäftigten Mitarbeiter zumindest auf kurze Sicht aus. Bei geringfügigen Schwankungen verbleibt somit insbesondere der Verzicht auf Wiederbesetzung von freigewordenen Arbeitsplätzen unter Umverteilung der Kompetenzen und Aufgaben.

Somit werden Bankbetriebe in einer derartigen Situation stärker auf selektive Anpassungsmaßnahmen ausweichen und auf weniger qualifizierte oder weniger motivierte Mitarbeiter in der Weise verzichten, dass auf diesen Mitarbeiterkreis gezielte Freisetzungen erfolgen.

7.1.2.3 Electronic Banking

Erweiterte Möglichkeiten der Rationalisierung von Arbeitsabläufen im Rahmen der Produktion von Bankmarktleistungen, die gleichzeitig auch zur Lösung des Anpassungsproblems an Beschäftigungsschwankungen beitragen können, ergeben sich durch das Electronic Banking. Im ersten Falle soll der Einsatz von EDV-Anlagen unter Verwendung geeigneter Software einerseits den Informationsstand der Entscheidungsträger verbessern, andererseits Entscheidungshilfen bei der Lösung selbst komplexerer Probleme bieten. Der zweite Fall betrifft primär das externe Operationsgebiet des Bankbetriebes insofern, als bestimmte, automatisierungsfähige Leistungen über zweckdienliche Medien den Bankkunden verfügbar gemacht werden.

Unter der Voraussetzung, dass umfassende Datenübertragungssysteme bestehen, lassen sich die Endkombinationsmöglichkeiten von Bankmarktleistungen (siehe 7.1.2.2) entweder direkt an den Standort des Nachfragers (**Home Banking**) oder an den Standort beispielsweise von Handelsbetrieben (**Point-of-Sale-Banking;** siehe 7.2.3.1.2) oder an sozusagen **neutrale Standorte** (außerhalb der Bank und nicht am Standort von Handelsbetrieben oder am Standort des Kunden) auslagern (siehe dazu auch *Lehmann*). Damit lösen Bankbetriebe zum einen nicht nur das Problem, mit hohen Fixkosten belastete Filialen zu gründen und zu unterhalten, sondern auch das Problem der Öffnungszeiten: Bei Point-of-Sale-Banking entspricht die Verfügungsmöglichkeit des benötigten spezifischen Leistungsbedarfs (im Bereich der Zahlungsverkehrsleistungen) der Öffnungszeit der Handelsbetriebe, bei Home-Banking entfällt jegliche zeitliche Beschränkung der Inanspruchnahme der – allerdings in beschränktem Umfang angebotenen – Leistungen, d.h. sie sind grundsätzlich rund um die Uhr verfügbar (z.B. im Rahmen des **Telefon-Bankings,** das von einer wachsenden Zahl von Kreditinstituten angeboten wird). Dasselbe gilt für das Angebot von bestimmten Bankleistungen an neutralen Standorten bzw. am Standort der Bank(-filiale), aber außerhalb der eigentlichen Schalterräume (z.B. Geldausgabeautomaten, automatische Bankschalter u.a.). Abbildung 20-1 zeigt die grundsätzlichen Einsatzmöglichkeiten des Electronic Banking im Überblick.

Electronic Banking

Innerbetrieblicher Einsatz

- Abwicklung des Zahlungsverkehrs (intern)
- Datenbanken: Informations- und Dokumentationssysteme für Rechnungswesen, für Wertpapierkurse, Devisenkurse, Edelmetallkurse, Wirtschaftsinformationen (volkswirtschaftliche Datenbank), Kundeninformationen, Personalinformationen, usw.
- Nutzung der Informationen externer Systeme (z. B. Btx)
- Anwendungen zur Unterstützung bankbetrieblicher Entscheidungen (Management Support Systeme), z. B. Wertpapierhandel, Devisenhandel, Geldhandel, Beratung
- Anwendungen im Zusammenhang mit Eigenleistungen
- künftig ggf. Expertensysteme

Einsatz außerhalb der Einrichtungen des Bankbetriebs

- Absatz von Bankmarktleistungen an neutralen Standorten oder am Standort der Bank (outdoor), z. B. Geldausgabeautomaten, Bankautomaten, automatische Bankschalter und Geschäftsstellen, Selbstbedienungsbank; Abwicklung des externen Zahlungsverkehrs
- Absatz von Bankmarktleistungen am Standort der Begründung von Zahlungsverkehrsvorfällen, z. B. bargeld- und beleglose Zahlungen am Standort von Handelsbetrieben (Point-of-Sale-Banking bzw. -Systeme)
- Absatz von Bankmarktleistungen am Standort des Nachfragers (Home-Banking für Unternehmungen, private Haushalte, öffentliche Haushalte), z. B. durch Bereitstellung von Informationen aus den Informationssystemen der Bank; Telefon-Banking; Anbahnung und Abwicklung von Leistungen aller Art; Cash-Management-Systeme für (multinationale) Unternehmungen, Beratungssysteme u. ä.

Abb. 20-1: Überblick zu grundsätzlichen Einsatzmöglichkeiten des Electronic Banking

Von besonderem Interesse erscheinen in diesem Zusammenhang diejenigen Nutzungsmöglichkeiten des Electronic Banking zu sein, von denen Unternehmungen allein oder an der Schnittstelle mit Kundenkontakten Gebrauch machen können. Neben der Nutzung im Bereich des Zahlungsverkehrs kommen dabei je nach Stand der Entwicklung der entsprechenden Voraussetzungen im Rahmen der Schaffung von (offenen) Informationsnetzen vor allem die Teilhabe an Informationssystemen der Banken bezüglich allgemeiner Wirtschaftsinformationen, Wertpapier-, Finanzmarkt- und Deviseninformationen sowie die Bereitstellung von Cash-Management-Systemen in Betracht, die einerseits Kontoinformationen für international operierende Unternehmen (siehe *Eilenberger* 1987b) einschließlich Währungsübersichten (Valuta-Informationen) der Grundeinheiten im Ausland liefern, andererseits auch unmittelbare Finanztransaktionen durch das Unternehmen selbst (über das betreffende, von der Bank bereitgestellte Cash-Management-Netz) zulassen. Die von Banken entwickelten (privaten) Cash-Management-Systeme erfordern allerdings einen hohen Vorleistungsaufwand. Die Investitionsausgaben für diese Netze und die Ausgaben für deren laufenden Betrieb kommen allerdings auch der Bank selbst zugute, da sie generell internationale Leistungen über diese Systeme abzuwickeln in der Lage ist, und weil durch die Entscheidung von Kunden, an einem bestimmten Cash-Management-System teilzunehmen und damit entsprechende Investitionen vorzunehmen, eine Bindung an die Bank als Betreiberin des Systems erfolgt, die ansonsten nicht bzw. nicht in dieser Form zustande käme. Darüber hinaus ermöglicht der Aufbau internationaler Informationssysteme und Transaktionsnetze – abgesehen vom Wettbewerbsvorsprung und der Vergabe von Lizenzen für die Nutzung durch andere Banken – die **Globalisierung** der Banktätigkeit. Damit weichen die bislang weitgehend bestehenden Spezialisierungen und Segmentierungen der (heimischen) Märkte für Bankleistungen einem erweiterten Markt, der praktisch weltweit für Bankoperationen offen steht und Neuverteilung von Marktanteilen sowie die Produktion völlig neuer (innovativer) bzw. neuartiger Bankmarktleistungen zulässt. Angesichts der dabei notwendigen Entwicklungen neuer Finanztechniken und deren hohen Komplexitätsgrades (z.B. bei internationalen Zins- und Währungsswaps; siehe dazu *Eilenberger* 2003, 90 ff.) kann von einer Spezialisierung im Sinne eines **Financial Engineering** bis hin zum **High-Tech-Financing** (in Analogie zur Entwicklung im innovativen Bereich von Unternehmen) gesprochen werden. Während die bereits anspruchsvollen Konstruktionen in Zusammenhang mit der **Securitisation** (=Ersatz von direkten Kreditgewährungen seitens der Banken durch den Einsatz von Wertpapieren, die von Unternehmen emittiert und dann von Banken als Anlageobjekte in das eigene Portefeuille genommen werden) noch dem Financial Engineering zuzuschlagen wären, zeigen die Kombinationen von Zins- und Währungsswaps dagegen deutliche Merkmale des High-Tech-Financing als der „hohen Schule" des internationalen Bankgeschäfts (Finanzinnovationen; siehe *Eilenberger* 1990a).

Die beschriebene Entwicklung führt dazu, dass auch bei Banken Entscheidungen über die Struktur der Informationssysteme und der Einsatz „neuer Techniken" nicht länger Domäne der EDV-Experten allein sein kann, sondern der Entscheidungskompetenz der obersten Leitungsebene der Bank vorbehalten bleiben muss. Identifikation der normativen und strukturierenden Management-Ebene des Bankbetriebes (siehe 9.3) mit der Notwendigkeit des effizienten Einsatzes der Informationstechnik, gepaart mit der Bereitschaft, mit den neuen Techniken unvoreingenommen umzugehen, stellt darüber hinaus die Voraussetzung für deren breite Anwendung im Bankbetrieb dar. Diese ist nicht Selbstzweck, sondern ein nicht zu unterschätzender Faktor im inländischen Wettbewerb ebenso wie im globalisierten Konkurrenzkampf.

Nicht zu unterschätzen sind in diesem Zusammenhang allerdings Probleme der **Computerkriminalität**, die in den vier Haupttypen der Manipulation, des Zeitdiebstahls, der Spionage (oder Softwarediebstahls) und der Computersabotage in Erscheinung treten kann (siehe dazu v.a. *Zimmerli)* und zusätzliche Kontrolltechniken erfordert.

Hinsichtlich der internen Anwendungen des Electronic Banking können **Management-Support-Systeme** zur Erhöhung der Entscheidungsqualität beitragen, deren Struktur durch die Anforderungen an Informationsbeschaffung und Problemlösung bestimmt wird. Auf Grund der erschlossenen Informationsquellen (einschl. externer Computersysteme) und gespeicherten Daten sind Auswertungen unterschiedlicher Anforderungsart möglich (Abbildung 20-2), die dem jeweiligen Entscheidungsträger des Bankbetriebes ein individuelles und benutzerfreundliches sowie laufenden Änderungen offenstehendes Informationsinstrument für die jeweiligen Bedürfnisse an die Hand geben (zum allgemeinen Ansatz siehe *Probst/Valicek/ Becker*).

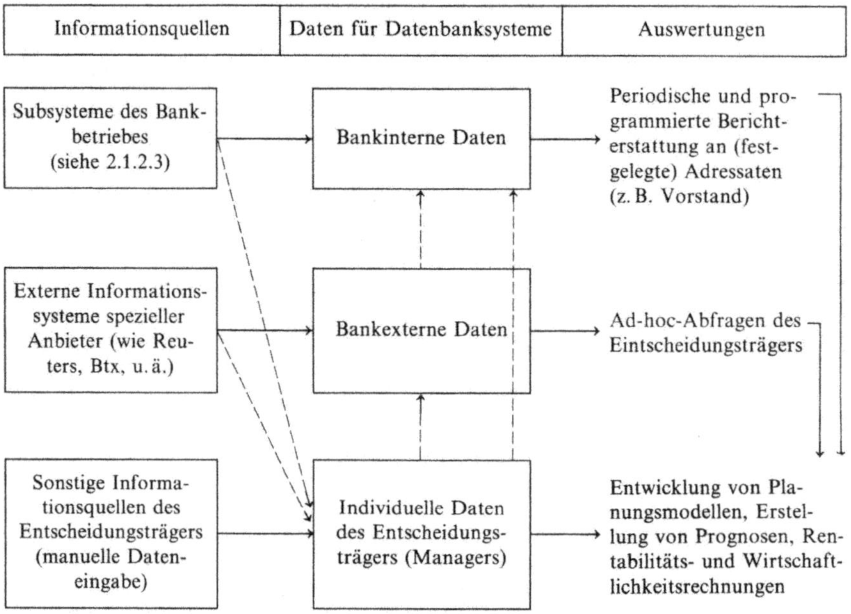

Abb. 20-2: Grundstruktur eines bankbetrieblichen Management-Support-Systems

7.1.3 Markt für Bankleistungen

Ein Markt kann allgemein als ein kommerzielles Beziehungsnetz zwischen Personen und sozialen Gebilden eines umfassenden Sozialsystems aufgefasst werden. Dieses kommerzielle Beziehungsmuster stellt allerdings nur einen Ausschnitt aus der Gesamtheit aller sozialen Beziehungen, die das umfassende Sozialsystem bestimmen, dar. Es wird ergänzt durch eine Vielzahl nicht-kommerzieller Beziehungen, die gleichfalls Einfluss auf die interne Struktur der sozialen Gebilde als Träger kommerzieller Relationen und deren Zusammenspiel ausüben. Veränderungen der externen Struktur bewirken interne Strukturänderungen, die sich wiederum in einer Änderung des Verhaltens der Träger kommerzieller Relationen manifestieren können.

Die Analyse des Marktverhaltens und damit auch des Wettbewerbsverhaltens ist deshalb nicht auf die Untersuchung der Beschaffenheit kommerzieller Sozialstrukturen allein beschränkbar. Sie muss sich ebenso mit der besonderen Beschaffenheit der internen Struktur – und hier vor allem mit den Prozessen der Willensbildung und -durchsetzung sowie der ihnen dienenden Informationsgewinnung und Informationsverarbeitung – befassen: „Damit ergibt sich die Notwendigkeit, die interne Struktur der Träger kommerzieller Beziehungen als kommunikatives System etwa im Sinne der Kybernetik zu erforschen, wenn man die Marktentscheidungen und damit die Marktphänomene überhaupt erklären will.“ (*Albert,* 270).

Bei Übertragung dieser Erkenntnisse auf den Markt für Bankleistungen wird offensichtlich, dass es sich dabei um ein soziales Interaktionssystem handelt, in dem eine Vielzahl von Personen und sozialen Systemen (Personengruppen, Haushalte, Unternehmen, Wirtschaftsverbände, Parteien, Regierungsorgane, staatliche Institutionen im weitesten Sinne, sowie Bankbetriebe) durch Aktion und Reaktion verbunden sind und das Marktgeschehen bestimmen (siehe Abbildung 4).

Der **Interaktionsprozess** ist gekennzeichnet durch die zirkuläre Verknüpfung der Struktur des Interaktionssystems (**Marktstruktur**), des Verhaltens der Interaktionselemente (**Marktverhalten**) und den daraus resultierenden Interaktionsergebnissen (**Marktergebnissen**). **Systembegründendes Prinzip** eines bankwirtschaftlichen Interaktionssystems, das selbst wiederum nur einen Ausschnitt bzw. ein Untersystem des umfassenden marktwirtschaftlichen Systems als Ordnungsrahmen (mit normativ festgelegten und faktisch gewachsenen Verhaltensregeln) darstellt, ist ausschließlich der **Wettbewerb** (Abbildung 21).

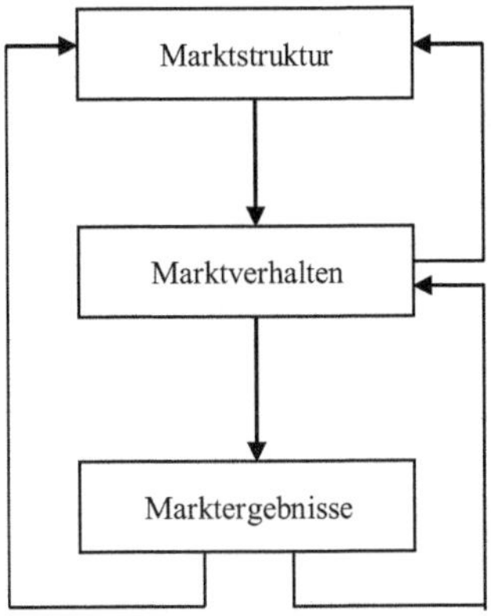

Abb. 21: Zirkulare Verknüpfung von Struktur, Verhalten und Ergebnissen des Interaktionssystems Markt für Bankleistungen"

Charakterisiert man den Prozess marktwirtschaftlicher Interaktionen zwischen Unternehmen als einen permanenten Suchprozess nach Informationen, so ergibt sich Folgendes (siehe *Hoppmann*, 42f.): Einerseits werden Informationen benötigt, die einem Unternehmen Aufschluss über das Verhalten anderer Unternehmen im Markt geben und die Grundlage für Entscheidungen darstellen, die das Verhalten des informationssuchenden Unternehmens mitbestimmen. Das Verhalten des informationssuchenden Unternehmens wirkt in den Markt hinein und ist gewissermaßen zugleich eine Anfrage an den Markt, ob ihre Vorstellung von den Marktverhältnissen zutreffend oder falsch ist. Das ist für das Unternehmen gewissermaßen ein Weg, auf dem es Informationen sucht, die auf andere Weise nicht zu erhalten sind. Die Reaktion des Marktes seinerseits besteht in Informationen über den Grad der Entsprechung zwischen den subjektiven Vorstellungen des Unternehmens und den objektiven Gegebenheiten des Marktes. Andererseits bewirkt die Suchanfrage des betreffenden Unternehmens auch eine Lieferung von Informationen über sein eigenes Verhalten, das die Marktverhältnisse beeinflusst und mitbestimmt, an die übrigen Unternehmen im Markt.

Es erfolgt auf diese Weise eine Verringerung der Ungewissheit, die für den einzelnen Bankbetrieb und seine Entscheidungsträger bezüglich Art und Umfang von Bankmarktleistungen, wie sie von den Nachfragern einerseits benötigt, andererseits beim betreffenden Bankbetrieb auch tatsächlich nachgefragt und somit von der Umwelt akzeptiert werden. Die Steuerung von Bankbetrieben in kompetitiven Umweltsituationen erfolgt daher – unter Berücksichtigung des spezifischen Organisationsverhaltens – in hohem Maße vom Markt her. **Wettbewerb** kann nach *Hoppmann* in diesem Sinne als ein **Entdeckungsverfahren** zur Ermittlung von Tatsachen und Umständen aufgefasst werden, die ohne ihn entweder unbekannt bleiben oder zumindest nicht genutzt werden würden. Informationen über den Markt für Bankleistungen verbessern die Qualität bankbetrieblicher Entscheidungen. Die Entscheidungen eines Bankbetriebes manifestieren sich wiederum in Informationen, die den Konkurrenten über den Markt für Bankleistungen zugänglich sind und wirken als Informationen über die erzielten Marktergebnisse auf die eigenen Entscheidungen zurück.

Vorteile bankbetrieblichen Wettbewerbs in **einzelwirtschaftlicher** Betrachtungsweise werden darüber hinaus darin gesehen, dass von ihm Druck auf das Führungssystem eines Bankbetriebes in dem Sinne ausgeht, dass das Bankmanagement flexibel auf die Bedürfnisse der Bankkunden zu reagieren sowie den sich permanent ändernden Nachfragestrukturen anzupassen hat, indem es alle seine Fähigkeiten voll ausschöpft und die zur Verfügung stehenden Instrumente effektiv und marktorientiert einsetzt. Dadurch entstehen sowohl individuelle Vorteile für die Nachfrager nach Bankmarktleistungen als auch positive Auswirkungen auf die Qualität des betreffenden bankbetrieblichen Führungssystems, was darüber hinaus vorteilhafte Auswirkungen auf die Interessenlage der Bankeigner zeitigt. Gerade der letztgenannte Aspekt wirkt sich positiv auf die Realisierung einer mindestens notwendigen Eigenkapitalausstattung und damit auf die Wettbewerbsfähigkeit eines Bankbetriebes aus, da auf Grund einer starken Wettbewerbsposition und des damit verbundenen Wachstumspotentials die Bereitschaft der Bankeigner oder potentieller Teilhaber zum Ausbau bzw. Erwerb neuer Beteiligungsanteile zunimmt. Die Erhöhung der haftenden Eigenmittel erlaubt die für die individuelle Konkurrenzpolitik notwendige Ausdehnung des gesamten Geschäftsvolumens.

Der Betrachtung der ökonomischen Vorteilhaftigkeit des Wettbewerbs im **überindividuellen, gesamtwirtschaftlichen** Sinne liegen dagegen andere Wertprämissen zugrunde: Der Wettbewerb nimmt Funktionen für eine als überpersönliche Einheit vorhandene Volkswirtschaft wahr. Die überindividuellen Vorteile bankwirtschaftlichen Wettbewerbs können deshalb ganz allgemein durch seine **Aufgabe** umrissen werden, nämlich ein möglichst umfassendes, qualitativ und quantitativ den Bedürfnissen der breiten Masse der Bankkunden entsprechendes Angebot an Bankmarktleistungen zu angemessenen Preisen zu gewährleisten. Eingeschränkt ist dieses Postulat allerdings durch die Bedingung, dass bankwirtschaftlicher Wettbewerb nicht schrankenlos ausarten und zu einem Zustand drohender Bankinsolvenzen tendieren dürfe.

Vorteile bestehen somit einerseits in einer bestmöglichen Kapitalversorgung der Gesamtwirtschaft, andererseits – über einzelwirtschaftliche Rentabilitätsüberlegungen – in einer bestmöglichen Kapitalallokation, da Wettbewerb die Fehlleitung von Kapital weitgehend ausschließt. Die flexible Anpassung der einzelnen Bankbetriebe an die sich ständig ändernden Finanzierungs- und Kapitalbedürfnisse der Bankkunden fördert ein flexibles Banksystem, das den jeweiligen gesamtwirtschaftlichen Zielsetzungen bezüglich des Geld- und Kapitalbereichs bestmöglich entspricht. Insofern leistet der Bank-Wettbewerb einen unverzichtbaren Beitrag zur Erzielung besserer ökonomischer Ergebnisse.

7.1.4 Preisbildung für Bankmarktleistungen

Die Komplexität von Bankmarktleistungen bzw. von Bündeln derartiger Leistungen und die Eigenart der bankbetrieblichen Leistungserstellung erschweren eine kostenorientierte Gestaltung auf der Basis exakter Selbstkostenermittlung ganz erheblich, so dass gegenwärtig kein allgemein anerkanntes Kalkulationsverfahren der Bankpraxis existiert, das zur exakten Ermittlung von Bankpreisen herangezogen werden könnte (siehe 9.3.3.2.1.c).

Demgemäß ist in der Praxis eine Vielfalt **elementarer Leistungsentgelte** anzutreffen:

- Entgelte für die Überlassung oder Übernahme von Geld- und Kapitalnutzungen in Form von **Zinsen** (= **Bankpreise im engeren Sinne**);

- **Provisionen** (als Entgelte für die Risikoübernahme);
- **Gebühren** (z.B. **direkte** Gebühren für Depotleistungen, Zahlungsverkehrsleistungen, Effekten- und Devisenhandelsleistungen sowie **indirekte** Gebühren durch unrichtige Wortstellung von Geschäftsvorfällen).

Wenn auch kein durchgehend einheitliches und/oder zwingend auftretendes Verhaltensmuster für alle Fälle der Bemessung von Entgelten für die Inanspruchnahme von Bankmarktleistungen seitens der Bankkunden gegeben ist, so lassen sich doch folgende grundsätzliche Verhaltensweisen bei der Preisbildung feststellen: Der Preisbildungsprozess wird in Anbetracht der auf beiden Seiten bestehenden Ungewissheitssituation durch Verhandlungs- und Lernprozesse, die ihrerseits wiederum von externen Faktoren (wie Wettbewerbssituation, Maßnahmen der Wirtschaftspolitik, Zinsempfehlungen der Verbände der Kreditwirtschaft) beeinflusst werden, geprägt. Charakteristische bankbetriebliche Verhandlungsstrategien stellen das **Prinzip der kleinen Mittel** und – in Zusammenhang damit – das **Prinzip der abwechselnden Schritte** dar. Das Ergebnis des Verhandlungsprozesses ist weitgehend von der Verhandlungsmacht der Kunden abhängig und kann auf drei **Grundtypen** zurückgeführt werden (siehe *Krümmel,* 233 ff.): Kunden mit **geringer** Verhandlungsmacht oder **ohne** Verhandlungsmacht bleibt in der Regel nur die Wahl, die dem breiten Publikum offerierten Standardleistungen entweder zu den geforderten Preisen (laut Preisaushang oder auf Anfrage) abzunehmen oder als Nachfrager auszuscheiden.

Dies trifft vor allem – trotz Aufhebung der Zinsverordnung und des Wettbewerbsabkommens – wegen der Schwierigkeit exakter Preisvergleiche auf die Verhältnisse im Mengengeschäft in allen Bereichen bankbetrieblicher Leistungen zu. So zeigen auch noch gegenwärtig die Bankpreise im standardisierten Mengengeschäft mit privaten Kunden bei ausgewählten Banken, insbesondere die Zinsen und Gebühren bei Sparkonten und Privatkonten, Ratenkrediten und sonstigen Gebühren, nur im Ausnahmefall geringfügige Abweichungen.

Bei Kunden mit **mäßiger** Verhandlungsmacht werden die „kleinen Mittel" der Preispolitik angewandt. Dieses Verfahren ist dadurch gekennzeichnet, dass durch Zerlegung des mutmaßlich notwendigen erlösschmälernden Gesamtpreisnachlasses in kleinen sondierenden Schritten versucht wird, bei jedem Kunden ein Verhandlungsgleichgewicht zu erzielen. Nach Möglichkeit wenden Bankbetriebe auch bei Kunden mit **überragender** Verhandlungsmacht, die sich durch einen hohen Grad an Bonität und durch großen Umfang an Leistungsabnahme auszeichnen, die Preispolitik der „kleinen Mittel" an. Regelmäßig wird aber in diesen Fällen das Ergebnis des Preisbildungsprozesses vom Ausmaß der relativen Machtverteilung und der Verhandlungsführung abhängen.

Das **Prinzip der abwechselnden Schritte** (siehe *Dolff* 1974, 288ff.) besteht darin, dass Aktionen des einen Verhandlungspartners mit Zugeständnissen des anderen erwidert werden, um auf diese Weise das Verhandlungsfeld Schritt für Schritt einzuengen, wobei der Umfang der einzelnen Zugeständnisse dem Prinzip der kleinen Mittel entspricht. Auf Grund einer Vielzahl ähnlicher Verhandlungssituationen bei Verhandlungsprozessen der Vergangenheit nimmt der Umfang an Erfahrungen über Verhandlungsabläufe und des in bestimmten Situationen typischen Verhaltens der Verhandlungspartner zu. Diese Lerneffekte versetzen die Verhandlungspartner in die Lage, bei der Beurteilung von Verhandlungsalternativen auf Erfahrungen zurückzugreifen, um damit das Zufallsrisiko zu vermindern und die Gefahr von Fehlentscheidungen einzuschränken.

7.2 Bankmarktleistungen (Primäre Bankleistungen)

7.2.1 Kreditleistungen

In diesem Zusammenhang sind insbesondere die Probleme der Ermittlung eines maximal möglichen und des optimalen Kreditvolumens des **einzelnen** Bankbetriebes sowie die Probleme der Bonitätsprüfung von Interessenten an Kreditleistungen (Kreditwürdigkeitsprüfung) einschließlich der laufenden Kreditüberwachung im Anschluss an die Kreditvergabe zu erörtern. Dem schließt sich eine Kurzdarstellung der einzelnen Kreditleistungen an.

7.2.1.1 Kreditbegriffe und Kreditarten

Führt man den Begriff des Kredits auf seinen **semantischen** Ursprung zurück (lat. credere), so bedeutet „Kredit" zweifellos, dass jemand Vertrauen hat, im speziellen Fall also der Kreditgeber, eine für bestimmte Zeit in Form einer Geldsumme gewährte Kapitalnutzung vom Kreditnehmer uneingeschränkt zurückzuerhalten.

Damit ist bereits der **wirtschaftliche** Kreditbegriff angesprochen (siehe *Wittgen* 1970, 16 ff.), wonach eine Kreditbeziehung zwischen den Beteiligten dann besteht, wenn eine wirtschaftliche Leistung und die dazugehörige Gegenleistung zeitlich auseinanderfallen. Handelt es sich bei beiden Leistungen um Geldleistungen, so spricht man von einem Darlehen.

Diese Auffassung bedarf in **bankbetriebswirtschaftlicher** Sicht einer Modifizierung insofern, als Kreditleistungen die Gesamtheit derjenigen Dienstleistungen des Bankbetriebes umfassen, deren Ergebnis in einer „Kreditgewährung" (**originäre** Kreditleistung) und/oder in einer „Kreditvermittlung" (**derivative** Kreditleistung) besteht.

Beiden Bankmarktleistungsarten ist gemeinsam, dass sie eine in der Regel zeitlich befristete Überlassung von Geld- und Kapitalnutzungen an Bankkunden gegen Entgelt zum Gegenstand haben, wobei der Kreditbetrag nur eines der Merkmale zur Kennzeichnung der Kreditleistung darstellt. Folgende Merkmale erlauben jedoch eine **Unterscheidung** der angesprochenen Bankmarktleistungsarten:

Originäre Kreditleistungen sind dann gegeben, wenn der Bankbetrieb dem Bankkunden aus dem eigenen Kreditschöpfungspotential **unmittelbar** einen Kreditbetrag zur Verfügung stellt oder ein Kreditlimit einräumt, innerhalb dessen der Kunde beliebig Kreditbeträge in Anspruch nehmen kann (**direkte** Kreditgewährung, **Geldleihe**), oder wenn der Bankbetrieb primär nicht einen Kreditbetrag, sondern seinen eigenen „Kredit" einsetzt (**indirekte** Kreditgewährung, **Kreditleihe**). Das Ergebnis besteht im Falle indirekter Kreditgewährung beispielsweise in der Zusage einer Garantie (in Höhe eines bestimmten Betrages) gegen Entgelt (**Kreditsurrogat**), die der Bankkunde erst in einem zweiten Schritt realisieren kann. Ob es nun zur tatsächlichen Inanspruchnahme des indirekten Kredits durch Auszahlung eines bestimmten Kreditbetrags kommt, hängt vom Verhalten des Bankkunden ab. Die Bank muss zwar grundsätzlich mit der Möglichkeit einer solchen Inanspruchnahme rechnen, doch kann diese bei entsprechendem Kundenverhalten entfallen.

Derivative Kreditleistungen betreffen die Formen der Kreditvermittlung. Der Terminus **Kreditvermittlung** ist den meisten Lehrbüchern der Bankbetriebslehre fremd. Die betreffenden Kreditleistungen werden unter den verschiedensten Bezeichnungen erfasst und unsystematisch solchen „Geschäftsarten" zugeschlagen, denen sie am ehesten entsprechen (z.B. dem „Aktiv- und/oder Dienstleistungsgeschäft"). Dies deshalb, weil die einzelnen Leistungen teilweise den Charakter der (direkten) Kreditgewährung aufweisen, teilweise mit dem „Emissionsgeschäft" zusammenhängen, teilweise die ausschließliche Vermittlung bzw. Organisation von Kapitalien zwischen Kapitalsammelstellen und Großkreditnehmern (z.B. im Rahmen von Schuldscheindarlehensgewährungen) betreffen. Das Spektrum der einzelnen Leistungen der Kreditvermittlung reicht somit von „durchlaufenden" Krediten (Weiterleitungskrediten) über die Schuldscheindarlehensvermittlung, Gemeinschaftskredite, Schuldscheindarlehensgewährungen bis zu speziellen Formen von Leistungen bei der Gewährung von Exportkrediten (wegen Einzelheiten siehe 7.2.1.6). Das **Kreditschöpfungspotential** des Bankbetriebs wird dabei primär nicht in Anspruch genommen. Es kann jedoch notwendig werden, dass der Bankbetrieb – sofern er beispielsweise beim Schuldscheinkredit das Risiko eines Platzierungsmisserfolgs übernimmt oder beim Treuhandkredit spezifische Risiken mitträgt – sekundär unmittelbare Kreditleistungen gewähren muss. Dieser Tatbestand wäre dann aus systematischen Gründen der Leistungsart „Kreditgewährung", insbesondere der direkten Kreditgewährung, zuzurechnen. Abbildung 22 gibt die angesprochenen Zusammenhänge wieder.

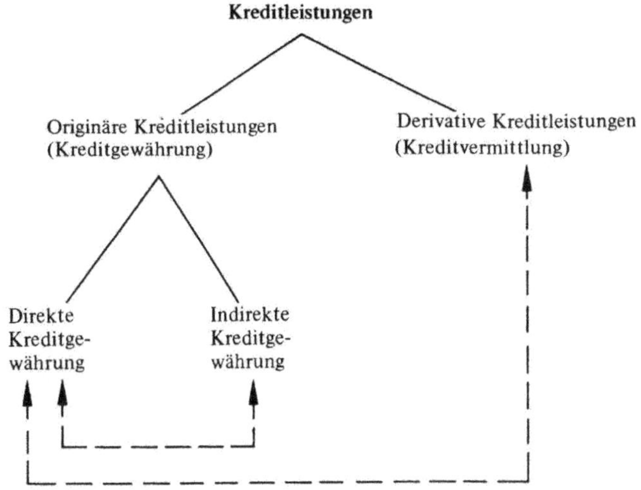

Abb. 22: Systematik der Kreditleistungen

Der **rechtliche** Kreditbegriff dagegen hat die Belange des bankaufsichtsrechtlichen Gesetzvollzuges (siehe dazu 4.3.1.1) nach dem KWG zu berücksichtigen. Dabei ist seit der 5. KWG-Novelle zwischen dem **Kreditbegriff** für Großkredite und Millionenkredite (§§ 13, 13a und 14 KWG) **nach § 19 KWG** einerseits und dem **Kreditbegriff** für Organkredite und Kredite im Allgemeinen (§§ 15 bis 18 KWG) **nach § 21 KWG** zu unterscheiden (siehe auch 3.1.2.3). Für die **Praxis des Kreditgeschäfts** sind – abgesehen von der Einhaltung der Kreditobergrenzen für den Großkredit nach den §§ 13 und 13a KWG und den besonderen Verfahrensvorschriften für den Organkredit nach den §§ 15 und 17 KWG – insbesondere die §§ 18 (Kreditunterlagen), 19 Abs. 2 (Begriff des Kreditnehmers) und 21 (Begriff des Kredits für die §§ 15 bis 18) des KWG von wesentlicher Bedeutung:

- **Kreditunterlagen:** Bei Krediten von insgesamt mehr als 750.000 EUR hat sich das Kreditinstitut die wirtschaftlichen Verhältnisse offen legen zu lassen. Dies kann insbesondere durch Vorlage der Jahresabschlüsse geschehen. Das Kreditinstitut kann davon absehen, wenn das Verlangen nach Offenlegung im Hinblick auf die gestellten Sicherheiten oder auf die Mitverpflichteten (z.B. weitere Kreditnehmer als Gesamtschuldner oder Bürgen) offensichtlich unbegründet wäre. Die Offenlegungspflicht gilt darüber hinaus nicht für das Factoringgeschäft, bei dem Forderungen unter drei Monaten des Schuldners laufend entgeltlich erworben werden, der Veräußerer der Forderungen nicht für deren Erfüllung einzustehen hat und auf dieser Grundlage aus nicht bankmäßigen Handelsgeschäften der Kredit gewährt wird. Eine weitere Ausnahme von der Pflicht zur laufenden Offenlegung gewährt § 18 S. 3 KWG für Kredite, die durch erstrangige Grundpfandrechte auf vom Kreditnehmer selbstgenutztes Wohneigentum gesichert sind, solange der Kredit 80% des Beleihungswertes des Pfandobjektes nicht übersteigt und der Kreditnehmer den Kredit störungsfrei abwickelt, d.h. die geschuldeten Zins- und Tilgungsleistungen zu den jeweiligen Fälligkeitsterminen ohne Verzögerung erbringt.

- **Begriff des Kreditnehmers:** Die Vorschrift des § 19 Abs. 2 KWG zielt insbesondere darauf ab, die in Personengesellschaften und Unternehmensverbunden grundsätzlich bestehenden Umgehungsmöglichkeiten der bankaufsichtsrechtlichen Überwachung des Kreditgeschäfts durch Splittung von Krediten auf mehrere Gesellschafter oder durch Aufbau von Kreditpyramiden über die Tochtergesellschaften von Konzernen zu unterbinden und damit die Sicherheit im Bankgewerbe zu erhöhen. Aus diesem Grund bestimmt § 19 Abs. 2 KWG, dass als **ein Kreditnehmer** zwei oder mehr natürliche Personen oder juristische Personen oder Personenhandelsgesellschaften gelten, die insofern eine **Einheit** bilden, als eine von ihnen mittelbar oder unmittelbar **beherrschenden** Einfluss auf die andere(n) ausüben kann. Dasselbe gilt, wenn diese Beteiligten ohne Vorliegen eines Beherrschungsvertrages auf Grund der faktischen Beherrschungsmöglichkeiten als **Risikoeinheit** anzusehen sind, da auf Grund der zwischen ihnen bestehenden Abhängigkeiten die Wahrscheinlichkeit besteht, dass finanzielle Schwierigkeiten eines dieser Kreditnehmer Zahlungsschwierigkeiten auch bei den anderen Beteiligten auslösen. Das gilt insbesondere für
  – alle Unternehmen, die demselben Konzern angehören und durch Gewinnabführungsverträge miteinander verbunden sind, und in Mehrheitsbesitz stehende Unternehmungen mit den an ihnen mit Mehrheit beteiligten Unternehmen und Personen;
  – Personenhandelsgesellschaften und ihre persönlich haftenden Gesellschafter;
  – Personen und Unternehmen, für deren Rechnung Kredit aufgenommen wird und demjenigen, der den Kredit im eigenen Namen aufnimmt.

Ausgenommen von dieser Regelung sind bei Anwendung der §§ 13 und 13a KWG Großkredite innerhalb einer Institutsgruppe oder einer Finanzholding-Gruppe nach §13b Abs. 2 KWG, die nach §13b Abs. 3 KWG konsolidiert sind. Dasselbe gilt für Kredite an Mutterunternehmen mit Sitz in einem anderen EG-Staat oder EWR-Vertragsstaat sowie an deren andere Tochterunternehmen, sofern das Kreditinstitut, sein Mutterunternehmen und deren andere Tochterunternehmen von den betreffenden ausländischen Bankaufsichtsbehörden in die Überwachung der Großkredite auf zusammengefasster Basis nach Maßgabe der EG-Großkredit-Richtlinie einbezogen werden. Ausnahmen gelten darüber hinaus für bestimmte **Durchleitungskredite** und **Eigenmittelprogramme** gemäß § 19 Abs. 3 KWG im Falle von Krediten aus öffentlichen Fördermitteln und bei zinsverbilligten Krediten.

- **Begriff des Kredits:** Als Kredite im Sinne der §§ **15** bis **18 KWG** gelten
  (1) **Gelddarlehen aller Art,** entgeltlich erworbene Geldforderungen, Akzeptkredite sowie Forderungen aus Namensschuldverschreibungen mit Ausnahme der auf den Namen lautenden Pfandbriefe und Kommunalschuldverschreibungen;
  (2) die **Diskontierung** von Wechseln und Schecks;
  (3) **Geldforderungen aus sonstigen Handelsgeschäften eines Kreditinstituts,** ausgenommen die Forderungen aus Warengeschäften der Kreditgenossenschaften, sofern diese nicht über die handelsübliche Frist hinaus gestundet werden;
  (4) **Bürgschaften, Garantien und sonstige Gewährleistungen** eines Kreditinstituts sowie die Haftung eines Kreditinstituts aus der Bestellung von Sicherheiten für fremde Verbindlichkeiten;

(5) die Verpflichtung, für die Erfüllung entgeltlich **übertragener Geldforderungen** einzustehen oder sie auf Verlangen des Erwerbers zurück zu erwerben;
(6) **Beteiligungen eines Kreditinstituts an dem Unternehmen eines Kreditnehmers**: Als Beteiligung gilt jeder Besitz des Kreditinstituts an Aktien oder Geschäftsanteilen des Unternehmens, wenn er mindestens 25% des Kapitals (Nennkapital, Summe der Kapitalanteile) erreicht, ohne dass es auf die Dauer des Besitzes ankommt;
(7) Gegenstände, über die ein Kreditinstitut als **Leasinggeber** Leasingverträge abgeschlossen hat, abzüglich solcher Posten, die wegen der Erfüllung oder der Veräußerung von Forderungen aus diesen Leasingverträgen gebildet werden. Ein solcher Posten kann nur bis zum Buchwert des ihm zugehörigen Leasinggegenstandes abgezogen werden.

Gegenüber der eng gefassten Definition des Kreditgeschäftes in § 1 KWG als „Gewährung von Gelddarlehen und Akzeptkrediten" ist damit der Kreditbegriff wesentlich erweitert. So werden auch Factoring- oder Leasingkredite, die als charakteristisches Geschäft von Finanzunternehmen gelten, den Aufsichtsregeln für die Offenlegung und die Organkredite unterzogen. Das Gleiche gilt für Beteiligungen an Unternehmen von Kreditnehmern ab einem bestimmten Umfang, um das auch damit verbundene Risiko unter Kontrolle zu halten.

Noch viel weiter fasst aber der Gesetzgeber den Kreditbegriff in § 19 Abs. 1 KWG, der den Aufsichtsregelungen für Groß- und Millionenkredite zugrunde liegt: Fast alle Bilanzaktiva, Derivate mit Ausnahme der Stillhalterpositionen von Optionsgeschäften sowie die dafür übernommenen Gewährleistungen und andere außerbilanzielle Geschäfte sind dabei als Kredit mit einem immanenten Adressenausfallrisiko zu verstehen. Während für Großkredite ganz bestimmte Obergrenzen bezogen auf das haftende Eigenkapital der Bank einzuhalten sind, um sog. **Klumpenrisiken** zu vermeiden, werden Millionenkredite lediglich verschärft überwacht und bei neuen Kreditvergaben berücksichtigt.

In **pragmatischer Sicht** versteht die **Bankpraxis** unter einem **Kredit** die förmliche, meist schriftliche Zusage des Bankbetriebes, über die eingeräumten Mittel in bestimmter Höhe verfügen zu können. Liegt sie vor, hat der Kontrahent grundsätzlich einen Rechtsanspruch auf Erfüllung (Allgemeine Geschäftsbedingungen der Banken). Diesem Recht, über Güter oder Geld eines anderen zu verfügen, steht die Pflicht des Kreditnehmers gegenüber, später eine äquivalente Gegenleistung zu erbringen.

Zivilrechtlich geregelt ist die Schriftform für **Kredite an Verbraucher**, d.h. natürliche Personen. Im Rahmen der Schuldrechtsreform wurden die bis dahin im Verbraucherkreditgesetz getroffenen Regelungen in das BGB übernommen. Dieses enthält nun seit 2002 einen „Titel 3. Darlehensvertrag; Finanzierungshilfen und Ratenlieferungsverträge zwischen einem Unternehmer und einem Verbraucher":

- Der **Darlehensvertrag** verpflichtet den Darlehensgeber, dem Darlehensnehmer einen Geldbetrag in der vereinbarten Höhe zur Verfügung zu stellen. Der Darlehensnehmer ist verpflichtet, Zinsen und bei Fälligkeit das zur Verfügung gestellte Darlehen zurückzuzahlen (§ 488 BGB). Zur Form des Vertrages ist keine Festlegung getroffen. Die §§ 489 und 490 BGB regeln das ordentliche und außerordentliche Kündigungsrecht.
- Der **Verbraucherdarlehensvertrag** ist ein entgeltlicher Darlehensvertrag zwischen einem Unternehmer als Darlehensgeber und einem Verbraucher als Darlehensnehmer. Dafür enthält das BGB strenge Vorschriften mit Ausnahmen für Verbraucherdarlehensverträge
  – mit einem Nettodarlehensbetrag oder Barzahlungspreis bis zu 200 EUR,
  – die ein Arbeitgeber mit seinem Arbeitnehmer zu Zinsen abschließt, die unter den marktüblichen Sätzen liegen,

- die im Rahmen der Förderung des Wohnungswesens und des Städtebaus auf Grund öffentlich-rechtlicher Bescheide mit dem Verbraucher zu Zinssätzen abgeschlossen werden, die unter den marktüblichen Zinssätzen liegen (§ 491 BGB).

- Der **Verbraucherdarlehensvertrag** muss in **Schriftform** abgeschlossen werden, wobei der Form genüge getan ist, wenn Antrag und Annahme durch die Vertragsparteien jeweils getrennt schriftlich erklärt werden. Die vom Verbraucher zu unterzeichnende **Erklärung** muss folgende **Bestandteile** enthalten:
  - Bei **Kreditverträgen im Allgemeinen** den **Nettodarlehensbetrag** oder die Höchstgrenze des Darlehen und den Gesamtbetrag aller vom Verbraucher zur **Tilgung** des Darlehen sowie zur Zinszahlung einschließlich der sonstigen Kosten zu entrichtenden **Teilzahlungen**, wenn der Gesamtbetrag bei Abschluss des Verbraucherdarlehens für die gesamte Laufzeit der Höhe nach **feststeht**. Bei Darlehen mit **veränderlichen** Bedingungen, die mit Teilzahlungen zu tilgen sind, ist der Gesamtbetrag auf der Grundlage der bei Abschluss des Vertrages maßgeblichen Kreditbedingungen anzugeben. Der Verbraucherdarlehensvertrag hat darüber hinaus zu enthalten den Modus der **Kreditrückzahlung**, den **Zinssatz** und die **sonstigen Kosten** des Darlehen (einschl. etwaiger vom Verbraucher zu tragender Vermittlungskosten), den **effektiven Jahreszinssatz** (bzw. den **anfänglichen** effektiven Jahreszinssatz bei veränderlichen Kreditbedingungen), die **Kosten einer Restschuldversicherung** (oder einer sonstigen Versicherung), die in Zusammenhang mit dem Kreditvertrag abgeschlossen wird sowie zu bestellende Sicherheiten.
  - Bei **Kreditverträgen**, welche die **Lieferung** einer bestimmten Sache oder die Erbringung einer bestimmten anderen **Leistung** gegen **Teilzahlungen** zum Gegenstand haben, sind anzugeben: Der **Barzahlungspreis**, der **Teilzahlungspreis** (als Gesamtbetrag von Anzahlungen und allen vom Verbraucher zu entrichtenden Teilzahlungen einschl. Zinsen und sonstiger Kosten), die **Teilzahlungen** (nach Betrag, Zahl und Fälligkeit der einzelnen Teilzahlungen), der **effektive Jahreszinssatz**, die **Kosten einer Versicherung** (die in Zusammenhang mit dem Kreditvertrag abgeschlossen wird) und die Vereinbarung eines **Eigentumsvorbehalts** oder einer anderen zu bestellenden **Sicherheit** (§ 492 BGB).
- Als **effektiver Jahreszins** ist die in einem Vomhundertsatz des Nettodarlehensbetrages (oder des Barzahlungspreises) anzugebende Gesamtbelastung pro Jahr definiert. Die Berechnung erfolgt nach der in **§ 6 PAngV** festgelegten Methode der staffelmäßigen Durchrechnung (siehe dazu im Einzelnen 7.2.1.5.1.d).
- Ausgenommen vom Schriftformzwang sind die **Überziehungskredite** (§ 493 BGB), bei denen dem Verbraucher das Recht eingeräumt ist, das laufende Konto in bestimmter Höhe zu überziehen, wenn außer den Zinsen für das Darlehen keine weiteren Kosten in Rechnung gestellt werden und die Zinsen nicht in kürzeren Perioden als drei Monaten belastet werden. Das Kreditinstitut hat bei Inanspruchnahme eines Überziehungskredites den Verbraucher zu **unterrichten** über die Höchstgrenze des Darlehens, den zum Zeitpunkt der Unterrichtung geltenden Jahreszins, die Bedingungen zur Änderung des Zinssatzes und die Regelungen zur Vertragsbeendigung.
- Als **Rechtsfolgen von Formmängeln** sieht das BGB die **Nichtigkeit** des Kreditvertrages vor, wenn die Schriftform nicht eingehalten ist oder eine der vorgeschriebenen Angaben bei Kreditverträgen im Allgemeinen oder bei Kreditverträgen bei Lieferung einer bestimmten Sache (Ausnahme: Eigentumsvorbehalt) fehlt. Allerdings wird der Verbraucherdarlehensvertrag trotz der angeführten Mängel **gültig**, wenn der Verbraucher gleichwohl das Darlehen empfängt oder in Anspruch nimmt. Der dem Verbraucherdarlehensvertrag zu Grunde gelegte Zinssatz ermäßigt sich jedoch in einem derartigen Fall auf den **gesetzlichen Zinssatz.** Nicht angegebene Kosten werden vom Verbraucher nicht geschuldet. Das-

selbe gilt für Kreditverträge, wenn dem Verbraucher die Sache übergeben oder die Leistung erbracht worden ist.
- Grundsätzlich besteht nach §§ 355 und 495 BGB ein **Widerrufsrecht** mit Frist von zwei Wochen: Die auf Abschluss eines Verbraucherdarlehensvertrages gerichtete Willenserklärung des Verbrauchers wird erst dann wirksam, wenn der Verbraucher sie nicht binnen der gesamten Frist schriftlich widerruft. Für den **Versandhandel** gilt in diesem Zusammenhang eine **Sondervorschrift**.
- **Verbundene Geschäfte** liegen vor, wenn ein Verbraucherdarlehen zur Finanzierung eines Kaufpreises dient. In diesem Fall bilden der Kaufvertrag über die Sache und der Kreditvertrag eine **wirtschaftliche Einheit**, von der eine Bindungswirkung auf den Kaufvertrag insofern ausgeht, als dessen Wirksamkeit von der Wirksamkeit des Kreditvertrages abhängt (§ 358 BGB).

Im Hinblick auf die Art der Sicherung, des Verwendungszweckes, der Dauer, der Verfügbarkeit und der Form, in der Kredite gewährt werden, kennt die **Praxis** eine Vielzahl von **Bezeichnungen** der **Kreditarten**, die sich teilweise überschneiden (z.B. Blankokredite, gedeckte Kredite, Realkredite, Mobiliarkredite; Anlage-, Produktions-, Waren-, Überbrückungs-, Dispositions-, Kassen-, Konsumenten-, Emissions-, Export-, Importkredite; Saison-, Zwischenkredite; kurz-, mittel- und langfristige Kredite; direkte und indirekte Kredite; Kontokorrentkredite, Darlehen, usw.).

7.2.1.2 Grundlagen und Grenzen bankbetrieblicher Kreditschöpfung

Die moderne Kredittheorie weist nach, dass Bankbetriebe innerhalb eines Bankensystems nicht nur Kredite vermitteln, sondern über die zur Verfügung gestellten Einlagen hinaus in bestimmtem Umfang selbst Giralgeld schaffen und damit zusätzlich Kredite vergeben können (siehe 3.2.2.1.1). Im Zusammenhang mit der einzelwirtschaftlichen Kreditgewährung stellt sich einerseits die Frage, bis zu welchem Volumen ein einzelner Bankbetrieb unter betriebswirtschaftlichen (nicht rechtlichen!) Aspekten maximal Kredite gewähren kann, andererseits ist zu klären, ob ein solches maximales Kreditvolumen überhaupt anzustreben ist und ob nicht ein geringeres, als optimal zu bezeichnendes Kreditvolumen vorzuziehen wäre.

Dazu sollen folgende Überlegungen an Hand eines äußerst einfachen Modells dienen (siehe *Hagen*, 19 ff.; *Hewson,* 116 ff.): Angenommen wird, dass neben der Zentralnotenbank nur ein Bankbetrieb bestehe, dessen Bilanz in grober Vereinfachung folgende Positionen enthält:

Kasse	L	Einlagen (Depositen)	D
Sonstige Aktiva	A	Eigenkapital	E

Eine Position „Kredite" gibt es zunächst nicht. Das Problem besteht vielmehr darin, ob und in welchem Umfange der Bankbetrieb seinen Kunden Kredite einräumen kann, wenn bis zum Ende der Planungsperiode

1. der Posten „Sonstige Aktiva" unverändert bleibt,
2. keine Mittel von außen zufließen,
3. die Kredite (K) zu einem gewissen Teil (cK) abgehoben, d.h. in Zentralbankgeldausgezahlt werden (c = „Zahlungssitten" bzw. Abflussquote),
4. der restliche Teil, [(l—c) K], nur für unbare Zahlungen verwendet wird und somit bei der Bank verbleibt,

5. der Bestand an Zentralbankgeld einen bestimmten Prozentsatz **m** der vorhandenen Einlagen nicht unterschreiten darf (Mindestreservepflicht).

Damit ergibt sich für die Kreditvergabe der Bank die Restriktion

$$L\text{-}cK \geq mD + m(1-c)K \qquad (1)$$

oder nach Umformung der Ungleichung (1)

$$L\text{-}mD \geq cK+m\,(1-c)K \qquad (2)$$

Auf der linken Seite von (2) steht die **„anfängliche „Überschussreserve“** (= Bestand an verfügbarem Zentralbankgeld), also der Teil des Kassenbestandes, der frei verfügbar ist und nicht bei der Zentralbank festgelegt werden muss und im Folgenden mit **Z** bezeichnet werden soll:

$$Z \equiv L-mD \qquad (3)$$

Auf der rechten Seite von (2) steht der aus der Kreditvergabe resultierende Liquiditätsverlust, der sich zusammensetzt aus dem **Kassenabfluss** (cK) und der **zusätzlich** notwendigen **Mindestreserve** [m (1-c) K]. Bezeichnet man den **Liquiditätsverlust,** der mit einer Kreditvergabe von l EUR einhergeht, mit ***l***, also

$$l \equiv c + m(1-c), \qquad (4)$$

so kann Ungleichung (2) geschrieben werden als

$$Z \geq lK \qquad (5)$$

Der Liquiditätsverlust aus der Kreditvergabe darf nicht höher sein als die anfänglich vorhandene „Überschussreserve“.

Wenn eine alternative Anlage der überschüssigen liquiden Mittel (Z) nicht möglich ist und wenn der Teil [(1 – c) K] der eingeräumten Sichteinlagen mit Sicherheit beim Bankbetrieb verbleibt, so wird die Bank, sofern die Produktion von Kreditleistungen überhaupt gewinnbringend ist, ihre Kredite bis an die **obere Grenze** ausdehnen, d.h. bis

$$K = Z/l \qquad (6)$$

Gelangt der Bankbetrieb nun aufgrund irgendwelcher Geschäftsvorfälle in den Besitz **zusätzlicher Überschussreserve,** sei es durch Zufluss von Einlagen (Δ D), also

$$\Delta L = \Delta D \text{ bzw. } \Delta Z = (l\text{-}m)\Delta L \qquad (7)$$

sei es durch Verkauf oder Fälligkeit sonstiger Aktiva (Δ A), also

$$\Delta L = \Delta A \text{ bzw. } \Delta Z = L, \qquad (8)$$

so erhöht sich der Spielraum zur maximalen Kreditvergabe, wenn man wiederum andere Anlagemöglichkeiten ausschließt, entsprechend (6) um

$$\Delta K = 1/l\,\Delta Z \qquad (9)$$

Wäre unser Bankbetrieb nicht, wie unterstellt, die einzige Geschäftsbank in der Volkswirtschaft, so müsste er damit rechnen, dass im Zuge des unbaren Zahlungsverkehrs auch ein Teil des Betrages [(1 – c) Δ K] an andere Bankbetriebe transferiert wird. Dieses komplexere Problem soll hier nicht weiter vertieft werden. Vielmehr soll der Hinweis genügen, dass man den

Ausdruck (9) auch als das Endergebnis eines Prozesses unendlich vieler kleiner Schritte des gesamten Bankensystems darstellen und interpretieren kann. Wichtiger scheint die Feststellung, dass **K**, wenn es nicht aus einem Optimierungskalkül abgeleitet ist, nicht die optimale, sondern die **maximale Kreditmenge** angibt. Die Gleichung (6) zeigt dann die Grenze an, bis zu der ein einzelner Bankbetrieb sein Kreditvolumen ausdehnen kann, wobei die Bestimmung des tatsächlichen Kreditvolumens offen bleibt. Entsprechend ist Gleichung (9) zu interpretieren: Sie gibt die **maximale zusätzliche Kreditschöpfung** unter der Voraussetzung an, dass vorher der Kreditspielraum des betreffenden Bankbetriebes voll ausgenützt war.

Das dargestellte **einzelbetriebliche Kreditschöpfungsmodell** basiert auf der Annahme vollständiger Sicherheit. Für eine realitätsnähere Analyse ist es daher zu erweitern, sowohl um die

- Refinanzierungsmöglichkeiten des einzelnen Bankbetriebe, als auch um die Berücksichtigung der
- Unsicherheit über die Entwicklung des Einlagenbestandes des Bankbetriebes in der Zukunft (unter Annahme von festen und/oder variablen Schwankungsbereichen).

Da in diesem Zusammenhang auch die individuellen Zielfunktionen des Bankbetriebes zu beachten sind, wird dadurch die Ermittlung eines **optimalen bankindividuellen Kreditvolumens** ermöglicht, wobei grundsätzlich auch die **Unsicherheit** über, die Entwicklung der **Kreditertträge** einzubeziehen wäre (wegen Einzelheiten dazu siehe *Hagen*), die allerdings bei adäquater Bonitätsprüfung weitgehend vernachlässigt werden kann.

Insgesamt sind somit zwei Determinanten der Kreditschöpfung bei (**einfacher**) Reservehaltung von wesentlicher Bedeutung (auf den Einbezug **multipler** Reservehaltung, die „nächste" Substitute zum Zentralbankgeld berücksichtigt, wird verzichtet): Dies ist einmal die Fähigkeit von Bankbetrieben, Kredite zu schöpfen, zum anderen die Unsicherheit hinsichtlich der Höhe der Einlagen. Wenn Bankbetrieben liquide Mittel zufließen, so können diese zur Erhöhung des Kreditangebots verwendet werden, gleichzeitig ist aber zu berücksichtigen, durch welchen Geschäftsvorgang der Bankbetrieb diese Mittel erhalten hat. Wird zum Beispiel einem Kunden im Zuge seines regelmäßigen Geschäftsverkehrs eine Zahlung gutgeschrieben, so erhöhen sich zwar die liquiden Mittel des Bankbetriebes, es muss jedoch damit gerechnet werden, dass der Kunde in nächster Zukunft wieder über sein Guthaben verfügen wird. Der Liquiditätszufluss hat also nur transitorischen Charakter, und die Bank wird davon Abstand nehmen, diese Mittel längerfristig festzulegen.

In diesem Zusammenhang besteht ein weiteres spezifisches Unsicherheitsproblem: Der Bankbetrieb kann zwar Kredite zunächst in selbst geschaffenem Geld vergeben, er muss aber damit rechnen, dass der größte Teil in Zentralbankgeld zu transformieren ist. Zentralbankgeld muss also in ausreichendem Maße vorhanden sein oder beschafft werden können, wodurch den Geldschöpfungsmöglichkeiten des einzelnen Bankbetriebes oft sehr enge Grenzen gesetzt sind. Wo diese Grenzen exakt verlaufen, hängt weitgehend von dem Verhalten der Kunden ab. Je genauer die Bank deren Verhalten prognostizieren kann, desto unproblematischer wird die Liquiditätsvorsorge sein.

Im Allgemeinen verfügt der Bankbetrieb nämlich über gewisse, meist betriebsindividuelle Erfahrungswerte hinsichtlich der Zahlungsgewohnheiten seiner Kunden, sei es, dass man weiß, wann welche Zahlungen getätigt werden, sei es, dass man weiß, ob und in welchem Umfang Kunden ihre Einlagen bei der Bank als „Reservekasse" betrachten. Diese Reservekasse der Kunden ist für den Bankbetrieb ein **Bodensatz**, der üblicherweise bei ihm verbleibt und den er ohne allzu großes Risiko auch längerfristig festlegen kann. Vergibt die Bank in Höhe dieses Bodensatzes Kredite, z.B. indem sie ihren Kreditnehmern zusätzliche Darlehen einräumt, so erhöht sich damit die Geldmenge der privaten Nichtbanken insgesamt.

Der Grundgedanke der Portfolio-Selection-Theorie (siehe 5.6), optimale Effekten-Portfolios zusammenzustellen, führte in der jüngeren Vergangenheit zu Ansätzen einer optimalen Strukturierung des Bankleistungsprogramms (z.B. *Meyer* zu *Selhausen* 1970; *Fuhrmann*), insbesondere des Kreditleistungsprogramms, zumal nicht nur das Kreditvolumen einer Bank insgesamt als bankbetriebliche Entscheidungsalternative in Betracht kommt, sondern auch die Strukturierung des Kreditvolumens nach unterschiedlich rentablen Krediten oder unterschiedlich sicheren Krediten oder nach den gesamtwirtschaftlichen Zielvorstellungen einer ausreichenden und adäquaten Kreditversorgung aller Wirtschaftssubjekte Gegenstand von Entscheidungen durch das Bank-Management ist (siehe 9.). In einem solchen weitergehenden Ansatz, bei dem sowohl der Portfolio-Effekt (Diversifikationseffekt) zum Tragen kommt, als auch das Leverage-Portfolio (Kapitalstruktur) und die Mindestreservehaltung Berücksichtigung finden, werden damit Mittelverwendung und Mittelherkunft für den Bankbetrieb insgesamt in den Entscheidungsprozess der Bank-Führung einbezogen.

7.2.1.3 Kreditwürdigkeitsprüfung

Voraussetzung für die Gewährung von Krediten ist die Prüfung der Frage, ob eine ausreichende wirtschaftliche Grundlage und damit eine Vertrauensbasis gegeben sind, auf der die Kontrahenten miteinander arbeiten können. Da der Kreditgeber mit jeder Kreditgewährung verschiedene und zum Teil ganz erhebliche Risiken eingeht, muss er Vorkehrungen treffen, die mit spezifischen Kreditarten verbundenen Risiken in größtmöglichem Umfang auszuschalten.

Risiken haben ihren Ursprung darin, dass jedes zielgerichtete (finale) Verhalten von Entscheidungsträgern die Möglichkeit des Misslingens beinhaltet, wobei es hinsichtlich des Misslingens verschiedene Abstufungen gibt (zwischen völlig, teilweise und gering). Das Ziel wird nicht oder nicht im vorgesehenen Ausmaß erreicht, was die eine Seite des möglichen Misslingens finalen Verhaltens darstellt. Die andere Seite zeigt sich darin, dass an dieses Misslingen auch noch verschiedenartige (nachteilige) **Konsequenzen** geknüpft sein können und im Regelfall sein werden. Für das betroffene Unternehmen und den kreditgewährenden Bankbetrieb werden solche Folgen dann mehr oder weniger stark spürbar, wenn die zur Zielerreichung eingesetzten Mittel ganz oder teilweise verloren gehen. Durch diese Möglichkeit des Misslingens, das seine Ursachen sowohl im subjektiven als auch im objektiven Bereich haben kann, und die daraus resultierenden unerwarteten, negativen Folgen wird der Begriff **Risiko** definiert. Ein Risiko ist somit immer dann nicht gegeben, wenn im Falle des Misslingens entweder keinerlei oder nur geringfügige Nachteile auftreten.

Bezogen auf das **wirtschaftliche Verhalten** des Kreditnehmers muss darüber hinaus unterschieden werden zwischen dem Unternehmerrisiko bzw. Unternehmensrisiko und dem Betriebsrisiko, wobei zweifellos das Unternehmerrisiko (Unternehmensrisiko) das umfassendere Risiko darstellt:

Während das **Unternehmerrisiko** hauptsächlich mit der Person und den Entscheidungen des Unternehmers verknüpft ist, resultiert das **Betriebsrisiko** aus der Vielgestaltigkeit des Betriebsaufbaus und des Betriebsgeschehens. Das Betriebsrisiko ist in vielen Fällen durch Entscheidungen des Unternehmers zwar unbeeinflussbar (z.B. Brände und andere Katastrophenfälle bei den Betriebsanlagen; Ausfall von Maschinen durch Ausbleiben von Antriebsenergien; Betriebsstörungen durch Streiks, Massenerkrankungen, Unfälle, Fehlleistungen u.a.; Ausfall von Forderungen; Produzentenhaftung usw.), bestimmt aber gleichwohl das Ausmaß des bankbetriebswirtschaftlichen Risikos in erheblichem Umfang. Diese Betriebsrisiken können das Unternehmen als Ganzes ebenso betreffen wie lediglich einzelne Teileinheiten (z.B. im Ausland) und wirken sich in unterschiedlichem Maße aus. Betriebs- bzw. Unternehmensrisiken wurden durch den *Baseler Ausschuss* als operationelle Risiken eingestuft, die mit dem Inkrafttreten der neuen Eigenkapitalregelungen („Basel II“) ebenfalls einer Kontrolle unterliegen (siehe 4.3.4).

Zu diesen Risiken des persönlichen und betrieblichen Bereichs des Kreditnehmers kommt als weiteres allgemeines Risiko das **Marktrisiko,** das in der Möglichkeit besteht, dass der Markt die Leistung des Unternehmers (Unternehmens) nicht im erwarteten Umfang honoriert. Das Marktrisiko ist daher sowohl auf Ursachen im Bereich der unternehmerischen Entscheidung als auch auf externe, vom Unternehmer (Unternehmen) oft nur in geringem Umfang beeinflussbare Gründe zurückzuführen (Nachfragergewohnheiten, Maßnahmen staatlicher Wirtschaftspolitik, Aktivitäten der Konkurrenz u.ä., aber auch nichtwirtschaftliche Gründe).

Erscheint bereits das bei rein nationaler Betätigung des Kreditnehmers bestehende Risikopotential beeindruckend, so erhöht es sich bei multinationaler Aktivität noch erheblich; hinzu kommen v.a. die politischen Risiken, die Wechselkursrisiken und das Transferrisiko.

Aus der Sicht des **Kreditgebers** bündeln sich die Risiken des Kreditnehmers vor allem im sogenannten **Adressenausfallrisiko**, dessen beide Bestandteile das Kreditrisiko und das Wiedereindeckungsrisiko (speziell für Derivate) sind. Das Adressenausfallrisiko ist Schwerpunkt der Baseler Eigenkapitalvorschriften und bildet neben den **Marktpreisrisiken** die wichtigste Risikogruppe einer Bank. Die Überarbeitung der Baseler Eigenkapitalvorschriften zu einem Regelwerk „Basel II“ hat deshalb auch eine tiefgehende Auseinandersetzung mit und Veränderungen bei den Methoden der Kreditwürdigkeitsprüfung bzw. im Risikomanagement der Banken mit sich gebracht.

7.2.1.3.1 Kreditrisiko-Management

Die Vielschichtigkeit der Risiken erfordert grundsätzlich eine möglichst zuverlässige **Risikobewältigung** (Risikomanagement), die den gesamten Prozess der Quantifizierung von Risiken und der Festlegung von (für die Entscheidungsträger) akzeptablen Risikograden umfasst. Diese beiden Komponenten des Prozesses könnten auch als **Risiko-Bestimmung** und **Risiko-Evaluation)** bezeichnet werden. Der Teilprozess der Risikobestimmung umfasst die (objektive) **Identifikation** und die **Schätzung** des Risikoausmaßes, der Teilprozess der Risiko-Evaluation (auch als Evaluation bezeichnet) die subjektive Bewertung des Risikos, die von **Risikobereitschaft** und **Risiko-Aversion** der Entscheidungsträger abhängig ist (Abbildung 23).

Übertragen auf die spezifischen Verhältnisse der Produktion von Kreditleistungen bedeutet das, dass die im Nachfolgenden genannten spezifischen Risiken zu identifizieren und die Wahrscheinlichkeit ihres Eintretens zu schätzen sind. Die Kreditvergabe hat daher unter Anwendung subjektiver Risikomaßstäbe des betreffenden Bankbetriebes zu erfolgen. Dazu kommt als weiteres Spezifikum der Kreditgewährung, dass eine effiziente und permanente Kreditüberwachung durch den Bankbetrieb gewährleistet sein muss. Eine Bank steht bei der Kreditgewährung vor einem ganzen Komplex von Risiken, deren wesentlichster Bestandteil das **Adressenausfall- oder Bonitätsrisiko** ist. Dieses beinhaltet die Gefahr, dass der Kredit überhaupt nicht oder nur teilweise zurückgezahlt wird.

Daneben existieren weitere Risiken, die sich zwar im Einzelnen identifizieren, aber nur schwer quantifizieren lassen (ohne Auslandsrisiken; siehe dazu 8.3.1.1.1):

- **Liquiditätsrisiko**, d.h. die Gefahr, dass der Kredit nicht termingerecht zurückgezahlt wird (Terminrisiko);
- **Zinsrisiko** (Zinsänderungsrisiko), als die Gefahr, dass bei fest vereinbartem Zins (z.B. Hypotheken) das allgemeine Zinsniveau ansteigt, so dass für den Kreditgeber Zinsverluste dann entstehen, wenn sich Änderungen der Zinsbedingungen nachträglich nicht durchset-

Risikomanagement			
Risikobestimmung		Risiko-Evaluation	
Risiko-Identifikation	Risiko-Schätzung	Risiko-Aversion	Risiko-Bereitschaft
Beobachtung und Erkennen von neuen Risikoparametern, bisher nicht beobachteten Beziehungen zwischen bestehenden Risikoparametern, Veränderungen bestehender Risikoparameter.	Festlegung bzw. Feststellung der Wahrscheinlichkeiten des Eintretens von bestimmten Ereignissen, des Ausmaßes des von Risiken (= Quantifizierung der Eintrittswahrscheinlichkeiten identifzierter Risiken und ggf. negativer Folgen).	Bestimmung des Grades an Risikoverringerung, des Ausmaßes an Risikovermeidung durch die Entscheidungsträger der Bank.	Festsetzung von absoluten oder relativen Maßstäben, an denen die Risikobereitschaft des einzelnen Entscheidungsträgers bei ähnlichen Risiken gemessen werden kann; abgeleitet davon die Festsetzung von spezifischen Risikomaßstäben, die sich an Werten orientieren, die z.B. für die Gesellschaft akzeptabel sind (Risiko-Akzeptanz).

Abb. 23: Elemente des Risikomanagements

zen lassen. Umgekehrt ist natürlich zu sagen, dass jedes Risiko auch eine Chance beinhaltet: Bezogen auf das Zinsrisiko wäre dies die Chance, bei fest vereinbartem Zinssatz und allgemein sinkendem Zinsniveau einen Zinsgewinn zu erzielen;

- **Sicherungsrisiko**, besteht darin, dass die zur Sicherung überlassenen Güter an Wert verlieren (z.B. Modeartikel, Immobilien usw.);
- **Geldwertrisiko,** als die Gefahr, dass infolge von Geldentwertung der Kreditgeber weniger Kaufkraft zurückerhält als er hingegeben hat (daher auch **Inflationsrisiko,** als die Gefahr der realen Entwertung einer nominell gleichbleibenden Forderung);
- **Kapitalstrukturrisiko,** das die Gefahr umfasst, dass bei zu hohem Verschuldungsgrad (FK/EK) eines kreditnehmenden Unternehmens der Kredit wegen der zu hohen Fremdmittelzinslast notleidend und im Konkursfall der Bankbetrieb mangels ausreichender eigener Mittel des kreditnehmenden Unternehmens nicht voll befriedigt werden kann. Das Kapitalstrukturrisiko ist insbesondere dann von Bedeutung, wenn das Unternehmen nicht genügend Sachsicherheiten beizubringen in der Lage ist und für die Kreditgewährung vor allem dessen Ertragskraft als Sicherheit dient. Somit ist das Kapitalstrukturrisiko unmittelbar mit dem Bonitätsrisiko verbunden.

Die genannten Risiken können einzeln oder auch kumuliert auftreten. Problematisch ist ihre Quantifizierung. Durch die Entwicklung von „Basel II“ sind die Banken jedoch angehalten, eine umfassende Statistik der Ausfallwahrscheinlichkeiten aufzubauen, die dann als Grundlage für künftige Bonitätseinschätzungen dient. Der Kreditgeber versucht gewöhnlich, den Kreditrisiken mit risikopolitischen Maßnahmen – d.h. risikomindernd und risikovorbeugend – zu begegnen, um den spezifischen Verhältnissen des Kreditnehmers und den Zielen des Bankbetriebes bestmöglich gerecht zu werden. Spezielle **Probleme** der Kreditwürdigkeitsprüfung und des Ergreifens adäquater risikopolitischer Maßnahmen ergeben sich daraus, dass

- im Rahmen der Kreditprüfung im Regelfall **Zeitdruck** gegeben ist, d.h. der Bankbetrieb innerhalb relativ kurzer Zeit über Kreditanträge der Kundschaft entscheiden muss und insofern eine längerfristige Planung, insbesondere der Struktur des Kreditportefeuilles, erschwert wird;

- aus organisatorischen Gründen die Kreditvergabe im Regelfall nicht durch Entscheidungen einer Zentralinstanz erfolgt, sondern in Anbetracht des Filialsystems ein abgestuftes System der Kreditvergabekompetenzen (siehe *Rudolph* 1974, 22 f.) und innerhalb der (dezentralisierten) Entscheidungsebenen selbst eine weitere Dezentralisation der Entscheidungsaufgaben notwendig ist: So wird beispielsweise die Zuständigkeit für Kreditanträge je nach Höhe (z.B. Klein- und Mittelkredite, Großkredite, Millionenkredite) und Laufzeit bestimmten Ebenen der Hierarchie zugewiesen, wo dann eine weitere Differenzierung nach Kreditarten, Laufzeit, Sicherheiten und Kredithöhe vorgenommen wird. Bei Entscheidungen über Großkredite und Organkredite ist wegen der §§ 13 und 15 KWG ohnehin die oberste Entscheidungsebene eingebunden.

Hinsichtlich der risikopolitischen Maßnahmen lassen sich die in Abbildung 24 dargestellten grundsätzlichen Möglichkeiten unterscheiden (vgl. im folgenden *Rudolph* 1974, 13 ff.). Risikozerfällung bedeutet die Aufteilung der Verlustrisiken entweder auf mehrere Bankbetriebe (Metakredit, Konsortialkredit) oder die Zerlegung des gesamten Vermögensrisikos des einzelnen Kreditnehmers durch einen Bankbetrieb in mehrere Teilausfallrisiken in der Weise, dass jedes Teilrisiko adäquat abgesichert ist.

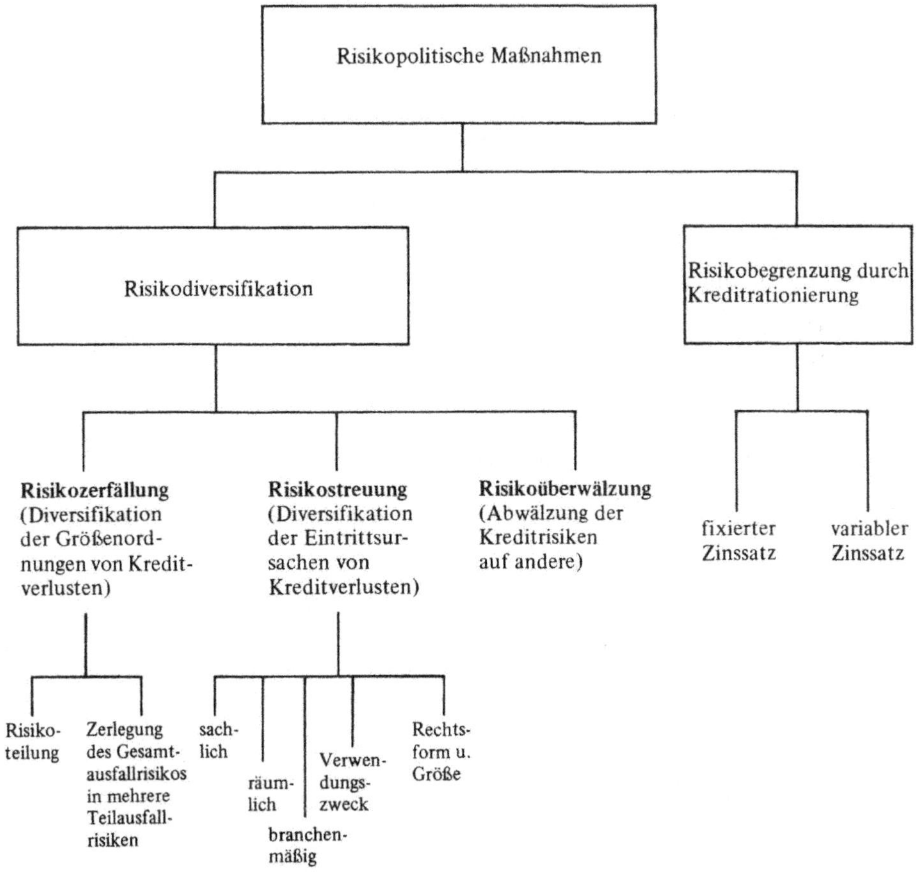

Abb. 24: Maßnahmen der Bank-Risikopolitik zur Beherrschung von Kreditrisiken

Beziehen sich die Maßnahmen der **Risikozerfällung** auf einen Vertragspartner, so betreffen die Maßnahmen der Risikostreuung eine Mehrzahl von Vertragspartnern und die Zusammensetzung verschiedener Kreditpositionen. Dem liegt die Vorstellung zugrunde, dass das Risiko des Gesamtkreditportefeuilles (als Globalposition) durch Einbezug einer zunehmenden Zahl geeigneter Einzelpositionen nach dem Grundsatz der Risikomischung (hier also: **Kreditmischung**) abnimmt. Die **Risikostreuung** kann nach verschiedenen Kriterien, z.B. in sachlicher (Art und Höhe der Kredite), in räumlicher und branchenmäßiger Hinsicht sowie bezüglich des Verwendungszweckes (Betriebsmittel-, Investitionskredite usw.) und der Rechtsform oder Größe ded kreditnehmenden Unternehmens erfolgen. Die Risikoüberwälzung betrifft bestimmte Möglichkeiten der **Abwälzung** von Kreditrisiken oder Teilrisiken auf den Kreditnehmer selbst oder einen Dritten (z.B. Freizeichnungsklausel, Kreditversicherung im Auslandsgeschäft u.ä.). In jüngerer Zeit haben sich hier zwei neue Formen entwickelt, die insbesondere auch im Zusammenhang mit der Ertragskrise der deutschen Banken in den Jahren 2000 und 2001große Verbreitung fanden: **Asset Backed Securities** (**ABS**) und **Kreditderivate**. Während bei ABS die gesamte Kreditforderung der Bank unter streng definierten Bedingungen verbrieft und verkauft wird (ein sogenannter True Sale), erfolgt bei der Nutzung von Kreditderivaten lediglich der Verkauf des bewerteten Risikos über verschiedene Konstruktionen von Swaps und Optionen (siehe zu ABS 8.3.1.2.1 und zu Kreditderivaten 7.2.1.7).

Zu diesen insbesondere auf Risikodiversifikation gerichteten Maßnahmen kommen diejenigen Entscheidungen der bankbetrieblichen Risikopolitik, die auf eine **Begrenzung** des **individuellen Kreditspielraums** der Bank abzielen. Zugrunde liegt diesen Ansätzen die Auffassung, dass die Entscheidung über die Kreditgewährung als eine Investition in einen Debitor anzusehen ist und sie daher von denselben Überlegungen auszugehen hat, die allgemein bei der Investitionsplanung und Investitionsentscheidung für Sachvermögensgegenstände anzustellen sind. Die so entwickelten **Kreditrationierungsmodelle** unterscheiden sich hinsichtlich des dem Bankbetrieb unterstellten Entscheidungsverhaltens wie folgt:

- **Kreditrationierung bei fixiertem Zinssatz**: In diesem Fall legt die Bank den Umfang der Kreditrisiken fest, den sie bei gegebenen Marktverhältnissen zu einem bestimmten Zeitpunkt hinzunehmen bereit ist (Sicherheitsniveau, Risikohorizont). Zu einer Ausdehnung ihres Kreditangebots ist die Bank selbst bei Angebot einer (zusätzlichen) Risikoprämie nicht bereit, da sie gegenüber weitergehenden Risiken grundsätzlich völlige Aversion zeigt.
- **Kreditrationierung bei variablem Zinssatz**: Nach diesen Modellen besitzt der Bankbetrieb einen gewissen Indifferenzbereich, innerhalb dessen Kreditrisiken und Kreditzinsen substituierbar sind. In diesem Falle ist der Kreditspielraum eines Unternehmens u.a. eine Funktion der Zinszahlungen, die das kreditnehmende Unternehmen zu zahlen bereit ist. Der Bankbetrieb beteiligt sich somit in bestimmtem Umfang an den Risiken, aber auch an den Chancen zusätzlicher Kreditgewährung an denselben Kreditnehmer. Die Entscheidung, inwieweit der Bankbetrieb unter den gegebenen Annahmen seinen Kreditspielraum ausweitet, hängt im wesentlichen von der Beurteilung der Gläubigerposition bei dem begünstigten Unternehmen, also der Kredit- und Sicherheitenposition des Bankbetriebes gegenüber dem Kreditnehmer ab (**Problem** des **Kreditlimits**).

Eine besondere Form der **Risikoüberwälzung** auf andere, die in letzter Zeit wesentliche Bedeutung gewonnen hat, ist die **Risikokompensation** mittels **Kreditderivaten.** In diesen Fällen werden die Kreditrisiken durch gezielte Sicherungsgeschäfte (**Hedging-Geschäfte**) aus der Bankbilanz geswapt, ohne dass der Kredit selbst verkauft wird. Es erfolgt somit nur eine Sicherung der Risiken aus den Zinszahlungen durch Kompensationen auf der Basis von **Zinsswaps**. Es wird somit beispielsweise nur das Risiko sinkender variabler Kreditzinsen durch Tausch gegen die Zahlung fester Zinsen kompensiert.

7.2.1.3.2 Traditionelle Verfahren der Kreditwürdigkeitsprüfung

Der **Risikovorbeugung** dient die Kreditwürdigkeitsprüfung (Bonitätsprüfung) als Teil der aktiven Risikopolitik von Bankbetrieben. Ihr Zweck besteht darin, zu ermitteln, ob der Kreditnehmer in der Lage sein wird, die Zins- und Tilgungszahlungen für den gewünschten Kredit zu den vorgesehenen Terminen in voller Höhe zu erbringen. Eine **rechtliche Verpflichtung** zur Kreditwürdigkeitsprüfung ergibt sich aus § 18 KWG für Kredite über 750.000 EUR: Das Kreditinstitut hat sich die wirtschaftlichen Verhältnisse, insbesondere durch Vorlage der Jahresabschlüsse, offenlegen zu lassen. Ausnahmen sind möglich, wenn die gestellten Sicherheiten ausreichend sind oder die Offenlegung im Hinblick auf die Mitverpflichteten offensichtlich unbegründet wäre. Die Kreditwürdigkeitsprüfung untersucht zunächst den Kreditzweck. Sie beurteilen in diesem Zusammenhang auch die persönlichen Verhältnisse des kreditsuchenden Unternehmens (bzw. im Falle des Personalkredits die des Kreditnehmers) sowie die rechtliche und wirtschaftliche Lage des Unternehmens unter Einschluss seiner technischen Leistungsfähigkeit (siehe dazu *Kremer)*. Nach dem Prüfungsergebnis sollen sich die grundsätzliche Möglichkeit, der Umfang und die Bedingungen einer Kreditvergabe sowie die zu stellenden Sicherheiten richten. Auf die einzelnen Arten von **typischen** und **atypischen Sicherheiten** kann in diesem Zusammenhang nicht näher eingegangen werden. Es sei daher auf die zahlreiche Spezialliteratur rechtlicher Art verwiesen (siehe vor allem *Scholz/Lwowski; Gerth)*.

Als eine mögliche Form der **Sicherung von Kreditbeständen** einer Bank wird der Einsatz von **Kreditoptionen** vorgeschlagen (siehe dazu *Ufer*): Dabei erfolgt ein bedingter Austausch des Kreditrisikos zwischen kreditgebender Bank und einem anderen Vertragspartner (z.B. einer anderen Bank) in der Weise, dass ein festgelegter Betrag vom Vertragspartner an die kreditgebende Bank gezahlt wird, wenn die Zwangsvollstreckung beim Schuldner (Kreditnehmer) erfolglos bleibt oder die Zahlungsunfähigkeit durch Zahlungseinstellung, Eröffnung des Insolvenzverfahrens oder Ablehnung des Verfahrens mangels Masse feststehen. Wegen der Verlagerung des Kreditrisikos (Ausfallrisikos) wird auch von **Kreditswaps** gesprochen. Der Auslöser zum Abschluss derartiger **Kreditderivate** liegt vor allem in der unterschiedlichen Beurteilung der Höhe des Kreditrisikos durch die Vertragspartner, so dass einer Einzelwertberichtigung des Kreditgebers, z.B. in Höhe von 50%, der andere Vertragspartner eine geringere Rückstellung als 50% für notwendig erachtet und die Kosten der Sicherung durch die Auflösung der Rückstellung finanziert werden. Die kreditgebende Bank als Schreiberin der Option kann die Optionsprämie als **Einmalbetrag** (z.B. 0,8% auf den Kreditbetrag) oder als **Mindestmarge** (z.B. 0,5% p.a.) mit vorgegebener Laufzeit festlegen. Rechtlich gesehen, handelt es sich bei diesen Kreditderivaten um eine Rückbürgschaft mit entsprechender Haftungsübernahme.

Die **persönlichen** Verhältnisse bestimmen wesentlich die **Kreditwürdigkeit.** Dazu gehören besonders die Zahlungs- und Geschäftsmoral sowie die Zuverlässigkeit in der Erfüllung vertraglicher Verpflichtungen.

Als weitere wesentliche Voraussetzung ist die **Kreditfähigkeit** zu überprüfen. Sie richtet sich vor allem nach der wirtschaftlichen Lage des kreditsuchenden Unternehmens. Der Prüfung der wirtschaftlichen Verhältnisse können entweder statische oder dynamische Gesichtspunkte zu Grunde liegen. Eine **statisch** orientierte Untersuchung analysiert die Vermögens- und Liquiditätslage zum Zeitpunkt der Bonitätsprüfung. Die **dynamisch** ausgerichtete Prüfung erstreckt sich dagegen auf die zukünftige Ertragskraft und die erwartete Liquiditätsentwicklung des Unternehmens während der Kreditlaufzeit. Die **Vermögens- und Liquiditätslage** wird an Hand eines **Status** beurteilt. Er zeigt die betriebliche Substanz zu Zeitwerten und offenbart damit die effektive Höhe und Zusammensetzung des Vermögens, aus der sich sowohl die gegenwärtige Liquidität als auch Anhaltspunkte für eine dingliche Kreditsicherung ergeben. Erstellung und Beurteilung des Status sind relativ unproblematisch. Für die Sicherung eines langfristigen Kredits sagt ein Status jedoch nur wenig aus, und zwar deshalb, weil die für Sicherungszwecke vornehmlich geeigneten Gegenstände des Anlagevermögens auf längere Sicht einer erheblichen Wertminderung unterliegen können. Dem Sachverhalt angemessener ist deshalb in den meisten Fällen die Untersuchung der Erfolgslage und der Erfolgsaussichten, da Gewinnerzielung durch den Kreditnehmer eine besondere Voraussetzung für reibungslose Zins- und Tilgungszahlungen darstellt. Die Schwierigkeit einer solchen Erfolgsprüfung besteht weniger in der Analyse der Vergangenheitserfolge als in der Schätzung der zukünftigen Gewinne, die wie jede Vorschaurechnung immer mit Unsicherheiten belastet ist.

Für eine fristgemäße Verzinsung und Tilgung des Kredits hat aber nicht nur die Erfolgslage des Kreditnehmers, sondern auch seine Liquidität Bedeutung. Daher muss sich die Bonitätsprüfung insbesondere auf die gegenwärtige und zukünftige Liquiditätslage des Kreditnehmers erstrecken. Die Liquidität zum Stichtag (statische Liquidität) lässt sich unmittelbar aus dem Status ermitteln. Um die erwartete Liquidität im künftigen Zeitverlauf (dynamische Liquidität) zutreffend prognostizieren zu können, bedarf es der Hilfe eines Finanzplans, der die erwarteten Einnahmen- und Ausgabenströme zukünftiger Perioden enthält (siehe dazu *Knief*). Der Finanzplan soll insbesondere aufzeigen, wann und in welcher Höhe eine Kreditaufnahme nötig und die Kreditrückzahlung möglich ist. Kann die Bank dem vollen Kreditbedarf laut Finanzplan nicht entsprechen, so muss sie sich vor ihrer Zusage davon überzeugen, dass auch die Restfinanzierung auf andere Weise in wirtschaftlich angemessener Weise gesichert ist (zum Problem des dynamischen Verschuldungsgrades siehe *Wagner, M.*). In Anbetracht der wesentlichen Bedeutung von Finanzplänen für die Kreditsicherung und die Unternehmensführung durch den Kreditnehmer bieten Banken **Planungshilfen** an, die eine – von den Banken nachprüfbare oder ggf. von Ihnen selbst erstellte – Finanzplanung unterschiedlicher Fristigkeiten umfasst (Abbildung 24-1).

Planungsmodelle

Ziele	Hauptaufgaben	Planart	Inhalt	Planungsabschnitte	Zeitraum	Planungsbasis
-Erhöhung der Erlöse -Gestaltung der Aufwands- und Ertragsstruktur -Investitionsfinanzierung -Wachstumsfinanzierung -Verbesserung der Vermögens- und Kapitalstruktur	Sicherung und Verbesserung der Strukturen von Bilanz und Erfolgsrechnung	**Mehrjahresplanung**	Plan-Erfolgsrechnungen Plan-Bilanzen Kennzahlen	nach Jahren	meist 5 Jahre	Jahresabschlüsse Erfahrungswerte der Vergangenheit Kennzahlen Einzelne Grundsatzentscheidungen, beispielsweise Investitionen
-Erhöhung der Erlöse -Gestaltung der Aufwands- und Ertragsstruktur (Feinplanung) -Rechtzeitige Finanzdispositionen -Verbesserung der Anlage- und Kreditdispositionen nach Höhe und Termin -Einhaltung der Kreditlinien	Steuerung der Finanz- und Erfolgsentwicklung	**Einjahresplanung**	Einnahmen/Ausgaben Finanzkonten Plan-Erfolgsrechnung Plan-Bilanz	nach Monaten	meist 1 Jahr	Letzter Jahresabschluß Daten aus Absatz-, Produktions-, Beschaffungs-, Personal- und Investitionsbereich
-Rechtzeitige Finanzdispositionen (Kundenwechsel diskontieren? Eigenakzepte ausstellen? Kontokorrentkredit in Anspruch nehmen?) -Wahl der günstigsten Zahlungstermine -Einhaltung der Kreditlinien	Verbesserung der Gelddisposition	**Kurzfristige Liquiditätsvorschau**	Einnahmen/Ausgaben Entwicklung des laufenden Bankkontos	Nach Tagen, Wochen, Dekaden	max. etwa 3 Monate	Bilanzielle Bestände und bestehende Vertragsverhältnisse, insbesondere Auftragsbestände und Bestellverpflichtungen, Arbeitsverträge, Mietverträge, Steuerverpflichtungen

Abb. 24-1: Finanzplanungsprogramm einer deutschen Großbank

In der Vergangenheit – und zum Teil auch noch in der Gegenwart – beschränkt sich die Bonitätsprüfung vorwiegend auf statisch-orientierte Untersuchungsmethoden, d.h. auf die Prüfung der Vermögens- und Liquiditätslage zum Zeitpunkt des Kreditantrages. Dieses Vorgehen entspricht eher dem Beleihungsgeschäft. Kredit bedeutet jedoch Vertrauen in die Fähigkeiten des Unternehmens und damit in den künftigen Erfolg des Unternehmens. Nicht dingliche Sicherheiten allein, sondern schöpferische Kräfte, die die Nachhaltigkeit des Erfolges auf lange Zeit sichern, stellen eine ausschlaggebende Sicherung der Rückzahlung eines Kredits dar. Daher gewinnt zunehmend – nicht zuletzt unter dem Eindruck ausgeschöpfter dinglicher Sicherungsmöglichkeiten – die Beurteilung künftiger Erfolgs- und Liquiditätsentwicklung bei der Kreditwürdigkeitsprüfung an Bedeutung.

Insgesamt ist jedoch die Art der geplanten Kreditleistung dafür ausschlaggebend, ob die statische oder die dynamische Betrachtungsweise stärker betont werden muss. Eine **langfristige** Kreditleistung sollte allein wegen ihrer Abhängigkeit von Zukunftsfaktoren durch eine überwiegend dynamisch ausgerichtete Prüfung vorbereitet werden. Diese Forderung lässt sich jedoch in kleineren und mittelgroßen Unternehmen mangels ausreichender Planungsrechnungen nur in begrenztem Umfange verwirklichen. In diesen Fällen bleibt eine statische Analyse der Vermögens- und Liquiditätslage oft das einzige Instrument der Bonitätsprüfung. Bei **kurzfristiger Kreditgewährung** kann allerdings der Status als Beurteilungsbasis grundsätzlich ausreichen, zumal die Entwicklung von Aufwand und Ertrag in einer kurzen Periode überschaubarer sind und kurzfristige Kredite ihrem Wesen nach in der Regel Betriebskredite darstellen, die der Finanzierung des laufenden Bedarfs dienen. Nach Erfüllung ihres Zweckes liquidieren diese sich normalerweise selbst, so dass die Tilgung direkt aus den Umsatzerlösen möglich ist. Bei kurzfristigen Krediten sind daher vor allem der Finanzierungszweck, die gegenwärtige finanzielle Lage und die augenblicklich vorhandenen Sicherungsmöglichkeiten zu prüfen.

Die **Durchführung** der Kreditwürdigkeitsprüfung im Einzelfall wird jedoch nicht nur von Art und Umfang des Kredites sowie von der Betriebsgröße bestimmt, sondern sie richtet sich auch nach dem Wirtschaftszweig, dem das kreditnachfragende Unternehmen angehört sowie danach, ob die Kreditentscheidung mit Hilfe computerunterstützter Verfahren der Bonitätsprüfung automatisierbar ist oder auf eine sicherere Basis gestellt werden kann.

Die „traditionellen" Verfahren der Bonitätsprüfung bereiten die Bilanzdaten mit sog. **Zergliederungsformularen** auf, in denen eine Zuordnung der Vermögens- und Kapitalwerte hinsichtlich ihrer Liquiditätsnähe erfolgt. Während das Zergliederungsschema für Bilanzanalysen für Kapital- und Nichtkapitalgesellschaften gleichermaßen Anwendung finden kann, ergibt sich für die Analyse der Gewinn- und Verlustrechnung wegen § 275 Abs. 1 bis 3 HGB die Notwendigkeit, das Gesamtkostenverfahren oder das Umsatzkostenverfahren zu berücksichtigen. Abbildung 25-1 zeigt ein Schema für das Gesamtkostenverfahren (*König*, 217).

Bei Kreditentscheidungen im standardisierten Mengengeschäft (Konsumentenkredite) oder bei Kreditentscheidungen, die auf Grund der Ergebnisse maschineller Bilanzanalyse im Bereich der Firmenkundschaft getroffen werden, ist dagegen eine andere Vorgehensweise angebracht. Dasselbe gilt für die Ergebnisse der Bonitätsprüfung, die bei den traditionellen Verfahren ihren Niederschlag in einem **Kreditbericht** oder einem **Kreditantrag** finden, der den Entscheidungsgremien des Bankbetriebes zur Grundlage der Kreditentscheidung dient.

Aktivseite	am ...	Passivseite	am ...
I. Ausstehende Einlagen	———	I. Kapital	
		Rücklagen	
II. Unbebaute Grundstücke		Ergebnis	———
Bebaute Grundstücke			
Maschinen		II. Anleihen	
Betriebsausstattung		Darlehen	
Anlagen im Bau		Hypotheken	———
Anzahlung auf Anlagen	———	mittel- u. langfristige	
Sachanlagen	———	Verbindlichkeiten	———
Beteiligungen			
Patente usw.		III. Sonderposten m. Rücklage-anteil	
Hypotheken/Darlehen		Pensionsrückstellungen	
sonst. Wertpapiere		Wertberichtigungen zu Sach-anlagen usw.	
Konzernforderungen	———	Konzernverbindlichkeiten	———
sonstige Aktiva	———	sonstige Passiva	———
III. Kasse, Postscheck		IV. Warenverbindlichkeiten	
Bankguthaben		Warenakzepte	
Wechsel/Scheck		andere Akzepte	
Warenforderungen		Bankschulden	
Wertpapiere		sonst. Schulden	
Rechnungsabgrenzung	———	Rückstellg. für ungewisse	
liquide Mittel I	———	Verbindlichkeiten	
Anzahlung auf Waren		Wertberichtg. auf Umlauf-vermögen	
Roh-, Hilfs- und Betriebsstoffe		Rechnungsabgrenzung	
Unfertige Erzeugnisse		erhaltene Anzahlungen	
Fertige Waren	———	div. kurzfr. Verbindlichk.	———
liquide Mittel II	———	kurzfrist. Verbindlichkeiten	———
Summe	═══	Summe	═══

Ergänzungen		1. Giroverbindlichkeiten	
1. Warenumsätze		2. Sonst. Verpfl./Avale	
2. Zielinanspruchnahme der Abnehmer		3. Zielinanspruchnahme bei Lieferanten	
3. Auftragsbestände		4. Bankschulden beim	
4. Liquiditätsberechnung		– eigenen Institut	
Liquide Mittel I		– bei anderen Banken	
Kurzfr. Verbindlichkeiten	———	5. Cash-flow:	
Saldo		Gewinn	
Liquide Mittel II		Rücklagenzuführung	
(ggf. ./. erh. Anz.)	———	Abschreibungen	
Liquiditätssaldo		Zuführg. zu Pensionsrückst.	———
	———	Summe	———

Abb. 25: Zergliederungsformular zur Bilanzanalyse

	Umsatzerlöse
+	Bestandsveränderungen
+	andere aktivierte Eigenleistungen
	Gesamtleistung
–	Materialaufwand
+	sonstige periodische Betriebserträge
–	Personalaufwand
–	planmäßige Abschreibungen auf Sachanlagen
–	sonstige Steuern
–	sonstiger periodischer Betriebsaufwand
	BETRIEBSERGEBNIS
	Zinserträge
–	Zinsaufwand
	ZINSERGEBNIS
	Erträge aus Beteiligungen und sonstigen Finanzanlagen
–	Aufwand aus Beteiligungen und sonstigen Finanzanlagen
–	Abschreibungen auf Finanzanlagen
	BETEILIGUNGSERGEBNIS
	Erträge aus der Auflösung von Sonderposten
+	sonstige periodenfremde Betriebserträge
+	außerordentliche Erträge
–	außerplanmäßige Abschreibungen auf Sachanlagen
–	unübliche Abschreibungen auf Umlaufvermögen
–	Einstellungen in Sonderposten
–	sonstiger periodenfremder Betriebsaufwand
–	außerordentlicher Aufwand
	NEUTRALES ERGEBNIS
–	EE-Steuern
	JAHRESERGEBNIS

Abb. 25-1: Schema zur Analyse von GuV-Rechnungen (Gesamtkostenverfahren)

7.2.1.3.3 Credit-Scoring-Verfahren bei Konsumentenkrediten

Bei den Kreditentscheidungen im Massengeschäft ist eine „traditionelle“ Vorgehensweise allein aus Kostengründen in der Regel nicht angezeigt, zumal das Kreditgeschäft hinsichtlich Betrag, Sicherung und Rückzahlungsbedingungen – insbesondere im Bereich des Konsumentenkredits – sich als weitgehend standardisierbar erweist. Dazu kommt, dass in diesem Bereich auf Erfahrungswerte mit einer sehr hohen Zahl an Kreditvergaben zurückgegriffen werden kann, was die Anwendung geeigneter mathematisch-statistischer Verfahren zu deren Auswertung und den Einbezug so gewonnener Kennziffern in den computerunterstützten Kreditentscheidungsprozess im Sinne einer gewissen „Automatisierung“ nahe legt. Derartige Verfahren, als **Punktbewertungsmethode** oder als **Credit-Scoring** bezeichnet, haben deshalb in der Praxis erhebliche Bedeutung erhalten (zu den theoretischen Grundlagen siehe *Häußler).*

Die Erkenntnis, dass die traditionellen Verfahren der Kreditwürdigkeitsbeurteilung sowohl zeit- und kostenaufwendig als auch subjektiven Einflüssen der Kreditsachbearbeiter ausgesetzt sind, veranlasste *Bogges* Mitte der 1960-er Jahre, das im folgenden dargestellte Verfahren vorzuschlagen, das den Einsatz von Computern erlaubt und die in Abbildung 26 wiedergegebene Grundstruktur aufweist.

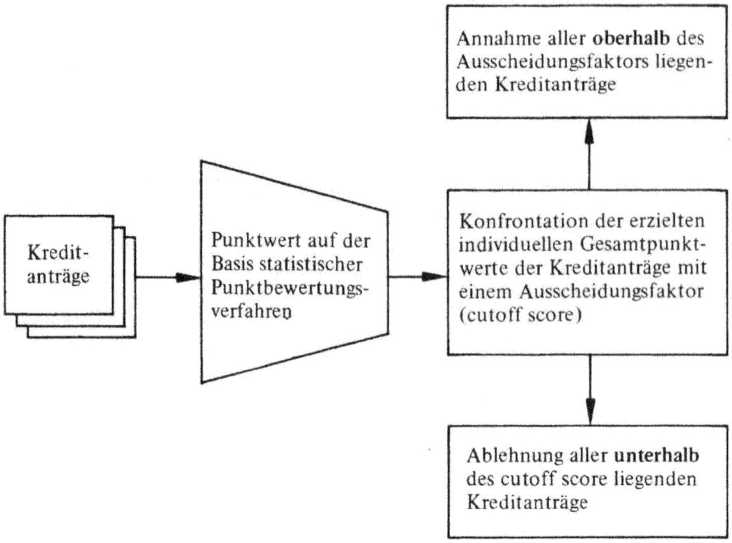

Abb. 26: Struktur des Kreditausleseprozesses mit Hilfe von Punktbewertungssystemen

Um die notwendigen Punktwerte einzelner Merkmale und deren Gewichtung sowie einen „optimalen" Ausscheidungsfaktor zu erhalten, bedarf es repräsentativer Stichproben aus abgewickelten Kreditverhältnissen, um „gute" (profitable) und „schlechte" (unprofitable) Kredite und deren Risiken auf Grund bestimmter Kundencharakteristika zu ermitteln (Tabelle 7, Spalten 1 und 2).

Tab. 7: Ermittlung „guter" und „schlechter" Risiken einschließlich deren relativer Gewichtung

Kundencharakteristika (Merkmale)	Prozentualer Anteil des Merkmals bei einwandfreien Krediten – „gute" Risiken (%)	Prozentualer Anteil des Merkmals bei notleidenden Krediten – „schlechte" Risiken (%)	Punkte bei Antwort „ja"*)
Verheiratet	90,5	86,2	10
Eigentümer eines Hauses/ einer Wohnung	80,4	42,3	15
Eigentümer eines Autos	80,7	68,0	7
35 Jahre und älter	97,0	89,5	11
3 Jahre und mehr an der letzten Adresse wohnhaft	91,8	70,3	14
Bankreferenz vorhanden	93,6	71,0	18
Telefon vorhanden	75,4	70,3	6
weniger als 3 Kinder	65,8	49,3	19
Gesamt	–	–	100

*) Ergebnisse der Diskriminanzanalyse

Alle ordnungsgemäß abgewickelten Kredite ergeben dabei die Grundgesamtheit A, während die notleidenden Kredite sowie nicht störungsfrei verlaufene Kreditengagements der Grundgesamtheit B zugeordnet werden, d.h. es ergeben sich zwei Kollektive und dementsprechend zwei Häufigkeitsverteilungen für A und B, die sich auf Grund der teilweise nicht stark differierenden Merkmalsverteilungen teilweise überlappen werden (Abbildung 27). Damit besteht das Problem, zu entscheiden, welcher Grundgesamtheit der betreffende Kredit eindeutig zuzuordnen ist.

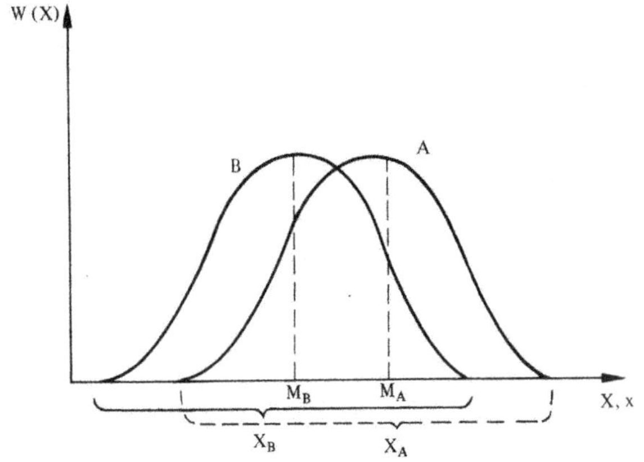

W(X) ... Häufigkeit	A ...	Grundgesamtheit ordnungsgemäß abgewickelter Kredite
x ... Merkmale	B ...	Grundgesamtheit nicht störungsfrei abgewickelter und notleidender Kredite
M_A,M_B ... Mittelwerte der Verteilungen A, B		
X_A,X_B ... Punktetotale „guter" („schlechter") Risiken		

Abb. 27: Verteilung von Merkmalen in den Grundgesamtheiten A und B

Um eine Fehlklassifizierung, d.h. die fälschliche Zuordnung eines Kreditnehmers der Grundgesamtheit A zu der Grundgesamtheit B und umgekehrt, weitestgehend zu verringern, ist es notwendig, die beiden Häufigkeitsverteilungen und damit die Mittelwerte M_A und M_B möglichst weit „auseinanderzuziehen". Eine derartige **Trennung** bewirkt, dass das Risiko der Fehlklassifizierung in dem Ausmaß sinkt, je größer die Differenz zwischen den Mittelwerten der Verteilung A und B und je kleiner die Summe der beiden Streuungen (Varianzen) wird. Mit Hilfe der **linearen Diskriminanzanalyse** (siehe dazu *Fahrmeir et.al.; Hackl/Böhm; Weibel,* 22ff.; *Strack,* 67ff.) lässt sich eine lineare **Trennfunktion** ermitteln, die eine geeignete Zuordnung der Risiken auf Grund der Merkmale (x_1,x_2....,x_n) und der Gewichtung der jeweiligen Merkmalsausprägung (g_1, g_2, ...g_n) erlaubt:

$$X = g_1 x_1 + g_2 x_2 + \ldots + g_n x_n \tag{1}$$

Die Differenzen (d_1, d_2,...,d_n) zwischen den Mittelwerten M_A und M_B lassen sich allgemein durch

$$d_n = (M_A)_n - (M_B)_n \tag{2}$$

angegeben. Für die einzelnen Merkmale betragen sie daher:

$$d_1=(M_A)_1 - (M_B)_1 \,;\, d_2= (M_A)_2 - (M_B)_2; \tag{3}$$

Die Gesamtunterschiede der Mittelwertsdifferenzen betragen somit:

$$D = g_1 d_1 + g_2 d_2 + \ldots + g_n d_n \quad (4)$$

Da das Ziel der Diskriminanzanalyse darin besteht, die g-Werte so zu bestimmen, dass die Unterschiede zwischen den Mittelwerten gemäß Gleichung (4) möglichst groß und die Summe der Abweichungsquadrate der Merkmale X_A bzw. X_B von ihren Mittelwerten M_A bzw. M_B innerhalb jeder Grundgesamtheit, also

$$V (X_A - M_A)^2 + V (X_B - M_{BN})^2, (5)$$

möglichst klein wird, ergibt sich, dass insgesamt der Ausdruck

$$D_{A,B} = (M_A - M_B)^2 / [\, V (X_A - M_A)^2 + (X_B - M_B)^2 \,], (6)$$

der maximal werden muss (siehe *Feulner*,29 f.). Differenziert man Gleichung (6) partiell nach$g_1, g_2, \ldots, g_n$, so erhält man auf Grund der aus diesen Gleichungen bestimmten g-Werte die **günstigste Trennformel**. Graphisch lässt sich dieser Sachverhalt völliger oder möglichst weitgehender Trennung wie in Abbildungen 28a und 28b dargestellt verdeutlichen.

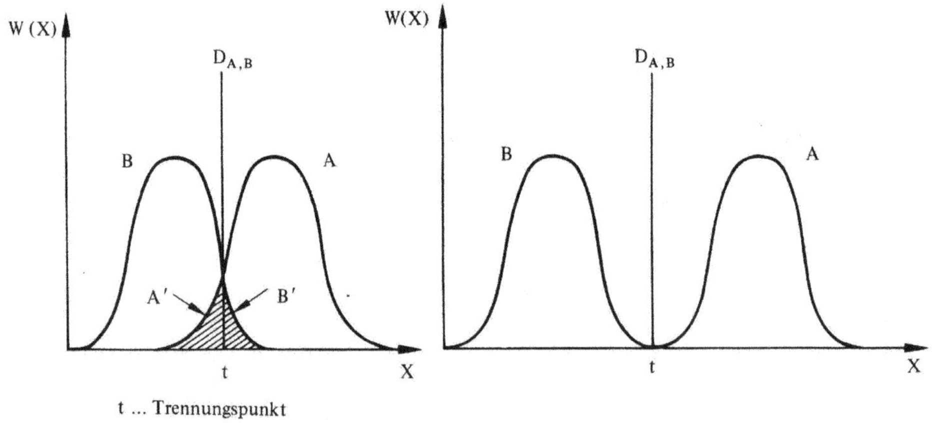

Abb. 28: **(a)** Weitgehende Trennung der Grundgesamtheiten A und B **(b)** Völlige Trennung der-Grundgesamtheiten A und B

Die in Abbildung 28a festgelegte **Diskriminanzgrenzlinie** ($D_{A,B}$) zeigt andererseits aber auch, dass trotz weitgehender Trennung „guter" und „schlechter" Risiken noch ein Bereich bestehen bleibt, in dem ein Risiko der Fehleinschätzung, repräsentiert durch die Flächen A' und B', bestehen bleibt. Das Resultat der Diskriminanzanalyse schlägt sich im oben gewählten Beispiel in Tabelle 7, Spalte 3, nieder.

Mit dem Trennungspunkt **t (cutoff score)** ist zwar eine Richtgröße für die Ausscheidung „schlechter" Kreditrisiken gegeben, doch handelt es sich dabei im Regelfall nicht um den individuellen optimalen Ausscheidungsfaktor „schlechter" Kreditrisiken eines Bankbetriebes, zumal dieser vom erwarteten Gesamtgewinn beeinflusst ist und somit unter Umständen auch Kreditrisiken, die unter dem cutoff score liegen, zu einer Steigerung des Gesamtgewinns aus dem Kreditgeschäft beitragen können.

Der **optimale Ausscheidungsfaktor** (**best cutoff score**) lässt sich dadurch ermitteln, dass der Gesamtgewinn als Differenz zwischen dem erwarteten Gewinn aus erfolgreichen Kreditvergaben **und** dem erwarteten Verlust aus notleidenden Kreditgewährungen bestimmt und Gleichung (7) nach X differenziert wird:

$$G = \hat{G} * M(X) * W(X) - V * M(X) * [1 - W(X)] \quad (7)$$

wobei:

G	erwarteter Gewinn aus den gesamten Kreditvergaben;
Ĝ	durchschnittlicher Gewinn einer erfolgreichen Kreditvergabe;
M(X)	Anzahl der Kredite, die bei einer bestimmten Gesamtpunktezahl X gewährt werden, falls X gleichzeitig den Ausscheidungsfaktor repräsentiert;
W(X)	Wahrscheinlichkeit, dass sich ein Kredit bei einer bestimmten Gesamtpunktezahl X als **erfolgreich** erweist;
[1-W(X)]	Wahrscheinlichkeit, dass sich ein Kredit bei einer bestimmten Gesamtpunktezahl X als **notleidend** erweist;
V	durchschnittlicher Verlust einer notleidenden Kreditvergabe.

Der **optimale Ausscheidungsfaktor** ($X_{opt.}$) entspricht damit jener Gesamtpunktezahl X, bei der G in Funktion (7) maximal wird.

Ein anderes, pragmatisches Verfahren der Bestimmung des **best cutoff score** schlägt *Bogges* insofern vor, als er auf Grund einer zusätzlichen repräsentativen Zufallsstichprobe aus dem Gesamttotal abgewickelter Kreditvergaben und Bewertungen an Hand der Punktezahlen in Tabelle 7, Spalte 3, die in Tabelle 8 dargestellte Zuordnung der Kreditnehmer vornimmt. Bei einer Ausscheidungsgrenze von 5 Punkten wären 5 Kreditanträge abgelehnt worden, obwohl sich die Kredite als einwandfrei erwiesen hätten. Dem Bankbetrieb würde damit ein Gewinn von insgesamt 500 EUR entgehen, sofern man den durchschnittlichen Gewinn pro einwandfreiem Kreditnehmer mit 100 EUR unterstellt. Dem steht allerdings entgegen, dass 300 Kredite nicht gewährt worden wären, die zu einem vollständigen oder teilweisen Ausfall geführt hätten. Veranschlagt man den durchschnittlichen Verlust pro Kredit mit 50 EUR, dann wäre ein Verlust von insgesamt 15.000 EUR entstanden. Der Nettogewinn bei Ablehnung von Kreditanträgen, die nur 5 Punkte erreichen, beträgt somit 14.500 EUR. Mit steigender Ausscheidungsgrenze nehmen die Gewinnzuwächse zunächst zu, sinken dann aber ab einer bestimmten Punktzahl wieder, da die Anzahl der notleidenden Kredite nur noch geringfügig steigt. Im angeführten Beispiel liegt der best cut off score bei 20 Punkten, da hier der Gesamtgewinn des Bankbetriebes aus der unterlassenen Kreditvergabe am größten ist. Will die Bank jegliches **Risiko ausschalten**, konzentriert sie sich auf Kreditvergaben mit Punktewerten von 35 und mehr, da bei diesen credit scores die Kredite mit einwandfreier Abwicklung überwiegen.

Für die praktische Anwendung der Credit-Scoring-Verfahren bedeutet dies, dass Kreditanträge, die eine bestimmte Ausscheidungsgrenze knapp verfehlen, nach erneuter und verschärfter Bonitätsprüfung und/oder der Stellung zusätzlicher Sicherheiten genehmigt werden könnten.

Die **Vorteile des** Credit-Scoring-Verfahrens liegen insgesamt darin (vgl. *Feulner,*43), dass

- die Kreditsachbearbeiter aller Zweigstellen nach **einem einheitlichen System** entscheiden, was nicht zuletzt die spätere Kontrolle bereits gewährter Kredite vereinfacht;
- die speziell für einen Bankbetrieb entwickelte Bewertungstabelle oder die Benutzung des Computers zum Zwecke der Kreditentscheidung eine schnelle Beurteilung des Antrags ermöglicht, was „Zeitersparnis“ bewirkt und zur „Senkung der Prüfungskosten“ in Routinefällen beiträgt;

Tab. 8: Ermittlung des optimalen Ausscheidungsfaktors nach *Bogges*

Punktezahl (Ausscheidungsgrenze)	Kumulierte Anzahl der Kreditanträge unterhalb der Ausscheidungsgrenze		Kumulierte Gewinne (Verluste) in EUR bei Ablehnung aller Anträge, die diese oder eine niedrigere Punktezahl aufweisen
	einwandfreie Kredite	notleidende Kredite	
0	1	10	400
5	5	300	14 500
10	25	600	27 500
15	75	900	37 500
20	**125**	**1100**	**42500**
25	200	1200	40 000
30	400	1300	25 000
35	800	1400	– 10 000
40	1300	1450	– 57 500

- die statistisch ermittelten Entscheidungskriterien nach objektiven Gesichtspunkten ausgewählt werden und somit zu einer Verbesserung der Qualität sowohl der Routine- als auch der Ausnahme-Kreditvergabe-Entscheidungen beitragen;
- durch den Einsatz eines Bewertungsverfahrens qualifizierte Entscheidungsträger von Routineentscheidungen frei gehalten werden und sich intensiver mit solchen Kreditfällen befassen können, die im Bereich der „grauen Zone“ (= nicht eindeutig „gutes“ oder „schlechtes“ Risiko) liegen;
- es sich gut als Ausbildungshilfe für neue, im Kreditwesen unerfahrene Mitarbeiter eignet.

Den sich ändernden Umweltbedingungen kann dadurch permanente Revision der „Richtigkeit“ der Punktezahlen als Gewichte einzelner Kundencharakteristika Rechnung getragen werden (Tabelle 9).

Tab. 9: Veränderung der Gewichtungsfaktoren im Zeitablauf

Kundencharakteristika	Punktzahlen bei Antwort „ja"			
	2007	2008	2009	2010
Verheiratet	7	8	8	10
Eigenheim	20	16	15	15
Eigenes Auto	7	4	9	7
Alter ab 35 Jahren	9	9	8	11
Wohndauer von über 3 Jahren (= dieselbe Adresse)	13	18	15	14
Bankreferenz	26	20	21	18
Telefonanschluss	6	9	6	6
Zahl der Kinder < 3	12	16	18	19

Derartige Punktbewertungstabellen wurden von der *Bank of America* für die Bonitätsprüfung bei der Vergabe von Kleinkrediten bereits im Jahre 1967 eingeführt. Die Punktbewertung erwies sich dabei als das vorteilhafteste und flexibelste Verfahren. Inzwischen hat sich das Scoring-Verfahren als **Standardverfahren** für alle Bankbetriebe erwiesen, das auch zusätzlich bei der Bonitätsprüfung von Hypothekarkrediten Einsatz findet: Sofern die Gesamtpunktzahl einen Mindestpunktwert erreicht oder darüber liegt, wird der beantragte Kredit genehmigt. Abhängig von wirtschaftlichen Faktoren und der Liquiditätslage des Kreditinstitutes kann die notwendige Punktzahl hinauf- bzw. heruntergesetzt werden. In dem angeführten Beispiel der *Bank of America* gelang es schon im ersten Jahr nach Einführung dieses Systems, die Verlustquote bei Kleinkrediten um 0,5% des gesamten Darlehensbestandes zu senken. Dabei wurde nicht nur eine Verminderung der Verlustquote erreicht, sondern auch eine erhebliche **Zeitersparnis** bei der Kreditbewilligung. Mit der Einführung des Credit-Scoring-Verfahrens waren alle Kreditsachbearbeiter sofort in der Lage, Entscheidungen über den beantragten Kredit zu treffen. Dies kann ein Grund dafür sein, dass das Verfahren den Kreditsachbearbeitern der *Bank of America* überwiegend positiv aufgenommen worden ist.

7.2.1.3.4 Moderne Verfahren der Bonitätsprüfung bei Firmenkrediten

Eine Anwendung der Punktbewertungssysteme in der oben beschriebenen Form im Rahmen der Bonitätsprüfung von Unternehmen ist wegen der Besonderheiten dieses Bankleistungsbereiches, gesetzlicher Anforderungen (siehe KWG) und mangelnder Standardisierbarkeit nicht möglich. An dessen Stelle bieten sich für die Gewährung von Firmenkrediten die **automatisierte Bilanzanalyse** und das sog. **Z-Score-Verfahren** als Entscheidungshilfe bei der Kreditvergabe an, das Ähnlichkeiten zum Punktbewertungsverfahren für Konsumentenkredite aufweist. Dabei wird die Kreditwürdigkeit bzw. das Insolvenzrisiko eines Unternehmens komprimiert in einer Kennziffer ausgedrückt. In diesem Zusammenhang ist schließlich auch auf das von *Whiteside* vorgeschlagene formalisierte Verfahren der Ermittlung von **Kreditlinien,** die Unternehmen eingeräumt werden, näher einzugehen.

Die **automatisierte Bilanzanalyse** oder **automatisierte Einzelbilanzanalyse,** die in der Praxis durchgehend Anwendung findet, bietet sich im Zeitalter der Computerisierung und Automation geradezu als Methode der Wahl für die Entscheidungsunterstützung bei der Kreditentscheidung auch bei Unternehmenskrediten an. Die automatisierte Bilanzanalyse stellt sich dem Benutzer eines EDV-Systems als zweistufiger Prozess dar (im Gegensatz zu den bisherigen „traditionellen" Verfahren, bei denen das Zusammenstellen der Bilanzdaten und deren Interpretation in einem gleichermaßen aufwendigen wie vielfach trotzdem unvollständigen Arbeitsprozess durchgeführt werden mussten). Bei der automatisierten Bilanzanalyse werden zunächst die Bilanzdaten erfasst und im Anschluss daran mittels spezieller Computerprogramme unter analytischen Gesichtspunkten zusammengestellt und ausgewertet.

Die automatisierte Bilanzanalyse bietet die Möglichkeit, aus wenigen erfassten, jedoch repräsentativen Bilanzdaten umfangreiche Berechnungen abzuleiten. Durch Abruf der in vorangegangenen Jahren gespeicherten Bilanzdaten können darüber hinaus nach Erfassung einer neuen Bilanz direkte Zeitreihenvergleiche vorgenommen werden. Diese lassen sich durch Strukturübersichten und eine Reihe von analytischen Kennziffern ergänzen, von denen insbesondere die im Kreditgeschäft interessierenden Liquiditätszahlen zu nennen sind. Trendberechnungen als Ergänzung der Zeitreihenvergleiche runden das analytische Bild ab. Verfahren der automatisierten Bilanzanalyse können gleichzeitig die Verwaltung und Speicherung der Bilanzdaten über längere Zeiträume übernehmen und diese in Verbindung mit dem Konzept zur aktenlosen Kreditbearbeitung jederzeit zur Abfrage bereitstellen. Die Wirtschaftlichkeit der Analyse der Bilanzen und der Verwaltung der Bilanzdaten sowie die Schnelligkeit und der große Umfang der möglichen Auswertungen kennzeichnen die Vorteile solcher Verfahren.

Eine Erweiterung des Anwendungsbereiches automatisierter Bilanzanalysen ergibt sich für diejenigen Bankbetriebe, die den Verbund innerhalb ihrer Gruppe nutzen können (Sparkassen, Kreditgenossenschaften) und durch Vergleiche mit anderen Branchen, Regionen, betriebswirtschaftlichen Kennzahlen, Kurzinformationen, Bewegungsbilanzen, Kapitalflussrechnungen usw. eine Verbesserung der Auslesekriterien bei der Kreditvergabe an die Firmenkundschaft ermöglichen (siehe dazu v.a. *Riebel*).

Einen anderen Ansatzpunkt zur rationellen, automatisierbaren Kreditwürdigkeitsprüfung und -prognose von Unternehmen stellt das von *Altman* entwickelte **Z-Score-Modell** dar (auch als **Methode der statistischen Jahresabschlussanalyse** bezeichnet; siehe *Schneider, D.* 1985, 1489 ff.). Dabei erfolgt die empirische Messung des Kreditrisikos über das Insolvenzrisiko, d.h. über die Ermittlung der Wahrscheinlichkeit, dass ein Unternehmen – innerhalb eines bestimmten Zeitraumes – insolvent wird (siehe dazu auch *Weinrich* und die für die Deutschland ermittelten Kennziffern). Dabei setzte sich das von *Altman* im Zeitraum 1946/1965 gewonnene statistische Material aus 33 Unternehmenspaaren zusammen, die aus dem Bereich der US-Industrie stammten.

Jedem insolventen Unternehmen wird entsprechend der Branche, der Bilanzsumme und des Bilanzjahres ein solventes Unternehmen gegenübergestellt, um konjunkturelle, größenmäßige oder branchenbedingte Einflüsse zu eliminieren. Durch diese paarweise Erhebung wird bezweckt, dass der Zusammenhang zwischen den Kennzahlen auf der einen Seite und dem Insolvenzrisiko auf der anderen Seite möglichst unverzerrt der statistischen Auswertung zugänglich ist.

Als statistische Methode findet die **Diskriminanzanalyse** Anwendung, mit deren Hilfe mehrere Kennzahlen durch Gewichtung miteinander verbunden werden und die Berechnung eines Punktwerts für jedes Unternehmen erlauben, der das Kreditrisiko eines Unternehmens ausdrückt. Dazu benutzte *Altman* (1977, 90) folgende **Diskriminanzfunktion** zur Trennung „guter" und „schlechter" Unternehmen (siehe auch die Diskriminanzfunktion von *Beermann*):

$$Z = 0{,}012\, x_1 + 0{,}014\, x_2 + 0{,}033\, x_3 + 0{,}006\, x_4 + 0{,}010\, x_5\ ,$$

wobei:

Z = Punktwert eines Unternehmens („overall index")
x_1 = Umlaufvermögen minus kurzfristiges Fremdkapital (= Working Capital) zu Gesamtkapital (mal 100)
x_2 = Offene Rücklagen einschließlich Gewinn- oder Verlustvortrag zu Gesamtkapital (mal 100)
x_3 = Gewinn vor Steuern und Zinsen zu Gesamtkapital (mal 100)
x_4 = Marktwert des Eigenkapitals (Kurswert der Aktien) zu Fremdkapital (mal 100)
x_5 = Umsatz zu Gesamtkapital (mal 100).

Als **Indikatoren** ergaben sich auf Grund der amerikanischen Erfahrungen (=empirischen Messungen) folgende Punktwerte, die auch als Entscheidungsregel genutzt werden können:

$Z > 2{,}99$	keine Insolvenzgefahr
$Z < 1{,}88$	Insolvenzgefahr
$1{,}81 < Z > 2{,}99$	„graue" Zone, die eine erneute Prüfung nahelegt;
$Z = 2{,}675$	Trennwert für gefährdete und nichtgefährdete Unternehmen.

Trotz verschiedentlich geäußerter theoretischer Bedenken hat sich das Modell – gemessen an den Testergebnissen in den USA – im Wesentlichen bewährt. Es zeigte sich nämlich, dass für einen Zeitraum bis zu zwei Jahren vor der Insolvenz treffsichere Prognosen möglich waren. Eine Vergrößerung des Prognosezeitraumes über zwei Jahre hinaus führte allerdings zu einer überdurchschnittlich hohen Zahl an Fehlprognosen, so dass in diesen Fällen das Verfahren keine Entscheidungshilfe bieten konnte. Für die Eignung statistischer Jahresabschlussanalysen sprechen auch die Erfahrungen der *Deutschen Bundesbank* und der *Bank of England* (1982) bezüglich der Anwendung von Z-Score-Modellen. Die *Deutsche Bundesbank* beurteilte an Hand eines Verfahrens, das sich auf drei besonders trennscharfe Kennzahlen (**Eigenkapitalquote, Kapitalrückflussquote** als Relation von Cash Flow zu eingesetztem Kapital und **Umsatzrendite** vor Gewinnsteuern) stützt, diejenigen Unternehmen auf Bestandsfestigkeit und Entwicklungsfähigkeit, deren Wechsel beleihungsfähig waren (siehe im einzelnen *MDB* 1/1992, 30 ff.; *Thomas/Lampe*). Zur Anwendung kam die lineare Diskriminanzanalyse, in die 800 solvente und insolvente Unternehmen einbezogen sind, wobei die Auswahl der solventen Fälle mit Hilfe eines Zufallsgenerators aus einem Gesamtbestand von 49.000 Unternehmen erfolgte.

Als weitere **Einzelkennzahlen** der Bilanzauswertung berücksichtigte die *Deutsche Bundesbank* die **Einnahmenüberschussquote** (Einnahmen-/Ausgabenüberschuss in% der Umsatzerlöse), die **Schuldentilgungsfähigkeit** (Einnahmen-/Ausgabenüberschuss in% der Verbindlichkeiten abzüglich flüssiger Mittel), die **Gesamtkapitalrendite** (Gewinn/ Verlust vor Gewinnsteuern und vor Zinsaufwand in% des Gesamtkapitals – ohne Beteiligungsbeträge und ohne Ergebnisübernahme) und die **Umsatzveränderung** (Veränderung der Umsatzerlöse gegenüber dem Vorjahr in%). Aus den Einzelzahlen bildete die *Deutsche Bundesbank* eine **Gesamtkennzahl,** die aus mehrfach wiederholten linearen Diskriminanzanalysen abgeleitet wurde. Der Grund dafür bestand in der Erfahrung der *Bundesbank*, dass die für die Bestandsfestigkeit eines Unternehmens wesentlichen betriebswirtschaftlichen Einzelkennzahlen mit ihren Werten auch kurz vor einer Insolvenz nicht immer einheitlich in eine negative Richtung weisen. Das für den Zeitraum ab dem Jahr 1985 vorhandene umfangreiche Datenmaterial über Insolvenzfälle erlaubte es, die Eignung der eingesetzten Diskriminanzfunktion zur möglichst frühzeitigen und treffsicheren Erkennung von Insolvenzrisiken empirisch zu überprüfen. Die dabei verwendete **Diskriminanzfunktion** hat die allgemeine Form

$$Z = ax_1 + bx_2 + cx_3,$$

wobei Z die Gesamtkennzahl, x_1 die Eigenkapitalquote, x_2 die Kapitalrückflussquote und x_3 die Umsatzrendite vor Gewinnsteuern sowie a, b und c die aus der Diskriminanzanalyse gewonnen Gewichtungsfaktoren darstellen.

Bei den im Zeitraum 1985–1990 erfassten 2651 insolventen Unternehmen lag **im Jahr unmittelbar vor der Insolvenz** lediglich für 278 Unternehmen ein Jahresabschluss vor und nur in 247 Fällen (9,3%) konnte eine Gesamtkennzahl, für deren Berechnung zwei aufeinanderfolgende Jahresabschlüsse notwendig waren, ermittelt werden. Diese relativ niedrigen Zahlen erklären sich von daher, dass bei näher rückender oder akuter Insolvenz ein Jahresabschluss nur mit erheblicher Verzögerung bzw. gar nicht mehr erstellt wird und die Einreichung eines Jahresabschlusses bei der *Deutschen Bundesbank* nach Eintritt der Insolvenz keinen Sinn mehr machte. Die Datenbasis ist somit für das Jahr vor der Insolvenz vergleichsweise klein und beeinträchtigt insoweit die Aussagekraft der Ergebnisse. Von den 247 insolvent gewordenen Unternehmen wurden immerhin 190 (77%) dem Gefahrdungsbereich (**C-Bereich**) zugeordnet, das heißt, diese Unternehmen wurden richtig als stark insolvenzgefährdet eingestuft (siehe Tabelle 9-1). Ihre Gesamtkennzahlen entsprachen denen von wenig später insolvent gewordenen Unternehmen. 42 Unternehmen (17%) fielen mit ihrer Gesamtkennzahl in den Übergangsbereich **(B-Bereich),** in dem eine eindeutige Bonitätseinstufung allein auf der Grundlage von Jahresabschlüssen nicht möglich war (sog. Grauzone als **indifferente Bonität**). Nur 15 Fälle (6%) wurden – ex post gesehen – fälschlich dem Bereich einwandfreier Bonität **(A-Bereich)** zugewiesen. Die Zahlen der Jahresabschlüsse ließen in diesen Fällen die drohende Insolvenz nicht erkennen. Die Einzelanalyse ergab, dass das Scheitern dieser Unternehmen fast ausschließlich auf die Auswirkungen von Schwierigkeiten anderer Unternehmen zurückzuführen war (sog. **Folgeinsolvenzen**) oder im Zusammenhang mit **Insolvenzdelikten** stand (z.B. Bilanzfälschungen, betrügerischer Bankrott). Ein System, das ausschließlich auf Zahlen des Jahresabschlusses basiert, kann solche Risiken nicht erfassen. Eine gründliche Kreditwürdigkeitsprüfung muss daher regelmäßig ergänzende quantitative und – vor allem – qualitative Faktoren einbeziehen. Auch **mehrere Jahre** vor der Insolvenz konnte eine starke Mehrheit der untersuchten Unternehmen durch die Gesamtkennzahl bereits als **insolvenzbedroht** eingestuft werden: Fünf Jahre vor der Insolvenz wurden immerhin 58% der Unternehmen dem C-Bereich und 23% dem B-Bereich zugerechnet. Der Prozentsatz des C-Bereichs stieg mit zunehmender Nähe zur Insolvenz nahezu gleichmäßig an, während der Anteil der als „indifferent" oder „einwandfrei" eingestuften Unternehmen entsprechend stark zurückging. Sachgerecht aufbereitete und analysierte Jahresabschlüsse signalisieren somit relativ frühzeitig Insolvenzrisiken, so dass dem Kreditgeber möglicherweise ausreichend Zeit bleibt, entsprechend zu reagieren (z.B. durch Bestellung und Verstärkung von Sicherheiten oder durch Rückführung des Engagements).

Tab. 9-1: Zuordnung der Insolvenzunternehmungen 1985–1990 nach Bonitätsbereichen (Quelle: *MDB* 1/1992, 35).

	Bonitätsbereiche [2]							
	A		B		C		Rest[3]	
Jahr[1]	Anzahl der Unternehmen	% [4]	Anzahl der Unternehmen	% [4]	Anzahl der Unternehmen	% [4]	Anzahl der Unternehmen	%
n-5	230	19	276	23	685	58	1460	55
n-4	668	16	395	23	1037	61	951	36
n-3	242	14	357	20	1178	66	874	33
n-2	140	9	307	20	1061	71	1143	43
n-1	15	6	42	17	190	77	2404	91

1) n = Jahr der Insolvenz; n - 1 = Jahr vor Insolvenz usw.
2) A-Bereich = Einwandfreie Bonität, B-Bereich = Übergangsbereich, C-Bereich = Gefährdungsbereich.
3) Unternehmen, für die kein Abschluss vorlag bzw. eine Gesamtkennzahl nicht berechnet werden konnte.
4) In % der Unternehmen, für die eine Gesamtkennzahl errechnet werden konnte.

Die *Deutsche Bundesbank* prüft nunmehr – nach Wegfall der Rediskontierung von Wechseln – im Rahmen geldpolitischer Operationen des **Eurosystems** Kreditforderungen von Unternehmen, die Geschäftsbanken als Sicherheiten für ihre Refinanzierung bei der *Bundesbank* nutzen können, auf ihre „**Notenbankfähigkeit**". Für die Zuerkennung der Notenbankfähigkeit der Kreditforderungen müssen die betreffenden Unternehmen und wirtschaftlich Selbständigen hohen Bonitätsanforderungen genügen, die mit Hilfe der von der Bundesbank durchgeführten **Bonitätsbeurteilung** festgestellt wird (siehe dazu *Deutsche Bundesbank* 2010a und 2010b): Dabei handelt es sich um die oben beschriebene branchenspezifische **Diskriminanzanalyse** (für Verarbeitendes Gewerbe, Handel und Sonstige Unternehmen), die um eine Finanzflussrechnung erweitert ist. Die Diskriminanzanalyse (DA), die nunmehr auf Ergebnissen von über 100.000 Unternehmen basiert, arbeitet auf der Basis der dargelegten 10 Kennzahlen, die zu einer summarischen Messgröße zusammengeführt werden. Zur Steigerung der Trenngüte des Verfahrens erfolgt in einem zweiten Schritt mittels – jeweils 38 – empirischer Regeln für die drei Sektoren eine Nachbearbeitung durch ein standardisiertes **Expertensystem**, wobei die Zu-und Abschläge limitiert sind. Liegt der nach dem Expertensystem ermittelte Gesamtindikator im oberen Bereich einer „Grauzone" (die zunächst zu einem ablehnenden Urteil führen würde), wird ein ergänzendes Modul mit der Bezeichnung **Support Vector Machine** (SVM) aktiviert, das eine nochmalig Prüfung der Bewertung durchführt, um Fehlklassifikationen gleichwohl „guter" Unternehmen zu vermeiden. Blei der SVM handelt es sich um ein rein mathematisches Verfahren zur Mustererkennung, das differenzierter wirkt als die DA. Nach Durchlauf durch alle Module erfolgt die **abschließende Bonitätsbeurteilung**, die durch Rangstufen von 1 bis 7 gekennzeichnet ist. In der Regel erhalten Unternehmen das Testat „notenbankfähig", wenn sie die Rangstufen 1 bis 3 erreicht haben. Allerdings sind Ausnahmen möglich: So beschloss angesichts der internationalen Finanzmarktkrise der Rat der EZB im Oktober 2008, den Bonitätsschwellenwert für notenbankfähige Sicherheiten vorübergehend von A- auf BBB- zu senken, so dass für die positive Beurteilung auch noch Rangstufe 4 zum Zuge kam. Die **Ergebnisse** der Bonitätsbeurteilung werden den Unternehmen in Form eines **Faktenblattes** unter Einbezug von Vergleichswerten der jeweiligen Branche zur Verfügung gestellt. Dieser Service ist insofern von Bedeutung, als auch andere, interessierte Unternehmen von der *Deutschen Bundesbank* auf diese Weise eine detaillierte Bilanzanalyse erhalten können.

In analoger Weise beurteilen auch die privaten Banken die Bonität ihrer Kundschaft mit Hilfe statistischer Verfahren. Das Ziel einer, von einer **deutschen Großbank** praktizierten Bonitätsprüfung mit Hilfe der **Linearen Diskriminanzanalyse** (LDA), besteht beispielsweise darin, 80% derjenigen Unternehmen zu klassifizieren, bei denen eine Leistungsstörung in drei Jahren auftreten könnte (siehe dazu *Fahrmeir et. al.,* 368 ff). Dabei fanden folgende **Kennzahlen** Anwendung:

- **Eigenkapitalquote in%:**

$$k_1 = \text{Wirtschaftliches Eigenkapital} * 100 / \text{Bilanzsumme}$$

- **Modifizierte Eigenkapitalquote:**

$$k_2 = \frac{\text{Wirtschaftliches Eigenkapital}}{(\text{Bilanzsumme} - \text{Immobilienvermögen} - \text{flüssige Mittel}} * 100$$

- **Relative Liquidität in%:**

$$k_3 = \frac{(\text{Umlaufvermögen} - \text{kurzfristiges Fremdkapital}) * 100}{\text{Bilanzsumme}}$$

- **Cash Flow-Rückflussquote:**

$$k_4 = \frac{\text{Cash Flow II}}{\text{kurzfristiges Fremdkapital}}$$

- **Durchschnittliche Kreditorenlaufzeit (Tage):**

$$k_5 = \frac{(\text{Verbindlichkeiten aus Lieferungen und Leistungen} + \text{Akzepte}) * 360}{\text{Materialaufwand} + \text{Fremdleistungen}}$$

Für den Groß- und Einzelhandel:

$$k_5 = \frac{(\text{Verbindlichkeiten aus Lieferungen und Leistungen} + \text{Akzepte}) * 360}{\text{Handelswareneinsatz}}$$

- **Durchschnittliche Debitorenlaufzeit (Tage):**

$$k_6 = \frac{(\text{Forderungen aus Lieferungen und Leistungen}) * 360}{\text{Umsatzerlöse}}$$

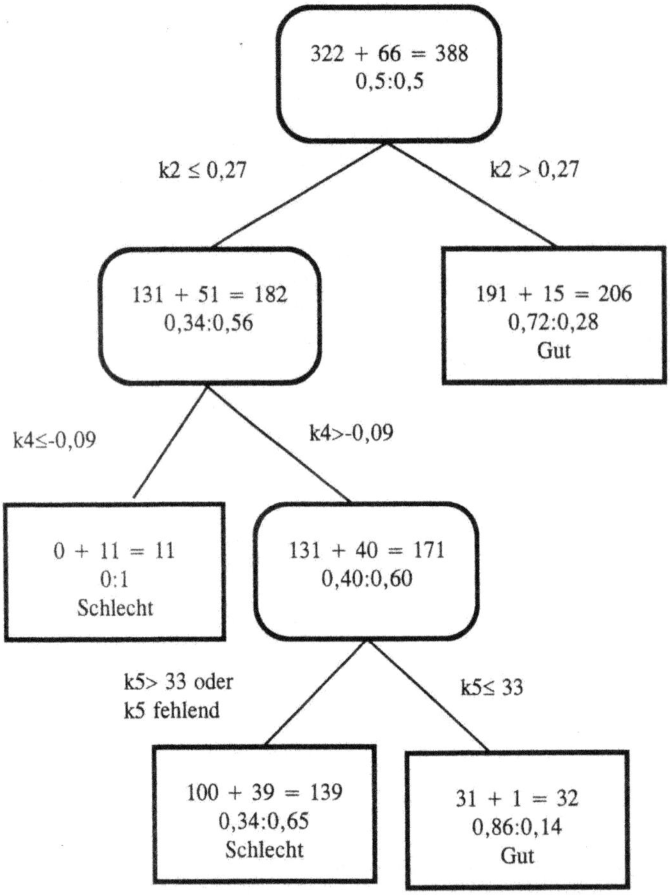

Runde Kästchen bezeichnen „Innere“ Knoten, eckige bezeichnen Endknoten, in der ersten Zeile ist die Absolutzahl der Elemente der Lernstichprobe eingetragen (Gute + Schlechte = Knoten Gesamt). In der zweiten Zeile die geschätzten postpriori-Wahrscheinlichkeiten β(g\A);β(e\A), bei Endknoten in der dritten Zeile die Zuordnung

Abb. 28-1: Klassifikationsbaum zur Trennung von „guten“ und „schlechten“ Kreditrisiken (Quelle: *Fahrmeir et al.*, 373)

Im Rahmen der Effizienzprüfung dieses Scoring-Modells durch *Fahrmeir et al.* wird eine modifizierte Beurteilungsmethode von „guten“ und „schlechten“ Kreditnehmern auf der Basis von **Klassifikationsbäumen** vorgeschlagen: Dabei erfolgt schrittweise eine **univariate Trennung,** so dass im Gegensatz zur LDA keine gemeinsame Funktion gebildet wird, sondern eine **iterative** „Aneinanderreihung“ der einzelnen Indikatoren gemäß ihrer Trennfähigkeit erfolgt. Obwohl die Trennfähigkeit derartiger „Bäume“ als gut bis ausgezeichnet beurteilt werden kann, ergeben sich Probleme hinsichtlich der zeitlichen Stabilität insofern, als die Identifikationsrate „schlechter“ Kreditnehmer in Richtung zum Leistungsstörungszeitpunkt leicht abnimmt, weshalb innerhalb relativ kurzer Zeitabschnitte (jedes Jahr oder alle zwei Jahre) ein neuer Baum zu ermitteln wäre. Die **Methode** soll an Hand der oben genannten Kriterien beispielhaft dargestellt werden, wobei wegen der Dominanz von k_2 für die Leistungserstellung und Wirtschaftlichkeit von Unternehmen diese Kennzahl zur ersten Verzweigung führt (Abbildung 28-1): Bei Quoten über 27% erfolgt eine Klassifizierung als „gut“. Im Ausgangsfeld sind die untersuchten 322 Kreditnehmer ohne Leistungsstörung und die 66 Unternehmen mit Leistungsstörung einbezogen (= 388). Als zweites Kriterium dient k_4 in Anbetracht der Bedeutung des Cash Flows für die Finanzkraft von Unternehmen. Drittes Kriterium ist k_5 als Ausdruck der Zahlungskraft des Unternehmens, wobei kleinere Werte (als 33 Tage) als „gut“ und größere Werte für die Kreditorenlaufzeit als negatives Indiz zu werten sind.

Bühler/Hertenstein schlagen zur Insolvenzprognose ein Verfahren vor, das für die Früherkennung von Unternehmenskrisen zum Einsatz kommen und bei entsprechender Adaption durch die Bildung von Bonitätsportfolios auch zur Bonitätsprognose im Kreditmanagement von Banken Anwendung finden kann. Der Grundgedanke dieses Ansatzes besteht darin, dass verbesserte Verfahren der Insolvenzprognose zur Verminderung von Unternehmenskrisen und damit zur Verminderung des Ausfallsrisikos (Bonitätsrisikos) bei den Banken führen können. Ausgangspunkt sind die im Strategischen Management üblichen aggregierten Stärken-Schwächen-Beurteilungen, die zur Bildung von Bonitätsportfolios und zu entsprechenden Positionierungen des Kreditnehmers beispielsweise nach den Kriterien „Marktattraktivität“ und „Relative Wettbewerbssituation“ führen. Allerdings dürfte ein derartiges Bonitätsportfolio nicht unbedingt geeignet sein, bestimmte Frühstadien einer Unternehmenskrise zu identifizieren, wohl aber erscheint es als brauchbar, eine Einordnung des Kreditnehmers nach seinem „Standing“ zu ermöglichen und Hinweise über kritische Risikobereiche zu erhalten. Einen Schritt weiter geht Benölken, der ein Bonitätsportfolio mit den Kriterien „Marktrisiken“ und „Managementrisiken“ vorschlägt, welche die Kriterien „Marktattraktivität“ und „Wettbewerbssituation“ ersetzen (Abbildung 28-2). Insofern können aus der Positionierung in der Risikomatrix nach Risikoklassen Hinweise auf die grundsätzliche Risikosituation des Kreditnehmers gewonnen werden.

Ähnliche Strukturen zeigen die von Weibel beschriebenen Techniken des subjektiven Kundenratings, welche die Technologie wissensbasierter Systeme („Expertensysteme“) nutzt, wie z.B. die des Systems Lending Advisor. Dieses System gibt dem Benutzer Hilfen insofern, als es ihn durch die Bearbeitung eines Falles führt, Analysen vornimmt, Empfehlungen erarbeitet (und begründet), Entscheidungsvorschläge entwickelt und Kreditinformationen aller Art einbezieht. Dabei setzt es sowohl quantitative als auch qualitative Informationen zueinander in Beziehung. Abbildung 28-3 zeigt die Struktur einer zusammenfassenden **Kreditnehmer-Bewertung** durch den *Lending Advisor,* wobei Vergleichswerte und Trends Eingang finden können.

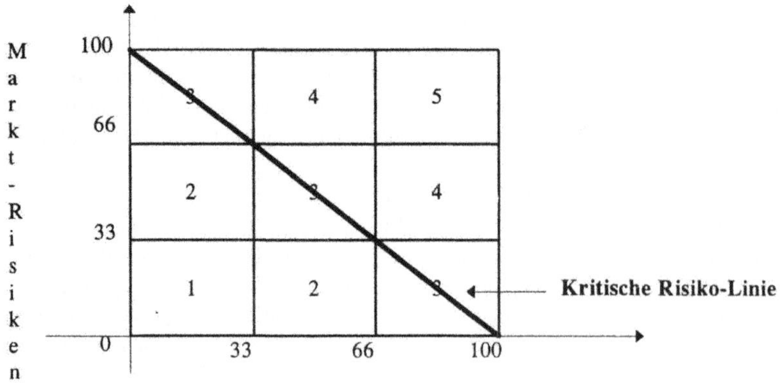

Managementrisiken und Maßnahmen:
1 = Beste Risikosituation
2 = Beobachtung der Entwicklung
3 = Funktionsberatung
4 = Erfordernis zu organisatorischen und Marktmaßnahmen
5 = Schlechteste Risikosituation (Sanierungsfall)

Abb. 28-2: Beurteilung von Kreditnehmern auf Grund von Risikoklassen einer Risiko-Matrix (siehe *Benölken*)

Entscheidende Bewertungen:

- Branchenrisiko - +
- Finanzmanagement-Bewertung - +
- Kompetenz des Managements - +
- Geschätzte Finanzlage - +

Entscheidende Stärken und Schwächen:

- **Stärken:**
  - Fähigkeit, Handelsspanne zu halten - +
  - Betriebsleistung - +
  - Qualität der Forderungen aus Lieferungen und Leistungen - +
- **Schwächen:**
  - Vorratsqualität - +
  - Geschätzte Finanzlage - +
  - Kapitaldeckung - +

Kreditnehmer-Einstufung: - +

Abb. 28-3: Struktur der zusammenfassenden Kreditnehmer-Bewertung durch das System *Lending Advisor* (Quelle: *Weibel,* 62)

Den dargestellten Verfahren zur Bonitätsprüfung – sowohl für Konsumentenkredite als auch für Firmenkredite – ist gemeinsam, dass sie zwar eine Bonitätsbeurteilung ermöglichen, nicht aber als Ermittlungsinstrument einer kundenindividuellen maximalen oder optimalen Kreditlinie bzw. eines maximalen Kreditlimits für einen bestimmten Kunden dienen können.

Diesem Mangel kann zumindest für den Firmenbereich durch ein Verfahren der formalisierten (und gleichzeitig EDV-gerechten) Kreditlinienbegrenzung (siehe Whiteside, 39 ff.) abgeholfen werden. Dieses Verfahren ist so strukturiert, dass bestimmten unternehmensindividuellen Merkmalen und Kennziffern (im Modell sind es 13 „Faktoren"), die für die Kreditvergabe Bedeutung haben können, entsprechend ihrer jeweiligen Ausprägungen bestimmte Prozentsätze des Eigenkapitals des zu beurteilenden Unternehmens zugerechnet und die dabei sich ergebenden absoluten Beträge addiert werden. Der Gesamtbetrag der Einzelbeiträge stellt dann die **maximale** Kreditlinie dar, die individuellen Korrekturen auf Grund der allgemeinen Lage und des Vorsichtsmotivs (judgement factors) durch den Entscheidungsträger zugänglich ist (Abbildung 29: Beurteilungsfaktor bzw. Korrekturfaktor). Die Bewertungskriterien beruhen auf Erfahrungswerten, die je nach Branche variierbar sind. Im angeführten Beispiel (Abbildung 30) wird u.a. von einem Eigenkapital des Antragstellers von 93.000 USD, einer Gewinnrate von 2%, einer Geschäftstätigkeit von 7 Jahren und „guten" Zahlungsgewohnheiten ausgegangen.

Faktor	Bewertung	Anteilsbetrag zur Kreditlinie (in % des EK)
1. Grundbetrag (10% des EK)	10%	10%
2. Benötigte Kreditsumme im Verhältnis zu den Forderungen an Kunden	unter 25% 25% bis 50% über 50%	0 5% 10%
3. Zahlungsgewohnheiten – Zahlung ohne Inanspruchnahme von Zahlungszielen – Zahlung bei Ausnutzung von Zahlungszielen – Zahlung in der Mehrzahl der Fälle innerhalb des Zahlungszieles – Zahlungen gelegentlich verspätet – Zahlungen meist schleppend	 Hoch (H) Gut (G) Neutral (N) Ordentlich (O) Schlecht (S)	 10% 5% 0 –2,5% –5%
4. Geschäftstätigkeit in Jahren	Unter 3 Jahre 3 bis 10 Jahre über 10 Jahre	0 2,5% 5%
5. Gewinnrate: Für jedes 1% Gewinnrate ein Zuschlag von $^2/_{10}$ von 1%; bei Verlusten ein entsprechender Abzug		
6. Current Ratio (kurzfristiges Vermögen zu kurzfristigen Verbindlichkeiten)	2:1 oder höher 1,25:1 bis 2:1 0,75:1 bis 1,25:1 unter 0,75:1	10% 5% 0 –5%
7. Quick Ratio (Kasse + Forderungen zu kurzfristigen Verbindlichkeiten)	2:1 oder höher 1:1 bis 2:1 0,8:1 bis 1:1 0,5:1 bis 0,8:1 unter 0,5:1	15% 10% 5% 0 –5%
8. Kurzfristige Verbindlichkeiten zu Warenbestand	0,65:1 und weniger 0,65:1 bis 1:1 1:1 und höher	10% 0 –5%
9. Warenbestand zu Working Capital (= Umlaufvermögen minus kurzfristiges Fremdkapital)	0,5:1 bis 1:1 0,25:1 bis 0,5:1 unter 0,25:1 und über 1:1	5% 0 –5%
10. Kapitalstruktur (EK:FK)	über 2:1 1:1 bis 2:1 unter 1:1	10% 5% –5%
11. Qualität der Forderungen (Forderungen zu durchschnittlichen täglichen Verkäufen bzw. Umsätzen). Mindeststandard: Zahlungsziel + 30 Tage	Für jeden 10. Tag unter dem Mindestbestand ein Zuschlag von 1% des Eigenkapitals	
12. Warenumschlag	10 bis 30 mal 5 bis 10 mal unter 5 und über 30 mal	10% 5% 0
13. Beurteilungsfaktor (Korrekturfaktor)		

Abb. 29: Formular zur Ermittlung der Kreditlinie eines Unternehmens

Faktor	Bewertung	Beitrag zur Kreditlinie in Dollar
1. Grundbetrag	10%	9300
2. Benötigte Kreditsumme	30%	4650
3. Zahlungsgewohnheiten	G	4650
4. Geschäftstätigkeiten in Jahren	7 Jahre	2325
5. Gewinnrate	2,01%	372
6. Current Ratio	1,74:1	4650
7. Quick Ratio	0,96:1	4650
8. Kurzfristige Verbindlichkeiten zu Warenbestand	1,28:1	(4650)
9. Warenbestand zu Working-Capital	1,06:1	(4650)
10. Kapitalstruktur	0,96:1	(4650)
11. Qualität der Forderungen	52 Tage	930
12. Warenumschlag	6.6 mal	4650
13. Beurteilungsfaktor		(2000)
Maximale Kreditlinie		20.227
Zugeteilte Kreditlinie		**20.000**

Abb. 30: Beurteilungsschema hinsichtlich der einzuräumenden Kreditlinie

Die SolvV erfordert seit 2008 eine auf die Adressrisiken bezogene Eigenmittelunterlegung von Krediten. Auf Grund der Bonitätsbeurteilung (**Rating**) erhalten die Kredite adäquate Risikogewichte zugeordnet (siehe Tabelle 9-2).

Tab. 9-2: Zuordnung von Risikogewichten nach Bonitätsklassen von Unternehmen

Bonitätsbe-Urteilung	AAA bis AA-	A+ bis A-	BBB+ bis BB-	Unter BB-	Nicht beurteilt
Risiko-gewicht	20 %	50 %	100 %	150 %	100 %

Das Rating kann durch **externe** Rating-Agenturen (z.B. *S&P*, *Moodys*; siehe dazu im einzelnen 8.3.1.1.1.b) oder durch **internes** Rating der Banken nach dem „Internal Rating Based Approach" (**IRBA-Ansatz**) erfolgen (siehe dazu 4.4.2.2). Der IRB-Ansatz ist für Kreditnehmer kostengünstiger als das externe Rating und bedeutet eine bankindividuelle Risikoeinstufung auf der Basis des vorhandenen Kreditbestandes der Bank. Zur Wahl stehen als **institutseigene Ratingverfahren (IRB-Ansätze)** der IRB-Basis-Ansatz und der Fortgeschrittene IRB-Ansatz (siehe dazu im einzelnen 4.4.2.4).

In der Praxis erweist sich vor allem der **IRB-Basis-Ansatz** für die Verhältnisse von mittleren und kleineren Unternehmen und somit der Masse der gewerblichen Kreditnehmer als bedeutsam. Im Gegensatz zum externen Rating erhält das kreditsuchende Unternehmen kein Rating-Ergebnis im Sinne einer vorzeigbaren und bei allen Banken verwertbaren Klassifizierung. Die Bonitätsbeurteilung erfolgt vielmehr in Relation zum jeweiligen Kreditbestand der Bank. Dementsprechend spiegelt der IRB-Ansatz die Struktur der Risikoklassen einer bestimmten Bank wider: Es müssen mindestens 6 bis 9 kreditnehmerbezogene Risikoklassen für nicht-notleidende und nicht-zweifelhafte Kredite gebildet werden. Dazu kommen mindestens 2 Risikoklassen für notleidende Kredite, und zwar jeweils eine für zweifelhafte Kreditnehmer und eine für bereits ausgefallene und abgeschriebene Kredite. Insgesamt soll eine sinnvolle Verteilung der Kredite über **Risikoklassen** in dem Sinne vorgenommen werden, dass keine übermäßigen Konzentrationen auf einzelne Klassen erfolgen. In der Regel soll eine Risikoklasse nicht mehr als 30% der Bruttoforderungen aufweisen. Die Bank soll in **Kreditrichtlinien** das Verhältnis zwischen Risikoklassen und Risikograden festlegen.

Zur Zuordnung der einzelnen Risiken nehmen die Banken auf der Basis von Scoring-Modellen in Analogie zu den Schemata des externen Ratings vor. Ein Beispiel für die Anwendung von gewichteten Punktbewertungsmodellen zeigt Abbildung 30-1.

Abb. 30-1: Scoring-Modell zur Zuordnung von Kreditnehmern zu bestimmten Risikoklassen (10 Risikoklassen, davon 1 für notleidende Kredite) im Rahmen des internen Kreditratings

I. Finanzielle Verhältnisse	schlecht/n.b.	noch ausr.	zufriedenst.	gut	Beurteilung
Haftende Eigenmittel-Quote/haftende Substanzen	6	4	2	0	
Gesamtkapital-Rentabilität	3	2	1	0	
BCF in % der Nettoverbindlichkeiten	3	2	1	0	
Liquidität/Finanzstruktur	3	2	1	0	
Umsatz-/Betriebsleistungsentwicklung	3	2	1	0	
BCF in % der Betriebsleistung	3	2	1	0	
Entwicklung seit zuletzt vorgelegtem Jahresabschluß und Ergebnisaussicht	6	4	2	0	
II. Marktstellung/ Wirtschaftliches Umfeld	schlecht/n.b.	noch ausr.	zufriedenst.	gut	Beurteilung
Qualität des Produktangebots	3	2	1	0	
Vertriebsstärke	3	2	1	0	
Marktbedeutung, Konkurrenz	3	2	1	0	
Abhängigkeiten (z.B. Beschaffung, Großabnehmer)	3	2	1	0	
Mittel-/langfristige Branchenaussichten	6	4	2	0	
Spezielle Risiken (z.B. Umwelt, Haftung, Techn./F&E)	9	6	3	0	

III. Managementqualität	schlecht/n.b.	noch ausr.	zufriedenst.	gut	Beurteilung
Nachvollziehbarkeit langfr. Unternehmenskonzeption	6	4	2	0	
Erfahrung, Führungs- und Steuerungsqualität	3	2	1	0	
Managementstruktur, -kontinuität, Nachfolgeregelung	3	2	1	0	
Qualität des Rechnungs- und Planungswesens	3	2	1	0	
Beziehung zur Bank (z.B. In-formationsverhalten, Kontoführung, Einhaltung von Zusagen)	6	4	2	0	
				Gesamtsumme	

Ermittlung des rechnerischen Unternehmensrisikofaktor (URF)

0 – 10 = A+	Generell: Gut eingeführte, im Markt allgemein anerkannte, kapitalmarktartige Unternehmen. Ferner kleinere/mittlere Unternehmen mit vergleichbarer, überdurchschnittlicher Schuldendienstfähigkeit.	
11 – 15 = A		
16 – 20 = A-		
21 – 25 = B+	Unternehmen von guter (B+) bis noch zufriedenstellende Bonität, die i.d.R. mehr auf Bankkredit angewiesen sind und (insbes. B-) eingehender(er) Kreditanalyse und Risikosteuerung bedürfen.	
26 – 30 = B		**Rechn.URF:**
31 – 35 = B-		
36 – 40 = C+	Unternehmen von stark eingeschränkter Schuldendienstfähigkeit, die mit speziellen Risiken oder erhöhten Unsicherheiten behaftet sind; Engagements i.d.R. nur auf gut besicherter Basis vertretbar.	
41 – 45 = C		
46 – 50 = C-		
51 und höher = D	Unternehmen, deren Überlebensfähigkeit noch in Frage gestellt ist. Risiko nicht vertretbar.	**Tats. URF:**

Sofern der tatsächliche URF vom rechnerischen URF (in Ausnahmefällen) abweichend beurteilt wird; Begründung erforderlich:

7.2.1.4 Kreditüberwachung

Die Aufgabe der Kreditüberwachung (siehe im folgenden *Hartmann,* 68 ff.; *Krämer)* besteht ganz allgemein in der Kontrolle, ob sich die zum Zeitpunkt der Kreditprüfung ermittelten Daten während der anschließenden Kreditlaufzeit zum Nachteil des Kreditgebers verändern.

Damit zeigt sich gegenüber der Kreditwürdigkeitsprüfung ein Unterschied insofern, als die Bank bei der Bonitätsbeurteilung (vor allem bei größeren Kreditobjekten) nach Möglichkeit ein vollständiges Bild von der wirtschaftlichen Lage und Entwicklungstendenz des Kreditnehmers zu ermitteln sucht, während die Kreditüberwachung grundsätzlich nach dem **Prinzip der Ausnahme** arbeitet: Es werden nur einige wenige, für die Entwicklung der Kreditsicherheit charakteristische Größen überwacht und – falls diese von den Entwicklungserwartungen abweichen sollten – analysiert, sofern sie für die Kreditvergabe ausschlaggebend waren. Somit werden

- nicht alle zur Kreditprüfung notwendigen Einzelheiten, sondern nur die wichtigsten veränderlichen Größen in die Kontrolle einbezogen;
- nicht einmalig und nicht nur vor der Kreditgewährung, sondern wiederholt und während der gesamten Kreditlaufzeit begleitende Prüfungen durchgeführt;
- zusätzlich Zins- und Tilgungszahlungen nach Betragshöhe und Termineinhaltung überwacht und der effektive Vollzug des Kreditvertrags sichergestellt.

In Anbetracht dieser allgemeinen Grundsätze können daher im Einzelnen in Verfolgung des Prinzips der Ausnahme je nach Kreditart und der individuellen Besonderheiten des Kreditnehmers folgende Sachverhalte zu prüfen und zu überwachen sein:

- die Einhaltung der vereinbarten Zinszahlungs- und Kredittilgungsverpflichtungen nach Termin und Beitragshöhe;
- der Wert der dinglichen Sicherheiten und seiner eventuellen Veränderungen;
- die Überziehung von eingeräumten Kreditlinien;
- die Einhaltung von Vereinbarungen über die Verwendung des Kredites;
- die Entwicklung der Ertrags- und Erfolgslage;
- die Entwicklung der Liquiditätssituation;
- sonstige inner- oder außerbetriebliche Tatbestände, die belastend auf Kreditfähigkeit und Kreditwürdigkeit des Kreditnehmers Einfluss nehmen können.

Wenn allerdings die Abweichungen in Einzelbereichen und/oder in mehreren Bereichen insgesamt gravierend sind, kann es im Zuge der Analyse von unerwarteten Veränderungen der für die Kreditsicherheit charakteristischen Größen durchaus erforderlich werden, die wirtschaftliche Lage und die Entwicklungsaussichten des kreditnehmenden Unternehmens von neuem im Rahmen einer Bonitätsprüfung vollständig zu beurteilen.

Hinsichtlich der **Durchführung** der Kreditüberwachung sind somit grundsätzlich zwei Arbeitsphasen zu unterscheiden:

- In der **ersten Phase** erfolgt die Feststellung bedeutsamer Veränderungen bei den Kreditsicherungsgrundlagen. In der anschließenden **zweiten Phase** zieht der Kreditgeber die Konsequenzen aus der Feststellung einer Veränderung, z.B. durch Einleitung einer neuen eingehenden Kreditprüfung oder durch eine Anpassung der Kreditbedingungen an die veränderte Lage. Auch die Korrektur von künftigen Kreditierungsvorhaben, oder die Auflage, weitere Sicherheiten zu stellen, können als geeignete Maßnahmen in Frage kommen. Da die zweite Phase im Wesentlichen mit der Kreditwürdigkeitsprüfung identisch ist, kann auf eine weitere Erörterung dieser Phase an dieser Stelle verzichtet werden. Die **Überwachungstechnik** zur Feststellung bedeutsamer Veränderungen orientiert sich zweckmäßigerweise an der Art und der Bedeutung des Kredites, wobei die Bedeutung am Umfang der Geschäftstätigkeit des Kreditgebers und/oder des Kreditnehmers gemessen wird. Grundsätzlich ist Vorsorge zu treffen, dass der Bankbetrieb über die Entwicklung der für die Kreditsicherheiten wesentlichen Tatbestände entweder unregelmäßig, periodisch oder laufend informiert wird. Das Informationsmaterial entspricht dabei im Wesentlichen den für eine Kreditprüfung benötigten Unterlagen, soll sich jedoch auf die Kennzeichnung der kreditsichernden Tatbestände beschränken. Diese Daten werden mit den ursprünglichen Entwicklungserwartungen verglichen. Im Falle von Abweichungen sind folgende Fragen zu klären:

- Umfang der Abweichung (absolut und im Verhältnis zum Planwert);
- worin bestehen die Ursachen der Abweichung;
- gibt der Umfang der Abweichung Anlass zur Besorgnis, daß die Kreditsicherheitengefährdet erscheinen;
- machen die Abweichungen zusätzliche Sicherungsmaßnahmen notwendig?

Zur Kreditüberwachung im allgemeinen gehört schließlich die Berücksichtigung aller sonstigen Umstände, die geeignet sein können, die Entwicklung der wirtschaftlichen Situation des Kreditnehmers negativ zu beeinflussen: Hierbei sind sowohl betriebsindividuelle Tatbestände (wie z.B. plötzliche Absatzstockungen, die Schädigung von Produktionsanlagen durch Feuer oder Naturkatastrophen, der Wechsel von Führungskräften, bedeutende Debitorenausfälle u.ä.) als auch unternehmensextern bedingte Probleme (z.B. Streiks, starke Konjunktureinbrüche) zu berücksichtigen. Dabei kommt es auf die rechtzeitige Kenntnis und Einschätzung der Auswirkungen solcher Ereignisse an und auf die Fähigkeit des Bankmanagements, je nach Erfordernis und Möglichkeit derartige Probleme durch zusätzliche Kreditsicherungsmaßnahmen zu bereinigen. Die Spannweite solcher Maßnahmen ist groß und insbesondere von der Kreditart und den Kreditbedingungen abhängig. Die Möglichkeiten bewegen sich grundsätzlich zwischen der Kündigung eines Kredites und der Bereitstellung umfangreicher zusätzlicher Mittel zur Stützung des Kreditnehmers.

Damit ist das Problem des **notleidenden Kredits** angesprochen, zumal die Ursachen sowohl in Mängeln der Kreditwürdigkeitsprüfung als auch der Kreditüberwachung liegen können. Damit schließt sich der Kreis wieder: Selbst bei sorgfältiger Beachtung aller für eine Kreditgewährung wesentlichen Voraussetzungen lässt sich nicht völlig ausschließen, dass der eingeräumte Kredit bei Fälligkeit nicht zurückgeführt wird oder nicht zurückgeführt werden kann („notleidender" Kredit). Dieser, oft nicht nur für den Kreditgeber unangenehme und nachteilige Tatbestand, zeigt sich zunächst bei rückläufiger Konjunktur noch vereinzelt, um in der Rezessionsphase eines Konjunkturzyklus verstärkt aufzutreten. Von einer allgemeinen Wirtschaftskrise oder gar einer Weltwirtschaftskrise abgesehen, werden hiervon die einzelnen Wirtschaftsbranchen in unterschiedlichem Ausmaß und vor allem zu unterschiedlichen Zeitpunkten betroffen.

Können Rettungsmaßnahmen für den in finanzielle Schwierigkeiten geratenen Kreditnehmer nicht rechtzeitig oder nicht mit Erfolg durchgeführt werden, droht **Insolvenz.** Für den Kreditgeber kommt es darauf an, dass seine Sicherheiten auch im Insolvenzverfahren standhalten und für die notwendige Abdeckung des Kredits ausreichende Erlöse erbringen. Hierbei ist die richtige und geschickte Abwicklung des notleidenden Kreditengagements von besonderer Wichtigkeit. In Anbetracht der Folgen von Insolvenzen für den Kreditgeber ist die **Früherkennung** des Notleidendwerdens eines Kredits von erheblicher Bedeutung, zumal bei rechtzeitiger Erkennung noch Sanierungsmaßnahmen eingeleitet, Sicherheiten verstärkt oder aber Kredite fällig gestellt und eventuell auch noch abgedeckt werden können. Als **Indikatoren** für drohende Insolvenzen kommen insbesondere folgende Sachverhalte bezüglich des Kreditnehmers in Frage, denen vom Kreditgeber im Rahmen der Kreditüberwachung gebührende Beachtung zu schenken ist (siehe dazu auch *Weiß, B.):*

- Geringe Eigenmittel
- Überdurchschnittliche Personalkostensteigerungen
- Missmanagement
- Rückläufigkeit des Exportvolumen
- Rückläufigkeit der Binnennachfrage
- Verteuerung der Bankzinsen
- Verknappung des Geldes durch Banken
- Verschlechterung der Zahlungsmoral der Kunden
- Auswirkungen der Insolvenzen anderer Unternehmen
- Mängel in Rechnungswesen/Kostenrechnung und Finanzplanung.

7.2.1.5 Originäre Kreditleistungen

7.2.1.5.1 Formen der direkten Kreditgewährung

a) Kontokorrentkredit

Die Anstrengungen der Banken, den unbaren Zahlungs- und Überweisungsverkehr aus Rationalisierungsgründen zu fördern, haben dazu geführt, dass derzeit die überwiegende Zahl bankfähiger Bürger in Deutschland mit mindestens einem Girokonto ausgestattet ist. Damit sind auch für die Masse der Bankkundschaft die Voraussetzungen geschaffen worden, mit den Banken im Kontokorrent abzurechnen und Kontokorrentkredite zu erhalten, was bis dahin im wesentlichen auf den Kreis der Firmenkunden und die vermögende Privatkundschaft beschränkt war.

Die rechtlichen Grundlagen für die Gewährung von Kontokorrentkrediten an **Unternehmen** sind durch § 355 HGB gegeben: Ein **Kontokorrent** (laufende Rechnung) liegt vor, wenn jemand mit einem Kaufmann im Sinne des HGB derart in Geschäftsverbindung steht, dass die daraus entstehenden beiderseitigen Ansprüche und Leistungen nebst Zinsen in Rechnung gestellt und in regelmäßigen Zeitabschnitten durch Verrechnung und Feststellung eines für den einen oder anderen Teil sich ergebenden Überschusses ausgeglichen werden. Die Zins- und Kostenberechnung erfolgt in bestimmten Abständen, Kündigung ist bei Fehlen bindender Absprachen über die Laufzeit des Kontokorrentkredits jederzeit möglich. Ein weiteres Charakteristikum des Kontokorrentkredits besteht darin, dass der Kreditnehmer innerhalb einer festgesetzten **Kontokorrentlinie** den Kredit mit wechselnden Beträgen in Anspruch nehmen kann; aber auch ein Überschreiten dieses Kreditlimits ist möglich (**Überziehungskredit).**

Die Möglichkeit der flexiblen Kreditgewährung an Kreditnehmer bedingt zum einen entsprechend **flexible Zinsberechnung,** zum anderen – in Anbetracht der schwer voraussehbaren tatsächlichen Inanspruchnahme des eingeräumten Kredits – die Weitergabe der dadurch verursachten höheren Kosten (Beschaffungs- und Bereitstellungskosten) an die Kunden. So erweist sich aus der Sicht der Kunden der Kontokorrentkredit zwar als eine sehr angenehme Form der Kreditgewährung, die größtmögliche Freiheit bei finanziellen Dispositionen erlaubt, aber auch ihren angemessenen Preis hat. Gleichwohl entwickelt sich der im Grunde kurzfristige Kontokorrentkredit durch ständige Prolongation zu einem relativ langfristigen Kredit („Anleihe des kleinen Mannes“).

Zur angemessenen Durchführung der Zinsberechnung dienen die **Zinszahlen,** die durch Multiplikation des Kredits mit der Anzahl der Tage, geteilt durch 100, ermittelt werden:

$$\text{Zinszahl} = \frac{\text{Kredit}}{100} * \text{Tage}$$

Da sich die Höhe des Kontokorrentkredits typischerweise innerhalb der Abrechnungsperiode mehrfach ändern kann, werden die Zinsen für den Abrechnungszeitraum durch Division der Zinszahl(en) durch den **Zinsdivisor** (360/p) ermittelt, wobei p den vereinbarten Zinssatz per annum (p.a.) repräsentiert:

$$\text{Zinsen (€)} = \frac{\text{Zinszahlen}}{\text{Zinsdivisor}}$$

Beispielsweise seien die in Tabelle 9-3 wiedergegebenen Bewegungen der Sollsalden im Zeitraum 1.4. bis 30.4. angefallen; der Sollzinssatz (p) betrage 12% p.a. Da der **Zinsdivisor** 30 (360:12) beträgt, ergeben sich auf Grund der Annahmen in der Beispielrechnung für den Zeitraum 1.4. bis 30.4. **Zinsen** in Höhe von **1126,67 EUR** (=33.800 :30).

Tab. 9-3: Ermittlung von Zinszahlen

Tage	Sollsalden (€)	Zahl der Tage	Zinszahl
1.4.	100.000	1	1.000
2.- 10.4.	120.000	9	10.800
11.- 15.4.	180.000	5	9.000
16.- 20.4.	95.000	5	4.750
21.-25.4.	80.000	5	4.000
26.- 30.4.	85.000	5	4.250
	Summe der Zinszahlen:		**33.800**

Die Berechnung der Zinsen kann sowohl nach der Staffel- als auch nach der Postenmethode erfolgen. Die **Postenmethode** eignet sich insbesondere für Kontokorrentkonten, die durchwegs entweder kreditorisch oder debitorisch geführt werden. Dabei wird nicht von Salden, sondern von jedem einzelnen, dem Konto belasteten oder gutgeschriebenen Betrag („Posten") ausgegangen und für diesen jeweils die Zinszahl berechnet. Der Anwendungsbereich der **Staffelmethode** dagegen ist dann gegeben, wenn Salden von Zu- und Abflüssen auf dem Kontokorrentkonto zu berücksichtigen sind: Die Zinszahlen der einzelnen Tagessalden werden fortlaufend bis zum Abrechnungszeitpunkt zu einer Zinszahlensumme addiert **(Zinsstaffelrechnung).** Dividiert man diese dann durch den Zinsdivisor, so ergibt sich daraus der im Abrechnungszeitraum entstandene absolute Zinsbetrag (in EUR).

Die Kontokorrentkredite von **Unternehmen**, die zum Teil erhebliche Größenordnungen erreichen, basieren grundsätzlich Kreditverträgen, die sowohl die eingeräumte Kreditlinie als auch die Konditionen (Besicherung, Kosten, Kündigung) regeln (§§ 395, 396 HGB). Neben der Stellung von Sicherheiten werden in diesem Zusammenhang häufig die Abgabe von **Negativerklärungen** (der Kunde verspricht, während der Laufzeit des Kredits keine Sicherheiten an Dritte zu vergeben oder über Sicherheiten in seiner Hand – wie z.B. Hausbesitz – nicht zu verfügen) und/oder **Ausschließlichkeitserklärungen** (der Kreditnehmer verpflichtet sich, alle Bankgeschäfte ausschließlich mit der kreditgewährenden Bank abzuwickeln) verlangt.

Das „Überziehen" von Konten im sog. **Massengeschäft** der Banken mit **privaten Haushalten** als einer Form des Verbraucherdarlehensvertrages (siehe dazu 7.2.1.3.2) regelt § 493 BGB insofern, als dabei ein Kreditinstitut einem Darlehensnehmer das Recht einräumt, sein laufendes Konto in bestimmter Höhe zu überziehen. Wenn außer den Zinsen für das in Anspruch genommene Darlehen keine weiteren Kosten in Rechnung gestellt und die Zinsen nicht in kürzeren Perioden als drei Monaten belastet werden, gelten die Bestimmungen des § 492

BGB (Schriftform, Vertragsinhalte) nicht. Die Bank hat den Kreditnehmer nur über die Höchstgrenze des Darlehens, den zum Zeitpunkt der Unterrichtung geltenden Jahreszins sowie die Bedingungen zur Änderung des Zinssatzes und die Regelung zur Vertragsbeendigung zu unterrichten.

Die generellen Regelungen über die Inanspruchnahme von Kontokorrentkrediten im Massengeschäft mit Konsumenten erlauben eine Vereinfachung des Produktionsverfahrens, zumal die Überprüfungen des Kreditnehmers auf ein Minimum beschränkt sind. Die Kreditvergabeentscheidung wird dabei auf der Ausführungsebene ggf. unter Zuhilfenahme von automatisierten Kundeninformationssystemen getroffen. Der Entscheidungsspielraum ist durch Führungsentscheidungen genereller Natur auf das unbedingt notwendige Ausmaß reduziert. Treten im Ausnahmefall Tatbestände auf, die die Kompetenz der Entscheidungsträger der Ausführungsebene überschreiten, ist die übergeordnete Führungsinstanz einzuschalten. Da diese Fälle nur einen geringen Prozentsatz aller Kreditbegehren im Massengeschäft betreffen, lassen sich die Produktionskosten – gemessen an den aufwendigeren Verfahren der besonderen Kreditwürdigkeitsprüfung bei Individualkrediten – relativ niedrig halten. Auf eine Verringerung der Produktionskosten wirkt darüber hinaus die bei Routine-Entscheidungen mögliche Beschleunigung des Ablaufs von Entscheidungsprozessen, die eine Steigerung der Zahl der pro Zeiteinheit zu treffenden Kreditentscheidungen zulässt.

b) Wechseldiskontkredit (Diskontkredit):

Dem Diskontkredit liegt der Ankauf eines Wechsels durch den Bankbetrieb zugrunde, der gleichzeitig mit als Sicherung des zu gewährenden Kredits dient. Dem Verkäufer des Wechsels und Kreditnehmer wird die auf den Gegenwartswert (Barwert) zu einem bestimmten Diskontsatz abgezinste Wechselsumme als Kredit zur Verfügung gestellt. Die Laufzeit dieses Kredits ist vom Tag der Diskontierung und dem Verfalltag des Wechsels begrenzt. Die Rückzahlung der Wechselsumme erfolgt typischerweise (sofern es sich um keinen Solawechsel handelt) nicht durch den Kreditnehmer als dem Einreicher (=Verkäufer) des Wechsels, sondern durch den Bezogenen, dem die Bank den Wechsel bei Fälligkeit zur Einlösung vorlegt (wegen der Arten, gesetzlichen Bestandteile und Übertragung von Wechseln siehe §§ 1 ff. und § 75 Wechselgesetz). Veräußert die Bank selbst den angekauften Wechsel an eine andere Bank weiter (**Rediskont**), wird vom Erwerber dieser (diskontierte) Wechsel bei Fälligkeit dem (den) Verpflichteten präsentiert. Erwerber eines diskontierten Wechsels kann auch eine Zentralnotenbank sein. Insgesamt schaffen weder Diskontierung noch Rediskontierung eines Wechsels ein völlig neues Kreditverhältnis. Vielmehr wird eine ursprüngliche, durch die Wechselforderung mit der Wechselstrenge ausgestattete Kreditbeziehung zwischen dem Verkäufer des Wechsels und dem Bezogenen auf die diskontierende Bank bzw. die rediskontierende Bank übertragen. Es handelt sich somit im Grunde jeweils um einen Gläubigerwechsel. Aus Sicherungsgründen werden an die zu diskontierenden Wechsel bestimmte Mindestanforderungen gestellt und im Regelfall ausschließlich Waren- oder Handelswechsel angekauft. Abbildung 31 zeigt schematisch die der Gewährung von Diskontkrediten zugrunde liegenden Beziehungen (unter Berücksichtigung einer allfälligen Rediskontierung durch eine andere Bank oder eine Zentralnotenbank).

Im Regelfall erfolgt ähnlich der Handhabung bei der Gewährung des Kontokorrentkredits nach Prüfung der Kreditwürdigkeit die Einräumung einer **Kreditlinie (Diskontlinie)** als Höchstbetrag, bis zu der die Bank bereit ist, geeignete Wechsel anzukaufen. Bis zur Diskontlinie kann somit das **Wechselobligo** des Kunden entsprechend des Wechselmaterials ausgedehnt werden. Auf Grund der Kreditwürdigkeit des Kunden und des im Besitz der Bank befindlichen Wechselmaterials ist der Diskontkredit in zumindest zweifacher Weise abgesichert: Fällt der Bezogene bzw. fallen weitere Indossatare aus, so kann die Bank letztlich den

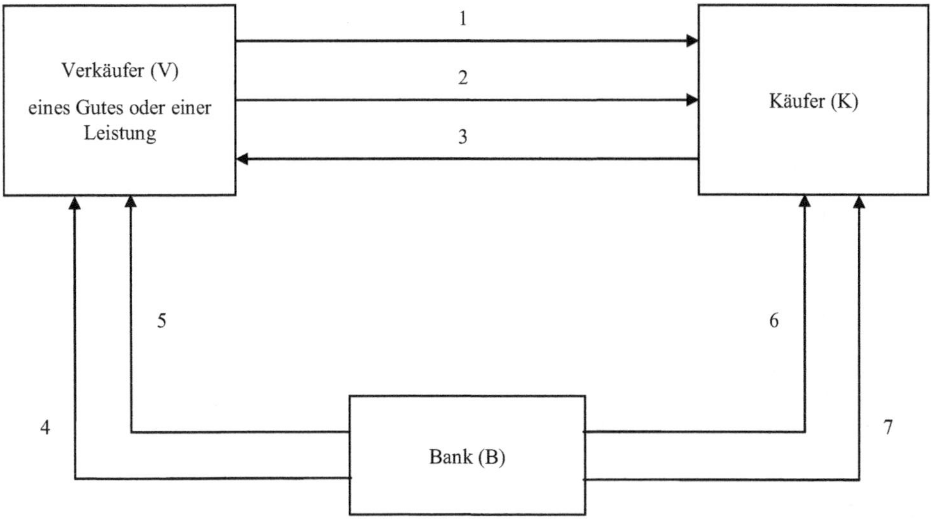

1 Warenlieferung auf Ziel (Lieferantenkredit)
2 V zieht Wechsel auf K
3 K akzeptiert Wechsel und reicht ihn an V zurück
4 V reicht den Wechsel zum Diskont bei B ein
5 B gewährt einen Wechseldiskontkredit an V
6 B präsentiert Wechsel bei Fälligkeit an K
7 K bezahlt Wechselsumme

Abb. 31: Diskont von Wechseln und daraus resultierende Kreditbeziehungen

Verkäufer des Wechsels als eigentlichen Kreditnehmer in Anspruch nehmen. Um dies weitgehend zu vermeiden, prüft die Bank bei Wechseleinreichung auch die Kreditwürdigkeit des Bezogenen (auf Grund eigener Kreditunterlagen, Auskünften bei anderen Banken, Erkundigungen bei Auskunfteien u.ä.) und achtet darauf, dass sich der Bestand an Wechseln eines Bezogenen in angemessener Relation zum Gesamtbestand an diskontierten Wechseln (**Wechselportefeuille**) hält.

Wirken bereits diese unter Sicherungsaspekten ergriffenen Maßnahmen tendenziell auf eine Risikominimierung und damit Senkung der im Produkt „Diskontkredit" kalkulierten Risikokosten, so trägt die Möglichkeit einer in großem Umfang routinemäßigen Erfüllung der einzelnen Kreditbegehren – ähnlich dem Verfahren bei der Gewährung von Kontokorrentkrediten – zusätzlich zu einer kostengünstigen produktionstechnischen Abwicklung der Erstellung dieser Kreditleistung bei.

Der **Diskontsatz** wird in Anbetracht dieser Konstellation sowie der zu Grunde liegenden Sicherheiten meist unter dem Zinssatz liegen, der für Kontokorrentkredite in Ansatz gebracht werden muss. Im Regelfall werden im Diskontsatz sowohl die Sollzinsen als auch die Diskontprovision zu einem einheitlichen Nettozinssatz zusammengefasst und von der Wechselsumme als Bezugsgrundlage berechnet.

Die Diskontverrechnung kann grundsätzlich nach der Zinsstaffelrechnung (siehe 7.2.1.5.1. a) oder nach der Formel

$$K_D = W(1 - i*n) - S, \text{ wobei: } i = p / 100; n = t / 360$$

erfolgen. K_D bedeutet die Höhe des Diskontkreditbetrages, W die Wechselsumme, i den vereinbarten Diskontsatz, n die Wechsellaufzeit (in Tagen) und S die in Rechnung gestellten Spesen. Die Praxis bedient sich derselben Zinsberechnungsmethode, wie sie für den Kontokorrentkredit dargestellt worden ist: Es werden für die einzelnen eingereichten Wechsel eines Kunden entsprechend der (Rest)Laufzeiten Zinszahlen berechnet, wobei jeder Monat zu 30 Tagen angenommen wird, und diese dann durch den Zinsdivisor dividiert. Von der Summe der eingereichten Wechsel setzt man die so ermittelten Zinsen ab und erhält den Diskontbetrag, der dem Kunden zur Verfügung gestellt wird. Im Vergleich zum Kontokorrentkredit zeigt sich somit als weiteres Charakteristikum des Diskontkredits, dass dabei die Zinsen (und ggf. die Spesen) im voraus zu entrichten sind, während die Zinsbelastung für den Kontokorrentkredit erst im nachhinein zum Ende eines Rechnungsabschnittes (z.B. vierteljährlich, halbjährlich) erfolgt.

c) Lombardkredit

Als Lombardkredit sind alle Kreditleistungen zu charakterisieren, zu deren Sicherung bewegliche Sachen oder Rechte (Faustpfänder) gemäß §§ 1204bis1296 BGB dienen, die auf einen festen Betrag lauten und die im Regelfall kurzfristiger Natur sind. Während beim Kontokorrentkredit und beim Diskontkredit die persönliche Kreditwürdigkeit des Kreditnehmers primäre Bedeutung hat (Personalkredit), hängt die Entscheidung über die Kreditgewährung beim Lombardkredit vom Bestand und der Qualität des Pfandes ab. Die Kreditwürdigkeit des Pfandgebers ist zwar nicht bedeutungslos, jedoch sekundärer Natur. Es ist jedoch nicht zu verkennen, dass sich zwischen Kontokorrentkredit und Lombardkredit die Unterscheidungsmerkmale verwischen, wenn zur Sicherung eines Kontokorrentkredits beispielsweise Faustpfänder aus dem Depot des Kunden dienen oder bestimmte Forderungen zu verpfänden sind (z.B. Lohn- und Gehaltsforderungen, Spar- oder Festgeldguthaben, Forderungen aus Lebensversicherung u.ä.); in diesem Falle handelt es sich um einen **unechten Lombardkredit.**

Mit der Aufnahme eines Lombardkredits vermeidet der Kreditnehmer den Verkauf des Pfandes. Entweder wird der Kredit nur kurzfristig zur Überbrückung eines Finanzierungsengpasses benötigt, oder der Verkauf von Effekten, der nur verlustbringend möglich wäre, wird vermieden und auf diese Weise bleibt die Chance auf Nutzung einer späteren Kursverbesserung erhalten.

Die **Höhe** des zu gewährenden Lombardkredits **(Beleihungshöhe, Beleihungsgrenze**) liegt aus Sicherheitsgründen – je nach Art, Kurs oder Marktwert des Pfandes – stets unter dem Verkehrswert. Aus produktionstechnischer Sicht bereitet die Gewährung eines Lombardkredits geringen personellen und sächlichen Aufwand. Abgesehen von einer Prüfung der persönlichen Bonität des Kreditnehmers (die oft schon aus den bisherigen Geschäftsbeziehungen bekannt ist), bleibt lediglich die Ermittlung des Verkehrswerts des Faustpfands (was insbesondere bei Wertpapieren keinerlei Schwierigkeiten bereitet) und die Feststellung der Beleihungsgrenze, für die im Regelfall generelle Regelungen bestehen (z.B. Beleihungsgrenze für mündelsichere festverzinsliche Wertpapiere maximal 80–90%, für Aktien, Unternehmensanleihen und Investmentzertifikate maximal 50–75% des Kurswertes). Der Lombardkredit wird in einer festen Summe gewährt, die in voller Höhe – unabhängig von der tatsächlichen Inanspruchnahme des Kredits – für die gesamte Laufzeit zu verzinsen ist. Dieser Sachverhalt vermindert aus der Sicht der Kunden die Tauglichkeit des Lombardkredits, zumal sie meist an einer flexiblen Inanspruchnahme und variablen Verzinsung des tatsächlichen Kredits interessiert sein dürften und daher den Kontokorrent (selbst in der Ausprägung des unechten Lombardkredits) vorziehen werden. Im **Preis** des Lombardkredits ist ein Zuschlag für Risiko sowie Verwahrung und Verwaltung des Pfandes enthalten. Dieser liegt meist zwischen dem Preis für den Diskontkredit und dem Preis für Kontokorrentkredite.

Entsprechend der Arten der Pfänder kann zwischen den **Kreditformen** Effekten-, Edelmetall-, Forderungs-, Wechsel- und Warenlombard unterschieden werden:

Größte Bedeutung unter diesen Kreditarten kommt zweifellos dem **Effektenlombardkredit** zu, da seine Abwicklung geringen personellen, sächlichen und monetären Aufwand für den Bankbetrieb verursacht. Dazu kommt, dass für die Kreditgewährung börsennotierte Effekten bevorzugt werden, während eine Beleihung unnotierter Papiere nur dann erfolgt, wenn für sie ein ausreichend breiter Markt besteht, der ihre jederzeitige Veräußerbarkeit sicherstellt. Effektenlombardkredite werden häufig auch im Zusammenhang mit Effektenkäufen in Anspruch genommen. In diesem Fall finanziert der Effektenerwerber nur einen Teil der Kaufsumme aus eigenen Mitteln, für den Rest nimmt er einen Kredit in Anspruch, zu dessen Absicherung die angeschafften Wertpapiere dienen (Kombination einer Kreditleistung mit einer Anlageleistung).

Beim **Edelmetall-Lombardkredit** erfolgt die Kreditgewährung gegen Verpfändung von Gold und anderen Edelmetallen, Schmuck und ggf. Schmucksteinen, insbesondere Diamanten. Diese Kreditleistungsart weist allerdings nur relativ geringe Bedeutung auf.

Der **Forderungslombardkredit** beruht auf der Möglichkeit, Rechte bzw. Forderungen aller Art verpfänden zu können. Beispielhaft seien dabei Forderungen aus Bankguthaben, Lebensversicherungsverträgen (in Höhe des Rückkaufwerts), Realkrediten sowie Gehaltsforderungen genannt. Gegenüber dem Kontokorrentkredit, zu dessen Sicherung eine der Verpfändung formell identische Forderungszession erfolgt, besteht der Unterschied bei der Lombardierung von Forderungen darin, dass in diesem Fall ein Faustpfandkredit, d.h. ein Realkredit i.w.S. vorliegt. Bankbetriebswirtschaftlich gesehen erfolgt eine Umkehrung der Reihenfolge von Kreditgewährung und Kreditsicherung.

Wechsellombardkredite kommen aus Kostengründen für den Kreditnehmer vor allem dann in Betracht, wenn lediglich ein äußerst kurzfristiger Finanzmittelbedarf von wenigen Tagen zu decken ist, eine Wechseldiskontierung aus anderen Gründen unterbleiben soll oder der Kunde bei Verkauf der Wechsel einen Rentabilitätsverlust erleiden würde. Die Lombardierung von Wechseln lässt sich nämlich – im Gegensatz zur Diskontierung – wieder rückgängig machen. Nach Ablauf der vereinbarten Zeitdauer der Lombardierung nimmt der Kunde gegen Rückzahlung des Kredits den (die) Wechsel wieder in sein Portefeuille zurück.

Warenlombardkredite sind Kreditleistungen auf Grund der Verpfändung von Waren. Sie haben seit dem Vordringen des Rechtsinstituts des Eigentumsvorbehalts erheblich an Bedeutung verloren. Dies wird allein daran deutlich, dass zur Entstehung des Pfandrechts an Waren Einigung zwischen Gläubiger und Verpfänder über die Entstehung des Pfandrechts und Übergabe der zu verpfändenden Sache notwendig sind. Insbesondere erfordert die Verpfändung auch den Unterhalt eines Warenlagers durch die Bank einschließlich des Transports zum Kreditgeber, zumal das Pfandobjekt aus der tatsächlichen Verfügungsgewalt des Eigentümers ausscheiden muss. Sofern die Banken diese Form des direkten Warenlombards praktizieren, bedienen sie sich zur Verwaltung des Pfandlagers eines Treuhänders. An die Stelle des direkten Lombards tritt in Anbetracht dieser Schwierigkeiten und der zusätzlich entstehenden Kosten, die sich zweifellos im Preis für den Kredit niederschlagen müssten, als Alternativen die **Sicherungsübereignung** durch Übertragung des Eigentumsrechts an beweglichen Sachen und die **Sicherungsabtretung** im Rahmen der Abtretung von Rechten und Forderungen. In dieser Form spielt der (indirekte) Warenlombardkredit bei der Abwicklung von Außenhandelsgeschäften (siehe dazu 8.3.1.1.2.a) eine bedeutendere Rolle: Die Verpfändung von Papieren, die das Recht an der Ware verbriefen (Konnossemente, Frachtbriefe, Lager- und Ladescheine), ersetzen dabei die Übergabe der Ware.

d) Ratenkredit

Als Ratenkredite werden im Allgemeinen die standardisierten persönlichen Ratenkredite (Kleinkredite, Anschaffungs- und Personaldarlehen) und die „klassischen" Teilzahlungskredite verstanden, deren gemeinsame Charakteristika darin bestehen, dass sie mittelfristig gewährt werden, die Tilgung in gleichen monatlichen Raten nach einem Tilgungsplan erfolgt, die Zinsen vom ursprünglichen Kreditbetrag während der gesamten Laufzeit berechnet werden und eine einmalige Bearbeitungsgebühr in einem bestimmten Prozentsatz des Kreditbetrages anfällt. Durch **Standardisierung** dieser Kreditleistung (Festlegung bestimmter Höchstbeträge, einheitlicher Konditionen und Laufzeiten sowie der Besicherung) lässt sich aus produktionstechnischer Sicht eine Schematisierung und damit Rationalisierung der Arbeitsabläufe bei der Kreditgewährung, Kreditwürdigkeitsprüfung und Kreditüberwachung erreichen.

Die Bonitätsprüfung bei Ratenkrediten beschränkt sich daher im Regelfall auf die formalisierte Überprüfung der Angaben des Kreditnehmers (Selbstauskunft) über seine persönlichen und finanziellen Verhältnisse unter Zuhilfenahme von *Schufa*-Auskünften und durch Scoring-Verfahren. Die Bedeutung der *Schufa* (*Schutzgemeinschaft für allgemeine Kreditsicherung*) besteht darin, die kreditgebende Wirtschaft vor Kreditverlusten und die Kreditnehmer vor Überschuldung zu schützen.

Die rechtlichen Grundlagen für **Teilzahlungsgeschäfte** bilden die §§ 501 bis 505 BGB. Da es sich bei Teilzahlungsgeschäften regelmäßig um sog. **verbundene Geschäfte** handelt, finden gemäß § 501 BGB die §§ 358 und 359 BGB ebenso Anwendung wie bestimmte verbraucherdarlehensrelevante Vorschriften der § 492 Abs.1 Satz 1 bis 4 (Schriftform), § 492 Abs. 2 und 3 (effektiver Jahreszins, Recht auf Aushändigung einer Abschrift des Darlehensvertrages durch Darlehensgeber), § 495 Abs. 1 (Widerrufrecht), § 496 (Einwendungsverzicht, Wechsel- und Scheckverbot), § 497 (Behandlung der Verzugszinsen, Anrechnung von Teilleistungen) und § 498 (Gesamtfälligstellung bei Teilzahlungsdarlehen).

Bei Teilzahlungsgeschäften müssen in der vom Verbraucher unterzeichneten Vertragserklärung insbesondere enthalten sein (§ 502 Abs. 1 BGB): Der Barzahlungspreis und der Teilzahlungspreis sowie Betrag, Zahl, und Fälligkeit der einzelnen Teilzahlungen, der effektive Jahreszins, die Kosten einer Versicherung in Zusammenhang mit dem Teilzahlungsgeschäft und ggf. die Vereinbarung eines Eigentumsvorbehalts oder einer anderen zu bestellenden Sicherheit. **Nichtig** ist das Teilzahlungsgeschäft bei Fehlen der Schriftform oder wenn eine der in § 502 Abs. 1 Nr. 1 bis 5 BGB vorgeschriebenen Angaben fehlen. Bei vorzeitiger Zahlung der Verbindlichkeiten aus dem Teilzahlungsgeschäft vermindert sich gemäß § 504 BGB der Teilzahlungspreis um die Zinsen und sonstigen laufzeitabhängigen Kosten, die bei gestaffelter Berechnung auf die Zeit nach der vorzeitigen Erfüllung entfallen. § 505 regelt den Sachverhalt des Ratenlieferungsvertrages.

Im Gegensatz zu der relativ einfach anwendbaren **Effektivzinsberechnung** nach der Uniformmethode hat die Berechnung der Effektivverzinsung von Krediten gemäß §§ 4ff. der **Preisangabenverordnung (PAngV)** vom 14.3.1985 (BGB I, 580) auf der Grundlage **taggenauer** Verrechnung **staffelmäßig** (siehe auch 7.2.1.5.1.a) zu erfolgen. In Anbetracht der relativ hohen Zinsen bereitete den Banken das Problem der Sittenwidrigkeit von Konsumkrediten längere Zeit nicht unerhebliche Schwierigkeiten (siehe dazu die Entwicklung der höchstrichterlichen Rechtsprechung bei *Reifner)*. Die Sittenwidrigkeit im Sinne von Kreditwucher tritt im Allgemeinen bei Effektivzinsforderungen von mehr als 25% p.a. ein. Eine **Effektiv-**

zinsberechnung ist wegen unterschiedlicher Kreditkonditionen (Laufzeit, Bearbeitungsgebühren, Auszahlungssummen) notwendig. Für Ratenkredite mit der Angabe eines pro-Monats-(p.m.)Zinssatzes und eines Prozentsatzes für die einmalige Bearbeitungsgebühr (b) bezogen auf den ursprünglichen Nettokredit (K) sind daher für Zwecke des **Preisvergleichs** auf der Basis von Jahres-(p.a.)Zinssätzen zu ermitteln. Die Methode der Effektivzinsberechnung wird durch § 6 Abs. 2 PAngV vorgegeben. Zur Berechnung der Effektivzinsen könnte zwar grundsätzlich auch die sog. Uniformmethode dienen, diese kommt jedoch wegen § 6 Abs.2 PAngV nicht in Betracht.

Bei der **Uniformmethode** wird nämlich vereinfachend unterstellt, dass sich alle Raten aus einem konstanten Tilgungs- und einem konstanten Zinsanteil zusammensetzen, was jedoch in Anbetracht nichtlinear sinkenden Zinsbedarfs bei fortschreitender Tilgung zu nicht exakt zutreffenden Effektivsätzen führt. Die Berechnung des Effektivzinssatzes (e) erfolgt nach der Formel

$$e = \{P*M+b/M+1\}*24$$

wobei:

M = konst.Monatsrate

Die Berechnung der **Effektivverzinsung** nach der **PAngV** (e_N) geht davon aus, dass

- die Ratenzahlungen in einem konstanten Rhythmus von 30 Zinstagen ab Auszahlung der Kreditsumme anfallen,
- die Zins-Sollstellungen nach jeweils 360 Zinstagen und/oder zum Stichtag der letzten Monatsrate vorgenommen werden, und
- die Berechnung auf mathematischen Durchschnittsraten basieren.

Dementsprechend weist der Effektivzinssatz e_N das Charakteristikum auf, dass eine Kreditgewährung, über die vereinbarte Laufzeit – zum Unterschied zur Uniformmethode – staffelmäßig auf Null durchgerechnet werden kann, ohne dass es zu Zinseszinseffekten kommt, wie sie bei „unterjährig" zu bedienenden Annuitätendarlehen auftreten. Der Ermittlung des Effektivzinssatzes liegt somit folgende Formel zugrunde (*Dibbern,* 425):

$$q^J \cdot \left(1 + \frac{m}{12} \cdot i\right) - \frac{100 + M \cdot p + b}{100 \cdot M} \cdot \left[\left(\frac{11}{2} + \frac{12}{i}\right) \cdot (q^J - 1) \cdot \left(1 + \frac{m}{12} \cdot i\right) + m \cdot \left(1 + \frac{m-1}{24} \cdot i\right)\right] = 0$$

wobei:

$p =$ nomineller p.M.-Zinssatz in v. H. der ursprünglichen Nettokreditsumme
$b =$ Bearbeitungsgebühren-Prozentsatz in v. H. der ursprünglichen Nettokreditsumme
$M =$ Anzahl der vereinbarten Monatsraten (= 12.J + m)
$J =$ Anzahl ganzer Laufzeitjahre (= Vorkommateil von M/12)
$M =$ Anzahl restlicher Laufzeitmonate (= M – 12. J)
$e_N =$ gesuchter Effektivzinssatz
$i =$ $e_N/100$
$q =$ $(1 + i)$

Es ist offensichtlich, dass derartige Berechnungen nur unter Verwendung elektronischer Rechenhilfen einschließlich entsprechender Software oder spezifischer Tabellenwerke möglich sind. Die Uniformmethode dagegen hat den unbestreitbaren Vorteil aufzuweisen, dass sie auf Grund ihrer einfachen Struktur von jedermann unmittelbar anwendbar ist. Allerdings kann auf dieser Basis ein Ratenkredit staffelmäßig nicht exakt auf Null durchgerechnet werden.

da) Persönliche Ratenkredite

Im Wesentlichen dienen die persönlichen Ratenkredite, für die bei den einzelnen Banken unterschiedliche Bezeichnungen (nach Art von Markenartikeln) gebräuchlich sind, der **Konsumfinanzierung**, ohne dass ein Warengeschäft der Kreditgewährung zugrunde liegen muss.

Die Gewährung eines **persönlichen Kleinkredits** (PKK) setzt regelmäßig nur die Abtretung gegenwärtiger und zukünftiger Gehaltsforderungen voraus. Weitere Sicherheiten werden im Allgemeinen nicht gefordert. Die Kreditwürdigkeitsprüfung kann sich auf die Selbstauskunft des Kreditnehmers bezüglich seiner Einkommens-, Beschäftigungs- und sonstiger persönlicher Verhältnisse beschränken, weshalb in diesem Zusammenhang das Credit Scoring einen adäquaten Anwendungsbereich findet. Der Preis für diese Kreditleistung ist ebenso standardisiert wie die Laufzeit und die Tilgungsbedingungen. Allerdings wird die Möglichkeit der Rückzahlung vor Ende der planmäßigen Laufzeit der Kreditleistung nicht ausgeschlossen. Die Regelungen über etwaige anteilsmäßige Zinserstattungen sind in diesem Falle unterschiedlich. Gerät der Kreditnehmer dagegen in Tilgungsverzug, werden die vertraglich vereinbarten Verzugszinsen und Mahngebühren fällig.

Die (persönlichen) **Anschaffungsdarlehen** (PAD) unterscheiden sich vom PKK hinsichtlich des höheren Kreditbetrages, der längeren Laufzeit und der zu stellenden Sicherheiten. Da diese Kreditleistungen meist der Anschaffung höherwertiger Konsumgüter dienen, können die erworbenen Gegenstände neben den Gehaltsabtretungen als zusätzliche Sicherheiten herangezogen werden (Sicherungsübereignung).

db) Teilzahlungskredite

Die bankmäßigen (organisierten) Teilzahlungskredite werden vor allem von spezialisierten Bankbetrieben (Teilzahlungsbanken; siehe 5.5) erstellt. Der früher vom Einzelhandel und Versandhandel gewährte Teilzahlungskredit (Lieferantenkredit), der Ratenzahlungen des Kaufpreises zum Gegenstand hatte, wird kaum noch praktiziert, zumal sich insbesondere Großbetriebe dieser Branche eigene Teilzahlungsbanken angegliedert haben.

Während bis Anfang der 1960er Jahre der Teilzahlungskredit überwiegend mit dem Warenverkauf gekoppelt war, liegt der Anteil derartiger Kreditleistungen bei den Teilzahlungsbanken nur noch bei weniger als 10% des Kreditvolumens. Rund 60% aller von Teilzahlungsbanken gewährten Kredite entfallen auf frei disponible Konsumenten-Barkredite und 40% des Kreditvolumens der Teilzahlungsbanken werden von der gewerblichen Wirtschaft für die Finanzierung von Investitionsgütern in Anspruch genommen.

Folgende **Arten** der Teilzahlungskreditleistungen können unterschieden werden:

- Die Bank räumt den Kredit **unmittelbar (direkte Kundenfinanzierung**; sog. **A-Geschäft**) zum Zwecke der Finanzierung des Kaufs eines bestimmten Konsumgutes oder durch Barauszahlung ein. Durch die Einschaltung von Tochterbanken von Waren- und Versandhauskonzernen ergibt sich eine zunehmende Konkurrenz zum persönlichen Kleinkredit der Universalbanken. Auf diese Weise soll der Kreditnehmer hinsichtlich der Wahl des Kaufobjekts und der Bezugsquelle gebunden werden.

- Die Bank stellt den Kredit nicht unmittelbar dem Käufer einer Ware zur Verfügung,sondern dem **Verkäufer** (abzüglich eines Sperrbetrages in Höhe eines bestimmten-Prozentsatzes der Kaufsumme und ggf. abzüglich von geleisteten Kundenanzahlungen). Dies setzt die Existenz eines Globalkreditvertrages zwischen Teilzahlungsbankund dem Verkäufer voraus, in dem sich die Bank verpflichtet, Kunden des Vertragspartners bis zu einer bestimmten Gesamtsumme Teilzahlungskredite in Form von **Buchkrediten** einzuräumen. Die Kreditwürdigkeitsprüfung erfolgt dabei durch den Verkäufer, wobei der Bank ein Nachprüfungsrecht vorbehalten bleibt. Der Verkäufer wird damit am Risiko der Kreditgewährung beteiligt. Bei Zahlungsausfällen obliegt ihm deren Ausgleich gegenüber der Bank. Die Ratenzahlungen erfolgen direkt vom Kunden an die Teilzahlungsbank **(indirekte Kundenfinanzierung).**

Eine Variante dieser auch als **B-Geschäft** bezeichneten Kreditleistungsart besteht darin, dass zwar der Verkäufer die Kreditanträge mit seiner Stellungnahme der Bank einreicht, diese aber die Kreditwürdigkeitsprüfung durchführt und über den Kreditantrag entscheidet. Bei Auszahlung der Kreditsumme an den Verkäufer wird ein bestimmter Prozentsatz auf einem Sperrkonto einbehalten. Erst nach Eingang aller Rückzahlungsraten von Seiten des Kreditnehmers (=Tilgung des Kredits einschließlich Zinsen und Gebühren) wird der einbehaltene Betrag aus dem Kaufpreis an den Verkäufer freigegeben. Für den Fall, dass Kredite notleidend werden, nimmt die Bank Rückbelastungen auf das Sperrkonto vor.

Für Kreditleistungen im Rahmen des B-Geschäfts ergeben sich somit je nach Erscheinungsform gewisse Rationalisierungsmöglichkeiten bei der Kreditwürdigkeitsprüfung und prima facie eine Verteilung der Risiken in bestimmtem Umfang auf Bank und Verkäufer. Dem steht allerdings das Risiko gegenüber, dass der Verkäufer selbst insolvent werden und/oder nicht die notwendige Sorgfalt bei der Bonitätsprüfung seiner Kunden walten lassen könnte, was ohne Zweifel direkte Einwirkungen auf die Teilzahlungsbank zeitigen würde. Erschwerend tritt hinzu, dass einer Abgeltung der Risiken aus derartigen Kreditleistungen über einen höheren Preis Grenzen durch die Konkurrenz, insbesondere der Anschaffungs- und Personaldarlehen der Universalbanken gesetzt sind, zumal diesen günstigere Finanzierungsmöglichkeiten offenstehen als das bei den Teilzahlungsbanken der Fall ist.

- Das besondere Interesse der Teilzahlungsbanken richtet sich seit einigen Jahren auf den **gewerblichen Ratenkredit**, der nicht nur durch höhere Kreditsummen, sondern auch durch ein niedrigeres Ausfallrisiko charakterisiert ist. Im Gegensatz zu den Kreditleistungen im B-Geschäft werden diese Kreditleistungen, die der Finanzierung von Maschinen, gewerblichen Ausrüstungsgegenständen, Kraftfahrzeugen u.ä. dienen, häufig auf Wechselbasis gewährt (auch als **C-Geschäft** bezeichnet). Dabei zieht entweder der Verkäufer oder die Teilzahlungsbank Wechsel über die einzelnen Ratenzahlungen auf den Käufer, die dieser akzeptiert. Im erstgenannten Fall diskontiert die Bank die Wechsel, schreibt den Gegenwert dem Verkäufer gut und erhält bei Fälligkeit der Wechsel vom Kunden die entsprechenden Beträge. Die häufiger praktizierte Form besteht jedoch in der direkten Beziehung zwischen Kreditnehmer und Bank. Die **Laufzeit** derartiger Kredite wird von der Nutzungsdauer und Wertbeständigkeit des Kaufobjekts und der finanziellen Leistungsfähigkeit des Kreditnehmers mitbestimmt. Sie wird im Regelfall zwischen 12 und 48 Monaten liegen. Zur Kreditsicherung bedient sich die Bank der Sicherungsübereignung unter Einschluss der Haftung des Verkäufers (Form der **direkten Kundenfinanzierung**). Wegen des Verbots der § 496 Abs. 2 BGB, für die Ansprüche des Darlehensgebers aus einem Verbraucherdarlehensvertrag dem Darlehensnehmer Wechselverpflichtungen aufzuerlegen, scheidet diese Abwicklungsform bei Teilzahlungsgeschäften mit Verbrauchern aus.

Aus produktionstechnischer Sicht lässt sich zwar durch die Möglichkeit vereinfachter bzw. abgekürzter Verfahren der Kreditwürdigkeitsprüfung der personelle Aufwand – ähnlich den Verhältnissen beim persönlichen Ratenkredit der Universalbanken – beschränken. Dies gilt insbesondere für diejenigen Betriebstypen von Teilzahlungsbanken, die sich als Investitions- und Absatzkreditbanken für die gewerbliche Wirtschaft betätigen und gewerbliche Teilzahlungskreditleistungen erstellen. Bei Teilzahlungsbanken in Form der Kreditbanken der privaten Haushalte, Universalbanken der privaten Haushalte und der Absatzkreditbanken für private Haushalte, die auch über Schalterpersonal zur Produktion der Kreditleistungen verfügen müssen, liegt zweifellos der personelle Aufwand erheblich höher. Dazu kommt die Notwendigkeit einer intensivierten Kreditüberwachung und des damit verbundenen Mahnwesens, die eine entsprechende personelle Ausstattung erfordern. Wenn auch Teilzahlungsbanken seit 1970 die Möglichkeit eröffnet ist, durch Erwerb einer sog. **Vollkonzession** die Finanzmittelbeschaffung auf die Entgegennahme von Sicht- und Spareinlagen von Privatkunden auszudehnen, so bleibt für die Mehrzahl der Teilzahlungsbanken trotzdem das Problem bestehen, den **monetären Faktor** nur unter höheren Aufwendungen beschaffen zu können als dies bei Universalbanken der Fall ist. Den kleineren Teilzahlungsbanken ist damit nach wie vor der Zugang zu dieser Finanzierungsquelle verwehrt. Nur in geringem Umfang besteht die Konzession zur Hereinnahme von sog. Blockeinlagen (Einlagen in vorgeschriebener Mindesthöhe bei bestimmten Laufzeiten und Kündigungsfristen). Dieser Sachverhalt bewirkt regelmäßig erhöhten monetären Aufwand, der sich entsprechend im Preis der Kreditleistungen von Teilzahlungsbanken niederschlagen muss.

Wenn trotz der höheren Kosten des Ratenkredits bei Teilzahlungsbanken, verursacht durch höhere Finanzierungskosten und das höhere Ausfallrisiko, die Nachfrage nach solchen Krediten im Vergleich zu Kreditbanken, die Kreditleistungen dieser oder entsprechender Art ebenfalls erstellen, zum Teil relativ stärker wächst bzw. die Teilzahlungsbanken sich gegen die Konkurrenz der Universalbanken (mit deren Möglichkeiten zur Mischkalkulation) behaupten konnten, so spielen dabei sicherlich psychologische Faktoren im Kundenverhalten eine nicht unwesentliche Rolle. Diesen Faktoren haben sich folgerichtig die Geschäftsanbahnung und die Geschäftsabwicklung durch die Teilzahlungsbanken bestmöglich angepasst.

Die verstärkte Ausrichtung der Teilzahlungsbanken auf längerfristige gewerbliche Teilzahlungskredite und das Bemühen der größeren Teilzahlungsbanken (mit Vollkonzession) um die Beschaffung preisgünstigerer Finanzierungsmittel haben dazu geführt, dass die früher dominierende Finanzierung über Interbankkredite von einer Steigerung der Mittelbeschaffung bei Nichtbanken in ihrer Bedeutung zurückgedrängt wurde.

e) Realkredit (Hypothekarkredit)

Als Realkredite sind alle Kreditleistungen **langfristiger** Natur zu bezeichnen, die auf eine feste Kreditsumme lauten und eine Bestellung, Verpfändung oder Abtretung von **Grundpfandrechten** an Immobilien (Hypotheken, Grundschulden) zu Gunsten der Bank zur Voraussetzung der Kreditgewährung haben. Im Sprachgebrauch der Praxis liegt ein (reiner) **Objektkredit** vor, wenn aus dem Beleihungsobjekt selbst die Verzinsung und die Tilgung des Kredites für jeden Eigentümer neben der Leistung der laufenden Ausgaben für das Objekt sichergestellt sind.

Da somit die Qualität des Objekts sowohl von seinem Wert als auch von seiner Ertragskraft bestimmt wird, bedarf es adäquater Verfahren, um dessen **Beleihungswert** (= Höhe der Beleihungsfähigkeit) und ggf. eine (darunter liegende) **Beleihungsgrenze** zu ermitteln. Die Beachtung einer Beleihungsgrenze beruht einerseits auf gesetzlichen Vorschriften (§ 14 PfandBG: 60% des Beleihungswertes als Ergebnis der Beleihungswertermittlung nach § 16 PfandBG), andererseits auf dem Vorsichtsmotiv, um durch eine Kürzung des Beleihungswertes allfällige Abschläge im Falle zwangsweiser Verwertung zu berücksichtigen. Die **Wertermittlung** selbst ist durch einen von der Kreditentscheidung unabhängigen Gutachter vorzunehmen, der über die notwendige Berufserfahrung und Fachkenntnisse verfügt. Der Ermittlung des Beleihungswertes von Grundstücken nach § 16 Abs. 1 und 2 PfandBG ist die **Beleihungswertermittlungsverordnung** (BelWertV) vom 12.5.2006 (BGBl. I S. 1175) zu Grunde zu legen.

Während sich der Beleihungswert städtischer **Wohnungsgrundstücke** im Regelfall als arithmetisches Mittel aus Sachwert und Ertragswert ergibt, kommt für die Feststellung des Beleihungswertes **gewerblicher Grundstücke** u. U. dem Ertragswert dann besondere Bedeutung zu, wenn eine höhere Abnutzung durch den gewerblichen Gebrauch zu erwarten ist. **Nicht** beleihungsfähig sind solche gewerblich genutzten Objekte, deren Substanz sich laufend vermindert (Kiesgruben, Steinbrüche u.a.). Der **Sachwert** setzt sich aus den Komponenten **Bodenwert** (= Verkehrswert des Grundstücks) und **Bauwert** zusammen. Der Bauwert seinerseits ergibt sich aus den Herstellungskosten abzüglich eines bestimmten Abschlages, der von der Aufsichtsbehörde für Realkreditinstitute als Indexziffer jeweils festgesetzt wird. Der Wert von **Außenanlagen** wird in Anbetracht der stärkeren Abnutzung mit einem geringen Prozentsatz (z.B. 10%) angesetzt. Der **Ertragswert** ergibt sich aus dem erwarteten jährlichen Marktmietwert abzüglich eines Prozentsatzes für Erhaltungsaufwand (= Nettomiete), bezogen auf die Dauer der Kreditgewährung und ggf. kapitalisiert mit dem Marktzinsfuß (i.d.R. dem **Liegenschaftszins**).

Bankmäßige Realkredite werden von privaten und öffentlichen Pfandbriefbanken, Bausparkassen, Kreditbanken und insbesondere vom Sparkassensektor (Sparkassen und Landesbanken) gewährt, der traditionell den größten Anteil an langfristigen Kreditleistungen insgesamt aufweist.

Die unterschiedlichen Finanzierungsmöglichkeiten, die den genannten Bankbetriebstypen offen stehen, zeigen folgende Konsequenzen für die **Preisbildung** von Realkrediten:

- Bei **Pfandbriefbanken**, die ihre Finanzierungsmittel über die Ausgabe von festverzinslichen **Hypothekenpfandbriefen** aufbringen, bildet die Verzinsung der zum Zeitpunkt der Kreditgewährung platzierten Effekten die Basis der Bemessung der Zinsen für die Kreditleistung (siehe dazu auch 5.4); die Kreditzinsen bleiben somit in der Regel während der Laufzeit des Kredits konstant.
- **Sparkassen** und **Kreditbanken** dagegen finanzieren die entsprechenden Kreditleistungen im wesentlichen über Einlagen oder andere Finanzmarktquellen, so dass die Kreditzinsen von den Einlagenzinsen und der Entwicklung anderer Finanzmarktzinsen abhängig sind und ein Anstieg des allgemeinen Zinsniveaus während der Laufzeit des Kredits sich im Regelfall – sofern keine abweichenden vertraglichen Absprachen getroffen sind – in einer Erhöhung der Zinsen auch für bereits gewährte Hypothekarkreditleistungen niederschlagen muss. Daher sind auch Senkungen der Einlagenzinsen entsprechend an die Kreditnehmer weiterzugeben.

Für die Höhe des Preises von Realkreditleistungen ist daneben noch zu berücksichtigen, dass dem Kreditnehmer im Regelfall nicht die volle Kreditsumme zur Verfügung gestellt wird, so dass eine Differenz zum Nennbetrag, der voll zurückzuzahlen ist, entsteht **(Hypothekendamnum, Auszahlungsdisagio).** Zur Ermittlung des tatsächlichen (effektiven) Preises der Kreditleistung ist daher dieses Disagio einschließlich Zinseszinsen auf die tatsächlich ausbezahlte Kreditsumme und die gesamte Laufzeit zu verteilen, wodurch sich die Jahreszinsen – ebenfalls bezogen auf die effektive Kreditsumme – entsprechend erhöhen (zum Verfahren siehe §§ 4 und 6 Abs. 2 PAngV unter 7.2.1.5.1.d). Darüber hinaus werden häufig Bereitstellungsprovisionen und weitere Gebühren (z.B. Vorfälligkeitsentschädigungen, Entschädigungen bei Nichtinanspruchnahme, Bearbeitungsgebühren, Spesen) in Ansatz gebracht, die ebenfalls bei der Ermittlung des Gesamtpreises (=**Effektivverzinsung**) der Kreditleistung zu berücksichtigen sind.

Aus produktionstechnischer Sicht ergibt sich ein nicht unerheblicher Personalaufwand für die Ermittlung des Beleihungswerts und die Erstellung der Angebote an die potentiellen Kreditnehmer, zumal auf Grund der Konkurrenzsituation diese Tätigkeiten ohne Abgeltung bleiben, wenn die Kreditleistung nicht zustande kommt.

Wenn auch die Variation der Auszahlungshöhe der Kreditsumme bei Realkreditinstituten durch die Art der Beschaffung des monetären Faktors über Pfandbriefe bestimmt wird (der Emissionskurs liegt im Regelfall unter dem Nennwert), so lässt sich insgesamt feststellen, dass das Auszahlungsdisagio insbesondere als Instrument zur Feinregulierung der Effektivverzinsung dient.

Ein weiteres Charakteristikum von Realkrediten, die vorwiegend zur Baufinanzierung **zweckgebunden** (einschließlich der Hypothekarkredite der Bausparkassen), im Einzelfall aber auch **zweckfrei** („Allzweck-Hypothek") gewährt werden (können), besteht in ihrer **Tilgung**. Zwar ist durchaus eine Vereinbarung über die Tilgung der gesamten Kreditsumme am Ende der Laufzeit möglich, in der Praxis hat sich jedoch überwiegend die dem BGB unbekannte Tilgungshypothek (Amortisationshypothek) bzw. Tilgungsfondshypothek durchgesetzt. Im Falle der **Tilgungshypothek** wird die Kreditsumme üblicherweise in gleichbleibenden Jahresraten (Annuitäten) zurückgezahlt, wobei der Tilgungsanteil ständig zunimmt und im selben Umfang der Zinsanteil an der Jahresrate zurückgeht.

So betragen beispielsweise bei einem Hypothekarkredit von 100.000 EUR, der mit 7% zu verzinsen und mit 1% zu tilgen ist, die gleichbleibenden Jahresraten 8.000 EUR. Auf den Zinsanteil entfallen im 1. Jahr 7.000 EUR, 1.000 EUR beträgt der Tilgungsanteil. Im 2. Jahr ergeben sich bereits 1.070 EUR Tilgung bei Zinsen in Höhe von 6.930 EUR (bezogen auf eine Restschuld von 99.000 EUR).

Der Tilgungsbeginn kann vertraglich ebenso hinausgeschoben werden (z.B. Tilgungsbeginn erst im 3. Jahr der Laufzeit) wie ein etwaiges Damnum durch ein sog. **Streckungsdarlehen** als Differenz zwischen Auszahlungsbetrag und Nennbetrag des Hypothekarkredits kompensiert werden kann. Die Tilgungsleistungen dienen dann zuerst zur Rückzahlung des Streckungsdarlehens und finden nach dessen völliger Rückführung Anrechnung zur Tilgung des Hypothekarkredits.

Für den Kreditnehmer ist im Rahmen der Abwicklung von Tilgungshypotheken der rechtliche Aspekt von Bedeutung, dass die Hypothek sich in Höhe der Tilgungsrate in eine Eigentümergrundschuld umwandelt (die jederzeit vom Kunden ohne zusätzliche Kosten valutiert werden kann) und dass die Hypothek in Höhe des Zinsanteils erlischt.

Die **Tilgungsfondshypothek** weist die Besonderheit auf, dass die Teilleistungen in einen Fonds fließen und der Fondsbetrag mit der Hypothek verrechnet wird, sobald er die Kreditsumme erreicht. Zu diesem Zeitpunkt wird die Hypothek in eine Eigentümergrundschuld umgewandelt.

Die **Grundschuld** ist – im Gegensatz zur Hypothek – nicht an den Bestand einer gesicherten Forderung gebunden **(fiduziarische Sicherheit)** und gleicht insofern einem Wechsel, als sie selbst bei Nichtigkeit einer etwaigen zugrunde liegenden Forderung selbständig bestehen bleibt. Nicht zuletzt deshalb ziehen Banken die Sicherung von Realkrediten durch Grundschulden den Hypotheken **(akzessorische Sicherheit)** vor, da erstere bei Tilgung der gesicherten Forderung bestehen bleibt und auch für andere Kreditleistungen der Bank an den Kreditnehmer als Sicherheit dienen kann (wegen Einzelheiten zur grundpfandrechtlichen Sicherung und zum Sicherstellungsvertrag siehe *Scholz/Lwowski).*

Probleme für den Absatz von Realkreditleistungen ergeben sich dann, wenn auf dem Rentenmarkt **inverse Zinsstrukturen** herrschen, d.h. kurzfristige Papiere sich höher verzinsen als langfristige und somit die Neigung von Anlegern gering ist, sog. „Langläufer“ zu erwerben. Kreditnehmer sind in derartigen Situationen gezwungen, nur die unabweisbaren langfristigen Investitionen zu finanzieren und andere Investitionsvorhaben wegen des hohen Zinsniveaus zu verschieben. Für die erstgenannte Gruppe von Investitionsvorhaben nehmen Kreditnehmer **Vorschaltdarlehen** hochverzinster Art in Anspruch, die später – in Zeiten niedrigerer Zinsen – von einer längerfristigen Restfinanzierung abgelöst werden sollen. Um **Zinsniveauänderungen** zu berücksichtigen, enthalten die Darlehensverträge i.d.R. den Passus, dass der Kredit auf eine Laufzeit von fünf Jahren ausgereicht wird, mit der Möglichkeit zur Fortsetzung auf jeweils weitere fünf Jahre unter der Maßgabe der **Konditionenanpassung**. Werden bei derartigen Anpassungen Disagien verlangt, so sind diese sozusagen als ein zusätzliches Darlehen anzusehen und zu Marktkonditionen (meist höher als die Hypothek) zu verzinsen.

f) Kommunalkredit (Körperschaftskredit)

Kreditleistungen aller Fristigkeiten, die insbesondere von Bankbetrieben des Sparkassensektors und Pfandbriefbanken auf der Basis **Öffentlicher Pfandbriefe** (Kommunalschuldverschreibungen, Kommunalobligationen, Öffentliche Pfandbriefe) an **Gebietskörperschaften** des In- und Auslandes gewährt werden, bezeichnet man als (reine) **Kommunalkredite** oder **Körper-schaftskredite**. Im Falle langfristiger Kreditleistungen spricht die Praxis von **Kommunaldarlehen.**

In Anbetracht der besonderen Verhältnisse dieser Kategorie von Kreditnehmern entfällt zwar die grundpfandrechtliche Sicherung. Gleichwohl wird der Umfang ihrer Verschuldung einerseits durch Haushaltsgesetze, Haushaltsordnungen und durch entsprechende Aufsichtsorgane, andererseits durch gesetzliche Regelungen zur Gewährung von Kommunaldarlehen im Pfandbriefgesetz sowie von Körperschaftskrediten in den sparkassenrechtlichen Vorschriften begrenzt:

(1) **Pfandbriefinstitute** sind beschränkt auf die Gewährung von
- Darlehen an inländische Körperschaften und Anstalten des öffentlichen Rechtsoder an Dritte gegen Übernahme der vollen Gewährleistung durch eine solcheKörperschaft oder Anstalt **(Kommunaldarlehen);**
- Darlehen an einen Mitgliedsstaat der Europäischen Gemeinschaften und Regionalregierungen; dazu kommen Kredite an Stellen in einem Nichtmitgliedsland gegen Übernahme der vollen Gewährleistung durch den betreffenden Staat (diese Darlehen dürfen 10% des Gesamtbetrages der ausgereichten Kommunaldarlehen nicht überschreiten).
- Die genannten Kommunaldarlehen müssen voll durch Kommunalschuldverschreibungen **(Kommunalobligationen)** bzw. Pfandbriefe gedeckt sein (siehe7.2.2.2.2.b).

(2) Für Kommunalkredite, die von **Sparkassen** gewährt werden, gelten die Regelungen der jeweiligen Sparkassenordnungen in den betreffenden Ländern.

Entsprechend dieser Normen für die Gewährung von Kommunalkrediten ergibt sich die Besonderheit, dass langfristige Kreditleistungen dieser Art vor allem von Bankbetrieben des Realkreditsektors und den Landesbanken erstellt werden, während sich die Sparkassen hauptsächlich auf mittel- und kürzerfristige Kommunalkredite konzentrieren.

Zu den Kommunalkrediten im weiteren Sinne zählen auch die **verbürgten Kommunaldarlehen,** die zwar Kreditleistungen an andere Kreditnehmer („Dritte") darstellen, die öffentlich-rechtlichen Körperschaften oder Anstalten aber die **Bürgschaft** als besondere Art der Sicherung übernommen haben. Durch derartige Bürgschaften seitens staatlicher Stellen erhalten die begünstigten Kreditnehmer indirekte Kredithilfen durch die öffentliche Hand.

g) Leasing-Kredit

Die Kreditleistung besteht im Falle des Leasings darin, dass der Kreditnehmer – anstatt der ansonsten üblichen (Geld-)Kreditsumme – ein **Wirtschaftsgut** in Form einer Mobilie oder Immobilie zur Nutzung während einer vertraglich vereinbarten Zeitdauer erhält. Der Kreditnehmer hat als Gegenleistung regelmäßige, gleichbleibende (meist monatliche) Zahlungen (Leasing-Raten) zu erbringen und am Ende der Überlassungsdauer das Wirtschaftsgut an den Kreditgeber herauszugeben. Die Gegenleistung umfasst die Abgeltung der Anschaffungskosten des betreffenden Wirtschaftsgutes, die Kosten seiner Finanzierung durch den Kreditgeber, die (pauschalen) Entgelte für vereinbarte Service- und Reparaturleistungen sowie den kalkulierten Gewinn des Kreditgebers (zu den Erscheinungsformen des Leasings und den Möglichkeiten der Vertragsgestaltung siehe *Runge/Bremser/Zöller*).

Leasing-Kredite werden im Regelfall nicht von Bankbetrieben selbst, sondern von eigenen, von diesen zum Zwecke der Durchführung von Leasinggeschäften gegründeten Tochtergesellschaften (Leasing-Gesellschaften) in Form von **Finanzunternehmen** (siehe im einzelnen 5.2.1) oder in Kooperation (z.B. Sparkassen-Leasing, siehe *Schaefer*) gewährt, weshalb diese Kreditleistungsart an dieser Stelle nicht weiter zu vertiefen ist.

Hinzuweisen bleibt in diesem Zusammenhang allerdings auf die Art der Finanzierung von Leasing-Krediten durch Leasing-Gesellschaften: Im Rahmen des **Immobilien-Leasing** stellen Banken den Leasing-Gesellschaften Finanzierungsmittel gegen Einräumung von Grundpfandrechten und Zession der Leasing-Raten zur Verfügung, die sie ihrerseits über den Kapitalmarkt durch Pfandbriefe oder Schuldverschreibungen beschaffen können. Ist eine laufzeitkongruente Finanzierung aus Kapitalmarktmitteln nicht möglich und daher eine Zinsanpassungsklausel notwendig, schlägt sich dieser Sachverhalt in einer entsprechenden „Mietanpassungsklausel" für die Leasing-Raten nieder. Das Mobilien-Leasing wird seitens der Leasing-Gesellschaften ebenfalls über Kreditleistungen von Banken finanziert, und zwar entsprechend der kürzeren Vertragsdauer sowie der Eigenheiten des Nutzungsobjekts gegen Sicherungsübereignung des betreffenden Objekts und Zession der Leasingraten. Die Finanzmittel der Banken stammen dabei z.B. aus Einlagen aller Art und Schuldverschreibungen.

h) Factoring-Kredit

Bei Factoring handelt es sich zwar aus wirtschaftlicher, nicht aber aus rechtlicher Sicht um eine Kreditleistung, da Factoring nicht zu den Bankgeschäften im Sinne des § 1 Abs. 1 KWG zählt. Darin liegt für den Kunden des Factors – neben der eigentlichen Finanzierungsfunktion und ggf. der Delkredere- und Dienstleistungsfunktion des Factoring – der wesentliche Grund für die Inanspruchnahme dieser Kreditleistung: Da Factoring-Kredite, die insbesondere von Tochtergesellschaften in Form von **Finanzunternehmen** (siehe im einzelnen 5.2.2) der Kreditbanken, Genossenschaftsbanken und des Sparkassensektors über die betreffenden (Eigentümer-)Banken abgewickelt werden, rechtlich keine Kreditaufnahme darstellen, gelten die Zinsen für diese Kreditleistung nicht als Zinsen für Dauerschulden, wodurch sich beim Kunden die Gewerbesteuerbelastung vermindert (siehe dazu *Hardt*).

Die Kreditleistung besteht darin, dass der Factor auf Grund vertraglicher Vereinbarungen (Global- bzw. Rahmenvertrag einschließlich einer Kreditlinie) kurzfristige, offene Forderungen seiner Kunden ankauft, also im Umfang dieser Bevorschussung eine bestimmte Kreditsumme gewährt. Die Rückzahlung des Kredits erfolgt im Regelfall nicht durch den Kunden des Factors (Kreditnehmer), sondern durch den Schuldner des Kunden, der angewiesen wird, an den Factor zu zahlen **(offenes** Verfahren). Es ist allerdings auch möglich, dass der Factor gegenüber dem Schuldner nicht in Erscheinung tritt. In diesem Falle tilgt der Kreditnehmer den Kredit selbst **(verdecktes** Verfahren), da nach außen kein Gläubigerwechsel eintritt. In Anbetracht der Erhöhung des Risikos für den Factor bei stiller Zession (verdecktes Verfahren), überwiegt die Variante mit offener Zession, weil dabei sowohl eine Überprüfung des tatsächlichen Bestehens der zedierten Forderung möglich ist als auch die Zahlungen unmittelbar dem Factor zufließen.

Daneben ist die. Unterscheidung zwischen echtem und unechtem Factoring von Bedeutung (siehe *Reiter*). **Echtes Factoring** ist dann gegeben, wenn der Factor das Delkredere-Risiko übernommen hat und der Kunde **(Verkäufer der Forderung)** nur für deren Bestand haftet, so dass bei Zahlungsunfähigkeit des Schuldners der Kunde keinen Rückgriff des Factors zu befürchten hat. Wird dagegen vom Factor die Übernahme des Delkredere-Risikos ausgeschlossen, liegt **unechtes Factoring** vor. In diesem Fall haftet der Kunde sowohl für den Bestand als auch für die Einbringlichkeit der Forderung(en). In Anbetracht der Rückbelastungsmöglichkeit zeigt sich dabei insbesondere die Funktion des Factorings als **Kreditgewährung**.

Die **Laufzeit** derartiger Kreditleistungen wird im Regelfall entsprechend der zu Grunde liegenden Zahlungsbedingungen der Forderungen 90 Tage nicht überschreiten. Zur Absicherung von Zahlungsausfällen, Einreden gegenüber dem rechtlichen Bestand der Forderungen, Mängelrügen u.ä. wird ein bestimmter Prozentsatz (im allgemeinen 10%) des Rechnungsbetrages einem Sperrkonto zugeführt. Der **Preis** für den Factoring-Kredit setzt sich aus den **Sollzinsen** für die tatsächlich in Anspruch genommene Kreditsumme als Abgeltung für den monetären Faktor und einer **Risikoprämie** (Delkredere-Gebühr) zusammen, deren Höhe von der Qualität der Forderung abhängt und sich in einem bestimmten Prozentsatz des Forderungsumsatzes manifestiert. Erbringt der Factor neben der Kreditleistung weitergehende Dienstleistungen (z.B. Übernahme der Debitorenbuchhaltung für den Kunden), werden diese zusätzlich durch eine sog. **Factoring-Gebühr** abgegolten, die sich je nach Branchenzugehörigkeit zwischen 0,6 und 1,6% vom Umsatz bewegt.

Erfolgt die Gewährung von Factoring-Krediten zur Finanzierung von Exportgeschäften, bei denen Exportforderungen eines inländischen Unternehmens an eine in- oder ausländische Bank unter Stellung ausreichender Sicherheiten regresslos verkauft werden, ist der Sachverhalt der **Forfaitierung** (wegen Einzelheiten siehe 8.3.1.1.2.a) gegeben.

i) Kreditkarten-Kredit

Die Kreditgewährung mittels Kreditkarten geht entwicklungsgeschichtlich gesehen von den Einzelhandelsketten, den großen Kaufhäusern oder den Ölgesellschaften aus und erreichte in den USA eine derartige Ausbreitung, dass in Verbindung mit einer Inflationierung an Kreditkartensystemen erhebliche Kreditpyramiden außerhalb des Bankensystems entstanden, die ernste Bedenken währungspolitischer Natur auslösten.

In Deutschland ist eine derartige Entwicklung nicht aufgetreten. Als spezielle Organisationsform hat sich hier die Abwicklung der Kreditkarten-Kredite über Finanzdienstleistungsinstitute in Form der **Kreditkarten-Institute** und **Zahlungsverkehrs-Institute** (siehe 5.2.4) herausgebildet, über welche der Einzug der Kaufpreisstundungen, Forderungen von Dienstleistungsunternehmen (z.B. Hotels, Fluggesellschaften, Eisenbahngesellschaften), Gegenwerte über erfolgte Auszahlung an Bargeldautomaten und Entgelte für die Dienstleistungen der Kreditkarten-/Zahlungsverkehrs-Institute ebenso erfolgt wie der Ausgleich der korrespondierenden Forderungen bei den Händlern und Dienstleistern sowie bei den Kreditinstituten, die Bargeldzahlungen auf Grund des Kreditkarteneinsatzes vorgeleistet haben. Grundsätzlich kann die Gewährung von Kreditkarten-Krediten gleichwohl auch über Kreditinstitute direkt erfolgen.

Die **Kreditkarte** als Medium der Kreditgewährung ist ein Ausweis, mit dem der Inhaber unter Einräumung eines bestimmten Zahlungszieles bei den Vertragsunternehmungen der Kreditkartenorganisation bis zu einem bestimmten Höchstbetrag (Kreditlinie) Waren, Dienstleistungen und auch Bargeld beziehen kann. Im Umfang der bargeldlos erworbenen Waren und ggf. Dienstleistungen sowie des abgehobenen Bargelds nimmt der Inhaber der Kreditkarte einen kurzfristigen Kredit in Anspruch, die Rückführung des Kredits erfolgt bei Ausgleich der Abrechnung, die dem Kunden meist monatlich präsentiert wird. Die Bank ihrerseits verpflichtet sich gegenüber dem Verkäufer von Waren oder Erbringer von Dienstleistungen, die entsprechenden Rechnungen – meist unter Abzug eines Diskonts – anzukaufen.

Die Mitgliedschaft in einer Kreditkartenorganisation steht grundsätzlich jedermann gegen Zahlung einer Jahresgebühr und/oder einmaligen Aufnahmegebühr offen. Für die Kontoführung und die Zusendung der Monatsrechnungen werden meist keine zusätzlichen Gebühren erhoben. Die Monatsrechnung ist innerhalb einer bestimmten Frist zur Zahlung fällig, andernfalls der offene Rechnungsbetrag mit Zinsen belastet wird. Dies gilt auch für den Fall, daß der Rechnungsbetrag nicht voll ausgeglichen wird. Neben ihrer Funktion im Zusammenhang mit kurzfristigen Einkaufskrediten kann die Kreditkarte grundsätzlich auch als direkte Kreditquelle über Bargeld-Auszahlungsstellen genutzt werden.

Die Aushändigung des Mediums Kreditkarte setzt in Anbetracht der weitgehenden Möglichkeiten der selbständigen Kreditinanspruchnahme (ähnlich dem Kontokorrentkredit) eine Kreditwürdigkeitsprüfung und Festsetzung eines **persönlichen Kreditlimits** für jeden potentiellen Kreditkarten-Kunden voraus. Dementsprechend wird von den Banken, die derartige Leistungen in ihrem Sortiment aufweisen, die Ausfallquote mit einem geringen Wert angegeben. Analog zu den Banken, die ihre Kundschaft nach Zielgruppen segmentieren, wenden sich auch Kreditkarteninstitute mit unterschiedlichen Karten und Kartenangeboten an Nachfrager mit spezifischer Kaufkraft. Beispielsweise emittieren die Institute für Kunden mit sehr hohen Jahreseinkommen die **Platinkarte** oder die **Goldkarte,** für alle anderen Kunden mit geringerem Jahreseinkommen andersfarbige Karten. Kreditkartenunternehmen bieten neben dem eigentlichen Hauptanwendungsgebiet des bargeldlosen Einkaufs weitere Leistungen, insbesondere Bargeldservice Inland/Ausland (mit begrenzter Bargeldbeschaffungsmöglichkeit) und Reiseunfallversicherung. Die Fremdwährungsabrechnung von Auslandseinkäufen oder Bargeldbeschaffungen in ausländischer Währung erfolgt in der Regel auf der Basis von Devisenbriefkursen am Tag vor Eingang der Abrechnungsunterlagen, wobei meist zusätzlich eine Provision für die Leistungen des Kreditkarteninstitutes zur Anrechnung gelangt. Von besonderer Bedeutung für den Erfolg von Kreditkarteninstituten sind die Zahl der beteiligten Vertragshändler der betreffenden Organisation und die Zahl der Banken, die diese Organisation tragen.

7.2.1.5.2 Formen indirekter Kreditgewährung

a) Akzeptkredit

Der Kreditleistung liegt eine Wechselbeziehung der Art zu Grunde, dass die Bank einem Kunden im Rahmen einer vereinbarten Akzeptlinie die Möglichkeit einräumt, Wechsel auf sie zu ziehen, die sie dann akzeptiert. Dies setzt zum einen voraus, dass es sich um bonitätsmäßig erstklassige Kreditnehmer handelt, zum anderen der Gegenwert des Wechsels vom Kreditnehmer der Bank bei Fälligkeit zur Verfügung gestellt wird. Der Kreditnehmer gibt nämlich im Regelfall, um Kosten zu sparen, das **Bankakzept** an einen Gläubiger zur Abgeltung von – vorzugsweise – Außenhandelsgeschäften weiter. In diesem Falle hat der Kreditnehmer nur eine Akzeptprovision und die Wechselsteuer zu tragen. Mit der Gewährung des Akzeptkredits ist somit primär keine Auszahlung einer bestimmten Kreditsumme verbunden. Die Bank muss eigene Mittel nur dann einsetzen, wenn der Kreditnehmer nicht in der Lage ist, die Wechselsumme vor Verfall des Wechsels bereitzustellen, oder wenn der Kreditnehmer das Bankakzept zur **Selbstdiskontierung** bei der akzeptierenden Bank einreicht (= Umwandlung in eine **direkte** Kreditgewährung). Im Falle der Selbstdiskontierung hat der Kreditnehmer zusätzlich zur Zahlung der Akzeptprovision und der Wechselsteuer auch den Diskontabzug von der Wechselsumme hinzunehmen. Abbildung 31-1 zeigt schematisch die Grundstruktur der Abwicklung von Akzeptkrediten.

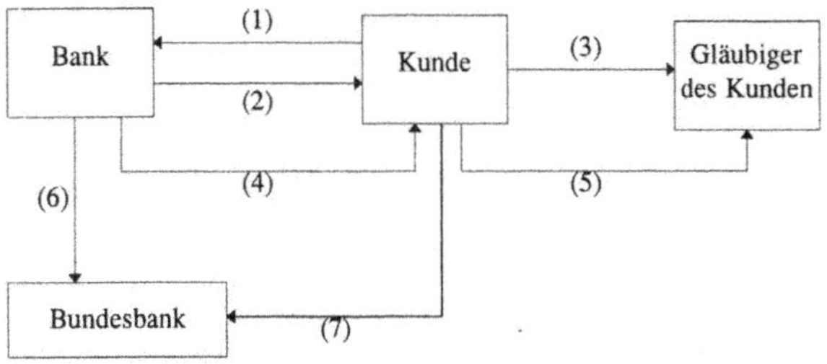

(1) Kunde zieht Tratte auf Bank
(2) Bank akzeptiert und reicht das Bankakzept an den Kunden zurück
(3) Kunde kann Bankakzept zum Ausgleich von Verbindlichkeiten durch Weitergabe an Gläubiger nutzen

Alternativ:

(4) Bank akzeptiert und diskontiert das Bankakzept selbst (Selbstdiskontierung) zu günstigen Konditionen und überweist an den Kunden die Diskontkreditsumme
(5) Kunde gleicht Verbindlichkeit gegenüber Gläubiger in Geld aus
(6) Bank refinanziert den selbstdiskontierten Wechsel bei der Deutschen Bundesbank
(7) Rückzahlung des Akzeptkredits

Abb. 31-1: Grundstruktur von Akzeptkrediten (ohne und mit Selbstdiskontierung)

b) Avalkredit

Die Kreditleistung ist dadurch charakterisiert, dass die Bank auf Grund einer Bürgschafts- oder Garantieerklärung gegenüber einem Dritten (Begünstigten) mit ihrem Namen für Verbindlichkeiten aller Art des Kreditnehmers einsteht. Die Kreditleistung besteht somit primär in der Übernahme der Bürgschaft oder Garantie der Bank, dass der Kreditnehmer (Avalnehmer) bestimmte eingegangene Zahlungs- und Leistungsverpflichtungen vertragsgemäß erfüllt. Erst wenn der Kreditnehmer dazu nicht in der Lage ist, muss die Bank eigene Mittel einsetzen und die Kreditsumme an den begünstigten Dritten auszahlen. Das Kreditverhältnis selbst besteht jedoch zwischen Bank und Avalnehmer, da die Bank im Umfang der gewährten Kreditsumme bei Eintritt des Bürgschaftsfalls eine Forderung gegenüber dem Avalnehmererwirbt. Bis zum Eintritt der vereinbarten Bedingung handelt es sich aus der Sicht der Bank um eine **Eventualverbindlichkeit.** Als Entgelt für den Avalkredit erhebt die Bank eine **Avalprovision,** die von Höhe, Laufzeit, Sicherheiten sowie Art der Kreditleistung abhängt und in Anbetracht der Tatsache, dass die Bank primär keine Mittel einzusetzen hat, im Regelfall zwischen 1% und 3,5% p.a. der Bürgschafts- bzw. Garantiesumme beträgt.

Selbständige Avalkredite kommen im Wesentlichen in folgenden Formen vor:

- **Bankbürgschaften** werden meist als Ausfallbürgschaften, seltener als Wechselbürgschaften gewährt. Die **Ausfallbürgschaft** als selbstschuldnerische Bürgschaft der Bank erübrigt die Stellung von Sicherheitsleistungen oder die Leistung von Vorauszahlungen seitens des Kunden (z.B. Frachtstundungen durch Bankbürgschaft; Steuerbürgschaften gegenüber Steuerbehörden; Prozessbürgschaften als Sicherheitsleistung zur Abwehr der Zwangsvollstreckung aus Urteilen u.ä.). Im Rahmen von **Wechselbürgschaften** gewährt die Bank einen Kredit dadurch, dass sie auf einem Wechsel als Bürge für den Bezogenen oder als Aussteller in Erscheinung tritt.
- **Bankgarantien finden** im Wesentlichen als **Bietungsgarantien** (zur Abdeckung von etwaigen Vertragsstrafen im Rahmen von Ausschreibungen), als **Lieferungs-** und **Leistungsgarantien** (als Sicherheitsleistung zur Erfüllung von eingegangenen Lieferungs- und Leistungsverpflichtungen), als **Gewährleistungsgarantien** (zur Absicherung von Mängeln während der Dauer der Gewährleistungspflicht) und als **Anzahlungsgarantien** (zur Sicherung von Voraus- und Anzahlungen des Auftraggebers bis zur Lieferung des vereinbarten Wirtschaftsgutes) Anwendung.

7.2.1.6 Derivative Kreditleistungen (Kreditvermittlung)

Derivative Kreditleistung als Form der (nicht-originären) Kreditgewährung durch **Kreditvermittlung** liegt dann vor, wenn ein Bankbetrieb – um den Anforderungen an eine universelle Bankverbindung zu entsprechen – zur Deckung eines in sich abgeschlossenen Finanzmittelbedarfs einzelner Kunden materiell und personell bestimmbare Kreditleistungen von Anfang an mit der Absicht anbietet, die Finanzierung dieser Kreditleistung auf Dritte, also fremde Kreditgeber, zu übertragen (siehe *Orthmann,* 28; *Münker,* 204).

Die Leistungsart Kreditvermittlung hat somit einerseits die Aufgabe, im Rahmen der bankbetrieblichen Leistungserstellung ein Abwandern von Kunden zu vermeiden (ak**quisitorische Zusatzfunktion),** andererseits erfüllt sie eine **Finanzierungsausgleichsfunktion** innerhalb der Gesamtheit der Kreditleistungen insofern, als die Bank – bei Vorliegen der notwendigen Voraussetzungen beim Kunden – nicht eigene Mittel für die Kreditgewährung in Anspruch nehmen muss, sondern die vom dritten Kreditgeber bereitgestellten Mittel einsetzen kann.

Hinsichtlich der Geschäftstätigkeit eines Bankbetriebes im Leistungsbereich der Kreditvermittlung ist zwischen einer rein **passiven Kreditvermittlung,** bei der die Bank nicht von sich aus derartige Leistungen an sich zieht, sondern vielmehr auf die Übertragung der Durchführung öffentlicher Kreditprogramme wartet und auch gegenüber den Kunden keine besonderen Werbeaktivitäten entfaltet, und einer **aktiven Kreditvermittlung** zu unterscheiden. Letztere zeichnet sich dadurch aus, dass die Bank bemüht ist, alle erreichbaren Kreditvermittlungsprogramme in ihrem Leistungsprogramm zu berücksichtigen, um die latent vorhandene Nachfrage zu befriedigen, und entsprechende Werbemaßnahmen zu ergreifen. Inwieweit Bankbetriebe sich im Leistungsbereich der Kreditvermittlung engagieren, hängt primär von deren Zielsetzungen ab, im Regelfall also von den positiven Auswirkungen auf Liquidität, Rentabilität und Standing (im Sinne eines umfassenden Angebotes) des betreffenden Bankbetriebes. Das bedeutet allerdings auch, dass Bankbetriebe unter Standingaspekten sich bestimmter Kreditvermittlungsleistungen spezieller Kapitalgeber gar nicht entziehen können und – nicht zuletzt auch unter akquisitorischen Gesichtspunkten – diese in ihr Leistungsprogramm aufzunehmen gezwungen sind, selbst wenn diese nur mäßige Beiträge zur Liquiditätsentlastung und insbesondere zur Rentabilität leisten. In diesem Zusammenhang ist nämlich zu bedenken, daß die Kreditvermittlung mit hohem Personalaufwand verbunden sein kann, dem aber – speziell bei Mitwirkung an Kreditprogrammen der öffentlichen Hand – unter Umständen relativ geringe Abgeltungen gegenüberstehen, sollen doch derartige spezifische Programme für den Kreditnehmer möglichst preisgünstig gestaltet sein.

Die genannten Faktoren führen in ihrer Gesamtheit zu einer differenzierten Schwerpunktbildung des Angebotes an Kreditvermittlungsleistungen, wobei auch die Zugehörigkeit zu einer bestimmten Gruppe der Bankwirtschaft eine Rolle spielt (*Orthmann,* 41): So haben Sparkassen ein relativ großes Interesse an der Weiterleitung zentraler Kreditmittel und auf Grund der Verbundorganisation die Notwendigkeit zur Gewährung von **Meta-Krediten** (à meta = zur Hälfte), an denen die betreffende Sparkasse und ihre Landesbank beteiligt sind. Letzteres trifft in ähnlicher Weise für die Bankbetriebe im Genossenschaftssektor zu. Dazu kommen die Leistungen verschiedener Spezialbanken im Eigentum der öffentlichen Hand (z.B. *Kreditanstalt für Wiederaufbau*), die einen Teil ihres Leistungsprogramms streng genommen als Kreditvermittlungsleistungen im Sinne von Förderleistungen abwickeln, sofern sie ihre Kreditgewährungen nicht selbständig finanzieren und die betreffende Gebietskörperschaft die entsprechenden Mittel bereitzustellen hat.

Neben der **öffentlichen Hand,** die über eine Vielzahl von Programmen (z.B. Wohnungsbau, Wirtschaftsförderung, Gemeinschaftsaufgaben, Energiesparmaßnahmen usw.) die auf öffentliche Hilfen angewiesenen Bereiche der Wirtschaft unterstützt, kommen als Kreditgeber im Rahmen der Kreditvermittlungsleistungen vor allem die Unternehmen der **Versicherungswirtschaft** in Betracht. Diese sind in ihrer Funktion als **Kapitalsammelstellen** darauf angewiesen, die ihnen anvertrauten Mittel nach bestimmten anlagepolitischen Grundsätzen zu verwenden und zu vermehren. Insbesondere handelt es sich dabei um Kreditgewährungen an bonitätsmäßig erstklassige Großunternehmen, die Darlehen gegen Schuldscheine **(Schuldscheindarlehensvermittlung)** erhalten. Ferner zählen zu den Kreditgebern im Rahmen der Kreditvermittlung durch Bankbetriebe die Pfandbriefbanken, ausländische Banken und auch sonstige Nichtbanken, wie beispielsweise multinationale Unternehmen, die ihren Grundeinheiten im Ausland unter Zwischenschaltung von Bankbetrieben Kredite gewähren (siehe *Eilenberger* 1980, 131).

Wenn einer Klassifizierung der Kreditvermittlungsleistungen das Kriterium zugrunde liegt, ob die Leistung ausschließlich **ohne** Einsatz eigener Mittel des Bankbetriebe erfolgt, oder ob die Leistung mit einem **Liquiditätsentzug** verbunden ist, so lässt sich – wie in Abbildung 32 dargestellt – zwischen Kreditvermittlung im **engeren** Sinn und Kreditvermittlung im **weiteren** Sinn unterscheiden (siehe *Orthmann,* 62ff.).

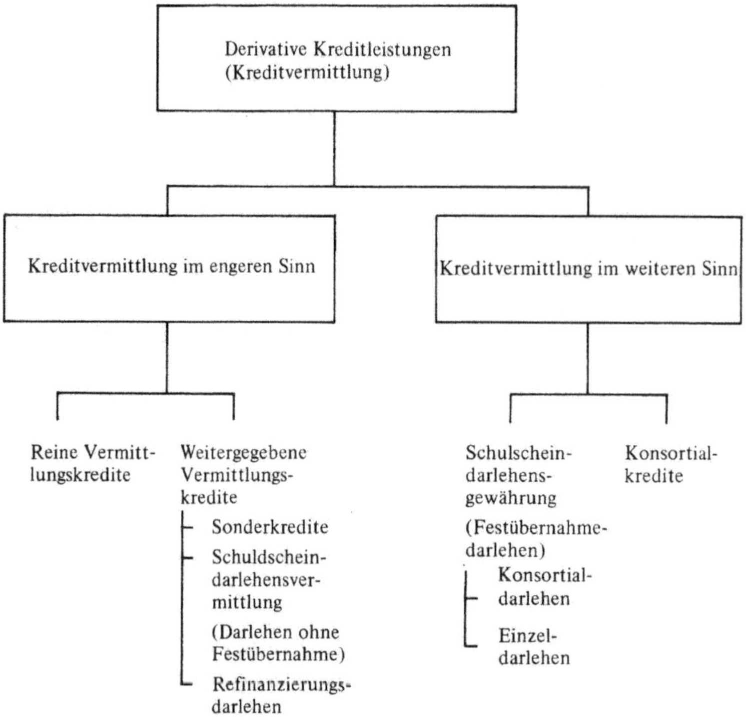

Abb. 32: Formen der Kreditvermittlung

7.2.1.6.1 Kreditvermittlung im engeren Sinn

a) Reine Vermittlungskredite

Die Kreditgewährung erfolgt ohne Einsatz eigener Mittel und ohne Übernahme des Obligos. Die Mitwirkung des Bankbetriebes beschränkt sich auf die verwaltungsmäßige Abwicklung einschließlich Erteilung von Informationen. Als Kreditgeber treten meist andere Bankbetriebe auf, insbesondere private Realkreditinstitute und Sonderkreditinstitute (*Kreditanstalt für Wiederaufbau*, denen die Weiterleitung der Finanzierungsmittel über andere Bankbetriebe gesetzlich vorgeschrieben ist; Bayerische *Landesanstalt für Aufbaufinanzierung – LfA*).

b) Weitergegebene Vermittlungskredite

Die Kreditgewährung erfolgt bei dieser Gruppe von Vermittlungskrediten zwar grundsätzlich auch ohne Einsatz eigener Mittel, allerdings beschränkt sich das Tätigwerden des vermittelnden Bankbetriebes nicht mehr auf die reine Durchleitung (Weiterleitung) des Kredits. Der zwischengeschaltete Bankbetrieb übernimmt in unterschiedlichem Umfang das Ausfallrisiko (voll oder teilweise), was eine Bonitätsprüfung durch die vermittelnde Bank voraussetzt, und die treuhänderische Verwaltung (**Treuhandkredit**), d.h. die Auszahlung der Kreditsumme, Entgegennahme von Zins- und Tilgungsleistungen, Verwaltung und Überwachung der Sicherheiten. Allerdings beschränkt sich die Risikoübernahme bei Treuhandkrediten auf die Einhaltung der gleichen Sorgfalt bei der Verwaltung des Vermittlungskredites wie bei eigenen Kreditgewährungen, nicht aber auf die Übernahme des Risikos der wirtschaftlichen Kreditverwendung von Sonderkrediten und Schuldscheindarlehensvermittlung (als anleiheähnliche, nicht am offenen Kapitalmarkt erfolgende Großkreditaufnahme bei Kapitalsammelstellen; siehe dazu *Dill*).

Im Rahmen der **Schuldscheindarlehensvermittlung** dagegen bahnt die Bank die Kreditbeziehung dadurch an, dass sie Schuldner und Gläubiger zwecks Gewährung eines Schuldscheindarlehens zusammenführt oder Teile eines bereits gewährten Schuldscheindarlehens weiter platziert werden. Die Bank beantragt darüber hinaus meist auch die Deckungsstockfähigkeit, fungiert als Zahlstelle und führt die Bonitätsprüfung des Kreditnehmers durch.

Zu den weitergegebenen Vermittlungskrediten zählen schließlich auch die **Refinanzierungsdarlehen** (als eine Variante der Schuldscheindarlehen). Die vermittelnde Bank bleibt zwar für die gesaymte Laufzeit des Darlehens rechtlich Kreditgeber, setzt aber keine eigenen Mittel ein, da sie sich mit Geldern finanziert, die ihr von Kapitalsammelstellen mit Bindung für diesen Zweck und für die volle Darlehenszeit überlassen worden sind. Die vermittelnde Bank übernimmt damit einerseits Treuhandfunktion, andererseits trägt sie Eigenrisiko ähnlich den Verhältnissen bei weitergeleiteten Sonderkrediten. Der Vermittlungscharakter wird auch daran deutlich, daß der vermittelnde Bankbetrieb lediglich Anlagemittel anderer Geldgeber, die letztlich Kreditgeber sind, weiterleitet *(Witte, H.-O.*, 26). Als Geldgeber kommen vor allem Kapitalsammelstellen in Betracht, denen die direkte Anlage von Mitteln bei Kreditnehmern der gewerblichen Wirtschaft verboten ist. Allerdings erhöht die Zwischenschaltung von Bankbetrieben die Finanzierungskosten des Kreditnehmers, weil der vermittelnde Bankbetrieb seine personellen Aufwendungen und das übernommene Risiko im Zinssatz für den Vermittlungskredit weitergeben muss.

7.2.1.6.2 Kreditvermittlung im weiteren Sinn

Diese Form der Kreditvermittlung ist dadurch charakterisiert, dass der vermittelnde Bankbetrieb – zumindest temporär – eine Liquiditätsbindung eingeht und es daher in zeitlich und betragsgemäß unterschiedlichem Umfang zu einem Liquiditätsentzug kommt. Im Wesentlichen sind die beiden Formen der **Schuldscheindarlehensgewährung** und des **Konsortialkredits** zu unterscheiden. Im ersten Fall setzt der Bankbetrieb zwar primär eigene Mittel zur Kreditgewährung ein, was allerdings nur den Charakter einer **Vorfinanzierung** hat, da es anschließend zu einer Übertragung der Eigenschaft als Kreditgeber auf einen Dritten kommt und die eingesetzten Mittel an den vermittelnden Bankbetrieb zurückfließen. Dagegen übernimmt im zweiten Fall der vermittelnde Bankbetrieb für die gesamte Dauer der Kreditgewährung eine **feste Quote** am Gesamtkredit, weshalb der Bankbetrieb für diesen Zeitraum eigene Mittel einsetzen muss. Aus der Gesamtkonstruktion des Gemeinschaftskredits ergibt sich – trotz eines bestimmte Anteils direkter Kreditgewährung – die Dominanz des Vermittlungsmerkmals.

a) Schuldscheindarlehensgewährung

Im Rahmen der Schuldscheindarlehensgewährung wird die Kreditsumme von der (den vermittelnden Bank(en) in voller Höhe im eigenen Namen und für eigene Rechnung fest übernommen **(Festübernahmedarlehen),** jedoch nur so lange, bis sich die vermittelnde(n) Bank(en) durch Platzierung des Darlehens am Markt refinanziert hat (haben).

Die Ausstellung eines Schuldscheins durch den Kreditnehmer ist heute nicht mehr kennzeichnendes Merkmal eines Schuldscheindarlehens. Der Charakter der Kreditvermittlung wird auch daran deutlich, dass das Motiv des Ausscheidens der Bank(en) aus der ursprünglich direkten Kreditbeziehung zum Zeitpunkt der Forderungsabtretung von Anfang an besteht (*Orthmann,* 100). Daher geht die kreditvermittelnde Bank nur für diesen Zeitraum eine Liquiditätsbindung ein, die bei der Schuldscheindarlehensvermittlung (Darlehen ohne Festübernahme) und bei Refinanzierungsdarlehen nicht entsteht. Durch die Festübernahme trägt die kreditvermittelnde Bank darüber hinaus das Platzierungsrisiko. In Anbetracht der Größenordnungen der vermittelten Kredite wird das Darlehen meist als **Konsortialdarlehen,** seltener als **Einzeldarlehen** gewährt (wegen Einzelheiten dazu siehe *Staehle,* 41 ff.). Die vermittelnde Bank prüft die Kreditwürdigkeit des Darlehensnehmers sowie die grundsätzlichen Platzierungsmöglichkeiten bei Kapitalsammelstellen. Probleme treten insbesondere dann auf, wenn die Unterbringung nur bei mehreren Kapitalsammelstellen möglich ist, eine Stückelung der Darlehen notwendig wird und sich insofern Absatzschwierigkeiten ergeben werden, wenn die Zusage der Deckungsstockfähigkeit nicht mehr global erfolgen kann. Dies betrifft vor allem die Platzierungsmöglichkeiten bei Versicherungen. Dazu kommt, dass Schuldscheindarlehen nicht über den institutionalisierten Kapitalmarkt (Börse) abgesetzt werden können. Nach Platzierung des Darlehens fungiert die vermittelnde Bank als Treuhänder und Zahlstelle. Gelingt die Platzierung von Schuldscheindarlehen nicht sofort in vollem Umfang bzw. nicht laufzeitkonform, so können die im eigenen Bestand der vermittelnden Bank verbleibenden Darlehensforderungen aus Schuldscheindarlehen durch sog. **Pensionsgeschäfte** (siehe 7.3.1.1) bis zu ihrer endgültigen Platzierung insofern mobilisiert werden, als sie für eine bestimmte kürzere Zeitspanne bei anderen Geldgebern untergebracht werden. Die Bank verpflichtet sich dabei, innerhalb einer vereinbarten Frist, in der dem Käufer das Recht zur Rückgabe eingeräumt ist, die entsprechenden Darlehensforderungen zurückzunehmen.

b) Konsortialkredite

Bestimmte Größenordnungen von Kreditbegehren bedingen die gemeinsame Kreditgewährung durch zwei oder mehr Bankbetriebe an einen Kreditnehmer. In Wahrnehmung der Belange der an der Kreditgewährung beteiligten Bankbetriebe übernimmt jeder Partner Vermittlungs- und/oder Treuhandfunktionen. Diese Form der Kreditvermittlung ist insbesondere im Sparkassen- und Genossenschaftsverbund anzutreffen, Dabei tritt das Problem der Verwaltung von Kreditsicherheiten auf, das meist durch Zusammenfassung von Sicherheiten (**Poolung**) und Übertragung auf eine Bank (Konsortialführerin) gelöst wird. Der Kreditnehmer erhält den Kredit in der Regel über die Konsortialführerin zur Verfügung gestellt. Für die rechtlichen Beziehungen der Konsorten untereinander (**Innenverhältnis**) sowie zwischen dem Konsortium und dem Kreditnehmer (**Außenverhältnis**) bestehen verschiedene Gestaltungsmöglichkeiten: Rechtlich ist das **Konsortium** meist eine Gesellschaft des bürgerlichen Rechts, die durch den Konsortialvertrag auf die praktischen Bedürfnisse der jeweiligen Kreditgewährung zugeschnitten wird. Die vorgesehenen Sicherheiten werden von der Konsortialführerin für die anderen Konsorten treuhänderisch mitverwaltet, die meist gleichrangig im Verhältnis ihrer Konsortialquote an den Sicherheiten und ihrem etwaigen Verwertungserlös teilhaben. Zur Vermeidung späterer Differenzen zwischen Konsortialführerin und den Konsorten werden die Art der Besicherung sowie die Modalitäten ihrer Verwaltung (insbesondere die Prüfungen deren Werthaltigkeit), die Voraussetzungen sowie die Art und Weise der Verwertung von Sicherheiten, die Aufteilung des Verwertungserlöses sowie die Ausschüttung eines Überschusses, die etwaige Freigabe von Sicherheiten, die Berichterstattung der Konsortialführerin über die Prüfung und die Entwicklung der Sicherheiten im Konsortialvertrag oder einer Zusatzvereinbarung im einzelnen geregelt.

7.2.1.7 Kreditverkauf über den Kapitalmarkt (Verbriefung von Krediten)

Die Globalisierung der Finanzmärkte eröffnete seit dem Jahr 2002 die Möglichkeit, Kredite aus dem Bestand an andere Investoren zu verkaufen. Ursprünglich nur für notleidende Kredite und zur Sanierung der Bankbilanzen gedacht, erfolgte in der späteren Entwicklung zur Verbesserung der Absatzchancen derartiger Pakete auch eine Beimischung von einwandfreien Krediten. Die Motive bestehen neben der Notwendigkeit zur Bilanzentlastung auch in der

Absicht, die Eigenkapitalausstattung zu minimieren und die Kreditrisiken auf den Kapitalmarkt zu transferieren. Dabei werden Kreditforderungen der Bank zu fristengleichen Tranchen gebündelt, in Wertpapieren verbrieft und am Kapitalmarkt dritten Investoren (z.B. Private Equity-Firmen) angeboten. Die Transformation in Wertpapiere erfolgt über **Zweckgesllschaften** (**Special Purpose Vehicles** – SPV). Die Übertragung der Forderungen an die SPV wird generell als „echter Verkauf" (**true sale**) vorgenommen und damit aus dem Risikobereich des Verkäufers (des **Originators**) herausgelöst. Die Alternative zur true-sale-Transaktion besteht in der **synthetischen Verbriefung**, bei der allerdings kein Verkauf, sondern nur ein Risikotransfer in Form eines **Kreditderivats** (als Swap von Risiken) erfolgt, und daher an dieser Stelle nicht weiter zu verfolgen ist (siehe dazu 4.4.2.7 und 8.3.1.4.2.d).

Die Beteiligung an einer Zweckgesellschaft kann von einer Bank allein oder von mehreren Banken getragen werden. Durch die Transformation in Wertpapiere entstehen sog. **Asset Backed Securities** (**ABS**) als privat platzierte Emissionen (siehe dazu 7.2.2.1.1). Die Struktur einer Verbriefung von Kreditforderungen in ABS zeigt Abbildung 32-1. Grundsätzlich handelt es sich bei diesen Konstruktionen um bilanzwirksame Ausplatzierungen von Kreditforderungen, die eine Verringerung der Finanzierungskosten ebenso erlauben wie ein wirksames Zinsrisikomanagement.

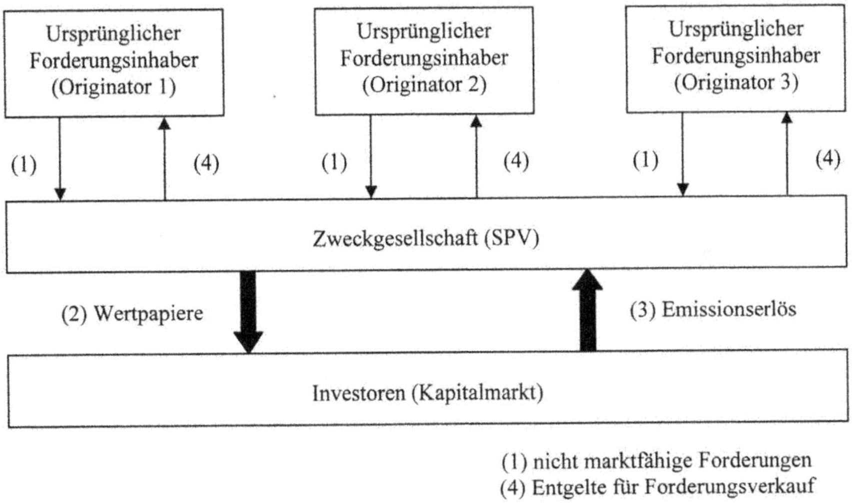

Abb. 32-1: Verbriefung von Kreditforderungen in ABS mittels Special Purpose Vehicles (SPV)

Die Ausplatzierung von Kreditportfolios wird in der Öffentlichkeit und von den betroffenen Kreditnehmern als kritisch gesehen. Dies insbesondere dann, wenn ganze Kreditportfolios direkt, also ohne Umweg über ABS, an Investoren außerhalb des Bankenbereichs weit unter Nennwert verkauft werden, z.B. an Hedge Fonds, die dann eine Verwertung der Kreditforderung in die Wege leiten und versuchen, die günstig eingekauften Kredite möglichst zum Nennwert zu realisieren. Den daraus resultierenden möglichen Missständen versucht der Gesetzgeber durch das „Gesetz zur Begrenzung der mit Finanzinvestitionen verbundenen Risiken" (**Risikobegrenzungsgesetz**) vom 12.8.2008 (BGBl. I. S. 1666) gegenzusteuern und die Position der Kreditnehmer von auf diese Weise verkauften Krediten zu verbessern.

7.2.2 Anlageleistungen

Anlageleistungen umfassen die Dienstleistungen der Übernahme von Geld- und Kapitalnutzungen unterschiedlicher Fristigkeiten von Seiten der Bankkunden durch einen Bankbetrieb im Rahmen seiner Finanzmittelbeschaffung **(originäre** Anlageleistungen) sowie der Vermittlung von Anlagemöglichkeiten bei anderen Bankbetrieben und Unternehmungen an die Bankkundschaft **(derivative** Anlageleistungen) gegen Entgelt. Während im ersten Fall ein Bankbetrieb selbst **Schuldner** gegenüber den Anlegern wird, wird er im zweiten Fall lediglich als **Vermittler** zur Anlage bei anderen Bankbetrieben oder auch Unternehmen, insbesondere verbundenen Unternehmen des Finanzsektors, tätig.

Hinsichtlich der **originären** Anlageleistungen ist zwischen den Einlagen (Sicht-, Termin-, Spareinlagen) und den direkten Anlageleistungen auf der Basis von Selbstemissionen (Bank-Aktien, Bank-Schuldverschreibungen, sonstige bankbetriebliche Wertpapieremissionen) zu unterscheiden. Dagegen bestehen **derivative** Anlageleistungen vor allem in der Vermittlung von Wertpapieren und Wertrechten (Fremdemission, Effektenhandel, Vermittlung sonstiger Wertpapiere) anderer Bankbetriebe, Unternehmen des Finanzsektors (z.B. Leasing- und Factoring-Gesellschaften), sonstiger Unternehmen sowie der öffentlichen Hand. Dazu kann die Vermittlung von nicht-verbrieften Anteilsrechten an Unternehmen ebenso in Betracht kommen wie neuerdings die Möglichkeiten der Vermittlung von Anlageleistungen in sog. **Derivaten** (siehe 7.2.2.1.7) und der Handel mit diesen Derivaten. Werden Derivate an Märkten gehandelt, unterliegen diese den Vorschriften des Wertpapierhandelsgesetzes (WpHG), wenn sie die Voraussetzungen des § 2 Abs. 2 WpHG erfüllen. Daneben ist außerbörslicher Handel (OTC-Handel) mit/in Derivaten möglich. Eine Typologie bankbetrieblicher Anlageleistungen zeigt Abbildung 33.

Die Produktion von **originären** Anlageleistungen dient der Finanzmittelversorgung des betreffenden Bankbetriebes selbst, wobei dieser im Rahmen der Übernahme von Einlagen mit dem Bankkunden **direkt** in Interaktion tritt. Dagegen ist zur Erbringung der Anlageleistungen auf der Basis von Selbstemissionen im Regelfall die Einschaltung der Börse notwendig und förderlich, sofern es sich um Effekten handelt, was eine **indirekte** Interaktion mit dem Anleger bedeutet. Gleichwohl fließen die durch den Absatz der selbstemittierten Effekten erzielten Erlöse dem Bankbetrieb zu. Im Ausnahmefall wäre zwar auch Direktabsatz von Obligationen und Aktien denkbar, was aber die Kosten der Emission erhöhen und den Erfolg der Emission in Frage stellen könnte. Sonstige Wertpapiere, die nicht börsengängige sind, müssen jedoch **direkt** bei der Bankkundschaft abgesetzt werden (z.B. Investmentzertifikate, Sparbriefe).

Bei der Produktion **derivativer** Anlageleistungen, die regelmäßig in **direkter** Interaktion mit der Bankkundschaft erfolgt, fließen die Mittel aus der Geldüberlassung von seiten der Bankkundschaft primär dem vermittelnden Bankbetrieb zu. Er hat allerdings die entsprechenden Mittel an die eigentlichen Adressaten (andere Bankbetriebe oder Unternehmen) weiterzuleiten. Dazu kommt auch die Möglichkeit, dass er bereits zu einem früheren Zeitpunkt Finanzmittel an diese im Sinne einer Vorfinanzierung, z.B. durch Kauf der betreffenden Wertpapiere, abgegeben und die Wertpapiere solange in seinem Portefeuille gehalten („geparkt") hat (Beispiel: *KfW* im Auftrag des Bundes bei der Privatisierung von Bundesunternehmen). Zweifellos kommt es zu **indirekten** Interaktionen, wenn die Abwicklung der Vermittlung von Anlagemöglichkeiten über die Börse vorgenommen wird. Charakteristisch für derivative Anlageleistungen ist jedoch in allen Fallen, dass der vermittelnde Bankbetrieb die erzielten Finanzmittel gegen Abgeltung der entstandenen personellen, sachlichen und monetären Aufwendungen „durch leitet" oder schon zu einem früheren Zeitpunkt entsprechende Vorleistungen erbracht hat (z.B. im Falle des Emissionskredits oder der Eigenanlage in Wertpapieren anderer Bankbetriebe oder Unternehmungen).

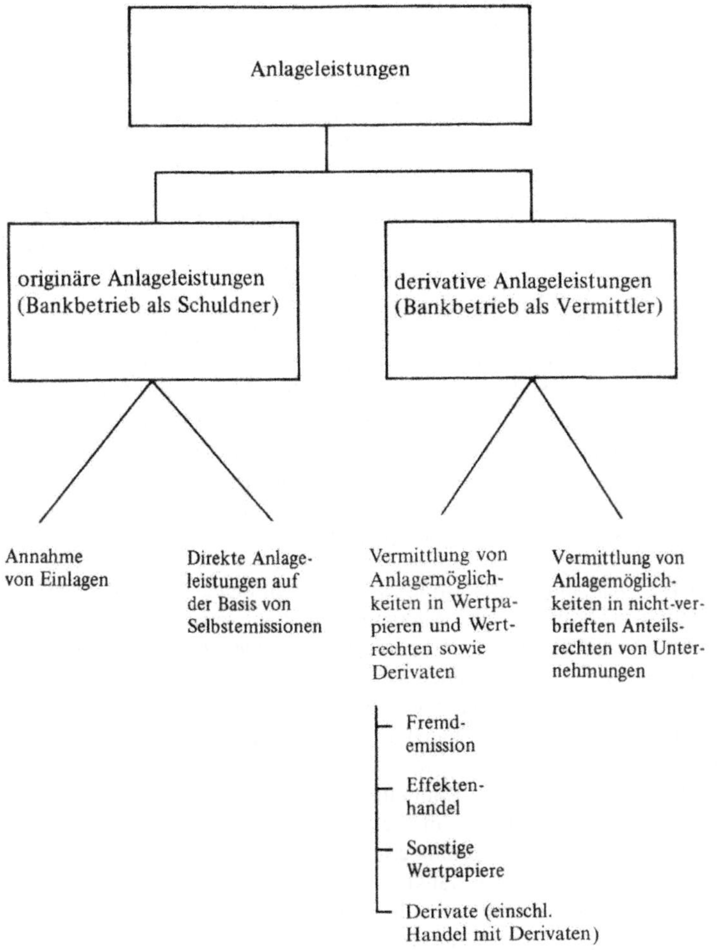

Abb. 33: Typologie bankbetrieblicher Anlageleistungen

Im Rahmen der Erstellung von originären und derivativen Anlageleistungen und des jeweiligen Anteils der beiden Leistungstypen am Gesamtvolumen der Anlageleistungen von Bankbetrieben sind darüber hinaus **institutionelle Besonderheiten** bei einzelnen Banken oder Bankengruppen zu beachten. Während Universalbanken grundsätzlich das gesamte Spektrum von Anlageleistungen erbringen, beschränken sich Spezialbanken auf Grund gesetzlicher Vorschriften auf die Erstellung von Anlageleistungen auf der Basis von Selbstemissionen (Realkreditinstitute, Kreditinstitute mit Sonderaufgaben, Landesbanken) oder auf die Entgegennahme langfristiger Einlagen mit bestimmter Mindesthöhe durch Teilzahlungsbanken, für die das Schwergewicht der Finanzierung in der Aufnahme von Interbankkrediten liegt. Aber auch bei Universalbanken sind die Gewichte unterschiedlich verteilt und im Zeitablauf oft erheblichen Veränderungen unterworfen. So nimmt beispielsweise in Bankbetrieben der Primärstufe von Verbundorganisationen (Sparkassen, Genossenschaftsbanken) die Produktion derivativer Anlageleistungen einen erheblich höheren Anteil ein als bei den in der Bundesbankstatistik als Kreditbanken bezeichneten Bankbetrieben (einschließlich Großbanken). Allerdings ist nicht zu verkennen ist, dass mit zunehmenden Größenordnungen einzelner Sparkassen die Tendenz zur Durchführung von Selbstemissionen wächst, da sie sich – insbesondere in Zeiten eines sensibilisierten Zinsbewusstseins der Bankkunden und den damit verbundenen Umschichtungen von Spareinlagen zu Anlagen in Wertpapieren – nicht mehr auf den (liquiditätsentziehenden) Verkauf von (fremden) Schuldverschreibungen beschränken können, die von der Sekundärstufe oder der Tertiärstufe emittiert worden sind und über die Bankbetriebe der Primärstufe abgesetzt werden sollen.

Dazu kommt der Vorteil der Finanzierung über **Schuldverschreibungen** insofern als die so aufgebrachten Mittel – von einigen Ausnahmen abgesehen – nicht der Mindestreservepflicht unterworfen sind, wie das bei den Verbindlichkeiten gegenüber Kunden aus Einlagen der Fall ist. Dem sind bei der Entscheidung über die Alternativen der Finanzmittelaufbringung über Einlagen oder Ausgabe von Effekten allerdings die Kosten der Selbstemission gegenüberzustellen, die dazu führen, dass von der Wertpapieremission ein relativ geringer Gebrauch gemacht wird. Auf jeden Fall wird der Bankbetrieb bestrebt sein, primär alle Möglichkeiten der kostengünstigeren Finanzmittelbeschaffung über Depositen auszuschöpfen und erst dann, wenn dies wegen des spezifischen Anlegerverhaltens nicht möglich ist, die Emission von Wertpapieren vornehmen. Für die fristen- und zinskongruente Finanzierung bestimmter langfristiger Kreditleistungen bleibt unter Sicherheitsgesichtspunkten die Emission von entsprechenden Schuldverschreibungen ohne gleichwertige Alternative.

Wenn die bankbetriebliche Finanzmittelbeschaffung über **Spareinlagen** und ggf. über **Termineinlagen** im Regelfall die kostengünstigere Alternative darstellt, so ist sie nicht problemfrei: Spareinlagen sind fremdbestimmt, also vom Sparverhalten abhängig. Dieses kann einerseits – wie oben bereits dargelegt – in Situationen steigender Zinsen für alternative Anlageformen zu einem nicht beeinflussbaren Rückgang des Spareinlagenvolumens führen. Andererseits kann bei reichlichem Angebot der Bankkunden an Anlagemitteln und fehlenden adäquaten Kreditvergabemöglichkeiten ein Überhang an Sparmitteln entstehen, der dazu zwingt, diese Mittel des sog. **Depot A** anderweitig am Kapitalmarkt anzulegen, um die erforderlichen Erträge zu erzielen. Während der Bankbetrieb in dieser Situation die Entgegennahme von Termineinlagen durch restriktive Entgeltsgestaltung erheblich verringern kann, sind prohibitiv festgesetzte Entgelte auf Spareinlagen für den Bankbetrieb rufschädigend. Es bleibt somit nur die Möglichkeit, das Entgelt am Spareckzins als allgemein anerkannter Untergrenze zu bemessen und zu versuchen, auf diese Weise den unerwünschten Mittelzufluss zu steuern.

Darüber hinaus können sich Probleme aus der Verbindung von Anlageleistungen als Instrumente der Finanzmittel**beschaffung** des Bankbetriebes mit der Finanzmittel**verwendung** im Rahmen von Kreditleistungen oder bestimmten sekundären Bankleistungen (z.B. Eigenanlage in festverzinslichen Wertpapieren) ergeben. Bei der Mittelverwendung ist nämlich dem **Zinsänderungsrisiko** gebührende Aufmerksamkeit zu widmen (siehe dazu im einzelnen *Schmidt, H.*, 249): Verwendet beispielsweise ein Bankbetrieb zur Anschaffung festverzinslicher Wertpapiere, die der rentablen Eigenanlage im Depot A dienen sollen, zinsgünstige Spareinlagen (also ohne eine zins- und fristentsprechende „feste" Finanzierung), so treten bei Änderung des Anlageverhaltens der Kundschaft und daher steigenden Finanzierungskosten Verluste ein, wenn der Zinsaufwand für die Finanzierung den Zinsertrag der Eigenanlage übersteigt. Zumindest jedoch ergibt sich eine Verkürzung der notwendigen Zinsspanne (Bedarfsspanne). Dasselbe gilt für die Erstellung von langfristigen Kreditleistungen, wenn eine Zinsanpassungsklausel für den Fall steigender Finanzierungskosten der Bank nicht vereinbart wird und eine zinskongruente Finanzierung für die gesamte Laufzeit der betreffenden Kreditgewährung(en) nicht möglich oder nicht durchsetzbar ist.

Im Folgenden ist in Anbetracht der Möglichkeit, Anlageleistungen in Verbindung mit Wertpapieren zu erbringen, zuerst auf die Grundlagen des Wertpapier- und Effektenwesens einzugehen. Anschließend werden die Formen originärer und derivativer Anlageleistungen von Bankbetrieben in ihren Grundzügen dargestellt.

7.2.2.1 Grundlagen des Wertpapierwesens (Effektenwesens)

Wertpapiere im Allgemeinen und Effekten im Speziellen spielen vor allem im Zusammenhang mit der Erbringung von Anlageleistungen durch Bankbetriebe eine besondere Rolle: Einerseits verbriefen sie dem Geld- und/oder Kapitalgeber in unterschiedlicher Weise Rechte gegenüber dem Bankbetrieb oder gegenüber Dritten (Beweismittel für das Bestehen von Gläubigerrechten), andererseits dienen sie als Fungibilitätsinstrumente, die es dem Anlageinteressenten gestatten, über die Börse und unter Einschaltung von Bankbetrieben anonym Kapitalbindungen jederzeit einzugehen und ebenso lösen zu können.

In Abhängigkeit von den Zielsetzungen, die der Schuldner (bzw. der Bankbetrieb) mit der Ausgabe von Wertpapieren, insbesondere Effekten, verfolgt, haben sichy entsprechend ihrer Eignung zur Finanzmittelaufbringung sowie der individuellen Voraussetzungen auf Emittentenseite unterschiedliche Erscheinungsformen (**Effektenarten**) herausgebildet. Diese interessieren im Folgenden ebenso wie die Grundzüge der Effektenemission, der Effektenbörsen sowie der verschiedenen Formen von Effektenhandelsleistungen, die unter Einschaltung von Bankbetrieben oder Finanzdienstleistungsinstituten abgewickelt oder von Banken im eigenen Namen und auf eigene Rechnung (als sekundäre Bankleistungsart; siehe 7.3.2.1) durchgeführt werden.

Grundlegend für das aktuelle deutsche Wertpapierwesen war der Erlass des **Wertpapierhandelsgesetzes** –WpHG– (Gesetz über den Wertpapierhandel und zur Änderung börsenrechtlicher und wertpapierrechtlicher Vorschriften vom 26.7.1994 im Rahmen des Zweiten Finanzmarktförderungsgesetzes –2. FMFG–). Im 2. FMFG erfolgten die Umsetzuyngen der EG-Transparenz-Richtlinie vom 12.12.1988, der EG-Insider-Richtlinie vom 13.11.1989 und der Insider-Richtlinie vom 18.11.1989 in deutsches Recht. Vorausgegangen war am 2y2.2.1990 „Gesetz zur Verbesserung der Rahmenbedingungen der Finanzmärkte“ (Erstes Finanzmarktförderungsgesetz –1. FMFG–) mit vergleichsweise geringen Änderungen im Bereich yder Investmentgesellschaften.

Das 2. FMFG zielte mit Einführung des WpHG, der Börsengesetznovelle 1994, der KAAG-Novelle 1994, der UBGG-Novelle 1994 und Änderungen des Aktienrechts insbesondere darauf ab, den Finanzplatz Deutschland hinsichtlich seiner internationalen Wettbewerbsfähigkeit zu fördern und die Marktbedingungen internationalen Voraussetzungen und Gepflogenheiten anzupassen. Im Mittelpunkt dieses „Artikelgesetzes“ standen Maßnahmen zur Stärkung des Vertrauens der Kapitalanleger, eine Reform des Börsenrechts zur Sicherung eines fairen Wettbewerbs zwischen den verschiedenen Börsenplätzen und Handelssystemen sowie Maßnahmen zur Schaffung der rechtlichen Voraussetzungen für die Errichtung einer Warenterminbörse in Deutschland. Ein wesentliches Anliegen des WpHG war darüber hinaus die Errichtung eines *Bundesaufsichtamtes für den Wertpapierhandel* (*BAW*) in Frankfurt/Main. Dessen Aufgaben gingen allerdings durch das „Gesetz über die Bundesanstalt für Finanzdienstleistungsaufsicht“ (FinDAG) vom 22.4.2002 zusammen mit den Aufgaben des *Bundesaufsichtsamtes für das Kreditwesen* (*BAK*) und des *Bundesaufsichtsamtes für das Versicherungswesen* (*BAV*) auf die neu geschaffene *Bundesanstalt für Finanzdienstleistungsaufsicht* (*BaFin*) über.

Der Anwendungsbereich des WpHG erstreckt sich auf Grund der Änderungen durch das „Gesetz zur weiteren Fortentwicklung des Finanzplatzes Deutschland“ vom 24.3.1998 (Drittes Finanzmarktförderungsgesetz –3. FMFG–) und das „Gesetz zur weiteren Fortentwicklung des Finanzplatzes Deutschland“ vom 21.6.2002 (Viertes Finanzmarktförderungsgesetz – 4.

FMFG) gemäß **§ 1 Abs. 1 WpHG** auf das Erbringen von Wertpapierdienstleistungen und Wertpapiernebendienstleistungen, auf den börslichen und außerbörslichen Handel mit Finanzinstrumenten, den Abschluss von Finanztermingeschäften, auf Finanzanalysen sowie auf Veränderungen der Stimmrechtsanteile von Aktionären an börsennotierten Gesellschaften. Das 4. FMFG erweiterte das WpHG um einige wichtige, aus der Praxis seiner Durchführung als notwendig erkannte, kapitalmarktrechtliche Regelungen: Verbot der Kurs- und Marktpreismanipulation (§§ 20a ff.), Schadenersatz wegen unterlassener Veröffentlichung kursbeeinflussender Tatsachen (§§ 37b ff.) und Finanztermingeschäfte (§§ 37d ff.), die bis dahin in den §§ 50 ff. BörsG a. F. kodifiziert waren.

Eine Weiterentwicklung des WpHG erfolgte schließlich durch das „Anlegerschutzverbesserungsgesetz" (Umsetzung der Marktmissbrauchs-Richtlinie vom 12.4.2003) und das „Bilanzkontrollgesetz", das auf den Vorschlägen des EU-Wertpapierregulierungsausschusses CESR basiert. Damit wurde das WpHG um Vorschriften zum Insiderrecht, zur Ad-Hoc-Publizität, zum Verbot der Marktmanipulation und zur Aufsichtskompetenz der *BaFin* für Jahresabschlüsse sowie Lageberichte börsennotierter Unternehmen. Schließlich führte das „Transparentrichtlinie-Umsetzungsgesetz", das den größten Teil der EU-Transparenz-Richtlinie vom 31.12.2004 übernahm, zu weiteren wesentlichen Veränderungen des WpHG. Einen ganz erheblichen Eingriff in das WpHG und eine in vielen Teilen erforderliche Neufassung bedeutete das „Gesetz zur Umsetzung der Richtlinie über Märkte für Finanzinstrumente (RiL 2004/39/EG, MiFID) und der Durchführungsrichtlinie (RiL 2006/73/EG) der Kommission" (Finanzmarkt-Richtlinie-Umsetzungsgesetz – FRUG) vom 16.7.2007 (BGBl. I 2007, 1330 v 19.7.2007), das in wesentlichen Teilen am 1.11.2007 in Kraft trat.

§ 2 WpHG enthält die für den Vollzug des Gesetzes erforderlichen **Begriffsbestimmungen**, die durch Art. 1 des Gesetzes vom 5.4.2011 (BGBl. I S. 538) in wesentlichen Teilen neu gefasst und der Versuch unternommen worden ist, mit den entsprechenden verbalen Beschreibungen alle derzeitigen (und nach Möglichkeit auch künftige) Erscheinungsformen zu erfassen:

Abs.1: **Wertpapiere** im Sinne des WpHG sind – auch wenn keine Urkunden über sie ausgestellt werden – alle Gattungen von übertragbaren Wertpapieren (mit Ausnahme von Zahlungsinstrumenten), die ihrer Art nach auf den Finanzmärkten handelbar sind:

1) Aktien;
2) Aktien vergleichbare Anlagewerte und Zertifikate, die Aktien vertreten;
3) **3.a:** Schuldtitel, insbesondere Genußscheine und Inhaber- und Orderschuldverschreibungen sowie Zertifikate, die Schuldtitel vertreten; **3.b:** sonstige Wertpapiere, die zum Erwerb oder zur Veräußerung von Wertpapieren nach den Nrn. 1 und 2 berechtigen, oder zu einer Barzahlung führen, die in Abhängigkeit von Wertpapieren, von Währungen, Zinssätzen oder anderen Erträgen, von Waren, Indices oder Messgrößen bestimmt wird (also Optionsscheine aller Art);
4) Wertpapiere sind auch Anteile an Investmentvermögen, die von einer Kapitalanlagegesellschaft oder einer ausländischen Investmentgesellschaft ausgegeben werden.

Abs. 1a: **Geldmarktinstrumente** im Sinne des WpHG sind alle Gattungen von Forderungen, die nicht unter Abs. 1 fallen und die üblicherweise auf dem Geldmarkt gehandelt werden, mit Ausnahme von Zahlungsinstrumenten.

Abs. 2: **Derivate** im Sinne des WpHG sind

1) als Kauf, Tausch oder anderweitig ausgestaltete Festgeschäfte oder Optionsgeschäfte, die zeitlich verzögert zu erfüllen sind und deren Wert sich unmittelbar oder mittelbar vom Preis eines Basiswertes ableitet (Termingeschäfte) mit Bezug auf folgende **Basiswerte**:

a) Wertpapiere oder Geldmarktinstrumente,
b) Devisen oder Rechnungseinheiten,
c) Zinssätze oder andere Erträge,
d) Indices der Basiswerte der Buchstaben a, b oder c, andere Finanzindices oder Finanzmessgrößen oder
e) Derivate.

2) Termingeschäfte mit Bezug auf Waren,. Frachtsätze, Emissionsberechtigungen, Klima- oder andere physikalische Variablen, Inflationsraten oder andere volkswirtschaftliche Variablen oder sonstige Vermögenswerte, Indices oder Messwerte als Basiswerte, sofern sie
   a) durch Barausgleich zu erfüllen sind oder einer Vertragspartei das Rechtgeben, einen Barausgleich zu verlangen, ohne dass dieses Recht durch Ausfall oder anderes Beendigungsereignis begründet ist,
   b) auf einem organisierten Markt oder in einem multilateralen Handelssystem geschlossen werden oder
   c) nach Maßgabe des Art. 38 Abs. 1 der VO (EG) Nr. 1287/2006 Merkmale anderer Derivate aufweisen und nichtkommerziellen Zwecken dienen und nicht Voraussetzung des Art. 38 Abs. 4 dieser VO gegeben sind, und sofern sie keine Kassageschäfte im Sinne des Art. 38 Abs. 2 der VO (EG)L Nr. 1287/2006 sind;
3) finanzielle Differenzgeschäfte;
4) als Kauf, Tausch oder anderweitig ausgestaltete Festgeschäfte oder Optionsgeschäfte, die zeitlich verzögert zu erfüllen sind und dem Transfer von Kreditrisiken dienen (**Kreditderivate**);
5) Termingeschäfte mit Bezug auf die in Art. 39 der VO (EG) Nr. 1287/2006 genannten Basiswerte, sofern sie die Bedingungen der Nr. 2 erfüllen.

Abs. 2b: **Finanzinstrumente** im Sinne des WpHG sind Wertpapiere im Sinne von Abs. 1, Geldmarktinstrumente im Sinne von Abs. 1a, Derivate im Sinne von Abs. 2 und Rechte auf Zeichnung von Wertpapieren.

Abs. 2c: **Waren** im Sinne des WpHG sind fungible Wirtschaftsgüter, die geliefert werden können. Dazu zählen auch Metalle, Erze, Legierungen, landwirtschaftliche Produkte und Energien in Form von Strom.

Abs. 3: **Wertpapierdienstleistungen** im Sinne des WpHG sind

1) die Anschaffung und die Veräußerung von Finanzinstrumenten im eigenen Namen für fremde Rechnung (**Finanzkommissionsgeschäft**),
2) das kontinuierliche Anbieten des Kaufs oder Verkaufs von Finanzinstrumenten an einem organisierten Markt oder in einem multilateralen Handelssystem zu selbst gestellten Preisen, das häufige organisierte und systematische Betreiben von Handel für eigene Rechnung außerhalb eines organisierten Marktes oder eines multilateralen Handelssystems, indem ein für Dritte zugängliches System angeboten wird, um mit ihm Geschäfte durchzuführen, oder die Anschaffung oder Veräußerung von Finanzinstrumenten für eigene Rechnung als Dienstleistung für andere (**Eigenhandel**),
3) die Anschaffung und Veräußerung von Finanzinstrumenten im fremden Namen und für fremde Rechnung (**Abschlussvermittlung**),
4) die Vermittlung von Geschäften über die Anschaffung und Veräußerung von Finanzinstrumenten (**Anlagevermittlung**),
5) die Übernahme von Finanzinstrumenten für eigenes Risiko zur Platzierung oder die Übernahme gleichwertiger Garantien (**Emissionsgeschäft**),
6) die Verwaltung einzelner in Finanzinstrumenten angelegter Vermögen für andere mit Entscheidungsspielraum (**Finanzportfolioverwaltung**),

7) den Betrieb eines multilateralen Systems, das die Interessen einer Vielzahl von Personen am Kauf und Verkauf von Finanzinstrumenten innerhalb des Systems und nach festgelegten Bestimmungen in einer Weise zusammenbringt, die zu einem Vertrag über den Verkauf dieser Finanzinstrumente führt (**Betrieb eines multilateralen Handelssystems**),
8) die Abgabe von persönlichen Empfehlungen an Kunden oder deren Vertreter, die sich auf Geschäfte mit bestimmten Finanzinstrumenten beziehen, sofern die Empfehlung auf eine Prüfung der persönlichen Umstände des Anlegers gestützt oder als für ihn geeignet dargestellt wird und nicht ausschließlich über Informationsverbreitungskanäle oder für die Öffentlichkeit bekannt gegeben wird (**Anlageberatung**).

Als Wertpapierdienstleistung gilt auch die Anschaffung und Veräußerung von Finanzinstrumenten für eigene Rechnung, die keine Dienstleistung im Sinne von Nr. 2 darstellt (Eigengeschäft). Die Finanzportfolioverwaltung ist aufsichtsrechtlich der erlaubnispflichtigen Anlageverwaltung (§ 1 Abs. 1a Nr. 11 KWG) gleichgestellt.

Abs. 3a: **Wertpapiernebendienstleistung** im Sinne des WpHG sind

1) die Verwahrung und Verwaltung von Finanzinstrumenten für andere und damit verbundene Dienstleistungen (**Depotgeschäft**),
2) die Gewährung von Krediten oder Darlehen an andere für die Durchführung von Wertpapierdienstleistungen, sofern das Unternehmen, das den Kredit oder das Darlehen gewährt, an diesen Geschäften beteiligt ist,
3) die Beratung von Unternehmen über die Kapitalstruktur, die individuelle Strategie sowie die Beratung und das Angebot von Dienstleistungen bei Unternehmenskäufen und Unternehmenszusammenschlüssen,
4) Devisengeschäfte, die in Zusammenhang mit Wertpapierdienstleistungen stehen,
5) die Erstellung, Verbreitung oder Weitergabe von Finanzanalysen oder anderen Informationen über Finanzinstrumente oder deren Emittenten, die direkt oder indirekt eine Empfehlung für eine bestimmte Anlageentscheidung enthalten,
6) Dienstleistungen, die in Zusammenhang mit dem Emissionsgeschäft stehen,
7) Dienstleistungen, die sich auf einen Basiswert im Sinne des Abs. 2 N r. 2 oder Nr. 5 beziehen und im Zusammenhang mit Wertpapierdienstleistungen oder Wertpapiernebendienstleistungen stehen.

Wertpapierdienstleistungsunternehmen im Sinne des WpHG sind Kreditinstitute, Finanzdienstleistungsinstitute und Zweigstellen ausländischer Banken nach § 53 Abs. 1 Satz 1 KWG, die Wertpapierdienstleistungen allein oder zusammen mit Wertpapiernebendienstleistungen gewerbsmäßig oder in einem Umfang erbringen, der einen in kaufmännischer Weise eingerichteten Geschäftsbetrieb erfordert (§ 2 Abs. 4 WpHG).

Den Begriff des **organisierten Marktes** definiert § 2 Abs. 5 WpHG als ein im Inland, in einem anderen Mitgliedstaat der EU oder einem anderen Vertragsstaat des EWR betriebenes oder verwaltetes, durch staatliche Stellen genehmigtes, geregeltes und überwachtes multilaterales System, das die Interessen einer Vielzahl von Personen am Kauf und Verkauf von dort zum Handel zugelassenen Finanzinstrumenten innerhalb des Systems und nach festgelegten Bestimmungen in einer Weise zusammenbringt oder das Zusammenbringen fördert, die zu einem Vertrag über den Kauf dieser Finanzinstrumente führt.

Die **Emittenteneigenschaft** regeln § 2 Abs. 6 (für Emittenten, bei denen die Bundesrepublik Deutschland Herkunftsstaat ist) und § 2 Abs. 7 WpHG für Inlandsemittenten. § 2a WpHG zählt abschließend diejenigen Unternehmen auf, die zwar Wertpapierdienstleistungen erbringen, aber nicht als Wertpapierdienstleistungsunternehmen gelten. Für die Wahl der Bundesrepublik Deutschland als Herkunftsstaat legt § 2b WpHG die Voraussetzungen fest.

§ 2a WpHG zählt enumerativ die **Ausnahmen** insofern auf, als es in Abs. 1 klärt, welche Unternehmen nicht als Wertpapierdienstleistungsunternehmen gelten. Darüber hinaus gelten nach Abs. 2 Unternehmen, die als vertraglich gebundene Vermittler im Sinne von § 2 Abs. 10 KWG als Wertpapierdienstleistung nur die Abschlussvermittlung, Anlagevermittlung, das Platzieren von Finanzinstrumenten ohne feste Übernahmeverpflichtung oder Anlageberatung erbringen, nicht als Wertpapierdienstleitungsunternehmen. Deren Tätigkeit wird dem Institut oder dem Unternehmen zugerechnet, für dessen Rechnung und unter dessen Namen sie die Tätigkeit erbringen.

Die **Aufsicht** über den Wertpapierhandel nach den Vorschriften des WpHG ist der *BaFin* übertragen (**§ 4 WpHG**). Sie hat im Rahmen der ihr zugewiesenen Aufgaben Missständen entgegenzuwirken, welche die ordnungsmäßige Durchführung des Handels mit Finanzinstrumenten, Wertpapierdienstleistungen oder Wertpapiernebendienstleistungen beeinträchtigen oder erhebliche Nachteile für den Finanzmarkt bewirken können. Zur Durchsetzung ihrer Aufgaben ist der *BaFin* die Befugnis übertragen, Anordnungen zu treffen, die geeignet sind, derartige Missstände zu verhindern oder zu beseitigen **mikroprudentielle Aufsicht**). Befugnisse zur Sicherung des Finanzsystems (**makroprudentielle Aufsicht**) sind der *BaFin* durch **§ 4a WpHG** übertragen: Diese erlauben der *BaFin* im Benehmen mit der *Deutschen Bundesbank* Anordnungen zu treffen, die geeignet und erforderlich sind, Missstände, die Nachteile für die Stabilität der Finanzmärkte bewirken oder das Vertrauen in die Funktionsfähigkeit der Finanzmärkte erschüttern können, zu beseitigen oder zu verhindern (siehe dazu auch 4.).

An der Aufsicht wirkt der **Wertpapierrat** (**§ 5 WpHG**) mit, der bei der *BaFin* gebildet wird und aus Vertretern der Länder besteht. In den Wertpapierrat entsendet jedes Bundesland einen Vertreter. Darüber hinaus können an dessen Sitzungen Vertreter der Bundesministerien der Finanzen, der Justiz und für Wirtschaft und Technologie sowie der *Deutschen Bundesbank* teilnehmen. Zur Entscheidungsfindung kann der Wertpapierrat auch Sachverständige insbesondere aus dem Bereich der Börsen, der Marktteilnehmer, der Wirtschaft und der Wissenschaft anhören. Der Wertpapierrat wirkt an der Aufsicht mit und berät die *BaFin,* insbesondere

- beim Erlass von Rechtsverordnungen und der Aufstellung von Richtlinien für die Aufsichtstätigkeit der *BaFin*,
- im Hinblick auf Auswirkungen von Aufsichtsfragen bezüglich von Börsen- und Marktstrukturen und auf den Wettbewerb im Handel mit Finanzinstrumenten,
- bei Fragen der Zusammenarbeit und ggf. Abgrenzung von Zuständigkeiten zwischen *BaFin* und den Börsenaufsichtsbehörden.

Der *BaFin* obliegt die internationale Zusammenarbeit mit den Aufsichtsorganen ausländischer Staaten. In diesem Zusammenhang übermittelt die *BaFin* Tatsachen, die für die Überwachung von Börsen oder anderen Wertpapiermärkten, des Wertpapierhandels, von Kreditinstituten, Finanzinstituten oder Versicherungsunternehmen erforderlich sind (**§ 7 WpHG**).

Die **Zusammenarbeit** mit Aufsichtsbehörden im Inland regelt **§ 6 WpHG**: Die Börsenaufsichtsbehörden werden im Wege der **Organleihe** für die *BaFin* bei der Durchführung von eilbedürftigen Maßnahmen für die Überwachung der Verbote von Insidergeschäften (§ 14 WpHG) und des Verbots der Marktmanipulation (§ 20a WpHG) an den ihrer Aufsicht unterliegenden Börsen tätig. Die *BaFin*, die *Deutsche Bundesbank*, das *Bundeskartellamt*, die

Börsenaufsichtsbehörden, die Handelsüberwachungsstellen und die *Bundesnetzagentur* haben einander Beobachtungen und Feststellungen mitzuteilen, die zur Aufgabenerfüllung notwendig sind. Nach § 7 WpHG obliegt die Zusammenarbeit mit ausländischen Stellen der *BaFin*. Die **Meldepflichten** regelt im Einzelnen **§ 9 WpHG**.

Entsprechend der Vorgaben der **EG-Insider-Richtlinie** sieht das WpHG im dritten Abschnitt (**Insiderüberwachung**) eine präventive Bekämpfung von Verstößen gegen das Verbot von Insidergeschäften (**Insiderverbot**) sowie eine Verfolgung von Verstößen gegen das Insiderverbot vor. Das Insiderverbot bezweckt die Unterbindung der Nutzung von relevanten Informationsvorteilen für Wertpapiergeschäfte oder Wertpapierdienstleistungen, von denen Insider auf Grund von **Insiderinformationen** entweder selbst Gebrauch machen oder diese weitergeben können. Das Verbot von Insidergeschäften dient der Erhaltung der Funktionsfähigkeit der Wertpapiermärkte innerhalb der EU und des EWR.

Daher können **Insiderpapiere** (**§ 12 WpHG**) nur **Finanzinstrumente** sein,

1) die an einer inländischen Börse zum Handel zugelassen oder in den regulierten Markt oder in den Freiverkehr einbezogen sind,
2) die in einem anderen Mitgliedstaat der EU oder in einem anderen Vertragsstaats des EWR zum Handel an einem organisierten Markt zugelassen sind,
3) deren Preis unmittelbar oder mittelbar von Finanzinstrumenten nach Nr. 1 oder Nr. 2 abhängt.

Als **Insiderinformation** gilt nach **§ 13 WpHG** eine konkrete Information über öffentlich nicht bekannte Umstände, die sich auf einen oder mehrere Emittenten von Insiderpapieren oder auf die Insiderpapiere selbst beziehen und die geeignet sind, im Falle ihres öffentlichen Bekanntwerdens den Börsen- oder Marktpreis der Insiderpapiere erheblich zu beeinflussen. Eine solche Eignung ist gegeben, wenn ein verständiger Anleger die Information bei seiner Anlageentscheidung berücksichtigen würde. Dagegen handelt es sich nicht um eine Insiderinformation, wenn eine Bewertung ausschließlich auf Grund öffentlich bekannter Umstände erstellt wird, selbst wenn sie den Kurs von Insiderpapieren beeinflussen kann.

Verboten sind **Insidergeschäfte** (**§ 14 WpHG**), also der Erwerb oder die Veräußerung von Insiderpapieren unter Verwendung von Insiderinformationen für eigene oder fremde Rechnung für sich oder einen anderen. Von diesem Tatbestand erfasst wird auch die unbefugte Mitteilung einer Insiderinformation an einen anderen bzw. einem anderen derartige Informationen zugänglich zu machen. Unter das Verbot fällt auch die Empfehlung für den Erwerb oder die Veräußerung von Insiderpapieren auf der Grundlage einer Insiderinformation oder einen anderen auf sonstige Weise dazu zu verleiten.

Zur Verbesserung der **Transparenz** für die Marktteilnehmer und der Erhöhung der **Funktionsfähigkeit** der Finanzmärkte im Sinne der Verbesserung der Informationseffizienz schreibt **§ 15 WpHG** die Mitteilung, Veröffentlichung und Übermittlung von Insiderinformationen, die einen Inlandsemittenten von Finanzinstrumenten unmittelbar betreffen, an das **Unternehmensregister** vor. **§ 15a WpHG** regelt die Mitteilungspflicht von Personen, die bei einem Emittenten von Aktien Führungsaufgaben wahrnehmen, und dabei eigene Geschäfte mit Aktien des Emittenten oder darauf bezogene Finanzinstrumente durchführen, innerhalb von fünf Werktagen an die *BaFin*. Den Führungskräften gleichgestellt sind persönlich haftende Gesellschafter und Mitglieder eines Leitungs-, Verwaltungs- oder Aufsichtsorgans des Emittenten sowie Personen, die zu der Führungskraft in einer engen persönlichen Beziehung stehen (Abs. 3). Zur Erleichterung der Feststellung des Personenkreises, die Führungsaufgaben wahrnehmen, hat der Emittent nach **§ 15b WpHG** sog. **Insiderverzeichnisse** zu führen. Einbezogen in die Insiderproblematik sind auch Beschäftigte der *BaFin* selbst (**§ 16a**

WpHG). Eine Konkretisierung der Vorschriften zur **Ad hoc-Publizität (§ 15 Abs. 1 WpHG)** hinsichtlich Inhalt und Art der ad hoc zu veröffentlichenden Insiderinformationen enthält die „Wertpapierhandelsanzeige- und Insiderverzeichnisverordnung" (**WpAIV**). Die Überwachung von **Ratingagenturen** durch die *BaFin* regelt **§ 17 WpHG** in der Weise, dass Die *BaFin* die Einhaltung der durch EU-Verordnung geregelten Pflichten der Ratingagenturen durch beauftragte Prüfer prüfen lässt. Dazu kommt die Möglichkeit außerplanmäßiger Prüfungen durch die *BaFin*.

Im Interesse eines fairen Wettbewerbs an den Finanzmärkten erfolgt eine Überwachung des **Verbots** der **Marktpreismanipulation** durch **§ 20a WpHG**, ergänzt um die „Marktmanipulations-KonkretisierungsVO (**MaKonV**)" vom 1.3.2005. Demnach ist verboten, unrichtige oder irreführende Angaben über Umstände zu machen, die für die Bewertung eines Finanzinstruments erheblich sind, und Auswirkungen auf den inländischen Börsen- oder Marktpreis haben können. Ebenso verboten ist die Vornahme von Geschäften oder die Erteilung von Börsenaufträgen, die geeignet sind, falsche oder irreführende Signale auf die Börsenpreisbildung auszuüben, oder sonstige Täuschungshandlungen vorzunehmen, die Auswirkungen auf den inländischen Börsenpreis des Finanzinstruments bzw. in einem anderen EU- oder EWR-Staat haben.

Die Mitteilungspflichten bei Erreichen von bestimmten **Schwellenwerten** der **Unternehmensbeteiligung** regeln im 5. Abschnitt die **§§ 21** bis **30 WpHG**, und zwar beim Erwerb oder der Veräußerung von 3%, 5%, 10%, 15%, 20%, 25%. 30%, 50% oder 75% der Stimmrechte an einem Emittenten, für den die Bundesrepublik Deutschland Herkunftsland ist. Diese Vorschriften sind das Ergebnis der Umsetzung der Transparenz-Richtlinie in deutsches Recht. Sie dienen der Erhöhung der Transparenz für Anlagen und Gesellschaften im Wertpapierhandel. In diesem Zusammenhang erweisen sich die Zusammensetzung des Aktionärskreises und dessen Veränderungen als wesentliche Kriterien für Anlage-Entscheidungen der Investoren des In- und Auslands und als erhebliche Einflussfaktoren auf die Kursentwicklung von Aktien. Dazu kommt, dass aktuelle und möglichst umfassende Informationen der Handelsteilnehmer und Anleger die Transparenz von Finanzmärkten erhöhen, die ihrerseits geeignet erscheint, dem Missbrauch von Insiderwissen bzw. Insiderinformationen entgegenzuwirken. Darüber hinaus verbessert erhöhte Transparenz auch die Situation des Unternehmens selbst, gibt ihm einen besseren Überblick über die Aktionärsstruktur und die Beherrschungsverhältnisse, von denen es betroffen ist und die entscheidungsrelevant sind. Wird beispielsweise das Volumen der frei handelbaren Finanztitel und die Beteiligungshöhe bzw. die Existenz von Großaktionären bekannt, können einerseits missbräuchlich nutzbare Informationsvorsprünge eingeebnet, andererseits geschäftspolitisch relevante Entscheidungen des Unternehmens fundierter getroffen werden als dies bei Unkenntnis der betreffenden Sachverhalte der Fall wäre.

Die **Pflichten** der **Emittenten gegenüber Wertpapierinhabern** zu notwendigen Informationen für die Wahrnehmung von Rechten aus Wertpapieren konkretisieren in Abschnitt 5a die **§§ 30a** bis **30g WpHG**. Emittenten, deren Herkunftsland die Bundesrepublik Deutschland ist, müssen u.a. sicherstellen, dass alle Inhaber der zugelassenen Wertpapiere unter gleichen Voraussetzungen gleich behandelt werden, während der gesamten Dauer der Zulassung mindestens ein Finanzinstitut als Zahlstelle bestimmt wird, im Falle von Aktien jede stimmberechtigte Person an der Hauptversammlung teilnehmen kann und die Daten der Inhaber von Wertpapieren vor Kenntnisnahme durch Unbefugte geschützt sind.

Regelungen zu Leerverkäufen und Geschäften in Derivaten enthält Abschnitt 5b mit den §§ 30h bis 30j WpHG. Ein grundsätzliches **Verbot ungedeckter Leerverkäufe** in Aktien und bestimmten Schuldtiteln, die an einer inländischen Börse zum Handel im regulierten Markt zugelassen sind, spricht **§ 30h WpHG** aus. Dieses Verbot gilt allerdings nicht für Aktien von

Gesellschaften mit Sitz im Ausland, sofern die Aktien nicht ausschließlich an einer inländischen Börse zum Handel im regulierten Markt zugelassen sind. Ein ungedeckter Leerverkauf im Sinne des WpHG liegt vor, wenn der Verkäufer der genannten Wertpapiere am Ende des Tages, an welchem das jeweilige Geschäft abgeschlossen wurde, nicht Eigentümer sämtlicher verkauften Wertpapiere ist und keine schuldrechtlich oder sachenrechtlich unbedingt durchsetzbaren Anspruch auf Übereignung einer entsprechenden Zahl von Wertpapieren gleicher Gattung hat (§ 30h Abs. 1 Satz 3 WpHG). Weitere Ausnahmen bestehen für Wertpapierdienstleistungsunternehme mit Sitz im Ausland (§ 30h Abs. 2 WpHG).

Das **Verbot** von **bestimmten Kreditderivaten (§ 30j WpHG)** betrifft die Tätigkeit von Sicherungsnehmern, Kreditderivate im Sinne des § 2 Abs. 2 Nr. 4 WpHG im Inland zu begründen oder rechtsgeschäftlich in solche einzutreten, soweit (1.) im Rahmen eines derartigen Geschäftes der Sicherungsgeber dem Sicherungsnehmer bei Eintritt eines vorab spezifizierten Kreditereignisses eine Ausgleichszahlung zu leisten hat, unabhängig davon, ob die Ausgleichszahlung in Höhe des Nominalwertes gegen physische Lieferung einer Referenzverbindlichkeit, in Form eines Differenzausgleichs zu dem Restwert einer Referenzverbindlichkeit nach Eintritt des Kreditereignisses oder als fest vereinbarter Betrag erfolgt (**Credit Default Swap**; siehe dazu 7.2.2.1.7 und 8.3.1.4.2.d). Dies gilt auch soweit dieser in eine **Credit Linked Note** oder einen **Total Return Swap** eingebettet ist, und (2.) als Referenzverbindlichkeit zumindest auch eine Verbindlichkeit von Zentral- und Regionalregierungen sowie örtlichen Gebietskörperschaften von Mitgliedstaaten der EU, deren gesetzliche Währung der EUR ist, dient (Absatz 1). Eine **Ausnahme** von diesem Verbot sieht Absatz 2 vor für Geschäfte, bei denen durch den Abschluss des Kreditderivats nach Abs. 1 bei wirtschaftlicher Betrachtungsweise eine nicht nur unwesentliche Reduktion des Risikos aus einer bestehenden oder im unmittelbaren zeitlichen Zusammenhang des Kreditderivats übernommenen Position in einer Referenzverbindlichkeit des Kreditderivats nach Absatz 1 **oder** einer sonstigen bestehenden oder im unmittelbaren zeitlichen Zusammenhang mit dem Abschluss des Kreditderivats übernommenen Position in einem anderen Finanzinstrument oder in einer sonstigen bestehenden Verbindlichkeit, die an Wert verlieren kann, wenn sich die Bonität des Schuldners der Referenzverbindlichkeit nach Absatz 1 Nr. 2 verschlechtert, bewirkt werden soll.

Ausgenommen vom Verbot von bestimmten Kreditderivaten sind nach Absatz 3 zudem Geschäfte von Wertpapierdienstleistungsunternehmen mit Sitz im Ausland, soweit sie im Wege des Eigenhandels mit Kreditderivaten im Sinne des Absatzes 1 handeln und regelmäßig und dauerhaft anbieten, diese zu selbst gestellten Preisen zu kaufen oder zu verkaufen und das jeweils zugrunde liegende Geschäft zur Erfüllung dieser Tätigkeit erforderlich ist. Der *BaFin* ist die Absicht der Aufnahme einer derartigen Tätigkeit unter Angebe des jeweils betroffenen Kreditderivats nach Absatz 1 anzuzeigen.

Einen weiteren Baustein zur Regulierung des Wertpapierwesens auf übernationaler Basis (EU und EWR) stellen die sog. **Wohlverhaltensregeln (§§ 31, 31a** bis **31d WpHG)** für die Erbringer von Wertpapierhandelsleistungen dar. Die Verhaltensregeln sollen den Vorrang des Kundeninteresses sichern helfen. Die ursprünglichen Verhaltensregeln des WpHG sind durch das FRUG durchgreifend verändert und erweitert worden. Die Festlegung von **Verhaltensregeln** bzw. **Verhaltenspflichten** für Wertpapierdienstleistungsunternehmen, ist von erheblicher Bedeutung für das Vertrauen der Investoren und Anleger in die ordnungsgemäße Funktion von Finanzmärkten. **Anleger** sind in der Regel (Ausnahme: institutionelle Investoren und Großanleger) auf Personen und Unternehmen angewiesen (bei Beratung und Durchführung), die sich auf die Erbringung von Wertpapierdienstleistungen spezialisiert haben. Insbesondere fehlt vielen Kunden von Wertpapierdienstleistungsunternehmen die Kenntnis der einzelnen Abläufe bei Erbringung dieser Dienstleistungen ebenso wie der Einblick in die jeweilige Handelssituation. Somit ist es diesem Kundenkreis nicht möglich, zu prüfen, ob z.B. der in

Auftrag gegebene An- oder Verkauf von Wertpapieren ordnungsgemäß abgewickelt worden und ob ein ordnungsgemäßer Marktpreis zustande gekommen ist. Dies schon allein deshalb, weil diese Kunden grundsätzlich auch nicht über eine Vertragsposition verfügen, die ihnen Einwirkungsmöglichkeiten oder gar Einflussnahmen auf die den Wertpapierdienstleistungen zugrunde gelegten Vertragsbedingungen erlaubt.

Das **Ziel** der Aufstellung und Überwachung von **Verhaltensregeln** für Wertpapierdienstleistungsunternehmen besteht insbesondere darin, den aus den spezifischen Bedingungen des Wertpapierhandels resultierenden verhaltensbedingten Risiken zu Lasten von Anlegern entgegenzuwirken. Damit erfolgt zweifellos eine Stärkung der Funktionsfähigkeit von Wertpapiermärkten, wenn es gelingt, ausreichendes Vertrauen der breiten Anlegerkreise in das ordnungsgemäße Verhalten von Wertpapierdienstleistungsunternehmen zu schaffen. Dies wiederum wird Anleger veranlassen, verstärkt Wertpapierdienstleistungen nachzufragen und damit die Inanspruchnahme von Wertpapiermärkten zu steigern. Gerade die **Transparenz** der Abwicklung von Wertpapierdienstleistungen erweist sich als ein wesentliches Kriterium aus Anlegersicht zur Vornahme von Finanzanlagen auf Wertpapiermärkten.

Durch die Einführung von Verhaltensregeln soll der Anleger insgesamt in die Lage versetzt werden, Tragweite und Risiken von Anlage-Entscheidungen richtig einzuschätzen und die wirtschaftlichen Folgen der Entscheidung in voller Kenntnis der Risiken zu tragen. Daher hat der Anleger **alle Informationen** zu erhalten, die für die Anlage-Entscheidung von wesentlicher Bedeutung sein können. Insbesondere kommt es auf die Vollständigkeit, Verständlichkeit und Richtigkeit sowie auf den Hinweis auf die mit der Anlage verbundenen **Risiken** an. Das bedeutet andererseits auch, dass das Wertpapierdienstleistungsunternehmen Hinweise auf das Fehlen von Informationen über das betreffende Finanzinstrument zu geben hat. Darüber hinaus muss das Wertpapierdienstleistungsunternehmen im Rahmen der **Beratung** die vom Anleger verfolgten **Anlageziele** einbeziehen und dessen finanzielle Verhältnisse berücksichtigen sowie alle zweckdienlichen Informationen mitteilen, soweit dies zur Wahrung der Kundeninteressen und im Hinblick auf Art und Umfang der beabsichtigten Geschäfte erforderlich ist.

Als grundlegende **allgemeine Verhaltensregel** verpflichtet § 31 Abs. 1 WpHG Wertpapierdienstleistungsunternehmen, im Interesse der Kunden die Wertpapierdienstleistungen und Wertpapiernebendienstleistungen mit der erforderlichen Sachkenntnis, Sorgfalt und Gewissenhaftigkeit zu erbringen sowie sich um die Vermeidung von Interessenkollisionen zu bemühen und dafür zu sorgen, dass der Kundenauftrag bei unvermeidbaren Interessenkonflikten gleichwohl unter der gebotenen Wahrung des Kundeninteresses ausgeführt wird

Alle **Informationen**, die Kunden zugänglich gemacht werden, müssen redlich, eindeutig und dürfen nicht irreführend sein (§ 31 Abs. 2 WpHG). Sofern Informationen über Finanzinstrumente oder deren Emittenten gegeben werden, die direkt oder indirekt eine allgemeine Empfehlung für eine bestimmte Anlageentscheidung enthalten, müssen diese folgenden **Anforderungen** entsprechen:

- Für eigenerstellte **Finanzanalysen** und Finanzinstrumente oder weitergegebene Finanzanalysen sind ausreichende organisatorische Vorkehrungen zu treffen, dass Interessenkonflikte ausscheiden und kenntlich gemacht wird, von wem die Finanzanalysen stammen (§ 33b Abs. 5 und 6, § 34b Abs. 5 und 8 WpHG).
- Den Kunden sind gemäß § 31 Abs. 3 WpHG rechtzeitig und in verständlicher Form Informationen zur Verfügung zu stellen, die angemessen sind, damit die Kunden nach vernünftigem Ermessen die Art und die **Risiken** der ihnen angebotenen und nachgefragten Arten von Finanzinstrumenten oder Wertpapierdienstleistungen verstehen und auf dieser Grundlage ihre Anlage-Entscheidungen treffen können Die Informationen können auch in

standardisierter Form zu Verfügung gestellt werden. In jedem Fall aber müssen sie sich beziehen auf das Wertpapierdienstleistungsunternehmen und seine Dienstleistungen, auf die Arten von Finanzinstrumenten und vorgeschlagenen Anlagestrategien einschließlich der damit verbundenen Risiken, auf die Ausführungsplätze und auf die Kosten sowie Nebenkosten.

- Ein Wertpapierdienstleistungsunternehmen, das Leistungen der Anlageberatung oder der Finanzportfolioverwaltung erbringt, muss von den Kunden alle Informationen über deren Kenntnisse und Erfahrungen in Bezug auf Geschäfte mit bestimmten Arten von Finanzinstrumenten oder Wertpapierdienstleistungen einholen (§ 31 Abs. 4 WpHG). Darüber hinaus müssen Informationen gewonnen werden über die Anlageziele der Kunden und ihre finanziellen Verhältnisse, die erforderlich sind, um den Kunden ein für sie geeignetes Finanzinstrument oder eine für sie geeignete Wertpapierdienstleistung empfehlen zu können. Die **Geeignetheit** beurteilt sich danach, ob das konkrete empfohlene Geschäft den Anlagezielen der betreffenden Kunden entspricht, die hieraus erwachsenden Anlagerisiken tragbar sind und der Kunde mit seinen Kenntnissen und Erfahrungen die hieraus erwachsenden Anlagerisiken verstehen kann. Erlangt das Wertpapierdienstleistungsunternehmen die erforderlichen Informationen **nicht**, darf es im Zusammenhang mit einer Anlageberatung kein Finanzinstrument empfehlen oder im Zusammenhang mit einer Finanzportfolioveraltung **keine Empfehlung** abgeben.
- Analoges gilt auch für **andere** als die genannten **Wertpapierdienstleistungen** (§ 31 Abs. 5 WpHG): Es sind Informationen einzuholen, die erforderlich sind, um die Angemessenheit der Finanzinstrumente oder Wertpapierdienstleistungen für die Kunden beurteilen zu können. Die **Angemessenheit** beurteilt sich danach, ob der Kunde über die erforderlichen Kenntnisse und Erfahrungen verfügt, um die Risiken in Zusammenhang mit der Art der Finanzinstrumente und Wertpapierdienstleistungen angemessen beurteilen zu können. Erlangt das Wertpapierdienstleistungsunternehmen die erforderlichen Informationen nicht, so hat es den Kunden zu informieren, dass eine Beurteilung der Angemessenheit nicht möglich ist. Ein derartiger Hinweis kann auch in standardisierter Form erfolgen.
- Soweit die Informationen auf Angaben der Kunden beruhen, hat das Wertpapierdienstleistungsunternehmen eine Fehlerhaftigkeit oder Unvollständigkeit nicht zu vertreten (§ 31 Abs. 6 WpHG).

Entscheidend für die **Aufklärungspflicht** ist der **Grad der Erfahrung** des Kunden mit derartigen Leistungen. Das bedeutet, dass das Wertpapierdienstleistungsunternehmen die unterschiedlichen Schutzbedürfnisse der Kunden einerseits und den speziellen Kenntnisstand in Wertpapierangelegenheiten andererseits zur berücksichtigen hat, zumal aus unterschiedlichem Erfahrungs- und Wissensstand über Eigenschaften und Risiken der jeweils beabsichtigten Anlage-Entscheidung in Finanzinstrumenten differenzierte Beratungserfordernisse folgen. Insofern entscheidet der **Einzelfall** über ordnungsgemäße Beratung und Aufklärung, die sowohl anläge- als auch anlegergerecht sein muss.

Das **FRUG** brachte erstmals eine Differenzierung der Kundschaft von Wertpapierdienstleistungsunternehmen in Privatkunden, professionelle Kunden und geeignete Gegenparteien (§ 31a WpHG): Allerdings können Abweichungen von dieser Klassifizierung der Kundschaft durch individuelle Vereinbarungen erreicht werden. **Kunden** im Sinne des WpHG sind alle natürlichen und juristischen Personen, für die Wertpapierdienstleistungen und Wertpapiernebendienstleistungen erbracht oder angebahnt werden. Als **professionelle Kunden** gelten Kunden, bei denen das Wertpapierdienstleistungsunternehmen davon ausgehen kann, dass sie über ausreichende Erfahrungen, Kenntnisse und Sachverstand verfügen, um ihre Anlage-Entscheidungen zu treffen und die damit verbundenen Risiken angemessen beurteilen zu können (§ 31 Abs. 2 Satz 1). Im Einzelnen geregelt ist, wer professioneller Kunde ist (Abs. 1

Satz 2). Demgegenüber sind **Privatkunden** diejenigen Kunden, die keine professionellen Kunden sind (§ 31a Abs. 3). Wer als **geeignete Gegenpartei** in Betracht kommt, definiert § 31a Abs. 4 WpHG. Für die **Bearbeitung von Kundenaufträgen** (§ 31c WpHG) müssen geeignete Vorkehrungen getroffen werden, um diese unverzüglich und redlich im Verhältnis zu anderen Kundenaufträgen und den Handelsinteressen des Wertpapierdienstleitungsunternehmens auszuführen. Dazu kommen weitere Erfordernisse, die insbesondere auch limitierte Aufträge betreffen.

Dem Problem der **Zuwendungen**, also der Gewährung von sog. „**Kick Back**", nimmt sich **§ 31d WpHG** an: Demnach dürfen Wertpapierdienstleistungsunternehmen im Zusammenhang mit der Erbringung von Wertpapierdienstleistungen oder Wertpapiernebendienstleistungen keine Zuwendungen von Dritten annehmen oder an Dritte gewähren, die nicht Kunden dieser Dienstleistung sind. Zuwendungen im Sinne des WpHG sind Provisionen, Gebühren oder sonstige Dienstleistungen sowie alle geldwerten Vorteile. Dieser Sachverhalt ist für die Kunden besonders undurchsichtig und schwer ein Fehlverhalten des Wertpapierdienstleistungsunternehmens nachzuweisen. Daran ändert auch die Offenlegungspflicht nach § 31d Abs. 3 WpHG wenig bis nichts, zumal Art und Umfang der Offenlegungen für den Kunden nicht ohne gerichtliche Hilfe und damit in der Regel praktisch nur in den wenigsten Fällen nachprüfbar sind.

Die Pflichten für einen Betreiber eines **multilateralen Handelssystems** legt **§ 31f WpHG** fest. Insbesondere ist sicherzustellen, dass die Preise entsprechend den Regelungen des § 24 Abs. 2 BörsG zustande kommen. Der Betreiber hat darüber hinaus **Vor-** und **Nachhandelstransparenz** (**§ 31g WpHG**) zu gewährleisten.

Neu aufgenommen durch das FRUG wurden die Vorschriften zur sog. **systematischen Internalisierung** (**§ 32** und **§§ 32a** bis **32d WpHG**). Diese gelten für systematische Internalisierer, soweit sie Aufträge in Aktien und Aktien vertretenden Zertifikaten, die zum Handel an einem organisierten Markt zugelassen sind, bis zur standardmäßigen Marktgröße ausführen. Einzelheiten sind in den Kapitel III und IV Abschnitt 2 und 4 der Verordnung (EG) Nr. 1287/2006 geregelt. **Systematischer Internalisierer** ist ein Wertpapierdienstleistungsunternehmen dann, wenn es regelmäßig und in systematischer Weise Handel für eigene Rechnung durch Ausführung von Kundenaufträgen betreibt. Dieser Handel findet außerhalb eines börsenmäßig organisierten Marktes oder eines multilateralen Handelssystems statt. Ein **Markt** im Sinne dieser Vorschriften besteht für eine Aktiengattung aus allen Aufträgen, die in der EU im Hinblick auf diese Aktiengattung ausgeführt werden, ausgenommen jene, die im Vergleich zur normalen Marktgröße für diese Aktien ein großes Volumen aufweisen. Die **standardmäßige Marktgröße** wird von der *BaFin* festgelegt (**§ 32b WpHG**). Während der Handelszeiten hat der systematische Internalisierer regelmäßig und kontinuierlich **Quotes** zu veröffentlichen und zugänglich zu machen (**§§ 32a** und **32d WpHG**). Er hat den Zugang zu den von ihm veröffentlichten Quotes in objektiver und nicht diskriminierender Weise zu gewähren sowie die Zugangsgewährung in eindeutiger Form in seinen Geschäftsbedingungen zu regeln.

Der Ausschluss von Kundenschädigungen und eine ordnungsgemäße Abwicklung von Kundenaufträgen erfordern spezifische organisatorische Vorkehrungen, die von **§ 33 WpHG** (**Organisationspflichten**) festgelegt werden. Demnach muss ein Wertpapierdienstleistungsunternehmen die organisatorischen Pflichten nach § 25a Abs. 1 und 4 KWG einhalten. Darüber hinaus ist es verpflichtet, die für eine ordnungsmäßige Durchführung der Wertpapierdienstleistungen notwendigen Mittel und Verfahren vorzuhalten und auch wirksam einzusetzen. Darüber hinaus muss es so organisiert sein, dass bei der Erbringung von Wertpapierdienstleistungen von ihm selbst und seinen Mitarbeitern Interessenkonflikte in Beziehung zu seinen Kunden und zwischen seinen Kunden möglichst gering gehalten werden. Insbesondere muss es über angemessene **interne Kontrollverfahren** verfügen, die Verstößen gegen die Verpflichtungen nach dem WpHG entgegenwirken. Einen derartigen Schutz bietet die Schaffung und der Ausbau einer dauerhaften **Compliance-Funktion** bei den Erbringern von Wertpapierdienstleistungen, die nach Auffassung des Gesetzgebers den richtigen Ansatzpunkt zur Entschärfung des unvermeidlichen Konfliktpotentials darstellen und die notwendigen organisatorischen Instrumente zur Überwachung des Wertpapiergeschäfts schaffen. Dazu gehört auch eine regelmäßige Berichterstattung der mit der Compliance-Funktion betrauten Mitarbeiter an Geschäftsleitung und Aufsichtsorgan. Bei **Auslagerung** von Aktivitäten und Prozessen sowie von Finanzdienstleistungen müssen die Anforderungen nach § 25a Abs. 2 KWG eingehalten werden.

Die **bestmögliche Ausführung** von **Kundenaufträgen** schreibt **§ 33a WpHG** vor. Vom Wertpapierdienstleistungsunternehmen müssen bei Ausführung von Kundenaufträgen im Allgemeinen angemessene Vorkehrungen getroffen werden, damit das bestmögliche Ergebnis für seine Kunden erreicht wird. Dazu sind Grundsätze festzulegen und mindestens einmal jährlich zu überprüfen. Gleichzeitig ist sicherzustellen, dass die Ausführung jedes einzelnen Kundenauftrages nach Maßgabe dieser Grundsätze erfolgt Bei der Aufstellung der **Ausführungsgrundsätze** sind alle relevanten Kriterien zur Erzielung der bestmöglichen Ergebnisse zu berücksichtigen. Dazu gehören insbesondere die Preise der Finanzinstrumente, die Ausführungskosten, die Geschwindigkeit und die Wahrscheinlichkeit der Ausführung sowie die Abwicklung des Auftrages. Zu berücksichtigen sind auch Umfang und Art des Auftrages. Diese Kriterien sind mit den Merkmalen des Kunden, des Kundenauftrages, des Finanzinstruments und des Ausführungsplatzes zu gewichten. Bei Ausführung von **Privatkundenaufträgen** müssen die Ausführungsgrundsätze auch Vorkehrungen dafür enthalten, dass sich das bestmögliche Ergebnis am Gesamtentgelt orientiert. Dieses ergibt sich aus dem Preis für das Finanzinstrument und sämtliche mit der Ausführung verbunden Kosten. Bei Aufträgen nach Kundenweisung gilt diese als Ausführungsgrundsatz. Insgesamt muss das Wertpapierdienstleistungsunternehmen in der Lage sein, einem Kunden auf Anfrage darzulegen, dass sein Auftrag entsprechend den Ausführungsgrundsätzen ausgeführt worden ist (§ 33a Abs. 7 WpHG).

Besonderes Augenmerk gilt auch den **Mitarbeitern** und **Mitarbeitergeschäften (§ 33b WpHG)**: Während Abs. 1 die Mitarbeiter und Abs. 2 die Mitarbeitergeschäfte definieren, enthält Abs. 3 die Vorkehrungen, nach denen Wertpapierdienstleistungsunternehmen das Verhalten ihrer Mitarbeiter im Sinne einer Freiheit von Interessenkonflikten zu steuern. Dazu sind einerseits angemessene Mittel und verfahren einzusetzen (Abs. 3), andererseits organisatorische Vorehrungen zu treffen, die Mitarbeiter zu einem Verhalten im Sinne des WpHG anzuhalten (Abs. 4 und 5). Einbezogen in diese Vorkehrungen sind vor allem auch die Mitarbeiter, die Finanzanalysen für das eigene Institut und für Dritte erstellen (Abs. 6).

Zu **Aufsichtszwecken** sind den Wertpapierdienstleistungsunternehmen **Aufzeichnungs-** und **Aufbewahrungspflichten (§ 34 WpHG)** auferlegt. Es sind Aufzeichnungen über Vereinbarungen mit Kunden zu erstellen, die die Rechte und Pflichten der Vertragsparteien sowie die sonstigen Bedingungen festlegen, zu denen das Wertpapierdienstleistungsunternehmen seine Leistungen für den Kunden erbringt. Bei **erstmaliger Erbringung** einer Wertpapierdienstleistung für einen **Privatkunden**, die nicht Anlageberatung ist, muss die Aufzeichnung den Abschluss einer **schriftlichen Rahmenvereinbarung**, die mindestens die wesentlichen Rechte und Pflichten des Wertpapierdienstleistungsunternehmens und des Privatkunden enthält, dokumentieren. Die Rahmenvereinbarung muss dem Privatkunden in Papierform oder auf einem dauerhaften Datenträger zur Verfügung gestellt werden. Alle erforderlichen Aufzeichnungen sind mindestens fünf Jahre aufzubewahren.

Die Grundsätze einer ordnungsmäßigen **Analyse von Finanzinstrumenten** konstituiert der **§ 34b WpHG** mit der weiteren Konkretisierung durch die Verordnung über die Analyse von Finanzinstrumenten vom 17.12.2004 (**Finanzanalyseverordnung** – FinAnV): Demnach sind Personen, die im Rahmen ihrer berufs- und Geschäftstätigkeit eine Information über Finanzinstrumente oder deren Emittenten erstellen, die direkt oder indirekt eine Empfehlung für eine bestimmte Anlage-Entscheidung enthält und einem bestimmten Personenkreis zugänglich gemacht werden soll (**Finanzanalyse**), zu der erforderlichen Sachkenntnis, Sorgfalt und Gewissenhaftigkeit verpflichtet. Dasselbe gilt für die Zusammenfassung von Finanzanalysen, die von Dritten erstellt worden sind, und für Wertpapierdienstleistungsunternehmen, die anderen derartige Informationen zugänglich machen.

Die **Prüfung** der Erfüllung der **Meldepflichten** und der **Verhaltensregeln** erfolgt durch die *BaFin* nach den **§§ 35** bis **37 WpHG**. Das **Unterlassen unverzüglicher Veröffentlichung von Insiderinformationen** (§ 37b WpHG) und die Veröffentlichung unwahrer Insiderinformationen (§ 37c WpHG) können Schadenersatzpflichten der Emittenten von Finanzinstrumenten, die zum Handel an einer inländischen Börse zugelassen sind, gegenüber Dritten auslösen.

Die Definition von **Finanztermingeschäften** erfolgt in **§ 37e Satz 2 WpHG**: „Finanztermingeschäfte im Sinne des Satzes 1 und der §§ 37g und 37h sind Derivate im Sinne des § 2 Abs. 2 und Optionsscheine." Satz 1 stellt klar, dass bei Finanztermingeschäften, an denen mindestens ein Vertragsteil ein Unternehmen ist, der Einwand des § 762 BGB (Spiel- und Wetteinwand) nicht erhoben werden kann. Die bis 2002 in den §§ 50 ff. BörsG geltenden Regelungen zur „Termingeschäftsfähigkeit kraft Information" mittels einer **Unterrichtungsschrift** als Voraussetzung für wirksame Finanztermingeschäfte gibt es seit dem 4. FMFG nicht mehr. An ihre Stelle ist für **Privatkunden** eine Informationsschrift („Wichtige Informationen über Verlustrisiken bei Finanztermingeschäften") getreten, die von den Banken vor Abschluss eines Finanztermingeschäfts ausgehändigt wird. Grundsätzlich sprechen allerdings die Banken immer noch von einer Termingeschäftsfähigkeit, die der Kunde angeblich mit seiner Unterschrift auf dem Schreiben erwirbt. Tatsächlich jedoch erfüllen die Banken mit dieser Prozedur nur ihre vom WpHG (z.B. in § 31 Abs. 3 WpHG) festgelegte Informationspflicht und sichern sich auf dieses Weise gegen Klagen ab. Diese könnten erfolgreich sein, wenn ein vorab nicht informierter Kunde bei einem Finanztermingeschäft Verluste macht. Die Bank würde dann schadenersatzpflichtig sein.

Durch Rechtsverordnung des Bundesfinanzministeriums können Finanztermingeschäfte verboten oder beschränkt werden (**verbotene Finanztermingeschäfte**; **§ 37g WpHG**), soweit dies zum Schutze der Anleger erforderlich ist..

Sofern **ausländische organisierte Märkte** oder ihre Betreiber Handelsteilnehmern mit Sitz im Inland über ein elektronisches Handelssystem einen unmittelbaren Marktzugang gewähren, bedürfen sie der schriftlichen Erlaubnis durch die *BaFin* (**§§ 37i** bis **37l WpHG**). Einzelheiten regelt die **Marktzugangsangabenverordnung** (MarktangV) vom 30.9.2004.

Zur **Verhinderung** von **Bilanzmanipulationen** wird der *BaFin* durch die **§§ 37n** bis **37u WpHG** zum Schutz des Kapitalmarkts das Recht zur **Bilanzkontrolle** eingeräumt. Dieses erstreckt sich auf die Prüfung der Jahresabschlüsse und Lageberichte von Unternehmen, deren Wertpapiere an Börsen zugelassen sind, durch dazu von staatlicher Seite beauftragt Prüfer. Unter bestimmten Voraussetzungen kann die *BaFin* selbst als Prüfer tätig werden.

Eine Verbesserung der **Unternehmenstransparenz** wird mit den **§§ 37v** bis **37z WpHG** angestrebt: Unternehmen, die als Inlandsemittenten Wertpapiere begeben, haben Jahresfinanzberichte zu erstellen, wenn sie von den handelsrechtlichen Vorschriften zur Offenlegung von Rechnungsunterlagen verpflichtet sind. Dazu kommt für Inlandsemittenten von Aktien und Schuldtiteln die Verpflichtung zur Veröffentlichung von Halbjahresberichten. Inlandsemittenten von Aktien haben darüber hinaus quartalsweise Zwischenmitteilungen (Quartalsfinanzberichte) zu veröffentlichen. Bei Konzernabschlüssen gelten für die Mutterunternehmen weitergehende Berichtspflichten.

Zuwiderhandlungen gegen **strafbewehrte Vorschriften** des WpHG können mit Freiheits- oder Geldstrafe (**§ 38 WpHG**) oder als Ordnungswidrigkeit (**§ 39 WpHG**) geahndet werden.

7.2.2.2.1 Wertpapierarten (Effektenarten)

Eine allgemeingültige gesetzliche Definition des wirtschaftlichen Sachverhaltes „Wertpapier" fehlt bislang, wenn auch § 2 Abs. 1 WpHG für Aufsichtszwecke einzelne Wertpapierarten aufzählt, die Wertpapiere im Sinne des Wertpapierhandelsgesetzes sind. Dabei wird deutlich, dass der Gesetzgeber nur solche Wertpapiere der Aufsicht unterwirft, die an einem organisierten Markt (z.B. einer Börse) gehandelt werden können, und stellt somit im Rahmen des WpHG auf die **Zirkulationsfähigkeit** von Wertpapieren ab und erfasst damit ausschließlich **Effekten** als **Wertpapiere besonderer Art.**

Darüber hinaus kommt es nicht auf eine **Verbriefung** in Form einer **Urkunde** an. Vielmehr zählen auch **Wertrechte,** die wertpapierlose Anteile sind und lediglich durch eine Globalurkunde, oder den Eintrag in ein öffentliches Schuldbuch verkörpert werden, als Wertpapiere.

Abgesehen von der im Wertpapierhandelsgesetz vorgenommenen „Begriffsbestimmung" für Zwecke dieses speziellen Gesetzes fehlt eine **inhaltlich** allgemeingültige gesetzliche Definition des Begriffs „Wertpapier". Deshalb haben Rechtsprechung und bankbetriebliche Praxis Merkmale und Kriterien zur eindeutigen Abgrenzung und Behebung dieser gesetzlichen Regelungslücke entwickelt. Dies trifft insbesondere auf „Effekten" zu (siehe dazu im einzelnen *Oppermann/Degner, Flöge* und *Bley).*

Dementsprechend können **Wertpapiere** als **Urkunden** charakterisiert werden, die ein privates Recht in der Weise verbriefen, dass zur Ausübung des Rechts die Innehabung der Urkunde erforderlich ist.

Als **Urkunden** gelten schriftliche Erklärungen, die den Aussteller erkennen lassen, verständlich und für den Rechtsverkehr erheblich sind. Hinsichtlich der Möglichkeiten zur **Verbriefung** von **privaten Rechten** (z.B. Forderungsrechten, dinglichen Rechten, Mitgliedschaftsrechten) sind verschiedene Ayrten von Urkunden zu unterscheiden, wie Scheck, Wechsel, Banknote, Lagerschein, Hypothekenbrief, Aktie, Zertifikate und vergleichbare Papiere. Die **Ausübung des Rechts** an der Urkunde in Form der Übertragung sowie der Geltendmachung von Mitgliedschaftsrechten und Eigentumsrechten sowie des Anspruches auf Ertrag ist an den Besitz der Urkunde gebunden. Rechtsinhaber ist, wer die Wertpapierurkunde innehat.

Effekten stellen **Wertpapiere besonderer Art** dar, d.h. Wertpapiere, die

- zur Geld-Vermögensanlage geeignet sind,
- an Märkten (Finanzmärkten) frei handelbar sind, und
- grundsätzlich einen wiederkehrenden Anspruch auf Ertrag verbriefen.

Das Erfordernis der freien Handelbarkeit von Effekten setzt deren **Vertretbarkeit (Fungibilität)** voraus, was bedeutet, dass die einzelnen Stücke gleiche Rechte (und gleiche Pflichten) repräsentieren und gegenseitig austauschbar siynd, d.h. innerhalb ihrer Gattung gleiche Beschaffenheit aufweisen und im Verkehr entweder nach Zahl oder Nominalwert bestimmt werden.

Effekten sind somit **Kapitalmarktpapiere** in Form von Aktien, Zertifikaten auf Aktien (Hinterlegungszertifikaten ausländischer Gesellschaften, die diese Beteiligungspapiere im Inland börsenhandelsfähig machen), Schuldverschreibungen, Genussscheinen, Optionsscheinen und Investmentanteilscheinen (siehe dazu *Hueck/yCanaris,* 185 ff., insbes. 198). Sie bestehen äußerlich aus dem **Mantel,** der das Beteiligungs- oder Forderungsrecht verbrieft, und dem **Bogen,** der Kupons enthält, die das Recht auf den Anteil am auszuschüttenden Gewinn (**Dividendenscheine**) oder das Recht auf die vereinbarten Zinsen (**Zinsscheine**) verbriefen.

Die Notwendigkeit zur Rationalisierung führte dazu, dass Wertpapierrechte sowohl in Form von **Globalurkunden,** die das Recht des Inhabers auf Lieferung einzelner Wertpapierurkunden ausschließt, als auch in Form von **Sammelschuldbuchforderungen,** die eine vollständige Lösung des Rechts von einer körperlichen Erscheinungsform durch Festschreibung in Registern (Schuldbüchern) der öffentlichen Hand bedeutet, und damit in die Form sogenannter **Wertrechte** als **papierlose Wertpapierrechte** mündete. Dabei handelt es sich bei ersteren um unverbriefte, auf privatrechtlicher Basis beruhende sammelverwaltete Rechte und bei letzteren um unverbriefte, sammelverwaltete Rechte, die kraft gesetzlicher Anordnung sammelverwahrten Wertpapierurkunden gleichstehen (**Wertrecht-Anleihen**) und von der öffentlichen Hand emittiert werden (siehe dazu *Delorme,* 431). Der Vorteil für den **Emittenten** besteht darin, dass der Druck und die Ausgabe von Wertpapierurkunden entfällt und die Anteile von der Sammelurkunde (Globalurkunde) oder die Schuldbuchforderungen lediglich durch Buchung auf Konten (Wertpapierkonten) über die beteiligten Kredit- und Finanzdienstleistungsinstitute abgewickelt werden. Dadurch ergeben sich letztlich auch Kostenvorteile für den Anleger, der dadurch die Kosten für die Aufbewahrung der körperlichen Wertpapiere in Depots spart. Darüber hinaus entfällt das Risiko des Verlustes des körperlichen Wertpapiers.

Zu den Effekten sind auch die **Investmentanteile** zu rechnen. Dies ist vor allem dann gerechtfertigt, wenn sie – wie das nunmehr möglich ist – an Börsen gehandelt werden. Aber auch die nicht an den Wertpapierbörsen gehandelten Investmentanteile können als Effekten bezeichnet werden, da am nichtorganisierten (freien) Kapitalmarkt ihr An- und Verkauf unter Mitwirkung der Banken erfolgt und börsentäglich die entsprechenden Kurse veröffentlicht werden.

Keine Effekten stellen dagegen die Wertpapiere des **Zahlungsverkehrs** (Banknoten, Wechsel, Schecks) und diejenigen Wertpapiere dar, die zwar der Kapitalanlage dienen können, aber **nicht vertretbar** sind (Hypothekenbriefe, Grundschuld- und Rentenbriefe, Sparkassenbriefe, Bundesschatzbriefe, Schuldscheine, Lagerscheine). Die unterschiedlichen **Begriffsebenen** für die Abgrenzung von Urkunden, Wertpapieren und Effekten verdeutlicht Abbildung 34.

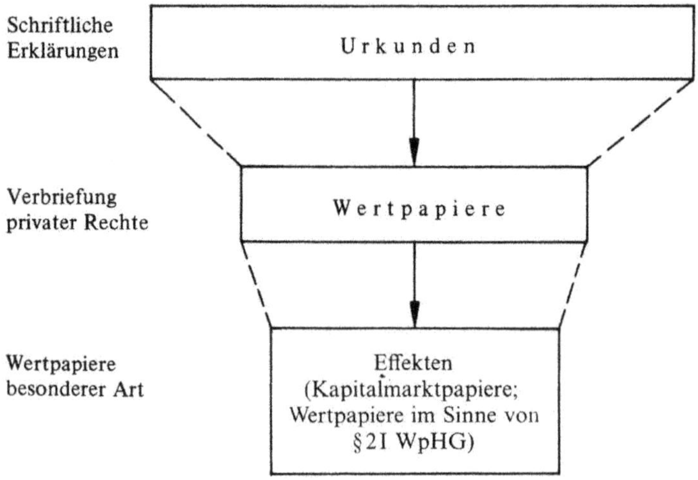

Abb. 34: Begriffsebenen zur Abgrenzung von Urkunden, Wertpapieren und Effekten

Wertpapiere können insbesondere nach der Art der Übertragung und nach der Art der verbrieften Rechte klassifiziert werden. Dementsprechend lassen sich folgende Wertpapierarten unterscheiden:

- **Nach der Art der Übertragung:**

  Inhaber-Wertpapiere (Effekten) lauten auf den Inhaber. Das Recht kann vom jeweiligen Besitzer des Wertpapiers (Inhaber) geltend gemacht werden. Die Übertragung erfolgt formlos durch Einigung und Übergabe, was die wesentliche Voraussetzung für eine umfassende Handelbarkeit darstellt. Deshalb erfolgt die überwiegende Zahl von Effekten-Emissionen in Form von Inhaber-Papieren.

  Order-Papiere sind Wertpapiere, die eine bestimmte Person als Berechtigten bezeichnen, an die der Emittent die Leistung verspricht. Der Berechtigte seinerseits kann wiederum andere Personen als Empfänger bezeichnen. Die Übertragung dieses Wertpapiers erfolgt daher durch Indossament, das – anders als beim Wechsel und Scheck – nur Transport- und Legitimationsfunktion, nicht aber Garantiefunktion hat. In Anbetracht der etwas umständlichen Übertragungsmodalitäten stellen Order-Effekten den Ausnahmefall dar. Namensaktien sind „geborene" Order-Papiere (§ 68 Abs. 1 AktG), deren Ausgabe für den Fall zwingend vorgeschrieben ist, dass die Aktien vor der vollen Leistung des Ausgabebetrags in den Verkehr gebracht werden oder dass die Aktionäre zu wiederkehrenden, nicht in Geld bestehenden Nebenleistungen verpflichtet sind. Die Handelbarkeit wird dann erhöht, wenn die Namensaktie mit einem **Blanko-Indossament** versehen ist (*Hueck/Canaris*, 191). Die Übertragung von Namensaktien wird dagegen im Falle des Namensindossaments und/oder der **Vinkulierung** (Rekta-Papier) erschwert, zumal bei letzterer die Übertragung der AG anzuzeigen und von dieser im Aktienbuch einzutragen ist. Ebenfalls auf den Namen lauten **Zwischenscheine,** die durch negative Orderklausel zu Rekta-Papieren gemacht werden können. Als Order-Effekten können schließlich **Wandelanleihen** und **Investmentanteile** (bei **negativer** Orderklausel als Rekta-Papiere) gestaltet sein.

  Namens- oder **Rekta-Papiere** wiesen lange Zeit den geringsten Mobilitätsgrad unter den Effekten auf. Dies deshalb, weil sie gewisse Sicherheitsvorkehrungen zu Gunsten der Aktionäre verkörpern. Sie gewähren ihren Eigentümern größere Sicherheit gegen Verluste, da sie auf den Namen einer bestimmten Person (Gläubiger oder Teilhaber) lauten. Deshalb erwiesen sie sich lange Zeit als nur schwer handelbar: Sie können nur durch Umschreibung (im Aktienbuch) und durch Indossament übertragen werden. Die Übertragung des Wertpapiers allein genügt also nicht, was einen marktmäßigen Handel sehr erschwert und ihre Effekteneigenschaft bei Anwendung eines restriktiven Maßstabes in Frage stellt. Gleichwohl ist ein reibungsloser Handel am (freien) Kapitalmarkt bei Nutzung eines **elektronischen Aktienbuches** grundsätzlich möglich und wird neuerdings aus Gründen der **Investor Relations** sogar gefördert. Durch Kenntnis aller Aktionäre mit Namen und Adresse kann die AG ihren Aktionären alle wesentlichen Informationen problemlos zukommen lassen.

- **Nach der Art der verbrieften Rechte:**

  Dieses Klassifizierungskriterium knüpft an der Tatsache an, dass Effekten zur Beschaffung von Eigenkapital oder von Fremdkapital dienen können. Im ersten Fall erwirbt der Kapitalgeber **Beteiligungsrechte** (mit variablem Ertrag), im zweiten Fall **Gläubigerrechte** (mit festem Zinsertrag). Daneben sind **Mischformen** bzw. **Sonderformen** insofern möglich, als ein Wahlrecht für die Umwandlung von Forderungen in eine Beteiligung ebenso vereinbart sein kann wie ein Wahlrecht zum zusätzlichen Erwerb einer Beteiligung. Es ergibt sich daher die in Abbildung 34-1 dargestellte Klassifizierung in grundsätzlich drei Gruppen von Effektenarten, der im Weiteren gefolgt wird.

Effekten		
Forderungspapiere (Schuldverschreibungen)	**Beteiligungspapiere**	**Misch- (Sonder-) Formen**
- Anleihen - Obligationen - Pfandbriefe - Commercial Paper	- Teilhaberpapiere (Dividendenpapiere: Aktien und Kuxe) - Zertifikate auf Aktien - Zertifikate auf Aktienindizes (ETF) - Anteilspapiere (Investmentanteile)	- Wandelschuldverschreibungen - Optionsschuldverschreibungen - Gewinnschuldverschreibungen - Genussrechte - Optionsscheine

Abb. 34-1: Klassifizierung von Effekten nach der Art der verbrieften Rechte

a) Forderungspapiere

Diese Wertpapiere verbriefen Gläubigerrechte, also das Recht **auf Verzinsung** (fällig zu jeweils bestimmten Zeitpunkten) und das Recht auf **Rückzahlung** eines bestimmten Geldbetrages zu einem bestimmten Zeitpunkt oder bis zu einem bestimmten Zeitpunkt (Ausnahme: „Ewige" Anleihe, für die kein Rückzahlungszeitpunkt festgelegt ist). Forderungspapiere sind Instrumente der Beschaffung von Fremdkapital durch Unternehmen und die öffentliche Hand. Die Praxis bezeichnet mit den Begriffen Schuldverschreibung, Obligation, Pfandbrief, Anleihe und Commercial Paper einerseits die Gesamtschuld eines Emittenten (aus der Kapitalbeschaffung), andererseits die einzelnen Stücke, die den jeweiligen Inhabern Teilforderungen (aus der Gesamtschuld) verbriefen (daher: Teilschuldverschreibung, Inhaberschuldverschreibung). Eine Besonderheit stellen sog. **Strukturierte Anleihen** dar, die auf der Basis von Schuldverschreibungen hinsichtlich der Rückzahlung des Anleihebetrages Verknüpfungen mit Beteiligungswerten aufweisen.

Hinsichtlich der **Rückzahlung** (Tilgung) von Forderungspapieren bestehen somit verschiedene Möglichkeiten:

- **Ratentilgung:** Die Rückzahlung erfolgt in festgelegten Raten (Annuitäten) zu bestimmten Terminen während der Laufzeit der Schuldverschreibung nach einem Tilgungsplan. Die Annuität enthält jeweils einen Zins- und Tilgungsanteil, wobei die Zinsen vom verbleibenden Kapitalstock der Anleihe berechnet werden.
- **Einmaltilgung am Ende der Laufzeit:** Die Tilgung erfolgt üblicherweise in Höhe des Nennwertes der Schuldverschreibung in einem am Ende ihrer Laufzeit. Bei „strukturierten" Anleihen kann – entsprechend der Anleihebedingungen – die Rückzahlung in Abhängigkeit von der Entwicklung des Aktienkurses des Bezugsunternehmens entweder in Geld zum Nennwert oder in einer vorher bestimmten Zahl von Aktien des Bezugsunternehmens erfolgen.
- **Kündigung:** Der Emittent kann sich in den Anleihebedingungen die Kündigung nach Ablauf einer bestimmten Frist (mit einer Unkündbarkeitsfrist von z.B. 3bis 5 Jahren) vorbehalten, um bei länger laufenden Emissionen nicht das Risiko einer (zu) hohen Zinsbelastung bei einem stärker fallenden Kapitalmarktzinsniveau tragen zu müssen. Die Kündigung kann die gesamte Emission betreffen, die dann zu einem Zinstermin zurückzuzahlen ist oder Teile davon. Es kann alternativ die Verstärkung von Tilgungsleistungen vereinbart sein. Im Gegensatz zum Recht auf Kündigung kann allerdings auch ein ausdrücklicher Verzicht auf Kündigung in den Anleihebedingungen festgeschrieben sein.
- **Konvertierung (Umschuldung):** Eine Alternative zur Kündigung stellt die Konversion von Anleihen und Obligationen dar. Dabei bietet der Emittent nach Ablauf der Unkündbarkeitsfrist den Gläubigern den Umtausch ihrer Stücke in niedriger verzinsliche Werte an (= Herabsetzung der Nominalverzinsung eines Wertpapiers). Bei Konvertierung müssen die Zinseinsparungen größer sein als die Kosten der Umschuldung. Durch Auslobung einer Konvertierungsprämie oder Zusicherung eines bestimmten Disagios der angebotenen neuen Anleihe werden den Gläubigern, die mit der Konvertierung einverstanden sein müssen, Anreize zum Umtausch geboten: Neben der Zinskonversion kann auch Konversion der Restschuld, der Restlaufzeit und weiterer Anleihekonditionen (Verzinsungsform, Gläu*bigerv*orzugsrechte) erfolgen (siehe *Wiedey*). Zur Vermeidung derartiger Prozed**uren kann in den Anleihe**bedingungen **automatische Konversion** durch variable Zinssätze, die der Entwicklung des Kapitalmarktzinsniveaus folgen, vereinbart werden. Schließlich ist auf Grund gesetzgeberischer Maßna**hmen in bestimmten S**ituationen auch **Zwangskonvertierung** möglich. Eine andere Variante der Umschuldung bei Staatspapieren kann darin bestehen, dass mit den Gläubigern Vereinbarungen über einen Schuldenerlass geführt werden und diese dann in eine verminderte Rückzahlungspflicht des staatlichen Schuldners führen, z.B. 60% Rückzahlung anstatt der ursprünglich vereinbarten 100%. Derartige Vereinbarungen wurden mit Argentinien getroffen und werden auch im Rahmen der internationalen Schuldenkrise im Euro-System ventiliert.
- **Freihändiger Rückkauf:** Der Emittent kauft Effekten am Kapitalmarkt (bei Kursen unter pari) zurück. Ist die Tilgung durch zurückgekaufte Effekten erfolgt, so hat dies der Emittent nach den rechtlichen Vorgaben zu veröffentlichen. Konnte er nur einen Teil der Anleihe zurückkaufen, ist der Restbetrag unter Bekanntgabe der Nummern der gezogenen und zurückzahlbaren Stücke und unter angemessener Fristsetzung zur **Auslosung** zu bringen. Mit Ablauf des Fälligkeitstages endet die Verzinsung der ausgelosten Effekten.

Zentrale Bedeutung für Forderungspapiere haben die Begriffe Nominalwert (Nennwert) und Kurswert sowie Nominalverzinsung und Effektivverzinsung:

- Der **Kurswert,** der sich durch Angebot und Nachfrage am Kapitalmarkt bildet, weicht im Regelfall vom **Nominalwert** als dem zu verzinsenden und zurückzuzahlen den Geldbetrag, der auf dem Mantel des Wertpapiers aufgedruckt ist, nach oben oder nach unten ab. Die Gründe dafür können insbesondere darin liegen, dass sich das Zinsniveau verändert hat (bei steigendem Zinsniveau sinkt der Kurswert von festverzinslichen Effekten und umgekehrt) und/oder in der Bonität des Emittenten Veränderungen aufgetreten sind. Zinsniveau-Änderungen schlagen nur dann nicht auf den Kurswert durch, wenn es sich um Forderungspapiere mit variabler Verzinsung handelt. In diesem Fall schwankt der Kurswert im Allgemeinen nur geringfügig um den Nennwert.
- Als **Nominalverzinsung** wird die Verzinsung in einem bestimmten Prozentsatz vom Nominalwert bezeichnet. Die **Effektivverzinsung** dagegen hängt von mehreren Faktoren, insbesondere vom Kurswert (bzw. Kaufkurs, Anschaffungskurs), vom Zinsertrag (Nominalverzinsung), von der Laufzeit des Forderungspapiers, vom Rückzahlungskurs, von den vereinbarten Zinsterminen und auch von der steuerlichen Belastung des Gläubigers ab.

In **grober Näherung** lässt sich die Effektiv-Verzinsung an Hand des nachstehenden Beispiels wie folgt berechnen:

Nominalverzinsung 6% p.a.

Kaufkurs 92%

<u>Laufzeit 4 Jahre</u>

6% auf 92 = 6 * 100 / 92 = 6,5217%

Disagio von 8%, verteilt auf 4 Jahre = <u>2,0000</u>

Effektivzins = 8,5217%

Diese einfache Methode vermittelt zwar einen groben Anhaltspunkt für die Effektivverzinsung, berücksichtigt aber nicht den Rückzahlungsgewinn, der durch Rückzahlung zum Nennwert entsteht. Den **Rückzahlungsgewinn** (RG) entsteht dadurch, dass der Rückzahlungskurs auf den Anschaffungskurs (Kaufkurs) bezogen wird:

RG (%) = [(Rückzahlungskurs ./. Anschaffungskurs) / Laufzeit] * 100 / Anschaffungskurs

RG (%) = [(100 ./. 92) / 4] * 100 / 92 = **2,1739%**

Unter Berücksichtigung des Nominalzinssatzes ergibt sich bei Einbezug des Rückzahlungsgewinns die **Effektivverzinsung (EV)** nach dem sog. **Bankenverfahren** (zur Effektivzinsrechnung siehe auch *Kabelt/ Schulte; Rahmann; Lohmann; Schierenbeck/Rolfes*) als:

EV (%) = [Nominalzins + (Rückzahlungskurs ./. Anschaffungskurs)/Laufzeit] / Anschaffungskurs * 100

EV (%) = [6 + (100 ./. 92) / 4] / 92 * 100 = **8,6956%**

Für Anleger und Emittenten ist darüber hinaus die **Effektivverzinsung nach Steuern** von wesentlichem Interesse: Dem Anleger dient sie als Richtschnur für die Anlageentscheidung (wobei es auf seinen persönlichen Steuersatz ankommt). Der Emittent wird entsprechend dem Adressatenkreis der Emission ebensolche Überlegungen in die Gestaltung des Nominalzinses einbeziehen, da es durchaus der Fall sein kann, dass eine niedrigere Nominalverzinsung dem Anleger eine höhere Effektivverzinsung nach Steuern (**EVnSt**) bringen könnte:

EVnSt(%) = [(Zinsertrag nach Steuern/Anschaffungskurs)+(Rückzahlungskurs–Anschaffungskurs)/Laufzeit)] * 100

Eine weitere Verbesserung gegenüber den Ergebnissen der Effektivzinsermittlung nach dem Bankenverfahren ermöglicht die Berechnung der **AiBD-Rendite (Yield-to-Maturity)**. Die AiBD-Rendite ermittelt den Kurs (= Barwert) einschließlich Stückzinsen als Summe der Barwerte der Zins- und Tilgungszahlungen (also R = Rendite pro Jahr). Nach Umformung gemäß der Summenformel für geometrische Reihen und unter Berücksichtigung von Perioden- und **Jahresrendite** (R) ergeben sich Kurs und Stückzinsen und entsprechende **Periodenrenditen** (r) als:

$$K + S = \frac{1}{{}_{q}f \cdot m} \cdot \left(Z_1 + \frac{\frac{Z}{m} \cdot \frac{q^{n-1}}{q-1} + RK}{q^n} \right)$$

K	Börsenkurs der Anleihe
S	Stückzinsen
Z	Normalzins (Kupon)
m	Anzahl der Zinsperioden pro Jahr
n	Anzahl ausstehender vollständiger Zinsperionden
RK	Rückzahlungskurs (in der Regel 100)

Die gesuchte **Periodenrendite** r ist in q enthalten: $q = (1 + r) / 100$

Die **Jahresrendite R** ergibt sich aus

$$R = 100 \cdot (q^m - 1)$$

Für Zwecke des **Renditevergleichs** kann der **Deutsche Rentenindex** (REX) herangezogen werden. Der REX ist 1991 für den deutschen Rentenmarkt (den drittgrößten Bondmarkt der Welt) als Maßstab (**Benchmark**) für die Kursentwicklung von Schuldverschreibungen und als Gegenstück zum DAX geschaffen worden (wegen Einzelheiten siehe *Eilenberger* 1995). Der REX besteht aus 30 **synthetischen Bundespapieren** mit festen Laufzeiten von 1 bis 10 Jahren und je drei verschiedenen Kupons (6%, 7,5% und 9%). Dadurch können für **Vergleichszwecke** ermittelt werden:

- **REX** als Kurswert (in Punkten), und
- **REX-Renditen** für die einzelnen Restlaufzeiten (in Prozent).

Zusätzlich ermittelt die *Deutsche Börse* für Zwecke der **Performance-Messung** von Index-Portfolios den **REX-Performance-Index (REXP)** als einen Wertpapiermaßstab in Punkten. Die Ermittlung der **REX-Renditen,** die für Renditevergleiche Anwendung finden, erfolgt auf der Basis der Berechnung der aktuellen AiBD-Rendite und unter Einbezug der **Zinsstrukturkurve** (Renditestrukturkurve). Diese zeigt die AiBD-Renditen in Abhängigkeit von der **Restlaufzeit** der in den REX einbezogenen Finanztitel und stellt die bestmögliche Schätzung jener Kurve dar, welche die Abstände sämtlicher Punkte minimiert. Dabei findet folgender **Regressionsansatz** für die **Rendite** (r) **einer Anleihe** Anwendung:

$$r = b_1 + b_2 \cdot l + b_3 \cdot l^2 + b_4 \cdot l^3 + b_5 \cdot \ln(l) + b_6 \cdot Z + b_7 \cdot Z^2 + \text{Anpassungsfehler}$$

mit

l = Restlaufzeit; für Ganzjahreskupons gilt: $l = n + f$; ln = logarithmus naturalis
Z = Nominalkurs (Kupon)
n = Anzahl ausstehender vollständiger Zinsperioden
f = (KT – VT)/360 als anteilige Zinsperiode bis KT
KT = Kupontermin
VT = Valutatag

Die Regressionsparameter ermittelt die Börse nach dem **Householder-Verfahren.** Das Verfahren berechnet die für alle Anleihen einheitlichen Parameter b_1 bis b_7 so, dass die Summe der quadrierten Anpassungsfehler minimal ist. Um Daten- bzw. Übertragungsfehler zu vermeiden, hat die Börse eine „Ausreißer-Elimination" eingebaut. Auf diese Weise lässt sich die tatsächliche Zinsstruktur sehr genau abbilden. Im Schnitt liegt das multiple Bestimmtheitsmaß, das die Güte der Berechnung beurteilt, bei über 85%, oft sogar über 90%. Die maximale Differenz von tatsächlichen Wertpapierrenditen und der angepassten Zinskurve beträgt im Schnitt weniger als zehn Basispunkte.

aa) Festverzinsliche Effekten der öffentlichen Hand

Emittent ist eine öffentliche Gebietskörperschaft (Bund und seine Sondervermögen, Länder, Gemeinden und Gemeindeverbände). Der Zweck der Emission besteht primär in der Finanzierung öffentlicher Aufgaben verschiedener Fristigkeiten, aber auch in der Beseitigung von temporären Finanzierungsengpässen. Dementsprechend haben sich unterschiedliche Erscheinungsformen der Kapitalbeschaffung entwickelt. Da die Kommunalanleihen nur geringe Bedeutung aufweisen und relativ selten emittiert werden, sind im Folgenden ausschließlich die **Wertpapiere** des **Bundes** (und ggf. der Länder) von Interesse. Diese weisen generell Mündelsicherheit und Deckungsstockfähigkeit auf. Als Sicherheit dient die Steuerkraft des Bundes (des Landes) einschließlich des sonstigen Vermögens. Mit einigen Ausnahmen sind sie auch notenbankfähig gemäß Art. 18.1 der *ESZB/EZB*-Satzung. Der Ersterwerb von als Daueremission begebenen Bundeswertpapieren ist auf Grund der vom Emittenten den Kreditinstituten gewährten Bonifikationen für den Anleger gebührenfrei. **Bundeswertpapiere** werden ausschließlich als Wertrechte ausgegeben. Zum 1.1.1999 wurden alle umlaufenden börsennotierten Bundeswertpapiere auf Euro umgestellt. Dabei erfolgte eine Festlegung der Mindeststückelung für Emissionen auf 0,01 EUR und auf einheitliche Marktstandards. Somit sind faktisch beliebige auf Cent lautende Beträge darstellbar. Allerdings sind beim Erwerb ex Emission folgende Mindestbeträge einzuhalten: Bundesobligationen 100 EUR, Bundesschatzbriefe 50 EUR, Finanzierungsschätze 500 EUR und Tagesanleihen 50 EUR. Für die Stückzinsberechnung gilt bei Kapitalmarktpapieren die Methode actual/actual (= actual/365 bzw. actual/366) und bei U-Schätzen sowie variabel verzinslichen Anleihen die Geldmarktmethode actual/360.

Die Emission von Bundeswertpapieren führt die *Deutsche Finanzagentur (Bundesrepublik Deutschland – **Finanzagentur**)* durch. Die *Deutsche Finanzagentur*, am 19.9.2000 gegründet und am 1.8.2006 mit der ehemaligen *Bundeswertpapierverwaltung* (Bad Homburg v.d.H.) zusammengelegt, hat ihren Sitz in Frankfurt/Main. Sie erfüllt Aufgaben bei der Haushalts- und Kassenfinanzierung des Bundes. Dazu hat sie eine größere Zahl unterschiedlicher Finanzinstrumente entwickelt, die einerseits für den Bund die Finanzierungskosten senken, andererseits die Risikostrukturen im Portfolio des Bundes optimieren helfen sollen. Auf das bei der *Finanzagentur* geführte **Schuldbuchkonto** können Anleger auch online zugreifen und über das Internet bestimmte Aufträge erteilen und Informationen (z.B. zu Kontostand, Zinsen, Fälligkeiten) abrufen. Im Einzelnen handelt es sich um folgende **Typen** von Bundeswertpapieren:

- **Bundesanleihen** („Bunds"):
Beschaffung von langfristigem Kapital zur Finanzierung öffentlicher Aufgaben im Rahmen der ordentlichen und außerordentlichen Haushaltsfinanzierung des Bundes. Bunds sind börsennotiert mit Nennwert/Stückelung von 0,01 EUR. Kein Mindestauftrag und kein Anlagehöchstbetrag, die Zinszahlung erfolgt jährlich und die Rückzahlung zum Nennwert. der Erwerb ist für jedermann möglich. Die Laufzeit beträgt zwischen 10 und 30 Jahren.

- **Anleihen von Sondervermögen des Bundes**
Eine Sonderstellung nehmen Emissionen von Sondervermögen des Bundes ein, die insbesondere von der ehemaligen *Deutschen Bundespost* (vor der Umwandlung in drei Aktien-Gesellschaften zum 1.1.1995), von der *Treuhandanstalt* (vor deren Auflösung zum 31.12.1994) und von der *Deutschen Bundesbahn* (vor der Umwandlung in die *Deutsche Bahn AG* zum 1.1.1994) emittiert worden sind. Dabei handelt es sich insgesamt um extrem langlaufende Emissionen bis zu 30 Jahren mit zum Teil variabler Verzinsung (**„Bundesbahn-Floater"** bzw. **„Bundespost-Floater")**. Dabei wurden teilweise innovative Finanzierungskonzepte verwirklicht. Beispielsweise wandte die *Deutsche Bundespost* bereits 1986 für eine Emission mit 30jähriger Laufzeit das Konzept der **Stripped Bonds** (siehe *Eilenberger* 1995) an, wobei die gebündelten Zinszahlungen der ersten zehn Jahre Laufzeit als Annuitätendarlehen verkauft und die Zinszahlungen für die jeweils weiteren folgenden fünf Jahre in drei Tranchen mit 15, 20 und 25 Jahren Laufzeit als Nullkuponanleihen und für die letzten fünf Jahre als vierte Tranche (mit 30 Jahren) für die Kapitalrückzahlung zusammengefasst wurden. Dadurch entstanden der *Bundespost* geschätzte Finanzierungskostenvorteile von einem halben Prozent gegenüber vergleichbaren Schuldscheindarlehen bzw. von einem Prozent hinsichtlich vergleichbarer Anleihen ohne Stripping.

- **Bundesobligationen** („Bobls"):
Beschaffung von mittelfristigen Finanzierungsmitteln. Die Laufzeit bei Ausgabe beträgt fünf Jahre, Rückzahlung zum Nennwert, Zinszahlung jährlich. Bobls sind börsennotiert mit Nennwert/Stückelung von 0,01 EUR. Der Mindestauftrag bei Direkterwerb von der Finanzagentur ist auf 110 EUR (einschließlich Stückzinsen) festgelegt, der Höchstanlagebetrag bei Direkterwerb lautet auf 250.000 EUR je Person und Geschäftstag ohne Wiederanlage und Umtausch. Der Höchstbetrag bei Anlage über Kreditinstitute ist dagegen unbeschränkt.

- **Finanzierungsschätze**:
Beschaffung relativ kurzfristiger Mittel (Laufzeiten: ein bis zu zwei Jahren). Sie sind **nicht** börsennotiert mit Nennwert/Stückelung von 0,01 EUR. Der Mindestauftrag ist mit 500 EUR festgelegt, der Anlagehöchstbetrag mit 250.000 EUR je Person und Geschäftstag. Der Erwerb ist jedermann möglich, außer Kreditinstituten. Eine vorzeitige Rückgabe oder ein Verkauf sind ausgeschlossen. Die Zinszahlung erfolgt durch Abzinsung, also: Kaufpreis = Nennwert minus Zinsen. Die Rückzahlung erfolgt zum Nennwert. Die Zinsen werden taggenau berechnet. Die Übertragung auf Dritte kann von einem Schuldbuchkonto auf eine anderes gebührenfrei jederzeit auf Erwerbsberechtigte erfolgen. Wenn die Verwaltung von Kreditinstituten durchgeführt wird, fallen in der Regel Depotgebühren an, jedoch sind Erwerb und Einlösung gebührenfrei. Finanzierungsschätze zählen zu den sog. **Fundierungsschuldverschreibungen** (wie die Bundesschatzbriefe Typ B, die „Bubills" und die Tagesanleihe), die keine feste Verzinsung aufweisen.

- **Bundesschatzanweisungen** („Schätze"):
Bedeutung: Beschaffung von Finanzmitteln für Laufzeiten bis zu zwei Jahren. „Schätze" sind börsennotiert mit Nennwert/Stückelung von 0,01 EUR. Der Erwerb steht jedermann

offen. Es ist kein Mindestauftrag festgelegt und die Anlagemöglichkeit ist in der Höhe unbeschränkt. Die Zinszahlung erfolgt jährlich mit taggenauer Zinsabrechnung. Die Rückzahlung wird zum Nennwert vorgenommen. Übertragung auf Dritte von einem Schuldbuchkonto auf ein anders ist jederzeit möglich.

- **Unverzinsliche Schatzanweisungen** („Bubills"):
  Beschaffung von kurzfristigen Finanzmitteln bis zu sechs Monaten bei einem Mindestauftrag von 1 Mio. EUR, wobei kein Anlagehöchstbetrag vorgegeben ist. Die Ausgabe erfolgt abgezinst, d.h. der Kaufpreis ergibt sich aus der Differenz von Nennwert abzüglich Zinsen. Als Zinsberechnungsmethode ist actual/360 vorgegeben. Der Erwerb ist jedermann möglich, ebenso jederzeit ein Verkauf am Sekundärmarkt. Die Verwaltung erfolgt durch Kreditinstitute, so dass für Depotgebühren, Erwerb, Veräußerung und Einlösung die üblichen Bankprovisionen anfallen. Bubills können nicht von der *Deutschen Finanzagentur* erworben werden.

- **Tagesanleihe des Bundes**:
  Als Innovation seit 1.7.2008 angeboten. Mit der Tagesanleihe bietet der Bund jedermann die Möglichkeit einer Geldanlage zu Geldmarktkonditionen und tritt damit in Konkurrenz zu analogen Produkten der Banken. Es handelt sich um eine nicht börsennotierte, unbefristete („**ewige**") **Anleihe** des Bundes mit Nennwert/Stückelung von 0,01 EUR mit Mindestkaufauftrag von 50 EUR, bei Wiederanlage aus im Einzelschuldbuch verwahrten Bundeswertpapieren ab 0,01 EUR. Darüber hinaus bestehen ein Anlagehöchstbetrag von 250.000 EUR je Person und Bankgeschäftstag und ein Rückgabehöchstbetrag von 1 Mio. EUR je Person und Geschäftstag. Der aktuelle **Tagespreis** (t) ergibt sich aus dem Tagespreis des Vortages, multipliziert mit dem aktuellen Tageszinssatz, also: Tagespreis (t-1) * (1 + Tageszinssatz (t) / 360; dabei ist t der aktuelle Kalendertag. Der **Tageszins** ergibt sich grundsätzlich aus EONIA + 0,925%; wenn jedoch EONIA > 6%, dann beträgt der Tageszins EONIA ./. 0,45 Prozentpunkte. Bei EONIA < 2% ist der Tageszins EONIA ./. 0,15 Prozentpunkte. Der Tageszins beträgt dagegen 0%, wenn EONIA = < 0,15%. Die Zinsgutschrift erfolgt jährlich zum 31.12. Zum Jahreswechsel wird der Nettozinsertrag in Nennwert der Tagesanleihe umgewandelt. Der Erwerb und die Rückgabe der Tagesanleihe ist bankgeschäftstäglich gebührenfrei zum Tagespreis **ausschließlich** über die *Finanzagentur* über Schuldbuchkonto möglich. Der **erworbene Nennwert** wird berechnet aus: Anlagesumme / Tagespreis am Tag des Geldeingangs. Der **Rückgabeerlös** zum Zeitpunkt (t) ergibt sich aus: Nennwert (t) + Tagespreis (t+1), wobei t der Tag des Auftragseingangs ist und (t+1) der Bankgeschäftstag nach Auftragseingang.

- **Bundesschatzbriefe**:
  Zur Wahl stehen **Typ A** mit Laufzeit von 6 Jahren mit fester, jährlicher Verzinsung sowie Zinszahlung und **Typ B** als „Zinssammler" mit Laufzeit von 7 Jahren. Dementsprechend erfolgt die Auszahlung der Zinsen und Zinseszinsen bei Typ B am Ende der Laufzeit in einer Summe Die Zinsberechnung erfolgt taggenau. Ihre Bedeutung liegt in der längerfristigen Ansammlung von Finanzmitteln für den Bund und in einer sicheren Sparanlage für natürliche Personen und gebietsansässige Einrichtungen, die gemeinnützigen, mildtätigen und kirchlichen Zwecken dienen. Der Mindestauftrag beträgt 50 EUR bei Nennwert/ Stückelung von 0,01 EUR. Es besteht kein Anlagehöchstbetrag. Erwerb, Verwaltung und Einlösung kann entweder über die *Deutsche Finanzagentur* gebührenfrei oder über die Banken erfolgen, wobei Erwerb und Einlösung bei Fälligkeit ebenfalls gebührenfrei gestellt sind, allerdings fallen bei Verwaltung durch Banken Depotgebühren an. Vorzeitige Rückgabe ist möglich: nach dem 1. Laufzeitjahr bis zu 5.000 EUR innerhalb 30 Zinstagen. Letzter Termin zur vorzeitigen Rückgabe bis zu 10 Geschäftstage vor Fälligkeit.

Neben den angeführten Bundeswertpapieren, die zum laufenden Programm der *Finanzagentur* zählen, runden weitere, speziellere und selten emittierte Schuldverschreibungen die Angebotspalette des Bundes ab:

- **Inflationsindexierte Bundeswertpapiere** sind dadurch gekennzeichnet, dass die Zahlungsströme, die aus der Schuldverschreibung entstehen, an die Entwicklung eines Inflationsindex gekoppelt sind. Als Referenzindex dient der unrevidierte Harmonisierte Verbraucherindex (HVPI) der Eurozone (Gesamtindex ohne Tabak). Die Berechnung dieses Index erfolgt monatlich durch das Statistische Amt der EG. Im Einzelnen werden börsennotierte **inflationsindexierte Bundesanleihen** (Laufzeit 10 Jahre) und **inflationsindexierte Bundesobligationen** (mit kürzerer Laufzeit, z.B. 6 Jahre) begeben.
- Mit Laufzeit von fünf Jahren kann auch in börsennotierte **Fremdwährungsanleihen/U.S. Dollar Bundesanleihen** von jedermann investiert werden (Nennbetrag 1.000 USD, Anlagehöchstbetrag unbeschränkt, jährliche Zinszahlung in USD).
- Zu den Bundeswertpapieren zählen auch die **Fundierungsschuldverschreibungen**. Diese haben den Zweck, Zinsansprüche aus verschiedenen Anleihen des *Deutschen Reiches* und des *Freistaates Preußen*, die mit dem Wirksamwerden der Deutschen Einheit am 3. Oktober 1990 wieder auflebten, zu bedienen.
- Dazu kommen Schuldverschreibungen des ***Ausgleichsfonds Währungsumstellung*** zum 1. Juli 1990 auf dem Gebiet der ehemaligen DDR. Die bei der Währungsumstellung aufgetretenen Asymmetrien bei Banken und Außenhandelsbetrieben der DDR führten zu bilanziellen Unterdeckungen, die durch die Zuteilung von verzinslichen Forderungen gegen den *Ausgleichsfonds* ausgeglichen werden. Diese Ausgleichsforderungen können in Schuldverschreibungen des *Ausgleichsfonds Währungsumstellung* umgewandelt werden. Diese werden an allen deutschen Börsen gehandelt und zum 3-Monats-EURIBOR verzinst. Die Tilgung erfolgt nach 40 Jahren auf der Basis eines festen Tilgungsplans, beginnend mit dem 1. Juli 1996.

ab) Schuldverschreibungen der Pfandbriefbanken

Im Rahmen ihres **Pfandbriefgeschäfts** (§ 1 Abs. 1 Satz 2 PfandBG) können **Pfandbriefbanken** folgende Forderungspapiere emittieren:

- **Hypothekenpfandbriefe** als gedeckte Schuldverschreibungen auf Grund erworbener Hypotheken unter den Bezeichnungen Pfandbriefe oder Hypothekenpfandbriefe;
- **Öffentliche Pfandbriefe** als gedeckte Schuldverschreibungen auf Grund erworbener Forderungen gegen staatliche Stellen unter den Bezeichnungen Kommunalschuldverschreibungen, Kommunalobligationen oder Öffentliche Pfandbriefe;
- **Schiffspfandbriefe** als gedeckte Schuldverschreibungen auf Grund erworbener Schiffshypotheken unter dieser Bezeichnung.

Insgesamt werden Hypothekenpfandbriefe, Öffentliche Pfandbriefe und Schiffspfandbriefe unter der Bezeichnung **Pfandbriefe** zusammengefasst (§ 1 Abs. 3 PfandBG). In den Pfandbriefen sind gemäß § 6 PfandBG die für das Rechtsverhältnis zwischen Pfandbriefbank und en Pfandbriefgläubigern maßgebenden Bestimmungen, insbesondere bezüglich der Kündbarkeit der Pfandbriefe, ersichtlich zu machen. Den Pfandbriefgläubigern darf ein Kündigungsrecht nicht eingeräumt werden. Eine Ausgabe von Pfandbriefen, deren Einlösungswert nicht bekannt ist, ist nicht gestattet. Die Emission von Pfandbriefen steht allen Kreditinstituten offen und ist nicht auf Spezialbanken beschränkt. Gleichwohl ergeben sich Vorteile aus einer Spezialisierung auf diesen Geschäftszweig durch privatrechtliche und öffentlich-rechtliche Kreditinstitute.

ac) Schuldverschreibungen von Kreditinstituten mit Sonderaufgaben

Die *Kreditanstalt für Wiederaufbau* emittiert Inhaber-Schuldverschreibungen in Form von langfristigen **Anleihen** mit Laufzeiten von drei und vier Jahren. Diese Emissionen sind durch Vermögenswerte der Anstalt und andere Sicherheiten gedeckt. Im Rahmen der Inlandsförderung für den Mittelstand wurden Ende 2000 **Kreditverbriefungsprogramme** in Form von Asset Backed Securities (ABS) entwickelt, über die Kreditinstitute Risiken aus Mittelstands-Kreditportfolien (PROMISE) und Portfolien aus privaten **Wohnungsbaudarlehen** (PROVIDE) an den Kapitalmarkt transferieren und auf diese Weise zur Entlastung der Bankbilanzen beitragen.

Die *Landwirtschaftliche Rentenbank* begibt seit August 2002 **Rentenbankbriefe** (bis dahin Schuldverschreibungen unter der Bezeichnung **Landwirtschaftsbriefe** und **Kassenobligationen**). Zur Deckung der von der Bank ausgegebenen Schuldverschreibungen, die in vollem Umfang sowohl der Höhe des Umlaufs als auch dem Zinsertrag nach bestehen muss, sind insbesondere die Rentenbankgrundschuld oder andere öffentliche Grundstückslasten, Pfandbriefe oder andere Schuldverschreibungen nach dem Pfandbriefgesetz sowie auf die Bank ausgestellte oder an sie abgetretene oder verpfändete Schuldverpflichtungen von Gebietskörperschaften zulässig. Die Bank kann aber auch **ungedeckte Schuldverschreibungen** begeben, wobei der Schwerpunkt der Emissionstätigkeit auf den letztgenannten Wertpapieren beruht. Emissionswährungen sind im wesentlichen USD und EUR. Bei der Refinanzierung ihres Kreditgeschäfts spielen Medium-Term-Note (MTN-)Programme, Commercial-Paper (CP-)Programme und bei der amerikanischen Börsenaufsicht SEC registrierte Globalanleihen eine besondere Rolle.

Von der *Deutschen Siedlungs- und Landesrentenbank* können **Landesrentenbriefe, Rentenschuldverschreibungen, Pfandbriefe** und **Kommunalschuldverschreibungen** zur Finanzierung der ländlichen Siedlung und Förderungsmaßnahmen einschließlich Strukturverbesserungen im Bereich der Landwirtschaft und des Wohnungsbaus auf dem Lande ausgegeben werden.

ad) Schuldverschreibungen der Geschäftsbanken

Grundsätzlich kommen dabei **Inhaber-Schuldverschreibungen** zwar als „ideales" Instrument einer kongruenten Kreditfinanzierung in Betracht, allerdings wird von diesem bankbetrieblichen Finanzierungsinstrument – abgesehen von den Pfandbriefbanken – nur dann Gebrauch gemacht, wenn die Finanzmittel langfristig erforderlich sind. Dies gilt insbesondere für **nachrangige Anleihen**, die in bestimmtem Umfang auch Anrechnung als Ergänzungskapital als Form haftender Eigenmittel Einsatz finden. Alternativ bietet nämlich die Finanzierung über Spareinlagen in der Regel eine geringere Rentabilitätsbelastung. In Hochzinsphasen und bei steigendem Zinsbewusstsein der Anleger wird allerdings die Ausgabe von – meist kurzfristig angelegten Schuldverschreibungen (1-jährige und 2-jährige Laufzeit) – oft unvermeidlich werden.

Als spezifische Form der Zuführung frischen Kapitals haben die Banken seit 2000 die Verbriefungen von Teilen des Kreditportfolios in Aktiva-gestützte Schuldverschreibungen (**Asset Backed Securities**) entdeckt. Die Abwicklung der ABS erfolgt häufig über öffentlich-rechtliche Förderbanken, wie die *KfW*. Damit entlasten sich die Banken bei endgültigem Verkauf der entsprechenden Kredite an Finanzinvestoren des Kapitalmarkts von Risiken, die sie nicht mehr weiter in ihrem Bestand halten wollen. Deshalb kann bei der Abgabe der Kreditportfolien auch ein Abschlag vom Nominalwert des Forderungspakets erfolgen. Die Gründung eigener **Bad Banks** (siehe dazu 5.7.2) zur Abwicklung der teilweise bonitätsmäßig nicht einwandfreien Kredite kann als Lösung zur Entlastung der Bankbilanzen von derartigen Risiken angesehen werden.

ae) Schuldverschreibungen des Sparkassensektors

Traditionell obliegt in diesem Bereich die Emission von Schuldverschreibungen den **Landesbanken**: Pfandbriefe, Kommunalobligationen, Inhaber-Schuldverschreibungen, Kassenobligationen (als Bezeichnung für Papiere mit kürzerer Laufzeit). Insofern erweisen sich die Sparkassen als reine Vertriebsinstitute. Den **kommunalen Sparkassen** ist die selbständige Emission von Inhaber-Schuldverschreibungen unter bestimmten Voraussetzungen erlaubt. Werden diese nicht erfüllt, können individuelle Genehmigungen oder generelle Ausnahmegenehmigungen zur Emission von kurzlaufenden (1- bis 2-jährigen) und nicht börsengängigen **Inhaber-Schuldverschreibungen und Sparkassenobligationen** erteilt werden. Kommunale Sparkassen sind, sofern sie derartige Genehmigungen nicht erhalten, auf die Begebung von gemeinschaftlichen **Sammelschuldverschreibungen** angewiesen. Den **freien Sparkassen,** die den sparkassenrechtlichen Beschränkungen nicht unterliegen, war die Emission von Inhaber-Schuldverschreibungen schon immer möglich.

af) Schuldverschreibungen von Unternehmen

In Anbetracht der Notwendigkeit, die zu emittierenden Schuldverschreibungen abzusichern, ist die Ausgabe von **Unternehmensanleihen** (früher auch als Industrieanleihen oder Industrieobligationen bezeichnet) auf Unternehmen mit hoher bzw. ausreichender Bonität beschränkt. Die Beurteilung der Bonität bezieht sich dabei in erster Linie auf die künftige Ertragssituation der Unternehmen. Grundbesitz und sonstige uneingeschränkt verwertbare Vermögenswerten spielen dabei keine wesentliche Rolle. Im Mittelpunkt steht somit die Fähigkeit, Werte zu schaffen und ausreichende Free Cash Flows zu entwickeln. Die Bonitätsbeurteilung erfolgt durch Rating-Agenturen. Die Emissionen können gleichzeitig auch auf Auslandsmärkten oder auf den Euro-(Xeno-)Märkten (siehe 8.2.1) abgewickelt werden.

Für Großunternehmen mit einem erheblichen Forderungsbestand besteht darüber hinaus die Möglichkeit, über konzerneigene Finanzierungsgesellschaften diese Forderungen nach Fristigkeiten in einzelne Tranchen zu bündeln und diese als **Asset Backed Securities** (ABS) mit unterschiedlichen Laufzeiten am Kapitalmarkt anzubieten.

b) Beteiligungspapiere

Diese Effekten verbriefen Beteiligungsrechte am gesamten Vermögen des emittierenden Unternehmens. Den Inhabern von **Aktien** kommt damit die Stellung von Teilhabern (Eigentümern) zu, weshalb man diese Effekten auch als **Teilhaberpapiere** bezeichnet. Die Ausschüttungen (Dividenden), die den Teilhabern zu gute kommen, stammen **direkt** aus dem Gewinn des betreffenden Unternehmens. **Kuxe** verkörpern Anteilsrechte an bergrechtlichen Unternehmen, spielen jedoch in der Praxis keine Rolle mehr. Der Handel mit Kuxen an deutschen Börsen ist 1996 endgültig eingestellt worden.

In den letzten Jahren sind zusätzlich Wertpapiere in Form von **Zertifikaten** entstanden, die in unterschiedlichen Ausprägungen Teilhaben an Beteiligungspapieren ausdrücken:

Zertifikate, die Aktien vertreten, stellen **indirekte Beteiligungspapiere** dar, zumal sie in der Regel in Form von Hinterlegungszertifikaten gestaltet sind (siehe dazu 8.3.1.2.1.b), die eine Handelbarkeit ausländischer Aktien, die auf fremde Währung lauten, an inländischen Börsen herstellen. In der Regel fasst der ausländische Emittent die an einer inländischen Börse insgesamt zu emittierenden Aktien in einer (oder mehreren) **Globalurkunde(n)** zusammen und bezieht darauf die Zahl der notwendigen **Zertifikate,** die entweder körperlich oder als Wertrechte ausgegeben werden und einen Anspruch auf die zugrunde liegenden ausländischen Aktien darstellen.

Zertifikate auf Aktienindizes verkörpern zwar weder direkt noch indirekt ein Recht auf ein oder aus einem Beteiligungspapier, gleichwohl sind sie der Kategorie der Beteiligungspapiere zuzurechnen, zumal sie **Anteilsscheine auf einen Aktienindex** (z.B. den DAX 30) und damit auf ein Aktienportfolio darstellen. Allerdings ist dabei der körperliche Erwerb der zu Grunde liegenden Aktien ausgeschlossen. Der Vorteil derartiger Papiere besteht für den Anleger darin, dass er ohne unmittelbaren Kauf der entsprechenden Aktien an der Wertentwicklung an einem Aktienindex teilhaben kann. Darüber hinaus sind derartige Zertifikate an Börsen als sog. **Exchange Traded Funds (ETF)** handelbar, und zwar ohne die bei Fonds ansonsten anfallenden Gebühren bei An- und Verkauf.

Anteilspapiere in Form von **Investmentanteilen** (auch als **Investmentzertifikate** bezeichnet) gewähren ein Miteigentumsrecht nach Bruchteilen an einem Investmentfonds, nicht aber am Vermögen der Investmentgesellschaft selbst. Dementsprechend werden die Ausschüttungen, an denen die Besitzer von Investmentanteilen partizipieren, von den Netto-Einnahmen bestimmt, die mit den Vermögenswerten des Fonds in der Rechnungsperiode erzielt worden sind. Auf Grund der neueren Entwicklungen können Investmentzertifikate sowohl an der Börse gehandelt als auch außerbörslich direkt über die Investmentgesellschaft gekauft und an diese wieder zurückgegeben werden.

ba) Aktien

Folgende **Formen** sinyd zu unterscheiden:

- **Nennwertaktien (Summenaktien)** lauten auf einen festen, ziffernmäßig bestimmten Nennwert (mindestens 1 EUR) und drücken eine pro-rata-Beteiligung am Grundkapital (Aktienkapital) der Gesellschaft aus. Ein bestimmter Geldbetrag repräsentiert damit den Anteil am Grundkapital. Die Kursangabe erfolgt in Euro/Stück oder in% des Nennwertes. Über-pari-Emission der Nennwertaktien ist üblich, dagegen sind Unter-pari-Ausgaben unzulässig.
- **Quotenaktien** drücken eine quotenmäßige Bruchteilsberechtigung am Grundkapitalaus. Dabei steht nicht der feste Betrag des Anteils, sondern der **verhältnismäßige Anteil** am Grundkapital einer Gesellschaft fest. Quoten-Aktien können beispielsweise auch auf 1/100, 1/1000, 1/25000 des Grundkapitals lauten. In diesem Fall handelt es sich um „verkappte Summenaktien" **(unechte nennwertlose Aktien)**. Somit repräsentiert zwar auch die Quotenaktie einen pro-rata-Anteil am Grundkapital, nur hat bei der Nennwertaktie der Nennwert die Aufgabe der Quotenabgrenzung, ausgedrückt in einem festen Geldbetrag. Quotenaktien sind seit der Euro-Umstellung vom deutschen Aktiengesetz zugelassen.
- **Echte nennwertlose Aktien** liegen dann vor, wenn weder ein zahlenmäßiges Volumen des Aktienkapitals noch eine bestimmte Zahl von Aktien, die (maximal) emittiert werden dürfen, festgelegt sind (bewegliche Quote). Echte nennwertlose Aktien können aber auch dann gegeben sein, wenn zwar in der Satzung der Gesellschaft die Zahl der Anteile vorgesehen ist, jedoch kein im Voraus festgelegter Ausgabepreis und/oder fester Kapitalbetrag bestimmt sind (siehe *Hausladen,* 21). Diese Form der Quotenaktie hat insbesondere die im angelsächsischen Wirtschaftsraum Relevanz.
- **Stammaktien** verbriefen die für den Normalfall vom Aktiengesetz vorgesehenen Rechte: Stimmrecht und Vermögensrechte (Recht auf Dividendenzahlung und auf Beteiligung am Liquidationserlös).
- **Vorzugsaktien** verbürgen dem Inhaber **Sonderrechte** hinsichtlich der Dividendenzahlung (Dividende liegt über derjenigen, die an Stammaktionäre ausgeschüttet wird; Dividende wird in bestimmter Höhe garantiert), hinsichtlich der Beteiligung am Liquidationserlös und hinsichtlich des Stimmrechts (Mehrfachstimmrecht oder Vorzugsaktien ohne Stimmrecht). Die genannten „Vorzüge" können einzeln oder in unterschiedlicher Kombination

gewährt werden. **Kumulative** Vorzugsaktien sichern dem Inhaber Nachholungen ausgefallener Dividende in späteren Jahren zu. Andere Vorzugsaktien gewähren eine **Überdividende** insofern, als sie nicht nur eine Vorzugsdividende, sondern zusätzlich eine höhere Beteiligung am Gewinn auf die Stammaktien erhalten. Ebenso ist mehrfache Staffelung der Dividendenfolge zu beobachten. **Vorzugsaktien ohne Stimmrecht** gewähren eine bevorzugt auszuschüttende feste Gewinnquote, die für ertragslose Geschäftsjahre zeitlich unbeschränkt nachzahlbar ist. Das Stimmrecht ruht, solange die Gesellschaft in der Lage ist, die Vorzugsdividende zu zahlen, und lebt wieder auf, wenn die Gesellschaft ihren Verpflichtungen gegenüber dem Vorzugsaktionär nicht nachkommen kann.

- **Inhaberaktien** lauten auf den Inhaber und können vom jeweiligen Besitzer formlosdurch Einigung und Übergabe übertragen werden.
- **Namensaktien** gewähren nur demjenigen, dessen Name im Aktienbuch der Gesellschaft eingetragen ist, die vollen Rechte als Aktionär. Die Übertragung einer Namensaktie setzt somit die Umschreibung im Aktienbuch sowie das Indossament des Vorbesitzers auf der Aktie voraus. Im Falle der **vinkulierten** Namensaktie ist darüber hinaus die Übertragung an die Zustimmung der Gesellschaft gebunden.
- **Sammelaktien:** Zur Unterbringung der Emission bei Großaktionären kann die Gesellschaft die einzelnen Aktien kleinerer Stückelung zu Sammelaktien mit höherem Nennbetrag zusammenfassen (z.B. 14 000 Aktien zu 50 EUR, der Nrn. 6001-20 000 in 1400 Sammelaktien über 10 Aktien zu 100 EUR mit den Nrn. A l – 1400).

Die Rendite von Nennwertaktien wird für die jeweils letzte Dividendenzahlung durch Gegenüberstellung von Dividendensatz und Anschaffungskurs wie folgt ermittelt:

Dividendenrendite (%) = Dividendensatz (EUR) *100 / Anschaffungskurs (EUR)

Unter Annahme eines Dividendensatzes von 9 EUR/Stück von Aktien über einen Nennwert von 50 EUR und einem Anschaffungskurs von 130 EUR/Stück beträgt die Dividendenrendite 6,92% (= 9 * 100/130), während die **Nominalverzinsung** (Dividendensatz bezogen auf den Nennwert) bei 18% liegt (9/50*100).

Zur Erklärung bzw. Prognose der Börsenkursbildung wird häufig das sog. **Kurs-Gewinn-Verhältnis** (**KGV**; Price-Earnings-Ratio: **PER**) als ein Instrument der **Fundamentalanalyse** herangezogen, das angibt, mit dem Wievielfachen des Gewinns die Aktie bewertet ist:

KGV = Aktienkurs (EUR) / Gewinn pro Aktie (EUR)

Zusätzlich zum Aktienkurs, der börsentäglich veröffentlicht wird, ist somit der Gewinn pro Aktie zu ermitteln, der auch als Earnings per Share (**EPS**) bezeichnet wird

Gewinn pro Aktie (zu 100 EUR Nennwert) = Gewinn (EUR) * 100 / Grundkapital (EUR)

Eine **Prognose** des künftigen durchschnittlichen Akenkurses einer Periode kann somit über die Gleichung

Aktienkurs (EUR) = KGV * EPS (EUR)

erfolgen.

Als weiterer Indikator für die Beurteilung von Aktien dient der **innere Wert** einer Aktie. Dieser kann ausgedrückt durch den **Bilanzkurs** ausgedrückt werden:

Bilanzkurs (%) = Eigenkapital (EUR) * 100 / Grundkapital (EUR)

Bei **Vergleich** des Aktienkurses (als extern ermittelten Kurswertes) mit dem Bilanzkurs (als internen ermittelten Wertes) ergeben sich folgende Zusammenhänge: Ist der Kurswert **niedriger** als der innere Wert, so gilt die Aktie als kaufenswert (weil unterbewertet). Dieser Sachverhalt hat zur Konsequenz, dass der Kurswert **steigen** wird. Ist dagegen der Kurswert **höher** als der Bilanzkurs, dann ist die Aktie offensichtlich überbewertet, was zur Folge hat, dass der Kurswert – rationales Verhalten an der Börse vorausgesetzt – **sinken** wird. Alternative Erklärungsansätze (siehe dazu *Hielscher; Edwards/Magee*) zur Börsenkursbildung sind in Form der sog. **Technischen Analyse,** die auf der Analyse von Kursverläufen der Vergangenheit basiert (zu den einzelnen Verfahren siehe v.a. *Welcker; Schmidt, R.*; zur Chart-Analyse, insbesondere Point and Figure-Charts, siehe *Lerbinger*), sowie der **Random-Walk-Hypothese** entwickelt worden. Letztere geht davon aus, dass die zeitliche Entwicklung der Aktienkurse einen stochastischen Prozess darstellt, der sich als Random-Walk-Modell beschreiben läßt, mit dessen Hilfe ein **Erwartungswert** für den **Kursverlauf** ermittelt wird (siehe dazu v.a. *Schmidt, R.*; *Buchner*).

Bezugsrechte spielen eine besondere Rolle bei Kapitalerhöhungen von Aktiengesellschaften durch Ausgabe neuer Aktien oder durch Ausgabe von Wandel- und Optionsschuldverschreibungen, die eine Schaffung von „bedingtem" Kapital im Umfang des Emissionsvolumens der Obligation voraussetzen. Diese räumen den vorhandenen Aktionären („Altaktionären") grundsätzlich einen Anspruch auf Zuteilung eines dem bisherigen Anteil am Grundkapital entsprechenden Teiles der neuen („jungen") Aktien ein (§ 186 Abs. 1 AktG). Damit soll eine „**Verwässerung**" des Kapitals (siehe dazu *Nolte*) vermieden werden. Da Bezugsrechte selbständig gehandelt werden können, ist zwischen einem **rechnerischen Wert** und dem **Kurswert** des Bezugsrechts zu unterscheiden:

Rechnerischer Wert = (Börsenkurs alte Aktie – Emissionskurs neue Aktie) / (BV + 1)

wobei: BV = Bezugsverhältnis

BV = Bisheriges Grundkapital / Zusätzliches Grundkapital

Erfolgt beispielsweise eine Kapitalerhöhung von 80 Mio. EUR auf 100 Mio. EUR, so ergibt sich ein Bezugsverhältnis von 4 (80 : 20 = 4 : 1 = 4). Unterstellt man ferner einen Kurs der „alten" Aktie von 400 und einen (beabsichtigten) Kurs der „jungen" Aktie von 350, dann beträgt der **rechnerische Wert** (ohne Berücksichtigung einer unterschiedlichen Dividendenberechtigung)

BV = (400 ./. 350) / (4 + 1) = **10**

Der rechnerische Wert des Bezugsrechtes von 10 soll somit den Verwässerungseffekt ausgleichen, der durch die größere Zahl von gehandelten Aktien bei deren Kurswert vermutlich auftreten wird. Bei einem **Bezugsrechtshandel**, der den Gesetzen von Angebot und Nachfrage folgt, können allerdings abweichende Ergebnisse auftreten. Wird das Bezugsrecht unter dem rechnerischen Wert von 10 gehandelt, erleidet der Aktionär einen Verlust, im anderen Fall (Kurswert > 10) erzielt der Alt-Aktionär einen Gewinn.

Wie *Kruschwitz* zeigt, stellt diese von der Bankpraxis entwickelte „Formel" zur Berechnung des Wertes eines Bezugsrechts unter „normalen" Emissionsbedingungen (= Laufzeit des Options- bzw. Bezugsrechts < 14 Tage) eine gute Approximation gegenüber dem – rechnerisch exakteren – optionspreistheoretischen Ansatz (siehe dazu 7.2.2.1.5) her. Bei Anwendung der *Black/Scholes*-Bewertungsgleichung ergibt sich für das einzelne **Bezugsrecht** (*BR*) folgende Gleichung:

$$BR = \frac{S*N(d_1) - B(1+R)^{-T}*N(d_2)}{1 + \frac{a}{j}}$$

wobei: S = Kurs der alten Aktie (zum Bezugsrecht)
N = kumulierte Normalverteilung (siehe Tabellenwerte bei *Eilenberger 1994*)
B = Emissionspreis einer jungen Aktie
j = Anzahl der jungen Aktien
a = Anzahl der alten Aktien
R = risikoloser Zinssatz, zu dem Anleger jederzeit Geld investieren oder leihen können
T = Laufzeit der Bezugsfrist

Für d_1 und d_2 gelten folgende Zusammenhänge:

$$d_1 = \frac{\ln\ S/B + [\ln(1+R) + s^2/2]T}{s\sqrt{T}}$$

$$d_2 = d_1 - s\sqrt{T}$$

wobei: ln = logarithmus naturalis (siehe Tabellenwerte bei *Eilenberger 1994*)
s^2 = Momentanvarianz des zugrunde liegenden Titels

Bei Annahme einer Laufzeit T < 14/360 (= 0,0389) und eines risikolosen Zinssatzes von R = 0,1 p.a. sowie einer für deutsche Aktiengesellschaften typischen Relation von S/B > 1,25 ergibt sich der in Abbildung 34-2 dargestellte Verlauf der Optionspreiskurve (stärker gezeichnete Kurve) und der Geraden, die den Ansatz der Bankpraxis repräsentiert. Da in diesem Fall die Werte von $N(d_1)$ und $N(d_2)$ nahe 1 sind, ist ein Platzierungserfolg bei Emissionspreisen wahrscheinlich, die zu Beginn der Optionsfrist mindestens 20% unter dem Börsenkurs der alten Aktie liegen (vgl. *Kruschwitz,* 117).

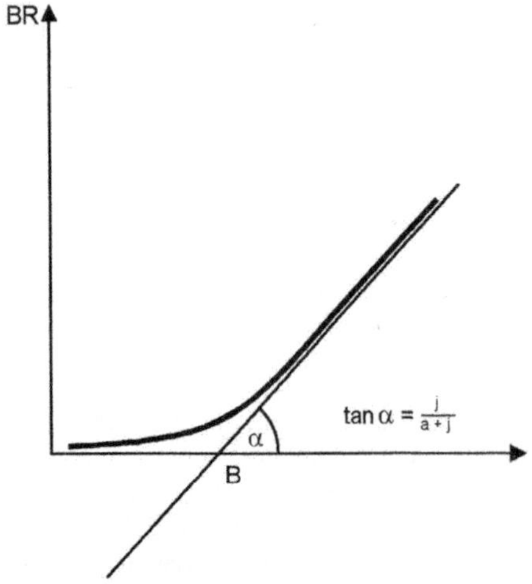

Abb. 34-2: Optionsspreistheoretische und bankpraktische Bewertung von Bezugsrechten (Quelle: *Kruschwitz,* 116)

bb) Investmentanteile

Investmentanteile stellen grundsätzlich Wertpapiere ohne (festen) Nennwert dar und eröffnen ein **indirektes** Beteiligungsrecht (über den Investmentfonds) an Portfolien von Aktien und Portfolien sonstiger Vermögensgegenstände (**Investmentfonds**). Insofern verkörpern **Anteilsscheine** an Investmentfonds (**Investmentzertifikate**) eine völlig andere Art der Beteiligung gegenüber den „klassischen" Beteiligungspapieren. Die Zahl der Investmentzertifikate deutscher Kapitalanlagegesellschaften ist nach oben offen (siehe 5.6). Ein im Voraus festgelegter Preis je Anteilsschein besteht ebenso wenig wie ein bestimmtes, vorgegebenes Fondsvolumen. Ein Börsenhandel der Anteilsscheine ist seit einiger Zeit grundsätzlich möglich. Findet er nicht statt, sind Kapitalanlagegesellschaften gesetzlich zur börsentäglichen Veröffentlichung ihrer Ausgabe- und Rücknahmepreise verpflichtet.

Hinsichtlich der **Arten** von Investmentzertifikaten ist seit Einführung von **Geldmarkt-Sondervermögen** durch das 2. FMFG zum 1.8 1994 zwischen **Geldmarktzertifikaten** und **Kapitalmarktzertifikaten** zu unterscheiden (Abbildung 34-3). Dazu kommen Zertifikate von offenen Fonds in Gestalt der **Offenen Immobilienfonds**, **Altersvorsorge-** und **sonstige Fonds** sowie **Hedge-Fonds**.

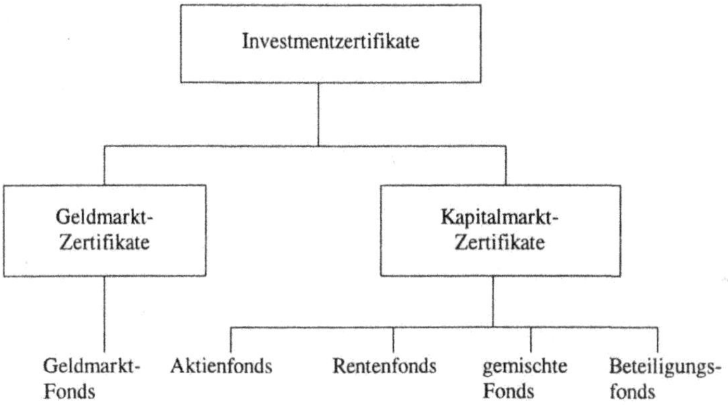

Abb. 34-3: Systematik von Investmentzertifikaten nach Fondsarten

Geldmarkt-Sondervermögen (Geldmarkt-Fonds) sind dadurch charakterisiert, dass Kapitalanlagegesellschaften Fondsmittel in **Geldmarktinstrumenten** und **Bankguthaben** anlegen. Als **Geldmarktinstrumente** gelten verzinsliche Wertpapiere und Schuldscheindarlehen, die im Zeitpunkt ihres Erwerbs für das Sondervermögen eine **Restlaufzeit** von höchstens zwölf Monaten haben oder deren Verzinsung variabel ist (z.B. Zinsanpassung von FRN nach LIBOR, EURIBOR oder ähnlichen **Referenzzinssätzen**; siehe dazu *Eilenberger 1995),* d.h. nach den Ausgabebedingungen während ihrer gesamten Laufzeit regelmäßig, mindestens aber einmal in 12 Monaten marktgerecht angepasst werden. Auch **abgezinste Wertpapiere** (z.B. abgezinste Nullkupon-Anleihen) gelten, wenn sie den genannten Voraussetzungen entsprechen, als verzinsliche Wertpapiere. Dagegen dürfen andere Wertpapiere und Schuldscheindarlehen für das Geldmarkt-Sondervermögen nicht erworben werden. Die Kapitalanlagegesellschaft darf im Geldmarkt-Sondervermögen alternativ auch in **Bankguthaben** anlegen, die keine längere Laufzeit als 12 Monate aufweisen. Die entsprechenden Guthaben sind bei der Depotbank der Kapitalanlagegesellschaft oder auf Sperrkonto bei anderen Banken zu unterhalten, die Mitglied einer deutschen Sicherungseinrichtung oder entsprechenden Sicherungseinrichtung eines EU- oder EWR-Staates sind und müssen in vollem Umfang durch die Sicherungseinrichtung garantiert sein. In den Vertragsbedingungen ist festzulegen, welcher Anteil des Geldmarkt-Fonds höchstens in Bankguthaben gehalten werden darf. Über Geldmarkt-Fonds ausgegebene Zertifikate werden als **Geldmarkt-Zertifikate** bezeichnet.

Den Standardfall von **Kapitalmarktzertifikaten** stellen die auf Basis von **Wertpapier-Sondervermögen** ausgegebenen Investmentzertifikate dar. Dabei kann grundsätzlich danach unterschieden werden, ob die Fondsmittel ausschließlich in Aktien **oder** in Rentenwerten (Schuldverschreibungen) **oder** in gemischten Fonds von Aktien- und Rentenwerten investiert werden.

Die **Anteilsscheine**, in denen die Ansprüche der Anteilsinhaber gegenüber der Kapitalanlagegesellschaft verbrieft werden, können auf den Inhaber oder auf Namen lauten (§ 33 InvG). Im ersten Fall handelt es sich um **Inhaberanteilscheine**, im zweiten Fall um **Namensanteilscheine** (Abbildung 34-4). Lauten sie auf den Namen, so gelten die §§ 67 und 68 AktG entsprechend. Die Anteilscheine können über einen oder mehrere Anteilscheine desselben Sondervermögens ausgestellt werden. In Sammelverwahrung können nur Inhaberanteilscheine oder blanko indossierte Namensanteilscheine genommen werden (§ 35 Abs. 1 InvG).

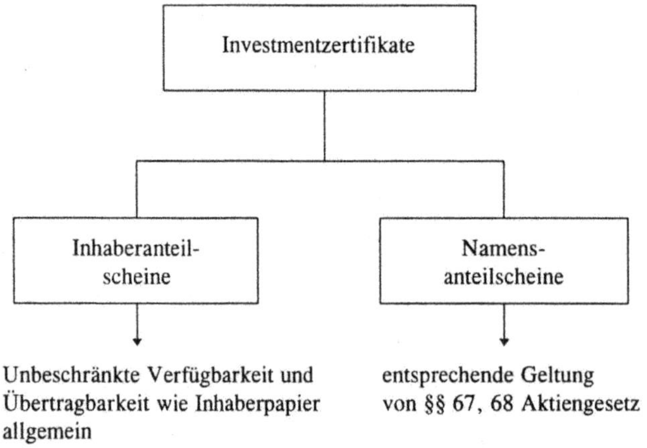

Abb. 34-4: Systematik von Investmentzertifikaten nach ihrer Verfügbarkeit

Im Falle **nicht börsennotierter Investmentzertifikate** bestimmt sich der **Ausgabepreis** aus der Summe aller Vermögenswerte eines Fonds einschließlich der Barguthaben und der bis zum Stichtag angefallenen Wertpapiererträge (= Inventarwert) sowie der Ankaufsspesen der Anlagepapiere, dividiert durch die Zahl der umlaufenden Anteile; dazu kommt zur Deckung der Ausgabekosten (für Druck der Anteilszertifikate, Vertrieb und Vermittlungsgebühren für Banken) ein Zuschlag unterschiedlicher Höhe – zwischen 3% für Rentenfonds und 5% für Aktienfonds.

Der **Rücknahmepreis** für Zertifikate, die der Investmentgesellschaft angeboten werden, ergibt sich aus der Division des gesamten Fondsvermögens **(Inventarwert netto)** durch Anteile, ggf. unter Abzug geringer Rücknahmespesen. Maßgebend für den Rückkauf ist der Anteilsvertrag für den betroffenen Fonds.

Die Ermittlung des Ausgabe- und Rücknahmepreises je Anteil für **Kapitalmarktzertifikate** an einem bestimmten Stichtag soll folgendes Beispiel veranschaulichen:

1. Ermittlung des Ausgabepreises:

Fondsvermögen (zu Tageswerten)	400 Mio. €
Barvermögen	10 Mio. €
Bis zum Stichtag realisierte Erträge aus dem Fondsvermögen	30 Mio. €
Sonstige Vermögen	10 Mio. €
Inventarwert netto (= gesamtes Fondsvermögen):	450 Mio. €
Umlauf an Anteilscheinen: 10 Millionen Stück	
Tageswert je Anteil (450 Mio. €: 10 Mio. Stück)	45,00 €
+ 5% Ausgabekosten	2,25 €
Ausgabepreis je Anteilsschein	**47,25 €**

2. Ermittlung des Rücknahmepreises:

Inventarwert netto je Anteil	45,00 €
./. Rücknahmespesen (0,5%)	0,23 €
Rücknahmepreis je Anteilsschein	**44,77 €**

Für **Geldmarktzertifikate** ermäßigen sich die Zuschläge auf 0,5% bei den Ausgabekosten. Häufig entfallen derartige Kosten wegen der Konkurrenz zu Geldmarktkonten der Banken ganz. Der Ansatz von Rücknahmespesen entfällt weitgehend, zumal ansonsten derartige Anlagen für den Investor wirtschaftlich uninteressant werden. Geldmarktfonds erscheinen v.a. in Zeiten hoher Zinsen und inverser Zinsstruktur für Anleger vorteilhaft.

Bei Preisvergleichen zwischen den Investmentzertifikaten verschiedener Fonds ist die Zahl der umlaufenden Fondsanteile ebenso zu berücksichtigen wie die Tatsache, ob die zu vergleichenden Fonds in Zeiten niedriger oder hoher Wertpapierkurse entstanden sind, welche Zusammensetzung sie aufweisen und wie die Qualität des Fondsmanagements zu beurteilen ist.

c) Mischformen (Sonderformen der Schuldverschreibungen):

Das gemeinsame Charakteristikum derartiger Schuldverschreibungen besteht darin, dass sie mit **Zusatzrechten** ausgestattet sind, die entweder den Erwerb von Aktien der Gesellschaft ermöglichen (Wandel- und Optionsschuldverschreibungen) oder über einen festen Zins hinaus auch noch eine Beteiligung des Obligationärs am Reingewinn der betreffenden Gesellschaft vorsehen (Gewinnschuldverschreibungen). Zusatzrechte dienen im Allgemeinen als Anreiz für Anleger, wenn der Kapitalmarkt für „normale" Schuldverschreibungen nicht genügend aufnahmefähig erscheint. Eine Sonderstellung nehmen die **Genußrechte (Genußscheine)** ein, da sie für Banken haftendes Eigenkapital (§ 10 Abs. 5 KWG) darstellen können. Inhaltlich besteht darüber hinaus weitgehend freie Gestaltbarkeit durch den Emittenten. Sinngemäß gelten die Vorschriften des §221 Abs. 3 AktG (für Wandel- und Optionsschuldverschreibungen) auch für Genußscheine.

ca) Wandelschuldverschreibungen

Wandelobligationen sind Schuldverschreibungen, bei denen den Gläubigern ein **Umtauschrecht** auf Aktien der Gesellschaft eingeräumt wird. Der Umtausch ist zu bestimmten Zeitpunkten unter Berücksichtigung von Umtauschfristen möglich. Die Emission von Wandelschuldverschreibungen bedarf eines Beschlusses der Hauptversammlung mit einer Mehrheit von mindestens $^3/_4$ der vertretenen Stimmen (§ 221 AktG), da Aktionärsrechte durch die Umwandlung von Fremdkapital in Beteiligungskapital betroffen sind. Von der Hauptversammlung ist auch das **Umtauschverhältnis** bzw. **Wandlungsverhältnis** (WV) festzulegen, d.h. das Verhältnis von

WV = Nennwert der Wandelobligation / Nennwert der eintauschbaren Aktien

Ein Umtauschverhältnis von 5:1 bedeutet daher, dass für den Umtausch in Aktien von nominal 100 EUR Wandelschuldanteile in Höhe von nominal 500 EUR erforderlich sind. Für den Fall der Umwandlung kann in den Anleihebedingungen auch eine **Zuzahlung** vorgesehen werden. In diesem Fall ist der **Unitauschkurs** höher als der Nennwert der Aktie und liegt zwischen Kurswert und Nennwert. Grundsätzlich kann der Umtauschkurs **fest** sein (wird bei der Emission festgelegt), **fixiert veränderlich** sein, d.h. er ist zeitabhängig (für bestimmte Perioden der Umtauschzeit gelten bestimmte Kurse, die mit fortschreitendem Zeitablauf immer geringere Zuzahlungen vorsehen), oder **abhängig veränderlich** sein (vom Börsenkurs oder der Dividende).

Nimmt der Wandelobligationär das Recht auf Umtausch wahr, erlischt die Obligation. Der **Kurs** von Wandelobligationen hängt neben dem Umtauschverhältnis und dem Umtauschkurs von folgenden Determinanten ab:

- Verzinsung der Obligation (der Nominalzinssatz liegt bei Wandelschuldverschreibungen regelmäßig unter demjenigen regulärer Schuldverschreibungen);
- Börsenkurs der eintauschbaren Aktie (umtauschfördernden Einfluss auf die Entscheidung des Obligationärs üben ohne Zweifel hohe Börsenkurse und ggf. Kurserwartungen im Sinne eines Steigens des Börsenkurses aus).

Für die Entscheidung des **Obligationärs** stellt die **Wandlungsprämie** (P) das wesentliche Kriterium dar:

$$P\,(\%) = (WP * 100 / K_A) \;./.\; 100$$

wobei:

WP = (aktueller) Wandelpreis; K_A= (aktueller) Aktienkurs

Während eine **positive** Wandlungsprämie ein **Aufgeld** bedeutet, das für den Aktienerwerb durch den Obligationär zu leisten ist, zeigt eine **negative** Wandlungsprämie an, dass der Erwerb der Aktie über den Kauf der Wandelanleihe gegenüber dem Direkterwerb (sofern diese Möglichkeit überhaupt besteht) vorteilhafter sein wird. Die Ermittlung der Wandlungsprämie setzt die Feststellung des aktuellen **Wandelpreises** (WP) voraus (=WV bezogen auf 100 Währungseinheiten):

$$WP = WV * K_W + Z \;./.\; B_0$$

wobei:

K_W= Kurs der Wandelanleihe; Z = Zuzahlung; B_0 = Barwert der Differenz von Zinserträgen ./. entgangene Dividenden.

Für den Fall der Existenz von Stamm- und Vorzugsaktien mit unterschiedlichen Kursen tritt an die Stelle von K_W das arithmetische Mittel der beiden aktuellen Aktienkurse (K_{Stv}), also:

$$K_{Stv} = (K_{St} + K_V) / 2$$

wobei:

K_{St}= aktueller Kurs der Stammaktie; K_V= aktueller Kurs der Vorzugsaktie

Der **Emittent** bestimmt den (rechnerischen) Wandelpreis (als Bestandteil der Anleihebedingungen) durch Antizipation des während der Wandelfrist erwarteten Aktienkurses und des Emissionskurses der Wandelanleihe unter Berücksichtigung des auf Grund der Kapitalerhöhung resultierenden Wandlungsverhältnisses. Die oben dargelegten Formeln können daher zur Ermittlung des Wandelpreises zum Kalkulations- bzw. Emissionszeitpunkt Anwendung finden.

Eine Sonderstellung nehmen die im April 2011 erstmals von der *Commerzbank* emittierten **Pflichtwandelanleihen (Conditional Mandatory Exchangeabel Notes – Comen)** ein, die eine Pflicht zur Umwandlung der begebenen Notes in Aktien der Gesellschaft zum Gegenstand haben. Dabei entsteht im Handel an der Börse ein Spread zwischen Comen und der Alt-Aktie. Für die Marktteilnehmer ergibt sich durch diese Konstruktion die Chance zur Realisierung von Spekulationsgewinnen. Die Bank dagegen erwartet eine Erhöhung des Emissionserfolges für die Aktie.

cb) Optionsschuldverschreibungen

Diese Sonderform von Schuldverschreibungen enthält ein **Optionsrecht** (= Anwartschaftsrecht), das den Obligationären – im Gegensatz zu Wandelobligationen – den Anspruch auf **zusätzlichen** Bezug einer Aktie der Gesellschaft einräumt, wobei die Obligation bestehen bleibt. Übt der Obligationär das Optionsrecht aus, wird er **gleichzeitig** auch zum Aktionär der Gesellschaft. Das Optionsrecht wird durch den **Optionsschein** verkörpert, der von der Obligation getrennt und selbständig gehandelt werden kann. Der Optionsschein, der ein Bezugsrecht verbrieft, ist in diesem Falle als ein spekulatives Wertpapier anzusehen, da bei geringem Kapitaleinsatz hohe Gewinnchancen bestehen (wenn der Börsenkurs der Aktie steigt). Allerdings sind in Anbetracht der Möglichkeit des Sinkens des Börsenkurses der Aktie Verlustrisiken gegeben. Der **rechnerische Wert** des Optionsscheins entspricht dem Unterschiedsbetrag zwischen dem Kurs der Aktie und dem Ausgabekurs der Bezugsaktie. Entsprechend der Kurserwartungen weicht der **tatsächliche** Kurs der Optionsscheine (i. d. R. nach oben) vom rechnerischen Wert ab. Bei Kapitalerhöhungen nach Ausgabe von Optionsscheinen ist der Optionspreis zu ermäßigen, und zwar nach folgender Formel:

$$E = (P - B) / (V + 1)$$

wobei:

E Ermäßigungsbetrag
P jeweils gültiger Optionspreis
B Bezugspreis für neue Aktie oder niedrigster Wandlungs-/Optionspreis für eine Aktie
V Bezugsverhältnis für neue Aktien oder Bezugsverhältnis für die Teilschuldverschreibung multipliziert mit dem Wandlungs- oder Optionsverhältnis.

Die Differenz zwischen direktem Kauf der Aktie und dem Kauf über Optionsscheine stellt eine **Prämie** (P) dar, die als Prozentsatz des jeweiligen Aktienkurses (bei direktem Kauf) ausgedrückt wird, also:

$$P(\%) = \frac{(B + K_o - K_A) \cdot 100}{K_A}$$

wobei: K_o ... Kurs des Optionsscheins
K_A ... (aktueller) Kurs der Aktie

Die Ermittlung der Prämie mit obiger Formel unterstellt ein für deutsche Optionsanleihen typisches Verhältnis zwischen Aktie und Optionsschein von 1:1. Bei abweichendem Bezugsverhältnis (BV z.B. 5:1) ist der Kurs des Optionsscheins durch das entsprechende Verhältnis von Aktie zu Optionsschein zu dividieren:

$$P(\%) = \frac{(B + \frac{K_o}{BV} - K_A) \cdot 100}{K_A}$$

Für den **Anleger** bedeutet die **Prämie** den Preis für die Chance, im Vergleich zum direkten Kauf der betreffenden Aktie einen prozentual höheren Kursgewinn zu erzielen. Er ist daher bereit, für den Bezug der Aktie über den Optionsschein ein **Aufgeld** (gegenüber dem direkten Aktienkauf) zu bezahlen. Allerdings sind mit dem Erwerb von Optionsscheinen auch Risiken verbunden, deren extreme Ausprägung im totalen Verlust des Anlagebetrages bestehen können. Dieser Fall tritt ein, wenn am Ende der Bezugsfrist der Optionspreis erheblich über dem Aktienkurs liegt und der Bezugskurs nicht erreicht wird. Daher erscheint der Kauf von Optionsscheinen insbesondere in schwächeren Börsenphasen mit ausgesprochen pessimistischer Marktstimmung als vorteilhaft. Bei Verbesserung der Börsenstimmung empfiehlt sich eine Realisierung der Optionsscheine nach der „Börsenregel" auf Optionsmärkten, dass „Warrants" (Optionsscheine) verkauft werden müssen und nicht auszuüben sind. Die Entscheidungen des Anlegers werden darüber hinaus durch den **Hebeleffekt,** als **Leverage-Faktor** (LF) bezeichnet, und das **Kapitaleinsatzverhältnis (KEV)** beeinflusst. Der LF gibt Auskunft darüber, in welchem Ausmaß der Optionsschein an der Kursentwicklung der Aktie partizipiert:

$$LF = \frac{K_A \cdot Z_A}{K_O}$$

wobei: K_A...Aktienkurs
K_O...Kurs des Optionsscheins
Z_A...Zahl der zu beziehenden Aktien

Das KEV stellt den reziprokenWert des LF dar und zeigt an, mit welchem (prozentualen) Kapitaleinsatz (zum Kaufzeitpunkt des Optionsscheins) der Erwerb der betreffenden Aktie möglich ist:

$$KEV = \frac{K_O}{K_A \cdot Z_A} \cdot 100$$

Entsprechend der verschiedenen Handelsmöglichkeiten und Handelsobjekte entstehen im Zusammenhang mit Optionsschuldverschreibungen verschiedene **Kurse,** je nachdem, ob es sich um **volle** Stücke (Obligation einschließlich Optionsschein), **leere** Stücke (Obligation ohne Optionsschein) oder den **Optionsschein allein** handelt.

Ähnlich dem Umtauschverhältnis bei Wandelobligationen ist bei Optionsschuldverschreibungen ein **Bezugsverhältnis** (von Aktien auf Grund des Optionsrechts) festgelegt. Ebenso kann ein bestimmter **Bezugskurs** vorgegeben werden (Bezug von Aktien gegen bestimmte Zuzahlung). Die Festsetzung von Zuzahlungen verfolgt den Zweck, ein möglichst großes Finanzmittelaufkommen zu realisieren. Daher geht der **Emittent** bei der Ermittlung des Optionspreises in Analogie zur Bestimmung des Break-Even-Kurses bei Kaufoptionen (Call Options; der Emittent als Verkäufer der Kaufoption) vom aktuellen Kurswert der Aktien zum Kalkulationszeitpunkt aus. Unter Berücksichtigung des zu erwartenden Aktienkurses im Ausübungszeitraum der Option erfolgt die Festlegung des Optionspreises als Prämie und ggf. des Bezugsverhältnisses. Der tatsächliche Erfolg lässt sich für den Emittenten allerdings erst nach Ende der Optionsfrist feststellen.

cc) Gewinnschuldverschreibungen

Im Regelfall erhält der Inhaber einer Gewinnobligation neben einer festen Nominalverzinsung noch eine variable **Zusatzverzinsung** (Gewinnanteil), deren Höhe vom Dividendensatz abhängig ist (zum Beispiel: 4% feste Verzinsung + halber Dividendensatz). Grundsätzlich wäre auch eine Ausstattung der Obligation ausschließlich mit dividendenabhängiger Verzinsung, also ohne feste Verzinsung, möglich. Der **Kurs** von Gewinnobligationen hängt somit – je nach Ausgestaltung – von der Dividendenerwartung **und** der Höhe der Mindestverzinsung oder **nur** von der Dividendenerwartung ab.

cd) Genußrechte (Genußscheine)

In Zusammenhang mit den KWG-Novellen 1984 und 1993 sowie dem erkennbaren Bestreben von Nichtbank-Unternehmen, das Stimmrecht bei Aktien aus Kapitalerhöhungen auszuschließen und deshalb stimmrechtlose Vorzugsaktien zu begeben, erlebte der Genussschein, der ursprünglich primär bei Gründungen und Sanierungen als „Besserungsschein" Anwendung fand, eine Renaissance. **Genußscheine** sind Wertpapiere, die **Genußrechte** verbriefen. Ihre Vorteile bestehen in der Vielseitigkeit der Zweckbestimmung und in der weitgehenden (inhaltlichen) Gestaltungsfreiheit, zumal Genussrechte zwar in verschiedenen Gesetzen erwähnt werden, eine verbindliche Definition im Detail jedoch fehlt. Während beispielsweise § 221Abs. 1 AktG zumindest die wesentlichen Merkmale von Wandel- und Gewinnschuldverschreibungen enthält, beschränkt sich § 221 Abs. 3 AktG auf die lapidare Feststellung: „Absatz 1 gilt sinngemäß für die Gewährung von Genußrechten". Darüber hinaus ergänzt § 221 Abs. 4 AktG, dass Aktionäre auch auf Genußrechte ein Bezugsrecht haben und § 186 AktG (Bezugsrecht) sinngemäß gelte.

Primär handelt es sich bei Genußrechten um Gläubigerrechte, mit der Konsequenz, dass die jeweiligen Inhaber schuldrechtliche Ansprüche gegenüber dem Emittenten besitzen. Andererseits können Genussrechte in unterschiedlichem Umfang Vermögensrechte in Form der Teilhabe am Periodengewinn, am Liquidationserlös und ggf. Bezugsrechte umfassen. Sie sind daher grundsätzlich **hybride Finanztitel**. Wenn auch gewisse Analogien zur Stellung eines Aktionärs, insbesondere des Inhabers stimmrechtloser Vorzugsaktien gegeben sein mögen, schließen Genussrechte weitergehende Rechte aus, die dem (Vorzugs-)Aktionär zustehen. Dem Vorzugsaktionär verbleiben alle anderen Verwaltungsrechte und selbst das Stimmrecht kann wieder aufleben, wenn die Verpflichtungen der Gesellschaft bezüglich der Vorzugsdividende nicht erfüllt werden. Dagegen gewähren Genußrechte eine gewinnunabhängige Basisverzinsung.

Die Bedeutung des Genußrechtskapitals hängt von den Zielsetzungen des Emittenten ab, der es grundsätzlich als **eigenkapitalähnliche Finanzmittel** oder als **nachrangiges Haftkapital** und damit wirtschaftlich als **Fremdkapital** einsetzen kann. Im letztgenannten Fall ergeben sich unter steuerrechtlichen Aspekten Vorteile in der Weise, dass die Leistungen an die Gläubiger Betriebsausgaben darstellen, die bei der Einkommensermittlung steuermindernd wirken.

Aus diesem Grund werden die Genußrechte meist in der Weise gestaltet, dass sie das Recht auf Liquidationserlös ausschließen und nur das Recht auf Gewinnbeteiligung einräumen, um die Anforderungen an die Qualifikation als **steuerliches Fremdkapital** zu erfüllen. In diesem Falle sind nicht nur die Schuldzinsen, sondern auch die Ausschüttungen, die der Genußschein verkörpert, steuerlich abzugsfähige Betriebsausgaben des Emittenten.

Trotz der grundsätzlich unbeschränkten Gestaltungsfreiheit lassen sich folgende **Grundtypen** von Genußscheinen unterscheiden:

- **Festverzinste Genußscheine**: Die in den Genußscheinbedingungen festgelegte Verzinsung pro Geschäftsjahr der Laufzeit ist vorab aus dem von der Gesellschaft erwirtschafteten Gewinn (vor der Ausschüttung an die Gesellschafter) zu leisten. Im Falle von Verlusten unterbleibt zwar die Zahlung in der betreffenden (Zins-)Periode; die Zahlung ist jedoch bei Besserung, d.h. entstandenen Gewinnen, in den Folgejahren nachzuholen. Dieser Typus findet in der Regel bei **BankGenußscheinen** Anwendung **(Ergänzungskapital** nach § 10 Abs. 2b KWG).
- **Erfolgsabhängige Genußscheine**: Der Inhaber des Genußscheines wird dabei direkt am Unternehmenserfolg insofern beteiligt, als sich die Ausschüttung auf den Genußschein an der Dividendenausschüttung der Aktionäre orientiert. Dabei kann zur Risikobegrenzung für den Investor eine feste Mindestausschüttung vorgesehen werden, die im Sinne einer (bei Gewinnschuldverschreibungen gebräuchlichen) Mindestverzinsung wirkt. Dabei ist allerdings wiederum der Ausfall der Zahlung bei Periodenverlusten hinzunehmen.
- **Genußscheine mit Optionsrechten**: Analog zu Schuldverschreibungen mit Wandel- und Optionsrechten sind dabei Genußscheine mit **Wandelrechten** und Genußscheine mit **Optionsrechten** zu unterscheiden. Im ersten Fall hat der Investor die Option innerhalb einer bestimmten Optionsfrist **(Wandlungsfrist)** den Genußschein – meist gegen Zuzahlung – in eine **Aktie** der Gesellschaft zu **wandeln** (umzutauschen). Im zweiten Fall erwirbt der Investor über den **Optionsschein**, der dem Genußschein bei Emission beigefügt wird, das Recht, zusätzlich (zum Genußschein) eine Aktie der Gesellschaft innerhalb der **Optionsfrist** gegen Zahlung einer festgelegten **Optionsprämie** zu erwerben. Für den Börsenhandel ergeben sich dabei die Varianten, dass der Genussschein **cum** (mit Optionsschein) oder **ex** (ohne Optionsschein) und der Optionsschein **gesondert notiert** werden.
- **Genußscheine mit Kündigung**: In der Mehrzahl der Fälle sind Genußscheine mit festen Rückzahlungsterminen (festen Laufzeiten) ausgestattet. Es kann aber auch die Möglichkeit einer grundsätzlich unbegrenzten Laufzeit mit Rückzahlung nach Kündigung (durch den Emittenten) gewählt werden. Davon zu unterscheiden ist die Einräumung eines vorzeitigen Kündigungsrechts bei Genußscheinen mit fester Laufzeit für definierte Fälle, wie z.B. bei Änderung der steuerrechtlichen Voraussetzungen, die den Emittenten zur Kündigung berechtigen können.

Besonderheiten können insofern gegeben sein, als die Einräumung von Optionen auf den Bezug von Aktien **(Optionsgenußscheine)** oder die Gewährung von Umtauschrechten in Aktien möglich ist.

ce) Optionsscheine

Optionsscheine als eigenständige Wertpapiere haben am deutschen Finanzmarkt seit ihren Ursprüngen im Jahre 1988 eine rasche Expansion erreicht. Während anfangs noch die auf tatsächliche Lieferung/Leistung von konkreten Vermögensgegenständen gerichteten Optionen (z.B. auf Aktien, Obligationen und Devisen) dominierten, standen in der jüngeren Vergangenheit zunehmend spekulative Instrumente im Vordergrund, bei denen Optionen auf den Ausgleich von Zinsdifferenzen, von Devisenkursdifferenzen oder von Aktienindexentwicklungen geschrieben werden. Als Emittenten kommen in erster Linie Banken des In- und Auslandes in Betracht, die als Stillhalter die Emission der Optionsscheine vornehmen, die in der Regel als eine oder zwei Sammelurkunden – hinterlegt bei der *Clearstream International* – verbrieft und teilweise in allen Marktsegmenten der deutschen Börsen gehandelt werden.

Während es sich bei tatsächlichen Lieferungsmöglichkeiten um Optionsscheine auf **konkreter Basis** handelt (auch als **gedeckte Optionsscheine** in Form von **Aktienscheinen**, **Währungsscheinen** und **Zinsscheinen** bezeichnet), zählen alle anderen Optionsscheine zu denjenigen, die auf **abstrakter Basis** abgeschlossen sind (Abbildung 34-5).

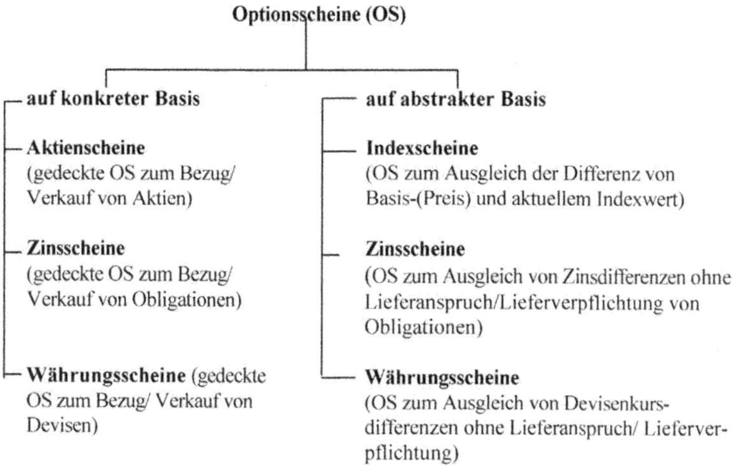

Abb. 34-5: Systematik der Optionsscheine

Index-Optionsscheine (Indexscheine) werden v.a. auf den DAX, den CAC, den FTSE und den S & P 500 (zu den Aktienindizes siehe *Eilenberger* 1995) geschrieben. **Zinsoptionsscheine (Zinsscheine)** haben z.B. den 3-Monats-LIBOR, bestimmte Bundesanleihen oder Auslandsanleihen (bei Optionsscheinen auf konkreter Basis) den EURIBOR als Basis und **Devisenoptionsscheine (Währungsscheine)** Kursdifferenzen des USD, des EUR, des YEN oder des GBP zum Gegenstand der Spekulation.

7.2.2.1.2 Effektenemission

Der Begriff der Emission kann grundsätzlich sowohl den **Vorgang** der Erstausgabe von Effekten selbst (Begebung) als auch die **Gesamtheit** einer Effektenart, die aus einer bestimmten Ausgabe stammen, bezeichnen. Im Folgenden interessiert die Emission als Vorgang und dessen Organisation, zumal diese für die Anlageleistungen von Bankbetrieben unterschiedliche Bedeutung aufweisen.

a) Organisation der Emission

aa) Emissionswege

Die Mehrzahl der Emittenten von Effekten sieht sich allein aus organisatorischen Gründen außerstande, Effekten durch **Selbstemission** beim Publikum unterzubringen. Das gilt selbst für so potente Emittenten wie Geschäftsbanken, Großunternehmen oder multinationale Unternehmen. Eine Ausnahme dabei stellen allerdings die Emissionen von Pfandbriefen und Kommunalobligationen dar, die von den Emittenten selbst verkauft werden. Einen besonderen Vorteil haben in diesem Zusammenhang diejenigen Banken, die für den Absatz dieser Produkte auf ein weitverzweigtes Filialsystem zurückgreifen können – im Gegensatz zu den **reinen** Pfandbriefbanken, die im Regelfall keine Filialen oder Niederlassungen besitzen und den Absatz über andere Banken besorgen müssen. Die Emittenten von Pfandbriefen, Kommunalobligationen und sonstigen Inhaberschuldverschreibungen nehmen auch insofern eine besondere Stellung ein, als sie **Daueremittenten** sind und der Anteil der **Daueremissionen** von Schuldverschreibungen am gesamten Bruttoabsatz festverzinslicher Wertpapiere inländischer Emittenten im langjährigen Durchschnitt bei rund 70% liegt.

Neben den Daueremissionen von Spezialbanken kommen ferner im Rahmen der **Selbstemission** die fallweise Ausgabe von Schuldverschreibungen aus dem Kreis der Geschäftsbanken in Betracht, die von diesen in konsortialer Zusammenarbeit mit anderen Banken abgesetzt werden. Abgesehen von dieser Ausnahme der Selbstemission bedarf die Unterbringung von Aktien, Unternehmensanleihen und öffentlichen Anleihen sowohl nationaler als auch internationaler Herkunft der Mithilfe von Banken in dem Sinne, dass die Emission einer Bank oder einer zu diesem Zweck geschaffenen Vereinigung von Banken, d.h. einem **Emissionskonsortium** übertragen wird. In diesem Fall handelt es sich um eine Fremdemission**.**

Die **Fremdemission** wird nicht nur aus organisatorischen Gründen gewählt, sondern auch unter dem Aspekt, dass für die Emittenten die Unterbringung der Effekten beim Publikum durch Einschaltung von Banken gefördert und/oder die Unterbringung insofern garantiert wird, als die beteiligten Banken im Rahmen ihrer Konsortialquote die Effekten verkaufen können oder in ihren Bestand aufnehmen müssen, obwohl die Banken im Grunde bei der Fremdemission nur als **Vermittler** auftreten. Die **Motive** für die Mitwirkung am Absatz von Effekten und der damit verbundenen Erstellung derivativer Anlageleistungen bestehen vor allem in der Erzielung von Erträgen, der Akquisition von Geschäftsverbindungen (sowohl zu Emittenten als auch zu Zeichnern der Schuldverschreibungen) und im Erfordernis, derartige Leistungen innerhalb eines Universalbanksortiments unter Wettbewerbs- und Standing-Aspekten anbieten zu müssen (siehe 7.2.2.3.1a).

ab) Emissionskonsortien

Zur Durchführung einer bestimmten Emission schließen sich Banken in unterschiedlicher Zahl und mit wechselnder Zusammensetzung (wobei auch Standing-Gesichtspunkte eine Rolle spielen) zu einem Emissionskonsortium – meist als BGB-Gesellschaft – zusammen, um im Auftrag von Emittenten die Ausgabe der Effekten durchzuführen. Diese rechtliche Konstruktion setzt zwei Vertragswerke voraus:

- Der **Konsortialvertrag** regelt das **Innenverhältnis** der Konsortialmitglieder und enthält daher neben der Angabe der Zwecksetzung Regelungen hinsichtlich der Konsortialanteile, der Konsortialführung (Vertretung der Konsorten und Geschäftsführung), der Rechte und Pflichten der Konsorten sowie ggf. Absprachen über die Verwaltung und Verwertung von Sicherheiten.
- Mit dem **Außenvertrag** wird das Verhältnis zwischen Konsortium und Emittenten einschließlich der Verteilung des Emissionsrisikos geregelt, also die Konditionen der Emission (Betrag, Ausstattung, Verzinsung) und die an die Konsorten zu zahlende Vergütung (Konsortialnutzen) festgelegt sowie Vereinbarungen über die Börsenzulassung und ggf. die Kurspflege getroffen.

Je nachdem, wie das **Emissionsrisiko** (als die Möglichkeit des teilweisen Misslingens wegen Nichterreichung der vorgegebenen Emissionsziele) zwischen Emittent und Konsortium verteilt ist, können folgende **Arten** von Konsortien unterschieden werden:

- **Begebungskonsortien** fungieren als Kommissionäre: Sie verkaufen die Effekten im Auftrag der Emittenten auf deren Rechnung. Diese Konsortien gehen kein Emissionsrisiko ein und handeln nur als Geschäftsbesorger, was nach außen auch daran deutlich wird, dass sie nur als Zeichnungs-, Werbungs- und Verwaltungsstelle auftreten. Das Entgelt für die Tätigkeit besteht in einer **Bonifikation** bestimmter Höhe. Es erfolgt weder ein Kapitaleinsatz seitens des Konsortiums, noch trägt es das Platzierungsrisiko. Der Vorteil für den Emittenten besteht vor allem in der Nutzung der Platzierungskraft des Konsortiums. In Anbetracht dieser einseitigen Risikoverteilung kommt es relativ selten zur Realisierung von reinen Begebungskonsortien (insbesondere für Anleihen).
- **Übernahmekonsortien** übernehmen das gesamte Volumen der Emission **fest** und **sofort.** Für Emittenten ergibt sich dabei der Vorteil, dass sie sofort über den Gegenwert der Emission frei verfügen können. Das Konsortium trägt in diesem Fall das volle Risiko der Unterbringung der Emission, da es diese als **Eigenleistung** durchführt. Der Gewinn besteht dabei in der Differenz zwischen dem vereinbarten Emissionskurs und dem Übernahmekurs (-preis). Übernahmekonsortien eignen sich insbesondere für Kapitalerhöhungen, aber auch für die Emission von Anleihen.
- **Garantiekonsortien** stellen eine Mischform von Begebungs- und Übernahmekonsortien insofern dar, als bei Begebung der Emission kommissionsweiser Verkauf stattfindet und der Rest an Effekten aus dieser Emission, der bis zu einem bestimmten, im Voraus vereinbarten Zeitpunkt nicht abgesetzt worden ist, fest übernommen wird.
- **Optionskonsortien** stellen ebenso wie Garantiekonsortien eine Mischform dar, die seltener anzutreffen ist, und bei der nur ein Teilbetrag des Emissionsvolumens vom Konsortium fest übernommen wird, während auf den Rest eine Übernahme-Option seitens des Konsortiums besteht. Von der Option wird dann Gebrauch gemacht, wenn sich der bisherige Emissionsverlauf als erfolgversprechend erwiesen hat.

b) Emissionsverfahren

Die Wahl des dem Einzelfall adäquaten Emissionsverfahrens (**Emissionsmethode, Platzierungsmethode**) hängt von der Effektenart und den Erwartungen über einen größtmöglichen Platzierungserfolg (= vollständige Unterbringung der Emission beim Publikum) ab. Dementsprechend kommen für **inländische** Effekten insbesondere die öffentliche Zeichnung (Subskription), der freihändige Verkauf und die Ausschreibung (Tender) als Platzierungsmethode in Betracht, während bei **internationalen** Papieren die Methoden des Private Placement und des Underwriting in Form des Bookbuilding-Verfahrens (siehe 8.3.1.2) dominieren.

ba) Öffentliche Zeichnung (Subskription)

Diese Emissionsmethode findet bevorzugt bei sog. **Einmal-Emissionen** öffentlicher Anleihen und Unternehmensanleihen Anwendung. Das Emissionsverfahren weist vier **Phasen** auf:

- Die **Zeichnungs-Aufforderung** durch Zeichnungsprospekte in Zeitungen und Zeitschriften, Versand von Prospekten an potentielle Kunden und allgemeine Werbemaßnahmen, die Angaben über Emittent, ggf. das Emissionskonsortium, die Anleihebedingungen und die Zeichnungsfrist enthalten.
- Innerhalb der Zeichnungsfrist erfolgt die **Zeichnung** durch die Interessenten als absatzvorbereitender Akt, die sich dabei bereit erklären, einen bestimmten Effektenbetrag zu erwerben.
- Der eigentliche Absatz der Effekten kommt durch die **Zuteilung** zustande. Diese besteht in der der Mitteilung, dass der gezeichnete Effektenbetrag voll oder – im Falle der **Uberzeichnung** – nur **repartiert** (= teilweise) zugeteilt wird. Die Aushändigung der effektiven Stücke kann später erfolgen.

- **Herstellung der Handelbarkeit** der Emission (durch Börseneinführung oder am freien Kapitalmarkt).

bb) Freihändiger Verkauf

Im Gegensatz zur Subskription erfolgt die Zeichnung nicht innerhalb einer bestimmten Frist, weshalb auch die Notwendigkeit der Zuteilung bzw. eines Zuteilungsverfahrens entfällt. Der Absatz der Emission bestimmt sich nach der Marktlage. Zwar wird die Schuldverschreibung zu einem festen Kurs ab einem bestimmten Tag angeboten, jedoch kann der Kurs geändert werden, sofern dies die Marktverhältnisse erforderlich machen. Diese Emissionsmethode eignet sich daher gleichermaßen für die Ausgabe von **Aktien** wie die Ausgabe von Effekten durch **Daueremittenten.**

Im Rahmen der **Aktienemission** kann beispielsweise so vorgegangen werden, dass das Konsortium die „Einführung" der Aktien einer bestimmten Gesellschaft, die zum Börsenhandel zugelassen sind, für einen bestimmten Tag ankündigt und einen bestimmten ersten Kurs in Aussicht stellt. Die Interessenten werden ersucht, den Konsortialbanken möglichst limitierte Aufträge zukommen zu lassen.

Neben der Emission von Aktien bietet sich der freihändige Verkauf insbesondere zur Emission von Pfandbriefen und Kommunalobligationen an, zumal die emittierenden Banken sich auf bestimmte Abmachungen mit anderen Banken stützen können, die den Vertrieb dieser Emissionen übernommen haben.

bc) Ausschreibung (Tender)

Das Ausschreibungsverfahren weist den Charakter einer Versteigerung auf, wobei den Interessenten verschiedene **Bietungsmöglichkeiten** eingeräumt werden können. Die Bietung kann sich grundsätzlich auf alle Determinanten einer Emission beziehen, insbesondere aber auf die Bietung des Zinses **(Zinstender)** und/oder des Kurses und/oder des Volumens **(Mengentender).** Von dieser Methode wird vor allem zum Zwecke des Absatzes öffentlicher Emissionen Gebrauch gemacht.

c) Emissionsrisiken

Bei **Übernahmekonsortien** besteht für die einzelne Bank das Emissionsrisiko primär im **Risiko** der **Nichtunterbringung** des übernommenen Teils der Emission: Der Anteil kann nicht im vollen Umfang abgesetzt werden (wobei unterschiedliche Risikograde gegeben sind) oder die Unterbringung bei der Kundschaft zwar möglich ist, aber Zugeständnisse in Form eines niedrigeren Kurses notwendig werden, wodurch eine Schmälerung der Erträge aus der Emission eintritt.

Aber auch durch die Wahl von **Begebungskonsortien** lässt sich das Risiko der Nichtunterbringung nicht völlig ausschließen. Zwar könnten nicht abgesetzte Teile der Emission an den Emittenten zurückgegeben werden, doch zwingen unter Umständen Standing-Gesichtspunkte zum Einsatz eigener Mittel der Bank, um durch Übernahme restlicher Stücke sowohl den eigenen Emissionskredit der Bank als auch die Anwartschaft auf Berücksichtigung in Emissionskonsortien zu wahren.

Für den Fall der nur **teilweisen Unterbringung** von übernommenen Emissionspartien kommt grundsätzlich auch ein **Liquiditätsrisiko** unterschiedlicher Ausprägung zum Tragen, das sich allerdings durch (teilweise) Abwälzung auf den Emittenten reduzieren lässt. So kann beispielsweise mit dem Emittenten vertraglich vereinbart werden, dass der Gegenwert der Emission nicht sofort, sondern erst nach einer bestimmten Frist zur Verfügung zu stellen ist.

7.2.2.1.3 Wertpapierbörsen

Im Mittelpunkt des Interesses steht dabei der Börsenhandel am institutionalisierten, organisierten Kapitalmarkt (siehe 2.3.1). Allerdings ist darauf hin zuweisen, dass dem außerbörslichen Handel (im Rahmen des freien Kapitalmarkts) insofern eine Ergänzungsfunktion zukommt, als dort Effekten gehandelt werden, die entweder aus markttechnischen Gründen noch nicht offiziell handelbar sind (z.B. Neuemissionen von Obligationen; internationale Anleihen und Aktien, deren Zulassung zum regulierten Markt noch aussteht und auch nicht in den Freiverkehr einbezogen werden oder zum Handel an der Börse überhaupt ungeeignet sind (z.B. wegen zu geringer Kapitalbasis des Emittenten, zu geringen Interessentenkreises).

Die durch das 2. FMFG bewirkte Novellierung des Börsengesetzes (**Börsengesetznovelle 1994**) zielte auf eine positive Weiterentwicklung der deutschen Börsen ab. Diese Zielsetzung sollte vor allem durch folgende Maßnahmen erreicht werden:

- Verbesserung der **Börsenaufsicht** durch Ausbau der Rechtsaufsicht der Länder über die Börsen zu einer Rechts- **und** Handelsaufsicht, über die auch die ordnungsgemäße Preisbildung und die Abwicklung der Börsengeschäfte – im Zusammenwirken mit dem *BAW* (heute: *BaFin*) im Rahmen des WpHG – kontrolliert werden kann. Dazu kam die Errichtung von unabhängigen Handelsüberwachungsstellen als Organe der Börsen selbst.
- Änderungen der **Leitungsstrukturen** der Börsen in Anlehnung an das Organisationsmodell der deutschen Aktiengesellschaft. Im Einzelnen bedeutet das, die Börsenleitung von einer bisher vorwiegend ehrenamtlichen auf eine **professionelle Geschäftsführung** zu übertragen und einen **Börsenrat** zu bilden, dem die Kontrolle der Börsengeschäftsführung sowie Aufgaben der Rechtsetzung obliegen.
- Sicherung eines **fairen Wettbewerbs** von Handelssystemen und Börsenplätzen durch **Offenhaltung** der Märkte und des Zugangs zu Handels-, Informations- und Abwicklungssystemen, die möglichen Wettbewerbsverzerrungen entgegenwirken sollen. Darüber hinaus wurde erstmals der Handel in **elektronischen** Handelssystemen berücksichtigt und auf eine rechtlich sichere Grundlage gestellt.
- Stärkung der **Position** der **Anleger** bei der Entscheidung über die Art und Weise der Ausführung von Wertpapieraufträgen und Schutz der Anleger vor Kursmanipulationen durch die Börsenteilnehmer, indem sichergestellt wurde, dass die Kapitalanleger darüber entscheiden können, über welche Systeme ihre Wertpapieraufträge ausgeführt werden.
- Erweiterung der Geschäfts- und Organisationsmöglichkeiten für **Kursmakler** durch Schaffung der Möglichkeit, in größerem Umfang als bisher zum Zwecke der Erhöhung der Marktliquidität Eigen- und Aufgabegeschäfte von Kursmaklern ebenso zu erlauben wie einen **Handelsverbund** zwischen Börsenmaklern, die an verschiedenen Börsen dieselben Aktien betreuen, sowie **Kursmaklergesellschaften** zuzulassen.
- Schaffung der rechtlichen Grundlagen zur Errichtung einer funktionsfähigen **Warenterminbörse** in Deutschland, um der deutschen Agrarwirtschaft Absicherungsmöglichkeiten gegen zunehmende Preisschwankungen auf den Interventionsmärkten für Agrarprodukte zu bieten, nachdem sich die EU-Agrarpolitik immer stärker aus der Preisverantwortung (und damit aus den Interventionen) zurückzog. Daher erfolgte eine Streichung des § 53 Abs. 3 BörsG (alt) für Getreide- und Getreidemüllerei-Erzeugnisse und Übertragung des **Informationsmodells** für Finanztermingeschäfte auf den Warenterminbereich, was eine Beteiligung von Privatpersonen an Warentermingeschäften eröffnete. Diese Öffnung betraf die Warenterminbörse Hannover und die Strombörse Leipzig.

In der Folge führten zahlreiche kapitalmarktrelevante Gesetze (z.B. 6. KWG-Novelle 1997, 3. FMFG 1998, 4. FMFG 2002) zu Veränderungen des Börsenrechts: Erhöhung der Flexibilität der Börsen bei der Gestaltung des Börsenhandels, Wegfall der amtlichen Kursfeststellung durch Kursmakler, Erweiterung der Vorschriften über die Anzeige und Überwachung elektronischer Handelssysteme sowie börsenähnlicher Einrichtungen.

Eine einschneidende Weiterentwicklung des Börsenrechts brachte schließlich das FRUG in Umsetzung der EU-Richtlinie über Märkte für Finanzinstrumente (**MiFID**): Mit Verkündung des Art. 2 FRUG vom 16.7.2007 erfolgte eine Neufassung des Börsengesetzes (**Börsengesetznovelle 2007**). Die Bestimmungen über Anzeige und Überwachung elektronischer Handelssysteme einschließlich börsenähnlicher Einrichtungen sind wieder entfallen, ebenso die Regelungen zur Termingeschäftsfähigkeit von Privatpersonen. Aufgegeben wurde die Unterscheidung in amtlichen und geregelten Markt; an deren Stelle trat der Begriff des **Regulierten Marktes**. Dazu kam die erstmalige Gesetzesdefinition des Begriffs der **Börse**. Unterschieden wurde darüber hinaus zwischen **Wertpapierbörsen** (für den Kassahandel mit Wertpapieren und Derivaten) und **Warenbörsen** (für den Handel mit Waren und Terminkontrakten auf Waren und Termingeschäfte im Sinne des § 2 Abs. 2 Nr. 2 WpHG). Insgesamt besteht die Zielsetzung von **MiFID** darin, die Integration der Kapitalmärkte zu stärken und die Markteffizienz zu erhöhen, und zwar u.a. durch strenge Vor- und Nachtransparenzanforderungen für den Aktienhandel sowie durch die Verpflichtung zur kundengünstigsten Ausführung von Aufträgen (**Best Execution**).

a) Börsenorganisation

Börsen sind teilrechtsfähige Anstalten des öffentlichen Rechts, die nach Maßgabe des Börsengesetzes **multilaterale Systeme regeln** und **überwachen**, und zwar in dem Sinne, dass die Interessen einer Vielzahl von Personen am Kauf und Verkauf von dort zum Handel zugelassenen Wirtschaftsgütern und Rechten innerhalb des Systems nach festgelegten Bestimmungen in einer Weise zusammenbringen oder das Zusammenbringen fördern, die zu einem Vertrag über den Kauf dieser Handelsobjekte führen (§ 2 Abs. 1 BörsG).

Wertpapierbörsen im Sinne des BörsG sind Börsen, an denen **Wertpapiere** im Sinne von § 2 Abs. 1 WpHG und sich darauf beziehende **Derivate** im Sinne des § 2 Abs. 2 WpHG gehandelt werden. Darüber hinaus können an Wertpapierbörsen auch andere Finanzinstrumente im Sinne des § 2 Abs. 2b WpHG (also Geldmarktinstrumente im Sinne von § 2 Abs. 1a WpHG sowie Rechte auf Zeichnung von Wertpapieren) und Edelmetalle gehandelt werden (§ 2 Abs. 2 BörsG).

Die **Errichtung** einer Börse fällt in den Zuständigkeitsbereich der Länder und bedarf der Genehmigung durch die **Börsenaufsichtsbehörde** als zuständiger oberster Landesbehörde, die auch befugt ist, Anordnungen zur **Aufhebung** bestehender Börsen zu erlassen (§ 3 Abs. 1 BörsG). Die Aufsicht über die Börse nach den Vorschriften des BörsG erstreckt sich auf die **Börsenorgane** (Börsenrat, Börsengeschäftsführung, Sanktionsausschuss und Handelsüberwachungsstelle) sowie auf den **Börsenträger**, die Einrichtungen, die sich auf den **Börsenverkehr** (einschließlich ausgelagerter Bereiche) beziehen, und den **Freiverkehr**, dessen Aufgaben und Funktionen in § 48 BörsG festgeschrieben sind.

Mit der Erteilung der Erlaubnis wird der **Börsenträger** zur Errichtung und zum Betrieb der Börse berechtigt und verpflichtet (§ 5 BörsG). Insbesondere ist der Börsenträger verpflichtet, der Börse auf Anforderung ihrer Geschäftsführung die zur Durchführung und angemessenen Fortentwicklung des Börsenbetriebs erforderlichen finanziellen, personellen und sachlichen Mittel zur Verfügung zu stellen. Darüber hinaus ist der Börsenträger verpflichtet, Interessenkonflikte zwischen Eigeninteressen des Börsenträgers (und dessen Eigentümern) und dem öffentlichen Interesse am ordnungsgemäßen Betrieb der Börse zu erkennen und zu verhindern. Er hat angemessene Vorkehrungen und Systeme zur Ermittlung und zum Umgang mit den wesentlichen Risiken des Börsenbetriebes zu schaffen und diese zu begrenzen. Sicherzustellen ist schließlich die technische Funktionsfähigkeit der Börsenhandels- und Abwicklungssysteme sowie der Einsatz von technischen Vorkehrungen für einen reibungslosen und zeitnahen Abschluss der im Handelssystem ausgeführten Geschäfte. Für einen Systemausfall sind wirksame Notfallmaßnahmen vorzusehen. Zur Prüfung der Eignung als Börsenträger hat der Antragsteller vor Erwerb einer bedeutenden Beteiligung an der Börse gegenüber der Börsenaufsichtsbehörde die Anforderungen nach § 6 BörsG zu erfüllen.

Während die *BaFin* die Aufsicht nach dem WpHG ausübt, ist der **Handelsüberwachungsstelle** der Börse die **Handelsaufsicht** übertragen. Diese besteht in der Überwachung der ordnungsgemäßen Durchführung des Börsenhandels ebenso wie in der Aufsicht über die Handelsteilnehmer und der Aufsicht über die Börsengeschäftsabwicklung einschließlich der dabei eingesetzten (Hilfs-)Einrichtungen der Börse. Damit erfolgt eine Klarstellung über den Umfang und der Arbeitsteilung der Aufsicht insofern, als die (Hilfs-)Einrichtungen der Börse nur insoweit der staatlichen Überwachung unterliegen, als sie das Verfahren bis zur Schlussnote des Börsenauftrags regeln. Dagegen rechnet nicht zur Börsenabwicklung das dingliche Geschäft im Rahmen der Abwicklung über die Wertpapiersammelbank. Das Erfordernis, die Aufsicht auch auf die Abwicklungssysteme zu erstrecken, ergibt sich aus der Fülle von Möglichkeiten der Manipulation (z.B. technisch nicht ausgereifter Systeme oder entsprechender EDV-Programmierung), die geeignet sein können, die Transparenz des Börsengeschehens, die ordnungsgemäße Kursfeststellung und damit den gebotenen Anlegerschutz zu gefährden. Die Börsenorgane sind verpflichtet (§ 3 Abs. 2 BörsG), die Börsenaufsichtsbehörde bei der Erfüllung ihrer Aufgaben zu unterstützen. Die Börsenaufsichtsbehörde ihrerseits kann an Beratungen der Börsenorgane teilnehmen.

Mit der Definition des Begriffs der **Wertpapierbörse** lässt der Gesetzgeber allerdings die grundsätzliche Organisationsform der Handelssysteme offen, so dass sowohl Präsenzbörsen nach dem Auktionssystem mit persönlicher Anwesenheit der zum Börsenhandel zugelassenen Handelsteilnehmer (als Punktmärkte), als auch elektronische Börsen mit überregionaler Beteiligung (ggf. als automatisierter Zentralbörse) möglich sind. Zu unterscheiden ist lediglich zwischen **Kassabörsen** und **Terminbörsen** (Abbildung 34-6)

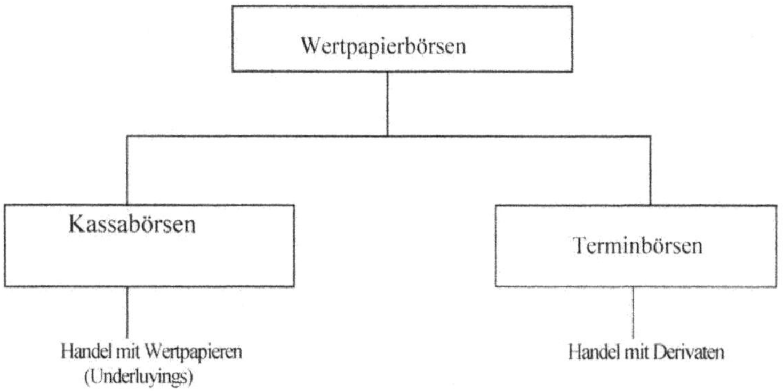

Abb. 34-6: Systematik der Wertpapierbörsen nach Handelsobjekten

Zur Erfüllung ihrer Aufgaben stehen der Börsenaufsichtsbehörde umfangreiche Rechte auf **Auskunft** und **Eingriffsbefugnisse** zu. Sie kann in diesem Zusammenhang von der **Börse** und von den **Handelsteilnehmern** nach § 19 BörsG (Börsenhändler; zur Teilnahme am Börsenhandel zugelassene Unternehmen) Auskünfte und die Vorlage von Unterlagen verlangen und Prüfungen vornehmen. Für die Bediensteten der Börsenaufsichtsbehörde besteht in diesem Zusammenhang ein Betretungsrecht von Grundstücken und Geschäftsräumen der Börse sowie von Handelsteilnehmern. Bei festgestellten Verstößen gegen börsenrechtliche Vorschriften und sonstigen festgestellten Missständen können Anordnungen erlassen werden, die eine ordnungsgemäße Durchführung des Handels an der Börse und der Börsengeschäftsabwicklung sowie deren Überwachung sicherstellen.

Im Interesse eines funktionsfähigen Wettbewerbs an den Börsen hat die Börsenaufsichtsbehörde auf die Einhaltung der Vorschriften des Gesetzes über Wettbewerbsbeschränkungen (und die damit verbundene Freiheit des Marktzuganges) ebenso hinzuwirken, wie auf die Freiheit des Zuganges zu Handels-, Informations- und Abwicklungssystemen sowie zu sonstigen börsenbezogenen Dienstleistungseinrichtungen (einschließlich deren Nutzung) durch die Handelsteilnehmer an Börsen.

Als weiteres Börsenorgan hat jede Wertpapierbörse einen **Börsenrat** zu bilden, der aus maximal 24 Personen besteht (§ 12 Abs. 1 BörsG), in dem vertreten sein müssen:

- die zur Teilnahme am Börsenhandel zugelassenen Kreditinstitute einschließlich der Wertpapierhandelsbanken, der zugelassenen Finanzdienstleistungsinstitute und der sonstigen zugelassenen Unternehmen;
- die Skontroführer;
- die zur Teilnahme am Börsenhandel zugelassenen Kapitalanlagegesellschaften;
- die Versicherungsunternehmen, deren emittierte Wertpapiere an der Börse zum Handel zugelassen sind;
- andere Emittenten solcher Wertpapiere;
- die Anleger.

Dabei darf die Zahl der Vertreter der Kreditinstitute einschließlich der Wertpapierhandelsbanken sowie der mit Kreditinstituten verbundenen Kapitalanlagegesellschaften und sonstigen Unternehmen insgesamt nicht mehr als die Hälfte der Mitglieder des Börsenrates betragen. Das Ziel, das die Börsengesetz-Novelle 1994 mit der Schaffung des Börsenrates als wesentliches Element einer **Börsenselbstverwaltung** verfolgte, bestand darin, die am Börsenhandel unmittelbar und mittelbar Beteiligten zu repräsentieren und die Vertretung der Emittenten, Privatanleger und institutionellen Anleger zu stärken, zumal das Börsengeschehen nicht nur die zum Börsenhandel zugelassenen Unternehmen allein betrifft. Amtsdauer und Wahlmodus der Mitglieder des Börsenrates regelt § 13 BörsG

Die **Aufgaben** des Börsenrates, bestehen nach dem Vorbild des aktienrechtlichen Aufsichtsrates insbesondere in Überwachungs- und Rechtsetzungsaufgaben (§ 12 Abs. 2 BörsG): Demnach erlässt der Börsenrat die Börsenordnung und Gebührenordnung, es obliegen ihm die Bestellung und die Abberufung der Geschäftsführer im Einvernehmen mit der Börsenaufsichtsbehörde, er überwacht die Geschäftsführung und erlässt eine Geschäftsordnung für die Geschäftsführung sowie die Bedingungen für die Geschäfte an der Börse. Der Börsenrat bestellt aus seiner Mitte ein **Präsidium,** dem Vertreter der verschiedenen Gruppen angehören. Zur Vorbereitung von Beschlüssen kann der Börsenrat Ausschüsse einsetzen, in denen die einzelnen Gruppen des Börsenrates angemessen vertreten sein müssen (§ 12 Abs. 4 BörsG).

Nach dem Vorbild des aktienrechtlichen Organisationsmodells obliegt die **Leitung** der Börse in eigener Verantwortung der **Geschäftsführung** (§ 15 Abs. 1 BörsG) im Sinne eines Vorstands mit einer Amtszeit von fünf Jahren und Zulässigkeit der Wiederbestellung. Je nach Größenordnung der Börse kann die Geschäftsführung aus einer oder mehreren Personen bestehen. Die Geschäftsführer vertreten die Börse gerichtlich und außergerichtlich, soweit nicht der Träger der Börse zuständig ist. Einzelheiten der Vertretungsbefugnis regelt die Börsenordnung, die der Börsenrat als Satzung erlässt.

Die **Börsenordnung** (§ 16 BörsG) soll sicherstellen, dass die Börse die ihr obliegenden Aufgaben erfüllen kann und dabei den Interessen des Publikums und des Handels gerecht wird. **Mindestbestandteile** der Börsenordnung betreffen den Geschäftszweig der Börse, die Organisation der Börse, die Handelsarten, die Veröffentlichung der Preise und Kurse sowie der zugrunde liegenden Umsätze und die Entgeltordnung für die Tätigkeit der Skontroführer. Die Börsenordnung für Wertpapierbörsen muss zusätzliche Bestimmungen über die Bedeutung der **Kurszusätze** und **Kurshinweise** sowie über die Sicherstellung der **Börsengeschäftsabwicklung** und die zur Verfügung stehenden **Abwicklungssysteme** nach Maßgabe des § 21 BörsG enthalten. Die Börsenordnung bedarf der Genehmigung durch die Börsenaufsichtsbehörde. Die §§ 17 und 18 BörsG betreffen die **Gebührenordnung** und die **Benutzung** von **Börseneinrichtungen**.

Die Zulassung zum Besuch der Börse und zur Teilnahme am Börsenhandel (**Börsenzulassung**) erteilt die Geschäftsführung der Börse (§ 19 Abs. 1 BörsG). Voraussetzungen zur **Teilnahme** am **Börsenhandel** ist die gewerbsmäßige Anschaffung und Veräußerung von börsenmäßig handelbaren Gegenständen für eigene Rechnung oder im eigenen Namen für fremde Rechnung oder die entsprechende Vermittlung von Verträgen, wenn dieser Gewerbeteil nach Art und Umfang einen in kaufmännischer Weise eingerichteten Geschäftsbetrieb erfordert (§ 19 Abs. 2 BörsG). Ein Anspruch auf Erteilung der Zulassung eines Unternehmens zum Börsenhandel besteht, wenn die in § 19 Abs. 4 BörsG genannten Voraussetzungen erfüllt sind. Die Börsenordnung kann bestimmen, dass die zum Börsenhandel zugelassenen Unternehmen und die Skontroführer **ausreichende Sicherheiten** zu leisten haben, um die Verpflichtungen aus den Geschäften, die an der Börse sowie in einem an der Börse zugelassenen elektronischen Handelssystem abgeschlossen werden, jederzeit erfüllen zu können (§ 20 BörsG).

Die Anbindung **externer Abwicklungssysteme** an die (börslichen) Systeme für den Börsenhandel und die Börsengeschäftsabwicklung regelt § 21 BörsG. Eine derartige Anbindung ist zulässig, wenn sichergestellt ist, dass das System über die erforderliche technischen Einrichtungen verfügt und der Betreiber des Systems die notwendigen rechtlichen und technischen Voraussetzungen für eine Anbindung geschaffen hat und eine ordnungsgemäße und wirtschaftlich effiziente Abrechnung und Abwicklung der Geschäfte an der Börse gewährleistet ist.

Die für die Börse zuständige Landesbehörde kann einen **Sanktionsausschuss** als Börsenorgan zur Ahndung von börsenrechtlich relevanten Verstößen von Handelsteilnehmern und Skontroführern errichten (§ 22 BörsG). Die Sanktionen können in Verweisen, Verhängung von Ordnungsgeld und Ausschluss von der Börse bis zu 30 Handelstagen bestehen; im Extremfall kann die Zulassung widerrufen werden.

Eine zentrale Rolle in der Börsenorganisation und im Börsenhandel spielen die **Skontroführer** und deren Zulassung zum Börsenhandel nach § 27 BörsG. Die Geschäftsführung einer Wertpapierbörse kann unter Berücksichtigung der an dieser Börse genutzten Handelssysteme Unternehmen, die zur Teilnahme am Börsenhandel zugelassen sind, auf deren Antrag mit der **Feststellung von Börsenpreisen** an dieser Börse betrauen. Voraussetzung ist, dass der Antragsteller und sein Geschäftsleiter die für die Skontroführung erforderliche Zuverlässigkeit haben und auf Grund ihrer fachlichen und wirtschaftlichen Leistungsfähigkeit zur Skontroführung geeignet sind. Die Geschäftsführung der Börse hat Personen zuzulassen, die berechtigt sein sollen, für einen Skontroführer bei der Skontroführung zu handeln (**skontroführende Personen**), wenn diese Personen Börsenhändler sind und die für die Skontroführung erforderliche berufliche Eignung besitzen. Die Figur des Skontroführers löst die bis dahin tätigen Kursmakler und freien Makler ab. Die **Pflichten** des Skontroführers und der skontroführenden Personen bestehen darin, im Rahmen der Aufgaben des Skontroführers auf einen **geordneten Marktverlauf** hinzuwirken und die Skontroführung **neutral** auszuüben (§ 28 BörsG). Der Skontroführer hat durch geeignete organisatorische Maßnahmen die Einhaltung seiner Pflichten sicherzustellen und bei der Preisfeststellung **weisungsfrei** zu handeln. Die Wahrnehmung der Pflichten hat darüber hinaus so zu erfolgen, dass eine wirksame **Überwachung** der Einhaltung der Pflichten gewährleistet ist. Über die **Verteilung** von **Skontren** und die Zahl der Skontroführer entscheidet die Geschäftsführung der Börse (§ 29 BörsG). Die Zuteilung von Skontren kann befristet erfolgen. Einzelheiten regelt die Börsenordnung.

Auf Grund eines Beschlusses des Börsenrates der *Frankfurter Wertpapierbörse* (*FWB*) vom 1. März 2011wurde der skontrobasierte Präsenzhandel an der *FWB* zum 1. Juni 2012 eingestellt und durch ein **Xetra-Spezialistenmodell** für Aktien und Renten ersetzt. Der Handel im regulierten Markt an der *FWB* erfolgt somit ausschließlich über das Xetra-Handelssystem. Die bis dahin öffentlich-rechtlich verankerten Skontroführer kommen seither als sog. **Spezialisten** auf dem Xetra-System (als Liquiditätsspender) auf privatrechtlicher Basis zum Einsatz. Die Spezialisten erhalten keine Courtage, sondern ein leistungsabhängiges Entgelt, das sich an der Qualität der gestellten Kurse orientiert. Mit der Einstellung des Präsenzhandels wurden auch die den Skontroführern vorbehaltenen Aufgabegeschäfte, mit denen sie bis dahin kurzfristigen Eigenhandel betreiben konnten, abgeschafft.

b) Börsen-Marktstruktur und Börsenhandel

Durch die Börsengesetz-Novelle 2007 fiel die bis dahin geltende Strukturierung in einen Amtlichen Markt und einen Geregelten Markt fort. An deren Stelle wurde die Bezeichnung **Regulierter Markt** neu eingeführt. Dieser Begriff ist allerdings im BörsG nicht ausdrücklich definiert. Er hat seinen Ursprung in der EU-Richtlinie über Märkte und Finanzinstrumente (MiFID), die zwei Zugänge zum Kapitalmarkt vorsieht, nämlich in einen von der EU regulierten Markt (**EU-Regulated Market**), der den Regulierten Markt repräsentiert, und Märkte, die von den Börsen selbst reguliert werden (**Regulated Unofficial Markets**), also börsenregulierte Märkte darstellen und auch als **Open Markets** (**Freiverkehr**) bezeichnet werden können. Für die beiden grundsätzlich möglichen Marktsegmente des Kapitalmarkts gelten unterschiedlich hohe **Transparenzanforderungen**.

EU-regulierte Märkte erfüllen **höchste** europäische Transparenzansprüche und sichern alle Vorteile eines vollen Listings, wobei auch hier Unterschiede in den Tansparenzanforderungen zu Teilmärkten innerhalb des regulierten Marktes führen können: So verkörpert bei der *Deutschen Börse* der **General Standard** zwar im Grundsatz diese EU-Anforderungen in vollem Umfang, während dagegen der **Prime Standard** als Teilbereich des General Standard eine weitere Transparenzsteigerung bedeutet. Für den **Regulierten Markt** gelten die Vorschriften zur Vorhandelstranparenz (§ 30 BörsG) und Nachhandelstranparenz (§ 31 BörsG) bei Aktien und bei Zertifikaten, die Aktien vertreten.

Beim **börsenregulierten Markt** (Freiverkehr) gelten geringere Tranparenzanforderungen, die von den Börsen in den Geschäftsbedingungen festgelegt werden. Insofern kommt der **Freiverkehr** (§ 48 BörsG) für Wertpapiere von kleinen und mittleren Unternehmen in Betracht, um ihnen eine einfache, schnelle und kostengünstige Einbeziehung in den Börsenhandel zu ermöglichen. Dieser Einbezug kann auch die Vorstufe für eine spätere Aufnahme in den Regulierten Markt darstellen. Die Zusammenhänge zwischen Marktzugang und Transparenzanforderungen zeigt Abbildung 34-7a.

Zugang zum Kapitalmarkt	EU-regulierter Markt	Börsenregulierter Markt
	Regulierter Markt	**Offener Markt (Freiverkehr)**
Transparenzanforderung	Vorhandelstransparenz + Nachhandelstransparenz (§§ 30, 31 BörsG)	Festlegungen durch Geschäftsbedingungen (§ 48 BörsG)

Abb. 34-7a: Zusammenhänge zwischen Marktsegmenten, Zugang zum Kapitalmarkt und Transparenzanforderungen nach BörsG 2007

Die Börsenordnung kann auf Grund des § 42 BörsG für **Teilbereiche** des **regulierten Marktes** ergänzend zu den von den Unternehmen einzureichenden Unterlagen **zusätzliche Voraussetzungen** für die Einführung von Aktien und von Zertifikaten, die Aktien vertreten, und **weitere Unterrichtungspflichten** des Emittenten auf Grund der Einführung dieser Finanzinstrumente zum Schutze des Publikums oder für einen ordnungsgemäßen Börsenhandel vorsehen. So führt an der *Frankfurter Wertpapierbörse* ein Börsengang in den regulierten Markt in den **General Standard** oder – bei höchsten Transparenzanforderungen – in seinen Premium-Teilbereich, den **Prime Standard**. Erfüllt der Emittent die zusätzlichen Pflichten nach § 42 BörsG nicht, kann ihn die Geschäftsführung der Börse aus dem entsprechenden Teilbereich des regulierten Marktes nach einer angemessenen Fristsetzung ausschließen.

ba) Regulierter Markt

Die Zulassung von Wertpapieren zum **regulierten Markt** ist vom Emittenten der Wertpapiere zusammen mit einem Kreditinstitut, Finanzdienstleistungsinstitut oder einem nach § 53 Abs. 1 Satz 1 oder § 53 b Abs. 1 Satz 1 KWG tätigen Unternehmen zu beantragen (§ 32 BörsG). Das Institut oder Unternehmen muss an einer inländischen Wertpapierbörse mit dem Recht zur Teilnahme am Börsenhandel zugelassen sein und ein haftendes Eigenkapital von mindestens 730.000 EUR nachweisen. Ein Emittent, der diese Voraussetzungen erfüllt, kann den Antrag allein stellen. Der Zulassung steht eine Einbeziehung durch die Geschäftsführung gleich. **Staatliche Schuldverschreibungen** des Inlandes, von Mitgliedstaaten der EU und Vertragsstaaten des EWR sind nach § 37 BörsG an jeder inländischen Börse zum Handel im regulierten Markt zugelassen (sog. **§ 37-Zulassung**).

Das **Zulassungsverfahren** regelt die Börsenzulassungs-Verordnung (**BörsZulV**): Der Zulassungsantrag (§ 48 BörsZulV) ist schriftlich bei der Geschäftsführung der Börse zu stellen, wobei dem Antrag ein Entwurf des Prospekts oder ein gebilligter Prospekt und die zur Prüfung der Zulassungsvoraussetzungen nach §§ 1 bis 12 BörsZulV erforderlichen Nachweise beizufügen sind. Die Erstellung des **Prospekts** hat entsprechend der §§ 5 bis 12 des Wertpapierprospektgesetzes (**WpPG**) zu erfolgen. Über die **Billigung** des Prospekts (§ 13 WpPG) entscheidet die *BaFin*. Vor seiner Billigung darf ein Prospekt nicht veröffentlicht werden. Nach Billigung hat der Antragsteller den Prospekt bei der *BaFin* zu hinterlegen und unverzüglich zu veröffentlichen (§ 14 WpPG). Als **Mindestbetrag** für die Zulassung von **Aktien** setzt § 2 BörsZulV 1,25 Mio. EUR und für die Zulassung von **anderen Wertpapieren** als Aktien einen Gesamtnennbetrag von 250.000 EUR fest. Für nennwertlose Wertpapiere muss die **Mindeststückzahl** 10.000 betragen. Die Geschäftsführung der Börse kann geringere als die vorgeschriebenen Beträge zulassen, wenn sie überzeugt davon ist, dass sich für die zugelassenen Wertpapiere ein ausreichender Markt bilden wird. Die Wertpapiere müssen darüber hinaus frei handelbar sein (§ 5 BörsZulV).

Der Emittent **zugelassener Aktien** ist verpflichtet, auch für später ausgegebene Aktien derselben Gattung die Zulassung zum regulierten Markt zu beantragen (§ 40 BörsG). Wenn Wertpapiere bereits an einer anderen inländischen Börse zum Handel im regulierten Markt, in einem anderen EU-Mitgliedstaat oder in einem anderen EWR-Vertragsstaat zum Handel an einem organisierten Markt, oder an einem Markt in einem Drittstaat mit vergleichbaren Anforderungen zugelassen sind, kann eine **Einbeziehung** in den (deutschen) **regulierten Markt** auf Antrag eines Handelsteilnehmers oder von Amts wegen durch die Geschäftsführung erfolgen (§ 33 BörsG). Voraussetzung dazu ist, dass keine Umstände bekannt sind, die bei Einbeziehung des betreffenden Wertpapiers zu einer Übervorteilung des Publikums oder zu einer Schädigung erheblicher allgemeiner Interessen führen würden.

Auf Antrag des Emittenten entscheidet die Geschäftsführung der Börse über die **Aufnahme** der **Notierung** zugelassener Wertpapiere im regulierten Markt, die als **Einführung** (= **Listing**) bezeichnet wird (§ 38 BörsG). Wertpapiere, die zur öffentlichen Zeichnung aufgelegt werden, dürfen erst nach beendeter **Zuteilung** eingeführt werden. Erfolgt nicht innerhalb von drei Monaten nach Veröffentlichung der Zulassungsentscheidung die Einführung, so erlischt die Zulassung. Den **Widerruf** der **Zulassung** sieht § 39 BörsG für den Fall vor, dass ein ordnungsgemäßer Börsenhandel auf Dauer nicht mehr gewährleistet ist und die Geschäftsführung der Börse die Notierung am regulierten Markt eingestellt hat oder der Emittent seine Pflichten aus der Zulassung (nach §§ 40,41 BörsG) auch nach angemessener Frist nicht erfüllt. Ein derartiges **Delisting** kann auch auf Antrag des Emittenten erfolgen (§ 39 Abs. 2 BörsG), wenn der Widerruf nicht dem Schutz der Anleger widerspricht. Die Geschäftsführung hat diesen Widerruf unverzüglich im Internet zu veröffentlichen. Der Zeitraum zwischen Veröffentlichung und Wirksamkeit des Widerrufs darf zwei Jahre nicht überschreiten.

bb) Freiverkehr (Börsenregulierter Markt/Offener Markt)

Sind Wertpapiere weder zum Handel im regulierten Markt zugelassen noch zum Handel in den regulierten Markt einbezogen, kann die Wertpapierbörse den Betrieb eines **Freiverkehrs** durch den Börsenträger zulassen (§ 48 BörsG). Voraussetzung dafür ist, dass durch Geschäftsbedingungen, die von der Geschäftsführung der Börse zu billigen sind, eine ordnungsmäßige Durchführung des Handels und der Geschäftsabwicklung gewährleistet erscheint. Sofern Wertpapiere von Emittenten ohne deren Zustimmung in den Freiverkehr einbezogen worden sind, können die betreffenden Emittenten nicht durch Handelsrichtlinien verpflichtet werden, Informationen in Bezug auf diese Wertpapiere zu veröffentlichen.

Der Betrieb des Freiverkehrs bedarf der **schriftlichen Erlaubnis** der Börsenaufsichtsbehörde. Diese kann den Handel im Freiverkehr untersagen, wenn ein ordnungsgemäßer Handel für die Wertpapiere nicht mehr gewährleistet erscheint. Auf den Betrieb des Freiverkehrs sind die Vorschriften des BörsG mit Ausnahme der §§ 27 bis 29 (Zulassung zum Skontroführer; Pflichten des Skontroführers; Verteilung der Skontren) und der §§ 32 bis 47 (Abschnitt 4. Zulassung von Wertpapieren zum Börsenhandel) anzuwenden.

bc) Handel mit Derivaten (Terminhandel)

Das Wesen von **Derivatmärkten** besteht darin, dass Ansprüche auf ursprüngliche Finanztitel, Vermögensgegenstände oder Rechte (sog. **Underlyings**) als Finanzterminkontrakte gestaltet werden, deren Börsen- oder Marktpreise unmittelbar oder mittelbar von der Entwicklung des Börsen- und Marktpreises des Underlyings abhängen (= **Derivate**). Diese Finanzterminkontrakte werden in standardisierter Form an Börsen und/oder über multilaterale Handelssysteme gehandelt. Insbesondere kann der Underlying in einem Wertpapier oder in einer ausländischen Valuta oder in einem Zinssatz bestehen. Dementsprechend lassen sich grundsätzlich Derivate in Form von **Optionen** (Aktien-, Renten-, Devisen-, Zins-, Index-Optionen, Optionen auf Financial Futures) und von **Financial Futures** (Währungs-, Zins-, Index-Futures) börsenmäßig handeln.

Vom deutschen Gesetzgeber wurden derartige Finanztermingeschäfte bis zur Änderung durch das 4. FMFG, das die Vorschriften über Finanztermingeschäfte in das WpHG aufnahm, unter der Bezeichnung „Terminhandel" im Börsengesetz (§§ 50 bis 70 BörsG a.F.) geregelt. Das BörsG 2007 enthält daher keine weitergehenden Vorschriften über Terminmärkte oder den Terminhandel. Den Wertpapierbörsen ist es somit freigestellt, auf der Basis von § 23 BörsG Derivate außerhalb des regulierten Marktes zum Handel zuzulassen. Vor der Zulassung zum Handel hat der Börsenrat Geschäftsbedingungen für den Handel an der Börse zu erlassen. Das Nähere regeln die Art. 36 und 37 der Verordnung (EG) Nr. 1287/2006 der Kommission vom 10.8.2006 zur Durchführung der MiFID-Richtlinie und die Börsenordnung.

Ergänzend dazu hat die Geschäftsführung vor der Zulassung von **Derivaten** zum Handel die **Kontraktspezifikationen** festzusetzen. Diese müssen so ausgestaltet sein, dass ein ordnungsgemäßer Börsenhandel und eine wirksame Börsengeschäftsabwicklung möglich sind. Die Vorschriften über den Börsenpreis (§ 24 BörsG) und über die Aussetzung und Einstellung des Handels (§ 25 BörsG) gelten auch für den **Derivate-Handel**. Besondere Bedeutung entfaltet das **Verbot der Verleitung zur Börsenspekulation** (§ 26 BörsG) in Zusammenhang mit dem Derivate-Handel, das einen Schutz vor Ausnutzung der Unerfahrenheit zum Inhalt hat und spezifische Bezüge zu Termingeschäften an Börsen aufweist.

bd) Elektronische Handelssysteme an Wertpapierbörsen

Elektronische Handelssysteme an Wertpapierbörsen können den Präsenzhandel (Parketthandel) in unterschiedlicher Weise und unabhängig vom Standort der jeweiligen Wertpapierbörse ergänzen oder übernehmen. Die rechtliche Grundlage dafür hat das 2. FMFG geschaffen und in § 12 BörsG (alt) konkretisiert. Das BörsG 2007 dagegen enthält keine gesonderten Vorschriften über einen elektronischen Börsenhandel, sondern spricht lediglich von **mulitlateralen Systemen** in der Regelungs- und Überwachungskompetenz von Börsen. Die in ein derartiges System einbezogenen Finanztitel beschränken sich dementsprechend nicht auf Wertpapiere des regulierten Marktes, sondern können auch Wertpapiere des Freiverkehrs und/oder auch Derivate umfassen.

In Deutschland wird unter dem Dach der *Frankfurter Wertpapierbörse* ein bundesweit organisiertes elektronisches Wertpapierhandelssystem unter der Bezeichnung **Xetra** seit dem 28.11.1997 betrieben. Vorläufer von Xetra (als Synonym für Electronic Trading and Exchange) war das „Integrierte Börsenhandels- und Informationssystem" (IBIS). Die Teilnahme an Xetra ist über Standleitungen und das Internet grundsätzlich weltweit möglich. Über 250 ständige Teilnehmer haben ihre Standorte in zwanzig europäischen Staaten. Rund 90% des Aktienhandels der deutschen Wertpapierbörsen wird über Xetra börsentäglich zwischen 9:00 und 17:30 Uhr abgewickelt, während an der Präsenzbörse Frankfurt/M. der Handel bis 20:00 Uhr möglich ist. Die Xetra-Preise bilden die Basis zur Berechnung des Aktienindex *DAX.*

Der Vorteil des **Xetra-Handels** besteht darin, dass die Börsenorders schneller und zu marktgerechten Preisen ausgeführt werden können, als dies an den einzelnen Börsen jeweils für sich der Fall wäre. Dazu kommt durch die internationale Vernetzung eine Erweiterung des Volumens an Börsenorder. Darüber hinaus sorgen sog. Designated Sponsors, die zu ausgewählten auf Xetra gehandelten Wertpapieren laufend verbindliche An- und Verkaufspreise (**Quotes**) in den Markt einstellen, für zusätzliche Liquidität. Unerwünschte Volatilitätsbewegungen, die in Anbetracht der Schnelligkeit der Ausführung der Order in elektronischen Systemen nicht selten sind, können durch die Handelsaufsicht in der Weise beherrscht werden, dass diese vorübergehende Unterbrechungen (sog. **Volatility Interruptions**) verfügt, oder vom System derartige Unterbrechungen automatisch vollzogen werden. Den Grundsatz der **Best Execution** von Wertpapierorders realisiert der „Xetra Best Service".

be) Elektronische Börse

Als erste vollelektronische Börse nahm am 26.1.1990 die ***DTB Deutsche Terminbörse*** als Anstalt des öffentlichen Rechts den Betrieb für den Handel mit **Derivaten** auf. Börsenträger war die bereits 1988 gegründete *DTB Deutsche Terminbörse GmbH*, eine 100%-ige Tochter der *Deutsche Börse AG*, mit Sitz in Frankfurt/Main.

Durch Fusion der ***DTB*** mit der schweizerischen ***SOFFEX*** (*Swiss Options and Financial Futures Exchange*) 1998 entstand die ***Eurex*** als einer der weltweit führenden Marktplätze für Financial Futures und Optionen. Die Zielsetzung dieser Fusion bestand in der Entwicklung und Umsetzung einer gemeinsamen Plattform der beiden Terminmärkte und in der Harmonisierung der Produktpaletten. Zugangspunkte in Form von „Access Points" außerhalb Deutschlands (***Eurex Deutschland***) und der Schweiz (***Eurex Zürich***) befinden sich in Europa (Amsterdam, Helsinki, London, Madrid), in den USA (New York, Chicago), in Asien (Hongkong, Tokio; zusätzlich geplant Singapur) und in Australien (Sydney).

Die **Produktpalette** von *Eurex* ist breit angelegt und umfasst Zinsderivate, Aktienderivate, Aktienindexderivate, Volatilitätsderivate, Traded Funds-Derivate, Kreditderivate und Inflationsderivate (Einzelheiten dazu siehe 7.2.2.1.5).

Träger der *Eurex* sind die *Eurex Frankfurt AG* mit Sitz in Frankfurt/ Main für die *Eurex Deutschland* und die *Eurex Zürich AG* mit Sitz in Zürich für die *Eurex Zürich*.

Zur Sicherstellung des ordnungsgemäßen **Clearings** von den an den *Eurex*-Börsen abgeschlossenen Termingeschäften erfolgt das Clearing dieser Geschäfte ausschließlich über die ***Eurex Clearing AG*** als Clearing-Stelle. Alle Termingeschäfte kommen immer mit der *Eurex Clearing AG* als **zentraler Vertragspartei** beziehungsweise einem Clearing-Mitglied der *Eurex Clearing AG* zustande.

Voraussetzung für die **Börsenmitgliedschaft** von Instituten ist die direkte Zulassung als *Eurex*-Handelspartner. Unternehmen können eine Handelszulassung beantragen, wenn sie die Bedingungen für eine Mitgliedschaft erfüllen. Eine Mitgliedschaft von Privatpersonen ist nicht möglich. Alle Teilnehmer, die lediglich eine Zulassung als **Handelsteilnehmer** anstreben, werden Non-Clearing-Mitglieder (NCM). Diese nehmen über eine NCM Clearing-Mitglieds-Vereinbarung zwischen einem Clearing Mitglied (CM) und der *Eurex Clearing AG* indirekt am Clearing-Prozess teil. Mitglieder, die als CM oder General Clearing-Mitglied (GCM) am Clearing-Prozess teilnehmen wollen, müssen eine **Clearing-Lizenz** beantragen. CM haben Mindestkapitalanforderungen der *Eurex Clearing AG* zu erfüllen und einen Beitrag zum Clearing-Fonds zu leisten. Sie benötigen zudem entsprechende Clearing- und Abwicklungskonten sowie geeignete Back Office-Einrichtungen.

Die **Händlerzulassung** ist auf Personen beschränkt, die zum Handel an *Eurex Deutschland* im Namen eines Börsenteilnehmers berechtigt sind. Das bedeutet, dass sie zuvor als **Börsenhändler** für *Eurex Deutschland* zugelassen werden. Jeder *Eurex Deutschland*–Börsenteilnehmer kann eine unbegrenzte Anzahl von Händlern haben. Ein Börsenteilnehmer wiederum muss mindestens über einen zugelassenen Händler verfügen, um die Teilnahmevoraussetzungen an der *Eurex Deutschland* zu erfüllen.

Darüber hinaus können alle Börsenteilnehmer eine **Market Maker-Lizenz** beantragen. Möglich ist auch eine zusätzliche Genehmigung zum Einsatz von Quote Machines, von Electronic

Eyes, von Order Routing-Systemen, von OTC-Funktionalitäten oder von Handelsbildschirmen in Niederlassungen.

Die Vertragsbeziehungen bei Geschäften über die *Eurex* sind dadurch charakterisiert, dass die Kunden entweder über Nicht-Clearing-Mitglieder, Direkt-Clearing-Mitglieder und General-Clearing-Mitglieder Geschäfte an der *Eurex* abschließen. Bei jedem Geschäftsabschluss stellt sich die *Eurex GmbH* in ihrer Funktion als **Clearing-Stelle** als Kontrahent beider Vertragsparteien zwischen Käufer und Verkäufer, wobei ein **General-Clearing-Mitglied** sowohl eigene Geschäfte als auch Geschäfte seiner Kunden und Geschäfte von Börsenteilnehmern ohne Clearing-Lizenz abwickeln kann. Dagegen ist ein **Direkt-Clearing-Mitglied** nur zum Clearing eigener Geschäfte und der Geschäfte seiner Kunden berechtigt. Für den Fall, dass ein Börsenteilnehmer nicht selbst über eine Clearing-Lizenz verfügt, muss er seine Geschäfte über ein General-Clearing-Mitglied abwickeln. Die Vertragspartnerschaft besteht dann nicht mit der *Eurex-GmbH* direkt, sondern indirekt über das General-Clearing-Mitglied. Grundsätzlich haben Kunden ausschließlich mit den jeweiligen Börsenteilnehmern vertragliche Beziehungen, über die sie ihre Aufträge weiterleiten und abwickeln. Zur **Sicherstellung** der Erfüllung der Kontraktverpflichtungen, hat jedes Clearing-Mitglied börsentäglich in der von der *Eurex-GmbH* festgelegten Höhe Sicherheiten **(Margins)** in Geld oder Wertpapieren zu leisten, wobei sich die Berechnung an einem sog. **Risk-Based-Margining-System** orientiert: In diesem Zusammenhang werden **alle** Optionen und Financial-Futures-Positionen je Clearing-Mitglied auf einen Basiswert bzw. auf korrespondierende Basiswerte, d.h. auf offene Positionen, deren Risikokomponenten sich zum Teil gegenseitig aufheben (= kompensieren) können, bezogen.

c) Exkurs: Grundzüge einer Betriebswirtschaftslehre der Börsen

Börsen sind Dienstleistungsunternehmen, die Börsenprodukte in Form von absatzfähigen Marktleistungen (Börsenmarktleistungen) und in begrenztem Umfang Börsenprodukte in Form von internen Leistungen (Eigenleistungen) erstellen. Zu unterscheiden sind dabei jeweils der **Prozess**, der die Produktion von Börsenmarktleistungen betrifft, und das einzelne Börsenprodukt als **Ergebnis** dieses Prozesses. Ihrem Wesen nach stellen Börsen einzelwirtschaftlich bzw. mikrostrukturell gesehen sozio-technische Systeme dar, deren Systemelemente zweckentsprechend ausgewählt und deren Zusammenwirken auf die Produktion von Börsenmarktleistungen ausgerichtet sind. Die **Zielsetzung** von Börsen besteht im Allgemeinen darin, entweder eine klar abgegrenzte Anzahl von Finanztiteln oder bestimmte Waren unter Beachtung von gesetzlichen Regelungen und von börsenmäßigen Usancen zu handeln. Insofern produzieren Börsen primär je nach Zahl der zugelassenen Handelsobjekte und in Abhängigkeit von den Charakteristika der jeweiligen Handelsobjekte **Börsenhandelsleistungen** verschiedener Art, die als **Börsenhandelsprodukte** bezeichnet werden können.

Zusätzlich dazu produzieren Börsen zunehmend spezifische Informationsleistungen (**Börsen-Informationsleistungen** bzw. **Börseninformationsprodukte**), die entweder im Zusammenhang mit den Börsenhandelsprodukten als Basisleistungen anfallen oder gezielt für die Allgemeinheit und für die Börsenteilnehmer geschaffen werden. Im ersten Fall handelt es sich um Kursinformationen und Umsatzinformationen bezüglich der Börsenhandelsobjekte, die direkt aus dem Börsenhandelsprozess stammen. Der zweite Fall betrifft die Generierung von Informationen über die Börse und deren Börsenhandelsprodukte sowie über den Ablauf und über die Abwicklung von Börsenhandelsprozessen für die interessierte Öffentlichkeit in Wahrnehmung von akquirierenden und erzieherischen Aufgaben, die das Wissen über den Börsenhandel verbessern und das Verständnis fördern sowie insgesamt die Produktionsmöglichkeiten von Börsen verbessern, ausbauen und gewährleisten sollen. Insofern lassen sich je nach

Adressatenkreis **Börsenmarktleistungen** und **Börsen-Eigenleistungen** (für innerbetriebliche Zwecke) der Börse unterscheiden (Abbildung 34-7)

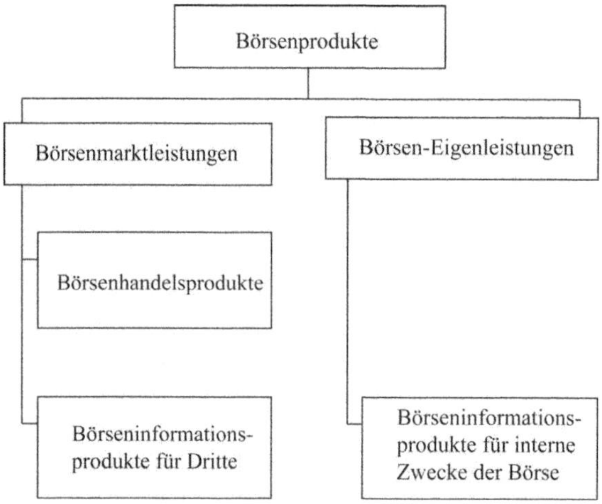

Abb. 34-7: Systematik der Börsenprodukte entsprechend der Produktionscharakteristika

Als weitere Kategorie von Börsenmarktleistungen kommen diejenigen Produkte in Betracht, die für den Betriebsablauf von Börsen im technischen Sinne von Bedeutung sind und daher als **Börsen-Technikprodukte** bezeichnet werden können. Im Wesentlichen handelt es sich dabei um die Erstellung von Börsen-Software, die den Betrieb von händlerdominierten Parkett- bzw. Auktionsbörsen unterstützt, oder in weitergehender Börsentechnisierung überhaupt die Basis für den Börsenhandel an Technik-dominierten elektronischen Börsen abgibt, also Existenz voraussetzend wirkt. Solange die Börsen-Software selbstentwickelt und nur an der betreffenden Börse eingesetzt wird, die sie generiert hat, handelt es sich sozusagen um eine interne Eigenleistung; in den Fällen aber, in denen die betreffende Börse diese Software-Eigenentwicklungen an andere Börsen verkauft bzw. mindestens zum Verkauf anzubieten in der Lage ist, liegt eine Börsenmarktleistung vor, die andere Börsen nach Erwerb für Produktionszwecke im Bereich der Erstellung von Börsenhandelsprodukten einsetzen können.

Auf Grund der vorstehenden Überlegungen lassen sich die von Börsen erstellten Börsenprodukte grundlegend systematisieren, und zwar unabhängig davon, ob die Börsenhandelsobjekte Finanztitel oder bestimmte Waren sind. Im Folgenden beschränken sich die Ausführungen auf Börsen in Form von Wertpapierbörsen, die im Verhältnis zur Zahl und zum Handelsvolumen von Warenbörsen das Börsengeschehen dominieren.

Aus der Sicht einzelner Börsenunternehmen lassen sich im Gegensatz zur gewählten allgemeinen Systematik von Börsenprodukten individuelle Zusammenfassungen von Börsenprodukten zu Börsenproduktgruppen oder – bei Ausrichtung der Börsenprodukte an bestimmte Geschäftsstrategien von Börsen – Börsenprodukt-Geschäftsfelder unterscheiden. So können in der Praxis die Produkte nach dem Kriterium des **Kundennutzens** zu Produktgruppen zusammengefasst werden, wie Benchmark Products, Domestic Products, Operation-Based Services und Innovative Technologien: In der Produktgruppe „Benchmark Products" erfolgt eine Bündelung des Produktangebots des Hauptsegments „Kassamarkt" mit entsprechenden derivativen Produkten des Terminmarktes (Derivate). Die Zielsetzung besteht in diesem Zusammenhang darin, „Benchmark Products" einem internationalen Kundenkreis anzubieten und global zu vertreiben. Dazu zählen auch Rentenwerte, die in einem entsprechenden (Haupt-)Rentenindex enthalten sind. Dagegen kann mit einer Produktgruppe „Domestic Products" primär mittelständischen Unternehmen Lösungen für spezifische Finanzierungsprobleme angeboten werden, die den Zugang zum Primärmarkt und zu einem funktionierenden, leistungsfähigen Sekundärmarkt insbesondere für Aktien ermöglichen. Dafür stehen als Produktangebot Mid Caps als Aktien bekannter, gut eingeführter Unternehmen mittlerer Größe mit einer Marktkapitalisierung ebenso wie Small Caps zur Verfügung, deren Wachstumschancen als relativ hoch eingeschätzt werden können. Durch die Bündelung derartiger Börsenprodukte in zwei getrennte Marktsegmente lassen sich auch entsprechende **Indizes** mit dem Ziel ihrer Vermarktung entwickeln.

Mit **prozessorientierten** Produktgruppen in Form von „Operation-Based Services" und/oder „Innovative Technologien" wird den Notwendigkeiten Rechnung getragen, zur Stärkung des jeweiligen Börsenstandortes ein Angebot an leistungsfähigen Produkten für die Erfordernisse des Handels, der Abwicklung und der Information zu schaffen und zu etablieren. Diese Börsenprodukte auf der Basis von entsprechenden Teilsystemen bilden einerseits die Grundlage für die Erstellung entsprechender Eigenleistungen der Börse, andererseits aber auch die Voraussetzung für das Angebot weitergehender Börsenprodukte an externe Nachfrager nach darauf basierenden Produkten in Form von Wertpapierleihen, von Repo-Finanzierungen und weiteren Serviceleistungen für die Börsenhandelsteilnehmer im Rahmen der Abwicklung von Wertpapiertransaktionen (Wertpapierabwicklungsdienstleistungen). Dazu kommt auch die Entwicklung von EDV-Börsensoftware zur Durchführung und zum Vollzug des Kassa- und Terminhandels.

ca) Börsenhandelsprodukte

Das gemeinsame Merkmal von Börsenhandelsprodukten besteht darin, dass die Börse durch Kombination des Einsatzes von Börsenteilnehmern (z.B. Maklern) mit technischen Systemelementen der Börsenausstattung und Informationskanälen die Voraussetzung für den Handel und die Preisfeststellung (einschließlich der dazu erforderlichen Regularien) schafft. Entsprechend der Marktsegmentierung, die auf rechtlichen Vorgaben beruht, kann zwischen Börsenhandelsprodukten des Kassamarkts (**Börsenkassamarktprodukte**) und des Terminmarkts (**Börsenterminmarktprodukte**) unterschieden werden (Abbildung 34-8). Dabei liegt als Abgrenzungskriterien die Erfüllungsdauer des bis dahin schwebenden Börsengeschäfts zugrunde: Bei einer Abwicklungsdauer innerhalb von zwei Börsentagen handelt es sich um Kassageschäfte, bei darüber hinausgehender Abwicklungsdauer liegen Termingeschäfte vor. Dieser Systematisierung der Börsenhandelsprodukte wird im Weiteren gefolgt. Dagegen wird von der Systematisierungsmöglichkeit nach Börsenhandelsprodukten auf der Grundlage von Basiswerten (**Underlying**) und Börsenhandelsprodukten auf Grundlage von derivativen Werten (abgeleitet von Underlying) nicht Gebrauch gemacht, zumal Optionsscheine auf der Basis von Underlying auch im Kassamarkt Börsenhandelsobjekte sind, obwohl sie im Grundsatz Finanzderivate (**Derivate**) darstellen und damit dem Terminmarkt zugehörig wären. Als Underlying kommen ursprüngliche Finanztitel und Benchmarks in Form von Aktienindizes und Rentenindizes (Indexprodukte und Strategien mit Indizes) in Betracht. Daneben können auch Kursveränderungen von Devisen und Wertpapieren als Underlying dienen.

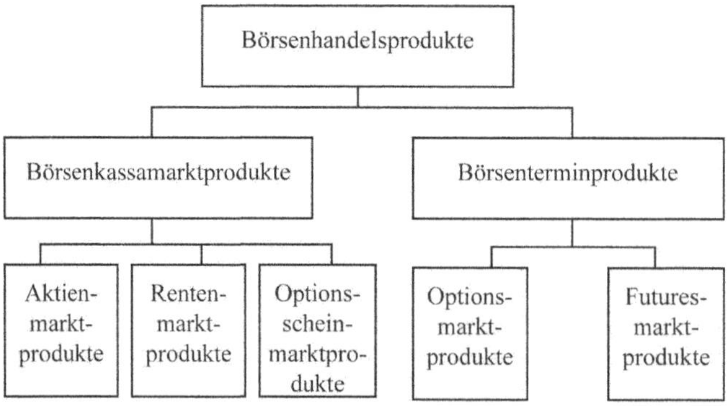

Abb. 34-8: Systematik der Börsenhandelsprodukte nach dem Kriterium des Erfüllungszeitraumes von Börsengeschäften

Dagegen bestehen bei Verwendung der Abgrenzung nach Kassa- und Terminmarktprodukten derartige Zuordnungsprobleme nicht. In diesem Zusammenhang sind entsprechend der gebotenen Handelsmöglichkeiten und der Handelsobjekte Kassamarktprodukte in Form von Aktienmarktprodukten, Rentenmarktprodukten, Optionsschein-Marktprodukten und Zertifikate-Marktprodukten zu (Unter-)Produktgruppen zusammenzufassen. Hinsichtlich der **Aktienmarktprodukte** (Beteiligungspapiere) werden im Regelfall Produkte mit einmaliger Kursfeststellung pro Börsentag und solche mit laufender Kursfeststellung zu unterscheiden sein. Bei **Rentenmarktprodukten** (Pfandbrief und Rentenmarkt) können Differenzierungen nach Emittenten vorgenommen werden, wie z.B. Gebietskörperschaften (Bund, Länder, Städte, öffentliche Hand), Banken (Pfandbriefe, Bankschuldverschreibungen) und Unternehmen. Dagegen erweist sich bei **Optionsschein-Marktprodukten**, die in Wertpapieren verbriefte Optionen darstellen, eine Klassifizierung nach Produktklassen in Form von Aktienscheinprodukten, Zinsscheinprodukten und Währungsscheinprodukten als zweckmäßig. Neu sind die **Zertifikate** auf Aktienindizes und Indexfonds als Produktgruppen des Börsenhandels, die in allen Segmenten des Kassamarkts eingeführt werden können. Dazu kommt schließlich die Möglichkeit, auch geeignete Investmentzertifikate als Produkte an der Börse einzuführen und zu handeln.

Für **Börsenterminmarktprodukte** bietet sich eine Systematisierung entsprechend der Rechtsnatur des zugrunde liegenden Termingeschäfts in Optionsmarktprodukte und Futures-Marktprodukte an. **Optionsmarktprodukte** beruhen auf den Handelsmöglichkeiten in (nichtverbrieften) Standardkontrakten in Form von Aktienoptionen, Rentenoptionen, Devisenoptionen, Indexoptionen und Optionen auf Financial Futures (der Futures-Marktprodukt-Palette). Die Möglichkeit des Handels in **Index-Produkten**, die sowohl den Options- als auch den Futures-Markt betreffen können, setzt die Schaffung von börsenindividuellen, rechtlich geschützten Indizes in Form von Aktienindizes und/oder Rentenindizes voraus (siehe unten: cb). Dagegen beziehen sich die Handelsmöglichkeiten von Futures-Marktprodukten regelmäßig auf Index-Futures (Aktienindex-Future), Währungs-Futures und Zins-Futures. Letztere stellen fristmäßig abgegrenzte standardisierte Finanzterminkontrakte (Financial Futures) dar, deren Basis entweder Geldmarkt-Referenzzinssätze (z.B. EURIBOR; LIBOR) oder (synthetische) öffentliche Schuldverschreibungen wie z.B. Bundesobligationen und/oder vor allem Bundesanleihen sein können. Da sich der Börsenterminhandel sowohl auf die Lieferung konkreter Finanztitel auf der Basis von Aktien, Renten und Devisen (als Underlying) beziehen als auch auf abstrakter Basis bei Anwendung von Indizes erfolgen kann und dann nur Barausgleich möglich ist, erscheint eine weitergehende Unterscheidung von Optionsmarktprodukten und

Futures-Marktprodukten in Produkte auf konkreter Basis und in Produkte auf abstrakter Basis sinnvoll zu sein.

cb) Börseninformationsprodukte

Im Interesse einer aktuellen Information des Börsenpublikums und der interessierten Öffentlichkeit entwickeln Börsen Kursinformationssysteme auf der Basis von spezifischen Indizes (z.B. Aktienmarktindex, Rentenmarktindex, Pfandbriefmarktindex) sowie ggf. Teilmarktindizes in Form von größenabhängigen oder branchenmäßig orientierten Segmenten des Aktienmarkts, die ihrerseits als Laufindex oder als Performance-Index gestaltet sein können und während der Börsenzeit laufend die Indexveränderungen zeigen bzw. verfügbar machen. Derartige Indizes können darüber hinaus die Basis für die Schaffung von entsprechenden Optionsmarktprodukten und Futures-Marktprodukten (Index-Produkten) bilden. Als weitere Börseninformationsprodukte kommen vor allem Informationen über Börsenumsätze der einzelnen Börsenhandelsprodukte, insbesondere auf Online-Basis, in Betracht. Börsen stellen darüber hinaus weitere Informationsprodukte einer breiten Öffentlichkeit zur Verfügung, die insbesondere über spezifische Börsenworkstations (z.B. *Nasdaq* Workstation) oder über offene Kommunikationssysteme (z.B. Internet) angeboten werden. Neuerdings erhalten die **Investor Relations (IR)** einen wesentlichen Stellenwert in der Weise, dass die Börse planmäßig entsprechende Unternehmensinformationen von „gelisteten" Gesellschaften über spezielle Informationsdienste verbreiten lässt und damit für verbesserte Markttransparenz sorgen.

cc) Börsen-Technikprodukte

Insbesondere für Terminbörsen spielt die Entwicklung spezifischer **Börsen-Software** zur Abwicklung des häufig vollelektronisch organisierten Börsenhandels eine wesentliche Rolle. Dieses eigenentwickelte Produkt wird von anderen im Konzept oder im Aufbau befindlichen Terminbörsen erworben und meist in geringfügig modifizierter Form zur Anwendung gebracht **(Börsenhandels-Software).** Andere Börsen-Technikprodukte, die sich zum Verkauf an andere Börsen eignen, können in bestimmten Systementwicklungen zur Erfassung von Börsenorders auf elektronischem Wege (Elektronisches Orderbuch) und zur Abwicklung von Börsenorders nach erfolgter Preisfeststellung bestehen (**Elektronische Abwicklungssysteme**), die insgesamt geeignet erscheinen, die Wettbewerbsfähigkeit von Börseneinrichtungen zu erhöhen. Dazu kommen **Börsen-Technikprodukte**, die bestimmte Aspekte der Orderausführung, beispielsweise für institutionelle Investoren, betreffen: Block Transactions, Block Trading oder die Schaffung der Handelsmöglichkeit von Hinterlegungszertifikaten (Depositary Receipts) für ausländische Aktien (z.B. ADR-American Depositary Receipts an amerikanischen Börsen). Die Bewältigung hoher Volumina des Börsenhandels erfordert den Einsatz hochentwickelter Börsen-Technikprodukte im Sinne von Produkten der **Börsen-Verfahrenstechnik** (Abbildung 34-9) bzw. der **Börsen-Prozesstechnik** mit entsprechenden Betriebssystemen und Handelstechniken. Daneben wächst die Bedeutung von Produkten der **Börsen-Anlagentechnik**, die Börsen zunehmend in Form von börseneigenen Netzwerken und spezifischen Hardware-Ressourcen entwickeln und auf dieser Basis auch anderen Börsen als Produkte anbieten können (z.B. Börsen-Workstations und Computer-Börsenterminals einschl. Netzwerken für in- und ausländische Börsenteilnehmer, die ihrerseits wiederum die Voraussetzung für die Inanspruchnahme von Börsenmarktleistungen der betreffenden Börse darstellen).

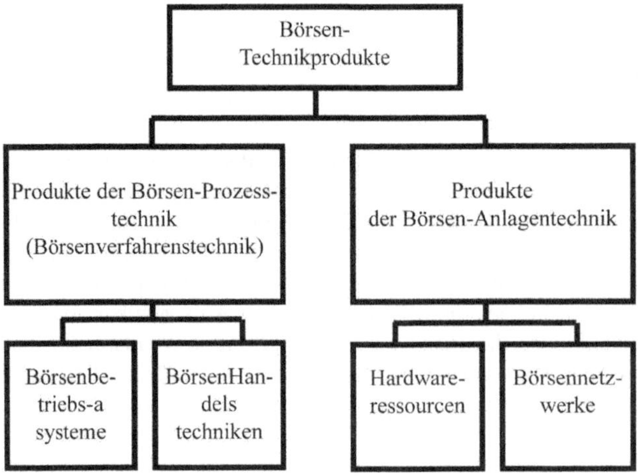

Abb. 34-9: Übersicht über Börsentechnik-Produkte

7.2.2.1.4 Effekten-Kassahandel

Der Kassahandel in börsennotierten Wertpapieren ist unter zeitlichem Aspekt dadurch charakterisiert, dass die in diesem Zusammenhang an Wertpapierbörsen abgeschlossenen Börsengeschäfte spätestens bis zum zweiten Börsentag nach Börsenschluss, also innerhalb von zwei Börsentagen, durch Erbringung von Leistung und Gegenleistung abzuwickeln bzw. zu erfüllen sind. Das bedeutet, dass innerhalb der genannten Frist die entsprechenden Wertpapiere, über welche die Kauf- oder Verkaufsorder lautete, zu liefern und das vereinbarte Entgelt von der zur Zahlung des Börsenpreises verpflichteten Partei zu leisten ist.

Der **Abschluss** des Börsengeschäfts selbst erfolgt zum **Börsenpreis,** über den § 24 BörsG nähere Bestimmungen enthält. Diese betreffen sowohl die formale Beschreibung des Börsenpreises als auch eine inhaltliche Festlegung der Anforderungen, die an sein ordnungsmäßiges Zustandekommen zu richten sind, zumal dafür ein dringendes Bedürfnis aus der Sicht der Anleger besteht. Diese haben Anspruch auf manipulationsfreie Börsenpreise und dürfen auf deren ordnungsgemäßes Zustandekommen vertrauen.

Daher bestimmt § 24 Abs. 1 BörsG Preise für Wertpapiere, die während der Börsenzeit an einer Wertpapierbörse festgestellt werden, als **Börsenpreise**. Dieser Grundsatz gilt sowohl für die Wertpapiere, die im **regulierten Markt** gehandelt werden, als auch für die Ergebnisse des Handels von Wertpapieren im **Freiverkehr** an einer Wertpapierbörse. Ein bestimmtes Preisfeststellungsverfahren ist nicht vorgeschrieben.

Wesentlich ist, dass die Börsenpreise **ordnungsmäßig** zustande kommen und der **wirklichen Marktlage** des Börsenhandels entsprechen (§ 24 Abs. 2 BörsG). Dazu müssen den Handelsteilnehmern, soweit in § 30 BörsG (Vorhandelstransparenz) nichts anderes bestimmt ist, insbesondere Angebote zugänglich und die Annahme der Angebote möglich sein. **Vorhandelstransparenz** bedeutet, dass für Aktien der Preis des am höchsten limitierten Kaufauftrags und des am niedrigsten limitierten Verkaufsauftrags und das zu diesen Preisen handelbare Volumen während der üblichen Geschäftszeiten der Börse kontinuierlich und zu angemessenen kaufmännischen Bedingungen zu veröffentlichen ist. Bei der **Ermittlung** des **Börsenpreises** können auch Preise einer anderen Börse, eines organisierten Marktes mit Sitz im Ausland oder eines multilateralen Handelssystems (im Sinne des § 2 Abs. 3 S. 1 Nr. 8 WpHG) berücksichtigt werden.

Zur Erfüllung der Anforderungen an die **Nachhandelstransparenz** (§ 31 BörsG) müssen nach § 24 Abs. 3 BörsG den Handelsteilnehmern die **Börsenpreise** und die ihnen zugrunde liegenden **Umsätze** unverzüglich und zu angemessenen kaufmännischen Bedingungen in leicht zugänglicher Weise bekanntgemacht werden. Im Ausnahmefall kann die Veröffentlichung verzögert erfolgen, wenn dies im Interesse der Vermeidung einer unangemessenen Benachteiligung der am Geschäft Beteiligten notwendig erscheint. Das Nähere regelt die Börsenordnung. In der Börsenordnung kann auch festgelegt sein, dass **vor** Feststellung eines Börsenpreises den Handelsteilnehmern **zusätzlich** der Preis dem am höchsten limitierten Kaufauftrags und des am niedrigsten limitierten Verkaufsauftrags zur Kenntnis gegeben werden muss.

Schließlich besteht bei der Eingabe in das Geschäftsabwicklungssystem der Börse eine gesonderte **Kennzeichnungspflicht** für Geschäfte, die zu Börsenpreisen geführt haben (§ 24 Abs. 4 BörsG). Durch diese Kennzeichnungspflicht unterscheiden sich Börsenpreise von denjenigen Preisen im Wertpapierhandel, die sich entweder im sog. **Direkthandel vor der Maklerschranke** oder im **außerbörslichen Handel** bilden. Derartige Preise unterliegen keiner Überwachung, sind daher auch nicht transparent und erfüllen somit nicht den Qualitätsstandard des Börsenpreises. Für den Nachvollzug derartiger Geschäfte, die ebenfalls in das Geschäftsabwicklungssystem zum Zwecke der Überwachung durch die *BaFin* im Rahmen des WpHG einzugeben sind, ist die Differenzierung nach Börsenpreisen und Preisen auf Grundlage sonstiger Abschlüsse erforderlich, zumal Abschlüsse im Direkthandel nur der bilateralen Disposition unterliegen und nicht marktmäßig auf Grund von Angebot und Nachfrage sowie deren Zusammenführung durch den Börsenhandel zustande kommen.

Wenn ein ordnungsgemäßer Börsenhandel zeitweilig gefährdet oder wenn dies zum Schutz des Publikums geboten erscheint, kann die Geschäftsführung der Börse den Wertpapierhandel **aussetzen** (§ 25 Abs. 1 Nr. 1 BörsG). Eine **Einstellung** des Handels ist erforderlich, wenn ein ordnungsgemäßer Börsenhandel nicht mehr gewährleistet erscheint. In diesen Fällen unterbleiben Preisfeststellungen an der Börse.

a) Grundsätze der Preisfeststellung

Hinsichtlich der Preisfeststellung ist zwischen Wertpapieren mit geringeren Umsätzen und Wertpapieren mit hohem Umsatzvolumen zu unterscheiden. Während im ersten Fall die Feststellung eines Kurses pro Tag ausreicht, ist im zweiten Fall die Feststellung einer größeren Zahl von Kursen erforderlich, die der jeweiligen Angebots-/Nachfragesituation an der Börse entsprechen. Gleichwohl ist auch für diese Werte für Zwecke der Bewertung und der Börsenstatistik die Feststellung von Kursen analog zu den erstgenannten Wertpapieren erforderlich.

Es ist also zu unterscheiden zwischen der Feststellung von **Einheitskursen** und Kursen in fortlaufender (variabler) Notierung (**variablen Kurse)** von Wertpapieren.

aa) Einheitskurs

Am Einheitsmarkt wird, nachdem von dem zuständigen Skontroführer bis zu einem bestimmten Zeitpunkt sämtliche Kauf- und Verkaufsaufträge gesammelt worden sind auf der Basis der größten Umsatzmöglichkeiten der einheitliche Kurs (**umsatzmaximaler Kurs**) festgestellt. Dabei ist zu unterscheiden, ob die Aufträge **limitiert** (Höchstkurs bei Kauf, Mindestkurs bei Verkauf), **unlimitiert** (zu jedem Kurs: „billigst“ bei Kauf, „bestens“ bei Verkauf) oder **interessewahrend** (nicht limitiert mit der Maßgabe, dass der Auftrag keine größeren Kursveränderungen hervorruft) erteilt werden.

Zum **Einheitskurs**

- müssen alle unlimitierten Aufträge ausgeführt werden;
- sind alle Kaufaufträge, die über Börsenkurs limitiert sind, und alle Verkaufsaufträge, die unter Börsenkurs limitiert sind, auszuführen;
- ist mindestens ein Teil der zum Börsenkurs limitierten Aufträge auszuführen.

Beispielsweise sei folgende **Auftragslage** gegeben:

Kaufaufträge		Verkaufsaufträge	
Stück	Limit (maximal)	Stück	Limit (minimal)
10 50 40 30	124 125 126 billigst	20 40 30 10	bestens 124 125 127
Σ 130		Σ 100	

Kurs	geplante Käufe (Stück)	geplante Verkäufe (Stück)	Möglicher Umsatz
123 u. weniger	130 (alle, da alle Limite höher)	20 (bestens)	20
124	130 (alle)	60(20 + 40)	60
125	120(50 + 40 + 30)	90(20 + 40 + 30)	**90**
126	70 (40 + 30)	90 (20 + 40 + 30)	70
127	30 (billigst)	100 (alle)	30
128 u. mehr	30 (billigst)	100 (alle)	30

Es ergibt sich somit ein **Einheitskurs** von 125 bei einem **maximalen** Umsatz von 90 Stück. Kaufaufträge, die zu 125 limitiert waren, konnten nur zum Teil (20 von 50) ausgeführt werden: 125 **bezahlt Geld,** d.h. zum notierten Kurs fanden zwar Umsätze statt, doch ein Teil der Nachfrage („Geld") blieb unbefriedigt, da das Angebot („Brief") zu gering war.

Hinsichtlich der Kursfeststellung von Wertpapieren werden im Handel mit Wertpapieren folgende **Zusätze** und **Hinweise** verwendet, die Anhaltspunkte bezüglich der Art und des Umfanges der Ausführung der Börsenorders geben sollen:

(a) Zusätze

Zu den festgestellten Kursen müssen bei **b**, **bG, bB, ebG** und **ebB** außer den unlimitierten Kauf- und Verkaufsaufträgen alle über dem festgestellten Kurs limitierten Kaufaufträge und alle unter dem festgestellten Kurs limitierten Verkaufsaufträge ausgeführt sein. Inwieweit die zum festgestellten Kurs limitierten Kauf- und Verkaufsaufträge ausgeführt werden konnten, ergeben die in Box 1 dargelegten Kurszusätze.

(b) Hinweise

Außer den Zusätzen in Box 1finden Hinweise der in Box 2 dargestellten Art Verwendung.

Box 1: Kurszusätze

b oder Kurs ohne Zusatz = bezahlt:	Alle Aufträge sind ausgeführt;
bG = bezahlt Geld:	Die zum festgestellten Kurs limitierten Kaufaufträge müssen nicht vollständig ausgeführt sein; es bestand weitere Nachfrage;
bB = bezahlt Brief:	Die zum festgestellten Kurs limitierten Verkaufsaufträge müssen nicht vollständig ausgeführt sein, es bestand weiteres Angebot;
ebG = etwas bezahlt Geld:	Die zum festgestellten Kurs limitierten Kaufaufträge konnten nur zu einem geringen Teil ausgeführt werden;
ebB = etwas bezahlt Brief:	Die zum festgestellten Kurs limitierten Verkaufsaufträge konnten nur zu einem geringen Teil ausgeführt werden;
ratG = rationiert Geld:	Die zum Kurs und darüber limitierten sowie die unlimitierten Kaufaufträge konnten nur beschränkt ausgeführt werden;
ratB = rationiert Brief:	Die zum Kurs und niedriger limitierten sowie die unlimitierten Verkaufsaufträge konnten nur beschränkt ausgeführt werden;
* = Sternchen:	Kleine Beträge konnten nicht gehandelt werden.

Box 2: Hinweise zu Börsenkursen

G = Geld:	Zu diesem Preis bestand nur Nachfrage;
B = Brief:	Zu diesem Preis bestand nur Angebot;
– = gestrichen:	Ein Kurs konnte nicht festgestellt werden;
– G = gestrichen Geld:	Ein Kurs konnte nicht festgestellt werden, da **nur** Nachfrage bestand;
– B = gestrichen Brief:	Ein Kurs konnte nicht festgestellt werden, da **nur** Angebot bestand;
– T = gestrichen Taxe:	Ein Kurs konnte nicht festgestellt werden, der Preis ist geschätzt;
– GT = gestrichen Geld/Taxe:	**Ein Kurs konnte nicht festgestellt werden, da der Preis auf der Nachfrageseite geschätzt ist;**
– BT = gestrichen Brief/Taxe:	**Ein Kurs konnte nicht festgestellt werden, da der Preis auf der Angebotsseite geschätzt ist;**
ex D = ohne Dividende:	erste Notiz unter Abschlag der Dividende;
ex A = ohne Ausschüttung:	**Erste Notiz unter Abschlag einer Ausschüttung;**
ex Br = ohne Bezugsrecht:	Erste Notiz unter Abschlag eines Bezugsrechts;
ex BA = ohne Berichtigungsaktien:	Aktienkapital Erste Notiz nach Umstellung des Kurses auf das aus Gesellschaftsmitteln berichtigte Kapital;
ex SP = ohne Splitting:	**Erste Notiz nach Umstellung des Kurses auf die geteilten Aktien;**
ex ZS = ohne Zinsen:	**Erste Notiz unter Abschlag der Zinsen (flat);**
ex AZ = ohne Ausgleichszahlung:	**Erste Notiz unter Abschlag einer Ausgleichszahlung;**
ex Bo = ohne Bonusrecht:	**Erste Notiz unter Abschlag eines Bonusrechts;**
ex abc = ohne verschiedene Rechte:	**Erste Notiz unter Abschlag verschiedener Rechte;**
ausg = ausgesetzt:	**Die Kursnotierung ist ausgesetzt; ein Ausruf ist nicht gestattet;**
– Z = gestrichen Ziehung:	Die Notierung der Schuldverschreibung ist wegen eines Auslosungstermins ausgesetzt. Die Aussetzung beginnt zwei Börsentage vor dem festgesetzten Auslosungstag und endet mit Ablauf des Börsentages danach;
C = Kompensationsgeschäft:	**Zu diesem Kurs wurden ausschließlich Aufträge ausgeführt, bei denen Käufer und Verkäufer identisch waren.**
H = Hinweis:	**Auf Besonderheiten wird gesondert hingewiesen.**

ab) Preisfeststellung im fortlaufenden (variablen) Handel

Gemäß Börsenordnung ermittelt der Skontroführer/Spezialist börsentäglich mindestens **drei** Kurse:

- den **Ersten Kurs** nach dem Einheitsverfahren in der ersten halben Stunde der Börsenzeit für den fortlaufenden Handel;
- den **Einheitskurs** nach dem Einheitsverfahren zu einem – je nach Börse unterschiedlich – festgesetzten Termin zwischen Erstem Kurs und Schlusskurs;
- den **Schlusskurs** nach dem Einheitsverfahren in der letzten halben Stunde der Börsenzeit für den fortlaufenden Handel.

Weitere Kurse ergeben sich immer dann, wenn Abschlüsse zustande kommen: Unlimitierte Aufträge sind sofort auszuführen, limitierte Aufträge nach Erreichen des gesetzten Limits. Notwendig ist ein **Mindestschluss** einer bestimmten Stückzahl bzw. ein bestimmter **Mindestbetrag**. Grundsätzlich werden alle Kursnotierungen veröffentlicht. Bei sehr zahlreichen Abschlüssen kann eine Beschränkung auf die Veröffentlichung des höchsten und niedrigsten Grenzkurses sowie der Anfangs- und Schlusskurse praktiziert werden.

b) Preisfeststellung in elektronischen Handelssystemen an Wertpapierbörsen

Die zu einem elektronischen Handelssystem an einer Wertpapierbörse zugelassenen Börsenteilnehmer geben ihre verbindlichen Kauf- und/oder Verkaufsangebote **(Quotes)** durch elektronische Datenübertragung in das elektronische Handelssystem ein. Jeder Börsenteilnehmer kann für eine Gattung jeweils für die Angebots- und Nachfrageseite nur einen Quote einstellen. Das Einstellen eines Quote erfolgt durch Eingabe folgender Daten:

- Kauf-/Verkaufsangebot (Bid/Ask),
- Wertpapiergattung,
- Preis,
- Nennwert/Stückzahl.

Die von der Geschäftsführung der Börse für jedes Wertpapier festgesetzten Mindestnennwerte oder Mindeststückzahlen für die Quotes sowie für die Geschäftsabschlüsse sind einzuhalten. In der Gattung und Geschäftsart werden die Quotes vom System in einer bestimmten Rangfolge aufgeführt: Die **günstigsten** Quotes stehen jeweils an erster Rangstelle**.** **Preisgleiche** Quotes werden untereinander nach dem Zeitpunkt des Empfangs im Zentralrechner sortiert. Preisgleiche Quotes ohne Courtage-Kennzeichnung gehen solchen mit Courtage-Kennzeichnung vor. Bei **teilweiser Annahme** werden im Anschluss an einen Geschäftsabschluss die Quotes vom System automatisch aktualisiert und behalten ihren Rang.

Für den **Xetra-Handel** besteht ein fester **Auktionsplan.** Von 9:00 bis 17:30 Uhr können Aktien, ETF und Company Issued Warrents auf dem Xetra-System gehandelt werden. Xetra erlaubt den fortlaufenden Handel (Continous Trading) und Auktionen. Im fortlaufenden Handel werden Orders sofort ausgeführt, sobald entsprechende Gegenorders vorliegen. **Auktionen** erfolgen zur Feststellung der erforderlichen Kurse (Erster Kurs, Einheitskurs, Schlusskurs) jeweils zu Handelsbeginn (Eröffnungsauktion um 9:00 Uhr) und Handelsende (Schlussauktion um 17:30 Uhr) sowie als Intraday-Auktion (zwischen 12:00 und 13:02 Uhr) für die DAX- und TecDAX-Werte. Die Eröffnungsauktionen für die anderen Werte (MDAX, SDAX, STOXX, ETF und weitere) finden dagegen um einige Minuten nach 9 Uhr statt, ebenso weichen die Zeiten für Intraday-Auktionen für diese Werte um einige Minuten ab. Die Schlussauktion dagegen findet für alle Werte zum selben Zeitpunkt statt. Die Auktionen, die ein zufälliges Ende nach maximal 30 Sekunden haben, konzentrieren die Liquidität in einem Wertpapier auf einen bestimmten Zeitpunkt.

Neben den Auktionen im fortlaufenden Handel erfolgen **Einzelauktionen** für One-Auction-Only-Aktien im Xetra-System zwischen 12:20 und 12:25 Uhr zur Feststellung des Einheitskurses.

7.2.2.1.5 Terminmarkt in Derivaten und Terminhandel

In **Terminkontrakten** sind – unabhängig von den Zulässigkeitsvoraussetzungen des deutschen Wertpapierhandels- und Börsenrechts – grundsätzlich sowohl Festgeschäfte (**unbedingte Termingeschäfte**) als auch **bedingte Termingeschäfte** (in Form von Prämien- und Optionsgeschäften) möglich.

Festgeschäfte stellen die klassische Form des Effekten-Terminhandels dar, wobei der Käufer zu einem vereinbarten Kurs bestimmte Wertpapiere (als Underlying) zu einem späteren, **fest** vereinbarten Termin erwirbt und **unbedingt** abzunehmen hat. Für keinen der Partner besteht eine Rücktritts- oder Wahlmöglichkeit: Der **Baissier** spekuliert auf Fallen der Kurse und schließt daher für einen bestimmten Zeitpunkt sog. **Leerverkäufe** ab, d.h. er verkauft Papiere, die er zum Zeitpunkt des Geschäftsabschlusses noch gar nicht besitzt. Der **Haussier** dagegen kauft Papiere auf Termin, zumal er Kurssteigerungen erwartet. Derartige Geschäfte sind hoch spekulativ und erfordern für die betreffenden Interessenten eine Mindestkenntnis der möglichen Risiken Auf Grund des spekulativen Charakters waren an deutschen Börsen Festgeschäfte bis in die 1980er Jahre nicht zugelassen. Erst mit Gründung der *Deutschen Terminbörse (DTB)* erfolgte eine Neuregelung der Termingeschäftsfähigkeit für zugelassene Börsentermingeschäfte durch § 53 BörsG(alt): **Kaufleute** im Sinne des HGB waren gemäß § 53 Abs. 1 BörsG(alt) unbeschränkt termingeschäftsfähig, während für **Nichtkaufleute** die **Termingeschäftsfähigkeit kraft Information** durch § 53 Abs. 2 BörsG(alt) hergestellt werden konnte. Voraussetzung war die Unterzeichnung einer **Risikoinformationsschrift**. Dieses Verfahren wurde durch die Neuregelung im WpHG zwar nicht ausdrücklich übernommen, wird aber von den Wertpapierhandelsunternehmen weiter sinngemäß praktiziert.

Lange Zeit waren Terminkontrakte in Form **Optionen** die einzige an deutschen Börsen erlaubte Variante des Termingeschäfts (siehe v.a. *Ludwig).* Die Optionsgeschäfte bieten dem Anleger gegenüber Kassageschäften **Vorteile** (siehe *Kümpel* 1981b, 468) insofern, als der **Kauf einer Kaufoption** vom Käufer nicht sofort (bzw. innerhalb zwei Werktagen) den Einsatz von Anlagemitteln erfordert und ggf. Kreditaufnahmen nicht notwendig werden. Der **Kauf einer Verkaufsoption** schützt den Käufer einerseits gegen eine Baisse, andererseits bietet er die Möglichkeit, bei steigendem Kurs des Underlying einen günstigeren Verkaufskurs zu realisieren, während der Verkauf am Kassamarkt ausschließlich gegen Kursverluste schützt. Aber auch für den **Stillhalter** (als Verkäufer der Option) können sich Vorteile aus dem Verkauf einer Kauf- und/oder Verkaufsoption dann ergeben, wenn er durch Vereinnahmung des Optionspreises einen günstigeren Kurs gegenüber dem jeweiligen Tageskurs am Kassamarkt erzielt.

Während **Aktienoptionen** als **Derivate** seit Anfang der 1980er Jahre unter bestimmten Voraussetzungen an deutschen Wertpapierbörsen gehandelt werden konnten, erfolgt der Handel mit **Financial Futures** als einer weiteren Gruppe von Derivaten (Finanzinnovationen) in Form der **Zinsterminkontrakte** und der **Indexkontrakte** schrittweise mit der Aufnahme des Handels an der *DTB* (ab 26.1.1990).

a) Grundlagen des Financial-Futures-Handels

Die Produktpalette einer Derivate-Börse umfasst entsprechend den Bedürfnissen des Zinsmanagements von Banken und Unternehmungen **Zins-Futures** mit kurzen Laufzeiten, die sich auf den Geldmarkt beziehen, und mit längeren Laufzeiten auf der Basis von mittel- bis langfristigen Underlying des Kapitalmarkts in Form von Staatspapieren. Dazu kommen **Aktienindex-Futures (Index-Futures)**, die sich auf repräsentativen Aktienindizes beziehen (z.B. den DAX).

Financial Futures stellen den Oberbegriff für börsengehandelte (standardisierte) Finanzterminkontrakte dar, denen generell die feste (=unbedingte) vertragliche Vereinbarung zugrunde liegt,

- einen bestimmten **Basiswert** in Form eines bestimmten Finanztitels in bestimmter Menge **oder** ein standardisiertes Vielfaches eines zugrundeliegenden repräsentativen Aktienindex
- zu einem im Voraus festgelegten Preis (**Future Preis**)
- an einem späteren, standardisierten Zeitpunkt (**Liefertag**)
- abzunehmen **oder** zu kaufen (Verpflichtung des **Käufers** eines Zins- **oder** Index-Futures) bzw.
- zu liefern **oder** zu verkaufen (Verpflichtung des **Verkäufers** eines Zins- **oder** Index-Futures).

Somit legen **Financial Futures-Kontrakte** generell den **Preis** für einen Finanztitel **oder** Index-Punkt „heute" fest, während die **Erfüllung** des Kontraktes erst zu einem späteren Zeitpunkt (in der Zukunft) zu erfolgen hat. Auf Grund der Standardisierung und der damit realisierten Handelbarkeit können die Vertragspartien die eingenommenen Kauf- oder Verkaufspositionen jederzeit durch entsprechende Gegengeschäfte „glattstellen" (= kompensieren), so dass eine tatsächliche Lieferung oder Abnahme ausgeschlossen wird. Es verbleiben somit lediglich die aus den unterschiedlichen Einstandskursen resultierenden Gewinne oder Verluste. **Motive** für den Einsatz von Zins-Futures bestehen darin, entweder Sicherungsmaßnahmen durchzuführen (**Hedging**) oder Gewinn aus bestimmten Kursentwicklungen ohne Absicherungszielsetzung zu erzielen (**Spekulation**) oder Preisunterschiede zwischen Kassa- und Futures-Märkten bzw. zwischen unterschiedlich befristeten Futures-Märkten auszunutzen (**Arbitrage**).

aa) Zins-Futures

Grundsätzlich nimmt der **Käufer** eines Zins-Futures eine **Long-Position** ein. Er übernimmt die Verpflichtung, am Liefertag einen dem Kontrakt zugrunde hegenden Finanztitel zu dem im Voraus festgelegten Preis zu kaufen. Dagegen übernimmt der **Verkäufer** des Zins-Futures die **Short-Position** und erfüllt die Verpflichtung, am Liefertag kontraktgemäß den Finanztitel an den Käufer zu verkaufen.

Hinsichtlich der **Beurteilung** des **Zins-Futures** während der Laufzeit muss die Kassakursentwicklung des Underlying einbezogen werden. Dabei ergibt sich folgender „Mechanismus": Der Preis des Zins-Futures am Futures-Markt fällt, wenn der Kurs des Underlying am Kassamarkt steigt (also die Marktrendite sich erhöht). Umgekehrt steigt der Preis des Zins-Futures am Terminmarkt, wenn der Kassakurs des Underlying sinkt. Die Kenntnis dieser Zusammenhänge zwischen Termin- und Kassamarkt ermöglicht es, Zins- und Kurserwartungen entsprechend zu nutzen. Der risikofreudige Investor, der eine **Long Position** eingeht, erwartet sinkende Zinsen (Marktrendite) am Kassamarkt und steigende Futures-Preise am Terminmarkt. Er kauft somit heute Zins-Futures und verkauft diese später mit Gewinn bei Eintreffen der Erwartungen (Abbildung 35). Sinken die Zinsen jedoch tatsächlich, kann die Position durch

Verkauf derselben Anzahl desselben Kontraktes zu einem höheren Preis glattgestellt werden. Für die **Short Position** ergibt sich die gegenläufige Entwicklung (Abbildung 35-1): Der Verkauf erfolgt zu dem gegenwärtigen Futures-Preis unter der Annahme der Erwartung steigender Zinsen (und damit sinkender Futures-Preise) durch den risikofreudigen Investor. Bei erwartungsgemäß niedrigerem Future-Preis zu einem späteren Zeitpunkt stellt der Investor durch Kauf derselben Anzahl desselben Kontraktes glatt.

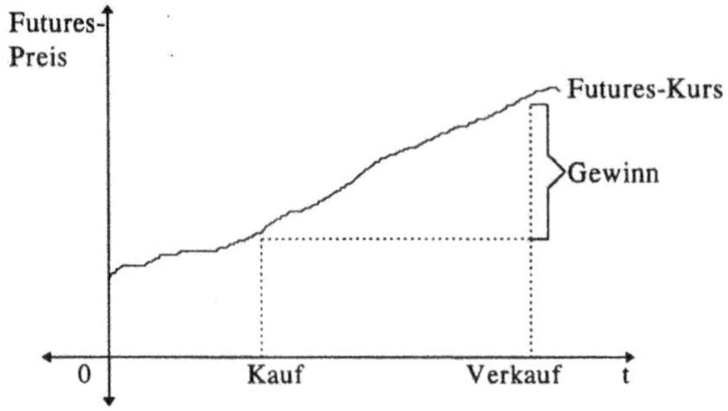

Abb. 35: Erfolgssituation einer **Long Position** bei erfüllten Erwartungen

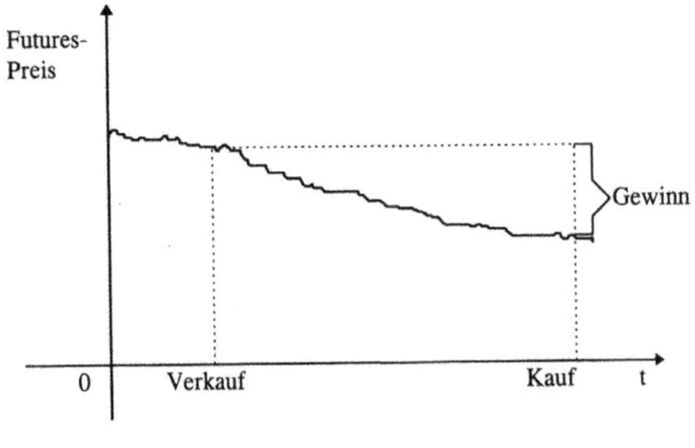

Abb. 35-1: Erfolgssituation einer **Short Position** bei erfüllten Erwartungen

Folgt dagegen das Zinsmanagement **Hedging-Motiven,** dann wird eine Kassaposition durch eine gegenläufige Terminposition in der Weise gesichert, dass Kursverluste der Kassaposition durch Kursgewinne der Terminposition kompensiert werden. Die Abbildungen 35-2 und 35-3 zeigen diese Zusammenhänge im Überblick schematisch, wobei der **Long-Hedge** der Absicherung einer **geplanten Kapitalanlage** oder eines **bestehenden Festzinskredits** und der **Short Hedge** der Absicherung einer **bestehenden Kapitalanlage** oder einer **geplanten Kreditaufnahme** dienen soll.

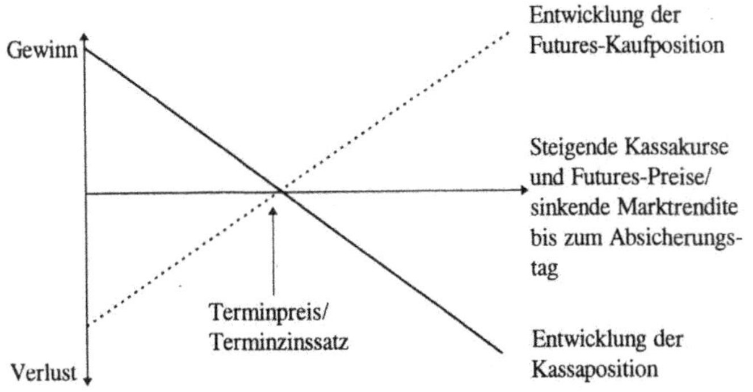

Abb. 35-2: Wirkungsweise eines **Long Hedge** mit Zins-Futures (Sicherung einer geplanten Kapitalanlage zum Terminpreis/Sicherung einer Verbindlichkeit zum Terminzinssatz)

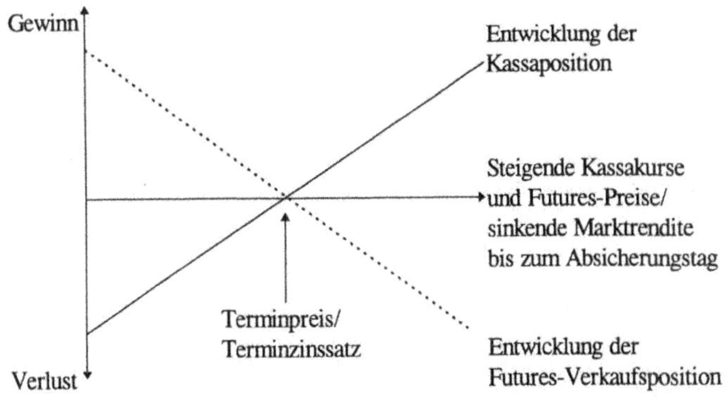

Abb. 35-3: Wirkungsweise eines **Short Hedge** mit Zins-Futures (Sicherung einer bestehenden Kapitalanlage zum Terminpreis/Sicherung einer geplanten Kreditaufnahme zum Terminzinssatz)

Die **Preise** für Zins-Futures (An- und Verkauf/spätere Lieferung) werden durch Angebot und Nachfrage bestimmt und können sich börsentäglich im Verlauf des Handels laufend verändern. Eine weitere Besonderheit besteht darin, dass in der Regel der Handel z.B. an der *Eurex*) ohne Einsatz von Market Makern erfolgt und von allen Börsenteilnehmern einseitig oder beidseitig verpflichtende Kurse (**Quotes**) gestellt werden können. Darüber hinaus fällt im Gegensatz zu den Optionsgeschäften keine im Voraus zu zahlende Prämie an. Die **Erfüllungsgarantie** von offenen Financial Futures-Positionen wird von der **Clearing-Stelle** geleistet, bei der die Mitglieder für das Eingeben und Halten einer Position Sicherheitsleistungen (**Margins**; **Einschüsse**) zu leisten haben: Eine **Initial Margin** bei Abschluss des Geschäfts und eine **Maintanance-Margin** während der Laufzeit, mit der Verluste aus Kursveränderungen auszugleichen sind. Da im Vergleich zum entsprechenden Engagement am Kassamarkt für das Halten/Eingehen einer Futures-Position nur ein Bruchteil des ansonsten erforderlichen Finanzmitteleinsatzes notwendig ist, resultiert aus dem Investment in Financial Futures eine starke **finanzielle Hebelwirkung** (**Leverage Effekt**).

Die **Erfüllung** des Financial Futures erfolgt grundsätzlich in Form der **Andienung** in der Weise, dass der Verkäufer dem Käufer die vereinbarte Menge an Wertpapieren übergibt (Financial Futures auf **konkreter** Basis). Bei einigen *Eurex*-Zins-Futures ist die Andienung nicht auf ein im Bezug auf Laufzeit und Verzinsung spezifiziertes (einzelnes) Kassainstrument beschränkt, sondern aus einer Palette von entsprechenden, gleichartigen Wertpapieren möglich. Da in der Regel nur rund maximal 5% der gehandelten Financial Futures durch Andienung erfüllt werden, erfolgt in der überwiegenden Zahl der Fälle eine **Glattstellung vor Fälligkeit** durch ein entsprechendes Gegengeschäft, wobei diese Kompensation als **Closing Transaction** bezeichnet wird.

ab) Aktienindex-Futures

Die **Aktienindex-Futures (Index-Futures)** basieren auf einem abstrakten Wert (= **abstrakte Basis)** in Form eines repräsentativen Aktienindex. Dieser stellt ein hypothetisches Portfolio von Aktien dar und bildet die Kursbewegungen aller im Portfolio enthaltenen Werte in einer einzigen **Indexzahl** ab. Der **Käufer** eines Index-Futures nimmt eine **Long-Position** ein: Er hat die Verpflichtung, am Erfüllungstermin ein standardisiertes Vielfaches des zugrundeliegenden Aktienindexes (z.B. 100 EUR pro Indexpunkt) zu einem im Voraus festgelegten Preis **zu kaufen.** Dagegen geht der **Verkäufer** eines Index-Futures, der eine **Short Position** einnimmt, die Verpflichtung ein, am Erfüllungstermin ein standardisiertes Vielfaches des zugrundeliegenden Aktienindex zu dem im Voraus festgelegten Preis zu **verkaufen.**

Beispiel: Der DAX-Future als Indexprodukt der *Eurex* im Bereich der Financial Futures basiert auf dem Deutschen Aktienindex (DAX). Da der DAX 30 Blue Chips-Werte mit hoher Marktkapitalisierung und hoher Zirkulation umfasst, eignet er sich für Zwecke der Absicherung von Aktienportfolios (Hedging) ebenso wie zur Spekulation auf Kursveränderungen oder zur Arbitrage zwischen Kassamarkt und Terminmarkt zur Ausnutzung von Kursungleichgewichten.

Im Rahmen des **Hedging** erfolgt der Aufbau einer Gegenposition in Index-Futures auf eine bestehende oder geplante Aktienposition. Bei der Sicherung vor temporär fallenden Kursen werden Index-Futures verkauft **(Short Hedge**). Der Kauf von Index-Futures ist in denjenigen Fällen angezeigt, in denen vorzunehmende (= geplante) Investitionen in Aktien abzusichern sind (**Long Hedge**). Die gegenläufigen Kursbewegungen am Kassamarkt für Aktien und am Futures-Markt für Index-Futures bewirken eine weitgehende Neutralisierung von Gewinnen und Verlusten (Abbildungen 35-4 und 35-5).

Die **Spekulation** mit Index-Futures nutzt die gleichlaufenden Veränderungen der Kursentwicklung am Kassamarkt, repräsentiert durch den Aktienindex, und der Kurse für den Index-Future: Steigen die Kurse am Kassamarkt und damit der der Wert des Aktienindex, steigt in der Regel auch der Kurs des Index-Future (und umgekehrt): Risikobereite Investoren, die steigende Aktienkurse erwarten, **kaufen** Index-Futures heute und verkaufen sie zu einem späteren Zeitpunkt, wenn die Kurserwartungen sich erfüllen mit Gewinn (**Long Position**; Abbildung 35-6). Im anderen Fall muss eine Glattstellung durch Verkauf einer entsprechenden Zahl von Kontrakten erfolgen. Der Investor, der fallende Aktienkassakurse erwartet, wird heute Index-Futures **verkaufen (Short Position**), zu einem späteren Zeitpunkt seine Position durch **Kauf** entsprechender Kontrakte wieder glattstellen und auf diese Weise einen Gewinn realisieren (Abbildung 35-7).

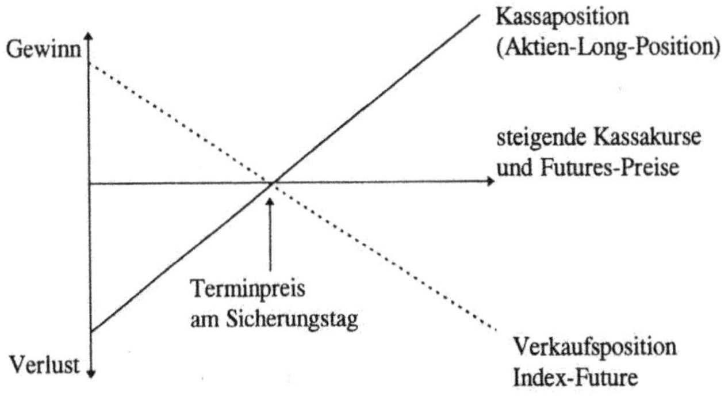

Abb. 35-4: Wirkungsweise eines Short-Hedge mit Index-Futures zur Sicherung eines Aktienportfolios vor Kursrückgängen

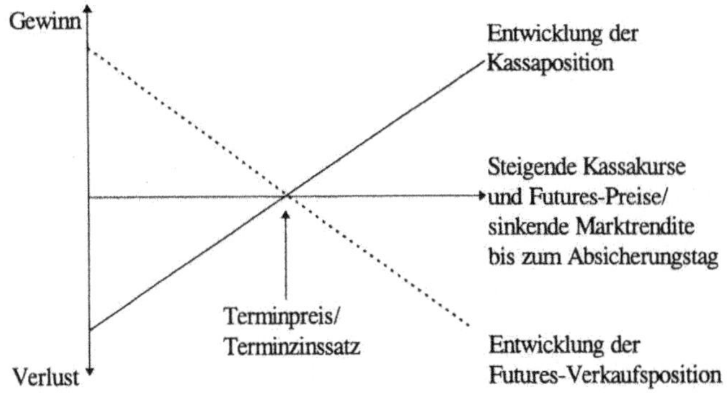

Abb. 35-5: Wirkungsweise eines Long Hedge mit Index-Futures zur Sicherung eines geplanten Aktienkaufes vor steigenden Kursen bis zum Investitionszeitpunkt

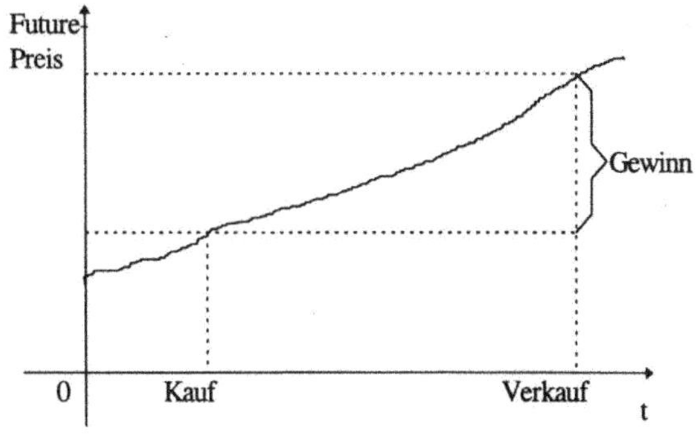

Abb. 35-6: Erfolgssituation einer **Long Position** in Index-Futures bei erfüllten Erwartungen steigender Aktienkurse

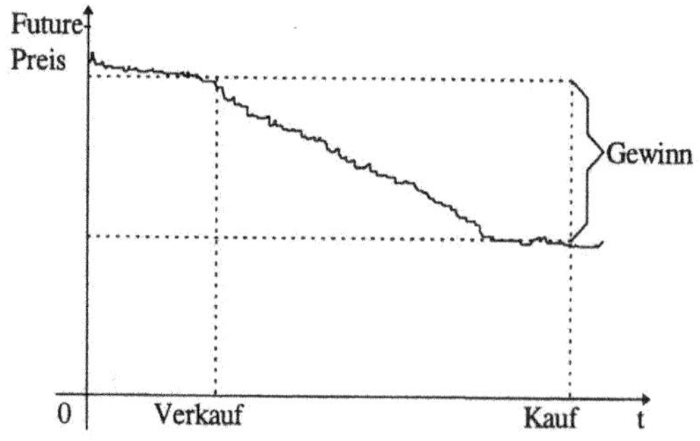

Abb. 35-7: Erfolgssituation einer **Short Position** bei Erwartung fallender Aktienkassakurse

Als **Maßstab** zur **Steuerung** des **Marktrisikos** von Index-Futures findet der sog. **Beta-Faktor** Anwendung, der die Reaktion von Indexstand (z.B. DAX) auf Veränderungen des Aktienkurses ausdrückt. Die praktische Ermittlung des Beta-Faktors erfolgt durch Gegenüberstellung des historischen Kursverlaufs (gemessen mit Hilfe der Regressionsanalyse) und des Aktienindex, wobei folgende vier **Grundpositionen** in Betracht kommen (Abbildung 35-8):

Beta = 1	Die prozentuale Veränderung des Aktienkurses und die Veränderung des Indexstandes **entsprechen** einander; z.B. also Veränderung um jeweils 1%.
Beta > 1	Die prozentuale Veränderung des Aktienkurses ist **stärker** als die Veränderung des Indexstandes; die Veränderungen verlaufen jedoch gleichgerichtet.
0 < Beta < 1	Die prozentuale Veränderung des Aktienkurses ist **kleiner** als die Veränderung des Indexstandes; die Veränderungen verlaufen jedoch **gleichgerichtet**.
Beta < 0	Die Veränderungen von Aktienkurs und Indexstand verlaufen **entgegen gerichtet**: Auf positive Veränderungen des Indexstandes reagiert der Aktienkurs mit einer negativen Veränderung (und umgekehrt).

Die **Andienung** erfolgt in Form eines **Barausgleichs (Cash Settlement)**: Am Erfüllungstag leistet der Verpflichtete für alle noch offenen Positionen – anstelle der entsprechenden Finanztitel in den Proportionen des Aktienindex – eine Geldsumme, die sich aus der vereinbarten Bewertung der Differenzen der Indexpunkte ergibt.

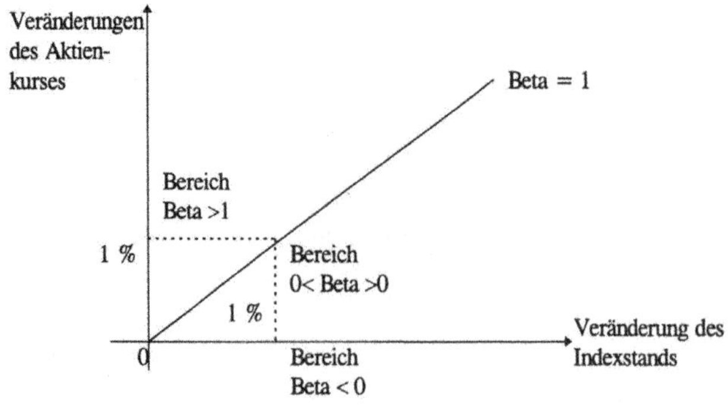

Abb. 35-8: Grundpositionen des Beta-Faktors

Darüber hinaus ist für die Preisbildung von Financial Futures von Bedeutung, dassein enger Zusammenhang zwischen den Kassamärkten für den Underlying und der Preisbildung von Financial Futures besteht: Bei **Zinsterminkontrakten (Zins-Futures)** unterscheidet sich in der Regel der Preis des Kontrakts während der Laufzeit des Kontrakts von dem Kurs des Underlying (Basiswertes) am Kassamerkt insofern, als diese **Kursdifferenz** zwischen Future-Preis und Kassakurs (als **Basis** bezeichnet) positiv oder negativ (oder im Ausnahmefall Null) sein kann. Eine **positive Basis** ergibt sich, wenn der Future-Preis den Kassakurs übersteigt, also

Future-Preis > Kassakurs,

eine negative **Basis** dagegen, wenn der Kassakurs höher als der Future-Preis ist, also; wenn

Future-Preis < Kassakurs.

Hinsichtlich der **Einflussfaktoren** auf die Basis und damit auf die **Preisbildung** ist im Wesentlichen zwischen den **Cost-of-Carry** einerseits (**Carry-Basis**) und den Markterwartungen der Marktteilnehmer einschließlich Erwartungen über Marktliquidität, Tagesereignisse oder Strukturveränderungen der Angebots/Nachfrageseite andererseits **(Value-Basis)** zu unterscheiden.

- **Die Cost-of-Carry** bedeuten die **Nettofinanzierungskosten,** die durch das Halten einer der Future-Position entsprechenden Kassa-Position verursacht werden. Die Nettofinanzierungskosten bei einer Short-Position in *Eurex*-Bund-Futures ergeben sich beispielsweise aus der Differenz des Stückzinsertrages, den die betreffenden Bundesanleihen während des Zeitraums des Haltens der Position (bei Kauf der entsprechenden Bundesanleihen am Kassamarkt zum Zwecke der Erfüllung) erbringen, abzüglich der Finanzierungskosten im Falle der Finanzierung des Kaufes durch Kreditaufnahme), also:

  Stückzinsertrag der langfristigen Bundesanleihe

  ./. Kreditkosten für Finanzierung des Kaufes der

  langfristigen Bundesanleihe am Kassamarkt

  = **Nettofinanzierungskosten (Cost-of-Carry)**

  Je nachdem, ob die (kurzfristigen) Finanzierungskosten (= Geldmarktzins) höher oder niedriger als die laufende Rendite (aus dem langfristigen Underlying) sind, kann zwischen positiven oder negativen Cost-of-Carry unterschieden werden:

  Laufende Rendite < Geldmarktzins → positive Cost-of-Carry

  Laufende Rendite > Geldmarktzins → negative Cost-of-Carry

  Im Falle der **positiven** Cost-of-Carry lieg der Geldmarktzins unter der laufenden Rendite, so dass das Halten der Anleihe einen **Nettoertrag** erbringt, während bei **negativen** Cost-of-Carry das Halten der Anleihe mit **Nettokosten** verbunden ist. Positive Cost-of-Carry bewirken daher einen **Abschlag des Terminpreises (Diskont**; **Abgeld**) gegenüber dem Kassakurs. Umgekehrt ziehen negative Cost-of-Carry wegen der Nettokosten einen **Zuschlag** des Terminpreises (**Prämie**; **Aufgeld**) gegenüber dem Kassakurs nach sich.

- Die **Value Basis (Wertbasis**; **Net Basis**; **Premium**) verkörpert den Informationsstand bzw. Informationsgrad eines Finanzterminmarktes insofern, als entsprechende Marktinformationen und Markterwartungen die Beurteilung eines Terminkontraktes gegenüber den zukünftigen Kassamarkttransaktionen (Kassamarktkauf/ Kassamarktverkauf) beeinflussen. Daraus resultierende Preisverzerrungen stellen ein **Zusatzrisiko** für den Investor dar.

- Termin- und Kassamarkt befinden sich in einem **Gleichgewichtszustand,** wenn

Basis = Cost of Carry,

also keine Value Basis existiert. In diesem Fall nimmt der **Preis** des Zins-Future den **Fair Value** (= **Gleichgewichtspreis** im Sinne eines **theoretischen** Future-Preises) an. In allen anderen Fällen, in denen die Basis größer oder kleiner als die Cost-of-Carry sind, ergibt sich eine **Ungleichgewichtssituation** in Form einer Über- und Unterbewertung des Futures in Relation zur Value Basis, die zu Transaktionen des Handels in der Weise anregt, dass gegensätzliche Positionen am Future- oder Kassamarkt eingegangen werden: Derartige **Arbitragetransaktionen** führen zu einer Verringerung der Ungleichgewichte zwischen Cost-of-Carry und Basis und sorgen damit zumindest tendenziell für einen Preisausgleich in Richtung auf einen Gleichgewichtspreis. Dabei gilt generell, dass die Basis im Zeitablauf tendenziell abnehmen wird, bis sich bei Fälligkeit des Terminkontrakts Kassakurs und Future-Preis entsprechen. Die Konvergenz der Basis ist während der Laufzeit umso stärker, je weiter der Erfüllungszeitpunkt in der Zukunft liegt. Abbildung 35-9 zeigt diese Zusammenhänge schematisch.

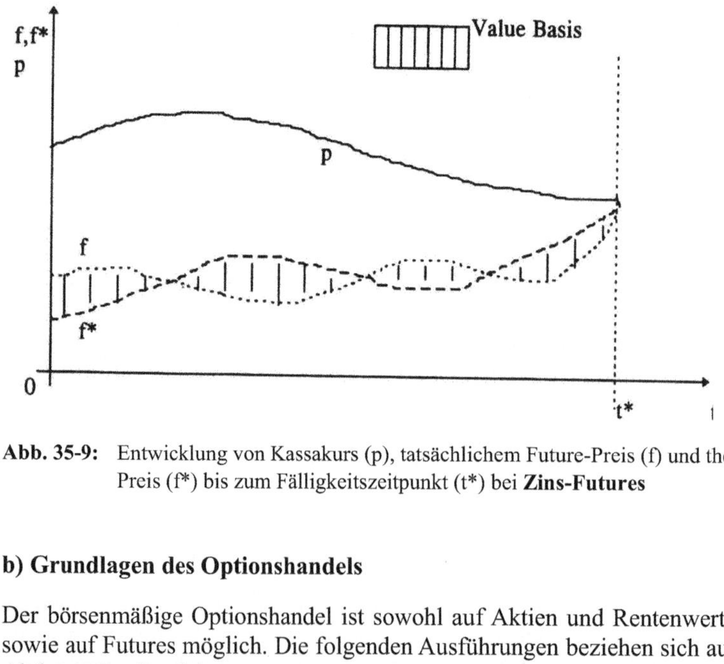

Abb. 35-9: Entwicklung von Kassakurs (p), tatsächlichem Future-Preis (f) und theoretischem Future-Preis (f*) bis zum Fälligkeitszeitpunkt (t*) bei **Zins-Futures**

b) Grundlagen des Optionshandels

Der börsenmäßige Optionshandel ist sowohl auf Aktien und Rentenwerte, auf Aktienindizes sowie auf Futures möglich. Die folgenden Ausführungen beziehen sich ausschließlich auf den Aktienoptionshandel.

Der **Inhalt** von Optionsgeschäften (als Terminkontrakten) besteht darin,

- das Recht zu erwerben,
- eine bestimmte Anzahl von Vermögensgegenständen, die Gegenstand des Optionshandels sind,

- jederzeit während einer festgesetzten Optionsfrist (Amerikanische Option) oder zu einem bestimmten Ausübungszeitpunkt (Europäische Option),
- zu einem beim Abschluss vereinbarten Preis (**Basispreis**),
- entweder zu kaufen (**Kaufoption**) oder zu liefern (**Verkaufsoption**);
- dafür zahlt der Erwerber der Option im Voraus die (Options-)**Prämie**.

Dementsprechend können zwei **Grundformen** von Optionsgeschäften unterschieden werden, nämlich die **Kaufoption** (Call) und die **Verkaufsoption** (Put) mit jeweils einer **Käuferseite** (als dem **aktiven** Kontrahenten) und einer **Verkäuferseite** (als dem **passiven** Kontrahenten; **Stillhalter** bzw. **Schreiber** der Option). Der Käufer (bzw. Wähler) entscheidet über die Ausübung der Option und ggf. den Zeitpunkt der Ausübung. Als Risikoprämie ist der **Optionspreis** anzusehen. Der **Verkäufer** einer Option dagegen wartet auf die Entscheidung des Käufers. Für das „Stillhalten" erhält er den Optionspreis (siehe auch *Bookstaber,* 4 ff.).

Auf Grund der angeführten Alternativen für Käufer- und Verkäuferseite ergeben sich insgesamt folgende **vier Arten** von **Optionsgeschäften**:

- Kauf einer Kaufoption (**Long Call**),
- Verkauf einer Kaufoption (**Short Call**),
- Kauf einer Verkaufsoption (**Long Put**),
- Verkauf einer Verkaufsoption (**Short Put**).

Von der Optionsbörse sind die **Kontraktspezifikationen** festzulegen, die eine Standardisierung des Optionshandels ermöglichen. Dazu gehören insbesondere die **Kontraktgröße** und die **Laufzeiten** mit den **Fälligkeiten** der Kontrakte. Dazu kommt die Bestimmung der Verfahren zur Festlegung von **Basispreisen,** für die in der Regel Preisstaffeln (mit bestimmten Spannen) vorgegeben werden.

Der **Basispreis,** der von den Kontrahenten des Optionsgeschäfts bei dessen Abschluss festgelegt wird, stellt den Kurs dar, zu dem die betreffenden Effekten bei Ausübung zu liefern (Kaufoption) oder abzunehmen sind (Verkaufsoption). Allerdings können die Kontrahenten den Basispreis, der sich grundsätzlich am Kurs des Wertpapiers zum Zeitpunkt des Geschäftsabschlusses orientiert, nur innerhalb bestimmter vorgegebener, **standardisierter Betragsgrößen** wählen.

Nebenrechte in Form von Barausschüttungen, Bezugsrechten, Berichtigungsaktien, Zinszahlungen u.ä., die während der Laufzeit der Option bis zum Ausübungstag anfallen, stehen grundsätzlich demjenigen Kontrahenten zu, auf den die Effekten im Falle der Ausübung der Option übergehen. Aus diesem Grund werden alle während der Laufzeit der Option anfallenden Erträge und/oder Rechte mitgeliefert oder verrechnet, sofern die Ausübung der Option erfolgt.

Zur **Kalkulation** des (Gegenwarts-)Wertes von **Aktienoptionen** – insbesondere für den Anwendungsfall des Handels am Sekundärmarkt – kann das von *Black* und *Scholes* 1973 entwickelte Modell dienen. Das **Black-Scholes-Modell** geht davon aus, dass der Wert bzw. Preis von Aktien-Call-Optionen (**c**) von fünf Faktoren abhängt: Dem Kurs (Preis) des betreffenden Wertpapiers (S), dem Basispreis (Strike- oder Exercise-Price; E), der Volatilität des Preises des betreffenden Wertpapiers (s), der Restlaufzeit bis zur Fälligkeit (T) und dem Zinsniveau risikoloser Papiere (r). Unter Berücksichtigung dieser Faktoren kann das Black-Scholes-Modell formuliert werden als (siehe auch *Goodmann*; *Grützemacher*, 345):

$$c = S \cdot N(d_1) - E \cdot e^{-rT} \cdot N(d_2)$$

wobei: $$d_1 = \frac{\ln(S/E) + (r + 0{,}5 \cdot s^2) \cdot T}{s\sqrt{T}}$$

$$d_2 = d_1 - s\sqrt{T}$$

N(..) = Wert der kumulierten Normalverteilung
ln = Logarithmus naturalis
e = 2,718...
s^2 = Varianz des Aktienkurses (als jährliche Ertragsrate)

Die Black-Scholes-Formel lautet für **Verkaufs-(Put-)Optionen (p)** in Form der sog. Europäischen Option (Ausübung der Option nur zu **einem** vereinbarten Termin) wie folgt:

$$p = \frac{E \cdot N(-d_2)}{e^{rT}} - S \cdot N(-d_1).$$

Zwischen dem Wert einer Call- und einer Put-Option besteht ein Zusammenhang in Form der **Put-Call-Parity,** die einen Zustand eines Marktgleichgewichts repräsentiert:

$$c = p + (S - E/e^{rT}).$$

Für alle Optionen gelten grundsätzlich folgende **Zusammenhänge**:

- Je höher die Volatilität (Kursbeweglichkeit) des betreffenden Wertpapiers, umso höher der Wert der Option;
- Optionen mit längerer Laufzeit sind zumindest soviel wert wie andere Optionen mit dem gleichen Basispreis und einer kürzeren Laufzeit;
- steigen die Zinssätze, steigt der Wert der (Call-)Option.

Von wesentlicher Bedeutung für den **Optionshandel** ist der Sachverhalt, dass der Optionspreis von zwei **Preiskomponenten** bestimmt wird, nämlich dem inneren Wert und dem Zeitwert, also:

Optionspreis = Innerer Wert + Zeitwert

Der **innere Wert (intransic value)** quantifiziert den Vorteil einer unmittelbaren Ausübung der Option für den Käufer und bedeutet den Gewinn, den der Käufer (Inhaber) durch Ausübung der Option (ohne Berücksichtigung von Transaktionskosten) und gleichzeitiges Kompensationsgeschäft am Kassamarkt für den betreffenden **Basiswert** (Underlying) realisieren kann. Dabei ist zu berücksichtigen, dass die Ausübung der Option bei einem **Call** nur dann sinnvoll ist, wenn der aktuelle Kurs des Underlying **über** dem Basispreis des Call liegt. Für den **Put** gilt, dass der aktuelle Kurs des Underlying **unter** dem Basispreis des Put liegen muss, um einen Erfolg zu erzielen. Während im Falle des **Call** der innere Wert gleich der **positiven Differenz** zwischen dem aktuellen Kurs des Underlying ist, ergibt sich im Falle des **Put** der innere Wert aus der positiven Differenz zwischen Basispreis und dem aktuellen Kurs des Underlying. Generell gilt, dass der innere Wert von Call sich erhöht, wenn der Kurs des Underlying steigt, während der innere Wert des Put von sinkenden Kursen des Underlying positiv beeinflusst wird.

Der **Zeitwert (time value)** von Optionen bestimmt sich aus der Differenz zwischen dem Optionspreis und dem inneren Wert der Option. Insofern kann er interpretiert werden als der Betrag, den der Optionskäufer für die Chance investiert, dass sich der Kurs des Underlying während der Restlaufzeit der Option für ihn vorteilhaft entwickelt. Der für diese Chance zu zahlende Gegenwert schlägt sich in einem in der Regel positiven Beitrag zur Optionsprämie nieder. Als Beeinflussungsfaktoren des Zeitwerts kommen neben der Restlaufzeit insbesondere die erwartete Volatilität des Kurses des Underlying, die aktuelle Zinssituation und im Falle von Aktien als Underlying die Dividende in Betracht, wobei folgende Überlegungen gelten:

- Der Zeitwert verringert sich mit Zunahme der **Restlaufzeit:** Je kürzer die verbleibende Laufzeit, desto geringer die Wahrscheinlichkeit, dass sich der Kurs des Underlying positiv für den Käufer (Inhaber) der Option entwickelt. Bei **Verfall** entspricht schließlieh der Optionspreis nur noch dem inneren Wert; der Zeitwert ist gleich Null.
- Die **Volatilität** stellt den Maßstab für die Preis-(Kurs-)Schwankungen eines Underlying während einer bestimmten Periode dar: Je höher die Volatilität, umso höher der Optionspreis, weil sich in diesem Fall die Wahrscheinlichkeit für den Käufer erhöht, am Kassamarkt bei Ausübung der Option einen höheren Gewinn zu erzielen. Höhere Volatilität bedeutet aber auch ein höheres Risiko für negativ zu beurteilende Kursentwicklungen. Dieser Aspekt tritt jedoch in den Hintergrund, zumal sich der Verlust des Käufers (Inhabers) der Option auf den Optionspreis(=Prämie) beschränkt und insofern die positiven Aspekte der Volatilitätserhöhung stärker gewichtet werden.
  - Hinsichtlich der Preisschwankungen und ihrer Ermittlung ist zu unterscheiden zwischen historischer und impliziter Volatilität: Während die **historische Volatilität** auf der Basis von Vergangenheitswerten (Zeitreihen) über Kursänderungen des Underlying mit Hilfe statistischer Methoden (als Standardabweichung) berechnet werden kann, entspricht die **implizite Volatilität** den aktuell von den Marktteilnehmern (und Analysten) erfassten Markteinschätzungen über Kursveränderungen, die sich in den Marktpreisen der Optionen widerspiegeln. Quantifiziert werden derartige Überlegungen über die **zukünftige** Volatilität durch den rechnerisch ermittelten Optionspreis unter Anwendung von „Optionspreisformeln" (z.B. **Black-Scholes-Modell**). Bei Veränderungen der vom Markt erwarteten (zukünftigen) Volatilität verändern sich entsprechend die Optionspreise.
- Das aktuelle **Zinsniveau** beeinflusst den Zeitwert von Optionen insofern, als die Kosten der Kapitalbindung, die bei Abschluss von Optionen anfallen, sich mit steigendem Zinsniveau erhöhen und damit auf den Optionspreis – in geringem Umfang – durchschlagen können.
- Die **Dividende** von Aktien beeinflusst den Zeitwert von Aktienoptionen dann, wenn auf Grund des Dividendenabschlages am Tag nach der Hauptversammlung der dann aktuelle Wert des Call für Aktienoptionen niedriger und der Wert eines Put höher liegt als dies ohne Dividendenzahlung der Fall wäre.

Hinsichtlich der **Basispreise**, die beim Abschluss von Optionen gewählt werden, und ihres Verhältnisses zum Kurs des Underlying (z.B. Aktienkurs) kann grundsätzlich zwischen **In-the-money-Optionen**, **At-the-money-Optionen** und **Out-of-the-money-Optionen** unterschieden werden, wobei sich für Call und Put unterschiedliche Konstellationen ergeben, die ihrerseits Auswirkungen auf den inneren Wert haben (Abbildung 35-10).

Verhältnis von Basispreis zum Kurs des Underlying (Basiswertes)	Call	Put
Basispreis < Kurs des Basiswertes	In-the-money-Option: Innerer Wert > 0	Out-of-the-money-Option Innerer Wert = 0
Basispreis > Kurs des Basiswertes	Out-of-the-money-Option: Innerer Wert = 0	In-the-money-Option: Innerer Wert > 0
Basispreis = Kurs des Basiswertes	At-the-Money-Option: Innerer Wert = 0	Innerer Wert = 0

Abb. 35-10: Basispreis und innerer Wert von Optionen

Das Kennzeichen von **At-the-money-Optionen** besteht darin, dass Basispreis und Kurs des Underlying beim Abschluss (oder im späteren Verlauf) übereinstimmen: Die Option ist „am Geld“. Liegt dagegen im Falle der **Kaufoption** und im Falle der **Verkaufsoption** der Basispreis **unter** dem Kurs des Underlying, dann besitzt die Option einen inneren Wert, sie ist „im Geld“. In allen anderen Fällen ist die Option out-of-the money, also „aus dem Geld“ und weist ebenso wie At-the- money-Option keinen inneren Wert auf.

Zur Ermittlung des Wertes von **Rentenoptionen**, und zwar **c** für den Wert eines Call bzw. **p** für den Wert eines Put, verwenden *Welcker/Kloy* folgende Modifikation des **Black-Scholes-Modells**:

$$c = S(1 + k)^{-T} \cdot N(y + \sigma \sqrt{T}) - E(1 + r)^{-T} \cdot N(y)$$

$$p = E(1 + r)^{-T} \cdot [1 - N(y)] - S(1 + k)^{-T} \cdot [1 - N(y + \sigma \sqrt{T})]$$

$$\text{wobei: } y = \frac{\ln(S/E) + (r - k - 0{,}5 \cdot \sigma^2) \cdot T}{\sigma \sqrt{T}}$$

S,N, E, T und ln entsprechen den oben bei Aktienoptionen benutzten Symbolen; k bedeutet die Effektivverzinsung der Obligation beim unterstellten Kurs S, σ die Standardabweichung der täglichen Kursänderung bezogen auf ein Jahr (mal 247 Börsentagen) und r den kurzfristigen Zins.

Rentenoptionen können insbesondere zur Sicherung des Kurses von Wertpapieren, aber auch zur Zinsspekulation Anwendung finden (siehe *Beer*), zumal folgende Zusammenhänge zwischen Veränderungen der Zinsen und Veränderungen der Optionswerte bestehen: Steigendes Zinsniveau bewirkt eine Sinken der Kurse der Obligationen mit der Reaktion, dass der Wert der Verkaufsoption steigt und der Wert der Kaufoption sinkt. Im Falle eines sinkenden Zinsniveaus steigen die Kurse der Obligationen, was wiederum auf dem Terminmarkt zu einem Sinken des Kurses der Verkaufsoption und zu einem Steigen des Kurses der Kaufoption führt.

Steigendes Zinsniveau	sinkendes Zinsniveau
↓	↓
Sinken der Kurse der Obligationen	Steigen der Kurse der Obligationen
↓	↓
Steigen des Wertes der Verkaufsoption, Sinken des Wertes der Kaufoption	Sinken des Kurses der Verkaufsoption, Steigen des Kurses der Kaufoption

Bei Kurssteigerungen gehen somit die Erwartungen des **Käufers** einer Kaufoption, bei fallenden Kursen die Erwartungen des Käufers einer Verkaufsoption auf. Der **Verkäufer** der Kaufoption dagegen erwartet steigende bzw. zumindest gleichbleibende Renditen (eines Wertpapierbestandes oder einer Art Termineinlage, wenn er die Wertpapiere bei Abschluss des Optionskontrakts erst beschafft) und somit fallende Kurse. Ihn interessiert in erster Linie die Mindestrendite für die Laufzeit der Option und die Höhe der Renditeverbesserung, die er durch die Entgegennahme der Prämie erzielt. Da der Verkäufer einer Verkaufsoption steigende Kurse bzw. fallende oder bestenfalls gleichbleibende Renditen erwartet, stehen für ihn die eventuellen Einstandskosten bzw. die Rendite per Kasse und per Termin unter Berücksichtigung der Prämie im Vordergrund der Überlegungen, die auf die (defensive) Schaffung eines Wertpapierbestands und insbesondere die Vereinnahmung der Prämie gerichtet sind.

- **Kaufoption**

Der Käufer einer Kaufoption (Haussier) erwirbt das Recht, innerhalb der Optionsfrist **jederzeit** vom Stillhalter mit Wertpapieren (Verkäufer der Kaufoption; Baissier) die vereinbarten Werte zum Basispreis zu beziehen. Der Anlageerfolg beim Kauf einer Kaufoption lässt sich wie folgt ermitteln (*Ludwig,* 28):

Gewinn = Veräußerungspreis – (Basispreis + Optionspreis der Kaufoption)

bzw. bezogen auf den Basispreis:

Gewinn/Optionspreis = [(Veräußerungspreis – Basispreis)/Optionspreis] – 1

Der Veräußerungspreis stellt den Kurs (in EUR) entweder bei Ausübung der Option oder bei Fristablauf dar.

- **Verkaufsoptionen**

Der Käufer von Verkaufsoptionen (Baissier) erwirbt das Recht auf jederzeitige Lieferung der vorgesehenen Anzahl von Wertpapieren zum Basispreis an den Verkäufer der Verkaufsoption (Stillhalter mit Geld; Haussier) innerhalb der Optionsfrist. Somit ergibt sich der **Anlageerfolg** beim Kauf einer Verkaufsoption aus (*Ludwig,* 36):

Gewinn = (Basispreis – Optionspreis der Verkaufsoption) – Anschaffungspreis

bzw. bezogen auf den Optionspreis:

Gewinn/Optionspreis = [(Basispreis – Anschaffungspreis)/Optionspreis] – 1

Daneben sind die beim Abschluss des Optionsgeschäfts und ggf. die bei Ausübung der Option anfallenden Bankspesen, etwaige Liquiditätskosten und bevorstehende Zins-und Dividendenzahlungen zu berücksichtigen.

7.2.2.1.6 Effekten-Giroverkehr

Das Wesen des Effekten-Giroverkehrs, der eine Rationalisierung der Wertpapierlieferung und Wertpapierabrechnung sowie Wertpapierverwaltung bezweckt und analog dem bargeldlosen Zahlungsverkehr abgewickelt wird, besteht in der ausschließlichen buchmäßigen Übertragung von Miteigentumsanteilen an einem Sammelbestand bestimmter Effekten. Damit ist es möglich, börsenmäßige Wertpapiergeschäfte ohne Bewegung der Papiere durchzuführen, wobei – im Ergebnis – Einlieferungen und Überweisungen dem Konto des Wertpapierkunden gutgeschrieben, Auslieferungen und Übertragungen diesem belastet werden. Die Abwicklung der Transaktionen erfolgt über **Wertpapiersammelbanken** (siehe 5.7). Durch die Einschaltung von Wertpapiersammelbanken wird der Effektengiroverkehr (im **engeren** Sinne) mit einem Zahlungsverkehr zum Ausgleich der Gegenwerte in Geld verbunden (Effektengiroverkehr im **weiteren** Sinne). Die Verfügungen erfolgen durch **Wertpapierschecks** oder – bei Verwendung von EDV-Anlagen – per **Datenträger** (Magnetband) durch Umbuchung der elektronisch erstellten Börsen-Schlussnoten.

Hinsichtlich der räumlichen Dimension ist zwischen dem Effekten-Giroverkehr am betreffenden Börsenplatz **(Platzgiro),** dem platzüberschreitenden **Effekten-Ferngiro,** an den alle deutschen Börsen und die Wertpapiersammelbanken angeschlossen sind, und dem grenzüberschreitenden **internationalen Effekten-Giroverkehr** (siehe *Brink,* 85) zu unterscheiden. Teilnehmer am Effekten-Giroverkehr sind – neben den Wertpapiersammelbanken (früher auch als Kassenvereine oder Effekten-Girobanken bezeichnet), deren Gesellschaftsanteile sich im

Besitz von Banken des jeweiligen Einzugsbereichs befinden – ausschließlich Banken als Effekten-Girokunden bzw. Kontoinhaber.

Die **rechtlichen Grundlagen** des Effekten-Giroverkehrs sind durch das Gesetz über die Verwahrung und Anschaffung von Wertpapieren vom 4.2.1937 (**Depotgesetz**) und die Geschäftsbedingungen der Wertpapiersammelbanken und der Kreditinstitute gegeben. Das Depotgesetz sieht zwei mögliche Formen der Verwahrung von Effekten vor: Bei der **Sonderverwahrung** als Grundform ist der verwahrende Bankbetrieb verpflichtet, die Effekten des Hinterlegers gesondert von den eigenen Beständen und von den Beständen Dritter aufzubewahren (**Streifbandverwahrung**). In der Praxis überwiegt allerdings die **Sammelverwahrung,** zumal sich die Mehrzahl der amtlich notierten Werte in der Sammelverwaltung befindet, davon rund 80% bei den Wertpapiersammelbanken. Die Sammelverwahrung ist dadurch charakterisiert, dass Effekten derselben Art ungetrennt in einem einheitlichen Sammelbestand für alle Depotkunden aufbewahrt werden. Der Hinterleger verliert sein Eigentum an den einzelnen Effekten und erlangt gleichzeitig ein – wirtschaftlich völlig gleichwertiges – Miteigentum nach Bruchteilen an den zum Sammelbestand gehörenden Effektenstücken.

Den Banken ist es freigestellt, ob sie die Effektenbestände selbst verwahren (**Hausverwahrung** in Form der Streifbandverwahrung oder in Form der **Haussammelverwahrung**; siehe Abbildung 36) oder als **Zwischenverwahrer** unter ihrem Namen einem anderen Verwahrer anvertrauen **(Drittverwahrung),** was auf Grund des Depotgesetzes bei Wertpapiersammelbanken erfolgen kann (siehe Abbildung 37).

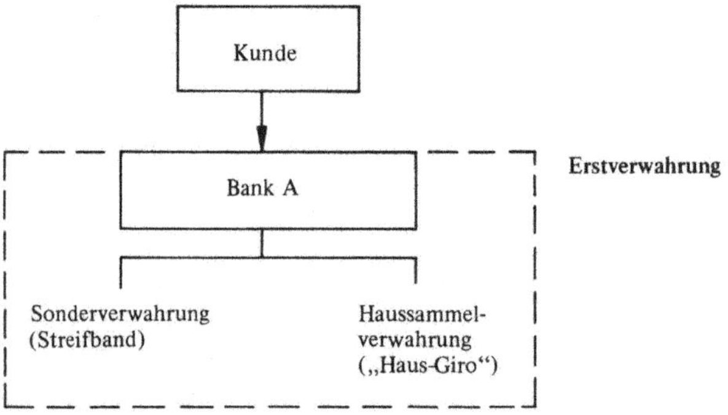

Abb. 36: Hausverwahrung von Effekten

Der Effektengiroverkehr ist im Einklang mit der Abwicklung der Börsengeschäfte seit mehreren Jahren durch Einsatz der elektronischen Datenverarbeitung weitgehend automatisiert und wird bezüglich des **Automatisierungsgrades** ständig weiterentwickelt.

Der Automatisierung des Effekten-Giroverkehrs dienen schließlich **stückelose** Emissionen von **Wertrechten,** die zwar die traditionellen Funktionen des Wertpapiers, nämlich Transportfunktion und Legitimationsfunktion in den Hintergrund treten lassen, jedoch dem Bedürfnis nach stückeloser Abwicklung des Effekten-Giroverkehrs in der alleinigen Form von Buchungen entgegenkommen. Durch Novellierung des Depotgesetzes im Jahre 1972 hat sich dementsprechend eine spezielle Technik der Sammelverwahrung herausgebildet, die rein quantitativ auf eine Reduzierung der Zahl der effektiven Stücke hinausläuft. Dies geschieht in der Weise, dass mehrere Rechte gleicher Art, die jeweils einzeln verbrieft sein können, je nach Größenordnung der Emission in einer oder zwei Sammelurkunden (Globalurkunden) zusammengefasst werden. Bei Eigentumsübergang sind in diesem Falle nur noch Umbuchungen nötig. Die

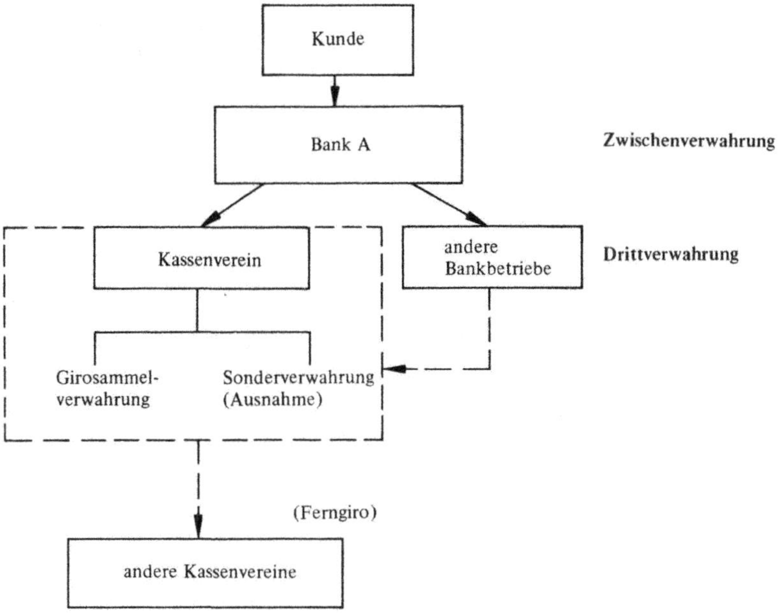

Abb. 37: Alternativen der Drittverwahrung von Effekten

Abwicklung von Transaktionen in **Bundesschuldbuchforderungen** (Wertrechte) zeigt eine Besonderheit insofern, als diese über die Wertpapiersammelbanken im Wege des **Schuldbuchgiroverkehrs** erfolgen.

7.2.2.1.7 Sonstige Derivate

Als sonstige Derivate spielen in der Praxis vor allem Financial Swaps (a) und Kreditderivate (b) eine wesentliche Rolle, zumal sie in der Regel außerbilanzieller Natur sind. Sie können einerseits für Sicherungszwecke eingesetzt werden, anderseits aber auch der Wertschöpfung von Banken dienen. Im letztgenannten Fall allerdings können mit deren Einsatz erhebliche Risiken verbunden sein, insbesondere dann, wenn diese Geschäfte ein erhebliches Mehrfaches der Bilanzsumme ausmachen. Einen beispielhaften Einblick in das Risikopotential kann der Fall HRE (*Hypo Real Estate Group*) geben (siehe unten c).

a) Financial Swaps

Zusätzlich zu den börsengehandelten Derivaten (7.2.2.1.5) stellen außerbörsliche Derivate in Form von Zins-Swaps weitere Bankleistungen dar, die wertpapierbezogen sind und denen der Austausch von Zinszahlungsverpflichtungen zugrundeliegt. Zins-Swaps zählen zu der Gruppe der Financial Swaps, die im internationalen Bereich die Währungs-Swaps sowie die integrierten Zins- und Währungs-Swaps einschließen (siehe 8.3.1.2). Die Beteiligung der Banken an Financial Swaps im Allgemeinen und an Zins-Swaps im Besonderen kann entweder in einer Vermittlerposition bestehen oder in der Weise gestaltet sein, dass die Bank als sog. End User den Zins-Swap eingeht. Im Falle der Vermittlung stellt die Bank eine mit einem Vertragspartner eingegangene Swaps-Position in der Weise glatt, dass sie mit einem/oder weiteren Vertragspartner(n) einen risikokompensierenden Gegen-Swap abschließt. Ein derartiger **Vermittlungs-Swap** als primäre Bankmarktleistung ist somit dadurch gekennzeichnet, dass mindestens drei Parteien am Zins-Swap beteiligt sind, wobei die Bank im Kundeninteresse die Anbahnung und Vermittlung übernimmt und weitgehend Risiken ausschließt. Tritt dagegen die Bank als **End User** auf, handelt sie häufig im **Eigeninteresse**: Die Leistung erweist sich dann als Eigenleistung, bei der die Bank eine unkommentierte Risikoposition eingeht, der naturgemäß auch entsprechende Chancen gegenüberstehen. Abbildung 37-1 zeigt die Struktur eines derartigen Engagements der Bank mit typischerweise zwei Parteien.

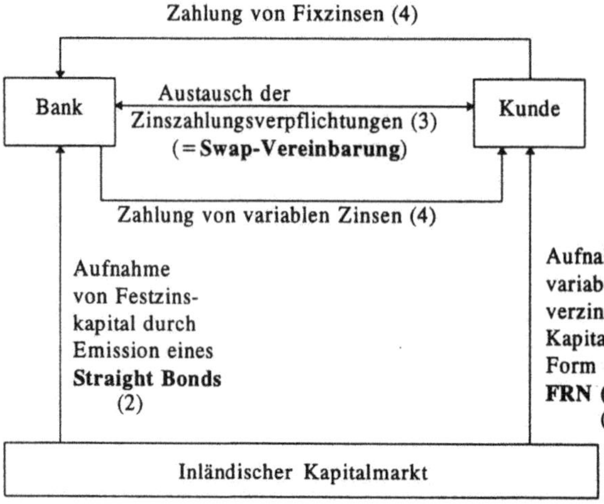

Abb. 37-1: Grundstruktur eine Zins-Swaps „fest/variabel"; Bank als **End User**

Der Zweck von **Zins-Swaps** besteht zum einen darin, Risiken vom Kunden „wegzudrehen" (to swap), andererseits sind mit Zins-Swaps in der Regel für die Parteien komparative Kostenvorteile der Finanzierung verbunden (siehe dazu im Einzelnen *Eilenberger* 2003, 94 ff.), die den Abschluss von Zins-Swaps im Kundeninteresse erfordern. Die Bank muss im letzteren Falle im Rahmen eines Finanzierungspakets des Kunden, das in der Emission von Floating Rate Notes besteht und variable Zinskosten für den Kunden als Emittenten bedeutet, für eine Stabilisierung der Zinskosten sorgen. Dies erfolgt in der Weise, dass die Bank den Zins-Swap als Teil des Finanzierungspakets mit einbringt und dabei den Part der Festsatzfinanzierung übernimmt, die über den Swap dem Kunden zu Gute kommen soll. Der Kunde zahlt auf Grund der **Swap-Vereinbarung** an die Bank den festgelegten **Fixzinssatz,** die Bank ihrerseits übernimmt die Zahlungsverpflichtungen des Kunden zum festgesetzten **variablen** Zins. Bleibt die Bank End User, übernimmt sie das Zinsänderungsrisiko.

Im Regelfall wird die Bank allerdings eine Kompensation herbeiführen und mit einem weiteren Interessenten einen Gegen-Swap, wie in Abbildung 37-5 dargestellt (auch als **Reverse-Swap** bezeichnet), abschließen. In diesem Fall der **Vermittlung** von Zins-Swaps erübrigt sich die Aufnahme von Festzinskapital durch die Bank. Die Bank profitiert von den Zinsdifferenzen und den erhaltenen Gebühren für das Arrangement des Swaps (**Arrangement Fee**). Sie schließt mit den Parteien A und B jeweils einen gesonderten Swap-Vertrag ab, mit dem Inhalt, dass A (entsprechend seinen Erwartungen sinkender Zinsen) eine variabel verzinste Finanzierung erhält und B, der auf andere Weise eine Festsatzfinanzierung zu 11% p.a. nicht erhalten hätte, diese Konditionen anstelle der variablen Finanzierungskosten zum 3-Monats-EURIBOR festschreiben kann.

Für Swaps besteht darüber hinaus die Möglichkeit der Übertragung auf andere Partner, d.h. durch **Verkauf** des Swaps am **Sekundärmarkt** (**Swap Buyout**) sich aus dem ursprünglichen

Swap zu lösen. Dies könnte dann der Fall sein, wenn wegen Veränderung der Zinssituation für einen der Beteiligten der Swap entbehrlich erscheint. In Fortführung des Beispiels in Abbildung 37-2 sei angenommen, dass Kunde A sämtliche Verpflichtungen und Forderungen aus dem Swapgeschäft mit der Bank (nunmehr als Bank 1 bezeichnet) an eine andere Bank (Bank 2) verkauft. Dazu ist in der Regel die Zustimmung des Swappartners erforderlich, der diese in der Regel gegen eine Gebühr (Hassle Fee) erteilen wird. Die Bank könnte aber auch über den Sekundärmarkt eine ggf. offene Position in derselben Weise schließen wie in Abbildung 37-3 gezeigt. Bank 1 ihrerseits hat ggf. die offene Position bereits geschlossen oder schließt sie durch einen weiteren (kompensierenden) Swap-Vertrag. In Abhängigkeit von der Zinsentwicklung erhält oder zahlt Kunde A nach dem Verkauf als Pauschalsumme ein sog. **Lump Payment.** Voraussetzung für einen **Sekundärhandel** von Swaps sind **standardisierte Swapverträge,** die auf sog. **Master Agreements** oder auf einheitlichen Richtlinien zwischen Bansen für den Sekundärhandel basieren. Für den Sekundärhandel hat sich weltweit ein liquider Markt entwickelt, der durch **Market Maker** dargestellt wird. Als Market Maker kommen Banken in Betracht, die jederzeit bereit sind, einen Swap abzuschließen oder selbst übernahmen (**Swap Buyout**). Die Market Maker geben in diesem Zusammenhang Swap-Notierungen in Form von Geld- und Briefkursen bekannt (für Zins-Swaps auf Prozent-Basis bzw. als Basispunkte), die auch als **Swap-Indikationen** bzw. **indikative Swapsätze** bezeichnet werden. Dabei erfolgt in der Regel der Aufschlag eines **Swap Spreads** in Prozentpunkten auf den Festsatz des Underlying (wegen Einzelheiten zur Ermittlung indikativer Swapsätze siehe *Eilenberger* 1995).

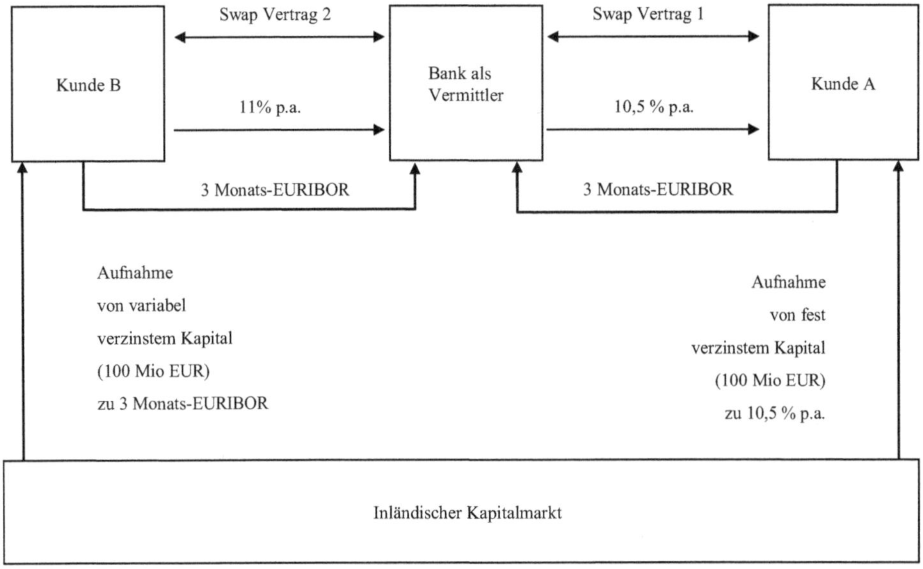

Abb. 37-2: Grundstruktur von Zins-Swaps im Rahmen von **Vermittlungsleistungen** von Banken

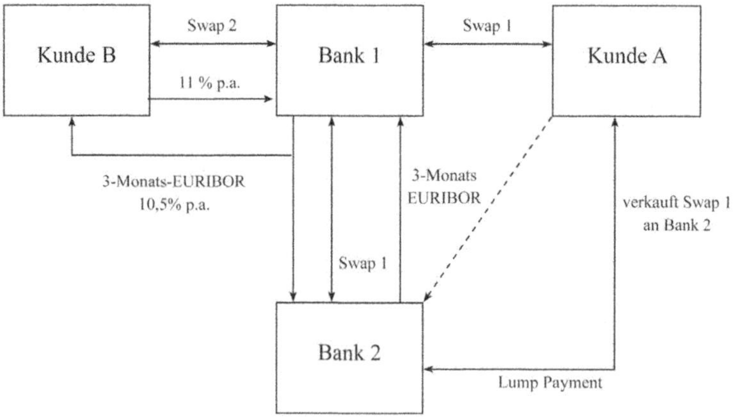

Abb. 37-3: Swap Buyout durch Verkauf von Swap 1 durch Kunde B am Sekundärmarkt

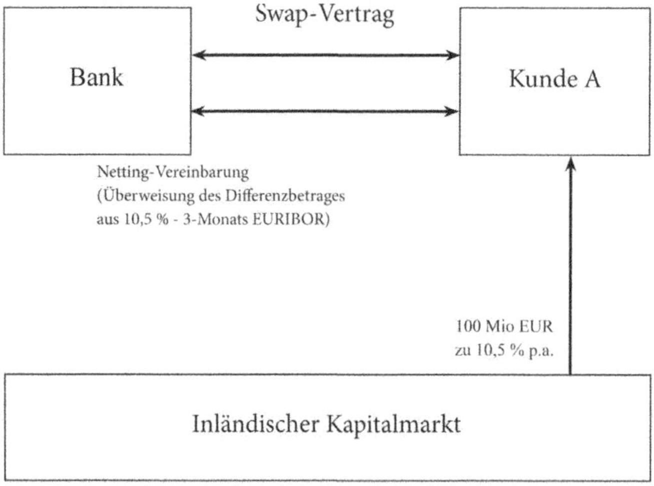

Abb. 37-4: Netting-Vereinbarung im Rahmen von Financial Swaps (Annahmen aus Abb. 37-2)

Zur Entlastung des internationalen Zahlungsverkehrs und zur Vermeidung von Währungsrisiken (Valuta-, Transfer-, Konvertierungsrisiken) schließen die Banken in der Regel mit ihren Swappartnern **bilaterale Netting-Vereinbarungen** ab, die darauf gerichtet sind, nur die jeweiligen Differenzen aus den gegenseitig übernommenen Zahlungsverpflichtungen konkret zu überweisen (Abbildung 37-4 auf der Basis von Abbildung 37-2).

Die Bank als Swap-Partner kann in diesem Fall ohne Eingehen eines weiteren kompensierenden Swap-Vertrages mit einem Kunden B die Position offenhalten und **spekulativ** unter Beachtung der „Grundsätze" die Entwicklung des variablen Zinssatzes gewinnbringend nutzen. Die maximale Verlustspanne besteht in der Zahlung der Differenz zwischen höheren EURIBOR-/LIBOR-Satz und niedrigerem Festzinssatz. Ausschlaggebend ist dabei die Einschätzung der Zinsentwicklung des Referenzzinses durch die Bank. Im Falle ungünstiger Entwicklungen kann die Bank letztlich die Position wie in Abbildung 37-5 dargestellt schließen.

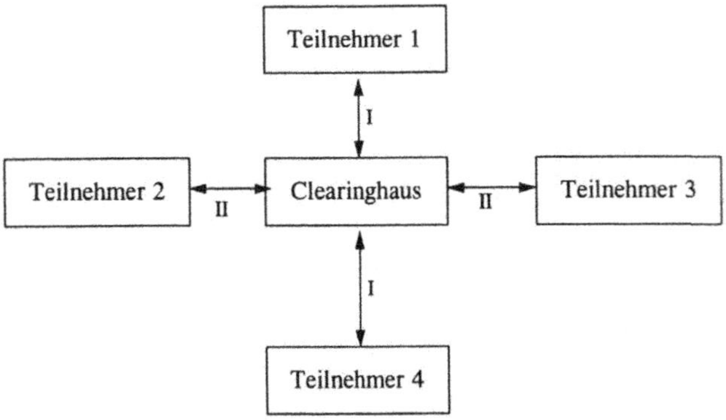

Abb. 37-5: Struktur multilateralen Nettings mit vier Teilnehmern

Der *Ausschuss für Interbank-Netting-Systeme der Zentralbanken der Länder der Zehnergruppe* hatte bereits im Juli 1990 „Geschäftspolitische Empfehlungen" für die Mindestanforderungen an Netting-Systeme erarbeitet, die sowohl Netting-Systeme für den **Zahlungsverkehr** als auch Netting-Systeme für **Kontrakte** (also Financial Swaps) betreffen. Bezüglich des Nettings von Kontrakten ist zu unterscheiden zwischen dem **Netting bilateraler Terminpositionen** und dem **Netting durch Novation.** Die **erste Gruppe** betrifft Netting-Verfahren, die darauf gerichtet sind, die **Wiederbeschaffungskosten** für eine Reihe einzelner Termingeschäfte mit einer bestimmten Gegenpartei auf ein einziges **Nettokreditrisiko** zu vereinen, indem sie unter einer einzigen Rechtsvereinbarung zusammengefasst werden. Erfüllt eine Partei ihre Verpflichtungen nicht, entspricht das Terminengagement der anderen Partei den (positiven) Kosten für die Wiederbeschaffung der Gesamtsumme der Transaktionen, die in den Vertrag einbezogen sind. Diese **Wiederbeschaffungskosten** werden üblicherweise als Summe der Barwerte der nicht realisierten Gewinne und Verluste aus allen einbezogenen Transaktionen ausgedrückt.

Die **zweite Gruppe** von Netting-Verfahren vermindert sowohl die mit den Wiederbeschaffungskosten für Terminkontrakte verbundenen Risiken als auch die Erfüllungs- und Liquiditätsrisiken bei Kontrakten mit unterschiedlichen Währungen. Dabei werden ursprüngliche Verpflichtungen durch neue Verpflichtungen im Rahmen eines **einzigen** Netting-Vertrages ersetzt (**Novation**). Durch diese Netting-Vereinbarungen vermindert sich die Anzahl der Zahlungen, die an jedem Wertstellungs- oder Fälligkeitstag zu leisten sind, auf die Anzahl der Währungen, die zwischen den Gegenparteien (bzw. zwischen den Teilnehmern und dem Clearinghaus) gehandelt werden. Außerdem vermindert sich der normale Liquiditätsbedarf in jeder Währung auf einen einzigen Nettobetrag, und das Liquiditätsrisiko nimmt ebenfalls ab.

Bei **multilateralen** Netting-Systemen spielt insbesondere die Beziehung zwischen jedem Teilnehmer und der **zentralen Gegenpartei,** die als **Clearinghaus** zwischen die Netting-Teilnehmer geschaltet ist (Abbildung 37-8) eine wesentliche Rolle, die sich in der **multilateralen Nettoposition** (**„Netto-Netto"-Position)** eines jeden Teilnehmers ausdrückt. Das Clearinghaus garantiert die Erfüllung der Nettingvereinbarungen der Teilnehmer, die dafür Sicherheiten an das Claeringhaus zu leisten haben. Dementsprechend ist ein **Zentrales Risikomanagement** für das Netting von Kontrakten und Zahlungen in der durch Abbildung 37-6 wiedergegebenen Weise möglich.

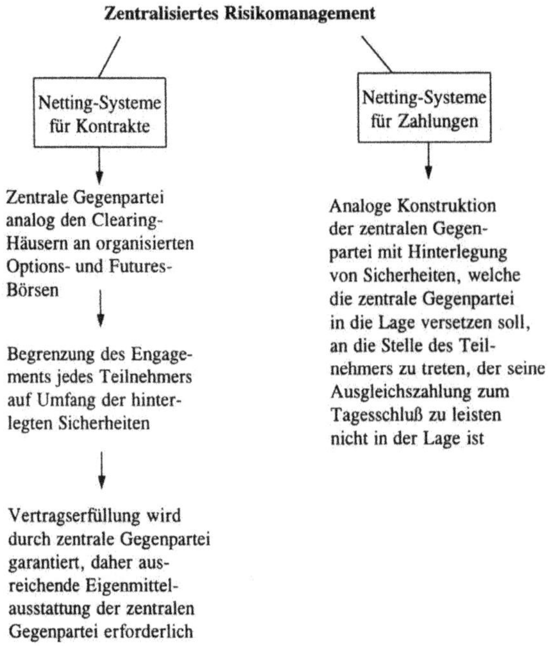

Abb. 37-6: Zentralisiertes Risikomanagement für Kontrakt- und Zahlungsverkehrs-Netting

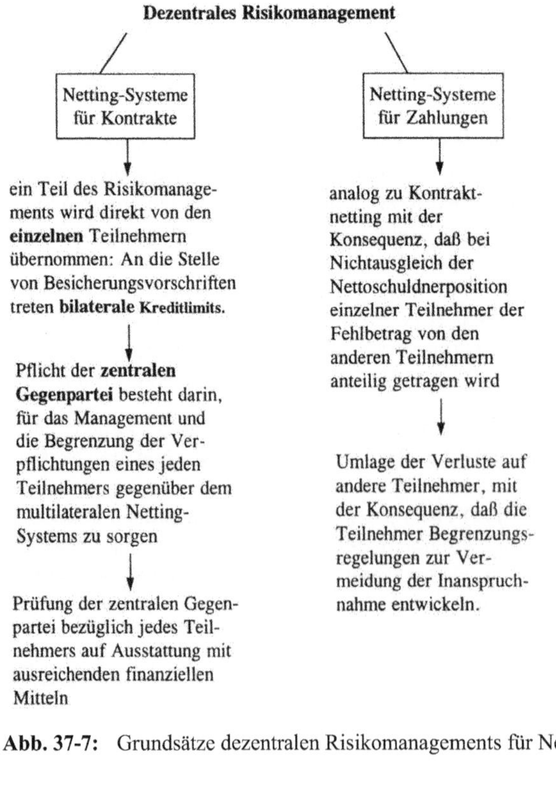

Abb. 37-7: Grundsätze dezentralen Risikomanagements für Netting-Systeme

Treten Verluste bei **Kontrakten** auf, die über die hinterlegten Sicherheiten und damit über die Möglichkeiten des Clearinghauses hinausgehen, müssen die **Verluste** entsprechend der Anteile der Teilnehmer am Gesamtumfang der Geschäfte auf diese aufgeteilt, also **anteilsmäßig umgelegt** werden. Analoges gilt für den **Zahlungsverkehr,** bei dem die Liquidität der zentralen Gegenpartei die Funktionsfähigkeit des Systems bestimmt. Allerdings muss in diesem Fall die zentrale Gegenpartei die maximale Nettoschuldnerposition jedes einzelnen Teilnehmers festsetzen, damit die Leistungsfähigkeit des Netting-Systems gewahrt bleibt.

Alternativ zum zentralen Risikomanagement können nach Auffassung des *Ausschusses für Interbank-Netting-Systeme* grundsätzlich auch Systeme eines **dezentralisierten Risikomanagements** zur Anwendung kommen, deren Grundsätze Abbildung 37-7 enthält.

Im Gegensatz zum zentralisierten Risikomanagement von **Kontrakten,** das aufgestellten Sicherheiten bei einem zentralen Clearinghaus beruht, müssten die Teilnehmer nicht für ihren eventuellen Ausfall „im Voraus zahlen". Stattdessen würden die weiterbestehenden Parteien sich verpflichten, gegebenenfalls die Verluste zu tragen, die durch den Zusammenbruch einer Gegenpartei entstehen. Durch multilaterales Netting würde bei Ausfall eines Teilnehmers sichergestellt, dass der Verlust, der auf die weiterbestehenden Teilnehmer verteilt werden müsste, nicht größer, sondern in den meisten Fällen sogar kleiner wäre als die Summe der bilateralen Nettoengagements gegenüber dem ausgefallenen Teilnehmer. Der Verlust, den ein noch zahlungsfähiger Teilnehmer tragen müsste, wäre daher im Allgemeinen geringer und auf keinen Fall höher als sein bilaterales Nettoengagement gegenüber dem ausgefallenen Teilnehmer. In Netting-Systemen für **Zahlungen** sind die Teilnehmer Erfüllungsrisiken im Hinblick auf die ihnen von anderen Teilnehmern übermittelten Zahlungsaufträge ausgesetzt. Erfüllt ein Teilnehmer seine Verpflichtung beim Saldenausgleich nicht und wird dieses Engagement unter den weiterbestehenden Teilnehmern auf der Basis ihrer bilateralen Positionen gegenüber dem ausgefallenen Teilnehmer aufgeteilt, dann entsprächen die Eventualverpflichtungen der noch verbleibenden Teilnehmer ihrem Anteil an den von dem ausgefallenen Teilnehmer übermittelten Zahlungsaufträgen. Die von den anderen Teilnehmern erteilten Zahlungsaufträge würden zum Entstehen von Eventualverpflichtungen im Rahmen der Verlustübernahmevereinbarung führen, und deshalb müssten die Teilnehmer, die die Zahlungsaufträge empfangen, die Erteilung solcher Aufträge begrenzen können.

b) Kreditderivate

Kreditderivate sind eine Gattung von Finanzinstrumenten, die es ermöglichen, Kreditrisiken vom Grundgeschäft (also dem Kredit) zu trennen und gesondert zu handeln. Dabei bleibt die zu Grunde liegende Forderung aus dem Referenzgeschäft (=Kredit) in ihrer ursprünglichen Form erhalten. Somit stellen Kreditderivate eine Art Versicherung für das Kreditrisiko dar, das die Bank im Rahmen der Kreditgewährung eingeht, und sind insofern für die Bank Instrumente des Kreditrisikomanagements.

Die Grundstruktur von Kreditderivaten zeigt Abbildung 37-8: Mit dem Kreditderivat überträgt der Kreditgeber (Bank) das Kreditrisiko gegenüber einer dritten Partei (Kreditnehmer) auf den Garanten (Sicherungsgeber/Protection Seller/Verkäufer). Der Kreditgeber wird zum begünstigten Sicherungsnehmer (Protection Buyer/Käufer), der vom Garanten bei Einritt eines kreditrelevanten Ereignisses eines Referenzwertes (Credit Event) eine Ausgleichsleistung verspricht und dafür im Gegenzug vom begünstigten Sicherungsnehmer eine Prämie erhält (Abbildung 37-8).

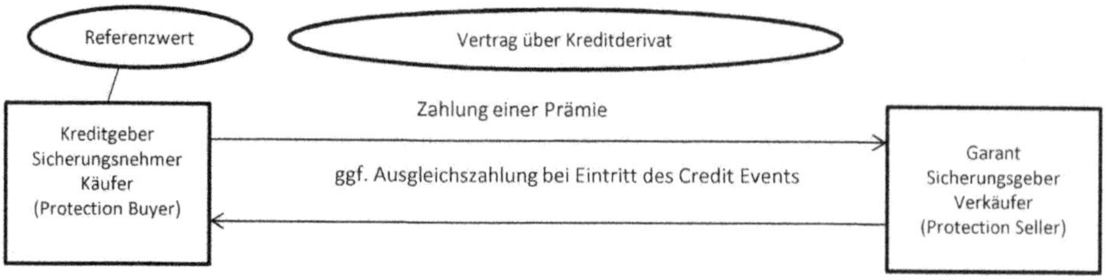

Abb. 37-8: Grundstruktur eines Kreditderivats

Durch den Kauf von Kreditderivaten verringert der Sicherungsnehmer (Kreditgeber) sein potentielles Ausfallrisiko bezüglich der zu Grunde liegenden Adresse (Kreditnehmer). Im Gegenzug erhöht sich für den Sicherungsgeber (Garant) das Ausfallrisiko gegenüber der zu Grunde liegenden Adresse. Gegebenenfalls entstehen dem Garanten Verluste aus den von ihm zu leistenden Ausgleichszahlungen. Die Kalkulation der Prämie muss dieses Risiko ausreichend berücksichtigen.

Der **Referenzwert** stellt das vor Beginn der Kreditderivat-Transaktion festgelegte Basisinstrument dar, das als Maßstab für die Bonität des Schuldners dient und bei Eintritt eines Credit Events die Höhe der Ausgleichszahlung bestimmen soll. Die Bank kann z.B. den Ausfall eines Kredits gegenüber dem Kreditnehmer (Schuldner) absichern, indem sie sich auf eine Anleihe (oder Aktie) desselben Schuldners als Basiswert bezieht.

Ein Anspruch des Sicherungsnehmers entsteht, wenn ein im Vertrag genau bestimmtes und eindeutig nachweisbares Kreditereignis innerhalb der Laufzeit des Kreditderivats auftritt (**Credit Event**), also eine Veränderung der Bonität des Referenzwertes. Die Gebühr an den Garanten (also die **Prämie**) wird in der Regel auf den Nennwert des Basisinstruments bezogen, z.B. werden periodische Zahlungen auf Basis von LIBOR plus Aufschlag oder als Pauschalzahlung zu Beginn der Transaktion vereinbart.

Als wichtigste Formen von Kreditderivaten kommen Kredit-Verkaufsoptionen (Credit Puts), Credit Default Swaps (CDS) und Credit Linked Obligations (CLO) in Betracht. Der Teilmarkt für CDS und CLO umfasst rund 25% des Marktes für Kreditderivate.

(1) **Kreditoptionen**: Mit dem Kauf einer Kredit-Verkaufsoption erhält der Käufer gegen Zahlung einer Optionsprämie das Recht, bei Eintritt eines vorher definierten Credit Events während der Laufzeit der Option eine Ausgleichsleistung (Entschädigung) vom Verkäufer (Stillhalter). Tritt das Credit Event nicht ein, lässt der Käufer die Option verfallen, dem Stillhalter verbleibt ein Gewinn in Höhe der Prämie.

(2) **Credit Default Swaps**: Der Sicherungsnehmer zahlt auf der Basis eines CDS-Vertrages in Abhängigkeit von der Laufzeit eine regelmäßige Risikoprämie (CDS-Spread) an den Sicherungsgeber (Garant/Versicherer). Im Falle des Eintretens des Credit Events zahlt der Garant einen Ausgleichsbetrag (Ausfallzahlung). Die Zusammenhänge zeigt Abbildung 37-9 schematisch.

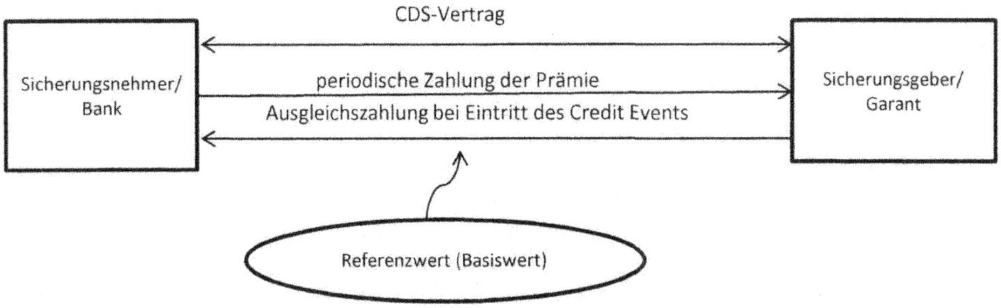

Abb. 37-9: Struktur eines Credit Default Swap

(3) **Credit Linked Obligations**: Bei CLO handelt es sich um sog. „strukturierte" Anleihen, die festverzinsliche oder zinsvariable Standardwertpapiere mit Kreditderivaten kombinieren (Abbildung 37-10). Im Gegensatz zu den außerbilanziellen CDS sind CLO bilanzwirksam.

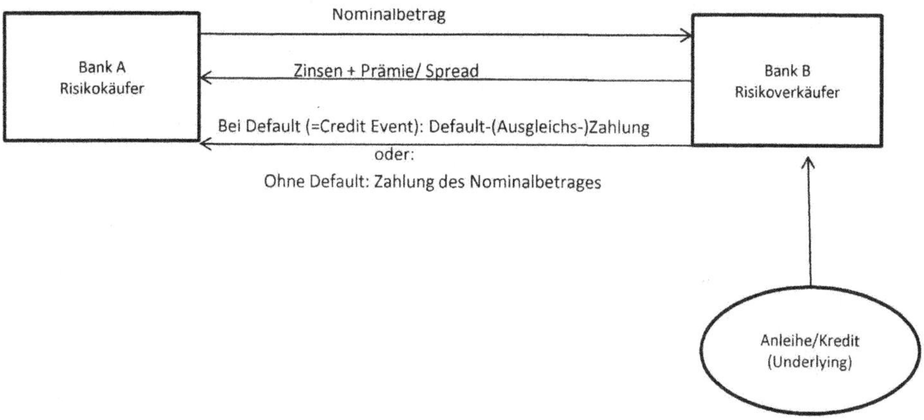

Abb. 37-10: Struktur einer Credit Linked Obligation

c) Der Fall *HRE*

Am 15. Januar 2008 gab die *HypoRealEstate Group* (*HRE*) überraschend bekannt, dass Abschreibungen auf amerikanische CDO in Höhe von 390 Mio. EUR notwendig würden (zum Fall *HRE* siehe auch *Deutsche Bundesbank* 2009, 36). Ende September 2008 drangen Informationen an die Öffentlichkeit, dass der HRE wegen eines Liquiditätsengpasses die Insolvenz drohe. Ein erster Krisengipfel am 29. September 2008 der Bundesregierung mit Vertretern der privaten Banken führte zur Gewährung einer Ausfallbürgschaft von 14 Mrd. EUR B und 40%, Bankenverband 60%). Ein zweiter Krisengipfel brachte eine Aufstockung des Rettungspakets um 15 Mrd. EUR. Da in der Folge weiteres Kapital benötigt wurde, einigte sich die Bundesregierung auf den Einstieg bei der HRE mit einer Mehrheitsbeteiligung von 50% + 1 Aktie. Am 19. Februar 2009 wurde schließlich bekannt, dass die außerbilanziellen Geschäfte für 2008 eine Billion EUR erreichten. Die Situation eskalierte weiter und führte zum Rettungsübernahmegesetz, das der Bundestag am 20. März 2009 beschlossen hat. Am 5. Oktober 2009 erfolgte letztlich die Verstaatlichung der *HRE* als erster Bank seit 1949. Die verbliebenen

Aktionäre erhielten eine Barabfindung von 1,30 EUR je Aktie. Am 1. Oktober 2010 erfolgte die Gründung der Bad Bank *FMS Wertmanagement* und die Auslagerung von Darlehen und Wertpapieren im Volumen von rund 173 Mrd. EUR auf die *FMS*.

Die Hochrisikofinanzierung und deren Folgen ist gut durch die Finanzberichte der *HRE* dokumentiert: Im Geschäftsbericht 2006 (S. 12) kündigte die *HRE* an: „Nun beginnt eine neue Entwicklungsphase: Wir werden unser Leistungsspektrum erweitern und die Strukturen so verändern, dass wir mehr Geschäft bewältigen, die Profitabilität erhöhen und unser Risikoprofil weiter optimieren können. Dabei haben wir ein klares Ziel vor Augen: Auf unserem Investorentag im Oktober 2006 haben wir angekündigt, im Jahr 2009 die Eigenkapitalrentabilität nach Steuern im Konzern erstmals auf über 13% zu heben." Dementsprechend wurde auch die Bilanzsumme von 162 Mrd. EUR im Jahr 2006 um das 2,5-fache (!) auf 400,2 Mrd. EUR in 2007 ausgedehnt, bei einer nur geringfügigen Aufstockung des bilanziellen Eigenkapitals von 4,9 auf 7,9 Mrd. EUR (Tabelle 10). Allerdings zeigten die Auswirkungen auf den RoE nicht das gewünschte Ergebnis, denn er ging von 9,9% in 2006 auf 9,4% in 2007 zurück.

Tab. 10: Financial Highlights der *HRE Group* 2003 bis 1. Halbjahr 2010

Financial Highlights der HRE Group 2003 - 2009 + 1. Hj.2010

	2003	2004	2005	2006	2007	2008	2009	30.06.2010
Kennzahlen								
RoE nach Steuern (%)	2,8	4	7,4	9,9	9,4	-74,5	-46,8	-18,4
Cost-Income-Ratio (%)	35,2	40	34,9	31	8,5	> 10	< 100	> 100
Bestandszahlen								
Bilanzsumme Mrd.€	152,9	148,1	152,5	162	400,2	419,7	359,7	384,9
Bilanzielles EK Mrd.€	2,77	4,3	4,6	4,9	7,9	4,6	4,6	3,2
Portfoliozahlen (Mrd.€)								
Intern.Immob.Fin.	24,2	26,3	32,5	39,1				
Deutsche Immob.F.	39,4	33,4	32,6	34,3				
Staatsfinanzierungen	73,9	66,3	58,1	60,1	229			
Strateg. Immob.Finanzierung					65,6			
Infrastrukturfinanzierungen					18,4			
Finanzierungen Gesamt	**137,5**	**126**	**123,2**	**134**	**313**			

Quelle: *HRE Group*, Finanzberichte

Das Derivatevolumen der *HRE* erreichte allerdings im Jahr 2007 mit rund 1.138 Mrd. EUR das 2,8-fache der Bilanzsumme (Tabelle 11), das im Rahmen der Sanierung bis Ende 2009 auf rund 732 Mrd. verringert werden konnte.

Tab. 11: *HRE* Derivatevolumen 2007 bis 2009

HRE Derivatevolumina 2007 - 2009 (Mrd.€)

	2007	2008	2009
Zinsbezogene Geschäfte	1.007,61	794,25	634,97
Währungsbezogene Geschäfte	74,08	62,98	66,92
Aktien-/Indexbezogene G.	0,45		
Sonstige Geschäfte (Insbes. Kreditderivate)	55,75	43,25	30,08
Außerbilanzielle Geschäfte Gesamt	**1.137,89**	**900,48**	**731,97**

Quelle: HRE Group, Finanzberichte

7.2.2.2 Originäre Anlageleistungen

Die Erstellung **originärer** bankbetrieblicher Anlageleistungen umfasst die Annahme von Einlagen und/oder Anlageleistungen auf der Basis von Wertpapier-Selbstemissionen zum Zwecke der Beschaffung von Finanzmitteln, die als monetärer Faktor die Grundlage für die Produktion anderer bankbetrieblicher Leistungen, insbesondere Kreditleistungen, abgeben. Die Produktion geeigneter Anlageleistungen durch den Bankbetrieb stellt somit die Voraussetzung für die weitere Produktionstätigkeit im Sinne einer **volumenmäßigen** Transformation der aufgebrachten Finanzmittel aus einer Vielzahl von Anlageleistungen kleineren Umfanges (z.B. Spareinlagen) – unter Ausnutzung der individuellen Giralgeldschöpfungsmöglichkeiten – zu Kreditleistungen der nachgefragten Größenordnungen und im Sinne einer **fristenmäßigen** Transformation der in unterschiedlichen Befristungen anvertrauten Finanzmittel – ebenfalls unter Berücksichtigung der Kreditschöpfungsmöglichkeiten – zu den der Nachfrage entsprechenden laufzeitkonformen Kreditleistungen dar.

Das Ziel, geeignete monetäre Faktoren an den Bankbetrieb zu binden, erfordert die Realisierung eines geeigneten **Angebotes** an Anlageleistungen, das einerseits von betriebsinternen Faktoren und der Art der Nachfrage nach Kreditleistungen seitens der Kundschaft abhängig ist, andererseits vom Verhalten der **Nachfrage** nach bankbetrieblichen Anlageleistungen als betriebsexternem Faktor bestimmt wird.

Im Vordergrund der Anstrengungen von Bankbetrieben, Finanzmittel aus der Umwelt zu erhalten, steht als primäre Determinante für das **Angebot** an originären Anlageleistungen die **Art** der zu finanzierenden Leistungen durch den Bankbetrieb, und zwar nach Höhe (Quantität) und Konditionen (Qualität) der betreffenden Leistungen. Dementsprechend muss die Eignung verschiedener angebotener Anlageformen für die Funktionserfüllung des Bankbetriebes unterschiedlich beurteilt werden, weshalb als weitere Determinante die mit den einzelnen Anlageleistungen verbundenen **Kosten** eine wesentliche Rolle spielen. Dazu kommt als Bestimmungsgrund des Angebots an Anlageleistungen von Universalbanken der **akquisitorische** Aspekt, d.h. das Erfordernis einer breiteren Sortimentsbildung, um aus Wettbewerbsgründen Kunden an die Bank zu binden (sie zu „akquirieren“) und nicht an Konkurrenten zu verlieren. Dieses Bemühen hat eine entsprechende Gestaltung und Ausbau des bankbetrieblichen Unterstützungs-Subsystems zur Konsequenz, da ein derartiges Absatzsystem – bestehend aus einer großen Zahl von Niederlassungen und Zweigstellen mit „Saugnapf"-Funktion – zum einen der Nachfrage nach Anlageleistungen breiter Bevölkerungsschichten gerecht zu werden versucht und zum anderen die Nachfrage durch geeignete Anreize über derart ausgebaute Absatzsysteme gesteigert werden kann.

Für die **Nachfrage** nach originären bankbetrieblichen Anlageleistungen ist die Zielsetzung maßgebend, ersparte oder freie Finanzmittel dauerhaft (langfristig) oder vorübergehend bei Bankbetrieben ertragsreich und sicher anzulegen. Allerdings ist die Nachfrage nach originären Anlageleistungen von unterschiedlichen **Faktoren** bestimmt: **Private Haushalte** wünschen in erster Linie Sicherheit der Anlage bei überschaubaren Laufzeiten zu marktgemäßen Zinssätzen, wobei sie sich nicht nur an Zinssätzen vergleichbarer Anlageleistungen, sondern auch an den Entgelten für Kreditleistungen orientieren. Daneben spielt die Flexibilität der Anlageform, d.h. die Möglichkeit der Kündigung und des Wechsels zu anderen, lukrativeren Anlageleistungen, eine erhebliche Rolle (insbesondere im Hinblick auf die angestrebte Vermögensbildung). **Unternehmen** dagegen sind primär an einer vorübergehenden, zwischenzeitlich ertragsbringenden Anlage von Mitteln interessiert, die u. U. später zu Investitionen benötigt werden („Parken" von Finanzmitteln). Dazu kommt die Notwendigkeit, Guthaben zur Abwicklung des Abrechnungs- und Zahlungsverkehrs zu unterhalten.

7.2.2.2.1 Annahme von Einlagen

Durch die Annahme von Einlagen aller Art geht der Bankbetrieb Verbindlichkeiten gegenüber den betreffenden Kunden ein, die ihn zur Zahlung von Entgelt für die Kapitalnutzung und grundsätzlich zur Rückzahlung der aufgenommenen Darlehen verpflichten. In wirtschaftlicher Sicht ist dabei für den Bankbetrieb von wesentlicher Bedeutung, nach welchen Modalitäten die **Rückzahlung** zu erfolgen hat, d.h. ob ein fester Rückzahlungstermin – mit oder ohne Prolongationsmöglichkeit – oder Rückzahlung nach vorangegangener Kündigung vereinbart ist. Ebenso wichtig ist die Höhe der jeweiligen **Entgelte**, die für die verschiedenen Darlehenslaufzeiten zu entrichten sind und an welchen Maßstäben sich die Einlagenzinsen, die zwar freier Vereinbarung unterliegen, im „Massengeschäft" jedoch gewisse Standardisierungen aufweisen, orientieren. Dabei muss den unterschiedlichen Verhältnissen bei den **Depositen** (alle unbefristeten und befristeten Einlagen, soweit sie nicht der Anlage oder Ansammlung von Vermögen in Form von Spareinlagen dienen), und bei den **Spareinlagen,** die besonderen Regelungen unterliegen, Rechnung getragen werden. Unter **Rentabilitätsaspekten** kommt den Sichteinlagen, gefolgt von den Spareinlagen und den Termineinlagen in der angegebenen Reihenfolge Priorität zu, während unter dem Aspekt der **Mittelaufbringung** die Termin- und Sichteinlagen vor den Spareinlagen rangieren (Tabelle 11-1). Ende 2001 lag der Anteil der Termineinlagen noch bei 49,5%, gefolgt von den Spareinlagen (25,8%) und den Sichteinlagen (24,7%). Der gestiegene Anteil der Sichteinlagen im Jahr 2010 ist zweifellos auf die Unsicherheitssituation im Gefolge der Finanzmarktkrise zurückzuführen.

Im Interesse eines kontinuierlichen Aufkommens bzw. Zuwachses an **Spareinlagen** und einer Ausschöpfung dieses Marktpotentials, in dem Bankbetriebe und Versicherungsbetriebe konkurrieren, bieten Bankbetriebe zunehmend Leistungen in Form des Prämien- und des Bonussparens (**Vertragssparens**) an, neuerdings auch in Verbindung mit Versicherungsleistungen und Vorsorgeprogrammen, zu deren Abwicklung in bestimmtem Umfang ggf. Versicherungsbetriebe beitragen müssen: Versicherungssparen in der Kombination eines Ratensparvertrages mit einer Risikolebensversicherung, Sparprogramme für Ausbildung, Aussteuer, Altersversorgung u.a. Bei **Prämien-** oder **Bonussparprogrammen** steigt je nach Vertragsgestaltung mit zunehmender Vertragsdauer die Prämie oder der Bonus auf die Summe der Sparraten, die zusätzlich zum (variablen) Basiszins (für Spareinlagen mit vierjähriger Kündigungsfrist) ausgeschüttet werden.

Tab. 11-1: Entwicklung der Nichtbanken-Einlagen bei deutschen Banken insgesamt in den Jahren 2010, 2004 und 2001 (ohne Sparbriefe). Quelle: *Deutsche Bundesbank*, Bankenstatistik, Stand 3.5.2011, und eigene Berechnungen

Einlagenart	Ende 2010		Ende 2004		Ende 2001	
	Mrd. Euro	%	Mrd. Euro	%	Mrd. Euro	%
Sichteinlagen	1.189,2	39,0	683,5	28,4	560,4	24,7
Termineinlagen	1.232,3	40,4	1.108,9	46,1	1.124,8	49,5
Spareinlagen	628,2	20,6	613,0	25,5	586,5	25,8
Einlagen insgesamt	3.049,7	100,0	2.405,4	100,0	2.271,7	100,0

a) Sichteinlagen

Dabei handelt es sich um Anlagen auf Kontokorrentkonten, die ohne vorherige Kündigung bei **Sicht,** also täglich fällig sind (**täglich fällige Gelder**). Sichteinlagen werden von Kunden insbesondere zur Abwicklung des Zahlungsverkehrs benötigt und stellen im Vergleich zu Bargeld eine unter Verlustaspekten sichere Aufbewahrung von Geld dar. Allerdings muss die Verzinsung der Sichtguthaben in Anbetracht der täglichen Fälligkeit (= tägliches Abzugsrisiko) niedrig ausfallen, so dass die Anleger unter Rentabilitätsgesichtspunkten nur ein unumgänglich notwendiges Volumen an Sichteinlagen halten und für darüber hinausgehende Beträge eine höher verzinste Anlageform wählen werden, sofern die Voraussetzungen dazu gegeben sind (bei Termingeldern beispielsweise ein Mindestvolumen und/oder ein entsprechend langer Verzicht auf die Geld- und Kapitalnutzung).

Wenn Sichteinlagen dem Bankbetrieb grundsätzlich nur kurzfristig zur Verfügung stehen und mit täglichem Abzug gerechnet werden muss, so kann der einzelne Bankbetrieb dennoch davon ausgehen, dass ein bestimmter **Bodensatz** an Sichteinlagen dauerhaft verbleibt, der in Verbindung mit anderen Kapitalnutzungen zur Grundlage der Produktion von kurzfristigen Kreditleistungen herangezogen werden kann. Dabei schlägt die Differenz zwischen dem zu leistenden niedrigen Entgelt für die Überlassung von Sichteinlagen und dem geforderten höheren Entgelt für die Kreditleistungen positiv zu Buche. Eine Einschränkung der Rentabilität ist allerdings ggf. durch eine höhere Mindestreservebelastung gegeben.

Den Erträgen des monetären Faktors stehen bei der Produktion von Sichteinlagen als Anlageleistungen in Verbindung mit Zahlungsverkehrsleistungen nicht unerhebliche personelle Aufwendungen gegenüber, die auch durch Forderung bestimmter Entgelte (wie Kontoführungs- und Postengebühren) nach Auffassung der Banken nicht voll kompensiert werden. Andererseits lässt sich der akquisitorische Effekt, der von der Produktion dieser Bankmarktleistungen auf den Absatz anderer Bankmarktleistungen ausgeht, ebenso wenig exakt quantifizieren wie eine sachlich zufriedenstellende Zurechenbarkeit des personellen Aufwandes auf die Produktion von Anlageleistungen in Form von Sichteinlagen und die davon induzierte Produktion von Zahlungsverkehrsleistungen auf erhebliche Schwierigkeiten stößt.

b) Termineinlagen

Als Termineinlagen sind jene Formen bankbetrieblicher Anlageleistungen zu bezeichnen, die eine befristete Übernahme von Kapitalnutzungen gegen Entgelt darstellen. Im Gegensatz zu den Sichteinlagen weisen sie keinen direkten Zusammenhang mit Zahlungsverkehrsleistungen auf. Für die Höhe des Entgelts derartiger Anlageleistungen, die grundsätzlich von Angebot und Nachfrage weitgehend frei bestimmt wird, sind zum einen die Geldmarktsituation (als Ergebnis der Geldpolitik der Zentralnotenbank), zum anderen die Dauer der Überlassung der Kapitalnutzungen und deren Volumina maßgebend.

Wird eine bestimmte Laufzeit vereinbart, so handelt es sich um **Festgeld**, das nach Ablauf der vereinbarten Überlassungsdauer sofort fällig wird und sich gemäß AGB der Banken in ein täglich fälliges Sichtguthaben (=Sichteinlage) umwandelt, sofern nicht ausdrücklich eine Prolongation erfolgt ist oder der Bankbetrieb stillschweigend im Interesse des Kunden von einer Prolongation ausgeht (die anschließend vereinbart wird). Anders verhält es sich beim **Kündigungsgeld,** dessen effektive Überlassungsdauer nicht von vornherein feststeht, sondern von der Kündigung des Anlegers – unter Einhaltung vereinbarter Kündigungsfristen (z.B. einmonatliche, vierteljährliche, halbjährliche, jährliche Kündigung) – abhängt. Diese Konstruktion bedeutet für den Bankbetrieb, dass es sich bei Kündigungsgeldern im Prinzip um Mittel handelt, die zwar längerfristig zur Verfügung stehen (insbesondere bei jährlicher Kündigungsfrist), doch bei Vereinbarung sehr kurzer Kündigungsfristen eine sichere Kalkulation – verglichen mit den Verhältnissen genau terminierter Laufzeit von Festgeld – erschwert wird. Allerdings gilt auch für Termineinlagen in Form von Festgeld, dass bei unerwartetem Geldbedarf des Anlegers Banken – ohne rechtlich dazu verpflichtet zu sein – aus Kulanzgründen Vertragsaufhebungen zustimmen und die Mittel dem Kunden vor Fälligkeit zur Verfügung stellen.

Die Produktion der Anlageleistungen „Termineinlagen“ erfordert einen relativ geringen **personellen** und **sächlichen** Aufwand, zumal nur größere Beträge en bloc (im Regelfall ab 5.000 €) als Termineinlagen angenommen werden und während der Überlassungsdauer keine weiteren Aktivitäten erfordern. Bei Vertragsabschluss, der sowohl formlos (insbesondere bei Termingeld) als auch in schriftlicher Form (Kündigungsgeld) erfolgen kann, werden das Volumen der Anlageleistung, die Kapitalüberlassungsdauer (Laufzeit oder Kündigungsfrist) und das Entgelt (als Hauptkomponente des **monetären** Aufwandes) in Form eines Zinssatzes per annum vereinbart. Im Gegensatz zu den Spareinlagen ist nicht nur das Entgelt für die Kapitalnutzungen höher, vielmehr ist auch eine erheblich größere Streubreite gegenüber einem durchschnittlich vereinbarten Zinssatz festzustellen als dies bei Spareinlagen der Fall ist. Als weitere Komponente des **monetären** Aufwandes für die Produktion der Anlageleistungen „Termineinlagen“ ist der erhöhte Zinsaufwand bei Verwendung der Termingelder zur Produktion anderer Bankmarktleistungen ggf. infolge Mindestreservebelastung der Termineinlagen zu berücksichtigen.

c) Spareinlagen

Bankbetriebliche Anlageleistungen, die eine unbefristete Überlassung von Kapitalnutzungen seitens der Kunden zum Zwecke der Ansammlung oder der Anlage von Vermögen beinhalten und durch Ausfertigung einer Urkunde (Sparbuch) gekennzeichnet sind, werden als **Spareinlagen** bezeichnet. Dafür gelten die Regelungen der §§ 21 Abs. 4 und 39 Abs. 5 RechKredV. Demnach sind in der Bilanz von Kreditinstituten als **Spareinlagen** nur unbefristete Gelder auszuweisen, die folgende vier Voraussetzungen erfüllen (§ 21 Abs. 4 RechKredV):

- Sie sind durch Ausfertigung einer Urkunde, insbesondere eines Sparbuchs, als Spareinlagen gekennzeichnet;
- sie sind nicht für den Zahlungsverkehr bestimmt;
- sie werden nicht von Kapitalgesellschaften, Genossenschaften, wirtschaftlichen Vereinen, Personenhandelsgesellschaften oder von Unternehmen mit Sitz im Ausland mit vergleichbarer Rechtsform angenommen, es sei denn, diese Unternehmen dienen gemeinnützigen,

mildtätigen oder kirchlichen Zwecken oder es handelt sich bei den von diesen Unternehmen angenommenen Geldern um Sicherheiten gemäß § 551 BGB oder § 14 Heimgesetz;
- sie weisen eine Kündigungsfrist von mindestens drei Monaten auf.

Sparbedingungen, die dem Kunden das Recht einräumen, über seine Einlagen mit einer Kündigungsfrist von drei Monaten bis zu einem bestimmten Betrag, der jedoch pro Sparkonto und Kalendermonat 2.000 EUR nicht überschreiten darf, ohne Kündigung zu verfügen, schließen deren Einordnung als Spareinlagen im Sinne der RechKredV nicht aus. Geldbeträge, die auf Grund von Vermögensbildungsgesetzen geleistet werden, gelten – im Gegensatz zu Bauspareinlagen – als Spareinlagen. Sparurkunden von Sparkassen tragen die Bezeichnung „Sparkassenbuch". Im Allgemeinen wird ein Sparbuch ausgestellt, das aber keinen Bezeichnungsschutz genießt. Zu unterscheiden ist allerdings zwischen dem **Namenssparbuch**, das eine oder mehrere Personen zur Abhebung berechtigt, und dem **Überbringersparbuch**, das formlos durch einfache Übergabe an andere Personen übertragen werden kann und jeden Inhaber eines derartigen Sparbuches zur Abhebung berechtigt. Gegenüber dem Namenssparbuch besteht jedoch das Risiko, dass auch unberechtigte Inhaber des Sparbuches über den Sparbetrag verfügen können.

Die besonderen **Charakteristika** der Anlageleistung „Spareinlage" aus bankbetriebswirtschaftlicher Sicht bestehen darin, dass

- kleine und kleinste Anlagebeträge anzunehmen sind (insbesondere bei Sparkassen),
- besondere Formvorschriften zu beachten sind,
- die überlassenen Mittel dem Bankbetrieb grundsätzlich längerfristig zur Verfügung stehen, und
- die Zinssätze als Entgelte für die Kapitalüberlassung unter denen vergleichbarer befristeter Anlagen (Termineinlagen) liegen. Die Gutschrift der Zinsen erfolgt am Ende des Kalenderjahres oder bei Schließung des Kontos.

Die Produktion von Anlageleistungen in Form von Spareinlagen verursacht neben dem relativ geringen **monetären Aufwand,** der aus den traditionell niedrigen Sparzinssätzen resultiert, einen gegenüber den Termineinlagen relativ hohen **personellen** und auch **sachlichen** Aufwand insofern, als einerseits die entsprechenden Urkunden auszufertigen sind, andererseits eine Vielzahl von Kontenbewegungen mit teilweise kleinen und kleinsten Beträgen erforderlich werden. Gleichwohl erweisen sich die Spareinlagen in der Summe der Aufwendungen für die Banken als sehr kostengünstiges Finanzierungsinstrument.

d) Einlagensicherungssysteme der Kreditwirtschaft (Direkte Einlagensicherung)

Zusätzlich zu den Normen des KWG und des BBankG, die dem Gläubigerschutz dienen **(indirekte** Einlagensicherung), besteht eine **gesetzliche** (und **direkte**) Einlagensicherung auf der Basis des „Einlagensicherungs- und Anlegerentschädigungsgesetzes" (EAEG) seit 1.8.1998 für **alle Banken** die Verpflichtung, ihre Einlagen durch Zugehörigkeit zu einer gesetzlichen Entschädigungseinrichtung zu sichern. Das EAEG bedeutet die Umsetzung der EG-Richtlinien EGRL 19/94 und EGRL 9/97, die Mindestanforderungen vorschreiben. Seit dem 1.7.2009 waren auf diese Weise 100% der Einlagen, maximal jedoch 50.000 EUR pro Anleger (ohne Selbstbeteiligung) geschützt. Seit dem 1.1.2011 ist eine weitere Anhebung auf 100.000 EUR erfolgt, verbunden mit einer Verkürzung der Auszahlungsfrist auf höchstens 30 Arbeitstage. Die gesetzliche Einlagensicherung schützt vorrangig private Anleger (Privatpersonen, Personengesellschaften) und kleinere Unternehmen. Eine Auflistung der vom Schutz ausgeschlossenen (insbesondere institutionellen) Anleger findet sich in § 3 Abs. 2 EAEG.

Ergänzende **direkte Einlagensicherungssysteme** entstanden im Gefolge der *Herstatt*-Krise (1974) auf Grund **freiwilliger Vereinbarungen** der Verbände der deutschen Kreditwirtschaft Einlagensicherungssysteme als **direkte** Einlagensicherung für den Bereich des *Bundesverbandes deutscher Banken*, des Sparkassensektors, der Kreditgenossenschaften (siehe dazu auch *Scholl; Fischer, R.*) und des *Bundesverbandes Öffentlicher Banken Deutschlands*, die in Anbetracht ihrer Zwecksetzung Steuerfreiheit genießen.

da) Einlagensicherungsfonds des Bundesverbandes deutscher Banken

Die Finanzierung erfolgt durch Umlage bei den beteiligten Banken bezogen auf die Bilanzposition „Verbindlichkeiten aus dem Bankgeschäft gegenüber anderen Gläubigern". Das Ziel der Sicherung besteht in der reinen Einlagensicherung (pro Einleger bis zu 30% des haftenden Eigenkapitals), nicht aber in der Sicherung des Bankbetriebes selbst. Dieser wird im Regelfall abgewickelt (Prinzip der **Gläubigersicherung**).

db) Sicherungssystem des Sparkassensektors

Zur Entlastung der öffentlichen Gewährträger sowie Träger der Anstaltslast, die voll für ihre Banken haften, und aus Gründen der Wettbewerbsangleichung an privatrechtliche Bankbetriebe besteht ein differenziertes Sicherungssystem auf lokaler, regionaler und überregionaler Ebene mit folgenden Komponenten:

- **Sparkassenstützungsfonds:** Finanziert durch eine Umlage bezüglich der Bilanzposition „Forderungen an Kunden" der Mitgliedsbanken, soll dieser Fonds eine Erhaltung der betreffenden Sparkasse (Prinzip der **Institutssicherung**) für den Fall der Unterbilanz durch Sicherstellung der Ansprüche der Gläubiger bewirken. Getragen wird der Fonds von den Sparkassen- und Giro verbänden.
- Durch gesonderte Satzung ist sowohl ein **überregionaler Ausgleich** der bestehenden **regionalen Stützungsfonds** als auch ein beschränkter **Haftungsverbund** zwischen den Sparkassenorganisationen und den Sparkassenbanken vorgesehen. Die rechtliche Basis dafür bildet die „Satzung für den überregionalen Ausgleich der Sparkassenstützungsfonds".
- Darüber hinaus besteht beim Deutschen Sparkassen- und Giroverband eine **Sicherungsreserve** der Landesbanken in Höhe von 1% der Einlagen von Nichtbanken, die über eine jährliche Umlage von 1‰ der Bemessungsgrundlage aufzufüllen ist.

dc) Genossenschaftliches Sicherungssystem

Obwohl gemäß Genossenschaftsgesetz grundsätzlich **Nachschusspflicht** der Genossen im Konkursfall vorgesehen ist (=zusätzliche Haftung durch **Haftsummenzuschlag**), kann die Nachschusspflicht durch Statut der Genossenschaft ausgeschlossen werden.

- Der Einlagenschutz soll vom **Garantiefonds** aller Kreditgenossenschaften, genossenschaftlichen Zentralbanken, Bausparkasse Schwäbisch-Hall, Edeka-Bank und aller weiteren Kreditinstitute des Genossenschaftssektors gewährleistet werden. Das Ziel der Sicherung besteht in der Behebung wirtschaftlicher Schwierigkeiten bei den angeschlossenen Bankbetrieben und deren Erhaltung durch Sanierungshilfen. Die Beitragsbemessung setzt – ebenso wie beim Sicherungssystem der Sparkassen – bei den „Forderungen an Kunden" (Ausleihungen) an. Die Wahl der Bemessungsgrundlage macht also auch hier deutlich, dass die Unternehmenssicherung direkt und eine Einlagensicherung nur indirekt bezweckt werden (**Institutssicherung**). Auf Grund der Erkenntnisse aus den Finanzmarktkrise (2008/2009) beabsichtigen die Genossenschaftsbanken umfassende Änderungen ihrer freiwilligen Einlagensicherung. Geplant sind insbesondere risikogerechtere Beiträge der

Institute. Zusätzlich zu den Kreditrisiken sollen bislang nicht berücksichtigte Risiken, wie z.B. aus Wertpapierbeständen, eine wichtigere Rolle spielen.

- **Der Garantieverband der Deutschen Volksbanken und Raiffeisenbanken** beschränkt sich auf Bilanzhilfen zugunsten angeschlossener Institute durch Übernahme von Bürgschaften für wertberichtigungsbedürftige Kredite.

de) Bundesverband Öffentlicher Banken Deutschlands

Freiwillige Einlagensicherung bieten auch die im *Bundesverband Öffentlicher Banken Deutschlands e.V.* zusammengeschlossenen Institute durch den 1994 gegründeten *VÖB*-Einlagensicherungsfonds. Dieser schützt alle Nichtbankeinlagen, die den gesetzlichen Entschädigungsanspruch übersteigen. Dabei erstreckt sich der Schutz auf alle Einlagen von Privatpersonen, Wirtschaftsunternehmen und Kommunen, insbesondere auch auf den Namen lautende Schuldverschreibungen und Schuldscheine sowie aus Verbindlichkeiten aus Wertpapiergeschäften, die bei den anderen freiwilligen Sicherungssystemen und der gesetzlichen Sicherung ausgenommen sind. Allerdings gilt das **Prinzip der Subsidiarität**: Es schützt Einleger und Einlagen nur, soweit diese nicht bereits durch die gesetzliche Entschädigungseinrichtung des *Bundesverbandes Öffentlicher Banken Deutschlands GmbH* abgedeckt werden.

7.2.2.2.2 Direkte Anlageleistungen auf der Basis von Wertpapieremissionen

a) Emission von Bank-Aktien

Die Selbstemission ohne Einschaltung anderer Banken (als Emissionskonsortien) im Rahmen der Kapitalerhöhung gegen Einlagen (ordentliche Kapitalerhöhung), der bedingten Kapitalerhöhung und des genehmigten Kapitals stellt selbst für Bankbetriebe die Ausnahme dar, ist jedoch gleichwohl als mögliche direkte Anlageleistung zu berücksichtigen.

Die Begebung eigener Aktien dient dem Bankbetrieb zur Beschaffung langfristig verfügbarer Finanzierungsmittel ohne Rückzahlungsverpflichtung und ohne Zinszahlungsverpflichtung von außerhalb des Bankbetriebes bei Eigentümern und potentiellen Gesellschaftern. Zwar besteht keine Pflicht zur wiederkehrenden Leistung eines Entgelts in bestimmter Höhe für die Überlassung der Kapitalnutzungspotentiale, doch muss der Bankbetrieb – um auch in Zukunft das benötigte Eigenkapital von außen zuführen zu können – faktisch eine möglichst konstante „Verzinsung" in einer Höhe bieten, die eine Anlage in Aktien der betreffenden Bank durch das Publikum gewährleistet. Das bedeutet, dass die Dividendenrendite der Bank-Aktie nicht unter der Effektivverzinsung anderer vergleichbarer, festverzinslicher Effekten liegen darf. Während die Kosten der Finanzierung über Forderungspapiere in steuerlicher Sicht gewinnmindernde(und damit steuermindernde) Betriebsausgaben darstellen, unterliegen die Dividendenzahlungen einer Belastung durch Körperschaftsteuer, die es bei der Bemessung der Gesamtausschüttung zu berücksichtigen gilt, damit die Erwartungen der Anleger nicht enttäuscht werden. Insofern verteuert sich die Nutzung von Kapitalien, die als Grundkapital zu dienen bestimmt sind, ganz erheblich gegenüber der Nutzung von Gläubigerkapital.

Aber auch für den Fall, dass sich die Eigentümer des Bankbetriebes aus Großaktionären zusammensetzen, die weniger an Ausschüttung der erzielten Gewinne, sondern stärker an einer Erhöhung des Vermögenswertes der Bank interessiert sind, bleibt die Finanzierung des Bankbetriebes über Eigenkapitalaufnahme unter Kostengesichtspunkten unattraktiv: Die Bank kann zwar eine Thesaurierung der erzielten Gewinne über die Bildung freier Rücklagen betreiben, doch unterliegen diese ggf. der Körperschaftsteuer und bedeuten somit die teuerste Finanzierungsart.

Trotzdem wird der Weg der Thesaurierung präferiert, wenn die Führung der Bank autonomistische Zielsetzungen (=Emanzipation von den Eigentümern) verfolgt oder Kapitalnutzungen anderer Art auf dem Kapitalmarkt nicht bzw. nicht in ausreichendem Umfang erhältlich sind. Schließlich dient als Argument für die Gewinnthesaurierung auch die Tatsache, dass die Rücklagen bei der Bemessung des Dividendenvolumens unberücksichtigt bleiben. Allerdings muss damit gerechnet werden, dass freie Rücklagen nicht in unbegrenztem Ausmaß dotiert werden können, ohne ein Kapitalerhöhungsbegehren aus Gesellschaftsmitteln bei den Aktionären auszulösen.

Andererseits sind der Gewinnthesaurierung Grenzen durch restriktiv wirkende Veränderungen der Umweltbedingungen gesetzt, die rückläufige Gewinnerzielungsmöglichkeiten zur Folge haben. Gewinneinbußen auf Grund konjunktureller Einflüsse oder Auswirkungen wirtschaftspolitischer Maßnahmen schränken das Volumen der Rücklagenbildung direkt ein, so dass Bankbetriebe verstärkt auf die Zufuhr zusätzlicher Kapitalnutzungsmöglichkeiten seitens der Gesellschafter angewiesen sind, wenn sie Marktchancen flexibel wahren wollen.

Der Zwang zur Finanzmittelbeschaffung über die Begebung von Bank-Aktien als „hartes“ Eigenkapital im Sinne von „Basel III“ birgt allerdings in der Festlegung der Höhe des Emissionskurses und damit in der Bemessung des **Emissions-Agios** ein zusätzliches Problem: Zwar müssen die durch Kapitalerhöhungen aufgebrachten Eigenmittel nicht in vollem Umfang mit Dividende bedient werden, sondern nur in Höhe des Nennwertes der Aktien: Das Agio in Höhe der Differenz zwischen Emissionskurs und Nennwert wird gemäß § 272 Abs. 2 Nr. 1 HGB der **Kapitalrücklage** zugewiesen und bleibt dividendenfrei. Der Bankbetrieb muss daher bestrebt sein, ein möglichst hohes Emissions-Agio zu erzielen, um die Dividendenbelastung des aufgebrachten Eigenkapitals (Grundkapital + Agio aus Kapitalerhöhung) insgesamt zu verringern.

Einer maximalen Ausschöpfung der Kapitalquellen, die zur Verringerung der Dividendenbelastung des Grundkapitals aus der Sicht des Bankbetriebes notwendig und wünschenswert ist, steht jedoch das Erfordernis gegenüber, die Aktionäre nicht durch zu hohe Emissionskurse zu verärgern, ansonsten die Kapitalerhöhungen zu einem Misserfolg geraten könnten. Der Verzicht auf die Durchsetzung maximaler Ausschöpfung der Kapitalquellen durch entsprechende Emissionskurse bedeutet nicht nur eine erhöhte relative Dividendenbelastung des Grundkapitals, sondern auch eine Verringerung des prozentualen **Deckungsgrades** der **Emissionskosten** (DEK), also:

$$DEK = (\text{Emissionskosten} / \text{Emissionserlöse}) \times 100,$$

die insbesondere durch den konsortialen Absatz der Aktien entstehen. Die Emissionskosten lassen sich allerdings dadurch auf einem relativ niedrigen Niveau halten, dass die Aktien im Regelfall vom Konsortium fest übernommen (mit der Verpflichtung, sie an die Aktionäre der Bank in einem bestimmten Bezugsverhältnis börsensteuerfrei abzusetzen) und nur sog. Spitzenbeträge freihändig verkauft werden (siehe 7.2.2.3.1.a).

Die Produktion von direkten Anlageleistungen in Form der Emission von Bank-Aktien dient der langfristigen Finanzierung der betreffenden Bankbetriebe im Einklang mit bestimmten gesetzlichen Vorschriften über die notwendige Eigenkapitalausstattung und der sicheren, lukrativen Möglichkeit der Kapitalanlage seitens der Nachfrager. Handelt es sich bei den Nachfragern um Nichtbanken, kommen durch den Absatz von Bank-Aktien Bankmarktleistungen zustande. Dies gilt auch für den Fall des konsortialen Absatzes von Bank-Aktien. Allerdings stellt die Übernahme der Emission durch das Konsortium oder andere Bankbetriebe allein noch keine Bankmarktleistung dar (bei Festübernahme würde eine – zwischengeschaltete – sekundäre Bankleistung gegeben sein). Die Bankmarktleistung wird erst durch den folgenden Verkauf an Nichtbanken realisiert. Insofern besteht eine Ambivalenz des Produktes „Bank-Aktie“, zumal die Zurechnung des Produktionsergebnisses von dessen Absatz an Banken oder Nichtbanken abhängt.

Als Regulativ zur Aktienausgabe dient der **Aktienrückkauf**, den § 71 AktG regelt. **Aktienrückkaufprogramme** verfolgen unterschiedliche Zwecke, z.B. die kurzfristige Beeinflussung der Entwicklung des Börsenkurses, die Schaffung von strategischen Optionen, die Optimierung der Bilanzstruktur, die Bedienung von Aktienoptionen und nicht zuletzt die Rückgabe überschüssiger Eigenkapitalien an die Aktionäre. Der Eigenerwerb von Aktien darf allerdings nicht der kontinuierlichen Kurspflege und nicht dem Handel mit eigenen Aktien dienen. Voraussetzung für den Aktienrückkauf ist die Ermächtigung durch die Hauptversammlung. Der Eigenerwerb an Aktien darf 10% des Grundkapitals nicht übersteigen. Für die Bilanzierung ist entscheidend, ob die erworbenen eigenen Aktien als Korrekturposten zum Eigenkapital oder als Vermögensgegenstände aufzufassen sind. Im erstgenannten Fall sind die Aktien zum **Einzug** durch Ankauf von den Aktionären vorgesehen. Es erfolgt eine Kapitalrückzahlung an die Aktionäre (=Kapitalherabsetzung). Im zweiten Fall dienen die Rückerworbenen Aktien **anderen Zwecken** (z.B. zur Bedienung von Aktienoptionsprogrammen oder dem späteren Verkauf unter strategischen Gesichtspunkten). Insofern sind sie als gesonderter Posten unter den Wertpapieren des Umlaufvermögens auszuweisen. Eine Kapitalherabsetzung ist bei einer derartigen Verwendung nicht veranlasst. Die Bewertung in der Bilanz erfolgt zu den Anschaffungskosten der rückerworbenen Aktien.

b) Börsengängige Bank-Schuldverschreibungen

In diesem Zusammenhang sind die Alternativen der Produktion von Anlageleistungen in Form der Selbstemission von Anleihen, Pfandbriefen, Kommunalobligationen sowie sonstigen Schuldverschreibungen von Spezialbanken und börsengängigen Inhaber-Schuldverschreibungen (Teil-Schuldverschreibungen) einschließlich Wandel- und Optionsanleihen von Universalbanken zu unterscheiden. Sie dienen insgesamt der Beschaffung mittel- und langfristiger Finanzmittel, deren Laufzeiten (zwischen einem bis fünf Jahren und mehr) mit den zu erstellenden Kreditleistungen abgestimmt sind (zur Finanzmittelbeschaffung mittels Genussrechten siehe c).

Für Nachfrager nach bankbetrieblichen Anlageleistungen besteht bei börsengängigen Bank-Schuldverschreibungen – wie auch bei Bank-Aktien – die Möglichkeit der jederzeitigen Lösung des Engagements durch Verkauf der betreffenden Effekten über die Börse oder direkt an andere Interessenten. Für den Bankbetrieb bleiben derartige Verkäufe – im Gegensatz zu Rückforderungen von Einlagen und dadurch induzierter Finanzmittelabflüsse – ohne direkten Einfluss auf die Finanzmittelausstattung. Hinsichtlich der Kosten der Kapitalnutzung nimmt die Finanzierung durch Bank-Schuldverschreibungen einerseits eine Mittelstellung zwischen den höheren Kosten der Finanzierung mittels Aktien und den niedrigeren Kosten der Finanzierung durch Einlagen ein, andererseits vereinigt sie die Vorteile der höheren Dispositionssicherheit im Vergleich zu Anlageleistungen in Form von Einlagen und der Freistellung von der Mindestreservepflicht, so dass über die aufgebrachten Netto-Finanzmittel auch in vollem Umfang verfügt werden kann.

Zur Bankmarktleistung werden börsengängige Bank-Schuldverschreibungen zum Zeitpunkt des (erstmaligen) Verkaufs an Nichtbanken. Nehmen andere Bankbetriebe Bank-Schuldverschreibungen in ihr Portefeuille, so unterbleibt der Absatz an Bankkunden und es entsteht keine Bankmarktleistung; vielmehr handelt es sich so lange um eine sekundäre Leistung, bis ein Weiterverkauf dieser Effekten an Nichtbanken erfolgt.

Die Produktion von Bank-Schuldverschreibungen als direkte Anlageleistung gewinnt dann besondere Bedeutung, wenn erhebliche langfristige Kreditvolumina angemessen kongruent zu finanzieren und entsprechende Einlagen entweder nicht vorhanden sind oder aus sicherheitspolitischen Überlegungen eine Finanzierung über Spareinlagen angesichts der Ungewissheit über deren Abzug bzw. über die Umschichtung der Sparvolumen in andere Anlageformen nicht in Frage kommen kann. Die Bedeutung der Bank-Obligationen als Finanzierungsinstrument von Banken hat durch die Möglichkeit zugenommen, **nachrangige Verbindlichkeiten** dem haftenden Eigenkapital als Ergänzungskapital 2. Klasse zurechnen zu können, die von der 5. KWG-Novelle eröffnet worden ist. Voraussetzung dafür ist, dass die entsprechenden Bank-Schuldverschreibungen mit einer **Nachrangigkeitserklärung** ausgestattet sind. Im Falle der Insolvenz oder der Liquidation des emittierenden Kreditinstituts wird dieses Kapital erst nach Befriedigung aller nicht nachrangigen Gläubiger zurückerstattet. Für nachrangige Verbindlichkeiten darf keine Bezeichnung verwendet und mit keiner Bezeichnung geworben werden, die den Wortteil „Spar" enthält oder sonst geeignet ist, über den Nachrang im Falle des Konkurses oder der Liquidation zu täuschen (Ausnahme für Kreditinstitute, die gemäß § 40 KWG berechtigt sind, die Bezeichnung „Sparkasse" als geschützten Firmennamen zu benutzen).

Bank-Obligationen werden zu Ausgabekursen unter dem Nennwert emittiert, wenn eine Erhöhung der Effektivverzinsung und damit der Attraktivität der Anlage in dem betreffenden Wertpapier bezweckt wird. Darüber hinaus können sie – mit Ausnahme der Pfandbriefe und Kommunalobligationen – je nach Gestaltung der Anleihebedingungen vom Emittenten gekündigt, vorzeitig zurückgezahlt, ausgelost oder konvertiert werden, was im Einzelfall weitere Renditesteigerungen für die Inhaber bewirkt. Damit stellen Bank-Obligationen trotz grundsätzlich fester Laufzeiten und Zinssätze sowohl eine günstige Anlagemöglichkeit für Bankkunden als auch gleichermaßen ein flexibles Finanzierungsinstrument der Bankbetriebe dar.

Zu berücksichtigen sind in diesem Zusammenhang auch Finanzmittelbeschaffungen in Form von **Floating Rate Notes** und insbesondere von **Null-Kupon-Anleihen** (zur Charakterisierung siehe 8.3.1.2.1.a und c), die über Zwischeneinheiten (mit Sitz im Ausland) unter Garantie der Spitzeneinheit – teils in fremder Währung, teils in EUR (als Euro-Auslandsanleihe) – erfolgen. Die Null-Kupon-Anleihen können entsprechend den verfolgten Zielen als diskontierte Papiere, aber auch als „Zinssammler" („aufgezinste" Anleihen) begeben werden. Sofern die Emission in Auslandswährung und/oder mit variablem Zinssatz erfolgt, ist eine **Sicherung** gegen Kurs- und Zinsänderungsrisiken unabdingbar. Zu diesem Zweck wurden komplexe Swap-Konstruktionen entwickelt (wegen Einzelheiten dazu siehe *Eilenberger* 1990a).

Eine Sonderstellung nimmt die Emission von Wandel- und Optionsschuldverschreibungen insofern ein, als im Umfang des Emissionsvolumens eine **bedingte Kapitalerhöhung** vorzunehmen ist und es von der Entscheidung des Obligationärs abhängt, ob im Falle der Wandelobligation letztlich eine Bankmarktleistung in Form einer Anlageleistung als Bank-Aktie entsteht oder ob es bei der Bank-Schuldverschreibung bleibt bzw. im Falle der Optionsschuldverschreibung zusätzlich eine Bankmarktleistung in Form der angebotenen Bank-Aktie vom Obligationär in Anspruch genommen wird und damit eine zusätzliche Finanzmittelaufbringung erfolgt.

Bezüglich der Konditionen- und Laufzeitgestaltung versuchen die Banken, sich dem Anlageverhalten der Nachfrager flexibel anzupassen und im Rahmen ihrer Möglichkeiten Angebote zu schaffen, die den jeweils erkennbaren, aktuellen Vorstellungen der Kunden weitestgehend entgegenkommen.

Die Emission von Inhaber-Schuldverschreibungen war ebenso wie diejenige von Order-Schuldverschreibungen bis 31.12.1990 genehmigungspflichtig und daher dieses Finanzierungsinstrument nur eingeschränkt einsetzbar. Seit 1.1.1991 sind diese Beschränkungen, die von den §§ 795 und 808a BGB vorgeschrieben waren, gleichzeitig mit der Pflicht zur Zahlung von Börsenumsatzsteuer auf alle Wertpapiertransaktionen entfallen. Dasselbe galt für Mindestkapitalvorschriften für emissionsfähige Bankbetriebe. Geblieben ist die Verpflichtung der emittierenden Bank, die Bestimmungen der §§ 12, 13 Abs. 3 und Abs. 4 KWG einzuhalten. Der **Umlauf** an Schuldverschreibungen mit einer Laufzeit von mehr als vier Jahren darf das Dreifache, das Volumen an Schuldverschreibungen mit kürzeren Laufzeiten das Eineinhalbfache des haftenden Eigenkapitals der Bank nicht überschreiten.

c) Bank-Genußscheine

Nachdem durch die KWG-Novelle 1984 die Möglichkeit eröffnet worden war, **haftendes Eigenkapital** unter den in § 10 Abs. 5 KWG genannten Voraussetzungen (siehe auch 3.1.2.1, 3.1.2.2 und 6.) über die Ausgabe von Bank-Genußscheinen (zur Rechtsnatur und Ausstattung siehe 7.2.2.1.1.cd) zu schaffen, haben die Banken zunehmend Gebrauch von dieser Variante der Eigenkapitalaufbringung gemacht.

Insbesondere bei Banken tritt die Ambivalenz der Genußrechte und die Notwendigkeit einer zielgerichteten Gestaltung augenfällig zu Tage: Einerseits wird Genußrechtskapital **wirtschaftlich** und **bankaufsichtsrechtlich** als **Eigenkapital** anerkannt, andererseits ist es aus steuerlichen Gründen notwendig (siehe 7.2.2.1.1.cd), die Anerkennung als **steuerliches Fremdkapital** sicherzustellen. Daher enthalten die Emissionsbedingungen jeweils den Hinweis, dass die Teilnahme am Verlust nachträglich nicht geändert und der Nachrang der Genußscheine nicht beschränkt sowie die Laufzeit und die Kündigung nicht verkürzt werden kann. Dasselbe gilt für die Erklärung über die **Verlustteilnahme** und die **Nachrangigkeitserklärung**: Die Genußscheine treten gegenüber allen anderen Gläubigern der Bank im Rang zurück, d.h. im Falle der Liquidation der Bank werden die Genußscheine nach allen anderen Gläubigern und vorrangig vor den Aktionären bedient. Darüber hinaus erfolgt ein Ausschluss des Anspruchs auf einen Anteil am **Liquidationserlös.**

Die Ausgabe von Genußscheinen bei **Aktienbanken** erfordert einen – der jeweiligen Kapitalerhöhung entsprechenden – qualifizierten Hauptversammlungsbeschluss über den Gesamtnennbetrag der Genußschein-Emission und über das Bezugsverhältnis, mit dem Genußscheine den Aktionären anzubieten sind. Aus der Vielzahl von Gestaltungsmöglichkeiten zur Emission von **Bank-Genußscheinen** (siehe dazu die Typologie unter 7.2.2.1.1. cd) wählen die Banken in der Regel **festverzinste** Genußscheine, bei denen die Verzinsung pro Geschäftsjahr vorab aus dem erwirtschafteten Gewinn zu erfolgen hat. Im Falle von Verlusten unterbleibt für die betreffende Periode die Zahlung. Sie ist jedoch bei Besserung der Lage nachzuholen.

d) Sonstige bankbetriebliche Wertpapieremissionen

Als sonstige bankbetriebliche Wertpapiere werden alle **nicht-börsennotierten Schuldverschreibungen** von Banken aufgefasst, die im Wesentlichen unter den Bezeichnungen Sparbrief und Spar-Schuldverschreibung in Erscheinung treten. **Sparbriefe** sind zwar im Regelfall Namensschuldverschreibungen, die dem Eigentümer eine zu einem bestimmten Termin fällige Forderung verbriefen und von den Banken als Termineinlage verbucht werden, doch sind bereits auch **Inhaber-Sparbriefe** emittiert worden, die infolge ihrer formlosen Übertragbarkeit geldähnlichen Charakter aufweisen. **Spar-Schuldverschreibungen** sind als Inhaber- oder als Orderpapiere gestaltet. Sie werden von den Banken als Schuldverschreibungen bilanziert. Da Sparbriefe und Spar-Schuldverschreibungen nicht börsennotiert sind, unterliegen sie einerseits keinen Kursschwankungen, können andererseits aber im Regelfall vom Anleger auch nicht vor Fälligkeit zurückgegeben oder verkauft werden.

Aus der Vielzahl ähnlich lautender Produktbezeichnungen für **Sparbriefe,** die von allen Universalbanken ausgegeben werden, lassen sich nach der Art der Zinszahlung folgende **Typen** unterscheiden (siehe dazu auch *Gentsch,* 80):

- **Normalverzinsliche Sparbriefe** mit konstanter, jährlicher Zinszahlung und jährlicher Ausschüttung an den Anleger.
- **Aufgezinste Sparbriefe:** Dabei werden die auf den Nennwert bezogenen Zinsen während der Laufzeit der Schuldverschreibung angesammelt und bei Fälligkeit einschließlich der Zinseszinsen zusammen mit dem Anlagebetrag (Nennwert des Sparbriefes) dem Eigentümer zur Verfügung gestellt.
- **Abgezinste Sparbriefe:** Zwar erfolgt auch in diesem Falle die Zinszahlung erst zum Ende der Laufzeit, nur werden im Gegensatz zum aufgezinsten Sparbrief die Zinsen und Zinseszinsen vom Nennwert abgezogen. Abgezinste Sparbriefe werden daher zu einem niedrigeren Betrag ausgegeben und zum Nennwert zurückgenommen, wobei die Differenz zwischen Ausgabepreis und Nennwert dem Zins- und Zinseszins für den Kaufbetrag entspricht.
- **Dynamische Sparbriefe** sind dadurch charakterisiert, dass sich der Zinssatz – ähnlich den Bundesschatzbriefen – während der Anlagezeit in einem vorher festgelegten Ausmaß in der Weise ändert, als der Zinssatz von Jahr zu Jahr steigt und damit der Gesamtdurchschnittszins mit zunehmender Laufzeit wächst. Darüber hinaus ist nach Ablauf einer bestimmten Sperrfrist meist eine Rückgabe dieses Typs dynamischer Sparbriefe möglich.

Von den **Spar-Schuldverschreibungen** kommt vor allem den Sparobligationen des Genossenschaftssektors und den Sparkassenobligationen Bedeutung zu:

- **Sparobligationen** sind als genehmigungspflichtige Inhaberschuldverschreibungen grundsätzlich börsenfähig. Allerdings hängt die Börseneinführung von der Entscheidung der emittierenden Bank ab. Der Absatz der Sparobligationen, die über einen bestimmten Mindestbetrag lauten und deren Laufzeit zwischen fünf und neun Jahren liegt, erfolgt über die Kreditgenossenschaften, denen auch die auf diesem Wege aufgebrachten Finanzmittel zu Gute kommen.
- **Sparkassenobligationen** stellen nicht-börsenfähige genehmigungspflichtige Orderschuldverschreibungen dar, deren Volumen durch bestimmte Vermögenswerte (Deckungsmassen) gedeckt sein muss. In Anbetracht der mangelnden Fungibilität verpflichten sich die Sparkassen, entweder nach Ablauf einer vereinbarten Mindestanlagefrist oder jederzeit zum **Hauskurs** Papiere zurück zu erwerben. Sparkassenobligationen werden zu festen Zinssätzen mit einer Laufzeit von mindestens vier Jahren über bestimmte Mindestbeträge zum Hauskurs ausgegeben. Die Rücknahme erfolgt bei normal verzinslichen Sparkassenobligationen zum Nennwert (bei jährlich nachträglicher Verzinsung bzw. Zinszahlung bei Einlösung), bei aufgezinsten Sparkassenobligationen zum Nennwert einschließlich Zins und Zinseszins.

Für den Bankbetrieb ergeben sich bei der Emission von Sparbriefen und Spar-Schuldverschreibungen Vorteile insofern, als nur geringe Emissionskosten anfallen, zumal ein Absatz über andere Bankbetriebe im Regelfall ausscheidet, eine direkte Bindung der Finanzierungsmittel an die Bank erfolgt und grundsätzlich mit festen Laufzeiten gerechnet werden kann. Da ein Handel an der Börse nicht stattfindet, lässt sich das Angebot an diesen Anlageleistungen individuell den Bedürfnissen der Nachfrager anpassen (z.B. Stückelung ab 100 EUR bei Sparkassenbriefen sowie Volks- und Raiffeisen-Sparbriefen; ab 500 EUR oder mehr und durch 100 teilbar bei Sparbriefen von privatrechtlichen Universalbanken; ab 1.000 EUR bei Sparkassenobligationen). Die Effektivverzinsung von Spar-Schuldverschreibungen kann darüber hinaus durch Festsetzung von **unter-pari-Hauskursen** als Ausgabenpreise entsprechend den Erfordernissen der jeweiligen Kapitalmarktsituation flexibel variiert werden. Sparbriefe dagegen werden grundsätzlich zum Nennwert ausgegeben. Eine Ausnahme stellen die abgezinsten Sparbriefe dar, deren Ausgabepreis zum Nennwert abzüglich Zins und Zinseszins erfolgt.

Insgesamt erlaubt die Emission sonstiger bankbetrieblicher Wertpapiere eine Erweiterung des unternehmenspolitischen Spielraums insofern, als damit insbesondere die ansonsten bei alternativer Anlage in Form von Spareinlagen gegebene Kundenabhängigkeit reduziert wird sowie die Substitutionskonkurrenz zwischen gleichartigen Produkten verschiedener Anbieter sinkt und sich somit auch der preispolitische Spielraum des betreffenden Bankbetriebes erhöht.

7.2.2.3 Derivative Anlageleistungen

Das Charakteristikum derivativer Anlageleistungen besteht darin, dass der Bankbetrieb nur als **Vermittler** von Anlagemöglichkeiten gegen Entgelt entweder bei anderen Bankbetrieben und Unternehmen des Finanzsektors oder bei sonstigen Unternehmen sowie der öffentlichen Hand fungiert. Wenn auch keine direkte Anlage bei dem betreffenden Bankbetrieb selbst erfolgt, ist dennoch eine Bankmarktleistung gegeben, zumal das Ergebnis der Produktion derivativer Anlageleistungen in der Übernahme von Kapitalnutzungen von Seiten der Kundschaft besteht und die übernommenen Kapitalnutzungen unter Abzug des vereinbarten Entgelts in einem weiteren Schritt an Dritte als die eigentlichen Adressaten weitergeleitet werden.

Die **Motive** zur Erstellung derivativer Anlageleistungen bestehen insbesondere darin, durch ein umfassendes Sortiment Kunden zu akquirieren bzw. an den Bankbetrieb zu binden, eine sinnvolle Arbeitsteilung zu praktizieren und Erträge zu erzielen, ohne dabei ein nennenswertes Risiko eingehen zu müssen.

Derivative Anlageleistungen können sowohl in Verbindung mit Wertpapieren und Wertrechten als auch durch Vermittlung von Anlagemöglichkeiten in nicht-verbrieften Anteilsrechten von Unternehmen erbracht werden. Von Bedeutung ist vor allem die Vermittlung von Anlagemöglichkeiten in Wertpapieren sowie Wertrechten und die dabei in Frage kommenden Leistungsangebote in Form der Fremdemission von Effekten (Konsortial-Emission), des Effektenhandels, bei dem die Bank für Dritte tätig wird, und in Form der Vermittlung sonstiger Wertpapiere.

Eine Sonderstellung zwischen originärer und derivativer Anlageleistung nimmt die Emission von **Sammel-Schuldverschreibungen** derjenigen Bankbetriebe ein, die allein nicht emissionsfähig sind: Soweit der einzelne Bankbetrieb innerhalb seiner Quote direkt Wertpapiere absetzt, liegt originäre Anlageleistung vor, soweit der Bankbetrieb außerhalb seiner Quote Wertpapiere derselben Emission für andere Bankbetriebe verkauft und die dadurch aufgebrachten Finanzmittel an diese weiterleitet, ist derivative Anlageleistung gegeben.

7.2.2.3.1 Vermittlung von Anlagemöglichkeiten in Wertpapieren und Wertrechten

Die Wertpapiere und Wertrechte, die als Grundlage der Produktion derivativer Anlageleistungen dienen, stammen von anderen Bankbetrieben (einschließlich Kapitalanlagegesellschaften), der öffentlichen Hand und von Unternehmen. Von Bedeutung ist dabei, ob die Wertpapiere börsengängig sind, oder ob es sich um nicht-börsenfähige Wertpapiere handelt. Im Falle der Börsengängigkeit kommt grundsätzlich die Erstellung derivativer Anlageleistungen auf den **Primärmärkten** durch Fremdemission und auf den **Sekundärmärkten** (für bereits emittierte Wertpapiere) durch Effektenhandel in Frage.

a) Fremdemission

Die Entscheidung eines Emittenten von Effekten, die (für ihn kostengünstigere) Selbstemission oder die Fremdemission zu wählen, hängt davon ab, ob er über das technische, rechtliche und wirtschaftliche Emissions-Know-how einschließlich der notwendigen Kontakte zum Kapitalmarkt sowie über leistungsfähige Absatzorgane verfügt. Da diese Voraussetzungen im Regelfall nicht gegeben sind, werden meist Emissionsbanken als Vermittler zwischen Emittenten und potentiellen Anlegern eingeschaltet, die insbesondere durch Wahl des Emissionsmarktes (Emissionsgebietes), des Emissionsbetrages, der Konditionengestaltung, der Eingliederung in das bankbetriebliche Sortiment, der Werbung, der Public-Relations und ggf. des Emissions-Timings (Wahl des Zeitpunktes der einzelnen Emissionen) die notwendigen Voraussetzungen für eine erfolgreiche Unterbringung der Emission schaffen. Da die Platzierungskraft einer Emissionsbank allein bei größeren Emissionen in der Regel nicht ausreicht, erfolgt ein Zusammenschluss mehrerer Emissionsbanken zu einem **Emissionskonsortium** (**Konsortial-Emission**).

In der Arbeitsweise von Wertpapier-Emissionskonsortien und Kredit-Konsortien zeigt sich eine enge Verwandtschaft insofern, als deren Aufgabe jeweils darin besteht, einerseits dem Wertpapier-Emittenten bzw. dem Kreditnehmer günstige Konditionen zu vermitteln, andererseits die Bedingungen marktgerecht zu gestalten. Aus diesem Grund erfolgt in der **Praxis** meist eine organisatorische Zusammenfassung der Aufgaben des „Konsortialgeschäfts“ in einer Zentralabteilung, die ihrerseits zweckmäßigerweise wiederum in die Aufgabengebiete „Geschäftsbearbeitung“ (Verträge, Prospekterstellung, Markteinführung, Ausübung des Vollmachtstimmrechts u.a.) und „Geschäftsentwicklung“ (Akquisition von Emittenten und Kreditnehmern, Beratung der Kunden, Teilnahme an bzw. Führung von Konsortien) gegliedert wird.

Entsprechend der von Emissionsbanken übernommenen Aufgabengebiete lassen sich folgende **Funktionen** bei der Fremdemission unterscheiden {*Christians,* 300):

- Im Rahmen der **Beratungsfunktion** sind die Emissionsbanken bemüht, ein günstiges Emissionsklima zu schaffen und Emittenten bei den Kontakten mit den Genehmigungsstellen zu unterstützen, Emissionsprospekte zu erstellen, Werbe- und Public-Relations-Maßnahmen durchzuführen, eine zweckmäßige Ausgestaltung der Anleihebedingungen zu erreichen und bei Kapitalerhöhungen den Altaktionären geeignete Bezugsrechtsrelationen anzubieten sowie den bestmöglichen Emissionszeitpunkt zu empfehlen, damit den Emittenten ein unter den gegebenen Umständen maximaler Emissionserlös zufließen kann.
- In Wahrnehmung der **Vertriebsfunktion** fördern die Emissionsbanken die Platzierung durch gründliche Marktanalyse und Auswahl der Absatzwege einschließlich des Aufbaues eines funktionstüchtigen Sekundärmarktes, ggf. der Kurspflege sowie des Zahlstellen- und Bogenerneuerungsdienstes.
- **Risikofunktion** übernehmen die Emissionsbanken nur dann, wenn sie eine Emission als Ganzes oder die Emission zum Teil fest übernehmen und daher das Plazierungsrisiko voll oder teilweise tragen.

Spezifische Probleme ergeben sich für Emittenten und Emissionsbanken bei der Emission von Wandel- und Optionsanleihen, da in diesen Fällen die Aktionsparameter nicht nur die üblichen Anleihekomponenten (Effektivverzinsung, Laufzeit, Tilgungsmodalitäten, Sicherheiten), sondern auch die spezifischen Wandel- bzw. Optionsrechtskomponenten (Bezugsverhältnis, Laufzeit und Wandel- bzw. Optionsfrist usw.) umfassen muss (zu den Aktionsparametern der Optionsanleihe siehe im einzelnen *Kjer,* 202ff.).

Die Berechnung des **Entgelts** für die Durchführung der Fremdemission erfolgt für Anleihe-Emissionen und Aktien-Emissionen in unterschiedlicher Weise:

Bei **Anleihe-Emissionen** besteht die Vergütung der Emissionsbanken eines Konsortiums aus der **Spanne** zwischen **Übernahmekurs** (des Konsortiums) und dem höheren **Begebungskurs** für das Publikum, die je zur Hälfte als Abgeltung für das Begebungsrisiko und die Inanspruchnahme des Emissionskredits (sog. **Konsortialnutzen**) sowie als Abgeltung für die Verkaufsleistung und die Begebungskosten (**Schalterprovision**) dient. Aus dem Konsortialnutzen wiederum ist ein bestimmter Anteil als Vergütung für die Konsortialführung (**Führungsprovision**) reserviert. Die Schalterprovision wird bei Einschaltung anderer Bankbetriebe für den Absatz der Emission meist zu 2/3 als eine Bankiersbonifikation diesen zugewiesen und verbleibt zu 1/3 als Abgeltung für Zeichnung, Zuteilung, Verwaltung und Abwicklung des Zahlungsverkehrs bei den Konsorten.

Beträgt beispielsweise die Spanne 3% und besteht das Konsortium aus fünf Emissionsbanken, so ergibt sich die in Abbildung 38 wiedergegebene Aufteilung dieser Erträge aus der Fremdemission einer Anleihe.

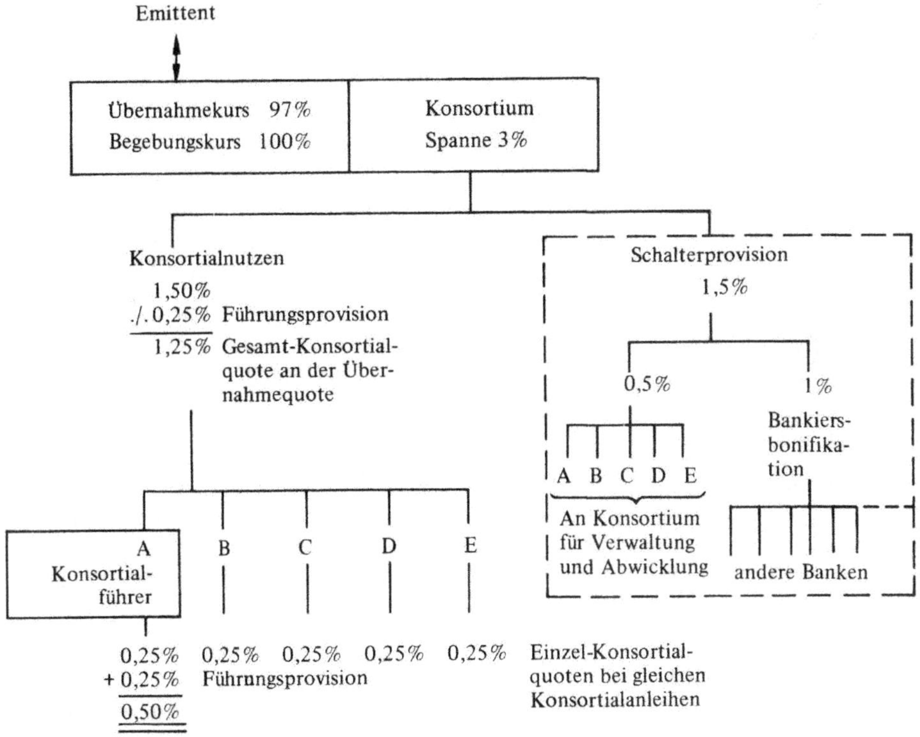

Abb. 38: Beispielsrechnung für Ertragsspaltung bei Anleihe-Fremdemission

Da bei **Aktien-Emissionen** der Bezugskurs und der Übernahmekurs übereinstimmen, erfolgt die Abgeltung für die Produktion dieser Art derivativer Anlageleistung in Form einer **Provision** in einem bestimmten Prozentsatz des Nennwertes der Emission für die Konsorten (z.B. zwischen 3 und 5%) mit gewichteter Verteilung entsprechend der Konsortialquoten sowie eines höheren Prozentsatzes vom Nennwert als Führungsprovision (z.B. 10%). Eine Spaltung des Entgelts in den Konsortialnutzen und die Schalterprovision ist nicht üblich.

Der Fremdemission ist ferner die Abwicklung von **Kauf-** und **Umtauschangeboten** zuzurechnen: Darunter sind freiwillige Umtausch- oder Kaufangebote zu verstehen, die zur Bildung einer größeren Unternehmensgruppe oder der Vorbereitung von Fusionen dienen. Banken übernehmen dabei grundsätzlich die oben angeführten Emissionsfunktionen. Die Risikofunktion üben sie nur insofern aus, als mit Umtauschangeboten eine zeitweilige Übernahme der neuen Aktien im Austausch gegen Gesellschaftsanteile des zu übernehmenden Unternehmens verbunden ist.

b) Effektenhandel (Effektenkommissionshandel)

Das Charakteristikum dieser Form derivativer Anlageleistungen besteht darin, dass der Bankbetrieb Nachfragern Anlagemöglichkeiten in Effekten aller Art vermittelt, also sowohl die an Wertpapierbörsen notierten Effekten als auch die außerbörslich oder im Rahmen elektronischer Handelsplattformen gehandelten Wertpapiere.

Obwohl die Rechtsgrundlagen des Effektenkommissionshandels sowohl im Wertpapierhandelsgesetz als auch in den AGB der Banken Regelungen zum Schutz der Verbraucher vor Übervorteilung durch Banken vorsehen (z.B. durch den sog. Börsenzwang), bleiben den Banken in der Praxis in Folge der Intransparenz des Börsengeschehens für den Verbraucher gleichwohl Möglichkeiten, sich in begrenztem Umfang Vorteile bei der Orderabrechnung durch Nutzung von sog. **Kursschnitten** zu verschaffen:

- **Der intertemporäre Kursschnitt**
  Im Wesentlichen kommt es dabei darauf an, dass die Bank (z.B. im variablen Handel), die Möglichkeit hat, den für sie geeignetsten Kurs zur Grundlage der Abrechnung auszuwählen. Diese Möglichkeit führt zu dem Vorwurf, dass die Bank im Endeffekt das Geschäft nach dem Umsatz machen könnte.

- **Der interlokale Kursschnitt**
  Soweit der Kunde nicht den Ausführungsort vorschreibt, kann die Bank gemäß AGB den Platz für die Abrechnung bestimmen, ohne dass sie selbst gehalten ist, ein Deckungsgeschäft an eben diesem Ort auszuführen (Arbitrage).

- **Kursschnitt bei manipulierten Kursen**
  Da Bankbetriebe durch ihre Eigenleistungen die Märkte durchaus zu manipulieren vermögen (z.B. Ultimo-Kurse für Bilanzierungszwecke), haben sie zugleich die Möglichkeit, auf der Basis der manipulierten Kurse fiktive Deckungsgeschäfte ihren Kunden gegenüber abzurechnen.

Selbst wenn sich Banken durch Kursschnitte Vorteile verschaffen sollten, sind diese jedoch im Vergleich zu Vorteilen, die sich durch den **Computerhandel** (**automatischer Handel**) eröffnen, gering. Banken nutzen dabei die Vorteile des sog. **High Frequency Trading** („**Hochfrequenzhandel**"), den die Hochleistungscomputer der Börsen den daran beteiligten Banken und Hedge-Fonds bieten. Einerseits geht es dabei um Millisekunden bei der Auftragserteilung (sog. **Flash Orders** bzw. „Blitz-Aufträge"): Die Börse informiert die Computerhändler über Aufträge von Börsenhändlern und hält den Auftrag anschließend für 30 Millisekunden zurück. Diese Zeit ist ausreichend, damit Computer die angebotene Aktie kaufen und kurze Zeit später für einen geringfügig höheren Kurs wieder am Markt anbieten. Es entstehen zwar nur Gewinne im Cent-Bereich, dafür aber im Rahmen von hohen Handelsvolumina. Auf diese Weise entstehen Schätzungen zufolge Gewinne durch den Computerhandel in der Größenordnung von 20 bis 100 Mrd. USD pro Jahr. In Deutschland sind allerdings Flash-Orders verboten und die Börsen dürfen den Computern Aufträge nicht vorab zeigen. Dieser Vorbehalt gilt jedoch (noch) nicht für das Ausland. Andererseits kann durch spezielle Programme die Kursentwicklung verfolgt und in dem Sinne genutzt werden, dass Computer Aktien eines Unternehmens dann kaufen, wenn der Kurs sich für kurze Zeit (z.B. einige Minuten) in die für eine Gewinnerzielung günstige Richtung entwickelt hat. Andere Programme versuchen, von Trends zu profitieren: Wenn die Kurse steigen, kaufen sie; wenn die Kurse fallen, verkaufen sie und verstärken in beiden Fällen somit den Trend. Insofern besteht grundsätzlich die latente Gefahr von Marktzusammenbrüchen. Dieser Effekt war bereits anlässlich des „schwarzen Montags" 1987 an der New Yorker Börse zu besichtigen.

Dem Auftraggeber wird im Rahmen der Abgeltung von Effektenhandelsleistungen neben dem **Börsenpreis** der Effekten und den **Auslagen** des Bankbetriebes (Courtagen, Steuern, Spesen) der eigentliche Preis für die Erstellung dieser derivativen Anlageleistungen in Form einer **Provision** in Rechnung gestellt. Die Höhe der Provision schwankt bei den einzelnen Banken und wird –wie die Courtage der Makler – bei Aktien grundsätzlich aus dem Kurswert, bei festverzinslichen Effekten aus dem Nominalwert, als **Prozentsatz** ermittelt. Handelt es sich um Börsenverkäufe, so spielt darüber hinaus die **Wertstellung** für den Bankbetrieb insofern eine Rolle, als der Wert der verkauften Effekten dem Auftraggeber meist am zweiten Werktag nach Ausführung bzw. am zweiten Werktag nach Lieferung der Stücke (wenn diese nicht im Depot der Bank liegen) gutgeschrieben wird.

Besondere Vorkehrungen sind bei **Tafelgeschäften** notwendig, d.h. beim Verkauf von Wertpapieren aus Eigenbeständen über den Schalter der Bank gegen Barzahlung (et vice versa), um die Nachprüfbarkeit zu gewährleisten

c) Sonstige Wertpapiere

Derivative Anlageleistungen in Form der Vermittlung von Anlagemöglichkeiten lassen sich auch auf der Grundlage sonstiger Wertpapiere, die nicht börsenfähig sind (wie Investmentanteile, Sparkassen-Obligationen, Bundesschatzbriefe, Finanzierungsschätze des Bundes, Schuldscheine der öffentlichen Hand, Schuldscheine im Rahmen von Schuldscheindarlehen als Kapitalanlageobjekte), erstellen.

ca) Investmentanteile: Gesellschafterbanken von Kapitalanlagegesellschaften können – im Gegensatz zu den Kapitalanlagegesellschaften selbst – geringere Abschläge vom jeweiligen Ausgabepreis vornehmen, so dass dem Nachfrager eine günstigere Anlagemöglichkeit geboten wird als dies im Falle der Direktanlage bei der Kapitalanlagegesellschaft gegeben ist. Ähnliches gilt für den Ankauf von Investmentanteilen durch die Gesellschafterbanken zu günstigeren Rücknahmepreisen, zumal sie Anteile vielfach in der Erwartung für eigene Rechnung ankaufen, um diese später zu höheren Ausgabepreisen wieder verkaufen zu können.

cb) Bundesschatzbriefe sind ihrer Rechtsnatur nach Buchforderungen gegenüber dem Bund, mit steigenden Zinssätzen ausgestattet und jederzeit durch Umbuchung übertragbar. Vorzeitige Rückgabe ist nach Ablauf einer Sperrfrist möglich.

cc) Finanzierungsschätze des Bundes werden spesenfrei über Bankbetriebe und die *Deutsche Bundesbank* abgesetzt. Sie werden abgezinst verkauft und zum Nennwert nach einjähriger oder zweijähriger Laufzeit zurückgekauft. Eine vorzeitige Rückgabe ist nicht möglich.

7.2.2.3.2 Vermittlung von Anlagemöglichkeiten in nicht-verbrieften Anteilsrechten von Unternehmen

Die Erstellung derivativer Anlageleistungen durch Bankbetriebe in Form der Vermittlung von nicht-verbrieften Anteilsrechten von Unternehmen (GmbH-Anteile, Anteile an Personengesellschaften) kommt vor allem bei verbundenen Unternehmen, aber auch bei solchen Unternehmen in Betracht, die dem Bankbetrieb infolge Kreditgewährung verpflichtet sind. Während im ersten Fall der Bankbetrieb bereits Eigentümer von Unternehmensanteilen ist, besteht im zweiten Fall auf Grund der Kenntnisse der wirtschaftlichen Verhältnisse ein Informationsvorsprung des Bankbetriebes, der im Zusammenwirken mit der Gläubigerstellung faktische Einwirkungsmöglichkeiten des Bankbetriebes auf das Unternehmen hinsichtlich einer Aufnahme von Gesellschaftern bzw. des Verkaufs von Unternehmensanteilen eröffnet.

Ob der vermittelnde Bankbetrieb auch ein **Entgelt** für die Produktion derartiger derivativer Anlageleistungen fordern kann, hängt von der wirtschaftlichen Situation des betroffenen Unternehmens ab. Handelt es sich um die Übernahme von Unternehmensanteilen im Rahmen von **Sanierungsmaßnahmen**, so wird der Bankbetrieb auf eine Abgeltung seiner Leistungen verzichten und diese unentgeltlich erbringen müssen, zumal er selbst ein erhebliches Interesse am Gelingen der Sanierung sowohl bei verbundenen Unternehmen als auch bei Kreditnehmern hat. Ansonsten kämen auf ihn Verluste oder die zumindest teilweise Uneinbringlichkeit von Forderungen aus Kreditleistungen zu. Anders sind die Fälle der **Fusion**, der notwendigen **Kapitalerhöhung** oder eines Gesellschafterwechsels zu beurteilen, in denen zwar auch Interessen des Bankbetriebes berührt werden können, jedoch Interessen des Unternehmens insbesondere an einer Finanzmittelzuführung im Vordergrund stehen. In dieser Konstellation wird sich im Regelfall ein Entgeltanspruch des Bankbetriebes für die Vermittlung potenter Anleger oder Mitunternehmer zumindest gegenüber den eintretenden Anlegern oder gegenüber beiden Partnern zu gleichen Teilen durchsetzen lassen.

Befindet sich der Bankbetrieb bereits im Besitz von nicht-verbrieften Unternehmensanteilen, so zählt – neben einem durchaus möglichen Vermittlungsentgelt in Form einer Provision – auch die positive Differenz zwischen dem früheren Übernahmewert der Anteile und deren aktuellen Marktwert (=Veräußerungsgewinn) zum Entgelt für die Erstellung dieser derivativen Anlageleistung.

Voraussetzung für das Vorliegen einer derivativen Anlageleistung ist auf jeden Fall die aktive Mitwirkung des Bankbetriebes am Zustandekommen der Anlage in nicht-verbrieften Unternehmensanteilen durch Anbahnung der Beteiligung und Abwicklung der Anlage über den Bankbetrieb selbst. Eine Beratung von potentiellen Anlegern über verschiedene Möglichkeiten der Anlage in nicht-verbrieften Unternehmensanteilen allein genügt nicht. Diese Art der Betätigung ist vielmehr den „sonstigen Leistungen" von Bankbetrieben zuzurechnen (siehe 7.2.4.1.3).

7.2.3 Zahlungsverkehrsleistungen

Zahlungsverkehrsleistungen als Bankmarktleistungen bestehen grundsätzlich in der Überbrückung der räumlichen und zeitlichen Distanz zwischen Vorrätigkeit und Bedarf des immateriellen Nominalgutes Geld entsprechend der Kundenbedürfnisse. Charakteristisch für die Erstellung von Zahlungsverkehrsleistungen ist darüber hinaus die enge wechselseitige Verbindung mit anderen Bankmarktleistungen (insbesondere Kreditleistungen und Anlageleistungen), die ohne die mit ihnen verzahnten Zahlungsverkehrsleistungen zumindest aus der Sicht der Kunden an Wirksamkeit verlieren würden bzw. deren Inanspruchnahme bei Fehlen von Zahlungsverkehrssystemen mit Schwierigkeiten verbunden wäre. Insofern kann auch von einem **Produktionsverbund** zwischen Zahlungsverkehrsleistungen und anderen Bankmarktleistungen gesprochen werden. Daneben bestehen nicht-induzierte, **selbständige** Zahlungsverkehrsleistungen, die ausschließlich die räumliche und zeitliche Überbrückung der Verfügbarkeit von Geld zwischen Kunden einer Bank (bar oder bargeldlos) oder zwischen Kunden von mindestens zwei Banken zum Gegenstand haben (Überweisungsverkehr). Dabei können weitere Banken, die in die Überweisungskette einbezogen sind, als Vermittler der Zahlungsverkehrsleistungen auftreten (Abbildungen 39a bis 39c).

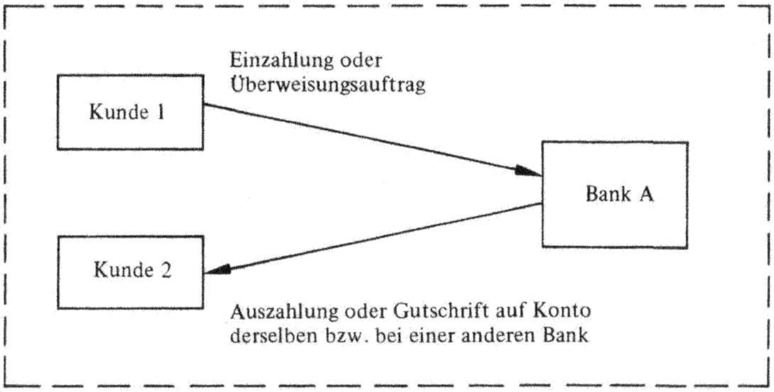

Abb. 39a: Zahlungsverkehrsleistungen für Kunden einer Bank („Institutsgiro“)

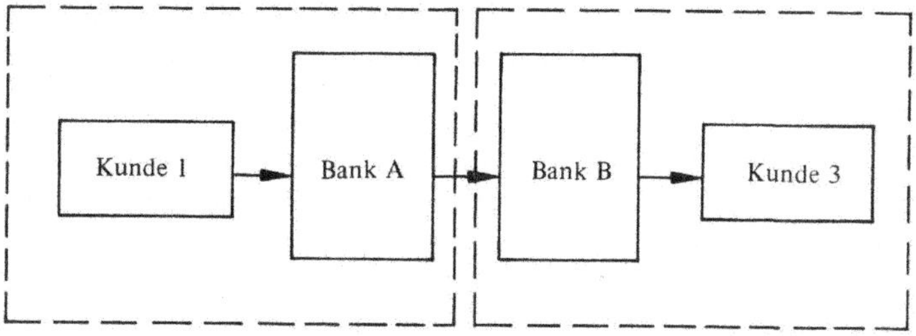

Abb. 39b: Zahlungsverkehrsleistung für Kunden verschiedener Banken

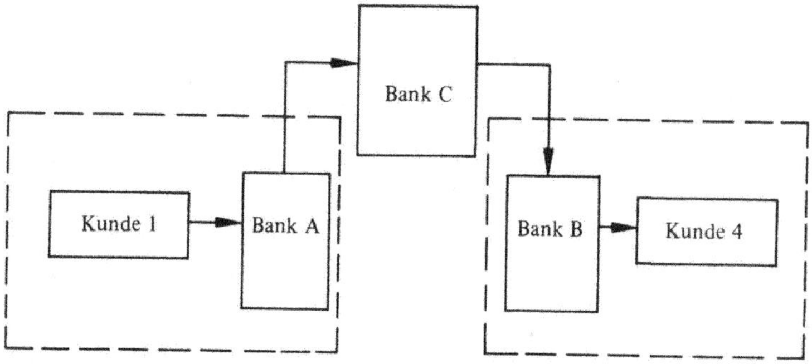

Abb. 39c: Zahlungsverkehrsleistungen für Kunden verschiedener Banken unter Einschaltung einer Korrespondenzbank C

Entsprechend der Stellung eines Bankbetriebs im Rahmen der Produktion von Zahlungsverkehrsleistung lassen sich originäre (direkte) und derivative (indirekte) Zahlungsverkehrsleistungen unterscheiden:

Originäre Zahlungsverkehrsleistungen bedingen die direkte Befassung von Bankbetrieben mit der Abwicklung barer oder bargeldloser Zahlungen seitens der Bankkundschaft. Der Bankbetrieb erhält vom Kunden als Nachfrager nach Zahlungsverkehrsleistungen den Auftrag, aus seinem Guthaben Zahlungen an bestimmte Adressaten (z.B. Gläubiger des Kunden) zu leisten, wofür er im Regelfall ein Entgelt erhält. Ist die Zahlung an einen Kunden desselben Bankbetriebes zu leisten, so wird dieser ebenso mit einem Entgelt („Postengebühr") belastet, wie dies im Falle der Zahlung über einen anderen Bankbetrieb als Empfänger der Zahlung erfolgt, um das Zustandekommen der Zahlungsverkehrsleistung entsprechend zu honorieren.

Derivative Zahlungsverkehrsleistungen bestehen in der **Vermittlung** und **Weiterleitung** von bargeldlosen Zahlungen zwischen Banken, die diese zum Zwecke der Erstellung von Bankmarktleistungen vornehmen. Insbesondere handelt es sich dabei um Banken, die als Zentralen von Gironetzen (einschließlich der *Deutschen Bundesbank* und des Postbankgironetzes) oder als Korrespondenzbanken fungieren. Von reinen Interbank-Zahlungsverkehrsleistungen unterscheiden sich derivative Zahlungsverkehrsleistungen dadurch, dass sie nicht auf die Erstellung einer sekundären Bankleistung, sondern auf die Erbringung einer Bankmarktleistung abzielen.

Die **Rechtsgrundlagen** zur Abwicklung von Zahlungsverkehrsleistungen ergeben sich zivilrechtlich aus dem BGB (§§ 675a, 676a bis 676h, die durch das „Überweisungsgesetz" in das BGB eingefügt worden sind) sowie dem Scheckgesetz, dem Wechselgesetz, den AGB der Banken und diversen Vereinbarungen der Spitzenverbände der Bankwirtschaft und der *Deutschen Bundesbank*. Die *BaFin* übt die Aufsicht über die Zahlungsdienstleister und Zahlungsdienste nach dem Gesetz über die Beaufsichtigung von Zahlungsdiensten (Zahlungsdiensteaufsichtsgesetz – **ZAG**) vom 25. Juni 2009 (BGBl. I S. 1506) aus.

Die Aufnahme der Bestimmungen zum Überweisungsverkehr in das BGB fördert die Rechtssicherheit im Interesse des Verbraucherschutzes. Dabei ist zu unterscheiden zwischen den Bestimmungen zum Überweisungsvertrag (§§ 676a bis 676c BGB), zum Zahlungsvertrag (§§ 676d und 676e BGB) und zum Girovertrag (§§ 676f bis 676h BGB):

- Durch den **Girovertrag** wird das Kreditinstitut verpflichtet, für den Kunden ein Konto einzurichten, eingehende Zahlungen auf dem Konto gutzuschreiben und abgeschlossene Überweisungsverträge zu Lasten des Kontos abzuwickeln. Der Kunde hat einen Gutschriftanspruch für eingegangene Überweisungsbeträge innerhalb der vereinbarten Frist oder – bei Fehlen einer Fristvereinbarung – innerhalb eines Bankgeschäftstages nach dem Tag, an dem der Betrag dem Kreditinstitut gutgeschrieben wurde. Bei nicht fristgemäßer Gutschrift hat das Kreditinstitut grundsätzlich für die Dauer der Verspätung den Betrag zu verzinsen. Die Wertstellung ist in jedem Falle unter dem Datum des Tages vorzunehmen, an dem der Betrag dem Kreditinstitut zur Verfügung gestellt worden ist. Kürzt das Kreditinstitut den Überweisungsbetrag bei Gutschrift auf dem Konto des Kunden vertragswidrig, so hat es den Fehlbetrag dem Begünstigten frei von Entgelten und Auslagen gutzuschreiben. Der Anspruch des Kreditinstituts auf ein vereinbartes Entgelt für die Gutschrift eingehender Zahlungen bleibt unberührt und ist gesondert geltend zu machen.
- Im Rahmen eines **Überweisungsvertrages** verpflichtet sich das überweisende Kreditinstitut im einfachsten Fall des sog. „Institutsgiro" (siehe Abbildung 39a) gegenüber dem Überweisenden, dem Begünstigten einen bestimmten Geldbetrag zur Gutschrift auf dessen Konto beim überweisenden Kreditinstitut zur Verfügung zu stellen (=Überweisung) und die üblichen Angaben zur Person des Überweisenden und einen angegebenen Ver-

wendungszweck mitzuteilen. Wenn die Gutschrift bei einem **anderen** Kreditinstitut erfolgen soll (siehe Abbildung 39b), muss das überweisende Kreditinstitut den Überweisungsbetrag rechtzeitig und ungekürzt dem Kreditinstitut des Begünstigten unmittelbar oder unter Beteiligung zwischengeschalteter Kreditinstitute zu diesem Zweck übermitteln und die erforderlichen Informationen zur Überweisung weiterzuleiten. Der Überweisende kann den Überweisungsbetrag dem Kreditinstitut auch in bar zur Verfügung stellen. Überweisungen sind – sofern keine anderen Fristen vereinbart werden – baldmöglichst zu bewirken. § 676a Abs. 2 BGB legt in diesem Zusammenhang fest, dass inländische Überweisungen in Inlandswährungen im Rahmen des „Hausgiros" zwischen der Hauptstelle oder einer Filiale desselben Kreditinstituts binnen eines Bankgeschäftstages bzw. bei anderen institutsinternen Überweisungen längstens binnen zwei Bankgeschäftstagen auszuführen sind. Bei Überweisungen auf das Konto des Begünstigten bei einem anderen Kreditinstitut beträgt die Ausführungsfrist längstens drei Bankgeschäftstage. Bei grenzüberschreitenden Überweisungen innerhalb der EU und des EWR beträgt die Ausführungsfrist längstens fünf Bankgeschäftstage. Die Frist beginnt jeweils mit Ablauf des Tages, an dem die Überweisung beim überweisenden Kreditinstitut veranlasst worden ist und ein zur Ausführung ausreichendes Guthaben zur Verfügung steht bzw. ein ausreichender Kredit eingeräumt worden ist.

- Im Falle des **Zahlungsvertrages** verpflichtet sich ein zwischengeschaltetes Kreditinstitut gegenüber einem anderen Kreditinstitut, im Rahmen des Überweisungsverkehrs einen Überweisungsbetrag an ein weiteres Kreditinstitut oder an das Kreditinstitut des Begünstigten weiterzuleiten (siehe Abbildung 39c). Das Kreditinstitut, das mit dem überweisenden Kreditinstitut einen Zahlungsvertrag geschlossen hat, ist verpflichtet, diesem die geleistete Zahlung zu erstatten. Ist ein Zahlungsvertrag von einem Kreditinstitut nicht ausgeführt worden, das von dem Kreditinstitut des Begünstigten mit der Entgegennahme beauftragt worden ist, so hat dieses seinem Kunden im Rahmen der sog. **Geld-zurück-Garantie** (§ 676b Abs. 2 BGB) den Überweisungsbetrag bis zu einem Betrag von 12.500 EUR ohne zusätzliche Entgelte und Kosten gutzuschreiben.

In Deutschland bestehen fünf Gironetze (Netz der *Deutschen Bundesbank*; Spargironetz des Sparkassensektors; Ringgironetz der Genossenschaftsbanken; Institutsgironetz der Großbanken, Regionalbanken und Privatbanken; Postgironetz der *Deutschen Postbank AG*). Die einzelnen Gironetze sind jeweils untereinander übergängig, d.h. Zahlungsverkehrsleistungen können von einem Netz auf das andere geleitet werden. Darüber hinaus ergeben sich über die *Deutsche Bundesbank* Netzübergänge zum Ausland.

Die *Deutsche Bundesbank* ist auf Grund des § 3 BBankG verpflichtet, den bankmäßigen, bargeldlosen Zahlungsverkehr mit dem In- und Ausland zu gewährleisten. Da sie sich als Partner der Kreditwirtschaft versteht, fördert sie durch aktive Beteiligung und Zusammenarbeit mit den Banken die sichere, schnelle und effiziente Abwicklung des Interbank-Zahlungsverkehrs in Deutschland und innerhalb des *ESZB*, dessen Erfolg der Bankkundschaft zu Gute kommt. Der wesentliche Beitrag der *Deutschen Bundesbank* besteht bei dieser Zielsetzung darin, die notwendigen Marktstrukturen für die Banken in ihrem Zuständigkeitsbereich zu schaffen und adäquate Abwicklungs- und Verrechnungsdienstleistungen bereitzustellen. Die **Basis** dafür bildet der von ihr organisierte **Elektronische Massenzahlungsverkehr** (EMZ) für nationale und grenzüberschreitende nicht-eilbedürftige Massenzahlungen. Von der nationalen EMZ-Kommunikationsstruktur machen insbesondere kleinere und mittlere Banken Gebrauch, die darüber ihre Überweisungen, Scheck- und Lastschrifteinzüge abwickeln. Die Inlandszahlungen müssen im sog. DTA-Format erfolgen. Das bedeutet, dass die Ein- und Auslieferungen von Banken nur in Dateiform per Datenfernübertragung (DFÜ) durchgeführt werden können. Die Zahlungen werden in mehreren Verarbeitungsfenstern vorgenommen.

Die abendliche Verarbeitung umfasst die von 7 Uhr bis 20 Uhr eingereichten Überweisungen und die bis 21 Uhr eingereichten Lastschriften. Nach Verarbeitungsende gegen 22 Uhr erfolgt die Auslieferung der Dateien mit Zahlungen an die DFÜ-Empfänger. Die Buchung findet am Bankgeschäftstag statt. Alle Zahlungsaufträge für Überweisungen, die nach 20 Uhr bis zum Annahmeschluss um 7 Uhr (Aufträge für Lastschriften zwischen 21 Uhr und 9 Uhr) eingehen, werden im morgendlichen Verarbeitungsfenster abgewickelt und gleichtägig gebucht (Abbildung 40). Analoges gilt für die Verrechnungsdatensätze von Scheckeinzügen (wegen Einzelheiten siehe *Deutsche Bundesbank,* Der Elektronische Massenzahlungsverkehr).

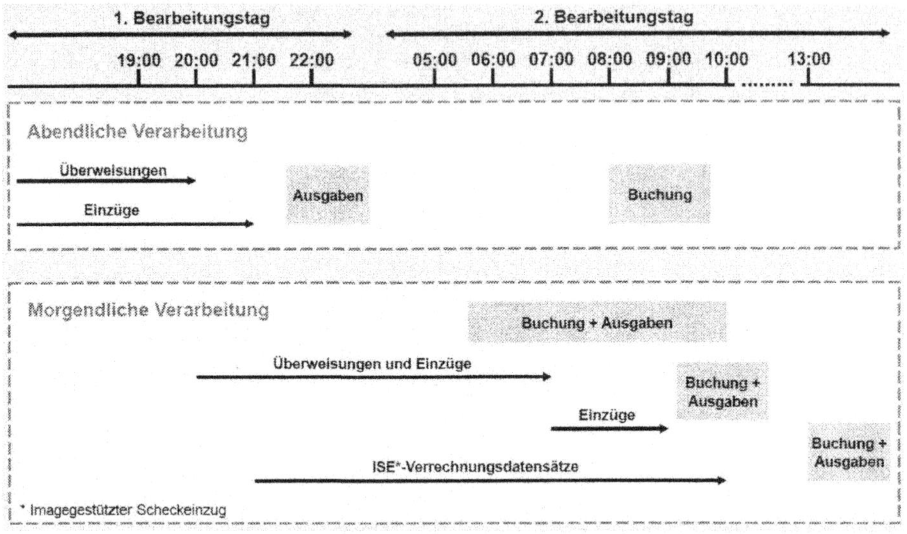

Abb. 40: Zeitfenster der Bearbeitung im EMZ. Quelle: *Deutsche Bundesbank*

7.2.3.1 Originäre Zahlungsverkehrsleistungen

Zur Abwicklung originärer Zahlungsverkehrsleistungen bestehen zwischen Kunden und Bankbetrieben entsprechend der **Instrumente** des baren (Münzen, Banknoten) und bargeldlosen (Giralgeld) Zahlungsverkehrs grundsätzlich die in Abbildung 41 dargestellten Möglichkeiten.

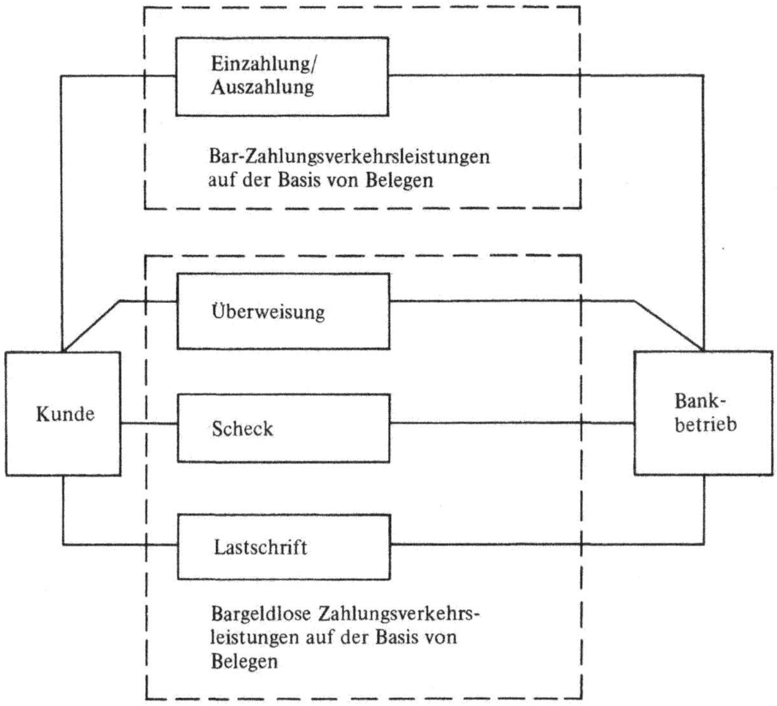

Abb. 41: Instrumente des **beleggesteuerten** Zahlungsverkehrs

Auf Grund der technischen Entwicklung von EDV- und Kommunikationssystemen lassen sich die in Abbildung 42 dargestellten grundsätzlichen Typen von Kontaktmöglichkeiten zwischen Kunden und Bankbetrieben und Ausgestaltungen bei belegloser Zahlungsverkehrsabwicklung, die als **Electronic Funds Transfer** (**EFT**) bezeichnet werden, unterscheiden.

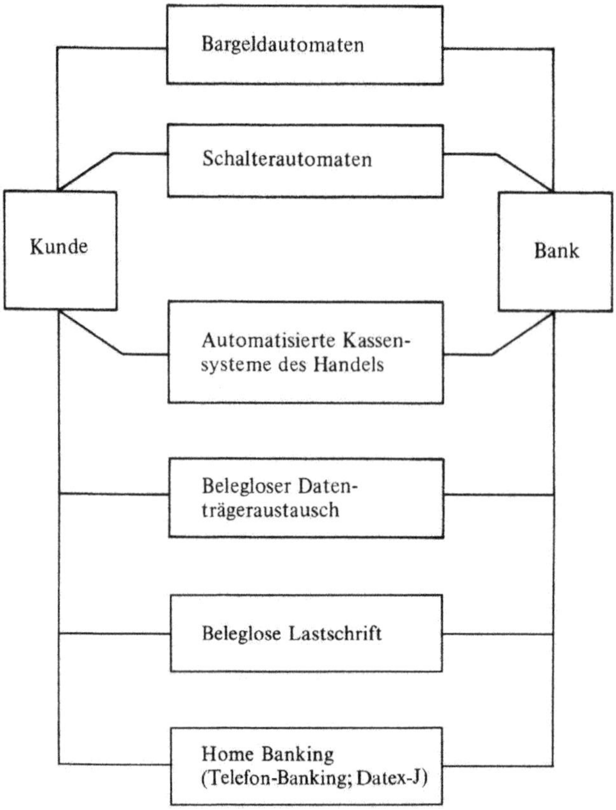

Abb. 42: Automatisierte **beleglose** Zahlungsverkehrsabwicklung

7.2.3.1.1 Beleggesteuerte Zahlungsverkehrsleistungen

a) Bar-Zahlungsverkehrsleistungen

Dieser Bereich der Zahlungsverkehrsleistungen basiert auf der Einzahlung bzw. Auszahlung von gesetzlichen Zahlungsmitteln (Münzen, Banknoten). Der Bankbetrieb wirkt am Bar-Zahlungsverkehr in der Weise mit, dass er Kassenhaltungsfunktionen für den (die) Kunden übernimmt.

b) Bargeldlose Zahlungsverkehrsleistungen

Diese beruhen auf der Bewegung von Buchgeld mit Hilfe bestimmter Instrumente und setzen ein Netz von Kontobeziehungen zwischen den Banken und deren Kunden (Kontokorrentkonten) voraus. Der beleggesteuerte bargeldlose Zahlungsverkehr wird durch folgende Instrumente bewerkstelligt:

ba) Überweisungsauftrag

Dabei handelt es sich um eine **Anweisung** bürgerlichen Rechts (siehe § 676a Abs. 1 BGB) des Kontoinhabers an den kontoführenden Bankbetrieb, die in der Überweisung näher bezeichnete Geldsumme zu Lasten des Kontoinhabers einem Dritten (dem Zahlungsempfänger) bei dessen kontoführendem Bankbetrieb gutzuschreiben. Zur Bewältigung des Überweisungsverkehrs ist eine Standardisierung der Überweisungsformulare notwendig (Einzelformulare und Sammelüberweisungsformulare, Formulare der *Deutschen Bundesbank*, *Postbank* und der Bankbetriebe). Den Weg der Überweisung zeigt Abbildung 43.

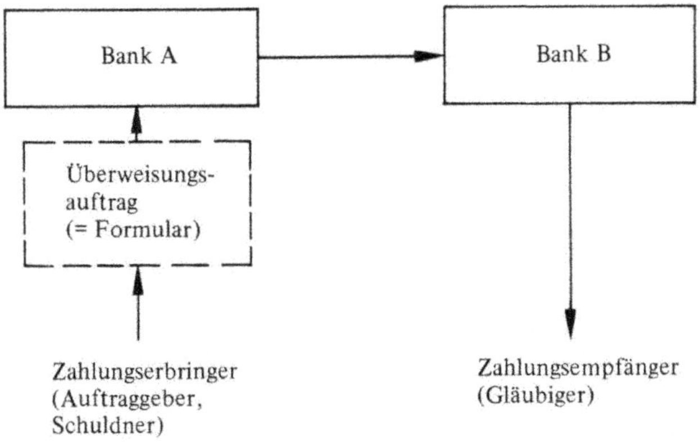

Abb. 43: Zahlungsverkehrsleistung auf der Basis eines Überweisungsauftrages

Wiederkehrende Zahlungen von Kunden können durch **Dauerauftrag,** der neben dem Zahlungsempfänger und der Geldsumme auch die jeweiligen (periodischen) Zahlungstermine enthält, ausgelöst werden; der Kunde spart sich die Ausfüllung der Formulare. Der Bankbetrieb erzielt einen Rationalisierungsvorteil insofern, als er in der Wahl des Zeitpunktes der Ausführung des Überweisungsauftrags Spielräume entsprechend seiner Betriebsgegebenheiten im Sinne einer gleichmäßigen Kapazitätsauslastung erhält.

bb) Scheck

Der Scheck stellte in der Vergangenheit neben der Überweisung ein häufig eingesetztes Instrument zur Bewegung von Banken-Giralgeld dar. Seine Bedeutung ist allerdings in Anbetracht neuer Instrumente geschwunden. Auf Grund des Scheckgesetzes ist der Scheck als eine **Anweisung besonderer Art** charakterisiert, die strengen Formvorschriften unterliegt und vom Kontoinhaber (**Aussteller**) an einen Bankbertrieb (**Bezogener**) zur **unbedingten Zahlung** einer bestimmten Geldsumme unter Angabe des Zahlungsortes sowie des Tages und Ortes der Ausstellung gerichtet ist.

Die Vielzahl der zulässigen Erscheinungsformen des Schecks lässt sich zweckmäßigerweise nach folgenden Kriterien ordnen:

- **Nach der Art und Möglichkeit der Weitergabe durch den Empfänger**
  (1) **Inhaberschecks** (Überbringerschecks) enthalten keine bestimmte Person als Zahlungsempfänger („oder Überbringer") und sind daher durch formlose Übergabe übertragbar.
  (2) **Orderschecks** sind auf einen bestimmten Zahlungsempfänger (Remittent) ausgestellt, sie enthalten keine Überbringerklausel und können daher nur durch Indossament übertragen werden.
  (3) **Rektaschecks** enthalten eine **negative** Orderklausel (z.B. „an X. Y., nicht an Order"). Aus diesem Grund sind sie nicht übertragbar und im bankbetrieblichen Zahlungsverkehr nicht verwendbar.

- **Nach der Art und Möglichkeit der Einlösung durch den Bezogenen**
  (1) **Barschecks** enthalten keine weiteren Zusätze über die Form der Einlösung (z.B. giral oder bar), weshalb der Einreicher des Schecks (Inhaber-, Order-, Rektascheck) grundsätzlich die Wahl zwischen Gutschrift auf seinem Konto oder Barauszahlung hat.
  (2) **Verrechnungsschecks** schalten durch den Vermerk „Nur zur Verrechnung" auf der Vorderseite die besonderen Risiken des Barschecks aus. Über den Verrechnungsscheck kann bei Einreichung an den bezogenen Bankbetrieb nur **giral** verfügt werden. Der Verrechnungsvermerk lässt sich nicht mehr rückgängig machen.
- **Nach den Bezogenen:**
  (1) Schecks der Kreditinstitute
  (2) Postschecks (der *Postbank*)
  (3) Überbringerschecks (der *Deutschen Bundesbank*)
- **Nach Sonderformen des wirtschaftlichen Verkehrs: Reiseschecks** zeichnen sich durch besondere Sicherungsvorkehrungen aus, zumal die doppelte Unterschrift des Ausstellers auf jedem einzelnen Reisescheck zu erfolgen hat: Eine Unterschrift bei Aushändigung der Schecks, eine Unterschrift bei Einlösung des Schecks, jeweils in Gegenwart des Schalterpersonals Reiseschecks dienen vor allem der baren Verfügung und ersparen die Mitführung größerer Geldbeträge, insbesondere auf Auslandsreisen auch größere Sortenbeträge.

Allgemein gilt, dass Schecks bei „**Sicht**", d.h. zum Zeitpunkt der Vorlage beim Bezogenen, zahlbar sind. Nicht eingelöste Schecks müssen dem Einreicher **sofort** mit dem **Vorlegungsvermerk** (Wortlaut: „am __________ vorgelegt, nicht bezahlt") zurückgegeben werden. Der Vorlegungsvermerk ist zur Erhaltung von Regressansprüchen notwendig. Darüber hinaus muss die Vorlegungsfrist eingehalten sein (8 Tage ab Ausstellungsdatum). Bei Wahrung des Regressanspruchs kann Scheck-Klage gegen den Aussteller erhoben werden. Diese führt schnell zu einem vollstreckbaren Titel.

bc) Lastschrift

Seit Änderung des Lastschriftabkommens mit Wirkung zum 1.7.1982 können Lastschriften sowohl auf Belegbasis als auch beleglos abgewickelt werden. Im Rahmen des Lastschriftverfahrens wird zu Gunsten des Zahlungsempfängers über sein Kreditinstitut (erste Inkassostelle) von dem Konto des Zahlungspflichtigen bei demselben oder einem anderen Kreditinstitut (Zahlstelle) der sich aus der Lastschrift ergebende Betrag eingezogen, und zwar auf Grund

- einer dem Zahlungsempfänger von dem Zahlungspflichtigen erteilten schriftlichen Ermächtigung (Einzugsermächtigung) oder
- eines der Zahlstelle von dem Zahlungspflichtigen zugunsten des Zahlungsempfängers erteilten schriftlichen Auftrags (Abbuchungsauftrag).

Im ersten Fall liegt eine Einzugsermächtigungs-Lastschrift (Abbildung 43-1), im zweiten Fall eine Abbuchungsauftrags-Lastschrift (Abbildung 43-2) vor.

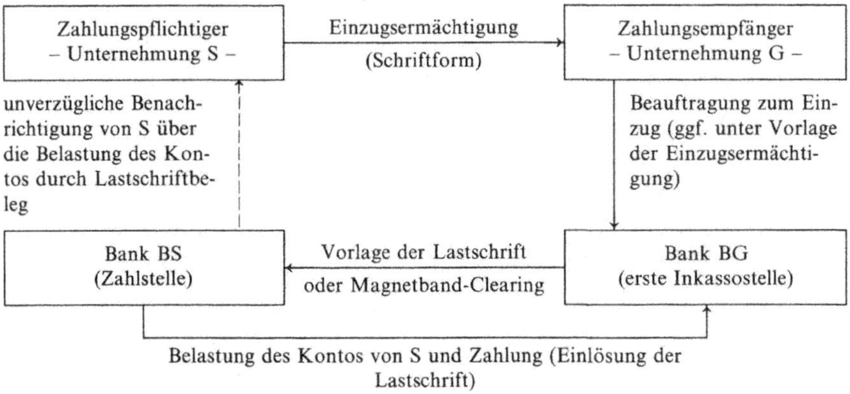

Abb. 43-1: Struktur einer Einzugsermächtigungs-Lastschrift (beleggesteuert oder beleglos)

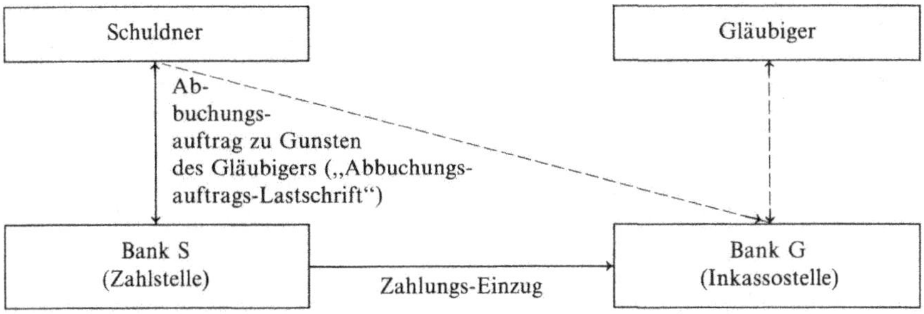

Abb. 43-2: Abwicklung einer Abbuchungsauftrags-Lastschrift

Die Einführung des Lastschriftverfahrens stellt in Anbetracht des erheblichen Wachstums des Volumens der Zahlungsverkehrsleistungen ein rationelles Verfahren zur Abwicklung wiederkehrender Zahlungen dar, insbesondere für den Fall, dass ein Gläubiger von einer Vielzahl von Schuldnern regelmäßig Zahlungen (auch in unterschiedlicher Höhe) erwartet (siehe auch *Hebel).* Der Unterschied zu Überweisung und Scheck liegt zum einen somit darin, dass die Initiative zur Zahlung vom Gläubiger und nicht vom Schuldner ausgeht, d.h. der Gläubiger die **Lastschrift** ausstellt und bei der Inkassostelle einreicht, die ihm den angegebenen Betrag gutschreibt, die Lastschrift an die Zahlstelle weiterleitet und diese das Konto des Schuldners wirksam belastet. Zum anderen setzt ein derartiges Lastschriftinkasso (oder „rückläufige Überweisung“ bzw. „rückläufiger Dauerauftrag“) einen Abbuchungsauftrag zu Gunsten des Empfängers oder eine Einzugsermächtigung seitens des Schuldners voraus. Der Lastschriftbetrag ist nicht im Voraus auf eine bestimmte Summe festgelegt. Um ungerechtfertigtem Lastschriftinkasso zu begegnen, ist dem Zahlungspflichtigen bei Einzugsermächtigungslastschriften ein Widerspruchsrecht eingeräumt, bei dessen Ausübung eine Rücklastschrift an die erste Inkassostelle erfolgt. Beim Abbuchungsauftrag ist dieses Widerspruchsrecht zeitlich stark eingeschränkt.

c) Mischformen bargeldloser und barer Zahlungsverkehrsleistungen

Zusätzlich zu den oben angeführten „reinen“ Typen von Zahlungsverkehrsleistungen sind Mischformen zu unterscheiden, wie bereits am Beispiel der Verwendungsmöglichkeiten von Schecks deutlich geworden ist. Durch Einsatz der verschiedenen Instrumente des Zahlungsverkehrs (z.B. Barscheck, Reisescheck, Zahlkarte, Postanweisung, Zahlschein, Schalterquittung) können sowohl kombinierte Bargeld-Buchgeld-Bewegungen (bzw. Buchgeld-Bargeld-Bewegungen) als auch kombinierte Bargeld-Buchgeld-Bargeld-Bewegungen durchgeführt werden.

7.2.3.1.2 Beleglose Zahlungsverkehrsleistungen

Dieser Bereich elektronischer Geldmittelübertragung (**Electronic Funds Transfer**; **EFT**) zielt darauf ab, den beleggesteuerten Zahlungsverkehr ganz oder teilweise durch beleglose Übertragungen zu ersetzen, so dass keine Belege in Papierform anfallen bzw. dieser Anfall minimiert wird. Die Grundlage dafür bilden elektronische Kommunikations- und Überweisungs-(Transfer-)Netze sowohl auf lokaler, regionaler, nationaler als auch internationaler Ebene unter Verwendung geeigneter Terminals bei Bankbetrieben sowie on-line-Verbindungen mit Clearing-Zentralen und Bankkunden. Die beleglos erstellten Zahlungsverkehrsleistungen können sowohl barer als auch bargeldloser Natur sein bzw. kombiniert erfolgen.

Die *Deutsche Bundesbank* hat mit ihren Initiativen zur Automation des bargeldlosen Zahlungsverkehrs seit Beginn der 70-er Jahre die Rahmenbedingungen für den Aufbau eines nationalen EFT-Netzes einschließlich dessen Anbindung an internationale bzw. interkontinentale Transfernetze (SWIFT) geschaffen, die schließlich durch Vereinbarungen der Spitzenverbände der Kreditwirtschaft über Normierung und Standardisierung der zahlungsverkehrsrelevanten Mittel ausgefüllt wurde. Mit der **Richtlinie für Zahlungsverkehrsdienste** im Binnenmarkt (Payment Services Directive – PSD) wurde von der EU ein einheitlicher Rechtsrahmen für Euro-Zahlungen im Binnenmarkt geschaffen. Insofern zeigt sich ein vorläufiges Ergebnis der Bemühungen, nach Einführung des EUR als gemeinsame Währung einen einheitlichen Euro-Zahlungsverkehrsraum („**Single Euro Payment Area**", kurz SEPA genannt) zu schaffen.

SEPA erweist sich somit als ein gemeinsamer Markt für Zahlungsverkehrsleistungen in Europa, in dem nationale und grenzüberschreitende EUR-Zahlungen gleichermaßen einfach, kostengünstig und sicher durchgeführt werden können. Dabei spielt es keine Rolle, in welchem Land oder bei welcher Bank ein Zahlungsverkehrskonto geführt wird. Seit dem 28. Januar 2008 sind europäische Banken, Unternehmen und Verbraucher bereits in der Lage, mit **SEPA-Überweisungen** nationale und grenzüberschreitende Euro-Überweisungen auszuführen. Die *Deutsche Bundesbank* als NZB hat ihr Leistungsangebot im Massenzahlungsverkehr in Richtung auf die neuen SEPA-Instrumente weiterentwickelt. Sie bietet im Rahmen des EMZ mit dem SEPA-Clearer ein leistungsfähiges und kostengünstiges Zahlungsverfahren für SEPA-Zahlungen (Überweisungen und seit November 2009 Lastschriften) an (siehe dazu *Deutsche Bundesbank,* SEPA, und 8.3.2.1.3).

a) Bargeldautomaten

Diese einfachsten EFT-Aggregate sind ausschließlich auf die beleglose Auszahlung zu Lasten eines Einlagen- oder/und Kreditkontos des Geldempfängers ausgerichtet. Als Medium dient eine speziell kodierte Scheckkarte. **Geldausgabeautomaten (Cash Dispenser)** ermöglichen die Inanspruchnahme von Zahlungsverkehrsleistungen auch außerhalb der Öffnungszeiten von Bankbetrieben und tragen insgesamt zu einer verbesserten Kapazitätsauslastung des Bankbetriebes im personellen Bereich bei. Im Sinne „institutsübergreifender" Lösungen, die auch Kunden einer anderen Bank die Inanspruchnahme (fremder) Bargeldautomaten gewährleisten, sind nicht zuletzt wegen damit verbundener technischer Probleme komplexe Vertragsgebilde notwendig, wie dies Abbildung 44 zeigt (*Bouveret,* 210). Missbrauchsfällen beugt die Bankwirtschaft insofern vor, als **Autorisierungszentralen** für Geldautomaten eingerichtet wurden, die bei versuchter Mehrfachbenutzung pro Tag oder bei Manipulationen die Sperre bzw. den Einzug der Karte verfügen.

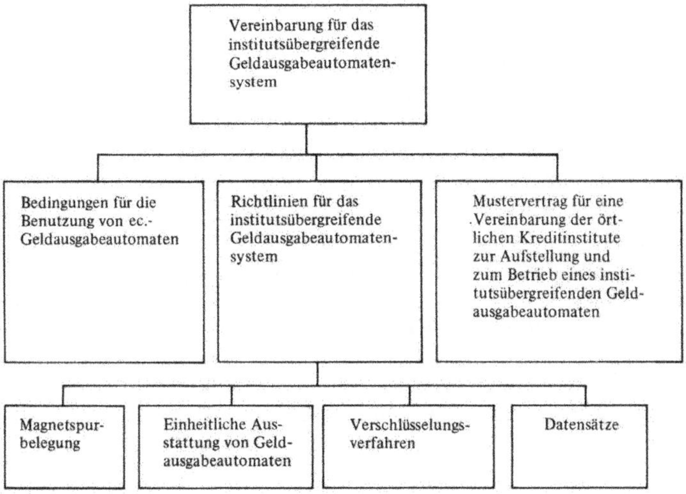

Abb. 44: Vertragliche Konstruktion institutsübergreifender Geldausgabeautomaten-Systeme

b) Schalterautomaten

Automatische Schaltermaschinen, deren Installation eine **Selbstbedienung** in den Räumen des Bankbetriebes zum Ziele hat, erlauben neben der Geldausgabe auch die Erledigung von Überweisungen durch den Kunden selbst, die dieser über Bildschirmgeräte direkt in die EDV-Anlage der Bank eingibt. Dazu kommen die Möglichkeiten der Abfragen des Kontostands sowie grundsätzlich auch der Bar-Einzahlung oder die Abwicklung von Sortengeschäften (siehe dazu auch 8.3.1.4.2.b).

c) Automatisierte Kassensysteme

Den elektronischen Austausch bargeldloser und belegloser Zahlungsverkehrsleistungen bewirken automatisierte Kassensysteme des Handels **(Point-of-Sale-Systeme)** insofern, als die Rechnung des Kunden bei Zugehörigkeit zum selben EFT-System und durch on-line-Schaltung nach Überprüfung der Deckung des Kundenkontos direkt durch Umbuchung auf das Konto des Verkäufers (z.B. Verbrauchermarkt) beglichen wird. In allen anderen Fällen erfolgt die Abwicklung über eine Clearing-Stelle. Als Medium zur Erlangung dieser Zahlungsverkehrsleistung dient wiederum eine spezifische Scheck- oder Kreditkarte (siehe *Priewasser;* zur Abwicklung *Eilenberger* 2003, 35 ff.) oder eine **Mikroprozessor-Chipkarte** („Chip"), die als **intelligente Kundenkarte, Plastikgeld** oder **Siliciumgeld** bezeichnet wird.

Chips besitzen eine zehnmal größere Speicherkapazität als Magnetkarten und erlauben die Abbuchung eines programmierten Geldbetrages (=vorbezahlte Wertkarte). Werden sie an einem PoS-Terminal benutzt, erfolgt eine Erfassung aller Transaktionen durch das Terminal und gleichzeitig eine unlöschbare Speicherung des Vorgangs auf der Chipkarte; der verbleibende Restbetrag auf der Chipkarte kann jederzeit an den Terminals überprüft werden. Der Vorteil für die Zahlungsverkehrsabwicklung besteht darin, dass online-Verbindungen entbehrlich sind und eine Verarbeitung der getätigten Transaktionen durch den Handelsbetrieb im Stapelverfahren zu „verkehrsgünstigen" Zeiten mit den jeweiligen Banken als Ausgeber der Chips erfolgen kann. Darüber hinaus schließen Chips die bei Magnetkarten bestehenden Missbrauchsmöglichkeiten aus: Während durch Magnetkarten praktisch eine Kreditlinie eingeräumt wird, bis zu der Käufe getätigt werden können, und die Abrechnung über das

Bankkonto erst im Nachhinein erfolgt, erweisen sich Chips als Speicher eines bereits abgerechneten Volumens an Finanzmitteln, deren Verwendung für bestimmte Zahlungsvorgänge – im Gegensatz zur Magnetkarte – nachprüfbar ist. Auch lassen sich Chips prinzipiell an einem automatischen Bankschalter mit einer Konto-Abbuchung „aufladen".

Seit 1993 praktizieren die deutschen Banken eine Variante des POS-Systems **ohne Zahlungsgarantie** unter der Bezeichnung **POZ-System.** Damit tragen die Banken einer Entwicklung Rechnung, die vom Handel gegenüber dem teureren **electronic cash-System** mit Zahlungsgarantie als der ursprünglichen Form des POS präferiert wird. Bei **POS** identifiziert und legitimiert sich der Kunde durch Eingabe seiner persönlichen Identifikationsnummer (PIN), bei POZ erfolgt die Legitimation lediglich durch Unterschrift auf dem Kaufbeleg. Mittels der im Magnetstreifen der beim Kauf vorzulegenden **ec-Karte** gespeicherten Daten ermöglicht POZ den Handels- und Dienstleistungsunternehmen, eine **Einzugsermächtigungs-Lastschrift** zu erstellen und den getätigten Umsatz dann mittels Lastschrift vom Konto des Kunden einzuziehen. Die Vorteile von POZ liegen in der kostengünstigeren Abwicklung gegenüber dem electronic cash-System.

d) Belegloser Datenträgeraustausch

Im Rahmen des beleglosen Datenträgeraustausches werden Überweisungen und Lastschriften der Kunden beleglos auf Magnetbändern, Disketten, Kassetten oder sonstige Formen digitaler Speichermedien zur Ausführung durch den Bankbetrieb übernommen. Ebenso werden den Empfängern auf Wunsch Zahlungsverkehrsvorgänge, die ihnen von Dritten zugehen, mit Datenträgern digital übermittelt, so dass eine erneute Datenerfassung entbehrlich ist und die übermittelten Daten direkt durch die eigene EDV-Anlage ausgewertet werden können. Mit dem beleglosen Datenträgeraustausch ist somit nicht nur eine reibungslose, taggleiche Ausführung der Zahlungsverkehrsleistungen durch den Bankbetrieb möglich, sondern bedeutet für ihn auch eine erhebliche Rationalisierungsmaßnahme.

e) Belegloser Scheckeinzug (BSE) und Imagegestützter Scheckeinzug (ISE)

Eine Beschleunigung des Zahlungsverkehrs und eine Reduzierung der Papierflut im beleggebundenen unbaren Zahlungsverkehr konnte durch den beleglosen Scheckeinzug zumindest zu einem Teil bewirkt werden. Der beleglose Scheckeinzug erfolgt auf der Grundlage des BSE-Abkommens der Kreditwirtschaft mit der *Bundesbank.* Das BSE-Verfahren findet nur bei Schecks mit Beträgen bis zu 6.000 EUR Anwendung.

Die 1. Inkassostelle wandelt die Schecks nämlich in Datensätze um, die dann zwischenbankbetrieblich entsprechend der Richtlinien für den beleglosen Datenträgeraustausch digital weiterverarbeitet bzw. weitergeleitet werden, so dass sich eine deutliche Verkürzung der Zeitspanne zwischen Scheckeinreichung und der Belastung des Ausstellers ergibt.

An Stelle von Scheckvordrucken werden ausschließlich elektronische Datensätze digital übermittelt. Auf diese Weise ist es möglich, dass die Gutschrift noch am Tag der Einreichung erfolgen kann (Abbildung 44-1).

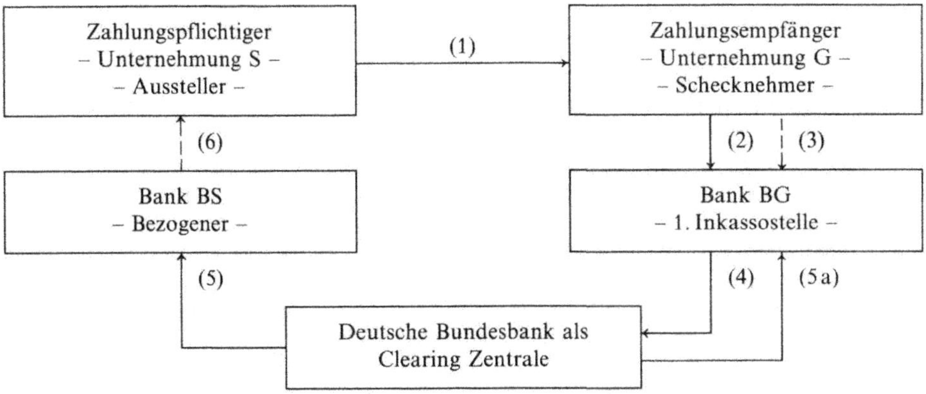

(1) Übersendung des Schecks

(2) Vorlage des Schecks bei BG

(3) Gutschrift des Schecks („Eingang vorbehalten“)

(4) Erstellung eines elektronischen Datensatzes und Übermittlung an Bundesbank zum beleglosen Scheckeinzug; der Scheck verbleibt bei der Bank BG

(5) Belastung des Zentralbankkontos der bezogenen Bank BS am selben Tage und elektronische Mitteilung über Belastung

(5a) Gleichzeitig Gutschrift des Scheckbetrages auf Zentralbankkonto von BG

(6) Belastung des Kontos von S durch BS und Mitteilung an S

Abb. 44-1: Struktur des beleglosen Scheckeinzugs

Nicht BSE-fähige Einzugspapiere sowie Schecks über einen Betrag von 6.000 EUR und mehr werden seit Oktober 2005 im sog. **Imagegestützten Scheckeinzug (ISE)** verarbeitet. Dabei erfolgt die Einreichung der Schecks und der Einzugspapiere in Form elektronischen Bildern (Images) bei der *Deutschen Bundesbank* als Abrechnungsstelle (Abb. 44-2; wegen Einzelheiten dazu siehe *Deutsche Bundesbank,* Der Elektronische Massenzahlungsverkehr).

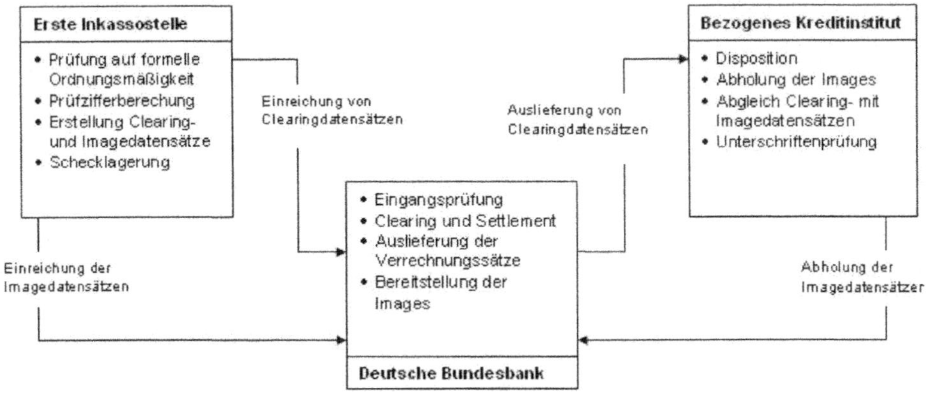

Abb. 44-2: Struktur des Imagegestützten Scheckeinzugs (Quelle: *Deutsche Bundesbank,* Der elektronische Massenzahlungsverkehr, Stand: August 2009)

f) Telefon-Banking und E-Geld-Produkte als Instrumente des Zahlungsverkehrs

In diesem Zusammenhang bieten Banken in ihrer Eigenschaft als Zahlungsdienstleister Im Sinne des ZAG Zahlungsdienste und Zahlungsdienstleistungen an. Eine dieser Dienstleistungen unter der Bezeichnung **Telefon-Banking** besteht darin, dass Kunden per Telefon den Kontostand abfragen und (zusätzliche) Kontoauszüge anfordern, Überweisungen veranlassen, Daueraufträge einrichten, ändern oder löschen sowie Produktinformationen und einfache Beratungsleistungen anfordern kann. Erforderlich dazu ist die Zuteilung von Sicherheitscodes, die jederzeit individuell veränderbar sind und das Konto vor Missbrauch schützen. Der Vorteil von Telefon-Banking besteht darin, dass entsprechende Zahlungsverkehrsaufträge von jedem Telefon aus möglich sind. Die Anforderung allgemeiner Informationen zum Kontostand bleibt in der Regel kostenfrei.

In Ergänzung zu dieser analogen Produktion von Bankmarktleistungen hat sich in den letzten Jahren zunehmend die **digitale Produktion** entwickelt. Sie ist dadurch gekennzeichnet, dass die Produkte in elektronischen Einheiten auf ausgewählten Speichermedien entstehen. Für den Zahlungsverkehr bedeutet die Digitalisierung einen erheblichen Rationalisierungseffekt insofern, als auf diese Weise **elektronisches Geld (E-Geld)** in Form von Werteinheiten digitaler Art entsteht. In Verbindung mit öffentlichen elektronischen Netzen (insbesondere dem Internet) können Zahlungsvorgänge damit digital abgewickelt werden. Das spezifisch Neue daran ist, dass die Transaktionen nicht notwendigerweise über Bankkonen erfolgen müssen, sondern die Werteinheiten auf der Festplatte eines Computers als Speichermedium im Sinne eines vorausbezahlten Inhaberinstruments genutzt werden können.

Elektronisches Geld wird in der Praxis als umfassender Begriff für alle vorausbezahlten („prepaid“) Zahlungsverkehrs-Inhaberinstrumente angesehen, die eine direkte und endgültige Zahlung ohne Erfüllungsrisiko für Anwender und Akzeptanzstellen ermöglichen, und deren Prinzip darin besteht, dass Geldeinheiten auf einem Datenträger (der sich im Besitz des Kunden befindet) elektronisch gespeichert sind. Dabei verändert sich der gespeicherte Betrag durch Transaktionen des Kunden, je nachdem ob dieser etwas kauft oder verkauft, oder ob der Inhaber das Zahlungsinstrument „auflädt“ oder etwas vom gespeicherten Bestand abbucht. Die Besonderheit besteht bei Verwendung von E-Geld insbesondere darin, dass die Transaktionen nicht notwendigerweise über Bankkonten abgewickelt werden müssen, sondern auch ohne Inanspruchnahme von Banken auskommen.

Das E-Geld tritt eigenständig als **neue Geldart** neben das Bargeld (Sachgeld) und das Buchgeld und umfasst sowohl alle Netzgeldnutzungen als auch alle Nutzungen von Kartengeld (Abbildung 44-3). Bei E-Geld handelt es sich nach den Definitionen des KWG und der *EZB* auf der Basis der EU-Richtlinie 2000/46/EG um Produkte, die in breitem Umfang für Zahlungen an Unternehmen (außer an die ausgebende Stelle) genutzt werden können. Hinsichtlich der **Haftung** aus der Sicht des Nutzers von E-Geld kommt es darauf an, dass es sich bei elektronischem Geld um einen Geldwert in Form einer Forderung gegen die ausgebende Stelle (**Emittent** von E-Geld) handelt. Damit wird der Begriff der ausgebenden Stelle eingeschränkt auf jene Unternehmen, die dem Inhaber von E-Geld gegenüber letztlich haften.

Neben seiner Funktion als **Zahlungsmittel** weist E-Geld auch die weiteren klassischen Geldfunktionen auf, nämlich diejenige des E-Geldes als **Wertaufbewahrungsmittel** und als **Recheneinheit**. Dies gilt sowohl für das **Netzgeld** als auch für das **Kartengeld**. Unter Kartengeld werden vorausbezahlte elektronische Zahlungseinheiten verstanden, bei denen als Speichermedium ein **Chip** dient, der jeweils wieder aufgeladen werden kann.

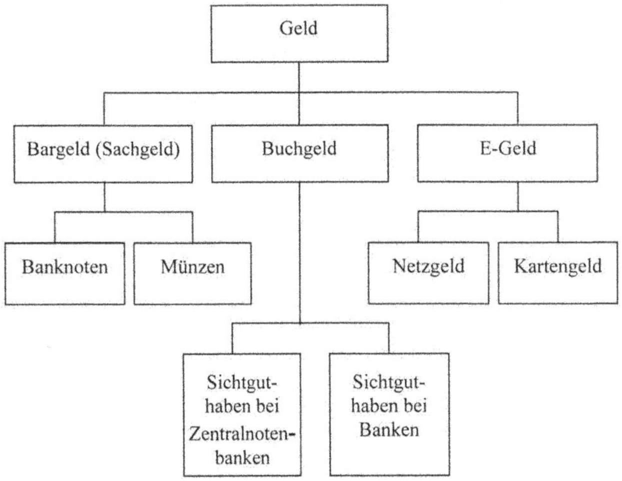

Abb. 44-3: Überblick über die Geldarten und Einordnung des E-Geldes in das Geldsystem

Unter **technischen** Gesichtspunkten können die E-Geld-Produkte einsprechend der jeweiligen Natur der Speichermedien in softwaregestützte und hardwaregestützte Produkte unterschieden werden. Während **softwaregestützte** E-Geld-Produkte auf spezieller PC-Software basieren und die Werteinheiten regelmäßig über (offene) Telekommunikationsnetze (z.B. Internet) übertragen werden, sind **hardwaregestützte** E-Geld-Produkte dadurch charakterisiert, dass als Datenträger in der Regel ein Computerchip dient, der in eine Plastikkarte eingebaut und der Zugriff mittels hardwaregestützter Sicherheitsmerkmale geschützt ist. Die Verwendung von hardwaregestützten E-Geld-Produkten ist sowohl für Präsenzzahlungen als auch für Zahlungen über Telekommunikationsnetze möglich (z.B. mittels eines Kartenlesegeräts und eines PC mit Internetzugang). In letzterem Fall wird Kartengeld zum Netzgeld, unabhängig davon, ob das E-Geld hardware- oder softwaregestützt ist, zumal von Netzgeld immer dann gesprochen wird, wenn zur Übertragung der Zahlungen elektronische Netze Verwendung finden. Die angesprochenen Sachverhalte zeigt Abbildung 44-4 im Überblick.

Die **Wertschöpfungskette** des **E-Geld-Umlaufes** weist in der Praxis idealtypisch vier **Phasen** auf, nämlich

- die Emission der E-Geld-Einheiten durch den E-Geld-Emittenten (in Deutschland Banken, in anderen Staaten auch andere Unternehmen),
- die Bereitstellung der Zahlungsverkehrsinfrastruktur,
- die Entwicklung, Herstellung und Vertrieb der notwendigen software- und/oder hardwaregestützten E-Geld-Produkte, und
- das Clearing der E-Geld-Transaktionen.

Notwendig für die reibungslose Funktion des E-Geld-Kreislaufes ist nach der Emission von E-Geld für die Anwender eine ausreichende Zahl von **Akzeptanzstellen** bzw. weiteren Anwendern, die E-Geld-Zahlungen akzeptieren (und damit zu Akzeptanzstellen werden). Die Grundstruktur der Beziehungen zeigt Abbildung 44-5.

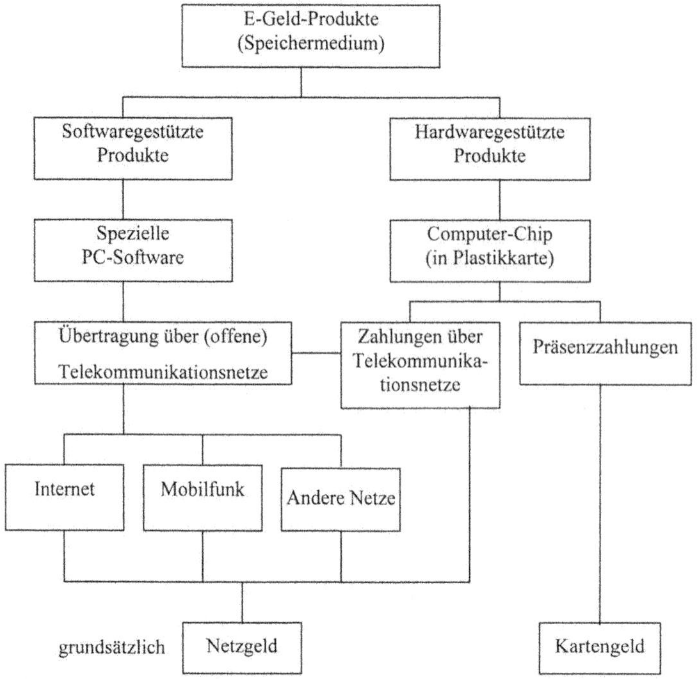

Abb. 44-4: Systematik von E-Geld-Produkten nach Speichermedien und Übertragungs- bzw. Verwendungswegen

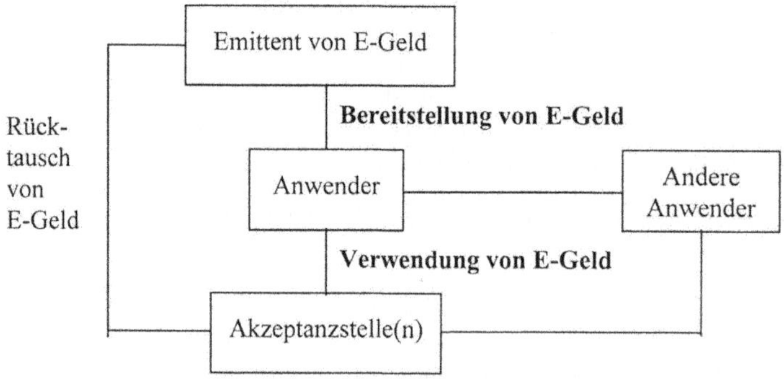

Abb. 44-5: E-Geld-Umlauf (Kreislauf) in seiner Grundstruktur

Ob es zum Rücktausch von E-Geldeinheiten beim E-Geld-Emittenten kommt, hängt von der Gestaltung des Systems ab: Bei **geschlossenen** E-Geld-Kreislaufsystemen (**closed loop**) müssen einmal verwendete E-Geld-Einheiten beim E-Geld-Emittenten von den Akzeptanzstellen rückgetauscht werden (entweder durch Gutschrift auf ein Konto oder durch Tausch in neue E-Geld-Einheiten). Dagegen kommt es erst bei **offenen** E-Geld-Kreislaufsystemen (**open loop**) zu einem echten E-Geld-Kreislauf (unter Ausschluss des E-Geld-Emittenten unddamit unter Ausschluss von Berührungen der Bankkonten): Der Begünstigte kann somit E-Geld-Einheiten, die er von anderen Anwendern erhalten hat, weiter verwenden und direkt ausgeben. Damit wird E-Geld praktisch wie Bargeld verwendet und es werden lange Transaktionsketten möglich (im Gegensatz zu geschlossenen Systemen), und zwar kostengünstiger, einfacher und schneller als in den anderen Geldarten (Bargeld und Buchgeld).

Das **Entwicklungspotential** für die Verbreitung von E-Geld wird von mehreren Faktoren bestimmt, insbesondere von

- den **Kosten** der **Verwendung** von E-Geld-Produkten im Vergleich zu herkömmlichen Zahlungsverkehrsinstrumenten,
- der **Sicherheit** und **Zuverlässigkeit** der Zahlungsverkehrsabwicklung;
- der **Akzeptanz** durch die Anwender (diese wiederum ist das Ergebnis des Grades der Handhabbarkeit und der Verständlichkeit von E-Geld-Produkten);
- dem **Umfang** des **E-Geld-Netzwerkes** (dessen Kosten wiederum durch die Zahl von Lade- und Zahlungsterminals, von der Zahl der Teilnehmer, von der Qualität der Speicher- und Übertragungsmedien, von Anwenderprogrammen u.ä.).

Besonders hoch ist das Verbreitungspotential von E-Geld für **Fernzahlungen** im Internet. Bargeld spielt bei Internet-Transaktionen keine Rolle, da eine Übertragung physischer Geldeinheiten grundsätzlich nicht möglich ist. Ein großer Teil der Zahlungen über das Internet wird daher derzeit mit Kreditkarten abgewickelt. Allerdings besteht bei Kreditkartenzahlungen durch die Übertragung der Kundendetails über das Internet die Gefahr eines **Datenmissbrauchs**. Zudem entstehen je nach Kreditkartensystem bei Kreditkartentransaktionen für den Kunden vergleichsweise hohe Abwicklungskosten. Aufgrund der Möglichkeit, Zahlungen anonym und kostengünstiger zu gestalten, könnten sich entsprechend ausgelegte E-Geld-Systeme als starke Konkurrenz gegenüber der Kreditkarte bei Fernzahlungen über das Internet positionieren.

Bei E-Geld-Produkten in Form von Kartengeld beschränkt sich der Anwendungsbereich primär auf **Präsenzzahlungen,** wenn auch Netzzahlungen möglich sind. Allerdings unterliegt Kartengeld analog zum Bargeld einem latenten Verlustrisiko: Kommen E-Geld-Karten abhanden, verliert der Eigentümer auch die darauf gespeicherten E-Geld-Einheiten. Daher wird in der Regel das Ladevolumen der Computer-Chips und damit die Einsatzmöglichkeiten begrenzt, was dazu führt, dass öfter aufgeladen werden muss und in der Regel nur Zahlungen geringeren Umfangs geleistet werden können.

Mit der **Verwendung** von E-Geld-Produkten, insbesondere Netzgeld-Produkten, sind derzeit noch eine Reihe von Sicherheitsrisiken verbunden. Daher müssen E-Geld-Hardware und E-Geld-Software einer Reihe von **Sicherheitsrisiken** standhalten, um Echtheit, Vertraulichkeit und Integrität der Transaktionen zu gewährleisten. Im Einzelnen handelt es sich vor allem um folgende Risiken:

- Fälschungs- und Duplikationsrisiken:
  - illegale Vervielfältigung von E-Geld-Trägern einschließlich ihrer kryptographischen Schlüssel, Guthaben oder anderer Daten;
  - illegale Vervielfältigung von Daten, insbesondere E-Geld-Guthaben;
  - Manipulation von Trägerfunktionen, beispielsweise der Chipkarte oder Software, so dass Abbuchungsvorgänge nicht exekutiert werden;
  - Manipulation der Datenübertragung;
  - Änderung, Wiederholung, Löschung von oder Einsicht in Datenflüsse des E-Geld-Systems
- Diebstahl: Entwendung von E-Geld-Trägern oder E-Geld-Einheiten
- Nichtanerkennung von Transaktionen: Betrug durch Nutzer, die vortäuschen, eine tatsächlich in Auftrag gegebene Transaktion nicht autorisiert zu haben

- Fehlfunktion: Korruption oder Verlust von Daten, Fehlfunktionen von Geräten oder Programmen, Versagen elektronischer Datenübertragung.

Obwohl die *Europäische Zentralbank* ein nicht unerhebliches Verbreitungspotential von E-Geld schätzt, hält sich die Nutzung von elektronischem Geld sowohl im Euro-System als auch in anderen Volkswirtschaften noch in Grenzen. Einige Systeme befinden sich im Entwicklungsstadium, andere sind bereits im Einsatz, wobei – auf Grund unterschiedlicher Vermarktungsansätze für die einzelnen Systeme und unterschiedlich hoher Kundenakzeptanz – die Zahl der verfügbaren E-Geld-Instrumente von Land zu Land variiert. Sowohl das Volumen als auch der Wert der mit E-Geld getätigten Zahlungen sind allerdings im Euro-System und in den Vereinigten Staaten nach wie vor gering.

7.2.3.1.3 Bankbetriebliche Effekte der Produktion bargeldloser und belegloser Zahlungsverkehrsleistungen

Strebt der Bankbetrieb bei Erstellung von **bargeldlosen** Zahlungsverkehrsleistungen ein Gewinnmaximum an, so ist die Differenz zwischen Erträgen und Aufwendungen des bargeldlosen Zahlungsverkehrs zu maximieren, wie dies in Abbildung 45 schematisch dargestellt ist. Anders verhält es sich, wenn Bankbetriebe andere Zielsetzungen bei der Abwicklung des Zahlungsverkehrs (z.B. Sparkassen) verfolgen.

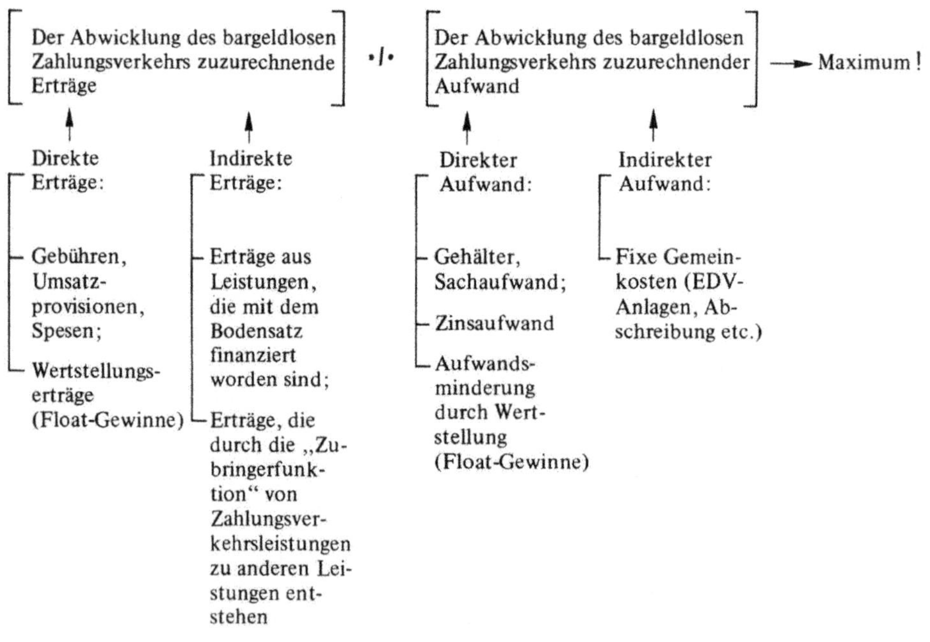

Abb. 45: Erfolgskomponenten bargeldloser bankbetrieblicher Zahlungsverkehrsleistungen (*Deppe* 1973,420)

Die Verkürzung der Laufzeit des Überweisungsverkehrs bei **belegloser elektronischer** Abwicklung bringt zwar den Vorteil der taggleichen Verbuchung, zeitigt jedoch für den Bankbetrieb negative Auswirkungen auf den sog. **Float,** der durch Gestaltung der Wertstellung ansonsten zu erzielen wäre. Durch den Wegfall der Postlaufzeit und Bearbeitungszeit herkömmlicher Art reduziert sich die Verfügbarkeit nicht unerheblicher Volumina an zinslos entstandener Liquidität, die bei Vollausbau des EFT-Systems ein Minimum erreichen dürften, zumal dann weder die zu überbrückende Entfernung noch die Zeitdauer des Transfers einschließlich Bearbeitung eine Rolle spielen werden. Die Bankbetriebe müssen demnach auf der Ertragsseite Einbußen hinnehmen, die allerdings bezüglich der Aufwandseite durch Rationalisierungseffekte im Personalbereich kompensiert oder überkompensiert werden könnten, wenn auch nicht zu verkennen ist, dass EFT-Systeme Arbeitsplätze neuer Art mit erhöhter Qualifikation und entsprechend höherer Bezahlung bedingen.

Über das Ausmaß des Floats und damit über die Bedeutung von „Zinsschnitten" für Bankbetriebe bestehen zwar keine offiziellen Analysen, jedoch kann an einem Beispiel aus der Zeit vor Begrenzung der Wertstellungspraxis durch höchstrichterliche Rechtsprechung das Ausmaß der Nutzung des Floats für das gesamte Bankensystem angedeutet werden. Basis der Modellrechnung sind die „giralen Verfügungen von Nichtbanken" (= Belastungen auf Konten von Nichtbanken aus Überweisungen, Lastschriften und Scheckverrechnungen) im Umfang von 17 Billionen DM im Jahre 1985 (*MDB* 12/1986, 44*) und die Annahme eines damals üblichen Zinsschnittes von zwei Tagen sowie eines Zinssatzes von 5% p.a. (der dem langfristigen Geldmarktzinssatz entsprach) auf einen **Zinsvorteil** von 4,65 Mrd. DM jährlich für das gesamte Bankensystem geschlossen werden (= 5% von 93 Mrd. DM für zwei Zinstage auf der Basis von 365 Zinstagen pro Jahr) bzw. 12,8 Mio. DM Zinsvorteil pro Tag. Dieser Betrag war auf rund das Doppelte, also 10 Mrd. DM pro Jahr zu veranschlagen, zumal auf der Empfängerseite dieselben Wertstellungsgepflogenheiten herrschten wie auf der Belastungsseite. So verwundert es nicht, dass einzelne Banken knapp 50% der Kosten des Zahlungsverkehrs durch Zinsschnitte deckten (siehe *Kosfeld,* 213). Unternehmen konnten Zinsschnitte allerdings bereits damals durch systematische Feinsteuerung im Sinne einer institutsgleichen Einspeisung (insbesondere im Zusammenhang mit Gehaltszahlungen) weitgehend beschränken, so dass in diesen Fällen für die Banken an die Stelle der Zinsschnitte die Abgeltung der Aufwendungen von Zahlungsverkehrsleistungen über angemessene Postengebühren getreten ist.

Nachdem nunmehr die Wertstellungspraxis und damit die Generierung des Floats durch die Vorschriften der §§ 676a BGB und durch höchstrichterliche Entscheidungen eng begrenzt worden ist, verbleibt den Banken als Ertragsquelle im Zahlungsverkehr gleichwohl die Möglichkeit eines Ersatzes durch Nichtweitergabe von Kostenvorteilen aus dem **Netting** im Interbanken-Zahlungsverkehr (siehe dazu 7.3.1.3): Da die Banken der Kundschaft zwar für jede Zahlungsverkehrsleistung Kosten in Rechnung stellen, bei Netting aber ein Austausch von Zahlungsmitteln in bestimmter Höhe unterbleibt, stellen die in Anrechnung gebrachten Kosten für nicht durchgeführte Austauschbewegungen von Zahlungsmitteln und nicht entstandene Zinseinbußen **Erträge** dar, die praktisch ungerechtfertigt sind. Die Kundschaft hat jedoch mangels Kenntnis und Zuordnungskriterien keine Möglichkeit, die Erzielung derartiger ungerechtfertigter Vorteile zu verhindern.

7.2.3.2 Derivative Zahlungsverkehrsleistungen

Derivative Zahlungsverkehrsleistungen liegen streng genommen bereits dann vor, wenn ein Bankbetrieb die Zahlungsverkehrsleistung nicht mehr im eigenen Bereich durch **Hausgiro** (Zahlung durch Umbuchung innerhalb derselben Geschäftsstelle eines Bankbetriebes) und **Institutsgiro** (Zahlung durch Umbuchung zwischen Filialen, Niederlassungen und Zentrale eines Bankbetriebes) erstellen kann und er zur Abwicklung des Zahlungsvorgangs einen zweiten Bankbetrieb einschalten muss, bei dem der Zahlungsempfänger ein Konto besitzt (= derivative Zahlungsverkehrsleistung im **engeren** Sinne). Da jedoch in der Mehrzahl der Fälle der Einbezug eines weiteren Bankbetriebes in die Produktion von Zahlungsverkehrsleistungen im Sinne einer zeit-räumlichen Uberbrückung zwischen Vorrätigkeit und Bedarf am immateriellen Nominalgut Geld notwendig sein wird, erscheint diese enge Begriffsauffassung unzweckmäßig.

Vorzuziehen ist daher eine **weitere** Begriffsfassung, wonach derivative Zahlungsverkehrsleistungen dann gegeben sind, wenn dritte Bankbetriebe als **Vermittler** in die Übertragungskette bargeldloser und/oder belegloser Zahlungsvorgänge zwischen der Bank des Auftraggebers und der Bank des Zahlungsempfängers eingeschaltet sind (siehe Abbildung 39c). Dabei handelt es sich um Bankbetriebe der Sekundärstufe und des jeweiligen Spitzeninstituts des Sparkassensektors und des Genossenschaftssektors, um sonstige Bankbetriebe in der Funktion als Korrespondenzbanken, um die *Deutsche Bundesbank* und die *Postbank.* In Anbetracht der Marktbezogenheit sind derivative Zahlungsverkehrsleistungen nicht den Interbank-Zahlungsverkehrsleistungen (siehe 7.3.1.3) zuzurechnen.

(a) Sparkassensektor

Die Sparkassen benötigen in Anbetracht ihrer lokalen bzw. regionalen Beschränkung leistungsfähige regionale und überregionale Mittler des Zahlungsverkehrs. Mit Hilfe von Stammgirozentralen und Bezirksgirozentralen ist es möglich, den Großteil der Zahlungsverkehrsleistungen im eigenen **Spargiro-Netz** abzuwickeln. Die *Deutsche Kommunalbank* als Spitzeninstitution dient allerdings nur der Verrechnung im Zahlungsverkehr (Clearing).

(b) Genossenschaftssektor

Ebenso wie Sparkassen ist die Vielzahl von Genossenschaftsbanken auf die Existenz eines bundesweiten Ring-Gironetzes (**Deutscher Genossenschaftsring**) angewiesen, dessen Aufbau Parallelen zum Spargiro-Netz zeigt. Von den einzelnen Kreditgenossenschaften (Ringstellen) wird der Zahlungsverkehr über die (Ringhauptstellen) bzw. größere Genossenschaftsbanken abgewickelt. Das Spitzeninstitut übt die Funktion einer zentralen Verrechnungsstelle des Genossenschaftsringes aus. Der Genossenschaftssektor verfügt über ein genossenschaftliches Datenfernübertragungs-Netzwerk (GENO-Netz) mit mehreren Clearing-Zentren, das durch ein Netz für die elektronische Übertragung von Zahlungen im Genossenschaftsring erweitert wird, wodurch die Laufzeit der Zahlungen erheblich verkürzt werden konnte.

(c) Sonstige Bankbetriebe

In diesem Zusammenhang können als Vermittler von Zahlungsverkehrsleistungen auch Groß- und Regionalbanken in Betracht kommen, insbesondere dann, wenn es sich um Zahlungen an verbundene Bankbetriebe handelt. Nicht zu den derivativen Zahlungsverkehrsleistungen zählen allerdings die internen Verrechnungsleistungen im Wege des Institutsgiro, bei dem zwar Zahlungsverkehrsleistungen zwischen verschiedenen Filialen desselben Bankbetriebes erfolgen, die Buchungen jedoch nur innerhalb dieser Bank vorgenommen und dritte Bankbetriebe nicht eingeschaltet werden.

(d) *Deutsche Bundesbank*

Berechtigt zur Teilnahme am Zahlungsverkehr sind in erster Linie die Kreditinstitute, die bei der *Bundesbank* ein Girokonto unterhalten (müssen).Somit haben fast alle Bankbetriebe die Wahl zwischen dem Giroverkehr der *Deutschen Bundesbank*, ihrem eigenen Gruppengiro und dem Postgiro. Insbesondere die Regionalbanken und Privatbankiers nutzen das *Bundesbank*-Gironetz, während Sparkassen, Genossenschaftsbanken und Großbanken erst dann davon Gebrauch machen, wenn der Kunde am Zielort kein Konto bei ihnen führt (Fakultativklausel) bzw. wenn dort keine eigene Niederlassung besteht. Kreditbanken sind bei Ausnützung der Fakultativklausel weniger systematisch.

(e) Postbankdienst

Postgiro stellt das weitest verzweigte Zahlungsverkehrsnetz dar, über das ein Großteil der Bevölkerung erreicht werden kann. Auch ist durch Vereinbarungen über Formulare der Übergang zu anderen Gironetzen möglich. Vermittlungsleistungen im Zahlungsverkehr übernehmen die Postbankniederlassungen, deren sich auch andere Bankbetriebe (insbesondere solche ohne Zugehörigkeit zu einem Gruppengironetz) bedienen, zumal die Inanspruchnahme nur geringfügige Kosten verursacht und kurze Laufzeiten gegeben sind. Im Rahmen des **Outsourcings** von Bankleistungen sind Großbanken teilweise dazu übergegangen, die Postbank als Transferbank zu nutzen und ihr als Spezialbank für den Zahlungsverkehr die gesamte Abwicklung des Zahlungsverkehrs zu übertagen.

(f) Korrespondezbankgeschäft der *Deutschen Bundesbank*

Überweisungen in EUR können einzeltransaktionsorientiert und in Echtzeit über die bundesbankeigene Anwendung „Hausbankverfahren" verarbeitet werden. Damit wird auch ein Zugang zu **TARGET2** (siehe dazu 7.3.1.3) möglich. Die Kommunikation mit den Korrespondenten erfolgt über SWIFT (Abbildung 45-1).

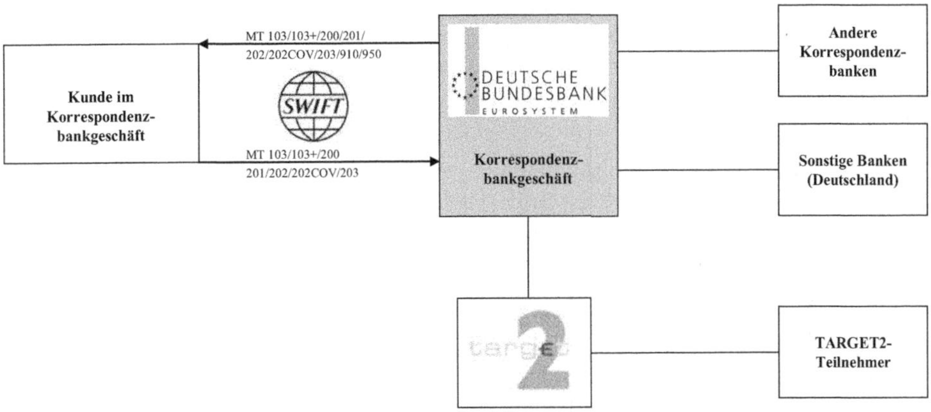

Abb. 45-1: Struktur des Korrespondenzbankgeschäfts der *Deutschen Bundebank*. Quelle: *Deutsche Bundesbank*

7.2.4 Sonstige Bankmarktleistungen

Darunter werden alle diejenigen entgeltlich und zum Teil auch ohne erkennbares Entgelt zur Befriedigung von Kundenbedürfnissen erbrachten bankbetrieblichen Marktleistungsarten verstanden, die den anderen Haupttypen (Kreditleistungen, Anlageleistungen, Zahlungsverkehrsleistungen) nicht bzw. nicht eindeutig zugeordnet werden können. Dabei ist grundsätzlich zwischen Sonstigen Bankmarktleistungen **originärer** Art und **derivativer** Art (Vermittlungsleistungen) zu unterscheiden.

7.2.4.1 Originäre sonstige Bankmarktleistungen

Bankbetriebe übernehmen in diesem Zusammenhang selbst und direkt die Erstellung von Leistungen insbesondere in Form der Verwaltung von Effekten und Vermögensgegenständen für Kunden (Depotleistungen), die Übernahme von Garantieleistungen für Kunden und die treuhänderische Vermögensverwaltung für Kunden gegen Entgelt. Dazu kommt die Produktion weiterer Leistungen, wie Beratungsleistungen, für die meist kein direktes Entgelt in Rechnung gestellt wird, deren Abgeltung jedoch über Gemeinkostenbelastung mit dem Absatz anderer Bankmarktleistungen erfolgt und somit auf die Kundschaft insgesamt abgewälzt wird.

7.2.4.1.1 Verwaltung und Verwahrung von Effekten und Vermögensgegenständen (Depotleistungen)

Die Erstellung von Depotleistungen – von der Praxis als „Depotgeschäft“ bezeichnet – umfasst die Aufbewahrung und Verwaltung von beweglichen Vermögensobjekten durch Bankbetriebe für andere, die durch **Verwahrungsvertrag** zwischen Kunden und Bankbetrieb (§§ 688ff. BGB), ergänzt durch die AGB der Banken, zustande kommt. Das Motiv der Kunden für die Inanspruchnahme dieser Leistungsart besteht darin, die besonderen bankbetrieblichen Einrichtungen für eine besonders sichere Verwahrungsmöglichkeit und die sachkundige Verwaltung von Effekten durch Bankbetriebe zu nutzen. Auf diese Weise vermeiden die Kunde sowohl das Verlustrisiko als auch die Überwachung von Zins- und Dividendenterminen, Bezugsrechtsangeboten und Hauptversammlungsterminen.

Für die **Verwahrung** von Vermögensgegenständen kommt die Form des **verschlossenen Depots** durch Schließfächer, bei der die Bank den Depotinhalt nicht kennt, und des **offenen Depots** in Betracht. Während beim verschlossenen Depot die Bank nur eine Verwahrung übernehmen kann, ist mit dem offenen Depot, dessen Inhalt die Bank kennt, auch die Verwaltung verbunden und ist damit insbesondere für die Verwahrung von Effekten geeignet (wegen der verschiedenen Verwahrungsarten siehe 7.2.2.1.6). Die gesetzliche Grundlage dafür bildet das Depotgesetz.

Die **Verwaltung** von **Beteiligungspapieren** umfasst die Information des Kunden über Hauptversammlungstermine einschließlich Tagesordnung und eventueller Gegenanträge, die Beschaffung von Stimm- und Einlasskarten sowie den Einzug von Dividenden, Beschaffung und Verwertung von Bezugsrechten und Informationen über Kapitalerhöhungen. Für die Bank spielt in diesem Zusammenhang die Ausübung des **Vollmachtstimmrechts** eine besondere Rolle: Nach § 135 Abs. 1 AktG können nämlich Banken das Stimmrecht aus allen im Depot befindlichen Aktien ihrer Kunden ausüben, sofern sie von diesen eine schriftliche Vollmacht erhalten haben. Allerdings darf die Vollmacht nur für maximal 15 Monate erteilt werden und ist jederzeit widerruflich. Vor jeder Hauptversammlung haben die Banken ihren Depotkunden zu allen Gegenständen der Tagesordnung eigene Vorschläge mitzuteilen und sie um die Erteilung von Weisungen zu bitten (§ 128 Abs. 2 AktG). Hat ein Aktionär keine Weisungen erteilt, kann die Bank das Stimmrecht grundsätzlich entsprechend ihrer eigenen Vorschläge ausüben (§ 135 Abs. 5 AktG). Auf eigenen Hauptversammlungen der Bank darf das Vollmachtstimmrecht nur nach ausdrücklich erteilter Weisung des Aktionärs zu den einzelnen Gegenständen der Tagesordnung ausgeübt werden. Die Verwaltung von festverzinslichen **Forderungspapieren** beschränkt sich auf den Einzug von Zinsen, den Einzug von Tilgungsbeträgen und die Überwachung von Kündigungs- und Auslosungsterminen.

Als **Entgelt** für die Produktion von Depotleistungen erhält der Bankbetrieb im Falle des offenen Depots **Depotgebühren,** die sich aus einem festen Mindestbetrag und einem variablen Betrag zusammensetzen, der sich am Depotwert (Nenn- oder Kurswert) orientiert. Die **Kosten** der Produktion bestehen vor allem in den Aufwendungen für EDV- und Tresoranlagen, Gebühren bei Kassenvereinen oder anderen Banken im Falle der Sammel- oder Drittverwahrung von Effekten und den Personalaufwendungen.

7.2.4.1.2 Vermögensverwaltungsleistungen

Die Erstellung von Bankmarktleistungen im Rahmen der Verwaltung von Immobilien (Haus- und Grundbesitz, Betriebe) und Mobilien (Beteiligungen, Wertpapiere, Edel-metalle, Kunstsammlungen, sonstige Vermögensgegenstände aller Art) sowie im **Investment Banking** (in den Bereichen Financial Engineering und Mergers & Acquisitions; zum Investment Banking siehe *Schuster, L.,* 345ff.) und im **Trust Banking** (Finanzanalyse, Anlageberatung, Portfolio-Management, Agreements für Terminkontrakte) für natürliche und juristische Personen (z.B. Stiftungen) kann sowohl auf der Basis **rechtsgeschäftlicher Treuhand** (Treuhandvertrag, Verwaltungsvertrag, Beratervertrag) als auch auf Grund **gesetzlicher Treuhand** (privatrechtliche und öffentlich-rechtliche; siehe dazu *Hintner/Eilenberger,* 1661) unter Beachtung vorgegebener Ziele gegen Entgelt erfolgen. Sofern die Vermögensverwaltung und das Investment Banking Effekten betreffen, sind sie entweder dem Wertpapieremissions- und Wertpapierhandelsleistungen (siehe 7.2.2.1.2.ff.) oder der Leistungsart „Depotleistung" (7.2.4.1.1) zuzurechnen. Neben der Vermögensverwaltung im engeren Sinne zählen auch die Übernahme von Testamentsvollstreckungen, von Pfandhalterschaften sowie die Einrichtung und Führung sog. Anderkonten (Einlagen- und Effektenkonten, die nicht eigenen Zwecken des Kontoinhabers dienen) für Notare, Rechtsanwälte und Patentanwälte, wobei die Bank die Rechtmäßigkeit der Verfügungen der Anderkonten-Inhaber nicht prüft und auch nicht haftet, wenn aus einer unrechtmäßigen Verfügung ein Schaden entsteht.

Über die Verwaltung ist Rechenschaft zu legen. Die Haftung für Richtigkeit und Zweckmäßigkeit der getroffenen Verfügungen durch die Bank wird üblicherweise ausgeschlossen.

7.2.4.1.3 Beratungsleistungen

Im Regelfall ist die Erstellung von Vermögensverwaltungsleistungen mit Beratungsleistungen verbunden. Dazu kommen selbständige Beratungsleistungen in Form der Anlageberatung bzw. als Vorbereitung zum Zustandekommen von Anlageleistungen (als Folgeleistungen). Dabei handelt es sich nicht nur um Vorschläge zu Anlagemöglichkeiten in Wertpapieren, sondern auch in anderen Vermögensgegenständen, wie z.B. Mobilien sowie Immobilien. Auf die Erhöhung der Qualität bankbetrieblicher Beratungsleistungen durch umfassende vergleichende Analysen zielt die „Deutsche Vereinigung für Finanzanalyse und Anlageberatung" (*DVFA*) als 1960 geschaffene Gemeinschaftsgründung zahlreicher Banken ab.

7.2.4.2 Derivative sonstige Bankmarktleistungen

Das Charakteristikum derivativer sonstiger Bankmarktleistungen besteht darin, dass der Bankbetrieb vorwiegend in **Vermittlungsfunktion** tätig wird, wie z.B. bei der Erstellung von Edelmetallhandelsleistungen, die im Folgenden von Interesse sind. Dazu kommt die Vermittlung von Kreditsicherungen, Versicherungsleistungen, Immobilien, Reisen u.a. durch Bankbetriebe (derartige Formen von der Praxis als „bankneutrale" Leistungen bezeichnet). Wenn auch insbesondere bei den zuletzt genannten Erscheinungsformen derivativer sonstiger Leistungen kein banktypischer Bezug gegeben zu sein scheint, handelt es sich gleichwohl um Bankmarktleistungen, zumal sie – nicht zuletzt aus Konkurrenz- und Rentabilitätsgründen – von Bankbetrieben in das Leistungsprogramm aufgenommen werden müssen, Ergebnisse des bankbetrieblichen Dienstleistungsproduktionsprozesses sind und eine Bedürfnisbefriedigung von Bankkunden mit entsprechender Erwartungshaltung bewirken.

Die Produktion von **Edelmetallhandelsleistungen** in Form der Vermittlung des An-und Verkaufs bestimmter Edelmetalle für Kunden, die früher bei Bankbetrieben organisatorisch oft mit derjenigen von Sortenhandelsleistungen verbunden war, entwickelte sich in der Vergangenheit unter dem Eindruck häufig enormer Goldpreissteigerungen seit Freigabe des Goldpreises im Jahre 1968 zu einer auch unter organisatorischen Aspekten eigenständigen Bankleistungsart, die in engem Zusammenhang mit Interbankleistungen in Edelmetallen steht. Wenn auch Vermittlungsleistungen in Silber und Platin eine Rolle spielen, so dominieren doch Edelmetallhandelsleistungen in Gold (kurante und nicht-kurante Goldmünzen, Goldbarren; siehe dazu *Wittgen* 1964 und *Eilenberger* 1983a). Für die **Preisbildung** auf dem Weltgoldmarkt sind die internationalen Goldhandelszentren in London (Notierung je Unze Feingold), Zürich, Paris, Luxemburg und Frankfurt (Notierung je 1-kg-Barren Feingold) von Bedeutung.

Da ein offizieller Markt nicht besteht, sind die Preise („Kurse") für Edelmetalle und Münzsorten relativ unübersichtlich. Dazu kommt, dass der **Marktwert** für Münzen im Regelfall nicht mit ihrem **Paritätswert** identisch ist, der sich auf Grund der Ausmünzungsverhältnisse ergibt. Neben dem Knappheitsgrad bzw. Seltenheitsgrad spielen psychologische Faktoren (z.B. Krisenstimmungen) und spekulative Erwartungen eine wesentliche Rolle als Preisbildungsfaktoren. Darüber hinaus besteht keine Ankaufspflicht bzw. Rückkaufpflicht der Banken für Gold- und Silbermünzen oder Medaillen.

Edelmetallhandelsleistungen, die seit 1.1.1980 der Mehrwertsteuerpflicht unterliegen, können von Bankbetrieben grundsätzlich über den **Bankschalter** (Goldtafelgeschäfte) oder über **Edelmetallkonten** (Gold- und Silberguthaben der Kunden) mit Verwahrung im Sammelbestand der Bank abgewickelt werden. Die Führung von Edelmetallkonten bei deutschen Banken stellt allerdings in Anbetracht der Mehrwertsteuerpflicht für Bewegungen auf den Konten die Ausnahme dar.

Seit Mitte der 1980er Jahre übernahmen Banken verstärkt Vermittlungsleistungen in Zusammenhang mit **Derivaten** in Form von **Financial Swaps** (siehe dazu im einzelnen 7.2.2.1.7 und *Eilenberger* 1994), indem sie als **Intermediär** Swap-Partner zusammenführen und für diese Leistung eine sog. **Arrangement Fee** erhalten. Dazu kommen weitere Vermittlungsleistungen in Zusammenhang mit dem Wechsel von Swap-Partnern (siehe 7.2.2.1.7), für die ebenfalls Erträge in Form diverser Fees anfallen.

7.3 Sekundäre Bankleistungen

Die Besonderheiten sekundärer Bankleistungen, die nicht unmittelbar der Befriedigung von Kundenbedürfnissen dienen (siehe 7.1.1), bestehen zum einen darin, dass im Falle der **Interbankleistungen** primär Buch-Forderungen und Buch-Verbindlichkeiten (in Zentralbankguthaben) den Gegenstand der Leistungserstellung bilden und keine einseitige Nachfrager-/Anbieter-Struktur (wie bei Bankmarktleistungen) gegeben ist, sondern flexible Übergänge von der Nachfrageposition in die Angebotsposition und umgekehrt vorliegen. Zum anderen zeigt sich, dass Bankbetriebe im Falle der Erstellung von **Eigenleistungen** ihre Anbieterposition, die sie ansonsten gegenüber Bankkünden einnehmen, aufgeben und selbst als Nachfrager mit den Bankkunden um Leistungen anderer Betriebswirtschaften, anderer Bankbetriebe, staatlicher Stellen und Haushalte konkurrieren, sei es aus Gründen der Rentabilitätssteigerung, sei es aus spekulativen Motiven. Die **Abgrenzung** zu Interbankleistungen erfolgt unter dem Gesichtspunkt, dass Eigenleistungen ausschließlich für eigene Zwecke des betreffenden Bankbetriebes erstellt werden und die Nachfrage nach Leistungen bei anderen Bankbetrieben nur ein Mittel zur Erreichung dieses Zweckes darstellt (z.B. Erwerb von Effekten von anderen Bankbetrieben zum Aufbau von Beteiligungen, Devisenhandel und Edelmetallhandel aus spekulativen Gründen für eigene Zwecke).

7.3.1 Interbankleistungen

Neben Interbankleistungen, die mit der *Deutschen Bundesbank* als Kontrahenten abgewickelt werden (Kreditfazilitäten; Wechsel-, Wertpapier- und Devisenpensionen; An- und Verkauf von Geldmarktpapieren; siehe dazu 3.2.1.2.2), kommen Interbankleistungen in Form von Kredit-, Anlage- und Zahlungsverkehrsleistungen sowie Sonstigen Interbankleistungen außerhalb des Zentralbanksektors in Betracht (Abbildung 46).

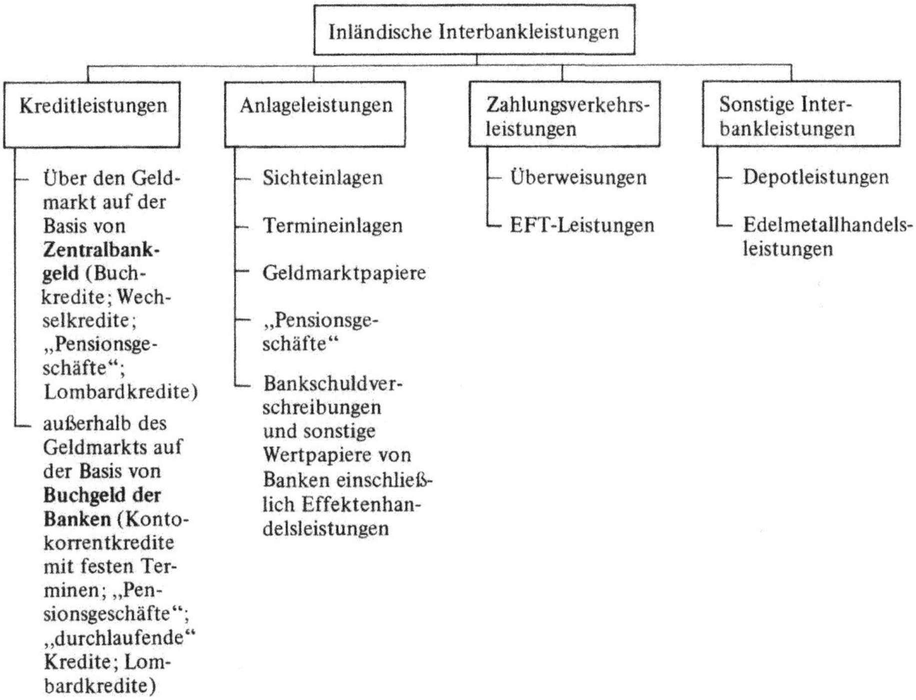

Abb. 46: Formen inländischer Interbankleistungen

7.3.1.1 Interbank-Kreditleistungen

Hinsichtlich der Interbank-Kreditleistungen ist grundsätzlich dahingehend zu unterscheiden, ob die Kreditgewährung auf der Basis von Zentralbankgeld über den Geldmarkt oder auf der Basis von Buchgeld der Banken außerhalb des Geldmarktes erfolgt (zu den Wirkungen siehe *Wittgen/Eilenberger* 1984, 28 ff.).

7.3.1.1.1 Interbank-Kreditleistungen auf der Basis von Zentralbankgeld

a) Buchkredite:

Buchkredite werden zwischen inländischen Bankbetrieben ohne Besicherung und formlos gegen Entgelt befristet eingeräumt („Geldleihe"). Gegenstand dieser Kredite sind **Zentralbankguthaben** meist erheblicher Größenordnungen. Je nach Laufzeit des Kredits ist Tagesgeld, Monatsgeld, Dreimonatsgeld oder längerfristige Kreditgewährung zu unterscheiden.

b) Wechseldiskontkredite:

Die Bedeutung von Wechselkrediten, die auf dem Interbankenmarkt gegen erstklassige Handelswechsel gewährt werden, nimmt tendenziell ab. Für Wechseldiskontkredite an andere Banken spielen vor allem die Kreditinstitute mit Sonderaufgaben (zu denen u.a. die *AKA-Ausfuhrkredit-GmbH* rechnet), die hauptsächlich mit Wechseln arbeiten, neben den Sparkassen die wesentliche Rolle als Kreditgeber, während als Kreditnehmer primär die Regionalbanken und Privatbankiers in Frage kommen.

c) Pensionsgeschäfte:

Kreditleistungen unter Banken in Form sog. Pensionsgeschäfte können sowohl auf der Basis von Zentralbankgeld, als auch auf der Basis von Buchgeld der Banken (siehe 7.3.1.1.2) abgewickelt werden. Dieser Sachverhalt wird durch Erhebungen der *Deutschen Bundesbank* (*MDB* 11/1965, 3 ff., insbes. 8) belegt, wonach Pensionsgeschäfte überwiegend den (auf Austausch von Zentralbankguthaben beruhenden) „Interbankgeschäften“ zuzurechnen sind, während ein geringerer Anteil auf Forderungen der Geschäftsbanken gegenüber den Emissionsbanken (aus deren Pensionsgeschäften in eigenen Schuldtiteln) und damit auf Interbank-Kreditleistungen gegen Hingabe von Giralgeld der Geschäftsbanken entfällt.

Als **Pensionsgeschäfte** sind in Übereinstimmung mit der *Deutschen Bundesbank*(*MDB* 11/1965, 3) alle Vereinbarungen zu verstehen, nach denen Vermögensgegenstände (z.B. Wechsel, Wertpapiere, Darlehensforderungen) gegen Zahlung eines Betrages auf einen anderen (Pensionsnehmer) mit der Maßgabe übertragen werden, dass sie zu einem im Voraus bestimmten oder von dem Pensionsnehmer zu bestimmenden Zeitpunkt gegen Entrichtung des empfangenen oder eines im Voraus vereinbarten anderen Betrages zurückerworben werden müssen. Dazu zählen auch jene „Geschäfte“, bei denen Emissionsbanken Schuldverschreibungen eigener Emissionen auf Zeit mit Rücknahmeverpflichtung auf andere Banken übertragen. Auf Grund dieser Konstellation wird der **Pensionsgeber** zum Kreditnehmer, während der **Pensionsnehmer** als Kreditgeber fungiert.

Grundsätzlich sind demnach „Pensionsgeschäfte“ der Geschäftsbanken in **Vermögenswerten** aller Art von „Pensionsgeschäften“ der Emissionsbanken in **eigenen Schuldtiteln** zu trennen. Im ersten Falle besteht das Motiv der Geschäftsbanken für die Kreditaufnahme darin, einen vorübergehenden **Liquiditätsengpass** zu beseitigen, wenn andere Formen der Beschaffung von Zentralbankgeld entweder objektiv nicht möglich sind oder aus Kostengründen ausscheiden. Dazu kommen „Pensionsgeschäfte“ zum Zwecke der **Geldbeschaffung ohne echten Geldbedarf,** der als Motiv eine Verbesserung des Bilanzbildes (zum Jahresende oder zu anderen Zeitpunkten der Erstellung periodisch wiederkehrender Zwischenbilanzen) zu Grunde liegt (Window Dressing). Damit liegt strenggenommen eine **Eigenleistung** vor, zumal gleichzeitig eine Erfüllung der Normen der „Grundsätze über das Eigenkapital und die Liquidität“ sichergestellt wird. Der **Durchhandel** von Wertpapieren auf der Basis von Pensionsabsprachen, bei dem der Händler (Geschäftsbank) zur Abwicklung derartiger Transaktionen nicht für eigene Zwecke Geld (bzw. Kredit) aufnimmt, sondern die Geldaufnahme einer anderen Bank vermittelt, für die er die Wertpapiere unterbringt (**Unterpensionierung**; siehe *Ferber,* 25), ist den Kreditleistungen auf der Basis von Bankgiralgeld zuzurechnen.

Von „Pensionsgeschäften“ der **Emissionsbanken** wird in der Bankpraxis dann gesprochen, wenn beim Absatz eigener Schuldverschreibungen (Pfandbriefe, Kommunalobligationen, sonstige Bank-Obligationen) Emissionsbanken die Verpflichtung übernehmen, diese Wertpapiere vor den in den Emissionsbedingungen festgesetzten Fälligkeiten zu einem festen Preis zurückzunehmen. Soweit allerdings Emissionsbanken „Pensionsgeschäfte“ nicht in eigenen

Schuldtiteln, sondern in anderen Vermögenswerten tätigen, müssen diese Leistungen den „Pensionsgeschäften“ der Geschäftsbanken zugeordnet werden. Da als Partner der Emissionsbanken primär und überwiegend die Geschäftsbanken in Frage kommen, erfolgen die in diesem Zusammenhang erstellten Kreditleistungen auch auf der Basis von Bankgiralgeld.

Die **Laufzeit** von Interbank-Kreditleistungen in Form von „Pensionsgeschäften“ beträgt bis zu drei Jahre, wobei allerdings beim „Durchhandel“ (Unterpensionierung) keine eindeutige Befristung erkennbar ist und sich somit Probleme der Fristenkongruenz ergeben können.

Pensionsgeschäfte sind somit ihrem Wesen nach Kreditleistungen auf der Basis von **Zentralbankgeld**, sofern es sich um „Pensionsgeschäfte“ mit fester Rückgabeverpflichtung **(echte** Pensionsgeschäfte; siehe dazu *Ferber,* 22 ff.) zwischen Geschäftsbanken handelt, deren Gegenstand Vermögenswerte sind. Der Kreditnehmer (= Pensionsgeber) erhält vom Kreditgeber (= Pensionsnehmer) gegen Übergabe bestimmter Vermögensgegenstände Finanzmittel unter terminierter Festlegung des Rückkaufs bzw. der Rückgabeverpflichtung. Eine Verlängerung der Überlassungsdauer der in **Pension** gegebenen Vermögensgegenstände und damit des gewährten Kredits – verbunden mit einer Neu Vereinbarung der Konditionen – ist üblicherweise möglich.

Darüber hinaus kann dem Pensionsnehmer eine Option eingeräumt werden, bei Fälligkeit über die Rückgabe oder den endgültigen Behalt der betreffenden, in Pension gegebenen Vermögensgegenstände zu entscheiden **(unechtes** Pensionsgeschäft). Die Struktur von Pensionsgeschäften zeigt Abbildung 46-1. Pensionsgeschäfte mit der *Deutschen Bundesbank* bzw. der *EZB* (siehe 3.2.2.4.1) beschränken sich ausschließlich auf solche mit Rückgabeverpflichtung (=echte Pensionsgeschäfte) und auf bestimmte Vermögensgegenstände.

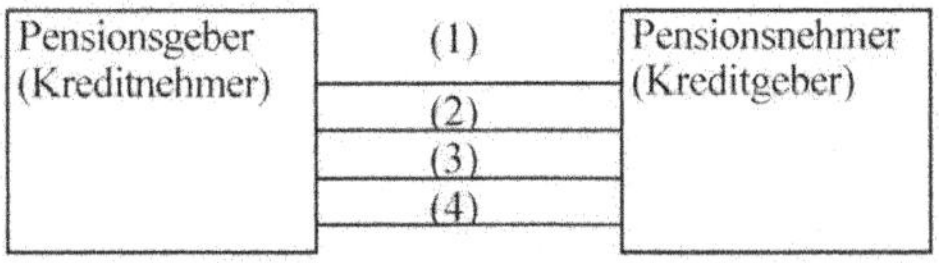

(1) Pensionierung von Vermögensgegenständen und

(2) Einräumung des Kredits (Zeitpunkt t)

Echtes Pensionsgeschäft:

(3) Zum Zeitpunkt (t + x) Rückzahlung des Kredits und

(4) Rückübertragung der Pensionsgüter

Unechtes Pensionsgeschäft:

(3) und (4) entfallen, wenn sich Pensionsnehmer zum Zeitpunkt (t + x) für endgültigen Vermögensübergang der Pensionsgüter entscheidet.

Abb. 46-1: Abwicklung von Pensionsgeschäften

d) Lombardkredite:

Lombardkredite können sowohl von der Zentralnotenbank als auch von Bankbetrieben als Interbank-Kreditleistung auf der Basis von Zentralbankgeld gewährt werden. Während im ersten Fall die Kreditgewährung mit einem **Zufluss** an Zentralbankgeld für das gesamte Bankensystem verbunden ist (siehe 3.2.2.2), bedeutet die Kreditgewährung im zweiten Fall lediglich eine **Umverteilung** innerhalb einer konstanten Zentralbankgeldmenge zugunsten des kreditnehmenden Bankbetriebes. Die Giralgeldschöpfungsmöglichkeit des Bankensystems insgesamt bleibt zwar unverändert, jedoch erhöht sich die Kreditschöpfungsmöglichkeit des kreditnehmenden Bankbetriebes zu Lasten des kreditgebenden Bankbetriebes, der das überschüssige Zentralbankguthaben verleiht. Die Aufnahme eines Lombardkredits bei anderen Bankbetrieben kommt insbesondere in Frage, wenn die Lombardierung bei der Zentralnotenbank aus objektiven Gründen (z.B. Aussetzung der Lombardierung) oder aus subjektiven Gründen (die Bank möchte beispielsweise das Obligo bei der Zentralnotgenbank aus taktischen Überlegungen nicht erhöhen) ausscheidet. Lombardkredite der *Bundesbank* beschränken sich in Anbetracht der modifizierten Geldpolitik (siehe 3.2.2.1.2) im Wesentlichen auf den sog. **Überziehungslombard** zum Ausgleich von Spitzen im Clearingverfahren bei der *EZB*.

7.3.1.1.2 Interbank-Kreditleistungen auf der Basis von Banken-Giralgeld

Außerhalb der Kreditgewährung in Form der Übertragung von Zentralbankguthaben entstehen Kreditleistungen über die Einräumung von Kontokorrentkrediten, von Krediten mit festen Laufzeiten, von „Pensionsgeschäften", von Lombardkrediten und von „durchlaufenden" Krediten auf der Basis von bankbetrieblichem Giralgeld. Im Gegensatz zu Kreditleistungen auf der Basis von Zentralbankgeld führen die in diesem Abschnitt zu behandelnden Kreditleistungen bei dem kreditnehmenden Bankbetrieb **nicht** zu einer Verbreiterung der Giralgeldschöpfungsbasis, da mit ihnen kein Zufluss liquider Mittel in Form von Zentralbankgeld verbunden ist.

Kontokorrentkredite resultieren vor allem aus der Notwendigkeit, zur reibungslosen Abwicklung von Zahlungsverkehrsleistungen aller Art bei anderen Banken Guthaben zu unterhalten. Dazu kommt die Möglichkeit, innerhalb der einzelnen Bankengruppen (speziell Sparkassen- und Genossenschaftssektor) im Vorfeld des Geldmarktes einen Liquiditätsausgleich auf einem **internen Geldmarkt** über bankeigene Konten ohne Veränderung der Zentralbankgeldbestände durchzuführen (vgl. *Fuchs,* 190).

Pensionsgeschäfte führen zu Kreditleistungen auf der Basis von Banken-Giralgeld in den Fällen des „Durchhandels" (Unterpensionierung) und der Pensionierung eigener Schuldtitel durch Emissionsbanken bei Geschäftsbanken (zur Kennzeichnung dieser Varianten siehe 7.3.1.1.1c). Ob die davon betroffenen Vermögensgegenstände in erster Linie als Sicherheit bestimmt sind, ist für die Charakterisierung der „Pensionsgeschäfte" als Interbanken-Kreditleistung unerheblich, zumal Kredite grundsätzlich auch blanko gewährt werden können. Hinsichtlich der geldpolitischen Beurteilung derartiger Kreditleistungen, bei denen der kreditnehmenden Bank kein Zentralbankgeld zufließt und insofern eine zusätzliche Möglichkeit zur Giralgeldschöpfung ausscheidet, vertritt *Fuchs* (204) die Auffassung, dass auch davon expansive geldpolitische Effekte ausgehen können, wenn sich der Pensionsnehmer (als Kreditgeber) bei seinem Kreditvergabeverhalten gegenüber Nichtbanken nicht im selben Umfang zurückhält, wie der Pensionsgeber seine Kreditvergabe erhöht. Dem ist allerdings entgegenzuhalten, dass dieser Sachverhalt nur für den Fall realistisch erscheint, dass der Pensionsnehmer bisher nicht den vollen Spielraum für die Giralgeldschöpfung ausgenützt hat, der ihm auf Grund der individuell verfügbaren Überschussreserve, dem Zahlungsverhalten der Kundschaft und der gegebenen Mindestreservebelastung offenstand.

Lombardkredite können auch auf der Basis von Banken-Giralgeld gewährt werden, wenn die Aufnahme derartiger Kredite auf der Basis von Zentralbankgeld (siehe 7.3.1.1.1 d) ausscheidet. Es ergeben sich keinerlei Veränderungen der individuell verfügbaren Zentralbankgeldbestände, da die Kreditleistung über die direkten Kontoverbindungen zwischen beiden Bankbetrieben abgewickelt wird.

Durchlaufende Kredite entstehen aus der Abwicklung von öffentlichen Kreditprogrammen, bei denen Kreditinstitute mit Sonderaufgaben als Vermittler der Kreditleistungen fungieren und die Kreditmittel an andere Bankbetriebe (Hausbanken der End-Kreditnehmer im Nichtbankensektor) weiterleiten, die sie treuhänderisch halten und für die keine Risikobeteiligung besteht (siehe dazu auch 7.2.1.6).

7.3.1.2 Interbank-Anlageleistungen

Interbank-Anlageleistungen stellen in vielen Fällen auf Grund der Charakteristika des Interbankenmarktes und der Interbankleistungen das Spiegelbild von Interbank-Kreditleistungen dar, da Kreditaufnahme durch einen Bankbetrieb gleichzeitig die Produktion einer Anlageleistung durch ihn bedeutet, und umgekehrt die Kreditvergabe für einen Bankbetrieb grundsätzlich als Wahrnehmung einer (profitablen) Anlagemöglichkeit anzusehen ist.

Sichteinlagen und **Termineinlagen** sowohl auf der Basis von Zentralbankgeld als auch von Banken-Buchgeld korrespondieren mit den unter 7.3.1.1 dargestellten Interbank-Kreditleistungen entsprechender Fristigkeiten, so dass an dieser Stelle auf eine Erörterung der Kennzeichen dieser Anlageleistungsart verzichtet werden kann. Festzuhalten bleibt lediglich, dass die Produktion derartiger Anlageleistungen gegen ein Entgelt erfolgt, das durch die Zinsbildung am Geldmarkt (Märkte für Tagesgeld und Termingeld; siehe 6.2.3) entweder direkt bestimmt wird (Zentralbankgeld) oder sich eng an die entsprechenden Geldmarktzinssätze anlehnt (Banken-Giralgeld).

Ebenso ist eine detaillierte Betrachtung der **Pensionsgeschäfte** als terminierte Mittelanlageleistungen an dieser Stelle entbehrlich, da die Grundzüge und Variationen dieser Anlagemöglichkeit bereits unter 7.3.1.1 aufgezeigt worden sind. Anzumerken bleibt lediglich, dass die Motivation des Pensionsnehmers als Anleger darin besteht, eine optimale Verzinsung für kurz- bis mittelfristige Mittelanlagen (bei erstklassiger Bonität des Pensionsgebers) zu erhalten. Dazu kommt die Möglichkeit, über **Kursvereinbarungen,** die den Rücknahmepreis bestimmen, **Erfolgsregulierungen** zu betreiben, die das Ausmaß der Gewinnentstehung betreffen und eine Gewinnregulierung erlauben. Daneben kann auch die Zielsetzung einer **Bestandsregulierung** verfolgt werden bzw. Bestandsregulierung mit einer Erfolgsregulierung verbunden sein: Der Bestand an Vermögenswerten wird unter dem Gesichtspunkt der aktuellen Realisierungsmöglichkeiten am Markt oder unter dem Aspekt einer späteren Wiederanlage in den betreffenden Vermögenswerten kurz- oder mittelfristig durch Liquidisierung vermindert. Die Motive für den Bankbetrieb, der Interbank-Anlageleistungen über Pensionen produziert, bestehen zum einen in der Mittelbeschaffung, sofern andere kostengünstigere Alternativen bereits ausgeschöpft sind und ggf. in einer vorübergehenden („optischen") Ergebnisverbesserung, zum anderen in den spezifischen Gegebenheiten bei Emissionsbanken. Pensionsgeschäfte von Bankbetrieben mit der *Deutschen Bundesbank* sind in diesem Zusammenhang nicht zu erörtern (siehe 3.2.1.2.2c).

Bei der Erstellung von Anlageleistungen auf der Basis von **Geldmarktpapieren** ist zu unterscheiden, ob es sich um Geldmarktpapiere im engeren Sinne (Liquiditätspapiere der *Bundesbank* in Form von Schatzwechseln und unverzinslichen Schatzanweisungen des Bundes) oder Geldmarktpapiere im weiteren Sinne handelt. Bei Liquiditätspapieren der *Bundesbank* ist eine direkte Anlage bei dem betreffenden Bankbetrieb, der sie einem andern Bankbetrieb anbietet, nicht möglich. Der anbietende Bankbetrieb wird lediglich als **Vermittler** tätig. Dasselbe gilt für diskontierte Handelswechsel, die über den anbietenden Bankbetrieb durch Indossament an den anlagesuchenden Bankbetrieb abgegeben werden.

Interbank-Anlageleistungen können schließlich auch in Form von **Bankschuldverschreibungen** und **sonstigen Wertpapieren von Banken** erbracht werden, sofern sie von der (den) Emissionsbank(en) direkt an andere Bankbetriebe abgesetzt werden und bei diesen im Portefeuille verbleiben. Andernfalls hegt eine Vermittlung von Anlagemöglichkeiten **(Effektenhandelsleistung** als derivative Anlageleistung) vor. Aus der Sicht des Bankbetriebes, der die betreffenden Wertpapiere ankauft, stellt sich der Vorgang als eine Form der Interbank-Kreditleistung dar.

7.3.1.3 Interbank-Zahlungsverkehrsleistungen

Interbank-Zahlungsverkehrsleistungen dienen ausschließlich der Abwicklung anderer Interbank-Leistungen. **Nicht** zu den Interbankzahlungsverkehrsleistungen werden daher alle diejenigen Zahlungsverkehrsleistungen gerechnet, die durch die Produktion von Bankmarktleistungen ausgelöst sind, auch wenn ein Zahlungsverkehrsvorgang über mehrere Bankbetriebe läuft. In diesem Fall würde eine derivative Zahlungsverkehrsleistung als Bankmarktleistung gegeben sein (siehe zur Abgrenzung und Begriffsbildung 7.2.3). Dementsprechend werden Interbank-Zahlungsverkehrsleistungen ausschließlich unbar, im Regelfall jedoch nicht beleglos ausgeführt. Als Instrument des Zahlungsverkehrs kommt insbesondere der **Überweisungsauftrag** in Betracht, während die Nutzung von **EFT-Systemen** (siehe 7.2.3.1.2) auf Grund der Individualität von Interbank-Leistungen die Ausnahme darstellt. Die Bedeutung von EFT-Systemen für Interbank-Zahlungsverkehrsleistungen ist stärker im internationalen Bereich gegeben.

Eine besondere Rolle spielen bei der Abwicklung des Interbank-Zahlungsverkehrs sog. Netting-Vereinbarungen, kurz als **Netting** bezeichnet. Um den Risiken des Zahlungsverkehrs und Überlastungen der Zahlungsverkehrssysteme vorzubeugen, werden zwischen zwei Banken durchzuführende Zahlungsverkehrsleistungen nur in ihrer jeweiligen Netto-Differenz ausgeführt: Hat Bank A an Bank B auf Grund von Kundenaufträgen beispielsweise 100 Mio. EUR am Tag X zu leisten und umgekehrt Bank B am selben Tag an Bank A 80 Mio. EUR, so erfolgt im Wege des **Nettings** lediglich der Austausch von 20 Mio. EUR durch Überweisung von Bank A an Bank B, wodurch letztlich auch Zahlungsverkehrskosten gespart werden (ob diese Ersparnis den Kunden zu Gute kommt, bleibt dahingestellt).

Die *Deutsche Bundesbank* bietet den Banken mit dem Interbank-Zahlungsverkehrssystem **TARGET2** einen offenen und wettbewerbsneutralen Zugang zum EUR-Individualzahlungsverkehr ohne größenabhängige Zugangskriterien. Zur **direkten** Teilnahme sind alle beaufsichtigten Kreditinstitute innerhalb des EWR über ein eigenes **RGTS** (**R**eal Time **G**ross **S**ettlement)-Konto zugelassen. Mit Hilfe des Liquiditätspoolings können mehrere direkte Teilnehmer ihre Konten zu einem virtuellen Konto zusammenfassen. Darüber hinaus kann ein Teilnehmer mit nur einem RTGS-Konto mit Filialen und Töchtern aus dem EWR, die zur selben Gruppe gehören, mit eigenem **BIC** (Bank Identifier Code) sich zur direkten Ein- und Auslieferung von Zahlungen für ein sog. **Multi-Adressee Access** anmelden. Die Zusammenhänge zeigt Abbildung 46-2). **Indirekte** Teilnehmer (ohne eigenes RTGS-Konto) können ihren TARGET2-Zahlungsverkehr grundsätzlich über einen anderen direkten Teilnehmer abwickeln. Voraussetzung ist, dass sie vom Systembetreiber anerkannt werden.

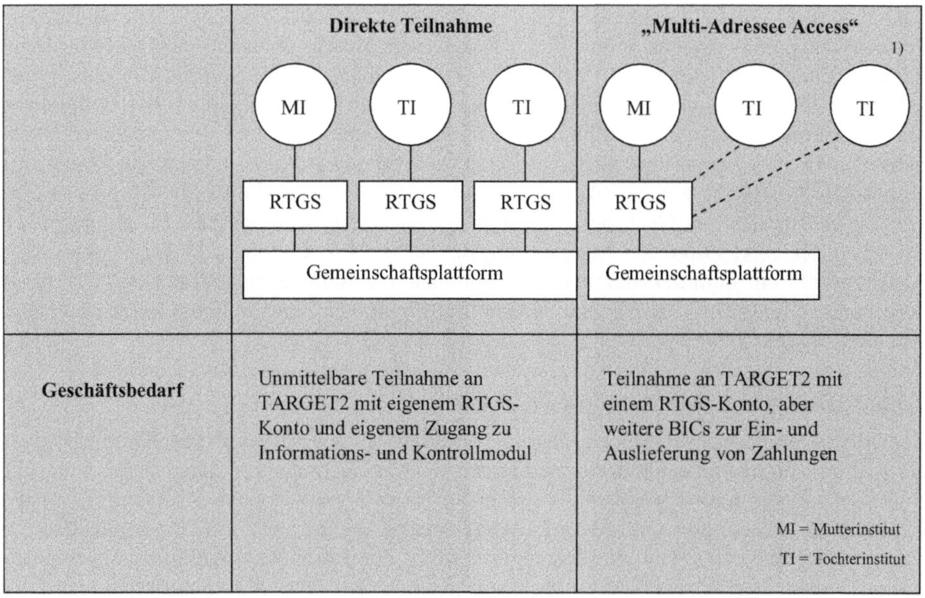

1) Nur für Teilnehmer einer Gruppe:

Gruppendefinition: Teilnehmer, deren Konten gem. IAS im Abschluss der Mutter konsolidiert werden, können eine Gruppe bilden. Auch möglich für Netzwerke (Sparkasse und Genossenschaftsbanken) unter bestimmten Bedingungen.

Abb. 46-2: Struktur der TARGET2-Teilnahme von Kreditinstituten. Quelle: *Deutsche Bundesbank*

7.3.1.4 Sonstige Interbankleistungen

Als sonstige Interbankleistungen werden in Analogie zu Sonstigen Bankmarktleistungen (7.2.4) alle jene sekundären bankbetrieblichen Leistungsarten bezeichnet, die den anderen Haupttypen von Interbankleistungen nicht bzw. nicht eindeutig zurechenbar sind. Im Wesentlichen kommen dabei Depotleistungen und Edelmetallhandelsleistungen in Betracht.

Depotleistungen im Sinne sonstiger Interbankleistungen liegen dann vor, wenn Bankbetriebe für andere Bankbetriebe die Verwahrung von Effekten übernehmen, die von der Auftrag gebenden Bank nicht für Kunden gehalten werden, sondern als Grundlage der Erstellung sekundärer Bankleistungen dienen.

Unter Banken werden ferner **Edelmetallhandelsleistungen** erbracht, die sowohl die Grundlage zur Produktion entsprechender Bankmarktleistungen darstellen als auch zur Produktion von Eigenleistungen nutzbar gemacht werden können (z.B. Edelmetall-Terminhandel).

7.3.2 Eigenleistungen

Bankbetriebliche Eigenleistungen – im Sprachgebrauch der Praxis meist als „Eigengeschäfte“ (ohne einheitliche Begriffsabgrenzung) bezeichnet – sind dadurch charakterisiert, dass der Bankbetrieb mit der Produktion dieser Leistungsarten weder auf Befriedigung von Kundenbedürfnissen abzielt noch eine vorübergehende Anlage überschüssiger Liquidität zum Zwecke der Liquiditätsregulierung und -planung auf dem Inter-bankenmarkt beabsichtigt, sondern primär eine Gewinnerzielung oder eine Ergebnisregulierung (ggf. verbunden mit einer Bestandsregulierung) für **eigene Zwecke** des Bankbetriebes verfolgt wird. Diese spezielle Zielsetzung versucht der Bankbetrieb im Inland durch Anlage von Mitteln, die nicht der Liquiditätsregulierung dienen, in Effekten und Edelmetallen einschließlich der **Spekulation** in diesen Vermögensgegenständen und ggf. deren Verkauf, durch An- und Verkauf von Beteiligungen sowie durch Arbitrageleistungen auf der Basis von Effekten, Edelmetallen und Zentralbankguthaben. Dazu kommen die zur Abwicklung dieser Transaktionen notwendigen Zahlungsverkehrsleistungen für eigene Zwecke. Typischerweise tritt der Bankbetrieb bei Erstellung von Eigenleistungen als Nachfrager auf den jeweiligen Märkten, seltener als Anbieter auf. Zwischen der Produktion von Eigenleistungen und der Produktion anderer Bankleistungen besteht weder ein unmittelbarer noch ein mittelbarer Zusammenhang, wenn auch nicht zu verkennen ist, dass der Übergang zu anderen Bankleistungen, insbesondere Interbankleistungen, fließend sein kann.

7.3.2.1 Anlagen in Effekten und Edelmetallen

Zur ertragsstärkenden Vermögensanlage in **Effekten** kommen sowohl **Beteiligungspapiere** als auch festverzinsliche **Forderungspapiere** in Frage. Letztere vor allem dann, wenn die Zinssätze auf dem Kapitalmarkt ein extrem hohes Niveau erreichen und in Konkurrenz zu den Renditen der Produktion von Kreditleistungen treten. Wenn auch mit der Eigenanlage in Effekten generell ein – von der Zusammensetzung des Effektenportefeuilles abhängiges – unterschiedlich starkes spekulatives Moment verbunden ist, kann von **Spekulation** allerdings erst gesprochen werden, sobald die Erwartung von Kursgewinnen den eigentlichen Anlagezweck, der das Streben nach ausreichender, marktgerechter Verzinsung einschließt, überdeckt.

Die Eigenanlage in **Edelmetallen,** insbesondere in **Gold,** und die damit verbundenen Edelmetallhandelsleistungen, sind im Regelfall spekulativer Natur, da das Halten von Edelmetallbeständen nicht nur keine Zinsen erbringt, sondern – verglichen mit einer alternativen Anlage in festverzinslichen Effekten oder auf dem Geldmarkt – einen Ertragsausfall bedeutet. Das Motiv für die Erstellung derartiger Eigenleistungen besteht somit darin, erwartete Preissteigerungen und damit Wertsteigerungen für die betreffenden Bestände an Edelmetallarten nach einem bestimmten Zeitraum zu realisieren, d.h. diese zu verkaufen und dabei Gewinne zu erzielen, die über der Verzinsung vergleichbarer Anlagemöglichkeiten liegen und damit auch eine Abgeltung für das mit dieser spekulativen Anlage verbundene höhere Risiko darstellen. Anlagen in Edelmetallen können auch zwischen Banken in Form von **Edelmetall-Terminhandelsleistungen** erfolgen, deren spekulatives Element offensichtlich ist und keiner weiteren Erläuterung bedarf.

Eine Variante der bankbetrieblichen Eigenleistungen auf der Basis von Effekten, Edelmetallen und sonstigen Vermögensgegenständen ist darüber hinaus generell in der Erstellung von **Pensionsgeschäften** (siehe 7.3.1.1.1c), die mit anderen Bankbetrieben oder auch Nichtbanken abgewickelt werden können, gegeben, sofern die oben dargelegten, für Eigenleistungen typischen Zielsetzungen verfolgt werden. Insbesondere gilt dies für solche Pensionsgeschäfte, die zur Geldbeschaffung ohne echten Geldbedarf abgeschlossen worden sind und beispielsweise zum Engagement in höherverzinslichen Anlagen oder zu Zwecken des Window-Dressing Verwendung finden.

7.3.2.2 Beteiligungen

Der Erwerb von Beteiligungen an anderen Bankbetrieben oder an Unternehmen durch Bankbetriebe zum Zwecke der Vermögensanlage ist grundsätzlich durch Ankauf von verbrieften und/oder nicht-verbrieften Anteilen möglich. Allerdings muss nicht jeglicher Erwerb von verbrieften Anteilen an anderen Bankbetrieben und Unternehmen eine Beteiligung darstellen, sondern kann auch den Aufbau eines Handelsbestandes an den betreffenden Beteiligungspapieren oder eine vorübergehende spekulative Anlage (siehe 7.3.2.1) bedeuten. Die Beurteilung des Bestehens einer Beteiligung in verbrieften Anteilen hat von einem **objektiven** Beteiligungsbegriff auszugehen (siehe dazu *Wittgen/Eilenberger,* 489ff. und die dort entwickelten Kriterien: Beteiligungsquote, Bindungsquote, Kreditquote), wobei es auf die Deklaration einer Beteiligungsabsicht durch den Bankbetrieb nicht ankommt. Für den Erwerb von nichtverbrieften Anteilen besteht ohnehin kein Beurteilungsspielraum, da diese – auch bei Vorliegen geringer und geringster Anteilsquoten – auf jeden Fall **Beteiligungen** darstellen.

Der Erwerb von Beteiligungen als spezielle Form der Eigenleistungen von Banken wird meist jedoch nicht ausschließlich unter dem Aspekt der Gewinnerzielung oder aus spekulativen Gründen erfolgen, sondern zur Abrundung des Leistungsprogramms oder des Interessenkreises eines Bankbetriebs (**Zweckbeteiligungen**). Unter diesen Gesichtspunkten ist einerseits die (Mehrheits-)Beteiligung an Realkreditinstituten, Kapitalanlagegesellschaften und Teilzahlungsbanken, andererseits die Beteiligung zusammen mit anderen Banken an bestimmten anderen Spezialbanken zu sehen.

7.3.2.3 Arbitrageleistungen

Arbitrageleistungen können als **selbständige** Eigenleistungen und in **Kombination** mit anderen Eigenleistungen in Erscheinung treten. Zu unterscheiden ist zwischen Kassamarkt-Arbitragen, Terminmarkt-Arbitragen und Arbitragen zwischen Kassa- und Terminmärkten. Grundsätzlich sollen durch Arbitragen **risikolose Erträge** erzielt werden. Objekte der inländischen **Kassamarkt-(Cash-Trading-)Arbitrage** sind Edelmetalle (vor allem Gold), Effekten und Zentralbankguthaben. Grundsätzlich ist zwischen der Differenzarbitrage und der Ausgleichsarbitrage zu unterscheiden:

Bei der **Differenzarbitrage** nutzt der Arbitrageur Preisdifferenzen, die aus der räumlichen Distanz zwischen zwei oder mehreren Marktarten (mit jeweils selbständiger Preisbildung auf Grund der lokalen Angebots-/Nachfrage-Situation) resultieren: Er kauft Vermögensgegenstände an einem Ort zu einem solchen Preis, dass beim sofortigen anschließenden Verkauf desselben Vermögensgegenstandes an einem anderen Platz nach Abzug aller Aufwendungen für Spesen, Steuern, Transport u.a. noch ein Gewinn verbleibt. Die Differenzarbitrage stellt sich somit als eine Kombination selbständiger Kauf- und Verkaufsakte dar.

Im Gegensatz dazu bezieht sich die **Ausgleichsarbitrage** auf eine bereits bestehende Verbindlichkeit, für deren Ausgleich ein möglichst vorteilhafter Weg zu suchen ist. Im Rahmen der **Effektenarbitrage** nutzen Bankbetriebe die **Kursdifferenzen** von Effekten zwischen den Börsenplätzen oder Handelsplattformen, was letztlich dazu führt, dass eine Tendenz zu einheitlichen Kursen entsteht. Da dadurch die Kursdifferenzen nur geringe Ausmaße annehmen, bleiben die Gewinnmöglichkeiten allerdings gering. Die **Zinsarbitrage** nutzt bestehende **Zinsdifferenzen** auf dem Interbanken-Geldmarkt (insbesondere für Zentralbankguthaben) und ggf. auch bei der Abwicklung von Pensionsgeschäften. Der Effekt der Zinsarbitrage auf den Geldmarkt besteht ebenfalls in einer Abgleichung der Zinssätze durch Abbau der ursprünglich vorhandenen Zinssatzdifferenzen.

Gegenstand der **Terminmarkt-Arbitragen** sind **Derivate** (siehe 7.2.2.1.5 und 7.2.2.1.7), wobei sich insbesondere **Financial Futures** für die risikolose Erzielung von Erträgen durch Nutzung von Kursunterschieden desselben Kontrakts am gleichen Financial Futures-Markt (Intra-Market-Arbitrage), desselben Kontrakts an verschiedenen Financial Futures-Märkten oder eines Kontrakts und des entsprechenden Kassa- oder Termin-Instruments (Inter-Market-Arbitrage), durch Nutzung von Unterschieden zwischen Basis und Cost-of-Carry (Basisarbitrage bzw. Cash-and-Carry-Arbitrage) sowie durch Nutzung von Kursunterschieden eines gegebenen Kontrakts und eines synthetischen (konstruierten bzw. zusammengestellten) Kassainstruments (z.B. einer **synthetischen Bundesanleihe** oder einer **synthetischen Aktienposition** bzw. eines **Aktienkorbs)** eignen. In letzterem Fall kann von **Futures-** und **Forward Forward-Arbitrage** insofern gesprochen werden, als die Nutzung von Kursunterschieden zwischen einem gegebenen Financial Futures-Kontrakt und einem synthetischen (=konstruierten) Kassainstrument, also z.B. zwischen einem Euro-Dollar-Futures-Kontrakt und einem vergleichbaren Kassainstrument am Euro-Geldmarkt (z.B. auf der Basis von LIBOR) für identische Laufzeit (z.B. 30Tage) oder mit unterschiedlicher, also längerer Laufzeit des Geldmarkt-Instruments erfolgt. Daneben sind Arbitragen mit **Optionen** möglich, z.B. Aktienoptionen oder Devisenoptionen (siehe dazu *Eilenberger* 1995).

Die Funktionen von **Arbitragen** zwischen **Kassa-** und **Terminmärkten** besteht darin, Kursunterschiede von Finanzinstrumenten an verschiedenen Märkten (z.B. Cash-Märkten und Financial Futures-Märkten) zu nutzen und dadurch auszugleichen, dass das (relativ) unterbewertete Finanzinstrument gekauft und das (relativ) überbewertete Finanzinstrument verkauft wird. Die Einschaltung von Arbitrageuren als Marktteilnehmer bedeutet somit die Gewährleistung der tendenziellen Kursanpassung bzw. ggf. des tatsächlichen Kursausgleichs an den Financial Futures-Märkten und den Kassamärkten. **Arbitrageure** sorgen zusammen mit Hedgern und Tradern für die umfassende Funktionsfähigkeit von Financial Futures-Märkten. Die Unterschiede in den Kursniveaus von Cash- und Futures-Märkten resultiert insbesondere aus den gegenläufigen Bewegungen von Kassakursen für den Underlying und Terminkursen für das entsprechende Derivat (siehe auch 7.2.2.1.5 zu den Grundlagen des Optionshandels).

Ausgefeilte **Computerprogramme** unterstützten die Banken dabei, Kursdifferenzen auf allen Märkten und zwischen allen Marktsegmenten aufzuspüren und zu nutzen. Die Erzielung angemessener Erträge setzt allerdings voraus, dass die an Arbitragegeschäften teilnehmenden (Groß-)Banken entsprechend hohe Volumina bewegen und eine entsprechende Handels- und Abwicklungsorganisation intern bereitstellen. Die Vorteile der Arbitragegeschäfte bestehen somit in der Differenz zwischen erzielten Arbitrage-Erlösen und den durch die Arbitragegeschäfte verursachten personellen und finanziellen Aufwendungen.

8 Internationale Banktätigkeit

Die in den vorangegangenen Kapiteln 1 bis 7 ausschließlich auf den inländischen Bereich beschränkte systematische Erfassung und Darstellung der Betätigung von Bankbetrieben wird in diesem Kapitel durch die internationale Dimension der Banktätigkeit ergänzt und erweitert. Hinsichtlich derjenigen Sachverhalte, die unter internationaler Banktätigkeit zu subsumieren sind, ergeben sich wie die Literatur zeigt nicht unerhebliche Probleme, da ein allgemein anerkanntes Klassifizierungskriterium fehlt bzw. ein Kriterium allein nicht genügt, um eine eindeutige Begriffsabgrenzung vornehmen zu können. Dieses Dilemma spiegelt sich auch im Sprachgebrauch der Praxis wider, der in nicht näher nachvollziehbarer Unterscheidung die internationale Banktätigkeit im Wesentlichen als „internationales Geschäft“ oder als „Auslandsgeschäft“ kennzeichnet. Letzteres wird differenziert nach einem „kommerziellen Auslandsgeschäft“, das die traditionellen Formen der Außenhandelsfinanzierung einschließlich deren banktechnischer Abwicklung umfasst, und nach einem „internationalen Geschäft“, das die Produktion von Bankleistungen mit Hilfe von Auslandsstützpunkten und das „internationale Konsortialgeschäft“ (Emissionsgeschäft und Kreditgeschäft) einschließt (siehe *Staudt,* 17ff.).

Es ist unter den gegebenen Umständen offensichtlich, dass der Sprachgebrauch der Praxis zur Kennzeichnung der internationalen Banktätigkeit wenig hilfreich ist. Dasselbe gilt für Bemühungen seitens der Wissenschaft, die oft entweder den Sprachgebrauch der Praxis unkritisch und undifferenziert übernommen oder eine zu enge begriffliche Kennzeichnung gewählt hat, wie z.B. *Stein/Kirschner* (121), die unter dem „internationalen Bankgeschäft“ lediglich „spezifisch gestaltete und durchgeführte Großgeschäfte“ verstehen, „die systematisch und auch eigeninitiativ auf der Grundlage weltweit ausgerichteter Geschäftspolitik von Kreditinstituten angeboten werden, die in mehreren Welt-Finanzzentren mit intensiven Präsenzformen vertreten sind“.

Um die aufgetretenen Schwierigkeiten der Charakterisierung der internationalen Banktätigkeit zu vermeiden, ist in einem ersten Schritt eine Charakterisierung der internationalen Bankleistungen vorzunehmen.

8.1 Grundlagen und Begriffe

8.1.1 Die internationale Bankleistung

Internationale Bankleistungen als Ergebnisse einer bankbetrieblichen Dienstleistungsproduktion sind unabhängig vom Volumen der Leistungserstellung zum einen dann gegeben, wenn die Produktion der betreffenden Bankleistung(en) nicht mit Hilfe des inländischen Nominalgutes „Geld“ (inländisches Zentralbankgeld uynd inländisches Banken-Giralgeld) allein, sondern nur unter Einbeziehung einer (oder mehrerer) **ausländischer Währungen** in Form ausländischen Zentralbankgeldes und/oder auf ausländische Währung lautendes Banken-

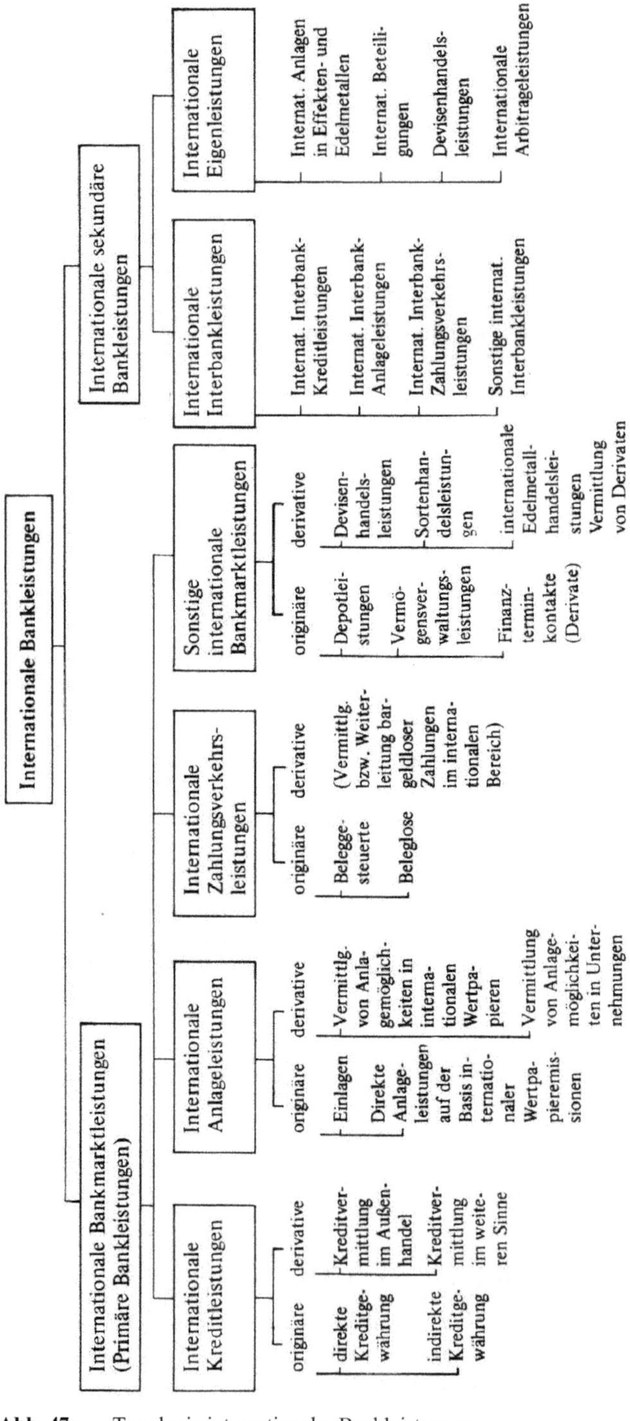

Abb. 47: Typologie internationaler Bankleistungen

Giralgeld durchführbar ist. Diese Kennzeichnung erfasst die überwiegende Mehrzahl internationaler Bankleistungen sowohl in ihrer Ausprägung als Bankmarktleistungen als auch in ihrer Erscheinungsform als sekundäre Bankleistungen (internationale Interbank-Leistungen und internationale Eigenleistungen). Zum anderen liegen internationale Bankleistungen auch dann vor, wenn zwar primär ausländische monetäre Faktoren zur Produktion nicht benötigt werden, jedoch die Produktion von bestimmten Bankleistungen **ausländische Währungsgebiete** betrifft.

Dies gilt vor allem für bestimmte Außenhandelskredite und für Beratungsleistungen als spezieller Ausprägung Sonstiger internationaler Bankleistungen, die im Zusammenhang mit anderen zu erstellenden internationalen Bankmarktleistungen erbracht werden.

Der Terminus **international** zeigt somit an, dass über das nationale Währungsgebiet ausgreifende Bankleistungen in anderen Währungen betroffen sind. Im Übrigen ändert sich nichts an der grundsätzlichen Klassifikation von Bankleistungen, die unter 7.1.1 erfolgt ist: Demnach kann eine **Typologisierung** internationaler Bankleistungen, wie sie Abbildung 47 zeigt, vorgenommen werden. Eine Differenzierung der Bankleistungen nach der Herkunft der Nachfrager erscheint ebenso unzweckmäßig wie nach dem Standort der Produktion.

8.1.2 Internationale und Multinationale Bankbetriebe

Nach dem Ausmaß der Produktion internationaler Bankleistungen und den Standorten der Produktion von Bankleistungen im Ausland lässt sich zwischen international und multinational orientierten Bankbetrieben unterscheiden. Als **multinationale** (=vielnationale) **Bank** (MNB) kann ein Bankbetrieb bezeichnet werden, der in mehr als zwei Ländern **nachhaltig** mit **eigenen** Produktionsstätten tätig ist (siehe *Eilenberger* 1983b und *Wittgen/Eilenberger,* 81 ff.), wobei es nicht auf die rechtliche Konstruktion ankommt. Das bedeutet, dass multinationale Banken sowohl in der Form multinationaler Konzernorganisation (mit rechtlich selbständigen Produktionseinheiten im Ausland) als auch in der Form des multinationalen Einheitsunternehmens (mit Niederlassungen, Filialen, Repräsentanzen als rechtlich unselbständiger Gebilde einer Bank im Ausland) bestehen (siehe dazu auch *Eilenberger* 1990b, 336ff.).

Eine **internationale Bank** ist daher dadurch charakterisiert, dass sie den Mindestanforderungen der Definition der multinationalen Bank nicht entspricht, also entweder nur in zwei Ländern mit eigenen Produktionsstätten tätig ist oder sich auf eine Produktionstätigkeit internationaler Bankleistungen soweit dies möglich ist im Inland beschränkt und über keine eigenen Produktionsstätten im Ausland verfügt, sondern internationale Bankleistungen ggf. über Korrespondenzbanken im Ausland abwickelt.

Eine spezielle Form internationaler Bankbetriebe stellen die sog. **Euro-Banken** dar (siehe *Davis* 1980), die im Gefolge der Entwicklung der **Euro-Finanzmärkte (Euromärkte**; siehe dazu 8.2.1) seit Mitte der 1960er Jahre entstanden sind. Lag der Schwerpunkt der Gründung von Euro-Banken zu Beginn am Platz London als einem der **Eurozentren**, so erlangten in der Folge Gründungen in Hongkong und Singapur (Asien-Dollar-Markt) sowie in Luxemburg (hier insbesondere die selbständigen Gründungen deutscher Banken) wesentliche Bedeutung. Die Leistungserstellung der Euro-Banken betrifft insbesondere Bankleistungen aller Art auf der Basis von **Euro-Währungen** (Banken-Giralgeld), aber auch die Produktion anderer internationaler Bankleistungen, wie Vermögensverwaltung internationaler Investoren, Abwicklung von Außenhandelskrediten, internationale Effektenemissionen und Project Financing (internationale Großprojektfinanzierungen einschließlich Beratungsleistungen; siehe dazu *Nevitt).*

Banken mit **Europäischem Pass** sind grenzüberschreitende Bankorganisationen, die auf Grund der Bankrechtsharmonisierung durch die 2. Bankrechtskoordinierungsrichtlinie der EU bei Zulassung in einem Mitgliedsstaat der EU ohne weitere Zulassung in anderen Mitgliedsländern der EU mit Niederlassungen und Filialen tätig werden können. Neben dem **Grundsatz der gegenseitigen Anerkennung** einer Zulassung für die gesamte Gemeinschaft gilt das **Prinzip der Herkunftslandkontrolle**, bei dem die Verantwortung für die Überwachung der finanziellen Solidität und der Solvenz des betreffenden Kreditinstituts der Aufsichtsbehörde seines Herkunftsmitgliedsstaates obliegt. Die Aufsichtsbehörde des **Aufnahmemitgliedstaates** behält die Verantwortung auf den Gebieten der Überwachung der Liquidität und der Geldpolitik.

Besondere Bedeutung haben **Zwischengesellschaften** (**Basisgesellschaften**) mit Standorten in Offshore-Ländern erlangt, deren primäre und oft ausschließliche Aufgabe in der Finanzmittelbeschaffung für den Bankkonzern besteht. Diese Unternehmensformen, auch als **Zwischeneinheiten** (ZE) bezeichnet, begeben unter dem Patronat (der Garantie) der Spitzeneinheit oder einer (bedeutenden) Grundeinheit (GE), die wiederum im Interesse bzw. Auftrag der Spitzeneinheit handelt, Wertpapiere (**Konzernaußenfinanzierung).** Der Emissionserlös fließt auf Anweisung der Spitzeneinheit in der zweiten Phase dieser selbst oder einzelnen Grundeinheiten zu (**Konzerninnenfinanzierung**). Da der Emissionserlös und die fälligen Zins- und Tilgungszahlungen nur in seltenen Fällen mit den von den einzelnen Grundeinheiten bzw. der Spitzeneinheit benötigten oder zu beschaffenden Währungen übereinstimmen, sind Sicherungsmaßnahmen in Form von Financial Swaps zum Schutz vor Währungsrisiken aller Art erforderlich (siehe *Eilenberger* 1986b, 170 ff.). Die Struktur der Kapitalbeschaffungsorganisation von MNB zeigen die Abbildungen 47-1 und 47-2.

Insgesamt ist in diesem Zusammenhang festzustellen, dass selbst als multinational zu bezeichnende Bankbetriebe eine im Vergleich zu multinationalen Unternehmen geringe räumliche Differenzierung aufweisen und sich ihre Betätigung nur auf eine geringe Zahl von Staaten erstreckt. Gleichwohl beträgt der durch internationale Leistungen erbrachte Beitrag an der Gesamtleistung nach Angaben deutscher Banken teilweise weit über 50%. Da sich MNB nicht nur auf den Erwerb von Bank-Beteiligungen beschränken, sondern auch einen zum Teil nicht unerheblichen Beteiligungsbesitz an Nichtbanken des In- und Auslands aufweisen, können derartige umfassende Konzerngebilde auch als **Bankkonglomerate** bezeichnet werden (Abbildung 47-3).

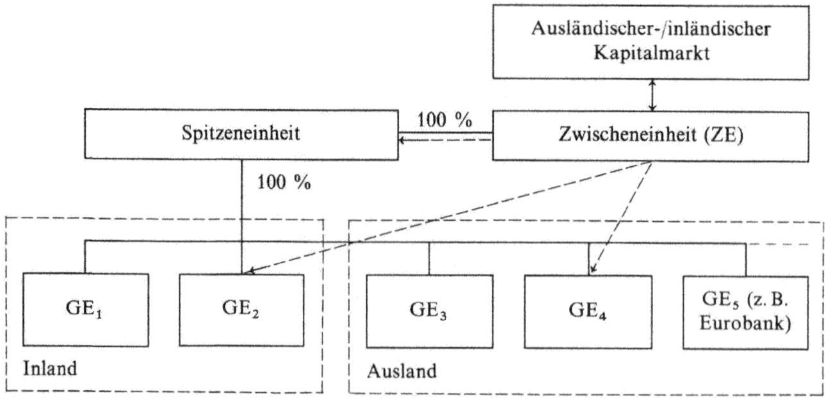

Abb. 47-1: Struktur einer MNB mit einer ausländischen Zwischeneinheit sowie in- und ausländischen Grundeinheiten (GE); die ZE dient ausschließlich der Finanzmittelbeschaffung

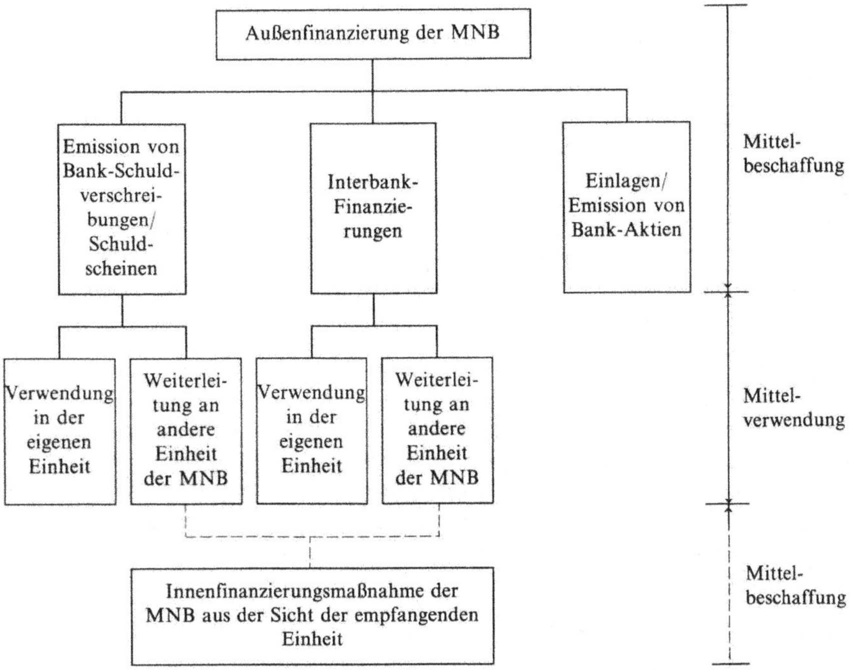

Abb. 47-2: Organisation der Konzernfinanzierung von MNB

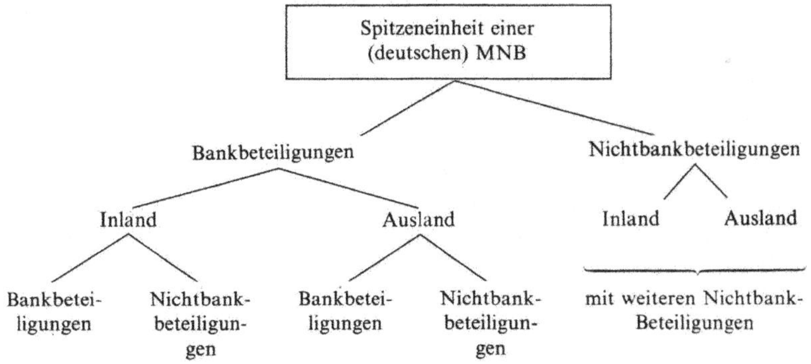

Abb. 47-3: MNB als Bankkonglomerat

8.1.3 Der Internationale Währungsfonds (IWF) |

Mit der Zielsetzung einer Neuordnung des internationalen Welthandels- und Währungssystems der Nachkriegszeit erfolgt anlässlich der Internationalen Währungs- und Finanzkonferenz der Vereinten und Assoziierten Nationen im Juli 1944 in Bretton Woods, ausgehend von britischen und amerikanischen Entwürfen (*Keynes*- versus *White-Plan*), die Gründung des ***Internationalen Währungsfonds*** (*IWF*) durch 45 Nationen. Bestandteile der als Bretton-Woods-System bezeichneten Neuordnung war die Gründung der *Weltbank-Gruppe* (siehe dazu 8.1.4) und die Planung für eine ***Internationale Handelsorganisation*** (*GATT*) für den Außenhandelsbereich, mit deren Hilfe eine Förderung der internationalen wirtschaftlichen

Zusammenarbeit und vor allem der wirtschaftlichen Entwicklung weltweit gewährleistet werden sollte.

Der *IWF* verkörpert eine internationale Organisation, der nach dem Beitritt der Schweiz und der Nachfolgestaaten der früheren Sowjetunion zu Anfang der 1990er Jahre nunmehr fast alle Staaten der Welt als Mitglieder angehören. Insofern kann der *IWF* sogar als **Universelle Organisation** bezeichnet werden.

Der organisatorische Aufbau des Fonds ist im Übereinkommen über den *IWF* festgelegt. Dieses Übereinkommen trat im Dezember 1945 in Kraft. Demnach besteht der Währungsfonds aus einem Gouverneursrat, einem Exekutivdirektorium, einem Geschäftsführenden Direktor, einem internationalen Mitarbeiterstab und (sollte der Gouverneursrat beschließen, die entsprechenden Bestimmungen des Übereinkommens anzuwenden) einem Rat auf Ministerebene. Das höchste Beschlussorgan des Fonds ist der **Gouverneursrat,** in dem jedes der Mitglieder durch einen jeweils von ihm ernannten Gouverneur und Stellvertretenden Gouverneur vertreten ist. Die *IWF*-Gouverneure sind in der Regel die Finanzminister oder Notenbankpräsidenten der Mitgliedsländer. Das 1978 in Kraft getretene neugefasste Übereinkommen sieht vor, dass der Gouverneursrat einen Rat auf Minister- oder vergleichbarer Ebene als ständiges Gremium des *IWF* einsetzen kann. Dieser Rat würde die Handhabung und Fortentwicklung des internationalen Währungssystems prüfen und Vorschläge zur Änderung des *IWF*-Übereinkommens erörtern. Der Gouverneursrat hat den Rat auf Ministerebene nicht eingesetzt, sondern bedient sich nach wie vor des **Interimsausschusses,** der durch Entschließung des Gouverneursrats bei der Jahrestagung 1974 gegründet wurde. Der Interimsausschuss ist ein Beratungsorgan. Sein Aufbau und Verantwortungsbereich gleichen denen des Rats auf Ministerebene, allerdings hat der Interimsausschuss nach dem *IWF*-Übereinkommen keine Entscheidungsbefugnisse. Ein zweites beratendes Organ, der **Gemeinsame Ministerausschuss** für den Transfer realer Ressourcen an Entwicklungsländer (**Entwicklungsausschuss** genannt), befasst sich mit Fragen der wirtschaftlichen Entwicklung. Er wurde ebenfalls 1974 von den Gouverneursräten von IWF und Weltbank eingesetzt. Der Gouverneursrat tritt mindestens einmal jährlich anlässlich der Jahrestagung von IWF und Weltbank formell zusammen, um die Arbeit des Fonds zu überprüfen. Er hat Befugnisse auf das **Exekutivdirektorium** übertragen, das für die Führung der täglichen Geschäfte des Fonds an dessen Sitz in Washington verantwortlich ist. Es beschäftigt sich mit einem breiten Spektrum wirtschaftspolitischer, operationeller und verwaltungsmäßiger Belange; dazu gehören die Wechselkurspolitik der Mitgliedsländer, die Bereitstellung von Finanzhilfen und Konsultationen mit Mitgliedern sowie umfassende Studien über wichtige Fragen.

Im Zentrum der Tätigkeit des *IWF* stehen die **Quoten,** die jedes Mitgliedsland hat, die in **Sonderziehungsrechten** (SZR) ausgedrückt werden und einer **Subskription** (siehe 8.1.3.2) beim *IWF* entsprechen. Die Quoten spiegeln die relative Stärke der Volkswirtschaft des Mitgliedslandes wider und bilden das Kernstück dessen finanzieller und organisatorischer Beziehungen mit dem Fonds. Die Quote eines Mitgliedslandes bestimmt, wie viele Stimmen es im Fonds zusätzlich zu den 250 Grundstimmrechten, aufy die jedes Mitglied Anspruch hat, besitzt. Für je 100.000 SZR seiner Quote wird ihm eine Stimme zugeteilt. Weiter bestimmt die Quote eines Mitglieds, in welcher Höhe es die Mittel des Fonds beanspruchen darf. Sie bestimmt auch den Anteil, den ein Mitglied an einer Zuteilung von SZR durch den *IWF* erhält. Nach dem *IWF*-Übereinkommen ist der Gouverneursrat verpflichtet, in Abständen von höchstens fünf Jahren eine allgemeine Überprüfung der Quoten vorzunehmen und Anpassungen vorzuschlagen, die ihm angemessen erscheinen. Bei diesen Anpassungen werden das weltwirtschaftliche Wachstum und die in der wirtschaftlichen Lage der Mitgliedsländer eingetretenen Veränderungen berücksichtigt.

Die **Hauptaufgaben** des IWF bestehen in der Überwachung der **Wechselkurspolitik** der Mitgliedsländer, im Management der **Sonderziehungsrechte** einschließlich der SZR-Zuteilung, in der Bereitstellung der finanziellen Mittyel des Fonds in Form der **Kreditfazilitäten** und in der Schaffung von zusätzlichen Finanzhilfen in Form von **Sonderfazilitäten** zum Zwecke der Anpassung des Mitgliedslandes an außergewöhnliche Zählungsbilanzprobleme sowie in der **Kreditaufnahme** des IWF zur Behebung von Schwächen des internationalen Währungssystems. Darüber hinaus wirkt er in Restrukturierungsfällen von Volkswirtschaften mit, z.B. im Rahmen der internationalen Schuldenkrise bei der Sanierung des Staatshaushalts von Griechenland (2010) und 2011 von Portugal.

8.1.3.1 Überwachung der Wechselkurspolitik

Den Auftrag, „die Wechselkurspolitik seiner Mitglieder einer strikten Überwachung zu unterstellen", um auf diese Weise mitzuhelfen, geordnete Währungsbeziehungen zu sichern und ein stabiles Wechselkurssystem durchzusetzen, erfüllt der *IWF* unter aktiver Teilnahme seiner Mitgliedsländer. Die Einschätzung der Wechselkurspolitik eines Mitglieds durch den *IWF* erfolgt im Rahmen einer umfassenden Analyse der allgemeinen wirtschaftlichen Lage des Mitglieds und seiner wirtschaftspolitischen Strategie. Diese Analyse betrifft zum einen die Wirtschaftspolitik und die wirtschaftliche Entwicklung jedes Mitgliedslandes sowie die Wechselwirkungen zwischen der Politik der einzelnen Länder und der Wirtschaftsentwicklung anderer Länder. Zum anderen findet regelmäßig eine jährlich zweimalige Bewertung der weltwirtschaftlichen Entwicklung und Aussichten statt, die eine Überprüfung der Wirtschaftspolitik der Mitglieder in einem multilateralen Rahmen und eine gezielte laufende Beobachtung der Weltwirtschaftslage ermöglicht. Dabei erfolgt auch eine Erörterung der Entwicklung der internationalen Devisen- und Finanzmärkte. Der *IWF* erarbeitet auf dieser Grundlage mittelfristige Szenarien, mit denen Auswirkungen auf mögliche wirtschaftspolitische Wege der Mitgliedsländer gezeigt werden können. Sie helfen ferner, das Konfliktpotential zu erkennen, das womöglich von den für die Wirtschaftspolitik Verantwortlichen ausgeräumt werden muss.

8.1.3.2 Management der Sonderziehungsrechte (SZR)

Das SZR stellt ein vom *IWF* 1970 geschaffenes internationales Reservemedium zur Verbesserung der **internationalen Liquidität** dar, das den Mitgliedern ergänzend zu bestehenden Reserveaktiva zugeteilt wird. Die **Quotensubskription** in Form der SZR-Zuteilungen ist die Hauptquelle der Kreditgewährung des *IWF*. Alle Mitgliedsländer des *IWF* sind gegenwärtig Teilnehmer der SZR-Abteilung und bei Zuteilungen bezugsberechtigt. Sie können SZR in Transaktionen und Operationen untereinander mit zugelassenen „sonstigen Inhabern" von SZR und mit dem Fonds selbst verwenden. Das SZR ist auch die **Rechnungseinheit** des Fonds im Sinne eines **Währungskorbes.** Der Wert dieser Einheit wird täglich ermittelt und bemisst sich nach einem **Bewertungskorb** aus vier Währungen – dem US-Dollar, dem EUR, dem Yen und dem Pfund Sterling.

Der **SZR-Zinssatz,** der wöchentlich errechnet wird, ist ein **gewogener Durchschnitt der Renditen** bestimmter **kurzfristiger Anlagen** auf den **Geldmärkten** jener Länder, deren Währungen den SZR-Bewertungskorb ausmachen. Die im SZR-Zinskorb verwendeten Finanzinstrumente werden periodischen Überprüfungen unterzogen. Die Veränderungen bei den Anlagen tragen den geänderten Bedingungen an den Finanzmärkten Rechnung.

Der *IWF* schafft durch **SZR-Zuteilungen** an Teilnehmer der SZR-Abteilung **auflagenfreie internationale Liquidität,** die nicht der Fonds-Konditionalität unterliegt. Voraussetzung für die Zuteilung von SZR ist die Feststellung durch den IWF, dass langfristig ein weltweiter Bedarf zur Ergänzung der vorhandenen Währungsreserven besteht.

Seit einer Reform der Kreditpolitik im Jahr 2000 umfasst die Toolbox des *IWF* sechs reguläre **Kreditfazilitäten** (siehe dazu *Deutsche Bundesbank* 2003, 35), wobei insbesondere die Bereitschaftskredite (Stand-By-Arrangements), die Erweiterten Fondsfazilität (Extended Find Facility) und die Vorsorgliche Kreditlinie (Contingent Credit Line) praktische Bedeutung haben.

Einige Mitgliedsländer des *IWF* haben ihre Währung an das SZR gebunden (SZR als **Währungsbindung**): Dabei wird der Wert der jeweiligen Landeswährung in SZR festgelegt. Auf dieser Basis bestimmt sich der Wechselkurs gegenüber anderen Währungen dann nach dem vom *IWF* festgestellten und veröffentlichten **SZR-Wechselkurs** dieser Währungen.

8.1.3.3 Kreditaufnahmen des *IWF*

Wenn auch die **Quotensubskription** grundsätzlich die Hauptquelle der Kreditgewährung und somit die Schaffung internationaler Liquidität durch den *IWF* sein soll, und zwar in dem Sinne, dass zusätzliche internationale Liquidität entsteht, so bleibt gleichwohl ein weiteres Instrument zur **Umverteilung** von internationaler Liquidität mittels **Kreditaufnahmen** durch den *IWF* unverzichtbar, das eine temporäre Ergänzungsfunktion zur ordentlichen Finanzierung des *IWF* aufweist. In außergewöhnlichen Fällen ist der *IWF* befugt, im Rahmen der Allgemeinen Kreditvereinbarung (AKV) von elf Ländern (d.h. der G 10-Gruppe) SZR aufzunehmen, „um eine Schwächung des internationalen Währungssystems zu verhüten oder zu beheben“. Neben der Geldaufnahme bei offiziellen Stellen (Notenbanken, Schatzämtern) ist der *IWF* befugt, Kreditaufnahmen für die angesprochenen Zwecke auch bei privaten Investoren vorzunehmen.

8.1.4 Supranationale Banken

Das gemeinsame Kennzeichen supranationaler Banken besteht darin, dass es sich um internationale Körperschaften handelt, deren Mitglieder Staaten sind, und die Aufgaben dieser Banken durch völkerrechtliche Verträge bestimmt werden. Supranationale Banken produzieren auf Grund dieser Gegebenheiten ausschließlich internationale Bankleistungen.

8.1.4.1 Weltbank-Gruppe

Die ***Weltbank*** als ein Ergebnis des *Brettern- Wood-Abkommens* stellt eine multilaterale Entwicklungsinstitution mit zwei juristisch und finanziell unterschiedlichen Organisationen dar, nämlich der *Internationalen Bank für Wiederaufbau und Entwicklung* (*IBRD*) und der später gegründeten *Internationalen Entwicklungsorganisation* (*IDA*). Deren gemeinsame **Ziele** bestehen darin, den in Entwicklung befindlichen Mitgliedsländern zur Förderung des wirtschaftlichen und sozialen Fortschritts Kredite zu gewähren, wirtschaftliche Beratung und technische Hilfe zu leisten sowie als Mittler für Investitionen Dritter zu wirken. Dabei finanzieren sich die beiden Organisationen der *Weltbank* in unterschiedlicher Weise: Während die *IBRD* ihr Darlehensgeschäft überwiegend durch Mittelaufnahmen an den internationalen Kapitalmärkten bestreitet, gewährt die *IDA* den ärmsten Ländern Unterstützung zu günstigeren Bedingungen. Die *IDA* nimmt dafür weitgehend Mittel ihrer wohlhabenden Mitgliedsländer in Anspruch. Mittel aus anderen Quellen wie beispielsweise von Regierungen, Geschäftsbanken, Exportkredit-Organisationen und anderen multilateralen Einrichtungen werden zunehmend zusammen mit Weltbankgeldern für Co-Finanzierungen herangezogen. Angesichts der Strukturprobleme, die den kontinuierlichen Entwicklungsprozess gefährden können, gewährt die Weltbank auch Darlehen, die den Entwicklungsländern helfen, ihre Volkswirtschaften und wirtschaftlichen Strukturen anzupassen.

Zur Weltbank-Gruppe gehören als Schwestergesellschaften die

- *Internationale Finanz-Corporation* (*IFC*) mit der Aufgabe, das Wachstum des privatwirtschaftlichen Sektors in Entwicklungsländern zu fördern und ausländisches wie einheimisches Kapital zu beschaffen, um es zusammen mit ihren eigenen Mitteln in gewerblichen Unternehmungen zu investieren, und die
- *Multilaterale Investitionsgarantie-Agentur* (*MIGA*), die 1988 mit dem Ziel entstanden ist, ausländische Direktinvestitionen in Entwicklungsländern zu fördern und Investoren vor nichtkommerziellen Risiken, d.h. insbesondere vor Krieg oder Enteignung zu schützen (siehe auch *Eilenberger* 1990).

8.1.4.1.1 *Weltbank* (*IBRD*)

Die Internationale Bank für Wiederaufbau und Entwicklung (*International Bank for Reconstruction and Development*) – *Weltbank* genannt – mit Sitz in Washington D.C. (USA), hat am 25.6.1948 ihre Tätigkeit aufgenommen. Die rechtliche Grundlage der Bank und ihrer Tätigkeit ist das auf der Währungs- und Finanz-Konferenz der Vereinten Nationen in Bretton Woods (USA) zwischen dem 1. und dem 22. Juli 1944 verfasste Abkommen über die *Internationale Bank für Wiederaufbau und Entwicklung* (nachstehend Abkommen genannt), das von den Mitgliedsregierungen unterzeichnet worden ist; von ihnen werden die Kapitalanteile gehalten. Das Abkommen enthält unter anderem Bestimmungen über die Rechtsstellung, die Vorrechte und Immunitätsrechte einschließlich der Abgabenbefreiung der Bank im Gebiet eines jeden Mitglieds sowie die Aufgaben, die Mitgliedschaft und das Kapital, die Organisation und Geschäftsleitung, die Tätigkeit, die Bekanntmachungen und die Gewinnverteilung.

Die **Aufgabe** der Bank besteht darin, die wirtschaftliche Entwicklung ihrer Mitgliedsländer zu fördern, hauptsächlich durch Gewährung von Darlehen für spezifische Projekte und damit verbundene technische Hilfe, um damit das langfristige Wachstum des internationalen Handels zu fördern und den Lebensstandard zu heben. Neuerdings sieht die Weltbank ihre Aufgabe in der Mitwirkung an der Überwindung der internationalen Verschuldungskrise durch geeignete Strukturprogramme für die verschuldeten (Entwicklungs-)Länder und **Co-Finanzierungen** in Zusammenarbeit mit Geschäftsbanken.

Das **Kapital** der Bank und die Kapitalzeichnungen der Mitglieder sind gemäß dem Abkommen in US-Dollar zu dem am 1. Juli 1944 gültigen Gewicht und Feingehalt ausgedrückt. Bis zum 31. März 1978 war der US-Dollar von 1944 auf der Grundlage der dem IWF mitgeteilten Parität des US-Dollars in US-Dollar zum jeweiligen Wert umgerechnet worden. Auf dieser Grundlage war am 31.März 1978 der US-Dollar von 1944 gleich 1,20635 USD. Am 1. April 1978 traten Änderungen des IWF-Abkommens in Kraft, als deren Folge Währungen keine Paritäten mehr haben, Gold als gemeinsamer Nenner des Währungssystems abgeschafft ist und alle Berechnungen für die Zwecke des *IWF*-Abkommens auf der Grundlage des Sonderziehungsrechts (SZR) erfolgen, einer Werteinheit, die sich aus festgesetzten Beträgen bestimmter Währungen zusammensetzt.

Die Bundesrepublik Deutschland wurde am 14. August 1952 Mitglied der Bank. Auf Grund des „Gesetzes über den Beitritt der Bundesrepublik Deutschland zu den Abkommen über den Internationalen Währungsfonds (*IWF*) und die Internationale Bank für Wiederaufbau und Entwicklung vom 28. Juli 1952 (BGBl. 1952 II, 637) hat die Bundesrepublik Deutschland insgesamt 17 612 Anteile des Kapitals der Bank gezeichnet und ist berechtigt, 17 862 Stimmen abzugeben.

Das **Kreditgeschäft** der *IBRD* besteht in

- der Darlehensvergabe an Regierungen der Mitgliedsstaaten für genau abgegrenzte Wiederaufbau- und Entwicklungsvorhaben **(Projektdarlehen),**
- **spezifischen Investitionsdarlehen** (Specific Investment Loans) zur Errichtung neuer, produktiver Anlagen und zur Erhöhung der Produktion schon bestehender Unternehmen analog zu Projektdarlehen,
- **Sektorinvestitions- und Instandhaltungsdarlehen** (Sector Investment and Maintenance Loans) zur Finanzierung von Investitionsprogrammen für einen ganzen Wirtschaftssektor (z.B. Energiewirtschaft, Verkehrswesen),
- **Durchleitungsdarlehen** (Financial Intermediary Loans) an nationale Entwicklungsfinanzierungsgesellschaften zur Weitergabe an ausgewählte Endkreditnehmer in den betreffenden Ländern,
- **Sektoranpassungsdarlehen** (Sector Adjustement Loans) zur Finanzierung von notwendigen Strukturanpassungen in einzelnen Wirtschaftssektoren eines Mitgliedslandes. Darlehensnehmer sind Regierungen, die mit den erhaltenen Finanzmitteln in erster Linie Importe des Sektors finanzieren,
- **Darlehen für technische Hilfe** (Technical Assistence Loans) zur Unterstützung bei der Bewältigung von Katastrophenschäden (Emergency Reconstruction Loans) und bei der Gründung von nationalen Entwicklungsbanken.

Als **Obergrenze für die Kreditgewährung** (Kreditlimit) legt das Übereinkommen über die *IBRD* fest, dass der ausstehende Gesamtbestand an ausgezahlten Darlehen, Darlehensbeteiligungen und schwebenden Bürgschaften den Gesamtwert des gezeichneten Kapitals, der Rücklagen und des Gewinns nicht überschreiten darf.

Die **Finanzierung** der *IBRD* erfolgt unter der **Zielsetzung,** dass die *IBRD* an den internationalen Kapitalmärkten als effizienter Finanzintermediär langfristige Mittel aufnimmt, um damit die Entwicklung der kreditnehmenden Mitgliedsländer zu unterstützen. Auf Grund ihres AAA-Ratings kann die *IBRD* nicht nur Darlehen zu Niedrigkosten aufnehmen, sondern auch den Zugang zu den Kapitalmärkten auf Dauer sichern.

Die *IBRD* übernimmt die mit der Kreditvergabe an ihre Mitgliedsländer verbundenen Risiken und überwacht sie. Diese **Risiken** werden auf Länderebene und in einem Gesamtrahmen beurteilt und kontrolliert. Auf Länderebene richtet sich die Kredithöhe ausschließlich nach der Kreditwürdigkeit eines Landes sowie nach den dort von der *IBRD* eingegangenen Risiken. Die Kreditwürdigkeit eines Landes wird danach beurteilt, ob ein Land gegenwärtig und künftig in der Lage ist, *IBRD*-Darlehen zurückzuzahlen. Insgesamt betrachtet, überprüfen regelmäßig die Mitarbeiter der Bank, die Geschäftsleitung und die Exekutivdirektoren die kumulierten Länderportfolio-Risiken. Im Allgemeinen sind die Beurteilung des Gesamtrisikos und der Länderrisiken sowie deren künftige Entwicklung wichtige Faktoren, wenn es darum geht, die jährliche Kreditgewährung der *IBRD* und die gezielten Maßnahmen für eine längerfristige Länderhilfe festzulegen. Sie dienen auch dazu, die Höhe der Rückstellungen für Darlehensausfälle und der Rücklagen zu bestimmen.

Gemäß dem Übereinkommen über die *IBRD* ist das **Währungsrisiko** begrenzt. Bei ihren Mittelaufnahmen geht die Bank keine Währungsrisiken ein. Aktiva werden in den gleichen Währungen gehalten wie die Passiva. Dabei entspricht die währungsmäßige Zusammensetzung der Rücklagen und des Überschusses der *IBRD* dem der ausstehenden Darlehen. Im Zuge der von der *IBRD* gewährten variabel verzinslichen Darlehen trägt der Schuldner das **Zinsänderungsrisiko.** Das **Refinanzierungsrisiko** (= Risiko, dass die Mittel nicht ausreichen, um zu einem bestimmten Zeitpunkt den Verpflichtungen nachzukommen) wird durch

Mittelaufnahmen im mittel- bis langfristigen Bereich oder durch entsprechende Liquiditätsreserven gedeckt, die 45 Prozent des Liquiditätsbedarfs der nächsten drei Jahre entsprechen. Zur **Risikobegrenzung** setzt die *IBRD* sowohl Währungs-Swap-Geschäfte als auch Zins-Swap-Geschäfte ein. Bei den **Währungs-Swap-Geschäften** konvertiert die *IBRD* den von ihr erzielten Anleihe-Erlös in eine andere Währung und schließt gleichzeitig Devisen-Termingeschäfte über zukünftige Konversionen der Währung ab, um die ursprüngliche konvertierte Währung zurückzuerlangen. Die **Kombination** von **Anleihe und Währungs-Swap-Geschäft** stellt die finanzielle Gleichwertigkeit zwischen der ursprünglichen Anleihe und der Anleihe her, die durch die erste Konversion in eine andere Währung erlangt wurde. Daneben schließt die *IBRD* **Zins-Swap-Geschäfte** ab, mit denen festverzinsliche Zahlungsverpflichtungen in einer Währung in variabel verzinsliche Verpflichtungen der gleichen Währung umgewandelt werden und umgekehrt.

Der **Darlehenszins** der *IBRD* berechnet sich nach den Kosten, die der *IBRD* bei ihrer Mittelaufnahme selbst entstehen. Diesen Grundkosten wird ein Aufschlag von 50 Basispunkten zugeschlagen. Diese Spanne kann durch einen Verzicht reduziert werden. Darüber entscheiden die Exekutivdirektoren jährlich unter Berücksichtigung des verfügbaren Reinertrags. Nach Abzug der Aufwendungen, in denen die Rücklagen für Darlehensausfälle enthalten sind, ergibt sich der **Reinertrag** der *IBRD*. Ziel der *IBRD* ist es, diesen Reinertrag zu optimieren, jedoch nicht zu maximieren, so dass angemessene Rücklagen gebildet und die Darlehensgebühren gleichzeitig auf einem niedrigen Stand gehalten werden können. **Rücklagen** werden gehalten, damit die *IBRD* möglicherweise hohe, aber wenig wahrscheinliche Risiken, wie beispielsweise unerwartet hohe Zahlungsrückstände, ohne Rückgriff auf eine Kapitalerhöhung auffangen kann. Ein Teil des Reinertrags wird alljährlich den Rücklagen zugeführt. Einen wesentlichen Anteil an den Finanzierungen der *IBRD* nehmen die sog. **Co-Finanzierungen** ein. Diese erfolgen in Zusammenarbeit mit privaten Banken und/oder mit offiziellen Entwicklungshilfeorganisationen sowie Exportkreditorganisationen.

Die **liquiden Mittel** legt die *IBRD* ausschließlich in festverzinslichen Wertpapieren an, die an verschiedenen Kapitalmärkten gehandelt werden. Ein umfassendes Risikomanagement sowie Überwachungsrichtlinien für Kredit- und Zinsrisiken unterstützen die Aktivitäten im Rahmen des Portfoliomanagements. Die Ergebnisse des Wertpapiergeschäfts werden täglich mit detaillierten Angaben über Musterdepots verglichen.

8.1.4.1.2 Internationale Entwicklungsorganisation (IDA)

In Anbetracht der Tatsache, dass die ärmsten Entwicklungsländer nicht in der Lage waren, sich zu kommerziellen Bedingungen bei der *IBRD* (8.1.4.1.1) zu verschulden, erfolgte 1960 die Gründung der *International Development Association (IDA)* als Schwesterbank. Diese Internationale Entwicklungsorganisation stellt nach Art. 1 *IDA*-Abkommen dieser Gruppe von Entwicklungsländern Finanzierungsmittel zu Bedingungen zur Verfügung, die mit geringeren Anforderungen an diese Länder verbunden sind, d.h. in der Regel zinslos und mit langen Laufzeiten gewährt werden sowie meist eine größere Zahl tilgungsfreier Jahre aufweisen als *IBRD*-Kredite.

Die *IDA* ist angesichts der Charakteristika ihrer Kredite darauf angewiesen, ihre Finanzmittel durch **Kapitalzeichnungen** der Mitgliedsländer und **zinslose Beiträge** der Mitglieder aufzubringen. Dazu kommen jährliche Zuschüsse aus den Gewinnen der *IBRD*. Eine Selbstfinanzierung der *IDA* kann grundsätzlich aus den **Rückflüssen aus** *IDA*-Krediten erfolgen. Die Finanzierung durch die Mitglieder beruht einerseits auf den **Erstzeichnungen** (1961 bis 1964), die proportional den Kapitalbeteiligungen der betreffenden Länder an der *IBRD* entsprechen in Gold und/oder Hartwährungen. Andererseits bringen die Mitgliedsländer in **Wiederauffüllungsrunden** die weiteren erforderlichen Finanzmittel auf.

IDA-Maßnahmen betreffen gesamtwirtschaftliche und strukturbezogene **Anpassungskredite,** die darauf abzielen, Rationalisierungserfolge im öffentlichen Sektor insofern herbeizuführen, als die Staatsausgaben mit den verfügbaren Mitteln und Kapazitäten in Einklang gebracht werden. Daneben schafft die *IDA* durch Kredite Grundlagen des **Umweltschutzes** im Sinne der Gestaltung und Umsetzung einer umweltverträglichen Entwicklungspolitik und nationaler Umweltaktionspläne, vor allem in den Bereichen Forst- und Landwirtschaft, sowie Energie- und Wasserwirtschaft. Im Mittelpunkt der *IDA*-Maßnahmen stehen jedoch sog. **Armutsgutachten,** die Armutsprobleme in speziellen Ländern analysieren und sich vor allem auf Maßnahmen zur Armutslinderung konzentrieren, und auf die Armutslinderung abgestellte, gezielte Aktivitäten im Rahmen von Anpassungskrediten und entsprechenden Investitionskredite.

Die **Anpassungsprogramme** enthielten in zunehmendem Umfang Maßnahmen zur Linderung der Armut. Von den während der beiden letzten Jahre des Wiederauffüllungszeitraums von der *IDA* erteilten Investitionszusagen waren 40 Prozent gezielt auf die Armen ausgerichtet. Wichtige Zielgruppen und Dienstleistungen wurden besonders beachtet. Dabei kam der Rolle der Frauen beträchtlich mehr Anerkennung zu; auch wurden immer häufiger geschlechtsspezifische Fragen in die Projektplanung einbezogen. Ferner bemühte man sich intensiver darum, an der Planung und Durchführung von Projekten die Begünstigten zu beteiligen. Die Unterstützung für die Bereitstellung elementarer sozialer Einrichtungen, einschließlich Grundschulausbildung, Gesundheitsfürsorge und Familienplanung, wurde beträchtlich erhöht. Die *IDA*-Kredite weisen **Kreditlaufzeiten** zwischen 40 bis 50 Jahren für die am wenigstens entwickelten Länder und 35 Jahre für alle anderen Kreditnehmer auf. In der Regel beginnt die **Tilgung** nach zehn tilgungsfreien Jahren.

8.1.4.1.3 Internationale Finanz-Corporation (IFC)

Die Gründung der *International Finance Corporation* (*IFC*) erfolgte 1956 als erste Schwestergesellschaft der *IBRD* zu dem Zweck, die private wirtschaftliche Initiative in den Entwicklungsländern dadurch zu fördern, dass die *IFC* gemeinsam mit privaten Investoren und ohne Rückzahlungsgarantie einer Regierung Darlehen zur Errichtung, Modernisierung und Erweiterung produktiver privater Unternehmungen gewährt, wenn privates Kapital nicht oder nicht zu angemessenen Bedingungen im benötigten Umfang erhältlich ist. Art. I des *IFC*-Abkommens sieht daher vor, dass die *IFC* eine Zusammenführung von ausländischem und inländischem Kapital sowie erfahrenem Management fördert, technische Hilfe gewährt und private Kapitalanlagen in den weniger entwickelten Mitgliedsländern anregt, fördert und initiiert. Dadurch ergänzt die *IFC* die *IBRD*, die entsprechend ihrer Statuten nur Darlehen an Regierungen oder gegen Regierungsgarantie vergibt, nicht aber Beteiligungen eingehen dürfen. Die *IFC* deckt diese Lücke dadurch ab, dass sie sich sowohl am Eigenkapital privater Unternehmen **beteiligt** als auch den Absatz von Fremdfinanzierungsinstrumenten und ggf. Aktien von Unternehmen durch **Übernahmegarantien** unterstützt. Ihre Aufgaben erfüllt die *IFC* durch **Finanzierung** solider Projekte im privaten Sektor, durch die Beschaffung von Fremd- und Beteiligungskapital an den internationalen Kapitalmärkten sowie durch die Bereitstellung **technischer Hilfe** und von Beratungsdiensten für Unternehmen und Regierungen der entsprechenden Entwicklungsländer. Das **genehmigte Grundkapital** der *IFC* ist von den Mitgliedsländern aufzubringen. Gemäß den überprüften „Richtlinien für die Fremdverschuldung und eine angemessene Eigenkapitalausstattung" muss die *IFC* ein Kapital (einschließlich Rücklagen) in Höhe von mindestens 30% der risikobehafteten Vermögensanlagen halten. Die *IFC* gewährt zwar keine Darlehen an Regierungen, ist jedoch in bestimmten Fällen auch bereit, gemischte Unternehmungen von privaten Investoren und öffentlichen Trägern in Form von **Joint Ventures** zu fördern. In der Regel begrenzt die *IFC* ihre Teilnahme an den Projektkosten auf 25%. Eine Beteiligung an der Geschäftsführung im Falle von Beteiligungsfinanzierung seitens der *IFC* scheidet aus. Allerdings kann die *IFC* bei drohender Gefährdung ihres

Engagements bei der betreffenden Unternehmung geeignete Schritte zum Schutz ihrer Interessen ergreifen. Insgesamt sind die **Konditionen** der ***IFC*-Darlehen** „härter" als diejenigen der *IBRD* und der *IDA,* da die *IFC* dabei die Risiken und die üblichen Marktkonditionen zu berücksichtigen hat. Die **Laufzeit** der Darlehen liegt zwischen sieben und zwölf Jahren, der tilgungsfreie Zeitraum umfasst drei Jahre.

8.1.4.1.4 Multilaterale Investitions-Garantie-Agentur (MIGA)

Als jüngste Gesellschaft der Weltbankgrupe wurde die *Multilateral Investment Guarentee Agency* (*MIGA*) im April 1988 gegründet. Ihre **Aufgabe** besteht darin, den Zufluss produktiver Investitionen in Entwicklungsländern zu fördern. Zu diesem Zweck stellt sie kundenfreundliche und preiswerte Dienstleistungen zur Verfügung, die auch als Ergänzung zu anderen wichtigen staatlichen und privaten Aktivitäten gedacht sind. Die *MIGA* garantiert oder versichert Investitionen in Entwicklungsländern, die von Privatinvestoren vorgenommen werden. Sie schützt diese Investoren vor speziellen nicht-kommerziellen Risiken. Außerdem berät sie die Entwicklungsländer und unterstützt deren Bemühungen um Investitionen (siehe dazu auch *Eilenberger* 1990c, 222 f.).

Die **Finanzierungsquellen** der *MIGA* betreffen vor allem das **genehmigte Kapital**. Die **Leistungen** der *MIGA* bestehen in erster Linie in **Garantien** auf neue Investitionsvorhaben in den Entwicklungsländern. Dazu kommen Bürgschaften auf Erweiterung, Modernisierung und finanzielle Umstrukturierungen bestehender Unternehmen und auf den Erwerb halbstaatlicher Unternehmen durch Private (**Privatisierungsprogramme**). Die Höhe der Versicherung beträgt maximal 90%, wobei sowohl Kapitalbeteiligungen als auch Darlehen versichert werden können, die von Kapitaleignern des Unternehmens im betreffenden Entwicklungsland gewährt werden.

Neben den Bürgschaftsprogrammen bietet die *MIGA* vielfältige **technische Hilfe** an, womit sie die Bemühungen unterstützt, **ausländische Direktinvestitionen** in den Entwicklungsländern und in den im Umbruch befindlichen Volkswirtschaften anzuregen (die *MIGA* bezeichnet diese als Länder der Kategorie 2). Die technische Hilfe der *MIGA* konzentriert sich vor allem auf die Investitionsförderung und die Vermittlung von Informationen über Investitionsmöglichkeiten in Ländern der Kategorie 2 sowie auf den damit verbundenen Aufbau von Kapazitäten in investitionsfördernden Organisationen jener Länder. Das Informationsnetz der *MIGA* steht offiziellen investitionsfördernden Organisationen, Unternehmerverbänden, Finanzintermediären und sonstigen Vermittlungsstellen und schließlich Investoren zur Verfügung. Die *MIGA* stellt das Sekretariat für den Netzverbund zur Verfügung, der den Mitgliedern vor allem erlaubt, Kontakte zu pflegen und Informationen und Erfahrungen auszutauschen. Gemäß ihrem Auftrag berät die *MIGA* eine Reihe von Mitgliedsländern über deren gesetzliche Regelungen für Auslandsinvestitionen. Die *MIGA unterstützt* darüber hinaus den Abschluss bilateraler Investitionsverträge zwischen einigen Mitgliedern und regte bei einer Reihe von Investitionsstreitigkeiten eine einvernehmliche Regelung an.

8.1.4.2 Europäische Investitionsbank (EIB)

Die *Europäische Investitionsbank* (*EIB*) mit Sitz in Luxemburg ist als **rechtlich selbständiges Kreditinstitut** der Europäischen Gemeinschaft errichtet, dem als Mitglieder die Mitgliedsstaaten der Europäischen Gemeinschaft angehören. Dementsprechend bilden die **rechtliche Grundlage** der Bank und ihrer Tätigkeit der am 25. März 1957 in Rom geschlossene und mehrfach geänderte Vertrag zur Gründung der Europäischen Wirtschaftsgemeinschaft, nachstehend „Vertrag von Rom" genannt. Die Satzung der Europäischen Investitionsbank ist dem Vertrag von Rom als Protokoll beigefügt und Bestandteil des Vertrages; ebenso das Protokoll über die Vorrechte und Befreiungen der Europäischen Gemeinschaften vom 8. April 1965.

Die Bundesrepublik Deutschland hat den Vertrag von Rom auf Grund des Gesetzes vom 27. Juli 1957 (BGBl. 1957 II, 753 ff.) und das Protokoll über die Vorrechte und Befreiungen der Europäischen Gemeinschaften auf Grund des Gesetzes vom 20. Oktober 1965 (BGBl. 1965 II, 1453 ff.) ratifiziert. Der Vertrag von Rom sowie das Protokoll über die Vorrechte und Befreiungen der Europäischen Gemeinschaften sind damit innerdeutsches Recht geworden. Die Bank wurde am 1. Januar 1958 mit Inkrafttreten des Vertrages von Rom gegründet (Art. 129 f. EWG-Vertrag). Die Dauer der Tätigkeit der Bank ist nicht beschränkt.

Nach den Bestimmungen des Vertrages von Rom ist es Aufgabe der Bank, zu einer ausgewogenen und reibungslosen Entwicklung des Gemeinsamen Marktes im Interesse der Gemeinschaft beizutragen. In diesem Sinne erleichtert sie ohne Verfolgung eines Erwerbszweckes durch Gewährung von Darlehen und Bürgschaften die Finanzierung der nachstehend bezeichneten Vorhaben in allen Wirtschaftszweigen:

- Vorhaben zur Erschließung weniger entwickelter Gebiete;
- Vorhaben zur Modernisierung oder Umstellung von Unternehmen oder zur Schaffung neuer Arbeitsmöglichkeiten, die sich aus der schrittweisen Errichtung des Gemeinsamen Marktes ergeben und wegen ihres Umfangs oder ihrer Art mit den in den einzelnen Mitgliedstaaten vorhandenen Mitteln nicht vollständig finanziert werden können;
- Vorhaben von gemeinsamem Interesse für mehrere Mitgliedstaaten, die wegen ihres Umfanges oder ihrer Art mit den in den einzelnen Mitgliedstaaten vorhandenen Mitteln nicht vollständig finanziert werden können.

In der Regel finanziert die *EIB* nur Investitionsvorhaben, die innerhalb der europäischen Hoheitsgebiete der Mitgliedstaaten zu verwirklichen sind. Die Bank kann jedoch auf Vorschlag des Verwaltungsrats durch eine vom Rat der Gouverneure einstimmig erteilte Ausnahmegenehmigung auch Darlehen für bestimmte Investitionsvorhaben oder für eine unbestimmte Anzahl von Investitionsvorhaben gewähren, die ganz oder teilweise außerhalb der europäischen Hoheitsgebiete der Mitgliedstaaten durchgeführt werden. Diese Darlehen unterliegen grundsätzlich denselben Bestimmungen, die auch für Darlehen in Mitgliedstaaten gelten. Darüber hinaus hat es die Bank übernommen, für Rechnung Dritter Darlehen zu Sonderbedingungen zu gewähren.

Mitglieder und Eigentümer der *EIB* sind die EU-Mitgliedstaaten. Die benötigten Finanzmittel beschafft die *EIB* über den Kapitalmarkt zu günstigen Beschaffungskosten, da sie von den Rating-Agenturen mit „AAA" bewertet ist. Der Gesamtbetrag der ausstehenden Ausleihungen darf gemäß Satzung der *EIB* das 2,5-fache des gezeichneten Kapitals erreichen. Hinsichtlich der Finanzierungen darf der Anteil der *EIB* an den jeweiligen Projekten maximal 50% je Fall betragen (tatsächlich im Durchschnitt maximal 25%). Insofern ergeben sich Risikobeschränkungen sowohl von der Mittelverwendungsseite her, als auch bezüglich der Mittelaufbringung (Kapitalstruktur).

Zusätzlich zu den Finanzierungen aus eigenen Finanzierungsmitteln, welche die *EIB* über Anleihen am Kapitalmarkt beschafft (Obergrenze ist der Kreditrahmen von 250% des Grundkapitals der *EIB*), verwaltet die *EIB* auch vermittelte Kredite, die sie im Auftrag und für Rechnung der Mitgliedsstaaten, der EU oder der *Euratom* abwickelt. Dazu gehören die außerhalb des Gemeinschaftshaushalts der EG abgewickelten Finanztransaktionen und die Darlehen aus Mitteln des *Europäischen Entwicklungsfonds* (*EEF*). Der *EEF* seinerseits stellt ein spezielles Finanzierungsinstrument der EU dar, dessen Mittel nach einem bestimmten Schlüssel durch die Mitgliedsstaaten aufzubringen sind, und nach besonderen Bestimmungen verwaltet werden.

8.1.4.3 Europäische Bank für Wiederaufbau und Entwicklung (EBWE)

Mit der Zielsetzung, den Prozess der Umstrukturierung der Volkswirtschaften des ehemaligen kommunistischen Ostblocks zu Marktwirtschaften zu unterstützen und private unternehmerische Aktivitäten in diesen ehemals zentralverwaltungswirtschaftlich organisierten mittel- und osteuropäischen Ländern zu fördern, wurde die *European Bank* for *Reconstruction and Development* (*EBRD*) im April 1991 mit Sitz in London gegründet. Zu den 39 Gründungsmitgliedsstaaten gehörten neben den seinerzeit zwölf EG- Staaten elf andere europäische Staaten und neun nichteuropäische Staaten sowie sieben mittel- und osteuropäische **Empfängerländer** (Bulgarien, Jugoslawien, Polen, Rumänien, Tschechoslowakei, Ungarn und die Sowjetunion). Weitere Gründungsmitglieder sind die *EG* und die *EIB* (siehe 8.1.4.2). Nach Auflösung der Sowjetunion erweiterte sich der Kreis der Empfängerländer auf über zwanzig (einschl. der Nachfolgestaaten der Sowjetunion und Albanien). In Anbetracht der Ausrichtung der *EBWE* wird sie häufig auch als **Osteuropabank** bezeichnet.

Zur Erreichung der Zielsetzung soll die *EBWE* im Rahmen der erforderlichen strukturellen und sektoralen Wirtschaftsreformen Entwicklungshilfe bei der Auflösung der Staatsmonopole, der allgemeinen Dezentralisierung der Wirtschaft und bei der (Re-)Privatisierung leisten. Insgesamt sollte durch *EBWE*-Hilfen die Voraussetzungen für eine Integration der mittel- und osteuropäischen Länder in die Weltwirtschaft geschaffen werden. **Bedingung** für die Bewilligung von Fördermitteln sind Bekenntnis und Anwendung der Grundsätze der Mehrparteiendemokratie und der Marktwirtschaft. Notwendig ist eine enge Zusammenarbeit mit *IWF*, *IBRD*, *EIB* und der *OECD* sowie anderen internationalen Organisationen. Vom ursprünglichen **Stammkapital** der *EBWE* in Höhe von 10 Mrd. ECU müssen 30% eingezahlt werden, der Rest ist **Haftungskapital** der Mitgliedsländer. Die *EU*-Länder halten zusammen mit der *EU* und der *EIB* 57% des **Gründungskapitals.** Die höchsten Einzelanteile halten mit 10% die USA und Japan. Großbritannien, Frankreich, Italien und Deutschland halten Anteile von je 8,5%. Die Empfängerländer halten ihrerseits insgesamt 12,4% der Anteile. Die Kapitalmehrheit der *EU*-Länder gewährleistet das Statut der *EBWE*. Das Stimmengewicht korrespondiert mit der Höhe des Kapitalanteils. Kapitalerhöhungen führen zu einem autorisierten Kapital, das in Euro ausgedrückt wird (siehe dazu *Deutsche Bundesbank* 2003, 146 ff.).

Die **Refinanzierung** des **Kreditgeschäfts** erfolgt grundsätzlich über Kreditaufnahmen. Die Emission von Schuldverschreibungen auf nationalen Kapitalmärkten von Mitgliedsländern kann nur mit deren Genehmigung erfolgen. Gefordert ist darüber hinaus eine Fristenkongruenz von Schuldverschreibungen und Krediten, deren Schwerpunktlaufzeiten zwischen fünf und zehn Jahren liegen.

Die **Kredite, Beteiligungen** an Unternehmen und die **Garantien** der *EBWE* für Wertpapieremissionen privatwirtschaftlicher Unternehmen zielen insbesondere auf den **privaten Sektor.** Finanzhilfen an den **staatlichen Sektor** (für Infrastrukturinvestitionen) sind auf 40% des Geschäftsvolumens der *EBWE* begrenzt. Weitere **Limitierungen** der Geschäftstätigkeit der *EBWE* bestehen im Gesamtbetrag der gewährten Kredite, Beteiligungen und Garantien (auf das Stammkapital einschließlich Rücklagen und Überschüssen) und hinsichtlich des Gesamtvolumens der Beteiligungen, die den Betrag von Stammkapital, Rücklagen und Überschüssen nicht übersteigen dürfen. Darüber hinaus darf kein beherrschender Einfluss an dem Beteiligungsunternehmen seitens der *EBWE* entstehen. Nach Möglichkeit sollen die Kapitalbindungen in Beteiligungen durch Verkauf an private Anleger wieder verflüssigt werden, sofern angemessene Ergebnisse erzielbar sind. Bei der Kreditgewährung sind insbesondere **Co-Finanzierungen** mit privaten Investoren, Banken und internationalen Organisationen anzustreben. Insgesamt versteht sich die Entwicklungshilfe der *EBWE* als Hilfe zur Selbsthilfe in dem Sinne, dass ein Entwicklungsprozess auf privater Basis entsteht und den jungen Unternehmen der Empfängerländer die internationalen Finanzierungsquellen erschlossen werden.

Die *EBWE* wird in Ergänzung zu anderen internationalen Entwicklungsorganisationen (wie *IBRD, IDA, IFC, MIGA*) tätig und setzt eigene Schwerpunkte.

8.1.4.4 Inter-Amerikanische Entwicklungsbank

Die **Inter-American Development Bank** *(IDB)* ist eine internationale Institution mit Sitz in Washington, D. C. (USA). Bei der *IDB* handelt es sich um die älteste regionale Entwicklungsbank, die von 19 lateinamerikanischen Ländern gegründet worden ist. Ihr gehören als Mitglieder die Regierungen der Organisation Amerikanischer Staaten (OAS), Kanada, Guyana, die Bahamas sowie eine größere Zahl nichtregionaler Staaten, darunter auch die Bundesrepublik Deutschland, an. Die rechtliche Grundlage der Bank und ihrer Tätigkeit ist das am 30. Dezember 1959 abgeschlossene Abkommen über die Errichtung der Inter-Amerikanischen Entwicklungsbank (*Agreement Establishing the Inter-American Development Bank*), nachstehend „Abkommen" genannt. Sie hat offiziell am 1. Oktober 1960 ihre Tätigkeit aufgenommen; ihre Dauer ist nicht beschränkt. Das Abkommen enthält unter anderem Bestimmungen über die Rechtsstellung, Immunitäten und Vorrechte der Bank, ihre Aufgaben, die Mitgliedschaft und das Kapital, die Organisation und die Geschäftsleitung, ihre Tätigkeit sowie über die Finanzausweise und die Gewinnverteilung.

Zweck der Bank ist es, die wirtschaftliche und soziale Entwicklung der regionalen Entwicklungsländer, die Mitglieder der Bank sind, in ihrer Gesamtheit und als Einzelstaaten zu fördern.

Die Bank hat nach dem Abkommen folgende **Aufgaben:**

- die Investition öffentlichen und privaten Kapitals für Entwicklungszwecke zu fördern;
- ihr eigenes Kapital, auf den Finanzmärkten aufgenommene Gelder und andere verfügbare Mittel zur Finanzierung der Entwicklung von Mitgliedstaaten zu verwenden;
- private Investitionen in Projekten und Unternehmen zu fördern, die zur wirtschaftlichen Entwicklung beigetragen, und private Investitionen zu ergänzen, wenn privates Kapital zu angemessenen Bedingungen nicht zur Verfügung steht;
- mit den Mitgliedstaaten zusammenzuarbeiten, um deren Entwicklungspolitik auf eine bessere Ausnutzung ihrer Bodenschätze auszurichten, und bei der Vorbereitung, Finanzierung und Ausführung von Entwicklungsprojekten technische Unterstützung zu leisten.

In **Erfüllung** ihrer Aufgaben ist die Bank berechtigt,

- sich Mittel durch die Aufnahme von Darlehen zu beschaffen und dafür die Sicherheiten zu stellen, die sie für erforderlich hält, vorausgesetzt, dass die Bank vor einem Verkauf ihrer Schuldverschreibungen im Markt eines Landes die Genehmigung dieses Landes und des Mitglieds erhalten hat, auf dessen Währung die Schuldverschreibungen lauten. Darüber hinaus bedarf die Bank der Zustimmung dieser Länder, dass in der Gegenwert uneingeschränkt in die Währung eines anderen Landes konvertiert werden kann, wenn die Darlehen dazu verwendet werden sollen, um die eigenen Mittel der Bank zu erhöhen;
- Wertpapiere anzukaufen und zu verkaufen, die sie ausgegeben oder garantiert hat oder in denen sie Mittel angelegt hat;
- Mittel, die sie für ihre Geschäftstätigkeit nicht benötigt, mit Zustimmung einer Zweidrittelmehrheit aller Stimmrechte der Mitgliedstaaten in Schuldverschreibungen nach ihrer Wahl anzulegen;
- Wertpapiere, die sie in ihrem Bestand hält, zu garantieren, um ihren Verkauf zu erleichtern.

In Ergänzung zur *IDB* entstand auf Initiative von 34 Gründungsmitgliedern (darunter auch die Bundesrepublik Deutschland) im November 1984 die **Interamerikanische Investitionsge-**

sellschaft *{Inter-American Investment Corporation – IIC*), deren Aufgabenstellung derjenigen der *IFC* (siehe 8.1.4.1.3) entspricht und die 1989 ihre Geschäftstätigkeit aufnahm. Die **Aufgabe** der *IIC* besteht darin, das Wirtschaftswachstum der regionalen Mitgliedsstaaten zu fördern und zwar vor allem durch Hilfen für kleine und mittlere private Unternehmen in Zusammenhang mit Gründung, Erweiterung und Modernisierung. Die Hilfen der *IIC können* entweder in Kapitalbeteiligungen an den privaten Unternehmungen oder in Fremdfinanzierungen (Darlehen) bestehen. Die *IIC* ihrerseits kann sich bei einem **Anfangskapital** von 200 Mio. USD durch Emission von Schuldverschreibungen und Beteiligungsverkauf finanzieren.

Das ordentliche **Stammkapital** der *Inter-Amerikanischen Entwicklungsbank* ist nur zum Teil (rund 7%) eingezahlt. Das **Haftungskapital** beläuft sich auf 93%. Zu den **Ordinary Capital Ressources** zählen daneben Finanzmittel, welche die *IDB* durch Kreditaufnahmen an internationalen Kapitalmärkten (v.a. durch öffentliche Emission von Schuldverschreibungen, Privatplatzierungen) beschafft. Rund ein Viertel ihrer Finanzierungsmittel bringt die *IDB* über sog. **Special Funds** auf, die von Mitgliedsländern oder Dritten für Kredite mit „weichen" Konditionen an besonders bedürftige Mitgliedsländer zur Verfügung gestellt werden. Dabei kommt dem **Fund for Special Operations** die größte Bedeutung zu (Fund für weiche Konditionen), gefolgt vom **Social Progress Trust Fund** zur Verbesserung der sozialen Infrastruktur und der ärmsten Einkommensgruppen. Die Sonderfonds sind aus Gründen der Bonität von den ordentlichen Kapitalbeständen streng getrennt.

Die von den *IDB* in Rechnung gestellten **Ausleihzinssätze** für Kredite aus ordentlichen Kapitalbeständen werden halbjährlich auf der Basis der Durchschnittskosten der Refinanzierung eines **Pools** von Kreditaufnahmen der *IDB* neu berechnet und sind somit **variabel.** Die **Laufzeiten** der *IDB*-Kredite liegen zwischen 15 und 25 Jahren. Eine Hilfestellung zur Verringerung des Zinsendienstes auf Ausleihen aus dem ordentlichen Kapital bedeutet die 1983 geschaffene **Zwischenfinanzierungsfazilität (Intermediate Financing Facility** – IFF). Mit der IFF kann der effektive Zinssatz auf einen Betrag zwischen Ausleihzinssatz für Kredite aus ordentlichen Kapitalbeständen und aus Special Funds reduziert werden. Die Speisung der IFF erfolgt einerseits aus ihrem Anfangskapital von 61 Mio. USD und von jährlichen Zuschüssen aus dem Fund for Special Operations. Insofern können Kreditnehmern Mittel aus ordentlichen Kapitalbeständen gewährt werden, für die sie ansonsten nicht in Frage kommen würden.

8.1.4.5 Afrikanische Entwicklungsbank

Die Gründung der *African Development Bank* (*AfDB*) bzw. *Banque Africaine de Developpement* (*BAD*) erfolgte im August 1963 durch 30 unabhängige afrikanische Länder mit Sitz in Abidjan (Hauptstadt der Côte d'Ivoire). Die Geschäftsaufnahme fand im Juli 1966 statt. In der Zwischenzeit traten dem *AfDB* weitere afrikanische und nicht-regionale Staaten (darunter auch die Bundesrepublik Deutschland im Februar 1983) bei. Der **Förderzweck** besteht vor allem in Sektor- und Strukturanpassungsmaßnahmen, insbesondere Infrastrukturprojekten, zugunsten afrikanischer Staaten. Die Laufzeit der Kredite beträgt 20 Jahre. Darüber hinaus beteiligt sich die *AfDB* mit internationalen und nationalen Entwicklungsbanken sowie mit anderen Entwicklungshilfeorganisationen an der **Co-Finanzierung** von Projekten. Darüber hinaus bietet die *AfDB* ein Programm für **technische Hilfe** bei der Vorbereitung, Durchführung und Überwachung von Projekten an.

Die **Finanzierung** der *AfDB* erfolgt einerseits über das **genehmigte Grundkapital** in Höhe von rund 16 Mrd. RE (1 RE entspricht 0,88867088 Gramm Feingold = 1 USD im Goldwert von 1944; 1978 beschloss der Gouverneursrat das Goldgewicht der RE mit 1 SZR gleichzusetzen), andererseits über **Fremdmittelaufnahmen.** Dabei ergibt sich die Besonderheit, dass die *AfDB* zwischen **vorrangigen Schuldtiteln (Senior Debt)** und **nachrangigen Schuldtiteln**

(**Subordinated Debt**) unterscheidet, wobei das Volumen der vorrangigen Schuldtitel 80% des haftenden Eigenkapitals aller Mitgliedsländer nicht übersteigen darf. Die Tilgung der nachrangigen Verbindlichkeiten darf erst nach voller Bedienung der vorrangigen Verbindlichkeiten erfolgen. Neben diesen **Ordinary Capital Ressources** unterhält die *AfBD* wie alle anderen regionalen Entwicklungsbanken auch **Special Funds,** die von den ordentlichen Kapitalmitteln getrennt verwaltet werden. Aus diesen Sonderfonds ist vor allem der auf Initiative der nigerianischen Regierung 1976 errichtete *Nigeria Trust Fund* (*NTF*) zu nennen, der dazu dient, die Entwicklung der wirtschaftlich schwächsten Mitgliedstaaten zu fördern. Der *Arab Oil Fund* unterstützt bestimmte afrikanische Staaten mit Zahlungen.

Der Förderung der internationalen Kooperation und der regionalen Integration innerhalb Afrikas ist der 1972 durch Vertrag zwischen der *AfDB* und 16 nicht-regionalen Staaten gegründete **Afrikanische Entwicklungsfonds** (*African Development Fund- AfDF-* bzw. *Fonds African de Development*) gewidmet. Seine **Aufgabe** besteht im Einzelnen darin, die Tätigkeit der *AfBD* durch Kreditvergabe für Projekte mit geringer Rentabilität im ländlichen und sozialen Sektor zu unterstützen. Die **Darlehen** des *AfDF* sind daher **zinslos** mit 50 Jahren Laufzeit und zehn tilgungsfreien Jahren sowie einer geringen Verwaltungsprovision. Die von den nicht-afrikanischen Mitgliedsländern des *AfDF* gezeichneten Kapitalanteile betrugen ursprünglich rund 6 Mrd. RE.

8.1.4.6 Asiatische Entwicklungsbank

Die **Asian Development Bank** (*ADB*) wurde 1965 als internationale Finanzierungsinstitution von 31 Staaten mit Sitz in Manila (Philippinen) gegründet und nahm am 19.12.1966 ihre Tätigkeit auf. Zwischenzeitlich ist auch die Bundesrepublik Deutschland der *ADB* als Mitglied beigetreten. Die **rechtliche Grundlage** bildet das Abkommen zur Errichtung der Asiatischen Entwicklungsbank, das am 22.8.1966 in Kraft getreten ist. Die **Aufgabe** der Bank besteht darin, die wirtschaftliche Entwicklung und die Zusammenarbeit in Asien und dem Fernen Osten zu fördern und zur Beschleunigung des wirtschaftlichen Wachstums der in der Region gelegenen, in der Entwicklung befindlichen Mitglieder in ihrer Gesamtheit und als Einzelstaaten beizutragen. Zu diesem Zweck sind der Bank im Wesentlichen dieselben Befugnisse eingeräumt, wie sie bereits oben unter 8.1.4.4 für die *Inter-Amerikanische Entwicklungsbank* detailliert dargestellt sind.

Das **genehmigte Grundkapital** der *ADB* beträgt rund 35 Mrd. SZR, an dem Japan und die USA die höchsten Kapitalanteile halten, gefolgt von China, Indien, Australien, Indonesien und Kanada sowie Deutschland, Frankreich und Großbritannien. Die Refinanzierung des **Kreditgeschäfts** der *ADB* erfolgt über die Emission von Schuldverschreibungen über die internationalen Kapitalmärkte sowie über Privatplatzierungen in europäischen Ländern. Neben diesen **Ordinary Capital Ressources** bestehen **Special Funds,** wobei vor allem der **Japanische Sonderfonds** Unterstützung zur Lösung von Strukturanpassungen für Entwicklungsländer der Region leistet, zu dem die japanische Regierung über 800 Mio. USD beiträgt.

Die **Kreditgewährungen** erfolgen in erster Linie zum Ausbau der Landwirtschaft, der Energieversorgung und des Transportwesens sowie zum Aufbau einer leistungsfähigen Kommunikationsinfrastruktur und des nationalen Bank- und Finanzwesens. Dazu kommen **Beteiligungsfinanzierungen** an privaten Unternehmen und die Gewährung von **Garantien** sowie **Co-Finanzierungen** mit privaten Investoren, Banken und internationalen Organisationen. Ähnlich wie die *IIC* (siehe 8.1.4.4) wendet die *ADB* ein va**riables Zinssatzsystem** (market-based loans oder LIBOR-based loans products) auf der Basis halbjährlicher Ermittlungen des Ausleihzinssatzes nach durchschnittlichen Kosten eines **Pools** von Kreditaufnahmen der *ADB* in diesem Zeitraum an. Die Kredite weisen eine **Laufzeit** zwischen 10 und 30 Jahren bei

Darlehen aus ordentlichen Finanzmitteln (bei zwei bis sieben tilgungsfreien Jahren) und von 35 bis 40 Jahren (bei zehn tilgungsfreien Jahren) bei *ADF*-Krediten auf. Derartige ***ADF*-Kredite** werden über den **Asiatischen Entwicklungsfonds** (*Asian Development Fund – ADF*) seit Mitte 1974 zu Vorzugsbedingungen an besonders bedürftige Entwicklungsländer der Region gewährt. Am *ADF* ist Deutschland mit dem drittgrößten Beitrag beteiligt.

8.1.4.7 Bank für Internationalen Zahlungsausgleich (BIZ)

Die *BIZ* wurde als älteste der supranationalen Banken bereits am 12.5.1930 mit Sitz in Basel (Schweiz) als Aktiengesellschaft gegründet und diente ursprünglich primär der Abwicklung der deutschen Reparationszahlungen. In der Zwischenzeit steht die **Aufgabe,** die Zusammenarbeit zwischen den Zentralbanken zu fördern, im Mittelpunkt. Insofern kann sie auch als **„Bank der Zentralbanken"** bezeichnet werden. In dieser Funktion nimmt sie vor allem im Rahmen der Abwicklung der internationalen Zahlungsverkehrsleistungen und als Treuhänder bzw. Agent auf Grund internationaler Verträge (z.B. Europäischer Fonds für währungspolitische Zusammenarbeit) eine bedeutende Stellung ein. Grundsätzlich müssen die Leistungen der *BIZ* mit der Währungspolitik der angeschlossenen Zentralnotenbanken vereinbart sein. Eine Kreditgewährung an Regierungen erfolgt in Form ad hoc vereinbarter **Kredithilfen** zur Stützung von Währungen, die unter spekulativen Druck geraten sind, und in Form von **Bereitschaftskrediten** (zum Ausgleich von Währungsverlusten) sowie weiterer **Kreditfazilitäten** im Auftrag der Notenbanken.

Zusätzlich zum Hauptzweck der *BIZ*, die Zusammenarbeit der Zentralbanken zu fördern, fallen der *BIZ* weitere Aufgaben zu, und zwar

- die Schaffung neuer Möglichkeiten für internationale Finanzgeschäfte, und
- die Mitwirkung als Treuhänder (Trustee) oder als Agent bei den ihr durch Verträge mit den beteiligten Parteien übertragenen internationalen Zahlungsgeschäften.

Dementsprechend nimmt die *BIZ* Aufgaben der Überwachung und Steuerung der Finanzmärkte ebenso wahr wie die Initiative zum Abschluss von bankaufsichtlichen Vereinbarungen. In diesem Zusammenhang hat sich die *BIZ* vor allem durch den *Cooke-Ausschuss* (später: *Baseler Ausschuss für Bankenaufsicht)* verdient gemacht. Aus dessen Arbeit gingen das Baseler Konkordat (**Basel I**) von 1975 zur Überwachung der Kreditinstitute auf konsolidierter Basis und 2004 die Neue Eigenkapitalvereinbarung (**Basel II**) und zuletzt **Basel III** hervor, die zur Grundlage der derzeitigen EU-Standards wurden.

Ein weiteres Aufgabengebiet der *BIZ* besteht in Initiativen zur Verbesserung der Transparenz der Märkte, indem die *BIZ* in ihrer Funktion als zentrale Meldestelle umfangreiches statistisches Material auf Grund der Meldungen der Zentralbanken der OECD-Länder entwickelt und zur Verfügung stellt (*BIZ*-Statistik), das auch in die internationale Bankenstatistik des *IWF* Eingang findet. Parallel dazu führt die *BIZ* seit Ende 1964 ein allgemeines System der **Multilateralen Überwachung** (Multilateral Surveillance) für die Finanzierung von Zahlungsbilanzsalden. Daraus entstehen vertrauliche Mitteilungen an die Zentralbanken über die monatlichen Veränderungen der zentralen Währungsreserven und der Devisenpositionen der Geschäftsbanken der einzelnen Länder in Form einer Erweiterten Devisenbilanz.

Das genehmigte Nominalkapital der *BIZ* bzw. *BIS* (*Bank for International Settlement*) beträgt 1,5 Mrd. Goldfranken (1 Goldfranken = 0,29032258064 Gramm Feingold), aufgeteilt in 600.000 Aktien zu je 2.500 Goldfranken. Bisher wurden 529.125 Aktien gezeichnet. Der Rest der Aktien ist ausschließlich für Zentralnotenbanken als zusätzliche Mitglieder der *BIZ* reserviert. Alle Aktien sind nur mit jeweils 25% eingezahlt. Das eingezahlte Kapital und die Reserven der *BIZ* betragen rund 3% ihrer Passiva, wobei die Fremdmittel zu rund 90% aus Einlagen von Zentralnotenbanken resultieren.

8.2 Internationale Finanzmärkte

In Analogie zu den nationalen Finanzmittelmärkten (siehe 2.3) können auch die internationalen Finanzmärkte in internationale Geld-, Kredit- und Kapitalmärkte unterschieden werden, wobei sich hinsichtlich der **Eurowährungen** als Gegenstand von Angebot und Nachfrage die Besonderheit der Unterscheidung des **Euromarktes** in den Eurogeld-, den Eurokredit- und den Eurokapitalmarkt als Spezialfällen der internationalen Finanzmärkte ergibt. **Eurowährungen** entstehen durch **Banken-Giralgeldschöpfung** von **Eurobanken.** Dabei ist insbesondere die Generierung von Euro-Dollar („Yankee-Dollar") mit Ursprung in den USA von wesentlicher Bedeutung (zur Banken-Giralgeldschöpfung auf dem Eurogeldmarkt siehe im Einzelnen 8.3.2.2.2). Mit der später erfolgten Einführung des EUR als gesetzlichem Zahlungsmittel des Euro-Systems ergibt sich eine unglückliche semantische Kollision der Begriffe „Euro", die zu Missverständnissen Anlass geben könnte. Um diese zu vermeiden, wird bezüglich der Euromärkte auch die Bezeichnung **Xenomärkte** benutzt. Im Folgenden wird die Bezeichnung „EUR" als Kennzeichnung der gemeinsamen europäischen Währung als Zentralbankgeld benutzt, während die Bezeichnung „Euro" für die durch Banken-Giralgeldschöpfung entstandenen Eurowährungen Anwendung findet.

Ganz allgemein liegen **internationale Finanzmarktbeziehungen** bereits dann vor, wenn grenzüberschreitende Transaktionen zwischen zwei Bankbetrieben, zwischen zwei und mehr Zentralbanken oder zwischen einem Bankbetrieb/Zentralbank und einem (multinationalen) Nicht-Bankunternehmen abgewickelt werden. Eine Weiterentwicklung der internationalen Finanzmarktbeziehungen im Sinne einer Verlagerung der Transaktionen aus dem Hoheitsbereich der nationalen Währungsbehörden (und damit deren Überwachung) stellen die **Euromarktbeziehungen** dar: Dabei erstellen beispielsweise Banken, die ihren Sitz außerhalb des Währungsursprungslandes (I) haben (ausländische Banken oder Auslandseinheiten einer inländischen Bank des Währungsursprungslandes), Anlageleistungen durch Entgegennahme von Einlagen in der Währung des Staates I und produzieren auch auf dieser Basis Kreditleistungen in der Währung I oder in anderen (abgeleiteten) Währungen außerhalb des jeweiligen Währungsursprungslandes, also jeweils in fremder Währung und typischerweise in Banken-Giralgeld. Die **internationalen Finanzmittelmärkte (international banking markets** bzw. **international financial markets**) bestehen somit aus der Summe der grenzüberschreitenden Finanzierungstransaktionen (einschließlich Euromarktbeziehungen).

8.2.1 Euromärkte (Xenomärkte)

Besonderem Interesse begegnen seit ihrem Entstehen in den späten 1950er Jahren die Euromärkte, die im folgenden in ihrer Struktur kurz darzustellen sind (siehe dazu auch *Widmer*). Das gemeinsame Charakteristikum dieser Märkte besteht darin, dass sie nicht streng lokalisiert sind und die Transaktionen sich zumeist unter Einschaltung der Banken abspielen, die Kreditleistungen und/oder Anlageleistungen, z.B. in Form von Neuemissionen, ihrem Publikum (Unternehmen, Regierungen, zentrale monetäre Institutionen, andere Banken, internationale Organisationen, sonstige öffentliche und private Finanzinstitutionen) anbieten. **Zentren** der Euromärkte sind London, Luxemburg und die Off-Shore-Zentren (Cayman Islands, Niederländische Antillen, Bahamas, Singapur, Liberia, Panama). Als ein Teilmarkt besonderer Art erweist sich die seit ihrer Etablierung durch die *Fed* am 3.12.1981 bestehende Bankenfreizone von New York, die als „amerikanischer Eurodollarmarkt" insbesondere Transaktionen durch **International Banking Facilities** (=Banken in den USA) durchführen und der ausländischen Kundschaft Anlage- und Kreditleistungen anbieten (zu den *IBF's* im Einzelnen siehe *Osthoff; Wittgen/Eilenberger* 1984, 51 f.; *Federal Reserve Bank of New York*; zur steuerlichen Behandlung siehe *New York City Department of Finance*).

Der Umfang der über Euromärkte abgewickelten Transaktionen wird im wesentlichen durch

- die Zinsdifferenzen zu nationalen Geld-, Kredit- und Kapitalmärkten;
- die weitgehende Unabhängigkeit von nationalen geldpolitischen Lenkungsinstrumenten und nationaler Bankenaufsicht,
- die steuerliche Begünstigung gegenüber gleichgelagerten Aktivitäten auf nationalen Geld-, Kredit- und Kapitalmärkten sowie
- den ungehinderten Austausch von Kapitalien bestimmt.

Auf dem **Eurogeldmarkt** werden vorwiegend kurzfristige Interbankleistungen angeboten und nachgefragt. Es handelt sich dabei um finanzielle Transaktionen auf der Basis von Banken-Giralgeld in Währungen verschiedener Länder außerhalb der Hoheitsgebiete der betreffenden Währungen an Offshore-Plätzen: Den überwiegenden Teil des Eurogeldmarktes machen die Einlagen in Euro-Dollar (**Euro-USD**) aus. Dazu kommen als weitere Hauptwährungen dieses Außengeldmarktes Einlagen in Euro-Pfund (**Euro-GBP**), Euro-Yen (**Euro-JPY**) und Euro-Schweizer Franken (**Euro-CHF**), die eigene Teilsegmente bilden.

Eine besondere Rolle spielt in diesem Zusammenhang der **Euro-EUR-Markt**: Er ist derjenige Teil des Euromarktes, der nicht der Kontrolle durch die EZB unterliegt und auf dem unabhängig von einer bestimmten Region der Euro-Zone **Euro-EUR**-Bestände gehandelt werden. Handel und Zinsbildung können sich frei von Beschränkungen durch nationale Währungsbehörden vollziehen. Die Fristigkeiten reichen von einem Tag (Over-Night) über sieben Tage bis zu zwölf Monaten, wobei der Schwerpunkt des Marktes bei drei Monaten liegt. **Nicht** dem Eurogeldmarkt zugehörig sind dagegen die regionalen EUR-Geldmärkte, auf denen insbesondere Zentralbankguthaben in der Währung der EZB, also vor allem EUR-Zentralbankgeld, gehandelt wird.

Insgesamt besteht der Eurogeldmarkt somit ausschließlich aus Transaktionen mit **abgeleiteten** (derivativen) **Währungen** in Form von Banken-Giralgeld, nicht aber aus solchen mit ursprünglichen (originären) Währungen in Zentralbankgeld. Am Eurogeldmarkt basiert daher jede Übertragung eines Währungsbetrages auf zu Grunde liegenden Übertragungen im Ursprungsland der Währung. Das bedeutet, dass in der geringen Zahl von Fällen einer notwenigen Zahlungen in der konkreten Ursprungswährung die Zahlung in Devisen erfolgen muss. Insofern weist der Eurogeldmarkt Berührungspunkte zu den **Devisenmärkten** auf, mit denen auch über Termingeschäfte auf Geldmarktbasis enge Wechselbeziehungen bestehen (siehe dazu *Eilenberger* 2004,181 ff.).

Internationale Geldmärkte (siehe *Wittgen/Eilenberger* 1984,42 ff.) erweisen sich dagegen aus der Sicht des Inlandes als regionale ausländische Geldmärkte mit bestimmten (einzelnen) ausländischen Transaktionswährungen für kurzfristige Geldanlagen und kurzfristige Kredite mit Laufzeiten von maximal 12 Monaten. Im Unterschied dazu werden auf **Devisenmärkten** Ansprüche auf Zahlungen in fremder Währung (Devisen) gegen Gläubiger an einem ausländischen Platz gekauft und verkauft.

Der **Eurogeldmarkt** weist zwei Marktsegmente auf: Auf dem **Markt für Eurogeldmarktpapiere** erfolgt die Emission und (anschließend) der Handel von **Certificates of Deposit** (CD's; siehe 8.3.1.2.2.a) sowie von **internationalen Promissory Notes (Commer-cial**

Papers CP's und **Euro-Notes;** siehe 8.3.1.2.1.d). Der **Markt** für **Eurogeldleihen** betrifft den Handel mit Banken-Giralgeld, das auf ausländische Währung lautet, d.h. in der Übertragung von Sichtguthaben oder kurzfristigen Terminforderungen (die nicht in CD's verbrieft sind) zum Zwecke des Liquiditätsausgleichs von internationalen Banken (und multinationalen Unternehmen) sowie der rentablen kurzfristigen Anlage von Überschüssen (Abbildung 47-4).

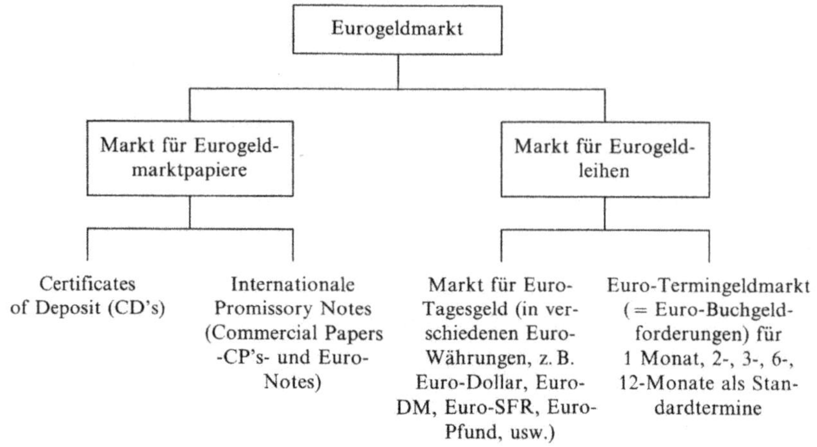

Abb. 47-4: Struktur des Eurogeldmarktes (nach Handelsobjekten)

Die **Zinsbildung** am **Eurogeldmarkt** erfolgt ohne Beeinträchtigung durch nationale, administrative Kontrollen von staatlichen Aufsichtsorganen völlig frei. Der Teilmarkt London weist Orientierungsfunktion auf. Dabei ergeben sich ein Einstandszins (Nachfragezins für Eurogeld) in Form der „Euro-London-Interbank-Bid-Rate" (**Euro-LIBID**) und ein Angebotszins für Kreditgewährungen am Eurogeldmarkt in Form der „Euro-London-Interbank-Offered-Rate" (**Euro-LIBOR**). Als **Mittelkurs** im Sinne des arithmetischen Mittels zwischen LIBID und LIBOR kann der Durchschnittszinssatz „Euro-London Interbank Mean Rate" (**Euro-LIMEAN**) angesehen werden, der Bedeutung für die Zinsgestaltung von Schuldverschreibungen am Eurokapitalmarkt oder für Eurokredite (bezüglich Schuldnern von hervorragender Bonität) haben kann. Seit Inkrafttreten der Europäischen Währungsunion hat zum 1.1.1999 hat allerdings der EURIBOR („Euro Interbank Offered Rate") als Nachfolger des FIBOR in vielen Marktsegmenten den Euro-LIBOR als Referenzzinssatz abgelöst. Im Gegensatz zu LIBOR stellt der EURIBOR einen Durchschnittszinssatz dar, der durch Meldungen von 57 Referenzbanken (47 aus EURO-Ländern, vier aus den übrigen EU-Ländern, sechs aus Nicht-EURO-Ländern) täglich um elf Uhr MEZ über einen Bildschirmdienst auf der Basis von Briefsätzen für Ein- bis Zwölf-Monats-Gelder im Interbankenhandel in der EURO-Zone ermittelt wird.

Wegen der Besonderheit des EUR als europäischer Einheitswährung, der auf regionalen Geldmärkten der EUR-Zone ebenso wie offshore auf dem Außengeldmarkt als Euro-EUR gehandelt werden kann, besteht ein **Zinsverbund** zwischen Inlands- und Außenmarkt: In Anbetracht des freien Kapital- und Zahlungsverkehrs zwischen regionalen Inlandsmärkten und dem Offshore-Markt für Euro-EUR kann sich das am Markt für Euro-EUR herrschende Zinsniveau nicht unbeschränkt von den Zinssätzen der Euro-Zone entwickeln. Arbitragen zwischen den Märkten sorgen dafür, dass die Marktteilnehmer für ihre Transaktionen zwischen den Marktsegmenten wählen können und sich daher für den Teilmarkt entscheiden werden, der ihnen als der günstigere erscheint, ohne die Währung wechseln zu müssen. Dazu kommen spekulative Transaktionen, die darauf abzielen, die Zinsdifferenzen so lange zu nutzen, bis keine Arbitragegewinne mehr entstehen und dadurch ein Marktausgleich resultiert.

Die Bedeutung des Eurogeldmarktes liegt darüber hinaus darin, dass er zum Teil auch zur Speisung des Eurokreditmarkts dient, der keine eigenständige Finanzmittelaufbringung hat (allenfalls eine gewisse Selbstfinanzierung in Gestalt der Rückflüsse aus Krediten in Frage kommt).

Der **Eurokreditmarkt** dient als mittel- bis langfristiger Markt für Kredite in Eurowährungen, insbesondere Konsortialkredite. Teilnehmer am Eurokreditmarkt sind internationale Banken, Euro-Banken, multinationale Unternehmen und Staaten. Er wird vornehmlich aus kurzfristigen Einlagen des Eurogeldmarktes gespeist und fungiert somit als (Fristen-)Transformator, indem er auf der Grundlage des **Revolving-Systems** diese kurzfristigen Mittel in mittel- und langfristige Kredite umformt. Die Ermittlung des Volumens des Eurokreditmarktes bereitet insofern Schwierigkeiten, als zum einen die Erhebungen auf der Basis aller Kreditzusagen, zum anderen auf der Grundlage tatsächlich abgeschlossener Verträge oder von Auszahlungen erfolgen können. Dominierende Währung ist der Euro-USD.

Entsprechend der Finanzierungsbesonderheiten zeigt der Eurokreditmarkt ebenfalls zwei Marktsegmente (Abbildung 47-5), eines für relativ kurzfristige Festsatzkredite und eines für mittel- bzw. längerfristige **Roll-over-Kredite,** bei denen regelmäßige

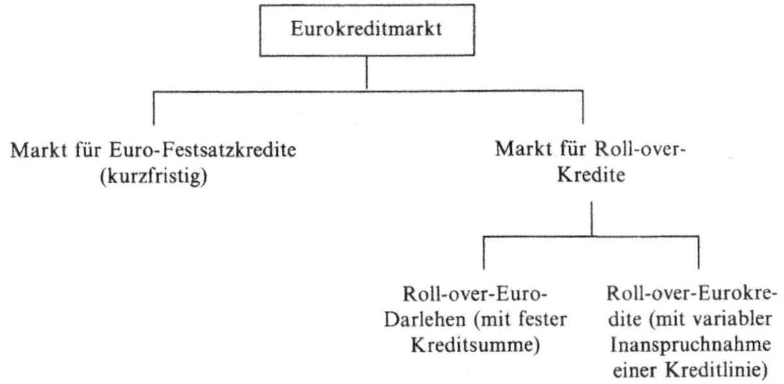

Abb. 47-5: Struktur des Eurokreditmarkts (nach Kreditformen)

Zinsanpassungen auf der Basis von Euro-LIBOR (oder EURIBOR) vereinbart sind. Damit können Zinsänderungsrisiken, die durch die Fristentransformation über kurzfristige Eurogeldmarktfinanzierungen bedingt sind, an die Kreditnehmer abgewälzt bzw. überrollt („ roll-over") werden. Im Gefolge der diversen internationalen Verschuldungskrisen ergab sich gegenüber der Blütezeit dieses Marktes in den 1980er Jahren eine Reduzierung der Eurokreditvergabe und Bedeutungseinbuße des Eurokreditmarktes. Dazu trug nicht zuletzt die wachsende Bedeutung der Emission von **Eurogeldmarktpapieren** (Euro-Notes) seitens der bisherigen Schuldner und Unternehmen bei (ggf. unter Garantie der Banken; siehe 8.3.1.1.2.b) ersetzt wird.

Während der **Eurokapitalmarkt** bis 1985 ausschließlich ein Markt für Euro-Anleihen (Euro Bonds) und Euro-Schuldscheine war und gegenüber dem Eurokreditmarkt ein relativ geringes

Volumen aufwies, führten auch in diesem Marktbereich die diversen internationale Verschuldungskrisen zu einer Veränderung insofern, als die Kreditvergaben in Form von Eurokrediten durch Banken von Schuldverschreibungsemissionen durch die Schuldner selbst abgelöst wurden (**Securitisation;** siehe *Dombret*). Andererseits entwickelte sich infolge der neuen Technik des Vertriebes von **Euro-Aktien** nach dem Muster von Euro-Anleihe-Emissionen (siehe 8.3.1.2.1) ein neues, zusätzliches Marktsegment für Euro-Beteiligungspapiere (Abbildung 47-6; wegen Einzelheiten zu den Euro-Effekten siehe 8.3.1.2.1.a bis c).

Abb. 47-6: Struktur des Eurokapitalmarkts (nach Handelsobjekten)

8.2.2 Devisenmärkte

Die Devisenmärkte als eine weitere Kategorie internationaler Finanzmärkte stellen sich als ein weltweites Kommunikations- und Transfersystem dar, dessen Struktur von den am Devisenhandel beteiligten Bankbetrieben und Nichtbanken sowie den Informationen und technischen Kommunikationsmöglichkeiten (Telefon, elektronische Netze und Plattformen, Internet) bestimmt wird.

8.2.2.1 Devisenkassamärkte

Devisenkassamärkte ermöglichen den unmittelbaren reibungslosen Austausch von Währungen aller Art, wobei die Abwicklung der Devisengeschäfte längstens innerhalb zwei Tagen erfolgen muss. Die Feststellung der Kurse erfolgte in Deutschland bis zum 31.12.1998 an fünf amtlichen Devisenbörsen für 17 amtliche Devisenmittelkurse (**Devisenkassahandel**), wobei der Frankfurter Devisenbörse in Anbetracht der dort gehandelten Volumina und Interventionen durch die *Deutsche Bundesbank* Leitfunktion zukam. Daneben konnten Devisen grundsätzlich auch außerhalb der offiziellen (inländischen) Devisenbörsen unter Banken bzw. Nichtbanken oder auf einer höheren Organisationsstufe am **Freiverkehrsmarkt,** der ausländische Devisenbörsen einschließt, ausgetauscht werden. Der reibungslose Austausch von Währungen setzte die volle **Konvertibilität** der betreffenden Währungen voraus, also die Gewährleistung der jederzeitigen (gegenseitigen) Umtauschbarkeit der Währungen. Darüber hinaus sorgt die **Devisenarbitrage** für eine weltweite Angleichung bzw. für den Ausgleich der sich ggf. an lokalen **Devisenbörsen** oder anders organisierten **Devisenmärkten** bildenden Devisenkurse.

Seit Einführung des EUR zum 1.1.1999 erfolgt der Devisenkassahandel in Deutschland als Interbankleistung, der praktisch ausschließlich als elektronischer Devisenhandel über spezifische Händlernetze organisiert und rund um die Uhr möglich ist. Dementsprechend bildet sich während eines Handelstages eine Vielzahl von Devisenkursen mit teilweise erheblichen Spannen (Spreads). Große Banken, Forex-Broker und Devisenmakler ermöglichen darüber hinaus als Market-Maker auch Privatpersonen zumindest einen indirekten Zugang zum Devisenhandel. Dieser Sachverhalt hat dazu geführt, dass sich ein Intra-Day-Handel etabliert hat, der (hochriskante) Spekulationschancen für die Day-Trader eröffnet.

Gegenstand des Devisenhandels, der nach § 1 Abs. 1 Nr. 4 KWG i. V. m. § 1 Abs. 11 KWG ein erlaubnispflichtiges Bankgeschäft darstellt, sind im Regelfall Auszahlungen (Guthaben bei ausländischen Banken) an anderen (ausländischen) Bank-und Börsenplätzen. Es können grundsätzlich auch Schecks und Wechsel gehandelt und in Form besonderer Kurse notiert werden (nur im Ausland).

Die Kurse im Devisenkassahandel entstehen durch bilaterale Abschlüsse zwischen den Devisenhändlern der Banken. Die Zahl der zustande kommenden Kurse richtet sich nach den Bedürfnissen der am Devisenhandel beteiligten Banken entsprechend der jeweiligen (individuellen) Konstellationen von Angebot und Nachfrage. Die Devisenhändler der Banken des Euro-Systems führen den Devisenhandel in der Regel als Eigenhandel durch. Dies bedeutet, dass die Zielvorgaben durch die jeweiligen Banken für die Devisenhändler den Handel bestimmen. Kundenaufträge (von Nichtbanken) werden im Rahmen dieses Eigenhandels mit erfüllt. Als Preise (Kurse) für die Devisen sind die Bezeichnungen Geldkurs und Briefkurs üblich: Während der Geldkurs den Kurs angibt, zu dem die Bank (der Händler) bereit ist, eine bestimmte Anzahl von Währungseinheiten einer anderen Währung anzukaufen bzw. abzunehmen (Ankaufskurs), bezeichnet der Briefkurs den Kurs, zu dem die Bank (der Händler) bereit ist, eine bestimmte Anzahl von Währungseinheiten einer anderen Währung zu verkaufen bzw. abzugeben (Verkaufskurs). Der arithmetische Mittelwert aus dem Geld- und Briefkurs ergibt den (rechnerischen) Mittelkurs (siehe Eilenberger 2004, 39 ff.).

Im Verkehr mit der Kundschaft erhalten Banken des Euro-Systems limitierte und/oder unlimitierte Kauf- und Verkaufsorders gegen EUR in den einzelnen Währungen zur Ausführung: Während bei unlimitierten Orders eine Fixierung des Kurses fehlt, wird bei limitierten Orders für die Ausführung ein Höchstkurs fixiert, zu dem der Kunde bereit ist, einen bestimmten Währungsbetrag zu übernehmen, oder ein Mindestkurs festgelegt, zu dem er einen bestimmten Währungsbetrag abzugeben gewillt ist. Gegenüber den Kursen am Devisenmarkt legen die Banken im Verkehr mit Kunden gegenüber ihren, im Eigenhandel erzielten Devisenkursen zusätzliche Auf- oder Abschläge fest, die zu einer Verteuerung der Devisengeschäfte für die Kundschaft führen. Auf diese Weise werden die Spreads zwischen Geld- und Briefkursen zu Gunsten der Banken und ihrer Ertragserzielung verbreitert.

Besonderheiten der Kursbildung im Devisenkassahandel sind in dem Fall zu berücksichtigen, dass Währungen nicht durch völlig freie Wechselkursbildung miteinander verbunden sind und Schwankungen nur in bestimmten Bandbreiten erfolgen dürfen. Bei Über- oder Unterschreiten der Bandbreiten werden Interventionen der Zentralnotenbank(en) notwendig (Floating-Kurse mit Schwankungsgrenzen). Ein derartiger Sonderfall war in Gestalt des Europäischen Währungssystems (EWS I) gegeben, das am 13.3.1979 in Kraft getreten war und den bis dahin bestehenden Europäischen Wechselkursverbund von 1972 („Schlange") abgelöst hatte (wegen Einzelheiten siehe MDB 3/1979, 11 ff.): Auf der Basis bilateraler Leitkurse, die in Europäischen Währungseinheiten (ECU) ausgedrückt waren, wurden untere und obere Interventionspunkte festgelegt, bei deren Erreichen bzw. Überschreiten nach unten oder oben die teilnehmenden Zentralnotenbanken zur Intervention in Teilnehmerwährung verpflichtet wurden. Korrekturen der festgelegten Wechselkursbeziehungen waren nur durch Leitkursänderungen auf Beschluss der Teilnehmer am EWS I möglich. Ursprünglich galten Bandbreiten von in der Regel ± 2,25% (im Ausnahmefall: ± 6%). Auf Grund der Währungsturbulenzen vom Herbst 1992 und Juli 1993 beschlossen die Finanzminister und Zentralbankpräsidenten der EG-Länder, mit Wirkung vom 2.8.1993 die Bandbreiten auf ±15% zu erweitern. Nur die Niederlande und Deutschland hielten im bilateralen Verhältnis ihrer Währungen weiterhin an der früheren engen Schwankungsmarge von ± 2,25% fest. Dasselbe galt für Österreich, das zum 1.1.1995 EG-Mitglied wurde und das dem EWS I unter Wahrung der Bindung des österreichischen Schillings an die DM beitrat. Die Mitgliedsstaaten konnten im Gegensatz zu der relativ weiten obligatorischen Intervention bei ±15% Abweichung vom bilateralen Leitkurs allerdings auch intramarginal intervenieren bei Werten, die nahe an der Marge vor dem August 1993 oder unterhalb der obligatorischen Interventionsgrenze lagen. Trotz der erheblichen Bandbreitenerweiterung hatten sich einige Währungen bereits im März 1995 der unteren Interventionsgrenze genähert. Die Schlüsselrolle im EWS I nahm die Europäische Währungseinheit (als ein „Währungskorb") ein, die als Bezugsgröße für die Wechselkurse, Indikator für Wechselkursabweichungen, Rechengröße für Forderungen und Verbindlichkeiten im EWS I sowie als Zahlungsmittel und Reserveinstrument der EG-Zentralnotenbanken diente. Insgesamt bewirkten die Interventionspflichten der Zentralnotenbanken eine Devisenkursbildung innerhalb der vorgegebenen Schwankungsbreiten, was für den Devisenhandel eine Reduzierung der Unsicherheitssituation über die Kursbildung mit sich brachte. Dabei zeigte sich eine Besonderheit insofern, als der amtliche Mittelkurs für Währungen, die am EWS I teilnahmen, mindestens mit dem unteren Interventionspunkt oder maximal mit dem oberen Interventionspunkt identisch sein musste. Die Spanne zwischen Geld- und Mittelkurs einerseits und zwischen Brief- und Mittelkurs andererseits konnte jedoch die jeweiligen Interventionspunkte über- oder unterschreiten.

Mit Einführung des EUR wurde die ECU abgeschafft, im Verhältnis 1:1 auf der Basis der Wechselkurse der offiziellen ECU am 31.2.1998 in EUR umgetauscht und damit für den EUR im Innverhältnis der Europäischen Währungsunion auf Dauer festgeschrieben (zu den unwiderruflichen Euro-Umrechnungskursen siehe Eilenberger 2004, 58). Im Außenverhältnis dagegen ist der EUR eine frei floatende Währung.

Gleichzeitig mit dem Beginn der Europäischen Wirtschafts- und Währungsunion zum 1.1.1999 wurde das EWS I beendet. An die Stelle des EWS I (auch als Wechselkursmechanismus I bezeichnet) trat für jene Mitgliedsländer der EU, deren Währungen nicht an den EUR gebunden sind, der Wechselkursmechanismus II (WKM II bzw. EWS II) der Europäischen Union. Der Zweck von EWS II besteht darin, die daran teilnehmenden Mitgliedsstaaten, die den EUR noch nicht eingeführt haben, mit denen der EUR-Zone zu verbinden. An der Teilnahme am EWS II besteht kein Zwang. So sind z.B. Großbritannien und Schweden nicht beigetreten. EWS II stellt insbesondere für beitrittswillige Länder zum EUR-System eine Vorstufe zur späteren Teilnahme dar, die eine zweijährige störungsfreie Teilnahme am EWS II voraussetzt. EWS II beruht nach dem Vorbild von EWS I auf Leitkursen gegenüber dem EUR mit einer Standardbandbreite von ±15 Prozent (siehe *Eilenberger* 2004, 55 ff). Die Vereinbarung engerer Bandbreien ist möglich. An den festgelegten Interventionspunkten haben automatisch Interventionen der EZB und ggf. der NZBen zu erfolgen. Eine Ausnahme von diesem strengen Interventionsmechanismus ist für den Fall vorgesehen, dass die Interventionen dem Ziel der Preisstabilität zuwiderlaufen würden. Allen Beteiligten am EWS II (einschließlich der EZB) steht das Recht zu, ein Überprüfungsverfahren zur Anpassung der Leitkurse einzuleiten.

8.2.2.2 Devisenterminmärkte

Die Devisenkassamärkte werden insbesondere für Zwecke der Kurssicherung durch Devisenterminmärkte (siehe Abbildung 47-7) ergänzt. Devisentermingeschäfte unterscheiden sich von Devisenkassageschäften dadurch, dass der Zeitraum zwischen Abschluss und Erfüllung mehr als zwei Tage beträgt. Abgesehen davon, dass die Laufzeit von Devisentermingeschäften frei zwischen den Partnern vereinbart werden können, bestehen entsprechend der Standardlaufzeiten Teilmärkte für 1-, 2-, 3-, 6- und 12-Monats-Termine. Im Gegensatz zu den Devisenkassamärkten erfolgt die Kursbildung für Devisentermingeschäfte nicht auf der Basis von Angebot und Nachfrage nach Devisen per Termin. Vielmehr bilden sich die Terminkurse durch Aufschläge (Reports) oder Abschläge (Deports) auf der Basis von Zinsdifferenzen zwischen den Geldmärkten der beteiligten Kassadevisen (bei Euro-Währungen zwischen den korrespondierenden Euro-Geldmarktsätzen). Diese Differenzen werden als Swapsätze bezeichnet, da die Banken die Kurssicherung in der Regel als Devisenswapgeschäfte in einer Kombination von Devisenkassageschäft und Anlage auf dem Geldmarkt (Swapsätze unter Banken). Der gewünschte Devisenterminkurs ergibt sich durch Addition des Swapsatzes für den betreffenden Termin mit dem aktuellen Devisenkassakurs (siehe dazu im Einzelnen *Eilenberger* 2004, 41 ff.).

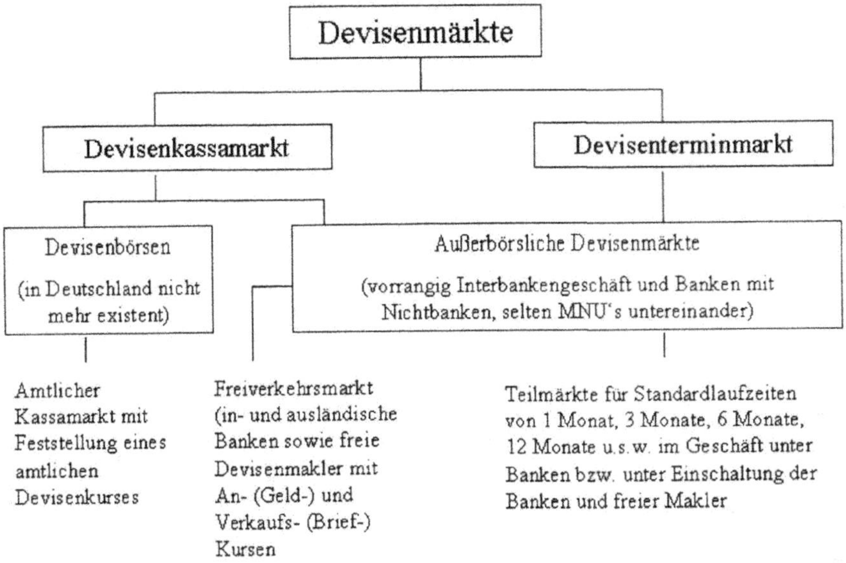

Abb. 47-7: Devisenmärkte nach Organisationsformen des Devisenhandels (*Eilenberger* 2004, 40)

Für Geschäfte mit der Kundschaft werden die erzielten Swapsäze unter Banken gespreizt: In der Höhe dieser Spreads auf die Swapsätze unter Banken erzielen die Banken ihren Ertrag aus dem Devisentermingeschäft. Risiken aus Devisentermingeschäften ergeben sich für Banken insbesondere, wenn Devisenkurspartner ausfallen. Daher haben die Banken bei der Auswahl ihrer Geschäftspartner auf eine entsprechende Bonität der Kunden zu achten.

8.2.3 Finanzterminmärkte

Seit Mitte der 1970er Jahre entwickelte sich an ausländischen Terminbörsen (Chicago, New York, Philadelphia, London) die Möglichkeit des Handels mit standardisierten Finanz-Kontrakten aller Art **(Financial Futures)** auf standardisierte Termine. Während ein Teil der Financial Futures nach wie vor analog zu den Usancen der Warentermingeschäfte an **internationalen Finanz-Terminbörsen** abgewickelt wird, erfolgt ein spezialisierter Handel für Optionen an spezifischen internationalen **Optionsbörsen**.

Die **Motive** zur Teilnahme am Finanzterminmarkt bestehen einerseits in Sicherungsüberlegungen (**Hedging**), andererseits in kurzfristigen Gewinnerwartungen (**Spekulation**). Hinsichtlich der Akteure an Finanzterminmärkten ist daher zu unterscheiden zwischen **Hedgern**, die eine Kurssicherung anstreben (typischerweise Bank- und Versicherungsbetriebe, private Investoren mit Risikoaversion), **Tradern** als risikofreudigen Teilnehmern, die von Kursschwankungen profitieren möchten („risikofreudige" private Investoren, Handelsfirmen), und **Arbitrageuren,** die Unterschiede der Kurse auf den Kassamärkten und Terminmärkten (vergleichbarer Kassa- und Kontraktinstrumente) nutzen (siehe dazu im einzelnen *Cordero,* 80ff.). Zur Sicherung der Erfüllung des Kontrakthandels dienen an den Terminbörsen die **Clearing-Institutionen** (Clearing-House, dem die Clearing-Members als Börsenmitglieder und damit **direkte Marktteilnehmer** angehören). Weitere Börsenmitglieder, die nicht der Clearing-Organisation angehören (Non-Clearing-Members), und alle anderen am Marktgeschehen Beteiligten, zählen zu den **indirekten Marktteilnehmern.** Die Abwicklung von Transaktionen internationaler Terminbörsen bleibt den direkten Marktteilnehmern vorbehalten, so dass die in Abbildung 47-8 dargestellte Abwicklungsstruktur typisch ist.

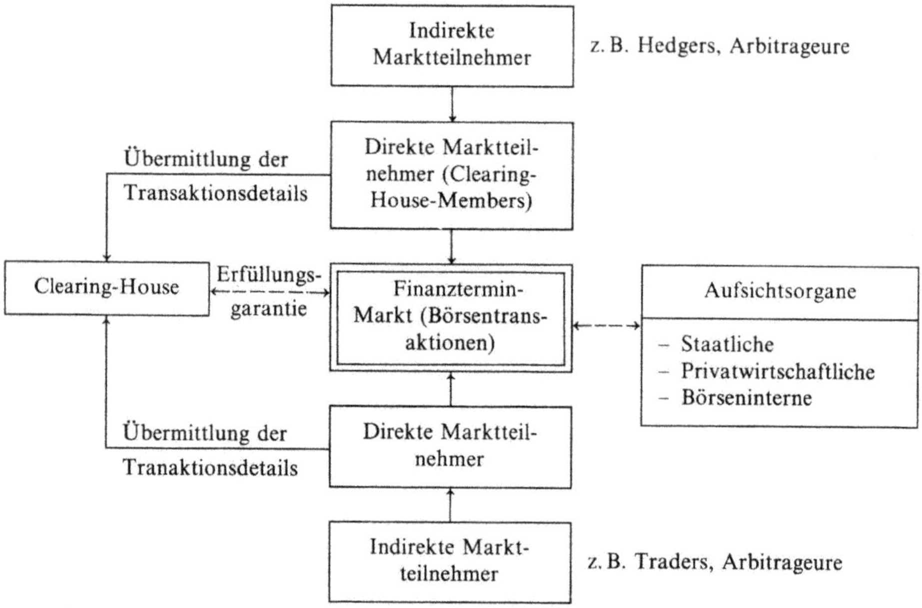

Abb. 47-8: Marktteilnehmer und Grundzüge der Geschäftsabwicklung an internationalen Finanzterminmärkten

Die Finanzterminmärkte weisen darüber hinaus entsprechend der grundsätzlich existierenden Futures-Instrumente verschiedene **Marktsegmente** auf (Abbildung 47-9): **Futures** auf **konkreter Basis** sind dadurch charakterisiert, dass reale Handelsobjekte zu Grunde liegen und deshalb grundsätzlich auch eine **physische** Andienung der betreffenden Handelsobjekte möglich ist (wenn auch in der Regel von dieser letztlich nicht Gebrauch gemacht wird). Dazu zählen somit Zins-(Interest-Rate-) und Währungs-(Currency-)Futures

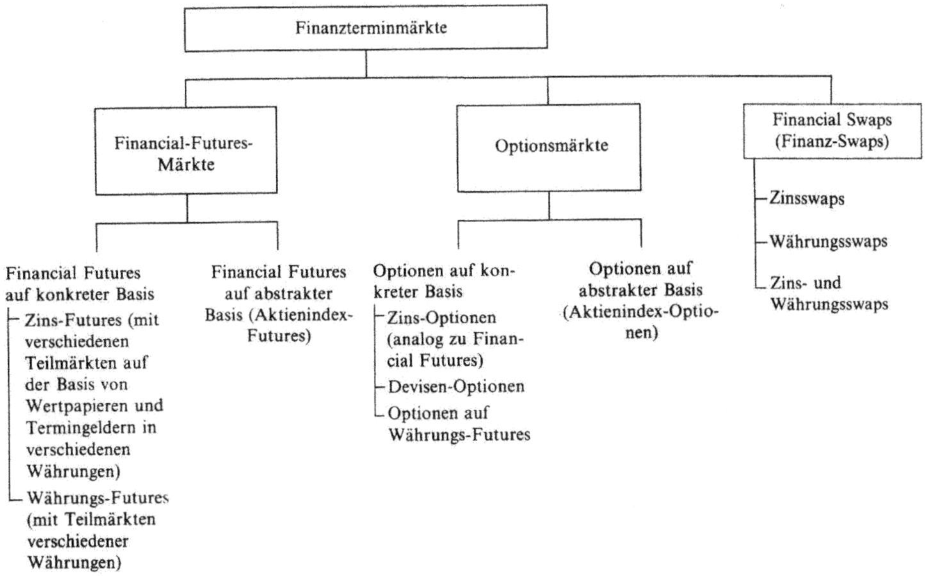

Abb. 47-9: Systematik der internationalen Finanzterminmärkte

(siehe dazu im Einzelnen *Eilenberger* 1996). Dagegen ist das Handelsobjekt von **Futures** auf **abstrakter Basis** fiktiv und eine physische Andienung somit unmöglich. Aktienindex-(Stock-Index-)Futures dienen zur Absicherung vor bzw. Spekulation auf Aktienkursschwankungen und betreffen die vertragliche Vereinbarung, einen bestimmten Kontraktwert zum kontrahierten Kurs zu einem späteren (standardisierten) Fälligkeitstag kaufen oder verkaufen zu können. Der Kontraktwert bestimmt sich aus der Multiplikation eines standardisierten Geldbetrages je Abschluss (z.B. 500 USD) mit einem an der betreffenden Terminbörse eingeführten Aktienindex (z.B. *Standard and Poor's 500 Stock Index*). Die minimalen Kursabstufungen betragen beispielsweise 0,05 Punkte oder 25 USD je Kontrakt. Die **Andienung** erfolgt bar auf Grund des Standes, den der Kassa-Index am letzten Handelstag erreicht hat.

Internationale **Optionsbörsen** ermöglichen einen Handel mit **Finanz-Optionen** aller Art (zum Wesen von Optionen siehe 7.2.2.1.5), wobei analog zu den Futures zwischen **Optionen** auf **konkreter Basis,** also Zins- und Devisenoptionen sowie Optionen auf Futures (z.B. Optionen auf Währungs-Futures), und **Optionen** auf **abstrakter Basis** (Aktienindex-Optionen) unterschieden werden kann (siehe v.a. *Schwarz/Hill/ Schneeweis,* 398 ff.).

Daneben hat sich seit Mitte der 1980er Jahre ein **internationaler außerbörslicher** (OTC-) **Markt** mit **Financial Swaps** entwickelt (siehe dazu im Einzelnen *Eilenberger* 1996).

8.3 Internationale Bankleistungen

In diesem Abschnitt sollen lediglich die Besonderheiten dargestellt werden, die sich hinsichtlich internationaler Bankleistungen (siehe Abbildung 47) gegenüber inländischen Bankleistungen ergeben. Deshalb wird im Folgenden auf eine erneute Nennung und Abhandlung aller derjenigen Bankleistungen verzichtet, die zwar in ausländischen Währungsgebieten erbracht werden und streng genommen internationalen Bankleistungen zugerechnet werden könnten, die sich jedoch in ihrem Wesen und ihrer Kennzeichnung nicht von entsprechenden inländischen Bankleistungen unterscheiden. Aus diesem Grund unterbleibt auch eine erneute Kennzeichnung der Grundtatbestände der betreffenden Bankleistungen, sofern sie in den Wesenszügen mit inländischen Bankleistungen (siehe 7.2 und 7.3) übereinstimmen.

8.3.1 Internationale Bankmarktleistungen

8.3.1.1 Internationale Kreditleistungen

Je nachdem, ob ein Bankbetrieb selbst als Kreditgeber auftritt oder die Bankleistung in einer Kreditvermittlung besteht, bei der eigene Mittel nicht einzusetzen sind, wird zwischen originären und derivativen internationalen Kreditleistungen unterschieden. Ebenso wie bei der Behandlung inländischer Kreditleistungen werden darüber hinaus die originären Kreditleistungen nach Formen direkter und indirekter Kreditgewährung, die derivativen Kreditleistungen nach Formen der Kreditvermittlung im engeren und im weiteren Sinne systematisiert (Abbildung 48; zur Abgrenzung siehe 7.2.1.1).

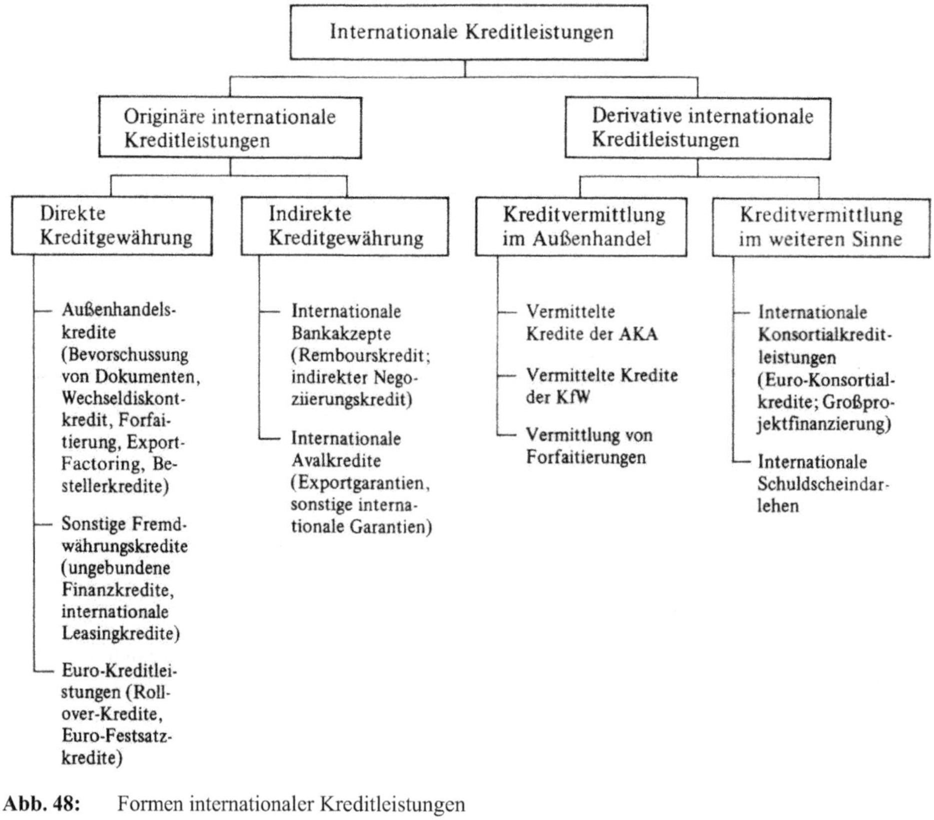

Abb. 48: Formen internationaler Kreditleistungen

In Anbetracht der zusätzlichen Risiken, die bei Gewährung von internationalen Krediten latent vorhanden sind, ist in einem ersten Abschnitt diesen möglichen Gefährdungen, die sich in der Nichteinhaltung von Kredittilgungs- und Zinszahlungsverpflichtungen des Kreditnehmers manifestieren können, das besondere Augenmerk zu widmen.

Internationale Kreditleistungen werden vor allem zur Finanzierung und Abwicklung von Außenhandelsleistungen, zur Finanzierung der Beschaffung, der Produktion und des Absatzes im Ausland selbst, zur Finanzierung von sog. Direktinvestitionen internationaler bzw. multinationaler Unternehmen (z.B. Akquisition von ausländischen Unternehmen, Neuinvestitionen, Joint-Venture-Direktinvestitionen; wegen Einzelheiten dazu siehe *Eilenberger* 1987b) im Ausland und als Fremdwährungskredite zur Kurssicherung (Finanzhedging; siehe *Eilenberger* 1986b, 94 ff. und 102 ff.) nachgefragt und in Anspruch genommen. Als Nachfrager treten in der Regel Unternehmen und staatliche Stellen des In- und Auslands in Erscheinung. Hinzuweisen ist auch auf den engen Leistungsverbund mit Devisenhandelsleistungen (8.3.1.4.2.a), da internationale Kreditleistungen vorwiegend nur in dieser Kombination absetzbar sind.

8.3.1.1.1 Internationale Kreditrisiken

Zur Kennzeichnung der besonderen Risiken, denen die Überlassung von Kapitalnutzungen und deren Rückübertragung einschließlich der zu zahlenden Entgelte unter Nutzung von ausländischen monetären Faktoren an Kreditnehmer im Ausland ausgesetzt sind, finden unterschiedliche Bezeichnungen Verwendung: Auslandsrisiko, Länderrisiko, politisches Risiko, wirtschaftliches Risiko, Währungsrisiko, Transferrisiko, Valutarisiko, Konvertierungsrisiko, Währungseventualrisiko (siehe auch *Eilenberger* 1986b, 13 ff.). Diese Risiken bezeichnen Gefahren des Misslingens der mit der spezifischen internationalen Kreditleistung vom Bankbetrieb verfolgten Zielsetzungen. Dabei kommt es nicht unerheblich darauf an, welchen Umfang die betreffende Kreditleistung aufweist, ob ein Unternehmen oder eine staatliche Stelle des Auslands als Kreditnehmer fungieren und welche Bonität der spezielle ausländische Staat (als Umweltfaktor sowohl des Kreditnehmers als auch des Kreditgebers) aufweist.

Somit spielen unter Risikogesichtspunkten bei internationalen Kreditleistungen nicht nur die individuelle Bonität des Kreditnehmers eine wesentliche Rolle, sondern auch die Bonität des Landes: Neben den individuellen Risiken, die auch bei Kreditvergabe im Inland auftreten würden, sind die zusätzlichen individuellen Risiken (Einzelrisiken), die letztlich auch aus der betreffenden ausländischen Umwelt resultieren können, und die sog. Länderrisiken (Umweltrisiken politischer, sozialer und wirtschaftlicher Natur) im Rahmen der Kreditwürdigkeitsprüfung zu berücksichtigen. Der Bankbetrieb muss daher bestrebt sein, sowohl die individuellen Verlustgefahren, die aus der Person bzw. Institution des Kreditnehmers resultieren, als auch die weiteren Verlustgefahren allgemeiner Natur, die über entsprechende Risiken bei inländischer Kreditgewährung hinausgehen, zu minimieren. Dabei soll auch die Risikoerhöhung bedacht werden, die eine Bevorzugung der Kreditvergabe an Schuldner eines bestimmten Landes in sich birgt, wenn eine Massierung von Kreditengagements des Bankbetriebes in diesem Land auftritt. Individuelle Verlustgefahren (einschließlich spezifischer Betriebsrisiken im Ausland) lassen sich bei internationaler Kreditgewährung im Wesentlichen mit den Methoden der Kreditwürdigkeitsprüfung, wie sie auch für inländische Kreditgewährungen Anwendung finden (siehe 7.2.1.3), beherrschen. Dagegen bedarf die Identifikation und Beurteilung der Länderrisiken als kollektiver Risiken besonderer, zusätzlicher Verfahren.

a) Determinanten des Länderrisikos

Das Länderrisiko umfasst jene Kategorie spezieller Risiken, die sich in den politischen Risiken und den wirtschaftlichen Risiken eines staatlichen ausländischen Gemeinwesens manifestieren. Die Ursachen der politischen Risiken lassen sich im Wesentlichen auf die Haupteinflussgrößen „Innenpolitik“ und „Außenpolitik“ zurückführen. Während sich außenpolitische Risiken aus der Zugehörigkeit eines Staates zu einer politischen Allianz oder aus dem (feindseligen) Verhalten anderer Staaten gegenüber dem betreffenden Land ergeben können (die dann z.B. die Freizügigkeit des Außenhandels und der Kapitalbewegungen im internationalen Raum einschränkt), liegen die Ursachen innenpolitischer Risiken meist in ideologischen

Auseinandersetzungen der Parteien des Landes. Dazu kommen politische Risiken auf Grund sozialer Spannungen, funktionsuntüchtiger staatlicher Administrationen und handlungsunfähiger Regierungen (siehe im einzelnen *Eilenberger* 1987b).

Zu beachten ist allerdings in diesem Zusammenhang, dass von der Existenz politischer Risiken nur dann gesprochen werden kann, wenn die angeführten Gefährdungen vom Kreditgeber nicht vorhersehbar waren und auch nicht das Ergebnis einer kontinuierlichen, prognostizierbaren negativen Entwicklung waren, da diesen Entwicklungen dann das Unsicherheitsmoment fehlen würde. Dasselbe gilt für den Fall, dass von politischen Risiken keine nachteiligen Wirkungen auf die Abwicklung der internationalen Kreditleistung ausgehen und somit eine Beeinträchtigung der Zielerreichung des Bankbetriebes, die er mit der Kreditleistung verfolgt, nicht eintritt. Das politische Risiko bei Kreditgewährungen in Form langfristiger Anlagekredite wird oft mit dem Extremfall der Gefahr der Enteignung des Kreditnehmers im Ausland gleichgesetzt, was jedoch die Natur des politischen Risikos nur unvollständig kennzeichnet. Zu berücksichtigen sind nämlich noch weitere Abstufungen des politischen Risikos, die in Form diskriminierender und nichtdiskriminierender Einmischungen ausländischer Staaten in die Geschäftstätigkeit von Unternehmen sowie in Form diskriminierender Maßnahmen in Erscheinung treten. Diskriminierende Einmischungen bestehen im Konkurrenzschutz lokaler, inländischer Wettbewerber gegenüber den dort tätigen ausländischen Unternehmen. Nichtdiskriminierende Einmischungen dagegen treffen zwar grundsätzlich alle Unternehmen des Landes in gleicher Weise, nur belasten sie praktisch ausschließlich Unternehmen in ausländischem Besitz (z.B. Besetzung von Führungspositionen mit Einheimischen, vorübergehende Inkonvertibilität der Währung). Diskriminierende Maßnahmen knüpfen an die Formen der diskriminierenden Einmischungen an. Sie stellen eine Verschärfung insofern dar, als sie in erheblichen Pressionen gegen Unternehmen in ausländischem Eigentum bestehen, um sie aus dem betreffenden Land zu vertreiben. Die dabei eingesetzten Mittel bezwecken die Einschränkung der wirtschaftlichen Möglichkeiten der Unternehmen, die letztlich den Entzug der (rentablen) Existenzgrundlagen (z.B. in Form „schleichender“ Enteignung infolge Überbesteuerung oder Erhebung spezieller Abgaben) zum Ziele hat.

Dieses bereits beachtliche Spektrum politischer Risiken wird erweitert durch Verlustgefahren, die sich aus der Zahlungsunwilligkeit eines Staates ergeben (siehe *Scheidl* 1981, 210), der die Rückführung von Krediten und/oder Zinszahlungen durch die auf seinem Hoheitsgebiet tätigen Unternehmen an ausländische Kreditgeber nicht oder nur eingeschränkt zulässt (z.B. durch Verordnung von Kapitalverkehrsbeschränkungen). Derartige Risiken resultieren vorwiegend aus außenpolitischen, aber auch aus wirtschaftlichen Überlegungen, so dass damit auch der Bereich wirtschaftlicher Risiken tangiert wird.

Wirtschaftliche Risiken bestehen zum einen in mikroökonomischen Risiken (z.B. Fehleinschätzungen der infrastrukturellen Umweltbedingungen durch den Kreditnehmer beim Aufbau von Produktionsstätten oder bei der Gestaltung von Vertriebssystemen) und in makroökonomischen Risiken, die aus der Struktur der betreffenden Volkswirtschaft resultieren, zum anderen in den Wechselkursrisiken (Valutarisiken) und den Transferrisiken. Wechselkursrisiken entstehen bei Existenz flexibler Wechselkurse infolge laufender Veränderungen des Wertes der Verbindlichkeiten und Forderungen gegenüber der inländischen Währung. Bestehen feste Wechselkurse und bedarf es daher bei Änderungen der Währungsparitäten formeller Beschlüsse der Währungsbehörden, so treten keine laufenden Anpassungen der Wechselkurse wie im Falle des Systems flexibler Kurse auf, sondern gelegentliche Auf- oder Abwertungen (Aufwertungs- oder Abwertungsrisiko).

Für den ungehinderten internationalen Kapitalaustausch ist schließlich das Bestehen bzw. das Ausmaß des Transferrisikos von Bedeutung, das die ungehinderte Rückführung der an den

Kreditnehmer überlassenen Kapitalnutzungen einschließlich der Zinszahlungen an die kreditgebende Bank betrifft. Der Grund für Transferbeschränkungen besteht in Devisenknappheit, die ihrerseits auf mangelnde Leistungsfähigkeit der betreffenden ausländischen Volkswirtschaft als einer Ausprägung makroökonomischer Risiken zurückzuführen ist. Devisenknappheit führt dazu, dass ein zahlungswilliger und zahlungsfähiger Kreditnehmer seinen Verpflichtungen gegenüber der kreditgebenden Bank nicht nachkommen kann, weil die Zahlungsfähigkeit und/oder Zahlungswilligkeit des ausländischen Staates nur eingeschränkt gegeben ist oder sogar Zahlungsunfähigkeit besteht.

b) Verfahren der Risikoschätzung

Voraussetzung für die zutreffende Einschätzung über das Bestehen und/oder die Entwicklung von Länderrisiken ist die Analyse der möglichen Wurzeln der Verlustgefahren politischer und allgemein wirtschaftlicher Art. Einen groben Überblick über die Bonität verschiedener Länder liefern die Ergebnisse internationaler Experten-Panels, wie z.B. der „Business Environment Risk Index" (BERI) und „Forecast of Country Risk for International Lenders" (FORELEND) des College of Business and Economic der University of Deleware (siehe dazu Hake 1979,1984 und 1985; Volk, 379 ff.), die „BI Country Ratings" von Business International (siehe *Jägeler*) oder die „Institutional Investor's country credit ratings", die eine Rangfolge der verschiedenen Staaten unter dem Gesichtspunkt der politischen und wirtschaftlichen Stabilität vermitteln.

Wenn auch derartige extern erarbeitete und von außen bezogene Country Ratings gewisse Anhaltspunkte oder Maßstäbe für die Einschätzung und Bewertung von Länderrisiken geben, so entheben sie den einzelnen Bankbetrieb im Rahmen seiner individuellen Kreditvergabe-Entscheidungen nicht der Bemühungen, weitergehende spezifische Analysen der Risiken einzelner Länder einschließlich der Entwicklungstendenzen potentieller Risiken intern mit eigenen Mitteln und unter Anwendung geeigneter Verfahren anzustellen. Eine dieser Möglichkeiten zeigt Abbildung 49 für ein Index-Modell einer amerikanischen Großbank, das zwar an das BERI-Konzept angelehnt ist, dessen Gesamtindex jedoch auf vier gleichgewichtete Indikatorgruppen (mit unterschiedlichen Punktemaxima der einzelnen Indikatoren) aufbaut. Dieses Index-Modell entspricht den bankbetrieblichen Anforderungen und wird von der volkswirtschaftlichen Abteilung der Bank (nicht von einer externen Expertengruppe) für jedes in Frage kommende Land entwickelt, regelmäßig fortgeschrieben und überwacht.

Daneben stehen weitere Verfahren zur Verfügung, die eine Einschätzung gegenwärtiger und insbesondere künftiger Risiken erlauben. Zu nennen sind in diesem Zusammenhang die von *Stobaugh* zur Beurteilung des Investitionsklimas entwickelte Wahrscheinlichkeitsanalyse (**Entscheidungsbaum-Verfahren**), das Verfahren von *Haendel/West/Meadow* zur Ermittlung eines **Political System Stability Index,** der **Ecological Approach** von *Knudson* (siehe zu den angeführten Modellen im Einzelnen *Eiteman/Stonehill,* 187 ff.) oder der **Causality Approach** von *Schöllhammer.* Letzterer schlägt eine **systematische Analyse** des **politischen Risikos** an Hand von fünf quantifizierbaren Variablen mit unterschiedlicher Gewichtung vor: Protestdemonstration (Gewichtungsfaktor 1), Tumulte (1,5), bewaffnete Überfälle (2), Todesopfer auf Grund politischer Gewalttätigkeiten (2,5) und Zwangsmaßnahmen der Regierung (3). Setzt man die so gewonnenen Ergebnisse in Beziehung zur Bevölkerung oder zum Pro-Kopf-Einkommen und verfolgt man diese Entwicklung über einen längeren Zeitraum, so lässt sich mit Hilfe dieser simplen Trendanalyse das Ausmaß des politischen Streits oder politischen Friedens pro Land in der Vergangenheit feststellen und das Ausmaß des (künftigen) politischen Risikos kurzfristig grob abschätzen. Dabei zeigt sich folgender Zusammenhang: Hohes Pro-Kopf-Einkommen und relativ hohe Gleichheit der Einkommensverteilung verringern die Anreize zu politischem Wandel bzw. je niedriger das Pro-Kopf-Einkommen und je höher die

Land XY		Historische Werte		Prognose		
Indikatoren	max. Indexzahl	2009	2010	2011	2012	2013
1. Politische und wirtschaftliche Struktur:	100	80	70	70	75	78
- Politische Stabilität	20					
- Beziehungen zu USA	10					
- Wirtschaftspolitisches Management	8					
- Industrielle Entwicklung	12					
- Inflationsrate	12					
- Reales Bruttosozialprodukt (BSP)	12					
- Pro-Kopf-Einkommen	6					
- Bevölkerung	6					
- Potentieller Absatzmarkt	14					
2. Zahlungsbilanz:	100	90	85	85	90	85
- Handelsbilanz	18					
- Leistungsbilanz	20					
- Kapitalverkehrsbilanz	12					
- Zahlungsbilanzsaldo	20					
- Exportvolumen (Wachstum)	30					
3. Währungsreserven und Aus-Landsverschuldung:	100	80	81	80	83	82
- Reserven	25					
- Import/Reserven	15					
- öffentl. Auslandsver-verschuldung	10					
- Auslandsverschuldung/BSP	30					
- Tilgungsquote	20					
4. Wachstumspotential und Auslandabhängigkeit:	100	92	93	94	80	83
- Rohstoffe	40					
- Erdölreserven	15					
- Export/BSP	5					
- Reales BSP	12					
- Inflation	6					
- Leistungsbilanz	6					
- Investitionen/BSP	12					
- Leistungsbilanz/BSP	4					
Total	400	342	329	349	328	328

Abb. 49: Index-Modell zur Ermittlung von Länderrisiken in Anlehnung an das *BERI*-Konzept

Ungleichheit der Einkommensverteilung in einem Land, desto größer die Wahrscheinlichkeit eines politischen Umschwunges, d.h. des politischen Risikos. Der Vorteil dieses Modells liegt darin, dass durch Analysen einer relativ kleinen Zahl quantifizierbarer Variablen unter Einbezug aktueller Informationen eine realistische Abschätzung politischer Risiken möglich erscheint.

Einen für die Praxis vorrangig unter dem wirtschaftlichen Aspekt brauchbaren Ansatz zur Ermittlung der Länderrisiken stellt auch ein **Indikatorsystem** dar, das für jedes Land zwei Indizes, nämlich einen **Liquiditätsindex** und einen **Strukturindex,** ermittelt (siehe *Thompson*). Dabei sind für jedes Land je Index maximal 100 Punkte erreichbar, die ein minimales Risiko signalisieren. Die Ergebnisse beider Indizes werden in fünf Gruppen mit 20-Punkt-Intervallen klassifiziert, wobei das Intervall V die höchsten Punktezahlen und das Intervall I die niedrigsten Punktezahlen repräsentiert. Das **Gesamtergebnis** pro Land wird in einem Zahlenpaar ausgedrückt: Die Kombination (V, V) bedeutet, dass sowohl die Höchstpunktezahlen für den Liquiditäts- als auch für den Strukturindex erzielt wurden. Dagegen zeigt beispielsweise die Kombination (V, III) an, dass zwar ein sehr hohes Liquiditätsergebnis, jedoch nur eine durchschnittliche Stabilität zu erwarten ist. Im Einzelnen misst der **Liquiditätsindex** die Angemessenheit der vorhandenen internationalen Aktivposten eines Landes zu seinen kurzfristigen Verbindlichkeiten. Als Elemente zur Messung der Liquidität eines Landes gehen in den Index folgende Indikatoren mit folgenden Gewichtungen ein:

Indikatoren	**Punkte**
1. Währungsreserven/Importe	40
2. Schuldendienst/Exporte	20
3. Starke Abnahme der Währungsreserven	10
4. Zahlungsverzögerungen gegenüber Gläubigern (jede Zahlungsverzögerung resultiert in einem Score von 0)	10
5. Inanspruchnahme von Krediten des *Internationalen Währungsfonds* im Verhältnis zur *IWF*-Quote	20

Der **Strukturindex** testet die unterstellte Stabilität **(Soundness)** der betreffenden Volkswirtschaft durch folgende Indikatoren (mit den jeweiligen Gewichtungen):

Indikatoren	**Punkte**
1. Preissteigerungsraten der Konsumentenpreise	
a) Höchstbetrag im letzten Jahr	5
b) 5-Jahres-Durchschnitt	5
c) Jahreshöchstbetrag des letzten Jahres/5-Jahres-Durchschnitt	5
2. Veränderungen der Geldmenge (M 1) für 1 Jahr/Veränderung des realen Bruttosozialproduktes (BSP) im 5-Jahres-Durchschnitt	10
3. Veränderung in der Finanzierung der Regierung durch die Zentralnotenbank/ Zentralbankgeldmenge (Höchstbetrag im letzten Jahr)	5
4. Kaufkraftparität ausländische Währung zu inländischer Währung (des Bankbetriebes)	5
5. Export Wachstum	
a) Höchstbetrag im letzten Jahr	10
b) 4-Jahres-Durchschnitt	10
6. Exporte/BSP (Höchstbetrag im letzten Jahr)	10
7. Verschuldung/Exporte (Höchstbetrag im letzten Jahr)	15
8. Sparvolumen/BSP (4-Jahres-Durchschnitt)	10
9. Wachstumsrate des realen BSP pro Kopf der Bevölkerung (5-Jahre)	5

Die im Rahmen der beiden Indizes ermittelten Werte werden schließlich jeweils unter Anwendung folgender Formel zu einem Gesamtergebnis für den Liquiditätsindex und zu einem Gesamtergebnis für den Strukturindex zusammengefasst:

$$I = \sum_{i=0}^{n} w_i * C_i$$

wobei:

I = Index für Liquidität / Struktur
w_i = Gewichtung
C_i = Ergebnis der individuellen Variablen
$\sum w_i = 1$

Unter der Voraussetzung, dass eine Vielzahl von Ländern auf die beschriebene Weise systematisch analysiert wird, lassen sich sowohl bei Vergleich des Gesamtergebnisses für ein bestimmtes Land mit den Gesamtergebnissen anderer Länder (bzw. einem Durchschnitt) als auch bei Einzelvergleichen einzelner Indikatoren zutreffende Rückschlüsse über die Länderrisiken gewinnen.

Einen anderen Weg gehen die **Rating-Agenturen**, welche die **Bonität** von Kreditnehmern bzw. Emittenten von Wertpapieren in **individueller Weise** bewerten. Rating-Agenturen sind Dienstleistungsunternehmen, die durch Sammlung und Verarbeitung von öffentlich zugänglichen Quellen sowie auf Grund von Informationen, die von Unternehmen zur Verfügung gestellt werden, und von vertraulichen Informationen aus anderen Quellen Bonitätsbeurteilungen von Unternehmen in Form von **Rating-Skalen** entwickeln und diese den interessierten Investoren und Banken zur Verfügung stellen. Dabei erfolgt in der Regel eine **Kurzkennzeichnung** des Urteils durch eine Buchstaben- und/oder Zahlenkombination. Zu unterscheiden ist zwischen dem **Emissionsrating,** das eine „Benotung" für einen ganz bestimmten Finanztitel eines Emittenten bedeutet und dem **Emittentenrating,** das ein Gesamturteil über die Bonität einer „Adresse", also eines Emittenten insgesamt (für **alle** Finanztitel und Kredite), darstellt (siehe dazu *Everling* 1991a, 153). Darüber hinaus wird im Allgemeinen zwischen dem **langfristigen Rating** (siehe dazu *Everling* 1991b), das Kapitalmarkttitel oder langfristige Kredite betrifft, und dem **kurzfristigen Rating** unterschieden, das sich auf Geldmarkttitel (Euro-Notes, Commercial Papers, Einlagenzertifikate in Form von Euro-CD) bezieht und auf Laufzeiten bis zu einem Jahr abstellt (siehe dazu *Everling* 1992).

In der Regel handelt es sich um ein Emissionsrating und nicht um ein **Emittentenrating**, was bedeutet, dass nur jeweils bestimmte Verbindlichkeiten Gegenstand des Rating sind. Die Initiative zur Durchführung eines Ratingverfahrens kann von drei verschiedenen Interessenten (-gruppen) ausgehen. Insbesondere für die marktführenden Agenturen *Standard & Poor 's, Moody 's, Fitch* und *International Bank Credit Analysis* (*IBCA*) gilt, dass das Ratingverfahren meist durch den Emittenten (wenn auch evtl. erst auf Empfehlung durch die Emissions- oder Hausbank) initiiert wird. Aber auch andere Agenturen werden von Emittenten angesprochen, ohne dass die Agenturen dem Emittenten gezielt vorher ein Rating nahegelegt oder angeboten hätten. Das Ratingverfahren kann auch von einer Rating-Agentur selbst in Gang gesetzt werden, indem sie den Emittenten um einen entsprechenden Auftrag bittet. In der Folge werden von der Rating-Agentur sowohl Auswertungen der eingereichten Unterlagen durch ein Analyseteam vorgenommen, als auch weitergehende Gespräche mit dem Emittenten geführt. Abschließend prüft ein Ratingkomitee den Bericht des Analyseteams und entscheidet über das festzusetzende Rating.

Die Rating-Kriterien werden in der Regel nicht offengelegt. Nach Mitteilung des festgesetzten Ratings kann sich der Emittent erneut an die Rating-Agentur wenden, wenn das Rating nicht seinen Erwartungen entspricht und weitere Unterlagen einreichen. Nach erneuter Prüfung erfolgt die endgültige Entscheidung des Rating-Komitees mit anschließender Publikation des Ratings. Die **laufende Überwachung** des Ratings bezieht sich auf die gesamte Laufzeit der Emission. Der Emittent stellt der Rating-Agentur die jeweiligen Quartalsberichte und sonstigen erforderlichen Informationen zur Verfügung, die ihrerseits von der Rating-Agentur überprüft werden. Sofern die Überprüfungsergebnisse die Möglichkeit einer Ratingveränderung signalisieren, erfolgt eine Benachrichtigung des Emittenten, der Stellung nehmen kann. Gleichzeitig kommt der Titel auf die „watchlist" (*Moody's*) bzw. auf die „creditwatch" (*S&P*). Nach Anpassung oder Bestätigung des Ratings wird der Titel wieder von der Liste gestrichen.

Da sich Ratings erheblich auf das Funktionieren der Finanzmärkte sowie das Vertrauen der Anleger und Verbraucher auswirken, muss aus Sicht der ***EU*** sichergestellt werden, dass Ratingaktivitäten im Einklang mit den Grundsätzen der Integrität, Transparenz, Rechenschaftspflicht und guten Unternehmensführung durchgeführt werden, und somit letztlich die in der EU verwendeten Ratings unabhängig, objektiv und von angemessener Qualität sind. Zu diesem Zweck hat die *EU* eine Verordnung über Ratingagenturen vom 16. September 2009 erlassen (Verordnung Nr. 1060/2009 des Europäischen Parlaments und des Rates **CRA-Verordnung**). Ratingagenturen mit Sitz in der EU müssen eine Registrierung beantragen. Die Zulassung erfolgt für das gesamte Gebiet der Gemeinschaft. Die für die Anerkennung zuständige Behörde ergibt sich nach dem Prinzip des Herkunftsmitgliedstaates. Über die zugelassenen Ratingagenturen wird gemäß der CRA-Verordnung ein Verzeichnis geführt.

Ein Ratingverfahren kann letztlich auch von der Öffentlichkeit initiiert werden. Daher lassen sich Rating-Agenturen auch als „Anlegerschutzinstitutionen" auffassen. Das Ratingverfahren auf der Basis **öffentlich zugänglicher Informationen** wird regelmäßig nicht durch den Emittenten ausgelöst, obwohl dies der Durchführung eines solchen Verfahrens nicht entgegensteht. Vielmehr stößt das Ratingverfahren meist eine entsprechende informelle Anfrage eines oder mehrerer Abonnenten von Publikationen der Agentur an. Häufig wird das Ratingverfahren jedoch durch die Rating-Agentur selbst eingeleitet, wenn dies aus ihrer Sicht zur Vervollständigung der Marktabdeckung oder zur Verbesserung der Datenbasis wünschenswert erscheint. Auch bei Ratingverfahren, die ausdrücklich nur auf der Basis öffentlich zugänglicher Informationen durchgeführt werden, entwickelt sich oft eine enge Zusammenarbeit zwischen der Rating-Agentur und dem Emittenten, da letzterer der Agentur regelmäßig alle Veröffentlichungen bereitstellt. Neben den Angaben, die sie direkt vom Emittenten erhält, fließen in die Analyse auch Informationen aus unternehmensexternen Quellen ein, insbesondere soweit sie Branchenentwicklungen und gesamtwirtschaftliche Prognosen betreffen. Die von *Standard & Poor's* und von *Moody's* verwendeten Noten des **Bond Quality Ratings (Kapitalmarkt-Rating)** sind in Tabelle 11-2 erläutert.

Der Zweck des **kurzfristigen Ratings** besteht vor allem darin, für Investoren einen Bonitätsmaßstab zu entwickeln, der eine relativ einfache und rasche Identifikation von bonitätsmäßig einwandfreien, also erstklassigen Emittenten am Geldmarkt oder zufriedenstellenden Emittenten von solchen Adressen zu ermöglichen, die den geforderten Standards nicht entsprechen (siehe *Everling* 1992, 79). Tabelle 11-3 zeigt die Skalen für das kurzfristige Rating von *S&P* und *Moody's*.

Eine Integration von langfristigen und kurzfristigen Rating-Skalen dokumentiert Abbildung 49-1 für die beiden Rating-Agenturen *Moody's* und *S&P*.

Tab. 11-2: Erläuterungen zu den Kapitalmarkt-Ratings von S & P und Moody's

Category	Moody's	Standard & Poor's	Definition of rating
High grade	Aaa	AAA	The AAA rating is the highest rating assigned to a debt instrument. It indicates extremely strong capacity to pay principal and interest. Bonds in this category are often
referred			
			to as 'blue-chip' bonds.
	Aa	AA	These are high-quality bonds by aft standards. They are rated lower primarily because the margins of protection are not
quite			
			as strong as those rated Aaa or AAA
Medium	A	A	These bonds possess many grade favorable investment attributes, but there may be a susceptibility to impairment if adverse economic changes occur.
	Baa	BBB	Bonds regarded as having adequate capacity to pay principal and interest are rated BBB if the bond issue lacks certain protective elements so that adverse economic conditions
could			
			lead to a weakened capacity for payment.
Speculative	Ba	BB	These are bonds regarded as having minimum protection for principal and interest payments during both good and bad
times.			
			Bonds in this or any lower category are called junk bonds.
	B	B	These bonds lack characteristics of other more desirable investments. Assurance of interest and principal payments
over			
			any long period of tiine may be very weak.
Default danger	Caa	CCC	These are poorquality issues that may be in default or in
			of default.
	Ca	CC	These are highly speculative issues, often in default or possessing other marked shortcomings.
	C		This is the lowest-rated class of bonds. These issues can be regarded as ciaremely poor in investment quality; they might
go			
			bankrupt, in Moody's opinion.
	C		Income bonds on which no interest is being paid are rated C
by			
			Standard & Poor's.
	D		A bond issue rated D by Standard & Poor's is in default, with principal and/or interest payments in arrears.

Tab. 11-3: Geldmarkt-Rating-Skalen von *S & P* und *Moody's*

	S & P's	**Moody's**
Investment Grade	A - 1+ A - 1 A - 2 A - 3	Prime - 1 Prime - 2 Prime - 3
Speculative Grade	B C D	Not Prime

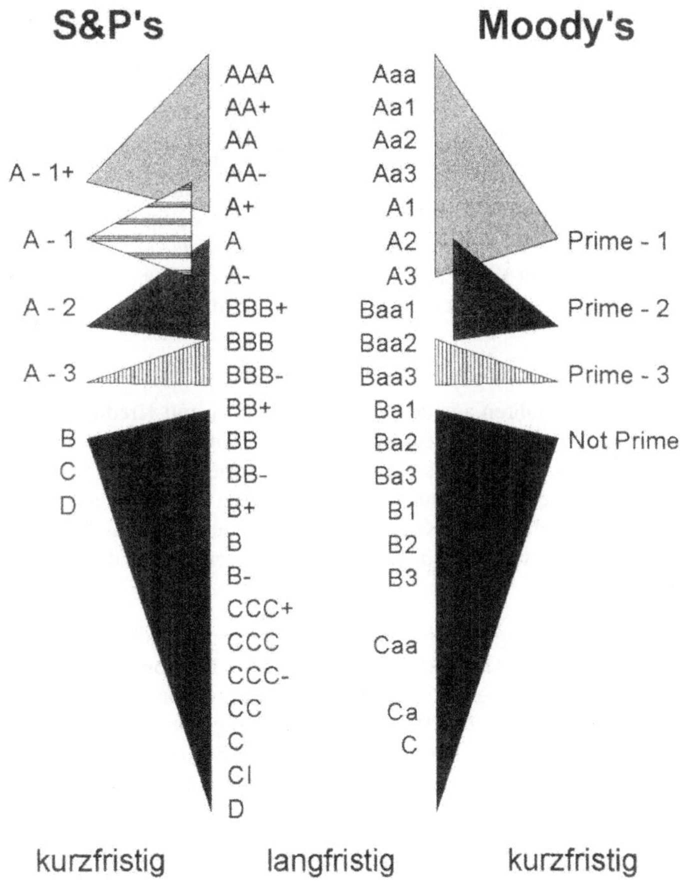

Abb. 49-1: Lang- und kurzfristige Rating-Skalen der führenden Rating-Agenturen im Zusammenhang (vgl. *Everling* 1992, 81)

c) Risikopolitische Maßnahmen

Grundsätzlich eignen sich zur Beherrschung der Risiken, die mit internationaler Banktätigkeit verbunden sein können, alle Maßnahmen, wie sie analog auch im Rahmen der inländischen Aktivitäten zur Anwendung kommen (Risikoüberwälzung, Risikostreuung, Risikoteilung; siehe 7.2.1.3.1). Dazu kommt als Besonderheit die Festlegung von Länderlimits, die zwar Elemente der Kreditrationierung enthält, jedoch über diese hinausgeht und zusätzlich zur Kreditrationierung zur Wahl steht (siehe auch *Oberhänsli*).

ca) Länderlimits

Mit Hilfe der Festlegung von Obergrenzen der Gewährung des Gesamtvolumens an Kreditleistungen an Kreditnehmer in einem bestimmten Land (Länderlimits), versuchen Bankbetriebe die Risiken, die aus der Kreditgewährung in dieses Land resultieren können, von vornherein auf ein zumutbares Maß zu begrenzen. Gleichzeitig lässt sich mit diesem Instrument unter Formulierung von Prioritäten (= Rangfolge der Länderlimits) eine Risikodiversifizierung insofern erreichen, als die Eintrittsursachen von Kreditverlusten räumlich, branchenmäßig und sachlich gestreut werden.

Entsprechend der unternehmenspolitischen Bedeutung dieser risikopolitischen Maßnahme zur Zielerreichung des Bankbetriebes erfolgt die Entscheidung zur Festlegung bestimmter Länderlimits im Regelfall im Zusammenwirken von Vorstand und Aufsichtsrat, die sich auf die Vorschläge ihrer zuständigen Abteilungen oder Stäbe stützen (siehe *Mast/Mayrzedt,* 177). Wenn auch diese Entscheidungen nicht immer unbeeinflusst von gesamtwirtschaftlichen Erwägungen und dem Landesinteresse getroffen werden können, beruhen sie im Wesentlichen auf der Auswertung der durchgeführten Risikoschätzungen, des bestehenden und des potentiellen Leistungsaustausches der Bank mit Kunden dieses Landes sowie der bisherigen Erfahrung aus der Abwicklung von Bankleistungen mit dem betreffenden Land.

cb) Risikostreuung

Eine Verringerung möglicher Verlustgefahren aus den Kreditbeziehungen mit Kreditnehmern aus bestimmten Ländern kann zusätzlich zur Festlegung von Länderlimits in einer zweckmäßigen Auswahl der Arten von Kreditleistungen bestehen. Unter Sicherheitsaspekten ist kurzfristigen Kreditleistungen selbstliquidierender Natur (siehe 8.3.1.1.2 aa und ab) der Vorzug vor längerfristigen und weniger überschaubaren Kreditleistungen zu geben. Zusätzlich sind Obergrenzen für die einzelnen Kreditarten ebenso denkbar wie Begrenzungen der Kreditdauer.

Eine weitere Maßnahme der Risikostreuung zielt im Gegensatz zu den auf Risikominderung bei einzelnen Kreditleistungen ausgerichteten Vorkehrungen auf eine Risikominderung für den **Gesamtbestand** an Kreditleistungen unter Anwendung des portfoliotheoretischen Ansatzes (siehe dazu im einzelnen *Scheidl* 1981, 212 ff.), dessen Grundzüge bereits an anderer Stelle dargelegt worden sind (siehe 5.6), ab. Allerdings ist in diesem Zusammenhang anzumerken, dass durch Diversifikation zwar grundsätzlich Risiken des Gesamtbestandes in bestimmen Grenzen reduzierbar sind, andererseits aber worauf *Scheidl* hinweist auch Steigerungen der Kosten für die Kreditvergabe und -Überwachung entstehen können, wenn die Zahl der Engagements durch Limitierung bzw. Rationierung der Einzelkredite erhöht wird und sich eine Vergrößerung des in der durchschnittlichen Varianz ausgedrückten Risikos der Einzelkredite ergibt. Dieser Effekt ist dadurch zu erklären, dass mit der Ausweitung des Volumens an Kreditleistungen bei gleichzeitiger Festlegung von Obergrenzen des Einzelkredits eine Verminderung der Bonität der Kredite einherzugehen pflegt.

Im Folgenden soll an Hand eines einfachen **Beispiels** die Möglichkeit der Risikodiversifizierung durch Gewährung internationaler Kreditleistungen mit Hilfe des **portfoliotheoretischen Ansatzes** veranschaulicht werden (vgl. *Weston/Sorge,* 370): Eine deutsche MNB überlegt, wie hoch die anzustrebende Diversifizierung durch Produktion internationaler Kreditleistungen sein soll, zumal sich ihr eine größere Zahl attraktiver Kreditvergabemöglichkeiten in den USA mit einem Volumen von 200 Millionen EUR bietet. Dieser Betrag würde bei Realisierung dieser internationalen Kredite einen Anteil von 25% an den gesamten Aktiva der MNB bedeuten.

Die Schätzungen für die Wahrscheinlichkeit des Eintreffens bestimmter Gewinnraten sowohl für internationale Kredite als auch für Inlandskredite ergeben für das kommende Jahr folgendes Bild:

Wahrscheinlichkeit (p)	Geschätzte Gewinnraten (%)	
	USA (R_A)	Inland (R_I)
0,3	–0,10	0,20
0,5	0,30	0,10
0,2	0,15	–0,05

Da die Auswirkungen der internationalen Kreditvergabe in den USA auf das Gesamtportfolio der MNB hinsichtlich der Möglichkeiten zur Beeinflussung des Gesamtrisikos zu bestimmen sind, ist das Ergebnis der MNB **vor** und **nach** Aufnahme des vorgesehenen Volumens an internationalen Kreditleistungen in das Portfolio zu vergleichen. Zu ermitteln ist daher der erwartete **Portfolio-Ertrag** [$E(R_P)$] und sein Streuungsfaktor (gemessen durch die Standardabweichung [σ] des Portfolios). Dazu sind folgende Schritte notwendig:

Mit Hilfe der Wahrscheinlichkeiten des Eintreffens der verschiedenen geschätzten Gewinnraten erfolgt zuerst in zwei verschiedenen Rechnungen die Ermittlung der Erwartungswerte für die Gewinnraten aus der internationalen Kreditvergabe [E = (R_A)] und derjenigen aus den inländischen Kreditgewährungen [E (R_I)] sowie deren Standardabweichungen σ_A und σ_I

Inlandskredite			Internationale Kredite		
p	R_I	pR_I	p	R_A	pR_A
0,3	0,2	0,06	0,3	–0,10	–0,03
0,5	0,1	0,05	0,5	0,30	0,15
0,2	–0,5	–0,01	0,2	0,15	0,03
$E(R_I) = 0{,}10$			$E(R_A) = 0{,}15$		

Da die Standardabweichung die positive Quadratwurzel der Varianz darstellt, ist in einem ersten Schritt die jeweilige Varianz für den geschätzten Ertrag aus den internationalen Krediten und den geschätzten Ertrag der Inlandskredite zu ermitteln, die sich jeweils aus den Quadraten der Differenzen zwischen geschätzten Werten und den Mittelwerten (also den Erwartungswerten) der Gewinnraten aus der internationalen Kreditvergabe bzw. der Inlandsgewinnraten ergeben.

Inlandskredite			Internationale Kredite		
R_I-E(R_I)	[...]^2	p[...]^2	R_A-E(R_A)	[...]^2	p[...]^2
0,2–0,1 = 0,1	0,01	0,003	–0,25	0,0625	0,01875
0	0	0	0,15	0,0225	0,01125
–0,15	0,0225	0,0045	0	0	0
$Var(R_I) = 0{,}0075$ $\sigma_I = 0{,}0866$			$Var(R_A) = 0{,}03$ $\sigma_A = 0{,}1732$		

Das Ergebnis der angestellten Berechnungen zeigt, dass die Vergabe internationaler Kredite sowohl einen höheren Erwartungswert für den **Gewinn** (bzw. die Gewinnrate) in Höhe von 15% als auch – was nicht so positiv zu bewerten ist – ein höheres **Risiko** (= 17,32%) im Vergleich zum Volumen an Inlandskrediten aufweist (10% und 8,66%).

Um das Ausmaß des Einflusses zwischen Erträgen aus den internationalen Krediten und den Inlandskrediten festzustellen, bedarf es der Ermittlung der **Kovarianz** zwischen beiden ($cov_{I,A}$). Diese erhält man durch Multiplikation der entsprechenden Standardabweichungen und anschließende Gewichtung dieser Ergebnisse mit den jeweiligen Wahrscheinlichkeiten:

$[R_I\text{-}E(R_I)] \bullet [R_A\text{-}E(R_A)]$	p[...]
0,1 • (–0,25) 0 • 0,15 (–0,15) • 0	0,3 • (–0,025) = –0,0075 0,5 • 0 = 0 0,2 • 0 = 0
	$cov_{I,A}$= –0,0075

Daraus lässt sich die **Korrelation** zwischen beiden Erträgen wie folgt ermitteln:

$$\frac{cov_{I,A}}{\sigma_I \sigma_A} = cor_{I,A} = \frac{-0{,}0075}{0{,}0866 * 0{,}1732}$$

$$Cor_{IA} = -0{,}5$$

Auf der Grundlage der bisher erhaltenen Ergebnisse kann nunmehr der Erwartungswert für den **Portfolio-Ertrag** [E(R_P)] und das **Portfolio-Risiko** (σ_p) bei einem Anteil des Volumens der internationalen Kreditleistungen von 25% (x_A = 0,25; x_I = 0,75) berechnet werden:

$$E(R_P) = x_A\, E(R_A) + x_I\, E(R_I) = 0{,}25 \bullet 0{,}15 + 0{,}75 \bullet 0{,}1 = 0{,}1125$$

$$E(R_P) = 11{,}25\%$$

$$\sigma_p = \sqrt{[x_A^2 * \sigma_A^2 + x_I^2 * \sigma_I^2 + 2 * x_A * x_I * Cor_{I,A} * \sigma_A * \sigma_I}$$

$$\boldsymbol{\sigma_p} = 5{,}73\%$$

Obwohl die Vergabe internationaler Kreditleistungen unter den getroffenen Annahmen ein höheres Risiko (17,32%) in sich birgt, reduziert sich unter den getroffenen Annahmen das **Gesamtportfoliorisiko** auf 5,73% und liegt damit auch signifikant unter dem Risiko aus der Inlandskreditvergabe (8,66%) allein. Diese Reduktion des Risikos lässt sich aus der **negativen Korrelation** zwischen den Erträgen der beiden grundsätzlichen Kreditvergabemöglichkeiten (Inland/USA) erklären. Generell eignen sich daher alle diejenigen Alternativen, die einen Korrelationsfaktor kleiner 1 aufweisen. Bei einer Kombination der Alternativen in der Weise, dass es zu einer Korrelation gleich (-1) kommt, würde das Risiko völlig ausgeschlossen. Neben der Risikodiversifizierung durch die Gewährung internationaler Kreditleistungen, tritt auch eine Erhöhung des **Gewinn-Erwartungswertes** für das **Gesamtportfolio** in Höhe von 1,25% gegenüber der Alternative „Inlandskreditvergabe“ [E(R_I) = 0,1] ein, was insgesamt die Gewährung internationaler Kreditleistungen im angenommenen Umfang vorteilhaft erscheinen lässt.

cc) Risikoüberwälzung

Eine Überwälzung von Kreditrisiken auf andere kann insbesondere dadurch erreicht werden, dass entweder ein Großteil der Risiken internationaler Kreditleistungen vermindert wird, wie dies beispielsweise bei deutschen Exportkrediten der Fall ist, oder Garantien von Seiten des ausländischen Staates, in dem der Kreditnehmer ansässig ist, gegeben werden. Daneben sind Bürgschaften und Garantien internationaler Organisationen, aber auch des Staates, in dem die kreditgewährende Bank domiziliert, für reine Finanzkredite denkbar (z.B. aus entwicklungspolitischen und militärpolitischen Überlegungen).

cd) Risikoteilung

Eng verwandt mit Strategien zur Risikoüberwälzung sind Maßnahmen der Risikoteilung, die durch Gewährung **internationaler Konsortialkredite** angestrebt wird. Mit einer derartigen **Syndizierung** von Krediten sind weitere Vorteile für den Bankbetrieb verbunden, da er auf diese Weise an der Finanzierung von Großprojekten teilhaben kann, für die er ansonsten alleine die notwendigen Kreditmittel nicht hätte aufbringen können. Allerdings ergeben sich aus der Bildung von Konsortien (Syndikaten) auch Probleme hinsichtlich der Rechtsbeziehungen im Innenverhältnis, der Geschäftsführung und der zu stellenden Sicherheiten.

ce) Risikokompensation

Um Währungsrisiken auszuschalten (siehe dazu *Eilenberger* 2004, 79 ff.), kommen für den Bankbetrieb schließlich die traditionellen Formen der relativ kurzfristigen Kurssicherung durch Kombination von Devisenkassa- und Devisenterminhandelsleistungen (**Devisenswap**) in Betracht als auch die längerfristige Absicherung und Risikokompensation im Sinne eines bewussten Aufbau von Gegenpositionen zur Kreditgewährung (**Finanzhedging**). Die Kompensation der Währungsrisiken erfolgt dadurch, dass die Bank im Umfang und entsprechend der Fristigkeiten der gewährten Kreditleistung (einschließlich der Zinszahlungen) selbst einen entsprechenden Fremdwährungskredit im Rahmen der Produktion von internationalen Anlageleistungen von ihren Kunden in derselben Währung in Anspruch nimmt. Damit ist das Valutarisiko eliminiert, da der Bankbetrieb seine eigenen Verbindlichkeiten mit den (synchronen) Tilgungs- und Zinszahlungen aus dem Kredit in derselben Währung ausgleicht (= Kompensation etwaiger Währungsverluste durch entsprechende Währungsgewinne aus der Gegenposition).

d) Überwachung der Kreditengagements

Besonderes Augenmerk gebührt der Überwachung der Risikosituation **nach** der Gewährung von internationalen Kreditleistungen, da sich Länderrisiken infolge negativer Veränderungen der Leistungsbilanzen, zunehmender Verschuldung und zunehmender Importquoten der betreffenden ausländischen Staaten, wachsender Inflationsraten, innenpolitischer Konflikte und außenpolitischer Spannungen sowie regionaler Krisen sehr rasch in ihrem Ausmaß verändern können. Daher bedarf es einer laufenden, zumindest vierteljährlichen Überprüfung der betreffenden Kreditengagements (siehe *Völk,* 381). Gegebenenfalls sollten sich Neubewertungen der Risikosituationen mit adäquaten risikopolitischen Maßnahmen anschließen, um Ausfälle der Zinszahlungen und/oder der Tilgungszahlungen aus den Kreditleistungen zu vermeiden.

Die Ergebnisse der Überprüfung der Risikosituationen für die einzelnen, in die ständige Analyse einbezogenen Länder können sich schließlich in entsprechenden Anpassungen der Länderlimite niederschlagen, wenn signifikante Veränderungen der spezifischen Länderrisiken festgestellt werden, und zwar sowohl in Richtung auf eine weitere Verringerung des Gesamtkreditvolumens an ein Land als auch positive Entwicklungstendenzen vorausgesetzt in Richtung auf einen Abbau der Kreditvergabebeschränkungen.

e) Internationale Kreditschöpfung

In Anbetracht der Besonderheiten der Giralgeldschöpfung auf den Euromärkten, die primär durch internationale Interbanken-Anlageleistungen und durch die individuelle Einschätzung der Risiken bestimmt wird, erfolgt die Darstellung der Grundzüge internationaler Kreditschöpfung unter 8.3.2.1.2.

8.3.1.1.2 Originäre internationale Kreditleistungen

Die Gewährung originärer internationaler Kreditleistungen aller Fristigkeiten kann – unabhängig von der Herkunft der Nachfrager nach diesen Leistungen aus dem In- oder Ausland – in Form der Überlassung von Kapitalnutzungen sowohl in ausländischer Währung erfolgen als auch in inländischer Währung bestehen, sofern die Kreditgewährung in inländischer Währung der Abwicklung von Außenhandelsleistungen des Kreditnehmers dient und die Kreditgewährung damit ausländische Währungsgebiete berührt. Im **erstgenannten Fall** ist die Produktion der betreffenden internationalen Kreditleistung nur unter Einsatz ausländischer monetärer Faktoren (Devisen) möglich, weshalb der Kreditbetrag (als Ausdruck der Materialisierung des immateriellen Gutes Bankleistung) auf eine ausländische Währung (originäre Währung oder eine daraus abgeleitete Euro-Währung) lautet. Im **zweiten Fall** lautet zwar der Kreditbetrag auf inländische Währung, jedoch betrifft die der Kreditleistung zu Grunde liegende Leistung des Kreditnehmers (Exporteur/Importeur) direkt oder indirekt ausländische Währungsgebiete oder Währungen, weshalb die Kreditgeber derartige Kreditleistungen einzelnen Ländern bzw. Länderkontingenten zurechnen, zumal solche Kreditleistungen grundsätzlich dem Länderrisiko ausgesetzt sind.

Mit der vorgenommenen Abgrenzung werden widersprüchliche Definitionen der Art vermieden, wie sie beispielsweise bei *Cramer* (5 ff.) auftreten, der zwischen „Auslandskreditgeschäft“ (Außenhandelskredite an in- und ausländische Kunden sowie ungebundene Kredite an ausländische Kunden) und „internationalem Kreditgeschäft“ unterscheidet. Letzteres umfasst allerdings nur die Außenhandelskredite an ausländische Kunden und die ungebundenen Kredite an ausländische Kunden, während die Außenhandelskredite an inländische Kunden nicht zum „internationalen Kreditgeschäft“ gerechnet werden. Es ergibt sich dabei sogar das Absurdum, dass internationale Kredite nur dann Auslandskredite darstellen sollten, „wenn sie in Konditionen und Usancen nicht dem Euromarkt, sondern dem inländischen Kreditgeschäft entsprechen“ *(Cramer,* 6).

Im Folgenden wird zwischen den Formen der direkten Kreditgewährung, zu deren Erstellung der Einsatz monetärer Faktoren durch den Bankbetrieb notwendig ist, und Formen der indirekten Kreditgewährung, die primär nicht mit dem Einsatz monetärer Faktoren verbunden sind, unterschieden.

a) Formen der direkten Kreditgewährung

Im Wesentlichen handelt es sich dabei um Außenhandelskredite, sonstige Fremdwährungskredite („ungebundene Finanzkredite“ einschließlich internationaler Leasing-Kredite) und Euro-Kredite.

aa) Außenhandelskredite

Kurzfristige Außenhandelskredite stehen meist in Zusammenhang mit der Bevorschussung von Dokumenten, die im Rahmen internationaler Zahlungsbedingungen Verwendung finden und auch zur Sicherung internationaler Zahlungsverkehrsleistungen (siehe 8.3.1.3.1.ac) dienen können, oder auf der Diskontierung von Wechseln und Fremdwährungswechseln. Längerfristige Außenhandelskredite direkter Art werden vornehmlich in Form der Forfaitierung von Exportforderungen (auf der Grundlage von Garantien oder unwiderruflicher Akkreditive) abgewickelt. Dazu kommen die Möglichkeiten des Bestellerkredits.

(1) Bevorschussung von Dokumenten

Internationale Zahlungsbedingungen können u.a. auf „Dokumente gegen Zahlung", „Dokumente gegen Akzept" und „Dokumenten-Akkreditiv" lauten. Als Dokumente kommen einerseits **Handelspapiere** (Rechnungen, Verladedokumente), die entweder den Versand von Waren belegen (z.B. Frachtbriefe aller Art, Spediteursbescheinigungen) oder die Ware selbst repräsentieren (z.B. Konossement, Ladeschein), andererseits **Zahlungspapiere** (Wechsel, Solawechsel, Schecks, Zahlungsquittungen oder andere zum Erlangen von Zahlungen dienende Dokumente) in Frage. Auf Grund der internationalen Zahlungsbedingungen entstehen Kreditbeziehungen durch das Dokumenteninkasso und das Dokumenten-Akkreditiv.

Dokumenten-Inkasso: Die Bank des Lieferanten (Exporteur) zieht den Gegenwert von Dokumenten beim Käufer im Ausland (Importeur) ein. Während im Falle der Bedingung „Dokumente gegen Zahlung" keine Kreditierung entsteht und es sich somit ausschließlich um ein Instrument des internationalen Zahlungsverkehrs handelt, kann der Exporteur, sofern im Rahmen eines Zielverkaufes **Dokumente gegen Akzept** vereinbart ist, einen kurzfristigen Diskontkredit in Anspruch nehmen. Dabei wird nämlich der Bank des Importeurs (Inkassobank) durch den Exporteur bzw. dessen Bank (Ein- reicherbank) zur Sicherung seiner Ansprüche zusammen mit den Dokumenten ein auf den Importeur gezogener Wechsel übersandt. Akzeptiert der Importeur die Tratte, erhält er die Dokumente ausgehändigt und kann erst dann die Ware in Besitz nehmen. Das Akzept kann der Exporteur sowohl im Ausland (z.B. bei der Inkassobank) als auch im Inland (z.B. bei der Einreicherbank) diskontieren lassen und auf diese Weise eine kurzfristige Kreditleistung in Anspruch nehmen (siehe Abbildung 50). Für das Inkasso von Handelspapieren gelten Einheitliche Richtlinien für Inkassi (ERI) der Internationalen Handelskammer Paris.

Dokumenten-Akkreditiv (bzw. **Standby Letter of Credit):** Das Akkreditiv ist seinem Wesen nach ein **Zahlungsauftrag** an eine Bank (Akkreditivbank), dem ein Zahlungsversprechen gegenüber dem Begünstigten zu Grunde liegt, aus dem Guthaben des Auftraggebers (z.B. Importeur) einem Dritten (dem Begünstigten) innerhalb einer bestimmten Frist gegen Vorlage bestimmter Dokumente (wobei genau anzugeben ist, gegen welches Dokument Zahlung, Akzeptleistung oder Negoziierung vorgenommen werden soll) einen bestimmten Geldbetrag zur Verfügung zu stellen. **Dokumente** im Akkreditivgeschäft sind insbesondere **Transportdokumente,** die eine Verladung an Bord oder einen Versand oder die Übernahme einer Ware ausweisen, das **Seekonnossement,** das ein Transportdokument mit **Wertpapiercharakter** darstellt (daher Inhaber-, Rekta- und Orderkonnossemente); ferner die Dokumente des **Postversands** (Postquittungen und Versandbescheinigungen), die **Versicherungsdokumente** der Ware und die **Handelsrechnung.** Zur Abwicklung des Zahlungsvorganges gibt die **Akkreditivbank** den Auftrag an eine zweite Bank im Ausland weiter **(avisierende** Bank), die dem Begünstigten (z.B. Exporteur) das Akkreditiv avisiert (benachrichtigt) und bei dessen Ausnutzung als Zahlstelle dient; allerdings wäre auch direkte Zustellung an den Begünstigten möglich, was aber unüblich ist (Abbildung 51).

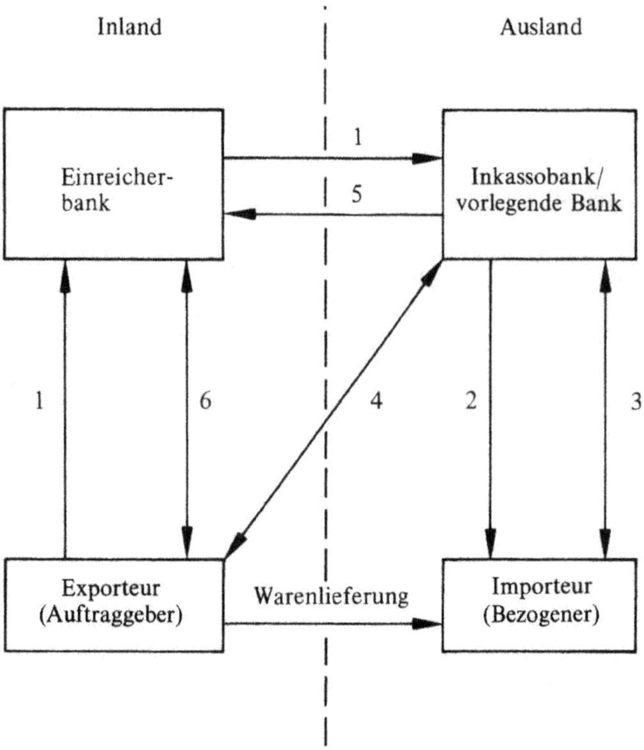

1 ... Inkassoauftrag
2 ... Vorlage des Wechsels
3 ... Wechselakzept und Aushändigung der Dokumente Zug um Zug
4 ... Wechseldiskont

Alternativ:

5 ... Rücksendung des Akzepts
6 ... Wechseldiskont im Inland

Abb. 50: Schematische Darstellung möglicher Kreditbeziehungen bei Inkasso „Dokumente gegen Akzept“

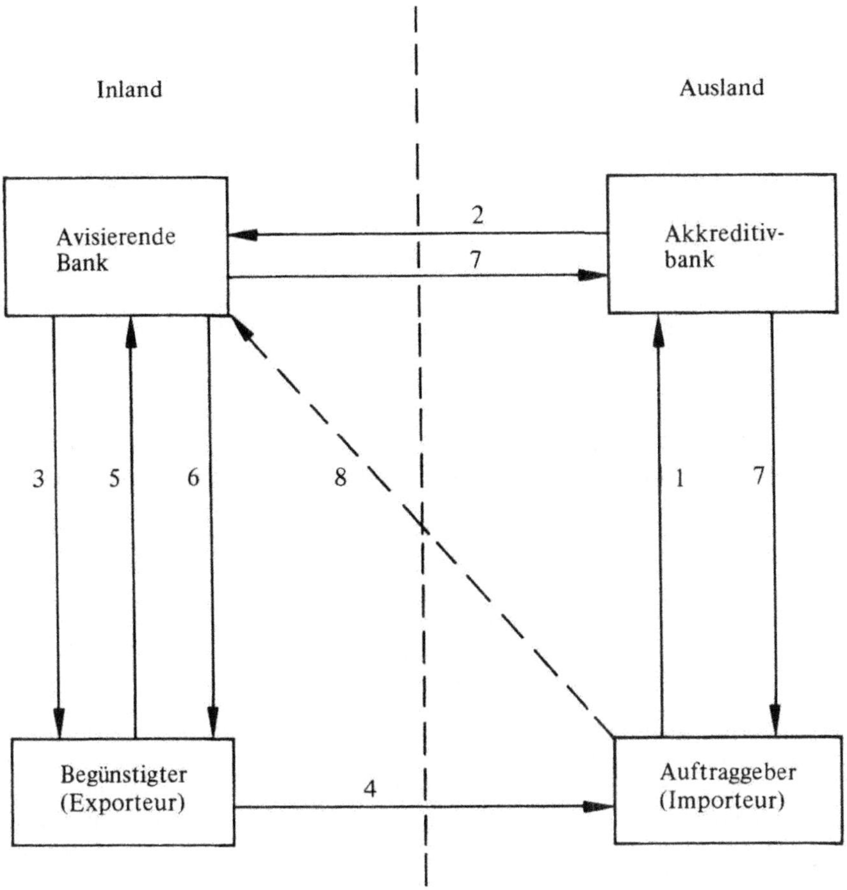

1 ... Akkreditiveröffnungsantrag
2 ... Akkreditiveröffnungsschreiben
3 ... Avisierung
4 ... Warenlieferung
5 ... Einreichen und Versand der Dokumente
6 ... Zahlung des Kaufpreises
7 ... Weiterleitung bzw. Aushändigung der Dokumente an Auftraggeber
8 ... Zahlungsversprechen

Abb. 51: Schematische Darstellung der Beziehungen im Rahmen des Dokumenten-Akkreditivs

Die Besonderheit von Akkreditiven besteht darin, dass sie von Kauf- oder anderen Verträgen, auf denen sie beruhen können, **getrennte** Geschäfte sind. Daher befassen sich im **Akkreditiv-Geschäft** alle Beteiligten mit **Dokumenten** und **nicht** mit Waren, Dienstleistungen und/oder anderen Leistungen, auf die sich die Dokumente beziehen können (Art. 3 u. 4 ERA). Entsprechend der von dem Bankbetrieb im Rahmen des Akkreditivs übernommenen Verpflichtungen wird zwischen widerruflichen, unwiderruflichen (bestätigten oder unbestätigten) und übertragbaren Akkreditiven unterschieden. Ein **widerrufliches** Akkreditiv begründet keine rechtlichen Verpflichtungen der beteiligten Banken gegenüber dem Begünstigten, da ein solches Akkreditiv jederzeit ohne Benachrichtigung des Begünstigten geändert oder annulliert werden kann.

Dagegen stellt ein **unwiderrufliches** Akkreditiv grundsätzlich eine feststehende Verpflichtung der eröffnenden Bank dar: Unwiderruflich **unbestätigt** ist ein Akkreditiv, wenn die avisierende Bank dem Begünstigten zwar die Eröffnung des unwiderruflichen Akkreditivs avisiert, selbst jedoch keine Verpflichtungen übernimmt. Derartige Einschränkungen kennt das unwiderruflich **bestätigte** Akkreditiv nicht. In diesem Falle erhält der Begünstigte somit Ansprüche sowohl gegen die Akkreditivbank als auch gegen die avisierende Bank, was sich allerdings in den Kosten niederschlägt: Zu der auch ansonsten üblichen Akkreditiveröffnungsgebühr und Dokumentenaufnahmegebühr kommen Unwiderruflichkeitsgebühren und Bestätigungsgebühren, die von der Dauer der Zusage des Akkreditivs abhängen. Liegt die Zustimmung des Auftraggebers (Importeur) zur Übertragung auf einen Dritten (z.B. Lieferanten des Begünstigten) vor, so ist ein **übertragbares** Akkreditiv gegeben. Die Abwicklung der Dokumenten-Akkreditive erfolgt nach den „Einheitlichen Richtlinien und Gebräuchen für Dokumenten-Akkreditive“ (ERA) der *Internationalen Handelskammer Paris.*

Kreditbeziehungen können im Falle des Dokumenten-Akkreditivs auf Grund der beschriebenen Charakteristika sowohl auf der Käufer- als auch auf der Verkäuferseite entstehen: Der Verkäufer ist in Anbetracht des abgegebenen Zahlungsversprechens der Inkassobank ebenso in der Lage, sich Kredit zur Produktion oder dem Erwerb der Waren zu beschaffen, wie der Käufer die Möglichkeit hat, von der Akkreditivbank den nötigen Kredit für die Überbrückung der Versanddauer der Ware zu erhalten.

Als Formen **direkter Akkreditiv-Kredite** in Verbindung mit Dokumenten (zu den indirekten Formen der Rembourskredite siehe 8.3.1.1.2.b) kommen in Betracht:

- Der **Commercial Letter of Credit** (CLC) besteht im Versprechen einer Bank an den Exporteur, das sie im Auftrag von Kunden abgibt, die auf den Importeur gezogenen Wechsel, die unter bestimmten Bedingungen zusammen mit den geforderten Dokumenten innerhalb einer festgelegten Frist bei einer Bank eingereicht werden, zu bevorschussen; ein wechselrechtlicher Rückgriff gegen den Begünstigten ist ausgeschlossen.
- Wird die Bank des Exporteurs durch die Akkreditivbedingungen ermächtigt, dem Begünstigten einen Teil des Akkreditivbetrages bereits **vor** Einreichung der Dokumente (bis zu einer bestimmten Höhe) auszuzahlen, liegt ein **Packing Credit** (Anticipatory Credit) vor.

(2) Wechseldiskontkredite

Das Wesen derartiger Kreditleistungen zur Finanzierung des Außenhandels, die auch als **Negoziierungskredite** bezeichnet werden (zur „Order to negotiate“ als spezielle Form indirekten Negoziierungskredits siehe 8.3.1.1.2 b), besteht in der dem Exporteur eingeräumten Möglichkeit, eine von ihm ausgestellte Tratte zu diskontieren, zu deren Ankauf der Importeur die Bank des Exporteurs ermächtigt hat (**Negoziierung**). Die Abwicklung geht so vor sich, dass die Bank des Exporteurs auf Grund der Ermächtigung den Wechsel ankauft, ohne das Akzept des Importeurs abzuwarten, und den Wechselankauf sofort der Bank des Importeurs weiterberechnet. Allerdings besteht grundsätzlich auch die Möglichkeit der Diskontierung des Wechsels durch die Bank des Exporteurs selbst. Die Ermächtigung beinhaltet die Bereitschaft der Bank des Importeurs, den Wechsel zu diskontieren (**Authority to Purchase**: **Drawing Authorisation**). Eine Garantie für die Einlösung des Akzepts ist damit ebenso wenig verbunden wie die Stellung eines Akkreditivs.

(3) Forfaitierung

Die Kreditleistung kommt bei Forfaitierung dadurch zustande, dass eine Bank (oder ein Finanzierungsinstitut) von Exporteuren Forderungen im Zusammenhang mit Außenhandelsleistungen in Bausch und Bogen (**á forfait**) einschließlich der darauf lastenden Risiken unter Bereitstellung ausreichender Sicherheiten ankauft. Zwar erfolgt somit einerseits ein regressloser Ankauf von Exportforderungen (im Wesentlichen in EUR, USD und CHF), doch sind andererseits Exportforderungen nur dann forfaitierungsfähig, wenn sie durch Wechsel, Bankgarantien, Staatsgarantien, Bürgschaften oder durch ein unwiderrufliches Akkreditiv gesichert sind (siehe *Kissner,* 643). Die Kreditleistung besteht in der Überbrückung des Zeitraumes zwischen Verkauf der Exportforderungen und der ansonsten planmäßigen Realisierung der Forderungen durch den Exporteur gegenüber seinen Kunden. Eine Ausdehnung der Kreditlaufzeit lässt sich erreichen, wenn der Forfaiteur (= ankaufende Bank) bereit ist, schon vor Erstellung der Exportleistung bzw. während des Herstellungsprozesses die künftige Exportforderung, für die ein (langfristiger) Exportkontrakt vorliegt, anzukaufen und auf diese Weise die Produktion mitzufinanzieren. Die **Kosten** der Forfaitierung bestehen im Fall der Wechselhergabe im Diskontsatz, den der Forfaiteur für die Refinanzierung zu leisten hat, im Falle des Forderungsankaufs ohne Wechselhergabe in den Finanzierungskosten, die dem Forfaiteur bei Mittelbeschaffung auf den Finanzmärkten oder aus Einlagen entstehen. Dazu kommen die Kurssicherungskosten für Devisenforderungen, Bank- und Inkassospesen bei Einzug der Forderungen sowie zusätzliche Finanzierungskosten, sofern Prolongationen hingenommen werden müssen. Dem Kreditnehmer stellt der Forfaiteur einen **Forfaitierungssatz,** ausgedrückt in einem Jahreszinssatz, in Rechnung, der zusätzlich zu den entstandenen Kosten eine Marge enthält. In diese gehen sowohl die Risikoprämie für die eingegangenen politischen und wirtschaftlichen Risiken im Lande der Schuldner als auch die notwendigen Gewinnbestandteile ein. Aus dieser Konstellation ergeben sich unterschiedliche Forfaitierungssätze für die verschiedenen Länder. Da für das Forfaitierungsvolumen im Regelfall vom Forfaiteur dem Exporteur eine Forfaitierungszusage in bestimmter Höhe erteilt wird, kann auch die Zahlung einer Bereitstellungsprovision in Frage kommen.

(4) Export-Factoring

Wenn auch das Export-Factoring, bei dem der Exporteur seine Exportforderungen unter Ausschluss des Regresses an eine Factoring-Gesellschaft verkauft, der Forfaitierung ähnlich zu sein scheint, besteht der wesentliche Unterschied darin, dass im Wege des Factoring **sämtliche** Forderungen des Exporteurs angekauft werden und der Factor zusätzlich für den Exporteur weitere Dienstleistungen im Zusammenhang mit dem Forderungsankauf erstellt (siehe *Geginat,* 20). Im Rahmen der Forfaitierung dagegen werden nur einzelne, bonitätsmäßig einwandfreie und zusätzlich gesicherte Exportforderungen (regresslos) erworben. Gemeinsamkeiten bestehen hinsichtlich des Krediteffekts.

(5) Bestellerkredite

Bestellerkredite (sog. **gebundene Finanzkredite**) gewinnen immer größere Bedeutung seit deutsche Exporteure einen erheblichen Teil ihrer Exportleistungen im Investitionsgüterbereich mit devisenschwachen Ländern abwickeln und sich auch die in Anspruch genommenen Zahlungsfristen verlängern. Durch Vermittlung des Exporteurs wird daher von dessen Bank ein Bestellerkredit direkt an den ausländischen Importeur gewährt und der entsprechende Betrag dem Exporteur zur Verfügung gestellt. Damit wandelt sich die Zahlungsverpflichtung des Importeurs gegenüber dem Exporteur in eine Zahlungspflicht gegenüber der kreditgewährenden Bank um. Die Bank hat die Kreditsumme in inländischer Währung an den Exporteur ausbezahlt, die Tilgungs- und Zinszahlungen aus dem Kredit seitens des Importeurs sind aber nur durch Umtausch der betreffenden Fremdwährungsbeträge in inländische Währung möglich (Abbildung 52). Da die Bank mit dieser Kreditgewährung ein Länderrisiko eingegangen ist, wird sie bestrebt sein, dieses möglichst durch Absicherung über die *Hermes-Kreditversicherungs-AG* und durch Zahlungsgarantie der Hausbank des Importeurs auf ein Minimum zu verringern. Die zusätzlichen Kosten dieser Absicherung trägt der Exporteur, der eine entsprechende Exporteursgarantie abzugeben hat. Dasselbe gilt für etwaige Verzugszinsen.

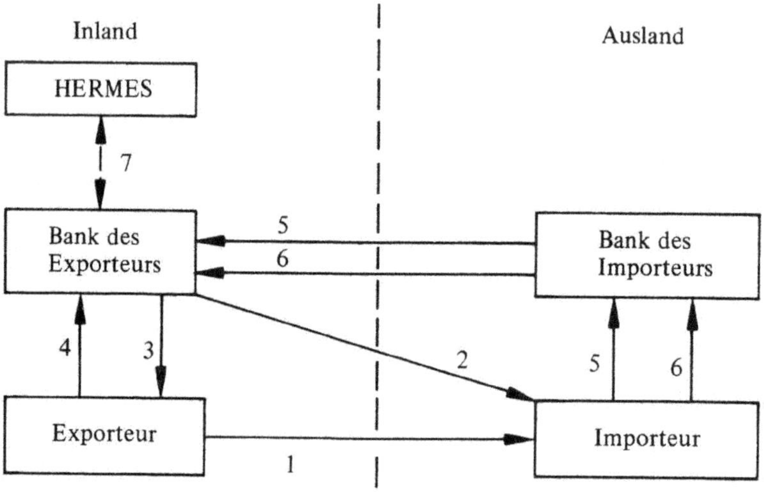

1 ... Liefervertrag (Warenlieferung)
2 ... Bestellerkredit
3 ... Auszahlung der Kreditsumme
4 ... Exportgarantie
5 ... Zahlungsgarantie
6 ... Tilgungszahlungen des Kredits einschl. Zinszahlungen
7 ... Kreditversicherung (in % des Bestellerkredits)

Abb. 52: Schematische Darstellung der Beziehungen beim Bestellerkredit

ab) Sonstige Fremdwährungskredite

Als sonstige Fremdwährungskredite werden im Folgenden diejenigen internationalen Kreditleistungen direkter Art bezeichnet, die weder durch Außenhandelsleistungen der Kreditnehmer ausgelöst werden noch den Eurokrediten zuzurechnen sind. Dazu zählen somit vor allem Diskontkredite auf der Basis von Fremdwährungs-Finanzwechseln, sog. **ungebundene Finanzkredite** und internationale Leasing-Kredite.

Die Entscheidung des potentiellen Kreditnehmers darüber, ob und in welcher Form derartige Kredite nachgefragt und in Anspruch genommen werden, hängt nicht nur von den Finanzierungskosten und der Fristigkeit der Kreditleistungen ab, sondern auch von der Flexibilität, die die betreffende Finanzierungsart bietet, den mit der Kreditinanspruchnahme verbundenen Mitbestimmungsrechten sowie den Tilgungs- und Zinszahlungsmodalitäten.

(1) Ungebundene Finanzkredite

Dabei handelt es sich um Kreditleistungen unterschiedlicher Fristigkeiten ohne festgelegten Verwendungszweck, so dass der Kreditnehmer in der Disposition der Mittel völlig frei ist und diese grundsätzlich für Investitionen aller Art (einschließlich des Beteiligungserwerbes) ebenso einsetzen kann wie für die Überbrückung kurzfristiger Liquiditätsengpässe oder zu spekulativen Zwecken. Die ungebundene Kreditgewährung setzt allerdings erstklassige Bonität des Kreditnehmers und die Gewähr problemfreier Tilgungs- und Zinszahlungen voraus.

(2) Internationale Leasing-Kredite

Im Zusammenhang mit der Finanzierung multinationaler Unternehmen kommt auch die Gewährung von internationalen Leasing-Krediten in Frage. Im Vordergrund der Überlegungen des Kreditnehmers steht dabei, dass das Leasing von Investitionsobjekten eine bilanzwirksame Mittelzuführung vermeidet. Zusätzlich bestehen Anreize in Form der unterschiedlichen Gestaltungsmöglichkeiten für die steuerliche Zurechnung von Leasing-Objekten in den verschiedenen Domizilstaaten, die eine derartige Alternative trotz höherer Finanzierungskosten letztlich doch attraktiv machen können (wegen Einzelheiten siehe *Rodriguez/Carter,* 553ff.; *Ricks,* 110ff.; *Nevitt,* 25ff.).

ac) Euro-Kreditleistungen

Euro-Kreditleistungen werden sowohl in Form von Einzelkreditleistungen eines Bankbetriebes als auch was die Mehrzahl der Euro-Kreditvergaben betrifft in Form von Euro-Konsortialkrediten (siehe 8.3.1.1.3b) mit erheblichen Volumina erbracht. Die enge Verbindung mit dem Euro-Geldmarkt und dem Euro-Kapitalmarkt bestimmt den Charakter der Euro-Kreditleistungen, deren **Laufzeit** sich zwischen den Abschlüssen am Euro-Geldmarkt und den Laufzeiten von Anleihen am Euro-Kapitalmarkt bewegen. Wenn in Ausnahmesituationen teilweise die Laufzeiten von Euro-Krediten und Euro-Anleihen übereinstimmen, ist dies auf die Auswirkungen von Hochzinsphasen zurückzuführen, kann aber grundsätzlich nichts am Wesen des Euro-Kreditmarktes als eines „mittelfristigen" Marktes und Bindegliedes zwischen Euro-Geld-und Euro-Kapitalmarkt ändern. Die angesprochenen Interdependenzen beeinflussen darüber hinaus auch die **Preisgestaltung** für Euro-Kredite, die insbesondere – in Abhängigkeit von der jeweiligen gewählten Laufzeit – zur Finanzierung des internationalen Handels und mittelfristiger Investitionsvorhaben von Unternehmen dienen, aber auch an Privatkunden gewährt werden. Da der Euro-Kreditmarkt aus Gründen der Finanzierung der Bankbetriebe eng mit dem (Interbanken)-Euro-Geldmarkt verknüpft ist, entstanden verschiedene Kreditleistungsarten, die sich zwar in der Grundstruktur ähneln, jedoch hinsichtlich Technik und Vertragsgestaltung (siehe dazu *Donaldson,* 104ff.) sowie Fristigkeiten Unterschiede aufweisen.

Einer der wesentlichen Unterschiede zu den Außenhandelskrediten und sonstigen, Fremdwährungskrediten besteht darin, dass Euro-Kredite im Regelfall als **revolvierende Kredite** mit variablen Kreditzinsen gewährt werden, was durch die vorherrschend kurzfristigen Finanzierungsmöglichkeiten der Bankbetriebe bedingt ist, die durch Anwendung der **Technik des Überrollens (Roll-over)** eine Lösung der eigenen Liquiditätsprobleme erreichen müssen. Nur im Ausnahmefall, insbesondere bei kurzfristigeren Krediten, kann es zur Erstellung von **Festsatzkrediten** kommen.

Als typische Kreditleistungsformen kommen unter diesen Voraussetzungen daher **Roll-over-Kredite** in Betracht, die zwar für eine bestimmte Laufzeit fest zugesagt werden, für die jedoch regelmäßige Zinsanpassungen an die jeweiligen Finanzierungsbedingungen, denen sich Bankbetriebe an den Euromärkten gegenübersehen, notwendig werden. Diese Zinsanpassungen erfolgen in bestimmten Zeitabständen auf der Basis von *LIBOR* (siehe 8.2.1) oder *EURIBOR*. Dabei werden die individuellen Finanzierungskosten des kreditgewährenden Bankbetriebes als **Spread** bzw. **Premium** dem Interbanksatz zugeschlagen. Diese **Marge** bedeutet somit die Zinsspanne zwischen dem Interbankzins auf dem Euro-Geldmarkt und dem Zinssatz, zu dem der Kreditgeber bereit ist, durch kurzfristige Finanzierung einen formell mittel- bis langfristigen Kredit zu gewähren (wegen weiterer Einzelheiten siehe *Preisig,* 23). Entsprechend der Entwicklung von *LIBOR* erfolgen Anpassungen der Zinssätze für Eurokredite in einem bestimmten Zeitrhythmus (z.B. 1, 3 und 6 Monate). Allerdings unterliegen die Spreads, die maßgeblich die Erträge der Banken am Euro-Kreditmarkt bestimmen, externen Entwicklungen (Wettbewerbsdruckes und der internationalen Liquiditätssituation. Ebenso wie Euro-Anleihen können auch Roll-over-Eurokredite mit **Währungsklauseln** ausgestattet sein, die es dem Kreditnehmer ermöglichen, zum Zinstermin die Währung zu wechseln und die Zinsen auf der Basis der neuen Währung zu zahlen (siehe dazu im einzelnen *Eilenberger* 1986b, 140 ff.).

Durch die periodischen Zinsanpassungen wird das Zinsänderungsrisiko des kreditgebenden Bankbetriebes voll auf den Kreditnehmer überwälzt. Die Marge (Spread) hängt von der Einschätzung der Bonität des Kreditnehmers ebenso ab wie von den Rentabilitätserfordernissen des Bankbetriebes. So ermittelt die Praxis die **notwendige Marge** wie folgt (*Guth,* 312): Geht man von einer Relation „Eigenkapital zu Bilanzsumme“ in Höhe von 4% und einer durchschnittlichen Eigenkapitalrentabilität von 10% aus, müsste die Durchschnittsmarge als die Differenz zwischen Zinserträgen und Zinsaufwendungen bezogen auf das Kreditportefeuille auf Vollkostenbasis bei 1,4% liegen, wenn die laufenden Betriebskosten mit 0,2%, die Risikovorsorge mit 0,4%, die Steuerbelastung (50%) mit 0,4% und der notwendige Reingewinn mit 0,4% unterstellt werden. Von dieser Ausgangsbasis (**Grundlast**) können Abschläge dann erfolgen, wenn diese Grundlast durch überdurchschnittliche Erträge aus anderen Leistungsbereichen „subventioniert“ wird, die Kosten der Mittelbeschaffung durch den Bankbetrieb unterdurchschnittlich (günstig) sind, die Euro-Kreditleistungen über sog. **Steueroasen** abgewickelt werden, oder die geringeren Margen durch Berechnung von sog. **Einmalgebühren** (wie commitment fees bzw. management fees bzw. lead management fees) kompensierbar sind. Unter diesen Voraussetzungen lässt sich eine Absenkung der notwendigen Marge auf eine durchschnittliche **Mindestmarge** von etwa 1% erreichen und verantworten.

(1) Roll-over-Kreditleistungen

Entsprechend der unterschiedlichen Laufzeiten können im Wesentlichen zwei Grundformen, nämlich der Roll-over-Eurokredit und das Roll-over-Eurodarlehen unterschieden werden. Beim **Roll-over-Eurodarlehen** erhält der Kreditnehmer den gesamten Kreditbetrag in einer Summe ausgezahlt. Der Kredit kann sofort, aber auch zu einem späteren Termin in Anspruch genommen werden, wobei für die Zeit der Bereitstellung des Kredites eine Bereitstellungsgebühr zu entrichten ist. Die Rückzahlung erfolgt entweder in einer Summe am Ende der Laufzeit oder nach einer tilgungsfreien Zeit in Teilzahlungen.

Im Gegensatz zum Roll-over-Eurodarlehen wird für revolvierende **Roll-over-Eurokredite** ein Maximalbetrag (Kreditlinie) festgelegt, bis zu dem der Kreditnehmer vom Bankbetrieb Finanzmittel erhält. Damit wird dem Kreditnehmer eine flexible Anpassung an seinen jeweiligen Finanzmittelbedarf nach Art des Kontokorrentkredites ermöglicht.

(2) Euro-Festsatzkreditleistungen

Zu den Euro-Krediten zählen schließlich auch die Festsatzkredite. **Kurzfristige Festsatzkredite** mit Laufzeiten bis zu einem Jahr werden an „euromarktfähige" Kreditnehmer vielfach ungesichert gegeben. Ansonsten sind vom Kreditnehmer über eine inländische Bankverbindung Sicherheiten zugunsten der kreditgebenden Eurobank zu unterhalten. **Mittelfristige Festsatzkredite** mit Laufzeiten bis zu fünf Jahren und mehr stellen in Anbetracht des Transformationsproblems und des dadurch bewirkten Übergangs auf Roll-over-Kredite seitens der Kreditgeber die Ausnahme der Euro-Kreditgewährung dar. Im Gegensatz zu den Roll-over-Krediten erfolgt nämlich die Kreditgewährung bei den Festsatzkrediten zu einem festen Zinssatz für die gesamte Laufzeit. Darüber hinaus müssen sie in voller Höhe während der Gesamtlaufzeit in Anspruch genommen werden. Diese Regelung zeigt zwar für den Kreditnehmer Vorteile insofern, als er die Kostenbelastung von vornherein kennt und kalkulieren kann, andererseits entgehen ihm bei langfristigen Festsatzkrediten mögliche Vorteile aus Zinsanpassungen nach unten. Als nachteilig aus der Sicht des Kreditnehmers muss ferner bei langfristigen Krediten die volle Abnahme der vereinbarten Finanzmittel über die gesamte Kreditdauer angesehen werden, die ein flexibles Reagieren beispielsweise auf unvorhersehbare Mittelzuflüsse aus überdurchschnittlichen Gewinnen u.ä. nicht zulässt.

b) Formen der indirekten Kreditgewährung

Indirekte Kreditgewährung kann in Form internationaler Bankakzeptkredite (Rembourskredit; Negoziierungskredite auf der Basis der Order to Negotiate) und in Form internationaler Avalkredite (Exportgarantien; sonstige internationale Garantien) erfolgen.

ba) Internationale Bankakzeptkredite

(1) Rembourskredit

Die Bezeichnung **Rembours** bedeutet im deutschen Handelsverkehr die „Bezahlung einer im Überseehandel gekauften Ware". Es ist offensichtlich, dass sich im Überseehandel der Exporteur oft nicht auf das Akzept des Importeurs allein verlassen kann, zumal ihm der Importeur sowie dessen wirtschaftliche Verhältnisse unbekannt sind und derartige Akzepte ohne weitere Verpflichtete regelmäßig schwer verwertbar sind. Deshalb fordert der Exporteur das Akzept einer ihm bekannten Bank seines Landes oder des Auslandes. Zusätzlich zu den Banken des Exporteurs und des Importeurs kann eine (dritte) Remboursbank eingeschaltet werden. Die Kreditleistung kommt dadurch zustande, dass die Remboursbank für Rechnung des Importeurs bzw. dessen Bank eine auf sie gezogene Tratte des Exporteurs gegen Übergabe der Dokumente akzeptiert. Dieses Bankakzept kann der Exporteur dann entweder bei der Remboursbank selbst bzw. bei einer anderen Bank diskontieren lassen oder undiskontiert im Portefeuille behalten bzw. an Gläubiger an Zahlungs-Statt weitergeben. Der Rembourskredit wird häufig mit einem Dokumenten-Akkreditiv (Akzeptakkreditiv) insofern verbunden, als der Importeur seine Hausbank (als Akkreditivbank) beauftragt, ein Akkreditiv zu Gunsten des Exporteurs zu eröffnen, das durch eine Wechselziehung des Exporteurs mit vorgeschriebener Laufzeit auf die Remboursbank unter Einreichung der Dokumente in Anspruch genommen werden kann. Lässt der Exporteur das Akzept diskontieren, so löst bei Fälligkeit die Remboursbank den von ihr akzeptierten Wechsel ein, nachdem sie sich zu Lasten des Importeurs (ggf. über seine Hausbank, wenn Remboursbank und Hausbank des Importeurs nicht identisch sind), die notwendige Deckung verschafft hat.

Grundsätzlich kann zwischen direkten (unmittelbaren) und indirekten (vermittelten) Rembourskrediten unterschieden werden (vgl. *Suda,* 58): Beim **direkten** Rembourskredit unterhält der Importeur direkte Beziehungen zur Remboursbank. Er schließt mit ihr den Kreditvertrag ohne Zwischenschaltung anderer Banken ab. Der **indirekte** Rembourskredit dagegen ist dadurch gekennzeichnet, dass sich der Importeur der Vermittlung einer anderen Bank (z.B. seiner Hausbank) bedient, die dann ihrerseits mit der Remboursbank in (direkte) Beziehung tritt und im Auftrag sowie für Rechnung des Importeurs mit dieser im Rahmen einer (meist auf Gegenseitigkeit eingeräumten) Globallinie den Rembourskreditvertrag schließt.

Für die Abwicklung und die Kosten des Rembourskredits ist der **Standort** der Remboursbank ebenso von Bedeutung wie die Zahl der Beteiligten. Wird eine Korrespondenzbank außerhalb des Landes des Exporteurs und des Importeurs als Remboursbank bestimmt (**Remboursbank im „neutralen" Land**), muss der Remboursakkreditiv bei einer Bank im Land des Importeurs eröffnet und gestellt werden, mit der Auflage, dass der Exporteur die Rembours-Tratte auf die im Akkreditiv genannte (dritte) Remboursbank zu ziehen hat. Die Bank des Exporteurs hat dann die Möglichkeit, schon bei Dokumentenaufnahme also vor Akzeptierung der „Prima" durch die Remboursbank die mit dem sog. Treffvermerk versehene „Sekunda" selbst oder durch eine andere Bank zu diskontieren. Befindet sich dagegen die Remboursbank entweder im Land des Exporteurs (**Avisierende Bank = Remboursbank**) oder im Lande des Importeurs (**Akkreditivbank = Remboursbank**), verringert sich die Zahl der Beteiligten an der Abwicklung des Rembourskredits (und damit die Höhe der anfallenden Kosten der Abwicklung) von sechs (Remboursbank im neutralen Land) auf vier bzw. auf drei Beteiligte, sofern im letzteren Fall der Verkäufer auf Einschaltung seiner Hausbank verzichtet und die Tratte direkt auf die Akkreditivbank zieht. Diese einfachste Form der Abwicklung zeigt Abbildung 53. Rembourskredite sind gleichermaßen bei Import- und Exportleistungen möglich und üblich.

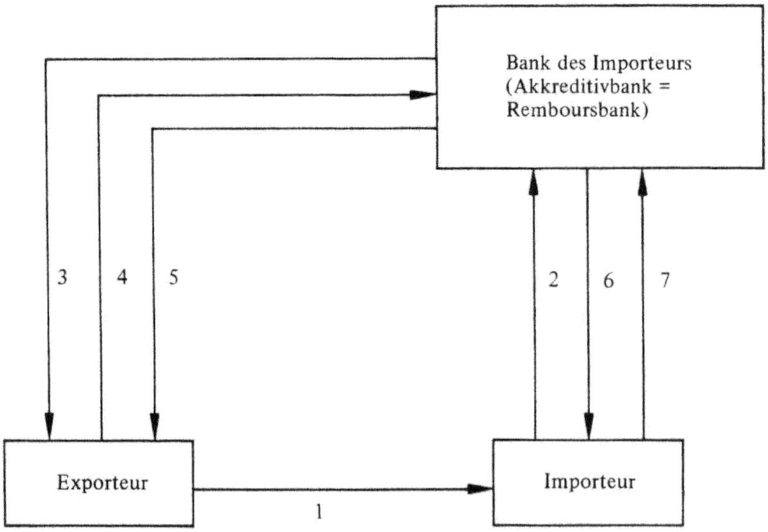

1 ... Warenversand
2 ... Auftrag zur Eröffnung eines Akkreditivs
3 ... Akkreditiv-Eröffnung
4 ... Dokumente und Tratte
5 ... Akzept (ggf. Diskonterlös)
6 ... Dokumente
7 ... Zahlung

Abb. 53: Abwicklung eines Rembourskredits über Remboursbank im Land des Importeurs

(2) Indirekter Negoziierungskredit

Anders als im Falle des direkten Negoziierungskredits, bei dem vom Exporteur eine Tratte auf den Importeur gezogen und die Bank des Exporteurs von der Importeursbank ermächtigt wird, diese anzukaufen (**Authority to Purchase**), gibt mit der **Order to Negotiate** die Bank des Importeurs an eine ausländische Korrespondenzbank den Auftrag, die auf die Importeursbank gezogene Tratte des Exporteurs mit den Dokumenten anzukaufen. Während dem direkten Negoziierungskredit lediglich ein Kundenakzept zu Grunde liegt, handelt es sich im Falle des indirekten Negoziierungskredits um ein **Bankakzept,** das der Exporteur entweder diskontieren lassen oder im Portefeuille behalten kann. Die Importeursbank wird eine Order to Negotiate im Regelfall nur Kunden bester Bonität gewähren, zumal sie dadurch auch selbst wechselmäßig verpflichtet wird. Zwar setzt die Authority to Purchase auch eine hohe Wahrscheinlichkeit der Einlösung des Wechsels voraus, diese begründet jedoch keine wechselmäßige Verpflichtung. Für den Exporteur ergibt sich bei Wahl der Order to Negotiate eine Beschleunigung des Zahlungseingangs, da die Postlaufzeiten sowohl für die Übersendung der Dokumente an den Importeur als auch für die Mitteilung der Gutschrift der Importeursbank nicht abzuwarten sind. Da aber Negoziierungskredite im Gegensatz zu den Rembourskrediten nicht mit einem Dokumenten-Akkreditiv verknüpft sind, besteht für den Exporteur bis zum Ankauf der (auf die Importeursbank gezogenen) Tratte durch die beauftragte Korrespondenzbank ein Zahlungsrisiko. Beim Akkreditiv ist ein Zahlungsrisiko insofern ausgeschlossen, als bei Eröffnung bereits das Zahlungsversprechen der Akkreditivbank vorliegt.

bb) Internationale Avalkredite

Wenn auch einzelne Formen oder Elemente der direkten und indirekten Kreditleistungen zu einem (geringen) Teil Avalcharakter haben können (z.B. Akkreditivkredit; Rembourskredit in Form des Rembours-Aval, siehe dazu *Suda,* 66 ff.), liegen internationale Avalkreditleistungen im eigentlichen Sinne nur dann vor, wenn sie ausschließlich auf Stellung von Sicherheitsleistungen durch Bankbetriebe in Form internationaler Garantien beruhen.

(1) Exportgarantien

Im Wesentlichen kommen in diesem Zusammenhang Bietungs-, Lieferungs-, Leistungs-, Anzahlungs-, Gewährleistungs-, Zoll- und Konossementsgarantien in Betracht.

Bei **Bietungsgarantien** verpflichtet sich die Bank gegenüber einem ausländischen Auftraggeber, dass ihr Kunde sofern dieser im Rahmen internationaler Ausschreibungen den Zuschlag erhält den Auftrag auch ausführt. Der Garantiebetrag bewegt sich im Allgemeinen in Höhe von 1% bis 5% des Auftragswertes. Bietungsgarantien erlöschen, wenn im Falle des Zuschlages **Lieferungs-** und **Leistungsgarantien** (Vertragserfüllungsgarantien) an ihre Stelle treten. Diese bestehen darin, dass die Bank mit einer Garantiesumme (Begrenzung auf 10% bis 20% der Auftragssumme) gegenüber dem Auftraggeber für die Ausführung durch ihren Kunden haftet.

Anzahlungsgarantien werden dann notwendig, wenn einerseits die Produktion von langlebigen Wirtschaftsgütern Anzahlungen erforderlich machen, andererseits durch die unterschiedlichen Rechtskreise im In- und Ausland oder durch das Verhalten des Auftragnehmers eine zweckgebundene Verwendung der Anzahlung nicht durchgesetzt werden kann oder gefährdet erscheint. Der Bankbetrieb garantiert in diesen Fällen die Zahlung eines vereinbarten Garantiebetrages, wodurch für den Auftraggeber das Länderrisiko erheblich vermindert wird.

Während bei Stellung von **Zollgarantien** für Zollschulden gegenüber ausländischen Zollbehörden Bankbetriebe für den Ausfall von Zöllen die Haftung übernehmen, besteht die **Konos-**

sementsgarantie gegenüber einem Importeur in der Zusicherung einer Schadloshaltung bezüglich eines Konossements (=vom Verfrachter gegenüber dem Ablader ausgestellte Urkunde über den Empfang der Fracht und das Auslieferungsversprechen; § 642 HGB).

(2) Sonstige internationale Garantien

Im Zusammenhang mit der Emission und dem Handel von **Commercial Papers** auf europäischen, amerikanischen und internationalen Kreditmärkten sowie **Euro-Notes** (Short-Term-Notes) auf dem Euromarkt ist die Stellung einer ausreichenden **Back-up-Line** durch Banken zur Garantie der Zahlungsfähigkeit des die betreffenden Papiere emittierenden Unternehmens und/oder im Falle der Euro-Notes die Garantie der Abnahme (Unterbringung) im Rahmen der vereinbarten Kreditlinie notwendig. Erst diese ausreichende Rückendeckung durch die Kreditlinie einer Bank eröffnet dem Unternehmen, das erstklassige Bonität aufweisen muss, den Zugang zu diesem kostengünstigen privaten Inter-Unternehmensmarkt für Commercial Papers, die Finanzwechsel von Großunternehmen (insbesondere multinationaler Unternehmen) mit Laufzeiten von einem bis zu neun Monaten darstellen und üblicherweise von Unternehmen zum Liquiditätsausgleich oder zur kurzfristigen rentablen Anlage angekauft werden.

Garantiecharakter weist ferner die Zusage sog. **Standby-Kredite** auf, die im Rahmen der (revolvierenden) Euro-Kreditgewährung vorsorglich eingeräumt und nur in besonderen Fällen in Anspruch genommen werden (siehe *Hudson,* 71).

8.3.1.1.3 Derivative internationale Kreditleistungen (Internationale Kreditvermittlung)

Derivative internationale Kreditleistungen werden von Bankbetrieben vor allem im Zusammenhang mit **Außenhandelsleistungen** von Kunden (*AKA*-Kredite, *KfW*-Kredite, Sonderformen der Forfaitierung von Exportforderungen) und in Form von **Konsortialkrediten** (= Kreditvermittlung im weiteren Sinne; siehe 7.2.1.6.2) zur Abwicklung von Euro-Kreditleistungen und Groß-Projektfinanzierungen erstellt.

a) Kreditvermittlung im Außenhandel

Zur Förderung der deutschen Exportwirtschaft durch zinsgünstige Kreditleistungen tragen *AKA* und *KfW* in erheblichem Umfang bei. Diese Kreditleistungen (sog. **Lieferantenkredite** und **Bestellerkredite**) werden den Exporteuren direkt oder indirekt (an die ausländischen Besteller) durch deren Hausbanken vermittelt, wobei im Regelfall die Hausbank für ihren Kunden sowohl den Kreditantrag stellt als auch die Primärhaftung und die Abwicklung übernimmt (= Kreditvermittlung im engeren Sinne; siehe 7.2.1.6.1).

aa) Vermittelte Kredite der *AKA-Ausfuhrkredit-GmbH*

Der *AKA* stehen zur streng zweckgebundenen mittel- und langfristigen Exportfinanzierung folgende **Produkte** in verschiedenen **Kreditplafonds** (=Kreditrahmen) zur Verfügung:

(1) Lieferantenkredite des Plafond A:

Soweit ein Bestellerkredit für ein zu finanzierendes Exportgeschäft nicht in Betracht kommt, können Aufwendungen während der Produktionszeit und zur Gewährung von Zahlungszielen durch einen Lieferantenkredit finanziert werden. Im Rahmen des Plafond A werden zwar die Kreditverträge direkt zwischen dem Exporteur und der *AKA* (die sich die dafür notwendigen Kreditmittel bei ihren 20 Konsortialbanken beschafft) abgeschlossen, doch können die Kreditanträge nur über die Hausbank des Exporteurs eingereicht werden. Als Sicherung dienen Solawechsel der Kreditnehmer. Die Konsorten der *AKA* sind verpflichtet, diese Wechsel in Höhe von 60% (75% bei Laufzeiten unter 2 Jahren) entsprechend der Konsortialquote zu übernehmen. Die restlichen 40% (25%) des Kreditbetrages diskontiert derjenige Konsorte voll, der den Kreditantrag für seinen Kunden vorgelegt hat (sogenannte **Hausbankquote**), ohne dass diese Leistung auf die Konsortialquote angerechnet wird. Analog ist die Ausfallhaftung für den Einzelkredit geregelt. Aufgrund dieser Konstruktion können Kreditanträge für Plafond A nur über die dem Konsortium angehörenden Banken eingereicht und abgewickelt werden.

Der maximale **Spitzenbetrag** des jeweiligen Einzelkredites ergibt sich nach Abzug der bis zur Lieferung vorgesehenen An- und Zwischenzahlungen vom Fakturenwert, vermindert um die Selbstbeteiligungsquote (10% bis 15%) des Exporteurs. In besonderen Einzelfällen ist auch eine 100%-Finanzierung möglich. Die Kreditlaufzeit ist zeitlich nicht beschränkt, darf aber die von der Kreditversicherung (bei Laufzeiten über 24 Monate obligatorisch) gezogene zeitliche Grenze nicht überschreiten. Lieferantenkredite sind sowohl auf Basis eines Festzinssatze als auch auf Basis eines variablen Zinssatzes (EURIBOR) möglich.

(2) Plafond B:

Der Gesamtkreditrahmen des Plafond B stellte eine **Sonderrediskontlinie** der *Deutschen Bundesbank* für die zweckgebundene Refinanzierung von **Exportkrediten** mit Laufzeiten zwischen 12 und 48 Monaten dar. Sie wurde für die Neukreditvergabe aus Plafond B im Jahre 1996 eingestellt und nicht wieder aktiviert. Eine Wieder-Aktivierung ist allerdings möglich.

(3) Bestellerkredite der Plafonds C, D und E:

Die Plafonds C und D stellen eine Kreditlinie für sog. liefergebundene Finanzkredite an ausländische Besteller (**Bestellerkredite**) dar, die in voller Höhe der im Auszahlungszeitpunkt noch bestehenden Ausfuhrforderungen gewährt werden. Antragsberechtigt sind nur die Konsortialbanken der *AKA,* die auch für den überwiegenden Teil der Finanzierung auf der Basis langfristiger Buchkredite sorgen; die Restfinanzierung erfolgt mittels Inhaber-Schuldverschreibungen der *AKA* auf dem Kapitalmarkt. Darüber hinaus ist eine Finanzierung durch Abtretung von Kreditforderungen an Hypothekenbanken, die mit Geschäftsbanken verbunden sind, unter Einsatz einer Bürgschaft des Bundes und an Konsortialbanken mit direktem Kapitalmarktzugang möglich.

Die Auszahlung der Kreditvaluta erfolgt nach Erfüllung der Voraussetzungen im Auftrag des Kreditnehmers (im Ausland) an den inländischen Exporteur über dessen Hausbank. Die Laufzeit des Kredites richtet sich nach den von der *Hermes-Kreditversicherungs-AG* im Rahmen der Kreditversicherung gebilligten Fristen. Die mit der Kreditgewährung verbundenen Länderrisiken sind bei den abgeschlossenen Verträgen im Regelfall durch Bundesbürgschaften für liefergebundene Finanzkredite, im Ausnahmefall durch die Haftung namhafter in- und ausländischer Banken abgesichert. Grundsätzlich hat der Exporteur jedoch mindestens 5% der Ausfallrisiken selbst zu tragen. Die **Laufzeit** beträgt bis zu 10 Jahren. Bei Krediten aus dem **Plafond D** bestimmt die Einschätzung des Länderrisikos die Marge. Insofern entsprechen **Margenkredite** den Anforderungen flexibler Finanzierungen von Kunden.

(4) *AKA*-CIRR-Kredite:

Für staatlich geförderte Finanzierungen von Investitionsgüterexporten und damit verbundenen Leistungen in Entwicklungsländer gibt die OECD ihren Mitgliedsstaaten einen Mindestzinssatz in Form der CIRR (**Commercial Interest Reference Rate**) vor. Die CIRR entspricht je Währung den Kreditkosten für erste inländische Adressen zuzüglich eines Aufschlages von 100 Basispunkten. Für die Länder der EUR-Zone gilt eine einheitliche CIRR. Die in Deutschland für die Exportfinanzierung verfügbaren Mittel stammen aus dem ERP-Sondervermögen und werden nur für Exporte in bestimmte Entwicklungsländer, die in Teil I der sog. DAC-Liste aufgeführt sind. Für diese mittel- bis langfristigen Finanzierungen ist *Hermes*-Deckung des Bundes obligatorisch. Die maximale Kredithöhe beträgt 85% des Auftragswertes.

(5) Sonstige Exportfinanzierungen:

Die *AKA* kann sich mit einer Quote bis zu 30% auch an sonstigen Exportfinanzierungen als offene oder stille Konsortin beteiligen und ggf. die Funktionen eines Agenten oder Co-Arrangers übernehmen. Auch Projektfinanzierungen sind in diesem Zusammenhang möglich.

ab) Vermittelte Kredite der *KfW IPEX-Bank GmbH*:

Das Kreditleistungsprogramm der zur *KfW*-Gruppe gehörenden *IPEX-Bank* zur Exportförderung besteht insbesondere aus den Teilprogrammen der allgemeinen Exportfinanzierung, der Finanzierung des Exports von Schiffen und der Finanzierung von Flugzeugexporten), wobei zusätzlich zu den Krediten der *KfW* auch Zuschüsse aus dem Bundeshaushalt vergeben werden können (Schiffs- und Flugzeugexport). Die Kreditleistungen der *KfW* stellen Buchkredite dar und werden ausschließlich über die Hausbanken der (End-)Kreditnehmer vermittelt.

Mit der **allgemeinen Exportfinanzierung** werden vor allem Exporte von Investitionsgütern in Entwicklungsländer gefördert, die dem Auf- und Ausbau der Grundversorgung dienen. Diese Kredite stammen teils aus den beiden durch *KfW*- und *ERP*-Mittel gespeisten **Exportfonds,** teils sind sie nur aus KfW-Mitteln finanziert.

Daneben bietet die *KfW* einerseits **Kredite für Auslandsinvestitionen** deutscher Unternehmen in Entwicklungsländern mit entwicklungspolitischer Bedeutung, andererseits zum Ausgleich von Wettbewerbsnachteilen kleiner und mittlerer Exporteure **Ausfuhrkredite** zu besonderen Konditionen an (**CIRR-Kredite**; siehe dazu die Ausführungen unter *AKA*).

Die längerfristige Exportfinanzierung erfolgt darüber hinaus in Form von liefergebundenen Finanzkrediten an ausländische Besteller (**Bestellerkredite**). Dazu kommen sog. **ungebundene Finanzkredite**, mit denen die KfW vor allem die Rohstoffversorgung der deutschen Wirtschaft unterstützt. Die Finanzierung von **Schiffsexporten** soll im Zusammenwirken mit Werfthilfeprogrammen den strukturellen Anpassungsprozess der deutschen Werftindustrie erleichtern und ihre internationale Wettbewerbsfähigkeit steigern.

ac) Vermittlung von Forfaitierungen

Derivate Kreditleistungen im Zusammenhang mit der Forfaitierung können dann gegeben sein, wenn der Verkauf von Exportförderungen über die Hausbank des Exporteurs abgewickelt wird, die den Verkauf vermittelt (und nicht selbst als Forfaiteur auftritt).

b) Kreditvermittlung im weiteren Sinne

ba) Internationale Konsortialkreditleistungen

Die Gewährung internationaler Kreditleistungen größerer Volumina setzen meist eine **Syndizierung**, d.h. eine Bildung von **Konsortien** voraus. Dies trifft sowohl insbesondere für die Kreditleistungen von Eurobanken auf Roll-over-Basis, als auch für die internationale Groß-Projektfinanzierung zu.

(1) Euro-Konsortialkredite

Ohne an dieser Stelle auf die Technik der Abwicklung von Euro-Konsortialkreditleistungen einzugehen (siehe dazu im Einzelnen *Storck* 1978,529 ff.), soll nur auf die **typische Struktur** derartiger langfristig bestehender Konsortien verwiesen werden (Abbildung 54).

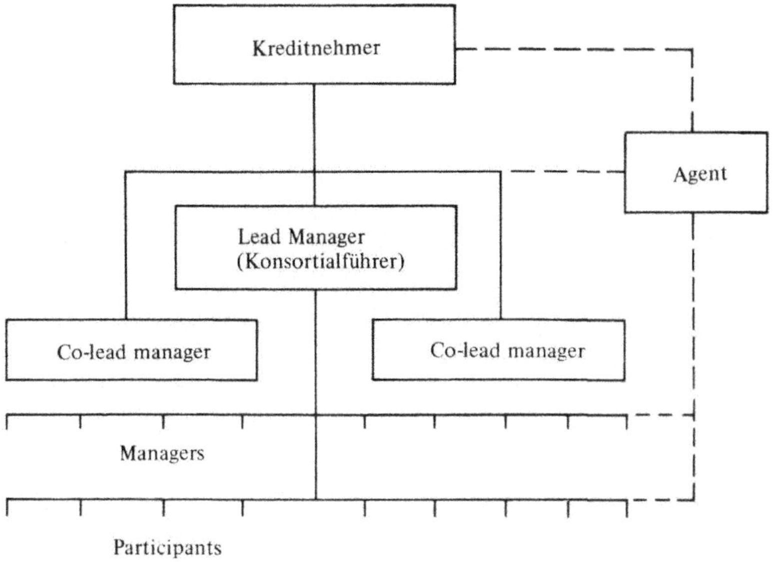

Abb. 54: Typische Struktur eines Syndikats zur Vergabe von Euro-Kreditleistungen

Das Banken-Konsortium besteht in diesem Falle aus dem Konsortialführer, zwei Co-Lead-Managern, den Managern der 1. Stufe und den Participants der 2. Stufe, die unterschiedliche Anteile an der Kreditleistung aufzubringen haben. Eine herausragende Rolle spielt daneben der **Agent,** der im Regelfall mit dem Lead Manager identisch ist. Dem Agent obliegt die Verwaltung des Konsortialkredites, d.h. er hat ebenso wie die Auszahlung der Darlehensvaluta auch den Eingang der Zins- und Tilgungszahlungen sowie ggf. der Sonderleistungen („Einmalgebühren") zu überwachen und auf die Konsorten entsprechend ihrer Quote zu verteilen. Er wird somit als Verrechnungsstelle tätig und hat darüber hinaus als Vertreter des Bankenkonsortiums die Aufgaben der Kreditüberwachung einschließlich der damit verbundenen Mitteilungspflichten wahrzunehmen.

(2) Internationale Groß-Projektfinanzierung

Neben der häufigeren Gründung von Konsortien zur Gewährung von Euro-Kreditleistungen wird die Bildung internationaler Konsortien zur Bereitstellung und Abwicklung von Krediten zur Errichtung von Großanlagen der Industrie und Energiewirtschaft (vornehmlich in Entwicklungsländern) notwendig. Derartige Konsortien dienen zum einen der Aufbringung der erforderlichen Mittel für Großkredite, zum anderen aber gleichermaßen der Risikoverteilung auf eine größere Zahl von Kreditgebern in verschiedenen Ländern. Die Kreditmittel stammen daher von den einzelnen Finanzmärkten der betreffenden Länder, in denen die Konsortialbanken ihren Sitz haben, und vom Eurokreditmarkt (zum Begriff des **Project Financing** und dessen Abwicklung siehe v.a. *Leeper; Nevitt; Achleitner).*

Im Vordergrund der Überlegungen der Bankbetriebe zur Teilnahme am Projekt Financing steht allerdings – neben dem Gesichtspunkt der Ertragsstabilisierung durch Diversifizierung – primär der Aspekt der erwarteten Ertragsverbesserung, da im Vergleich zu den übrigen internationalen Kreditleistungen meist höhere Margen erzielbar sind.

Eine spezielle Form der gemeinsamen Kreditgewährung stellt in diesem Zusammenhang das **Co-Financing** (siehe *Angelini/Eng/Lees,* 178ff.) dar, in dessen Rahmen Kredite der *Weltbank* zusammen mit Krediten privater Banken, staatlicher Entwicklungsbanken, Versicherungen und Pensionsfonds zur gemeinsamen Projekt-Finanzierung vergeben werden (siehe auch 8.1.4.1).

bb) Internationale Schuldscheindarlehen

Neben spezifischen Formen des Schuldscheindarlehens und schuldscheindarlehensähnlicher Kreditvergaben institutioneller Kapitalanleger auf nationalen Kapitalmärkten des Auslands (siehe dazu *Witte, H.O.*, 78ff.) werden internationale Schuldscheindarlehen durch Privatplatzierungen über den Eurokreditmarkt bzw. Eurokapitalmarkt von Bankkonsortien an institutionelle Anleger des In- und Auslandes vermittelt. Als **Darlehensnehmer** treten international renommierte Unternehmen, vornehmlich multinationale Unternehmen in Erscheinung. Für derartige Emissionen von Schuldtiteln außerhalb der öffentlichen nationalen Kredit- und Kapitalmärkte **(Privatanleihen)** gelten die für öffentlich platzierte Schuldverschreibungen bestehenden Publizitätsvorschriften nicht und bedürfen daher im Regelfall auch keiner Genehmigung oder staatlich kontrollierter Zulassung. Dies bedeutet, dass die Vergabe von internationalen Schuldscheindarlehen im allgemeinen für den Emittenten (=Kreditnehmer) kostengünstiger und die Kapitalüberlassung durch die mit der Emission betrauten Banken (Vermittler) an den Emittenten rascher erfolgen kann (Festübernahme), zumal die ansonsten vorgeschriebenen Prozeduren entfallen. Um den günstigsten Anbieter zur Durchführung der Emission zu finden, ist auch die öffentliche Ausschreibung des Schuldscheindarlehens denkbar. In Anbetracht dieser Konstruktion ist der Übergang zwischen internationaler Kreditvermittlung und Anlagevermittlung fließend.

bc) Kreditvermittlung in Zusammenhang mit Euro-Notes-Emissionen und kurzfristigen revolvierenden Kreditaufnahmen

An die Stelle eines Euro-Konsortialkredits tritt die Einräumung einer Kreditlinie, mit deren Arrangement eine oder mehrere Bank(en) als Konsortialführer beauftragt sind, durch ein Bankenkonsortium, mit dem Zweck, innerhalb dieser Kreditlinie alle **Euro-Notes-Emissionen** eines Schuldners über den Markt abzusetzen und ggf. die nicht verkauften Papiere selbst aufzunehmen. Statt eines Eurokredits mit einer festen Laufzeit von z.B. fünf Jahren erfolgt eine über denselben Zeitraum laufende Euro-Notes-Transaktion, die aus revolvierenden Emissionen kurzfristiger Papiere (Short-Term-Notes im Rahmen einer „Underwritten **Note Issuance Facility**" **NIF** mit Laufzeiten zwischen einem Monat bis zu einem Jahr) bestehen. Als Schuldner kommen sowohl Unternehmen als auch Staaten (als „souveräne" Schuldner) in Frage. Derartige Konstruktionen erlauben es, einerseits dem Finanzbedarf des Schuldners entsprechend die jeweiligen Mittel kostengünstig direkt über den Eurogeldmarkt zu beschaffen, andererseits die Aktivierung eines Kredits in den Bankbilanzen zu vermeiden. Die Abwicklung der Notes-Emissionen erfolgt nach den Prinzipien der Unterbringung von Euro-Konsortialkrediten und Euro-Effekten über Syndikate, die aus den **Arrangeuren,** den **Underwriters** sowie einem **Tender Panel** und dem **Facility and Tender Panel Agent** in Form einer Versteigerung bestehen. Der Schuldner kann vom Tender Panel über den Gesamtzeitraum Finanzmittel in flexiblem Umfang erhalten, wobei folgende Varianten möglich sind: Der Panel bietet für Euro-Notes in USD, während der Schuldner alternativ die Entscheidung für kurzfristige Kredite in einer Euro-Währung seiner Wahl oder für Akzeptkredite der beteiligten Banken (in vereinbarten Währungen) trifft. An Kosten trägt der Schuldner eine **Zinsmarge** in Höhe einer bestimmten Zahl von **Basispunkten** (BP). Ein BP entspricht jeweils 0,01% Zins p.a. (25 BP bedeuten somit 0,25% Zins p.a.) über LIBOR oder EURIBOR. Dazu kommen die **Bereitstellungsprovision** (Commitment Fee) für die Leadmanager und die **Provision** für Banken, die ein bestimmtes Mindestvolumen zeichnen (Manager Status), ausgedrückt in Basispunkten (z.B. 12,5 BP für Leadmanager und 6,25 BP für Manager). Schließlich wird in der Regel eine weitere Provision (Utilisation Fee) fällig, deren Höhe von der Ausnutzung der Kreditlinie abhängt (z.B. bei mehr als einem Drittel bis zu zwei Dritteln 5 BP, darüber 7,5 BP).

Euro-Notes stellen somit eine Mischform von (vermittelten) Syndikatskrediten und (vermittelten) Anlageleistungen dar. In ähnlicher Weise funktionieren **RUF's** (Revolving Underwriting Facilities): Die Mittelbeschaffung in Form revolvierender kurzfristiger Kreditaufnahme am Eurogeldmarkt wird den Nichtbanken durch ein Banken-Konsortium garantiert. Gelingt die Geldmarktfinanzierung nicht, sind die beteiligten Banken verpflichtet, selbst die Kredite durch Ankauf der Geldmarktpapiere im Rahmen der vereinbarten Back-up-Line zu gewähren. Während somit im störungsfreien Fall lediglich eine reine Kreditvermittlung (ggf. unter Umwandlung in andere Währungen analog zur Abwicklung von NIF's) stattfindet, tritt im zweiten Fall eine direkte Kreditgewährung (siehe oben ba).

Im Unterschied zu NIF's werden **Euro-Commercial-Papers** von Unternehmen (und Banken) in erster Linie für Zwecke des kurzfristigen Cash-Managements und nicht der mittelfristigen bis längerfristigen Finanzmittelbeschaffung eingesetzt. Daher handelt es sich i.d.R. auch um wesentlich geringere Volumina, bei denen darüber hinaus eine Garantie durch Syndikate entbehrlich ist und nur für den (Direkt-)Absatz die Dienste von Banken in Anspruch genommen werden.

8.3.1.2 Internationale Anlageleistungen

Im Wesentlichen ist zwischen der Produktion **originärer** internationaler Anlageleistungen in Form direkter Einlagen (Fremdwährungsguthaben) bei Bankbetrieben und Anlageleistungen zur bankbetrieblichen Finanzmittelbeschaffung auf der Basis internationaler Wertpapieremissionen sowie der Erstellung **derivativer** internationaler Anlageleistungen zu unterscheiden, die in der Vermittlung von Anlagemöglichkeiten durch Bankbetriebe in internationalen Wertpapieren und von Anlagemöglichkeiten in ausländischen Unternehmen oder in sonstigen Anlagen (z.B. über Treuhandkonten) für Kunden gegen Entgelt bestehen.

In Anbetracht der Besonderheiten des internationalen Effektenwesens sind die wesentlichen Merkmale internationaler Forderungs- und Beteiligungspapiere einschließlich ihrer Misch- und Sonderformen kurz zu skizzieren. In diesem Zusammenhang ist auch auf das spezielle Problem hinzuweisen, das sich gegenüber der Produktion inländischer Anlageleistungen dadurch ergibt, dass ein **internationaler Primärmarkt** im Sinne einer internationalen Börse nicht existiert und auch ein **internationaler Sekundärmarkt** nur rudimentär anzutreffen ist.

8.3.1.2.1 Besonderheiten des internationalen Wertpapierwesens

a) Internationale Forderungspapiere:

Als **internationale Anleihen** können alle Schuldverschreibungen bezeichnet werden, die nicht auf einem nationalen Kapitalmarkt von einem dort ansässigen Emittenten (Gebietsansässigen) begeben werden. Zu unterscheiden sind dabei Auslandsanleihen und Euro-Anleihen:

Internationale Anleihen

Auslandsanleihen Euro-Anleihen

Auslandsanleihen sind Schuldverschreibungen, die auf einem ausländischen Kapitalmarkt in der Währung des betreffenden Landes von einem gebietsfremden Schuldner (also eine CHF-Auslandsanleihe eines japanischen Emittenten auf dem schweizerischen Kapitalmarkt) unter Mitwirkung eines Bankenkonsortiums, das ausschließlich aus Banken des betreffenden (Aus-) Landes besteht, **oder** eines Bankenkonsortiums des betreffenden Landes emittiert werden, an dem auch gebietsfremde Banken mit einem bestimmten Anteil vertreten sind. Im ersten Fall handelt es sich um eine **klassische Auslandsanleihe,** während im zweiten Fall bereits gewisse Annäherungen an die übliche Definition von Euro-Anleihen bestehen.

Das Wesen von **Euro-Anleihen** besteht darin, dass diese von einem internationalen Emissionskonsortium begeben und international breit gestreut (nicht auf einen bestimmten Kapitalmarkt beschränkt wie bei der Auslandsanleihe) abgesetzt werden. Zur Erreichung dieses Zweckes sind Konsortien entsprechend der in Abbildung 54 gezeigten Grundstruktur (für den Euro-Konsortialkredit) erforderlich (zum Verfahren siehe im einzelnen 8.3.1.2.1.d).

Internationale Anleihen genießen als Inhaberpapiere den Vorteil ungehinderter Übertragbarkeit und können bei einer Vielzahl von Gläubigern breit gestreut werden. Neben festverzinslichen Wertpapieren als Regelfall treten zusätzlich – als Parallelen zu Roll-over-Krediten – auch Anleihen mit variablen Zinssätzen (**Floating-Rate Bonds/Floating- Rate Notes**) sowie internationale **Zero-Bonds** in Erscheinung.

Dominierende Anleiheform am internationalen Kapitalmarkt bleibt nach wie vor die „normale" **Schuldverschreibung** (Obligation, Drittwährungsanleihe). Für diese wird die Verzinsung für die gesamte Laufzeit festgelegt. Derartige S**traight Bonds** haben Laufzeiten zwischen sieben und zwanzig Jahren. Die als **Notes** bezeichneten Gläubigerpapiere dagegen weisen nur eine solche von gewöhnlich bis zu fünf Jahren auf und werden als Kurzläufer bezeichnet.

Als **Emissionswährungen** für Schuldverschreibungen kommen nur Währungen in Betracht, die konvertibel und von internationaler Bedeutung sind. Für die Tilgung bestehen verschiedene Möglichkeiten. Die wichtigsten sind dabei der Tilgungsfonds (**sinking fund**), die Option des Emittenten auf vorzeitige Tilgung und die Option des Emittenten auf sofortige Tilgung (siehe 7.2.2.1.1a).

Neben den angeführten Anleiheformen bestehen weitere Alternativen, allerdings von geringer Bedeutung: Dazu zählt einmal die **Parallelanleihe,** bei der der gesamte Anleihebetrag in einzelne Ländertranchen aufgeteilt wird und deren Ausgabezeitpunkt, Nominalverzinsung und Laufzeit übereinstimmen. Die Anleihewährung entspricht der Währung des Landes, in dem die jeweilige Tranche aufgelegt wird. Eine Variation besteht in der gleichzeitigen Emission zweier unterschiedlicher Anleihen durch denselben Emittenten (= gespaltene Parallelanleihen). Oft bestehen diese **Split-Issues** aus einer kurz- und einer langfristigen Anleihe. Von nachrangiger Bedeutung sind ferner Anleihen mit Währungsoptionen und Anleihen in Rechnungseinheiten geblieben, die auf eine Eliminierung der Valutarisiken, vornehmlich für den Gläubiger, abzielen. Bei der Anleihe mit **Währungsoptionen** erhält der Gläubiger das Recht, Zins- und Tilgungszahlungen in einer anderen Währung als der Emissionswährung zu fordern. Die zur Wahl stehenden Währungen und deren Umrechnungskurse sind dabei Bestandteil der Anleihebedingungen. Bei Anleihen mit einfacher Währungsklausel (twin-currency-clause) stehen zwei Währungen zur Wahl, während es sich bei Anleihen mit multipler Währungsklausel (dual- oder multiple-currency-clause) um mehrere Währungen handelt, zwischen denen der Gläubiger seine Entscheidung treffen kann. Eine spezielle Form stellt in diesem Zusammenhang die **Doppelwährungsanleihe** dar, die sowohl dem Schuldner als auch dem Gläubiger **Optionsrechte** einräumt (wegen Einzelheiten siehe *Eilenberger* 1986b, 146 f.). Bei Anleihen in **Rechnungseinheiten** (Kunstwährungen) wird die Zusammensetzung der jeweiligen Rechnungseinheit in den Anleihebedingungen festgelegt. Während die alte Europäische Rechnungseinheit (RE) von 1963 und die modifizierte RE von 1973 an das Gold gebunden waren, waren bzw. sind die neue RE von 1975, die EURCO (European Composite Unit) von 1973, die ARCRU (Arab Currency Related Unit) von 1974 und die SZR (Sonderziehungsrechte) von 1975 sowie insbesondere die ECU (bis zur Ablösung durch den EUR) als Korbwährungen aus Währungen verschiedener Länder mit unterschiedlicher Gewichtung zusammengesetzt.

Einen zur Festzinsanleihe alternativen Anleihetyp stellen die Schuldverschreibungen mit Zinsanpassung dar, die man unter dem Oberbegriff **Floating Rate Notes/Bonds** (FRN) zusammenfassen kann und die in den Grundformen der

- **Rolling-Rate Notes** (RRN)
- **Floating/Fixed Rate Notes** (Convertible FRN)

in Erscheinung treten (siehe *Ugeux)* und weitere Modifikationen aufweisen können (siehe *Simmert,* 4f.), wie beispielsweise FRN mit Cap (**Cap-Floater**), bei denen zwischen Emittent und Investor ein Zinsdeckel als Obergrenze für den zu zahlenden Zins vereinbart wird.

Sie stellen insbesondere die Reaktion auf die relativ kurzfristigen Finanzierungsusancen auf den Euromärkten dar. Diese FRN haben gemeinsame **Charakteristika** insofern, als sie

- Laufzeiten zwischen 5–15 Jahren aufweisen;
- ein Volumen zwischen 40 und 150 Mio. Dollar umfassen;
- im allgemeinen in Stücke von 1000 $ aufgeteilt sind,
- an den lokalen europäischen Kapitalmärkten handelbar sind, und vor allem
- Zinsanpassung auf der Basis von Euro-LIBOR oder anderen Referenzzinssätzen (z.B. EURIBOR) vorsehen.

Mit dieser **Zinsanpassungsklausel** reduzieren RRN Kursschwankungen auf ein Minimum, weil in bestimmten Zeitabständen die Zinsanpassungen auf der Basis des Euro-LIBOR festgesetzt werden. Als Zinssatz gilt bei FRN der LIBOR-Satz für 6-Monats- oder 3-Monatsgeldeinlagen zuzüglich eines festen Aufschlags, welcher je nach Marktlage und Schuldner der Emission ½ bis 1% beträgt. Gelegentlich wird auch ein Mindestzins festgelegt, z.B. Verzinsung 0,75% über LIBOR, mindestens aber 6%. Allerdings wird durch die Zinsanpassungen das Zinsänderungsrisiko voll auf den Emittenten überwälzt. Dieser Umstand wirkt sich ohne Zweifel nachteilig auf dessen Kostensituation aus. Aufgrund der unsicheren Erwartungen über die Zinsentwicklung wird dessen Kostenkalkulation zumindest wesentlich erschwert, wenn auch nicht zu verkennen ist, dass von Zinsänderungen in Richtung auf eine Verbilligung positive Effekte für den Emittenten ausgehen können.

Seit April 1979 existiert eine Variante zu den dominierenden RRN in Form der **Convertible FRN** bzw. **Floating/Fixed Rate Notes.** Diese haben für die ersten Jahre zwar variable Zinssätze, jedoch besteht die Möglichkeit, innerhalb einer bestimmten Frist für feste Zinssätze zu optieren, die dann für den Rest der Laufzeit einer langfristigen Anleihe gültig sind.

Ab 1981 wurden am amerikanischen Kapitalmarkt und am Eurokapitalmarkt **Zero-Bonds** (auch als **Zero-Coupon-Bonds** oder **Discounted-Bonds** bezeichnet) von namhaften Emittenten platziert. Zero-Bonds haben keine Zinskupons (daher **0%-Anleihe**). Die rechnerischen Zinsen werden vom Rückzahlungswert **abgeschlagen**, weshalb die Ausgabepreise, die auf aktuelle Marktrenditen abgestimmt sind und mit der Laufzeit der Anleihe variieren, entsprechend tief unter dem Nominalwert liegen. Daneben besteht auch die Möglichkeit, aufgezinste Null-Kupon-Anleihen insofern zu begeben, als der Ausgabekurs 100% beträgt und ein (um die Marktverzinsung) **erhöhter Rückgabekurs** (z.B. 150% nach 10 Jahren) vereinbart ist. Die wesentlichen Unterschiede zu verzinsten Bonds liegen darin, dass bei Zero-Bonds

- kein Kündigungsrisiko bei fallendem Zinsniveau besteht,
- eine höhere Kursvolatilität (Kursbeweglichkeit) auf Zinsniveauänderungen gegeben ist, und
- Probleme der Wiederanlage von periodisch gezahlten Zinserträgen nicht entstehen, da der Anleger zum Rückzahlungstermin den Kapitalgewinn in einer Summe erhält.

Für **Anleger** bieten sich Vorteile insofern, als er für relativ geringe Anlagemittel abgezinste Schuldverschreibungen erwerben kann und die Kurschancen (aber auch die Kursrisiken) wesentlich größer sind als bei den „normalen" Bonds.

Neben der **originären** Ausgabe von Zero Bonds können derartige Null-Kupon-Anleihen auch als Derivate im Falle des **Coupon Strippings** entstehen. Dabei handelt es sich um ein Verfahren zur Schaffung spezifischer Zero Bonds in der Weise, dass (durch eine Bank bzw. einen Treuhänder) die Zins-Coupons von der ursprünglichen Festzins-Anleihe getrennt werden „Stripping") und die Grundlage für neue Wertpapiere abgeben. Die **ursprüngliche Anleihe (Stripped Bond)** ist durch die vorbenommene Abtrennung der Zinsscheine nunmehr ein Instrument, das keine Zinsen erbringt und dessen Kurs infolge der Abtrennung fällt. Für Käufer von Stripped Bonds ergibt sich der Ertrag aus der Differenz zwischen (niedrigerem) Kaufpreis und dem (höherem) Rückzahlungskurs. Durch die Trennung von Kupon (Zinsschein) und „Mantel" (der den Kapitalanspruch repräsentiert) mit anschließendem getrennten Verkauf als Null-Kupon-Anleihe und/ oder mit Zusammenfassung mehrerer aufeinanderfolgender (abdiskontierter) Zinsscheine (Zinszahlungen) auf **einen** Zinstermin entsteht eine zweite Null-Kupon-Anleihe (wobei die Abzinsung zum internen Zinsfuß erfolgt). Erste Instrumente dieser Art waren in den USA „CAT" und „TIGER (STRIPS)". Dabei wurden US-Schatzscheine von US-Banken erworben, bei einer Treuhandbank deponiert und Null-Kupon-Anleihen begeben, deren Sicherung durch die hinterlegten Schatzscheine erfolgte. Das Coupon Stripping bewirkt, dass die ursprünglich festverzinsliche Schuldverschreibung den Charakter eines Zero Bonds annimmt, zumal aus ihr nur noch die Forderung auf Rückzahlung des Nennbetrages zum Fälligkeitstag abgeleitet werden kann. Da die Trennung von Mantel und Zinsscheinen zu einem Kursrückgang der Schuldverschreibung führt, erwirbt der Anleger den Stripped Bond analog zur Ausgabe eines Zero Bonds **abgezinst.** Der durch Zusammenfassung der Zinsscheine (= Coupon Stripping) entstandene zusätzliche Zero Bond ist dagegen seinem Wesen nach ein sog. **Zinssammler** (= aufgezinster Zero Bond; siehe dazu v.a. SMBS). Für Investoren ergibt sich der Vorteil eines relativ geringen Kapitaleinsatzes und die Aussicht, an Kurssteigerungen über den Leverage-Effekt teilzuhaben. Emittenten profitieren von niedrigeren Finanzierungskosten und längeren Laufzeiten. Die *Deutsche Bundespost* wandte dieses Konzept in Zusammenarbeit mit der *Commerzbank* erstmals 1986 (unter Einschaltung einer Off-Shore-Finanzierungsgesellschaft, die formal als Emittent der Null-Kupon-Anleihe fungierte (Euro-DM-Securities, St. Heller, Jersey) an.

Als einzelne „Markenartikel" von Stripped Bonds sind insbesondere die folgenden „Klassiker" zu nennen:

- **SMBS** (Stripped Mortgage Backed Securities):
  Eine Variante von Asset Backed Securities in Form der **CMO** (siehe unten unter ABS), die durch Trennung von Kapital- und Zinszahlungsströmen der Rückflüsse aus Hypothekarkrediten und Zuordnung bzw. Zusammenfassung zu neuen Wertpapieren – i.d.R. zu Zero Bonds – entsteht. Bei Zuordnung der Kapitalrückflüsse zu einer Tranche wird diese als **Principal Only,** bei Zuordnung der Zinsflüsse zu einer anderen Tranche wird diese als **Interest Only** bezeichnet. Diese (neuen) Zero Bonds eignen sich in unterschiedlicher Weise auch als Hedge-Instrumente, und zwar Interest Only bei steigenden und Principal Only bei fallenden Zinsen. Während das Risiko eines Principal Only vor allem darin besteht, eine geringere als die erwartete Rendite zu erzielen, führen Zinssenkungen im Falle eines Interest Only unter Umständen zu Kapitalverlusten.

- **Strips** (Separate Trading of Registered Interest and Principal of Securities):
  Kennzeichnung (Akronym) für Zero Bonds, die auf der Basis von US-Treasury-Bonds durch Trennung von Mantel und Zinsscheinen als „Handelsmarke" des US-Schatzamtes entstanden sind.

- **CAT** (Certificate of Accrual on Treasuring Securities):
  Handelsmarke der Investmentbank *Salomon Bros.* für Zero Bonds, die aus der Trennung von Mantel und Bögen von US-Treasury-Bonds oder US-Treasury-Notes resultieren.

- **TIGR** (Treasuring Investment Grouth Receipt):
  Handelsmarke der Investmentbank *Merrill Lynch* für Zero-Bonds auf der Basis von US-Treasuries (wie CAT und STRIPS).

Der Vorteil des Coupon Strippings wird insbesondere in der Senkung der Finanzierungskosten für den Emittenten und in der damit verbundenen verbesserten Absatzsituation gesehen: Auch deutsche öffentliche Emittenten (z.B. die ehemalige *Deutsche Bundespost*, erstmalig 1986) haben sich in dieser Emissionsmethode bedient: Das der *Bundespost* gewährte Darlehen wurde mit einer Laufzeit von 30 Jahren versehen, wobei jährliche Zinszahlungen während der ersten 10 Jahre und danach Zinszahlungen in fünfjährigen Intervallen vorgesehen sind. Die gebündelten Zinszahlungen der ersten 10 Jahre wurden als Annuitätendarlehen, jene für jeweils weitere fünf Jahre wurden als Nullkuponanleihen in drei Tranchen mit 15, 20 und 25 Jahren Laufzeit, die Zinsen für die letzte Fünfjahresperiode sowie für die Kapitalrückzahlung als 4. Tranche mit 30 Jahren Laufzeit verkauft. Die Gesamtkosten für die *Bundespost* lagen bei dieser innovativen Finanzierungsform ein halbes Prozent unter den Kosten für ein normales Schuldscheindarlehen und ein Prozent unter den Kosten für eine vergleichbare Anleihe.

Eine spezifische Verbriefung von Zahlungsansprüchen zum Zwecke der Liquiditätsbeschaffung von Unternehmen stellen **Asset Backed Securities** (**ABS**) dar. Das betreffende Unternehmen gründet in der Regel eine **Asset Backed Securities Corporation** (**ABSC**) als Tochtergesellschaft, an welche bestimmte Finanzaktiva (vorzugsweise Forderungen aus Lieferungen und Leistungen) verkauft werden und die über diese Aktiva Schuldverschreibungen begibt und am Kapitalmarkt absetzt. In diesen Forderungspool der ABSC gehen vorzugsweise Finanzaktiva niedrigen Bonitätsrisikos und einer Laufzeit von mehr als einem Jahr ein (z.B. Forderungen aus Leasing-Finanzierungen, Autokrediten, gesicherten Konsumentenkrediten). Die Grundstruktur dieser Konstruktion zeigt Abbildung 54-1.

ABS erhöhen die Liquidität des Unternehmens und senken durch Ausschluss der Banken von der Finanzierung dessen Finanzierungskosten. Die Tilgung der Finanzforderungen bei Fälligkeit ermöglicht die synchrone Tilgung der entsprechenden ABS-Papiere, die Miteigentumsanteile an dem gesamten Poolvermögen darstellen. Um Probleme zu vermeiden, die bei dieser als „pass through" bezeichneten Konstruktion einer ABS durch vorzeitige Tilgung durch den

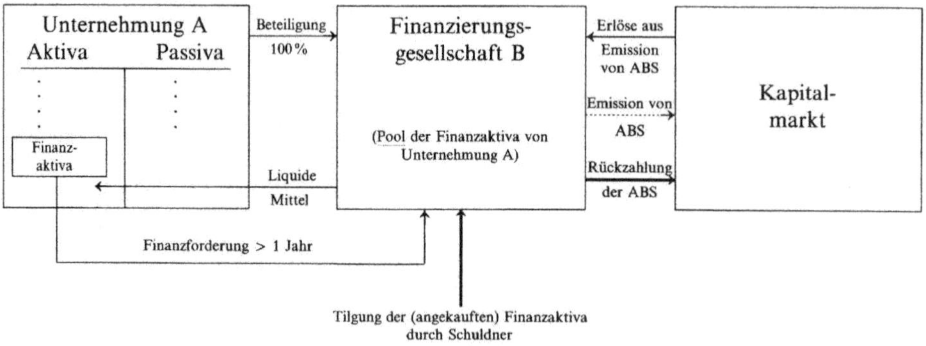

Abb. 54-1: Struktur des Prozesses der Emission von ABS

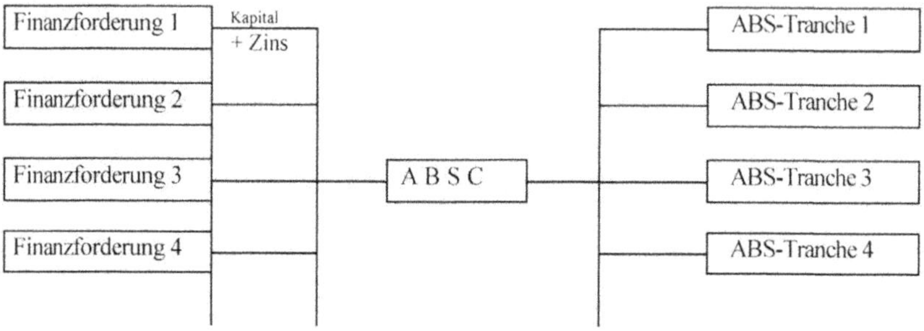

Abb. 54-2: Pay-Through-Struktur einer ABS

Schuldner (des Finanzaktivums), entstehen können, besteht die Möglichkeit, die Zahlungsströme auf mehrere Tranchen in der Weise zu verteilen, dass die Tilgung nur jeweils einer ABS-Tranche erfolgt. Die noch nicht tilgungsberechtigten Tranchen sind dann wie bei Anleihen üblich mit laufender Zinszahlung ausgestattet. In diesem Falle handelt es sich um die „pay through"-Variante von ABS (Abbildung 54-2).

Entsprechend der zu Grunde gelegten Finanzaktiva lassen sich verschiedene Formen von **ABS** unterscheiden, wie zum Beispiel

- **CMO** (Collateralized Mortgage Obligation):
  Hypothekarisch gestützte (gesicherte) Schuldverschreibungen US-amerikanischer Hypothekenbanken, bei denen das Kapital periodisch zurückbezahlt wird. Hinsichtlich der Kapitalrückzahlungen werden verschiedene Tranchen unterschieden, die jeweils mit Coupons abgestufter Ansprüche ausgestattet sind und eine stufenweise Zahlung nach Klassen bewirken: Auf Coupons der ersten Tranche (Klasse) erfolgen Kapitalrückzahlungen (vor der Amortisation der Hypothek). Nach Tilgung der ersten Tranche tragen weitere Zahlungen aus dem Pool (durch Zuflüsse aus den Hypothekarkrediten) zur Tilgung der zweiten Tranche bei, weitere Zahlungen zur Tilgung der dritten Tranche, die sich i. d. R. als **deferred interest bond** erweist. Die dargestellte Grundstruktur der Funktionsweise einer CMO kann eine Reihe von Modifikationen (siehe dazu *Eilenberger* 1995) erfahren, und zwar in Form einer CMO mit variablem Zinssatz (**CMO Floating Rate**) auf der Basis von LIBOR (oft mit Cap ausgestattet), oder in Form eines Inverse Floaters oder einer PAC

(Planned Amortization Class) oder eines **Companion Bonds** oder einer SMBS (**Stripped Mortgage Backed Securities).**

- **ALS** (Auto Lease Securities):
  Spezielle Form einer ABS, deren Finanzaktiva die erwarteten Leasing-Erträge aus dem Kfz-Leasing darstellen. Gewählt wird auf Grund der Schichtung der Leasing-Erträge meist die pay through-Variante (= Pay through leasing structure).

- **CARDS** (Certificate of Amortizing Revolving Debts):
  CARDS stellen die erstmalige Anwendung des ABS-Verfahrens auf der Grundlage von Finanzaktiva in Form von Kreditkartenforderungen (credit card receivables) durch Kreditkartengesellschaften (siehe 5.2.4) dar. Bei einer Laufzeit von fünf Jahren erfolgen in den ersten 18 Monaten keine Kapitalrückflüsse, sondern nur Zinszahlungen, die dafür verwendet werden, zusätzliche Kreditkartengeschäfte zu finanzieren.

- **CARS** (Certificate for Automobile Receivables Securities):
  Diese auch als CLBS **(Car Loan Backed Securities)** bezeichnete Variante von ABS auf der Basis von **Automobile Receivables** (AR) entstehen ebenso wie die **ALS** aus Forderungen an Unternehmen und Private, die der Finanzierung des Kaufes von Personenkraftwagen und leichten Lastkraftwagen mit Hilfe von Car Loans dienen. Die Struktur von CLBS folgt entweder dem Modell der MPTS (**Mortgage Pass Through Certificates**) oder dem Modell der CMO. Zins- und Tilgungszahlungen erfolgen monatlich bei jährlich fixiertem Zinssatz, die Laufzeit beträgt zwischen drei und fünf Jahren. Den Investoren ist eine Garantie in Form eines Letter of Credit gegeben, oder sie werden durch Versicherungen geschützt. CARS steht als Markenzeichen für ABS in Form der AR von *Salomon Bros.*

- **MPTS** (Mortgage Pass Through Certificates):
  Alternative der Verbriefung von Hypothekarforderungen amerikanischer Hypothekenbanken, die Ansprüche an einem Pool aus Hypothekarkrediten und den daraus fließenden Zahlungsansprüchen repräsentieren. Die Cash Flow-Charakteristika werden durch die zugrunde liegenden Hypothekarkredite mit monatlicher Tilgung und Zinszahlung bestimmt. Diese Konstruktion stellt den Hauptanwendungsfall der hypothekargestützten Finanzierung in den USA dar, wobei *GNMA* (*Government National Mortgage Association)* und *FNMA (Federal National Mortgage Association)* regelmäßig involviert sind (erstmalige Securitization eines MPTC durch die *GNMA* im Jahre 1970).

Die angeführten Pools von Finanzaktiva stellen Finanzintermediäre (Finanzinstitute) dar. Organisatorisch sind derartige **Asset-Gesellschaften** rechtlich selbständige Tochtergesellschaften von MNU oder MNB.

In Weiterentwicklung der relativ einfachen traditionellen festverzinslichen und zinsvariablen Schuldverschreibungen entstanden zu Beginn der 1990er Jahre **strukturierte zinsvariable Wertpapiere,** insbesondere **strukturierte Notes,** als sozusagen „maßgeschneiderte" Finanzierungs- und Anlageinstrumente von Unternehmen und Banken, bei denen in der Regel eine Kombination von zinsvariablen Instrumenten mit derivativen Instrumenten (**Derivaten**) in der Weise erfolgt, dass die ursprüngliche Eigenschaft des Wertpapiers eine Veränderung erfährt. Im Allgemeinen wird dabei durch Einbezug einer derivativen Komponente entweder der Rückzahlungswert des Schuldtitels oder die Kuponzahlung an den Preis eines bestimmten Vermögenswertes (**Underlying**) geknüpft. Präferiert wird die Bindung an Zinssätze, Wechselkurse und Aktienindizes. Die daraus resultierende Ertragsstruktur des Derivats ist entweder symmetrisch (analog zu Financial Futures) oder asymmetrisch (analog zu Optionen). Im Unterschied zu Schuldverschreibungen in Form von Wandel- oder Optionsanleihen, die bislang bekannt waren, erfolgt der Einbezug einer derivativen Komponente nicht als Anreiz für Investoren, um die Attraktivität der Schuldtitel zu erhöhen, sondern zum Zwecke des **Risikomanagements**: Es wird versucht, das Risiko, das beispielsweise für den Emittenten in Form zinsvariabler Zahlungen besteht, auf andere risikofreudigere Interessenten zu übertragen (=zu drehen bzw. zu swapen). Zu dieser Risikoübertragung kann beispielsweise gehören, dass der Emittent eines Wertpapiers ein bestimmtes derivatives Element schafft, für das unabhängig von dem Wertpapier ein eigener Kurs gestellt wird und das (durch Kauf oder Verkauf) an einen im Derivativgeschäft tätigen Marktmacher übertragen wird, der es dann an einen Endverwender weiterverkauft. In diesem Zusammenhang spielen vor allem **Kreditderivate** eine besondere Rolle (siehe dazu 7.2.2.1.7 und 8.3.1.4.2.d).

Während ursprünglich zinsvariable Instrumente in Form von FRN dadurch Veränderungen erfuhren, dass sie im Interesse des Emittenten mit einem **Cap** („Zinsdeckel") versehen wurden, der den Zinsanstieg auf einen festgelegten **Höchstzins** begrenzte, oder dass sie einen **Floor** (Zinsuntergrenze) erhielten, der im Interesse des Anlegers einen **Mindestzinssatz** verbriefte, entstanden zum Zwecke einer symmetrischen Risikoverteilung sehr bald sog. **Collars,** die beispielsweise 1993 zur populärsten Art strukturierter Schuldverschreibungen avancierten. Collars (Schuldverschreibungen mit Zinsbändern bzw. „Kragen") bestehen aus einer FRN, deren auf LIBOR basierender Kupon aber mit einem **Mindestzinssatz (Floor)** und einem **Höchstzinssatz (Cap)** ausgestattet ist. Ein großer Teil dieser Emissionen wurde mit einer Laufzeit von 10–12 Jahren begeben. Mit diesen Wertpapieren erwarben die Anleger ein Paket aus einer normalen FRN auf der Basis von LIBOR, dem Verkauf eines Zins-Caps (in Höhe von 8–9%, je nach Marktlage) und dem Kauf eines Zins-Floor (in Höhe von 5%). Der gleichzeitige Verkauf eines Zins-Cap und Kauf eines Zins-Floor stellte praktisch einen **Zins-Collar** dar. Die Position der Emittenten war jener der Anleger spiegelbildlich entgegengesetzt. Sie nahmen Mittel über einen FRN auf der Basis von LIBOR auf, erwarben gleichzeitig einen Zins-Cap und verkauften einen Zins-Floor. Eine wichtige Nachfragequelle für **FRN** mit **Collar** waren offensichtlich Geldmarktanleger, die angesichts rückläufiger Zinssätze ihre Erträge aufrechterhalten wollten. Als die kurzfristigen USD-Zinsen 1993 ungewöhnlich niedrig lagen, waren viele Anleger bereit, mehr für den Floor zu bezahlen, als sie für den Cap verlangten. Da es ihnen wichtig war, ihre Erträge zu sichern, waren sie auch bereit, die Caps zu einem Preis zu verkaufen, der deutlich unter dem „fairen" oder theoretischen Wert lag. Die Emittenten sicherten ihre Engagements ab bzw. wandelten sie in eine Standardfinanzierung auf der Basis von LIBOR um, indem sie die ursprüngliche Transaktion durch gleichzeitigen Verkauf des Zins-Cap und Kauf eines entsprechenden Zins-Floor glattstellten. Diese Cap- und Floor-Transaktionen schloss der Emittent entweder direkt mit dem Platzierungsinstitut oder mit einem im Derivativgeschäft tätigen Market-Maker ab. Für die Emittenten war eine solche Transaktion attraktiv, weil sie sich auf diese Weise Mittel erheblich günstiger beschaffen konnten, als es über übliche FRN möglich gewesen wäre, indem sie den Unterschied in der Bewertung des Pakets (des Collar) und seiner Komponenten (des Cap und des Floor) ausnutzten. Da der Wert, den die Anleger der Collar-Komponente der Transaktion beimaßen, unter dem Wert der einzelnen Elemente lag, konnten die Emittenten den Zins-Cap weiterveräußern, den Zins-Floor erwerben und aus den jeweiligen Aufschlägen per Saldo einen positiven Cash-Flow erwirtschaften. Auf diese Weise konnten sie langfristige Mittel mit einem beträchtlichen Abschlag von LIBOR erhalten, während die Arbitragemöglichkeiten an den traditionellen Wertpapiermärkten relativ begrenzt waren (siehe *BIZ* 8/1994, 23 ff.).

Eine Verbindung zwischen Geld- und Kapitalmarktfinanzierungen stellen darüber hinaus **Inverse Floater** (auch als **Reverse Floater** bezeichnet) dar. Dabei handelt es sich um Schuldverschreibungen, die in der Regel in der Anfangsphase (meist zwei Jahre) eine hohe feste Verzinsung und in der restlichen Laufzeit (meist acht Jahre) eine variable Verzinsung aufweisen, mit der Chance, durch rückläufige Geldmarktzinsen einen höheren Ertrag zu erzielen. Dagegen bewirken steigende Geldmarktzinsen einen niedrigeren Ertrag. Insofern handelt es sich um Finanztitel für Anleger, die fallende Geldmarktzinsen erwarten. Die Ausstattung kann beispielsweise wie folgt lauten: Laufzeit: 10 Jahre, Stückelung: 1000 EUR; Verzinsung: im 1. und 2. Jahr: 9,5% p.a. mit jährlicher Zahlung (nachträglich); im 3. bis 10. Jahr: 19,2% p.a. abzüglich 2 × 6-Monats-Euro-LIBOR, zahlbar halbjährlich. Fällt beispielsweise der 6-Monats-Euro-LIBOR an einem Zinstermin auf 6% (von 7,75% zum Emissionszeitpunkt), dann ergibt sich für die nächste Zinsperiode ein Zinssatz von 7,2% (= 19,2 – 2 × 6). Auf Grund dieser Charakteristik wird eine spiegelbildlich zur Euro-LIBOR-Entwicklung verlaufende (= inverse) Zinsanpassung vereinbart (insofern wird auch von **Reverse Pricing** gesprochen). Meist ist eine Zinsuntergrenze (Floor) festgelegt, die eine Minimalverzinsung garantiert.

Der Einsatz von **Caps** bezweckt eine Limitierung von Zinsschwankungen in dem Sinne, dass eine Obergrenze für den zulässigen Anstieg variabler Zinsen oder Zahlungen zugunsten des Schuldners bezüglich bestimmter Finanzierungsinstrumente eingeführt wird (siehe auch *Eilenberger* 1994, 91). Caps wirken wie „Deckel“, die v.a. offene Zinspositionen des Schuldners gegenüber Zinsschwankungen limitieren. In diesem Sinne stellen Cap Zinsobergrenzen (**Interest Rate Cap; Zinsdeckel**) dar. Diese können sowohl die maximale absolute Höhe des Zinsanstiegs als auch den maximalen Anstieg pro Zinsanpassung (also die relative Höhe des Zinsanstiegs) begrenzen. Daneben besteht die Möglichkeit, durch Caps die zinsbestimmten absoluten Zahlungen pro Periode bzw. den (relativen) Anstieg der Zahlungen pro Periode zu begrenzen (=**Payment Cap),** die auf diese Weise den sog. **Payment Shock** von Schuldnern und damit deren Zahlungsunfähigkeit ausschließen sollen. Während Interest Rate Caps insbesondere bei Schuldverschreibungen Anwendung finden, erfolgt der Einsatz von Payment Caps vorwiegend im Interesse von Schuldnern aus Kreditverhältnissen.

Zur Erhöhung der Marktgängigkeit von strukturierten Notes in Form von Caps, Floors (die auch als **Range Floater** bezeichnet werden) oder Collars, bei denen die Zinsober-, Zinsuntergrenzen oder das Zinsband von den Marktgegebenheiten abweichen, werden den Anlegern beispielsweise **Floor Certificates** (zu geringen Preisen) angeboten, die einen Anspruch auf eine **garantierte Ausgleichszahlung** zwischen der festgelegten Zinsobergrenze und dem z.B. 6-Monats-LIBOR vorsehen. Eine Verbindung zwischen mittel- und längerfristigen Euro-Anleihen des Euro-Kapitalmarktes und kurzfristigen

Euro-Commercial Paper des Euro-Geldmarktes (siehe 8.3.1.2.1.d) stellen die **Euro Medium Term Notes (Euro-MTN)** her. Dabei handelt es sich um Inhaberschuldverschreibungen, die in der Regel eine nichtnachrangige Verbindlichkeit des Emittenten verbriefen. Die Euro-MTN können unter Beachtung der jeweiligen nationalen Vorschriften insbesondere in Euro-USD, Euro-EUR und anderen Währungen oder als Multi-Währungsprogramme emittiert werden, wobei häufig die Form einer **Daueremission** im Rahmen eines festgelegten Rahmens gewählt wird, innerhalb dessen eine revolvierende Begebung erfolgt. Die Laufzeiten von Euro-MTN betragen üblicherweise zwischen neun Monaten und 30 Jahren. Da die Euro-MTN als **Kapitalmarktinstrumente** gelten, orientieren sich die Platzierungsrenditen bei fester Verzinsung oder bei Null-Kupon-Papieren (z.B. Euro-MTN als Diskontpapiere) an den Kapitalmarktsätzen der jeweiligen zu Grunde gelegten Euro-Währung. Bei **variabler Verzinsung** gelten die jeweiligen **Geldmarktsätze** (z.B. Euro-LIBOR, EURIBOR) der entsprechenden Laufzeiten als Grundlage für die Zinsgestaltung. Darüber hinaus übt die Bonität des Schuldners Einfluss auf die Platzierungsrendite in Form eines Auf- oder Abschlages auf den jeweils gewählten (Basis-)Zinssatz aus. Für den **Investor** bieten Euro-MTN eine seinen Bedürfnissen optimal entsprechende betrags- und laufzeitkonforme Geldanlage im mittel- und langfristigen Laufzeitbereich.

Insgesamt ist hinsichtlich des Abnehmerkreises von internationalen Anleihen festzustellen, dass institutionelle Anleger (Pensionsfonds, Versicherungen u.a.) in der Regel durch zahlreiche Bestimmungen an den lokalen Kapitalmarkt gebunden sind, weshalb sie auf dem Euro-Kapitalmarkt eine wesentlich geringere Rolle als auf dem Inlandsmarkt spielen. In Anbetracht der Tatsache, dass die meisten Euro-Anleihen öffentlich platziert werden, haben auf der anderen Seite **Konsortien** eine ungewöhnlich große Bedeutung, um den fehlenden Sekundärmarkt zu ersetzen. Auf die Emissionsverfahren ist unter Abschnitt d) im Einzelnen zurückzukommen. Die **Laufzeiten** internationaler Anleihen stehen in Zusammenhang mit der Marktzinsentwicklung, so dass sich die Fristigkeiten bei steigenden Zinsen und/oder steigender Ungewissheit über die internationale politische und wirtschaftliche Entwicklung in Richtung auf eine Laufzeitverkürzung orientieren. Abbildung 55 zeigt eine Systematisierung der **Typen internationaler Anleihen** nach den angeführten Merkmalen.

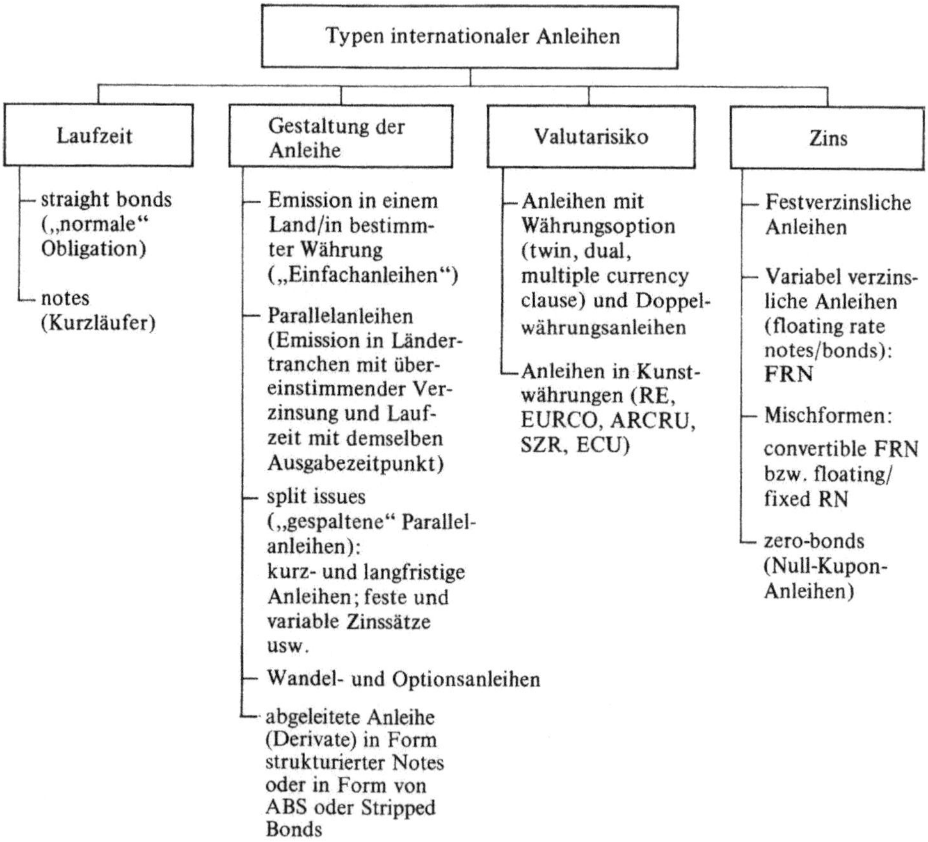

Abb. 55: Systematisierung der Typen internationaler Anleihen nach den Kriterien Laufzeit, Gestaltung der Anleihe, Verteilung des Valutarisikos und Zinsgestaltung.

Eine Förderung der internationalen Anleihe-Emissionen und des internationalen Effektenhandels geht von der Existenz und Weiterentwicklung **internationaler Clearingverfahren,** die auf eine Abschaffung der effektiven Lieferung abzielen und damit eine kostensparende Abwicklung der Leistungen auf den Sekundärmärkten bewirken sollen.

b) Internationale Beteiligungspapiere

Im Gegensatz zur Finanzierung mit Hilfe von Anleihen, die bereits großen Umfang an internationalen Emissionen aufweisen, erreicht die Finanzierung durch internationale Beteiligungspapiere noch immer ein relativ bescheidenes Volumen. Insbesondere existiert noch keine echte internationale Aktie, die an einer internationalen Börse, die ebenfalls nicht existiert, gehandelt wird. Vielmehr sind jeweils die nationalen Effektenbörsen zuständig.

Der Grund dafür, dass sich die internationale Beteiligungsfinanzierung nicht entsprechend der internationalen Anleihenfinanzierung entwickeln konnte, ist nicht zuletzt auf die Schwierigkeiten für die internationale Platzierung der Aktien von Banken und Nichtbanken zurückzuführen, die aus einer Vielzahl unterschiedlichster nationaler Regelungen für die Emission und die Verwendung der dabei erzielten Mittel resultieren. Als Hilfskonstruktion zur Erhöhung der Fungibilität von internationalen Beteiligungspapieren wird ein System der **Hinterlegungszertifikate** (Depositary-Receipt-System) bzw. **Sammelzertifikate** praktiziert:

Depositary Receipts verkörpern eine bestimmte Stückzahl von hinterlegten Originalaktien, in der Regel fünf, 20 oder 100 Stück, die über die Niederlassungen einer Depositary-Bank international handelbar sind (z.B. in Form von Hongkong Depositary Receipts an der Wertpapierbörse Hongkong, was für japanische MNU von Interesse ist; zu den **American Depositary Receipts** –**ADRs** – als Instrumente des Handels mit ausländischen Effekten auf dem amerikanischen Kapitalmarkt siehe *Assmann).* Ein besonderer Vorteil dieses Systems wird in der Förderung der Beteiligungsfinanzierung mittlerer und kleinerer MNU gesehen, die zwar über ein beträchtliches Wachstumspotential, nicht jedoch über entsprechende Vermögenswerte verfügen und für die deshalb eine breite Aktienemission nicht in Frage kommen kann.

Jeder Miteigentümer an einem **Sammelzertifikat** ist berechtigt, Umschreibungen im Aktionärsregister der Gesellschaft von der jeweiligen (ausländischen) Wertpapiersammelbank, bei der das Sammelzertifikat hinterlegt ist, zu verlangen, und zwar für den Fall, dass der Miteigentümer weitere Miteigentumsanteile erwirbt. Gehandelt und notiert werden z.B. an der Frankfurter Wertpapierbörse jedoch die dem Inhaber-Sammelzertifikat zugrunde liegenden ursprünglichen Aktien in EUR je Stück. Lieferbar sind jedoch nur Sammelzertifikate bestimmter Größenordnung (z.B. über 1.000 Stück Aktien).

Anders verhält es sich bei der Konstruktion der sog. **Share Certificates**: Dabei sind Miteigentümer am Sammelbestand von Share Certificates berechtigt, jederzeit die Auslieferung der ihnen zustehenden Stückzahl an Stammaktien zu verlangen. Share Certificates repräsentieren Miteigentumsanteile an ausländischen Aktien in Stückzahlen von 1, 5, 10, 25, 50 oder 100, die auf die ausländische Wertpapiersammelbank ausgestellt und ebenfalls über diese lieferbar sind. Diese Miteigentumsanteile an einem bei einer deutschen Wertpapiersammelbank verwahrten Sammelbestand von Share Certificates sind in den genannten Stückzahlen an Aktien der Gesellschaft lieferbar. Notiert und gehandelt werden auch in diesem Falle die **Aktien** in EUR je Stück an der Frankfurter Wertpapierbörse.

Eine Variante schweizerischen Ursprungs zur Lösung des Problems der internationalen Beteiligungsfinanzierung stellt das Verfahren zur internationalen Emission von Aktien nach dem Prinzip der Emission von Euro-Anleihen (siehe 8.3.1.2.1.d) in Form der sog. **Euro-Aktien** dar. Durch die Einschaltung internationaler Emissionskonsortien lässt sich eine breite Streuung von Aktien, die auf eine bestimmte Auslandswährung lauten, erreichen und damit aus der Sicht des Emittenten die Finanzmittelaufbringung erhöhen.

c) Internationale Misch- und Sonderformen:

Wesentlich geringere Bedeutung als den straight bonds kommt den internationalen **Wandelanleihen (convertible bonds)** zu. Diese berechtigen den Inhaber, die Obligation innerhalb einer bestimmten Frist zu bestimmten Bedingungen in Aktien der emittierenden Gesellschaft oder einer verbundenen Gesellschaft umzuwandeln. Häufig enthalten Euro-Wandelanleihen auch eine Option des Emittenten auf vorzeitige Tilgung der Anleihe. Gesonderter Regelungen bedürfen Ausschüttungen auf Stammaktien in Form von Stammaktien, Teilung oder Zusammenlegung ausstehender Stammaktien und die Ausgabe von Gratisaktien, die eine Anpassung des Wandlungspreises erforderlich machen.

Dasselbe gilt für die Gewährung von Bezugsrechten, Ausgabe von Vorzugsaktien, eigenen Schuldurkunden, Berechtigungsscheinen u.ä., wobei der neue Wandlungspreis je Aktie jeweils mit Hilfe einer entsprechenden Formel in den Anleihebedingungen zu ermitteln ist. Bezüglich der Wandlungsprämie internationaler Wandelschuldverschreibungen ist zu berücksichtigen, dass der (aktuelle) Aktienkurs in Fremdwährung (FW) notiert wird (z.B. SFR) und ggf. auch die Zuzahlung in Fremdwährung zu erfolgen hat.

Einen weiteren Anleihetyp, der von der unterschiedlichen Entwicklung von Zinsen und Aktienkursen profitieren kann, stellen die **internationalen Optionsanleihen** dar, bei denen der beigefügte Optionsschein (Warrant) den Gläubiger zum Bezug einer bestimmten Anzahl von Aktien gegen Zahlung eines festgesetzten Preises berechtigt. Der Optionsschein kann nach einer gewissen Zeit von der Anleihe getrennt und selbständig gehandelt werden. Das Recht aus der Obligation bleibt trotzdem bestehen. Die Ermittlung der **Prämie** für internationale Optionsscheine erfolgt zwar grundsätzlich analog zur Vorgehensweise bei inländischen Optionsscheinen (siehe 7.2.2.1.1.cb), allerdings unter Berücksichtigung der Tatsache, dass der Bezugskurs (Optionspreis) auf Fremdwährung (z.B. YEN) lautet und dementsprechend auch der aktuelle Aktienkurs in Fremdwährung (FW) für die Ausübung des Optionsrechts maßgebend ist. Die Emission der Optionsschuldverschreibung einschließlich der Optionsscheine lautet jedoch auf Inlandswähren (EUR). Daher ist der Kurs des Optionsscheins in EUR mit dem (aktuellen) Devisenkurs zu multiplizieren.

Zu berücksichtigen ist darüber hinaus, dass der Optionsbetrag in FW (z.B. YEN) im Ursprungsland (Japan) frei von „irgendwelchen Devisenhandelsgebühren, Überweisungsgebühren oder sonstigen Abzügen“ geleistet werden muss. Dementsprechend erhöht sich der Bezugskurs, ausgedrückt in EUR, um die jeweiligen angeführten Kosten.

d) Internationale Promissory Notes des Geldmarktes (Euro-Commercial-Papers und Euro-Notes)

Internationale Promissory Notes sind ihrem Wesen nach zwar grundsätzlich Solawechseln ähnliche Papiere, die ein Zahlungsversprechen des Emittenten enthalten, aber durch Schaffung bestimmter Voraussetzungen (Emissionsbedingungen, Usancen, Standing des Emittenten, Negoziierungserklärung und Garantien Dritter) umlauffähig und damit an bestimmten Märkten (ausländischen Geldmärkten, insbesondere CP-Märkten und Euro-Geldmarkt) handelbar werden. Für den Euro-Geldmarkt sind vor allem die Formen der Euro-Commercial-Papers (Euro-CP's) und der Euro-Notes von Bedeutung. Sie können einerseits als (kurzfristige) Diskontpapiere, andererseits auch als Zinspapiere gestaltet sein. Eine Steigerung der Anwendbarkeit ergibt sich dann, wenn Promissory Notes, die grundsätzlich nicht börsenfähig sind, im Ausnahmefall an Börsen zugelassen werden.

Euro-Commercial-Papers werden als Diskontpapiere oder als verzinsliche Papiere von multinationalen Industrie- und Handelsunternehmen entweder direkt oder über Tender Panels auf dem Eurogeldmarkt begeben. Im Gegensatz zum amerikanischen CP-Markt ist für den Euro-Geldmarkt ein Rating nicht erforderlich, zumal das Standing des Schuldners ausschlaggebend ist. Die Emission erfolgt meist über eine spezifische CP-Gesellschaft der MNU, die als ausländische Zwischeneinheit die Mittel aufbringt und auf Anweisung der Spitzeneinheit, die in der Regel auch die Besicherung in Form einer unbedingten und unwiderruflichen Garantie übernimmt, die Finanzmittel den Konzerneinheiten zuleitet.

Euro-Notes in Form von **Short-Term-Notes** stellen ebenfalls umlauffähigen Eigenwechseln von Kreditnehmern entsprechende „fully negotiable promissory notes" (*Reinhardt,* 380) dar, deren Laufzeit bis zu zwölf Monaten betragen kann. Im Gegensatz zu Commercial Papers kommen als Aussteller auch „souveräne" Schuldner, also ausländische öffentlich-rechtliche Gebietskörperschaften bzw. Staaten, in Betracht. Darüber hinaus zeigt sich der Unterschied zu Euro-CPs vor allem darin, dass Euro-Notes als sog. Underwritten Facilities mit Platzierungsgarantien eines Bankenkonsortiums ausgestattet sein können, während Euro-CPs keine offizielle Absicherung aufweisen (Non-Underwritten Facilities; siehe auch *Schmidt, D.*). In beiden Fällen betragen jedoch die Mindestnennwerte der Papiere in der Regel 500.000 USD. Der Handel ist in Anbetracht der geringen Zahl umlaufender Papiere einerseits überschaubar, andererseits jedoch bislang im Wesentlichen auf Banken und Wertpapierhäuser beschränkt und damit auch deren Liquidierbarkeit aus der Sicht der einzelnen Investoren (Banken) und der Bankenaufsicht begrenzt.

e) Internationale Effektenemission

Im Rahmen der Emission internationaler Anleihen findet vorwiegend die Form des **Underwriting** (als amerikanisch-britisches Verfahren) Anwendung. Anders als in Deutschland, wo ein Konsortium die Emission sowohl übernimmt als auch platziert, ist in diesem Fall die Übernahme- von der Platzierungsfunktion getrennt.

Bei diesem Verfahren verpflichten sich die Abnehmer einer Emission, die nicht abgesetzten Wertpapiere ganz oder zumindest in bestimmtem Umfang selbst zu übernehmen. Der Zweck dieses Verfahrens besteht somit darin, das Risiko des Emissionsschuldners, das bei Selbstemission hinsichtlich der Unterbringung der Effekten besteht, auf andere gegen Zahlung einer Provision, der **Underwriting Provision,** zu überwälzen. Insofern handelt es sich dabei um eine Art **Emissionsversicherung** der Emittenten, die gegen Zahlung einer Prämie abgegolten wird.

Der Ablauf der Emission vollzieht sich in **zwei Phasen:**

- Übernahme (Zeichnung durch Banken) = Underwriting
- Platzierung = Selling

Dementsprechend gilt die in Abbildung 56 wiedergegebene **Funktionsteilung** für die mit der Emission befassten Bankbetriebe.

underwriting group	selling group
- garantiert Unterbringung - gibt Papiere an selling group weiter - wenige Banken als Teilnehmer	- platziert die übernommenen Effekten bei Anlegern - viele Banken als Teilnehmer

Abb. 56: Funktionsteilung der beteiligten Banken bei Euro-Anleihen

Hinsichtlich der Platzierung internationaler Anleihen sind zwei Möglichkeiten zu unterscheiden: Öffentliche Platzierung (public offering) und private Platzierung (private placement), wobei letzterer geringere Bedeutung zukommt. Beim kostengünstigeren **private placement** entfallen zwar der öffentliche Verkauf und die Börsennotierung, was andererseits eine geringe Fungibilität der Papiere bewirkt. Die Emission erfolgt meist durch eine einzige Bank, die in der Regel dann auch einen Markt für die Emission unterhält. Der Abnehmerkreis setzt sich aus ausgewählten Großanlegern zusammen. Die **öffentliche Platzierung** wird dagegen von mehreren Banken eines Konsortiums durchgeführt. Die Information der Öffentlichkeit erfolgt über Anzeigen in den Medien. Öffentliche Anleihen werden an der Börse eingeführt und sind aufgrund ihrer kleineren Stückelung (Nennwerte von z.B. 1.000 EUR oder 1.000 USD) für eine große Zahl von Anlegern geeignet. Die Börseneinführung erfolgt bei internationalen Anleihen meist an mindestens einer Börse des Landes, auf dessen Währung die Anleihe lautet.

An dieser Stelle interessiert vor allem die Emission von **Euro-Anleihen**, die man auf Grund der Konsortienbildung auch als **syndizierte Anleihen** bezeichnet.

Das **Syndikat** (Konsortium) setzt sich zusammen aus

- lead manager und co-managers (= management group),
- underwriters,
- selling group members.

Dabei fungiert der **lead manager** als Konsortialführer, der für den Ablauf der Emission und die vorangehende Prüfung der Emissionswürdigkeit verantwortlich zeichnet.

Co-managers sind ebenso renommierte Banken mit weitverzweigtem Geschäftsnetz, deren Einschaltung den Absatz der Emission fördert.

Die **selling group members** sind typischerweise kleinere Banken und Finanzierungsinstitute, die im Zusammenwirken mit den vorgenannten Teilnehmern am Syndikat den Absatz der Emission übernehmen.

Die allgemeine Struktur der Euro-Anleihekonsortien entspricht damit dem traditionellen US-System. Auf Grund der großen Zahl an Konsorten und Verkaufsgruppen, die gewöhnlich an einer Euro-Emission beteiligt sind und bei der Platzierung häufig vermitteln, ist es oft schwierig, das Interesse des Marktes für eine Anleihe zu beurteilen. Bevor die Anleihe öffentlich angekündigt wird, ist sie bereits meist an Banken, Wertpapierhändler und Berufsanleger verkauft. Die **Emissionskosten** in Form der Schaltervergütung, Führungs- und Übernahmeprovision sind am Euro-Kapitalmarkt im Allgemeinen höher als vergleichbare Kosten in den USA. Der Grund liegt in der vergleichsweise losen Organisation der Euro-Anleihekonsortien und in den ungleichen Platzierungsverfahren durch die Konsorten und Verkaufsgruppen, die das Risiko enthalten, Anleihen unter pari verkaufen zu müssen. Andererseits liegen die sonstigen Kosten der Emission auf dem Euro-Kapitalmarkt und den nationalen Kapitalmärkten Europas unter den entsprechenden amerikanischen Sätzen. Insgesamt stellen diese jedoch nur einen Bruchteil des Aufwandes für Bankprovisionen dar und schlagen deshalb nur in relativ geringem Umfang zu Buche (siehe dazu *Gehrmann,* 190ff.).

Für weltweit abzuwickelnde Großemissionen (wie beispielsweise Ende der 1990er Jahre) die Platzierung der deutschen *Telecom*-Aktien) wird ein **nationales** (hier: deutsches) **Konsortium** mit einem **globalen Konsortium** verbunden (siehe Abbildung 57), das seinerseits eine Aufteilung der Konsortialmitglieder nach Regionen mit jeweils gesondert bestellten Konsortialführern (in der Abbildung gedruckt) vornimmt. Auf diese Weise soll(te) ein bestmöglicher Platzierungserfolg realisiert werden.

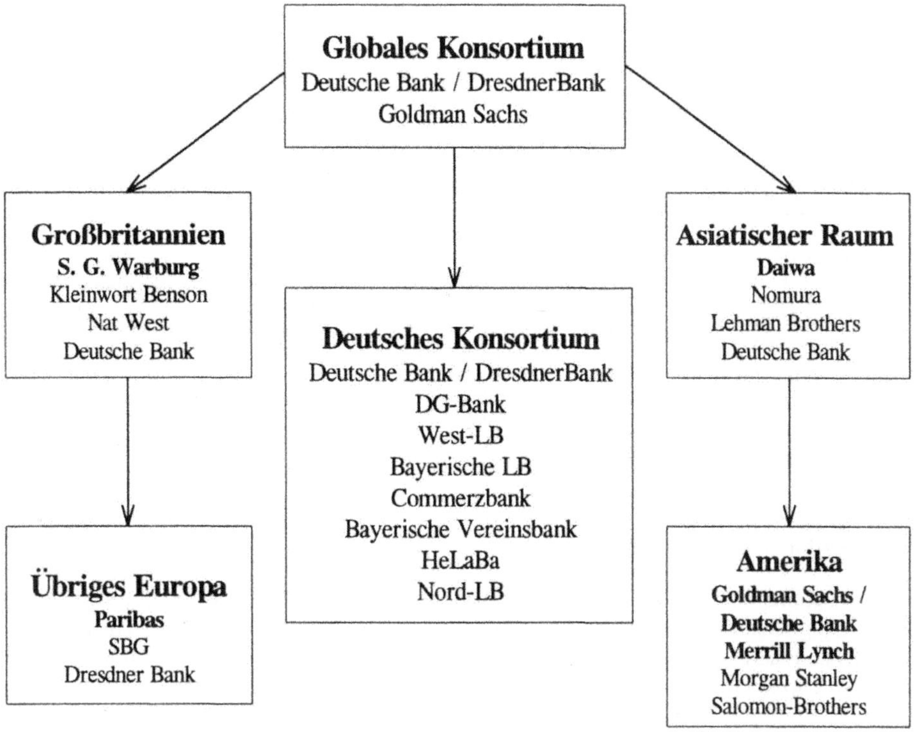

Abb. 57: Konstruktion einer Emission mit einem globalen Konsortium

Hinsichtlich des Entscheidungsprozesses des Konsortiums zur Emission von Euro-Anleihen sind vier Phasen der Entscheidungsvorbereitung festzustellen, die sich zwar daran orientieren, ob der Emittent ein Unternehmen oder ein Staat ist, im wesentlichen jedoch nach dem in Abbildung 58 wiedergegebenen Muster ablaufen (siehe Fisher 1979, 48ff.).

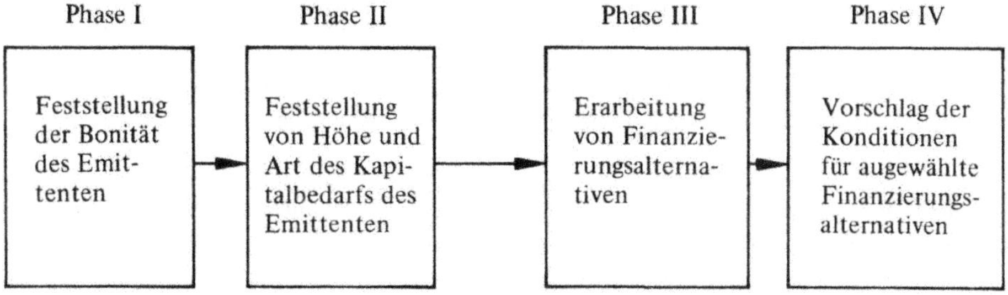

Abb. 58: Entscheidungsvorbereitung der Emission von Euro-Anleihen

Die Entscheidung für eine bestimmte Emissions-Alternative wird schließlich unter Beachtung der Kriterien Anleihebetrag, Anleihelaufzeit, Zinsen, Begebungskurs, Übernahmekurs, Commission und Spanne getroffen. Das anschließende **Emissionsverfahren** selbst weist die in Abbildung 59 dargestellte Struktur auf (**Bookbuilding-Verfahren**).

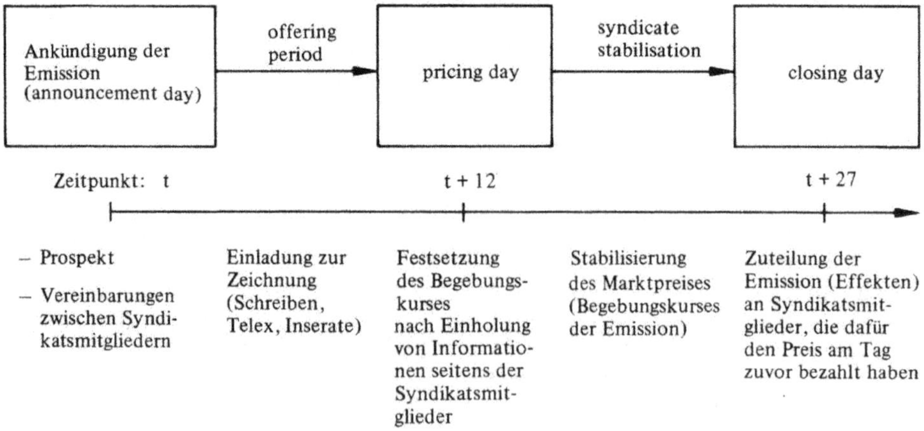

Abb. 59: Emissionsablauf bei Euro-Anleihen

f) Internationalisierung des Effektengiro

Mit der Depotgesetznovelle vom 17. Juli 1985 wurde den deutschen Wertpapiersammelbanken die Möglichkeit des **grenzüberschreitenden Giroverkehrs** mit Wertpapieren (§ 5 Abs. 4 DepotG) und damit eine Internationalisierung der deutschen Girosammelverwahrung eröffnet (siehe im einzelnen *Kümpel).* Durch Eröffnung von gegenseitigen Kontoverbindungen zwischen der seinerzeitigen *Deutscher Kassenverein AG* (nunmehr: *Clearstream International*) und ausländischen Girosammelverwahrsystemen wurden die Voraussetzungen für eine rationelle Belieferung mit Wertpapieren geschaffen, die sowohl im Inland als auch im betreffenden Sitzland des ausländischen Verwahrsystems an den jeweiligen Börsen eingeführt und Gegenstand internationaler Übertragungen sind (siehe *MDB* 11/1985).

Der Vorteil der Lieferung und Abwicklung im grenzüberschreitenden Effektengiroverkehr besteht darin, dass die deutsche Käuferbank die von ihrem ausländischen Kontrahenten geschuldeten Effekten nach den Usancen der im Inland abgeschlossenen Geschäfte an einem Sammelbestand einer deutschen Wertpapiersammelbank erhält, obwohl sich die dem Kontrakt zu Grunde liegenden Effekten körperlich im Ausland (bei dem ausländischen Verwahrer) befinden.

Voraussetzung für die direkte Wertpapierverwahrung im Ausland ist jedoch, dass in den betreffenden Ländern durch gesetzliche Bestimmungen der Schutz des Eigentums der Anleger gewährleistet ist.

Von der Variante des **direkten** internationalen Effektengiros unterscheidet sich der **Treuhandgiroverkehr,** der bis zur Novelle vom 17.7.1985 neben dem Treuhandgiroverkehrs der *Kassenvereine* die einzige Möglichkeit des internationalen Effektengiros im Zusammenhang der *Deutscher Kassenverein AG* dargestellt hatte, dadurch, dass nur Gutschriften in Wertpapierrechnung (WR-Gutschriften) erteilt werden, zumal kein praktisches Bedürfnis zur Lieferung von Anteilen an einem Giro-Sammelbestand (GS-Anteile) besteht (*Kumpel,* 1382).

Besondere Bedeutung kommt neben den oben beschriebenen Abwicklungs- und Verwahrungssystemen den **internationalen Handelsbestätigungen,** insbesondere den im internationalen Wertpapierhandel verwendeten elektronischen Bestätigungssystemen (z.B. ***Omgeo OASYS Global***), zu: Die **elektronische Handelsbestätigung** (**Electronic Trade Confirma-**

tion – ETC) löste die traditionelle Praxis ab, die einzelnen Transaktionen durch Austausch von schriftlichen Ausführungsanzeigen (Telex, Fax oder Brief) zu besiegeln. Die Daten eines Wertpapiergeschäftes werden vom Broker in ein ETC-System eingegeben und vom Kunden automatisch entweder akzeptiert oder – bei Unstimmigkeiten – zurückgewiesen. Die Initiative für einen Ausbau der elektronischen Bestätigungssysteme war 1992 von einer Gruppe von rund 60 Anlageinstitutionen ausgegangen. Diese Großinvestoren, auf die rund drei Viertel des Handelsvolumens der Londoner Börse entfallen, hatten auf Grund der Bestätigungs- und Abstimmungsprobleme, die vor allem bei Transaktionen mit ausländischen Brokerfirmen auftraten, in Eigeninitiative Abhilfe schaffen wollen, sich dann aber darauf geeinigt, der *ISMA,* der *Londoner Börse* (*LSE*) und der *Thomsen Financial Services* den Auftrag zu geben, ihre Systeme auszubauen und Brückenverbindungen herzustellen.

Im November 2001 veröffentlichten das *Committee on Payment and Settlement Systems* (*CPSS*) zusammen mit der Internationalen Vereinigung der Wertpapieraufsichtsbehörden (*International Organization of Securities Commissions*: *IOSCO*) „Empfehlungen für internationale Wertpapierabwicklungssysteme" (*BIZ* 2001). Dementsprechend soll die Handelsbestätigung sobald wie möglich nach Handelsabschluss (spätestens am Handelstag, also t+0) erfolgen. Die Wertpapiere sollten weitestgehend immobilisiert oder dematerialisiert und durch Kontobuchungen über Zentralverwahrer übertragen werden. Vorgesehen ist auch die Förderung der Wertpapierleihe (oder Repo-Geschäfte und andere wirtschaftlich gleichwertige Transaktionen), die der Beschleunigung der Abwicklung von Wertpapiergeschäften dienen sollen. Darüber hinaus haben die Zentralverwahrer geeignete Risikokontrollmechanismen zu installieren, die insbesondere den Ausfall von Teilnehmern bei der Abwicklung kompensieren können.

8.3.1.2.2 Originäre internationale Anlageleistungen

a) Depositenleistungen

Depositenleistungen werden sowohl durch Entgegennahme von **Sichteinlagen** als auch von **Termineinlagen** erbracht. Als Nachfrager nach diesen Leistungen kommen Privatkunden ebenso in Betracht wie Unternehmen und staatliche Institutionen bzw. Stellen des Auslands. Häufig bieten auch Eurobanken, beispielsweise in Luxemburg, Möglichkeiten zu Termineinlagen, die ggf. auf einen Code lauten können, in allen Währungen zu bestimmten Mindestgrößen und euromarktähnlichen Konditionen an.

Eine Stellung zwischen Depositenleistung als reiner Kontoeinlage und direkten Anlageleistungen auf der Basis bankeigener internationaler Wertpapieremissionen nehmen die **Certificates of Deposit (CD)** ein, die erstmals 1966 von Londoner Eurobanken begeben worden sind und auch als internationale Geldmarktpapiere Verwendung finden können. Dem Anleger einer festverzinslichen Termineinlage bestimmter Mindesthöhe (z.B. 100.00 GBP) werden durch einen **Depositenschein** einerseits die Gläubigerrechte aus dieser Einlage bescheinigt, andererseits handelt es sich bei dem Depositenzertifikat um ein fungibles Geldmarktpapier, zumal dieses nicht auf den Namen des Anlegers lautet. Für die Geltendmachung der Ansprüche aus der Termineinlage (Zins-und Rückzahlung) reicht daher die Präsentation des Zertifikates aus. Die Laufzeiten betragen im Regelfall zwischen drei und zwölf Monaten, können sich aber auch bis zu fünf Jahre erstrecken. Der Vorteil dieser Konstruktion für den Kunden besteht darin, dass er nicht an die Laufzeit der Einlage gebunden ist, sondern sich durch Verkauf des Depositenzertifikats vorzeitig ohne Ertragseinbußen von der Anlage trennen kann. Dies setzt allerdings die Existenz eines spezifischen Marktes für diese Papiere voraus, an dem auch die Zinsbildung erfolgt. Die Zinssätze stehen in engem Zusammenhang mit denjenigen vergleichbarer Termineinlagen (ohne Option), liegen jedoch in Anbetracht der entstehenden Ausgabekosten für die Zertifikate geringfügig darunter. Mit der Schaffung von CDs erhöht sich andererseits die Aufbringung von Festgeldern durch die Bankbetriebe, da auf Grund der Fungibilität von CDs die Bereitschaft internationaler Anleger, die längerfristige Bindungen am Euromarkt scheuen, wächst, derartige Anlageleistungen in Anspruch zu nehmen. CDs eignen sich für Transaktionen aller Größenordnungen und Fristigkeiten. Sie dienen nicht nur privaten Anlegern, Unternehmungen und Staaten des Mittleren Ostens, sondern auch anderen Bankbetrieben (insbesondere bei Banken in London) als vorteilhafte – und zu einem erheblichen Teil als langfristige – Einlagenform.

Auf dem **London CD Market,** werden neben Depositenzertifikaten mit festen Zinssätzen (**Fixed Rate CDs**) seit 1977 auch solche mit variablen Zinssätzen (**Floating Rate CDs – FRCD**) angeboten. Die Emission von London CDs ist seit 2003 durch die *Bank of England* reglementiert.

Euro-CDs sind Certificates of Deposit, die in einer Euro-Währung denominiert sind, also Euro-USD-CDs, Euro-EUR-CDs, Euro-CHF-CDs u.ä. In der Praxis werden Euro-CDs insbesondere am Platz London emittiert und unterliegen nicht der Regulierung durch die *Bank of England.* Nach Auffassung der *BIZ* handelt es sich bei Emissionen von Euro-CDs durch Banken um eine Variante von sog. **NIFs** (siehe *BIZ* 1986, 19, und 8.1.1.3.bc).

b) Direkte Anlageleistungen auf der Basis von Wertpapieremissionen

ba) Emission von Bank-Aktien

Die Beschaffung von Eigenmitteln über internationale Streuung von Bank-Aktien und deren amtliche Notierung an ausländischen Börsen stellte bis 1984 den Ausnahmefall dar. So waren Ende 1981 zwar Aktien von fünf deutschen Banken an Auslandsbörsen amtlich notiert, doch nur drei an mehr als einer Auslandsbörse (*Deutsche Bank, Dresdner Bank* und *Commerzbank* in Amsterdam, Antwerpen, Brüssel, Luxemburg, Paris, Basel, Genf, Zürich, Wien und – mit Ausnahme der *Dresdner Bank* – in London) und zwei an einer Auslandsbörse (in Wien). Dagegen waren Ende 1981 an deutschen Börsen Beteiligungspapiere von 17 ausländischen Banken zum amtlichen Handel zugelassen. Auf Grund der weltweiten Liberalisierung der Finanzmärkte seit Beginn der 1990er Jahre ist grundsätzlich auch eine globale Emission von Bank-Aktien möglich. Allerdings bleibt das Problem bestehen, dass bislang eine internationale Börse fehlt. Daher ist es nach wie vor erforderlich, Bank-Aktien entsprechend dem Emissionsverfahren von Euro-Bonds zu emittieren (siehe 8.3.1.2.1.b für Euro-Aktien) und an den nationalen Börsen als internationale Werte zu notieren.

bb) Börsengängige Bank-Schuldverschreibungen

Banken emittieren sowohl auf dem Euro-Kapitalmarkt als auch dem internationalen Kapitalmarkt garantierte, festverzinsliche und variabel verzinsliche Schuldverschreibungen einschließlich Debentures, meist als ungesicherte Anleihen, deren Sicherung ausschließlich in einer sog. Negativklausel (**negative pedge clause**) besteht. Danach sollen die Gläubiger der betreffenden Debentures in Zukunft hinsichtlich der Bestellung von Sicherheiten nicht schlechter behandelt werden als künftige Gläubiger. Derartige Sicherstellungen weisen auch die internationalen Anleihen supranationaler Bankbetriebe (siehe 8.3.1.2.3.b) auf. Im Vordergrund steht der Ertragsaspekt, nicht das Sicherheitsstreben. Da es sich bei den Anleiheschuldnern um erste Adressen handelt, ist eine weitgehende Absicherung auch entbehrlich.

Schuldverschreibungen ausländischer Banken können darüber hinaus auch durch staatliche Garantien (und Negativklausel), wenn die betreffenden Banken im öffentlichen Interesse oder staatlichen Auftrag ihres Landes tätig sind, und durch Garantien der Spitzeneinheit einer MNB abgesichert werden, wenn die ausländische Grundeinheit der Bank die Fremdmittelbeschaffung über die Emission von Schuldverschreibungen durchführt.

8.3.1.2.3 Derivative internationale Anlageleistungen

Bankmarktleistungen in Form derivativer internationaler Anlageleistungen (zur Kennzeichnung siehe auch 7.2.2.3) liegen dann vor, wenn der Bankbetrieb nur als Vermittler von Anlagemöglichkeiten bei anderen, ausländischen oder supranationalen Bankbetrieben, Unternehmen (einschließlich MNU), ausländischen Staaten und ggf. ausländischen Investmentfonds in Erscheinung tritt und eine direkte Anlage bei dem betreffenden Bankbetrieb nicht erfolgt. In diesem Zusammenhang führen Bankbetriebe **internationale Fremdemissionen** durch und erbringen internationale Effektenhandelsleistungen.

a) Vermittlung von Anlagemöglichkeiten bei ausländischen und supranationalen Bankbetrieben

Ausländische Bankbetriebe emittieren internationale Anleihen im Regelfall über inländische Bankenkonsortien, wobei die Konsortialbanken auch die Funktion einer Zahlstelle übernehmen. Das trifft ebenso auf die Emission von Schuldverschreibungen supranationaler Banken (*Weltbank, Europäische Investitionsbank, Inter-Amerikanische Entwicklungsbank, Asiatische Entwicklungsbank*) zu, die im folgenden Gegenstand des besonderen Interesses sind.

Schuldverschreibungen der *Weltbank* sind zwar nur durch die **Negativklausel** der Anleihebedingungen gesichert, nach der sie sich verpflichtet, während der Laufzeit der Anleihe für andere Anleihen keine besonderen Sicherheiten einzuräumen, dennoch sind diese Anleihen beleihungsfähig und besitzen Deckungsstockfähigkeit bei privaten Versicherungsunternehmen. Entsprechend dem Abkommen über die *Weltbank* darf diese in einem Mitgliedsland Mittel nur mit der Zustimmung des betreffenden Landes aufnehmen. Eine Genehmigung ist auch für den Fall erforderlich, dass der Erlös der Anleihe in eine andere Währung konvertiert wird. Die *Weltbank* verfolgt den Grundsatz, den Markt für ihre Obligationen dadurch zu erweitern, dass sie diese öffentlichen Stellen und privaten Anlegern in den Ländern zum Kauf anbietet, in denen für die Bank annehmbare Verkaufsbedingungen gegeben sind. In Verfolgung dieser Zielsetzung hat die *Weltbank* ihre Obligation auf den Finanzmärkten an Anleihe-Konsortien oder andere private Anleger verkauft und Anleihen von öffentlichen Stellen in über 95 Ländern aufgenommen. Die *Weltbank* emittiert daneben auch **Euro-USD-Schuldscheine** unter Mitwirkung von internationalen Bankkonsortien.

Die Schuldverschreibungen der *Europäischen Investitionsbank*, deren Bedingungen mit denen der *Weltbank* im Wesentlichen übereinstimmen, dienen der Finanzierung von Darlehen, die von der Bank an Mitglieder, Körperschaften sowie privaten oder öffentlichen Unternehmen für Investitionsvorhaben zur Verfügung gestellt werden. Zu diesem Zweck nimmt die Bank die erforderlichen Anleihen auf den nationalen Kapitalmärkten innerhalb und außerhalb der Europäischen Union sowie auf internationalen Kapitalmärkten auf. Die Emissionswährung lautet dabei i.d.R. auf EUR.

Die *Inter-Amerikanische Entwicklungsbank* fördert die wirtschaftliche und soziale Entwicklung der regionalen Entwicklungsländer, die Mitglieder der Bank sind. Die dazu notwendigen privaten und öffentlichen Investitionen werden u.a. durch Emission von Schuldverschreibungen finanziert, deren Bedingungen ebenfalls denjenigen der *Weltbank*-Anleihen entsprechen. Dasselbe gilt für Konstruktion und Zwecksetzung der *Asiatischen Entwicklungsbank*, deren Aktivitäten auf die wirtschaftliche Entwicklung und die Zusammenarbeit in Asien und dem Fernen Osten ausgerichtet sind. Zur Sicherung der Anleihen dienen die Negativklausel gemäß Anleihebedingungen sowie Beschränkungen im Zusammenhang mit der Einbeziehung weiterer Mittel in die ordentlichen Kapitalbestände (Eigenvermögen) der Bank oder Garantieverbindlichkeiten zu Lasten solcher Kapitalbestände.

Die Vermittlung von Anlagemöglichkeiten in internationalen Schuldverschreibungen **ausländischer** Banken gehört ebenfalls zum Leistungsprogramm deutscher Bankbetriebe, die zu diesem Zweck sowohl internationalen Konsortien angehören als auch Emissionskonsortien auf nationaler Basis für den Absatz der Schuldverschreibungen im Inland gründen.

b) Vermittlung von Anlagemöglichkeiten bei ausländischen bzw. inter- oder multinationalen Unternehmen

Grundsätzlich bestehen die Alternativen der Vermittlung in Form von Aktien und Schuldverschreibungen (einschließlich Wandelschuldverschreibungen) sowie von internationalen Promissory Notes des Geldmarktes von ausländischen bzw. multinationalen Unternehmen, und zwar sowohl im Rahmen der Emission durch Bildung entsprechender Konsortien, als auch durch Effektenhandel auf den Sekundärmärkten des In- und Auslandes.

Sofern **Aktien** nicht in inländischer Währung notiert werden, erfolgt die Herstellung der Lieferbarkeit über den *Clearstream International* (siehe 8.3.1.2.1.b) in Form von Inhaber-Sammelzertifikaten oder Share Certificates, die jeweils eine Mehrzahl der zu Grunde liegenden ausländischen Aktien repräsentieren und auf inländische Währung lauten.

Internationale **Schuldverschreibungen** von Unternehmungen werden im Regelfall durch Negativklauseln insofern gesichert, als die emittierende Unternehmung sich in den Anleihebedingungen verpflichtet, keine ihrer gegenwärtigen oder zukünftigen internationalen Schuldverschreibungen oder von der Anleiheschuldnerin für internationale Schuldverschreibungen gegebenen Garantien durch Verpfändung, Abtretung, Übertragung, Hypothekenbestellung oder durch Begründung irgendeiner anderen Belastung ihrer gegenwärtigen oder zukünftigen Vermögenswerte zu Gunsten der Inhaber solcher internationaler Schuldverschreibungen zu besichern, sofern eine solche Sicherheit nicht gleichzeitig, anteilig und gleichrangig den Inhabern der betreffenden und zu emittierenden Schuldverschreibung eingeräumt wird bzw. diesen nicht mindestens eine gleichwertige Sicherheit geleistet wird.

Neben den Vermittlungsmöglichkeiten in Aktien und Schuldverschreibungen ist darüber hinaus die Erstellung **kurzfristiger** derivativer internationaler Anlageleistungen über den Handel mit **Commercial Papers** als von Industrieunternehmungen ausgestellten Inhaberschuldverschreibungen mit Laufzeiten zwischen 30 und 180 Tagen sowie von Euro-Notes möglich.

c) Vermittlung von Anlagemöglichkeiten bei ausländischen Staaten oder staatlichen Institutionen

Besonderheiten gegenüber den Verhältnissen der Vermittlung von Anlagemöglichkeiten bei ausländischen Banken und Unternehmen sind insofern gegeben, als die Besicherung von Schuldverschreibungen und Euro-Notes ausländischer öffentlich-rechtlicher **Körperschaften** zusätzlich zur Negativklausel durch **Garantie** des betreffenden ausländischen Staates oder einer ausländischen Gebietskörperschaft erfolgt. Die Rang- und Sicherstellung von **Staatsanleihen** dagegen wird im Regelfall durch Negativklausel und ggf. durch **Gleichrangigerklärung** gegenüber anderen, mit Garantien oder Sicherheitenbestellung ausgestatteten Schuldverschreibungen und/oder Verbindlichkeiten (z.B. aus langfristigen Bankdarlehen) als ausreichend angesehen. Dazu kommt die Verpflichtung, den Transfer und die Konvertierung der Zins- und Tilgungszahlungen an die Anspruchsberechtigten im Ausland uneingeschränkt zuzulassen.

d) Vermittlung sonstiger internationaler Anlagemöglichkeiten

Derivative Leistungen sind auch im Falle der Vermittlung von Anlagemöglichkeiten in **Investmentanteilen** ausländischer Investmentfonds gegeben, die teils in EUR vertrieben werden, aber insbesondere auf USD und CHF lauten. Der Vertrieb ausländischer Investmentanteile ist demnach nur dann zulässig, wenn ein inländisches Kreditinstitut oder eine fachlich geeignete, zuverlässige Person mit Sitz im Inland als Repräsentant benannt ist und die Gegenstände des Vermögens von einer Depotbank verwahrt oder überwacht werden, welche die Anteilsinhaber sichert. Internationale Vermittlungsleistungen können schließlich ohne Zwischenschaltung von Wertpapieren über **Treuhandkonten** erbracht werden, wie dies beispielsweise in der Schweiz seit längerer Zeit und in erheblichem Umfang praktiziert wird: Dabei werden Beträge in bestimmter Mindesthöhe im Namen der Bank, jedoch auf Risiko und Rechnung des Kunden am Markt (einschließlich Euromarkt) platziert. Aus Kundensicht besteht der Vorteil in einem günstigeren Zinssatz und in der Wahrung der Anonymität gegenüber der Bank, bei der die Mittel der Kunden letztlich zur Anlage kommen. Besondere Bedeutung haben für Schweizer Banken Treuhandgelder deshalb, weil diese nicht in der Bankbilanz erscheinen und deshalb auch nicht die gesetzlich vorgeschriebenen Eigenkapitalrelationen belasten.

8.3.1.3 Internationale Zahlungsverkehrsleistungen

Der Begriff des internationalen Zahlungsverkehrs umfasst im **weitesten** Sinne die Summe aller Zahlungsverkehrsleistungen zwischen Banken und Nicht-Banken oder ausschließlich zwischen Nicht-Banken verschiedener Währungsgebiete. Von bankbetrieblichen internationalen Zahlungsverkehrsleistungen kann dann gesprochen werden, wenn bei der Erstellung von Zahlungsverkehrsleistungen ausländische Währungen einbezogen werden müssen. Die Summe der von Bankbetrieben auf diese Weise abgewickelten Zahlungsverkehrsleistungen ergibt den internationalen Zahlungsverkehr im **engeren** Sinne.

Internationale Zahlungsverkehrsleistungen von Bankbetrieben können zum einen durch **Warenbewegungen** der Kunden, durch bankbetriebliche **Devisenhandelsleistungen** für Kunden oder durch den bankbetrieblichen Produktionsverbund ausgelöst werden **(induzierte** internationale Zahlungsverkehrsleistungen), zum anderen auf reinen Finanztransaktionen für Kunden beruhen **(autonome** internationale Zahlungsverkehrsleistungen). Eine weitere Besonderheit besteht darin, dass im Regelfall die internationalen Zahlungsverkehrsleistungen bargeldlos erbracht werden und der internationale Barzahlungsverkehr (in Kombination mit bargeldlosen Leistungen) – allein wegen der Geldwäscheproblematik – die Ausnahme darstellt.

Während die Abwicklung **originärer** internationaler Zahlungsverkehrsleistungen, die eine direkte Befassung in- und ausländischer Bankbetriebe mit bestimmten Zahlungsvorgängen zwischen Kunden in Fremdwährungen voraussetzen (siehe dazu auch 7.2.3), sowohl **beleggesteuert** (bar, bargeldlos, ggf. unter Einbeziehung von Instrumenten der Zahlungssicherung) als auch **beleglos** erfolgen kann, bestehen **derivative** internationale Zahlungsverkehrsleistungen ausschließlich in der **Vermittlung** und **Weiterleitung** bargeldloser Zahlungen durch Bankbetriebe in Erfüllung von Kundenaufträgen. Dabei ist zu unterscheiden, ob es sich um Unternehmen oder Nichtunternehmen als Nutzer von internationalen Zahlungsverkehrsleistungen handelt.

Für **Unternehmen** kommen als **Instrumente** des internationalen Zahlungsverkehrs insbesondere Formen in Betracht, die eine Bewegung von Fremdwährungen in engem Zusammenhang mit **internationalen Zahlungsbedingungen** (siehe 8.3.1.1.2 aa) bewirken sollen. Dazu zählen im Rahmen des sog. **Clean Payment**:

- **Überweisungen** in Form des internationalen Zahlungsauftrages **(Payment Order)** und bestimmte Formen international einsetzbarer **Schecks** (Banken-Orderschecks, Inhaber-Verrechnungsschecks),
- beleglose Aufträge für den Auslandszahlungsverkehr.

Daneben spielen für Unternehmen **Dokumente** zum Zwecke der Zahlungssicherung eine wesentliche Rolle (Dokumenteninkasso, Dokumentenakkreditiv). Die beleglose und bargeldlose Zahlungsverkehrsabwicklung erfolgt in der Regel mit Hilfe des *SWIFT*-Netzes (siehe 8.3.1.3.1.b) als internationalem Electronic-Funds-Transfer-Netz.

Nichtunternehmen nutzen insbesondere die Instrumente des bargeldlosen, beleggesteuerten internationalen Zahlungsverkehrs, die ebenfalls über das *SWIFT*-Netz abgewickelt werden. In diesem Zusammenhang spielen seit 2003 die **EU-Standardüberweisung** und seit dem 1. Januar 2008 die für den „Einheitlichen europäischen Zahlungsverkehrsraum" **SEPA** (Single Euro Payments Area) entwickelten paneuropäischen Instrumente **SEPA-Überweisung**, **SEPA-Lastschrift** und **SEPA-Kartenzahlung** eine zentrale Rolle. Die *Deutsche Bundesbank* unterstützt dabei die Bankwirtschaft, indem sie mit ihrem **Elektronischen Massenzahlungsverkehr (EMZ)** ein kostengünstiges und leistungsfähiges Zahlungsverkehrsverfahren für die Abwicklung von nicht-eilbedürftigen nationalen und grenzüberschreitenden Massenzahlungen zur Verfügung stellt (siehe dazu *Deutsche Bundesbank,* Der Elektronische Massenzahlungsverkehr (EMZ), 2 ff.). Die *Deutsche Bundesbank* hat 2003 ihren EMZ an das STEP2-Verfahren der *EBA* (*European Banking Association*) angebunden und damit die Möglichkeit eröffnet, grenzüberschreitende Massenzahlungen preisgünstig, schnell und effizient abzuwickeln. **STEP2** stellt ein paneuropäisches Clearing-System im *SWIFT*-Nachrichtenformat für die Abwicklung von grenzüberschreitenden preisverordnungskonformen **Euro-Überwiesungen** (EU-Verordnung 2560/2001) innerhalb der EU und mit EWR-Staaten dar. Voraussetzungen der Teilnahme der Nichtbank-Kundschaft für derartige Überweisungen bis zu 50.000 EUR ist die Ausstattung jedes Teilnehmers mit IBAN (International Bank Account Number) des Begünstigten und mit BIC (Bank Identifier Code) des begünstigten Kreditinstituts. Die STEP2-Teilnahme ersetzt kleineren Banken ein eigenes umfassendes Korrespondenzbanknetz, das ansonsten zur Erbringung dieser Dienstleistungen erforderlich wäre. Zur Durchführung einer Auslandsüberweisung dient ein spezielles Formular (**EU-Standardüberweisung**) mit IBAN des Empfängers und dem *SWIFT*-BIC dessen Bank.

Über den EMZ der *Deutschen Bundesbank* werden auch die Zahlungsverkehrsleistungen des einheitlichen Euro-Zahlungsverkehrsraums (**SEPA**) abgewickelt, in dem alle Zahlungen einheitlich wie inländische Zahlungen behandelt werden. Damit können bargeldlose EUR-Zahlungen über Ländergrenzen hinweg ebenso einfach, effizient und sicher durchgeführt werden wie im Inland. SEPA erlaubt Nichtbanken die Durchführung ihres gesamten EUR-Zahlungsverkehrs über ein beliebiges Konto im Euro-Raum. Zu SEPA gehören die zusätzlich zu den 27 Mitgliedsländern der EU auch Norwegen, Island, Liechtenstein und die Schweiz. SEPA-Überweisungen haben gegenüber der EU-Standardüberweisung einen erweiterten Anwendungsbereich.

8.3.1.3.1 Originäre internationale Zahlungsverkehrsleistungen

a) Beleggesteuerte Zahlungsverkehrsleistungen

aa) Internationale Bar-Zahlungsverkehrsleistungen

Diese Form der Abwicklung internationaler Zahlungsverkehrsvorgänge tritt vor allem in Verbindung mit Buchgeldbewegungen in Erscheinung und beinhaltet die Auszahlung (oder Einzahlung) fremder Währungsbeträge zu Lasten (oder zu Gunsten) eines inländischen Kunden der Bank unter Einschaltung einer ausländischen Bank. Besondere Bedeutung erlangen internationale Bar-Zahlungsverkehrsleistungen im Bereich des Postbankwesens. Dazu kommen die Möglichkeiten der Bargeldbeschaffung über ausländische Geldautomaten (Sortengeschäft).

ab) Bargeldlose internationale Zahlungsverkehrsleistungen

(1) Internationaler Zahlungsauftrag:

Die Grundlage dieser Zahlungsverkehrsleistung bildet ein **Überweisungsauftrag** („Zahlungsauftrag im Auftrag und zu Gunsten Dritter"), mit dem ein inländischer Bankbetrieb im Kundenauftrag (eines Schuldners) eine ausländische Bank (Korrespondenzbank oder Auslandseinheit der inländischen Bank) anweist, eine bestimmte Geldsumme einem bestimmten, im Zahlungsauftrag genannten Begünstigten (Gläubiger) gutzuschreiben bzw. auszuzahlen. Dies setzt somit voraus, dass bei der ausländischen Bank ein **Devisenkonto** für die inländische Bank besteht und ggf. auch die Korrespondenzbank bei der inländischen Bank ein Konto in inländischer Währung unterhält. Dem ausländischen Kunden selbst wird von seiner Bank üblicherweise der Fremdwährungsbetrag auf ein **Währungskonto** überwiesen.

(2) EU-Standardüberweisung und SEPA-Überweisung:

Auf Grund der „EU-Preisverordnung" 2560/2001 gelten für Überweisungen bis zu 50.000 EUR zwischen den Mitgliedsstaaten der EU und des EWR die gleichen Gebührensätze wie für Überweisungen innerhalb des Mitgliedsstaates, in dem der Überweisungsauftrag erteilt worden ist, sofern sie IBAN und BIC enthalten (EU-Standardüberweisung auf speziellem Überweisungsformular). Bei SEPA-Überweisungen wird nicht mehr zwischen nationalen und grenzüberschreitenden Zahlungen unterschieden. Mittelfristig werden SEPA-Überweisungen die nur auf nationaler Ebene gebräuchlichen Instrumente des Zahlungsverkehrs ablösen und somit ein paneuropäisches Instrument darstellen. Ansonsten gelten dieselben Anforderungen wie für die EU-Standardüberweisung (bis 50.000 EUR; IBAN und BIC-Code).

(3) Inhaber-Verrechnungsschecks:

Der inländische Zahlungserbringer kann an Stelle eines Überweisungsauftrages auch einen internationalen Verrechnungsscheck auf ein Konto bei seiner (inländischen) Bank zu Gunsten des Zahlungsempfängers im Ausland – entweder auf die entsprechende ausländische Währung oder auf die Inlandswährung – ziehen und ihn unmittelbar an den Zahlungsempfänger übersenden. Dieser reicht den Scheck bei seiner (ausländischen) Bank zur Gutschrift bzw. zum Einzug ein, die ihn dem Zahlungsempfänger entweder sofort gutschreiben („Eingang vorbehalten") oder mit der Gutschrift bis zum tatsächlichen Zahlungseingang warten kann, sofern der Kunde nicht die notwendige Kreditwürdigkeit aufweist. In letzterem Fall handelt es sich um einen Inkasso-Auftrag, bei dem die Bank auch das Kursrisiko, das ansonsten für sie zwischen Gutschrift und Zahlungseingang besteht, auf den Kunden überwälzt.

ac) Zahlungsverkehrsleistungen mit Zahlungssicherung

In die Abwicklung internationaler Zahlungsverkehrsleistungen können bestimmte **Dokumente** zum Zwecke der Zahlungssicherung einbezogen werden. Dokumente, die dafür in Frage kommen, sind Urkunden mit zentralen Funktionen im Rahmen des Eigentumsüberganges bzw. zur Klärung der Besitzverhältnisse von Waren im Außenhandel (z.B. Warenpapiere, Frachtscheine, Versicherungspapiere; siehe dazu auch 8.3.1.1.2.aa).

(1) Dokumenten-Inkasso:

Bei Vereinbarung der Zahlungsbedingung **Dokumente gegen Zahlung** (Kasse gegen Dokumente) zwischen den Partnern eines Außenhandelsgeschäfts übergibt der Exporteur seiner Bank (**Einreicherbank**) einen Inkassoauftrag einschließlich der notwendigen Dokumente, die diese an die Bank des Importeurs im Ausland (**Inkassobank**) mit dem Auftrag, das Inkasso durchzuführen, weiterleitet. Bezahlt der Importeur das Inkasso, erhält er die Dokumente. Die Inkassobank stellt den Inkassoerlös der Einreicherbank unter Abzug der notwendigen Aufwendungen zur Verfügung.

Bei einem Verkauf auf Ziel präsentiert die Inkassobank dem Importeur die Dokumente zusammen mit einem vom Exporteur ausgestellten Wechsel. Akzeptiert der Bezogene den Wechsel, erhält er die Dokumente ausgehändigt (**Dokumente gegen Akzept**) und muss erst bei Fälligkeit des Wechsels den festgelegten Betrag leisten. Der Exporteur kann in der Zwischenzeit mit Hilfe des Akzepts einen entsprechenden Kredit aufnehmen.

(2) Dokumenten-Akkreditiv:

Die typische Funktion des Dokumenten-Akkreditivs besteht in der Sicherung internationaler Zahlungsverkehrsleistungen. Das Akkreditiv gewährt in diesem Zusammenhang die Möglichkeit, eine sichere und bekannte Bank auf Zahlung in Anspruch nehmen zu können und somit den Exporteur vor den Risiken möglicher Zahlungsunfähigkeit des Importeurs (als Käufer) zu schützen.

b) Beleglose Zahlungsverkehrsleistungen

Werden internationale Zahlungsverkehrsleistungen über das interkontinentale ***SWIFT***-Netz in seiner Eigenschaft als Datenfernübertragungs-Pool (mit on-line-Anschluss der einzelnen Bankbetriebe und Anschluss an die interne Bank-EDV-Anlage) ausgeführt, handelt es sich um **beleglose** Zahlungsverkehrsvorgänge, die zu einer erheblichen und zeitsparenden Rationalisierung der Abwicklung führen. Zweifellos besteht eines der mit *SWIFT* verfolgten Hauptziele in der Schaffung eines vollautomatischen und eines in die individuelle Bank-EDV-Organisation vollintegrierten Zahlungsverkehrsnetzes. *SWIFT* stellt darüber hinaus ein preisgünstiges, schnelles und sicheres **Kommunikationssystem** dar.

SWIFT (*Society for Worldwide Interbank Financial Telecommunication*) stellt ein weltweit organisiertes Finanzinformationssystem dar, das von einer internationalen Genossenschaft mit Sitz in La Hulpe (Belgien) getragen wird. Angeschlossen sind über 8.000 Kreditinstitute in über 200 Staaten. Über *SWIFT* erfolgt ausschließlich der Austausch von standardisierten Finanznachrichten (insbesondere bezüglich Überweisungen, Wertpapier- und Devisenhandelsleistungen, Avise) zwischen Kreditinstituten sowie Informationen zur Kontoabstimmungen zwischen den Kreditinstituten. Konten werden von *SWIFT* jedoch nicht geführt. Für die notwendigen Standardisierungen der Finanzinformationen sorgt der *European Payments Council* (*EPC*). Einen *SWIFT-Code* (*SWIFT*-Adresse oder BIC-Code) erhalten nur Banken als *SWIFT*-Mitglieder. Daneben können auch Großunternehmen direkt als Teilnehmer bei *SWIFT* angeschlossen werden. Diese erhalten in Form des BEI (Business Entity Identifier) einen dem BIC-Code entsprechenden Code.

c) Automated Clearing Houses (ACH) im internationalen Zahlungsverkehr

Ein ACH stellt ein elektronisches Netzwerk für Finanztransaktionen in den USA dar. Die Vernetzung mit dem Ausland erfolgt über spezielle Zahlungsverkehrsinstitute, die mit der Funktion eines ACH in dem betreffenden Land betraut werden. Die Optimierung des grenzüberschreitenden Zahlungsverkehrs durch Standardisierung, Zusammenfassung von Zahlungsaufträgen (ggf. im Netting-Verfahren) und elektronische Datenübertragung obliegt diesem ACH. Darüber hinaus soll das ACH mit anderen ausländischen Clearing-Häusern (siehe 8.3.1.3.2) vernetzt werden, um dadurch insgesamt effizientere Strukturen im europäischen Zahlungsverkehr für Zahlungen (Überweisungen und Schecks) bis zu festgelegten Höchstbeträgen (**low value-Zahlungen**) zu schaffen.

8.3.1.3.2 Derivative internationale Zahlungsverkehrsleistungen

Diese Zahlungsverkehrsleistungen erfolgen einerseits zu einem geringeren Teil **beleggesteuert** und **bargeldlos** mit Hilfe von Banken-Orderschecks (als Verrechnungsschecks), andererseits zu einem erheblichen Teil im automatisierten Dauerauftragsverfahren **beleglos** über die *Deutsche Bundesbank*. Der **Banken-Orderscheck** ist ein von einer inländischen Bank auf eine ausländische Bank in fremder Währung oder auf eine ausländische Einheit der (inländischen) Bank (meist in eigener Währung) gezogener, an Order gestellter und nur durch Indossament übertragbarer Scheck, der dem Begünstigten zugestellt wird. Dieser kann den Scheck dann direkt bei der bezogenen Bank im Ausland oder unter Einschaltung einer weiteren Bank zum Inkasso bringen. Ausgelöst wird ein derartiger Vorgang durch die Erfüllung von Außenhandelsgeschäften.

Von besonderer Bedeutung für die Abwicklung derivativer internationaler Zahlungsverkehrsleistungen ist die Existenz eines **Korrespondenzbank-Systems**, das die Abwicklung von Zahlungen im Ausland in der Mehrzahl der Fälle erst ermöglicht.

Für den **nicht-dokumentären Auslandszahlungsverkehr** (AZV) haben die Großbanken und Kreditinstitutsgruppen eine größere Zahl von eigenständigen Abwicklungssystemen entwickelt (siehe dazu: *Nicolai-Verni/Michaelk; Wolfertz; Gerard; Rodewald; Bickers; Schneider, G.*). **Großbanken** wickeln den internationalen Zahlungsverkehr v.a. über **institutseigene** internationale Zahlungsverkehrsnetze **(internationale Institutsgironetze)** ab. Der **genossenschaftliche Verbund** nutzt seit 1993 das elektronische internationale Zahlungssystem **TIPANET** (Transfers Interbancaires de Payements Automatises), das einen Zusammenschluss von Genossenschaftsbanken aus europäischen und nordamerikanischen Partnerländern) umfasst. TIPANET zielt insbesondere auf die Zahlungsverkehrsbedürfnisse von kleinen und mittleren Unternehmen sowie für Kunden mit laufenden Auslandszahlungen. Im Unterschied zum *SWIFT* werden einerseits die Finanzinformationen gebündelt und nur einmal pro Tag über IFT (Interbank File Transfer) ausgetauscht. Andererseits bedient sich TIPANET eines multinationalen Datenformats, das den direkten Zugang zu den verschiedenen Clearing-Systemen (siehe ACH-Systeme) der Empfängerländer ermöglicht. Die Kosteneinsparungen durch TIPANET werden von den Genossenschaftsbanken voll an die Kundschaft weitergegeben.

Die **Sparkassen** beteiligten sich am Gemeinschaftsprojekt des deutschen Kreditgewerbes, die Massenzahlungen im grenzüberschreitenden Verkehr über **ACH** (siehe 8.3.1.3.1c) abzuwickeln. Die Sparkassenorganisation hat darüber hinaus mit ***S InterPay***, einer Dienstleistung für grenzüberschreitende Massenzahlungen der Landesbanken, eine ergänzende Lösung zu dem ACH-Verbund und dem *SWIFT*-System geschaffen. Dieses System stellt eine Straffung der Korrespondenzbanken-Beziehungen der Landesbanken mit den Sparkassen dar. Es wird vor allem in den Ländern zum Tragen kommen, in denen es auf absehbare Zeit keine funktionsfähigen, automatisierten Clearing-Zentralen geben wird. Das Serviceangebot der Landesbanken für die Sparkassen zielt auf eine Zentralisierung bzw. Konzentration der Transaktionen auf eine Partnerbank im Ausland ab und eröffnet damit die Möglichkeit zur Kostendegression. Die Abwicklung von SEPA-Überweisungen erfolgt über die ***EQUENS SE***, die aus dem Zusammenschluss von *InterPay* und der deutschen *Transaktionsinstitut für Zahlungsverkehrsdienstleistungen AG* („Transaktionsinstitut“) im Jahre 2006 hervorgegangen ist.

Die europäischen **Postbanken** poolen ihre Interessen für den internationalen Zahlungsverkehr im System **EUROGIRO,** dem 14 europäische Postbanken und die japanische Postbank angehören (siehe dazu *Schneider, G.*). Zielsetzungen von EUROGIRO sind Zeitersparnis im Massenzahlungsverkehr, Kostensenkung und Kostentransparenz sowie Datensicherheit. Im Zentrum der Abwicklung steht ein EUROGIRO-Rechner, der die Verbindung und Datenübertragung mit den ausländischen Partner-Postbanken herstellt. Seit Januar 2010 beteiligt sich die *Deutsche Bank* an EUROGIRO mit 8%, mit dem sie seit 10 Jahren zusammenarbeitete, um dessen weitere Entwicklung finanziell zu fördern.

Daneben sind auch **Kombinationen** bargeldloser beleggesteuerter mit beleglosen internationalen Zahlungsverkehrsleistungen in den Fällen denkbar, in denen Zahlungsvorgänge unter Einschaltung von Korrespondenzbanken, die ihrerseits wiederum die Zahlungen über das *SWIFT*-Netz weiterleiten, durchgeführt werden. Übergänge dieses weltweiten Systems bestehen insbesondere zum New Yorker **Clearing House Interbank Payment System** (CHIPS) und zu **FEDWIRE**, dem Transfersystem der amerikanischen Federal Reserve (Federal Reserve Wire Transfer). Seit 1983 besteht ein Anschluss des Londoner Äquivalents von CHIPS, nämlich das **Clearing House Automated Payments System** (*CHAPS*).

8.3.1.4 Sonstige internationale Bankmarktleistungen

Ebenso wie im Falle der inländischen Sonstigen Bankmarktleistungen (siehe 7.2.4) erbringen Bankbetriebe im Rahmen internationaler Betätigung Leistungen, die nicht eindeutig den zuvor erörterten Haupttypen zugeordnet werden können. Es handelt sich dabei einerseits um Leistungen **originärer** Natur (internationaley Depotleistungen, Vermögensverwaltungsleistungen und Beratungsleistungen), andererseits um Vermittlungsleistungen **(derivative** Leistungen) in Form von Devisenhandelsleistungen, Sortenhandelsleistungen, internationale Edelmetallhandelsleistungen und von Financial Swaps.

8.3.1.4.1 Originäre Sonstige internationale Bankmarktleistungen

a) Internationale Depotleistungen

Die Verwaltung und Verwahrung internationaler Effekten erfolgt sowohl von (lokalen) Banken des In- und Auslandes bzw. durch deren Wertpapiersammelbanken nach nationalen Vorschriften als auch über spezifische **Clearingzentralen** an internationalen Finanzzentren.

Eine der zwei größten internationalen Clearingzentralen ist die ***Clearstream International S.A.*** mit Sitz in Luxemburg, die im Jahr 2000 aus einer Fusion der *CEDEL International* mit der *Deutsche Börse Clearing AG* (ehem. *Deutscher Kassenverein AG*) entstanden ist. 2002 wurde *Clearstream International* in die *Gruppe Deutsche Börse* integriert. Ursprungsunternehmen war die 1970 in Luxemburg von einer Gruppe von Banken und Finanzinstituten als Societe Anonyme gegründete ***CEDEL*** (*Centrale de Livraison des Valeurs Mobiliers*). 2010 war *Clearstream* auf 45 Märkten, getragen von 2.500 Banken und Finanzinstituten, in über 110 Ländern mit mehr als 250.000 Transaktionen pro Tag tätig. In ihrem Depot befanden sich über 300.000 auf nationalen und internationalen Märken gehandelte Aktien, Schuldverschreibungen und Investmentzertifikate mit einem geschätzten Wert von rund 10 Billionen EUR. Insgesamt handelt es sich um den größten europäischen Anbieter von post-trading services.

Als älteste und weltweit größte internationale Clearingzentrale mit Schwerpunkt im Euromarkt ist das **Euroclear-System** mit Sitz in Brüssel zu nennen, das im Dezember 1968 als Antwort auf die Entwicklung an den Euro-Bond-Märkten der 1960er Jahre vom Brüsseler Office der *Morgan Guaranty Trust Company of New York* (*Morgan Guaranty*) gegründet worden ist. Die Nutzung des Euroclear-Systems bewirkt eine Minimierung der Transaktionsrisiken der im System gehandelten Wertpapiere. Wertpapiere und Zahlung erfolgen im simultanen Austausch in sog. electronic book-entry form. 1972 erfolgte die Übernahme der Eigentümerschaft durch die *Euroclear Clearance Sstem Public Limited Company (ECSplc)*.Seither ist *Euroclear* in Form einer Genossenschaft organisiert, die von mehr als 120 der weltgrößten Banken, Broker/Dealers und anderer Finanzinstitute als aktive Nutzer des Systems getragen wird, wobei keine Institution einen Anteil von mehr als 5% der *ECSplc-Shares* halten darf. Einen weiteren Meilenstein in der Entwicklung des *Euroclear-Systems* stellt die Gründung der ***Euroclear Bank*** im Jahr 2000 dar, die von der *National Bank of Belgium* beaufsichtigt wird. 2001 erfolgte die Fusion mit der *Sicovam SA*, der dann in jährlicher Folge weitere Fusionen mit europäischen nationalen Wertpapier-Depot- und Abwicklungsgesellschaften der *Euronext*-Zone für Wertpapiere folgten. Insofern kann *Euroclear-System* alle Wertpapiere dieser Zone auf derselben Plattform abwickeln. Seither bestehen als Tochtergesellschaften *Euroclear Nederland, Euroclear Belgium, Euroclear France* und *Euroclear UK & Ireland*. Das System bewältigt mehr als 180 Mio. Transaktionen im Jahr in über 30 Währungen mit Kunden in mehr als 90 Ländern. Insofern ist die *Euroclear Group* der weltweit größte Provider von nationalen und grenzüberschreitenden Wertpapierabwicklungen für Bonds, Aktien, Fonds und Derivate. Die Ziele der Euroclear Group bestehen darin, Effizienzsteigerungen verbunden mit Kostenreduzierungen und Risikoverminderung zur Steigerung der Kundenzufriedenheit herbeizuführen.

Zur Optimierung der Prozesseffizienz der Wertpapierabwicklung gründeten *Euroclear* und *Clearstream* im Juni 2007 die *International Securities Market Advisory Group* (*ISMAG*). Das Projekt sollte im Juni 2010 abgeschlossen sein und einen „market-wide approach" liefern, der Prozesse und „market Players" in einer verbesserten Wertschöpfungskette mit verbesserten Standards vereint.

Die *EZB* hat Standards für die Nutzung von *EU*-Settlements-Systems entwickelt, die für Zwecke der Kreditgewährung und Kreditsicherung eingesetzt werden können („Links between SSs"). Im Jahr 2008 hat der *EZB*-Rat eine indirekte Verbindung zwischen *Clearstream Banking Frankfurt* und *Euroclear France* über *Clearstream Banking Luxembourg* genehmigt, die zur Besicherung von Kreditgeschäften des Eurosystems verwendet werden kann. Bei indirekten Verbindungen handelt es sich um vertragliche und technische Regelungen für die Übertragung von Wertpapieren, wobei mindestens drei Wertpapierabwicklungssysteme involviert sind: Das System des Investors, das des Emittenten und das des Intermediärs.

b) Internationale Vermögensverwaltung

Die Besonderheiten dieser Leistungsart bestehen darin, dass der Bankbetrieb für Kunden, denen die Möglichkeiten zu internationaler Analyse und Direktanlage fehlen, die Marktbeobachtung, die Beratung und die Anlage auf der Basis eines zu Beginn des Vertragsverhältnisses ausgearbeiteten Anlageplans übernimmt (siehe *Storck* 1982,10). In diesem Zusammenhang ergeben sich für den Bankbetrieb Überwälzungs- und Kompensationsmöglichkeiten für solche Aufwendungen, die beispielsweise zur Identifizierung der Länderrisiken im Rahmen der Erstellung von internationalen Kredit- und/oder Anlageleistungen anfallen, auf den Nachfrager nach Vermögensverwaltungsleistungen.

c) Internationale Beratungsleistungen

Selbständige Beratungsleistungen werden von Bankbetrieben grundsätzlich sowohl im Zusammenhang mit der Produktion von internationalen Kredit-, Anlage- und Zahlungsverkehrsleistungen aller Art als auch in Form internationaler Markt-, Unternehmens- und Steuerberatung erbracht.

Das Ausmaß der internationalen Beratungstätigkeit hängt allerdings vom Internationalisierungsgrad des betreffenden Bankbetriebes selbst ab. Diese Beratungsleistungen kommen vor allem solchen Kunden (z.B. Exportunternehmen, kleine und mittlere internationale Unternehmen, Privatkunden) zu Gute, die von sich aus zu entsprechenden Marktforschungsaktivitäten nicht imstande wären und sich hinsichtlich der weiteren Beratungsleistungen an dafür spezialisierte Nichtbank-Unternehmen wenden müssten. Geringere Bedeutung weist das Angebot an internationalen Beratungsleistungen durch Bankbetriebe dagegen für weltweit operierende multinationale Unternehmen auf, die derartige Aktivitäten selbst mit Hilfe spezialisierter Abteilungen wahrnehmen. Anders verhält es sich mit der Beratung bei Groß-Projektfinanzierungen, die gegenüber den Projekteigentümern geleistet wird. Diese Beratungsleistungen betreffen im Allgemeinen nicht nur den wirtschaftlichen Bereich, sondern schließen oft auch technische Beratung (z.B. durch Nachprüfung der Projektunterlagen) ein, für die von dem betreffenden Bankbetrieb Experten herangezogen werden.

Eine besondere Rolle spielen im Rahmen der Informationsbeschaffung und zur Realisierung von Beratungsleistungen internationaler Natur die ausländischen Repräsentanzen und ausländischen Grundeinheiten eines Bankbetriebes sowie seine bestehenden Korrespondenzbankverbindungen im Ausland. **Repräsentanzen** stellen Vertretungen eines Bankbetriebes im Ausland dar, die im Regelfall keine Leistungserstellung im Bereich der Kredit-, Anlage- und Zahlungsverkehrsleistungen bewirken, sondern ausschließlich mit der Aufgabe betraut sind, die Bank mit Informationen über die wirtschaftliche, insbesondere bankwirtschaftliche Situation und Entwicklung des betreffenden Landes zu versorgen und Beziehungen zu Wirtschaftskreisen in diesem Land (einschließl. benachbarter Länder) anzubahnen. Weitergehende bankbetriebliche Betätigung ist **Filialen** und **Niederlassungen** (als unselbständigen Einheiten) sowie rechtlich **selbständigen Einheiten** (in Form von Kapitalgesellschaften im Konzernverbund einer Bank) vorbehalten, die gleichwohl ebenso die von Repräsentanzen wahrgenommenen Informations-, Public-Relations- und Akquisitionsfunktionen (zusätzlich) erfüllen. Kommt aus Kostenerwägungen die Gründung von Auslandseinheiten und Repräsentanzen nicht in Betracht, so können die zur Erstellung internationaler Beratungsleistungen notwendigen Faktoren – wenigstens in einem Mindestausmaß – auch über **Korrespondenzbanken** bezogen werden.

8.3.1.4.2 Derivative sonstige internationale Bankmarktleistungen

a) Devisenhandelsleistungen

Die Erstellung von Devisenhandelsleistungen durch Bankbetriebe für Kunden umfasst im Wesentlichen den von Kundenaufträgen ausgelösten An- und Verkauf von Devisen gegen Inlandswährung oder gegen andere Devisen. Typisch für Devisenhandelsleistungen ist die enge Verbindung zu internationalen Zahlungsverkehrsleistungen, die ohne Devisen nicht abgewickelt werden könnten, und zu den internationalen Kredit- und Anlageleistungen für Kunden, die im Regelfall Devisenhandelsleistungen zur Ausschaltung und Reduzierung des Währungsrisikos induzieren.

Je nachdem, welchen Teilmarkt des Devisenmarktes die bankbetrieblichen Devisenhandelsleistungen betreffen, kann zwischen **Devisenkassahandelsleistungen,** die am zweiten Arbeitstag nach Abschluss abgewickelt sein müssen, und **Devisenterminhandelsleistungen,** bei denen die Verpflichtungen erst zu einem späteren Termin nach Vertragsabschluss zu erfüllen sind, unterschieden werden. Während Devisenkassahandelsleistungen meist aus einem akuten, sofort zu erfüllenden Devisenbedarf von Kunden (z.B. für Überweisungen, Barzahlungen u.a.) resultieren, werden Devisenterminhandelsleistungen von Motiven der Kurssicherung für bestehende Fremdwährungsforderungen bzw. -verpflichtungen seitens der Kundschaft ausgelöst.

Hinsichtlich des **Gesamtvolumens** an Devisenhandelsleistungen haben Bankbetriebe bankenaufsichtsrechtliche Bestimmungen insofern zu beachten, als die Differenz zwischen bestimmten Aktivpositionen und bestimmten Passivpositionen (**offene Devisenposition**) in fremden Währungen unabhängig von der jeweiligen Fälligkeit täglich bei Geschäftsschluss einen bestimmten Anteil an den haftenden Eigenmitteln des betreffenden Bankbetriebes nicht übersteigen soll. Die offene Devisenposition wird insbesondere von den Lieferansprüchen und den Lieferverpflichtungen aus Kassa- und Terminhandelsleistungen aber auch aus den Differenzen zwischen Forderungen und Verbindlichkeiten an Kreditinstitute, an Kunden und an die *Deutsche Bundesbank* sowie aus Wertpapieren (Wechsel, Schuldverschreibungen, Schatzwechsel, unverzinsliche Schatzanweisungen, mit Ausnahme von Beteiligungspapieren) bestimmt. Beträge in verschiedenen Währungen dürfen nicht saldiert werden

Devisenterminhandelsleistungen (siehe dazu im einzelnen *Eilenberger* 2004, 41 ff.) für Kunden bestehen darin, dass von einem Bankbetrieb am Devisenterminmarkt Devisen per Termin gegen Zahlung in eigener oder einer anderen fremden Währung von einem anderen Bankbetrieb entweder übernommen oder überlassen werden (von der Praxis als **Solo-Termingeschäfte** oder als **Outright-Termingeschäfte** bezeichnet). Die Abweichungen der Devisenterminkurse von dem aktuellen Devisenkassakurs werden von den Erwartungen über die zukünftigen Devisenkassakurse geprägt. Kommt ein Devisenterminkurs für eine bestimmte Währung mit bestimmter Laufzeit zustande, der unter dem aktuellen Devisenkassakurs für diese Währung gegenüber der inländischen Währung liegt, bezeichnet man diese Differenz als **Deport (Terminabschlag)**. Liegt der Devisenterminkurs dagegen über dem aktuellen Devisenkassakurs, so besteht im Umfang dieser Differenz ein **Report** (**Terminaufschlag**).

Erfolgt eine **Kombination** einer Devisenterminhandelsleistung mit einer Devisenkassahandelsleistung in der Weise, dass ein Devisenbetrag per Kasse gekauft und im selben Abschluss unter denselben Kontrahenten mit einer späteren Fälligkeit verkauft wird, liegt ein **Swapgeschäft** vor, das sich nicht nur zur Kurssicherung von Krediten eignet, sondern auch eine Form der (wechselseitigen) Kreditgewährung darstellt: Jeder der Swappartner überlässt dem anderen für eine bestimmte Laufzeit jeweils einen Geldbetrag, allerdings in verschiedenen Währungen.

Für den Abschluss von Devisenterminhandelsleistungen spielt die Bonität der Kunden insofern eine erhebliche Rolle, als Banken bei geringerer Bonität des Kunden in Anbetracht des damit verbundenen Risikos der Nichterfüllung einen **Einschuss,** d.h. die Hinterlegung eines Barbetrages oder andere Sicherheiten verlangen.

Im Rahmen von Devisenhandelsleistungen werden Bankbetriebe im Interesse ihrer Kunden auch die – unter den vorhandenen Möglichkeiten – günstigste Zahlungsweise ermitteln und realisieren **(Devisenausgleichsarbitrage).** Hat beispielsweise ein deutscher Importeur eine Rechnung in Schweizer Franken (SFR) in Zürich zu bezahlen, so stehen seiner Bank zur Erledigung des Kundenauftrages folgende **Alternativen** der Abwicklung zur Wahl:

- Die Bank des Importeurs (z.B. in Frankfurt) kann aus ihrem Guthaben bei einer Schweizer Korrespondenzbank in **Zürich** dem Gläubiger (Exporteur) 1000 SFR zur Verfügung stellen. Das Guthaben der Bank des Importeurs in der Schweiz verringert sich dementsprechend um 1000 SFR. Der Importeur hat der Bank in Frankfurt 1000 * w_1EUR zu bezahlen (w_1 = Wechselkurs des SFR in Frankfurt in EUR; 1 SFR = $w_1 *$ EUR).
- Die Bank des Importeurs stellt dem Schweizer Gläubiger ihres Kunden in Frankfurt 1000 EUR zur Verfügung, die dieser „Auszahlung Frankfurt“ in Zürich verkaufen kann oder – was gleich bedeutend ist – die Bank des Importeurs kauft bei einer Schweizer Bank 1000 SFR gegen Hingabe des entsprechenden EUR-Betrages: Für 1000 SFR sind [1000/w_2 * EUR zu zahlen (w_2 = Wechselkurs des EUR in Zürich in SFR; 1 EUR = $w_2 *$ SFR).

b) Sortenhandelsleistungen

Im Gegensatz zu Devisenhandelsleistungen, die im An- und Verkauf von Banken-Giralgeld oder Zentralbankguthaben in ausländischer Währung bestehen (einschließlich nicht ausgenützter ausländischer Kreditlinien), werden Sortenhandelsleistungen durch An- und Verkauf von **Sorten** (=Bargeld in ausländischer Währung in Form von Münzen und Banknoten) erbracht. Eine internationale Banktätigkeit ist mit der Produktion von Sortenhandelsleistungen im Sinne der in 8.1.1. vorgenommenen Begriffsbestimmung insofern verbunden, als sie ausländisches Zentralbankgeld betreffen. Die Beschaffung des notwendigen ausländischen Bargeldes kann über inländische Interbankleistungen (andere Bankbetriebe oder die Zentralnotenbank) ebenso erfolgen wie über internationale Interbankleistungen durch Einschaltung ausländischer Korrespondenzbanken oder Zentralnotenbanken. Letzteres setzt allerdings voraus, dass Devisenverkehrsbeschränkungen bzw. Devisenkontrollen nicht bestehen, da in diesen Fällen ausschließlich der offizielle Weg über die Zentralnotenbanken als Währungsbehörden vorgegeben ist. Als inländische Quelle der Sortenbeschaffung dient dann insbesondere der Ankauf der Sorten von Kunden, die ausländische Sorten im Rahmen des Reiseverkehrs (oft unter Umgehung von Devisenvorschriften) oder – als Ausländer – gezielt unter dem Motiv der sicheren Anlage (= Kapitalflucht) in das inländische Währungsgebiet einführen. In Konkurrenz zu den Banken stehen in diesem Zusammenhang Finanzinstitute in Form von **Sortenhandelsunternehmen** (siehe 5.2.9). Zu beachten sind beim Ankauf von Kunden die Vorschriften über die Verhinderung der Geldwäsche (Geldwäsche-Gesetz; siehe 3.3).

Entsprechend der Beschaffung von Sorten aus Staaten, deren Währung auf den Devisenmärkten (siehe 8.2.2) frei gehandelt werden und es zu Kursen kommt, die sich nach dem freien Wirken von Angebot und Nachfrage gebildet haben, oder von Sorten aus Staaten ohne freie Kursbildung, erfolgt die **Preisbildung** für Sorten im **ersten** Fall in Anlehnung an die Devisenkurse, zumal eine jederzeitige Umwandlung in Devisen zu amtlichen Kursen gegeben ist. Die **Ankaufskurse** für Sorten sind niedriger, die **Verkaufskurse** dagegen höher als die Devisenkurse, da die **Sonderkosten** der Behandlung von Banknoten und Münzen einschließlich der Transportkosten und das erhöhte **Risiko** aus möglichen Währungsverlusten durch die notwendige Vorratshaltung oftmals erheblicher Bestände gebührende Berücksichtigung zu finden haben. Die Preisbildung für An- und Verkauf von Sorten orientiert sich im **zweiten** Fall zwar grundsätzlich an den offiziell festgelegten Wechselkursen, jedoch sind erhebliche Abweichungen sowohl der An-und Verkaufskurse vom offiziellen Wechselkurs nach unten dann festzustellen, wenn dieser erheblich von den realen Austauschbedingungen abweicht, die bei freier Devisenkursbildung eintreten würden, insbesondere also bei zu hohen Wechselkursfixierungen durch den ausländischen Staat. In diesen Fällen bilden sich Sortenkurse der ausländischen Währungen nach marktwirtschaftlichen Grundsätzen unter Banken im Inland mit entsprechender Berücksichtigung des Umtauschrisikos und der Sonderkosten der Behandlung von Münzen und Banknoten, wie dies auch bei frei konvertiblen Währungen gegeben ist.

c) Internationale Edelmetallhandelsleistungen

Zur Abrundung des Angebotes an Alternativen inländischer Edelmetallanlagemöglichkeiten für Kunden vermitteln Bankbetriebe bei eigenen ausländischen Einheiten (z.B. Tochtergesellschaften in Luxemburg) oder bei anderen ausländischen Banken (z.B. in der Schweiz) insbesondere Gold- und Silberanlagen sowohl zur Auslieferung im Ausland als auch auf Edelmetallkonten (siehe auch *Eilenberger* 1983a). Dazu kommen mehrwertsteuerfreie Edelmetallanlagen in Form von Anteilen an einem Sammelbestand im Ausland (mit und ohne Zertifikat).

Der **Golderwerb** über eine ausländische Einheit der Bank wird im Regelfall von sämtlichen inländischen Außenstellen der Bank vermittelt, bei denen auch die notwendigen Formalitäten erledigt werden (einschließlich der Versendung von Kaufbestätigungen und von Goldzertifikaten).

Durch Erwerb von **Goldzertifikaten** wird dem Berechtigten ein Miteigentumsanteil an einem bei der ausländischen Einheit gehaltenen Sammelbestand von Goldbarren und Goldmünzen bestätigt. Die kostenlos ausgestellten Zertifikate sind allerdings trotz ihres wertpapierähnlichen Aussehens keine Wertpapiere im Rechtssinne, sondern stellen lediglich Beweismittel für die Ausübung der Eigentumsrechte dar. Bei Verlust eines Zertifikates bedarf es daher auch keines langwierigen und aufwendigen Aufgebotsverfahrens. Die Zertifikate werden in einem Zentralregister erfasst, in das auch die Abtretungen von Zertifikaten eingehen, so dass bei Verlust des Zertifikates auch unter diesem Aspekt dem Berechtigten kein Schaden entsteht. Die Verkaufskurse der Zertifikate richten sich nach dem internationalen Goldpreis. Die Bank erhält für ihre Vermittlung eine Provision, die allerdings in Deutschland der Mehrwertsteuerpflicht unterliegt.

Bei ausländischen Banken ist auch die Abwicklung von Edelmetallhandelsleistungen über **Edelmetallkonten** (Gold- und Silberguthaben der Kunden) mit **Sammelverwahrung** möglich. Die Einräumung eines Edelmetall-Guthabens setzt allerdings meistens bestimmte Mindestabschlüsse (z.B. über 100 Feinunzen Gold oder 1.000 Feinunzen Silber) voraus.

Neben den genannten Leistungen, die als **Gold-Kassahandelsleistungen** bezeichnet werden können, besteht die Möglichkeit der Vermittlung von **Gold-Terminanlagen** über ausländische Goldbörsen (in den USA und auch in Tokio), gegebenenfalls auch in der Kombination mit Gold-Kassahandelsleistungen (Gold-Swap), um die Zinsdifferenzen (Swapsätze) auszunützen.

d) Vermittlungsleistungen bei Financial Swaps

Financial Swaps (Finanz-Swaps) stellen Finanztransaktionen dar, bei denen zwei (oder mehrere Partner) übereinkommen, Zahlungsströme (in lokaler Währung/Valuta) über einen bestimmten Zeitraum hinweg zu tauschen (to swap = drehen). Bei **Zinsswaps** sind Zinszahlungsverpflichtungen, die sich auf einen ausstehenden Kapitalbetrag beziehen, Gegenstand des Kontrakts. Dabei können **zwei Grundtypen** unterschieden werden (siehe auch *Eilenberger* 1990a):

Kuponswaps mit Austausch von Zinszahlungsverpflichtungen in Form variabler Zinsen gegen Festzins und Basisswaps mit Austausch variabler Zahlungsverpflichtungen (variabel/variabel) mit unterschiedlichem Zinsindex (z.B. LIBOR gegen Zinsindex für Commercial Papers). Bei **Währungsswaps** erfolgt ein tatsächlicher Austausch von Zahlungsströmen in Währung analog zu Devisentermingeschäften. Enthalten die Kontrakte zusätzlich Vereinbarungen über den Austausch von Zinssätzen, dann handelt es sich um **Zins- und Währungsswaps,** die neben den oben beschriebenen Grundtypen die Kombination Festzins/Festzins (nach dem Vorbild eines Parallelkredits; siehe dazu *Eilenberger* 1987, 186) als dritten Typus zur Erzielung von komparativen Kostenvorteilen umfassen kann.

Banken können in diesem Zusammenhang als **Vermittler** oder als **End-User** in Erscheinung treten. Beschränken sich Banken auf eine Vermittlung, dann besteht die Leistung darin, die Swappartner zusammenzuführen. Die Bank erhält in diesem Falle Arrangement Fees und ggf. andere Gebühren und Provisionen. Als End-User (Swap-Partner) tritt die Bank entweder als Partner eines individuellen Swaps auf und schafft damit eine offene Risikoposition oder schließt die Position durch einen (symmetrisch angelegten) „Gegen“-Swap. Gleichwohl verbleiben ihr im letztgenannten Fall Erfüllungsrisiken hinsichtlich der Swappartner (siehe auch im einzelnen 7.2.2.1.7).

8.3.2 Internationale sekundäre Bankleistungen

8.3.2.1 Internationale Interbank-Leistungen

Als internationale Interbank-Leistungen im **weitesten** Sinne könnten alle Leistungsbeziehungen zwischen ausländischen Einheiten eines Bankbetriebes und ihrer Spitzeneinheit (einer MNB) aufgefasst werden, bei denen sie (wechselseitig) als Nachfrager nach bzw. als Anbieter von Bankleistungen auftreten. Im **engeren** Sinne ist jedoch von internationalen Interbank-Leistungen nur dann zu sprechen, wenn es sich um Beziehungen zwischen rechtlich selbständigen Bankbetrieben handelt, während die Leistungsergebnisse von rechtlich unselbständigen ausländischen Filialen und Niederlassungen (als Bestandteile der Spitzeneinheit) dem inländischen Bankbetrieb zuzurechnen sind. Die Leistungsbeziehungen zwischen rechtlich unselbständiger ausländischer (Grund-)Einheit und inländischer Spitzeneinheit sind somit rein interner Natur und betreffen die Produktion von Teilleistungen, nicht aber von selbständigen Interbank-Leistungen als Ergebnissen einer Dienstleistungsproduktion.

Internationale Interbank-Leistungen umfassen grundsätzlich das gesamte Spektrum derjenigen Leistungsarten, die auch im Inland gegeben sind. Im Folgenden sollen daher nur diejenigen Interbank-Leistungen internationaler Art angesprochen werden, die Besonderheiten gegenüber den in Abschnitt 7.3.1 dargestellten Erscheinungsformen aufweisen.

8.3.2.1.1 Internationale Interbank-Kreditleistungen

Internationale Interbank-Kreditleistungen können sowohl auf der Basis von **ausländischem Zentralbankgeld** über internationale Geldmärkte als auch außerhalb dieser Märkte auf der Grundlage von **ausländischem Banken-Giralgeld** (insbesondere in **Euro-Währungen)** erstellt werden. Charakteristisch ist dabei (und dies gilt in gleicher Weise auch für internationale Interbank-Anlageleistungen) die enge Verbindung mit internationalen Interbank-Zahlungsverkehrsleistungen und Devisenhandelsleistungen, zumal es bei deutschen Banken als unverantwortliche Spekulation aufgefasst würde, derartige Leistungen in fremder Währung nicht kurszusichern.

Internationale Interbank-Kreditleistungen dienen primär dem internationalen Liquiditätsausgleich und verfolgen erst in zweiter Linie das Ziel der Ertragssteigerung. Die **Standardlaufzeiten** betragen in der Mehrzahl der Fälle bis zu 12 Monaten, es sind aber auch längerfristige Terminierungen bis zu fünf Jahren festzustellen, so dass Geldmarktpapiere des Euromarktes mit Euro-Kapitalmarktpapieren (z.B. Notes) in Konkurrenz treten können.

Während einerseits Kredite in Form von Ausleihung von ausländischen Zentralbankguthaben unter Banken oder gegen Ankauf von ausländischen (von der dortigen Zentralnotenbank emittierten) Geldmarktpapieren zur Verfügung gestellt werden, erfolgen andererseits Kreditgewährungen auf dem Euro-Geldmarkt durch Einräumung von Sichtguthaben in Banken-Giralgeld, die auf Euro-Währungen lauten, und durch Ankauf von Certificates of Deposit sowie durch Ankauf von Commercial Papers und gleichartigen Geldmarktpapieren auf ausländischen Geldmärkten unter Bankbetrieben.

Dazu kommen die Möglichkeiten des Abschlusses von **internationalen Pensionsgeschäften** ebenso wie die Gewährung **gebundener ungesicherter Finanzkredite** an ausländische Banken und die Einräumung von **Interbank-Eurokrediten** längerer Laufzeit. Gebundene ungesicherte Interbank-Finanzkredite werden in den Fällen gewährt, in denen die Bereitstellung eines aus Kostengründen ungesicherten langfristigen Kredits im Rahmen von Außenhandelsfinanzierungen direkt an den ausländischen Importeur (auf Veranlassung des Exporteurs) aus Bonitätsgründen nicht durchführbar erscheint (siehe *Geginat,* 20). Der Kredit wird dann von der Hausbank des Exporteurs direkt an die Hausbank des Bestellers (= Importeur) gegeben, über die im Regelfall ausreichende Informationen zur Bonitätsbeurteilung vorliegen und die eine Rückzahlung einschließlich der Zinszahlungen sicherstellt

Die beiden Gruppen prinzipieller Alternativen der internationalen Interbank-Kreditgewährung unterscheiden sich insbesondere auch in der Wirkung auf die Entwicklung der **Bankenliquidität** (siehe *Paucker,* 133 ff.), da Kreditleistungen auf der Basis von ausländischem Zentralbankgeld eine Verringerung der Kreditschöpfungsfähigkeit bei dem kreditvergebenden Bankbetrieb und eine entsprechende Erhöhung beim kreditnehmenden Bankbetrieb auslösen, sofern es sich ausschließlich um die Ausleihung von ausländischen Zentralbankguthaben im betreffenden Land selbst handelt. Ein **Liquiditätsexport** in das Ausland tritt allerdings dann ein, wenn inländisches Zentralbankgeld gegen ausländisches Zentralbankgeld getauscht und damit inländisches Zentralbankgeld der Verfügung durch den Bankbetrieb entzogen wird. In diesem Fall verringert sich die inländische Kreditschöpfungsfähigkeit insgesamt.

Für das Ausmaß der Erstellung internationaler Interbank-Kreditleistungen spielen neben den vorrangigen Liquiditätsaspekten **Zinsdifferenzen** (einschließlich Zinsvorteilen aus den Swapsätzen) und **Kompensationserträge**, bei denen Auslandsverbindlichkeiten durch bestimmte Auslandsguthaben kompensiert werden können, eine wesentliche Rolle.

8.3.2.1.2 Internationale Interbank-Anlageleistungen

Hinsichtlich dieses Typs von Interbank-Leistungen, der die korrespondierende Marktgegenseite zu internationalen Interbank-Kreditleistungen abbildet und dem insofern im Einzelnen nicht weiter nachzugehen ist, interessiert vor allem die Schaffung von Sicht- und Termineinlagen auf dem **Eurogeldmarkt,** die für das Volumen der Banken-Giralgeldschöpfung (Kreditschöpfung) ausschlaggebend sind.

Die **Banken-Giralgeldschöpfung** auf dem Eurogeldmarkt durch internationale Interbank-Anlage-(und -Kredit-)Leistungen veranschaulicht folgendes Beispiel (vgl. *Hewson,* 2ff.; siehe auch *Zumpfort,* 29;*Hudson,* 24ff.; *Mülhaupt,* 252): Angenommen, ein deutsches Unternehmen E erhält als Gegenleistung für den Export von Gütern in die USA bei einer amerikanischen Bank A in New York eine Sichteinlage in Höhe von 1 Mio. USD. Unternehmen E möchte zwar einerseits die Anlage in USD für die künftige Abwicklung von Außenhandelsleistungen grundsätzlich erhalten, ist aber andererseits an einer marktgerechten Verzinsung interessiert, die Bank A nicht bieten kann. Deshalb transferiert Unternehmen E den Betrag von 1 Mio. USD als 3-Monats-Eurodollar-Termineinlage an eine Londoner Korrespondenzbank der Bank A (Eurobank I), bei der sich infolge dieser Transaktionen eine Bilanzverlängerung auf der Aktiv- und Passivseite ergibt; die Sichteinlage bei Bank A wird von Unternehmung E auf Eurobank I übertragen:

Aktiva (A)	Bank A (New York) (Dollar)		Passiva (P)
		Sichteinlage Unternehmen E	- 1,000.000
		Sichteinlage Eurobank I	+ 1,000.000

A	Eurobank I (London) (Dollar)		
Sichtguthaben Bank A	+ 1,000.000	3-Monats-Termin-Einlage Unternehmen E	+ 1,000.000

Eurobank I sucht ihrerseits nach einer profitablen Anlage für die erhaltenen Mittel auf dem Interbanken-Markt, da sie für die Sichteinlage bei Bank A keine Zinsen erhält, an Unternehmen E jedoch eine vereinbarte Verzinsung zu zahlen hat. Daher verleiht sie die erhaltenen Mittel unter Abzug einer als notwendig erachteten Liquiditätsreserve von 10% (Mindestreserveverpflichtungen entstehen nicht) an eine Eurobank II in Luxemburg (= 900.000 USD). Eurobank I beauftragt Bank A die Sichteinlage auf Eurobank II mit 900.000 USD zu übertragen:

A	Eurobank I (London) (Dollar)		P
Sichtguthaben Bank A	- 900.000		
3-Monats-Kredit Eurobank II	+ 900.000		

	Eurobank II (Luxemburg) (Dollar)		
Sichtguthaben Bank A	+ 900.000	3 -Monats-Termin-Einlage Eurobank I	+ 900.000

	Bank A (New York) (Dollar)		
		Sichteinlage Eurobank I	-900.000
		Sichteinlage Eurobank II	+ 900.000

Während die Einlage-Position bei Bank A durch diese Transaktionen unverändert bleibt, hat ein Gläubigerwechsel stattgefunden. Unterstellt man im Folgenden, dass Eurobank II einem deutschen Unternehmen I zur Bezahlung von Importleistungen in den USA einen Kredit in

Höhe von 810.000 USD (= Einbehaltung einer Reserve von 10% auf 900.000 USD) gewährt, so ergeben sich folgende Veränderungen in den Bilanzpositionen von Eurobank II und Bank A:

Eurobank II (Luxemburg)
(Dollar)

A		P	
Sichtguthaben Bank A	–810.000		
Kredit an Unternehmen I	+810.000		

Bank A (New York)
(Dollar)

A		P	
		Sichteinlage Eurobank II	–810.000
		Sichteinlage Unternehmen I	+810.000

Insgesamt hat somit in dem gewählten Beispiel der ursprüngliche Zufluss von 1 Mio. USD an Bank A in New York einen Zuwachs von 1,9 Mio. **Eurodollar-Einlagen** zur Folge, wovon 900.000 Eurodollar aus Interbank-Anlageleistungen des Eurobanken-Systems resultieren und die Schaffung von 1 Mio. Eurodollar auf den Nichtbanken-Sektor entfällt.

Dementsprechend lässt sich auch ein **Geldschöpfungsmultiplikator** für Eurodollar im Eurobanken-System insgesamt (und ebenso für andere Euro-Währungen), der die Multiplikatorwirkung exogener Zuflüsse von X USD (Euro-Währungen) ausdrückt, wie folgt formulieren (vgl. *Hewson,* 7; *Zumpfort,* 117):

$$M = \frac{1}{1 - s\,(1 - r)^n} * X$$

wobei **s** die **Redeposit Ratio** (=Verhältnis von gewährten Eurodollarkrediten zu den Wiederanlagen im Eurobanken-System) und **r** die **Reserve Ratio** (=Verhältnis der Gesamt-Eurodollar-Depositen zu den von Eurobanken bei US-Banken gehaltenen Depositen) darstellen; **n** bedeutet die Zahl der Interbank-Wiederanlagen (**Redeposits**).

Die Schätzungen verschiedener Autoren für die **Multiplikatorwirkung** liegen in einer Spannweite zwischen > 1 und < 8 (siehe *Zumpfort,* 121 und 124), wobei zu berücksichtigen ist, dass Multiplikatoren, die nicht auf Nettogrößen bezogen sind, auch stets die Interbank-Transaktionen und damit nicht-liquiditätswirksame Doppelzählungen miteinschließen. Deshalb veranschlagt *Zumpfort* (125) bei einer Abflussquote zwischen 50 und 90%, bezogen auf das Bruttovolumen, den Multiplikator auf Bruttobasis höchstens im Bereich zwischen 1,1 und 1,9, auf Nettobasis dagegen höchstens im Bereich zwischen 1,0 und 1,4. Da beispielsweise die Abflussgröße im Jahre 1980 lediglich rund 7% betragen hat (siehe 8.2), dürfte der Geldschöpfungsmultiplikator für das Eurobanken-System als Ganzes erheblich höhere Werte erreicht haben bzw. grundsätzliche erreichen.

In **einzelbetrieblicher** Sicht ergeben sich ohnehin abweichende Werte, worauf auch die Ergebnisse der deutschen Eurobanken in Luxemburg im Bilanzzeitraum 1977/78 (siehe *Studienkommission,* 474f.) hinweisen. Das Kreditvolumen als Vielfaches der eigenen Mittel überschritt nämlich weit den seinerzeit für das Inland durch „Grundsatz I“ festgelegten Wert und erreichte bis zum 35-fachen der eigenen haftenden Mittel (anstatt die seinerzeit bestehende Obergrenze des 18-fachen).

Im **Extremfall** ist die Geldschöpfungsfähigkeit in Anbetracht der fast ausschließlichen giralen Verfügungen über die im Eurobanken-System befindlichen Finanzmittel allein von den subjektiven Einschätzungen des Verlustrisikos (v) der Depositen (D) abhängig, so dass die Kreditschöpfung (Δ K) im Eurobanken-System im Umfang von

$$\Delta K = (1 - v)\Delta D$$

erfolgen könnte. Dabei ist aber einschränkend zu berücksichtigen, dass die Euro-Einlagen meist über eine Interbanken-Kette (bis zu fünf Banken) weitergereicht werden, bis es zur Kreditvergabe an Nichtbanken kommt. Die in diesem Zusammenhang anfallenden Kosten (Transfer- und Zinskosten) und die jeweiligen subjektiven Einschätzungen der individuellen Verlustrisiken durch die beteiligten Banken, die sich in einem prozentualen Abschlag von der ursprünglichen Einlage manifestieren, wirken ohne Zweifel restriktiv auf die potentiell mögliche (Netto-)Geldschöpfungsmöglichkeit des Eurobanken-Systems.

8.3.2.1.3 Internationale Interbank-Zahlungsverkehrsleistungen

Derartige Zahlungsverkehrsleistungen werden durch die Erstellung und Abwicklung insbesondere von internationalen Interbank-Kreditleistungen und Interbank-Anlageleistungen ausgelöst. Da es sich um Leistungen handelt, die in ausländischen Währungen zu erbringen sind, bedarf es einer Koppelung mit entsprechenden Devisenhandelsleistungen. Die Zahlungen selbst erfolgen im Regelfall **beleggesteuert** und **bargeldlos** (siehe 7.2.3).

Zur Abwicklung des internationalen Interbank-Zahlungsverkehrs, der insbesondere im Zusammenhang mit Derivaten im allgemeinen und mit Financial Swaps im besonderen stark zugenommen hat, erarbeitete der *Ad-hoc-Ausschuss für Interbank-Netting-Systeme* der *BIZ* Empfehlungen für die Mindestanforderungen an die Gestaltung und den Betrieb derartiger Systeme. **Netting** bedeutet in diesem Zusammenhang die gegenseitige Verrechnung von Forderungen und Verbindlichkeiten im grenzüberschreitenden Verkehr, in die mehrere Währungen einbezogen sind. **Internationale Netting-Systeme** in Form des **bilateralen** (zweiseitigen) oder **multilateralen Nettings** (mit mehr als zwei Partnern) dienen einerseits dazu, die Kosten des Zahlungsverkehrs zu senken, da nur noch Spitzenbeträge im internationalen Zahlungsverkehr auszugleichen sind, andererseits entlasten sie den internationalen Zahlungsverkehr und verringern für die beteiligten Banken die Risikosituation insofern, als nur sozusagen offene Positionen ausgetauscht und dadurch die Währungsrisiken (siehe dazu *Eilenberger* 2004, 16 ff.) auf diesen Bezugsbetrag verringert werden (wegen Einzelheiten zu den Verrechnungstechniken siehe die Ausführungen zum Netting von Kontrakten und zum Netting von Zahlungen unter 7.2.2.1.7).

8.3.2.1.4 Sonstige internationale Interbank-Leistungen

Sonstige internationale Interbank-Leistungen können sowohl in **Depotleistungen** als auch in **Handelsleistungen** unter Banken (Devisenhandel, Edelmetallhandel) bestehen.

Für die Erbringung von (nicht-kundenbezogenen) **Interbank-Depotleistungen** kommen neben den Korrespondenzbanken im Ausland als Verwahrungs- und Verwaltungsstellen unter Banken insbesondere die ausländischen Wertpapiersammelbanken sowie die internationalen Clearing- und Depoteinrichtungen wie *Clearstream International* und *Euroclear* in Betracht (siehe 8.3.1.4.1).

Das Motiv für die Erstellung von **Interbank-Devisenhandelsleistungen** besteht – anders als im Rahmen der Abwicklung von entsprechenden Eigenleistungen – in der Ausschaltung von Währungsrisiken, die mit anderen Interbank-Leistungen verbunden sind. Dabei finden die unter 8.3.1.4.2 angeführten (traditionellen) Techniken der Devisenkurssicherung ebenso Anwendung wie **Hedging-Techniken (Money Market Hedge)** die eine Ausschaltung des Kursrisikos durch Aufbau einer Gegenposition in derselben (ausländischen) Währung zum Gegenstand haben). Zur Vermeidung von Währungsumrechnungs- und Währungstransaktionsrisiken eignen sich in diesem Zusammenhang auch **Parallelkredite** und **Financial Swaps** (8.3.1.4.2.d), an denen mindestens zwei Banken mit Einheiten im Ausland beteiligt sind (siehe auch 7.2.2.1.7).

8.3.2.2 Internationale Eigenleistungen

Die Möglichkeiten zur Produktion von Leistungen für eigene Zwecke (siehe dazu 7.3.2) erweitern sich durch Einbezug der internationalen Sphäre erheblich gegenüber den inländischen Alternativen (internationales Investmentbanking in Zusammenhang mit Mergers & Acquisitions und Unternehmensverkäufen). Dies gilt gleichermaßen für internationale Anlagen in Effekten und Edelmetallen und die damit verbundenen Möglichkeiten der internationalen Zins-, Effekten- und Edelmetallarbitrage wie für Devisenhandelsleistungen für eigene Zwecke (siehe dazu *Wittgen* 1968) einschließlich der Devisenkursarbitrage sowie der Währungsspekulation und schließlich für internationale Beteiligungen an Bankbetrieben und Nichtbank-Unternehmen des Auslands.

8.3.2.2.1 Internationale Arbitrageleistungen

Die **Devisendifferenzarbitrage** nützt die an den verschiedenen Devisenbörsen des Auslands gegenüber der inländischen Währung bestehenden Kursdifferenzen (ggf. durch **Vielecksarbitrage)** aus, um einen Gewinn zu erzielen. Ist beispielsweise der Kurs w_1 des Schweizer Franken in Frankfurt in EUR (1 SFR = w_1 * EUR) geringer als der Kurs w_2 des EUR in Zürich in Schweizer Franken (1 EUR = w_2 * SFR), also

$$w_1 < 1/w_2$$

so lohnt es sich, in Frankfurt gegen EUR ein Guthaben in Schweizer Franken in Zürich zu kaufen und es dort gegen EUR zu verkaufen: Für 1.000 SFR hat die Bank in Frankfurt

$$1000 * w_1 \text{ EUR}$$

zu zahlen, wogegen man in Zürich für 1.000 SFR den Wert von $1.000/w_2$ EUR erhält. Der Arbitrageur erzielt bei Ausnützung einer derartigen **direkten** Differenzarbitrage einen **Gewinn** von

$$1000/w_2 - 1000 * w_1 = 1000\,[1/w_2 - w_1].$$

Die Konsequenzen der Arbitrage bestehen darin, dass jeweils im Endzustand die Beziehung

$$w_2 * w_2 = 1$$

hergestellt wird bzw. eine Tendenz zur Erreichung einer derartigen Gleichgewichtssituation besteht, bei der keine Kursdifferenzen gegeben sind (zu den Gewinnmöglichkeiten im Rahmen des „Weekend Eurodollar Game" siehe *Coats*).

Neben der Devisendifferenzarbitrage kommt die **Devisenausgleichsarbitrage** als Eigenleistung dann in Betracht, wenn der Bankbetrieb im Rahmen der Abwicklung von Devisenhandelsleistungen den günstigsten Zahlungsweg sucht und vom Kunden keine speziellen Weisungen zur Nutzung des günstigsten Zahlungsweges vorliegen (wegen Einzelheiten dazu siehe 8.3.1.4.2a).

Internationale Zinsdifferenzarbitrage zielt auf den Ausgleich bestehender Zinsdifferenzen zwischen nationalen und internationalen Finanzmärkten (insbesondere Euro-Märkten) sowie zwischen Termin- und Kassamärkten (siehe Terminmärkte 8.2.3) ab, um einen Gewinn daraus zu realisieren. Die Motive zur Arbitrage verstärken sich, sofern nicht nur Gewinne aus der Zinsarbitrage, sondern gleichzeitig auch aus der Devisenarbitrage möglich sind (siehe dazu *Hudson,* 95 ff.).

Für einen Ausgleich möglicher **Kursdifferenzen** internationaler Effekten, die mangels gemeinsamer internationaler Effektenbörsen an mehreren nationalen Wertpapierbörsen notiert werden müssen, sorgen Bankbetriebe im Rahmen der **internationalen Effektenarbitrage** (ggf. im Zusammenwirken mit der Devisenarbitrage). Allerdings sind dabei – ebenso wie bei Durchführung der internationalen Zinsarbitrage – die **Transaktionskosten** zu berücksichtigen, die gewinnmindernd oder gewinnkompensierend bzw. -überkompensierend wirken können und damit bei ungünstigen Wechselkursverhältnissen die Durchführung von Effektenarbitrageleistungen trotz bestehender positiver Effektenkursdifferenzen nicht ratsam erscheinen lassen. **Internationale Goldarbitrage** nutzt die Preisdifferenzen zwischen den internationalen Goldhandelszentren.

In Ergänzung zu diesen **internationalen Kassamarkt-Arbitragen** kommen auch internationale Terminmarkt-Arbitragen und internationale Arbitragen zwischen Kassa- und Terminmärkten in Betracht (zur Charakterisierung siehe auch 7.3.2.3). **Internationale Terminmarkt-Arbitragen** betreffen Ausgleichstransaktionen mit Derivaten in unterschiedlichen **Währungen** (in- und ausländische Währung) oder zwischen in- und ausländischen bzw. auf internationalen **Terminmärkten.** Dagegen setzen **internationale Arbitragen** zwischen **Kassa-** und **Terminmärkten** entsprechende Ausgleichsoperationen, die auf Nutzung von unterschiedlichen Kassa- und Terminmarkt-Bewegungen gerichtet sind, zwischen in- und ausländischen Kassa- und Terminmärkten oder auf internationalen Kassa- und Terminmärkten (siehe 8.2) in ausländischer Währung voraus.

Einen anderen Zweck verfolgen dagegen sog. **regulatorische Arbitragen,** deren Ziel darin besteht, Unterschiede in der Intensität der jeweiligen Börsenaufsicht des Sitzlandes der betreffenden (Termin-)Börsen zu nutzen. Bei derartigen Börsen mit geringerer Überwachungsdichte sind einerseits die Anforderungen an die Sicherheitsleistungen geringer, andererseits werden an diversen Börsenplätzen die Vorschriften über Abschluss und Dokumentation sowie über Meldepflichten weniger streng (also „lascher") gehandhabt. Dadurch können Zins-und Spekulationsvorteile erzielt werden, die ansonsten nicht realisierbar wären. Derartige Praktiken wurden vor allem im Gefolge des sog. ***Baring*-Skandals** im Februar/März 1995 erstmals offenkundig.

8.3.2.2.2 Internationale Beteiligungen

Unter Ertragsgesichtspunkten können für Bankbetriebe (internationale) Beteiligungen an **Nichtbank-Unternehmen** des Auslandes (einschließlich Unternehmen des Finanzierungssektors) zielführend sein, sofern mit überdurchschnittlichen Rentabilitäten dieser **Direktinvestitionen** (zu den möglichen Formen siehe *Eilenberger* 1987b) zu rechnen ist. Die zufließenden Gewinne aus internationalen Beteiligungen tragen zur Verbesserung des Gesamtergebnisses des Bankbetriebes insgesamt bei und wirken zumindest ertragsstabilisierend. Die Beteiligung an Unternehmen des Finanzierungssektors außerhalb des engeren Bankbereiches (wie z.B. an Leasing-, Factoring-, Wagnisfinanzierungsgesellschaften) bezweckt darüber hinaus auch eine Ausdehnung des Leistungsprogramms bzw. eine zieladäquate Auslagerung von Risiken aus dem engeren Bereich bankbetrieblicher Betätigung. Neben der aktiven (direkten) Beteiligung von Bankbetrieben zählt ferner auch die **Vermittlung** von internationalen Beteiligungen zum Bereich der internationalen Eigenleistungen.

Die Beteiligung an ausländischen **Bankbetrieben** dagegen kann nicht ohne weiteres als eine spezielle Form bankbetrieblicher Eigenleistungen angesehen werden, da sie meist nicht primär unter ertragspolitischen Erwägungen in dem Sinne eingegangen werden, eine möglichst hohe Rentabilität aus dieser ausländischen Bankbeteiligung zu erzielen. Vielmehr stehen im Regelfall kundenbezogene und wettbewerbspolitische Zielsetzungen im Vordergrund: Das wird immer dann der Fall sein, wenn durch Auslandsaktivitäten inländischer Kunden die Gefahr besteht, diese an die ausländische Bankkonkurrenz zu verlieren, oder wenn die inländischen Märkte weitgehend gesättigt und zusätzliche inländische Markt- (und Gewinn-) Anteile durch den Bankbetrieb nicht oder nur in geringfügigem Umfang (bei überproportionalem Aufwand) zu erzielen sind. Insofern handelt es sich bei der Entscheidung zur Auslandsbeteiligung an einem Bankbetrieb – sei es durch Neugründung, Akquisition einer bestehenden Bank oder Eingehen eines Joint-Venture – nicht um eine internationale Eigenleistung, sondern primär um eine Ausdehnung des bankbetrieblichen Leistungsprogramms zur Befriedigung von Kundenbedürfnissen, die eine Verbreiterung des Angebotes an Bankmarktleistungen internationaler Art zur Folge hat, und erst in zweiter Linie um den Versuch, die Gewinnerzielungsmöglichkeiten und Ertragssteigerungspotentiale, die eine derartige internationale Bankbeteiligung in diesem Zusammenhang zu bieten hat, zu realisieren.

8.3.2.2.3 Teilnehmer am internationalen Finanzterminmarkt

Der Ertragserzielung im Rahmen von Eigenleistungen kann auch die Teilnahme am (internationalen) Finanzterminmarkt dienen. In diesem Falle kann der Bankbetrieb insbesondere als Schreiber (**Stillhalter**) von **Optionen** aller Art (einschl. der Emission von Optionsscheinen), als Trader bei **Financial Futures** und als End-User (Swappartner) bei **Financial Swaps** tätig werden (siehe dazu die entsprechenden Ausführungen unter 7.2.2.1.5, 7.2.2.1.6 und 7.2.2.1.7). In allen Fällen bestehen zwar – abhängig von den Marktentwicklungen – Gewinnchancen, wenn offene Positionen gehalten werden. Diesen stehen jedoch unter Umständen nicht unerhebliche Verlustrisiken gegenüber. Dieser Sachverhalt erscheint umso gravierender, je stärker Banken in derartigen **außerbilanziellen** (bilanzunwirksamen, bilanzneutralen) **Geschäften** (auch als **Off-Balance-Sheet-Geschäfte** bezeichnet) tätig werden. Nach Analysen der *BIZ* wies der Markt für die beschriebenen **derivativen Finanzinstrumente** (**Derivate**) Ende 2009 einen Brutto-Marktwert 615 Billionen USD (Ende 1991 waren es „nur“ 7,6 Billionen USD).

9 Bank-Management

Die Führung von Bankbetrieben (Bank-Management) stellt nicht nur wegen der Besonderheiten der Leistungserstellung und der Komplexität des Bankleistungsprogramms hohe Anforderungen an die Qualität und Qualifikation der Entscheidungsträger, sondern auch deshalb, weil alle Ebenen des Bank-Managements im Rahmen der Entscheidungsprozesse – allerdings in unterschiedlicher Intensität – mit Problemen konfrontiert werden, die aus der Umwelt des Bankbetriebes stammen, wobei deren Art der Lösung für die Qualität der Bankleistungen entscheidende Bedeutung hat. Im Gegensatz dazu sehen sich die der ersten Führungsebene nachgeordneten Managementinstanzen von Industriebetrieben – wenn überhaupt – in erheblich geringerem Maße derartigen Entscheidungsaspekten gegenübergestellt: Betriebsbezogene Entscheidungen dominieren eindeutig, marktbezogene Entscheidungen sind im Allgemeinen nachrangig.

Abweichend davon sind die Verhältnisse bei Bankbetrieben gelagert, bei denen bis zur Ausführungsebene zumindest gleichgewichtig marktbezogene und betriebsbezogene Entscheidungen von den Führungsinstanzen aller Ebenen zu treffen sind. Erhebliche Unterschiede zeigen sich auch hinsichtlich der Ausführungsebene, was nicht ohne Rückwirkungen auf das Bank-Management bleiben kann: Während die Ausführungsebene in Industriebetrieben ohne jeglichen Kontakt mit Nachfragern die Leistungserstellung bewirkt, ist es in Bankbetrieben gerade die Ausführungsebene, die unmittelbar mit der Kundschaft konfrontiert wird und die insbesondere hinsichtlich des Absatzes von Bankmarktleistungen im-von der Praxis so bezeichneten- „Mengengeschäft" mit der Privatkundschaft an der Endkombination zur Bankmarktleistung beteiligt ist. Insofern ergeben sich Konsequenzen, die vom Bank-Management – entsprechend der jeweiligen Hierarchiestufe in unterschiedlicher Weise – zu beachten sind, zumal neben der eigentlichen Nutzenstiftung durch das jeweilige Produkt „Bankmarktleistung" auch die Zufriedenheit der Kundschaft mit der Abwicklung ihrer Begehren durch das Bankpersonal von nicht unwesentlicher Bedeutung – jedenfalls in den Augen der Nachfrager – für die Qualität des Produktes ist. Dies umso mehr, als sich die vergleichbaren Bankmarktleistungen verschiedener Banken in der Nutzenstiftung nicht oder nur geringfügig unterscheiden, wohl aber häufig im damit zusammenhängenden Service.

Anders verhält es sich bei Entscheidungen über sekundäre Bankleistungen: In Anbetracht der Zielsetzungen, Volumina und Marktpartner kommt eine Befassung der Ausführungsebene mit der Produktion von Interbank-Leistungen und Eigenleistungen nicht in Betracht. Vielmehr werden derartige Leistungen an spezifische Marktpartner ausschließlich über die (oberen) Führungsebenen abgewickelt und eine der nachgeordneten Führungsinstanzen mit der Durchführung beauftragt (siehe Abbildung 60). Auch insofern zeigen sich keine Parallelen oder Ähnlichkeiten zur industriebetrieblichen Produktion.

9.1 Grundlagen

Unter dem Begriff **Bank-Management** kann grundsätzlich sowohl

- die zielgerichtete Steuerung (einschließlich Regelung) des sozio-technischen Systems Bankbetrieb einschließlich seiner Subsysteme (Bank-Management im **funktionalen** Sinne), als auch
- das Positions-, Interaktions- und Kompetenzgefüge der (Führungs-)Entscheidungsträger im Bankbetrieb (Bank-Management im **institutionalen** Sinne)

verstanden werden.

Während der erstgenannte Aspekt den **Führungsprozess** betrifft und die **Ablauforganisation** miteinschließt, bildet die Sichtweise der zuletzt genannten Dimension des Führungsbegriffes, die ihre Konkretisierung in der Gestaltung der **Aufbauorganisation** des Bankbetriebes findet, die Basis für die Ablauforganisation.

Zielgerichtete Steuerung bedeutet nicht nur die innerbetriebliche Lenkung der Produktionsprozesse unter Befolgung vorgegebener bankbetrieblicher Zielsetzungen, sondern auch die Adaption des Systems Bankbetrieb an seine Umwelt. Allerdings sind unterschiedliche Wege zur Zielrealisation möglich, zumal im Regelfall mehrere Alternativen gegeben sein werden. Es ist daher Gegenstand der **Unternehmenspolitik von Banken,** diejenige Alternative aus den vorhandenen und sinnvoll realisierbaren auszuwählen, die eine bestmögliche Zielerreichung für den Bankbetrieb als Ganzes (und nicht nur für Teilbereiche) gewährleistet oder zumindest eine solche mit einem hohen Grad an Wahrscheinlichkeit verspricht. Es gehört daher auch zum Aufgabenbereich des Bank-Managements, die Richtlinien der Unternehmenspolitik des betreffenden Bankbetriebes zu bestimmen, zu formulieren und in geeigneter Weise und in adäquatem Umfang den zuständigen Entscheidungsträgern zu kommunizieren.

Der in der bankbetrieblichen Literatur gebräuchlichen Unterscheidung in eine „Geschäftspolitik" (alle Maßnahmen, „die auf Erzielung von Gewinn ... oder auf die Erzielung von Rentabilität ... unter Wahrung von Sicherheit und Liquidität gerichtet sind"; *Hagenmüller* III1977, 287) und in eine „Betriebspolitik", die „als ein Teil der Geschäftspolitik Wirtschaftlichkeit (durch Senkung der Aufwendungen im technisch-organisatorischen Leistungsbereich eines Kreditinstituts)" anstrebt (*Hagenmüller* III 1977, 287) und insofern auch als „interne" Bankpolitik (*Hahn* 1977, 67) bezeichnet werden könnte, wird nicht gefolgt. Dies ergibt sich zum einen allein schon daraus, dass eine Differenzierung des Bankbetriebes in eine technisch-organisatorische und eine finanziell-liquiditätsmäßige Sphäre nicht sinnvoll erscheint (siehe 7.1.2.1) und für wissenschaftliche Analysen letztlich unfruchtbar bleiben muss. Zum anderen erstreckt sich Bank-Management auf den gesamten Bankbetrieb, ist also **unteilbar** und **ganzheitlich** ausgerichtet, so dass die oben angeführte Unterscheidung auch unter diesem Aspekt zu keinen fundierten Aussagen führen kann, sondern eher dazu geeignet ist, für Verwirrung zu sorgen und ungeeignete punktuelle Eingriffe in die Leistungssubstanz eines Bankbetriebes, losgelöst von der marktlichen Orientierung und des umfassenden Zielsystems, zu provozieren. Eine Beachtung der Wirtschaftlichkeit ist ohnehin ständiges Bemühen aller marktwirtschaftlich tätigen Unternehmen, weshalb eine eigenständige „Politik", die allein auf dieses Kriterium ausgerichtet ist, nur zu Missverständnissen führen kann. So wird beispielsweise allzu leicht Missmanagement, das seine Ursachen im „Marktbereich" hat, dem „Betriebsbereich" angelastet, was dann dort unsinnige Rationalisierungsaktionen zur Folge hat, die in der weiteren Entwicklung wiederum negative Auswirkungen auf den marktlichen Bereich zeitigen können.

Da die Verantwortung des Bank-Managements ebenso unteilbar ist und sich auf das Gesamtsystem Bankbetrieb erstreckt wie eine Leistungserstellung in zwei „arteigenen" Sphären nur ein unrealistisches Abstraktum darstellen kann, ist zur Bewältigung dieses Problembereiches die ganzheitliche, systemtheoretische Sicht des Bankbetriebes vorzuziehen.

In diesem Sinne umfasst die **zielgerichtete Steuerung** des Bankbetriebes durch das Bank-Management (als ganzheitliche „Unternehmenspolitik" von Bankbetrieben – eine Betrachtungsweise, der auch *Hahn* zuneigt; vgl. *Hahn* 1977, 51) im Einzelnen (siehe dazu auch *Milling,* 19ff.):

- die **Zielbestimmung** für das System Bankbetrieb;
- die **Strukturierung** des Systems Bankbetrieb durch Gestaltung der Organisation und Bestimmung des Leistungspotentials;
- die Formulierung der Richtlinien der **Unternehmenspolitik** für den Bankbetrieb;
- die **Überwachung** der **Betriebsprozesse** im Rahmen der Leistungserstellung und des Entscheidungsvollzugs;
- die **Adaptionen** des Systems an die **Umwelt,** die gleichermaßen sowohl in
- **Reaktionen** auf bestimmte Ereignisse aus der Umwelt **(Anpassungen),** als auch in
- **Aktionen** bestehen können, mit denen der Bankbetrieb innovativ auf die Umwelt einzuwirken versucht, um sie im Sinne seiner Zielsetzungen und deren Erreichung zu beeinflussen **(Antizipation),** d.h. das Eintreffen von Ereignissen aus der Umwelt nicht (passiv) abzuwarten, sondern (aktiv) das Eintreffen möglicher Ereignisse herbeizuführen oder das Eintreffen unerwünschter Ereignisse nach Kräften zu verhindern.

Zur Erfüllung dieser **Aufgaben** trifft das Bank-Management **Entscheidungen,** die der Vorbereitung **(Planung)** ebenso bedürfen wie der Durchführung **(Realisation)** und der anschließenden **Kontrolle** der erzielten Ergebnisse, um die Effizienz des Bank-Managements sowie der Entscheidungs- und Managementprozesse beurteilen zu können. Damit sind auch die **Funktionen** des Bank-Managements und die **Phasen** der bankbetrieblichen Entscheidungsprozesse in den Grundzügen beschrieben. Die **Qualität** der Bankleistungen hängt demnach wesentlich von der Strukturierung des Bank-Managements als Institution und der Organisation der Entscheidungsprozesse sowie von der Besetzung der Positionen und der Qualifikation der Bank-Führung ab. Diesen Problembereichen ist im Folgenden nachzugehen. Zu klären bleibt zuvor jedoch die **Intension** des Begriffes der Führung in Bankbetrieben, also der **Inhalt** der von diesem Begriff erfassten Eigenschaften, zumal durch die Intension die **Extension** (der Begriffsumfang) determiniert wird (siehe dazu *Chmielewicz,* 55 ff.).

Von **Führung** kann dann gesprochen werden, wenn das Entscheidungsfeld des Entscheidungsträgers andere Menschen und Gruppen umfasst, die selbst Entscheidungen treffen (vgl. *Kirsch,* 65; in diesem Sinne auch *Hahn, D.* 162; *Zeidler,* 94 und *Wild,* 154). Bezogen auf den Bankbetrieb bedeutet diese Abgrenzung, dass alle Entscheidungsträger oberhalb der Ausführungsebene (der Entscheidungen über soziale Elemente im Bankbetrieb nicht zugewiesen sind) das **Führungssystem** bilden, dem in unterschiedlichem Umfang Führungsaufgaben obliegen. Während der obersten Führungsebene jene Entscheidungen vorbehalten sind, die als nicht weiter delegierbar angesehen werden **(normative Ebene)**, bewegen sich die übrigen Führungsentscheidungen innerhalb des von der normativen Ebene festgelegten Rahmens und betreffen Entscheidungen zur Strukturierung des Bankbetriebes sowie zur Steuerung und Programmierung der nachgeordneten Instanzen und der Ausführungsebene. Die vorgenommene Differenzierung nach **Führungsentscheidungen** unterschiedlicher Qualität und **Ausführungsentscheidungen** ist durch die Notwendigkeit der Arbeitsteilung der Entscheidungsprozesse in Bankbetrieben bedingt. Diese Arbeitsteilung und Strukturierung der Entscheidungskompetenzen, deren Umfang und Ausmaß von der Komplexität der Entscheidungssituation und der Zahl der Mitarbeiter des Bankbetriebes bestimmt ist, führt zwangsläufig zu einer zeitweiligen Desintegration der Entscheidungsprozesse. Die zur Steuerung des Gesamtsystems Bankbetrieb notwendige **Integration** wird jedoch durch die hierarchische Anordnung der Entscheidungsebenen insofern gewährleistet, als die jeweils ranghöhere Ebene die Entscheidungsprozesse der nachgeordneten Ebene(n) koordiniert und überwacht.

Der **Führungsprozess** in Bankbetrieben, der auch als Steuer- und Regelkreis aufgefasst werden kann, weist daher grundsätzlich die in Abbildung 60 schematisch dargestellten Phasen und Stufen auf: Von der **normativen Führungsebene** als der obersten Führungsinstanz werden die **konstitutiven** Führungsentscheidungen getroffen, also insbesondere die Verfassung des Bankbetriebes und die wesentlichen Zielsetzungen

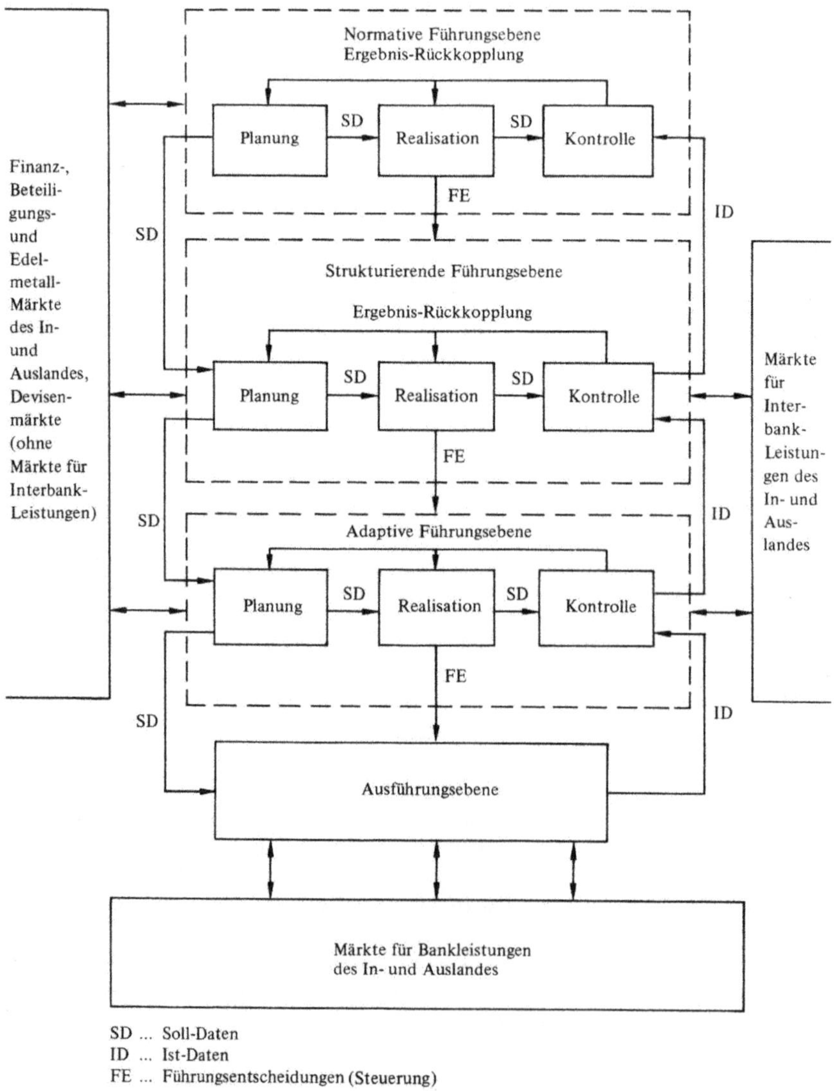

Abb. 60: Bankbetrieblicher Führungsprozess als Steuer- und Regelkreis

festgelegt, die Leitlinien der Unternehmenspolitik vorgegeben und die grundlegenden Strategien bestimmt. Charakteristisch für die normative Ebene ist, dass sie auch Überwachungsaufgaben wahrzunehmen hat (Aufsichtsrat, Verwaltungsrat, Eigentümer- bzw. Gesellschafterversammlung) und sich sowohl aus sozialen Elementen der externen als auch – sofern Mitbestimmungsregelungen bestehen – der sozialen internen bankbetrieblichen Umwelt zusammensetzen kann.

Der **strukturierenden Führungsebene** sind Führungsaufgaben der Organisation des Bankbetriebes sowie der Entwicklung von Entscheidungs- und Ausführungsprogrammen für die nachgeordneten Führungsinstanzen zugewiesen, die eine Umsetzung der globalen Vorgaben der normativen Führungsebene in konkrete Handlungsweisungen beinhalten und deren Konkretisierungsgrad in Richtung auf die Ausführungsebene zu wachsen hat. Dazu zählen vor allem Entscheidungen zur Festlegung von Subzielen, Substrategien, Budgets und der Organisation des Bankbetriebes, weshalb die Kompetenz für diese Klasse von Entscheidungen dem Vorstand bzw. der Geschäftsführung vorbehalten bleibt.

Zum Entscheidungsbereich der **adaptiven Führungsebene** gehört die Durchführung von **Objektprozessen höherer Ordnung** (z.B. für Bankleistungen am Interbanken-Markt oder bei der Erstellung von bestimmten Eigenleistungen), die Überwachung der Ausführungsebene und der Vollzug aller von den übergeordneten Führungsinstanzen getroffenen Entscheidungen ebenso wie die Durchführung von Korrekturmaßnahmen bei Auftreten von Störungen in der Abwicklung von **Objektprozessen niedrigerer Ordnung** (z.B. Leistungsprozesse zur routinemäßigen Erstellung von Bankmarktleistungen für die breite Masse der Bankkundschaft), die aus veränderten Umweltbedingungen resultieren, wobei die Spannweite der Entscheidungen grundsätzlich von Anpassungsmaßnahmen an die gewandelte Umwelt bis zu solchen Maßnahmen reicht, die Anpassungen der „störenden" Umwelt selbst an die Leistungsprogramme des Bankbetriebes zum Ziele haben.

9.1.1 Strategisches Bankmanagement

Eine abweichende Aufgabenzuweisung und dementsprechend eine spezifische Kennzeichnung der verschiedenen Managementebenen ergibt sich für den Fall, dass Bankbetriebe die – mit den bisher angewandten Marketing-Instrumenten erzielbare – „Status-quo-Rentabilität" (siehe *Benölken/Wings,* 143 ff.) als nicht ausreichend ansehen, sondern ein **strategisches Anspruchsniveau** bezüglich Rentabilitäts-, Wachstums und Marktentwicklung zu realisieren versuchen, das u. U. erheblich darüber liegt. Es stellt sich somit das Problem, die in dieser Diskrepanz zwischen strategischem Anspruchsniveau und Status-quo-Rentabilität zum Ausdruck kommende **Ziellücke** bzw. **strategische Lücke** (Abb. 60-1) zu schließen. Dazu bedarf es jedoch eines adäquaten Managementkonzepts und einer veränderten Aufgabenzuweisung innerhalb der Führungsebenen, zumal die langfristige Beseitigung der gewinnbezogenen Ziellücke ausschließlich über eine Änderung der bisher verfolgten Strategien bezüglich der Ausschöpfung bestehender Erfolgspotentiale (Marktpotentiale) möglich erscheint. Notwendig ist in diesem Zusammenhang die Entwicklung einer Gesamtvorstellung **(Vision**; siehe dazu *Hax/Majluf)* über den Bankbetrieb insgesamt, deren Hauptelemente in der Entwicklung einer **Unternehmensphilosophie** (unter Beachtung der Unternehmenskultur und der Unternehmenspolitik der Bank), der **Aufgabenstellung (Mission)** bestehen. Vor diesem Hintergrund entwickelt das – nunmehr als **strategisch** zu bezeichnende – Management (siehe Abbildung 60-2) auf der Basis von **Umweltanalysen** und **internen Analysen** (jeweils mit Hilfe spezifischer Analyse- und Planungsmethoden; siehe dazu v.a. *Bühner)* die anzustrebende **strategische Position** der Bank (mit den Elementen: Identifikation und Gestaltung strategischer Geschäftsfelder, Bildung korrespondierender strategischer Geschäftseinheiten, strategische

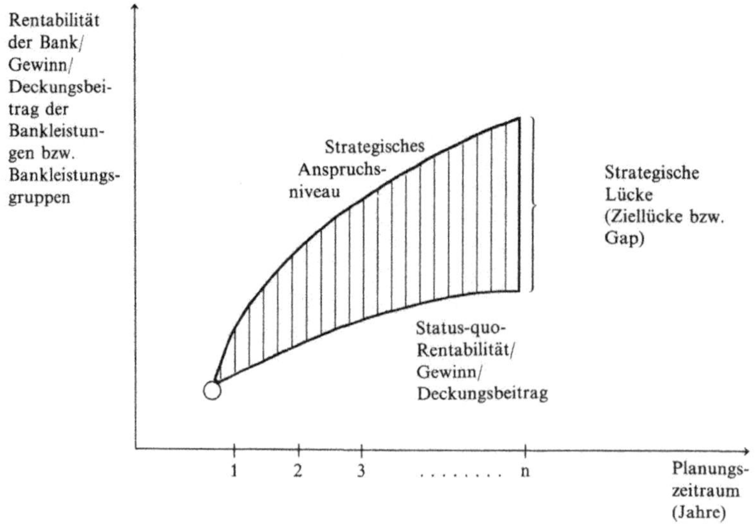

Abb. 60-1: Ziellücken-Analyse

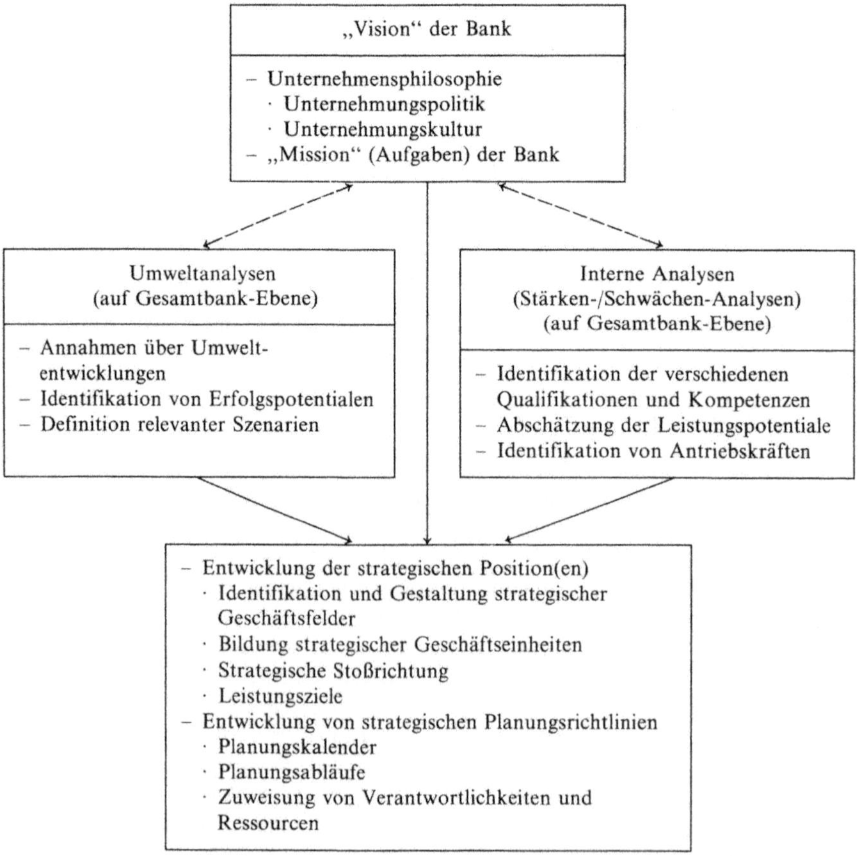

Abb. 60-2: „Vision" der Bank und strategische Position (in Anlehnung an *Hax/Majluf,* 50)

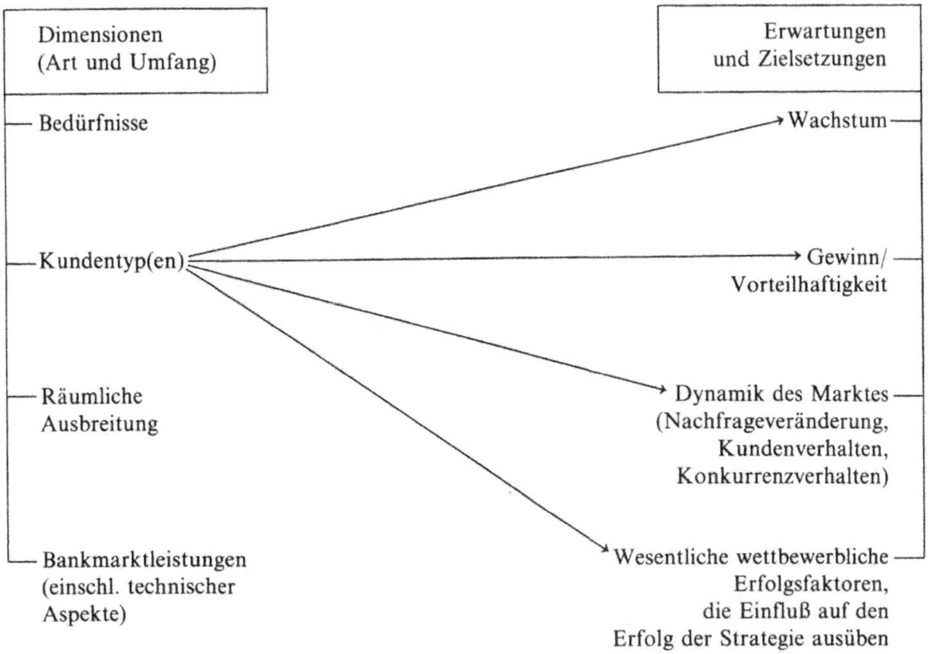

Abb. 60-3: Bildung von strategischen Geschäftsfeldern nach den Kriterien „Dimension" und „Erwartungen und Zielsetzungen" (Überlegungen am Beispiel des Merkmals „Kundentyp")

Stoßrichtung, Herausforderungen bezüglich Planung und Führung, Leistungsziele) und die notwendigen **strategischen Planungsrichtlinien** (Planungskalender, Planungsabläufe, Zuweisung der Verantwortlichkeiten für Ressourcen). Zentrale Bedeutung kommt dabei der Identifikation und Abgrenzung der **strategischen Geschäftsfelder (SGF)** zu, die einerseits durch die Art und den Umfang der Bedürfnisse der Nachfrager, den (die) Kundentyp(en), die räumliche Ausbreitung sowie ggf. durch die infrastrukturellen Voraussetzungen des Nachfragegebietes, andererseits durch die Erwartungen und die Zielrichtung(en) des Bankbetriebes bestimmt werden (Abbildung 60-3). Die Bearbeitung dieser strategischen Geschäftsfelder erfordert ihrerseits organisatorische Maßnahmen der Art, dass korrespondierende **Strategische Geschäftseinheiten (SGE)** zu bilden sind, welche die Entwicklung der angestrebten (strategischen) Position in den jeweiligen SGF übernehmen (siehe dazu 9.3.1.2.1.bd; Abbildung 70). Die Umsetzung der strategischen Vorgaben in konkrete Teil-Unternehmenspolitiken (z.B. Leistungsprogrammpolitik; siehe Abbildung 60-5) und die Durchführung der notwendigen geschäftlichen Maßnahmen (einschließlich der Marketing-Aktivitäten; siehe dazu v.a. *Subjetzki*) obliegt der operativen Ebene bzw. dem **operativen Management** (Abbildung 60-4): Die **Schnittstelle** zwischen strategischem und operativem Management bildet den kritischen Faktor für die Effizienz des strategischen Managements. Gelingt es nicht, die Ergebnisse der strategischen Planung und Entscheidungen in entsprechende operative Maßnahmen zu transformieren, ist das strategische Management mehr oder weniger zum Scheitern verurteilt. In diesem Falle verbleibt die strategische Lücke ganz oder wird nur zum Teil eingeebnet.

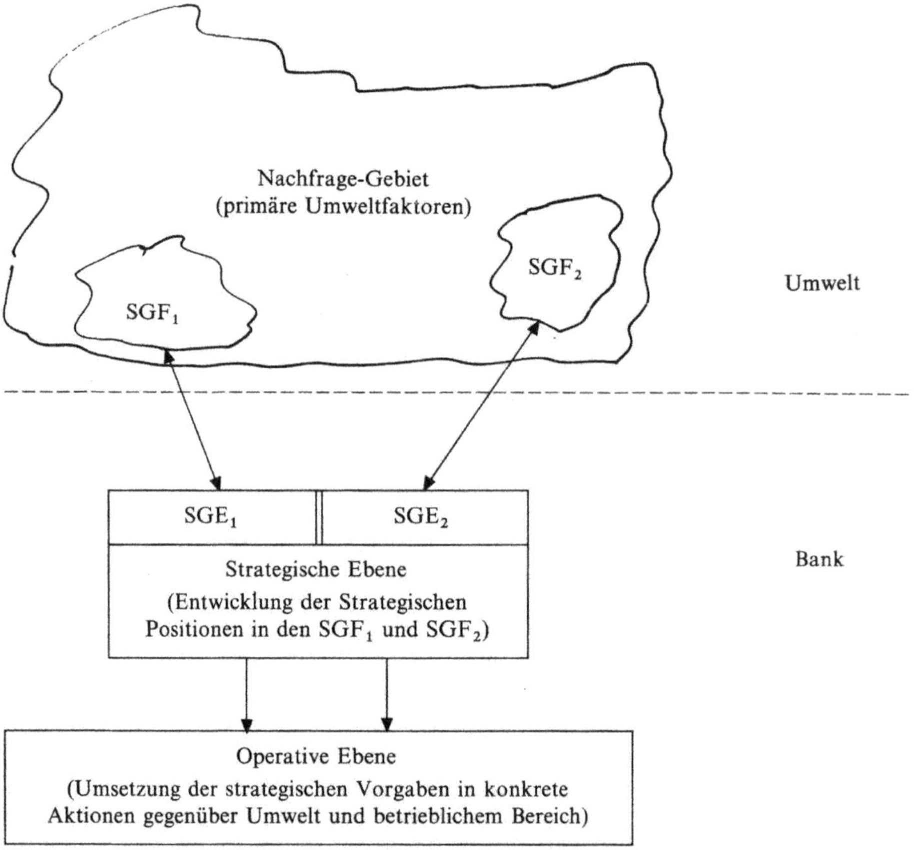

Abb. 60-4: Beziehungsstruktur zwischen strategischen Geschäftsfeldern und strategischen Geschäftseinheiten der strategischen Ebene sowie Umsetzung in den operativen Bereich

Abbidung 60-5 zeigt zusammenfassend die grundsätzlich bestehenden Interdependenzen zwischen Bankunternehmenspolitik, dem Bankmanagement und der Ausführungsebene unter dem Aspekt der spezifischen Aufgabenverteilung bei strategischer Führung innerhalb des Managements: Das **strategische Management** ist ganzheitlich orientiert und soll insbesondere (siehe *Hentze/Brose; Hax/Majluf*) eine Konzentration der Kräfte auf die Nutzung bestimmter Erfolgspotentiale in Gestalt von SGF, die ausgewählte Bankleistungs-/Markt-Kombinationen verkörpern, bewirken. Es soll gerichtet sein auf die Ausnutzung aller Umwelt- und Marktchancen, auf die Vermeidung von Schwächen und den Aufbau von Stärken, die Vornahme von Innovationen, den Risikoausgleich, die Ausnutzung von Synergiepotentialen, die Abstimmung von Zielen und Mitteln, die Beharrlichkeit bei der Verfolgung (längerfristiger) Strategien und schließlich auf die Schaffung einer einheitlichen Grundauffassung bezüglich der anzustrebenden (generellen) Ziele und der einzuschlagenden Politik. Auf diese Weise kann auch die notwendige Motivation sichergestellt werden. Das operative **Management** dagegen ist auf den kreativen Vollzug in den einzelnen Teilleistungsbereichen (z.B. Kredit-, Anlage-, Zahlungsverkehrs- und sonstige Bankmarktleistungen) oder bezüglich der einzelnen speziellen Unternehmenspolitiken der Bank ausgerichtet. Insofern hat es die Detailplanung und Detailentscheidungen bezüglich der Budgets zu leisten. Somit ist es kürzerfristig angelegt und operiert periodenorientiert. Gleichwohl bestehen erhebliche Beziehungen und Verknüp-

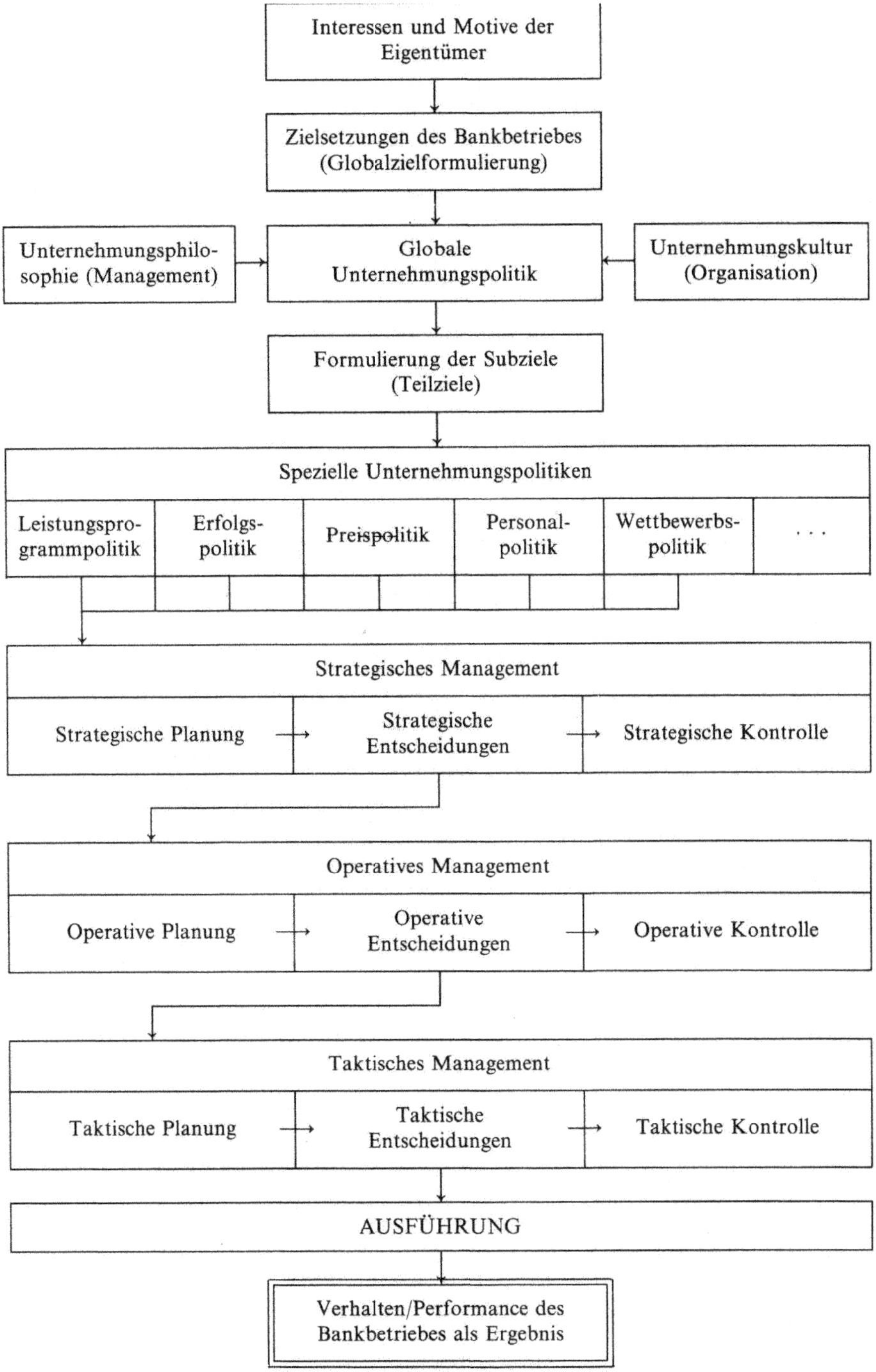

Abb. 60-5: Grundsätzliche Interdependenzen zwischen Bank-Unternehmungspolitik, Bank-Management und Ausführung (ohne Feedback-Informationen)

fungen sowohl sachlicher als auch personeller Natur. Wie die Erfahrung mit strategischem Management bei amerikanischen Banken zeigt (siehe *Durstberger*, 70 ff.) werden Linienmanager zu strategischen Planungsaufgaben – insbesondere in der Aufbauphase des strategischen Managements – herangezogen, wirken an dem Planungsprojekt mit und widmen sich nach Abschluss der Planungen wieder ihren Linienaufgaben. Hochspezialisierte Planungsstäbe lösen sie dann in ihrer Planungsfunktion ab. Darüber hinaus ist eine Koordination und Abstimmung mit den Ergebnissen des operativen Managements unabdingbar, um Änderungen in den Umweltbedingungen und den betrieblichen Voraussetzungen rechtzeitig zu berücksichtigen und Fehlentwicklungen des längerfristig angelegten strategischen Managements zu begegnen. Das **taktische Management** koordiniert als Bindeglied zur Ausführungsebene – sofern diese Ebene bei einzelnen Bankbetrieben überhaupt vorhanden ist – die Aktivitäten zur Erstellung der Bankmarktleistungen, die im unmittelbaren Kundenkontakt erfolgen. Insofern ist das taktische Management auch teilweise Anlaufstelle für Kundenkontakte (z.B. Beschwerden) und zuständig für die Kontrolle der Ergebnisse auf der Ausführungsebene allgemein. Diese arbeitsteilige Gliederung der Management-Aufgaben in Bankbetrieben trägt zur verbesserten Funktionserfüllung insbesondere der oberen Ebenen bei, die dadurch von Routinen freigehalten werden und sich auf die eigentlichen Führungsaufgaben, insbesondere langfristiger Art, ebenso konzentrieren können wie auf Geschäftsentscheidungen, die für den Bankbetrieb von wesentlicher bzw. grundlegender Bedeutung sind.

Da die Erfüllung der Management-Aufgaben der einzelnen Ebenen wiederum Voraussetzung für die Erfüllung der Aufgaben der jeweils nachgeordneten Management-Ebenen sein wird, ergibt sich ein **Phasen-Schema** des (funktionalen) Bankmanagement-Prozesses, wie es Abb. 60-6 schematisch zeigt.

Die konkrete Einordnung der oben dargelegten Management-Ebenen in das Stellen-und Kompetenzgefüge des Bankbetriebes hängt von der jeweils gewählten bzw. zu wählenden Organisationsform ab. Abbildung 60-7 veranschaulicht die Integration von funktionalem und institutionellem Bank-Management am Beispiel der Spartenorganisation (zur Spartenorganisation siehe im einzelnen 9.3.1.2.1.b).

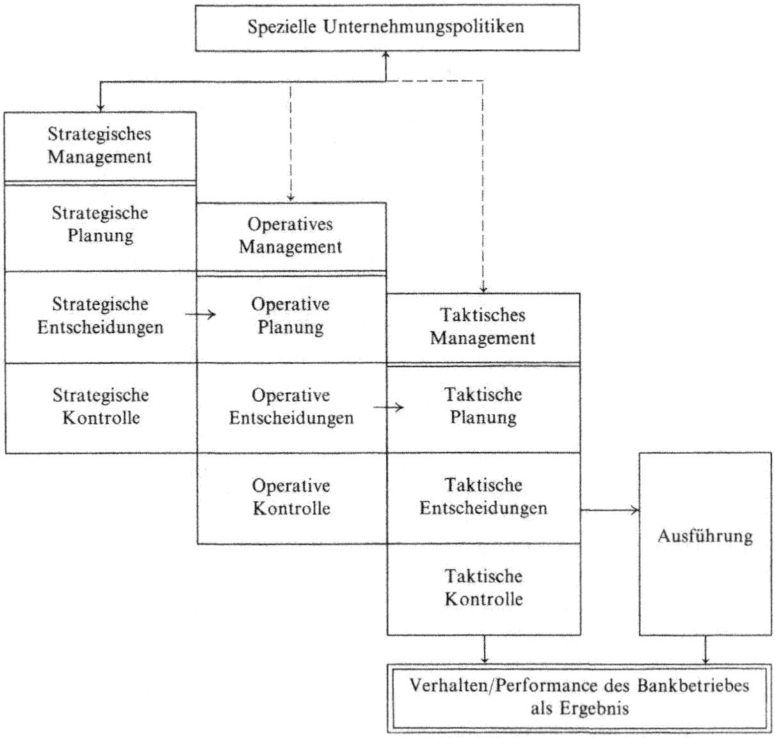

Abb. 60-6: Phasenschema des Bank-Managements in funktionaler Betrachtungsweise (ohne Feedback-Informationen)

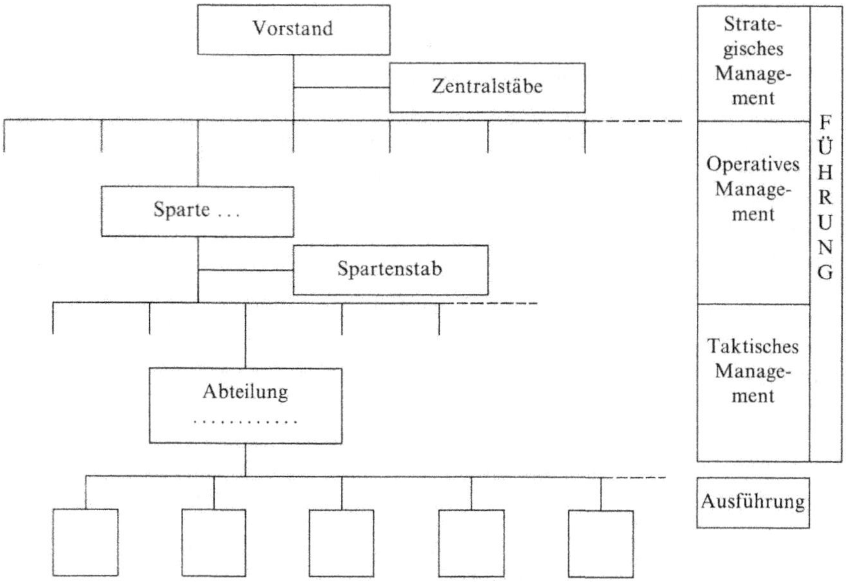

Abb. 60-7: Integration von institutionellem und funktionalem Bank-Management

9.1.2 Wertmanagement von Banken

Wertorientierte Unternehmensführung (Wertmanagement; Value Management) stellt die konsequente Weiterführung des Konzepts der strategischen Unternehmensführung mit dem Ziel dar, den Wert des gesamten Bank-Unternehmens zu steigern bzw. zu maximieren (siehe dazu v.a. *Lange/Schulze*). Bei Banken steht dabei die Ausrichtung auf die Interessen der Shareholder (Anteilseigner) und damit die Wertsteigerung des Aktionärsvermögens im Vordergrund (vgl. *Lange*, 116; *Schürenkrämer*, 84).

Shareholder als Investoren einer Bank sind grundsätzlich daran interessiert, dass ein Wertzuwachs ihres Engagements vom Management der Bank realisiert wird (siehe dazu und im Folgenden *Eilenberger* 2011). Im Allgemeinen ist das der Fall, wenn das Geschäftsergebnis der Bank, ausgedrückt durch eine zu definierende Ertragsrate, die entstandenen Kapitalkosten des Kapitalmarkts übertrifft oder zumindest diesen gleich ist. Im anderen Falle würde eine Wertvernichtung entstehen.

Ob ein **Wertzuwachs**, d.h. ein Mehrwert, für die Shareholder entstanden ist, wird üblicherweise ex post dadurch gemessen, dass die Entwicklung der marktmäßig entstandenen Börsenkurse miteinander verglichen wird (mark-to-market-Ansatz). Für die Prognose der Entwicklung von Geschäftsmodellen kann der geplante Wertzuwachs jedoch nur an Hand von Modellrechnungen (mark-to-model-Ansatz) ex ante ermittelt bzw. prognostiziert werden. Zu diesem Zweck erfolgt eine Multiplikation der Differenz zwischen Ertragsrate und Kapitalkosten mit dem eingesetzten Kapital der Shareholder:

$$\text{Wertzuwachs}=[\text{Ertragsrate}(\%) - \text{Kapitalkosten}(\%)] * \text{Shareholderkapital}$$

Da diese auch bei Banken beliebte und häufig allein ex ante zur Kommunikation der Zielsetzung und ex post zum Nachweis der realisierten Wertzuwächse benutzte Ziel- und Messgröße – wie unter 9.1.2.1 zu zeigen sein wird – nicht frei von Subjektivismen ist, sollten zur Klärung der Frage, ob und in welchem Ausmaß objektiv Werte geschaffen worden sind, die Ermittlung der **Cost-Income-Ratio** (CIR) erfolgen (3.1.2), die Auskunft über die Effizienz einer Bank gibt.

9.1.2.1 Eigenkapitalrentabilität und Kapitalkosten

Als Wert für die Ertragsrate findet bei Banken im Allgemeinen der **Return on Equity** (**RoE**) Anwendung und wird bei einigen Banken sogar als zentrale Zielgröße für das Jahresergebnis vorgegeben. Dabei stellt sich der RoE der Bank (**Bank-RoE**) als Verhältnis von Periodengewinn (vor oder nach Steuern) zum durchschnittlich eingesetzten Shareholderkapital der Betrachtungsperiode dar. Üblicherweise wird der Bank-RoE als Prozentzahl ermittelt (und ggf. vorgegeben), also

$$\text{Bank-RoE } (\%) = \frac{\text{Periodengewinn (vor oder nach Steuern)}}{\text{Shareholderkapital}} * 100.$$

Als **Shareholderkapital** wird dabei in der Regel das von den Aktionären aufgebrachte („gezeichnete") Kapital, die Kapitalrücklage, die Gewinnrücklage, unrealisierte Gewinne/ Verluste auf „Securities available for sale" und auf Derivate im Rahmen des sog. „Kumulierten übrigen umfassenden Periodenerfolges" angesehen. So einfach diese Kennzahl konstruiert ist, so problematisch ist ihre Anwendung als Zielgröße: Allein die Variation des Shareholderkapitals durch Kapitalrückzahlungen an die Aktionäre führt zu einer Verbesserung des RoE, ohne dass es zu einer Erhöhung des Periodengewinnes gekommen ist. Als weiteres Problem kommt bei Anwendung dieser Zielgröße hinzu, dass ein Teil der Vergütung des Bankmanagements an die Erreichung eines bestimmten Prozentsatzes des RoE geknüpft wird. In diesem Falle hat es das Bankmanagement in der Hand, sich durch Kapitalherabsetzung infolge der Manipulation des RoE einerseits die Höhe des Einkommens weitgehend selbst zu bestimmen, andererseits aber auch durch die Verwendung der Mittel aus der Kapitalherabsetzung genügend Finanzmittel zur Verfügung zu haben, um sich dieses Einkommen finanzieren zu können.

In diesem Zusammenhang kam den Ergebnissen einer im Jahre 2004 publizierten Studie des Beratungsunternehmens *ZEB* über die Rentabilität europäischer Banken für den Zeitraum 2001 bis 2003 erhebliche Bedeutung insofern zu, als daraus offensichtlich wurde, dass die Banken in Deutschland hinsichtlich des RoE im europäischen Durchschnitt mit Werten unter 5% weit abgeschlagen an letzter Stelle lagen (Abb. 60-8). Damit verbunden war ein ungünstiger Wert der Cost-Income-Ratio von etwas über 70%. Noch schlechter schnitten bezüglich der CIR die Banken der Schweiz und der Niederlande ab, die allerdings höhere Durchschnittswerte für den RoE von knapp über 10% und rund 14% erreichten.

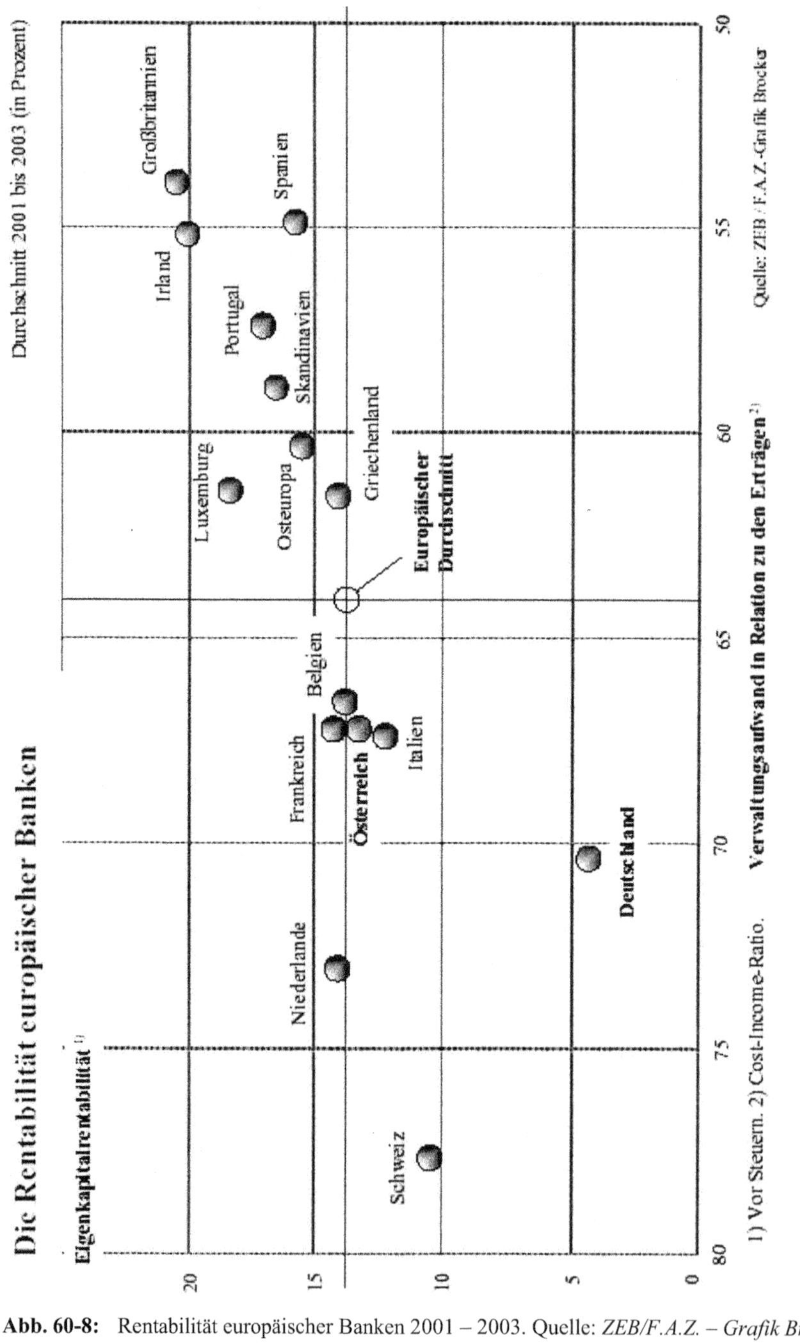

Abb. 60-8: Rentabilität europäischer Banken 2001 – 2003. Quelle: *ZEB/F.A.Z. – Grafik Brocker*

Die inferiore Wettbewerbsposition des deutschen Bankgewerbes in Europa bezüglich des RoE wurde durch breiter angelegte Erhebungen der *Deutschen Bundesbank* verdeutlicht, die zeigten, dass die deutschen Großbanken im Zeitraum 2001 bis 2003 sogar noch erheblich schlechtere Werte für die Eigenkapitalrentabilität vor Steuern aufwiesen (Tabelle 12-1). Dagegen lagen die RoE der Sparkassen und Kreditgenossenschaften über dem deutschen Durchschnitt und in etwa vergleichbar mit dem Durchschnitts-RoE der Schweiz.

Tab. 12-1: Eigenkapitalrentabilitäten ausgewählter Bankengruppen 2001 – 2009 (Jahresüberschuss vor Steuern in% des durchschnittlichen bilanziellen Eigenkapitals (einschl. Fonds für allgemeine Bankrisiken, jedoch ohne Genussrechtskapital). Quelle: *Deutsche Bundesbank* (2010a)

Jahr	Groß-banken	Spar-kassen	Kredit-genossen-schaften	Alle Banken-gruppen
2001	4,96	9,16	7,46	6,19
2002	-3,14	8,15	9,68	4,49
2003	-12,85	10,89	10,64	0,72
2004	-3,97	9,72	10,32	4,19
2005	31,72	10,45	13,79	13,00
2006	14,01	8,94	11,04	9,35
2007	25,97	7,24	8,14	6,57
2008	-25,30	4,00	5,53	-7,70
2009	-9,10	8,48	8,98	-0,84

Die Schaffung eines Wertzuwachses für die Shareholder hängt bei Anwendung des mark-to-model-Ansatzes nicht nur vom Bank-RoE ab, sondern – was in der öffentlichen Diskussion häufig nicht beachtet wird – auch von der Annahme über die Höhe der Eigenkapitalkosten der Bank, die vom Bank-RoE zu subtrahieren sind. Auf Gesamtbankebene entsprechen die Eigenkapitalkosten dem kalkulatorischen „Verzinsungsanspruch" der Shareholder auf das von ihnen investierte Kapital. Üblicherweise werden diese **Cost of Capital** (COC) mangels genauer Kenntnis der Ansprüche der Shareholder modellhaft über das Capital Asset Pricing Model theoretisch abgeleitet als:

$$COC(\%) = R_f + (R_m - R_f) * ß$$

wobei: R_f = Rendite risikofreier Finanzanlagen; R_m = Marktrendite des Aktienmarktes; ß = Beta-Faktor der Bank (=Risikomaß für die Abweichung vom mittleren Risiko ß = 1).

Bei den COC handelt es sich somit nicht um die tatsächlichen Eigenkapitalkosten einer Bank, sondern um die modellhaft ermittelten, erwarteten Kosten auf den Marktwert des Shareholderkapitals unter Berücksichtigung der Risikosituation einer Bank (zur Berechnung im Einzelnen siehe *Eilenberger* 2003, 233 ff).

9.1.2.2 Cost-Income-Ratio (CIR)

Die Beurteilung der Qualität der Kennzahl Bank-RoE, die auch Ergebnis der Nutzung von Bewertungsspielräumen und bilanzgestaltenden Maßnahmen ist, kann mit Hilfe der CIR erfolgen. Dazu werden die allgemeinen Aufwendungen des nichtmonetären Bereichs in ein Verhältnis zu den gesamten Erträgen aus dem operativen Bankgeschäft (einschließlich der Netto-Ergebnisse aus Finanzgeschäften) gesetzt, also:

$$CIR\ (\%) = \frac{\text{Allgemeine Verwaltungsaufwendungen}}{\text{Erträge aus dem operativen Bankgeschäft}} * 100$$

Diese Kennzahl, auch als **Efficiency Ratio** bezeichnet, zeigt, welcher Finanzmittelaufwand notwendig ist, um einen bestimmten Ertrag zu erzielen, der mit 1 normiert ist. Beträgt beispielsweise die Aufwand-Ertrag-Relation CIR=70%, so bedeutet das, dass von der Bank in der betreffenden Periode 0,70 € eingesetzt werden müssen bzw. mussten, um den Gegenwert von 1 EUR zu erzielen.

Für deutsche Großbanken ergaben sich im Zeitraum 2001 – 2003 gegenüber dem Durchschnitt aller Bankengruppen erheblich schlechtere Werte für die CIR (Tabelle 12-2), die mit 83,8% im Jahr 2001 eine negative Spitzenstellung erreichten. Übertroffen wurde dieses Ergebnis allerdings im Krisenjahr 2008, in dem Großbanken eine Durchschnitts-CIR von 128% realisierten, also zur Erzielung eines Euro einen Betrag von 1,28 € aufwenden mussten (bei einem Durchschnitts-RoE von –25,3%). Aber selbst bei dem Spitzenwert für den RoE im Jahr 2005 in Höhe von 31,72% erreichten die Großbanken lediglich eine CIR von 60,5% als überhaupt besten Wert im Zeitraum 2001 bis 2009. Im Vergleich dazu konnte im Jahr 2003 die auf Konsumentenkredite spezialisierte *Santander Consumer Credit Bank* mit einer CIR von 34% als effizienteste deutsche Bank glänzen (*Financial Times Deutschland, 26.10.2004*).

Tab. 12-2: Aufwand/Ertrag-Relation ausgewählter Bankengruppen 2001 – 2009 (Allgemeine Verwaltungsaufwendungen in Relation zu den Erträgen aus dem operativen Bankgeschäft). Quelle: *Deutsche Bundesbank* (2004, 23); (2007, 22); (2009, 25)

Jahr	Groß-banken	Spar-kassen	Kredit-genossen-schaften	Alle Banken-gruppen
2001	83,8	69,9	76,7	71,4
2002	77,9	66,5	73,1	67,2
2003	79,5	66,2	69,5	66,4
2004	80,8	64,9	68,7	65,5
2005	60,5	66,0	70,0	61,0
2006	69,0	65,8	64,4	62,3
2007	68,1	69,5	70,5	64,9
2008	128,2	68,8	68,3	73,4
2009	76,8	66,6	68,3	65,1

9.1.2.3 Konsequenzen

Die Erzielung eines hohen Bank-RoE ist nicht zwangsläufig mit einer möglichst niedrigen CIR verbunden. Der Grund dafür liegt darin, dass die Kennzahl Bank-RoE insbesondere durch Maßnahmen zur Verringerung des einzusetzenden bzw. eingesetzten Shareholderkapitals bankpolitisch in Richtung auf die gewünschte Eigenkapitalrentabilität verändert werden kann: Über Aktienrückkäufe verringert das Bankmanagement das Shareholderkapital und verbessert dadurch bei unverändertem Jahresüberschuss die Eigenkapitalrentabilität. Die Folge ist allerdings eine zu schmale Eigenkapitalbasis, die in Krisensituationen – wie in den Jahren 2008 und 2009 – zu negativen Eigenkapitalrentabilitäten führt (Tabelle 12-1) und ggf. den Zwang zu Staatbeteiligungen für systemrelevante Banken nach sich zieht.

Alternativ oder begleitend kann durch geeignete geschäftspolitische Entscheidungen, z.B. durch Rationalisierungen, Kostensenkungsprogramme und Outsourcing von Leistungen, der Jahresüberschuss erhöht und damit der RoE auch von dieser Seite her verbessert werden. Die Ergebnisse derartiger Maßnahmen schlagen sich als Verbesserungen der Effizienz in einer günstigeren CIR nieder. Insofern würden die Entwicklungen von RoE und CIR kompatibel sein und als Verbesserungen beider Kennzahlenwerte in Erscheinung treten.

Zeigt sich im konkreten Fall jedoch, wie am Beispiel der deutschen Großbanken im Zeitraum 2005 – 2007 in den Tabellen 12-1 und 12-2 dokumentiert, dass respektablen RoE-Werten (31,72%, 14,01%, 25,97%) lediglich CIR-Ergebnisse von 60,5%, 69% und 68,1% entsprechen, so wird deutlich, dass das Bankmanagement den schnellen Erfolg gesucht und die langfristige Ausrichtung der Geschäftspolitik am Kriterium der Effizienz nicht geleistet hat. Erheblichen Anteil an einer derartigen Entwicklung tragen ohne Zweifel das Geschäftsmodell der integrierten Bank und die dabei gepflegte One-Bank-Strategie dieser Universalbanken.

Analoge Schlussfolgerungen lassen sich auch für die beiden anderen deutschen Bankengruppen ziehen, deren Geschäftsmodelle grundsätzlich ebenfalls dem Konzept der integrierten Bank folgen, wenn sie auch auf Grund ihrer andersgearteten Eigenkapitalverhältnisse und ihrer begrenzten Möglichkeiten im Investmentbanking zu einer Bankpolitik der Erzielung hoher RoE nur eingeschränkt in der Lage sind. Die Entwicklung ihrer CIR- Werte, die im Zeitraum 2001 – 2009 bestenfalls auf Größenordnungen bis zu 65% gesenkt werden konnten, ist gleichwohl unbefriedigend und auf die mangelnde Spezialisierung ihres Geschäftsmodells zurückzuführen.

9.2 Bankbetriebliche Ziele

In Anbetracht der Stellung der Ziele im Führungsentscheidungsprozess kommt den **Zielsetzungsentscheidungen** auf allen Ebenen des Bank-Managements zentrale Bedeutung zu. Dabei zeigt sich die Besonderheit, dass ein beträchtlicher Teil der Bankbetriebe in den Entscheidungen über die zu verfolgenden Zielsetzungen nicht völlig autonom ist, sondern bestimmte Vorgaben oder Einschränkungen seitens des Gesetzgebers zu beachten hat. Dies gilt vor allem für die Bankbetriebe des **Sparkassensektors,** denen durch die Sparkassengesetze der Länder **Auftrags-** und **Sicherungsziele** (siehe *dazu Schmitz*) vorgegeben sind, und für die Bankbetriebe des **Genossenschaftssektors,** denen entsprechend § 1 Genossenschaftsgesetz als oberste Zielsetzung die Förderung der Mitglieder obliegt **(Förderungsauftrag;** siehe *Wittgen* 1967; *Swoboda*). Auch diejenigen Bankbetriebe, die als **Körperschaften des öffentlichen Rechts** außerhalb der genannten Bereiche operieren, sind in ihren Zielsetzungsentscheidungen an die im speziellen Errichtungsgesetz näher bestimmte Aufgabe gebunden **(Leistungsziele).** Grundsätzlich besteht somit nur für die in der Bundesbankstatistik so bezeichneten **Kreditbanken** (Großbanken, Regionalbanken und sonstige Kreditbanken, Privatbankiers, Zweigstellen ausländischer Banken; siehe 5.1), **privaten Sparkassen, privaten Pfandbriefbanken, Teilzahlungskreditinstituten** und **privaten Bausparkassen** die freie Wahl der Oberziele (Spitzenziele).

Wenn auch repräsentative Erhebungen über bankbetriebliche Zielsetzungen oder Zielsysteme von Banken fehlen, kann dennoch die Existenz multivariabler Zielsysteme, wie sie von *Heinen* (1976) für Unternehmen allgemein ermittelt worden sind, auch bei Bankbetrieben unterstellt werden, allerdings unter den oben angeführten Einschränkungen. Grundsätzlich dominiert bei Bankbetrieben, die insgesamt – faktisch auch die Sparkassen – erwerbswirtschaftlich orientierte Unternehmen des Finanzbereiches darstellen, das **Motiv** der **langfristigen Gewinnerzielung,** das die Richtung der wirtschaftlichen Betätigung für Bankbetriebe abgibt. In Konkurrenz dazu tritt allerdings seit einigen Jahren das Motiv der **Maximierung des Unternehmenswertes** von Banken (siehe dazu 9.1.2). Da derartige Motive zwar **Handlungsantriebe** (oder bestenfalls metaökonomische Ziele) darstellen, die konkreten Zielfixierungen vorgelagert sind (vgl. *Leupold,* 23 f.) und demnach nur kausalen Zugang zu den von den Bankbetrieben als erstrebenswert angesehenen zukünftigen betrieblichen Zuständen liefern können, bedarf es ökonomischer Wertsetzungen, die ihren Ausdruck in Zielsetzungen bzw. Zielsystemen finden.

Erst die konkreten **Zielsetzungen,** die als **Handlungsanweisungen** an das Bank-Management und die nachgeordneten Instanzen den Rahmen für die bankbetrieblichen Entscheidungen abstecken, bestimmen das Verhalten der Bankbetriebe (siehe Abbildung 1). Hinsichtlich des Konkretisierungsgrades derartiger Handlungsanweisungen zeigt sich auch bei Bankbetrieben, dass dieser – hierarchisch gesehen – von oben nach unten zunimmt und auf der Ausführungsebene eine derartige Intensität aufweisen kann, die sogar teilweise Automatisierungen der Abläufe von Objektprozessen zulassen. Von den Zielsetzungen zu unterscheiden sind die – oft fälschlich selbst als „Ziele" bezeichneten – **Strategien.** Darunter werden alle jene langfristig wirksamen (Ziel-Mittel-)Entscheidungen verstanden, die zur Erreichung der vorgegebenen obersten (strategischen) Zielsetzungen des Bankbetriebes zu treffen sind. So kann das bei einer Reihe von Autoren als eines der „Spitzenziele" bezeichnete Streben nach „Markterweiterung" lediglich als eine (unter mehreren) mögliche Strategie identifiziert werden, mit deren Hilfe das Bank-Management übergeordnete Zielsetzungen monetärer oder auch nichtmonetärer Art (wie beispielsweise das Streben nach Macht, Einfluss, Prestige; siehe dazu *Heinen* 1976, 77 ff.) zu realisieren versucht.

Den **Motiven** kommt allerdings insofern entscheidende Bedeutung zu, als sie einerseits die Gewichtung der einzelnen Ziele innerhalb des bankbetrieblichen Zielsystems beeinflussen, andererseits die Ebene der Zielhierarchie festlegen, auf deren Mittelentscheidungen der Begriff Strategie Anwendung finden soll. Deshalb sind **Strategien** letztlich **Mittel** zur Verwirklichung der in den Zielsetzungen zum Ausdruck kommenden Motive zur bankbetrieblichen Betätigung, die sich auf alle Aktionsbereiche des Bankbetriebes beziehen. Besteht beispielsweise das Oberziel in der Forderung, innerhalb eines bestimmten Zeitraumes einen hohen absoluten Gewinnbetrag (oder einen hohen Wertzuwachs) zu erreichen, so kann zur Verwirklichung grundsätzlich eine „Expansionsstrategie" ebenso in Betracht kommen wie eine „Selektive Gewinn-Strategie" (siehe *Eilenberger* 1987b): Expansionsstrategie würde eine Erhöhung des Marktanteils durch Kapazitätserweiterung, durch Markterschließung neuer Regionen (des In- und Auslandes), durch Entwicklung neuer Bankleistungen, durch qualitative Verbesserungen bestehender Bankleistungen oder durch Marktförderung bedeuten. Eine **Selektive Gewinn-Strategie** dagegen würde dadurch gekennzeichnet sein, dass die Realisierung des vorgegebenen Oberziels vom Bank-Management durch Bereinigung des bankbetrieblichen Leistungsprogramms, durch Kostenreduktion, Kundenbereinigung, strenge Kontrolle des Kapitaleinsatzes, Halten von Marktanteilen u.a. angestrebt wird. Während im Rahmen der Expansionsstrategie primär marktgerichtete Instrumente zur Zielrealisation eingesetzt werden, sind es im Falle der selektiven Gewinn-Strategie in erster Linie intern wirkende Instrumente (zu den Instrumenten einer derartigen Tool Box siehe auch *Mertin* 1978, 248 ff.).

9.2.1 Bankbetriebliche Oberziele

Bankbetriebliche Ziele, die als Führungsgrößen (Sollvorstellungen) in die bankbetrieblichen Steuerungs- und Regelungsprozesse eingehen (Abbildung 60), stehen in engem Zusammenhang zu Entscheidungen einerseits und der bankbetrieblichen Organisation andererseits. Sie koordinieren die interne und die externe bankbetriebliche Umwelt. Letztere kann durch entsprechende Zielgestaltung und Durchsetzungsmöglichkeiten darüber hinaus in gewissem Umfang manipuliert oder sogar beherrscht werden.

Klassifiziert man bankbetriebliche **Oberziele,** so kann grundsätzlich zwischen **monetären** und **nicht-monetären** Zielen unterschieden werden (siehe dazu auch *Kolbeck,* 67ff.), wobei schließlich auch jeweils deren **Dimension** (Zielinhalt, Zielausmaß, zeitlicher Bezug der Ziele) zu beachten ist. **Monetäre bankbetriebliche Oberziele** sind quantifizierbar und damit operational. Dementsprechend handelt es sich dabei um einkommensorientierte, vermögensorientierte, liquiditätsorientierte, rentabilitätsorientierte und ggf. um Cash-Flow-orientierte Zielgrößen (Abbildung 61). Der Einbezug derartiger Ziele in das individuelle Zielsystem eines Bankbetriebes sowie die Festlegung des jeweiligen Zielausmaßes, die zeitliche Dimensionierung der Zielerreichung und die Präferenzrelation (Rangordnung der Ziele innerhalb des Zielsystems) hängt von der Entscheidung der normativen Führungsebene des betreffenden Bankbetriebes ab. Dasselbe gilt für **nicht-monetäre bankbetriebliche Oberziele**, die beispielsweise in den Postulaten bestehen können, alle Kunden bestmöglich zu betreuen, den Kundennutzen von Produkten und die Kundenzufriedenheit zu steigern, die Kapitalanlage der Eigentümer der Bank zu schützen, die Entfaltung des freien Unternehmertums zu fördern, die Entwicklung von Gebietskörperschaften zu unterstützen und Sorge für Anerkennung, Aufstiegsmöglichkeiten und Sicherheit des Personals der Bank zu tragen. Dazu kommen die eingangs angesprochenen Auftrags- und Förderziele, die durch den Gesetzgeber sehr allgemein formuliert sind. Das Streben nach Macht als elementare Antriebskraft unternehmerischen Handelns (*Heinen* 1976, 80) fehlt generell in den bekannten Konzeptionen bankbetrieblicher Zielsysteme. Dies kann zum einen auf den unbefriedigenden Stand der empirischen Zielforschung ebenso zurückzuführen sein wie auf das Bestreben von Bank-Managern, bei schriftlichen oder persönlichen Befragungen die mögliche Kritik der Öffentlichkeit an bestimmten Zielsetzungen zu berücksichtigen und derartige Zielsetzungen, die dem Image der

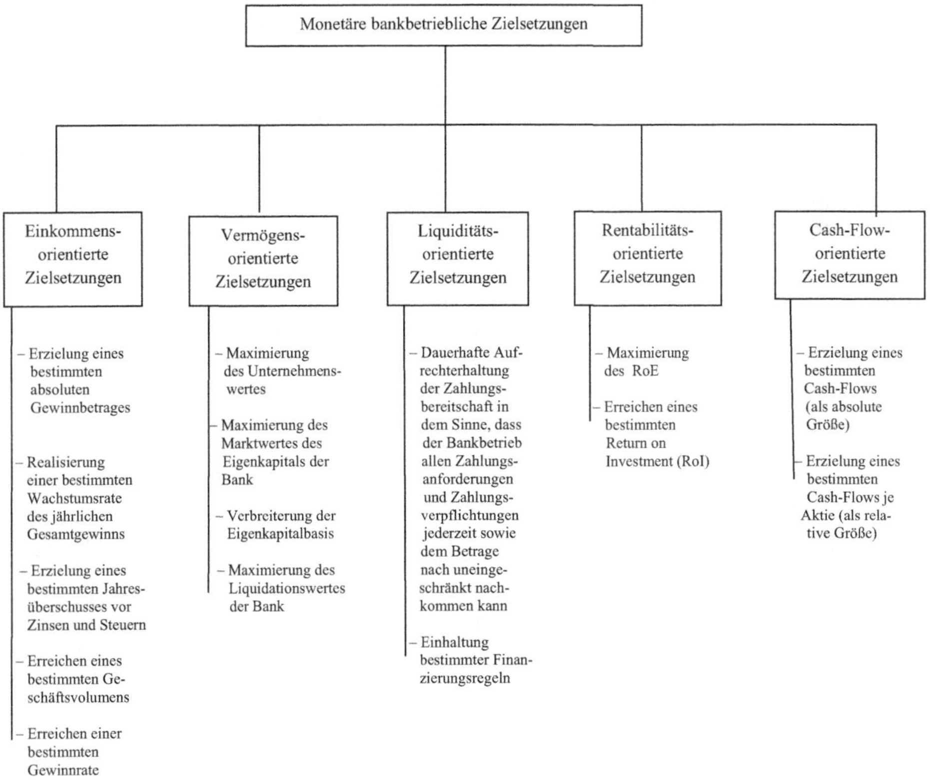

Abb. 61: Klassifikation monetärer Zielsetzungen von Bankbetrieben

Banken oder ihrer Führer abträglich sein könnten, entweder nicht direkt zu nennen oder zu umschreiben (z.B. durch den Terminus „Marktausweitung" das Streben nach Marktmacht zu verdecken).

Für **internationale Banken** weist eine sehr frühe Umfrage von *Davis* (1979, 36ff.) darauf hin, dass relativ wenige Banken über ein Zielsystem mit Präferenzrelationen verfügten. Die meistgenannten obersten Zielsetzungen waren das Streben nach Gewinn und Befriedigung der Kundenbedürfnisse. Dabei zeigte sich, dass die in die Umfrage einbezogenen nordamerikanischen Banken „Gewinnerzielung" in 80% der Fälle als ihre erste Zielsetzung bezeichnet haben (bei den europäischen und sonstigen Banken waren nur 58% n dieser Richtung festgelegt). Zur Quantifizierung dieser globalen Zielbestimmung benutzen die meisten Banken einen bestimmten Anteil des Gewinns (in%) der Gesamterträge der Bank oder der Bilanzsumme (ggf. am Anteil der Bilanzsumme aus der internationalen Betätigung). Die Ausführungen zu 9.1.2 lassen allerdings offenkundig werden, dass auf Grund der Übernahme des Konzepts der wertorientierten Unternehmensführung als Spitzenziel die Realisierung eines bestimmten RoE pro Periode von den international bzw. global agierenden internationalenBanken verfolgt wird. Dies auch deshalb, weil im globalen Wettbewerb um Investoren bzw. Shareholder diese Zielsetzung überaus einfach zu kommunizieren ist und von allen Investoren bestens verstanden wird.

Da Zielsetzungsentscheidungen Soll-Größen darstellen, kann sich bei erheblichen **Abweichungen** zwischen Sollvorstellungen und tatsächlich eingetretenen bankbetrieblichen Ergebnissen für das Bank-Management die Frage ergeben, ob die Ergebnisse der Leistungsprozesse durch geeignete Maßnahmen den Vorgaben angenähert werden können oder die Zielsetzungen selbst den (abweichenden) Ergebnissen angepasst werden sollen. Wenn es auch im Regelfall zu Anpassungen der Leistungsprozesse kommt, werden doch in mehr oder weniger regelmäßigen Abständen Entscheidungen zum **Wandel** von **Zielsetzungen** nötig. Dies gilt sowohl für den Zielinhalt als auch das Zielausmaß (dessen Wandel häufiger vorkommt) und die zeitliche Dimension von Zielen.

9.2.2 Bankbetriebliche Subziele

Die vorwiegend allgemein gehaltenen Formulierungen von Oberzielen, die eine Vielzahl von Handlungsalternativen zur Zielerreichung für das System Bankbetrieb als Ganzes eröffnen, bedürfen einer weitergehenden Operationalisierung insofern, als die nachgeordneten Führungs- und Ausführungsinstanzen der jeweiligen Subsysteme brauchbare Führungsgrößen zur Durchführung der Objekt- und Organisationsprozesse benötigen. Entsprechend der relevanten bankbetrieblichen Subsysteme sind daher insbesondere produktionswirtschaftliche Subziele, Unterstützungs-, Instandhaltungs-Subziele und informationswirtschaftliche Subziele abzuleiten und vorzugeben. Die weitere Konkretisierung dieser noch immer relativ allgemein gehaltenen Zielsetzungen in detailliertere **Unterziele** (Zielvorschriften) erfolgt durch die zuständigen Entscheidungsträger der betreffenden Führungsebenen. Zu beachten ist dabei allerdings, dass die Subziele zu den Oberzielen nicht konfliktär festgelegt werden, sondern in einer Weise, die eine Zielerreichung des Gesamtsystems bestmöglich fördert. Dies gilt in besonderem Maße für die Beachtung liquiditätsorientierter Zielsetzungen, von deren Einhaltung die Sicherung der Existenz des Bankbetriebes abhängt. Im Einzelnen handelt es sich um folgende **Typen** von Subzielen:

(a) Produktionswirtschaftliche Subziele

Diese Klasse abgeleitete Ziele umfasst vor allem Vorgaben hinsichtlich des als erforderlich angesehenen Outputs an Bankmarktleistungen sowie Interbank- und Eigenleistungen, der Zusammensetzung des Leistungsprogramms unter Berücksichtigung der wichtigsten Zielgruppen von Nachfragern, der Schaffung der kapazitätsmäßigen Voraussetzungen, der qualitativen sowie quantitativen Anforderungen an die Produktionsfaktoren und der Grundsätze zur Kombination der Produktionsfaktoren (unter besonderer Berücksichtigung des Wirtschaftlichkeitskriteriums).

(b) Unterstützungsziele

Zu unterstreichen sind in diesem Zusammenhang die Zielsetzungen zur **direkten** Unterstützung der Leistungserstellung (Beschaffung von Finanzmitteln in Abstimmung mit den produktionswirtschaftlichen Erfordernissen, Gestaltung der Fristigkeitsstruktur der Mittel, Quellen und Methoden der Mittelbeschaffung einerseits, der Vorgabe der Absatzkonzeption für Bankmarktleistungen andererseits) und zur **indirekten** Unterstützung (z.B. Strategien zur Schaffung eines dem Bankbetrieb günstigen Umweltklimas).

(c) Instandhaltungsziele

Diese Klasse von Subzielen betrifft Konkretisierungen der bankbetrieblichen Oberziele hinsichtlich der Zahl, Rekrutierung und Auswahl geeigneter Mitarbeiter der Führungs- und der Ausführungsebene, der Rollengestaltung und Sozialisation, der Aus-und Weiterbildung sowie der Leistungsmotivation (siehe dazu im einzelnen *Eilenberger* 1975, 47ff.).

(d) Informationswirtschaftliche Subziele

Entsprechend des Stellenwertes der Informationen im Rahmen bankbetrieblicher Entscheidungsprozesse erfolgt die Spezialisierung der Oberziele – unter Berücksichtigung des Informationsbedarfs der jeweiligen Subsysteme – vor allem in Richtung auf Gewinnung geeigneter externer und interner Informationen, der zweckmäßigen Auswahl von Informationsquellen, der Aufbereitung und Verarbeitung von Informationen sowie der zweckmäßigen Ausgestaltung von Informationsnetzen und Informationssystemen zum Nutzen der Entscheidungsträger.

9.2.3 Zielbildungsprozesse in Bankbetrieben

Zielbildungsprozesse in Bankbetrieben sind ihrer **Struktur** nach regelmäßig als multipersonale Entscheidungsprozesse von Mehrpersonen-Unternehmungen gekennzeichnet. Dies gilt gleichermaßen für privatrechtliche und öffentlich-rechtliche Organisationsformen von Bankbetrieben. Gegenstand des Interesses sind daher im Folgenden die in der Realität vorherrschenden **kollektiven** Zielentscheidungsprozesse (Zielentscheidungen von Einzelfirmen bleiben außer Betracht, da sie die Ausnahme darstellen).

Die Kennzeichnung bankbetrieblicher Zielbildungsprozesse als multipersonale (kollektive) Entscheidungsprozesse impliziert, dass **Individualziele** und **Ziele für den Bankbetrieb** um die Autorisierung als **Ziele des Bankbetriebes** (= bankbetriebliche Oberziele) durch das Entscheidungskollegium konkurrieren: Individualziele werden sowohl von sozialen Elementen des Bankbetriebes selbst als auch von sozialen Elementen der externen Umwelt (z.B. Aktionäre, Nachfrager, staatliche Organe) an die Autorisierungsorgane als Ziele für den Bankbetrieb herangetragen. Das wird immer dann der Fall sein, wenn Individualziele und Ziele des Bankbetriebs nicht übereinstimmen und die sozialen Elemente sich den autorisierten

Zielen nicht anpassen wollen oder können. Die von der Verfassung (Satzung) des Bankbetriebs legitimierten Führungsorgane haben dann über die Autorisierung zu entscheiden. Es besteht somit grundsätzlich eine Wettbewerbssituation zwischen den sozialen Elementen zur Durchsetzung von Individualzielen, die ggf. durch Gruppen- und Koalitionenbildung zum Zwecke der besseren Durchsetzung der speziellen Zielvorstellungen in ihrer Intensität gemindert werden kann.

Koalitionenbildung führt zu bankbetriebliche Zielformulierungen, die den Interessen und Ansprüchen derjenigen sozialen Elemente und Koalitionen genügen, deren Unterstützung zur Durchsetzung der Ziele unbedingt erforderlich ist. Insbesondere sind beispielsweise die Gewährung einer ausreichenden Dividende an die Aktionäre, eine angemessene Entlohnung der Mitarbeiter, Aufstiegsmöglichkeiten für geeignete Angestellte, Verschaffung von Prestige und Ansehen, oder Beratung und Beistand der öffentlichen Hand im Hinblick auf den erfolgreichen Abschluss wichtiger Projekte, vorzusehen und deren Realisierung sicherzustellen. Im Falle der Koalitionenbildung werden die Ziele des Bankbetriebes in **Verhandlungsprozessen** (Multi-Level-Bargaining-Process) festgelegt, wobei das zur Autorisierung berechtigte Führungsorgan vielfach Vermittlungsfunktionen ausübt und/oder als Koordinatsgremium fungiert. Auf Grund derartiger Machtkonstellationen im Zielbildungsprozess des Bankbetriebes stellen die obersten Ziele des Bankbetriebs letztlich oft Kompromisse dar, die sich in einer entsprechend allgemein gehaltenen Zielformulierung niederschlagen können. In sie gehen sowohl Forderungen von Mitgliedern der Koalition als auch Ziele der Mitglieder des Führungsorgans selbst ein. Auf Grund empirischer Beobachtungen können bankbetriebliche Zielbildungsprozesse hinsichtlich der **Richtung** des Prozesses auf zwei **Hauptprozesstypen** (Idealtypen) zurückgeführt werden. Daneben sind Misch- bzw. Zwischenformen innerhalb des Spektrums autoritärer und kollegial-demokratischer Zielbildungsformen zu berücksichtigen (siehe *Abel):*

(a) Top-to-down-Approach:

Der Zielbildungsprozess verläuft – hierarchisch gesehen – von oben nach unten und weist grundsätzlich eher autoritäre Tendenzen auf. Die Ziele werden vorläufig durch die oberste Führungsebene als Autorisierungsorgan auf der Grundlage einer Analyse der externen Umweltfaktoren für die nächsten Jahre festgelegt (**Schlüssel-** oder **Basisziele**). Diese beinhalten z.B. das erwartete Volumen der Einlagen bzw. den Umfang von Einlagensteigerungen, die Gewinnprognose sowie – als strategisches Element – die Richtung der anzustrebenden Expansion. Sie sind außerdem durch die Angabe der Zeit und des Ausmaßes der Zielerreichung spezifiziert. Die vorbereitenden Maßnahmen zur Zielsetzung werden von Planungsausschüssen bzw. Planungsstäben wahrgenommen. Anschließend daran wird die Meinung der nachgeordneten Führungsebenen (z.B. Abteilungen, Divisions) eingeholt. Diese nachgeordneten Führungsebenen entwickeln unter Berücksichtigung der vorhandenen Kapazitäten des Bankbetriebs für ihre Kompetenzbereiche **Bereichsziele** (Subziele), die als Grundlage der Erarbeitung von Handlungsanweisungen für die weiteren (unteren) Ebenen, insbesondere die Ausführungsebene dienen (z.B. spezifische Projekte und Programme, detailliert nach Priorität, benötigtem Personal, Anforderungen an Räume und Einrichtungen, verantwortliche Leiter u.a.).

Die Rückkopplung und Anpassung erfolgt in der Weise, dass die Bereichsleiter ihre auf der Basis der vorgegebenen Ziele der obersten Führungsebene erarbeiteten Bereichsziele gegenüber dem Kernorgan des Bankbetriebes zu vertreten haben und dieses über die Realisierung der vorgeschlagenen Subziele bzw. Wandlung der obersten Ziele des Bankbetriebes entscheidet. Dieser Typ des Zielbildungsprozesses scheint vorzuherrschen. Unter Berücksichtigung unternehmensspezifischer Variationen äußerte sich jedenfalls die Mehrzahl der von *Abel* befragten Bankbetriebe in diesem Sinne.

(b) Bottom-up-Approach:

Der Zielbildungsprozess weist einen Verlauf von unten nach oben auf. Das bedeutet, dass in diesem Fall die adaptive Führungsebene (z.B. Abteilungen als kleinste Entscheidungseinheiten) die Basis des Zielbildungsprozesses darstellt. Allerdings sind im Interesse einer sinnvollen und rationellen Vorgehensweise vom Autorisierungsorgan **Richtlinien** für die Zielbildung vorzugeben. Aus den in Abteilungen und Sparten erarbeiteten (Sub-)Zielen, die sowohl externe als auch interne Daten der unmittelbaren Umwelt der Abteilung einschließen, werden von der normativen oder strukturierenden Führungsebene die Gesamtziele des Bankbetriebes abgeleitet. Im Gegensatz zu dem zuvor angeführten Typ des top-to-down-Approaches stammen hier die grundlegenden Ideen und Zielvorstellungen aus den nachgeordneten Führungsebenen.

(c) Mischformen:

Neben den unter (a) und (b) behandelten Haupttypen bankbetrieblicher Zielbildungsprozesse sind in der Realität Mischformen anzutreffen, bei denen beispielsweise die kurzfristigen Zielsetzungen (siehe dazu *Zumbach)* dezentral für den engeren Aufgabenbereich festgelegt werden, dagegen die langfristigen Zielsetzungen durch zentrale Entscheidungsgremien getroffen werden (**Gegenstromverfahren**).

Spezielle Probleme bankbetrieblicher Zielsetzungsentscheidungen ergeben sich für **multinationale Bankbetriebe,** bei denen nicht nur Zielsetzungen für die MNB als Ganzes, sondern auch für die einzelnen Einheiten (Spitzeneinheit und ausländische Grundeinheiten) im Sinne von **Subzielen** zu bestimmen sind. Als Koordinationsstelle fungiert in diesem Falle zweckmäßigerweise die **Internationale Abteilung** (International Division). Grundsätzlich lassen sich die dabei auftretenden Erscheinungsformen von Zielbildungsprozessen nach den oben angeführten Kriterien klassifizieren. An die Stelle der Abteilungen oder Sparten treten jedoch konzernangehörige, rechtlich selbständige Bankbetriebe des Auslands oder rechtlich unselbständige Filialen und Niederlassungen der Spitzeneinheit im Ausland. Ähnliche Probleme treten gleichermaßen im Rahmen eines auf das Inland beschränkten Bankkonzerns oder bei verzweigten Filial- und Niederlassungsnetzen von Großbanken im Inland auf.

9.3 Funktionen des Bank-Managements

Entsprechend der **Struktur** von (Führungs-)Entscheidungsprozessen (Abbildung 62) und unabhängig von der jeweiligen spezifischen Aufgabenzuweisung hat das Bank-Management grundsätzlich die Funktionen der Planung, der Entscheidung und Steuerung einschließlich deren Realisation und der Kontrolle wahrzunehmen. Es ist offensichtlich, dass der **Entscheidungsvorbereitung** (Planung) wesentliche Bedeutung für die Qualität der zu treffenden Entscheidungen zukommt. Parallel zu den Phasen des eigentlichen Entscheidungsprozesses und eng mit ihnen verknüpft, verlaufen die Phasen eines bewussten und aktiven Risiko-Managements (siehe 7.2.1.3.1), dessen Bankbetriebe in besonderem Maße bedürfen.

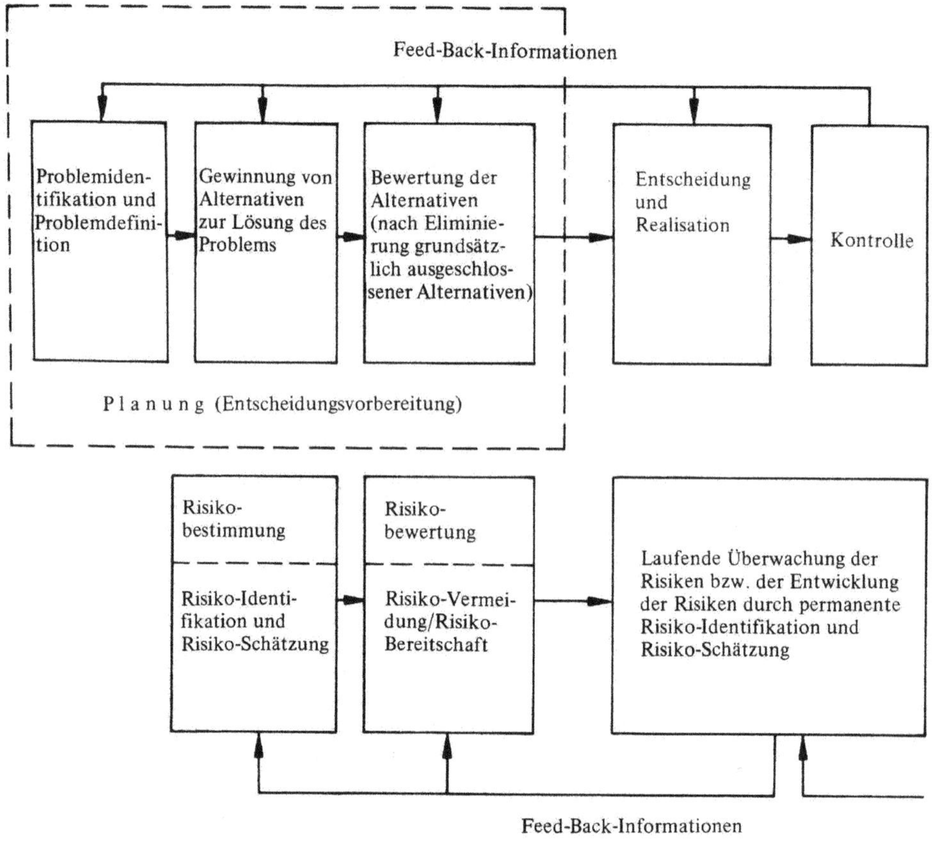

Abb. 62: Phasen des Führungsentscheidungsprozesses und des Risiko-Managements

Entscheidungen und deren **Realisation** bestimmen im Außenverhältnis des Bankbetriebes Aktionen und Reaktionen gegenüber einer sich ständig wandelnden Relevanten Umwelt **(Marktentscheidungen).** Derartige Entscheidungen spielen in Anbetracht der Bedeutung der externen Produktionsfaktoren, die aus der Umwelt stammen, für den bankbetrieblichen Produktionsprozess (siehe 7.1.2.2) eine nicht minder existentielle Rolle als die Entscheidungen im **Innenverhältnis (Betriebliche Entscheidungen**). Diese sichern in Form von **Organisationsentscheidungen** die Koordination von Einzelleistungen und in Form von **Objektentscheidungen** die zielgerichtete, effiziente Steuerung der Leistungsprozesse in der Weise, dass daraus im Zusammenwirken und Ergebnis eine integrierte bankbetriebliche Gesamtleistung resultiert. Insbesondere wegen der Besonderheiten der bankbetrieblichen Leistungen und Produktion erhält die Fähigkeit des Bank-Managements zur Integration und Organisation der Vielzahl geistiger, nicht-materieller Arbeitsprozesse im Hinblick auf deren Effizienz einen hohen Stellenwert.

Das Aufgabengebiet der **Kontrolle** erstreckt sich auf die Erfassung und Analyse von Abweichungen zwischen Plandaten und den Ergebnissen der Realisationsphase sowie die Rückmeldung der so gewonnenen Informationen (**Feed-Back-Informationen**) an die zuständigen, verantwortlichen Entscheidungsträger. Dadurch werden diese in die Lage versetzt, entweder die vorgegebenen Zielsetzungen und Plandaten realistischer festzulegen (sofern sie in Plangrößen bestanden haben, die unter keinen Umständen zu erreichen waren) oder den Vollzug von bankwirtschaftlichen Entscheidungen effektiver zu gestalten, wenn die Plandaten realitätsnah gestaltet waren und bei entsprechenden Anstrengungen bzw. Maßnahmen zu verwirklichen gewesen wären. Die Kontrollmaßnahmen begleiten parallel oder phasenverschoben den gesamten Entscheidungsprozess. Sie zielen auch auf eine Erhöhung der Qualität der bankbetrieblichen Entscheidungen ab. Hinsichtlich der Kontrollarten ist zwischen **verfahrensorientierten (verhaltensorientierten) Kontrollen,** die Aufschluss über die Einhaltung von Verfahrens- und Entscheidungsprogrammen geben sollen, und **ergebnisorientierten Kontrollen** zu unterscheiden. Letztere dienen der Informationsgewinnung mit dem Ziel einer Verringerung des Unsicherheitsgrades der Entscheidungsträger. Derartige Informationen liefert das bankbetriebliche Rechnungswesen, insbesondere die Bank-Kostenrechnung (siehe 9.3.3.2).

9.3.1 Bank-Planung

Bank-Planung bedeutet die gedankliche Vorwegnahme dispositiver bankbetrieblicher Maßnahmen zum Zwecke der Verminderung der Unsicherheit über die zukünftige Entwicklung. Anzustreben wäre deshalb die Entwicklung realitätsnaher Modelle des Bankbetriebes einschließlich seiner Relevanten Umwelt, an denen die möglichen und sinnvollen Entscheidungsalternativen gedanklich durchgespielt werden können und mit deren Hilfe schließlich die – unter den gegebenen Umständen bzw. getroffenen Annahmen sowie den unterstellten Erwartungen über das Eintreffen des gewünschten Erfolges – bestmögliche Alternative ausgewählt wird (Entschluss). Somit stellt sich die Bank-Planung für das Bank-Management grundsätzlich als dasjenige Instrument dar, mit dem es sich – in Abhängigkeit von getroffenen Annahmen – einen gesamthaften, aber auch hinreichend strukturierten (gedanklichen) Überblick über die jeweilige konkrete Führungsaufgabe verschafft (vgl. *Gälweiler,* 1885), der es ermöglicht, den Bankbetrieb auf allen Führungsebenen und hinsichtlich aller Subsysteme **zielgerichtet** in die Zukunft zu führen und zu steuern.

Hauptaufgabe der Bank-Planung muss es daher sein (siehe dazu auch *Passardi* 1975, 235 f.), zum einen konkrete lang-, mittel- und kurzfristige Zielsetzungen fundiert zu erarbeiten, zu koordinieren und zu fixieren (**Zielplanung**), zum anderen zur Realisierung der gesetzten Ziele des Bankbetriebes wirkungsvolle Maßnahmen im Sinne einer aktiven Zukunftsgestaltung vorzubereiten, zu koordinieren und festzulegen (**Zielerreichungsplanung**; **Ausführungsplanung**). Dies schließt auch die Vorbereitung und Berücksichtigung solcher Entscheidungsalternativen mit ein, deren Einsatz in kritischen Situationen notwendig werden kann (**Krisenmanagement**; siehe dazu v.a. *Bickhoff et al.*). Die Vorbereitung derartiger „unwahrscheinlicher" Entscheidungsalternativen bedeutet nicht nur eine Erweiterung der Sensibilität des Bank-Managements für mögliche kritische Situationen, die allerdings nicht völlig außerhalb realistischer Erwartungswerte über ihr Eintreffen liegen dürfen, sondern auch eine Verbesserung des Handlungsspielraums und der Entscheidungsqualität, wenn die kritischen Situationen dann tatsächlich eintreffen. So sind im Sinne wirksamer mittel- und langfristiger Planung **Eventualpläne** beispielsweise für den Fall vorzubereiten, dass unvermutet Konjunktureinbrüche auftreten oder sich gravierende Veränderungen des Kundenverhaltens ergeben, die sich in einer Verschiebung der Nachfrage von Anlageleistungen in Form von Spareinlagen zu höherverzinslichen Anlageformen (außerhalb des Bankbetriebes) äußern und die Finanzierung des Bankbetriebes unter Umständen erheblich beeinträchtigen. Die Existenz vorbereiteter Eventualpläne erlaubt eine rechtzeitige und zielgerichtete Reaktion im Rahmen des Krisenmanagements auf diese schwerwiegenden Änderungen der Umweltsituation.

Damit wird auch der Unterschied zwischen Planung und Improvisation sowie Intuition deutlich: **Improvisationen** werden dann notwendig, wenn vom Bank-Management auf weitsichtig vorbereitete, gedankliche Dispositionen nicht zurückgegriffen werden kann. In diesen Fällen ist die Bank-Führung gezwungen, unter Zeitdruck sowie ohne Möglichkeit einer umfassenden Analyse und Bewertung der Entscheidungssituation Maßnahmen zu ergreifen, die zwar unter den gegebenen Umständen die bestmöglichen sein können, doch bleibt die Zahl der Alternativen, die im zur Verfügung stehenden Zeitraum prüfbar und durchspielbar sind, beschränkt. Der Bankbetrieb muss im Wesentlichen bestimmte Gegebenheiten passiv hinnehmen. Systematische Planung ist jedoch nicht nur der Improvisation, sondern auch der **Intuition** allein insofern überlegen, als Planung vor allem eine Versachlichung der Entscheidungsbildung bedeutet. Allerdings hat Intuition als Ausdruck unternehmerischen Gespürs für Erfolg auf der Basis langjähriger Erfahrung durchaus ihren Platz im Zusammenhang mit planerischen Überlegungen. *Passardi* (1975, 255) bezeichnet aus der Sicht der Praxis eine „gesunde Synthese zwischen Planung und Improvisation, zwischen Systematik und Intuition, zwischen theoretischem Wissen und Erfahrung" als das Richtige für die Zukunft.

9.3.1.1 Elemente des Planungsprozesses

Die Entscheidungsvorbereitung selbst bedarf – entsprechend dem Grundsatz der Organisationstheorie, dass organisierte Prozesse effizienter sind als nicht-organisierte – der Planung. Das bedeutet, dass die Gesamtplanung im Bankbetrieb auf der Basis eines **Planungskonzepts** zu erfolgen hat, das die Grundsätze und den Umfang der Planung in dem betreffenden Bankbetrieb einschließlich der Interdependenzen der (Teil-)Pläne enthält, die Planungskompetenzen festlegt und Regelungen über den inhaltlichen und zeitlichen Planungsablauf vorsieht (**Planungsorganisation**). Inhalt und Detaillierungsgrad eines Planungskonzepts sind vor allem vom Planungszweck, von der Betriebsgröße, der regionalen Dezentralisierung der Betriebsstätten des Bankbetriebes, der rechtlichen Konstruktion (z.B. eines Bank-Konzerns) und vom Führungsstil abhängig, der für den Ablauf und die Richtung des Planungsprozesses ausschlaggebend ist. Je umfassender ein derartiges Planungskonzept gestaltet ist und je stärker Führungsaufgaben in die Planung einbezogen sind, umso mehr nähert sich das Planungskonzept (**Planungsmodell**) dem bankbetrieblichen Führungskonzept an.

Hinsichtlich des **Planungsprozesses** sind im Wesentlichen **fünf Phasen** zu unterscheiden:

(a) Schaffung der Planungsgrundlagen:

In Abhängigkeit von den Planungsaufgaben werden in dieser Phase interne und externe Informationen beschafft. Während interne bankbetriebliche Informationen aus der Betriebsanalyse, der Betriebsbeobachtung und der (begleitenden) Kontrolle von Entscheidungsprozessen, also vor allem aus dem bankbetrieblichen Rechnungswesen und der Beobachtung der Prozesse in den bankbetrieblichen Subsystemen sowie des Organisationsklimas stammen, werden externe Informationen meist fremd bezogen und nicht selbst gewonnen. Die Entscheidung über den Umfang des Fremdbezuges hängt ihrerseits von der Größe des Bankbetriebes und des Beschaffungsaufwandes im Hinblick auf den zu erwartenden Nutzen der Information ab. Die Gewinnung externer Informationen kann somit zum Teil über das bankbetriebliche Informations-Subsystem selbst (z.B. volkswirtschaftliche Abteilung) oder über Organisationen der Umwelt (z.B. Marktforschungsinstitute) erfolgen (zum Informationsmanagement siehe v.a. *Meyer zu Selhausen*).

Das Problem, dem sich der Bankbetrieb im Rahmen der Informationsgewinnung gegenübergestellt sieht, besteht darin, dass er aus der Fülle der externen und internen Nachrichten diejenige Menge an Informationen bestimmter Art und Qualität herauszufiltern hat, welche die Entscheidungsträger in die Lage versetzen, ihre Aufgaben unter Berücksichtigung der jeweiligen vorgegebenen Zielsetzungen zu erfüllen. Informationen müssen nämlich mit dem richtigen

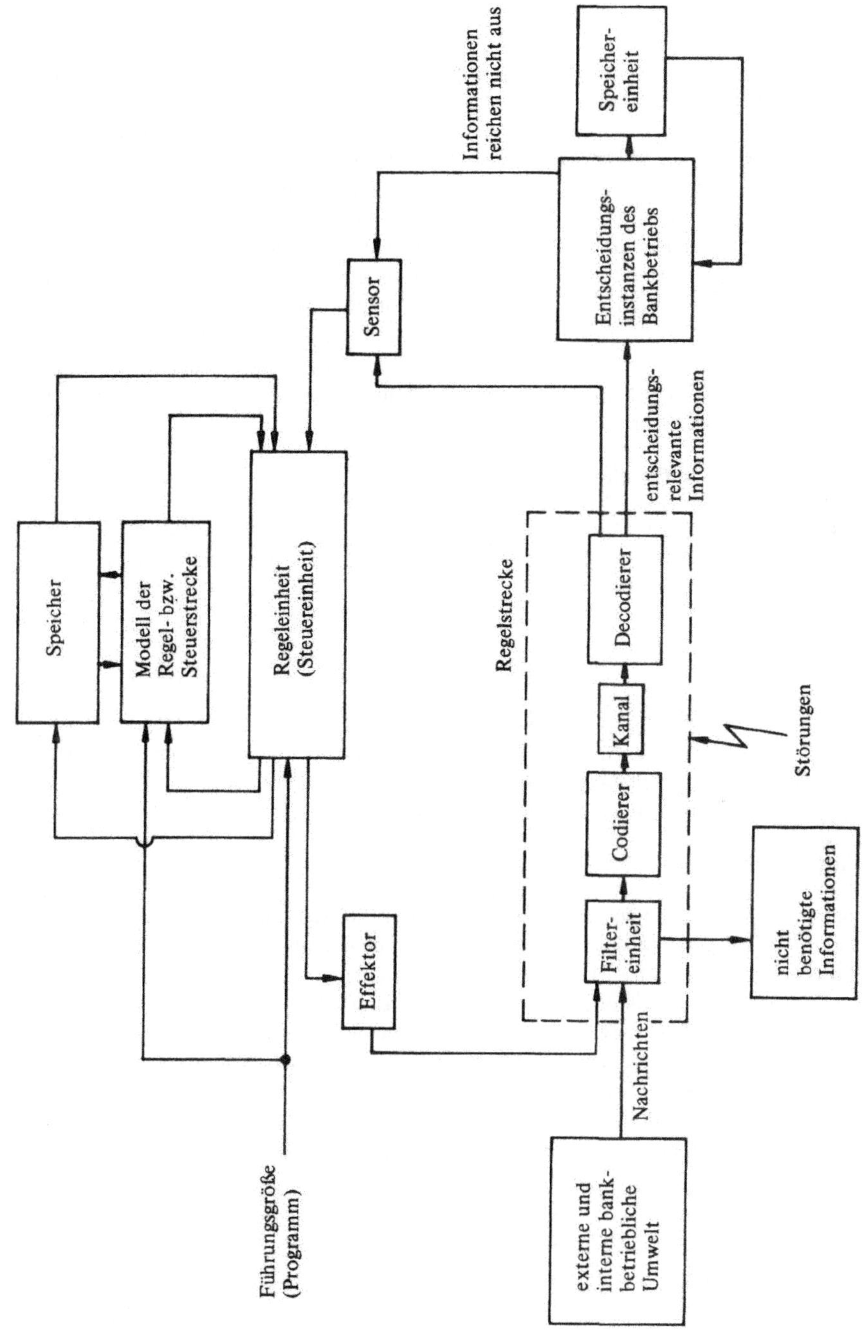

Abb. 63: Blockdiagramm eines lernenden Systems zur Informationsselektion

Inhalt in der zweckmäßigen Form zum richtigen Zeitpunkt in der benötigten Menge (nicht-redundant) verfügbar sein.

Betrachtet man das Informations-Subsystem eines Bankbetriebes als selbstregelndes, lernendes System (wie dies insbesondere für die Ausführungsebene und die unteren Führungsebenen zutrifft), so hängt der Grad seiner Selektionsfähigkeit von der Ausbildung der Hierarchie der Rückkopplungsschleifen ab (Abbildung 63). Während die erste Rückkopplungsschleife der Anpassung von Ist-Werten an die Soll-Werte dient, enthält die zweite (adaptive) Schleife ein Modell der Regelstrecke, die mit der Regeleinheit bzw. Steuereinheit rückgekoppelt ist. Die dritte Rückkopplungsschleife, die als Lernschleife über einen Speicher (Gedächtnis) verfügt, erlaubt die Sammlung der Ergebnisse absolvierter Simulationsverläufe sowie der tatsächlich durchgeführten Maßnahmen und Aktivitäten, auf die im Bedarfsfall zurückgegriffen werden kann. Auf diese Weise ist sowohl eine Selektion entscheidungsrelevanter Informationen in bestimmtem Umfang als auch eine Ausfüllung von bestehenden Informationslücken möglich, da vom Lernsystem in diesem Fall über die Sensoren Suchprozesse ausgelöst werden, um die benötigten Informationen zu erhalten.

(b) Beurteilung der Lage für die Gesamtbank

Auf Grund der gewonnenen Informationen entwickeln die Planungsinstanzen ein realistisches Bild über die **innerbetrieblichen** Stärken und Schwächen sowie über die (externen) Möglichkeiten und Risiken der Produktion und des Absatzes von Bankleistungen aller Art gegenüber der relevanten Umwelt.

(c) Zielplanung

Die Bewertung der Lage der Bank erlaubt die Planung der lang-, mittel- und kurzfristigen und/oder strategischen Zielsetzungen einschließlich von Entscheidungen über den Zielwandel bisher bereits bestehender Zielsetzungen, die entweder nicht realistisch festgesetzt waren oder deren Anpassung an Umweltänderungen notwendig werden.

(d) Ausführungsplanung

In Verfolgung der vorgegebenen Zielsetzungen umfasst die Ausführungsplanung sowohl alle länger- und mittelfristigen Aktivitäten im Sinne von Strategien als auch die unmittelbar periodenbezogenen (kürzerfristigen) Maßnahmen (Entscheidungen) zur Erfolgsrealisierung. Die Planungen erstrecken sich auf alle **internen Bereiche** des Bankbetriebes (z.B. technische Planungen, Personalplanung, Diversifikations- und Standortplanungen) ebenso wie auf die unmittelbare gedankliche Festlegung der **Marktaktivitäten** einschließlich der damit zusammenhängenden, interdependenten internen Bereiche, also vor allem die Leistungsprogrammplanung, die Planung des Einsatzes des absatzpolitischen Instrumentariums und die Planung sonstiger Aktivitäten gegenüber der Umwelt zur Beeinflussung des Umweltklimas (z.B. gegenüber Regierungen, Verbänden, Öffentlichkeit allgemein).

(e) Planung der Kontrolle

Auch die anzuwendenden Kontrollen bedürfen der Planung hinsichtlich der Art, des Umfanges und der Kompetenzen der Kontrollorgane sowie der für Korrekturmaßnahmen zuständigen Entscheidungsträger. In diesem Zusammenhang ist insbesondere festzulegen, welche Entscheidungsinstanz beim Eintreten bestimmter Ereignisse, die Reaktionen der Führung notwendig machen, einzuschalten ist. Die Planung der bankbetrieblichen Kontrolle sichert somit einerseits den effizienten Planvollzug, andererseits löst sie unter Umständen Planungsaktivitäten aus, die von geringfügigen Planungskorrekturen bis zu völligen Neuplanungen reichen können.

9.3.1.2 Planungsgegenstände

Im Mittelpunkt der Planungsanstrengungen steht die Vorbereitung betriebsbezogener Entscheidungen (Planung der bankbetrieblichen Organisation und Planung der bankbetrieblichen Kapazität) und **marktbezogener** Entscheidungen (Planung der Marktaktivitäten).

9.3.1.2.1 Planung der bankbetrieblichen Organisation

Die Zielsetzung der Organisationsplanung besteht darin, eine möglichst effiziente bankbetriebliche Aufgabenerfüllung durch entsprechende Gestaltung der Aufbauorganisation und der Ablauforganisation des Bankbetriebes sicherzustellen. Als **Determinanten** der Organisationsgestaltung kommen neben der **Rechtsform** vor allem die zu erfüllenden **Aufgaben,** die **Größe** des betreffenden Bankbetriebes und die **Zielsetzungen** der maßgebenden Entscheidungsträger der normativen und strukturierenden Führungsebene in Betracht. Somit wird das konkrete Erscheinungsbild der Organisation eines Bankbetriebes nicht nur von ökonomischen Faktoren, sondern auch von personalen (einschließlich psychologischen und emotionalen) Faktoren bestimmt, die sich aus den Verhaltensweisen der Bank-Manager ableiten und erklären lassen.

Geht man davon aus, dass die **Aufbauorganisation** eine Strukturierung des Bankbetriebes in aufgabenteilige, funktionsfähige Gebilde (Stellen, Aufgaben-Teilkomplexe) und deren Koordination zum Gegenstand hat, während die Planung der **Ablauforganisation** die raumzeitliche **Prozessstrukturierung** (Arbeits- und Bewegungsvorgänge) bedeutet, so kann die Gestaltung der Organisation nach dem **Verrichtungsprinzip (funktionale** Organisation), nach dem **Objektprinzip (divisionale** Organisation bzw. **Spartenorganisation**) und in Form einer **Synthese** aus verrichtungs- und objektorientierten Aufgabengliederungskriterien (**Matrix-Organisation**) erfolgen, wie das grundsätzlich auch bei Nichtbankunternehmen der Fall ist (siehe dazu *Grochla).*

Für die Planung bankbetrieblicher Organisationsstrukturen ist in Anbetracht der Besonderheiten der Natur der Bankleistungen und der Aufgaben von Bankbetrieben vor allem das Problem der begrenzten Entscheidungskapazität der Entscheidungsträger und das Problem der Ermittlung einer optimalen Kontrollspanne ebenso gebührend zu berücksichtigen wie die Problematik, die aus der Existenz bzw. der Notwendigkeit von Zweigstellen und Niederlassungen resultiert.

Vor allem das in den vergangenen Jahren zu beobachtende überdurchschnittliche Betriebsgrößenwachstum von Bankbetrieben aller Art bewirkte ein Anwachsen der Zahl der **Entscheidungen,** die in einem Bankbetrieb zu treffen sind. Zur Bewältigung der zusätzlichen Entscheidungen wird der Einsatz zusätzlicher Entscheidungsträger notwendig, zumal einerseits jeder Entscheidungsträger über eine begrenzte Kapazität in quantitativer und qualitativer Hinsicht zur Fällung von Entscheidungen verfügt, andererseits bei wachsender Betriebsgröße zwangsläufig die Zahl der Problemlösungsprozesse entsprechend zunimmt. Die Sache kompliziert sich insofern noch weiter, als hinsichtlich der zu treffenden Entscheidungen zwischen **Objektentscheidungen** (zur Durchführung der Objektprozesse, d.h. der eigentlichen Arbeitsprozesse), und **Organisationsentscheidungen** (Führungsentscheidungen auf allen Managementebenen zur Organisation des Bankbetriebes) zu differenzieren ist. Es genügt daher in diesem Zusammenhang nicht, ausschließlich zusätzliche Mitarbeiter zur Bewältigung der zusätzlich notwendigen Objektentscheidungen einzustellen. Vielmehr treten dabei Probleme organisatorischer Natur auf, die gelöst werden müssen und die den zusätzlichen Einsatz, d.h.

die Neueinstellung von – höher qualifizierten – Mitarbeitern im Führungsbereich erfordern und damit Auswirkungen auf die Organisationsstruktur haben.

Organisationsentscheidungen bestehen im Wesentlichen

- in koordinierenden Entscheidungen (zur Anpassung der Organisation an sich verändernde Situationen), und
- in strukturbestimmenden Entscheidungen, die in die Organisationsstruktur eingreifen und die Aufgaben- bzw. Kompetenzverteilung betreffen.

Zum **Verhältnis** von **Objektentscheidungen** und **Organisationsentscheidungen**, die Auswirkung auf die Organisationsstruktur zeitigen, kann für Bankbetriebe (mit Ausnahme kleinster Betriebseinheiten, die in der Realität kaum noch anzutreffen sind und deshalb auch vernachlässigt werden können) folgende Annahme getroffen werden: Eine proportionale Vermehrung der gesamten Menge an Entscheidungen bei wachsender Betriebsgröße ist im Regelfall nicht zu erwarten. Es ist dagegen die Überlegung plausibel, dass bei Bankbetrieben mit zunehmender Betriebsgröße die Gesamtzahl der Entscheidungen auf Grund der Möglichkeit genereller Regelungen und damit unterproportional zunehmender Organisationsentscheidungen zuerst degressiv, mit weiter wachsender Betriebsgröße (wegen überproportional zunehmender Koordinations-, Delegations- und Kontrollentscheidungen durch das Führungssystem) schließlich progressiv ansteigt. Es würde sich somit bei Gegenüberstellung der Zahl der Entscheidungen (E) und der Organisationsgröße (O) in einem Diagramm ein S-förmiger Verlauf der **Organisationsfunktion**

$$E = f(O)$$

ergeben (Abbildung 64).

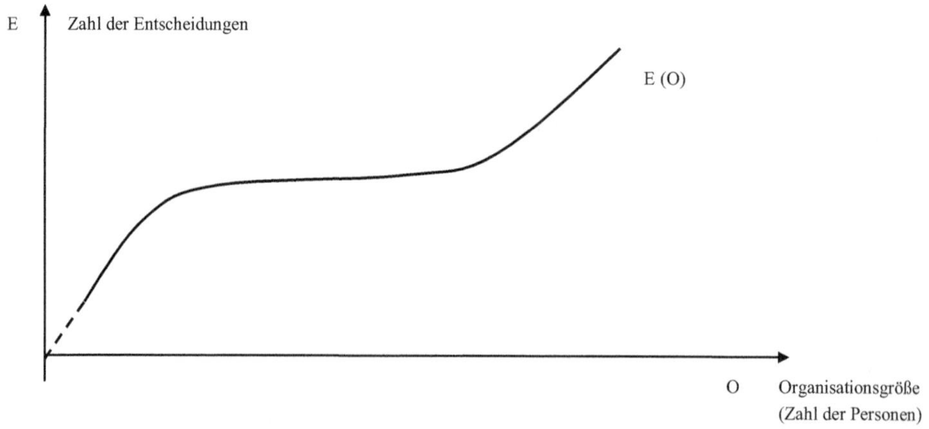

Abb. 64: Zusammenhang zwischen Organisationsgröße und der Entscheidungsmenge

Wachsende Betriebsgröße infolge zunehmender Nachfrage nach Bankleistungen impliziert somit, dass ab einer bestimmten Betriebsgröße die Zahl an Organisationsentscheidungen stark ansteigen und sich ein Missverhältnis zwischen Objektentscheidungen und Organisationsentscheidungen einstellen wird.

Die organisatorische und wirtschaftliche Bedeutung dieses Sachverhalts für den Bankbetrieb ist darin zu sehen, dass die Möglichkeit zu einer Vielzahl genereller Regelungen (automationsfähiger Produktionsprozesse) und entscheidungsunterstützender Maßnahmen, insbesondere auf der Ausführungsebene, eine erhebliche Betriebsgrößenexpansion zulässt, ohne dass ein störendes Ungleichgewicht zwischen Organisationsentscheidungen und Objektentscheidungen eintritt.

Ist ein derartiges Missverhältnis jedoch eingetreten, ergibt sich bei einer gleichbleibenden Zahl von Entscheidungsträgern des Führungssystems die Konsequenz eines Rückgangs der Leistungsfähigkeit der bankbetrieblichen Organisation, da das Führungssystem außerstande sein wird, alle notwendigen Entscheidungen im erforderlichen Zeitraum zu treffen. Zwar kann mit der Einstellung zusätzlicher Entscheidungsträger für das Führungssystem dieser Mangel vorübergehend behoben werden. Allerdings ist zu bedenken, dass dieser Zustand nicht von Dauer sein dürfte, da die zusätzliche Zahl an Entscheidungsträgern wegen der nun zusätzlich notwendigen Zahl an Entscheidungen zu Organisationsproblemen das Verhältnis zwischen zusätzlichen Organisationsentscheidungen und Objektentscheidungen noch stärker zuungunsten der Organisationsentscheidungen verschieben und dadurch keine anhaltende Steigerung der Leistungsfähigkeit des Bankbetriebes bewirken würde. Dazu kommen die kostenmäßigen Konsequenzen, die sich bei der Einstellung zusätzlicher Mitarbeiter zur Bewältigung vornehmlich von Organisationsentscheidungen ergeben würden. In Anbetracht der notwendigerweise höheren Qualifikation dieser Entscheidungsträger des Führungssystems würde sich deren zusätzliche Beschäftigung in erhöhtem Personalaufwand niederschlagen.

Das Problem der wirtschaftlichen Bewältigung einer zunehmenden Zahl an Entscheidungsprozessen bei steigender Betriebsgröße von Banken steht in engem Zusammenhang mit dem Problem der **optimalen Kontrollspanne** und damit der Gestaltung der Führungsstruktur des Bankbetriebes. Die Kontrollspanne gibt Auskunft über die Anzahl der Mitarbeiter, die jeweils von der übergeordneten Führungskraft geführt werden (können), also die Zahl der Untergebenen der nächsten, unmittelbar nachgeordneten Führungsebene oder die Zahl der Untergebenen aller direkt nachgeordneten Führungsebenen und der Ausführungsebene, denen gegenüber der Positionsinhaber direkte Anweisungsbefugnis besitzt bzw. ausübt. In diesem Sinne bestimmt das Ausmaß der vorgegebenen bzw. gewählten Kontrollspanne die vertikale und horizontale Dimension der Organisationsstruktur eines Bankbetriebes. Wie empirische Erhebungen zeigen (siehe *Lukatis*), lassen die Verhältnisse bei bankbetrieblicher Betätigung eine relativ hohe Kontrollspanne zu und erlauben insofern eine Verringerung der Zahl der Führungsebenen. Dazu trägt die Möglichkeit zur Festlegung von Verfahrensregeln zur Abwicklung der Aufgaben mit einem hohen Grad an Gleichartigkeit der Aufgaben ebenso bei wie der zu fordernde vergleichsweise hohe Ausbildungsstand der Mitarbeiter und ein relativ hoher Stabilitätsgrad der bankbetrieblichen Situation.

Organisatorische Probleme besonderer Art ergeben sich für Bankbetriebe wegen des engen Zusammenhanges von Produktion und Absatz von Bankmarktleistungen. Sie sind gezwungen, zur Erschließung von Absatzmärkten Systemelemente (Zweigstellen und Niederlassungen) in der Umwelt zu positionieren, damit die Marktchancen bestmöglich genutzt werden können. Die Vorteile einer derartigen Unterstützung durch Zweigstellensysteme liegen insbesondere in

- der Sicherung und Erhöhung des Absatzes an Bankmarktleistungen aller Art, einschließlich einer Verbesserung der Liquiditätssituation, und in
- der Verbesserung der Nachfragestruktur und der Akquisition zusätzlicher Kunden.

Dem stehen Nachteile insofern gegenüber, als eine zunehmende Zahl von Bankstellen auch eine Zunahme der Fixkostenbelastung bewirkt. Die Organisationsplanung hat daher monetäre und nicht-monetäre Vor- und Nachteile unter Beachtung der Standortfaktoren so in Einklang zu bringen, dass ein möglichst günstiges Kosten-Nutzen-Verhältnis durch den Einsatz von Bankaußenstellen entsteht.

Insgesamt kann in Anbetracht der besonderen Verhältnisse bei Bankbetrieben das Ziel einer möglichst effizienten Aufgabenerfüllung mit Hilfe der Organisationsplanung nur dann erreicht werden, wenn es gelingt sowohl die Aufbauorganisation als auch die Ablauforganisation so zu gestalten, dass die **Personalwirtschaftlichkeit** (als Verhältnis des Personalaufwands zur Betriebsleistung in%) möglichst hoch ist. Insofern wird die notwendige Zahl der Mitarbeiter zur Bewältigung aller Aufgaben des Bankbetriebes unter Aufrechterhaltung eines bestimmten Qualitätsniveaus der Bankleistungen möglichst gering in dem Sinne gehalten, dass Vergleichswerte zu anderen Bankbetrieben (z.B. die Zahl der Mitarbeiter zur Bewältigung eines bestimmten Geschäftsvolumens) nicht überdurchschnittlich überschritten werden.

a) Funktionale Bank-Organisation

Um Spezialisierungs- und Kostendegressionseffekte zu erzielen, wird die Organisation durch Zusammenfassung gleichartiger **Verrichtungen (Funktionen)** zu Abteilungen strukturiert (Abbildung 65). Diese Form der Organisationsstrukturierung kann für kleine und mittlere Bankbetriebe so lange als angemessen und vorteilhaft angesehen werden, als die Zahl und das Volumen der angebotenen Bankmarktleistungen relativ gering bleibt und vorwiegend operative Entscheidungen zu treffen sind. Mit zunehmendem Diversifikationsgrad des bankbetrieb-

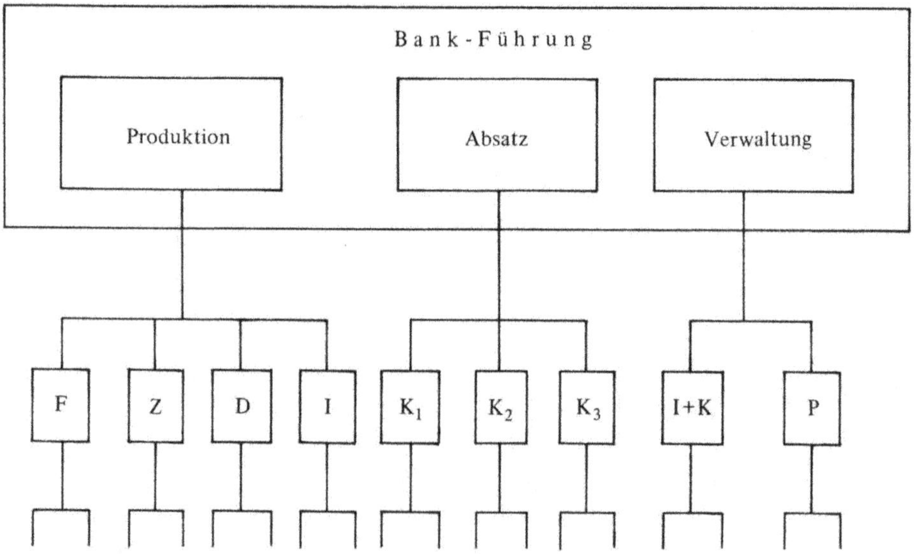

F ... Finanzmittelbeschaffung
Z ... Zahlungsverkehrsleistungen
D ... „Komplementäre" Dienstleistungen
I ... Internationale Leistungen

K_1 ... Kredite an Privatkunden
K_2 ... Kredite an Firmenkunden
K_3 ... Kredite im „Massengeschäft"
I+K ... Information und Kommunikation
P ... Personalwesen

Abb. 65: Funktionale Strukturierung der Bankorganisation (*Cramer et al.*, 37)

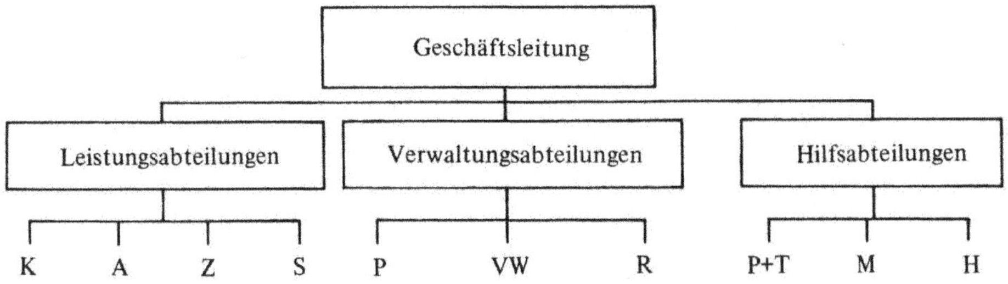

K ...	Kreditleistungen	VW ...	Volkswirtschaftliche Abteilung
A ...	Anlageleistungen	R ...	Recht
Z ...	Zahlungsverkehrsleistungen	P+T ...	Post und Telefon
S ...	Sonstige Bankmarktleistungen	M ...	Materialverwaltung
P ...	Personalwesen	H ...	Sonstige Hilfsdienste

Abb. 66: Modifizierte funktionale Bank-Organisation (*Ellermeier,* 38)

lichen Leistungsprogramms nimmt jedoch der Spezialisierungsvorteil dieser Organisationsform ab und es überwiegen die Koordinationsprobleme, die zu einer steigenden Belastung des Bank-Managements (bis zur Überlastung) führen können bzw. werden. Darüber hinaus muss eine Funktionsteilung, wie sie in Abbildung 65 zum Ausdruck kommt, in Anbetracht der spezifischen bankbetrieblichen Produktionsverhältnisse, bei denen eine Trennung zwischen-Produktion und Absatz nicht gegeben ist, zwangsläufig zu Konflikten führen. Daher war eine **echte** funktionale, d.h. an den betrieblichen Funktionen (Beschaffung, Produktion, Absatz, Finanzierung) ausgerichtete Bank-Organisation nach Ansicht von *Hahn* (1977, 75) noch nie gegeben. Wohl aber kennt die Praxis **modifizierte Funktionalgliederungen** der Art, dass auf der ersten Stufe unterhalb der Geschäftsleitung der Bank nach innerbetrieblichen Funktionen in Leistungsabteilungen, Verwaltungsabteilungen und Hilfsabteilungen strukturiert wird (Abbildung 66). Derartige Organisationsformen sind allerdings nur bei Bankbetrieben mit geringen Betriebsgrößen oder eingeschränkter Geschäftsstruktur denkbar und sinnvoll.

b) Divisionale Bank-Organisation

Als banktypische Organisationsform, insbesondere für größere Bankbetriebe, ist die divisionale Organisationsform (**Spartenorganisation**) anzusehen, bei der die Strukturierung der Gesamtaufgabe nach dem **Objektprinzip** erfolgt und deren Vorteil darin besteht, dass den einzelnen Spartenleitern ein hohes Maß an Autonomie eingeräumt ist und diese daher nach Art selbständiger Unternehmer entscheiden können. Die Koordination der einzelnen Sparten (Divisions) wird mit Hilfe spezieller Steuerungssysteme (Zielvorgaben unter Ausrichtung an den für das Gesamtsystem geltenden obersten Zielsetzungen; z.B. RoE, RoI, Verrechnungspreise) vorgenommen. Tragen die Spartenleiter Gewinnverantwortung in der Weise, dass sie für das Ergebnis ihrer Sparte verantwortlich sind (Profit-Center-Konzept) besteht allerdings die Gefahr, dass in allzu einseitiger Verfolgung der Spartenziele Minderungen der Zielerreichung des Gesamtsystems Bankbetrieb auftreten können.

Als **Objekt** kommen sowohl Bankleistungen bzw. Gruppen von Bankleistungen (**produktorientierte** Spartenorganisation) als auch Kundengruppen (**kundenorientierte** Spartenorganisation), die ggf. zusätzlich nach **Regionen** strukturiert sein können, in Betracht.

ba) Produktorientierte Spartenorganisation

Die einzelnen Sparten entsprechen den wesentlichen Gruppen von Bankleistungen inländischer und internationaler Art, wobei die internationalen Bankaktivitäten üblicherweise in einer speziellen Abteilung **(International Division)** zusammengefasst werden. An der Koordination der einzelnen Sparten wirken Zentralstäbe mit. Die Verwaltungsaktivitäten sind einer Zentralabteilung zugewiesen (Abbildung 67).

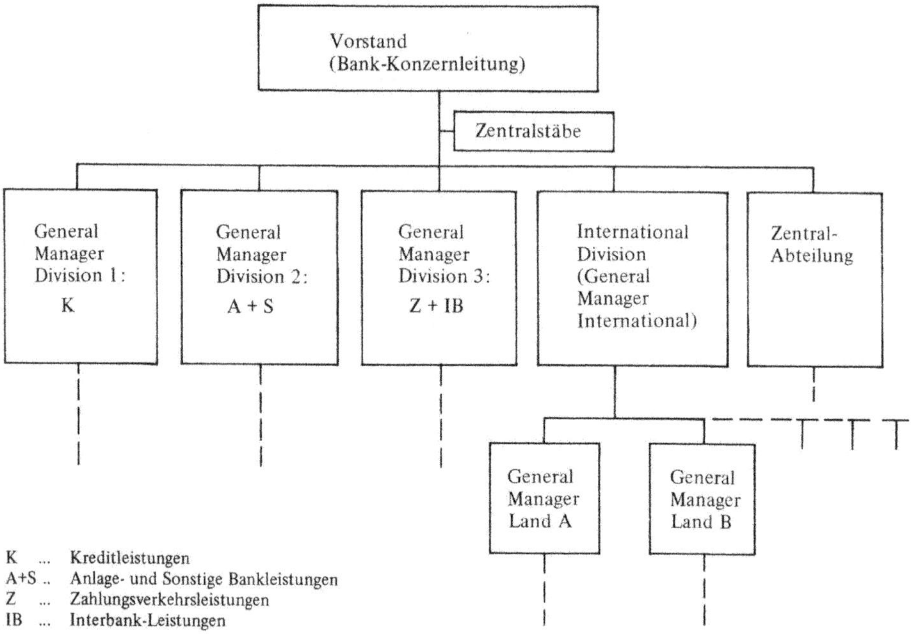

Abb. 67: Produktorientierte divisionale Bank-Organisation (mit regionaler Diversifikation)

bb) Kundenorientierte Spartenorganisation

Der Grundgedanke kundenorientierter Strukturierungen der Bank-Organisation besteht darin, die Nachfrage nach Bankmarktleistungen in Kundengruppen (z.B. Privatkundschaft (Mengengeschäft), Firmenkundschaft und internationale Leistungen) zu differenzieren und die Organisationsstruktur entsprechend auszurichten (Abbildung 68). Der Vorteil derartiger Lösungen wird vor allem in der Vermeidung von Doppelbearbeitungen sowie der weitgehenden Ausschaltung von Informations- und Kommunikationsproblemen gesehen. Die Betreuung und Befriedigung der Leistungsbegehren der Bankkunden erfolgt nämlich aus einer Hand. Eine Vielzahl von Entscheidungen, die bei produktorientierter Organisationsstruktur die Kapazität ansonsten belasten würde, entfällt bei kundenorientierter Bankorganisation. Die Effizienz der Organisation könnte damit zweifellos erhöht werden. Gleichzeitig ließe sich das Problem des Kapazitätsausgleichs bei Beschäftigungsschwankungen einer Lösung zuführen (Beispiel: Schwankende Nachfrage der Privatkundschaft im Konsumentenkredit oder Zahlungsverkehr kann ggf. durch flexiblen Einsatz in der Anlageberatung oder bei sonstigen Bankdienstleistungen aufgefangen werden). Damit wäre auch das Problem der zeitweiligen qualitativen Unterbeschäftigung von Mitarbeitern, das bei produktorientierten Organisationsstrukturen zwangsläufig immer wieder auftritt, weitgehend gelöst (siehe dazu *Benölken*): Der Einsatz der

Mitarbeiter erfolgt entsprechend der an sie zu stellenden qualitativen Anforderungen, was eine gezielte und verbesserte Vorbereitung der Mitarbeiter auf die von ihnen durchzuführenden Aufgaben durch adäquate Ausbildung ermöglicht. Zweifellos trägt dies gleichermaßen zu einem erfolgreichen Einsatz des Mitarbeiters wie zur Stärkung seiner Motivation bei. Die Durchführung von Interbankleistungen vollzieht sich auf der Ebene der Gesamtbank durch spezialisierte Kräfte.

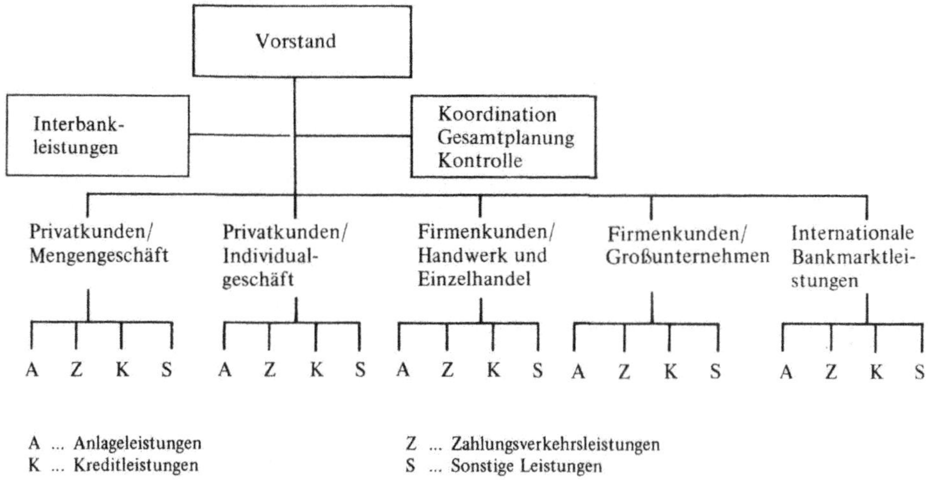

Abb. 68: Kundengruppenorientierte Bankorganisation

Da mit dem Einsatz von Mitarbeitern, die auf die spezifischen Bedürfnisse ihrer Zielgruppen spezialisiert und angemessen qualifiziert sind, das Sicherheitsrisiko für den Bankbetrieb vermindert wird, könnte auch die Kontrollspanne vergrößert und damit die Hierarchie abgeflacht werden, was sicherlich kostenmäßig zu Buche schlagen würde. Unter Umständen könnte bei wachsendem Geschäftsvolumen und dadurch ausgelöstem Zuwachs an Mitarbeitern deshalb auf die Etablierung einer zusätzlichen Führungsebene verzichtet werden. Der Realisierung einer streng kundengruppenorientierten Organisationsstruktur steht allerdings das Problem entgegen, dass eine exakte Isolierung der Kundengruppen in der Praxis nicht möglich ist, sondern wegen beispielsweise atypischen Kundenverhaltens Überschneidungen auftreten können.

bc) Organisatorische Einordnung des Controllings

Zur Erhöhung der Effizienz von Bankbetrieben wird vorzugsweise ein Controlling-System installiert (zum Controlling-Begriff siehe *Siegwart*), dessen Zielsetzung insbesondere darin besteht, eine Erhöhung der Wirtschaftlichkeit zu realisieren. Dabei sind die Aufgabenbereiche des Controllings unterschiedlich definiert. Sie reichen von einfachen Wirtschaftlichkeitskontrollen bis zur (zusätzlichen) Übertragung von Planungs-, Berichts- und Informationsaufgaben. Vom gewählten Aufgabenbereich des Controllings hängt letztlich die organisatorische Umsetzung des Controlling-Konzepts ab (siehe dazu *Hauschild*): Bei umfassenden **operativen** Controlling-Systemen und filialisierten Banken erfolgt die Aufgabenzuweisung an die Controller nach **Bereichen** einerseits und nach **Zentrale** und **Filialen** andererseits, so dass ein System von Zentral-, Filial- und Bereichs-Controllern entsteht (siehe Abbildung 69), das seinerseits wiederum eines entsprechenden Controllings (z.B. durch Controlling-Ausschüsse oder ähnlicher Einrichtungen) bedarf. Besonderheiten ergeben sich bezüglich des **strategischen Controllings**, das nicht primär an operativen Wirtschaftlichkeitsüberlegungen ausgerichtet ist und daher auch nicht auf die Instrumente des traditionellen Rechnungs- und Berichtswesens zurückgreifen kann, sondern sich an den strategischen Zielvorgaben und deren Realisation zu orientieren hat (z.B. wirtschaftliche Ausschöpfung der Erfolgspotentiale unter Berücksichtigung der strategischen Kosten).

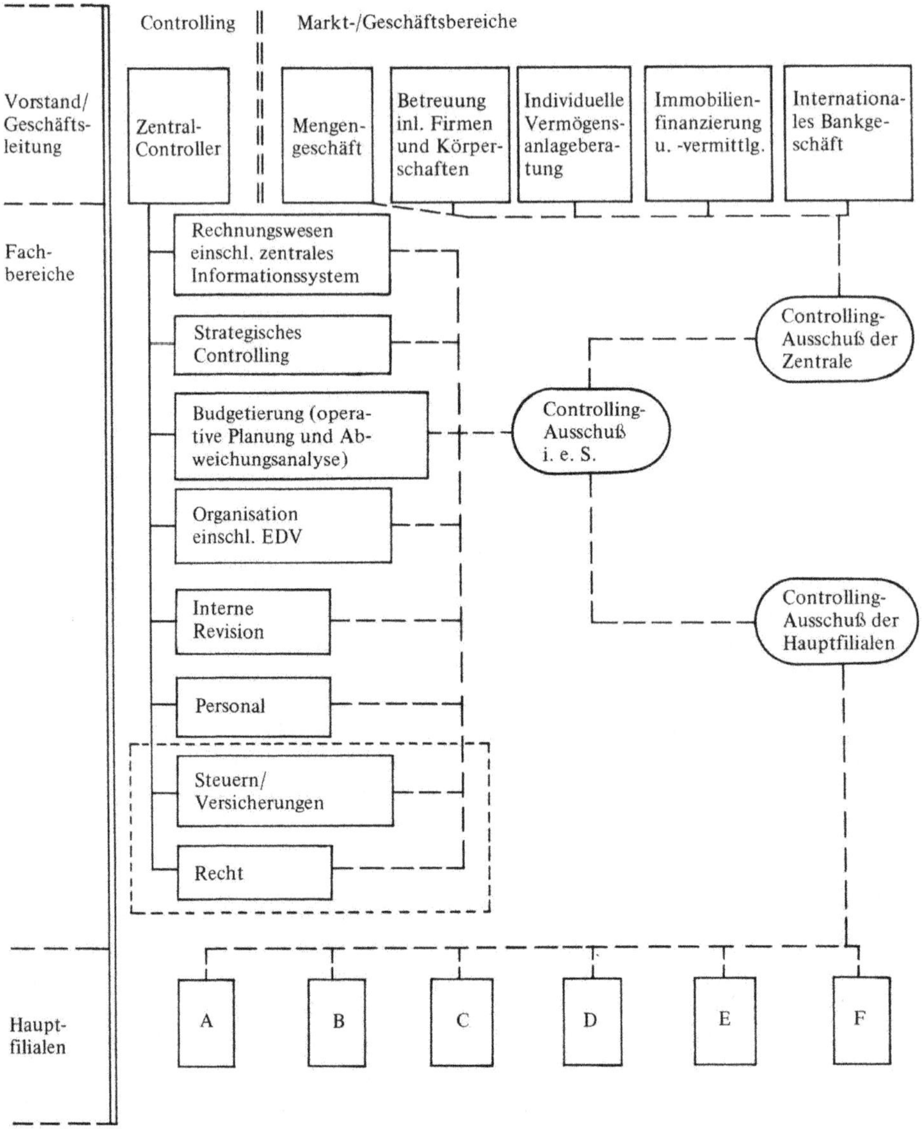

Abb. 69: Controlling-Konzeption nach *Wielens*

bd) Strategische Geschäftseinheiten (SGE)

Mit der Zusammenfassung bestimmter Unternehmens- und Leistungsbereiche zu Strategischen Geschäftseinheiten (Abbildung 70) zur gezielten Bearbeitung von strategischen Geschäftsfeldern (siehe 9.1), welche die wesentlichen Erfolgspotentiale von Banken verkörpern, soll einerseits die funktionale Komponente der Organisation gestärkt, andererseits die Divisionalisierung noch flexibler und schlagkräftiger gemacht werden (siehe *Hinterhuber*). Das wesentliche Kennzeichen dieses neuen Ansatzes besteht darin, dass die Strategien des Bankbetriebes noch stärker marktorientiert gestaltet werden, und zwar durch eine Aufteilung der Relevanten Umwelt in vergleichsweise autonome SGF mit eigenen Chancen. Das Ziel dieser Maßnahmen besteht in einer Vergrößerung der realisierbaren Gewinnspanne oder einer Erhöhung des Unternehmenswertes der Bank. Dazu sollen ohne Rücksicht auf bestehende Organisationseinheiten (z.B. Sparten) auf der Basis von möglichen Unterschieden zur Kon-

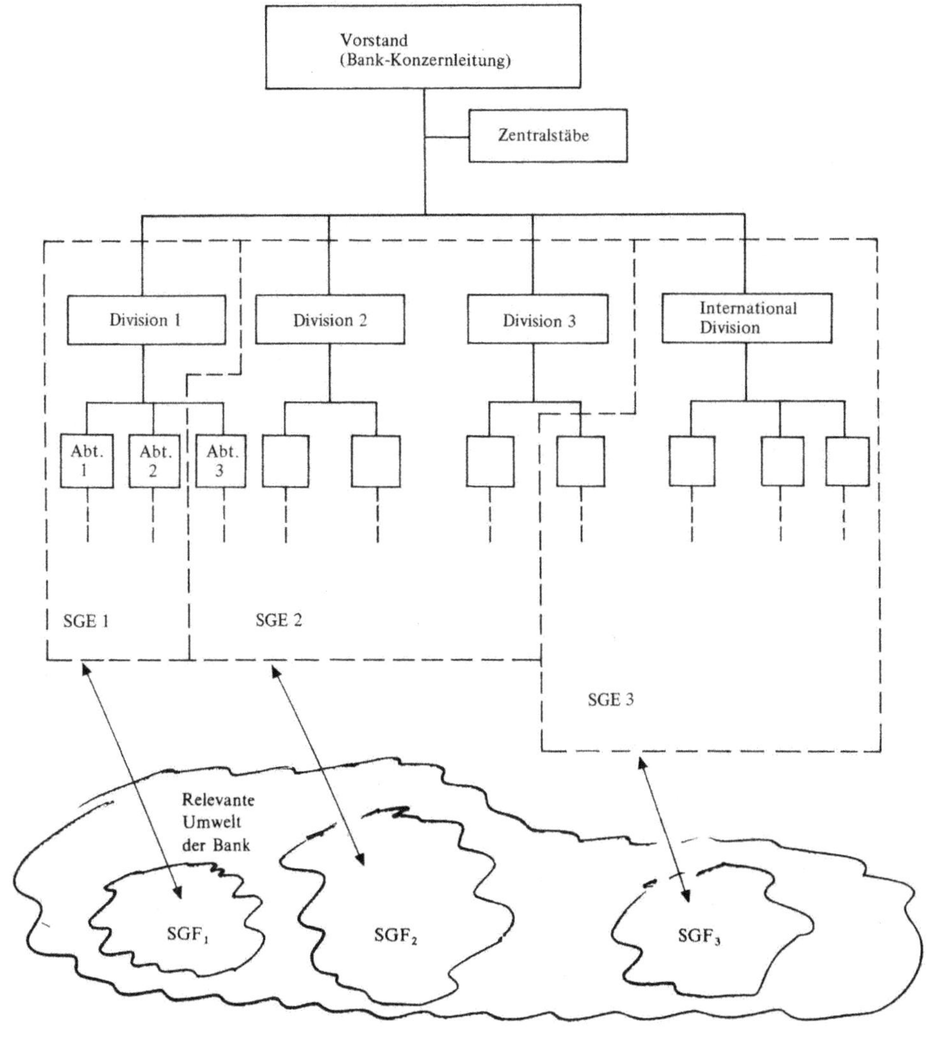

Abb. 70: Strategische Geschäftseinheiten und strategische Geschäftsfelder

kurrenz SGE geschaffen werden, die eine gemeinsame Funktion erfüllen und eine intensive Bearbeitung der korrespondierenden SGF erlauben.

c) Matrix-Organisation

Die Aufgabengliederung erfolgt unter gleichzeitiger Anwendung von verrichtungs-und objektorientierten Gliederungskriterien, d.h. eine funktionale Grundstruktur wird durch ein vom Produkt-Manager ausgehendes produktorientiertes Leitungssystem überlagert (siehe dazu im einzelnen *Grochla,* 313f.), so dass sich die in Abbildung 71 dargestellte Organisationsstruktur ergibt.

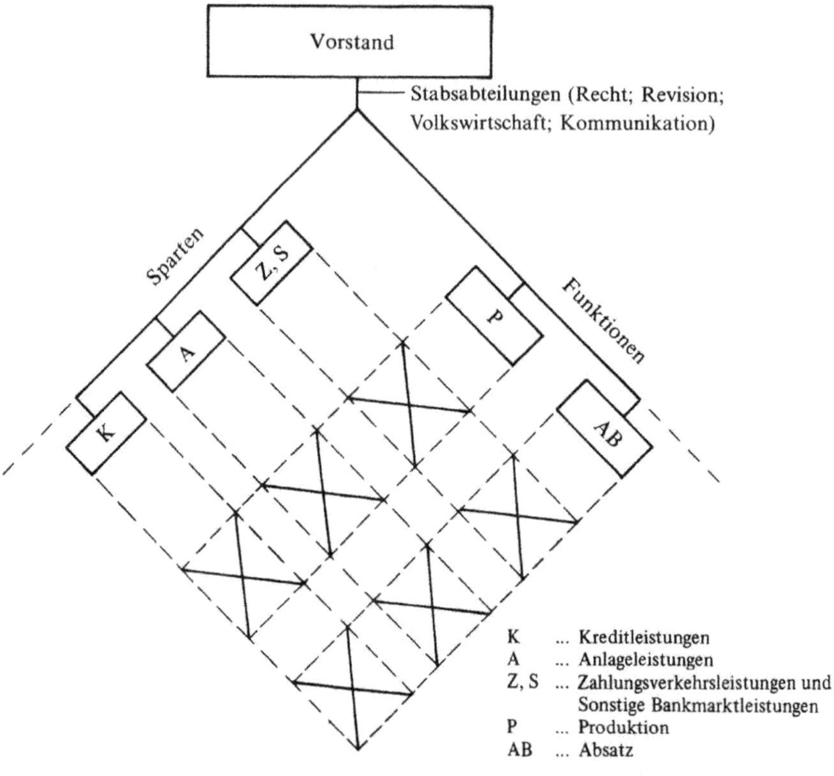

Abb. 71: Grundstruktur einer Matrix-Organisation

Abgesehen davon, dass sich für Bankbetriebe eine Matrix-Organisation schon allein wegen der unter a) angeführten Kritik an einer Differenzierung der bankbetrieblichen Leistungsprozesse nach Funktionen nicht eignen wird, ist diese Organisationsform für Bankbetriebe auch – und insbesondere – unter dem Aspekt des in ihr **institutionalisierten Konflikts** nicht zu empfehlen. Die besondere Form der Aufgabenverteilung führt nämlich zu einem ständigen Konkurrenzkampf zwischen Funktions- und Produktmanagern um die knappen Ressourcen. Wenn auch von diesen Konfliktpotentialen durchaus positive Wirkungen auf Suchverhalten, Kreativität und Innovation der Manager ausgehen können, überwiegt dennoch die Gefahr, dass derartige Konflikte destruktiv und/oder dysfunktional wirken könnten und zur Systemstabilisierung übergeordnete Schiedsstellen (z.B. Vorstand) notwendig werden. Auf Grund der besonderen Vertrauensempfindlichkeit der Bankbetriebe, die eine bewusste Schaffung solcher Konfliktpotentiale ausschließt, lässt die Implementierung der reinen Matrix-Organisation in Bankbetrieben wenig aussichtsreich erscheinen, selbst wenn modifizierte Formen implementiert werden sollten (siehe *Subjetzki*).

d) Statutarische Organisation

Die statutarische Organisation (Gestaltung der Rechts- und Beteiligungsstruktur) betrifft die Strukturierung eines Bank-Konzerns und bildet die Beziehungen zwischen der Spitzeneinheit und den Grundeinheiten sowie ggf. vorhandenen Zwischeneinheiten (Basisgesellschaften im Ausland) ab. Neben der Strukturierung nationaler Konzerne gewinnt die Organisation multinationaler Bank-Konzerne zunehmende Bedeutung. Die Grundstruktur eines derartigen Konzerns zeigt Abbildung 72 (siehe auch 8.1.2).

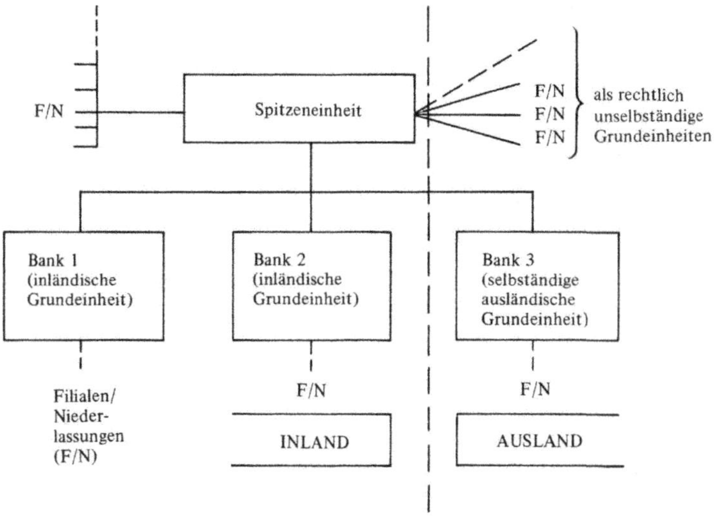

Abb. 72: Grundstruktur der statutarischen Organisation eines multinationalen Bank-Konzerns

Als Gestaltungskriterien der statutarischen Organisation kommen insbesondere die Sicherung der **Dominanz** der Spitzeneinheit (Beherrschungspolitik), die optimale **Lenkung** der Finanzmittelströme innerhalb des Konzerns (Finanzierungspolitik), die Diversifizierung des Angebots an Bankleistungen (Marktpolitik) und die Minimierung der Steuerbelastung innerhalb des Bank-Konzerns (Steuerpolitik) in Betracht.

9.3.1.2.2 Planung der bankbetrieblichen Kapazität

Die bankbetriebliche Kapazität wird im wesentlichen durch die personelle Komponente **(personelle Kapazität),** die finanzielle Komponente **(finanzielle Kapazität)** und durch die **technische Kapazität (Sachkapazität)** geprägt, die in engem Zusammenhang mit dem **Leistungsprogramm** als der Summe der geplanten Bankmarktleistungen (siehe 9.3.1.2.3) stehen. Die Interdependenzen zwischen personeller, finanzieller und technischer Kapazität sowie deren Anpassungsmechanismen zeigt Abbildung 73.

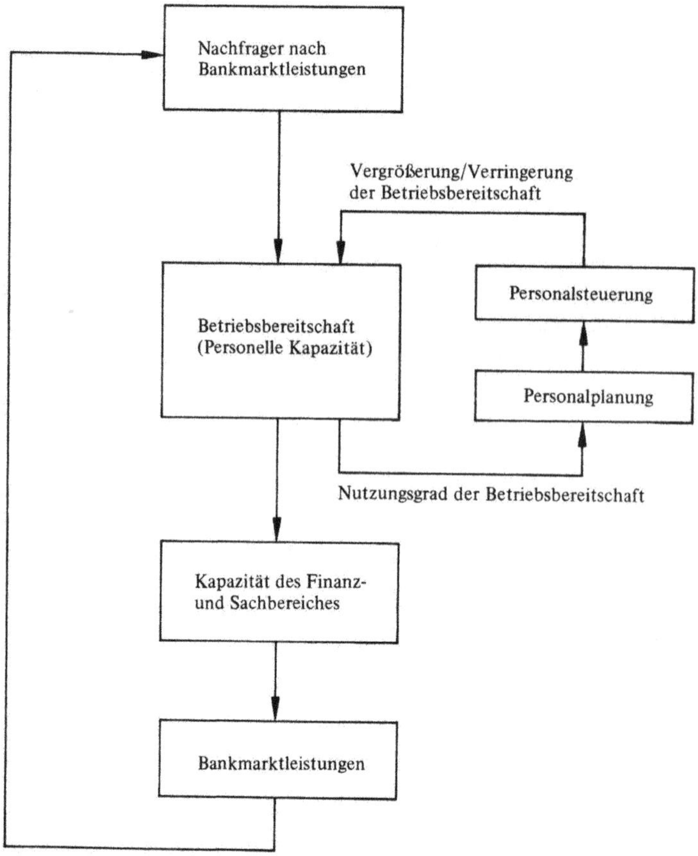

Abb. 73: Zusammenhänge zwischen personeller und finanzieller Kapazität von Bankbetrieben

a) Planung der personellen Kapazität

Die Planung der personellen Kapazität ist weitgehend identisch mit der Gestaltung der **Ablauforganisation** von Bankbetrieben. Das Problem der Strukturierung der Ablauforganisation besteht primär darin, eine Kapazitätsbemessung **(Betriebsbereitschaft)** für den Bankbetrieb in der Weise zu planen, die eine Leistungserstellung in allen Bereichen sowohl in quantitativer als auch in qualitativer Hinsicht zur vollen Zufriedenheit der Bankkundschaft sicherstellt. Das bedeutet, dass die vorgehaltene Kapazität einerseits Spitzenbelastungen gewachsen, andererseits aber so dimensioniert sein muss, dass die Wirtschaftlichkeit der Leistungserstellung gewahrt bleibt, also die Leerkosten möglichst niedrig gehalten werden (siehe 7.1.2.2). Aus bankbetriebswirtschaftlicher Sicht ist somit die Kapazität unter dem Aspekt der **Flexibilität** derart zu gestalten, dass durch – ggf. kurzfristig zu disponierende – Anpassungsmaßnahmen intensitätsmäßiger, zeitlicher und quantitativer Art jeweils entsprechend der Kundenbedürfnisse ein optimales Leistungsprogramm angeboten werden kann (bei Aufrechterhaltung eines vorgegebenen Mindestqualitätsstandards).

Dazu kommen die Erfordernisse der **Sicherheit** und der **Schnelligkeit** der Abwicklung der Objektprozesse (Arbeitsprozesse bzw. Leistungsprozesse) durch den Bankbetrieb. Das Kriterium der Sicherheit bedingt organisatorische Vorkehrungen, die über die Wahrnehmung der

Kontrollfunktion im Rahmen der Entscheidungsprozesse hinausgehen: Zwar umfassen sie auch die Kontrollen des Betriebsablaufs, der Realisierung der Entscheidungen und der Einhaltung gesetzlicher Vorschriften (wie z.B. des Vier-Augen-Prinzips nach § 33 I Nr. 4 KWG), doch haben sie darüber hinaus Vorbeugungsmaßnahmen gegenüber Veruntreuungsrisiken von außerhalb des Bankbetriebes (also seitens der Kundschaft) mit einzuschließen, zumal diese Risiken mit steigender Massenproduktion durch Bankbetriebe wachsen (z.B. Risiken der Vermögensschädigung durch Missbrauch garantierter Schecks, Computer-Kriminalität u.ä.; siehe *Hahn* 1977, 89).

Besondere Probleme bereitet bei Bankbetrieben die Realisierung (und Planung) des Erfordernisses der **Schnelligkeit,** zumal Bankbetriebe einerseits den Anforderungen an eine Massenproduktion gegenüber dem breiten Publikum nachzukommen haben, andererseits auf Grund der Besonderheiten der Bankleistungen nicht in der Lage sind, Bankmarktleistungen auf Lager zu produzieren. Dazu kommt, dass im Regelfall direkter Kundenkontakt gegeben ist und lange Wartezeiten in den Augen des Kunden negative Rückschlüsse auf die Qualität der Bankleistung nach sich ziehen. Anzustreben ist daher im Rahmen der Planung der personellen Kapazität (und des Leistungsprogramms) eine minimale Durchlaufzeit, um Wartezeiten der Kundschaft zu verringern, und eine entsprechende Gestaltung der Leistungsprozesse. Die Forderung nach Schnelligkeit kann ohne Zweifel in Konflikt mit dem Postulat der Kostenminimierung hinsichtlich der herzustellenden Betriebsbereitschaft geraten, doch muss ein markt- und wertorientierter Bankbetrieb dem Prinzip der Schnelligkeit Priorität einräumen, zumal ansonsten Abwanderungen der Kunden zu leistungsfähigeren Bankbetrieben zu befürchten wären. Schnelligkeit der Abwicklung von Leistungsprozessen bedeutet für die Planung

- im internen Bereich für die Tagfertigkeit der Buchhaltung zu sorgen, um alle Leistungsvorfälle taggenau erfassen zu können;
- im externen Bereich für eine schnellstmögliche Abwicklung der Leistungsbegehren der Kundschaft Rechnung zu tragen.

Planerischen Aktivitäten setzen in Anbetracht dieser Sachverhalte vor allem Analysen der Leistungsprozesse (zu den Verfahren siehe 9.3.1.3) und der Gesamtzusammenhänge innerhalb des Leistungsprogramms voraus. Die Leistungsanalysen erlauben schließlich eine **Gestaltung der Leistungsprozesse (Leistungssynthese)** unter personalen, temporalen und lokalen Aspekten (siehe *Kosiol,* 5 f.): **Personale** Leistungssynthese bedeutet die geeignete Kombination von analytisch ermittelten Leistungsteilen zu (neuen) Arbeitsgängen (Leistungsmengen), die einer bestimmten **Stelle** zugeordnet werden. Erst in einem zweiten Schritt erfolgt die Zuteilung von Leistungsmengen an bestimmte Personen als **Stelleninhaber**. Die **temporale** Leistungssynthese stellt sich als zeitliche Koordination der Leistungen (= Leistungsabstimmung) mehrerer Stellen dar. Die **lokale** Leistungssynthese schließlich betrifft die Planung des räumlichen Wirkungsbereiches der Leistungsprozesse unter der Zielsetzung möglichst kurzer Wege. Gerade diesem Aspekt wird bei Bankbetrieben nicht immer die nötige Aufmerksamkeit gewidmet, zumal diese oft nicht nur in unzweckmäßig konzipierten Gebäuden, sondern auch Büroräume in einer Vielzahl von weit über das Stadtgebiet verstreuten Häusern untergebracht sind.

Die **Personalplanung,** welche die Teilbereiche Personalbedarfsplanung, Personaleinsatzplanung und Personalbeschaffungsplanung umfasst, hat insgesamt die Aufgabe, diese drei Personalplanungsbereiche so aufeinander abzustimmen, dass den bankbetrieblichen Zielen weitgehend entsprochen wird und als Ergebnis dieser gedanklichen dispositiven Tätigkeit Alternativen angeboten werden, die die Grundlage für Entscheidungen im Personalbereich des Bankbetriebes abgeben. Im Rahmen der **Personalbedarfsplanung** erfolgt die Feststellung des Neu-, Ersatz- und Freistellungsbedarfs in quantitativer und qualitativer Hinsicht, während die

Personaleinsatzplanung die Zuordnung des verfügbaren Personals zu den einzelnen Stellen und Aufgaben zum Gegenstand hat. Die **Personalbeschaffungsplanung** (Personalausstattungsplanung) schließlich trägt zur Deckung des ermittelten Personalbedarfs von außen (Rekrutierungsplanung) oder aus internen Quellen bei, was planmäßige Personalentwicklung (Laufbahn-, Karriere-, Ausbildungs-, Pensionierungsplanung) voraussetzt.

b) Planung der finanziellen Kapazität

Der Planung der finanziellen Kapazität von Bankbetrieben müssen umfangreiche Analysen der Zusammenhänge zwischen Leistungsprogramm, personeller Kapazität, Sachkapazität und deren adäquater Finanzierung einschließlich der erforderlichen **Liquidität** vorangehen. Zu planen sind sowohl die **situative** (kurzfristige) **Liquidität** und die **strukturelle Liquidität** (die längerfristige Möglichkeiten zur Liquidisierung von Vermögenswerten einschließt), als auch das Volumen der **Finanzmittelbeschaffung** unter Festlegung eines anzustrebenden Verschuldungsgrades (siehe dazu 6.1.2) und unter Beachtung von Kapitalstrukturnormen des KWG und der SolvV) sowie die **Finanzmittelverwendung** (Strukturierung des Gesamtportefeuilles des Bankbetriebes nach Krediten unterschiedlicher Fristigkeiten und Arten, nach sonstigen Anlagen in Wertpapieren, Beteiligungen) im Sinne einer **Aktiv-/Passiv-Steuerung** bzw. eines **Asset-Liability-Managements** bzw. **Dynamic-Balance-Sheet-Managements** (begründet v.a. von *Cohen/ Hammer*). Eingeschlossen ist dabei die **Koordination** von Finanzmittelbeschaffung und Finanzmittelverwendung nach bankbetriebswirtschaftlichen Grundsätzen (horizontale Finanzierungsstrukturnormen z.B. in Form der Goldenen Bankregel). Während Planungsproblemen der Finanzmittelbeschaffung und Finanzmittelverwendung in der bankbetrieblichen Literatur bisher nur geringe Beachtung geschenkt worden ist (im Gegensatz zur Allgemeinen Betriebswirtschaftslehre; siehe z.B. *Oettle*), konzentrieren sich die Bemühungen v.a. auf eine Lösung des Liquiditätsproblems von Banken (zu den Problemen der Modellstrukturierung siehe *Büschgen* 1972, 543 ff.), wobei allerdings Probleme der Praktikabilität auftreten: Zwar sind theoretisch operationale Optimierungsmodelle denkbar, die eine Erreichung des Gesamtoptimums zulassen, deren Komplexitätsgrad erschwert jedoch eine Handhabung in der Praxis. Daher drängt sich eine Zerlegung des Gesamtproblems in Teilprobleme auf, was allerdings wiederum die Realisierung eines Optimums für das Gesamtsystem Bankbetrieb in Frage stellen kann. Optimierungsanstrengungen steht darüber hinaus die weite Fassung des Liquiditätsbegriffes bei Bankbetrieben im Wege, der nicht nur die zwingend fälligen Verpflichtungen einschließt, sondern auch vorzeitige Rückzahlungsbegehren von nicht-fälligen Verbindlichkeiten (siehe 6.2) umfasst. Dazu kommt, dass bei jeder Kreditzusage zu prüfen ist, ob die Liquidität durch die Inanspruchnahme der Kreditleistung gefährdet werden könnte. Allerdings ist es trotz sorgfältiger Überlegungen dieser Art nicht sichergestellt, dass der im Kreditvertrag als Rückzahlungstermin festgesetzte Zeitpunkt auch tatsächlich eingehalten und der Kredit in voller Höhe einschließlich Zinsen zurückgezahlt wird.

Derartige zufallsbedingt auftretende und schlecht prognostizierbare Liquiditätsbelastungen bzw. Liquiditätsengpässe können zwar durch Erstellung entsprechender Interbank-Leistungen über den Geldmarkt ausgeglichen werden, lassen jedoch die Möglichkeiten der Konstruktion exakter Optimierungsmodelle zur Planung der bankbetrieblichen Liquidität in der Praxis als wenig realistisch erscheinen. Das darf jedoch nicht darüber hinwegtäuschen, dass die von *Deppe* (1969) analysierten und aufgedeckten Funktionalzusammenhänge grundsätzlich Liquiditätsplanungen mit Hilfe bestimmter Verfahren (z.B. Operations Research, Simulation) zulassen, für die Praxis sich allerdings Schwierigkeiten des Einsatzes ergeben. Andere Modellvorstellungen betreffen wiederum nur Teilaspekte des Liquiditätsproblems (beispielsweise die Gestaltung der Mindestreservehaltung; vgl. *Wittgen* 1965 und *Wittgen/Eilenberger* 1984).

Für die Planung der **strukturellen Liquidität** von Banken ist das Management des **Zinsänderungsrisikos** von wesentlicher Bedeutung, zumal Veränderungen des Zinsniveaus bei **offenen Zinspositionen** zu erheblichen Verlusten und ggf. zu Liquiditätsproblemen führen können, wenn die Bank nicht über ausreichende stille Reserven zur Deckung der Liquiditätslücke verfügt. Grundsätzlich vermeidet die Bank Zinsänderungsrisiken, wenn sie ihre Aktivpositionen fristgerecht und volumengerecht refinanziert, also für **geschlossene Zinspositionen** sorgt. Da eine derartige Vorgehensweise nicht einmal bei den zu fristen- und volumenkongruenter Finanzierung durch das PfandBG verpflichteten Banken praktizierbar ist (siehe dazu 5.4.1), müssen Banken andere Wege gehen, um dem Zinsänderungsrisiko und damit strukturellen Liquiditätsgefährdungen vorzubeugen. Eine Gruppe von Möglichkeiten besteht darin, die Zinsänderungsrisiken an Hand einer **Zinsablaufbilanz,** zu deren Erstellung die Banken durch die Bankenaufsicht verpflichtet sind, zu identifizieren und auf dieser Grundlage entsprechende **Sicherungsgeschäfte** abzuschließen, um dadurch die offenen Zinspositionen zu schließen. In Betracht kommen dabei v.a. Zins-Swaps (siehe 7.2.2.1.7), Zins-Futures und Zins-Optionen (siehe 7.2.2.1.5). Der Nachteil dieser Maßnahmen besteht darin, dass die Sicherungsmaßnahmen in der Regel mit Sicherungskosten verbunden sind oder – im Falle von Zins-Swaps, deren Abschluss allerdings komparative Kostenvorteile entstehen lässt – allenfalls **einzelfallbezogene** Sicherungen ermöglicht, nicht aber die Gesamtgeschäftsstruktur gegen Zinsänderungsrisiken immunisiert. Daher verfolgt die Bankpraxis einen alternativen, **gesamtbankbezogenen** Weg, der sowohl die Einzelfallsicherungen berücksichtigt als auch Immunisierungen der Gesamtgeschäftsstruktur der Bank durch entsprechendes **Asset-Liability-Management (Aktiv-/Passiv-Management)** zulässt (siehe dazu im Einzelnen den Beitrag von Kutscher): Angenommen, eine Bank gewährt einen **Kredit** in Höhe von 10 Mio. EUR zu 10% p.a. auf 5 Jahre und finanziert diesen Kredit direkt fest zu 7,5% p.a., so entsteht eine Marge von 2,5% p.a. bzw. von absolut 250 TEUR pro Zinsperiode für die gesamte Laufzeit. Durch die Festzinsfinanzierung des Festzinskredits ist zwar die Position geschlossen, nicht jedoch das Zinsänderungsrisiko vollständig eliminiert. Vielmehr bleiben die **Zahlungsüberhänge** aus der Marge dem Zinsänderungsrisiko ausgesetzt. Daher nimmt die Bank, wenn sie das margenbezogene Zinsänderungsrisiko ausschalten möchte, nicht 10 Mio. EUR auf, sondern einen auf den Rückzahlungsbetrag des Kredits von 11 Mio. EUR bezogenen, mit 7,5%, aufgezinsten **Beschaffungsbetrag** von **10,232.588** EUR [11 Mio. EUR/(1 + 0,075)]. Auf diese Weise entfällt in 5 Jahren der ansonsten bestehende Zahlungsüberhang. Analog ist in der Folge der vierjährige Zahlungsüberhang glattzustellen: Auf Grund der Zinseinnahme von 1 Mio. EUR und der Zinsausgabe von 750 TEUR ergibt sich ein Cash Flow von 250.000 EUR, der nach dem dargelegten Rechenverfahren zum Zwecke der Glattstellung in Höhe von **232.558 EUR** für 4 Jahre zum Zinssatz von 7,5% p.a. aufzunehmen ist. Tab. 13 zeigt die Ermittlung der glattzustellenden Cash Flows bis zur einjährigen Finanzierung. Insgesamt ergibt sich ein **Barwert des Zinsbuches** von **1.011.601 EUR**.

Bei Anwendung des Verfahrens des Aktiv-/Passiv-Managements zur Immunisierung der **Gesamtgeschäftsstruktur** vor Zinsänderungsrisiken sind die Ein- und Auszahlungen **aller** zinsrisikorelevanten Leistungen der Bank einzubeziehen, wobei zu berücksichtigen ist, dass die einzelnen Cash Flows Zinszahlungen und Tilgungen entsprechend ihrer Zinsbindung umfassen. Im folgenden Beispiel bleiben allerdings das Eigenkapital und die in der Fristigkeit korrespondierenden Grundstücke und Gebäude unberücksichtigt, zumal diese kein Zinsänderungsrisiko verursachen können. Angenommen wird die in Tab. 14 enthaltene Verteilung von Aktiva und Passiva sowie ein Briefzinssatz von 7,6% p.a. und ein Geldzinssatz von 7,1% p.a. Die Eliminierung der Zahlungsüberhänge nach der in Tab. 13 dargestellten Methode des Glattstellens der einzelnen Cash-Flow-Überhänge und die Ermittlung des **Barwertes des Zinsbuches,** der im vorliegenden Beispiel für den Betrachtungszeitraum von 10 Jahren 19 Mio. EUR beträgt, zeigt Tab. 15. Bei Zurechnung der Grundstücke erhöht sich dieser um

Tab. 13: Struktur der Immunisierung von Zinsänderungsrisiken bei Einzelfallbetrachtung durch Aktiv-/Passiv-Management

Jahr	i (%)	Kredit (TEUR)	(Re-)Finanzierungen (EUR)				
			5 Jahre	4 Jahre	3 Jahre	2 Jahre	1 Jahr
0		-10000	10 232 588	216 361	201 266	187 224	174 162
1	7,5	1000	- 767 412	- 16 227	- 15 095	- 14 042	- 187 224
2	7,5	1000	- 767 412	- 16 227	- 15 095	- 201 266	
3	7,5	1000	- 767 412	- 16 227	- 216 361		
4	7,5	1000	- 767 412	- 232 588			
5	7,5	11000	- 11 000 000				

i=Finanzierungszinssatz (p. a.)

Tab. 14: Management des Zinsänderungsrisikos der Gesamtgeschäftsstruktur einer Bank: Annahme der Cash Flows (Quelle: *Kutscher,* 40)

Jahr	Täglich fällig	Kredite	Wert-papiere	Aufg. Darl.	Spar-einlagen	Schuld-verschr.	Summe
0	12,0	33,9	13,0	-30,0	-26,0	-2,0	0,0
1	0,0	93,1	10,0	-74,0	-25,0	-1,0	3,1
2	0,0.	92,1	5,0	-70,0	-24,0	-2,0	1,1
3	0,0	81,0	6,0	-60,0	-23,0	-2,0	2,0
4	0,0	40,0	12,0	- 10,0	-105,0	-1,0	-64,0
5	0,0	29,0	5,0	-15,0	0,0	-5,0	14,0
6	0,0	25,0	4,0	-15,0	0,0	-2,0	12,0
7	0,0	20,0	6,0	-15,0	0,0	-1,0	10,0
8	0,0	19,0	8,0	-12,0	0,0	-1,0	14,0
9	0,0	22,0	9,0	- 14,0	0,0	-.5,0	12,0
10	0,0	60,0	11,0	-10,0	0,0	-9,0	52,0

Tab. 15: Glattstellen der Überhänge im Rahmen des Aktiv-/Passiv-Managements der Gesamtgeschäftsstruktur einer Bank auf der Basis des Beispiels in Tab. 14 mit angenommenem Anlagezinssatz von 7,1% p.a. und Aufnahmezinssatz von 7,6% p.a.: Refi = Refinanzierung (Quelle: *Kutscher,* 41).

	Bar-wert:	19,0 Mio.									
Jahr	Zins-satz		Refi 10 J	Refi 9J	Refi 8J	Refi 7J	Refi 6J	Refi 5J	Refi 4J	Refi 3J	Refi 2 J	Refi 1 J
0		0,0	48,3	7,7	9,1	4,7	6,2	7,6	-65,7	0,3	-0,6	1,30
1	7,6%	3,1	-3,7	-0,6	-0,7	-0,4	-0,5	-0,6	4,7	0,0	0,0	-1,4
2	7,6%	1,1	-3,7	-0,6	-0,7	-0,4	-0,5	-0,6	4,7	0,0	0,6	
3	7,6%	2,0	-3,7	-0,6	-0,7	-0,4	-0,5	-0,6	4,7	-0,3		
4	7,1%	-64,0	-3,7	-0,6	-0,7	-0,4	-0,5	-0,6	70,4			
5	7,6%	14,0	-3,7	-0,6	-0,7	-0,4	-0,5	-8,2				
6	7,6%	12,0	-3,7	-0,6	-0,7	-0,4	5,7					
7	7,6%	10,0	-3,7	-0,6	-0,7	-5,1						
8	7,6%	14,0	-3,7	-0,6	-9,7							
9	7,6%	12,0	-3,7	-8,3								
10	7,6%	52,0	-52,0									

5 Mio. EUR auf 24 Mio. EUR (bei einem Eigenkapital von 18 Mio. EUR). Die Differenz von 6 Mio. EUR weist darauf hin, dass im Zinsbuch stille Reserven von 6 Mio. EUR nicht ausgewiesen sind. Auf dieser Basis lassen sich weitere Simulationen über Zinsänderungen und deren Auswirkungen auf die gesamten Vermögenswerte des Bankbetriebs durchführen.

Das Management des Zinsänderungsrisikos ist durch ein **Management** der **Kreditausfallrisiken** zu ergänzen. Damit kann erreicht werden, dass die in der Ermittlung des Zinsänderungsrisikos und seinem Management ausgewiesenen Cash Flows aus Krediten auch sicher oder zumindest mit sehr hoher Wahrscheinlichkeit wie angenommen eintreffen. Eine Steuerung der **strukturellen Kreditausfallrisiken** lässt sich insbesondere durch **interne Risikobegrenzungsregelungen** realisieren (siehe dazu den Vorschlag von *Urbach/Spanier*). Dabei können für eine bestimmte **Bezugsgröße** unterschiedliche **Risikogrenzen** für verschiedene **Bonitätsgruppen,** ggf. modifiziert um Risikogrenzen für die Größen- und Branchenstruktur, Anwendung finden. Als **Bezugsgröße** schlagen *Urbach/ Spanier* das **nachhaltig erzielbare Betriebsergebnis** einer Bank (**BE**) vor, bestehend aus:

Zinsüberschuss

./. Provisionsüberschuss

./. Verwaltungsaufwand

./. Abschreibungen für Abnutzung

Davon ausgehend, werden die Risikogrenzen für drei Bonitätsgruppen nach der im genossenschaftlichen Prüfungswesen üblichen Einteilung der geprüften Kredite in Risikogruppen (*DGRV*-Schriftenreihe, Heft 29, Kapitel V) vorgenommen. Abb. 73-1 zeigt im Überblick die Definition der Risikogrenzen. Entsprechend der Größen- und Branchenstruktur wären weitere Begrenzungen sinnvoll, und zwar sollen

- die **Großkredite** (§13 KWG) höchstens 30% des Gesamtkreditvolumens (GKV) ausmachen,
- die **zehn größten Kredite** ein Drittel des GKV nicht übersteigen und
- die Kreditnehmer einer **Branche** höchstens 30% des GKV erhalten.

Bonitätsgruppe III	**Bonitätsgruppe II**	**Bonitätsgruppe I**
BE ./. Mindestgewinnbedarf = **Vorsorgepotential**	Summe der Bankanteile aller Kredite der BG II ./. ungebundene und disponible Vorsorgereserven	**I Einzelrisiken:** Bankanteil eines Kredits
./. Risikovorsorge für Zinsänderungsrisiko ./. Risikovorsorge für Währungsrisiko ./. Vorsorge gegenüber sonstigen Risiken	= **max. 150% (100%)** des **BE**	= **max. 25% des BE** (1. Adressen: max. 100 %)
= **Risikogrenze für Bonitätsgruppe III**	Voraussetzung: Alle akuten Ausfallrisiken sind durch Einzelwertberichtigung(en) und Rückstellungen gedeckt	**II Strukturelles Risiko:** Summe der Bankanteile, die jeweils mehr als 25 % des BE betragen
		= **max. 10-faches BE**

Abb. 73-1: Übersicht über eine mögliche Risikogrenzenfestlegung für verschiedene Bonitätsgruppen (vgl. *Urbach/ Spanier,* 34)

Die Steuerung der strukturellen Ausfallrisiken setzt eine laufende Erfassung und Bewertung der Risiken im Rahmen der Kreditüberwachung voraus. Straffes Management der strukturellen Kreditrisiken beugt Ausfällen bei den prognostizierten Zinszahlungs- und Tilgungsströmen vor und sichert auf diese Weise auch die kurzfristige Liquidität des Bankbetriebs, erleichtert aber auf jeden Fall ein wirksames Aktiv-/Passiv-Management.

Wie die Ergebnisse einer Untersuchung von *Stüdi* bei Schweizer Banken zeigen, wird zur **Erfassung der Liquidität** täglich ein Liquiditätsstatus erstellt, der die Grundlage für die **Tagesdisposition** bildet. Die Gesamtliquidität unterteilen die Banken in eine kurzfristige Liquidität mit einem Planungshorizont von maximal sieben Tagen und eine darüber hinaus gehende längerfristige Liquidität. Große Bedeutung haben die befragten Banken der Haltung einer Liquiditätsreserve zugemessen, mit deren Hilfe vor allem die Flexibilität und Dispositionsfreiheit der Bank aufrechterhalten, ungeplante Verschiebungen infolge ungenauer Datenerfassung aufgefangen, „heikle" Situationen überstanden und Fehlhandlungen abgesichert sowie gegebenenfalls günstige Entwicklungsmöglichkeiten bzw. Chancen rasch genutzt werden können.

c) Planung der technischen Kapazität

Diese Planungsaktivitäten betreffen die Ausstattung des Bankbetriebes mit **technischen** Systemelementen **(Sachkapazität),** die zur zielkonformen Erstellung von Bankleistungen unter Quantitäts- und Qualitätsaspekten notwendig sind. Dabei handelt es sich beispielsweise um die Planung von Bürogebäuden, die Planung der zweckmäßigen Geschäftsausstattung, die

Planung der Kommunikationsmittel und Kommunikationsnetze, die Planung der Datenverarbeitungsanlagen und Netzverbunde.

9.3.1.2.3 Planung der Marktaktivitäten

Dieser weite, primär umwelt- und marktorientierte Bereich der bankbetrieblichen Planung umfasst die Planung des Leistungsprogramms, die Preis- und Konditionenplanung, die Planung der Betriebsbereitschaft, die Planung der Absatzmethode und der Standortwahl sowie die Werbeplanung und die Planung der Public-Relations-Maßnahmen. Die **Aufgabe** der Planung der Marktaktivitäten insgesamt besteht darin, die einzelnen marktorientierten Aktionsparameter des Bankbetriebes – ggf. unter Berücksichtigung der strategischen Vorgaben (siehe 9.1) – so einzusetzen, dass eine bestmögliche Erreichung der bankbetrieblichen Oberziele gewährleistet ist.

a) Planung des bankbetrieblichen Leistungsprogramms

Die Leistungsprogrammplanung umfasst die Planung aller Bankleistungen inländischer und internationaler Art hinsichtlich des Volumens der einzelnen Leistungsarten, die Abstimmung der Leistungsarten zu einem Programm in der Weise, dass Synergie-Effekte genutzt werden können, und die Festlegung der qualitativen Standards. In Anbetracht des nur begrenzt möglichen Einsatzes der Preispolitik sind Bankbetriebe darüber hinaus bestrebt, sich durch Differenzierung der einzelnen Leistungen und/oder Spezialisierung des Leistungsprogramms in wettbewerblicher Hinsicht von den Konkurrenten abzuheben. Dabei kann die quantitative Komponente der Leistungsprogrammplanung auch in einer Vergrößerung und dem Angebot neuartiger Leistungen bestehen, während die qualitative Komponente die verbesserte Gestaltung bestehender Bankmarktleistungen (z.B. im Hinblick auf eine schnellere, unbürokratischere, freundlichere Ausführung) zum Gegenstand haben kann (zur Problematik der Qualität von Bankdienstleistungen siehe *Nader*).

Grundlage der Leistungsprogrammplanung muss in jedem Falle eine entsprechende Marktanalyse durch Marktforschung (siehe *Weiss)* sein, die die Auswirkungen einzel- und gesamtwirtschaftlicher Erscheinungen auf das Leistungsprogramm des Bankbetriebes abzuschätzen erlaubt. Insbesondere muss sich die Marktforschung nicht nur auf das Verhalten der Kunden, sondern auch auf das Verhalten anderer Bankbetriebe als Konkurrenten erstrecken.

b) Preis- und Konditionenplanung

Obwohl im bankwirtschaftlichen Bereich die Einsatzmöglichkeiten preispolitischer Aktionsparameter traditionell beschränkt sind und der Preisbildungsprozess sich häufig und im Wesentlichen als ein Verhandlungsprozess darstellt, dessen Ausgang von der Verhandlungsmacht der Kunden abhängig ist (siehe 7.1.4), muss grundsätzlich eine Planung der Bankpreise und Gebühren auf der Basis der Kostenrechnung des Bankbetriebes erfolgen (siehe 9.3.3.2.l.c). In diesem Zusammenhang hat sich der Bankbetrieb zumindest Klarheit über den möglichen Gesamtpreisnachlass zu verschaffen, den er Kunden im Rahmen von Preis-Verhandlungs-Prozessen zugestehen kann. Allerdings werden Bankpreise und/oder Bankgebühren letztlich immer „politische" Preise bleiben, solange es nicht gelingt, geeignete Kostenrechnungsverfahren zu entwickeln, die eine exakte Preis- und Gebührenkalkulation zulassen.

Unabhängig davon bestehen verschiedene **Preismodelle** (siehe dazu *Bernei),* wie beispielsweise das

- **Prozentsatz-Modell** als dem in der Praxis am weitesten verbreiteten Modell, bei dem der Preis sich am Wert der Bankleistung orientiert und als Prozentsatz des zu Grunde liegenden Wertes festgesetzt wird, wobei absolute Ober- und Untergrenzen vorgesehen sind;

- **Ticket-Fee-Modell** auf der Basis einer festen Transaktionsgebühr unabhängig vom Wertvolumen der Bankleistung;
- **Flat-Fee-Modell**, bei dem für festgelegte Leistungspakete **Festpreise** unabhängig von Wert und Menge der Bankleistung vereinbart sind;
- **Performance-Modell** auf der Basis eines messbaren Erfolges, ggf. kombiniert mit Ticket- oder Flat-Fees;
- **Zeithonorar-Modell,** das beispielsweise bei zeitintensiven Beratungen durch die Bank zur Anwendung kommt und feste Stunden- bzw. Tagessätze als Basis hat;
- **Positionslisten-Modell,** bei dem die Gesamtleistung der Bank für einen Kunden um eine möglichst große Zahl von Komponenten (= Positionen) zerlegt und jede der Komponenten mit **Basispunkten** gewichtet wird. Der Preis errechnet sich schließlich auf der Grundlage der angefallenen Basispunkte, multipliziert mit dem Grundpreis der jeweiligen Kategorie (Leistungsart).
- **Kapitalmarktbasierte Preismodelle**: Die Preisgestaltung für Kreditleistungen im Firmenkundengeschäft erfolgt auf der Grundlage von Preisen, die entweder auf dem Markt für Kreditderivate oder auf dem Markt für Verbriefungstransaktionen (Asset Backed Securities) als theoretische Preise (**mark to model**) ermittelt und auf dem Verhandlungswege in aktuelle Marktpreise (**mark to market**) für das jeweilige Instrument (bei Credit Default Swaps als Swapsätze oder bei Collateralized Loan Obligations als Basispunkte) umgesetzt werden (siehe dazu im Einzelnen *Lange*, 120 ff.).

Die Bankpraxis setzt die beschriebenen Modellansätze in der Regel in einer **Kombination** von einzelnen Modellkomponenten um. Beispielsweise werden unabhängig von der in Anspruch genommenen Leistungsart **Basisgebühren** in Ansatz gebracht, **Transaktionsgebühren** bezogen auf einzelne Leistungen in Rechnung gestellt, **Beratungsgebühren** vereinbart (im Rahmen anspruchsvoller Vermögensberatung) oder **Einzelpreise** für abgrenzbare Bankleistungen berechnet.

c) Planung der Betriebsbereitschaft

In Anbetracht der unter 9.3.1.2.2 dargestellten Probleme der Planung der personellen Kapazität kommt der Planung der Betriebsbereitschaft in zeitlicher Hinsicht insofern besondere Bedeutung zu, als eine künden- und nachfrageorientierte Variation der Bank-Öffnungszeiten erhebliche wettbewerbliche und kostenmäßige Konsequenzen für den Bankbetrieb haben muss. Es ist daher zu überlegen, ob durch

- Veränderungen der Schalteröffnungszeiten,
- Erweiterung des Angebots an unbaren Bankleistungen,
- Einsatz von Verkaufshilfen (Bankautomaten usw.) oder
- Einsatz von Kundenberatern, die bei Bedarf auch Kunden in ihrer Wohnung aufsuchen,

eine gleichmäßigere Kapazitätsauslastung und Verringerung der Leerkosten erreicht werden kann (zu den möglichen Effekten einer Veränderung der Schalteröffnungszeiten siehe auch *Dichtl/Penzkofer).*

d) Planung der Absatzmethode und der Standortwahl

Die Notwendigkeit der Mitwirkung der Nachfrager für das Zustandekommen der Endkombination zur Bankmarktleistung hatte bis zur Entwicklung und Verfügbarkeit leistungsfähiger öffentlich zugänglicher technischer Netze zur Konsequenz, dass Überlegungen zur Wahl der Absatzmethode, wie sie für den Bereich der Sachgüterproduktion gegeben sind (Vertriebssystem, Absatzform, Absatzwege) weitgehend ausgeschieden sind. Dies vor allem deshalb, weil Bankmarktleistungen **direkten Absatz** im Zusammenwirken mit den Nachfragern erfordern, bestimmten bis weit in die 1990er Jahre **personale Netze** in Form von Filialsystemen diese Besonderheiten des Bankabsatzes durch die Wahl des Standortes des Bankbetriebes. Zur flexiblen Anpassung der Produktionsstätten von Bankmarktleistungen an die Bedürfnisse der Nachfrager war die Errichtung und der Unterhalt von Niederlassungen und Zweigstellen notwendig, da nur auf diese Weise die entsprechenden Interaktionen mit der Umwelt und die Sicherung bzw. Verbesserung der Stellung im bankbetrieblichen Interaktionssystem (Vergrößerung des „Territoriums") ermöglicht wurde. Da Niederlassungen und Zweigstellen in der Regel rechtlich und wirtschaftlich unselbständige Einheiten darstellen, sind deren Leiter in ihrer Entscheidungsfreiheit durch Weisungen der Zentrale mehr oder weniger stark eingeschränkt. Gleichwohl handelt es sich um Produktionseinheiten, die direkt an die Nachfrager im stationären Vertrieb mit hohem Personalaufwand Bankmarktleistungen absetzen. Daran ändert auch der Einsatz von mobilen Zweigstellen (fahrbaren Zweigstellen) wenig, mit denen der Absatz von Bankmarktleistungen auch in abgelegenen Gebieten möglich ist, in denen sich die Investitionen und der laufende Unterhalt für Filialen nicht lohnen, und die den Kundenbedürfnissen dieses Abnehmerkreises weitestgehend entgegenkommen.

Durch die Möglichkeiten zur Nutzung von öffentlich zugänglichen **technischen Netzen**, die in Form des preiswert zugänglichen **Telefonnetzes**, des **Internet** und der **Mobilfunknetze** mittlerweile entstanden sind, erweitert sich der bis dahin stationäre, einkanalige Absatz zu einem **mehrkanaligen Absatz** von Bankmarktleistungen in Form von **Telefonbanking**, **Internetbanking** und **Banking über Mobiltelefone**. Daneben bestehen weitere Formen des Banking über den Postweg (**Direct Mailing** bzw. Direct Banking). Diese Alternativen des mehrkanaligen Bankings sind unter Berücksichtigung ihrer voraussichtlichen technischen Entwicklungsmöglichkeiten, der Eignung der jeweiligen Bankmarktleistungen (z.B. elektronisches Geld) zum Vertrieb über technische Netze und ggf. der Widerstände der Kundschaft hinsichtlich dieser eher unpersönlichen Form des Banking gebührend in die Planungsüberlegungen einzubeziehen.

e) Werbeplanung und Planung der Public-Relations-Maßnahmen

Die **Werbung** für Bankmarktleistungen ist vor die schwierige Aufgabe gestellt, unanschauliche und in hohem Maße erklärungsbedürftige immaterielle Leistungen einem Publikum nahezubringen, bei dem kaum an persönliche Erfahrungen und Assoziationen angeknüpft werden kann. Dazu kommt als weitere Schwierigkeit, dass das Leistungsprogramm des Bankbetriebes in der Regel außerordentlich breit gefächert ist und zum Teil gegensätzliche Leistungsarten enthält. Wegen des Dienstleistungscharakters von Bankmarktleistungen hat sich die bankbetriebliche Werbung daher auf die Darstellung der Arten und Erleichterung der Bedürfnisbefriedigung, die durch die betreffenden Dienstleistungen erreicht wird, zu konzentrieren und sich mit der Werbeplanung entsprechend darauf einzustellen (siehe dazu auch *Spoo,* 91 ff.). Wesentliche Bedeutung kommt dabei der Informationsplanung zu, die zielgerichtet die Verbreitung von Informationen über den betreffenden Bankbetrieb, über die von ihm angebotenen Bankmarktleistungen und über die gesamte Bankwirtschaft zum Gegenstand hat. Dabei sind die Informationen – neben ihrer erzieherischen und aufklärenden Funktion – so zu gestalten, dass sie kaufanreizend wirken und den angesprochenen Kunden zur beabsichtigten Nachfrage veranlassen; der Kaufanreiz und damit verbunden der Erfolg bankbetrieblicher Werbemaßnahmen hängt schließlich von der Fähigkeit des Bankbetriebs ab, die Informationen über Bankmarktleistungen so zu gestalten, dass Übereinstimmung mit dem Vorstellungsbild einer möglichst großen Zahl von Kunden erzielt wird. Gelingt dies, so ist die Vergrößerung bzw. Erhaltung der Zahl der Interessenten an den Bankmarktleistungen und Gewinnung der notwendigen Unterstützung durch die Relevante Umwelt zu erwarten.

Die Planung von Public-Relations-Maßnahmen ist für Bankbetriebe im Hinblick auf die Gestaltung eines günstigen Umweltklimas von erheblicher Bedeutung. Zu planen ist dabei die Einwirkung auf höherer Systemebene (z.B. Bankenverbände) auf die öffentliche Meinung und staatliche Institutionen, um deren Unterstützung zu erlangen. Die **direkte** Einwirkung auf die öffentliche Meinung erfolgt durch positive Selbstdarstellung der Bankbetriebe und ihrer Rolle in Wirtschaft und Gesellschaft. Als Instrumente dienen dazu insbesondere Kontakte zu den meinungsbildenden Gruppen der Gesellschaft (Politiker, Journalisten, sonstige Vertreter des öffentlichen Lebens, die direkten Einfluss auf die gesellschaftliche, wirtschaftliche und politische Entwicklung haben), Kontakte zu den Massenmedien und Unterrichtung von potentiellen Kunden und Mitarbeitern in Bildungseinrichtungen. **Indirekte** Einwirkungen auf die öffentliche Meinung bestehen in der Unterrichtung und Information der Mitarbeiter in den Bankbetrieben, denen auf diese Weise das notwendige gedankliche Rüstzeug vermittelt wird, um Diskussionen zu bankwirtschaftlichen Themen gewachsen zu sein. Die Erlangung der Unterstützung durch die soziale Umwelt stellt zum einen die Voraussetzung für die Möglichkeit der Realisierung der Ziele des Systems Bankbetrieb dar, zum anderen ist die Unterstützung durch staatliche Institutionen notwendig, um Eingriffsmöglichkeiten und potentielle Beschränkungen, die von diesen ausgehen könnten, möglichst zu verhindern oder zumindest gering zu halten.

9.3.1.3 Bankbetriebliche Planungsverfahren

Bankpraxis und Wissenschaft stimmen zwar in der Auffassung überein, dass Planung im Bankbetrieb notwendig, aber auch ungleich schwieriger ist als in der Sachgüterproduktion. Dies hat in der Vergangenheit dazu geführt, dass ein Teil der Bankpraxis in Anbetracht des stetigen Wandels der Märkte, auf denen Banken operieren, und der Umweltbedingungen, denen sie im In- und Ausland ausgesetzt sind, jeglicher Bank-Planung skeptisch gegenüberstanden und behaupten, das Bankwesen sei für Voraussagen völlig ungeeignet. Eine andere Einstellung verkörperten dagegen diejenigen Bank-Manager, die Planungsanstrengungen im Bankbetrieb zwar grundsätzlich positiv gegenüberstanden (was vornehmlich auf den Druck durch schrumpfende Gewinnspannen, steigende Wettbewerbsintensität, wachsende Betriebsgrößen und steigende Personalkosten, rückläufige Liquidität, verändertes Kundenverhalten und Zinsänderungsrisiken zurückzuführen sein dürfte), jedoch zu den von der Wissenschaft vorgeschlagenen Planungsmodellen kritisch eingestellt waren. So wurde beispielsweise erklärt, dass die „bisher veröffentlichten Planungsmodelle (...) der Wissenschaft ... zwar in sich stringent und formal bestechend, aber für die Praxis nicht anwendbar“ (*Jacob* 1981,1023) seien. Dies deshalb, weil diese Bestandsgrößenmodelle an einer großen Zahl von Restriktionen krankten und die Stromgrößenmodelle an der mangelnden Kenntnis der Verrechnungsfaktoren scheiterten. Somit würden sich bei derartiger Betrachtungsweise die Unternehmensplanung in Banken auf **Prognoserechnungen** reduzieren, die schließlich zu Planbilanzen führten (siehe *Jacob* 1981,1021 ff.). Als Prognose wird dabei die unter bestimmten Daten vorhersehbare Entwicklung von Bilanzpositionen und der Bilanz insgesamt verstanden, während **Planung** die Beeinflussung der prognostizierten Entwicklung durch Zielsetzungen umfassen würde. Planung setze somit Prognose voraus. In ähnlich kritischer Weise äußerte sich *Köllhofer* als erfahrener Praktiker, wenn er der Meinung war, „dass kein Lehrbuch und kein Vorlesungsverzeichnis die Probleme richtig wiederspiegeln, die wir mit dem Thema ‚Planung' haben“ (1981, 31) und eine „funktionsfähige Planung in Teilbereichen ... allemal mehr wert (ist) als ein klug ausgedachtes Gesamtsystem mit einem undurchschaubaren Gewirr von Interdependenzen.“ (1981, 35). Allerdings vermutete *Köllhofer* auch, „...dass die Techniken, die wir praktizieren, bei den Theoretikern ... als ‚Vorwärtsbuchhaltung' oder ‚Heuristik' nicht sehr hoch im Kurs stehen.“ (1981, 34).

Differenzierter und zukunftsweisender erscheint dagegen die zu einem relativ frühen Zeitpunkt wegweisende Auffassung von *Passardi,* der – sicherlich repräsentativ für eine pragmatische Richtung unter den Bank-Managern – von Planung zwar keine Wunder erwartet, jedoch eine systematische Planung als Voraussetzung für eine Versachlichung der Entscheidungsfindung und koordinierte Zielstrebigkeit ansieht: „So wird wahrscheinlich jene Bank am erfolgreichsten sein, welche dank einer umfassenden Planung ihre Schwächen und die sie bedrohenden Gefahren rechtzeitig erkennt und die Stärken und die sich bietenden Chancen planmäßig auszunutzen vermag.“ (*Passardi* 1975, 255).

Die Wissenschaft ist sich der Tatsache sehr wohl bewusst, dass es bislang kein umfassendes, exaktes und in der Praxis uneingeschränkt für alle Banktypen gleichermaßen einsetzbares Planungsmodell gibt, das den Anforderungen simultaner Planung gerecht werden könnte. Denn nur eine **simultane** Planung kann theoretisch exakt sein, wenn sie sämtliche Bereiche bis zum Planungshorizont **uno actu** erfasst und auf diese Weise alle vertikalen und horizontalen Interdependenzen in die Planung eingehen. An der Feststellung von *Mülhaupt* (1978, 12) zum Stand der simultanen Planung im Bankbetrieb: „Weil dieses Verfahren bisher jedoch nicht praktikabel ist, müssen Interdependenzen durch eine zeitliche, sachliche und personelle Spaltung der Planung zerschnitten werden.“ sind bislang keine Abstriche anzubri8ngen. Dasselbe gilt für die Erkenntnis von *Büschgen* (1969,210), der die Schwierigkeiten eines Gesamtplanungsansatzes auf der Basis einer fundierten Systemanalyse für Universalbanken unterstreicht: „Die Untersuchung der Gesamtunternehmung ‚Bank‘ ist eine große, komplexe, noch nicht voll übersehbare Aufgabenstellung“ und deshalb vorschlägt, mit der Behandlung von Suboptimierungsproblemen zu beginnen und sich im Rahmen der Planung auf spezifische Komponenten von Bankbetrieben zu konzentrieren. Bezeichnend für diese unbefriedigende Situation ist auch die Tatsache, dass das renommierte *Gabler Bank Lexikon* in seiner 13. Aufl.(2002) dem Stichwort „Bankplanung“ nur einige Zeilen widmet.

Der im Folgenden zu gebende Überblick über bankbetrieblichem Planungsverfahren spiegelt das oben dargelegte Dilemma wider. Festzuhalten bleibt jedoch, dass Planung, selbst wenn sie auf unbefriedigendem Stand erfolgt, zumindest in Teilbereichen dem Verzicht auf jegliche Planung vorzuziehen ist. Dies auch deshalb, weil nicht zuletzt die erzieherische Komponente der Planung nicht zu gering veranschlagt werden darf.

9.3.1.3.1 Gesamtplanungsmodelle

Der Konstruktion realistischer Gesamtplanungsmodelle hat eine Analyse des Gesamtsystems Bankbetrieb voranzugehen, die sich nicht nur auf die Analyse der Elemente, aus denen sich das System zusammensetzt, beschränken darf, sondern auch die Beziehungen zwischen den Systemelementen ebenso einschließen muss wie eine Analyse des Systemverhaltens, d.h. eine Untersuchung über die Verhaltensweisen der Elemente im Gesamtzusammenhang des Systems und der Systemstrukturen.

Die bekannten Gesamtplanungsansätze (ohne strategische Planungsverfahren) können entsprechend der angewandten Verfahren im Wesentlichen in drei Gruppen klassifiziert werden:

- Mathematische Verfahren (deskriptive und analytische Modelle),
- Verfahren der Bankbudgetierung, und
- Verfahren auf kostenrechnerischer Basis (Plankostenrechnung).

a) Mathematische Verfahren

aa) Deskriptive Modelle

Den umfassenden Anforderungen an Gesamtplanungsmodelle können **Simulationsmodelle** als deskriptive Modelle am ehesten entsprechen, wenn auch zu beachten ist, dass eine Optimierung derartiger Modelle, die eine möglichst hinreichend genau beschreibende Abbildung der betrachteten Probleme anstreben, in der Regel nicht ohne weiteres möglich ist. Dadurch, dass diese Modelle – im Gegensatz zu analytischen Modellen – weniger rigorosen Auflagen im Hinblick auf ihren Aufbau unterliegen und für ihre Analyse nicht an die Existenz von Lösungsalgorithmen gebunden sind, kommen sie den von Praktikern angesprochenen Bedürfnissen und Gegebenheiten der Bankpraxis am nächsten, wenn auch nicht die Schwierigkeit des Modellaufbaus zu übersehen ist. Insgesamt besteht der Vorteil von Simulationsmodellen darin, dass durch den Verzicht auf optimale Lösungen (im Sinne der linearen Programmierung) ein für die Zwecke der Praxis angemessener Realitätsgrad der Modelle infolge des Einbezuges von sozialen und psychologischen Variablen sowie von nichtlinearen funktionalen Beziehungen erreicht wird. Sie erlauben daher die Anwendung heuristischer Methoden bei der Suche nach Lösungsalternativen. Die dabei gefundenen Problemlösungen entsprechen eher der komplexen Realität als mathematische Optimierungsverfahren (zum Modellaufbau von Simulationsmodellen allgemein und der Konstruktion des *FDIC*-Bank-Management-Modells siehe *Müller,* W., 207 ff., insbes. 211ff.).

ab) Analytische Modelle:

Einen grundsätzlich unterschiedlichen Ansatzpunkt wählen **analytische Gesamtmodelle,** deren Aufgabe in der Ermittlung optimaler Werte für bestimmte Zielvariable im Rahmen des gegebenen Modells der Bank besteht. Die Lösung der Aufgabe ist – im Gegensatz zu den deskriptiven Modellen – jedoch nur unter Beachtung strenger Vorschriften für den Modellaufbau mit Hilfe spezieller Lösungsalgorithmen mit den Methoden der linearen Programmierung möglich. Dazu ist die Festlegung einer obersten Zielfunktion notwendig (was bei Simulationsmodellen nicht der Fall ist und von der Praxis als ein weiterer Vorteil deskriptiver Modelle honoriert werden sollte) und ggf. von Nebenbedingungen, die zur Auswahl der optimalen Alternative unter den vorhandenen Möglichkeiten führen soll (**Optimierungsrechung**). Diese Methode versucht somit einen Teil jener Entscheidungen, die bisher der Intuition bzw. dem Erfahrungsschatz des Bank-Managements überlassen blieben, zu objektivieren, zu rationalisieren und zu standardisieren. Insgesamt handelt es sich auch bei diesem Ansatz um ein Verfahren zur Beschreibung und zur Planung bzw. Prognose des Verhaltens von Mensch-Maschine-Systemen in ihrer Umwelt, allerdings im Sinne einer **Optimalplanung,** von deren Komplexität und Strenge sich das Bank-Management offensichtlich in seiner Entscheidungsfreiheit beschränkt fühlt. Als Beispiele für bankbetriebliche Gesamtplanungsmodelle auf analytischer Basis sind vor allem die Modelle von *Deppe* (1969) und *Meyer* zu *Selhausen* (1970, 1971 und 1976) zu nennen.

ac) Verfahren der Bank-Risikosteuerung auf Grundlage des Value-at-Risk

Abgesehen von den Anforderungen, die von der Bankenaufsicht dem Management von Bankrisiken vorgegeben werden, hat jeder Bankbetrieb für sich darüber zu entscheiden, in welchem Umfang risikobelastete Anlageentscheidungen getroffen werden können (siehe dazu auch *Wahl/Broll*, 81 ff.). Zur Feststellung der Risikotragfähigkeit der Eigenmittel wenden Banken das relativ einfache **Value-at-Risk-Konzept (VaR)** an (siehe dazu v.a. 9.3.1.3.2 .h), das zur Risikomessung auf den Kategorien **erwartete Verluste** und **unerwartete Verluste** basiert, und mit den Rechnungslegungsbegriffen **Rückstellungen** und **Wertminderungen** verbunden ist. Zur Verdeutlichung des Problems soll folgendes Beispiel dienen (vgl. *Himino*): Eine Bank habe ein Anlageportfolio von 1 Mrd. EUR, von dem sie bei Ausfällen von einzelnen Instrumenten des Portfolios nur 50% des ausstehenden Betrages einbringen kann. Erwartet die Bank, dass 1% ihrer Anlagen im kommenden Jahr ausfallen werden, beläuft sich der erwartete Verlust für das Portfolio auf 5 Mio. EUR (=1 Mrd. EUR * 1% * 50%). Bei Verschlechterung der Wirtschaftslage könnte das Ausmaß der Verluste höher als erwartet sein. Sofern die Bank der Auffassung ist, die Ausfallquote werde in den allermeisten Fällen (z.B. bei 99,9%) nicht mehr als 10% betragen, müsste sie sich unter diesen Voraussetzungen auf einen Verlust von maximal 50 Mio. EUR einstellen. Die Differenz zwischen dem maximalen und dem erwarteten Verlust, im Beispiel 45 Mio. EUR, ist als **unerwarteter Verlust** zu definieren (siehe Abbildung 11-15). Viele Risikomanager verfahren nach dem Grundsatz, zur Deckung unerwarteter Verluste Rückstellungen (im Beispiel in Höhe von 5 Mio. EUR) zu bilden und zur Deckung unerwarteter Verluste ausreichend Eigenmittel (45 Mio. EUR) vorzuhalten. In der Praxis werden Rückstellungen jedoch in jeder Bank anders gehandhabt, was sowohl auf die Rechnungslegungsvorschriften als auch auf das Steuerrecht zurückzuführen ist. Deshalb wurde im Rahmen von „Basel II" unter aufsichtsrechtlichen Aspekten folgende Lösung gefunden und den Banken verbindlich vorgeschrieben:

$$\{[\text{Eigenkapital} + (\text{Rückstellungen} - \text{EV})] / \text{UV}*12{,}5\} \geq 8\%$$

wobei: EV = erwartete Verluste; UV = unerwartete Verluste

Im Zähler wird die Differenz zwischen Rückstellungen und unerwarteten Verlusten berücksichtigt, während der Nenner der Eigenkapitalquote (12,5%) nun allein auf die unerwarteten Verluste (im Beispiel 45 Mio. EUR) kalibriert ist. Werden keine Rückstellungen gebildet, so sind im Zähler auf der Basis der Beispielsrechnung somit **5 Mio**. EUR vom Eigenkapital abzuziehen.

b) Verfahren der Bankbudgetierung:

Als ebenfalls ganzheitlicher Ansatz ist die Bank-Budgetierung zu bezeichnen. Wenn auch die Begriffsbildung nicht einheitlich ist (statt Budgetierung werden z.B. auch die gleichbedeutenden Termini Gewinnplanung, managerial planning, Planrechnung u.ä. verwendet), kann unter **Budgetierung** zweckmäßigerweise die Anwendung einer auf eine kurze Zeitperiode bezogenen systematischen Zusammenstellung erwarteter Mengen- und Wertgrößen **(Budget)** zum Zwecke der Planung, Koordination und Kontrolle (vgl. *Fischer, R.*, 12) von Bankbetrieben verstanden werden. In diesem Sinne äußert sich auch *Dolff* (1978, 30), der Budgetierung als eine bestimmte Methode der Unternehmenssteuerung auffasst, bestehend aus der Aufstellung von Teilplänen, ihrer Koordination zu einem Gesamtplan, deren Vorgabe als Sollziffern sowie der Kontrolle auf Einhaltung dieser Sollziffern.

Zu entwickeln sind daher im Rahmen der Budgetierung als kurzfristigem Planungsverfahren sowohl ein **Bilanzbudget** als auch ein **Erfolgsbudget,** die ihrerseits vom **Leistungsbudget (Marktbudget)** als auch den internen Budgets (**Kapazitätsbudget**) bestimmt werden. Abbildung 74 zeigt die Struktur eines integrierten Budgetsystems. Als Budgetierungsgrundlagen kommen vor allem die bankinternen Vergangenheitsdaten, die gesamtwirtschaftlichen Analysen und Prognosen einschließlich Marktpotentialanalysen, die Jahreszielsetzungen und die Budgetierungsanweisungen der Entscheidungsinstanzen in Betracht (siehe *Fischer, R.*, 58 ff.). Das Problem der Planung mit Hilfe von Budgets besteht vor allem darin, die Budgets so realistisch zu bemessen, dass auch eine Erreichung der Vorgaben möglich ist. Überzogene Vorgaben führen nämlich meist zum Gegenteil dessen, was mit den planerischen Aktivitäten zu realisieren versucht wird.

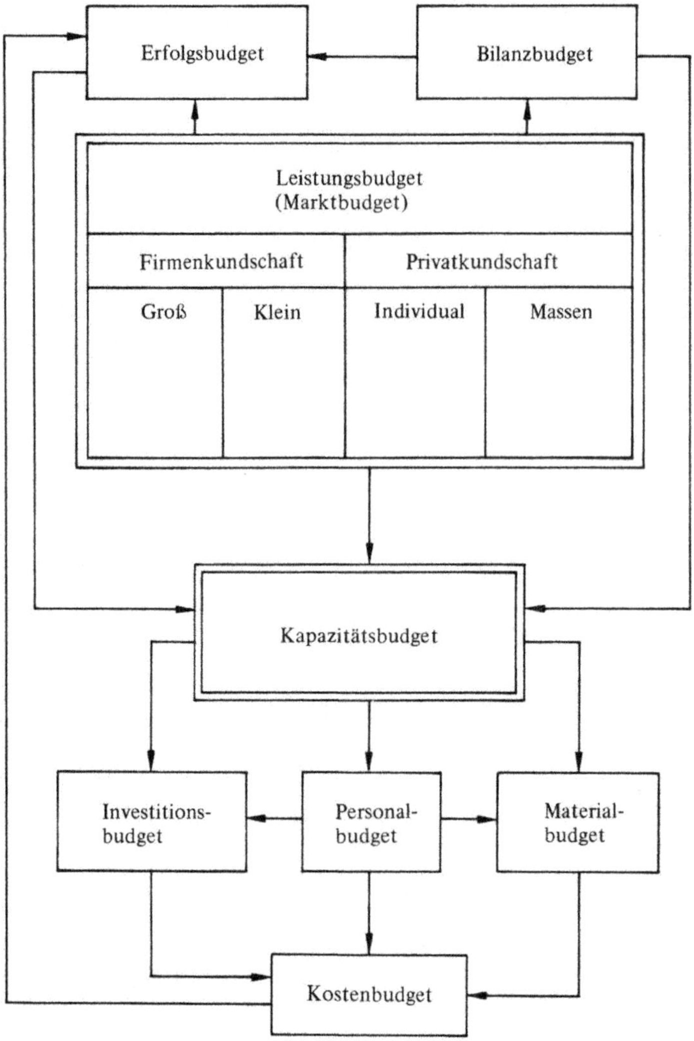

Abb. 74: Struktur eines integrierten bankbetrieblichen Budgetsystems

Während bei der herkömmlichen Budgeterstellung von Vergangenheitswerten ausgegangen wird und das neue Budget dadurch entsteht, dass man zum Budget bzw. den Ist-Ergebnissen der Vorperiode Kostensteigerungen extrapoliert und die für neue Aktivitäten erforderlichen Mittel addiert, besteht die Philosophie des **Zero-Base-Budgeting (Null-Basis-Budgetierung)** darin, losgelöst von Vergangenheitswerten und bestehenden Strukturen neu zu planen, d.h. bei Null zu beginnen (siehe dazu *Meyer-Piening*). Alle Bankaktivitäten werden analysiert und neu in **Entscheidungspaketen** strukturiert, die bewertet und schließlich entsprechend ihrer Kosten-Nutzen-Relationen in eine Rangordnung gebracht werden. Die ZBB-Analyse zwingt die Entscheidungsträger, die Vorteile und Konsequenzen der jeweiligen Entscheidungspakete sowie die Wirkungen unterschiedlicher Leistungsniveaus auf andere Entscheidungseinheiten klar aufzuzeigen. Die Zuteilung der Ressourcen erfolgt nach der Rangordnung der Entscheidungspakete. Gleichmäßige prozentuale Kürzungen der Budgets über alle Bereiche hinweg scheiden daher aus. Die Entscheidungspakete selbst enthalten die Aufstellung der angestrebten Programme und Aktivitäten, die möglichen Handlungsalternativen und deren Prioritäten. Sie werden von den Beteiligten gemeinsam erarbeitet und eröffnen ihnen damit Einblicke in größere Zusammenhänge ihrer Tätigkeit im Bankbetrieb, was nicht zuletzt motivierend und leistungssteigernd wirken kann.

c) Plankostenrechnung

Die Anwendung umfassender Plankostenrechnungen setzt die Ermittlung von Stückkostensätzen für die Produktkalkulation, die Spartenkalkulation und die Kundenkalkulation voraus. Die entsprechenden Standardstückkostensätze werden auf Grund von Normzeiten gewonnen, denen exakte Studien der einzelnen Leistungsprozesse und Bankleistungsarten zu Grunde liegen müssen. Für die interne Kostenverrechnung sind Verrechnungspreise auf der Basis des Standardkostenprinzips zu ermitteln und zu benutzen. Als **Analyseverfahren** kommen im Bankbetrieb dabei insbesondere das **Multimomentverfahren** (siehe *Grandin; Eickoff/ Krüger/Stachowiak),* das **REFA-Zeitmeßverfahren** (siehe *Müller, M.*, 31 ff.) und das **Master-Clerical-Data- (MDC) -Verfahren** (siehe *Müller, M.*, 55 ff.) in Betracht. Letzteres geht auf das MTM-Verfahren (Methods of Time Measurement) des industriellen Produktionsbereiches zurück. Alternativ oder ergänzend zur Planungsrechnung auf Vollkostenbasis (ggf. auch auf der Basis von Normalkosten, also auf durchschnittlichen, in der Vergangenheit entstandenen Kosten) können Planungsrechnungen auf Teilkostenbasis (siehe dazu 9.3.3.2.1.cd) oder die Lenkpreisrechnung (9.3.3.2.1.ce) Verwendung finden. Dabei ist jedoch zu bedenken, dass die Erstellung von Plankostenrechnungen im Sinne von Gesamtplanungsmodellen für Bankbetriebe zwar grundsätzlich möglich ist, in Anbetracht der komplexen Verhältnisse bei Bankbetrieben jedoch erhebliche Schwierigkeiten – insbesondere bei größeren Banken – damit verbunden sind. Daher beschränkt sich der Einsatz von Plankostenrechnungsverfahren (bzw. deren Versuch) meist auf Teilbereiche, wie die Teilergebnisrechnung (Profit-Center-Rechnung) oder Planungsrechnungen zur Zinsspanne (siehe *Jacob* 1981,1015ff. und 1027 ff.; *Arbeitskreis „Planungsprobleme“*, 11 ff.).

9.3.1.3.2 Partialplanungsmodelle

Zur Lösung von Teilproblemen der Entscheidungsvorbereitung bankbetrieblicher Betätigung existiert eine Reihe von Partialplanungsmodellen, die unter Anwendung unterschiedlicher Planungsmethoden sowohl die Planung immer wiederkehrender Aktivitäten (**Routineplanung**) als auch die Planung solcher Aktivitäten betreffen, die eher einmaliger bzw. besonderer Natur sind (**Innovationsplanung**).

a) Lineare Programmierung

Auf der Basis der linearen Programmierung finden sich Modelle zur Optimierung des Bankschalterdienstes und anderer Bedienungseinheiten ebenso wie zur optimalen Standortwahl, zur Optimierung der Marketing-Strategien, zur Bestimmung optimaler Werbebudgets, zur Optimierung des Scheck-Clearings, zur Optimierung der Transportprobleme zwischen Filialen und der Zentrale, zur optimalen Verfolgung notleidender Kredite (siehe dazu v.a. *Büschgen* 1969, 352ff.; *Bauer,* 267ff.; *Sunderland),* zur optimalen Strukturierung des Banksortiments bzw. der Wertpapierportefeuilles (mit Hilfe der Portfolio-Selection-Theorie, siehe *Markowitz und Pitz;* siehe auch *Fuhrmann* zum Mean-Variance-Ansatz für Kreditinstitute) sowie zur optimalen Koordination von Bank-Filialen (siehe *Schmidt, R.*).

b) Multivariate Verfahren

Der Anwendungsbereich multivariater Verfahren (siehe *Benett/Bowers),* insbesondere der Scoring-Methode, erstreckt sich bislang vor allem auf Entscheidungsmodelle zur Kreditvergabe, Kreditprognose und Kreditüberwachung (siehe 7.2.1.3.3). *Bahsi/Ringle* schlagen eine Bestimmung der optimalen Organisationsform mit Hilfe der Scoring-Methode vor.

c) Marginalanalyse

Mülhaupt (1981) sieht Anwendungsmöglichkeiten der traditionellen Marginalanalyse, also dem Denken in Grenzkosten, Grenzerlösen und Spannen, sowohl im Bereich der

- **strategischen** Bankplanung, wie z.B. in der Bestimmung des optimalen Leistungssortiments, der optimalen Kundenstruktur, der Standortplanung einschließlich der Gewinnschwellen-Analyse (Break-Even-Analyse) für geplante Zweigstellen, als auch im Bereich der
- **operativen** Bankplanung, die in der Bestimmung des optimalen Leistungsvolumens einer Sparte (z.B. des optimalen Kreditspielraums hinsichtlich der Produktion von Kreditleistungen oder des zusätzlichen Nutzens aus einem zusätzlichen Kreditvolumen; siehe auch *Gnoth*), der optimalen Leistungsabnahme bestimmter Kunden oder Kundengruppen bzw. der Ermittlung der Preisuntergrenze für einzelne Bankleistungen (z.B. für Kontokorrentkredite) bestehen kann.

d) Netzplantechnik

Den Anwendungsbereich der Netzplantechnik bilden insbesondere innovative Planungsbereiche, wie z.B. die Konzeption und Abwicklung von Emissionsleistungen im Bereich der Anlage- und Kreditleistungen (siehe *Ohmstedt*), die Einführung neuer Bankmarktleistungen (siehe *Eilenberger* 1976), die Terminplanung von größeren Projektvorhaben (z.B. Einführung einer EDV-Anlage; Vorbereitung einer Werbekampagne; Organisationsumstellungen; Errichtung von Bankgebäuden: siehe *Bauer,* 268 ff.) sowie die Planung der Jahresabschlussprüfung von Banken (siehe *Böcker/Dichtl/Penzkofer*) und nicht zuletzt die Liquiditätsplanung (siehe *Büschgen* 1972, 547ff.). Das Wesen der Netzplantechnik besteht darin, ein Gesamtprojekt in Einzelvorgänge (Tätigkeiten) in der Weise aufzugliedern, dass Zeit- und Kostenschätzungen möglich werden, und schließlich in einer graphischen Darstellung, dem **Netzwerk**, zu integrieren (zur Technik siehe beispielsweise *Wasielewski; Waschek/Weckerle; Wille/Gewald/Weber*). Gegenüber traditionellen Planungsmethoden (Balkendiagramme, Gantt-Diagramme), die ebenfalls Anfangs- und Endtermine jeder Aktivität aufzeigen, bedeutet die Netzplantechnik eine Verfeinerung der Planung und damit eine wirkungsvollere Planung. Mit Hilfe der Netzplantechnik werden die gegenseitigen Abhängigkeiten zwischen Tätigkeiten erfasst und deren zeitliche Abfolge berücksichtigt. Das geschieht dadurch, dass der **Planungsprozess** in drei Phasen gegliedert wird:

- Phase 1 **(Ablaufplanung)** berücksichtigt ausschließlich die notwendige Reihenfolge der Tätigkeiten, wobei der zeitliche Bezug der Aktivitäten noch außer Betracht bleibt.
- Phase 2 (**Zeitplanung**) baut auf der logischen Strukturierung der Tätigkeitsfolgen auf und berücksichtigt den Beginn und das Ende von Tätigkeiten bzw. den Zeitpunkt des Eintretens bestimmter Ereignisse.
- Phase 3 (**Terminplanung**) weist den einzelnen Aktivitäten verbindliche Ausführungstermine zu (Beginn und Ende der Tätigkeit werden in Kalendertagen/Arbeitstagen vorgegeben) und ermöglicht damit erst die Projektsteuerung und Überwachung des Planvollzugs.

Als besondere **Vorteile** der Netzplantechnik werden allgemein anerkannt:

1. Die Netzplantechnik ist ein Planungsinstrument, das auch vom Nicht-Mathematiker leicht zu verstehen und anzuwenden ist.
2. Ein Netzplan vermittelt einen detaillierten Überblick über das Gesamtprojekt und zeigt die Abhängigkeitsstrukturen der Tätigkeiten auf.
3. Der Netzplan zeigt kritische Stellen sowie Engpässe auf, die ein rechtzeitiges Eingreifen der zuständigen Entscheidungsinstanzen sicherstellt; andererseits lässt er Stellen erkennen, an denen infolge Überlappung bzw. besserer Koordinierung von Arbeiten Zeit gewonnen werden kann.
4. Netzpläne geben die Grundlage für die Ermittlung des Bedarfs an einzusetzenden Arbeitskräften, Material sowie Kapital und damit die Grundlage für fundierte und wirtschaftlich rationale Entscheidungen.

Netzpläne vermitteln jederzeit einen Überblick über den Stand der Projektdurchführung.

e) Extrapolationsmodelle

Extrapolationsmodelle auf der Basis von Vergangenheitsdaten finden vor allem in Form von **Prognosemodellen** Verwendung (siehe *Bender/Jacob/Kunze,* 14 ff.; *Abels/Klünder; Faust/ Klopfer).* Derartige Modelle können allerdings nur eine Form der kurzfristigen Finanz- bzw. Erfolgsplanung darstellen, deren Grad an Treffsicherheit von den zu Grunde gelegten Prämissen abhängt, nämlich dass die Faktoren, die in der Vergangenheit einen Bilanzbestand beeinflusst haben, auch in der Zukunft in derselben relativen Stärke zueinander bestehen bleiben.

f) Simulationsmodelle

Zur Planung von Marktentscheidungen eignen sich vor allem Simulationsmodelle (siehe *Thabor*): Die Vorzüge der Anwendung eines integrierten Simulationsmodells des Konsumentenkreditmarkts einer amerikanischen Bank bestanden im positiven Einfluss von verkaufsfördernden Maßnahmen auf den Umsatz, in der Steigerung der Produktivität des Managements und der Erhöhung der Kundenloyalität sowie vor allem in der Ausdehnung des individuellen Marktes für neue Kundengruppen. Ebenso brachte sin Simulationsmodell der Kontenauflösung einer französischen Bank wettbewerbliche Vorteile dadurch, dass mit seiner Hilfe der Abgang von rentablen Kunden reduziert, die Kundenloyalität erhöht, die Anzahl der Kontenauflösungen gesenkt und insgesamt die verschiedenen Marktleistungen der Bank zu deren Vorteil abgestimmt wurden.

g) Duration-Modelle

Zur Planung und Beherrschung von Zinsänderungen finden im Rahmen mathematischer Planungsmethoden **Zinsänderungsbilanzen** (=periodenweise gegliederte Gegenüberstellungen festzinsgebundener Aktiva und Passiva, deren Salden im Zeitablauf die offene Festzinsposition eines Bankbetriebes beschreiben) und einem geeigneten Rechenwerk (Duration-Analyse) planen und kontrollieren lassen (siehe *Rudolph* 1981).

h) Quantifizierung von Markt- und Preisrisiken mittels Value-at-Risk-Modellen

Value-at-Risk-Modelle bilden seit Ende der 1990er Jahre die wesentliche Grundlage zur Erfassung, Steuerung, Prognose und Kontrolle von bankleistungsbezogenen Risiken von Portfolios der Aktivseite in Banken und Unternehmen (siehe auch 9.3.1.3.1). Geschätzt wir dabei das Risiko als Wahrscheinlichkeit eines Verlustes in Form der negativen Abweichung vom Erwartungswert, also in Höhe des down side risk. Grundsätzlich ist in diesem Zusammenhang zwischen dem Value-at-Risk (VaR) von Anlageportfolios (Portfolio-VaR) und dem Credit-Value-at-Risk) zu unterscheiden.

ha) Portfolio-VaR

Der **Value at Risk** stellt ein Maß für die Verlustanfälligkeit eines Portfolios von Finanztiteln dar. Geschätzt wird dabei der maximale Verlust (in Geldeinheiten), der bei einem bestimmten Portfolio mit dem Portfolio-Gesamtwert von P in einer bestimmten Halteperiode (T) bei Annahme eines bestimmten Konfidenzniveaus (γ) entstehen kann. Benötigt werden darüber hinaus Annahmen bzw. empirische Ergebnisse zu den (täglichen) Volatilitäten der Finanztitel des Portfolios, ausgedrückt durch ihre Standardabweichungen (σ) und ihre Korrelation (*cor*). Unterstellt wird, dass die Erträge des Portfolios einer Standard-Normalverteilung mit einem Mittel von Null und einer Standardabweichung von σ_p folgen: Auf dieser Grundlage ergibt sich der VaR als (siehe dazu *Levy/Post,* 734 ff.):

$$\text{VaR}(\gamma,\text{T}) = z^{-1}(\gamma)\sigma_p\sqrt{T * P}$$

In dieser Gleichung bedeutet $z^{-1}(\gamma)$ das Quantil der Standardnormalverteilung verbunden mit einem gewünschten Konfidenzniveau: Je höher das angestrebte Konfidenzniveau, umso höher der VaR. Beispielsweise beträgt bei einem Konfidenzniveau von 95% das Quantil 1,645, bei einem Konfidenzniveau von 99% jedoch 2,326. Der Term $\sqrt{T}$ betrifft den Zeithorizont. T drückt das Ertragsintervall aus, das zur Ermittlung der Standardabweichung unterstellt wird. Dabei ist die Woche mit 5 (Börsen-)Tagen und der Monat mit 25 Tagen angenommen. Deshalb ergibt sich beispielsweise für einen Zeithorizont von 1 Tag (bei monatlicher Ertragsermittlung) ein Wert von T = 1/25 und $\sqrt{T}$ ist daher ≈ 0,2 Monate, bei einem Zeithorizont von 1 Woche (T = 1/5) ergibt sich analog ein Wert für $\sqrt{T}$ ≈ 0,447 Monate. Bei Annahme jährlicher Ertragsermittlung mit jährlichen Volatilitäten ergeben sich Werte für T = 1/12 bei monatlichem und T = 1/300 bei jährlichem Zeithorizont, d.h. die Multiplikatoren betragen T = $\sqrt{1/12}$ und T = $\sqrt{1/300}$ gegenüber dem täglichen VaR. Schließlich steht P für den Gesamtwert des Portfolios, und der Term σ_pP zeigt Veränderungen des Portfolio-Wertes an.

Beispiel: Angenommen wird ein Portfolio X mit Aktien von Unternehmen A im Wert von 20 Mio. EUR und von Unternehmen B mit 30 Mio. EUR. Die täglichen Volatilitäten der Aktien und deren Korrelation ($cor_{A,B}$) wurden wie folgt gemessen: σ_A = 2% ; σ_B = 1,5% ; $cor_{A,B}$ = 0,2. Für ein Konfidenzniveau von 99% ist der VaR für 1 Tag und für 1 Woche zu ermitteln.

Lösung: P = 20 + 30 = 50 Mio. EUR. Die Anteilsgewichte (w) von A und B am Portfolio-Gesamtwert betragen w_A = 0,4 (20/50) und w_B = 0,6 (30/50). Die Standardabweichung des Portfolios P ergibt sich aus:

$$\sigma_p = \sqrt{w_A^2 * \sigma_A^2 * w_B^2 * \sigma_B^2 + (2 * w_A * w_B * \sigma_{A,B})}$$

da:

$$\sigma_{A,B} = cor_{A,B} * \sigma_A * \sigma_B$$

ergibt sich für $\sigma_p = \sqrt{1{,}738} \approx$ **1,318%**.

Aus der untenstehenden Standardnormalverteilung ergibt sich für das Quantil z^{-1} (0,99) ein Wert von 2,326.

Quantile der Standardnormalverteilung					
P	50 %	90 %	95 %	97,5 %	99 %
z_p	0,0 (Median)	1,282	1,645	1,960	2,326

P = Konfidenzniveau. Quelle: *Eilenberger* 2003, 398; *Fahrmeier et al.*, 91

Damit lässt sich der **tägliche VaR** für P berechnen als:

$$\text{VaR}(0{,}99;\,1) = z^{-1}(\gamma)\,\sigma_p\,\sqrt{T * P} = 2{,}326 * 0{,}01318 * 1 * 50 = \mathbf{1{,}533\ Mio.EUR}$$

Der **wöchentliche** VaR ergibt sich durch Multiplikation des täglichen VaR mit $\sqrt{5}$ als: VaR (0,99; 5) = 1,533 Mio. * $\sqrt{5}$ = 3,428 Mio. EUR. Der **jährliche** VaR wird durch Multiplikation des täglichen VaR mit $\sqrt{300}$ geschätzt, also:

$$\text{VaR}(0{,}99;\,300) = 1{,}533\ \text{Mio.} * \sqrt{300} = \mathbf{26{,}552\ Mio.\ EUR}.$$

Unter den getroffenen Annahmen würde sich somit eine erhebliche Verlustgefahr für das Gesamtportfolio von 50 Mio. EUR ergeben.

hb) Credit-Value-at-Risk

Der Credit Value-at-Risk (**C-VaR** oder **Credit-VaR**) kann grundsätzlich in derselben Weise gemessen werden wie der Portfolio-VaR als Maß des Marktrisikos: C-VaR ist demnach der höchste Verlust (in Geldeinheiten), den ein Bond-Portfolio innerhalb einer vorgegebenen Halteperiode bei Annahme eines bestimmten Konfidenzniveaus erleiden kann (siehe dazu *Levy/Post,* 743 ff.). Die Grundlage für die Ermittlung des C-VaR bilden Ratingdaten für Bonds (Schuldverschreibungen) oder für Kredite. Dabei wird nicht nur der Ausfall eines Schuldners modelliert, sondern auch die Möglichkeit einer Bonitätsverbesserung oder einer Bonitätsverschlechterung. Als zusätzliche Inputs werden Migrationsmatrizen benötigt, welche die Wahrscheinlichkeit des Übergangs (transition probability) eines Kreditnehmers von einer Bonitätsklasse in eine andere liefern. Aus Vereinfachungsgründen wird eine einfache Eigenkapitalregel unterstellt (siehe dazu *Deutsche Bundesbank* 2002, 60): Für jeden Kredit (K) eines Kreditportfolios einer Bank ist Eigenkapital in Höhe der Verlustrate bei Ausfall (LGD_K) und der Ausfallwahrscheinlichkeit des Kreditnehmers (PD_K) und einem systematischen Risikofaktor X pro Geldeinheit des Kredit-Nominalwertes unterlegt, also:

$$LGD_K * PD_K\,[X = \alpha_\gamma(X)]$$

wobei: $\alpha_\gamma(X) = \gamma$ – Quantil der Zufallsgröße X

Ist X normal verteilt und ist σ Ausdruck für die einheitliche Firmenwertkorrelation, so lautet die Risikogewichtungsfunktion bei einem Kredit mit einer LGD von 100% in Abhängigkeit von der unbedingten Ausfallwahrscheinlichkeit

$$F(PD) = z\,[1/\sqrt{1-\sigma} * z^{-1}(PD) + \sqrt{S}/\sqrt{1-\sigma} * z^{-1}(\gamma)]$$

Diese Formel liegt auch der Benchmark-Risikogewichtungsfunktion des 2. Baseler Konsultationspapiers zu Grunde. Ein derart einfaches **Kreditrisikomodell** bedeutet eine gewisse Angleichung der regulatorischen an die ökonomischen Eigenkapitalanforderungen durch „Basel II". Als entscheidende Annahmen gelten dabei, dass die Erträge der Unternehmen von nur einem Risikofaktor bestimmt werden und dass das Kreditportfolio hinreichend „granular" ist, d.h. sich aus einer ausreichenden Zahl von Krediten unterschiedlicher Größenordnungen zusammensetzt.

i) Default-Mode-Modelle

Andere Kreditrisikomodelle basieren auf einem versicherungsmathematischen Ansatz und werden als **Default-Mode-Modelle** bezeichnet. Dabei wird nur erfasst, ob ein Kreditnehmer ausfällt, aber nicht, wie sich seine Bonität im Zeitablauf (während der Kreditlaufzeit) ändert (siehe dazu *Deutsche Bundesbank* 2002, 51; 55 f.). Die Ausfallwahrscheinlichkeiten werden als bekannt vorausgesetzt und auf wahrscheinlichkeitstheoretischem Wege eine Verlustverteilung abgeleitet, aus der das erforderliche ökonomische Eigenkapital ermittelt werden kann:

Die **Verlustverteilung** ist durch die Parameter

- ausstehende Kreditbeiträge bei Ausfall (EaD),
- Ausfallwahrscheinlichkeiten der Kreditnehmer (PD),
- Verlustrate bei Ausfall (LDG), und
- Korrelation zwischen Ausfällen verschiedener Kreditnehmer (*cor*)

bestimmt.

EaD besteht aus der Summe aus dem aktuellen Kreditbestand und den bis zum Ausfall in Anspruch genommenen Kreditzusagen. Der Wert der Kredite über die gesamte vertragliche Laufzeit – bezogen auf den gegenwärtigen Zeitpunkt – wird durch eine binominal verteilte Zufallsgröße beschrieben. Mit der Wahrscheinlichkeit (1 – PD) wird der volle Kreditbetrag einschließlich Zinsen zurückgezahlt. Dagegen erlöst die Bank mit der Wahrscheinlichkeit PD nur (1 – LDG) • EaD. Auch der Verlust (L) aus dem Kredit ist binominal verteilt. Daher ist der **erwartete Verlust** (EL) des Kredits beschrieben durch die Gleichung

$$\text{EL} = \text{PD} \cdot \text{LDG}$$

Der **unerwartete Verlust** (UL) des Einzelkredits wird üblicherweise durch die **Standardabweichung** von **L** dargestellt, also

$$\text{UL} = \sigma_K = \text{LDG}^* \sqrt{PD\,(1-PD)}\ ;$$

wobei K = Kredit.

Daher ergibt sich der Verlust aus dem **gesamten Kreditportfolio** (L_P) als Summe der gewichteten Einzelverluste

$$L_p = \sum_i w_i {}^* L_i\ ;\ \text{wobei: } w = E_\alpha * D_i / \sum_K E_A * D_K$$

Da der unerwartete Verlust (UL) des **Gesamtportfolio an Krediten (K)** in der Regel geringer ausfällt als die Summe der unerwarteten Verlust der Einzelkredite (i), sind die Korrelationen zwischen den Krediten zu berücksichtigen. Daher ergibt sich die Standardabweichung für den Portfolioverlust (σ_p) aus

$$\sigma_p = \Sigma\Sigma\ w_i\ w_K\ \sigma_i\ \sigma_K\ cor_{i,K}$$

Da der **Risikobeitrag** des **einzelnen Kredits** (**RB_i**) zum Portfolio geringer ist als sein UL, gilt

$$\text{R}B_i = w_i\ \sigma_i\ cor_i\ ;$$

wobei: $cor_i = \sum_K w_K\ \sigma_K\ cor_{i,K}\ /\ \sigma_p$ = const. (Korrelation des Einzelverlustes).

Für den **Risikobeitrag** gilt somit: Die Summe der Risikobeiträge entspricht der Standardabweichung des Portfolioverlustes. Der Risikobeitrag steigt sowohl mit zunehmendem UL als auch mit zunehmendem Gewicht des Einzelkredites. Je geringer die Korrelation mit dem Portfolioverlust, umso geringer ist der Risikobeitrag. Anstelle der Standardabweichung wird der UL für das gesamte Kreditportfolio häufig nicht durch die Standardabweichung definiert, sondern (alternativ) durch den VaR, der allerdings schwieriger zu ermitteln ist als die Standardabweichung.

9.3.2 Entscheidung und Realisation

Über die von der Bank-Planung ermittelten und grundsätzlich als zielführend erkannten Entscheidungsalternativen sind schließlich Willensäußerungen (**Entschlüsse**; **Entscheidungen**) der zuständigen Entscheidungsträger des Bankbetriebes dahingehend herbeizuführen, eine der planerisch entwickelten Alternativen (gegebenenfalls mit Modifikationen) zu realisieren oder die angebotenen Alternativen zur Lösung des Problems als nicht zielführend zu verwerfen. In letzterem Falle kommt es nicht zu der beabsichtigten oder notwendigen Problemlösung, weshalb erneut planerische Überlegungen angestellt werden müssen, die schließlich in einen erneuten Wahlhandlungsakt (über einen Entscheidungsprozess) münden können bzw. werden, sofern das Projekt nicht aufgegeben wird.

Da bankbetriebliche Entscheidungen unterschiedliche Entscheidungsgegenständebetreffen und von den Entscheidungsprozessen, vom Entscheidungsverhalten individueller sowie kollegialer (multipersonaler) Entscheidungsinstanzen beeinflusst werden, sind im Folgenden diese Komponenten kurz darzustellen.

9.3.2.1 Typen bankbetrieblicher Entscheidungen

Bankbetriebliche Entscheidungen können im Wesentlichen in **betriebliche** bzw. **betriebsbezogene** Entscheidungen und **marktbezogene** Entscheidungen bzw. **Marktentscheidungen** klassifiziert werden, wobei eine strikte Trennung zwischen betriebsbezogenen und marktbezogenen Entscheidungen nicht möglich ist. Auf Grund der engen Interdependenz von Produktion und Absatz bankbetrieblicher Marktleistungen zeitigen nämlich sowohl primär marktbezogene Entscheidungen direkt oder indirekt Auswirkungen auf die betriebliche Situation und Sphäre (insbesondere auf die Bemessung der personellen und finanziellen Kapazität), als auch primär betriebsbezogene Entscheidungen direkte oder indirekte Auswirkungen auf die Marktbeziehungen des Bankbetriebes: Eine zu gering vorbehaltene Kapazität ohne Möglichkeiten einer flexiblen Anpassung an zusätzlich auftretende Nachfrage bewirkt beispielsweise u. U. ebenso eine unzureichende Befriedigung der Kundenbedürfnisse wie die unzweckmäßige Gestaltung der Ablauforganisation bei objektiv ausreichender Kapazität (aber zu hohem Bürokratismus).

Betriebsbezogene Entscheidungen betreffen einerseits **Organisationsentscheidungen,** die ausschließlich als Führungsentscheidungen aufzufassen sind und die Gestaltungsmaßnahmen der bankbetrieblichen Aufbauorganisation sowie der statutarischen Organisation (Konzernorganisation) zum Gegenstand haben, andererseits **Objektentscheidungen,** die sowohl Führungs- als auch Ausführungsentscheidungen (im engeren Sinne, d.h. auf der Ausführungsebene) darstellen können. Beide Formen sind jedoch für das Bank-Management relevant, zumal es für generelle Regelungen (ablauforganisatorische Entscheidungen) über die Abwicklung der Objektprozesse auf dieser Stufe zuständig ist. Wenn auch die Objektentscheidungen der Ausführungsebene die Mehrzahl an Entscheidungen dieser Kategorie bilden werden, so werden doch Objektentscheidungen auf allen Ebenen des Bank-Managements notwendig, wobei die Zahl derartiger, zu fassender Entschlüsse in Richtung auf die unterste Führungsebene des Bankbetriebes zunimmt.

Marktbezogene Entscheidungen als Führungsentscheidungen sind in erster Linie auf eine zielentsprechende (bzw. zumindest mit den Zielsetzungen des Bankbetriebes zu vereinbarende) bestmögliche Gestaltung des **Marketing-Mix,** d.h. des Einsatzes des marktpolitischen Instrumentariums (Gestaltung des Leistungsprogramms des Bankbetriebes in Abstimmung mit Preisen und Konditionen, der Betriebsbereitschaft, der Standortwahl für die Zweigstellen, der Werbung und der Public-Relations-Maßnahmen) auszurichten. Derartige Führungsentscheidungen sind auf allen Ebenen des Bank-Managements zu treffen; allerdings fallen der obersten Führungsebene primär die zur Koordination der marktpolitischen Instrumente notwendigen marktbezogenen Entscheidungen zu, während die nachgeordneten Führungsebenen für konkrete Marktentscheidungen der einzelnen Einsatzbereiche der Instrumente zuständig sind, die dann auch Eingang in die Objektentscheidungen und damit in die Leistungsprozesse finden. Insofern wird die Interdependenz zwischen betriebsbezogenen und marktbezogenen Entscheidungen in Bankbetrieben deutlich.

Die angeführten Typen bankbetrieblicher Entscheidungen weisen im Allgemeinen einen unterschiedlichen **Komplexitätsgrad** auf, der von laufend wiederkehrenden, gleichartigen Entscheidungen der Ausführungsebene und der unteren Führungsebene bis zu hochkomplexen, innovativen Entscheidungen reicht, die entweder erstmalig oder nur einmalig zu treffen und nicht zur Routine der laufenden Entscheidungspraxis zu zählen sind. Darüber hinaus kann in den genannten Bereichen betriebsbezogener und marktbezogener Entscheidungen zwischen **Zielsetzungsentscheidungen** und **Zielerreichungsentscheidungen** unterschieden werden, wobei zweifellos die zur Ausführung von Zielsetzungsentscheidungen notwendigen Zielerreichungsentscheidungen die Mehrzahl darstellen werden. Da Zielerreichungsentscheidungen ihrem Wesen nach sowohl auf allen Führungsebenen als auch auf der Ausführungsebene zu treffen sind, erscheint eine Differenzierung in **Ausführungsentscheidungen im weiteren Sinne** (Führungsentscheidungen des Bank-Managements) und **Ausführungsentscheidungen im engeren Sinne** (Entscheidungen der eigentlichen Ausführungsebene) als zweckmäßig.

9.3.2.2 Bankbetriebliche Entscheidungsprozesse

Im Gegensatz zu dem unter 9.3.2 beschriebenen Ablauf von Entscheidungsprozessen, bei denen die Entscheidung nach Abschluss der Planungsphase sozusagen „aus einem Guss" getroffen wird („Strategie des letzten Wortes"; *Witte, E.* 1980,640), sind auch in Bankbetrieben Entscheidungsverläufe anderer Art zu beobachten, die durch ein schrittweises Hinführen über mehrere **Teil-Entscheidungen (Zwischenentscheidungen)** zum endgültigen Entschluss gekennzeichnet sind. Der endgültige Entschluss (**Final-Entscheidung**) ist bei diesem Typus von Entscheidungsprozessen von den bisher gefällten Teil-Entscheidungen vorgeprägt. Das bedeutet aber nicht, dass der Final-Entschluss von den Teil-Entschlüssen vorherbestimmt ist. Die für den Final-Entschluss zuständigen und kompetenten Entscheidungsträger sind in der Ablehnung der bisherigen Teil-Entscheidungen ebenso frei wie hinsichtlich deren uneingeschränkter oder teilweiser Akzeptanz.

Bankbetriebliche Entscheidungsprozesse, die in mehreren Schritten mit jeweils abschließenden Teil-Entscheidungen ablaufen, werden immer dann gewählt werden, wenn vom Bank-Management innovative, noch nie absolvierte und hochkomplexe Entscheidungen zu treffen sind, die regelmäßig auch von wesentlicher existentieller Bedeutung für den Bankbetrieb sein werden. In diesen Situationen erfolgt eine schrittweise Lösung des Entscheidungsproblems in arbeitsteiliger Verzahnung mit den planenden Stäben, die selbst keine Entscheidungskompetenzen besitzen. Den **Stäben** wird durch die Partial-(Teil-)Entscheidungen jeweils „grünes

Licht" für die weiteren Planungsschritte gegeben oder der Planungsprozess abgebrochen. Die Entscheidung zur vorzeitigen Beendigung des Planungsprozesses stellt einen Willensakt dergestalt dar, die anvisierte Problemlösung aufzugeben. Dafür können verschiedene Gründe bestimmend sein: Entweder ist die Problemlösung nach Lage der Dinge zum gegenwärtigen Zeitpunkt nicht möglich oder sie ist nicht opportun oder sie ist nur mit unvertretbar hohen Kosten realisierbar, die in keinem Verhältnis zum Nutzen stehen würden, der bestenfalls aus der Problemlösung resultieren könnte.

Werden jedoch die Planungen weitergeführt, so sind auch in diesem Fall differenzierte Ausprägungen der Teilentscheidung denkbar: Es kann zum einen wie ursprünglich festgelegt oder vorhersehbar uneingeschränkt weiter geplant werden, zum anderen kann die Partialentscheidung aber auch eine Modifizierung der bisherigen und künftigen Planungsschritte bestimmen. Die Möglichkeit des Abbruches des Entscheidungsprozesses bleibt bis zum Final-Entschluss grundsätzlich bestehen. Für verzahnte Planungs-Entscheidungs-Prozesse ist darüber hinaus charakteristisch, dass die Zwischen-Entscheidungen (Entscheidungsschritte) auf verschiedenen Hierarchiestufen getroffen werden können (unter Koordination durch denjenigen Entscheidungsträger, dem die Kompetenz für die Final-Entscheidung zugewiesen ist). Dies trifft bei Bankbetrieben insbesondere im Rahmen der Produktion von Kreditleistungen zu, bei der auf den verschiedenen Stufen der Faktorkombination jeweils Prüfungen bzw. Feststellungen hinsichtlich der Bonität und Verhältnisse des Kreditnehmers stattzufinden haben.

Fällt das Ergebnis der einzelnen Überprüfung oder Feststellung positiv aus, schließt sich auf Grund der zugehörigen positiven Partialentscheidung der nächste Schritt (auf einer höheren hierarchischen Ebene) an: Die durch Partialentschlüsse sanktionierten Teilberichte der unteren Ebene(n) werden zu einem abschließenden „Kreditantrag" an die obere bzw. oberste Führungsebene verdichtet, die dann auf Grund der positiven Zwischen-Entschlüsse zu einem Final-Entschluss gelangt, der weitgehend von den Partialentschlüssen vorgeprägt oder bestimmt ist. Der letztentscheidenden Instanz steht zwar noch immer die Möglichkeit offen, den geprüften und befürworteten Kreditantrag abzulehnen, ihn zu modifizieren oder zur erneuten Überprüfung zurückzuverweisen. Dies wird jedoch nur im Ausnahmefall geschehen, z.B. wenn plötzlich eine Veränderung der Situation des Kreditnehmers oder der Umweltsituation eintritt, die noch nicht in die Teil-Entscheidungen Eingang finden konnte, oder wenn die Entscheidung den Zielsetzungen des Bankbetriebes im Grundsatz widersprechen würde.

Insgesamt besteht für die einzelnen Entscheidungsinstanzen ein bestimmter **Entscheidungsspielraum,** der sowohl vom Konkretisierungsgrad der Zielsetzungen als auch von deren Stellung in der bankbetrieblichen Hierarchie abhängig ist. Die Entscheidungsträger sind jedoch im Rahmen ihrer Wahlhandlungen auf diejenigen Alternativen beschränkt, die dem vorgegebenen Zielsystem konform sind und ihm zumindest nicht widersprechen. Dabei zeigt sich in Bankbetrieben, dass die Wahlakte der Ausführungsebene – und zum Teil auch der untersten Führungsebene – auf Grund einer Vielzahl von Führungsanweisungen (Reglements) weitgehend determinierten Charakter aufweisen. Sie lassen nur geringen oder überhaupt keinen Entscheidungsspielraum zu, während alle übrigen Führungsentscheidungen undeterminierte Wahlhandlungen mit unterschiedlich breiten Entscheidungsspielräumen darstellen.

9.3.2.3 Entscheidungsverhalten

Das Entscheidungsverhalten ist neben den objektiv (z.B. durch Planung oder rechtliche Vorschriften oder betriebliche Reglements) vorgegebenen bzw. bestehenden Einflussgrößen auch von der subjektiven Einstellung von Entscheidungsträgern zur Entscheidungssituation sowie von deren kognitiven Erwartungen geprägt (siehe *Eilenberger* 1975, 81 ff.). Die **subjektiven Bewertungen** von Entscheidungsalternativen sind von dem Grad der Angenehmheit oder

Unangenehmheit der Situation (**Valenz**; siehe dazu *Kaufmann,* 25) für den Entscheidungsträger bezüglich der zur Verfügung stehenden Alternativen abhängig. **Kollegialentschlüsse** multipersonaler Entscheidungsgremien (Kollegien) weisen gegenüber Einzelentscheidungen (Individualentscheidungen) die Tendenz auf, dass sie zu (Entscheidungs-)Ergebnissen führen, bei denen der Einfluss spezifischer subjektiver Bewertungen sowie Zu- oder Abneigungen eine geringere Rolle spielt und zugunsten objektiverer Bewertungen der Entscheidungssituation zurückgedrängt wird. Dies resultiert nicht zuletzt auch aus der Überlegung, dass eine Mehrzahl geistiger Operationen von einer Mehrzahl von Personen unter Heranreifen der geistigen Bearbeitungsprojekte bis zum problemlösenden Entschluss zu – qualitativ gesehen – „besseren" Entscheidungsergebnissen führen kann.

Im Allgemeinen erzwingt ohnehin die Betriebsgröße und/oder die Komplexität von bankbetrieblichen Entscheidungsproblemen eine Aufteilung sachlich-personeller Art der Gesamtentscheidung, da unübersichtliche oder komplexe Situationen die Möglichkeiten und Fähigkeiten einzelner Entscheidungsträger zu ziel- und sachgerechten Entscheidungen übersteigen. Dazu kommt insbesondere bei Bankbetrieben in Anbetracht der Entscheidungen über erhebliche Volumina an Finanzmitteln das Streben der Entscheidungsträger nach Absicherung, Diversifikation und Abwälzung der Verantwortung auf die Mitglieder von Entscheidungsgremien. Unter diesem Aspekt kann es nur als folgerichtig bezeichnet werden, wenn Entscheidungen beispielsweise über Großkredite oder große Kredite von Gremien getroffen werden, die sich aus Mitgliedern des Vorstandes und des Aufsichtsrates (Verwaltungsrates) sowie ggf. weiteren Eigentümern oder externen Experten zusammensetzen. Allerdings kann trotz der Entscheidungsgremien immanenten Tendenz zur Vornahme objektiverer Bewertungen nicht ausgeschlossen werden, dass selbst bei multipersonalen Entscheidungsprozessen ein überproportionaler Einfluss bestimmter Entscheidungsträger, der sich beispielsweise auf deren besondere Stellung in der bankbetrieblichen Hierarchie oder auf ihr Expertenwissen gründet, zu Gunsten der endgültigen Auswahl einer bestimmten Alternative ausgeübt wird bzw. auszuüben versucht wird, um die übrigen Mitglieder des Gremiums zu der gewünschten Wahlhandlung zu veranlassen (siehe z.B. das Debakel um die *BayernLB* wegen des Ankaufs der *HypoAlpe-Adria-Bank* 2009/2010).

Kognitive Erwartungen als weitere Hauptdeterminante des Entscheidungsverhaltens von Personen umfassen die Gesamtheit an Informationen, über die der Entscheidungsträger (subjektiv) bezüglich der Realisierbarkeit und Konsequenzen von vorgestellten Handlungsalternativen verfügt. Diese Erwartungen werden sowohl von aktuellen Informationen als auch von Erfahrungen beeinflusst, die der Entscheidungsträger in früheren, ähnlichen Entscheidungssituationen gemacht hat und die er nun auf die aktuelle Entscheidungssituation überträgt. Aus der Gesamtheit der wahrgenommenen Handlungsalternativen wird sich daher der Entscheidungsträger für diejenige Alternative entscheiden, von der er erwartet, dass sie hinsichtlich der Zielerreichung des Bankbetriebes die bestmögliche realisierbare Entscheidung darstellt. Der Entscheidungsträger wendet damit im Grunde eine (selbsterstellte) Entscheidungsregel an, die ihm die Wahlhandlung erleichtert.

Daneben bleibt es dem Entscheidungsträger unbenommen, zur Unterstützung und Fundierung einer Entscheidung auf speziell für Bankbetriebe entwickelte Entscheidungsregeln zurückzugreifen, um die – trotz aller planerischen Anstrengungen nach wie vor bestehende – Unsicherheitssituation über das tatsächliche Eintreffen der gewünschten Ergebnisse zu reduzieren. Besondere Bedeutung kommt derartigen entscheidungsunterstützenden Maßnahmen und Methoden bei Entscheidungsprozessen der Ausführungsebene und den unteren Führungsebenen zu. Hier wird versucht, durch Darbietung geeigneter Informationssysteme (z.B. Kundeninformationssysteme; siehe dazu *Steinbrink*) und ggf. geeigneter Entscheidungsregeln (als instrumentale Bindeglieder wischen bankbetrieblichen Zielsetzungen und Entscheidungen) ein Höchstmaß an Unsicherheitsreduktion für den einzelnen Entscheidungsträger zu erreichen und damit insgesamt die Qualität der Entscheidungen zu erhöhen. Diese Hilfestellungen werden auch und vor allem deshalb benötigt, weil diese Art der Entscheidungen einen Rückgriff auf Planungsprozesse nicht zulässt und eine Vielzahl ähnlicher Entscheidungen zu treffen ist, die eine Automatisierung im Sinne vorgegebener Regeln oder Programme nahelegen.

9.3.2.4 Multipersonale Entscheidungen

Multipersonale Entscheidungen auf den oberen Führungsebenen sind bereits in Anbetracht der **gesetzlichen Regelungen** bei Bankbetrieben häufiger zu fällen als dies bei Unternehmen der Sachgüterproduktion verschiedener Rechtsformen der Fall ist. Zwar schreiben beispielsweise auch § 77 Abs. 1 AktG und § 25 Abs. 1 GenG vor, dass sämtliche Vorstandsmitglieder eines aus mehreren Personen bestehenden Vorstandes nur gemeinschaftlich zur Geschäftsführung bzw. Vertretung befugt sind (wobei Satzung oder Statut Ausnahmen zulassen können), die §§ 13 und 15 KWG erfordern jedoch zusätzliche Kollegialentscheidungen qualifizierter Art. So bestimmt § 13 Abs. 2 KWG, dass **Großkredite** von Kreditinstituten in der Rechtsform einer juristischen Person oder einer Personenhandelsgesellschaft nur auf Grund eines **einstimmigen** Beschlusses **sämtlicher** Geschäftsleiter, der **vor** der Kreditvergabe gefasst werden soll, gewährt werden dürfen. Im Falle der Eilbedürftigkeit kann dieser Beschluss allerdings auch nachträglich gefasst werden. Über diese Anforderungen geht § 15 Abs. 1 KWG noch hinaus, der für die Gewährung von **Organkrediten** nicht nur den einstimmigen Beschluss sämtlicher Geschäftsleiter notwendig macht, sondern auch noch die ausdrückliche Zustimmung des Aufsichtsrates vorschreibt. Zu diesen Regelungen des KWG, die für alle Bankbetriebe bzw. der genannten Rechtsformen gelten, kommen bankgruppenspezifische Regelungen wie beispielsweise für Sparkassen, für die in landesgesetzlichen Vorschriften Entscheidungsmodalitäten der Organe der Sparkassen fixiert sind.

Einen bankübergreifenden Typus multipersonaler Entscheidungsprozesse und diese abschließender (interbankbetrieblicher) Kollegialentscheidungen ist im Falle der Bildung von **Konsortien** zur Gewährung von Gemeinschaftskrediten und zur Durchführung von Emissionen inländischer und internationaler Natur ebenso gegeben wie im Rahmen von internationalen Gemeinschaftsgründungen von Banken und von Beteiligungen an internationalen Groß-Projekten. Abgesehen davon, dass derartige Entscheidungen meist hohen Innovationsgrad aufweisen, sind sie auch als hochkomplex zu bezeichnen, da mit den Entscheidungen fremde bzw. internationale Umwelten zu koordinieren sind; siehe dazu auch *Eilenberger* 1990b).

Wenn auch multipersonale Entscheidungen und Entscheidungsprozesse teilweise gesetzlich vorgeschrieben, teilweise faktisch unabdingbar sind, darf nicht der Eindruck entstehen, Kollegialentscheidungen würden überwiegen oder die Regel darstellen und in beliebigem Ausmaß zu fordern oder auf alle Bereiche auszudehnen sein. Abgesehen davon, dass im Regelfall Individualentscheidungen den Sachverhalten in Bankbetrieben zufriedenstellend gerecht werden können, hängt die Möglichkeit zur Entscheidungsfindung durch Kollegialorgane nicht zuletzt von den durch deren Existenz und Vorgehensweise verursachten **Kosten** ab. Es leuchtet ohne weiteres ein, dass die Problemlösung durch Beteiligung einer größeren Zahl von fachkundigen Entscheidungsträgern zwar objektiviert und qualitativ verbessert werden kann, jedoch unter Umständen dem Nutzen inadäquate Kosten gegenüberstehen können und daher auch Lösungen durch individuelle Entscheidungen unter geringen Abstrichen vom ansonsten erzielbaren Qualitätsniveau meist in **kurzer Zeit** erzielbar sind.

9.3.2.5 Realisation bankbetrieblicher Entscheidungen

Bankbetriebliche Entscheidungen aller Art bleiben unwirksam, wenn sie nicht vollzogen (realisiert) werden. Erst die Realisation als Durchsetzung der gefassten Entschlüsse kann die beabsichtigten Zustände des Bankbetriebes und ggf. seiner Umwelt herstellen. Dabei kann die Realisation ebenso wie die Entscheidung selbst als ein komplexer Prozess aufgefasst werden, der Führungs- und Ausführungsaufgaben umfasst. In Anbetracht der Natur der Bankleistungen kann sich der Vollzug von Entscheidungen nicht auf eine autoritäre, keinen Widerspruch duldende Durchsetzung gefasster Entschlüsse beschränken. Vielmehr bedarf es begleitender Beratungs- und Erklärungsaktivitäten, um eine ziel- und sachgerechte Realisation zu erreichen. Während sich die **Erklärung** insbesondere auf den Vollzug der Ausführungsaufgaben auf der Ausführungsebene einschließlich der erforderlichen Kenntnisvermittlung an die Anordnungsempfänger durch die unterste Führungsebene erstreckt, soll die **Beratung** das Verständnis der übrigen (nachgeordneten) Führungsebenen wecken, um eine optimale Durchsetzung der Entscheidungen zu gewährleisten.

Insgesamt bestehen die Phasen des Realisationsprozesses in detaillierten Festlegungen der durchzuführenden Maßnahmen einschließlich der Festlegung des Zeitraumes, in dem die Realisation abgewickelt sein soll. Zu bestimmen sind auch die Träger der Durchführungsmaßnahmen und die Tätigkeiten der nachfolgenden Führungsebenen. Mit diesen Maßnahmen einschließlich der Wahrnehmung der Beratungs- und Erklärungsaufgaben im notwendigen Umfang zielt das Bank-Management auf eine Erhöhung der Qualität der gegenwärtig zu realisierenden Bankleistungen bei gleichzeitiger Steigerung der Leistungsfähigkeit des Bankbetriebes zur Abwicklung künftiger Bankleistungen ähnlicher Art (Lernprozess).

An das Bank-Management stellt die Durchsetzung von Entscheidungen sowohl Anforderungen organisatorischer als auch persönlicher Art (siehe *Büschgen* 1972, 56ff.): **Organisatorische** Vorkehrungen sind dahingehend zu treffen, dass eine reibungslose, rechtzeitige und richtige Übermittlung und Durchsetzung der Anordnungen der Entscheidungsträger an die jeweiligen Adressaten als Vollzugsorgane gewährleistet ist, und die notwendigen Kontrollinformationen jederzeit im notwendigen Ausmaß verfügbar sind. Die **persönlichen** Voraussetzungen werden primär durch die Komponenten **Autorität** (bestimmt durch die Persönlichkeit und die Fähigkeiten des Entscheidungsträgers), **Überzeugungskraft** (pädagogische Kenntnisse verbunden mit Kooperationsbereitschaft, Motivationsfähigkeit und Verständnis) und durch **Fachkenntnisse** geschaffen.

9.3.3 Bankbetriebliche Kontrollen

In Bankbetrieben kommen verfahrensorientierten Kontrollen und ergebnisorientierten Kontrollen gleichermaßen – wenn auch nicht gleichgewichtig – Bedeutung zu. Während **verfahrensorientierte** Kontrollen Aufschluss über die Einhaltung von Verfahrensvorschriften und Entscheidungsprogrammen und damit auch über das Verhalten der Ausführungsorgane hinsichtlich des Vollzuges von Entscheidungen geben sollen, dienen **ergebnisorientierte** Kontrollen der Informationsgewinnung über den Grad der Zielerreichung, der mit einer bestimmten Entscheidung einschließlich deren Vollzuges verbunden ist. Letztlich sollen diese Kontroll-Informationen unter der Zielsetzung einer Verbesserung der Leistungsergebnisse des Systems Bankbetrieb dazu beitragen,

- die Prognose-Ungewissheit, die aus der Unvollkommenheit der Informationen über die interne Mittelsituation und externe Umweltfaktoren resultiert, zu vermindern (Ergebnisorientierung), und
- das Problem menschlicher Unzulänglichkeit und Unzuverlässigkeit hinsichtlich der Einhaltung vorgegebener Verfahrensvorschriften (= Ungewissheit über das Verhalten der Aufgabenträger) in Bankbetrieben nach Möglichkeit ausschalten oder auf ein Minimum zu verringern (Verfahrensorientierung).

Die Konsequenzen, die aus diesen Informationen zu ziehen sind, tragen grundsätzlich zu verbesserter Zielrealisierung, Erhöhung der Entscheidungsqualität und Leistungssteigerung der Kontrollierten insofern bei, als die Gewinnung der Kontroll-Informationen den Informationsgrad der Entscheidungsträger verbessert und dadurch ziel- und sachgerechtere Entscheidungen erwarten lässt sowie eine Ausschaltung bzw. Verminderung von Verstößen gegen Verfahrensvorschriften bewirkt wird.

Welches der Kontroll-Verfahren schließlich zur Anwendung kommt, hängt vom Entscheidungsobjekt und der Stellung des Entscheidungsträgers in der bankbetrieblichen Hierarchie ab. So werden zweckmäßigerweise auf den oberen Ebenen des Führungssystems ergebnisorientierte Kontrollen vorherrschen (wenn auch die Einhaltung von Verfahrensvorschriften ebenso zu überprüfen und zu überwachen ist), die mit abnehmender Unvollkommenheit der Informationslage auf den mittleren und unteren Führungsebenen von primär verfahrensorientierten Kontrollen abgelöst werden. Dies gilt insbesondere für die Ausführungsebene, auf der wegen der zunehmenden Möglichkeiten zur Detaillierung und Konkretisierung von Handlungsanweisungen die verfahrensorientierten Kontrollen dominieren.

Insgesamt wird somit die Existenz von Kontrollen und die Wahrnehmung der Kontrollfunktion im Rahmen des Bank-Führungsprozesses als schadensvermindernd und schadensverhindernd angesehen (siehe dazu beispielsweise *Crosse/Hempel,* 239 ff.): Kontrollmaßnahmen begleiten die Entscheidungsprozesse und auch die rein objektbezogenen Ausführungsprozesse phasenverschoben. Sie stellen letztlich selbst das Ergebnis von Entscheidungsprozessen dar, und zwar hinsichtlich der Wahl des geeigneten Kontrollverfahrens, zumal Kontrollen auch Kosten verursachen. Wünschenswerte oder sachgerechte lückenlose Kontrollen aller Entscheidungs- und Durchführungsprozesse sind daher aus Kostengründen nicht möglich. Die Vornahme von Kontrollen muss selbst in einem angemessenen Kosten-Nutzen-Verhältnis zum angestrebten Kontroll-Ziel stehen. In diesem Zusammenhang ist auch auf eine Gefahr überzogener oder psychologisch ungeschickt vorgenommener Kontrollen hinzuweisen, die zu negativen Resultaten bei den Überwachten führen können, nämlich zu Leistungsminderungen anstatt zu Leistungssteigerungen. Diese negativen Erscheinungen werden immer dann zu befürchten sein, wenn bei unzweckmäßiger Durchführung beispielsweise verfahrensorientierter Kontrollen ein Gefühl der Bespitzelung und damit Unzufriedenheit entsteht. Aber auch beim Kontrollierenden selbst ist eine Leistungsminderung dann denkbar, wenn dieser die angeordneten Kontrollen der Leistung und des Verhaltens der nachgeordneten Mitarbeiter als unangenehme Aufgabe ansieht oder der Kontrollierende die Bedeutung von Soll-/Ist-Abweichungen relativiert, weil er ein gutes Verhältnis zu seinen Mitarbeitern pflegen will.

Die beschriebenen **Funktionen** der Kontrolle und die Charakterisierung des Kontrollprozesses als Entscheidungsprozess erfordern organisatorische Maßnahmen zur Durchführung von Kontrollen im Bankbetrieb insofern, als nicht nur die Träger bzw. Institutionen der bankbetrieblichen Kontrollen zu bestimmen, sondern auch deren Aufgaben und Kompetenzen festzulegen sind (Kontrolle im **institutionalen Sinne**). Damit verbunden ist auch eine Delegation von Kontrollaufgaben in der Weise, dass die generellen und globalen Kontrollaufgaben für den Bankbetrieb als Ganzes von einem Organ der normativen Führungsebene (Aufsichtsrat, Verwaltungsrat, Gesellschafter-Versammlung) wahrgenommen werden, während die Konkretisierung der Kontrollaufgaben in Richtung auf die unterste Führungsebene zunimmt. Da insbesondere in Bankbetrieben nach dem **Grundsatz** der **Trennung von Kontroll- und Entscheidungsaufgaben** (siehe *Crosse/Hempel,* 247) zu verfahren ist, erfolgt die Institutionalisierung der Kontrollfunktion in einer selbständigen Abteilung (**Interne Revision**), der vor allem Kontrollen hinsichtlich der Einhaltung von Verfahrensvorschriften sowie der Zweckmäßigkeit organisatorischer Regelungen und Gestaltungen der Arbeitsabläufe übertragen sind. Dazu kommen Aufgaben der Wirtschaftlichkeitskontrolle, der Vorbeugung gegenüber möglichen dolosen Handlungen oder Unterschleifen, der Überprüfung einzelner Vorgänge von besonderer Bedeutung im Auftrage der Bank-Führung und ähnliche Sachverhalte. Die Interne Revision in Bankbetrieben bezweckt somit primär Verhaltenskontrollen und liefert entsprechende Kontrollinformationen.

Über den **Kontrollbegriff** bestehen in der Literatur divergierende Auffassungen (siehe v.a. *Zünd,* 113ff.; *Treuz,* 39ff.; *Blanz,* 5ff.): Während eine **engere** Begriffsfassung unter Kontrolle lediglich einen Vergleich von Soll-Werten (der Zielsetzungen bzw. der Planung) mit den Ist-Werten der Realisationsphase des Führungsprozesses versteht, bezieht der **weiter** gefasste Kontrollbegriff auch Entscheidungen über Korrekturmaßnahmen bei Vorliegen bestimmter Kontrollinformationen ein. Eine derartige, weitere Begriffsfassung wird nicht nur spezifischen bankbetrieblichen Erfordernissen gerecht, sondern entspricht auch der Auffassung vom Führungsprozess als eines zielgerichteten Steuerungs- und Regelungsprozesses: In diesem Sinne kann es nicht Zweck von Kontrollen sein, sich in Soll-Ist-Vergleichen zu erschöpfen. Vielmehr erfordern festgestellte Abweichungen bestimmten Ausmaßes, die über eine vorher festgelegte Warnmarke hinausgehen, unverzügliche Korrektur- und ggf. Anpassungsentscheidungen. So verstandene Kontrollen umfassen neben einer (vergangenheitsorientierten) **Abbildungs-** und **Beurteilungsfunktion** auch eine zukunftsorientierte **Impulsfunktion,** indem sie weitere (neue) Entscheidungsprozesse in Richtung auf eine verbesserte Ziel-(Plan-)Erreichung oder eine Ziel-(Plan-)Modifizierung im Falle unrealistischer Ziele oder Pläne auslösen. Von Kontrollmaßnahmen gehen daher auch positive Lerneffekte auf das Gesamtsystem Bankbetrieb dadurch aus, dass eingetretene Misserfolge eine Veränderung des Verhaltens bewirken und Konsequenzen bankbetrieblicher Entscheidungen unter bestimmten Bedingungskomplexen sowie hinsichtlich der Qualität von Planungs- und Prognose-Aktivitäten künftig besser abgeschätzt und beurteilt werden können.

9.3.3.1 Objekte bankbetrieblicher Kontrolle

In Anbetracht der Tatsache, dass Kontrolle sich nicht nur in der Feststellung von Ist-Ergebnissen erschöpft, sondern zumindest Vergleiche zwischen den Soll-Werten und den realisierten Ist-Werten anstellt, der sich Abweichungsanalysen einschließlich der Beurteilung der Abweichungsrelevanz und Empfehlungen zur Korrektur bzw. Behebung der aufgetretenen Diskrepanzen zwischen Plan- und Realisationswerten anschließen, hat die Kontrolle zweckmäßigerweise in Analogie zu den entsprechenden Planungs- und Entscheidungsbereichen an den Objekten

- bankbetriebliche Organisation und
- bankbetriebliche Kapazität als dem betriebsbezogenen Planungs- und Entscheidungsgegenständen sowie den
- Marktaktivitäten

als den **marktbezogenen** Planungs- und Entscheidungsgegenständen anzusetzen. Vorrang ist dabei den Analysen der Marktergebnisse und der betrieblichen Kapazität einzuräumen, für die das **bankbetriebliche Rechnungswesen** die entsprechenden Informationen in Form von Ist-Werten zu liefern hat. Die Gewinnung von Kontrollinformationen über den Bereich der Organisation erfolgt dagegen durch die **Innenrevision.**

Das bankbetriebliche **Rechnungswesen** stellt sich damit als ein wesentlicher Teilbereich eines umfassenden bankbetrieblichen Informationssystems dar (neben der Innenrevision, dem Berichtswesen und spezifischer leistungsartenbezogener Informationssysteme, wie z.B. Kunden-Informationssystemen, oder kapazitätsbezogener Informationssysteme in Form von Personal-Informationssystemen u.ä.). Es besteht aus den Teilbereichen **Buchhaltung**, **Bilanzierung** (Jahresabschluss), **Kosten- und Erlösrechnung** (Kalkulation) und **Statistik**. Das bankbetriebliche Rechnungswesen erfüllt wesentliche Aufgaben der Berichterstattung nach außen (Jahresabschluss, Meldungen an die Aufsichtsorgane) und nach innen für Zwecke der zielgerichteten Bank-Führung. Während die **externe** Berichterstattung den gesetzlich vorgeschriebenen Informationsanforderungen an die Umwelt zu genügen hat und diese daher entsprechend zu konzipieren ist, muss sich die **interne** Berichterstattung – unter Beachtung aufsichtsrechtlicher Erfordernisse (siehe 9.3.3.2.2) – in erster Linie an den Belangen und Forderungen des Bank-Managements orientieren. Die interne Berichterstattung liefert somit jene Informationen, die der Entscheidungsvorbereitung, der Realisation und der Entscheidungskontrolle dienen. Aus der Sicht der Bank-Führung ergänzen sich externe und interne Berichterstattung insofern, als Informationen der internen Berichterstattung (Kostenrechnung) zu einem erheblichen Teil nur über Informationen aus dem Bereich externer Berichterstattung (Bilanz, GuV-Rechnung) unter zweckmäßiger Aufbereitung gewonnen werden können. Diese Informationen wären jedoch ohne die Bereitstellung **externer (Kontroll-)Informationen** (Außenrevision, Informationen über die relevante Umwelt; siehe 9.3.3.2.3) unvollständig, zumal diese weitere Aufschlüsse zu den Marktentscheidungen liefern.

9.3.3.2 Informationsquellen

9.3.3.2.1 Bankbetriebliches Rechnungswesen

a) Bank-Buchhaltung

Die Erfassung der (uninterpretierten) Ist-Werte erfolgt durch die Bank-Buchhaltung als **Dokumentationszentrum** des Bankbetriebes, in dem sich alle mit der Abwicklung von Bankleistungen anfallenden buchungsrelevanten Vorgänge niederschlagen. Hinsichtlich der Verpflichtung von Bankbetrieben zur Führung von Handelsbüchern (Buchführungspflicht) sind – ebenso wie für Unternehmen anderer Branchen – die Bestimmungen der §§ 238 ff. HGB, steuerliche Vorschriften sowie die für die jeweilige Unternehmensrechtsform anzuwendenden Sonderbestimmungen des Aktiengesetzes, des GmbH-Gesetzes, des Genossenschaftsgesetzes und bankgruppenspezifischer Gesetze maßgebend. Wenn sich somit hinsichtlich der **gesetzlichen** Grundlagen der Bankbuchführung keine bzw. keine erheblichen Besonderheiten ergeben, so kommt der Bank-Buchhaltung im Vergleich zu Betriebstypen anderer Branchen jedoch auf Grund der **sachlichen** Gegebenheiten eine **Sonderstellung** zu: Die Funktionen und Leistungen von Bankbetrieben bedingen nicht nur eine peinlich exakte Erfassung aller Leistungen in den Büchern der Bank, sondern auch geeignete Buchungstechniken und Buchungsverfahren, die es ermöglichen, die große Zahl von Buchungsanlässen („Geschäftsvorfälle") zweckentsprechend, rationell, richtig sowie vor allem rasch zu erfassen und zu dokumentieren. Dem **Grundsatz der Tagfertigkeit** (d.h. der Verbuchung aller Geschäftsvorfälle an dem Tag, an dem sie sich ereignen), der sich in Bankbetrieben mittlerweile zum **Postulat** der Stundenfertigkeit gewandelt hat, muss die Bank-Buchhaltung dabei in besonderer Weise entsprechen. Andernfalls wäre wegen der Eigenarten bankbetrieblicher Leistungserstellung eine zielgerichtete Disposition durch das Bank-Management, aber auch durch die Entscheidungsträger der Ausführungsebene nicht möglich. So muss beispielsweise in Anbetracht der direkten Kundenkontakte der jeweilige aktuelle Kontostand der Nachfrager ebenso bekannt sein, wie ein ggf. an einem bestimmten Tag bestehender Liquiditätsüberschuss, der am Geldmarkt zum Ausgleich zu bringen ist, um Rentabilitätseinbußen zu vermeiden. Auf dieser Basis ist es der Bankführung möglich, kurzfristig Dispositionen sowohl für Kundengeschäfte als auch für eigne Geschäfte vorzunehmen.

Die **Organisation** der **Bankbuchhaltung** trägt diesen Erfordernissen insofern Rechnung, als die Buchungen im **Dialogbetrieb** mit Hilfe von Schalterterminals **online** (insbesondere für die Abwicklung von Bankleistungen auf der Ausführungsebene) über die EDV-Anlage des

Bankbetriebes erfolgen können. Der restliche Teil der Buchungen wird – nicht zuletzt aus Kostengründen – im **Stapelverfahren (batch processing)** abgewickelt. Die Dokumentation der Geschäftsvorfälle auf geeigneten elektronischen Speichermedien ersetzt die früher übliche Erfassung und Aufteilungen in konkreten Büchern und die damit verbundenen Dokumentationsmethoden in raumbeanspruchenden Archiven. Die Umsätze eines Buchungstages können dadurch zu **Tagesbilanzen** verdichtet werden.

Besonderheiten der Bank-Buchhaltung kommen schließlich in einer spezifischen **Kontensystematik** zum Ausdruck. Da Kontenrahmen anderer Branchen auf die Verhältnisse von Bankbetrieben nicht anwendbar sind, was aus der Verschiedenheit der Leistungserstellung und Leistungsverwertung resultiert, wurden für Bankbetriebe spezielle **Kontenrahmen** entwickelt, aus denen sich unternehmensindividuelle, innerbetriebliche **Kontenpläne** ableiten lassen, die den Gruppenbildung innerhalb der deutschen Bankwirtschaft existieren Kontenrahmen für Sparkassen, Volksbanken, Raiffeisenbanken, Pfandbriefbanken sowie für das private Bankgewerbe.

Eine **Sonderform** der Bank-Buchhaltung stellt die **Depotbuchhaltung** dar, deren Zweck darin besteht, die von Bankkunden zur Verwahrung und Verwaltung übernommenen Vermögensgegenstände (vor allem Wertpapiere) zu erfassen. Die Verpflichtung zur Einrichtung einer Depotbuchhaltung für Wertpapiere ergibt sich aus § 14 Abs. 1 DepotG, wonach die verwahrende Bank verpflichtet ist, ein Handelsbuch zu führen, in das jeder Hinterleger sowie Art, Nennbetrag oder Stückzahl, Nummern oder sonstige Bezeichnungsmerkmale der für diesen verwahrten Wertpapiere einzutragen sind. Die Depotbuchhaltung kann somit als Bestandsbuchhaltung – vergleichbar einer Lagerbuchhaltung – charakterisiert werden, deren Abwicklung ebenfalls über EDV-Anlagen und entsprechende Speichermedien, die das manuell bzw. maschinell geführte Handelsbuch ersetzen, erfolgt.

b) Bank-Bilanzierung

Die geordnete und systematische Sammlung von Ist-Werten in der Bank-Buchhaltung reicht als Grundlage für Entscheidungen des Bank-Managements, insbesondere der oberen Führungsebenen, im Regelfall nicht aus. Deshalb sind die Daten der Bank-Buchhaltung so zu kombinieren und zu verdichten, dass sie für Entscheidungszwecke der Bank-Führung dienen können. Dies bedeutet aber auch eine erste **Interpretation** der gesammelten Daten, da die Zusammenfassung nach bestimmten, zweckmäßigen und entscheidungsrelevanten Gesichtspunkten bereits selbst Gegenstand von Entscheidungen ist bzw. das Ergebnis eines Entscheidungsprozesses darstellt.

ba) Bilanzarten und Bilanzierungsvorschriften

Periodische Zusammenfassungen von Ist-Werten sind einerseits **gesetzlich** vorgeschrieben, andererseits aus **sachlichen** Gründen notwendig (**Sonderbilanzen** oder **Zwischenbilanzen** in Form von Halbjahres-, Quartals-, Monats- und Tagesbilanzen; Ablaufbilanzen; Status), zumal für Entscheidungszwecke des Bank-Managements diese Informationen möglichst schnell verfügbar sein müssen und die Bilanzierungsperiode in der Dauer eines Jahres zu lang ist.

Die **gesetzliche Rechnungslegung** beruht einerseits auf den Vorschriften des **HGB** über die Rechnungslegung im Allgemeinen und auf den Vorschriften des **Bankbilanzrichtlinie-Gesetzes** vom 30. November 1990 (BGBl. I, 2570) im Besonderen, das als Vierter Abschnitt des Dritten Buches in das HGB eingefügt („Ergänzende Vorschriften für Kreditinstitute"; §§ 340, 340a bis 340o HGB) und durch das **Bilanzrechtsmodernisierungsgesetz** im Jahre 2009 in Teilen fortentwickelt worden ist. Demnach haben Kreditinstitute, auch wenn sie nicht als Kapitalgesellschaft betrieben werden, auf ihren Jahresabschluss die für **große Kapital-**

gesellschaften geltenden Vorschriften anzuwenden, sofern in den §§ 340a Abs. 2, 340b bis 340l HGB nichts anderes bestimmt wird. Insofern besteht für Kreditinstitute **grundsätzlich** die Pflicht, einen **Jahresabschluss** (bestehend aus Bilanz, GuV-Rechnung, Anhang) und einen **Lagebericht** nach den für große Kapitalgesellschaften geltenden Bestimmungen des § 289 HGB aufzustellen.

Der Ermittlung von **Zinsänderungsrisiken** dienen insbesondere **Ablaufbilanzen, Zinsänderungsbilanzen** und erweiterte **Schichtenbilanzen**. Dabei werden die an einem Stichtag vorhandenen Aktiva und Passiva nach der Dauer ihrer Zinsbindung (d.h. der Frist bis zu dem Zeitpunkt, zu dem frühestens die Zinsen an die Marktlage angepasst werden können oder die Rückzahlung möglich ist) einander gegenübergestellt und im Zeitablauf fortgeschrieben. Diese Gegenüberstellungen lassen nicht nur den Umfang ggf. bestehender Inkongruenzen bezüglich der Zinsbindungsfristen erkennen, sondern – auf dieser Basis – auch feststellen, wie sich bei gegebener Finanzstruktur Zinsänderungen auf die Ertragslage der Bank auswirken können (zur Ermittlung und Darstellung von Zinsrisiken sowie Aufbau der Zinsänderungsbilanzen/Ablaufbilanzen siehe v.a. *Rudolph* 1981; *Scholz* 1979; *Wagener*).

Zusammenfassungen von Ist-Werten in einem **Status** werden dann angebracht sein, wenn eine Änderung der Bilanzgliederung für zweckmäßig und/oder ein besonderer Maßstab für die (vom Jahresabschluss abweichende) Bewertung als erforderlich erachtet werden. Für einen Status gelten somit eigene Gliederungs- und Bewertungsgrundsätze, die der vom jeweiligen mit der Erstellung dieser besonderen Form der Bilanz verfolgte Zweck bestimmt. Damit wird auch der Unterschied zur **Tagesbilanz** als vergleichbarer kurzfristiger Bilanzierung deutlich: Während für die Tagesbilanz dieselben Gliederungs- und Bewertungsgrundsätze gelten bzw. fortgeführt werden, wie dies auch für den gesetzlich vorgeschriebenen Jahresabschluss der Fall ist, kann dem Bank-Management mit Hilfe des Status eine von diesen Bewertungsgrundsätzen losgelöste, den tatsächlichen Gegebenheiten und Wertansätzen entsprechende realistische Entscheidungsgrundlage geliefert werden. Eine derartige Vorgehensweise gewinnt dann an Bedeutung, wenn es dem Bank-Management um die (interne) Vergegenwärtigung der bestehenden stillen Reserven geht, die vor allem infolge der Bewertungsprivilegien von Banken (siehe dazu (2.3.2)) nicht in deren Bilanzen offenkundig werden, deren Kenntnis für Entscheidungen aber notwendig sind und deren Existenz nach Volumen und Herkunft im Status transparent gemacht werden kann.

In jedem Fall der Bank-Bilanzierung bilden die Daten der Bank-Buchhaltung über die Geschäftsvorfälle und zusätzliche Bestandsaufnahmen die Grundlage. Der Zweck der Bank-Bilanzierung besteht darin, Informationen über Vermögens- und Kapitalverhältnisse sowie die Ertragslage des betreffenden Bankbetriebes sowohl für das Bank-Management als auch die übrigen Bilanzadressaten (siehe dazu *Heinen* 1982, 110 ff.) zu liefern, allerdings in unterschiedlicher Weise: Während dem Bank-Management außer dem Jahresabschluss auch alle weiteren Sonderbilanzen zur Verfügung stehen, bleibt der Informationsanspruch der übrigen Bilanzadressaten grundsätzlich auf die Ergebnisse des Jahresabschlusses beschränkt. Das schließt allerdings nicht aus, dass auch diesem Interessentenkreis Zwischenbilanzen oder andere Informationen im Rahmen der **Investor Relations** zur Kenntnis gebracht werden.

In Verfolgung der Zielsetzung einer aktuellen Information für Entscheidungszwecke, die in der Forderung nach Tagfertigkeit bzw. Stundenfertigkeit der Bank-Buchhaltung ihre Konkretisierung findet, ergibt sich die Notwendigkeit der Erstellung von **Tagesbilanzen**, die bei allen Bankbetrieben üblich ist. Diese dienen ausschließlich **innerbetrieblichen Zwecken**. Sie sollen nicht nur den Nachweis der summenmäßigen Übereinstimmung von Soll- und Habenbuchungen (als Grundlage der Tagesabstimmung) erbringen, sondern auch und insbesondere Kontrollinformationen über die an dem betreffenden Tag abgewickelten Leistungen (z.B.

Fluktuation der Anlageleistungen, Verfügungen über Kredite, Kassenbestände, Zentralbankguthaben usw.) einschließlich der Liquiditätssituation liefern. Anhand der Tagesbilanz können schließlich alle notwendigen Dispositionen kurzfristiger Art getroffen bzw. plangemäß ausgeführt werden. Allerdings zeigt die Tagesbilanz nur das Augenblicksbild eines einzigen Tages, weshalb – gerade für Zwecke der Liquiditätsdisposition – zusätzliche Informationen über künftige Entwicklungen Berücksichtigung finden müssen.

Bankbetriebe haben im Rahmen der Bilanzierung **spezielle** Bilanzierungsvorschriften zu beachten. **Formale** Vorschriften bestehen hinsichtlich der **Bilanzierungsintervalle** (**Monatsausweise**, die gemäß § 25 KWG bei der *Deutschen Bundesbank* einzureichen sind und an die *BaFin* weitergeleitet werden, des **Jahresabschlusses** entsprechend § 25a KWG und des Konzernabschlusses nach § 340i HGB, der **Vorlage** von Jahresabschluss, Lagebericht und Prüfungsberichten bei *BaFin* und *Deutscher Bundesbank* sowie der **Prüfung** des Jahresabschlusses.

Ergänzende Vorschriften zum Bankbilanzrichtlinie-Gesetz enthält die **Verordnung über die Rechnungslegung der Kreditinstitute** (**RechKredV**) vom 10. Februar 1992, und zwar zu den **Formblättern** (siehe Anhang I) über die Gliederung der **Bilanz** – Formblatt 1 – und über die Gliederung der **Gewinn und Verlustrechnung** (mit Wahlmöglichkeit: Formblatt 2 für Kontoform oder Formblatt 3 für Staffelform). Darüber hinaus gibt sie Erläuterungen für einzelne Posten der Bilanz und der GuV-Rechnung sowie des Anhangs und zur Konzernrechnungslegung.

bb) Bankbilanzrichtlinie-Gesetz und Bilanzrechtsmodernisierungsgesetz

Die „Ergänzenden Vorschriften für Kreditinstitute“ (Art. 1 Bankbilanzrichtlinie-Gesetz) im 1. Unterabschnitt des 4. Abschnitts („Ergänzende Vorschriften für Unternehmen bestimmter Geschäftszweige“; §§ 340 bis 340p) des 3. Buches („Handelsbücher“; §§ 238 bis 342e) des HGB sind in acht Titel gegliedert:

1. Titel: Anwendungsbereich (§ 340 HGB)

2. Titel: Jahresabschluss, Lagebericht (§§ 340a bis 340d HGB)

3. Titel: Bewertungsvorschriften (§§ 340e bis 340g HGB)

4. Titel: Währungsumrechnung (§ 340h HGB)

5. Titel: Konzernabschluss, Konzernlagebericht (§§ 340i bis 340j HGB)

6. Titel: Prüfung (§ 340k HGB)

7. Titel: Offenlegung (§ 340l HGB)

8. Titel: Straf- und Bußgeldvorschriften, Zwangsgelder (§§ 340m bis 340o HBG).

Übergangsvorschriften enthält Art. 12 Bankbilanzrichtlinie-Gesetz, durch den ein Vierter Abschnitt nach Art. 29 EG-HGB in das Einführungsgesetz zum Handelsgesetzbuch (EG-HGB) eingefügt wurde.

Das Gesetz zur Modernisierung des Bilanzrechts (**Bilanzrechtsmodernisierungsgesetz**; **BilMoG**) vom 25. Mai 2009 (BGBl. I. S. 1102) ist ein Artikelgesetz zur Reform des Bilanzrechts. Neben den allgemeinen Änderungen des HGB, insbesondere der Bilanzierung von Sicherungsbeziehungen durch den neuen § 254 HGB und des neuen Absatz 4 des § 255 HGB zur Zeitwertbewertung des Handelsbestandes von Wertpapieren, erfolgten auch ausschließlich bankbezogene Änderungen zur Bilanzierung des Handelsbestandes bei Kreditinstituten

(§ 340e Absätze 3 und 4 HGB) und bezüglich der Risikoreserve in § 340g HGB. Das BilMoG stellt eine Fortentwicklung der handelsrechtlichen Bilanzierungsvorschriften mit der Zielsetzung einer maßvollen Annäherung an den internationalen Rechnungslegungsstandard IFRS (International Financial Reporting Standards) des *IASB* (*International Accounting Standards Board*) dar (siehe dazu im Einzelnen *Deutsche Bundesbank* 2010, 49 ff.). Insofern hat sich die Auffassung der *Deutschen Bundesbank* durchgesetzt. Diese hatte bereits 2002 gefordert, Lösungen zu entwickeln, die gleichermaßen einen Beitrag zur Stabilisierung der Finanzmärkte leisten und sich als wettbewerbsneutral hinsichtlich der bankaufsichtsrechtlichen Risikobegrenzungsnormen erweisen sollten (*Deutsche Bundesbank* 2002a, 41 ff; *Eilenberger* 2004a, 68). Daher äußert sich die *Deutsche Bundesbank* (2010, 49) schließlich auch zufrieden über das BilMoG: „Das Ergebnis der HGB-Änderungen durch das BilMoG ist ein modernes deutsches Bilanzrecht, das als Alternative zu den IFRS auch international offensiv vertreten werden kann. Gleichzeitig bietet es eine sachgerechte Grundlage für eine risikoorientierte Bankenaufsicht über alle Kreditinstitute."

(1) Anwendungsbereich

Der 1. Unterabschnitt ist auf **Kreditinstitute** im Sinne des § 1 Abs. 1KWG anzuwenden, soweit sie nach dessen § 2 Absätze 1, 4 oder 5 von der Anwendung nicht ausgenommen sind, sowie auf Zweigniederlassungen von Unternehmen mit Sitz in einem Staat, der nicht Mitglied der Europäischen Gemeinschaft und auch nicht Vertragsstaat des EWR ist, sofern die Zweigniederlassung nach § 53 Abs. 1 KWG als Kreditinstitut gilt. § 340lAbsätze 2 und 3 HGB ist außerdem auf Zweigniederlassungen im Sinne des § 53b Abs. 1 Satz 1 und Abs. 7 KWG, auch in Verbindung mit einer Rechtsverordnung nach § 53c Nr. 1 KWG anzuwenden, sofern diese Zweigniederlassungen Bankgeschäfte im Sinne des § 1 Abs. 1 Satz 2 Nrn. 1 bis 5 und 7 bis 12 KWG betreiben. Zusätzliche Anforderungen auf Grund von Vorschriften, die wegen der Rechtsform oder für Zweigniederlassungen bestehen, bleiben unberührt.

Ergänzend anzuwenden ist der 1. Unterabschnitt auf Unternehmen der in § 2 Abs.1 Nrn. 4 und 5 KWG bezeichneten Art insoweit, als sie Bankgeschäfte betreiben, die nicht zu den ihnen eigentümlichen Geschäften gehören. **Nicht** anzuwenden ist der 1. Unterabschnitt auf Wohnungsunternehmen mit Spareinrichtungen.

Anzuwenden sind die Vorschriften des 1. Unterabschnitts auch auf **Finanzdienstleistungsinstitute** im Sinne von § 1 Abs. 1a KWG, soweit sie nicht nach § 2 Abs. 6 oder 10 KWG von der Anwendung ausgenommen sind, desgleichen auf Zweigniederlassungen von Unternehmen mit Sitz in einem anderen Staat, der nicht Mitglied der *EG* und auch nicht Vertragsstaat des *EWR* ist, sondern die Zweigniederlassung nach § 53 Abs. 1 KWG als Finanzdienstleistungsinstitut gilt. Darüber hinaus ist § 340c Abs. 1 HGB nicht anzuwenden auf Finanzdienstleistungsinstitute und Kreditinstitute, soweit letztere Skontroführer im Sinne des § 27 Abs. 1 Satz 1 BörsG und nicht Einlagenkreditinstitute im Sinne des § 1 Abs. 3d Satz 1 KWG sind. § 340l HGB ist nur auf Finanzdienstleistungsinstitute anzuwenden, die Kapitalgesellschaften sind. Zusätzliche Anforderungen auf Grund von Vorschriften, die wegen der Rechtsform oder für Zweigniederlassungen bestehen, bleiben unberührt. Schließlich ist der 1. Unterabschnitt auch anzuwenden auf **Zahlungsinstitute** im Sinne des Gesetzes über die Beaufsichtigung von Zahlungsdiensten (**Zahlungsdiensteaufsichtsgesetz** – ZAG). § 340l HGB ist nur auf Zahlungsinstitute anzuwenden, die Kapitalgesellschaften sind (Fassung auf Grund des Gesetzes zur Umsetzung der aufsichtsrechtlichen Vorschriften der Zahlungsdiensterichtlinie vom 13. November 2007 [**Zahlungsdiensteumsetzungsgesetz** – ZDUG – vom 25. Juni 2009 (BGBl. I, 1506) mit Wirkung vom 31. Oktober 2009].

(2) Jahresabschluss, Lagebericht, Zwischenabschluss, Gewinn- und Verlustrechnung, Anhang

Im 2. Titel sind die auf den Jahresabschluss und den Lagebericht anzuwendenden Vorschriften zusammengefasst. Dabei werden vor allem geschäftszweigbezogene Vorschriften aufgenommen, die auf Wahlrechten der EG-Bankbilanzrichtlinie beruhen. Die Formblattvorschriften und andere auf Grund der Bankbilanzrichtlinie zwingend vorgeschriebene Regelungen bleiben der Formblattverordnung nach § 330 Abs. 2 HGB vorbehalten.

Durch § 340a Abs. 1 HGB sind Kreditinstitute verpflichtet, die für **große Kapitalgesellschaften** (siehe 2.1.4.1) geltenden Vorschriften des Ersten Unterabschnitts des Zweiten Abschnitts anzuwenden, weil diese Vorschriften den Anforderungen der EG-Bilanzrichtlinie entsprechen. Außerdem wird die **Pflicht** zur Aufstellung eines **Lageberichts** nach § 289 HGB begründet.

§ 340a Abs. 2 Satz 1 führt diejenigen Vorschriften des 2. Abschnitts auf, die von Kreditinstituten nicht anzuwenden sind. § 340a Abs. 2 Satz 2 schreibt die Anwendung der durch Rechtsverordnung erlassenen **Formblätter** und andere Vorschriften anstelle der ansonsten vom HGB geforderten Vorschriften zur Gliederung von Bilanz und GuV-Rechnung vor. Der Begriff „Abschreibungen" wird im 3. Buch des HGB auch zur Bezeichnung von Einzel- und Pauschalwertberichtigungen (als nicht endgültige Abschreibungen) verwendet. Auf den Begriff „Wertberichtigungen" ist verzichtet worden, um das Missverständnis zu vermeiden, dass diese weiterhin als Passivposten in der Bilanz berücksichtigt werden könnten. In diesem Sinne ist der Begriff „Abschreibungen" auch in den Absätzen 1 und 2 zu verstehen.

Sofern Kreditinstitute einer prüferischen Durchsicht zu unterziehenden **Zwischenabschlüsse** zur Ermittlung von Zwischenergebnissen im Sinne des § 10 Abs. 3 KWG aufstellen, schreibt § 340a Abs. 3 KWG vor, dass auf diese die für den Jahresabschluss geltenden Rechnungslegungsgrundsätze anzuwenden sind. Auch die Vorschriften über die Bestellung des Abschlussprüfers sind auf die prüferische Durchsicht anzuwenden. Diese ist so anzulegen, dass bei gewissenhafter Berufsausübung ausgeschlossen werden kann, dass der Zwischenabschluss in wesentlichen Belangen den anzuwendenden Rechungslegungsgrundsätzen widerspricht. Der Abschlussprüfer hat das Ergebnis der prüferischen Durchsicht in einer Bescheinigung entsprechend den §§ 320 und 323 HGB zusammenzufassen.

Die Kreditinstitute haben auf Grund des § 340a Abs. 4 HGB zusätzlich im **Anhang** zum Jahresabschluss alle **Mandate** in gesetzlich zu bildenden Aufsichtsgremien von großen Kapitalgesellschaften, die von gesetzlichen Vertretern oder anderen Mitarbeitern wahrgenommen werden, und alle Beteiligungen an großen Kapitalgesellschaften, die 5% der Stimmrechte überschreiten, anzugeben. Ebenfalls im Anhang zur Bilanz und zur Gewinn- und Verlustrechnung haben gemäß § 340c Abs.3 HGB Kreditinstitute, die dem haftenden Eigenkapital **nicht realisierte Reserven** nach § 10 Abs. 2b Satz 1 Nr. 6 oder 7 KWG zurechnen, den Betrag anzugeben, mit sie diese Reserven dem haftenden Eigenkapital zurechnen.

Ausnahmen vom allgemeinen Saldierungsverbot des HGB konstituiert **§ 340c HGB**, der Kreditinstituten durch **Abs. 1** eine **Verrechnung (Kompensation)** von Ertrag oder Aufwand des **Handelsbestands** erlaubt: Als Ertrag oder Aufwand des Handelsbestands ist nämlich der Unterschiedsbetrag aller Erträge und Aufwendungen aus Geschäften mit Finanzinstrumenten des Handelsbestands (siehe dazu im Einzelnen § 340e Abs. 3 HGB) und dem Handel mit Edelmetallen sowie der zugehörigen Erträge aus Zuschreibungen und Aufwendungen aus Abschreibungen auszuweisen. Außerdem sind in die Verrechnung die Aufwendungen für die Bildung von Rückstellungen für drohende Verluste („Drohverlustrückstellungen") aus den zuvor bezeichneten Geschäften und die Erträge aus der Auflösung dieser Rückstellungen einzubeziehen.

Darüber hinaus dürfen nach § 340c **Abs. 2** HGB die Aufwendungen aus Abschreibungen auf Beteiligungen, Anteile an verbundenen Unternehmen und wie Anlagevermögen behandelte Wertpapiere mit Erträgen aus Zuschreibungen zu solchen Vermögensgegenständen verrechnet und in einem Aufwands- oder Ertragsposten ausgewiesen werden. In diese Verrechnungen dürfen auch die Aufwendungen und Erträge aus Geschäften mit solchen Vermögensgegenständen einbezogen werden (**Überkreuzkompensation**; siehe dazu Abbildung 77).

(2.1) Bilanzierung von Pensionsgeschäften

Die Regelung über den Bilanzansatz von **Pensionsgeschäften** in § 340b HGB ergibt sich in vollem Umfang aus Artikel 12 der Bankbilanzrichtlinie. Danach wird künftig nur noch zwischen **echten** Pensionsgeschäften und **unechten** Pensionsgeschäften unterschieden. Zwischenlösungen, wie sie als sogenannte **unechte echte** Pensionsgeschäfte denkbar wären, sind auf Grund der Bankbilanzrichtlinie nicht gestattet. Die Vorschrift enthält keine Wahlrechte. Sie wurde wegen ihrer Bedeutung für die Rechnungslegung der Kreditinstitute in das Gesetz aufgenommen.

Im einzelnen zeigt § 340b HGB folgenden Regelungsinhalt: Pensionsgeschäfte sind Verträge, durch die ein Kreditinstitut oder der Kunde eines Kreditinstituts (Pensionsgeber) ihm gehörende Vermögensgegenstände einem anderen Kreditinstitut oder einem seiner Kunden (Pensionsnehmer) gegen Zahlung eines Betrags überträgt und in denen gleichzeitig vereinbart wird, dass die Vermögensgegenstände später gegen Entrichtung des empfangenen oder eines im Voraus vereinbarten anderen Betrags an den Pensionsgeber zurückübertragen werden müssen oder können. Übernimmt der Pensionsnehmer die Verpflichtung, die Vermögensgegenstände zu einem bestimmten oder vom Pensionsgeber zu bestimmenden Zeitpunkt zurück zu übertragen, handelt es sich um ein **echtes** Pensionsgeschäft. Ist der Pensionsnehmer lediglich berechtigt, die Vermögensgegenstände zu einem vorher bestimmten oder von ihm noch zu bestimmenden Zeitpunkt zurück zu übertragen, handelt es sich um ein **unechtes** Pensionsgeschäft.

Bei **echten Pensionsgeschäften** sind die übertragenen Vermögensgegenstände in der Bilanz des Pensionsgebers weiterhin auszuweisen. Der Pensionsgeber hat in Höhe des für die Übertragung erhaltenen Betrags eine Verbindlichkeit gegenüber dem Pensionsnehmer auszuweisen. Ist für die Rückübertragung ein höherer oder ein niedrigerer Betrag vereinbart, ist der Unterschiedsbetrag über die Laufzeit des Pensionsgeschäfts zu verteilen. Außerdem hat der Pensionsgeber den Buchwert der in Pension gegebenen Vermögensgegenstände im Anhang anzugeben. Der Pensionsnehmer darf die ihm in Pension gegebenen Vermögensgegenstände nicht in seiner Bilanz ausweisen. Dieser hat in Höhe des für die Übertragung gezahlten Betrags eine Forderung an den Pensionsgeber in seiner Bilanz auszuweisen. Ist für die Rückübertragung ein höherer oder ein niedrigerer Betrag vereinbart, so ist der Unterschiedsbetrag über die Laufzeit des Pensionsgeschäfts zu verteilen.

Im Falle **unechter Pensionsgeschäften** sind die Vermögensgegenstände nicht in der Bilanz des Pensionsgebers, sondern in der Bilanz des Pensionsnehmers auszuweisen. Der Pensionsgeber hat unter dem Bilanzstrich den für den Fall der Rückübertragung vereinbarten Betrag anzugeben. Devisentermingeschäfte, Börsentermingeschäfte und ähnliche Geschäfte sowie die Ausgabe eigener Schuldverschreibungen auf abgekürzte Zeit gelten nicht als Pensionsgeschäfte im Sinne des § 340b HGB.

(2.2) Fristengliederung von Forderungen und Verbindlichkeiten

Entsprechend Art. 40 Abs. 3 EG-Bankbilanzrichtlinie enthält § 340d HGB die Bestimmung, dass die Forderungen und Verbindlichkeiten im **Anhang** nach der Fristigkeit zu gliedern sind. Für die Gliederung nach der Fristigkeit ist die **Restlaufzeit** am Bilanzstichtag maßgebend.

Dieser Vorgabe durch EG-Recht konnte sich der deutsche Gesetzgeber nicht entziehen, obwohl die Kreditinstitute aus statistischen Zwecken der *Deutschen Bundesbank* Meldungen über vereinbarte Laufzeiten sowie Kündigungsfristen übermitteln müssen und somit Doppelbelastungen entstehen. Im Vordergrund steht jedoch der Vorteil, dass zur bilanziellen Beurteilung der Liquidität Restlaufzeiten besser geeignet erscheinen als vereinbarte (Ursprungs-) Laufzeiten.

Die Kreditinstitute müssen gleichwohl der *Deutschen Bundesbank* für die monetäre Analysen weiterhin die bisherigen Angaben über vereinbarte Laufzeiten oder Kündigungsfristen mitteilen, zumal diese zur Erfüllung ihrer Aufgaben auf diese Angaben angewiesen ist.

Von dem den Mitgliedstaaten nach Artikel 40 Abs. 3 Buchstabe c der Bankbilanzrichtlinie eingeräumten **Ausweiswahlrecht** wurde durch das Bankbilanzrichtlinie-Gesetz in der Weise Gebrauch gemacht, dass die Angaben ausschließlich im **Anhang** zu erfolgen haben.

(2.3) Bewertungsvorschriften

Besonderheiten der Bewertung, die mit der Geschäftstätigkeit von Kreditinstituten in Zusammenhang stehen, werden § 340e HGB (Bewertung von Vermögensgegenständen), § 340f HGB (Vorsorge für allgemeine Bankrisiken) und § 340g (Sonderposten für allgemeine Bankrisiken) gerecht (Abbildung 75).

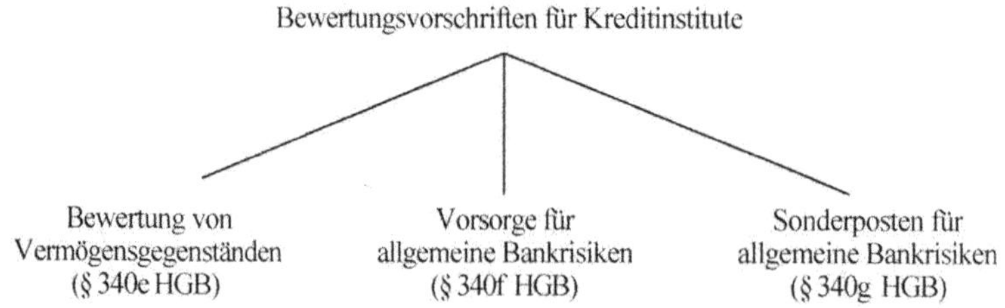

Abb. 75: Systematik der Bewertungsvorschriften für Kreditinstitute nach dem Bankbilanzrichtlinie-Gesetz

(2.3.1) Bewertung von Vermögensgegenständen

Die Zuordnung und damit den Bilanzansatz von Vermögensgegenständen im Jahresabschluss von Kreditinstituten regelt § 340e HGB. Der Zweck dieser Vorschrift beruht auf der Besonderheit der Gliederung von Bilanzen der Kreditinstitute, die nicht zwischen Anlage- und Umlaufvermögen unterscheiden, so dass der Ausweis von Vermögensgegenständen, die wie Anlagevermögen zu behandeln und zu bewerten sind, bis zum Erlass des Bankbilanzrichtlinie-Gesetzes der Deklaration (und damit der subjektiven Einordnung bzw. Entscheidung des Bilanzierenden) vorbehalten blieb.

§ **340e Abs. 1 HGB** stellt klar und legt fest, dass Kreditinstitute Beteiligungen einschließlich der Anteile an verbundenen Unternehmen, Konzessionen, gewerbliche Schutzrechte und ähnliche Rechte und Werte sowie Lizenzen an solchen Rechten und Werten, Grundstücke, grundstücksgleiche Rechte und Bauten einschließlich der Bauten auf fremden Grundstücken, technische Anlagen und Maschinen, andere Anlagen, Betriebs- und Geschäftsausstattung sowie Anlagen im Bau nach den für das **Anlagevermögen** geltenden Vorschriften zu bewerten haben, es sei denn, dass sie nicht dazu bestimmt sind, dauernd dem Geschäftsbetrieb zu dienen (**§ 340e Abs. 1 Satz 1 HGB**). In diesem Falle sind diese Vermögensgegenstände als Umlaufvermögen zu bewerten.

Andere Vermögensgegenstände, insbesondere **Forderungen** und **Wertpapiere,** sind nach den für das **Umlaufvermögen** geltenden Vorschriften zu bewerten, es sei denn, dass sie dazu bestimmt werden, dauernd dem Geschäftsbetrieb zu dienen, und daher **wie Anlagevermögen** zu bewerten sind (**§ 340e Abs. 1 Satz 2 HGB**). Außerplanmäßige Abschreibungen auf Finanzanlagen gemäß § 253 Abs. 3 Satz 4 HGB dürfen nur auf Beteiligungen und Anteile an verbundenen Unternehmen im Sinne des § 340e Abs. 1 Satz 1 sowie Wertpapiere und Forderungen im Sinne des § 340e Abs. 1 Satz 2, die dauernd dem Geschäftsbetrieb zu dienen bestimmt sind, angewandt werden.

Eine weitere Besonderheit der Bewertung von Vermögensgegenständen besteht darin, dass abweichend von § 253 Abs. 1 Satz 1 HGB durch § **340e Abs. 2 HGB** ein Wahlrecht für den **Wertansatz** von **Hypothekardarlehen** (von Kreditinstituten) und anderen Forderungen eingeräumt ist. Diese dürfen nach §340e Abs. 2 HGB mit ihrem Nennbetrag angesetzt werden, soweit der Unterschiedsbetrag zwischen dem Nennbetrag und dem Auszahlungsbetrag oder den Anschaffungskosten **Zinscharakter** hat. Ist der **Nennbetrag höher** als der Auszahlungsbetrag oder die Anschaffungskosten, so ist der Unterschiedsbetrag in den Rechnungsabgrenzungsposten auf der Passivseite aufzunehmen und planmäßig aufzulösen sowie in seiner jeweiligen Höhe in der **Bilanz** oder im **Anhang** gesondert anzugeben. Ist der **Nennbetrag niedriger** als der Auszahlungsbetrag oder die Anschaffungskosten, darf der Unterschiedsbetrag in den Rechnungsabgrenzungsposten auf der Aktivseite aufgenommen werden und ist planmäßig aufzulösen sowie in seiner jeweiligen Höhe in der Bilanz oder im **Anhang** gesondert anzugeben.

Eine wesentliche Neuerung für die Bewertung der **Handelsbestände** der Kreditinstitute und Finanzdienstleistungsinstitute bringt der durch das BilMoG eingeführte § **340e Abs. 3 HGB** dadurch, dass die Bewertung der **Finanzinstrumente** des Handelsbestands zum **beizulegenden Zeitwert** abzüglich eines **Risikoabschlags** zu erfolgen hat (siehe dazu im Einzelnen *Deutsche Bundesbank* 2010, 50 ff.). Allerdings erfolgt keine Definition des Begriffs „Finanzinstrument" und auch keine Abgrenzung des Handelsbestands vom Anlagebestand. Die Gesetzesbegründung verweist jedoch auf die durch das KWG vorgenommene Definition des Handelsbestandes (§ 1a Abs. 1 KWG; Handelsbuch), der auch alle Derivate, die zu Handelszwecken erworben worden sind, umfasst. Insofern sind diese Vermögensgegenstände, die eine Vermögenskategorie besondere Art neben dem Anlage- und Umlaufvermögen begründen, mit ihren (positiven oder negativen) Zeitwerten zu bilanzieren und die Zeitwerterfolge in der handelsrechtlichen GuV-Rechnung erfolgswirksam zu erfassen. Diese Besonderheiten der Bilanzierung des Handelsbestandes berücksichtigt auch das Bilanzformblatt (nach RechKredV) durch den Bruttoausweis in den neu geschaffenen Positionen Aktiva 6a und Passiva 3a. Dagegen erfolgt der Ausweis der Erträge und Aufwendungen in einer Nettoposition (Nettoertrag oder Nettoaufwand) des Handelsbestandes. Die Zuordnung der einzelnen Vermögensgegenstände (nach HGB) zum Handelsbuch und zum Anlagebuch nach KWG zeigt Abbildung 76.

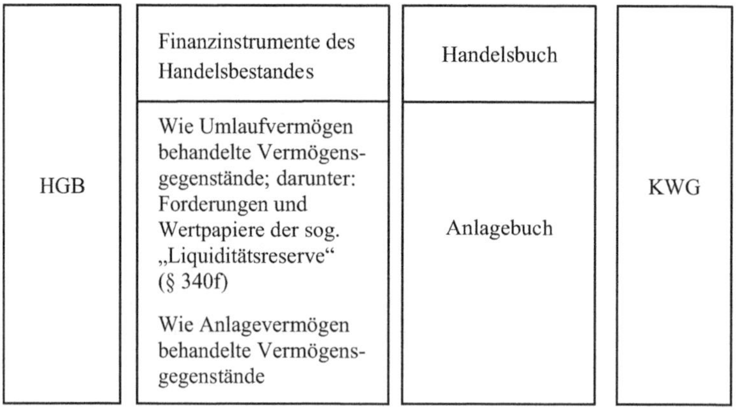

Abb. 76: Zuordnung von Vermögensgegenständen nach HGB und KWG (Quelle: *Deutsche Bundesbank* 2010, 52)

Im Hinblick auch auf die §§ 340c, und 340h HGB ist der Begriff **„wie Anlagevermögen behandelte Vermögensgegenstände"** von Bedeutung, weshalb zur Erläuterung folgendes auszuführen ist: Auf Grund von Artikel 35 Abs. 1 Satz 1 der EG-Bankbilanzrichtlinie musste klargestellt werden, dass die bezeichneten Vermögensgegenstände nach den für das Anlagevermögen geltenden Vorschriften zu bewerten sind, also **wie Anlagevermögen** behandelt werden müssen. Die Vornahme von Abschreibungen nach § 253 Abs. 2 HGB bei einem Vermögensgegenstand berührt nicht seine Zuordnung zu den wie Anlagevermögen behandelten Vermögensgegenständen. In die Aufzählung sind auch die Beteiligungen einschließlich der Anteile an verbundenen Unternehmen aufgenommen worden, weil die Bewertung der Beteiligungen wie Anlagevermögen der bis dahin geltenden Praxis entsprach und diese dazu bestimmt sind, dem Geschäftsbetrieb dauernd zu dienen.

Zur Vorbeugung gegen Gestaltungsmissbräuche schließt § 340e Abs. 3 Satz 2 HGB eine nachträgliche **Umwidmung** in den Handelsbestand aus. Eine Umwidmungsbeschränkung besteht dagegen für eine Umgliederung **aus** dem Handelsbestand insofern, als außergewöhnliche Umstände zu einer Aufgabe der Handelsabsicht durch das Kreditinstitut führen können (§ 340e Abs. 3 Satz 2 HGB). Dabei muss es sich um schwerwiegende Beeinträchtigungen der Handelbarkeit der Finanzinstrumente handeln. Grundsätzlich können jedoch Finanzinstrumente des Handelsbestands nachträglich in eine **Bewertungseinheit** einbezogen werden, aus der sie bei Beendigung der Bewertungseinheit wieder in den Handelsbestand umzugliedern sind (§ 340e Abs. 3 Satz 3 HGB).

Der Gesetzgeber hat durch den § 255 Abs. 4 HGB eine **Hierarchie** der **Bewertungsmaßstäbe** für Zwecke der **Zeitwertbewertung** festgelegt:

- In einer ersten Stufe ist zu prüfen, ob der beizulegende Zeitwert auf die Preisbildung auf einem **aktiven** (liquiden) Markt gestützt werden kann. Ist dies der Fall, dann stellt der **Börsen- oder Marktpreis** den beizulegenden Zeitwert dar (**mark-to-mark-Methode**).
- Besteht kein Börsen-/Marktpreis, ist in einer zweiten Stufe auf die Ergebnisse eines anerkannten Bewertungsmodells in Form eines Rechenmodells zurückzugreifen (**mark-to-model-Methode**). Der beizulegende Zeitwert erweist sich in diesem Fall als **Modellwert**. Der Modellwert kann das Ergebnis von Berechnungen mit Hilfe von Discounted-Cash-Flow-Modellen, Optionspreismodellen u.ä. (siehe dazu *Eilenberger* 2003, 115 ff.; 186 ff.; 216 ff.) sein.

- Für den Fall, dass auch kein Modellwert ermittelbar ist, kann als Ergebnis der dritten Stufe der Bewertungshierarchie eine **Anschaffungskostenfortführung** in Betracht kommen. Dabei gilt der zuletzt festgestellte beizulegende Zeitwert als Anschaffungskosten.

Obwohl durch das BilMoG eine Bilanzierung des Handelsbestandes zum **Zeitwert** eingeführt worden ist, sieht es gleichwohl eine grundsätzliche **Wahrung** des **Vorsichtsprinzips** vor, indem es eine doppelte Absicherung in Form eines Wertabschlags (**Risikoabschlag**) und einer **Ausschüttungssperre** durch Bildung einer **Risikoreserve** (in § 340g HGB) vorsieht und nicht den Börsen- oder Marktpreis als „Zeitwert in Reinkultur" (*Deutsche Bundebank* 2010, 50) zur Anwendung bringt. (zur Problematik der reinen Fair Value-Bewertung nach IFRS bei Banken siehe *Eilenberger* 2004a, 76 ff.). Das bedeutet aber auch, dass für die Kreditwirtschaft das Anschaffungskostenprinzip für die Bewertung der Finanzinstrumente des Handelsbestands formal aufgehoben worden ist.

Allerdings schweigt das Gesetz zur Höhe und zur Ermittlung des **Risikoabschlags**. Lediglich in der Gesetzesbegründung findet sich ein Hinweis darauf, dass adäquate Berechnungsmethoden anzuwenden seien und sich an der internen Risikosteuerung gemäß bankenaufsichtsrechtlicher Vorgaben und den MaRisk orientieren sollten. Insofern bleibt offen, ob der Value-at-Risk-Abschlag (VaR-Abschlag) auf der Basis eines VaR (siehe dazu 9.3.1.3.2.h) nach der SolvVO bemessen oder ob ein eigenständiger handelsrechtlicher VaR ermittelt werden sollte. Dieser Sachverhalt und die Bewertungsproblematik des beizulegenden Zeitwerts führen zu Bewertungsspielräumen in Richtung auf die **Bildung stiller Reserven**.

Zusätzlich zum Risikoabschlag schreibt § 340e Abs. 4 HGB zwingend die Bildung einer **Risikoreserve** in der Weise vor, dass in der Bilanz dem Sonderposten „Fonds für allgemeine Bankrisiken" nach § 340g HGB in jedem Geschäftsjahr ein Betrag zuzuführen ist, der mindestens 10% der Nettoerträge des Handelbestandes entspricht, und dort gesondert auszuweisen ist. Eine Auflösung dieses Postens darf nur zum Ausgleich von Nettoaufwendungen des Handelsbestandes erfolgen oder wenn der Posten 50% des Durchschnitts der letzten fünf jährlichen Nettoerträge des Handelsbestandes übersteigt. Somit wirkt die Zuführung zur Risikoreserve als Ausschüttungssperre.

In der **Bilanz** der Kreditinstitute wird auch weiterhin nicht zwischen Anlage- und Umlaufvermögen unterschieden, da es nur in geringer Zahl Vermögensgegenstände gibt, die dazu bestimmt sind, dauernd dem Geschäftsbetrieb zu dienen, und diese Unterscheidung deshalb nicht sachgerecht wäre. Dies schließt jedoch nicht aus, dass Kreditinstitute nicht nur Beteiligungen, sondern auch Wertpapiere als längerfristige Vermögensanlagen betrachten und diese wie Anlagevermögen behandeln können, insbesondere für Zwecke der Bewertung. Entsprechende Aufgliederungen müssen in der Bilanz jedoch nicht vorgenommen werden. Die Zweckbestimmung von Wertpapierbeständen, dauernd dem Geschäftsbetrieb zu dienen, setzt eine aktenkundig zu machende Entscheidung der zuständigen Stelle voraus. Liegt eine entsprechende Entscheidung nicht vor, dürfen Wertpapiere nicht nach den für das **Anlagevermögen** geltenden Vorschriften bewertet werden. Der Umstand, dass Wertpapiere über einen längeren Zeitraum gehalten werden, reicht nicht für die Annahme aus, dass diese Wertpapiere wie Anlagevermögen behandelt werden und deshalb nach den für das Anlagevermögen geltenden

(2.3.2) Vorsorge für allgemeine Bankrisiken

Die Zulässigkeit der Bildung von **Vorsorgereserven** für allgemeine Bankrisiken regeln die §§ 340f und 340g HGB. Die im Interesse des allgemeinen Vertrauensschutzes für den Bankensektor zugelassene Bildung stiller Reserven findet neben den Möglichkeiten des §340e HGB eine Ergänzung und Verbreiterung durch § 340f HGB, der eine **Vorsorge für allge-**

meine (= **latente**) **Bankrisiken** vorsieht. §340f HGB löste den bis dahin geltenden § 26a KWG ab, der Kreditinstituten in den Rechtsformen von Kapitalgesellschaften die stille Bildung stiller **Vorsorgereserven** für spezifische Bankrisiken einräumte. Allerdings schränkt § 340f HGB gegenüber der früher unter § 26a KWG möglichen Bildung stiller Reserven die Bewertungsspielräume erheblich ein. Zwar dürfen Kreditinstitute auch unter dem Regiment des § 340f HGB Forderungen an Kreditinstitute und Kunden, Schuldverschreibungen und andere festverzinsliche Wertpapiere sowie Aktien und andere nicht festverzinsliche Wertpapiere, die weder wie Anlagevermögen behandelt werden noch Teil des Handelsbestandes sind, mit einem niedrigeren als dem nach § 253 Abs. 1 Satz 1, Abs. 4 HGB vorgeschriebenen oder zugelassenen Wert ansetzen, soweit dies nach vernünftiger kaufmännischer Beurteilung zur Sicherung gegen die besonderen Risiken des Geschäftszweigs der Kreditinstitute notwendig ist. Es wird jedoch der Betrag der auf diese Weise gebildeten Vorsorgereserven auf **vier Prozent** des **Gesamtbetrages** der betreffenden Vermögensgegenstände begrenzt, der sich bei einer Bewertung nach § 253 Abs. 1 Satz 1, Abs. 4 ergibt. Allerdings darf ein niedrigerer Wertansatz beibehalten werden. Die Möglichkeit der Bildung von Vorsorgereserven beschränkt sich somit ausschließlich auf Vermögensgegenstände des Anlagebuches.

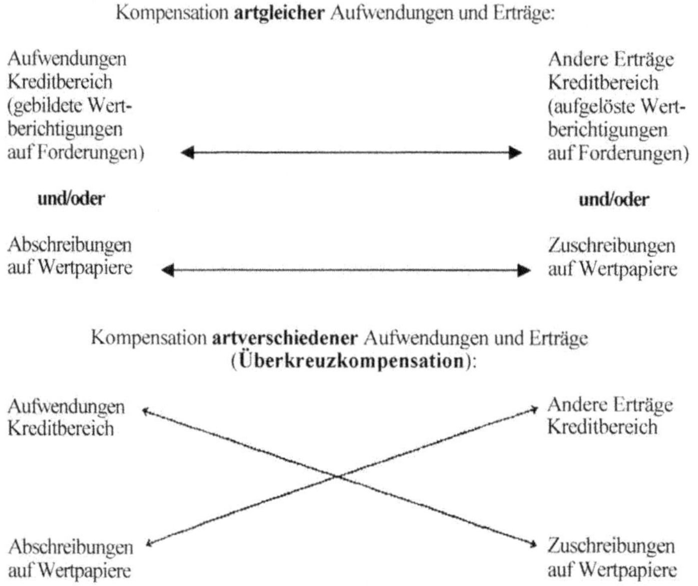

Abb. 77: Struktur von Kompensation und Überkreuzkompensation im Rahmen der Legung stiller Reserven bei Kreditinstituten

Während § 340f Abs. 1 HGB der Anpassung des deutschen Rechts an Artikel 37 Abs. 2 der Bankbilanzrichtlinie dient, wird in § 340f Abs. 3 HGB die Regelung des Artikels 33 Abs. 2 der Bankbilanzrichtlinie übernommen, die den Mitgliedstaaten die Möglichkeit einräumt, eine **Überkreuzkompensation** (Abbildung 77) im Sinne des deutschen Rechts zuzulassen: Aufwendungen und Erträge aus der Anwendung von § 340f Abs. 1 HGB und aus Geschäften mit in Absatz 1 bezeichneten Wertpapieren und Aufwendungen aus Abschreibungen sowie Erträge aus Zuschreibungen zu diesen Wertpapieren dürfen mit den Aufwendungen aus Abschreibungen auf Forderungen, Zuführungen zu Rückstellungen für Eventualverbindlichkeiten und für Kreditrisiken sowie mit den Erträgen aus Zuschreibungen zu Forderungen oder aus deren

Eingang nach teilweiser oder vollständiger Abschreibung und aus Auflösung von Rückstellungen für Eventualverbindlichkeiten und für Kreditrisiken **verrechnet** und in der GuV-Rechnung in **einem** Aufwands- oder Ertragsposten ausgewiesen werden (**Nettoausweis**).

Damit die **stille Bildung stiller** (Vorsorge-)**Reserven** der Bilanzanalyse verborgen bleiben kann, räumt § 340f Abs. 4 HGB den Kreditinstituten das Privileg ein, dass Angaben über die Bildung und Auflösung von derartigen Vorsorgereserven sowie über vorgenommene Verrechnungen im Jahresabschluss, Lagebericht, Konzernabschluss und Konzernlagebericht nicht gemacht werden müssen.

(2.3.3) Sonderposten für allgemeine Bankrisiken

Da Deutschland von der Möglichkeit des Art. 37 Bankbilanzrichtlinie (Bildung von Vorsorgereserven; siehe 2.3.2) Gebrauch gemacht hat, muss zwangsläufig die daran gekoppelte Bildung eines Sonderpostens für allgemeine Bankrisiken, der als **„Fonds für allgemeine Bankrisiken“** bezeichnet wird, zugelassen werden.

Dementsprechend konstituiert § 340g Abs. 1 HGB ein **Wahlrecht** dergestalt, dass Kreditinstitute auf der Passivseite ihrer Bilanz zur Sicherung gegen allgemeine Bankrisiken einen Sonderposten „Fonds für allgemeine Bankrisiken“ bilden dürfen, soweit dies nach vernünftiger kaufmännischer Beurteilung wegen der besonderen Risiken des Geschäftszweigs der Kreditinstitute notwendig ist. Folgerichtig sind gemäß §340g Abs. 2 HGB die Zuführungen zu diesem Sonderposten oder die Erträge aus der Auflösung dieses Sonderpostens in der GuV-Rechnung gesondert auszuweisen.

Die Einstellung von Beiträgen in den Sonderposten ist nicht Teil der Beschlussfassung über die Ergebnisverwendung, so dass Vorschriften über die Ergebnisverwendung (wie § 58 AktG oder § 29 GmbHG) nicht greifen.

(2.3.4) Währungsumrechnung

Die **Währungsumrechnung der** Kreditinstitute regelt § **340h HGB** in Verbindung mit § 256a HGB: Nach § **256a HGB** sind auf fremde Währung lautende Vermögensgegenstände und Verbindlichkeiten zum **Devisenkassamittelkurs** am Abschlussstichtag umzurechnen, es sei denn, dass die Restlaufzeit ein Jahr oder weniger beträgt. Für den letztgenannten Sachverhalt bestimmt § 256a Satz 2 HGB die Nichtanwendung von § 253 Abs. 1 Satz 1 HGB (Ansatz der Vermögensgegenstände höchstens zu den Anschaffungskosten, vermindert um Abschreibungen) und § 252 Abs. 1 Nr. 4 Halbsatz 2 HGB (Gewinne sind nur zu berücksichtigen, wenn sie am Abschlusstag realisiert sind). Für die Währungsumrechnung nach § 340h HGB gilt § 256a HGB mit der Maßgabe, dass Erträge, die sich aus der Währungsumrechnung ergeben, in der GuV-Rechnung zu berücksichtigen sind, soweit die Vermögensgegenstände, Schulden oder andere Termingeschäfte durch Vermögensgegenstände, Schulden oder andere Termingeschäfte in derselben Währung besonders gedeckt sind.

In diesem Zusammenhang sind somit ggf. **Bewertungseinheiten** zu berücksichtigen, die der bilanziellen Abbildung von Sicherungsbeziehungen – insbesondere bei **Sicherungsgeschäften in Währung** (**Finanzhedging**; siehe dazu *Eilenberger* 2004, 100 ff.) und in Form von **Termingeschäften in Währung** (z.B. **Devisentermingeschäfte**; siehe dazu *Eilenberger* 2004, 41 ff.) – dienen und deren Bildung der durch das BilMoG neu gefasste § 254 HGB regelt (siehe unten (2.3.5)).

(2.3.5) Bildung von Bewertungseinheiten

Bis zur Kodifizierung von Bewertungseinheiten durch **§ 254 HGB** war die Bilanzierungspraxis auf eine Auslegung der GoB im Sinne einer kompensatorischen Bewertung angewiesen, um die Probleme zu lösen, die durch eine strikte Anwendung des Grundsatzes der Einzelbewertung sowie des Realisationsprinzips, des Imparitätsprinzips und des Anschaffungskostenprinzips in der Praxis entstanden wären (siehe dazu im Einzelnen Deutsche *Bundesbank* 2010a, 58 ff).

Bewertungseinheiten dienen grundsätzlich der sachgerechten bilanziellen Abbildung von Hedge-Beziehungen (Sicherungsbeziehungen) im Sinne ökonomisch begründeter **geschlossener (Vermögens-)Positionen** zur Vermeidung von Risiken in Form von Preis-, Zins- und Aktienkursrisiken. Sie sind Ausfluss von risikokompensierenden Sicherungsstrategien und tragen dazu bei, dass der ansonsten anzuwendende Grundsatz der Einzelbewertung der betreffenden Bilanzierungsgegenstände bezüglich des Realisations-, des Imparitäts- und des Anschaffungskostenprinzips, der zu ertragswirksamen Ergebnissen führen würde, zu Gunsten einer kompensierenden Bewertung eingeschränkt bzw. aufgehoben wird. Somit ist die Bildung von Bewertungseinheiten zur Darstellung einer den tatsächlichen Verhältnissen entsprechenden Vermögens- und Ertragslage unverzichtbar.

Nach § **254 HGB** können Vermögensgegenstände, Schulden, schwebende Geschäfte oder mit hoher Wahrscheinlichkeit erwartete Transaktionen zum Ausgleich gegenläufiger Wertänderungen oder Zahlungsströme aus dem Eintritt vergleichbarer Risiken mit Finanzinstrumenten zu einer **Bewertungseinheit** zusammengefasst werden. In diesem Fall sind

- § 249 Abs. 1 HGB (Rückstellungen für ungewisse Verbindlichkeiten und drohende Verluste aus schwebenden Geschäften),
- § 252 Abs. 1 Nrn. 3 und 4 HGB (Grundsatz der Einzelbewertung von Vermögensgegenständen und Schulden; Vorsichtsprinzip; Vollständigkeitsprinzip; Realisationsprinzip),
- § 253 Abs. 1 Satz 1 HGB (Anschaffungskostenprinzip) und
- § 256a HGB (Währungsumrechnung)

in dem Umfang und für den Zeitraum **nicht anzuwenden**, in dem die **gegenläufigen Wertänderungen (Fair-Value-Hedge**) oder **Zahlungsströme (Cash-Flow-Hedge**) sich **ausgleichen**. Wesentlich für die Bildung einer Bewertungseinheit ist somit, dass es sich um eine Einheit eines Sicherungsgeschäfts mit einem Grundgeschäft handelt. In jedem Fall muss die Eignung einer Bewertungseinheit zur Kompensation von Risiken durch entsprechende Messung nachgewiesen werden, die zeigt, ob und in welchem Umfang gegenläufige Wertänderungen beim Fair-Value-Hedge oder gegenläufige Zahlungsströme beim Cash-Flow-Hedge, die auf demselben Risiko beruhten, zu einem vollständigen oder teilweisen Ausgleich geführt haben (vgl. *Deutsche Bundesbank* 2010a, 60 f.). Für den Fall, dass die durchgeführte Kompensation Abweichungen bezüglich des Volumens oder/und zeitliche Inkongruenzen zwischen Grundgeschäft und Sicherungsgeschäft aufweist und sie daher nur teilweise erfolgreich war, ist für den offen gebliebenen Teil der Sicherungsbeziehung das Imparitäts-, das Realisations- und das Anschaffungskostenprinzip anzuwenden. Bei drohenden Verlusten aus schwebenden Geschäften sind für diesen Teil ggf. Rückstellungen (z.B. wegen **Währungseventualrisiken**; siehe dazu *Eilenberger* 2004, 24 ff.) zu bilden. Darüber hinaus bedarf die Prüfung der Wirksamkeit einer Sicherungsbeziehung und damit der Bewertungseinheit einer fortlaufenden Beobachtung und Feststellung, ob die Kompensation vollständig oder nur teilweise erfolgte.

Da der Begriff **Finanzinstrument** in § 254 HGB nicht definiert ist, kann in diesem Zusammenhang ein Rückgriff auf § 1a Abs. 3 KWG erfolgen: Demnach handelt es sich – vorbehaltlich § 1 Abs. 11 KWG – bei Finanzinstrumenten um alle Verträge, die für eine der beteiligten

Seiten einen finanziellen Vermögenswert und für die andere Seite eine finanzielle Verbindlichkeit oder ein Eigenkapitalinstrument schaffen. Als Finanzinstrumente gelten nach § 254 Satz 2 HGB auch Termingeschäfte über den Erwerb oder die Veräußerung von Waren (Warentermingeschäfte).

(2.4) Offenlegung des Jahresabschlusses und des Lageberichts von Kreditinstituten

Kreditinstitute haben gemäß § **340k** Abs. 1 HGB unabhängig von ihrer Größe ihren Jahresabschluss und Lagebericht unbeschadet der Vorschriften der §§ 28 und 29 KWG nach den Vorschriften des 3. Unterabschnitts des 2. Abschnitts über die Prüfung prüfen zu lassen. Die Prüfung hat spätestens vor Ablauf des fünften Monats des dem Abschlussstichtag nachfolgenden Geschäftsjahres vorzunehmen. Der Jahresabschluss ist nach der Prüfung unverzüglich festzustellen.

Auf Grund von Art. 44 Abs. 4 Bankbilanzrichtlinie sind die Kreditinstitute zu verpflichten, die in der Vorschrift bezeichneten Unterlagen außerdem in jedem anderen Mitgliedstaat der *EG* offenzulegen, in dem sie eine Zweigniederlassung unterhalten. Dabei bestimmt sich der Ort der Offenlegung nach dem für den Sitz der Zweigniederlassung maßgeblichen Recht. Die Mitgliedstaaten können ferner verlangen, dass die nach dem Recht der ausländischen Hauptniederlassung aufgestellten Unterlagen in ihrer Sprache bekanntgemacht werden. Der Anpassung an dieser Regelung der Bankbilanzrichtlinie zur **Offenlegung** dient § **340l** Abs. 1 HGB, wonach Kreditinstitute den Jahresabschluss und den Lagebericht (sowie den Konzernabschluss und den Konzernlagebericht) und die anderen in § 325 HGB bezeichneten Unterlagen nach § 325 Absätze 2 bis 5, § 328, § 329 Abs. 1 HGB offenzulegen haben. Kreditinstitute, die nicht Zweigniederlassungen sind, haben die in § 340l Abs. 1 Satz 1 HGB bezeichneten Unterlagen außerdem in jedem anderen Mitgliedstaat der Europäischen Gemeinschaft offenzulegen, in dem sie eine Zweigniederlassung errichtet haben. Die Offenlegung (Einreichung zu einem Register, Bekanntmachung in einem Amtsblatt) richtet sich nach dem Recht des jeweiligen Mitgliedstaats oder Vertragsstaats.

Zweigniederlassungen im Geltungsbereich des HGB von Unternehmen mit Sitz in einem anderen Staat haben die in § 340l Abs. 1 Satz 1 HGB bezeichneten Unterlagen ihrer Hauptniederlassung, die nach deren Recht aufgestellt und geprüft worden sind, nach § 325 Absätze 2 bis 5, §§ 328, 329 Abs. 1 und 4 HGB offenzulegen. Zweigniederlassungen im Geltungsbereich des HGB von Unternehmen mit Sitz in einem Staat, der nicht Mitglied der *Europäischen Gemeinschaft* und auch nicht Vertragsstaat des *EWR* ist, brauchen auf ihre eigene Geschäftstätigkeit bezogene gesonderte Rechnungslegungsunterlagen nach § 340l Abs. 1 Satz 1 HGB nicht offenzulegen, sofern die offenzulegenden Unterlagen nach einem an die Richtlinie 86/635/EWG angepassten Recht aufgestellt und geprüft worden oder den nach einem dieser Rechte aufgestellten Unterlagen gleichwertig sind. § 339 HGB ist auf Kreditinstitute, die Genossenschaften sind, nicht anzuwenden.

bc) Rechnungslegungs-Verordnung für Kreditinstitute (RechKredV)

Die am 10. Februar 1992 vom Bundesminister der Justiz erlassene „Verordnung über die Rechnungslegung der Kreditinstitute und Finanzdienstleistungsinstitute Kreditinstituts-Rechnungslegungsverordnung – **RechKredV**)" dient der Umsetzung der Richtlinie 86/635/EWG des Rates vom 8. Dezember 1986 über den Jahresabschluss und den konsolidierten Abschluss von Banken und anderen Finanzinstituten (ABl. EG Nr. L 372 SL. 1) und der Richtlinie des Rates vom 13. Februar 1989 über die Pflichten der in einem Mitgliedsstaat eingerichteten Zweigniederlassungen von Kreditinstituten und Finanzinstituten mit Sitz außerhalb dieses Mitgliedsstaates zur Offenlegung von Jahresabschlussunterlagen (ABl. EG

Nr. L 44 S. 40). Die Verordnung ist durch Bekanntmachung vom 11. Dezember 1998 (BGBl. I S. 3658) neu gefasst und zuletzt (Stand 15.3.2011) durch Artikel 2 der Verordnung vom 18. Dezember 2009 (BGBl. I S. 3934) geändert worden.

Die RechKredV enthält einerseits **Ausführungsbestimmungen** und **Erläuterungen** zu einzelnen Bilanzpositionen, zu Positionen der GuV-Rechnung und zu Anhangsangaben des Bankbilanzrichtlinie-Gesetzes. Darüber hinaus gibt sie den Kreditinstituten **Formblätter** (siehe Anhang I) über die Gliederung der Bilanz und der GuV-Rechnung (wahlweise Konto- oder Staffelform) an Stelle der Gliederungsvorschriften des § 266 HGB vor.

Zusätzlich zu den Erläuterungen einzelner Positionen der Bilanz und der GuV-Rechnung und zum Anhang ergeben sich aus der RechKredV **eigenständige Ansätze** und **Begriffsdefinitionen:**

- **Nachrangige Vermögensgegenstände und Schulden** (§ 4 RechKredV): Vermögensgegenstände und Schulden sind als nachrangig auszuweisen, wenn Forderungen oder Verbindlichkeiten im Falle der Liquidation oder der Insolvenz erst nach den Forderungen der anderen Gläubiger erfüllt werden dürfen. Nachrangige Vermögensgegenstände sind auf der Aktivseite bei dem jeweiligen Posten oder Unterposten gesondert auszuweisen. Die Angaben können statt in der Bilanz im Anhang in der Reihenfolge der betroffenen Posten gemacht werden.
- **Gemeinschaftsgeschäfte** (§ 5 RechKredV): Wird ein Kredit von mehreren Kreditinstituten gewährt (**Gemeinschaftskredit**; **Konsortialkredit**), so hat jedes beteiligte oder unterbeteiligte Kreditinstitut nur seinen eigenen Anteil an dem Kredit in seine Bilanz aufzunehmen, soweit es Mittel für den Gemeinschaftskredit zur Verfügung gestellt hat. Die Bilanzierung der **gemeinschaftlichen Haftung** ist insofern differenziert geregelt, als ein Kreditinstitut Haftungsverhältnisse, die über seinen eigenen Anteil hinausgehen und von ihm übernommen werden, in Höhe des Unterschiedsbetrages als Eventualverbindlichkeit unter dem Bilanzstrich zu vermerken hat. Bei Übernahme der Haftung für den Ausfall eines Teils der Forderungen aus dem Gemeinschaftskredit hat das kreditgebende Institut den vollen Kreditbetrag auszuweisen, das haftende Kreditinstitut hat seinen Haftungsbetrag in der Bilanz im Unterposten „Verbindlichkeiten aus Bürgschaften und Gewährleistungsverträgen" zu vermerken. Die Regelegung über den Gemeinschaftskredit ist entsprechend anzuwenden, wenn Kreditinstitute **Wertpapieren** oder **Beteiligungen** gemeinschaftlich erwerben.
- **Treuhandgeschäfte** (§ 6 RechKredV): Vermögensgegenstände und Schulden, die ein Institut im eigenen Namen, aber für fremde Rechnung hält, sind in seine Bilanz aufzunehmen und die Gesamtbeträge unter den Posten „Treuhandvermögen" (Aktiva Nr. 9) und „Treuhandverbindlichkeiten" (Passiva Nr. 4) auszuweisen und im Anhang nach den Aktiv- und Passivposten des Formblatts aufzugliedern. Vermögensgegenstände und Schulden, die ein Institut im fremden Namen für fremde Rechnung hält, dürfen in seine Bilanz nicht aufgenommen werden. Kapitalgesellschaften haben die Summe der Inventarwerte und die Zahl der verwalteten Sondervermögen in der Bilanz auf der Passivseite unter dem Strich in einem Posten mit der Bezeichnung „Für Anteilinhaber verwaltete Sondervermögen" auszuweisen.
- **Wertpapiere** (§ 7 RechKredV): Als Wertpapiere sind Aktien, Zwischenscheine, Investmentanteile, Optionsscheine, Zins- und Gewinnanteilscheine, börsenfähige Inhaber- und Order-Genußscheine, börsenfähige Inhaberschuldverschreibungen auszuweisen, auch wenn sie vinkuliert sind, unabhängig davon, ob sie in Wertpapierurkunden verbrieft oder als Wertrechte ausgestaltet sind. Ebenso als Wertpapiere auszuweisen sind börsenfähige Orderschuldverschreibungen, soweit sie Teil einer Gesamtemission sind, ferner andere festverzinsliche Inhaberpapiere, soweit sie börsenfähig sind, und andere nichtverzinsliche

Wertpapiere, soweit sie börsennotiert sind. Hierzu rechnen auch ausländische Geldmarktpapiere, die zwar auf den Namen lauten, aber wie Inhaberpapiere gehandelt werden. Als **börsenfähig** gelten Wertpapiere, welche die Voraussetzungen einer Börsenzulassung erfüllen. Bei Schuldverschreibungen genügt es, dass alle Stücke einer Emission hinsichtlich Verzinsung, Laufzeitbeginn und Fälligkeit einheitlich ausgestattet sind. Als **börsennotiert** gelten alle Wertpapiere, die an einer deutschen Börse zum Handel im regulierten Markt zugelassen sind, außerdem Wertpapiere, die an ausländischen Börsen zugelassen sind und gehandelt werden.

- **Restlaufzeit** (§ 8 RechKredV): Für die Gliederung nach Restlaufzeiten sind bei **ungekündigten Kündigungsgeldern** die Kündigungsfristen maßgebend. Sofern neben der Kündigungsfrist noch eine Kündigungssperrfrist vereinbart wird, ist diese ebenfalls zu berücksichtigen. Bei Forderungen sind vorzeitige Kündigungsmöglichkeiten nicht zu berücksichtigen. Bei Forderungen oder Verbindlichkeiten mit **Rückzahlung** in **regelmäßigen Raten** gilt als Restlaufzeit der Zeitraum zwischen Bilanzstichtag und dem Fälligkeitstag jedes Teilbetrages. Als **täglich fällig** sind nur solche Forderungen und Verbindlichkeiten auszuweisen, über die jederzeit ohne vorherige Kündigung verfügt werden kann oder für die eine Laufzeit oder Kündigungsfrist von 24 Stunden oder von einem Geschäftstag vereinbart worden ist. Hierzu rechnen auch die sogenannten Tagesgelder und Gelder mit täglicher Kündigung einschließlich der über geschäftsfreie Tage angelegten Gelder mit Fälligkeit oder Kündigungsmöglichkeit am nächsten Geschäftstag.
- **Fristengliederung** (§ 9 RechKredV): Im **Anhang** sind die in § 9 Abs. 1 Nrn. 1 bis 6 genannten Forderungen und Verbindlichkeiten **gesondert** nach **Restlaufzeiten** aufzugliedern, wobei für die Aufgliederung folgende **Restlaufzeiten** maßgebend sind: Bis drei Monate, mehr als drei Monate bis ein Jahr, mehr als ein Jahr bis fünf Jahre und mehr als fünf Jahre. Im Anhang sind ferner zu folgenden Posten der Bilanz anzugeben: Die im Posten „Forderungen an Kunden" (Aktivposten Nr. 4) enthaltenen Forderungen mit **unbestimmter Laufzeit** und die im Posten „Schuldverschreibungen und andere festverzinsliche Wertpapiere" (Aktivposten Nr. 5) und im Unterposten „begebene Schuldverschreibungen" (Passivposten Nr. 3 Buchstabe a) enthaltenen Beträge, die in dem Jahr, das auf den Bilanzstichtag folgt, fällig werden.
- **Verrechnung** (§ 10 RechKredV): Täglich fällige, keinerlei Bindungen unterliegende Verbindlichkeiten gegenüber einem Kontoinhaber müssen mit gegen denselben Kontoinhaber bestehenden täglich fälligen Forderungen sowie mit Forderungen, die auf einem Kreditsonderkonto belastet und gleichzeitig auf einem laufenden Konto erkannt sind, verrechnet werden, sofern für die Zins- und Provisionsberechnung vereinbart ist, dass der Kontoinhaber wie bei Verbuchung über ein einziges Konto gestellt wird. Die Verrechnung von Forderungen und Verbindlichkeiten in verschiedenen Währungen ist nicht zulässig. Ebenso darf nicht mit Sperrguthaben und Spareinlagen verrechnet werden.
- **Anteilige Zinsen** (§ 11 RechKredV): Anteilige Zinsen und ähnliche das Geschäftsjahr betreffende Beträge, die nach dem Bilanzstichtag fällig werden, aber bereits am Bilanzstichtag bei Kreditinstituten den Charakter von bankgeschäftlichen und bei Finanzdienstleistungsinstituten den Charakter von für diese Institute typischen Forderungen oder Verbindlichkeiten haben, sind demjenigen Posten der Aktiv- und Passivseite der Bilanz zuzuordnen, dem sie zugehören. Die Beträge brauchen nicht nach Restlaufzeiten aufgegliedert werden.
- **Spareinlagen** (§ 21 Abs. 4 und § 39 Abs. 6 RechKredV): Die Regelung des Bilanzausweises von Spareinlagen von Kreditinstituten durch die RechKredV wurde nach Streichung der gesetzlichen Vorschriften über die Spareinlagen in den §§ 21 und 22 KWG (alt) in der Fassung der Bekanntmachung vom 11. Juli 1985 (BGBl. I S. 1472) mit Wirkung zum 1. Juli 1993 erforderlich. Nach **§ 21 Abs. 4 RechKredV** sind als **Spareinlagen** nur **unbefristete Gelder** auszuweisen, die folgende **vier Voraussetzungen** erfüllen:

- **Spareinlagen** sind durch Ausfertigung einer Urkunde, insbesondere eines **Sparbuchs**, als solche gekennzeichnet;
- sie sind nicht für den Zahlungsverkehr bestimmt;
- sie werden nicht von Kapitalgesellschaften, Genossenschaften, wirtschaftlichen Vereinen, Personenhandelsgesellschaften oder Unternehmen mit Sitz im Ausland mit vergleichbarer Rechtsform angenommen, es sei denn, diese Unternehmen dienen gemeinnützigen, mildtätigen oder kirchlichen Zwecken oder es handelt sich bei den von diesen Unternehmen angenommenen Geldern um Sicherheiten gemäß § 551 BGB oder § 14 Abs. 4 Heimgesetzes;
- sie weisen eine Kündigungsfrist von mindestens drei Monaten auf.
  Sparbedingungen, die dem Kunden das Recht einräumen, über seine Einlagen mit einer Kündigungsfrist von drei Monaten bis zu einem bestimmten Betrag, der jedoch pro Sparkonto und Kalendermonat 2.000 EUR nicht überschreiten darf, ohne Kündigung zu verfügen, schließen deren Einordnung als Spareinlagen im Sinne dieser Vorschrift nicht aus. Geldbeträge, die auf Grund von Vermögensbildungsgesetzen geleistet werden, gelten als Spareinlagen. Bauspareinlagen gelten jedoch nicht als Spareinlagen.
- § 39 Abs. 6 RechKredV bestimmt, dass vor dem 1. Juli 1993 begründete Spareinlagen nach dem damals geltenden § 21 KWG und dafür gutgeschriebene Zinsen oder danach gutzuschreibende Zinsen weiterhin als Spareinlagen gelten, wenn für sie die Voraussetzungen des § 21 Abs. 4 Satz 1 Nrn. 1 und 2 Satz 2 RechKredV zutreffen und sie den Vorschriften des § 22 Abs. 1 Satz 1 und Abs. 2 KWG in der Fassung der Bekanntmachung vom 11. Juli 1985 (siehe oben) erfüllt haben.

• **Angaben unter dem Bilanzstrich:** Darunter fallen **Eventualverbindlichkeiten** (§ 26 RechKredV; Nr. 1 unter dem Strich) mit den Unterposten „Eventualverbindlichkeiten aus weitergegebenen abgerechneten Wechseln", „Verbindlichkeiten aus Bürgschaften und Gewährleistungsverträgen" und „Haftung aus der Bestellung von Sicherheiten für fremde Verbindlichkeiten". Darüber hinaus kommen **Andere Verpflichtungen** (§ 27 RechKredV; Nr. 2 unter dem Strich) in Betracht: Zu vermerken sind in diesem Zusammenhang Plazierungs- und Übernahmeverpflichtungen sowie unwiderrufliche Kreditzusagen: **Platzierungs**- und **Übernahmeverpflichtungen** sind Verbindlichkeiten aus der Übernahme einer Garantie für die Platzierung oder Übernahme von Finanzinstrumenten gegenüber Emittenten, die während eines vereinbarten Zeitraums Finanzinstrumente revolvierend am Geldmarkt begeben. Es sind nur Garantien zu erfassen, durch die ein Kreditinstitut sich verpflichtet, Finanzinstrumente zu übernehmen oder ein entsprechenden Kredit zu gewähren, wenn die Finanzinstrumente nicht am Markt platziert werden können. Wird eine Garantie gemeinschaftlich gewährt, so hat jedes beteiligte Kreditinstitut nur seinen eigenen Anteil zu vermerken. Als **unwiderrufliche Kreditzusagen** sind alle unwiderruflichen Verpflichtungen anzugeben, die Anlass zu einem Kreditrisiko geben können. Der Abschluss eines Bausparvertrages gilt nicht als unwiderrufliche Kreditzusage.

• **Termingeschäfte** (§ 36 RechKredV): Im **Anhang** ist in Form einer **Aufstellung** über die Arten von am Bilanzstichtag noch nicht abgewickelten fremdwährungs-, zinsabhängigen und sonstigen Termingeschäften, die lediglich ein Erfüllungsrisiko sowie Währungs-, Zins- und/oder sonstige Marktpreisänderungsrisiken aus offenen und im Falle eines Adressenausfalls auch aus geschlossenen Positionen beinhalten, aufzunehmen. Im Einzelnen gehören dazu:
  - Termingeschäfte in fremden **Währungen**, insbesondere Devisentermingeschäfte, Devisenterminkontrakte, Währungsswaps, Zins-/Währungsswaps, Stillhalterverpflichtungen aus Devisenoptionsgeschäften, Devisenoptionsrechte, Termingeschäfte in Gold und anderen Edelmetallen, Edelmetallterminkontrakte, Stillhalterverpflichtungen aus Goldoptionen, Goldoptionsrechte;

- **Zinsbezogene** Termingeschäfte, insbesondere Termingeschäfte mit festverzinslichen Wertpapieren, Zinsterminkontrakte, Forward Rate Agreements, Stillhalterverpflichtungen aus Zinsoptionen, Zinsoptionsrechte, Zinsswaps, Annahmeverpflichtungen aus Forward Forward Deposits; Lieferverpflichtungen aus solchen Geschäften sind in dem Unterposten der Bilanz „Unwiderrufliche Kreditzusagen" (Passivposten Nr. 2 unter dem Strich Buchstabe c) zu vermerken;
- Termingeschäfte mit **sonstigen Preisrisiken**, insbesondere aktienkursbezogene Termingeschäfte, Stillhalterverpflichtungen aus Aktienoptionen, Aktienoptionsrechte, Indexterminkontrakte, Stillhalterverpflichtungen aus Indexoptionen, Indexoptionsrechte. Für jeden der drei Gliederungsposten der Termingeschäfte ist anzugeben, ob ein wesentlicher Teil davon zur Deckung von Zins-, Wechselkurs- oder Marktpreisschwankungen abgeschlossen wurde und ob ein wesentlicher Teil davon auf Handelsgeschäfte entfällt.

bd) Bank-Bilanzpolitik

Spezielle Probleme ergeben sich hinsichtlich der Bank-Bilanzierung als Quelle von (unverfälschten) Kontrollinformationen nicht nur in Anbetracht der Bewertungsprivilegien von Banken, sondern auch auf Grund der Maßnahmen und Möglichkeiten der Bilanzpolitik, die Verknüpfungen und Verdichtungen von Informationen der Bank-Buchhaltung in unterschiedlicher Weise bewirken kann. **Bilanzpolitik** umfasst nämlich alle Entscheidungen und Maßnahmen, mit denen ein von den externen Bilanzadressaten bzw. der Öffentlichkeit insgesamt als günstig empfundener Jahresabschluss angestrebt wird. Da der Jahresabschluss in diesem Sinne auch akquisitorische Wirkung dadurch ausüben soll, dass Nachfrager nach Bankleistungen angeregt werden, ihre Bedürfnisse bei einem bestimmten Bankbetrieb zu befriedigen, kommt der zweckentsprechenden Gestaltung der Bilanz erhöhte Bedeutung zu. Darüber hinaus hat der Bankbetrieb der Tatsache Rechnung zu tragen, dass die Öffentlichkeit Bilanzvergleiche vornimmt, deren Ergebnis sich – aus der Sicht des Bankbetriebes – möglichst in einem günstigen Urteil über die wirtschaftliche Lage des Bankbetriebes bzw. der Bankwirtschaft insgesamt niederschlagen soll. In diesem Zusammenhang darf es auch nicht zu erheblichen (negativen) Abweichungen gegenüber den Ergebnissen früherer Perioden kommen.

Für die **Formung des Bilanzbildes** sind daher folgende Kriterien für den Bankbetrieb ausschlaggebend (siehe *Wittgen* 1965a, 728ff.):

- **Kontinuitätsstreben: D**as Bemühen, bei der Gestaltung des Bilanzbildes den Zusammenhang mit früheren Bilanzen, insbesondere der Bilanz des Vorjahres, zu wahren.
- **Konformitätsstreben:** Findet in der Neigung seinen Ausdruck, das eigene Bilanzbild demjenigen konkurrierender Bankbetriebe (zumindest der vergleichbaren Banken innerhalb der Bankengruppe) anzupassen.
- **Superioritätsstreben:** Entwickelt sich aus dem Konformitätsstreben und geht insofern darüber hinaus, als der betreffende Bankbetrieb versucht, die Bilanzbilder konkurrierender Banken zu übertreffen, also „superior" zu sein.

Grundsätzlich werden die Bilanzpolitik und damit das Bilanzbild von Bankbetrieben von den (bilanzpolitischen) **Zielsetzungen** bestimmt, wie beispielsweise

- Forderung nach hohem **Gewinnausweis** und entsprechender Gewinnverwendung (Ausschüttung) zur Darstellung einer als notwendig angesehenen Erfolgssituation (gegenüber der Öffentlichkeit). **Alternativ**: Forderung nach Ausweis einer bestimmten **Wertsteigerung**, der aus wertorientierter Unternehmensführung resultiert, z.B. eines hohen RoE.
- Ausweis einer bestimmten **Mindestliquidität** und Nachweis ausreichender **Liquiditätsreserven**;

- Postulat des **Wachstums** bestimmter oder aller Leistungsbereiche des Bankbetriebes sowie des Gewinnes als Erfolgsindikator;
- Realisierung einer bestimmten, als (gegenüber der Öffentlichkeit) günstig anzusehender **Kapitalstruktur** (Strukturierung der Passiva) bzw. **Finanzierungsstruktur** (als horizontale Relation im Sinne der Goldenen Bankregel).

Zur Erreichung dieser Ziele, die bei den verschiedenen Bankbetrieben unterschiedliche Prioritäten (Präferenzrelationen) aufweisen, steht dem Bank-Management ein Bündel **bilanzpolitischer Instrumente** zur Verfügung, das sich aus Maßnahmen **vor** dem Bilanzierungsstichtag (Bilanzgestaltung; Window Dressing) und Maßnahmen **nach** dem Bilanzstichtag (Bilanzierungstaktik) zusammensetzt (Abbildung 78).

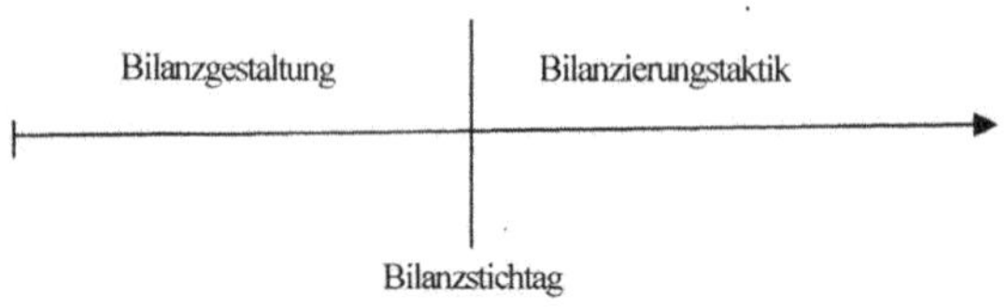

Abb. 78: Bilanzpolitische Instrumente

Der dominierende Zweck, der mit Hilfe der **Bilanzierungstaktik** verfolgt wird, besteht im Streben nach Verstetigung des (üblichen) Erfolges, den es in Anbetracht der gegebenen Vertrauensempfindlichkeit des Bankgewerbes und der geringen Eigenkapitalausstattung insbesondere durch den Einsatz der vorhandenen stillen Reserven unbedingt zu realisieren gilt. Dabei bilden die Zahlen der Bank-Buchhaltung die Basis. Es erfolgt eine Verarbeitung dieser Zahlen unter Beachtung der bilanzpolitischen Ziele, wobei der Spielraum bilanztaktischer Maßnahmen durch Bewertungs- und Gliederungsvorschriften begrenzt wird.

Wesentlich größeren Stellenwert weisen bei Bankbetrieben die Maßnahmen der **Bilanzgestaltung** auf. Im Gegensatz zu bilanztaktischen Maßnahmen geht die Bilanzgestaltung **nicht** von den gegebenen Zahlen der Bank-Buchhaltung aus, sondern formt und verändert dieses Zahlenwerk durch Erstellung bestimmter Leistungen mit dem Ziel, Bilanzbestände zu variieren. Dementsprechend können zwei Gruppen **bilanzgestaltender Leistungen** unterschieden werden:

- Leistungen des Bankbetriebes, die speziell zum Zwecke der Bilanzgestaltung erbracht werden, und
- Leistungen, die ohnehin erstellt worden wären, die jedoch in bilanzpolitisch erwünschter Weise gestaltet werden.

Diese Leistungen, die eine **Bilanzverbesserung** (Window Dressing) herbeiführen sollen, müssen sich am Bilanzstichtag auf Aktiva und/oder Passiva auswirken und in Anbetracht der von ihnen verursachten Aufwendungen bzw. Ertragsminderungen nur möglichst kurze Zeit über den Bilanzstichtag hinausreichen. Im Einzelnen kann es sich dabei um die Entgegennahme von Einlagen seitens von Großkunden zum Bilanzstichtag ebenso handeln wie um Interbankleistungen auf den nationalen oder internationalen Geldmärkten oder die Dosierung der Inanspruchnahme der Refinanzierung bei der Zentralbank, der Gewährung von Bankakzepten, des Verkaufs von Effekten usw.

Allerdings sind die mit bilanzpolitischen Maßnahmen verbundenen **Probleme** und **Gefahren** zu berücksichtigen, die nicht nur in einer Irreführung der externen Bilanzadressaten über die wahre wirtschaftliche Lage bestehen kann, sondern die vor allem auch auf eine Selbsttäuschung der Bank-Führung hinauslaufen werden, wenn im Rahmen der Entscheidungsvorbereitung und Entscheidungsbildung durch das Bank-Management die tatsächlichen Verhältnisse „vergessen" werden und man von der durch bilanzpolitische Maßnahmen geschönten Situation (in der sich der Bankbetrieb besser darstellt) als unrealistischer Grundlage ausgeht. Wären auf Grund dieses Sachverhalts dem Einsatz bilanzpolitischer Maßnahmen durch eine verantwortungsbewusste Bank-Führung keine mehr oder weniger engen Grenzen gesetzt, so müsste bei darüber hinausgehendem Gebrauch insbesondere bilanzgestaltender Maßnahmen neben dem offiziellen ein zusätzliches (inoffizielles) Rechenwerk geführt werden, das über die vorgenommenen Veränderungen Aufschluss gibt und vor allem bei langfristig wirkenden Entscheidungen zu beachten wäre. Es ist offensichtlich, dass bei derartigen Bilanzveränderungen die Bank-Bilanz dem Bank-Management keine realistischen Kontrollinformationen liefern kann, zumal auch die allein durch bilanztaktische Maßnahmen erfolgenden Interpretationen und Verdichtungen von Ist-Werten der Bankbuchhaltung Verzerrungen der tatsächlichen Entscheidungsergebnisse der Realisationsphase bewirken.

Da Bank-Bilanzen allein wegen der mit ihnen verfolgten Ziele und des Adressatenkreises sowie wegen der unvollständigen Erfassung von Bankleistungen im Jahresabschluss nur begrenzten Informationswert für Kontrollzwecke haben können, wird versucht, mit Hilfe der Bank-Kostenrechnung weitere Kontrollinformationen für den Bank-Führungsprozess über die bankbetriebliche Leistungserstellung und Leistungsverwertung – insbesondere unter Einbezug des Wirtschaftlichkeitskriteriums – zu erhalten.

c) Bank-Kostenrechnung

Die Probleme, die sich in diesem Zusammenhang stellen, beginnen bereits im terminologischen Bereich: So wird in der Literatur (siehe z.B. *Eisfeld)* von **Bankkalkulation** gesprochen, worunter nicht nur die Kostenträgerstückrechnung subsumiert wird, sondern **alle** Bereiche der Kostenrechnung verstanden werden, weshalb richtigerweise von „Bank-Kostenrechnung" zu sprechen wäre. Darüber hinaus stellen sich die in der Literatur oft als **Kalkulationsverfahren** bezeichneten Sachverhalte als Teilbereiche der Bank-Kostenrechnung dar, wie z.B. die Gesamtbetriebsrechnung, die zwar Teil der kalkulatorischen Erfolgsrechnung, nicht aber ein Verfahren ist.

Abgesehen von den eher als geringfügig zu bezeichnenden terminologischen Ungereimtheiten, bestehen die schwerwiegenden Probleme, die die Diskussion um die richtige und zweckmäßige, alle bankbetrieblichen Tatbestände umfassende Bank-Kostenrechnung noch immer in Gang halten, in der Schwierigkeit der **Kostenerfassung** (verursacht durch die Eigenarten des bankbetrieblichen Leistungsprozesses und den Mangel an bankkostentheoretischen Überlegungen) und der Entscheidung für ein bestimmtes **Kostenrechnungsverfahren,** das allen Aufgaben der Bank-Kostenrechnung gleichermaßen gerecht werden soll.

Obwohl der bankbetriebliche Leistungserstellungsprozess durch einen hohen Anteil an **innerbetrieblichen Leistungen,** die stofflos und nur in geringem Umfang speicher- bzw. lagerbar sind, gekennzeichnet ist, und sich schon allein dadurch erheblich von den Verhältnissen der Sachgüterproduktion unterscheidet, wird versucht, die insbesondere für Industriebetriebe entwickelten und dort anwendbaren Kostenrechnungsverfahren auf den Bankbetrieb zu übertragen. Die Konsequenz einer derartigen Philosophie besteht darin, dass in Analogie zur Sachgüterproduktion auch die bankbetriebliche Produktion gedanklich in eine **Mengenkomponente (Stückleistung)** und in eine **Wertkomponente (Wertleistung)** getrennt wird, was in der Praxis zu grotesken Ergebnissen führen muss und von *Jacob* (1978, 416) zu Recht als eine der folgenschwersten Fehlentwicklungen der Bank-Kostenrechnung in der Vergangenheit bezeichnet wird. So kann beispielsweise ein Gesamtvolumen an Zahlungsverkehrsleistungen in Höhe von 200.000 EUR sowohl durch 2 Aufträge zu jeweils 100.000 EUR als auch durch 20 Aufträge zu je 10.000 EUR zustande kommen. Zweifellos verursachen 20 Aufträge höhere Bearbeitungskosten, da die Mengenkomponente bei gleicher Wertkomponente unterschiedliche Anteile an der angenommenen Gesamtleistung aufweist. Das unterschiedliche Verhältnis von Stück- und Wertleistung(en) hat Konsequenzen hinsichtlich der Kostenzurechnung zu den einzelnen Leistungen und letztlich für die Preispolitik, da bei der Preisbemessung sowohl mengen- als auch wertabhängige Elemente zu berücksichtigen sind, d.h. die Selbstkosten müssen sowohl pro Einheit der Stückleistung als auch pro Einheit der Wertleistung ermittelt werden. Die in der Praxis verbreitete Lösung des Problems, nämlich für einen Überweisungsauftrag z.B. 0,5‰ vom Betrag + 0,50 EUR bzw. mindestens 1 EUR pro Auftrag zu kalkulieren, wird den tatsächlich entstehenden Kosten sicher nicht gerecht und führt zu willkürlichen, jedoch nicht (kosten-)verursachungsgerechten Leistungsabgeltungen (Bankpreisen).

Dieses Vorgehen berücksichtigt nämlich ebenso wenig den bankbetrieblichen **Leistungsverbund** wie die Notwendigkeit der Abgeltung des **monetären Faktors.** Das komplexe Geflecht von Verursachungsbeziehungen, das aus

- dem Verbund zwischen innerbetrieblichen Leistungen allein,
- dem Verbund zwischen Bankleistungen (als Ergebnissen einer Dienstleistungsproduktion), und
- dem Verbund zwischen innerbetrieblichen Leistungen und Bankleistungen

resultiert, lässt eine exakte Lösung des Zurechnungsproblems nicht erwarten, zumal auf Grund dieser Konstellation ein sehr **hoher** Anteil an **Gemeinkosten** und ein relativ **geringer** Anteil an **direkt zurechenbaren Kosten** die Verhältnisse der bankbetrieblichen Produktion kennzeichnen. Dazu kommt, dass eine direkte Beziehung zwischen Beschaffung und Verwendung des monetären Faktors nicht feststellbar ist, d.h. eine Verwendung der mit Hilfe bestimmter Anlageleistungen beschaffter Finanzmittel für bestimmte andere Bankleistungen kann nicht oder nur im Ausnahmefall nachvollzogen bzw. nachgewiesen werden.

Ein weiteres Problem der Bank-Kostenrechnung besteht darin, dass nicht nur die im Rahmen der Leistungserstellung entstehenden Kosten verursachungsgerecht zuzuordnen sind, sondern dass darüber hinaus auch solche Kosten berücksichtigt werden müssen, die auf Grund der Bestimmungen über die Mindestreserveverpflichtungen durch zinslose Stilllegung von Teilvolumina der beschafften Finanzierungsmittel bei der Zentralnotenbank und/oder auf Grund gesetzlicher Bestimmung oder vertraglicher Vereinbarung innerhalb von Verbundsystemen durch zinslose oder niedrig (unter dem vergleichbaren Marktzinssatz) verzinste Anlage bei der jeweiligen Clearing-Instanz entstehen. Diese Kosten, die in Höhe des Zinsausfalls (= entgangener Gewinn bei alternativer Anlage) zu veranschlagen sind **(Opportunitätskosten),** haben grundsätzlich ebenfalls in der Bank-Kostenrechnung verursachungsgerechte Berücksichtigung zu finden, was im Allgemeinen jedoch nicht der Fall ist.

ca) Historische Entwicklung:

Verfolgt man die **historische Entwicklung** der Bank-Kostenrechnung (siehe dazu *Eisfeld; Lexa,* 10ff.), so zeigt sich, dass erste Ansätze bereits Ende des 19. Jahrhunderts in Form von Rechnungen, die der Zinsspannenrechnung ähneln, nachweisbar sind. Zu systematischen Kostenrechnungen gibt die Zeit nach dem 1. Weltkrieg unter dem Motto „Not lehrt kalkulieren" Anlass. Obwohl z.B. *Hasenack* dabei auf amerikanische Kalkulationsmethoden verweisen kann, wird die Bankkostenrechnung als zu kompliziert und zu unwirtschaftlich abgelehnt. Erst die Bankenkrise 1931/33 weckte das Interesse der Praxis an Fragen der Bankkostenrechnung. Die von *Rummel* aus den Erfahrungen seiner praktischen Tätigkeit entwickelte und von der Praxis anerkannte „Geschäftsspartenkalkulation" verdrängte die Ansätze der Wissenschaft

(*Isaac; Hasenack*). Aus der **Spartenrechnung,** die auf einer erweiterten Gewinn- und Verlustrechnung, der unkompensierten Bank-Bilanz und einer Differenzierung des Leistungsprogramms in die Hauptsäulen „Kreditgeschäft", „Effektengeschäft" und „Laufendes Geschäft" (Zahlungsverkehr) basiert, hat sich schließlich in Anlehnung an das industrielle Kostenrechnungswesen (*Kaminsky*) die **Vollkostenrechnung** entwickelt (siehe dazu im einzelnen *Hein* 1973), wobei das Schwergewicht auf Stückkostenrechnungen, Zinsspannenrechnungen, Geschäftsspartenrechnung und Geschäftsstellenkalkulation liegt. Insgesamt steht bei diesen Bemühungen das Ziel der **Kostensenkung** im Vordergrund, während im Zusammenhang mit stärker **marktorientierten** Unternehmensstrategien von Banken in den siebziger Jahren **Teilkostenrechnungsverfahren** notwendig wurden, zumal die Verfahren der Ist-Vollkostenrechnung den neuen Aufgabenstellungen (gezielte Bearbeitung von Marktsegmenten, Erfolgskontrolle neuer Produkte oder Zweigstellen) nicht mehr genügten. Die von der industriellen Kostenrechnung auf den Bankbetrieb übertragenen Teilkostenrechnungsverfahren des **Direct Costing** und der **Deckungsbeitragsrechnung** stießen allerdings in der Bankpraxis zunächst auf Ablehnung. In den 1990er Jahren zeigte sich jedoch, dass die Bankpraxis grundsätzlich um eine Adaptierung insbesondere der Deckungsbeitragsrechnung auf bankbetriebliche Verhältnisse bemüht war und ist. Die Bankpraxis fasste nunmehr das Problem der Kostenrechnung pragmatisch auf, wenn sie die Kostenrechnung als einen Sammelbegriff versteht, „der alle Arten von Rechnungen umfasst, mit denen man Informationen über Kosten in den verschiedensten Zusammenhängen, z.B. und vor allem mit Erlösen und Leistungen, und in den verschiedensten Gliederungstiefen erlangen kann. Dabei ist nicht auszuschließen, daß zumindest die konjunktive Bedeutung ‚der' Kostenrechnung so vielfältig und breit ist, daß sie ohnehin nicht durch ein einziges, allumfassendes Rechnungsverfahren abgedeckt werden kann." (*Kessler/Schaldt*).

cb) Aufgaben und Funktionen:

Die **zentrale Aufgabe** der Bank-Kostenrechnung wird im allgemeinen darin gesehen, Kontrollinformationen über die Qualität getroffener Entscheidungen und deren Realisation ebenso zu liefern wie Informationen über die interne Situation des Bankbetriebes, die als Grundlage für Entscheidungen des Bank-Managements dienen.

Dementsprechend ergeben sich im Wesentlichen drei **Teilaufgaben** der Bank-Kostenrechnung:

- **Wirtschaftlichkeitskontrolle** (diese erfordert, dass grundsätzlich Perioden-Kosten und Perioden-Leistung – im Sinne von Arbeit pro Zeiteinheit – in Beziehung gesetzt werden:

  $$\text{Perioden-Wirtschaftlichkeit} = (\text{Periodenkosten}/\ \text{Periodenleistung}) * 100$$

  Je kleiner der sich dabei ergebende Prozentsatz, umso höher ist die Perioden-Wirtschaftlichkeit. In diesem Zusammenhang sind sowohl Soll-Ist-Vergleiche als auch Zeit-Vergleiche möglich).

- **Selbstkostenermittlung** (erfordert, dass die Kosten pro Leistungseinheit ermittelt werden).
- **Erfolgsermittlung** (bedeutet einerseits die Gegenüberstellung von Erlösen und Kosten, ggf. nach Gesamtbank, Filialen, Geschäftsbereichen, Leistungsarten und Leistungsgruppen, andererseits die Aufdeckung der Erfolgsquellen durch Ermittlung des individuellen Erfolgsbeitrages einzelner Sparten und Kundenverbindungen).

Diese unterschiedlichen Aufgaben, die von der Bank-Kostenrechnung zu bewältigen sind, machen folgende Sachverhalte deutlich (vgl. *Lexa,* 25):

- Ein einziges allgemeingültiges Kostenrechnungsverfahren, das allen Anforderungen und Aufgaben gerecht würde, kann es schon allein deshalb nicht geben, weil Wirtschaftlichkeitskontrolle technisch-orientierte Vorgaben, Erfolgskontrolle dagegen marktorientierte Vorgaben erfordert.
- Als Lösung bietet sich daher an, mehrere Kostenrechnungssysteme, die entsprechend der Anwenderbedürfnisse unterschiedlich weit ausgebaut sein können, nebeneinander zu verwenden. Dabei ist im Hinblick auf zunehmende Marktorientierung der Bankbetriebe das Schwergewicht auf entscheidungsorientierte Kostenrechnungssysteme zu legen.
- Welches der Kostenrechnungsverfahren ausgewählt und wie hoch der Ausbaugrad jedes Verfahrens sein soll, ist Gegenstand langfristig wirksamer Entscheidungen des Bank-Managements, die Aussagen über die Priorität der mit der Kostenrechnung verfolgten Ziele zulassen.

Offenbart bereits das Wesen der Bank-Kostenrechnung als einer Mehrzweckrechnung ohne eindeutige und klare Aufgabenstellung ein Dilemma, so erfahren die Bemühungen um eine den Anforderungen des Bank-Managements gerecht werdende Gestaltung der Bank-Kostenrechnung weitere Komplikationen insofern, als sie der Bank-Führung aller Ebenen die zur zielgerichteten Steuerung und Regelung des Gesamtsystems Bankbetrieb jeweils benötigten Informationen über den betrieblichen Bereich zu liefern hat. Entsprechend der verschiedenen Führungstätigkeiten und Phasen des (Führungs-)Entscheidungsprozesses lassen sich somit im wesentlichen drei **Funktionen** der Bank-Kostenrechnung mit jeweils besonderen Rechnungskategorien unterscheiden (siehe *Krewerth,* 48ff.), die den Charakter der Bank-Kostenrechnung als eines bankbetrieblichen Führungsinstrumentes prägen (Abbildung 79):

Funktionen	Rechnungszwecke	Rechnungstypen
Ermittlungsfunktion	Ermittlung von Ist-Werten	Erfassungsrechnung
Planungsfunktion	Ermittlung von Soll-Werten für Prognosen	Prognoserechnung
	Ermittlung von verbindlich vorzugebenden Soll-Werten	Planungsrechnung
Kontrollfunktion	Abweichungsanalysen (Feststellung und Analyse von Soll-Ist-Abweichungen)	Wirtschaftlichkeitsrechnung

Abb. 79: Funktionen, Rechnungszwecke und Rechnungstypen bankbetrieblicher Kostenrechnung

Im Rahmen der **Ermittlungsfunktion** erfolgt ausschließlich die zahlenmäßige Erfassung, Speicherung, Verarbeitung und Darstellung tatsächlicher, bereits in der Vergangenheit kostenwirksam gewordener bankbetrieblicher Entscheidungen in Form einer Ist-Rechnung bzw. Nachrechnung, die man daher auch als **Erfassungsrechnung** oder **Darstellungsrechnung** bezeichnen kann. Die Wahrnehmung der **Kontrollfunktion** impliziert jedoch weitergehende Rechenzwecke, die sich nicht nur auf die Kontrolle des Geplanten (Soll-Werte) beschränken, sondern auf eine Analyse der Abweichungen zwischen Soll- und Ist-Werten gerichtet sind (**Wirtschaftlichkeitsrechnung** oder **Analyserechnung**). Dies erfordert andererseits eine Rechnung zur Erfüllung der **Planungsfunktion,** die für die Zukunft angestrebte, mögliche Entscheidungen ermitteln und den entsprechenden Entscheidungsträgern Informationen in Form von Soll-Werten zugänglich machen soll. Derartige Rechnungen können sowohl in Form von unverbindlichen **Prognosen (Prognose** bzw. **Vorschaurechnungen**) als auch in

Form von verbindlichen **Vorgabe-** bzw. **Planwerten** (**Planungsrechnungen**) mit oder ohne Sanktionsandrohung bei Verfehlen der Vorgabewerte gestaltet sein.

Besteht das Ziel der Bank-Kostenrechnung grundsätzlich auch in der Erfassung und Bewertung des „leistungsbedingten Verzehrs an Produktionsfaktoren zum Zwecke der Abbildung, Steuerung und Kontrolle des betrieblichen Leistungsprozesses“ *(Heinen* 1975, 2314), so ergeben sich in Bankbetrieben einerseits Probleme der Erfassung der Einsatzmengen der Produktionsfaktoren, die nur mit erheblichem Aufwand zu lösen sind (z.B. Feststellung und Messung der menschlichen Arbeitsleistung), andererseits Probleme der Bewertung der Einsatzmengen, die nicht nur eine „Gleichnamigmachung“ unterschiedlicher Faktormengen bewirken, sondern auch eine Erhaltungs-, eine Lenkungs- und eine Wirtschaftlichkeitsfunktion ausüben soll. Während die **Erhaltung** der Betriebssubstanz in Form der Netto-Substanz wegen der relativ niedrigen Eigenkapitalanteile für Bankbetriebe ebenso geringe Bedeutung aufweist wie die **Lenkungsfunktion**, die die Bewertung der (im Bankbetrieb nur gering zu Buche schlagenden) Potential- und Repetierfaktoren betrifft, besitzt die **Wirtschaftlichkeitsfunktion** der Bewertung bei Bankbetrieben einen hohen Stellenwert. Die Bewertung erfolgt im Regelfall auf der Basis der **Ist-Vollkostenrechnung**, die in Anbetracht verschiedener methodischer Mängel (z.B. Proportionalisierung fixer Gemeinkosten) in den meisten Fällen schlicht falsch ist, aber für Zwecke der **Preispolitik** (insbesondere für die Bemessung der Höhe der Gebühren) und den damit verbundenen Preisnachweisungen die Vorteile der Überprüfbarkeit auch für Außenstehende und der öffentlichen Anerkennung besitzt (vgl. *Lexa,* 10).

cc) Vollkostenrechnung

In Anlehnung an die industrielle Kostenrechnung werden im Rahmen von Vollkostenrechnungen sämtliche entstandenen Kosten einer Periode auf die Kostenträger mit dem Ziel verteilt, Gesamtkosten je Mengeneinheit oder Gesamtkosten aller in einer Periode hergestellten Mengeneinheiten der einzelnen Produktarten zu ermitteln. Diese Rechnungen können grundsätzlich auch ex-ante in Form von Planungsrechnungen durchgeführt werden.

Allerdings wird durch die notwendige Schlüsselung der Gemeinkosten, die auf Schätzungen beruht, das Ergebnis verzerrt. Dazu kommt die – bereits oben kritisch beurteilte – Trennung in einen Betriebs- (bzw. Arbeits-) und Wertbereich des Bankbetriebes mit entsprechenden Betriebskosten und Wertkosten bzw. Betriebserlösen und Werterlösen. Da die Kostenarten-, Kostenstellen- und Kostenträgerrechnung (Abbildung 79-1) stufenweise entwickelt wird und aufeinander aufbaut, pflanzen sich die Ungenauigkeiten und Fehler der jeweiligen Vorstufe(n) fort und kumulieren gegebenenfalls sogar.

(1) Kostenartenrechnung

Die Erfassung der Kostenarten erfolgt in dieser **Grundstufe** getrennt nach **Betriebskostenarten** (z.B. Personalkosten, Materialkosten, Abschreibungen an Gebäuden und Einrichtungen) und **Wertkostenarten** (Zinskosten), die aus der Bank-Buchhaltung bezogen werden (Aufwandskonten). Die neutralen Aufwendungen werden ausgesondert, dagegen zusätzlich **kalkulatorische** Kostenarten berücksichtigt, die aus Spezialrechnungen stammen (z.B. kalkulatorische Abschreibungen, kalkulatorische Raumkosten u.a.).

Der **Zweck** der Kostenartenrechnung besteht darin,

- die Grundlagen für Kostenstellen- und Kostenträgerrechnung zu schaffen, und
- eine Kontrolle einzelner Kostenarten durch Zeit- sowie Soll-Ist-Vergleiche zu bewirken.

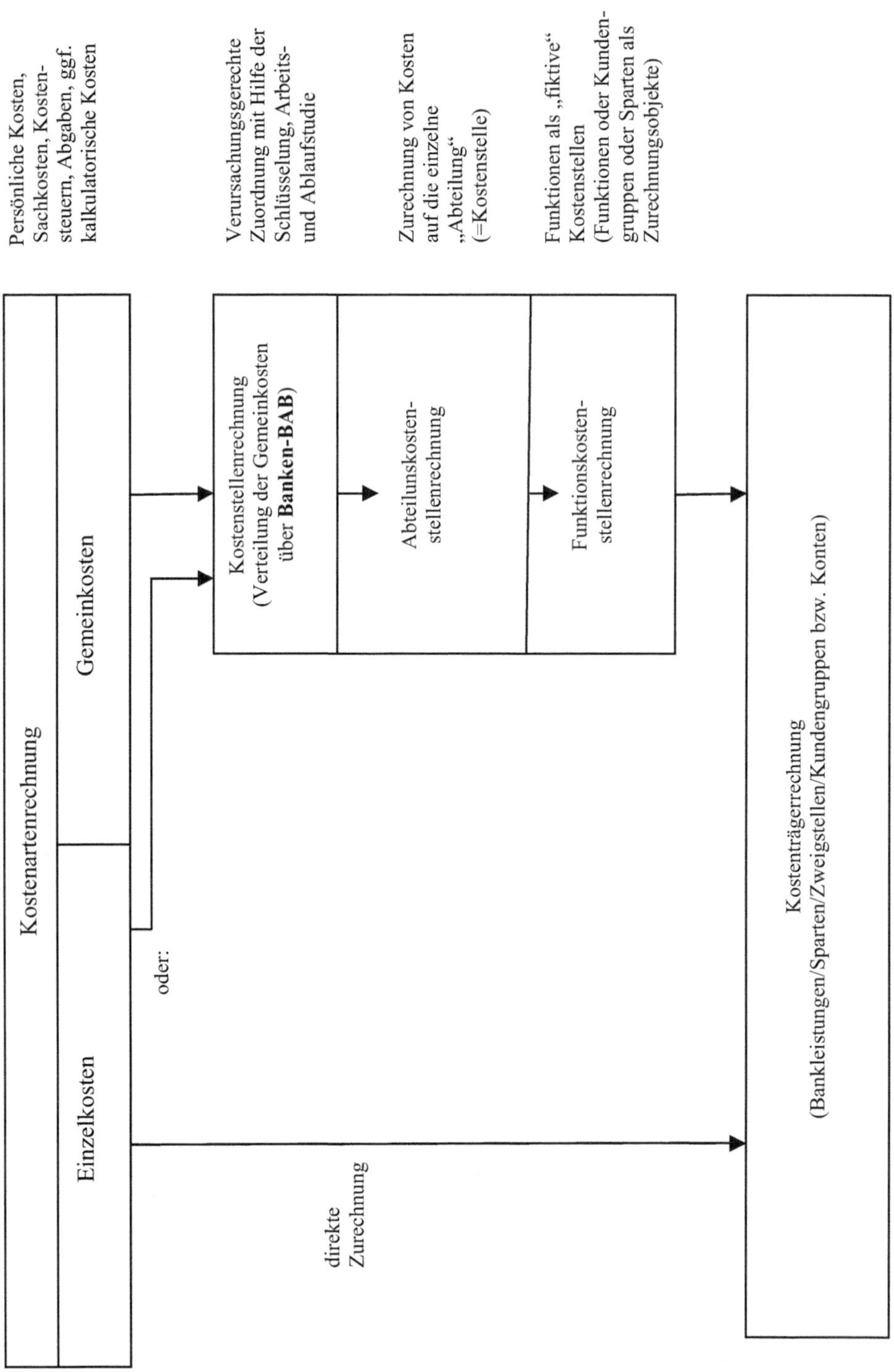

Abb. 79-1: Struktur der Vollkostenrechnung im Arbeits-(Betriebs-)Bereich

Korrespondierend zur Kostenartenrechnung wird die **Erlösartenrechnung** durchgeführt, die sich an **Betriebserlösen** (aus Marktleistungen des „Betriebsbereichs“) und **Werterlösen** (Geschäftserlösen), die aus Marktleistungen des „Geschäftsbereichs“ (Zinserlöse) stammen, orientiert. Als **Erlös** wird somit grundsätzlich der monetäre Gegenwert abgesetzter Marktleistungen (pro Leistungseinheit oder für einzelne Leistungsgruppen) aufgefasst (für Leistungen pro Periode: **Umsatz**).

(2) Kostenstellenrechnung

Die Kostenstellenrechnung bezweckt eine **Wirtschaftlichkeitskontrolle** des Betriebsbereichs durch Vergleich von Stellenleistung und Stellenkosten, also einer Kontrolle der Kostenartenentwicklung je Stelle. Dazu wird der Betriebsbereich in **Abrechnungsbezirke** (**Kostenstellen**) mit **Kostenverantwortung**, die der Kostenstellenleiter zu tragen hat, differenziert und die Betriebskosten, die mit Hilfe der Kostenartenrechnungen gewonnen wurden, auf diese Stellen verteilt. Diese Zuordnung bildet die Grundlage für die Verteilung der nicht direkt zurechenbaren Kosten auf Kostenträger.

Die **Bildung der Kostenstellen** kann unter verschiedenen Gesichtspunkten erfolgen, und zwar (auf der Basis der Aufbauorganisation des Bankbetriebs) nach

- Abteilungen (Sparten),
- Funktionen (Zusammenfassung gleichartiger Leistungen),
- räumlichen Kriterien, oder
- durch Kombination aller drei Kriterien.

In einer **ersten** Stufe des Verfahrens werden die Kostenarten den Stellen entweder **direkt zugerechnet** oder – sofern dies nicht möglich ist – geschlüsselt. Die **zweite** Stufe besteht in einer Umlage **der Kosten** der Allgemeinen Kostenstellen und Hilfsstellen auf **Hauptstellen.** Dabei ist zu berücksichtigen, dass sowohl **allgemeine Stellen** (z.B. Vorstand, zentrale Funktionen, Hauptbuchhaltung, interne Revision) als auch **Hilfsstellen** (z.B. Registratur und Dokumentation, Fuhrpark, Telefonzentrale, Hausverwaltung, Poststelle, EDV) innerbetriebliche Leistungen an alle anderen Stellen – also auch wechselseitig – erbringen können. Die häufig anzutreffende Annahme, dass Hilfsstellen innerbetriebliche Leistungen nur an Hauptstellen abgeben würden (und nicht auch an allgemeine Stellen), ist realitätsfremd. Die Hauptstellen schließlich erstellen die eigentlichen Marktleistungen (zum Schema der internen Kostenverrechnung im Arbeitsbereich im Sinne einer Kostenstellenumlage siehe Abbildung 79-2).

Als Grundlage der Kostenstellenrechnung dient der **Banken-Betriebsabrechnungsbogen** (**Banken-BAB**), der im Prinzip denselben Aufbau wie der Industrie-BAB aufweist, jedoch abweichende Kostenarten und Kostenstellen enthält.

Eine Variante der Kostenstellenrechnung stellt die **Profit-Center-Rechnung** dar, bei der einzelne Sparten (Profit-Center) mit Gewinnverantwortung als Kostenstellen fungieren, die ihrerseits wiederum in andere Kostenstellen unterteilt werden können. Profit-Center-Rechnungen sollen als effiziente Kontroll- und Steuerungsinstrumente

- Aussagen über den Deckungsbeitrag des Profit-Centers,
- Vergleiche der Profit-Center untereinander (Schwachstellenanalyse), und
- gezielte steuernde Eingriffe in Richtung auf Kostensenkung und/oder Leistungsausweitung

ermöglichen. Dazu bedarf es allerdings abgrenzbarer Verantwortungsbereiche und sinnvoll zurechenbarer Erlöse sowie Kosten, die vom Spartenmanager beeinflussbar sein müssen.

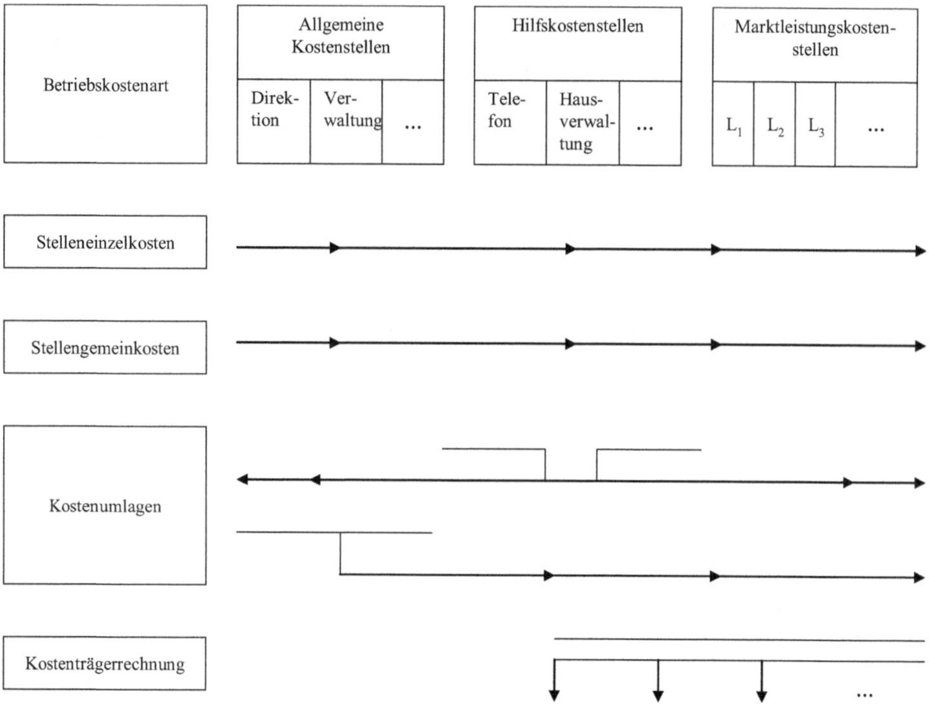

Abb. 79-2: Schema der internen Kostenverrechnung im Betriebsbereich

(3) Kostenträgerrechnung

Das **Ziel** der Kostenträgerrechnung besteht primär darin, die Betriebskosten pro Leistungseinheit zu ermitteln (**Kostenträgerstückrechnung**; **Stückleistungsrechnung**), was allerdings sinnvoll nur für bestimmte Leistungen im Rahmen des sog. Mengengeschäfts (z.B. im Zahlungsverkehr, bei Effektenhandelsleistungen u.a.) praktizierbar ist. Die ermittelten Zahlen können schließlich die Grundlage einer Konten- oder Kundenkalkulation bilden.

Die Ermittlung der Stückkosten kann z.B. durch Divisionskalkulation, wie folgt vor sich gehen:

- **Ermittlung der Kosten pro Stückleistungseinheit:**
  Die Periodenkosten der Leistungsart werden durch die Zahl der Leistungseinheiten dividiert (Kosten : Menge). Betragen beispielsweise die **Kosten** der Stelle „Scheckabteilung" pro Periode 500.000 EUR bei einer **Anzahl** von 1 Mio. Schecks, so ergeben sich Stückkosten von 0,5 EUR je Scheck. Die Ermittlung derartiger Kosten setzt allerdings **funktionale** Hauptkostenstellen, d.h. nach Tätigkeiten geordnete Zusammenfassungen von Leistungen, voraus. Daher müssen Kosten, die nach Verantwortungsbereichen erfasst wurden, umgeordnet werden.

- **Ermittlung der Kosten pro Wertleistungseinheit:**
  Als zusätzliche Information zur Preisbemessung wird meist eine Ermittlung notwendig, die **Durchschnittsgrößen** in Beziehung zu einem bestimmten absoluten EUR-Betrag (z.B. 1 EUR, 100 EUR usw.) setzt. Betragen die **Kosten** der Scheckabteilung – wie oben angenommen – pro Periode 500.000 EUR und der **Betrag** der eingelösten Schecks 100

Mio. EUR, so ergeben sich Kosten pro Wertleistungseinheit in Höhe von 0,05% bzw. 0,05 EUR pro 100 EUR Scheckbetrag.

(4) Kalkulatorische Erfolgsrechnung

Während die vorgenannten Rechnungen primär den „Betriebsbereich" untersuchen bzw. erfassen **(Betriebsbereichsrechnungen)**, wird mit der kalkulatorischen Erfolgsrechnung auch der „Wertbereich" voll einbezogen. Die in der Bankpraxis üblichen Kosten- und Erlösrechnungen beginnen bei Rechnungen, die auf das Gesamtsystem Bankbetrieb bezogenen sind. Deren **Ziel** besteht in der Erfolgsermittlung entweder auf Gesamtbankebene oder bezogen auf Teilbereiche (Filialen, Niederlassungen, Abteilungen oder Sparten). Dabei stehen folgende **Verfahren** zur Wahl:

- **Gesamtbetriebsrechnung (Gesamtkalkulation):**
  Die Gesamtbetriebsrechnung, die analog zur Betriebsergebnisrechnung in industriellen Betrieben konzipiert ist, soll den **absoluten** Erfolg und die einzelnen Erfolgskomponenten der bankbetrieblichen Betätigung in einer bestimmten Periode durch Gegenüberstellung der Kosten und Erlöse zeigen. Zu diesem Zweck erfolgt eine Trennung in Betriebs- und Geschäftskosten einerseits sowie in Betriebs- und Geschäftserlöse andererseits, die jeweils weiter untergliedert werden (Abbildung. 80). In die Gesamtbetriebsrechnung gehen ausschließlich leistungsbedingte Erfolgselemente ein, während die neutralen Aufwendungen und Erträge eliminiert werden. Derartige Rechnungen dienen insbesondere Zeitvergleichen des Erfolgs und der Erfolgskomponenten, wobei anzumerken ist, dass ihre Aussagekraft in Anbetracht der gewählten Methode gering bleiben muss. Ihr Vorteil besteht in der kurzfristigen und einfachen Erstellbarkeit.

Kosten	Erlöse
1. Betriebskosten a) Personalkosten b) Sachkosten . . 2. Geschäftskosten (Wertkosten) a) Zinskosten b) Provisionskosten . .	1. Betriebserlöse a) Gebühren b) Sonstige Betriebserlöse . . 2. Geschäftserlöse (Werterlöse) a) Zinserlöse b) Provisionserlöse . .

Abb. 80: Gesamtkalkulation: Ermittlung der Kosten und Erlöse

- **Gesamtzinsspannenrechnung:**
  Im Gegensatz zur Gesamtbetriebsrechnung bezweckt die Gesamtzinsspannenrechnung die Ermittlung des relativen Erfolges einer Periode nach folgendem Schema:

Zinserlöse (in% der Bilanzsumme)

./. Zinskosten (in% der Bilanzsumme)

= Bruttozinsspanne (in% der Bilanzsumme)

./. Bedarfsspanne (in% der Bilanzsumme)

= **Nettozinsspanne** (in% der Bilanzsumme)

Der Kostenüberschuss aus der Differenz zwischen den regelmäßig höheren Betriebskosten und den niedrigeren Betriebserlösen **(Bedarfsspanne)** gibt – bezogen auf die Bilanzsumme – denjenigen Betriebskostenbetrag (in%) an, der aus der Bruttozinsspanne zu decken ist. **Bruttozinsspanne** ihrerseits ergibt sich als Differenz zwischen Zinserlösen und Zinskosten, also den **Brutto-Zinsüberschuss**. Dagegen stellt die **Nettozinsspanne** den **Erfolg**, bezogen auf die Bilanzsumme dar.

- **Teilzinsspannenrechnung:**
  Ein differenzierteres Vorgehen zeigt die Methode der Teilzinsspannenrechnung, die davon ausgeht, dass bestimmte Finanzierungsmittel, die auf der Passivseite der Bank-Bilanz erscheinen, einen bestimmten Zinsaufwand erfordern, der durch Ausleihungen und die daraus resultierenden Zinserlöse kompensiert bzw. nach Möglichkeit überkompensiert werden soll. Dabei stellt sich die Frage nach der Höhe des **Überschusses** der **Zinserlöse**, die beispielsweise die Verwendung von Spareinlagen zur Erstellung der Anlageleistung (Entgegennahme von Spareinlagen) verursacht, oder allgemeiner: Welcher Erfolg wird durch den Einsatz bestimmter Finanzierungsmittel der Passivseite der Bank-Bilanz durch entsprechende Verwendungen, die sich in Bank-Aktiva niederschlagen, erzielt?

Aktiva	Mio. EUR	Zinserlöse (%)	Passiva	Mio. EUR	Zinskosten (%)	Teilzinsspanne (%)	
Liquide Mittel	100	2	Sichteinlagen	100	0,5	1,5	Schicht 1
Kurzfristige Kredite, Terminguthaben	300	14	Spar- und Termineinlagen	300	8	6	Schicht 2
Langfristige Kredite	150	12	langfristige Verbindlichkeiten	150	10	2	Schicht 3
Bilanzsumme	550	11	Bilanzsumme	550	7	4*)	

*)Bruttozinsspanne $= \frac{62-39{,}5}{550} = 4{,}09$ %: 100*0,02+300*0,14+150*.0,12=62

Abb. 81: Ermittlung der Teilzinsspannen

Daher wird in einem **ersten** Schritt die Bank-Bilanz in **Schichten** zerlegt (Abbildung 81), indem bestimmte Aktiv- und Passivposten mehr oder weniger willkürlich einander nach dem **Kriterium der Fristigkeit** (Goldene Bankregel) zugeordnet werden. Dieser Ansatz, der davon ausgeht, dass bestimmte Passiva in bestimmte Aktiva transformiert werden (was nicht nachweisbar ist), muss zwar als unbefriedigend bezeichnet werden, findet aber dennoch in der Bankpraxis Anwendung. In einem **zweiten** Schritt ermittelt man die Zinsspannen jeder Schicht (**Teilzinsspannen**) wie folgt:

Zinserlöse der Aktiva der Schicht … (in%)

./. Zinskosten der Passiva der Schicht … (in%)

= **Zinsspanne** (in% der Schichtsumme)

Zusätzlich könnte die Ermittlung der **Teilbedarfsspannen** (Betriebskosten ./. Betriebserlöse je Schicht) vorgenommen werden, was jedoch eine Zurechnung der Betriebskosten und Betriebserlöse zu jeder Schicht voraussetzt. Da jedoch keine eindeutigen Verursachungsbeziehungen nachweisbar sind, muss ein derartiges Vorgehen sehr problematisch erscheinen.

- **(Ein-)Pool-Methode:**
Die Pool-Methode geht von der Tatsache aus, dass Geld keine Markierungen hat und daher ein Nachweis des direkten Zusammenhanges von Finanzmittelaufbringung und deren Verwendung im Sinne der Schichtenbilanzmethode nur in seltenen Fällen möglich ist. Realistischer erscheint daher die Annahme, dass Mittel unterschiedlicher Befristung (mit unterschiedlichen Zinssätzen) und Volumina in die Bank als Pool einfließen und zur Disposition des Bank-Managements – wiederum unterschiedlicher Befristung, Zinsen, Volumina – stehen (**Ein-Pool-Methode**).

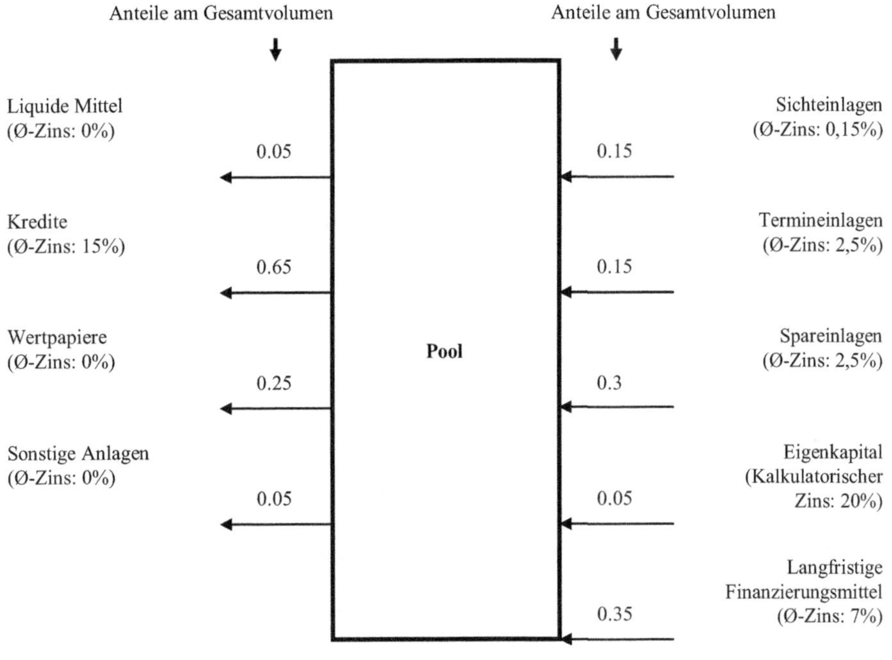

Abb. 81-1: Ermittlung der Zu- und Abflüsse im Rahmen der Pool-Methode

Auf der Basis der in Abbildung 81-1 dargestellten Situation lässt sich die **Bruttozinsspanne** wie folgt ermitteln:

1. **Durchschnittlicher Aktiv-Zins**

$$0{,}05 * 0 + 0{,}65 * 0{,}15 + 0{,}25 * 0{,}07 + 0{,}05 * 0{,}05 = 11{,}75\%$$

2. **Durchschnittlicher Passiv-Zins**

$$0{,}15 * 0{,}0015 + 0{,}15 * 0{,}025 + 0{,}3 * 0{,}025 + 0{,}05 * 0{,}2 + 0{,}35 * 0{,}07 = 4{,}5975\%$$

3. **Bruttozinsspanne** = 11,75% – 4,5975% = **7,1525%**

Darüber hinaus können auch mit Hilfe der Pool-Methode Teilzinsspannen gebildet werden. Dabei ergibt sich allerdings das Problem der Erfolgszurechnung, d.h. ob der Erfolg der Aktiv- und/oder der Passivseite (bzw. Aktiv-Filiale oder Passiv-Filiale) zugerechnet werden soll. Die Praxis behilft sich mit dem Verfahren der **hälftigen Anrechnung**, also der Halbierung der Zinsspanne. Ein zwar einfaches, von der Natur der Sache her jedoch nicht begründbares Vorgehen.

Bei hälftiger Teilung der Bruttozinsspanne auf Bankmarktleistungen der Aktivseite und der Passivseite ergeben sich die **Erfolge** der einzelnen Bankleistungen wie folgt:

$$
\left.
\begin{aligned}
A_1&: \frac{0-4{,}5975}{2} * 0{,}05 = -0{,}1149375\% \\
A_2&: \frac{15-4{,}5975}{2} * 0{,}65 = 3{,}3808125\% \\
A_3&: \frac{7-4{,}5975}{2} * 0{,}25 = 0{,}3003125\% \\
A_4&: \frac{5-4{,}5975}{2} * 0{,}05 = 0{,}0100625\%
\end{aligned}
\right\}
\begin{array}{l}\text{Teilzinsspanne}\\ \text{Aktiva} = 3{,}57625\end{array}
$$

$$
\left.
\begin{aligned}
P_1&: \frac{11{,}75-0{,}15}{2} * 0{,}15 = 0{,}87000\% \\
P_2&: \frac{11{,}75-2{,}5}{2} * 0{,}15 = 0{,}69375\% \\
P_3&: \frac{11{,}75-2{,}5}{2} * 0{,}30 = 1{,}38750\% \\
P_4&: \frac{11{,}75-20}{2} * 0{,}05 = -0{,}20625\% \\
P_5&: \frac{11{,}75-7}{2} * 0{,}35 = 0{,}83125\%
\end{aligned}
\right\}
\text{Teilzinsspanne Passiva} = 3{,}57625\%
$$

- **Marktzinsmethode**
  Im Gegensatz zur Schichtenbilanzmethode und zur Poolmethode geht die Marktzinsmethode einen völlig anderen Weg für die Zurechnung der Erfolge der Einzelleistungen. Es erfolgt eine Trennung von Aktivseite und Passivseite sowie eine gesonderte Bewertung jeder Einzelleistung (Geschäftsart) bezüglich einer alternativen Verwendungsart/ Beschaffungsart im korrespondierenden Geldmarkt- und Kapitalmarktbereich (siehe dazu im Einzelnen *Schierenbeck* 1991, 78 ff.; *Schierenbeck/Marusev/Wiedemann*):

Kredite	Einlagen
↓	↓
Alternative **Anlagemöglichkeiten**	Alternative **Beschaffungsmöglichkeiten**

Für eine marktgerechte Zuteilung notwendig ist die Kenntnis der jeweiligen alternativen **Geld- und Kapitalmarktzinssätze** für die jeweiligen **Fälligkeiten** (Fristigkeiten). Kann beispielsweise die Kreditvergabe durch die Bank zu 10% p.a. erfolgen und betragen die alternativen Marktzinssätze am Geld-/Kapitalmarkt 8% p.a., so ergibt sich ein Erfolg dieser Einzelleistung im Kreditgeschäft von 2% p.a. Dieser **Einzelerfolg** einer Bankmarktleistung ist mit ihrem Anteil am Volumen aller Bankmarktleistungen der Aktivseite zu gewichten. Bei einem angenommenen Anteil von 0,01% ergibt sich somit ein sog. **Konditionsbeitrag** der Kreditleistung von 0,02% p.a. (2% * 0,01%). Erfolgt beispielsweise die

Einlagenbeschaffung durch die Bank zu 2,5% p.a. und kostet die alternative gleichwertige Finanzmittelbeschaffung am Geld-/Kapitalmarkt 3,5% p.a., dann beträgt der Erfolg der Einzelleistung (=Anlageleistung der Bank) 1% p.a. Nach entsprechender Gewichtung mit dem Anteil der betreffenden Anlageleistung am Gesamtvolumen der Passiva (z.B. 0,5%), entsteht ein **Konditionsbeitrag von** 0,5% p.a. (1% * 0,5%). Der **Konditionsbeitrag aller Bankleistungen** ergibt sich aus der Addition aller **Einzel-Konditionsbeiträge** der Aktivseite und der Passivseite. Es entfällt somit die Bildung von Zinsspannen und Zinsspannenbeiträgen. Es entsteht ein **Konditionsbeitrag der Aktiva** (in% p.a.) und ein **Konditionsbeitrag der Passiva** (in% p.a.), deren Addition den **Konditionsbeitrag der Gesamtbank** (in% p.a.) ergibt. Dieser Gesamtbank-Konditionsbeitrag ist allerdings noch nicht identisch mit der Bruttozins-spanne. Vielmehr stellt die Differenz zwischen Konditionsbeitrag der Gesamtbank und der Bruttozinsspanne den sog. **Strukturbeitrag** dar, der daraus resultiert, dass die Bank Risiken eingegangen ist und Fristen transformiert hat. Dieser Erfolg in Form des Strukturbeitrages erweist sich als der **zentrale Dispositionserfolg**.

Die **Ermittlung** des Strukturbeitrages (S), der zusammen mit dem Gesamtkonditionsbeitrag (K) der Bruttozinsspanne (B) entspricht, also

$$S + K = B,$$

erfolgt in der Weise, dass die Differenz zwischen den durchschnittlichen Abgabezinssätzen (i_{ab}) und den durchschnittlichen Annahmezinssätzen (i_{an}), gewichtet jeweils mit dem Anteil am Gesamtvolumen aller Leistungen (g_i), am Geld-/Kapitalmarkt gebildet wird:

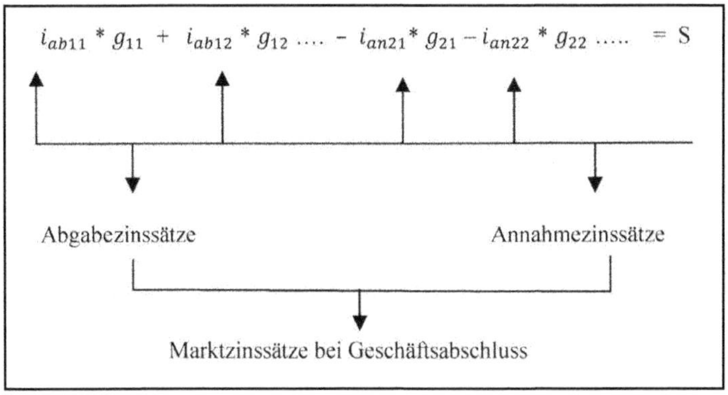

Unter Erweiterung der Beispielsrechnung zur Poolmethode (Abbildung 81-1) seien die in Abbildung 81-2 wiedergegebenen alternativen Geld-/Kapitalmarktsätze angenommen:

Aktiva			
Geschäft	Zinssatz des Geschäfts (% p.a.)	alternativer Geld-/ Kap. Marktzins (%)	Anteil an Gesamt-leistung (%)
A_1	0	4	5
A_2	15	10	65
A_3	7	7	25
A_4	5	4	5

Passiva			
Geschäft	Zinssatz des Geschäfts (% p.a.)	alternativer Geld-/ Kap. Marktzins (%)	Anteil an Gesamt-leistung (%)
P_1	0,15	6	15
P_2	2,50	7	15
P_3	2,50	6	30
P_4	20,00	7	5
P_5	7,00	10	35

Abb. 81-2: Grundlageninformationen zur Ermittlung marktgerechter Zuteilung der Erfolge von Bankmarktleistungen (Wertbereich)

Aus den Angaben in Abbildung 81-2 können nunmehr die Erfolge der Einzelgeschäfte nach einer marktgerechten Zuteilungsmethode sowie die Konditionsbeiträge der Aktiva und Passiva ermittelt werden:

A_1: $(0 - 4) \times 0{,}05 = -0{,}20\%$
A_2: $(15 - 10) \times 0{,}65 = 3{,}25\%$
A_3: $(7 - 7) \times 0{,}25 = 0\%$
A_4: $(5 - 4) \times 0{,}05 = 0{,}05\%$

Konditionsbeitrag der Aktiva = 3,1%

P_1: $(6 - 0{,}15) \times 0{,}15 = 0{,}8775\%$
P_2: $(7 - 2{,}5) \times 0{,}15 = 0{,}675\%$
P_3: $(6 - 2{,}5) \times 0{,}30 = 1{,}05\%$
P_4: $(7 - 20) \times 0{,}05 = -0{,}65\%$
P_5: $(10 - 7) \times 0{,}35 = 1{,}05\%$

Konditionsbeitrag der Passiva = 3,0025%

Der **Konditionsbeitrag** der **Gesamtbank (K)** ergibt sich bei der angenommenen Konstellation auf Grund der Beziehung

$$K = \Sigma A_s + \Sigma P_t, \text{ (wobei: } s = 1, \ldots, n \text{ und } t = 1, \ldots, m)$$

als

$$K = 3{,}1\% + 3{,}0025\% = \mathbf{6{,}1025\%}$$

Den Strukturbeitrag (S) als zentralen Dispositionserfolg ermittelt folgende Rechnung:

$$S = 4 * 0{,}05 + 10 * 0{,}65 + 7 * 0{,}25 + 4 * 0{,}05 - 6 * 0{,}15 - 7 * 0{,}15 - 6 * 0{,}3 - 7 * 0{,}05 - 10 * 0{,}35 = \mathbf{1{,}05\%}$$

Somit ergibt sich die **Bruttozinsspanne (B)** als Summe von

$$B = 6{,}1025\% + 1{,}05\% = \mathbf{7{,}1525\%}$$

Den **Vergleich** der Ermittlungsergebnisse durch die Poolmethode und durch die Marktzinsmethode zeigt Abbildung 81-3.

Bankleistungen	Poolmethode	Marktzinsmethode
A_1	-0,1149375%	- 0,20%
A_2	3,3808125%	3,25%
A_3	0,3003125%	0%
A_4	0,0100625%	0,05%
	Aktivspanne: 3,57625%	Konditionsbeitrag Aktiva: 3,10%
P_1	0,87000%	0,8775%
P_2	0,69375%	0,6750%
P_3	1,38750%	1,0500%
P_4	- 0,20625%	- 0,6500%
P_5	0,83125%	1,0500%
	Passivspanne: 3,57625%	Konditionsbeitrag Passiva: 3,0025%
Strukturbeitrag (zentraler Dispositionserfolg)		1,05%
Gesamt-Bruttozinsspanne:	7,1525%	7,1525%

Abb. 81-3: Vergleich der Ermittlungsergebnisse der Erfolge der Einzelleistungen nach der Pool- und nach der Marktzinsmethode

- **Geschäftsspartenrechnung (Spartenkalkulation)**:
  Die Geschäftsspartenrechnung ermittelt den **Erfolg** für **einzelne Bankleistungsbereiche (Sparten)** mit dem Ziel, die unterschiedlichen Ertragssstärken der Sparten aufzuzeigen. Wenn als Idealvorstellung eine Erfolgsrechnung für jede einzelne Sparte anzustreben ist, muss sich die Geschäftsspartenrechnung in der Praxis auf den Einbezug von Gruppen von Leistungsbereichen beschränken, da mit zunehmender Detaillierung der Spartenrechnung auch die Zurechnungsproblematik zunimmt. Die grundlegenden Informationen der Spartenrechnung liefert die Kostenstellenrechnung, zumal sich die Bildung der Kostenstellen bereits an den Sparten orientiert. Damit lässt sich das Problem der Zurechnung der „Betriebskosten" reduzieren. Die Zurechnung der „Geschäftskosten" könnte mit Hilfe der Schichtenbilanz, aber auch mit der Pool- oder der Marktzinsmethode erfolgen.

- **Filialrechnung (Zweigstellenrechnung/Zweigstellenkalkulation)**:
  Im Vordergrund der Bemühungen steht dabei die Ermittlung des **Erfolges** der **Filialen** (Zweigstellen), wobei zwischen den Erlösen und den Kosten zu unterscheiden ist, die unmittelbar **in** der **Filiale** entstehen, und solchen Erlösen und Kosten, die **in** der **Zentrale** für Leistungen **an** die Filiale zuzurechnen sind (bzw. in der Filiale entstehen). Während die **direkten** Erlöse und Kosten der **Zweigstelle** unproblematisch aus einer Gegenüberstellung der

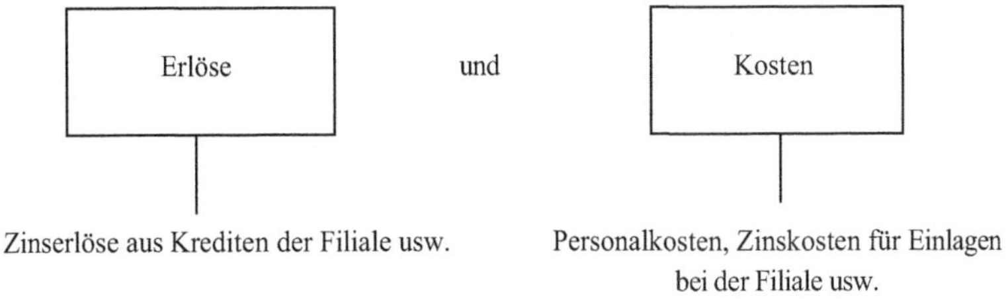

zu ermitteln sind, bedarf die Zurechnung der Kosten und Erlöse der **Zentrale** unterschiedlicher **Umlageverfahren**: Für die Umlage bzw. Zurechnung der „Geschäftserlöse" (z.B. Einlagen der Filiale an die Zentrale) und der „Geschäftskosten" (z.B. Zinskosten für Mittelüberlassungen der Zentrale an die Filiale) kommen als Steuerungsinstrument insbesondere differenzierte (interne) **Verrechnungszinssätze** (die mit Hilfe der Schichtenbilanz- oder der Poolmethode gewonnen werden können) oder die Marktzinsmethode in Betracht. Die Umlage der „Betriebskosten" kann durch Schlüsselung (auf Grund von Schätzungen) oder auf der Basis von Arbeitsanalysen (siehe 9.3.1.2.2.a) erfolgen (siehe im Einzelnen z.B. *Schierenbeck* 1985; *Kunze)*.

- **Konten- und Kundenrechnung (-kalkulation):**
  Die Zielsetzung dieser Rechnungsart besteht darin, den **Erfolgsbeitrag** einer **individuellen Konto-** oder **Kundenverbindung** (als Mehrheit von Kontenverbindungen) festzustellen. Voraussetzung dazu ist eine entsprechende Stückleistungskalkulation und Teilzinsspannenrechnung. Ausgehend von den direkt zurechenbaren Betriebserlösen des Kontos (Kunden), zuzüglich der individuellen Bruttozinsspanne des Kontos (Kunden) als Teil der dem Konto (Kunden) zurechenbaren Gesamt-Bruttozinsspanne, werden die individuellen Betriebskosten des Kontos (Kunden) abgezogen, woraus sich der Erfolgsbeitrag des Kontos (Kunden) ergibt (Abbildung 82).

Betriebserlöse des Kontos (Gebührenerlöse für Dienstleistungen, Kontogebühren)

\+ Bruttozinsspanne des Kontos (= Zinserlöse – Zinskosten)

– Betriebskosten des Kontos

= **Erfolgsbeitrag des Kontos**

Abb. 82: Kontenkalkulation (-rechnung)

Die individuellen Betriebskosten lassen sich aus den verschiedenen Bankleistungen dadurch feststellen, dass man die Einzahlungen bzw. Auszahlungen mit der entsprechenden Zahl von Scheckeinreichungen, Überweisungen usw. multipliziert, oder dass die Zahl von Leistungsvorfällen mit dem Kostensatz aus der Stückleistungskalkulation multipliziert wird (z.B. 20 Scheckeinreichungen zu 0,5 EUR = 10 EUR Betriebskosten). Hinsichtlich der **Kundenrechnung** (-kalkulation) ist zu beachten, dass der Erfolgsbeitrag der Geschäftsverbindung mit einzelnen Kunden dann mit der Kontenrechnung identisch ist, wenn der Kunde nur ein einziges Konto bei dem betreffenden Bankbetrieb unterhält. Bestehen jedoch mehrere Konten, so ist eine Addition der Erfolge der einzelnen Konten (ggf. einschließlich eventueller sonstiger Ergebnisse) notwendig.

cd) Teilkostenrechnung und Deckungsbeitragsrechnung

In Anbetracht der Mängel der bankbetrieblichen Vollkostenrechnung und Vollkostenrechnungsverfahren, die einerseits aus der ungerechtfertigten gedanklichen Trennung des bankbetrieblichen Leistungspotentials in einen „Betriebsbereich" und einen „Geschäftsbereich", andererseits aus der willkürlichen Schlüsselung der Gemeinkosten auf die Leistungsarten (bzw. der fixen Kosten auf die Leistungseinheiten) resultieren, ist eine Erreichung der angestrebten Zwecke der bankbetrieblichen Kostenrechnung bestenfalls mit erheblichen Abstrichen möglich oder in vielen Fällen wegen der Unzulänglichkeiten der eingesetzten kostenrechnerischen Instrumente sogar unmöglich. Dies gilt insbesondere dann, wenn die Kostenschlüsselung zu objektiv falschen Informationen führt, die zu Fehldispositionen des Bank-Managements Anlass geben können.

Zumal die Bank-Kostenrechnung auch die Aufgabe hat, Grundlagen für die Preisgestaltung des Bankbetriebes (Kalkulation der Bankpraxis im weiteren Sinne oder Feststellung von Preisuntergrenzen) zu schaffen, wird in Anlehnung an die im industriellen Bereich eingesetzten Verfahren der **Teilkostenrechnung** versucht, nur die **variablen Kosten** auf die Kostenträger zu verteilen und die gesamten fixen Kosten (**Fixkostenblock**) von der Verteilung auszuschließen, um damit die Probleme der Kostenschlüsselung der fixen Kosten und ggf. Fehlentscheidungen zu vermeiden.

Da ein Bankbetrieb – wie jedes andere Unternehmen auch – langfristig gesehen nur dann (gerade noch) existieren kann, wenn zumindest eine volle Deckung der Gesamtkosten durch eine entsprechende Gestaltung der Bankpreise erzielbar ist, muss eine Auflösung der Gesamtkosten in variable (beschäftigungsabhängige) Kosten erfolgen. Auf dieser Grundlage kann das Bank-Management feststellen, welchen Beitrag eine bestimmte Bankleistung (Produkt) bzw. ein Bündel von Bankleistungen (Produktgruppe) zur Deckung der fixen Kosten leistet. Liegt nämlich der erzielbare Preis für die betreffende Bankleistung über den variablen Kosten, so trägt sie mit diesem Überschuss zur Deckung der fixen Kosten (zumindest zu einem Teil) bei, die nicht nur durch die Produktion der übrigen Bankleistungen verursacht werden. Selbst die Verlustproduktion einer Bankleistung würde einen Beitrag zur Deckung der fixen Kosten leisten, die selbst durch Einstellung der betreffenden (Teil-)Produktion nicht vermindert werden könnte, sofern nicht die gesamte Produktion des Bankbetriebes stillgelegt würde.

Unter diesen Gesichtspunkten ist daher jenes spezifische Absatzvolumen an Bankleistungen aller Art zu ermitteln, bei dem die Summe aller Deckungsbeiträge dem Fixkostenblock entspricht (= **Kostendeckungspunkt**; x_D) und somit die **Gewinnschwelle (Break-Even-Point)** angibt:

$$x_D\,(p - k_v) = k_f$$

$$x_D = k_f / (p - k_v)$$

wobei:

x_D	zur Kostendeckung notwendige Absatzmenge
P	Preis
k_v	variable Kosten/Leistungseinheit
k_f	fixe Kosten
$(p\text{-}k_v)$	Deckungsbeitrag/Leistungseinheit

Von den bekannten Teilkostenrechnungssystemen (siehe *Krewerth,* 60) werden (und wurden) zur Anwendung in Bankbetrieben vor allem das **Direct Costing** (*Sauer; Seicht; Passardi* 1971) und die von *Riebel* konzipierte **Deckungsbeitragsrechnung** mit relativen Einzelkosten und Deckungsbeiträgen vorgeschlagen (*Güde; Arbeitskreis Planungsprobleme*; *Riedesser; Platz*).

(1) Direct Costing (Direktkostenrechnung)

Die Direktkostenrechnung, die eine Trennung der Kosten in **variable** mengenabhängige Kosten **(direct costs)** und **fixe** zeitabhängige Kosten **(period costs)** vornimmt, unterstellt Proportionalität der Veränderung der variablen Kosten zum Beschäftigungsgrad. Dabei bezieht sich die Bezeichnung **direkt** nicht auf die Relation zwischen Kosten- und Beschäftigungsänderung, d.h. direkte Kosten werden nicht unmittelbar als Einzelkosten verrechnet, weshalb in diesem Fall auch bestimmte Gemeinkosten direkte Kosten sein können, sofern sie sich proportional zum Beschäftigungsgrad ändern.

Die Direktkostenrechnung ist unter Annahme eines linearen Gesamtkostenverlaufes ihrem Wesen nach eine **Grenzkostenrechnung,** da in diesem Fall die variablen Kosten pro Leistungseinheit konstant sind und somit die durchschnittlichen variablen Kosten gleich den Grenzkosten sein müssen. Bezieht man im Rahmen einer kurzfristigen Erfolgsrechnung in diese Grenzkostenrechnung auch die **Erlöse** ein, so handelt es sich um eine Form der **Deckungsbeitragsrechnung,** die eine Analyse des Erfolges des Bankbetriebes ermöglicht. Dabei werden die Umsatzerlöse (insgesamt oder bestimmter Produkte bzw. Produktgruppen) mit den proportionalen Kosten (Grenzkosten) verglichen. Die Differenz stellt den **Bruttoerfolg** als Beitrag zur Deckung der fixen Kosten dar:

Erlös der Produkteinheit

./. Variable (proportionale) Kosten der Produkteinheit

= **Deckungsbeitrag** (Bruttoerfolg) der **Produkteinheit**

oder:

Produkterlös (= Preis der Produkteinheit * abgesetzte Menge)

./. Variable Kosten des Produkts

= **Deckungsbeitrag** (Bruttoerfolg) des **Produkts**

Da die **fixen Kosten** für die Gesamtheit der in einer Periode hergestellten Kostenträger entstehen, lassen sich diese nur der Gesamtheit der Kostenträger en bloc zurechnen. Es ist nämlich nicht möglich, den Anteil eines einzelnen Kostenträgers an den fixen Kosten genau zu ermitteln. Dieser Tatsache trägt das Direct Costing Rechnung, indem es die fixen Kosten den Kostenträgern erst gar nicht zurechnet (im Gegensatz zur Vollkostenrechnung). Die Fixkosten bleiben somit in der Kostenträgerrechnung unberücksichtigt, weshalb sie zur Feststellung des **Nettoerfolges** (=Betriebsergebnis) von der Summe der Deckungsbeiträge aller Produkte (Leistungen) des Bankbetriebes abzuziehen sind:

Summe der Deckungsbeiträge aller Produkte (Bruttoerfolg)

./. Fixe Kosten des Bankbetriebes

= **Nettoerfolg** (Betriebsergebnis) des Bankbetriebes

Der **Deckungsbeitrag** gibt somit denjenigen Betrag an, mit dem die betreffende Bankleistung (Produkt) oder die Leistungseinheit (Produkteinheit) zur Deckung des Fixkostenblocks beiträgt bzw. welchen Anteil sie am Gewinn hat. Ist die Summe aller Deckungsbeiträge größer als der Fixkostenblock, ergibt sich ein Gewinn für den Bankbetrieb, andernfalls ein Verlust. Damit eignet sich der Deckungsbeitrag als Kriterium zur Beurteilung der Frage, ob Produkte im Bankleistungsprogramm verbleiben sollen, die auf Dauer keinen ausreichenden Deckungsbeitrag erbringen.

Die **Problematik** der Anwendung von Verfahren des Direct Costing in Bankbetrieben besteht vor allem darin, dass der Fixkostenblock relativ hoch und eine weitere Auflösung der fixen Kosten schwierig ist. Da aber eine möglichst weitgehende und exakte Kostenauflösung eine der wichtigsten Voraussetzungen zur Anwendung der Direktkostenrechnung darstellt, ergeben sich erhebliche Einschränkungen in der Anwendbarkeit der Direktkostenrechnung in Bankbetrieben. Dies wird am Beispiel der Personalkosten deutlich, die einerseits (ohne Zinskosten) bis zu 75% der Gesamtkosten von Bankbetrieben erreichen, die sich andererseits aber nicht eindeutig in fixe, d.h. zur Aufrechterhaltung der Betriebsbereitschaft notwendige und variable (von Beschäftigungsgradänderungen abhängige) Kosten trennen lassen (siehe dazu auch *Güde,* 270).

(2) Deckungsbeitragsrechnung (DBR)

Das von *Riebel* entwickelte Rechnen mit **relativen Einzelkosten** und **Deckungsbeiträgen** ist grundsätzlich auf eine Vermeidung jeglicher Schlüsselung von Kosten angelegt, zumal einerseits die Trennung in Einzel- und Gemeinkosten relativ, andererseits im Hinblick auf irgendeine Bezugsgröße alle Kosten Einzelkosten seien. Dies deshalb, weil langfristig alle Kosten auf einzelne Entscheidungen zurückzuführen sind und es deshalb praktisch – mit Ausnahme von Periodengemeinkosten – keine Gemeinkosten gibt. Insofern kann die Deckungsbeitragsrechnung die Anforderungen an eine adäquate Bankkostenrechnung besser erfüllen als die bisher angesprochenen Kostenrechnungsverfahren. Die **Periodengemeinkosten** sind bei Anwendung der DBR daher gesondert auszuweisen, da sie einer bestimmten Rechnungsperiode nicht eindeutig zugerechnet werden können. Dem liegt die Auffassung zugrunde, dass sich alle Kosten einer Bank bzw. eines Unternehmens direkt erfassen und zurechnen lassen, wenn nur die richtige Bezugsgröße dafür gewählt wird. Da es eine einzige Bezugsgröße dafür nicht gibt, entsteht eine **Hierarchie von Bezugsgrößen,** bei der jede Kostenart an irgendeiner Stelle als Einzelkosten erfassbar ist. Die an irgendeiner Stelle in der Bezugsgrößen-Hierarchie festgestellten Kosten erweisen sich dann für die untergeordneten Bezugsgrößen als Gemeinkosten. Somit können bei Anwendung der DBR selbst die fixen Kosten als relative Einzel- und Gemeinkosten erfasst werden.

Die **Grundkonzeption** der Erfassung und Sammlung von Kosten lässt sich im Rahmen der DBR daher wie folgt zusammenfassen (*Riebel,* 39):

1. Alle Kosten werden als Einzelkosten des Bankbetriebs erfasst und ausgewiesen, und zwar so, dass sie in der Hierarchie betrieblicher Bezugsgrößen an der untersten Stelle ausgewiesen werden, an der man sie gerade noch als Einzelkosten erfassen kann.
2. Es wird völlig darauf verzichtet, Gemeinkosten aufzuschlüsseln und sie nach den Prinzipien der traditionellen Kostenrechnungsverfahren auf die Endkostenstellen und die Kostenträger zu überwälzen.
3. Alle Kosten, die einer Periode nicht eindeutig zurechenbar sind, werden gesondert als **Soll-Deckungsbeiträge** oder **Deckungsraten** (Amortisations- und Rückstellungsraten) ausgewiesen.
4. Wünschenswert, aber nicht unabdingbar, ist die Berücksichtigung der wichtigsten Kostenabhängigkeiten bei den einzelnen Kostenstellen und Kostenträgern. Dabei ist insbesondere der Ausgabencharakter der Kosten zu beachten.

Zu diesem Zweck werden in einen ersten Schritt mit Hilfe einer **Grundrechnung** die Kosten des Bankbetriebs nach den verschiedenen Bezugsgrößen als Einzelkosten erfasst, wobei die natürlichen Zuordnungsbereiche oder Bezugsgrößen erhalten bleiben sollen (siehe dazu *Güde,* 296 f.). Allerdings sollte auf dieser Stufe die – bereits an anderer Stelle als unzweckmäßig erkannte – Trennung in „Betriebs-“ und „Geschäftskosten“ (Wertkosten) unterbleiben. Gesondert auszuweisen sind in der Grundrechnung diejenigen Kosten, die der Rechnungsperiode nicht unmittelbar zuzurechnen sind (wie beispielsweise Abschreibungen und Rückstellungen).

Die Grundrechnung, die auch als Instrument der Wirtschaftlichkeitskontrolle dienen kann oder einfache Soll-Ist-Vergleiche zulässt, stellt die Vorstufe für die eigentliche **Deckungsbeitragsrechnung** dar, in der **retrograd,** ausgehend von den Bruttoerlösen und **stufenweise** entsprechend der jeweiligen Bezugsgröße bestimmte Teilkostenbeträge abgesetzt werden, so dass sich die verbleibenden **Deckungsbeiträge** (=Differenzen zwischen dem Erlös und bestimmten Teilkosten) schließlich von Stufe zu Stufe zum **Periodenergebnis** vor Berücksichtigung der nicht unmittelbar zurechenbaren Gemeinkosten (Abschreibungen, Rückstellungen) und letztlich – nach Abzug der Gemeinkosten vom Periodenergebnis – zum **Betriebsergebnis** (Nettoerfolg) des Bankbetriebes verdichten. Die Gestaltung der Deckungsbeitragsrechnung kann flexibel gehandhabt und speziell auf Leistungseinheiten, Kostenstellen, Zweigstellen, Kundengruppen oder Marktsegmente ausgerichtet werden.

ce) Lenkpreisrechnung

Da die Systeme der Vollkostenrechnung und der Teilkostenrechnung weder den Erwartungen der Praxis an unkomplizierte und gleichwohl aussagekräftige Verfahren Rechnung tragen können, noch die Anforderungen der Wissenschaft an geschlossene, umfassende Kostenrechnungs- und Kalkulationssysteme erfüllen, die eine exakte Zurechnung von Kosten (und ggf. Erlösen) voraussetzen, wird versucht, mit Hilfe der Lenkpreisrechnung für Zwecke der Stück- und Kundenkalkulation in Bankbetrieben weiterführende Ergebnisse als Grundlage für eine realitätsnähere **Preisgestaltung** von Bankmarktleistungen zu erzielen.

Dieser auf *Schmalenbach* zurückgehende Ansatz ist dadurch charakterisiert, dass der Bankbetrieb organisatorisch in intern verselbständigte Teilbereiche (**Zuordnungsobjekte**) differenziert wird, wobei die gegenseitigen Leistungsbeziehungen durch Preise abgebildet und gelenkt werden sollen. Als geeignete Zuordnungsobjekte bieten sich dabei Filialen und kundenorientiert gestaltete Marktleistungsabteilungen an, die als echte Profit-Center geführt werden (siehe *Slevogt*). Den Zuordnungsobjekten werden ausschließlich direkte Kosten und Erlöse zugerechnet, wobei die intern erbrachten (Teil-)Leistungen zu **Verrechnungspreisen** bewertet werden. Wenn auch damit grundsätzlich eine den Realitäten entsprechende interne Steuerung der Zuordnungsobjekte des Bankbetriebes erreicht werden kann, ergeben sich dennoch Probleme hinsichtlich der zu Grunde zu legenden Verrechnungspreise. Diese können entweder den Grenzkosten des leistenden Zuordnungsobjekts entsprechen, oder in Anlehnung an vergleichbare Marktpreise (z.B. Zinsen) bemessen werden. Somit kann die Lenkpreisrechnung zwar zu einer Erhöhung der **Transparenz** innerhalb der bankinternen Leistungsbeziehungen und einer effizienteren bankbetrieblichen **Ressourcenverteilung** führen, jedoch wird die Gefahr der Fehlinterpretation und Fehldispositionen durch das Bank-Management nicht ausgeschlossen, zumal die Bestimmung der Lenkpreise selbst Gegenstand von Führungsentscheidungen ist und sich somit ein breiter Ermessensspielraum bei der Lenkpreisfindung eröffnet.

d) Bank-Statistik

Als Kontroll-Informationen sind für das Bank-Management zusätzlich zu den Informationen des Bank-Rechnungswesens, die in Bank-Bilanzen und Bank-Kostenrechnungen Eingang finden bzw. aus ihnen gewonnen werden können, weitere Informationen und Datensätze von Interesse, die gesondert zu erfassen sind und insbesondere die mengenmäßige Komponente der bankbetrieblichen Leistungserstellung betreffen (**Bank-Statistik im engeren Sinne**). Daneben können Informationen über die gesamte Bankwirtschaft oder über Gruppen der Bankwirtschaft, die von Trägern der amtlichen Statistik (*Deutsche Bundesbank, Statistisches Bundesamt*) erhoben werden, Kontrollzwecken dienen (**Bank-Statistik im weiteren Sinne**).

Bankinterne Statistiken werden vor allem in Form der **Postenstatistik** (zahlenmäßige Erfassung von Geschäftsvorfällen innerhalb eines bestimmten Zeitraumes), der **Kontenstatistik** (unterschieden nach Kontenarten und Kontenbewegungen), der **Personalstatistik** (Zahl der Beschäftigten, Altersgliederung, Beschäftigtengruppen, Personalverteilung), der **Umsatzstatistik** (Provisions-, Zins-, Kontenumsätze), der **Effektenstatistik** (Effektenemissions-, Effektenumsatz-, Effektengewinnstatistik) und der **Erfolgsstatistik** (Kosten-, Erlös- und Erfolgsstatistik im engeren Sinne) geführt. Die mit Hilfe dieser Einzelstatistiken gewonnenen Informationen können für Kontrollzwecke zu **Kennzahlen** verdichtet werden und erlauben dann weitere Aufschlüsse über Wirtschaftlichkeit, Rentabilität, Liquidität, Risiko, Beschäftigungsgrad, Produktivität und weitere Betriebsbereiche.

Von der **amtlichen** Bank-Statistik werden vor allem **Bilanzstatistiken** erstellt (z.B. allgemeine Bankstatistik, halbmonatliche Bankenstatistik als Teilerhebung; monatliche Bilanzstatistik als Gesamterhebung; Jahresabschlüsse).

Dazu kommen **Kreditnehmerstatistiken**, jährliche **Depotstatistiken**, Erhebungen zum **Auslandsstatus** der Kreditinstitute sowie **Sondererhebungen** (z.B. Spar- und Termineinlagen, Zinserhebungen, Ertrags- und Rentabilitätsentwicklung der Banken u.a.), die in den Monatsberichten der *Deutschen Bundesbank* oder der *EZB* und in den Berichten bzw. Jahrbüchern des *Statistischen Bundesamtes* veröffentlicht werden. Mit diesen Informationen lassen sich Vergleiche sowohl innerhalb einer spezifischen Bankengruppe als auch in der Bankwirtschaft insgesamt anstellen, die Hinweise auf verbesserte Zielerreichungsmöglichkeiten liefern können bzw. zumindest die Stellung des betreffenden Bankbetriebes innerhalb der Gruppe aufzeigen und Rückschlüsse für unternehmenspolitische Entscheidungen zulassen.

9.3.3.2.2 Innenrevision

Verfahrensorienterte Kontrollen liefern Informationen darüber, ob die Summe aller schriftlichen und mündlichen Regelungen, die in dem betreffenden Bankbetrieb Gültigkeit haben, eingehalten worden sind (siehe auch *Kulins,* 69). Träger dieser als **Innenrevision** bezeichneten Kontrollen ist im Allgemeinen die Abteilung (Instanz) **Interne Revision (IR)**, die zu diesem Zweck Prüfungshandlungen unterschiedlicher Art durchzuführen hat. Die Grundsätze der Organisation und die wesentlichen Aufgaben sowie die Durchführung der IR regeln die am 15.12.2010 neu gefassten **MaRisk** in AT 4.4 „Interne Revision" (*BaFin* 2010; siehe auch Abbildung 11-20):

Demnach muss jedes Institut über eine funktionsfähige IR verfügen, mit Ausnahme von Klein-Instituten, bei denen aus Gründen der Betriebsgröße die Einrichtung einer Revisionseinheit unverhältnismäßig ist. In diesem Fall können diese Aufgaben ausnahmsweise auch von einem Geschäftsleiter erfüllt werden. Abgesehen davon, stellt die IR ein Instrument der Geschäftsleitung dar. Daher ist die IR dieser unmittelbar unterstellt und berichtspflichtig. Grundsätzlich sollte die Abteilung IR dem Vorsitzenden oder einem anderen Mitglied der Geschäftsleitung unterstellt sein. In jedem Falle muss gewährleistet bleiben, dass der Vorsitzende des Aufsichtsorgans unter Einbeziehung der Geschäftsleitung direkt vom Leiter der IR die erforderlichen Auskünfte erhalten kann. Die **Arbeitsweise** der IR muss so organisiert sein, dass sie in der Lage ist, risikoorientiert und prozessunabhängig die Wirksamkeit und Angemessenheit des Risikomanagements des Instituts im Allgemeinen und des internen Kontrollsystems im Besonderen sowie die Ordnungsmäßigkeit grundsätzlich aller Aktivitäten und Prozesse zu prüfen und zu beurteilen, unabhängig davon, ob diese ggf. ausgelagert sind oder nicht.

Zur erfolgreichen Wahrnehmung ihrer **Aufgaben** ist der IR ein vollständiges und uneingeschränktes **Informationsrecht** einzuräumen und jederzeit zu gewährleisten. In Verfolgung ihrer Aufgaben sind der IR die erforderlichen Informationen unverzüglich zu erteilen sowie die notwendigen Unterlagen zur Verfügung zu stellen. Darüber hinaus muss gewährleistet sein, dass die IR Einblick in alle Aktivitäten und Prozesse sowie in die IT-Systeme des Instituts erhält. Dies setzt voraus, dass den Mitarbeitern der Institute die Weisungen und Beschlüsse der Geschäftsleitung, die für die Durchführung der IR von Bedeutung sein können, bekanntgegeben werden. Grundsätzlich hat die Geschäftsleitung die IR auch über wesentliche Änderungen im Risikomanagement des Instituts rechtzeitig zu informieren. Weitere Einzelheiten bezüglich der Aufgaben der IR, der Grundsätze der IR, der Prüfungsplanung und Prüfungsdurchführung, der Berichtspflicht der IR und der Reaktion auf festgestellte Mängel regeln die MaRisk in BT 2 (Besondere Anforderungen an die Ausgestaltung der Internen Revision).

Die IR hat den gesamten zielgerichteten Betriebsprozess nach Maßgabe der vom Vorstand verfolgten Geschäftspolitik zu überwachen (vgl. *Reuter/Schmidt,* 85). In der Vergangenheit umfasste die IR vor allem sowohl die **traditionellen Prüfungsstrategien** des lückenlosen oder stichprobenweisen Nachvollzugs einzelner Arbeitsschritte bis zum Arbeitsergebnis für verschiedene Revisionsobjekte im Rahmen von Einzelfall- und Funktionsprüfungen als auch die **Systemprüfung** (als **entscheidungsorientierter Prüfungsstrategie)** in dem Sinne, dass die **Funktionsfähigkeit** des gesamten Systems Bankbetrieb in integrierter Betrachtungsweise der Betriebsabläufe sowie die **Wirtschaftlichkeit** und **die Anpassungsfähigkeit** an die Marktverhältnisse Gegenstand der Überprüfung durch die Innenrevision sind (zur Systemkontrolle siehe vor allem *Blanz,*107 ff. und *Reuter/Schmidt,* 86 ff.). Diese Prüfungsansätze werden auf Grund der MaRisk dadurch erweitert, dass die Prüfungstätigkeit der IR sich auf der Grundlage eines **risikoorientierten Prüfungsansatzes** (siehe BT 2.1 MaRisk) grundsätzlich auf alle Aktivitäten und Prozesse des Instituts zu erstrecken hat.

Das Recht der Aufsichtsbehörden der Länder, für die Ausgestaltung der Innenrevision der öffentlich-rechtlichen Kreditinstitute Regelungen zu treffen, und die bereits auf diesem Gebiet bestehenden weitergehenden Regelungen bei den einzelnen Institutsgruppen bleiben von den dargelegten Anforderungen unberührt.

9.3.3.2.3 Externe Informationen

Neben den aus internen Quellen erhaltenen und verfügbaren Informationen sind für Kontrollzwecke gleichermaßen Informationen externer Herkunft notwendig, die insbesondere im Rahmen der Prüfung des Jahresabschlusses des Bankbetriebes (Außenrevision) durch externe Prüfungsorgane gewonnen werden und/oder aus der relevanten Umwelt des Bankbetriebes stammen.

a) Außenrevision

Zur zielorientierten Steuerung und Regelung des Systems Bankbetrieb durch das Bank-Management tragen auch diejenigen Kontrollinformationen bei, die auf Grund der durch die §§ 27–30 KWG vorgeschriebenen Prüfung des Jahresabschlusses, der Depotprüfung oder der Prüfung in besonderen Fällen (§ 28 KWG) entstehen. Die besonderen Pflichten des Prüfers regelt § 29 KWG, der in Absatz 5 eine Redepflicht des Prüfers begründet, wenn ihm bei der Prüfung Tatsachen bekannt werden, die eine Einschränkung oder Versagung des Bestätigungsvermerkes rechtfertigen, die den Bestand des Instituts gefährden oder seine Entwicklung wesentlich beeinträchtigen können, die eine erheblichen Verstoß gegen die Vorschriften über die Zulassungsvoraussetzungen des Instituts oder die Ausübung einer Tätigkeit nach dem KWG darstellen oder die schwerwiegende Verstöße der Geschäftsleiter gegen Gesetz, Satzung oder Gesellschaftsvertrag erkennen lassen.

Der Standardisierung der Prüfung der Jahresabschlüsse dient die „Verordnung über die Prüfung der Jahresabschlüsse der Kreditinstitute und Finanzdienstleistungsinstitute sowie die darüber zu erstellenden Berichte (**Prüfungsberichtsverordnung** – PrüfV) der *BaFin* vom 23.11.2009 (BGBl. I 3793), zuletzt geändert durch Art. 16a des Gesetzes vom 9.12.2010 (BGBl. I 1900). Dabei ist den Grundsätzen der **risikoorientierten Prüfung** und der Wesentlichkeit unter Berücksichtigung der Größe des Instituts, des Geschäftsumfangs, der Komplexität der betriebenen Geschäfte sowie des Risikogehalts Rechnung zu tragen (§ 2 PrüfV). Bezüglich **aufsichtlicher Vorgaben** (Abschnitt 3, §§ 10 ff. PrüfV) sind vom Prüfer die Angemessenheit des Risikomanagements gemäß § 25a KWG sowie die weiteren Anforderungen an die Ordnungsmäßigkeit der Geschäftsorganisation zu beurteilen. Dabei ist insbesondere auf Adressenausfallrisiken, Marktpreisrisiken einschließlich Zinsänderungsrisiken des Anlagebuchs, Liquiditäts- und operationellen Risiken gesondert einzugehen. Zu beurteilen ist auch die Angemessenheit der vom Institut getroffenen Vorkehrungen zur ordnungsgemäßen Ermittlung der Auswirkungen plötzlicher und unerwarteter Zinsänderungen.

Der Prüfer hat auch festzustellen, ob das Verfahren für die Zuordnung und ggf. Umwidmung der Positionen zum Anlagebuch oder Handelsbuch den gesetzlichen Vorgaben des § 1a KWG und der institutsintern festgelegten Kriterien entsprach. Hinsichtlich der vom Institut getroffenen Vorkehrungen zur ordnungsgemäßen Ermittlung des haftenden Eigenkapitals, des modifizierten verfügbaren Eigenkapitals und der Drittrangmittel hat der Prüfer zu beurteilen, ob diese im Rahmen der bankaufsichtlichen Meldungen angemessen sind. Darzustellen hat der Prüfer darüber hinaus die Höhe und die Zusammensetzung der Eigenmittel des Instituts nach § 10 KWG und die Besonderheiten in der Entwicklung der Eigenmittel oder einzelner Eigenmittelbestandteile. Schließlich hat der Prüfer auch Beurteilungen hinsichtlich der Solvabilitätskennzahl und der Liquiditätslage einschließlich der Liquiditätssteuerung sowie der ordnungsgemäßen Ermittlung der Liquiditätskennziffer vorzunehmen. Besonderes Augenmerk hat der Prüfer dem Kreditgeschäft zu widmen (§§ 23 ff. PrüfV): Allgemeine Berichterstattung über das Kreditgeschäft, Beurteilung des Länderrisikos und Darstellung der bemerkenswerten Kredite, für die detaillierte Prüfungskriterien vorgegeben werden. Dazu kommt die Beurteilung der Werthaltigkeit von Krediten und die Einhaltung der Offenlegungsvorschriften des § 18 KWG. Schließlich hat der Prüfer gemäß § 60 PrüfV Datenübersichten als Teil des Prüfungsberichts nach den Formblättern SON01 bis SON04 auszufüllen und beizulegen.

Kooperative **Zusammenarbeit** zwischen Außen- und Innenrevision ist grundsätzlich für alle Bankbetriebe zu Kontrollzwecken notwendig. Besondere Ausgestaltung kann diese Verbindung von Prüfungstätigkeiten im Sparkassensektor (siehe *Faißt*) und bei Genossenschaftsbanken haben, deren Außenrevision von externen fachspezifischen Prüfungseinrichtungen der betreffenden Spitzenverbände (**Verbandsprüfer)** durchgeführt wird.

b) Umweltinformationen

Zielgerichtete Steuerung und Regelung bedarf neben der Kenntnis der **Marktergebnisse,** die zwar zum größeren Teil über das bankbetriebliche Rechnungswesen verfügbar gemacht werden, auch der Kenntnis der **Marktverhältnisse** (Umweltverhältnisse), die zusätzlich über andere Quellen (z.B. Marktforschung, Berichte von Wirtschaftsforschungsinstituten, Presseberichte u.ä.) zu gewinnen sind. Dabei kann es sich vor allem um folgende Informationen über die Relevante Umwelt des Bankbetriebes handeln (siehe *Kilgus,* 22):

(1) Informationen über den Banksektor insgesamt

Marktentwicklung, Entwicklung des Zweigstellennetzes, Konzentration und Diversifikation, Betätigung der Bankenverbände, internationale Banktätigkeit.

(2) Informationen über konkurrierende Bankbetriebe

Analyse der Leistungsfähigkeit und des Geschäftserfolges (Performance) konkurrierender Bankbetriebe im nationalen und internationalen Vergleich anhand folgender Kennziffern:

- Growth in Earnings per Share
- Return on Assets (RoA)

- Return on Equity (RoE)
- Ratio of capital funds to deposits.

(3) Informationen über das Kundenverhalten

Spar- und Anlageverhalten spezifischer Kundenkreise, Kundenstruktur, Zusammenhang zwischen Inanspruchnahme von Bankleistungen und sozialem Status, Kundenloyalität, Kundenzufriedenheit, Anforderungen an die Gestaltung von Bankleistungen.

9.3.3.3 Abweichungsanalyse

Zweckmäßigerweise sind Abweichungsanalysen bezüglich möglicher **Abweichungsursachen** zu organisieren, die sowohl im Bereich betriebsbezogener als auch im Bereich marktbezogener bankbetrieblicher Entscheidungen auftreten können.

Systematisiert man die Abweichungsursachen nach den **Funktionsbereichen** des Bank-Managements, so können im Wesentlichen folgende Einzelfälle für Abweichungen verantwortlich sein:

(1) Planungsbereich:

- Fehleinschätzung der Umweltentwicklung;
- Fehlerhafte Prognosen der Wirkungsbeziehungen zwischen Aktionen bzw. Aktivitäten des Bankbetriebes und der darauf erfolgenden Umweltreaktionen;
- Mängel der Informationsverarbeitung oder der Bewertung von Informationen, die zu unrealistischen und/oder falschen Plandaten führen.

(2) Entscheidungsbereich:

- Festlegung auf eine objektiv falsche Planalternative auf Grund eines ungeeigneten Planvorschlages;
- Festlegung auf eine andere Planalternative als sie auf Grund des Planvorschlages zu realisieren gewesen wäre.

(3) Realisationsbereich:

- Abweichungen auf Grund eines unzureichenden qualitativen Niveaus der Sachmittelausstattung, der Finanzmittelausstattung und/oder Personalausstattung des Bankbetriebes, das einen plangemäßen Vollzug vereitelt oder in seiner Wirkung vermindert;
- Mängel der Leistungserstellung, trotz ausreichender Finanzmittel-, Sachmittel- und/oder Personalausstattung;
- Schwachstellen der Aufbau- und/oder Ablauforganisation des Bankbetriebes;
- Fehlende Motivation zum plangemäßen Vollzug der Entscheidungen, wenn die Leistungsvorgaben offensichtlich zu hoch angesetzt und daher die Realisierung von den Betroffenen von Haus aus als unmöglich angesehen wird.

Hinsichtlich des **Ausmaßes** der aufgetretenen und festgestellten Abweichungen ist darüber hinaus zwischen Normalabweichungen und Ausnahmeabweichungen zu unterscheiden. **Normalabweichungen** sind dann gegeben, wenn die Abweichungen der Ist-Werte innerhalb eines Entwicklungskorridors der Soll-Werte liegen (z.B. Festlegung von optimistischen und pessimistischen Vorgabewerten), die im Rahmen normaler Korrekturmaßnahmen der zuständigen Entscheidungsträger der dafür kompetenten Managementebene behoben werden können und sollen. Treten allerdings darüber hinausgehende Abweichungen der Ist-Werte von den Vorgaben auf, die korrigierende Ziel- und/oder Maßnahmenentscheidungen der übergeordneten Entscheidungsträger verlangen (**Management by Exception**), so liegen **Ausnahmeabweichun-**

gen vor. Das Problem besteht dabei allerdings darin, dass einerseits Entscheidungen über den Umfang der zulässigen Abweichungen zu treffen sind, andererseits aber auch kumuliert Normalabweichungen negativer Richtung auftreten können, die jeweils für sich genommen nicht besorgniserregend wären und das Eingreifen übergeordneter Entscheidungsinstanzen entbehrlich erscheinen lassen würden, in ihrer Gesamtheit für den Bankbetrieb jedoch gravierend sein können. Es muss somit insgesamt durch geeignete Maßnahmen (z.B. Berichtswesen) eine Beurteilung der Abweichungen insgesamt und im Zusammenhang institutionalisiert sein.

Im Rahmen der Abweichungsanalyse ist schließlich auch die **Effizienz der Bankplanung** zu überprüfen. Planung wird dann als effizient bezeichnet werden können, wenn der vorhergesagte Wert (Planwert) eingetreten ist oder eine Abweichung nicht vorliegt. Da ein derartiger (Ideal-)Zustand wegen der großen Zahl möglicher Störvariablen nur in den seltensten Fällen realisierbar erscheint, kann eine Bank-Planung als umso effizienter beurteilt werden, je geringer die Differenzen der relativen Planabweichungen vom Wert Null (= Übereinstimmung von Soll- und Ist-Wert) ausfallen. Dabei ist zu beachten, dass auch positive Planabweichungen grundsätzlich Anlass zur Überprüfung der Planung geben sollten, da das Ziel nicht im vorbestimmten Ausmaß erreicht worden ist. Darüber hinaus sind zur Beurteilung der Effizienz der Bank-Planung Feststellungen über die Varianzen bzw. die Mittelwerte der Abweichungen notwendig, die Auskunft darüber geben können, ob die Planabweichungen noch in einem Toleranzbereich liegen, der die üblichen und aus der Natur der Planung herrührenden unvermeidbaren Abweichungen umfasst. Die Abweichungsanalyse erlaubt somit in allen Fällen auch eine Beurteilung der Effizienz des Bank-Managements selbst.

Anhang I

Formblätter nach RechKredV

Formblatt 1

Formblatt 1

Jahresbilanz zum ....
der ....

Aktivseite

	Euro	Euro	Euro
1. Barreserve			
a) Kassenbestand		......	
b) Guthaben bei Zentralnotenbanken darunter: bei der Deutschen Bundesbank ...... Euro		......	
c) Guthaben bei Postgiroämtern		......	......
2. Schuldtitel öffentlicher Stellen und Wechsel, die zur Refinanzierung bei Zentralnotenbanken zugelassen sind			
a) Schatzwechsel und unverzinsliche Schatzanweisungen sowie ähnliche Schuldtitel öffentlicher Stellen darunter: bei der Deutschen Bundesbank refinanzierbar ...... Euro		......	
b) Wechsel		......	......
3. Forderungen an Kreditinstitute[1]			
a) täglich fällig		......	
b) andere Forderungen		......	......
4. Forderungen an Kunden[2] darunter: durch Grundpfandrechte gesichert ...... Euro Kommunalkredite ...... Euro			......
5. Schuldverschreibungen und andere festverzinsliche Wertpapiere			
a) Geldmarktpapiere			
aa) von öffentlichen Emittenten darunter: beleihbar bei der Deutschen Bundesbank ...... Euro	......		
ab) von anderen Emittenten darunter: beleihbar bei der Deutschen Bundesbank ...... Euro	......	......	
b) Anleihen und Schuldverschreibungen			
ba) von öffentlichen Emittenten darunter: beleihbar bei der Deutschen Bundesbank ...... Euro	......		
bb) von anderen Emittenten darunter: beleihbar bei der Deutschen Bundesbank ...... Euro	......	......	
c) eigene Schuldverschreibungen Nennbetrag ...... Euro		......	......
6. Aktien und andere nicht festverzinsliche Wertpapiere			......
[3]			
6a. Handelsbestand			......
7. Beteiligungen[4] darunter: an Kreditinstituten ...... Euro an Finanzdienstleistungsinstituten .... Euro			......
8. Anteile an verbundenen Unternehmen darunter: an Kreditinstituten ...... Euro an Finanzdienstleistungsinstituten .... Euro			......
9. Treuhandvermögen			......

Passivseite

	Euro	Euro	Euro
1. Verbindlichkeiten gegenüber Kreditinstituten[6]			
a) täglich fällig		......	
b) mit vereinbarter Laufzeit oder Kündigungsfrist		......	......
2. Verbindlichkeiten gegenüber Kunden[7]			
a) Spareinlagen			
aa) mit vereinbarter Kündigungsfrist von drei Monaten	......		
ab) mit vereinbarter Kündigungsfrist von mehr als drei Monaten	......	......	
b) andere Verbindlichkeiten			
ba) täglich fällig	......		
bb) mit vereinbarter Laufzeit oder Kündigungsfrist	......	......	......
[8]			
3. Verbriefte Verbindlichkeiten[9]			
a) begebene Schuldverschreibungen		......	
b) andere verbriefte Verbindlichkeiten darunter: Geldmarktpapiere ...... Euro eigene Akzepte und Solawechsel im Umlauf ...... Euro		......	......
3a. Handelsbestand			......
4. Treuhandverbindlichkeiten darunter: Treuhandkredite ...... Euro			......
5. Sonstige Verbindlichkeiten			......
6. Rechnungsabgrenzungsposten[10]			......
6a. Passive latente Steuern			......
7. Rückstellungen			
a) Rückstellungen für Pensionen und ähnliche Verpflichtungen		......	
b) Steuerrückstellungen		......	
c) andere Rückstellungen		......	......
[11]			
8. (weggefallen)			
9. Nachrangige Verbindlichkeiten			......
10. Genussrechtskapital darunter: vor Ablauf von zwei Jahren fällig ... Euro			......
11. Fonds für allgemeine Bankrisiken			......
12. Eigenkapital			
a) gezeichnetes Kapital[12]		......	
b) Kapitalrücklage		......	
c) Gewinnrücklagen[13]			
ca) gesetzliche Rücklage	......		
cb) Rücklage für Anteile an einem herrschenden oder mehrheitlich beteiligten Unternehmen	......		
cc) satzungsmäßige Rücklagen	......		
cd) andere Gewinnrücklagen	......	......	
d) Bilanzgewinn / Bilanzverlust		......	......

darunter: Treuhandkredite ...... Euro					
10. Ausgleichsforderungen gegen die öffentliche Hand einschließlich Schuldverschreibungen aus deren Umtausch		......			
11. Immaterielle Anlagewerte:					
a) Selbst geschaffene gewerbliche Schutzrechte und ähnliche Rechte und Werte	......				
b) entgeltlich erworbene Konzessionen, gewerbliche Schutzrechte und ähnliche Rechte und Werte sowie Lizenzen an solchen Rechten und Werten	......				
c) Geschäfts- oder Firmenwert	......				
d) geleistete Anzahlungen	......	......			
12. Sachanlagen		......			
13. Ausstehende Einlagen auf das gezeichnete Kapital darunter: eingefordert ...... Euro		......			
14. Sonstige Vermögensgegenstände		......			
15. Rechnungsabgrenzungsposten[5]		......			
16. Aktive latente Steuern		......			
17. Aktiver Unterschiedsbetrag aus der Vermögensverrechnung		......			
18. Nicht durch Eigenkapital gedeckter Fehlbetrag		......			
Summe der Aktiva		......	Summe der Passiva		......
			1. Eventualverbindlichkeiten		
			a) Eventualverbindlichkeiten aus weitergegebenen abgerechneten Wechseln	......	
			b) Verbindlichkeiten aus Bürgschaften und Gewährleistungsverträgen	......	
			c) Haftung aus der Bestellung von Sicherheiten für fremde Verbindlichkeiten	......	......
			2. Andere Verpflichtungen		
			a) Rücknahmeverpflichtungen aus unechten Pensionsgeschäften	......	
			b) Platzierungs- und Übernahmeverpflichtungen	......	
			c) Unwiderrufliche Kreditzusagen	......	......

1) Folgende Arten von Instituten haben den Posten 3 Forderungen an Kreditinstitute in der Bilanz wie folgt zu untergliedern:

Pfandbriefbanken:	„a) Hypothekendarlehen	...... Euro	
	b) Kommunalkredite	...... Euro	
	c) andere Forderungen	...... Euro	...... Euro
	darunter:		
	täglich fällig ...... Euro		
	gegen Beleihung von Wertpapieren ...... Euro“,		
Bausparkassen:	„a) Bauspardarlehen	...... Euro	
	b) Vor- und Zwischenfinanzierungskredite	...... Euro	
	c) sonstige Baudarlehen	...... Euro	
	d) andere Forderungen	...... Euro	...... Euro
	darunter:		
	täglich fällig ...... Euro“.		

2) Folgende Arten von Instituten haben den Posten 4 Forderungen an Kunden in der Bilanz wie folgt zu untergliedern:

Pfandbriefbanken:	„a) Hypothekendarlehen	...... Euro		
	b) Kommunalkredite	...... Euro		
	c) andere Forderungen	...... Euro	...... Euro	
	darunter:			
	gegen Beleihung von Wertpapieren ...... Euro“,			
Bausparkassen:	„a) Baudarlehen			
	aa) aus Zuteilungen (Bauspardarlehen)	...... Euro		
	ab) zur Vor- und Zwischenfinanzierung	...... Euro		
	ac) sonstige	...... Euro	...... Euro	
	darunter:			
	durch Grundpfandrechte gesichert ...... Euro			
	d) andere Forderungen		...... Euro	.... Euro.“

Kreditgenossenschaften, die das Warengeschäft betreiben, haben in den Posten 4 Forderungen an Kunden in der Bilanz zusätzlich folgenden Darunterposten einzufügen:

„Warenforderungen ...... Euro“.

Finanzdienstleitungsinstitute sowie Kreditinstitute, sofern letztere Skontroführer im Sinne des § 27 Abs. 1 des Börsengesetzes und nicht Einlagenkreditinstitute im Sinne des § 1 Abs. 3d Satz 1 des Gesetzes über das Kreditwesen sind, haben den Posten 4 Forderungen an Kunden in der Bilanz wie folgt zu untergliedern:

„darunter:
an Finanzdienstleistungsinstitute ...... Euro

3) Kreditgenossenschaften, die das Warengeschäft betreiben, haben nach dem Posten 6 Aktien und andere nicht festverzinsliche Wertpapiere in der Bilanz folgenden Posten einzufügen:

„6aa. Warenbestand .... Euro“.

4) Institute in genossenschaftlicher Rechtsform und genossenschaftliche Zentralbanken haben den Posten 7 Beteiligungen in der Bilanz wie folgt zu untergliedern:

„a) Beteiligungen	..... Euro	
darunter:		
an Kreditinstituten ...... Euro		
an Finanzdienstleistungsinstituten ...... Euro		
b) Geschäftsguthaben bei Genossenschaften	..... Euro	..... Euro
darunter:		
bei Kreditgenossenschaften ...... Euro		
bei Finanzdienstleistungsinstituten ...... Euro“.		

5) Pfandbriefbanken haben den Posten 15 Rechnungsabgrenzungsposten in der Bilanz wie folgt zu untergliedern:

„a) aus dem Emissions- und Darlehensgeschäft	..... Euro	
b) andere	..... Euro	.... Euro“.

6) Folgende Arten von Instituten haben den Posten 1 Verbindlichkeiten gegenüber Kreditinstituten in der Bilanz wie folgt zu untergliedern:

Pfandbriefbanken:	„a) begebene Hypotheken-Namenspfandbriefe	...... Euro
	b) begebene öffentliche Namenspfandbriefe	...... Euro

	c) andere Verbindlichkeiten darunter: täglich fällig ...... Euro zur Sicherstellung aufgenommener Darlehen an den Darlehensgeber ausgehändigte Hypotheken-Namenspfandbriefe ......Euro und öffentliche Namenspfandbriefe ...... Euro",	...... Euro	...... Euro
Bausparkassen:	„a) Bauspareinlagen darunter: auf gekündigte Verträge ...... Euro auf zugeteilte Verträge ...... Euro		...... Euro
	b) andere Verbindlichkeiten darunter: täglich fällig ...... Euro".	...... Euro	...... Euro

7) Pfandbriefbanken haben den Posten 2 Verbindlichkeiten gegenüber Kunden in der Bilanz wie folgt zu untergliedern:

„a) begebene Hypotheken-Namenspfandbriefe		...... Euro
b) begebene öffentliche Namenspfandbriefe		...... Euro
c) Spareinlagen		
ca) mit vereinbarter Kündigungsfrist von drei Monaten	...... Euro	
cb) mit vereinbarter Kündigungsfrist von mehr als drei Monaten	...... Euro	...... Euro
d) andere Verbindlichkeiten darunter: täglich fällig ...... Euro zur Sicherstellung aufgenommener Darlehen an den Darlehensgeber ausgehändigte Hypotheken-Namenspfandbriefe ......Euro und öffentliche Namenspfandbriefe ...... Euro".	...... Euro	...... Euro

Bausparkassen haben statt des Unterpostens a Spareinlagen in der Bilanz folgenden Unterposten auszuweisen:

„a) Einlagen aus dem Bauspargeschäft und Spareinlagen		
aa) Bauspareinlagen darunter: auf gekündigte Verträge ...... Euro auf zugeteilte Verträge ...... Euro	...... Euro	
ab) Abschlusseinlagen	...... Euro	
ac) Spareinlagen mit vereinbarter Kündigungsfrist von drei Monaten	...... Euro	
ad) Spareinlagen mit vereinbarter Kündigungsfrist von mehr als drei Monaten	...... Euro	.... Euro".

Finanzdienstleistungsinstitute sowie Kreditinstitute, sofern letztere Skontroführer im Sinne des § 27 Abs. 1 des Börsengesetzes und nicht Einlagenkreditinstitute im Sinne des § 1 Abs. 3d Satz 1 des Gesetzes über das Kreditwesen sind, haben den Posten 2 Verbindlichkeiten gegenüber Kunden in der Bilanz wie folgt zu untergliedern:

„darunter:
gegenüber Finanzdienstleistungsinstituten ...... Euro

8) Kreditgenossenschaften, die das Warengeschäft betreiben, haben nach dem Posten 2 Verbindlichkeiten gegenüber Kunden in der Bilanz folgenden Posten einzufügen:

„2a. Verpflichtungen aus Warengeschäften und aufgenommenen Warenkrediten .... Euro".

9) Pfandbriefbanken haben den Posten 3 Verbriefte Verbindlichkeiten in der Bilanz wie folgt zu untergliedern:

„a) begebene Schuldverschreibungen			
aa) Hypothekenpfandbriefe	...... Euro		
ab) öffentliche Pfandbriefe	...... Euro		
ac) sonstige Schuldverschreibungen	...... Euro	...... Euro	
b) andere verbriefte Verbindlichkeiten darunter: Geldmarktpapiere...... Euro".		...... Euro	...... Euro

Kreditgenossenschaften, die das Warengeschäft betreiben, haben im Posten 3 Verbriefte Verbindlichkeiten zu dem Darunterposten 3b Eigene Akzepte und Solawechsel im Umlauf folgenden zusätzlichen Darunterposten einzufügen:

„aus dem Warengeschäft ...... Euro".

10) Pfandbriefbanken haben den Posten 6 Rechnungsabgrenzungsposten in der Bilanz wie folgt zu untergliedern:

„a) aus dem Emissions- und Darlehensgeschäft	...... Euro	
b) andere	...... Euro	... Euro".

11) Bausparkassen haben nach dem Posten 7 Rückstellungen in der Bilanz folgenden Posten einzufügen:

„7a. Fonds zu bauspartechnischen Absicherung ..... Euro".

12) Genossenschaften haben in der Bilanz beim Unterposten a gezeichnetes Kapital sowohl die Geschäftsguthaben der Genossen als auch die Einlagen stiller Gesellschafter auszuweisen.

13) Genossenschaften haben in der Bilanz an Stelle der Gewinnrücklagen die Ergebnisrücklagen auszuweisen und wie folgt aufzugliedern:

„ca) gesetzliche Rücklage	...... Euro	
cb) andere Ergebnisrücklagen	...... Euro	... Euro".

Die Ergebnisrücklage nach § 73 Abs. 3 des Gesetzes betreffend die Erwerbs- und Wirtschaftsgenossenschaften und die Beträge, die aus dieser Ergebnisrücklage an ausgeschiedene Genossen auszuzahlen sind, müssen vermerkt werden.

Formblatt 2

***Formblatt 2** (Kontoform)*

Gewinn- und Verlustrechnung

der ....

für die Zeit vom ....bis..

Aufwendungen	Euro	Euro	Euro
1. Zinsaufwendungen[1]			......
2. Provisionsaufwendungen[4]			......
3. Nettoaufwand des Handelsbestands 6), 7)			......
4. Allgemeine Verwaltungsaufwendungen			
a) Personalaufwand		......	
aa) Löhne und Gehälter	......		
ab) Soziale Abgaben und Aufwendungen für Altersversorgung und für Unterstützung	......	......	
darunter: für Altersversorgung ...... Euro			
b) andere Verwaltungsaufwendungen		......	......
5. Abschreibungen und Wertberichtigungen auf immaterielle Anlagewerte und Sachanlagen			......
6. Sonstige betriebliche Aufwendungen			......
7. Abschreibungen und Wertberichtigungen auf Forderungen und bestimmte Wertpapiere sowie Zuführungen zu Rückstellungen im Kreditgeschäft			......
8. Abschreibungen und Wertberichtigungen auf Beteiligungen, Anteile an verbundenen Unternehmen und wie Anlagevermögen behandelte Wertpapiere			......
9. Aufwendungen aus Verlustübernahme			......
10. (weggefallen)			
11. Außerordentliche Aufwendungen			......
12. Steuern vom Einkommen und vom Ertrag			......
13. Sonstige Steuern, soweit nicht unter Posten 6 ausgewiesen			......
14. Auf Grund einer Gewinngemeinschaft, eines Gewinnabführungs- oder eines Teilgewinnabführungsvertrags abgeführte Gewinne			......
15. Jahresüberschuss			......
Summe der Aufwendungen			......

Erträge	Euro	Euro
1. Zinserträge aus[2]		
a) Kredit- und Geldmarktgeschäften	......	
b) festverzinslichen Wertpapieren und Schuldbuchforderungen	......	......
2. Laufende Erträge aus		
a) Aktien und anderen nicht festverzinslichen Wertpapieren	......	
b) Beteiligungen[3]	......	
c) Anteilen an verbundenen Unternehmen	......	......
3. Erträge aus Gewinngemeinschaften, Gewinnabführungs- oder Teilgewinnabführungsverträgen		......
4. Provisionserträge[5]		......
5. Nettoertrag des Handelsbestands 6), 7)		......
6. Erträge aus Zuschreibungen zu Forderungen und bestimmten Wertpapieren sowie aus der Auflösung von Rückstellungen im Kreditgeschäft		......
7. Erträge aus Zuschreibungen zu Beteiligungen, Anteilen an verbunden Unternehmen und wie Anlagevermögen behandelten Wertpapiere		......
8. Sonstige betriebliche Erträge		......
9. (weggefallen)		
10. Außerordentliche Erträge		......
11. Erträge aus Verlustübernahme		......
12. Jahresfehlbetrag		......
Summe der Erträge		......

noch Gewinn- und Verlustrechnung (Kontoform)

		Euro	Euro
1.	Jahresüberschuss / Jahresfehlbetrag		......
2.	Gewinnvortrag / Verlustvortrag aus dem Vorjahr		......
3.	Entnahmen aus der Kapitalrücklage		......
4.	Entnahmen aus Gewinnrücklagen		
	a) aus der gesetzlichen Rücklage	......	
	b) aus der Rücklage für Anteile an einem herrschenden oder mehrheitlich beteiligten Unternehmen	......	
	c) aus satzungsmäßigen Rücklagen	......	
	d) aus anderen Gewinnrücklagen	......	......
5.	Entnahmen aus Genussrechtskapital		......
6.	Einstellungen in Gewinnrücklagen		
	a) in die gesetzliche Rücklage	......	
	b) in die Rücklage für Anteile an einem herrschenden oder mehrheitlich beteiligten Unternehmen	......	
	c) in satzungsmäßige Rücklagen	......	
	d) in andere Gewinnrücklagen	......	......
7.	Wiederauffüllung des Genussrechtskapitals		......
8.	Bilanzgewinn / Bilanzverlust		......

[1] Bausparkassen haben den Posten 1 Zinsaufwendungen in der Gewinn- und Verlustrechnung wie folgt zu untergliedern:

"a) für Bauspareinlagen ...... Euro
b) andere Zinsaufwendungen ...... Euro .... Euro."

[2] Bausparkassen haben im Ertragsposten 1 den Unterposten a Zinserträge aus Kredit- und Geldmarktgeschäften in der Gewinn- und Verlustrechnung wie folgt zu untergliedern:

"aa) Bauspardarlehen ...... Euro
ab) Vor- und Zwischenfinanzierungskrediten ...... Euro
ac) sonstigen Baudarlehen ...... Euro
ad) sonstigen Kredit- und Geldmarktgeschäften ...... Euro .... Euro".

[3] Institute in genossenschaftlicher Rechtsform und genossenschaftliche Zentralbanken haben im Ertragsposten 2 den Unterposten b Laufende Erträge aus Beteiligungen in der Gewinn- und Verlustrechnung um die Worte "und aus Geschäftsguthaben bei Genossenschaften" zu ergänzen.

[4] Bausparkassen haben den Posten 2 Provisionsaufwendungen in der Gewinn- und Verlustrechnung wie folgt zu untergliedern:

"a) Provisionen für Vertragsabschluss und -vermittlung ..... Euro
b) andere Provisionsaufwendungen ..... Euro .... Euro".

Institute, die Skontroführer im Sinne des § 27 Abs. 1 des Börsengesetzes und nicht Einlagenkreditinstitute im Sinne des § 1 Abs. 3d Satz 1 des Gesetzes über das Kreditwesen sind, haben den Aufwandposten 2 Provisionsaufwendungen wie folgt zu untergliedern:

"davon:
a) Courtageaufwendungen .... Euro
b) Courtage für Poolausgleich .... Euro".

[5] Bausparkassen haben den Posten 4 Provisionserträge in der Gewinn- und Verlustrechnung wie folgt zu untergliedern:

„a) aus Vertragsabschluss und -vermittlung ..... Euro
b) aus der Darlehensregelung nach der Zuteilung ..... Euro
c) aus Bereitstellung und Bearbeitung von Vor- und Zwischenfinanzierungskrediten ..... Euro
d) andere Provisionserträge ..... Euro ..... Euro".

Institute, die Skontroführer im Sinne des § 27 Abs. 1 des Börsengesetzes und nicht Einlagenkreditinstitute im Sinne des § 1 Abs. 3d Satz 1 des Gesetzes über das Kreditwesen sind, haben den Ertragsposten 4 Provisionserträge wie folgt zu untergliedern:

"davon:
a) Courtageerträge .... Euro
b) Courtage für Poolausgleich .... Euro".

[6] Kreditgenossenschaften, die das Warengeschäft betreiben, haben nach dem Aufwandsposten 3 Nettoaufwand des Handelsbestands oder

nach dem Ertragsposten 5 Nettoertrag des Handelsbestands in der Gewinn- und Verlustrechnung folgenden Posten einzufügen:

"3a. / 5a. Rohergebnis aus Warenverkehr und Nebenbetrieben	.... Euro".

[7] Finanzdienstleistungsinstitute, sofern sie nicht Skontroführer im Sinne des § 27 Abs. 1 des Börsengesetzes sind, haben anstatt des Aufwandpostens 3 Nettoaufwand des Handelsbestands in der Gewinn- und Verlustrechnung folgenden Posten aufzuführen:

"3. Aufwand des Handelsbestands	..... Euro"

und anstatt des Ertragspostens 5 Nettoertrag des Handelsbestands folgenden Posten aufzuführen:

"5. Ertrag des Handelsbestands	.... Euro".

Institute, die Skontroführer im Sinne des § 27 Abs. 1 des Börsengesetzes und nicht Einlagenkreditinstitute im Sinne des § 1 Abs. 3d Satz 1 des Gesetzes über das Kreditwesen sind, haben anstatt des Aufwandpostens 3 Nettoaufwand des Handelsbestands in der Gewinn- und Verlustrechnung folgende Posten aufzuführen:

3. Aufwand des Handelsbestands		.... Euro
davon:		
a) Wertpapiere	.... Euro	
b) Futures	.... Euro	
c) Optionen	.... Euro	
d) Kursdifferenzen aus Aufgabegeschäften	.... Euro	

und anstatt des Ertragspostens 5 Nettoertrag des Handelsbestands folgende Posten aufzuführen:

5. Ertrag des Handelsbestands		.... Euro
davon:		
a) Wertpapiere	.... Euro	
b) Futures	.... Euro	
c) Optionen	.... Euro	
d) Kursdifferenzen aus Aufgabegeschäften	.... Euro".	

Formblatt 3

Formblatt 3 *(Staffelform)*

Gewinn- und Verlustrechnung

der ....

für die Zeit vom ....bis..

	Euro	Euro	Euro
1. Zinserträge aus[1]			
a) Kredit- und Geldmarktgeschäften		......	
b) festverzinslichen Wertpapieren und Schuldbuchforderungen		......	......
2. Zinsaufwendungen[2]			......
3. Laufende Erträge aus			
a) Aktien und anderen nicht festverzinslichen Wertpapieren		......	
b) Beteiligungen[3]		......	
c) Anteilen an verbundenen Unternehmen		......	......
4. Erträge aus Gewinngemeinschaften, Gewinnabführungs- oder Teilgewinnabführungsverträgen			......
5. Provisionserträge[4]			......
6. Provisionsaufwendungen[5]			......
7. Nettoertrag oder Nettoaufwand des Handelsbestands[6), 7)]			......
8. Sonstige betriebliche Erträge			......
9. (weggefallen)			
10. Allgemeine Verwaltungsaufwendungen			
a) Personalaufwand			
aa) Löhne und Gehälter	......		
ab) Soziale Abgaben und Aufwendungen für Alterversorgung und für Unterstützung darunter: für Altersversorgung ...... Euro	......	......	
b) andere Verwaltungsaufwendungen		......	......
11. Abschreibungen und Wertberichtigungen auf immaterielle Anlagewerte und Sachanlagen			......
12. Sonstige betriebliche Aufwendungen			......
13. Abschreibungen und Wertberichtigungen auf Forderungen und bestimmte Wertpapiere sowie Zuführungen zu Rückstellungen im Kreditgeschäft			......
14. Erträge aus Zuschreibungen zu Forderungen und bestimmten Wertpapieren sowie aus der Auflösung von Rückstellungen im Kreditgeschäft			......
15. Abschreibungen und Wertberichtigungen auf Beteiligungen, Anteile an verbundenen Unternehmen und wie Anlagevermögen behandelte Wertpapiere			......
16. Erträge aus Zuschreibungen zu Beteiligungen, Anteilen an verbunden Unternehmen und wie Anlagevermögen behandelten Wertpapieren			......
17. Aufwendungen aus Verlustübernahme			......
18. (weggefallen)			
19. Ergebnis der normalen Geschäftstätigkeit			......
20. Außerordentliche Erträge		......	
21. Außerordentliche Aufwendungen		......	
22. Außerordentliches Ergebnis		......	......
23. Steuern vom Einkommen und vom Ertrag		......	
24. Sonstige Steuern, soweit nicht unter Posten 12 ausgewiesen		......	......
25. Erträge aus Verlustübernahme			......
26. Auf Grund einer Gewinngemeinschaft, eines Gewinnabführungs- oder eines Teilgewinnabführungsvertrags abgeführte Gewinne			......

noch Gewinn- und Verlustrechnung (Staffelform)

27. Jahresüberschuss / Jahresfehlbetrag		......
28. Gewinnvortrag / Verlustvortrag aus dem Vorjahr		......
		......
29. Entnahmen aus der Kapitalrücklage		......
		......
30. Entnahmen aus Gewinnrücklagen		
a) aus der gesetzlichen Rücklage	......	
b) aus der Rücklage für Anteile an einem herrschenden oder mehrheitlich beteiligten Unternehmen	......	
c) aus satzungsmäßigen Rücklagen	......	
d) aus anderen Gewinnrücklagen	......	......
		......
31. Entnahmen aus Genussrechtskapital		......
		......
32. Einstellungen in Gewinnrücklagen		
a) in die gesetzliche Rücklage	......	
b) in die Rücklage für Anteile an einem herrschenden oder mehrheitlich beteiligten Unternehmen	......	
c) in satzungsmäßige Rücklagen	......	
d) in andere Gewinnrücklagen	......	......
		......
33. Wiederauffüllung des Genussrechtskapitals		......
34. Bilanzgewinn / Bilanzverlust		......

[1] Bausparkassen haben im Ertragsposten 1 den Unterposten a Zinserträge aus Kredit- und Geldmarktgeschäften in der Gewinn- und Verlustrechnung wie folgt zu untergliedern:

"aa) Bauspardarlehen	...... Euro	
ab) Vor- und Zwischenfinanzierungskrediten	...... Euro	
ac) sonstigen Baudarlehen	...... Euro	
ad) sonstigen Kredit- und Geldmarktgeschäften	...... Euro	.... Euro".

[2] Bausparkassen haben den Posten 2 Zinsaufwendungen in der Gewinn- und Verlustrechung wie folgt zu untergliedern:

"a) für Bauspareinlagen	...... Euro	
b) andere Zinsaufwendungen	...... Euro	.... Euro."

[3] Institute in genossenschaftlicher Rechtsform und genossenschaftliche Zentralbanken haben im Ertragsposten 3 den Unterposten b Laufende Erträge aus Beteiligungen in der Gewinn- und Verlustrechnung um die Worte "und aus Geschäftsguthaben bei Genossenschaften" zu ergänzen.

[4] Bausparkassen haben den Posten 5 Provisionserträge in der Gewinn- und Verlustrechnung wie folgt zu untergliedern:

"a) aus Vertragsabschluss und -vermittlung	..... Euro	
b) aus Darlehensregelungen nach der Zuteilung	..... Euro	
c) aus Bereitstellung und Bearbeitung von Vor- und Zwischenfinanzierungskrediten	..... Euro	
d) andere Provisionserträge	..... Euro	..... Euro".

Institute, die Skontroführer im Sinne des § 27 Abs. 1 des Börsengesetzes und nicht Einlagenkreditinstitute im Sinne des § 1 Abs. 3d Satz 1 des Gesetzes über das Kreditwesen sind, haben den Ertragsposten 5 Provisionserträge wie folgt zu untergliedern:

„davon:
a) Courtageerträge .... Euro
b) Courtage aus Poolausgleich .... Euro".

[5] Bausparkassen haben den Posten 6 Provisionsaufwendungen in der Gewinn- und Verlustrechnung wie folgt zu untergliedern:

„a) Provisionen für Vertragsabschluss und -vermittlung	..... Euro	
b) andere Provisionsaufwendungen	..... Euro	.... Euro".

Institute, die Skontroführer im Sinne des § 27 Abs. 1 des Börsengesetzes und nicht Einlagenkreditinstitute im Sinne des § 1 Abs. 3d Satz 1 des Gesetzes über das Kreditwesen sind, haben den Aufwandposten 6 Provisionsaufwendungen wie folgt zu untergliedern:

"davon:
a) Courtageaufwendungen .... Euro
b) Courtage für Poolausgleich .... Euro".

6) Kreditgenossenschaften, die das Warengeschäft betreiben, haben nach dem Aufwand- oder Ertragsposten 7 Nettoertrag oder Nettoaufwand des Handelsbestands in der Gewinn- und Verlustrechnung folgenden Posten einzufügen:

"7a. Rohergebnis aus Warenverkehr und Nebenbetrieben .... Euro".

7) Finanzdienstleistungsinstitute, sofern sie nicht Skontroführer im Sinne des § 27 Abs. 1 des Börsengesetzes sind, haben anstatt des Aufwand- oder Ertragsposten 7 Nettoertrag oder Nettoaufwand des Handelsbestands in der Gewinn- und Verlustrechnung folgende Posten aufzuführen:

"7a. Ertrag des Handelsbestands ..... Euro
7b. Aufwand des Handelsbestands .... Euro".

Institute, die Skontroführer im Sinne des § 27 Abs. 1 des Börsengesetzes und nicht Einlagenkreditinstitute im Sinne des § 1 Abs. 3d Satz 1 des Gesetzes über das Kreditwesen sind, haben anstatt des Aufwand- oder Ertragspostens 7 Nettoertrag oder Nettoaufwand des Handelsbestands in der Gewinn- und Verlustrechnung folgende Posten aufzuführen:

"7a. Ertrag des Handelsbestands .... Euro

davon:
aa) Wertpapiere .... Euro
ab) Futures .... Euro
ac) Optionen .... Euro
ad) Kursdifferenzen aus Aufgabegeschäften .... Euro

7b. Aufwand des Handelsbestands .... Euro

davon:
ba) Wertpapiere .... Euro
bb) Futures ... Euro
bc) Optionen .... Euro
bd) Kursdifferenzen aus Aufgabegeschäften .... Euro".

Abkürzungsverzeichnis

ABl.	Amtsblatt (EG)
AG	Aktiengesellschaft
AGB	Allgemeine Geschäftsbedingungen
AGB-Gesetz	Gesetz zur Regelung des Rechts der Allgemeinen Geschäftsbedingungen
AKA	AKA – Ausfuhrkredit-GmbH, Frankfurt am Main
AktG	Aktiengesetz
AKV	Deutscher Auslandskassenverein AG, Frankfurt am Main
AMR	Anweisungen über Mindestreserven
AufsRL	Aufsichtsrichtlinie
AWV	Außenwirtschaftsverordnung
BaFin	Bundesanstalt für Finanzdienstleistungsaufsicht
BAK	Bundesaufsichtsamt für das Kreditwesen (Nachfolger: BaFin)
BBankG	Gesetz über die Deutsche Bundesbank (Bundesbankgesetz)
BERI	Business Environment Risk Index
BGB	Bürgerliches Gesetzbuch
BGBl.	Bundesgesetzblatt
BilMoG	Bilanzrechtsmodernisierungsgesetz
BiRiLiG	Bilanzrichtlinien-Gesetz
BIZ	Bank für internationalen Zahlungsausgleich
BörsG	Börsengesetz
BörsZulV	Börsenzulassungs-Verordnung
BSP	Brutto-Sozialprodukt
BStBl.	Bundessteuerblatt
CD	Certificate of Deposit
CEDEL	Centrale de Livraison de Valeurs Mobiliers, Luxemburg
CESR	Committee of Europe Securities Regulators
DepotG	Gesetz über die Verwahrung und Anschaffung von Wertpapieren (Depotgesetz)
DG-Bank	Deutsche Genossenschaftsbank
ECU	European Currency Unit (Europäische Währungseinheit)
EDV	Elektronische Datenverarbeitung
EFT	Electronic Fund Transfer
EG	Europäische Gemeinschaft
EGV	EG-Vertrag
EONIA	European Over Night Index Average
ERP	European Recovery Program (Europäisches Wiederaufbauprogramm; Marshall Plan)
ESZB	System der Europäischen Zentralbanken
EURIBOR	Euro Interbank Offered Rate
EUR	Euro
EWR	Europäischer Wirtschaftsraum
EWS	Europäisches Währungssystem
EZB	Europäische Zentralbank
FinDAG	Finanzdienstleistungsaufsichtsgesetz
FMFG	Finanzmarktförderungsgesetz

FRBNY	Federal Reserve Bank of New York
FRN	Floating Rate Note
FRUG	Finanzmarktrichtlinie-Umsetzungsgesetz
GenG	Gesetz betreffend die Erwerbs- und Wirtschaftsgenossenschaften (Genossenschaftsgesetz)
GewESt	Gewerbeertragsteuer
GmbH	Gesellschaft mit beschränkter Haftung
HBR	Harvard Business Review
HdB	Handwörterbuch der Betriebswirtschaft
HdF	Handwörterbuch der Finanzwirtschaft
HdO	Handwörterbuch der Organisation
HGB	Handelsgesetzbuch
HWS	Handwörterbuch der Sparkassen
IWF	Internationaler Währungsfonds
KfW	Kreditanstalt für Wiederaufbau, Frankfurt am Main
KG	Kommanditgesellschaft
KGaA	Kommanditgesellschaft auf Aktien
KuK	Kredit und Kapital
KWG	Gesetz über das Kreditwesen (Kreditwesengesetz)
LIBOR	London Interbank Offered Rate
LiqV	Liquiditätsverordnung
MaRisk	Mindestanforderungen an das Risikomanagement
MDB	Monatsberichte der Deutschen Bundesbank
MiFiD	EU-Richtlinie über Märkte für Finanzinstrumente
mm	manager magazin
MNB	Multinationale Bank
n. F.	neue Fassung
NZB	Nationale Zentralbank
OECD	Organization for Economic Cooperation and Development
OHG	Offene Handelsgesellschaft
PublG	Gesetz über die Rechnungslegung von bestimmten Unternehmen und Konzernen
PrüfbV	Prüfungsberichtsverordnung vom 23.12.2009
RE	Rechnungseinheit
RechKredV	Verordnung über die Rechnungslegung der Kreditinstitute
RRN	Rolling Rate Note
SolvV	Solvabilitätsverordnung
SWIFT	Society for Worldwide Interbank Financial Telecommunication
SZR	Sonderziehungsrechte
TEUR	Tausend Euro
UBGG	Gesetz über Unternehmensbeteiligungsgesellschaften
USD	US-Dollar
VAG	Versicherungsaufsichtsgesetz
WpHG	Wertpapierhandelsgesetz
WiSt	Wirtschaftswissenschaftliche Studium
Wisu	Das Wirtschaftsstudium
WpPG	Wertpapierprospektgesetz
ZAG	Zahlungsdiensteaufsichtsgesetz
ZDUG	Zahlungsdiensteumsetzungsgesetz
ZfB	Zeitschrift für Betriebswirtschaft
ZfbF	Zeitschrift für betriebswirtschaftliche Forschung
ZfhF	Zeitschrift für handelswissenschaftliche Forschung
ZfK	Zeitschrift für das gesamte Kreditwesen

Literaturverzeichnis

Abel, G.: Zur langfristigen Planung in Kreditinstituten. ÖBA 1970, 114–133

Abels, P./W. Klünder: Unternehmensanalyse und Rentabilitätssteuerung. B.Bl. 1981, 26–31

Achleitner, A.-K.: Handbuch Investmentbanking. Unter Mitarbeit von Dresig, T. u.a., Wiesbaden 1999. 343–372

Adel, M. van den: Wandlungen auf dem Eurogeld- und Eurokapitalmarkt. ZfK 1981, 254–258

Albert, H.: Marktsoziologie und Entscheidungslogik, ökonomische Probleme in soziologischer Perspektive. Neuwied am Rhein 1967

Altman, E.I.: Corporate Bankruptcy in America. Lexington (Mass.) 1971

Altman, E.I.: The Z-Score Bankruptcy Model: Past, Present, and Future. Financial Crises. Institutions and Markets in a Fragile Environment. Ed. by E. I. Altman and A. W. Sametz. New York usw. 1977, 89–108

Angelini, A./M. **Eng/F.A. Lee:** International Lending. London 1979

Arbeitsgruppe Optionsgeschäft: Leitfaden für das börsenmäßige Optionsgeschäft. 5. neu bearb. Aufl. Frankfurt/Main 1983

Arbeitskreis „Planungsprobleme in Banken": Studien zur Budgetierung der Personal- und Sachaufwendungen sowie Studien zur Organisation der Personalplanung. o. V. (Schmalenbach-Gesellschaft), Köln 1976

Arnold, W.: Die Novelle des deutschen Kreditwesengesetzes. ÖBA 1985, 87–96

Arnold, W./K.-H. Boos: Vierte KWG-Novelle schafft Basis für gemeinsamen EG-Bankenmarkt. Die Bank 7/1991, 364–368

Assmann, H.-D.: American Depositary Receipts (ADR's). Recht der Internationalen Wirtschaft 1982, 69–78

Aust, E.: Der Wettbewerb in der Bankwirtschaft. Frankfurt am Main 1963

BaFin: Rundschreiben 11/2010 (BA) – Mindestanforderungen an das Risikomanagement – MaRisk. Bonn/Frankfurt a.M. 15.12.2010

Bahsi, G./G. Ringle: Die Bestimmung der optimalen Organisationsform mit Hilfe der ScoringMethode. ZfO 1981, 208–214

Bank of England: Eurobanks and the inter-bank market. Quarterly Bulletin, Vol. 21, 1981, 351–364

Bank of England: Techniques for assessing Corporate financial strength. Bank of England Quarterly Bulletin. Vol. 22, Number 2, June 1982, 221–223

Bauer, H.-P.: Möglichkeiten einer Applikation von Operations-Research-Verfahren im Bankbetrieb. Schweizer Banken in der Welt von morgen. Hrsg. von L. Schuster. Bern 1975, 257–280

Becker, J.: Quotenkonsolidierung. ZfK 1980, 492–498

Beer, A.: Rentenoptionen zur Kurssicherung und Zinsspekulation. BZ 27.3.1986

Beermann, K.: Prognosemöglichkeiten von Kapitalverlusten mit Hilfe von Jahresabschlüssen. Düsseldorf 1976

Behrens, R./Merkel, R.: Mergers & Acquisitions. Stuttgart 1990

Bender, E./U. Jacob/C. Kunze: Leitfaden durch die Planung, Organisation und Kostenkontrolle. Stuttgart o.J. (1977)

Benett, S./D. Bowers: An Introduction to Multivariate Techniques for Social and Behavioural Sciences. London 1977

Benner, W.: Planspiele für Kreditinstitute. Göttingen 1971

Benner, W.: Der liquiditätsmäßig-finanzielle Bereich (LFB) als Gegenstand der wissenschaftlichen Bankbetriebslehre. Bankbetriebliches Lesebuch. Hrsg. von H.-D. Deppe. Stuttgart 1978, 341–390

Benölken, H. u.a.: Kundenorientierung im Kreditgeschäft – auch betriebswirtschaftlich-organisatorisch sinnvoll? Sparkasse 1976, 145–148

Benölken, H./H. Wings: Strategisches Bank-Controlling. Die Bank 1984, 579–581 (I); 1985, 19–24 (II); 1985, 78–79 (III); 1985, 143–146 (IV)

Benölken, H.: Strategisches Kreditcontrolling. Vortrag an der Wirtschaftsuniversität Wien am 27.1.1987

Berger, K.P.: Die Eigenkapitalausstattung der Banken nach neuem EG-Recht. Betriebs-Berater 1989, 1017–1022

Bernet, B.: Zur Preispolitik der Schweizer Banken. Eine Bestandsaufnahme der aktuellen preispolitischen Diskussion. ÖBA 1995, 31–39.

Bernstein, J.: Facts an Futures. Insights and Strategies for Winning in the Futures Markets. Chicago, III. 1987

BIZ: Recent Innovations in International Banking. April 1986. Second Impression. Basel o.J. (1986)

BIZ: Empfehlungen für Wertpapierabwicklungssysteme Basel, November 2001

Black, F./M. **Scholes:** The Pricing of Options and Corporate Liabilities. Journal of Political Economy, Vol. 81, Number 3, May/June 1973, 637–654

Blanz, H.: Kontrolle im Bankbetrieb. Diss. München 1978

Blau, P. M./W. R. Scott: Formal Organizations. Repr. London 1964

Bley, S.: Grundlagen und Praxis des Wertpapiergeschäfts. 4. Aufl. Stuttgart o. J. (1979)

Blitz, J.: Computerhandel nun auch im Kassamarkt. Die Bank 5/1991, 258–262

Böcker, F./E. Dichtl/P. Penzkofer: Netzplantechnik und Jahresabschlußprüfung. Frankfurt am Main 1970

Börner, C.J.: Strategisches Bankmanagement. Ressourcen- und marktorientierte Strategien von Universalbanken. München-Wien 2000

Bogges, W.P.: Screen-test your credit risks. HBR Vol. 45, Nov.-Dec. 1967, 113–122

Bohnen, A.: Zur Kritik des modernen Empirismus. Theorie und Realität. Hrsg. von H. Albert. 2. Aufl. Tübingen 1972, 171–190

Bookstaber, R.M.: Option Pricing and Strategies in Investing. Reading, Mass. 1981 (3rd print. London 1984)

Boos, K.-H./H. Schulte-Mattler: Neuregelungen des Eigenkapitalgrundsatzes I. Die Bank 1993, 358–363

Bosetzky, H.: Zur Erzeugung von Eigenkomplexität in Großorganisationen. ZfO 1976, 279–285

Bouveret, A. M.: Elektronischer Zahlungsverkehr (EFTS). Würzburg-Wien 1981

Brink, U.: Rechtsbeziehungen und Rechtsübertragung im nationalen und internationalen Effektengiroverkehr. Berlin 1976

Brink, U.: Zum Ende des Abtretungsverbots. FLF 1994, 212–214

Buchal, D.: Advantage – Anforderungen an ein Karten-Management Cards/Karten/Cartes. 4/1994, 24–30

Buchal, D.: Automated Clearing Houses – Partner im europäischen Massenzahlungsverkehr. bum 10/1994, 15–19

Buchner, R.: Grundzüge der Finanzanalyse. München 1981

Bühler, W./W. **Feuchtmüller/M. Vogel** (Hrsg.): Financial Futures. Wien 1985

Bühler, W./K.-H. Hertenstein: Bonitätsprognose und Kreditmanagement. ÖBA 1987, 355–365

Bühler, W./W. **episch:** Stückkosten und Stückkostenkalkulation in österreichischen Kreditinstituten. ÖBA 1985, 343–362

Bühner, R.: Strategie und Organisation. Wiesbaden 1985

Büschgen, H. E.: Wissenschaftliche Unternehmensführung und operations research im Bankbetrieb. Bank-Betrieb 1969, 206–212 (Teil I) und 351–358 (Teil II)

Büschgen, H.E.: Das Universalbanksystem. Frankfurt am Main 1971

Büschgen, H.E.: Bankbetriebslehre. Wiesbaden 1972

Büschgen, H.E.: Bankbetriebslehre. Stuttgart 1979

Büschgen, H. E.: Strategische Planung im marktorientierten Bankbetrieb. Die Bank 1983, 260–271

Bundestags-Drucksache 10/1441: Entwurf eines Dritten Gesetzes zur Änderung des Gesetzes über das Kreditwesen (14. 5.1984) Bonn 1984

Cane, A.: The EFT Revolution. The Banker February 1982, 59–65

Cecchini, P.: Europa '92. Der Vorteil des Binnenmarktes. Baden-Baden 1988

Chmielewicz, K.: Forschungskonzeptionen der Wirtschaftswissenschaft. 2. Aufl. Stuttgart 1979

Christians, F. W.: Emissionsgeschäft der Banken. HdF. Hrsg. von H.-E. Büschgen. Stuttgart 1976, 297–311

Citibank AG (Hrsg.): Electronic Banking. o.D., o. J.

Coase, R. H.: The new institutional economics. Journal of Institutional and Theoretical Economics, Vol. 149, 1984, 229ff.

Coats, W.L. Jr.: The Weekend Eurodollar Garne. The Journal of Finance, Vol. XXXVI, 1981, 649–659

Cohen, K.J./F.S. Hammer: Linear Programming Models for Optimal Bank Dynamic Balance Sheet Management. Mathematical Methods in Investment and Finance. Ed. by G. P. Szegö/K. Sehll. Amsterdam 1972, 387–413

Cooke-Ausschuß: Internationale Konvergenz der Eigenkapitalmessung und Eigenkapitalanforderungen. Juli 1988, ÖBA, Beilage zu Heft 2/1989

Cordero, R.: Der Financial Futures Markt. Bern und Stuttgart 1986

Cramer, J.E./P.J. Hilpert/Team, R.: Die herausgeforderten Banken. 2. Aufl. Frankfurt am Main 1974

Cramer, M.: Das internationale Kreditgeschäft der Banken. Wiesbaden 1981

Crosse, H.D./G.H. Hempel: Management Policies for Commercial Banks. 2nd Ed. Englewood Cliffs, N.J. 1973 (3rd Ed. 1980)

Dahl, W.: Empfehlungen für eine standardisierte Gestaltung von Wertpapieren. Die Bank 1984, 290–294

Dalwigk zu Lichtenfels, von: Das Effektenkommissionsgeschäft. Köln 1975

Davis, S. I.: The Management Function in International Banking. London 1979

Davis, S. I.: The Euro-Bank. 2" Ed. London 1980

Delorme, H.: Vom Wertpapier zum Wertrecht. Die Bank 1981, 431–437

Deppe, H.-D.: Die Ausdehnung des Zweigstellennetzes von Kreditinstituten als bankbetriebliches Führungsproblem. Gegenwartsfragen der Unternehmensführung, Festschrift zum 65. Geburtstag von W. Hasenack. Hrsg. von H.J. Engeleiter. Herne 1966, 395–432

Deppe, H.-D.: Bankbetriebliches Wachstum. Stuttgart 1969

Deppe, H.-D.: Betriebswirtschaftliche Grundlagen der Geldwirtschaft. Band 1: Einführung und Zahlungsverkehr. Stuttgart 1973

Deppe, H.-D.: Geldmarkt und Geldmarktkonzepte. Unternehmen und Gesellschaft. Festschrift zum 75. Geburtstag von W. Hasenack. Hrsg. von H.-J. Engeleiter. Herne 1976, 163–187

Deppe, H.-D.: Eine Konzeption wissenschaftlicher Bankbetriebslehre in drei Doppelstunden. Bankbetriebliches Lesebuch. Hrsg. von H.-D. Deppe, Stuttgart 1978, 3–98

Deutsche Bank AG (Hrsg.): Euro-Finanzierung. Frankfurt am Main 1978

Deutsche Bundesbank (Hrsg.): Die Deutsche Bundesbank. Geldpolitische Aufgaben und Instrumente. Sonderdrucke der Deutschen Bundesbank Nr. 7 o. 0., o.J.

Deutsche Bundesbank (1998): Methodische Anmerkungen zur geldpolitischen Zielgröße „M 3". MDB 3/ 1988, 18–21

Deutsche Bundesbank (1992): Internationale Organisationen und Gremien im Bereich von Währung und Wirtschaft. Sonderdrucke der Deutschen Bundesbank, Nr. 3. 4. Auflage. Frankfurt/Main 1992

Deutsche Bundesbank: Kreditpolitische Regelungen. April 1994. Frankfurt/Main 1994

Deutsche Bundesbank (2001): Die neue Baseler Eigenkapitalvereinbarung (Basel II). MDB 4/2001, 15–44

Deutsche Bundesbank (2002)**:** Das Eigenkapital der Kreditinstitute aus bankinterner und regulatorischer Sicht. MDB 1/2002, 41–60

Deutsche Bundesbank (2002a): Rechnungslegungsstandards für Kreditinstitute im Wandel. MDB 6/2002, 41–57

Deutsche Bundesbank (2002b): Gesetz über die die Deutsche Bundesbank (Bandesbank Act). Frankfurt/Main 2002

Deutsche Bundesbank (2003)**:** Weltweite Organisationen und Gremien im Bereich von Währung und Wirtschaft. Sonderveröffentlichung der Deutschen Bundesbank. Frankfurt/Main 2003

Deutsche Bundesbank (2005): Die Europäische Union: Grundlagen und Politikbereiche außerhalb der Wirtschafts- und Währungsunion. Frankfurt/Main 2005

Deutsche Bundesbank (2006): Die Deutsche Bundesbank. Aufgabenfelder, Rechtlicher Rahmen, Geschichte. Frankfurt/Main 2006

Deutsche Bundesbank (2006a): Die Umsetzung der neuen Eigenkapitalregelungen für Banken in deutsches Recht. MDB 12/2006, 69–91

Deutsche Bundesbank (2009): Finanzstabilitätsbericht 2009. Frankfurt Main November 2009

Deutsche Bundesbank (2010)**:** Das Bilanzrechtsmodernisierungsgesetz aus der Sicht der Bankenaufsicht. MDB 9/2010, 49–68

Deutsche Bundesbank (2010a): Bonitätsanalyse der Deutschen Bundesbank. Frankfurt/Main 2010

Deutsche Bundesbank (2010b): Beurteilung der Bonität von Unternehmen durch die Deutsche Bundesbank im Rahmen der Refinanzierung deutscher Kreditinstitute. Frankfurt/Main 2010.

Dibbern, K.: Effektivverzinsung von Ratenkrediten. Die Bank 1980, 424–426

Dichtl, E./P. Penzkofer: Schalteröffnungszeiten bei Kreditinstituten. ZfK 1970, 978–981 (I); 1024–1025 (II)

Dierolf, G.-O.: Fremdfinanzierungspolitik von Geschäftsbanken. Berlin 1984

Dill, C.-M.: Staatliche Schuldscheindarlehen. Berlin 1981

Dolff, P.: Die Konditionenverhandlungen im Kreditgeschäft der Banken. Wiesbaden 1974

Dolff, P.: Budgetierung als Instrument der Planung, Koordination und Kontrolle in Kreditinstituten. Fragen der Bankplanung aus der Sicht von Wissenschaft und Praxis. Hrsg. von L. Mülhaupt. 2. Aufl. Frankfurt am Main 1978, 29–55

Dombert, A.R.: Die Verbriefung als innovative Finanzierungstechnik. Frankfurt/Main 1987

Donaldson, T.H.: International Lending by Commercial Banks. London 1979

Durstberger, H.: Die Strategische Planung bei US-Banken. Die Bank 1985, 69–73

Dutschke, W./H. Haberkorn: Das Führungs-, Informations- und Steuerungssystem einer Privatbank. Die Bank 1985, 380–390

Edwards, R.D./J. Magee: Technische Analyse von Aktientrends. Darmstadt 1976

Ehret, R.: Dollar-Optionsanleihe einer Kreditbank: Ziele und Konstruktion. Die Bank 1978, 4–6

Eickhoff, K.H./R. Krüger/H.-H. Stachowiak: Multimoment-Studien im Sparkassenbetrieb. Stuttgart 1971

Eilenberger, G.: Determinanten bankbetrieblichen Wettbewerbs. Diss. München 1974

Eilenberger, G.: Banken im Wettbewerb. Berlin 1975

Eilenberger, G.: Bankplanung mit Netzplänen. Orga-praxis 7/1976, Reg. 4.3, 57–70

Eilenberger, G.: Wachsende Geschäftsvolumina als Problem der Unternehmenspolitik von Banken. KuK 1981 (a), 114–135

Eilenberger, G.: Zum Begriff des Bankbetriebes. WiSt 1981 (b), 183–186

Eilenberger, G. (1983 a): Gold. Management-Enzyklopädie. Bd. 4. 2. Aufl. Landsberg/Lech 1983, 353–360

Eilenberger, G. (1983b): Organisation multinationaler Banken. Die Bank 1983, 15–22

Eilenberger, G. (1986a): Betriebliches Rechnungswesen. 3. Aufl. München–Wien 1986 (7. Aufl. 1995).

Eilenberger, G. (1986 b): Währungsrisiken, Währungsmanagement und Devisenkurssicherung. 2. Aufl. 1986 (3. völlig neu bearb. und stark erw. Aufl. Frankfurt/Main 1990)

Eilenberger, G. (1987a): Betriebliche Finanzwirtschaft. Eine Einführung in die Finanzpolitik und das Finanzmanagement von Unternehmungen – Investition und Finanzierung. München-Wien 1985 (5. Aufl. 1994)

Eilenberger, G. (1987 b): Finanzierungsentscheidungen multinationaler Unternehmungen. 2. Aufl. Würzburg-Wien 1987 (1. Aufl. 1980)

Eilenberger, G. (1990a): Lexikon der Finanzinnovationen. München–Wien 1990

Eilenberger, G. (1990b): Internationale Bankensysteme. Lexikon des Bank- und Versicherungswesens. Hrsg. v. H. Schierenbeck, München –Wien 1990, 336–343

Eilenberger, G. (1991 a): Betriebliches Rechnungswesen. 6. Aufl. München–Wien 1991

Eilenberger, G. (1991 b): Ethical Investments – auch für Sparkassen? In: Dienstprinzip und Erwerbsprinzip. Hrsg. von P. Faller und D. Witt. Festschrift für Karl Oettle. Baden-Baden 1991, 310–318

Eilenberger, G. (1991c): Finanzinnovationen. WiSU 11/1991, 811–813

Eilenberger, G. (1996): Lexikon der Finanzinnovationen. München-Wien 1996

Eilenberger, G. (2003): Betriebliche Finanzwirtschaft. 7. Aufl. München – Wien 2003

Eilenberger, G. (2004): Währungsrisiken, Währungsmanagement und Devisenkurssicherung von Unternehmungen. 4. Aufl. Frankfurt a. Main 2004

Eilenberger, G. (2004a): Internationalisierung der Bank-Rechnungslegung: Mehr Transparenz für die Bankbilanz? In: Unternehmensrechnung. Konzeptionen und praktische Umsetzung. Hrsg. von S. Göbel und B. Heni. Festschrift zum 68. Geburtstag von Gerhard Scherrer. München 2004, 65–85

Eilenberger, G. (2004b): Kreditkrise und Unternehmensfinanzierung. In: Schuster, L./A.W. Widmer (Hrsg.): Wege aus der Banken- und Börsenkrise. Berlin, Heidelberg 2004, 135–145

Eilenberger, G. (2008): Neue Finanzierungsformen in der Strategic Corporate Finance: Entrepreneurial Finance, Venture Capital, Private Equity und Hedge-Fonds. In: Finanzstrategisch denken! Paradigmenwechsel zur Strategic Corporate Finance. Hrsg.: Eilenberger, G. et. al. Berlin, Heidelberg 2008, 69–85

Eilenberger, G. (2010): New Forms of Funding in Strategic Corporate Finance: Entrepreneurial Finance, Venture Capital, Private Equity and Hedge Funds. In: Current Challenges for Corporate Finance. Hrsg.: Eilenberger, G. et al., Heidelberg, Dordrecht, London, New York 2010, 63–79

Eilenberger, G. (2011): Geschäftsmodelle von Banken. In: Bieger, Th./D. zu Knyphausen-Aufseß/ Ch. Krys (Hrsg.): Innovative Geschäftsmodelle. Berlin, Heidelberg 2011, 315–328

Eilenberger, G./S. Haghani (Hrsg.): Unternehmensfinanzierung zwischen Strategie und Rendite. Berlin/Heidelberg 2008

Eisfeld, C.: Bankkalkulation in Theorie und Praxis. Sparkasse 1934. Wiederabdruck in B.BI. 1980, 177–184

Eiteman, D. K./A. I. Stonehill: Multinational Business Finance. 2" Ed. Reading, Mass. 1979 (3rd Ed. 1982)

Ellermeier, Ch.: Marktorientierte Bankorganisation. Darmstadt 1975

Ensor, R Epple, M. H./P. Muller: The Essentials of Treasury Management. London 1981

Erdland, A.: Eigenkapital und Einlegerschutz bei Kreditinstituten. Berlin 1981

Europäische Zentralbank (EZB): Die Geldpolitik der EZB. o.V., Frankfurt/M. 2001

Everling, 0. (1991a): Ratingagenturen weltweit. Die Bank 1991, 151–156

Everling, 0. (1991b): Bestimmungsgründe des langfristigen Ratings. Die Bank 1991, 608–612

Everlin, 0. (1992): Credit Rating für Geldmarktpapiere. Die Bank 1992, 78–82

Fabozzi, F.J.: Floating Rate Instruments. Characteristics, Valuation and Portfolio Strategies. Chicago, Ill. 1986

Fabozzi, F.J. (Hrsg.): The Handbook of Treasury Securities, Trading and Portfolio Strategies. Chicago, III. 1987

Fabozzi, F. J./G. M. Kipnis (Ed.): Stock Index Futures. Homewood, III. 1984

Fahrmeir, L./M. Frank/U. Hornsteiner: Bonitätsprüfung mit alternativen Methoden der Diskriminanzanalyse. Die Bank 1994, 368–373

Faißt, L.: Systematisierung der Zusammenarbeit zwischen Innenrevision und Verbandsprüfung. B.BI. 3/1982, 73–78

Farny, D.: Versicherungsbetriebslehre. Karlsruhe 1989

Faust, H./D. Klopfer: Ein EDV-Informationssystem für Sparkassen (2). IBM-Nachrichten 1974, 360–367

Federal Reserve Bank of New York: International Banking Facilities. April 2007 http://www.newyorkfed.org

Ferber, M.: Pensionsgeschäfte der Kreditinstitute. Frankfurt am Main 1969

Feulner, W.: Moderne Verfahren der Kreditwürdigkeitsprüfung im Konsumentenkreditgeschäft. Frankfurt am Main 1980

Fischer, R.: Bankbudgetierung. Bern 1980

Fischer, R.: Einlagensicherung – Institutssicherung. HWS, Band 2, Stuttgart o. J. (1983), 21–35

Fischer, 0.: Funktion und Wirkungsweise der Liquiditäts-Konsortialbank GmbH. ÖBA 1975, 2–8

Fisher, F.G. III: The Eurodollar Bond Market. London 1979

Fisher, F.G. III: International Bonds. London 1981

Förster, G.: Der optimale Geldmengenbegriff. Berlin 1981

Franke, K.-H.: Wachstumsplanung in Kreditinstituten. Berlin 1978

Friauf, K.H.: Zur Einbeziehung der Leasinggesellschaften in die Gruppenkonsolidierung nach §10a der KWG-Novelle. DB 1984, 2077–2083

Fuchs, R.: Die geldpolitische Bedeutung der freien Liquiditätsreserven und der Interbankgeschäfte. Würzburg 1981

Fuhrmann, W.: Der Mean-Variance-Ansatz des Kreditinstitutes. ZfB 1980, 244–267

Gälweiler, A.: Planung, Organisation der. HdO. Hrsg. von E. Grochla. 2. Aufl. Stuttgart 1980, 1884–1895

Galtung, J.: Methodologie und Ideologie. Frankfurt am Main 1978

Geginat, E.: Finanzierung des Außenhandels. B.BI. 1/1981, 17–21

Gehrmann, D.: Die Effizienz des Euro-Kapitalmarktes. Hamburg 1978

Geiger, W.: Die bankaufsichtliche Konsolidierung nach dem neuen KWG. Sparkasse 1985, 140–143

Gentsch, B.: Sparbriefe – Sparobligationen – Wachstumssparen. Berlin 1979

Gerard, P.: Internationaler Zahlungsverkehr im Wandel: Konzeptionen der Deutschen Bank. bum 10/1994, 20–26

Gerke, W./F. Philipp: Bankbilanzen. Einführung in die externe Rechnungslegung der Kreditinstitute. Teil 1. Frankfurt/Main 1983

Gerth, A.: Atypische Kreditsicherheiten. 2. Aufl. Frankfurt am Main 1980

Gerard, P.: Internationaler Zahlungsverkehr im Wandel: Konzeptionen der Deutschen Bank. bum 10/1994, 20–26

Gnoth, K.: Berechnung der durch Zinsgeschäfte gebundenen Eigenkapital-Anteile. Die Bank 1981, 424–431

Goodmann, L.S.: New Options Markets. FRBNY Quarterly Review/Autumn 1983, 35–47

Grandin, K.-K.: Das Multimomentverfahren und seine Anwendung im Bankbetrieb, insbesondere im Rahmen der Kapazitätsplanung und der Kostenrechnung. Diss. Aachen 1970

Grochla, E.: Neue Konzepte der Unternehmungsorganisation. Unternehmungsführung. Festschrift für E. Kosiol zu seinem 75. Geburtstag. Hrsg. von J. Wild. Berlin 1974, 297–322

Gross, G./L. Schroff: Der Jahresabschluß nach neuem Recht. 2. Aufl. Düsseldorf 1986

Grünewald, H.-G: Die Entwicklung der Bankbetriebslehre in Deutschland. Düsseldorf 1963

Grützemacher, Th.: Rentenoptionsbewertung. Lexikon der Finanzinnovationen. Hrsg: Eilenberger, G., 3. Aufl. München 1996, 343–346

Güde, U.: Die Bank- und Sparkassenkalkulation – ihre Darstellung und Kritik. Meisenheim am Glan 1967

Günther, H./W. Arnold: Die neuen Bestimmungen des Kreditwesengesetzes. Die Bank 1985, 27–34

Gutenberg, E.: Grundlagen der Betriebswirtschaftslehre. Erster Band: Die Produktion. 19. Aufl. Berlin 1972 (24. Aufl. 1983)

Guth, W.: Das internationale Kreditgeschäft der Banken und seine Probleme. Die Bank 1980, 308–316

Haendel, D./G.T. West/R.G. Meadow: Overseas Investment and Political Risk. Foreign Policy Research Institute, Monograph Series Number 21, Philadelphia 1975

Häußler, W.M.: Punktbewertungen bei Kreditscoringsystemen. Frankfurt am Main 1981

Hagen, K. von dem: Kreditschöpfung unter Unsicherheit. Berlin 1975

Hagenmüller, K.F.: Der Bankbetrieb, Band I. 4. Aufl. Wiesbaden 1976 (5. Aufl. 1987).

Hagenmüller, K.F.: Der Bankbetrieb. Band III. 4. Aufl. Wiesbaden 1977 (5. Aufl. 1988)

Hahn, D.: Führung des Systems Unternehmung. ZfO 1971, 161–169

Hahn, O.: Geld- und Devisenhandel. Stuttgart 1964

Hahn, O.: Die Führung des Bankbetriebes. Stuttgart 1977

Hahn, O.: Die Postbank. Wiesbaden 1978

Hahn, O.: Die Geschichte der Postbankdienste. Bankhistorisches Archiv 1/1979, 36–50

Hahn, O.: Struktur der Bankwirtschaft. Band I. Berlin 1981

Hahn, O. (1991): Betriebswirtschaftslehre der Zentralnotenbank. WiSt 1991, 602–607

Hake, B.: Der BERI-Index – ein Frühwarnsystem für Auslandsinvestoren. Management-Zeitschrift io 1979, 281–283

Hake, B.: Die Prognose des Länder-Risikos für Kreditgeber. VK 1984, 57–58

Hake, B.: Die Prognose des Länderrisikos für Kreditgeber. Sparkasse 1985, 57–59

Hardt, D.: Factoring – Finanzierung ohne Kreditaufnahme. Die Bank 1981, 338–340

Hartmann, B.: Kreditprüfung und Kreditüberwachung. Stuttgart 1965

Hartmann-Wendels, Th./A. Pfingsten/ M. Weber: Bankbetriebslehre. Berlin usw. 1998

Hasenack, W.: Depositenzinspolitik und Kontenkalkulation einer amerikanischen Bank. Der Zahlungsverkehr 1925, 82 ff.

Hausladen, K. H.: Nennwertlose Aktien als Kapitalbeschaffungs- und Kapitalanlagemittel. Darmstadt usw. o.J. (1964)

Hax, A. C./N.S. Majluf: Strategie Management: An Integrative Perspective. Englewood Cliffs, N.J. 1984

Heckt, P./W. Bötun: Klassifikationsprobleme der Bankkundenbeurteilung. ÖBA 1987, 521–534

Hegel, T.: Lastschriftverfahren und Widerspruchsrecht. Die Bank 1981, 611–617

Hein, M.: Die internationalen Geldmarktgeschäfte westdeutscher Banken. Berlin 1966

Hein, M.: Neuere Entwicklungen in der Bankkostenrechnung. Management im Kreditwesen. Festschrift für H. Krasensky zum 70. Geburtstag. Hrsg. von W. Schneider und K. Fuchs. Wien 1973, 99–123

Hein, M.: Einführung in die Bankbetriebslehre. München 1981

Heinen, E.: Kostenrechnung. HdB. Bd. 1/2. Hrsg. von E. Grochla und W. Wittmann. 4. Aufl. Stuttgart 1975, 2313–2331

Heinen, E.: Grundlagen betriebswirtschaftlicher Entscheidungen. 3. Aufl. Wiesbaden 1976

Heinen, E.: Betriebswirtschaftliche Führungslehre. Wiesbaden 1978 (2. Aufl. 1984)

Heinen, E.: Handelsbilanzen. 10. Aufl. Wiesbaden 1982 (11. Aufl. 1985)

Hentze, J./P. Brose: Unternehmungsplanung. Eine Einführung. Bern/Stuttgart 1985

Herrmann, A.: Die Geldmarktgeschäfte. Frankfurt am Main 1978

Hewson, J.: Liquidity Creation and Distribution in the Eurocurrency Markets. Toronto 1975

Hidding, B.: Das Optionsgeschäft fordert die Lombardkasse. BZ 15.2.1986

Hielscher, U.: Theorie der Börsenkursbildung. HdF. Hrsg. von H. E. Büschgen. Stuttgart 1976, 215–221

Hierl, W.: Banken und Venture Capital-Finanzierungen. Diss. München 1986

Himino, R.: Basel II – auf dem Weg zur neuen gemeinsamen Sprachregelung. *BIZ*-Quartalsbericht, September 2004, 45–54

Hinterhuber, H. H.: Die organisatorische Umsetzung der strategischen Planung im Unternehmen. ZfB 1978, 425–428

Hintner, 0.: Zum Liquiditätsproblem der Geschäftsbanken. Der Betrieb in der Unternehmung. Festschrift für W. Rieger zum 85. Geburtstag. Hrsg. von J. Fettel und H. Linhardt. Stuttgart 1963, 396–421

Hintner, 0./G. Eilenberger: Treuhandwesen. Dr. Gablers Wirtschafts-Lexikon, 2. Band. 9. Aufl. Wiesbaden 1975, 1660–1666

Hoch, H. von: Zweifelsfragen und Auslegungsvorschläge zu § 10a Kreditwesengesetz. Beiträge zur Bankaufsicht, Bankbilanz und Bankprüfung – unter Berücksichtigung der Dritten KWG-Novelle – Hrsg. v. K.-H. Forster. Düsseldorf 1985, 69–90

Hofmann, W.: Handbuch des gesamten Kreditwesens. 8. Aufl. von 1-1. Delorme/H. Schlicht und 0. Wierczimok. Frankfurt/Main 1987

Hoppmann, E.: Fusionskontrolle. Tübingen 1972

Hudson, N. R. L.: Money and Exchange Dealing in International Banking. London1979

Hübner, O.: Die Banken. Leipzig 1854

Hueck, A./C.-W. Canaris: Recht der Wertpapiere. 11. Aufl. München 1977 (12. Aufl. 1986)

Institut der Wirtschaftsprüfer (Hrsg.): Wirtschaftsprüfer-Handbuch 1981. Düsseldorf 1981

Isaac, A.: Über das Selbstkostenproblem im Bankbetrieb. Leipzig 1921

IWF (Internationaler Währungsfonds): Survey August 1994. Der Internationale Währungsfonds. Washington, D. C. 1994

Jacob, A.-F.: Das Rechnungswesen als Steuerungsinstrument bei Banken. Die Bank 1978

Jacob, A.-F.: Kostenrechnung und Unternehmensplanung in Banken. Geld, Banken und Versicherungen. Hrsg. von H. Göppl und R. Henn. Band II. Königstein/Ts. 1981, 1008–1032

Jägeler, F.J.: Experten zensieren den Standort. Manager Magazin 1/1980, 67–69

Jaeger, H.: An der Deutschen Bundespost vorbei: Erfolg mit Btx bei Sparkasse Karlsruhe. Bank und markt, 11/1986, 20–26

Jäger, W.: Bankenpublizität in Deutschland. Berlin 1976

Jährig, A./H. Schuck: Handbuch des Kreditgeschäfts. 3. Aufl. Wiesbaden 1978 (5. Aufl. 1990)

Janietz, J.-B.: Euroclear und Cedel. BZ, 28.5.1983

Jarchow, H.-J.: Theorie und Politik des Geldes. II. Geldmarkt und geldpolitische Instrumente. 6. Aufl. Göttingen 1992

Kalveram, W./H. Günther: Bankbetriebslehre. Ein Lehr- und Nachschlagewerk für Studium und Praxis. 3. Aufl. Wiesbaden 1961

Kaminsky, S.: Die Kosten- und Erfolgsrechnung der Kreditinstitute. 2. Aufl. Meisenheim/Glan 1955

Katz, D./R.L. Kahn: The Social Psychology of Organizations. New York 1966

Kaufmann, K.: Verhalten in Organisationen. Soziologie im Blickpunkt der Unternehmensführung.
Hrsg. von K.G. Specht. Berlin 1974, 21–72

Keinath, K.: Geldschöpfung auf dem Euro-Dollar-Markt. Tübingen 1973

Keßler, H./H. Schaldt: Die Bedeutung der Kostenrechnung für die Steuerung von Sparkassen.
B.BI. 1980, 157–166

Keßler, J.-R.: Wertpapiersammelbanken im Ausland. Die Bank 1981, 291–294 (a); 325–330 (b);
337–382 (c)

Keller, J.-R.: Wertpapiersammelverwahrung im Ausland und die Verbindung der nationalen Sammelverwahrer untereinander. Frankfurter Wertpapierbörse Jahresbericht 1981 (d), 45–51

Keßler, J.-R.: Monte Titoli S. p. A., Mailand. Die Bank 1986, 634–637

Keßler, J.-R.: The Canadian Depository for Securities Ltd. Die Bank 1986, 481–483

Kilgus, E.: Zur Anwendbarkeit von Führungsmodellen bei Schweizer Banken. Betriebswirtschaftliche Probleme des Bankbetriebs. Bern 1971, 9–31

Kirsch, W. u.a.: Betriebswirtschaftliche Logistik. Wiesbaden 1973

Kissner, E.: Forfaitierung. HdF. Hrsg. von H.E. Büschgen. Stuttgart 1976, 642–645

Kissner, E.: Forfaitierung – eine interessante Variante der Exportfinanzierung

Kissner, E./K. Feinen/H. Bittmann: Forfaitierung, Leasing, Factoring im Außenhandelsgeschäft. Frankfurt/Main 1982, 9–38

Kjer, V.: Optionsanleihen. Berlin 1981

Klepsch-Bodack, H.: Der Geldschöpfungskoeffizient der Kreditbanken. Diss. Erlangen 1955

Knief, P.: Die Finanzplanung im Rahmen des §18 KWG. Der Betrieb 1981, 2337–2339

Knies, K.: Geld und Kredit, II. Abt., 2. Hälfte, Der Credit. Leipzig 1879

Kobelt, H./P. Schulte: Finanzmathematik. 3. Aufl. Herne/Berlin 1985

Köllhofer, D.: Beteiligungen im Jahresabschluß der Kreditinstitute. Die Bank 1977, 13–20

Köllhofer, D.: Praxisbezogene Planungssysteme in Banken. Controlling in Banken und Sparkassen. Hrsg. von L. Mülhaupt u.a. Frankfurt am Main 1981, 31–37

König, U.-K.: Bilanzrichtlinien-Gesetz: Neue Probleme für die Bilanzanalyse. B. Bl. 1986, 210–218

Kolbeck, R.: Bankbetriebliche Planung. Planungsmöglichkeiten bei Kreditbanken, Sparkassen und Kreditgenossenschaften. Wiesbaden 1971

Kosfeld, E.: Ermittlung der Wertstellungsgewinne. Der Bankkaufmann 5/1982, 213–218

Kosiol, E.: Ablauforganisation, Grundprobleme der. HdO. Hrsg. von E. Grochla. 2. Aufl. Stuttgart 1980, 1–8

Knudson, H.: Explaining the National Propensity to Expropriate: An Ecological Approach. Journal of International Studies. Spring 1974, 51–71

Krämer, H.-P.: Marktorientiertes Firmenkundengeschäft und dessen Risikoüberwachung. B. Bl. 1/1981, 21–25

Krahn, J./H. Pieper/G. Rump: Maschinelle Einzelbilanzanalyse (EBIL). B. Bl. 1978, 77–82

Kremer, E.: Die technische Leistungsfähigkeit der Unternehmen. Technische Bonität – Teil der Kreditbeurteilung. B.Bl. 1985, 420–437

Krewerth, B.: Die Kostenrechnung als Steuerungsinstrument im Bankbetrieb. Frankfurt/Main 1981

Krümmel, H.-J.: Bankzinsen. Berlin 1964

Kruschwitz, L: Bezugsrechtsemissionen in optionspreistheoretischer Sicht. KuK 1986, 110–121

Kümpel, S.: Festgeschäft und Optionsgeschäft. ZfK 1981 (a), 352–359

Kümpel, S.: Varianten des Optionsgeschäfts. ZfK 1981 (b), 464–470

Kümpel, S.: Grenzüberschreitender Giroverkehr durch Internationalisierung der deutschen Girosammelverwahrung. Wertpapier-Mitteilungen, Teil IV, 1985, 1381–1407

Kulins, F.: Praktische Erfahrungen mit der Systemprüfung. B.B1. 1982, 69–73

Kunze, W.: Die Betriebsabrechnung der Kreditinstitute. Wiesbaden 1981

Kutscher, R.: Das Aktiv- und das Passivmanagement. BI/GF 7/1994, 38–41

Lange, Th.A.: Kapitalmarktbasierte Preismodelle für Firmenkundenkredite als Beitrag zur wertorientierten Steuerung in Banken. In: Lange, Th.A./H. Schulze (Hrsg.): Wertmanagement in Banken. Wiesbaden 2005, S.113–134

Lange, Th.A./H. Schulze (Hrsg): Wertmanagement in Banken. Festschrift zum 65. Geburtstag von Guido Eilenberger. Wiesbaden 2005

Leeper, R.: Project finance – a term to conjure with. The Banker August 1978, 67–75

Lehmann, G. D.: Electronic Banking – neue Dimension für Ihr Cash-Management. io Managementzeitschrift 1986, 167–170

Lehner, H.: Grundlagen zu einem Management-Modell für Banken. Diss. St. Gallen 1976

Lehnhoff, J.: Bankenaufsicht auf konsolidierter Basis. BI 7/1981, 41–45

Leitermann, H.: Drei Jahre SWIFT. Die Bank 1980, 418–423

Lerbinger, P.: Aktienkursprognose durch Linienchart-Formationen und Trendlinien. Diss. München 1984

Lerbinger, P.: P& F-CHARTS. Ein neuer Weg zum Anlageerfolg. Niederglatt/ZH 1984

Leupold, E.W.: Die Planung der Formalzielkonzeption in Universalbanken. Köln, o. J. (1976)

Levy, H./T. Post: Investments. Harlow (England) usw. 2005

Lewin, K.: Feldtheorie in den Sozialwissenschaften. Bern 1963

Lexa, H.: Kostenrechnung im Bankbetrieb. Österreichisches Forschungsinstitut für Sparkassenwesen, Vierteljahres-Schriftenreihe 4/1980, 7–25

Linhardt, H.: Bankbetriebslehre. Band I: Bankbetrieb und Bankpolitik. Köln und Opladen 1957

Link, M.: Mittelstandsfinanzierung durch wechselunterlegte Geldmarktpapiere. Die Bank, 1/1992, 17–19

Linss, H.P.: Margen-Float im Eurokredit? Börsen-Zeitung, 18.10.1980, 9

Lipfert, H.: Internationaler Devisen- und Geldhandel. 3. Aufl. Frankfurt am Main 1969

Lipfert, H.: Der Geldmarkt mit Eurogeldmarkt. 8. Aufl. Frankfurt am Main 1975

Lipfert, H.: Devisenhandel. 2. Aufl. Frankfurt am Main 1981

Loh, W.: Das S. W. I. F. T.-System. Frankfurt/Main 1983

Lohmann, K.: Finanzmathematische Wertpapieranalyse. Göttingen 1979

Ludwig, W.: Der Börsenterminhandel in der Bundesrepublik Deutschland. Wiesbaden 1978

Lukatis,L.: Strukturmerkmale der Führung in Betrieben des Kreditwesens. Bank-Betrieb 1972, 205–207

Lwowski, H.J.: Kreditsicherheiten. 5. Aufl. Berlin 1982

Maleri, R.: Grundzüge der Dienstleistungsproduktion. Berlin 1973

Manhold, A.S.: Neueste Entwicklungen im EURO-CLEAR-SYSTEM. vbo-information, B. 2.4.5.1, 1986, Bl. 1–8, S.93–100

Markowitz, H.: Portfolio Analysis. New York 1959

Mast, H.J./H. Mayrzedt: Auslandsrisiken und Schweizer Banken. Außenwirtschaft 1978, 166–185

Mayer, H.: Das Bundesaufsichtsamt für das Kreditwesen. Düsseldorf 1981

MDB 11/1965: Pensionsgeschäfte der Kreditinstitute. Ergebnisse einer statistischen Erhebung. (3–14)

MDB 3/1979: Das Europäische Währungssystem. Aufbau und Arbeitsweise. (11–18)

MDB 5/1980: Gesamtwirtschaftliche Finanzierungsströme sowie Bestände an Forderungen und Verpflichtungen im Jahre 1979. (15–27)

MDB 10/1980: Die inländischen Interbankbeziehungen der Kreditinstitute. (26–50)

MDB 8/1981: Bankenaufsicht auf der Basis konsolidierter Ausweise. (25–27)

MDB 10/1981: Neuberechnung des Produktionspotentials für die Bundesrepublik Deutschland. 32–38

MDB 3/1982: Zur Rolle der Deutschen Bundesbank im unbaren Zahlungsverkehr. (31–33)

MDB 4/1982: Zentralbankgeldbedarf der Banken und liquiditätspolitische Maßnahmen der Bundesbank. (21–26)

MDB 5/1983: Die Wertpapierpensionsgeschäfte der Bundesbank. (23–31)

MDB3/1985: Die Novellierung des Kreditwesengesetzes. (37–43)

MDB 5/1985: Die Auslandsniederlassungen deutscher Banken. (25–36)

MDB 8/1985: Stand und Entwicklung der Automation des unbaren Zahlungsverkehrs bei der Deutschen Bundesbank. (47–51)

MDB 11/1985: Neuere Entwicklungen im Wertpapierverkehr mit dem Ausland. (32–47)

MDB 1/1992: Die Untersuchung von Unternehmensinsolvenzen im Rahmen der Kreditwürdigkeitsprüfung durch die Deutsche Bundesbank. (30–36)

MDB 5/1994: Die Geldmarktsteuerung der Deutschen Bundesbank. (61–75)

MDB 8/1994: Neuere Entwicklungen im unbaren Zahlungsverkehr der Deutschen Bundesbank. (47–63)

MDB 10/1994: Entwicklung und Bedeutung der Geldanlage in Investmentzertifikaten. (49–63)

MDB 1/2004: Zahlungsverkehrsüberwachung – ein Beitrag zur Stabilität des Finanzsystems und zur Effizienz des Zahlungsverkehrs. (29–46)

MDB 3/2006: Neue rechtliche und regulatorische Rahmenbedingungen für den deutschen Verbriefungs- und Pfandbriefmarkt. (37–61)

Mertin, K.: Planung und Realisierung der Zielkonzeption am Beispiel einer Großbank. Bankbetriebliches Lesebuch. Hrsg. von H.-D. Deppe. Stuttgart 1978, 237–257

Mertin, K.: Profit-Center-Steuerung in Universalbanken. Controlling in Banken und Sparkassen. Hrsg. von L. Mülhaupt u.a. Frankfurt am Main 1981, 39–47

Mesler, D.T.: Warrants. Analysis and Investment Strategy. Chicago, Ill. 1986

Meyer zu Selhausen, H.: Die Optimalplanung von Kapitalbeschaffung und Kapitalverwendung einer Kreditbank mit den Methoden der Unternehmensforschung. Köln 1970

Meyer zu Selhausen, H.: Ein Operations-Research-Modell zur Optimalplanung von Aktiv- und Passivgeschäft in der Kreditbank. Blätter für Genossenschaftswesen 1971, 125–134

Meyer zu Selhausen, H.: Quantitative Marketing-Modelle in der Kreditbank. Berlin 1976

Meyer zu Selhausen, H.: Erfassung und Steuerung des Zinsänderungsrisikos einer Bank mit Hilfe eines Modells der Aktiv-Passiv-Koordination. KUK 1988, 556–591

Meyer zu Selhausen, H.: Prospektive Lebensdauer-Kalkulation von Kundenverbindungen – Ansatzpunkte für Akquisition, Kundenbetreuung und Geschäftsfeldstrategie. Zeitschrift für Bankrecht und Bankwirtschaft 1989, 77–84

Meyer zu Selhausen, H.: Strategisches Informations-Management. Die Bank 3/1990, 158–167

Meyer-Piening, A.: Zero-Base-Budgeting (ZBB) – eine Analyse-, Planungs- und Entscheidungstechnik. AG-Plan Handbuch, Nr. 5372, Erg.-Heft 1980, 1–33

Milling, P.: Systemtheoretische Grundlagen zur Planung der Unternehmenspolitik. Berlin 1981

Mollet, E. / E. Dempfle / P. Weckherlin: SOFFEX: Konzeption und Implementierung einer vollelektronischen Optionsbörse. Der Betrieb 1988, 622–628

Morgan Guaranty Trust Company of New York: World Financial Markets, December 1981

Morgan Guaranty Trust Company of New York: World Financial Markets. December 1986

Morjan, H.-M.: Terminhandel an der Deutschen Terminbörse – Wie stellt sich der genossenschaftliche Verbund dieser Aufgabe? bum 8/1989, 22–25

Mülhaupt, L. (Hrsg.): Fragen der Bankplanung aus der Sicht von Wissenschaft und Praxis. 2. Aufl. Frankfurt am Main 1978

Mülhaupt, L.: § 12 KWG: Solvabilitäts- und (oder) Finanzierungsregel. ZfK 1979, 1086–1094

Mülhaupt, L.: Einführung in die Betriebswirtschaftslehre der Banken. 3. Aufl. Wiesbaden 1980

Mülhaupt, L.: Die Marginalanalyse als Instrument der Geschäftspolitik. Controlling in Banken und Sparkassen. Hrsg. von L. Mülhaupt u.a. Frankfurt am Main 1981, 113–124

Müller, M.: Arbeits- und Zeitstudien als Mittel der Rationalisierung und Kalkulation im Bankbetrieb. Bern 1976

Müller, W.: Die Simulation organisatorischer Prozesse in Bankbetrieben. Blätter für Genossenschaftswesen 1971, 205–215

Müller, W.A.: Bankenaufsicht und Gläubigerschutz. Baden-Baden 1981

Münker, D.: Das langfristige Kreditgeschäft der Großbanken. Stuttgart 1967

Nader, G.: Die Qualität von Bankdienstleistungen. Eine empirische Untersuchung. ÖBA 1993, 454–463

Nevitt, P.K.: Project Financing. London 1980

New York City Department of Finance: IBF. Bank Tax Audit International Banking Facilities and Transactions with Offshore Facilities. June 2006.

Nibbrig, B./W. Bomers: Das Planspiel Börse der deutschen Sparkassenorganisation. Köln/Wien 1986

Nicolai-Verni, C./A. **Michalek:** Zahlungsverkehr in Kooperation mit Partnern aus dem Ausland – der Ansatz der Commerzbank. bum 10/1994, 27–30

Nolte, E.-D.: Die Verwässerung von Aktien. 2. Aufl. Frankfurt am Main 1969

Oberhänsli, H.: Beurteilung der Maßnahmen von schweizerischen Risikoträgern auf gesamtwirtschaftlicher Ebene. Internationale Verschuldung. Hrsg. vom Schweizerischen Institut für Außenwirtschafts-, Struktur- und Marktforschung an der Hochschule St. Gallen. Zürich 1978, 201–227

Obst, G.,O. Hintner: Geld-, Bank- und Börsenwesen. 36. Aufl. Stuttgart 1967 (37. Aufl. 1980)

Oettle, K.: Unternehmerische Finanzpolitik. Stuttgart 1966

Ohmstedt, H.: Technisch-organisatorische und finanzielle Abwicklung von Wertpapieremissionen mit Hilfe der Netzplantechnik. Bankbetriebliches Lesebuch. Hrsg. von H.-D. Deppe. Stuttgart 1978, 633–656

Oppermann, G./H. Degner/R. Flöge: Börsen- und Wertpapiergeschäfte. 4. Aufl. Frankfurt am Main 1981

Orthmann, G.: Das Kreditvermittlungsgeschäft der Universalbanken. Diss. München 1969

Osthoff, M.: Ein Jahr Erfahrung mit International Banking Facilities. Die Bank 1983, 9–12

Pabsch, E.: Im Dienst der Land- und Ernährungswirtschaft. Aufgaben und Geschäftspolitik der Landwirtschaftlichen Rentenbank. BZ, 4.10.1984

Passardi, A.: Probleme der Kostenrechnung im Bankbetrieb. Betriebswirtschaftliche Probleme des Bankbetriebes. Bern 1971, 77–96

Passardi, A.: Planung im Bankbetrieb. Schweizer Banken in der Welt von morgen. Hrsg. von L. Schuster. Bern 1975, 233–255

Paucker, H. von: Internationale Geldmarktgeschäfte. Diss. Köln 1969

Penzkofer, P.: Marketing und Bankorganisation. In: Dienstleistungen in Theorie und Praxis. Hrsg. von H. Linhardt u.a. Stuttgart 1970, 126–150

Penzkofer, P.: Die Kreditkarte als Bankdienstleistung. Habilitationsschrift. München 1971

Penzkofer, P./K. Täube: Profit Centers im Bankbetrieb. Bank-Betrieb 1972, 50–55 und 109–113

Picot, A.: Empirische Forschungsansätze in der Finanzwirtschaft. HdF. Hrsg. von H.E. Büschgen. Stuttgart 1976, 317–328

Pitz, K.-H.: Die Anwendungsmöglichkeit der Portfolio Selection Theorie auf die optimale Strukturierung des Banksortiments. Bochum 1977

Platz, S.: Erfolgsrechnerische Bewertung von Bankzweigstellen. Göttingen 1978

Popper, K.R.: Logik der Forschung. 5. Aufl. Tübingen 1973 (11. Aufl. 1984)

Poschadel, B.: Rentabilität und Risiko als Kriterien für die Bewertung der Managementleistung deutscher Investmentgesellschaften. Berlin 1981

Preisig, K. W.: Roll-over-Eurokredit. Analyse der Elemente, Technik und Probleme eines neuen Bankgeschäftes. Bern usw. 1976

Priewasser, E.: Kartengesteuerte Zahlungsverkehrssysteme. Stuttgart 1981

Priewasser, Bankbetriebslehre. München-Wien 1982 (2. Aufl. 1986)

Priewasser, E.: Die Banken im Jahr 2000. Frankfurt/Main 1985

Probst, A.R./A. Valicek/M. Becker: Management-Zeitschrift 1986, 161–163

Rausch, M.: Der bargeldlose Zahlungsverkehr in der Bundesrepublik Deutschland. BI 3/1985, 38–43

Rahmann, J.: Praktikum der Finanzmathematik. 5. Aufl. Wiesbaden 1976

Reifner, U.: Die Sittenwidrigkeit von Konsumkrediten nach der höchstrichterlichen Rechtsprechung. DB 1984, 2178–2184

Reinhardt, P.: Der Euronotemarkt als internationale Finanzierungsquelle. ZfK 1985, 380–386

Reiser, C.: Abkommen über den Lastschriftverkehr aktualisiert. Die Bank 1982, 375–383

Reiter, G.: Factoring und Umsatzsteuer. BB 1982, 1718–1724

Remsperger, H.: Grundsätze monetärer Budgetierung. Die Bank 1980, 406–414

Reuter, A./P. Schmidt: Die Systemprüfung im Spannungsfeld der Revisionspraxis. B. Bl. 1982, 85–91

Revell, J.R.S.: Banking and Electronic Fund Transfers. Hrsg.: OECD, Paris 1983

Riebell, C.: Die Praxis der Bilanzauswertung. Stuttgart o.J. (1980)

Rick, W.: Das Dresdner Bank-Unternehmungsplanspiel. ZfO 1976, 263–270

Ricks, D. A.: International Dimensions of Corporate Finance. Englewood Cliffs, N.J. 1978

Riebel, P.: Einzelkosten- und Deckungsbeitragsrechnung. Opladen 1972 (5. Aufl. 1985)

Riedesser, A.: Deckungsbeitragsrechnung in Filialbankorganisationen. Wiesbaden 1977

v. Ritter zu Groenesteyn, A.: Deutscher Aktienindex. In: Lexikon der Finanzinnovationen (Eilenberger 1990a)

Rodewald, B.: Offen für weitere Partner: Weltweiter Zahlungsverkehr im genossenschaftlichen Verbund. bum 10/1994, 31–35

Rodriguez, R. M./E. E. Carter: International Financial Management. 2" Ed. Englewood Cliffs, N. J. 1979 (3rd Ed. 1984)

Rohleder, M./G. Schäfer: Neues Finanzierungsinstrument im Inland: DM-Commercial Paper. Die Bank 4/1991, 204–206

Rosen, R. von: Der Zentrale Kapitalmarktausschuß. Frankfurt am Main 1973

Rudolph, B. (1974): Die Kreditvergabeentscheidung der Banken. Opladen 1974

Rudolph, B. (1981): Planungs- und Kontrollrechnungen. Geld, Banken und Versicherungen. Band I. Hrsg. von H. Göppl und R. Henn. Königstein/Ts. 1981, 539–554

Rudolph, B. (1989a): Die Eigenkapitaldefinitionen in Europa. ZfK 1989, 404–416

Rudolph, B. (1989b): Eigenkapitalanforderungen an die Kreditinstitute im Rahmen der internationalen Bankrechtsharmonisierung. Die Betriebswirtschaft 1989, 483–496

Rudolph, B. (2009): Die internationale Finanzkrise: Ursachen, Treiber, Veränderungsbedarf und Reformansätze. Discussion Paper 2009–10, August 2009. Munich School of Management. University of Munich. Online at http://epub.ub.uni-muenchen.de/

Rudy, J. P.: Correspondent banking comes back into its own. The Banker February 1982, 49–54

Rummel, H.: Die Möglichkeiten einer genauen Selbstkostenberechnung im Bankgewerbe und ihre Auswirkungen auf die Rentabilität. ZfhF 1934, 281–309

Runge, B./H. Bremser/G. Zöller: Leasing. Heidelberg 1978

Samm, C.-T.: Börsenrecht. Stuttgart 1978

Santomero, A. **M./R. D. Watson:** Determining an Optimal Capital Standard for the Banking Industry. The Journal of Finance, Vol. XXXII, 1977, 1267–1282

Sauer, B. Auflösung der Sammelwertberichtigungen bei Kreditinstituten – Zweifelsfragen zur steuerfreien Rücklage. Der Betrieb 1989, 1375–1377

Sauer, R.: Die Geschäftsartenrechnung – eine neue Form der Bankkostenrechnung. (AA 1963, 70–80

Schaefer, A.: Sparkassen-Leasing für das Firmenkundengeschäft. B. Bl. 1981, 8–12

Schäfer, H.: Zum Begriff des Bankbetriebes. Göppingen 1971

Scharrer, H.-E./D. Gehrmann/W. Wetter: Währungsrisiko und Währungsverhalten deutscher Unternehmen im Außenhandel. Hamburg 1978

Scheidl, K.: Zur Frage der Kreditrisiken im Auslandsgeschäft der Banken. Mut zur Kritik. Hanns Linhardt zum 80. Geburtstag. Hrsg. von O. Hahn und L. Schuster. Bern 1981, 203–224

Scheidl, K.: Zum Problem bankbetrieblicher Dispositionsregeln. Dienstleistungen in Theorie und Praxis. Festschrift zum 70. Geburtstag von O. Hintner, Hrsg. von H. Linhardt u.a. Stuttgart 1970, 161–179

Scheller, H. K,: Die Europäische Zentralbank. Geschichte, Rolle und Aufgaben. (Hrsg.: EZB) 2. Aufl. Frankfurt/Main 2006

Schierenbeck, H.: Ertragsorientiertes Bankmanagement, 3. Aufl. Wiesbaden 1991 (1. Aufl. 1985)
Schierenbeck, H.: Kreditpyramiden und Bankenbeteiligungen. WiSt 1984, 13–19
Schierenbeck, H. (Hrsg.): Bank- und Versicherungslexikon. München-Wien 1990

Schierenbeck, H.: Bank Assurance. Stuttgart 1994

Schierenbeck, H./A.W. Marusev/A. Wiedemann: Einzelgeschäftsbezogene Aussteuerung von Engpässen mit Hilfe der Marktzinsmethode. DBW 1992, 443–471

Schierenbeck, H./B. Rolfes: Effektivzinsrechnung und Marktzinsmethode. Die Bank 1987, 25–33

Schlesinger, H.: Neuere Erfahrungen der Geldpolitik in der Bundesrepublik Deutschland. KuK 1976, 431–454

Schmalenbach, E.: Pretiale Wirtschaftslenkung. Band I: Die optimale Geltungszahl. Band II: Pretiale Lenkung des Betriebes. Bremen 1948

Schmidt, D.: Deutsche Siedlungs- und Landesrentenbank mit neuem Gesetz. ZfK 1980, 823–828
Schmidt, D.: Securitisation. WiSt 1987, 83–86

Schmidt, H.: Wege zur Ermittlung und Beurteilung der Marktzinsrisiken von Banken. KuK 1981, 249–286

Schmidt, R.: Aktienkursprognose. Wiesbaden 1976

Schmidt, R.: Coordination of Bank Branches under Uncertainty. Manuskripte aus dem Institut für Betriebswirtschaftslehre der Universität Kiel, Nr. 99, 1981

Schmidt, R. (1983): Neuere Entwicklungen der modellgestützten Gesamtplanung von Banken. ZfB 1983, 304–318

Schmitz, P. H.: Planung und Realisierung der Zielkonzeption am Beispiel des Sparkassensektors.

Bankbetriebliches Lesebuch. Hrsg. von H.-D. Deppe. Stuttgart 1978, 259–273

Schneider, D.: Eine Warnung vor Frühwarnsystemen. – Statistische Jahresabschlußanalysen als Prognosen zur finanziellen Gefährdung einer Unternehmung? DB 1985, 1489–1494

Schneider, E.: Einführung in die Wirtschaftstheorie. III. Teil: Geld, Kredit, Volkseinkommen und Beschäftigung. 12. Aufl. Tübingen 1973

Schneider, G.: Europäischer Zahlungsverkehr: Herausforderung und Chance für die Postbanken. bum 10/1994, 36–38

Schöler, M.: S-Versicherungssparen und S-Renta-Plan – neue flexible Vorsorgeangebote der Sparkasse. B. BI. 1987, 44–48

Schöllhammer, H.: Identification, evaluation and prediction of political risks from an international business perspective. European Research in International Business. Ed. by M. Ghertman and J. Leontiades. Amsterdam 1978, 91–109

Schöttl, P.: Die Stellung der Teilzahlungsbanken im Kreditgewerbe. Frankfurt am Main 1981

Scholl, C.: Einlegerschutz bei Kreditinstituten. WiSt 1980, 137–140

Scholz, H./J. Lwowski: Das Recht der Kreditsicherung. 6. Aufl. Berlin usw. 1987

Scholz, W.: Zinsänderungsrisiken im Jahresabschluß der Kreditinstitute. KuK 1979, 517–544

Schredelseker, K.: Aktienbörse, Aktienanalyse und Nutzen der Information. Wuppertal 1980

Schredelseker, K.: Unequally distributed information and stock market theory. Wuppertal 1980

Schredelseker, K.: Anlagestrategie und Informationsnutzen am Aktienmarkt. ZfbF 1984, 44–59

Schröder, Ch.: Strategien und Management von Beteiligungsgesellschaften. Baden-Baden 1991

Schubert, M./F. Schneider: Die Bankdienste der Post. 3. Aufl. Frankfurt am Main 1980

Schürenkrämer, U.: Finanzdienstleistungen für Firmenkunden im Zeichen der Wertorientierung. In: Lange, Th.A./Schulze, H. (Hrsg.), Wertmanagement in Banken. Wiesebaden 2005, S. 81–111

Schuster, L. (Hrsg.): Revolution des Zahlungsverkehrs durch Automation. Stuttgart o. J. (1984)

Schwark, E.: Börsengesetz. München 1976

Schwarz, E.W./J.M. Hill/T. Schneeweis: Financial Futures. Homewood, III. 1986

Seicht, G.: Zur Bankkalkulation. ÖBA 1964, 332–340

Seipel, H.: Deutsche Wagnisfinanzierungs-GmbH. Innovationsfinanzierer mittelständischer Unternehmen. Die Bank 1977, 11–14

Shale, T.: Hurry up, SWIFT. Euromoney 11/1986, 31–34

Siegert, T.: Eigenarten bankbetrieblicher Leistungen. Diss. München 1974

Siegwart, H.: Worin unterscheiden sich amerikanisches und deutsches Controlling. Management-Zeitschrift io 2/1982, 97–101

Simmert, D.B.: Variabel verzinsliche Anleihen (Floating Rate Notes). B.Bl. 987, 4–5

Slevogt, H.: Lenkpreisrechnung als Bankkalkulation für Planung und Marketing. ÖBA 1972, 84–106

Spoo, D.: Bankenwerbung. Wiesbaden 1969

Staehle, W.: Die Schuldscheindarlehen. Wiesbaden 1965

Starke, O.-E.: Die „Konsolidierungsnovelle '84" – eine neue Teilreform der Bankenaufsicht. DBW 1985, 253–266

Staudt, M. von: Bankmarketing im internationalen Geschäft (Diss. München 1978) Wiesbaden 1980

Stenner, F. (Hrsg.) Handbuch Automobilbanken. Finanzdienstleistungen für Mobilität. Heidelberg usw. 2010

Stehle, R.: The valuation of risk assets in an international capital market: Theory and tests. Stanford 1976

Stein, J. H. von/M. Kirschner: Tendenzen der Internationalisierung im Bankwesen. Der Betrieb 1979, 121–124

Steinbrink, K.: Information und Entscheidung im Bankbetrieb. Frankfurt am Main 1976

Steinbrink, K./H.-J. Klumpp: Zur wettbewerbspolitischen Problematik aufsichtsrechtlicher Eigenkapital-Normen in der Kreditwirtschaft. ZfB 1981, 715–722

Stevenson, H.: Informationssysteme für Kreditinstitute. Berlin 1973

Stobaugh, R. Jr.: How to Analyze Foreign Investment Climates. Harvard Business Review, Sept.Oct. 1969, 100–108

Stocker, K. G.: Einflußfaktoren der Mitarbeitermotivation in Kreditinstituten. Berlin 1978

Storck, E.: Auslandsrisiken von Tochtergesellschaften deutscher Banken im Ausland. Die Bank 1978, 108–112

Storck, E.: Das Privatkundengeschäft der Eurobanken in Luxemburg. Die Bank 1982, 8–10

Storck, J.: Mergers & Acquisitions. Wiesbaden 1993

Strack, H.: Beurteilung des Kreditrisikos. Erweiterung der traditionellen Kreditbewertung durch prognoseorientierte Entscheidungshilfen. Berlin 1976

Stucken, R.: Geld und Kredit. 2. Aufl. Tübingen 1957

Studienkommission: „Grundsatzfragen der Kreditwirtschaft". Bericht der Studienkommission. Bonn o. J. (1979)

Stüdi, R.: Liquiditätsbedarf und Liquiditätssteuerung bei Banken. Bern 1973

Stützel, W.: Ist die Goldene Bankregel eine geeignete Richtschnur für die Geschäftspolitik der Kreditinstitute? Vorträge für Sparkassenprüfer. Kiel 1959, 34–51

Stützel, W.: Bankpolitik heute und morgen. Frankfurt am Main 1964

Subjetzki, K.: Geschäftsfeldorientierte Organisationsstruktur als Instrument des Marketing. Die Bank 12/1991, 674–677

Suda, S.: Die Kreditleihe im Außenhandel. Akzeptkredit, Rembourskredit, Avalkredit. Wiesbaden 1958

Süchting, J.: Bankmanagement. Stuttgart 1982

Sunderland, N.V.: Bank Planning Models. 2. Aufl. Bern 1977

Swoboda, W.: Planung und Realisierung der Zielkonzeption am Beispiel des Kreditgenossenschaftssektors. Bankbetriebliches Lesebuch. Hrsg. von H.-D. Deppe. Stuttgart 1978, 275–298

Thabor, A.: Ein Marketing-Mix-Simulationssystem angewandt beim Bankenmarkt. Computergestützte Marketing-Planung. Hrsg. von H. R. Hansen. München 1974, 585–650

Thomas, K./W. Lampe: Aussagen quantitativer Kreditnehmeranalysen. Innovationen im Kreditmanagement. Hrsg. von H.-J. Krümmel/B. Rudolph, Frankfurt/Main 1985, 196–207

Thompson, J.K.: The Poor Man's Guide to Country Risk. Euromoney 1981, July, 182–189

Tilly, W.M.: Die amtliche Kursnotierung an den Wertpapierbörsen. Baden-Baden 1975

Treuz, W.: Betriebliche Kontrollsysteme. Berlin 1974

Ufer, W.: Kreditderivate. BANK MAGAZIN 11/1994, 8–13

Ugeux, G.: Floating Rate Notes. London 1981

Uhlir, H./P. Steiner: Wertpapieranalyse. Heidelberg 1986

Urbach, W./G. Spanier: Steuerung der strukturellen Kreditausfallrisiken. BI/GF 7/1994, 32–36

Veit, T.: Führungssituation und Führungsstil in Kreditinstituten. Bern 1978

Verband deutsche Pfandbriefbanken (Hrsg.): Das Pfandbriefgesetz. Textsammlung und Materialien. Frankfurt/M. 2005

Viereck, St. von: Krieg der Karten. mm 1984, 146–151

Völk, K.: Wirtschafts- und Umweltprognosen im Dienste der Geschäftspolitik einer Großbank. ÖBA 1978, 366–385

Vormbaum, H.: Finanzierung der Betriebe. 5. Aufl. Wiesbaden 1977 (6. Aufl. 1981)

Wagener, H.: Zinsänderungsrisiko. Ermittlung/Darstellung/Steuerung. vbo-informationen 1984, A. 2.5.6.1, Bl. 1–13, 5–17

Wagner, A.: Beiträge zur Lehre von den Banken. Leipzig 1857

Wagner, F. W./E. Wenger/S. Höflacher: Zero-Bonds – Optimale Investitions- und Verschuldungsstrategien. Wiesbaden 1986

Wagner, K.: Die internationale Tätigkeit der Banken als aufsichtsrechtliches Problem. Baden-Baden 1982

Wagner, M.: Zum Problem des „dynamischen" Verschuldungsgrades aus der Sicht der Kreditrevision. B. Bl. 1981, 199–203

Wahl, J.-E./ U. Broll: Bankmanagement mit Value-at-Risk. WiSU 1/2007, 81–87

Wandel, E.: Die Entstehung der Bank deutscher Länder und die deutsche Währungsreform 1948. Frankfurt am Main 1980

Waschek, G./E. Weckerle: Die Praxis der Netzplantechnik. Baden-Baden 1967

Wasielski, E. von: Praktische Netzplantechnik mit Vorgangsknotennetz. Wiesbaden 1975

Weibel, P. F.: Die Aussagefähigkeit von Kriterien zur Bonitätsbeurteilung im Kreditgeschäft der Banken. Bern 1973

Weibel, P.F.: Bonität – Maß für das Risiko. Schweizer Bank 7/1994, 61–64

Weinrich, G.: Kreditwürdigkeitsprognosen. Wiesbaden 1978

Weiss, U.: Marktforschung der Kreditinstitute. Berlin 1966

Welcker, J.: Technische Aktienanalyse. Die Methoden der technischen Analyse mit Chart-Übungen. Zürich 1982

Welcker, J./J. W. Kloy: Renten-Verkaufsoptionen teurer als Kaufoptionen? Bedenken hinsichtlich der Markttiefe und eines funktionierenden Sekundärhandels. BZ 27.3.1986

Weston, J.F./B.W. Sorge: Guide to International Financial Management. New York 1977

Wetter, W.: Das Euro-Finanzsystem im Jahre 1979/80. Hamburg 1981

Whiteside, C.D.: EDP Systems for Credit Management. New York 1971

Widmer, R.: Euromarkt. 2. Aufl. Frankfurt am Main 1977

Wiedey, G.: Die Konversion von Anleihen – eine empirische Untersuchung (1). Der langfristige Kredit 1981, 109–111

Wielens, H.: Aufgabe und organisatorische Einordnung des Controlling in Banken. Controlling in

Banken und Sparkassen. Hrsg. von L. Mülhaupt u.a. Frankfurt am Main 1981, 11–30

Wild, J.: Betriebswirtschaftliche Führungslehre und Führungsmodelle. Unternehmungsführung. Festschrift für E. Kosiol zu seinem 75. Geburtstag. Hrsg. von J. Wild. Berlin 1974, 141–179

Wilkens, K.: Inhalt und Problematik bankspezifischer Führungsinformationen. Diss. Hamburg 1974

Wille, H./K. Gewald/H.D. Weber: Netzplantechnik. Band 1. München 1966 (2. Aufl. München/Wien 1967)

Winkelmann, T.: Intensivierung des Exportkreditgeschäfts. BI 4/1981, 14–18

Witte, E.: Die Finanzwirtschaft der Unternehmung. Allgemeine Betriebswirtschaftslehre in programmierter Form. Hrsg. von H. Jacob. 3. Aufl. Wiesbaden 1976, 519–608

Witte, E.: Entscheidungsprozesse. HdO. Hrsg. von E. Grochla. 2. Aufl. Stuttgart 1980, 633–641

Witte, E. (1992): Die Bundespost im organisatorischen Wandel. DBW 1/1992, 7–24

Witte, E./H. Klein: Finanzplanung der Unternehmung. Reinbek bei Hamburg 1974 (2. Aufl. 1981)

Witte, H.O.: Schuldscheindarlehen. Frankfurt am Main 1966

Wittenberg, J. H.: Strukturen des Zahlungsverkehrs im internationalen Vergleich – ein Überblick mittels Zahlen der BIZ. bum 10/1994, 42–44

Wittgen, R.: Gold als Geldanlage. 2. Aufl. München 1964

Wittgen, R.: Moderner Kreditverkehr. München 1970

Wittgen, R.: Die publizitätsorientierte Bilanzgestaltung von Aktienbanken. ZfB 1965 (a), 724–737

Wittgen, R.: Zur Zielproblematik des Genossenschaftsbetriebes. Hamburger Jahrbuch für Wirtschafts- und Gesellschaftspolitik. Hrsg. von H.-D. Ortlieb und B. Molitor. 12. Jg. Tübingen 1967, 237–248

Wittgen, R: Gewinnoptimierung im Devisen-Eigengeschäft von Kreditinstituten. ZfB 1968, 137–148

Wittgen, R.: Geldmarkt. Obst/Hintner: Geld-, Bank-, Börsenwesen. Hrsg. von N. Kloten und J. H. von Stein. 37. Aufl. Stuttgart 1980, 758 –768

Wittgen, R./G. Eilenberger: Zur Objektivierung des Beteiligungsbegriffes in Bankbilanzen. Die Betriebswirtschaft 1978, 489–494

Wittgen, R./G. Eilenberger: Die Geldpolitik der Kreditinstitute. Inländische und internationale Geldmärkte und Geldgeschäfte. Optimal- und Realbedingungen der Gelddisposition. Begründet von Robert Wittgen. 2. neu bearb. und stark erw. Aufl. von G. Eilenberger. Frankfurt/Main 1984

Wolferz, G.: Strategie der BfG-Bank: Zahlungsverkehr als eine organisatorische Einheit. bum 10/ 1994, 45–46

Wolter, L.: Effektenkommission und Eigentumserwerb. Berlin 1979

Wysocki, K. v./M. Wohlgemuth: Konzernrechnungslegung. 2. Aufl. Düsseldorf 1984

Zantow, R.: Systemorientierte Marketinganalyse der Banken. Diss. München 1978

Zeidler, K.: Anforderungen an Führungskräfte in Kreditinstituten. Bank-Betrieb 1971, 394–397

Zimmerli, E.: Computerkriminalität und Strafrecht. NZZ 26.2.1986, 43

Zinken, R.: Die Planung im Bankbetrieb unter Berücksichtigung operationsanalytischer Lösungsversuche zur Optimalplanung des Aktiv- und Passivgeschäfts. Diss. Köln 1974

Zünd, A.: Kontrolle und Revision in der multinationalen Unternehmung. Bern 1973

Zumbach, F.: Der kurzfristige Zielsetzungsprozeß bei Banken. Bern 1979

Zumpfort, W.-D.: Untersuchungen zum Wachstum des Eurodollarmarktes. Tübingen 1977

Register